법학강의총서

상법학개론

이기수·최병규 공저

傳 英 社

머 리 말

상법은 상법전뿐만 아니라, 어음법·수표법도 그 일부로 다루고 있기 때문에 상대적으로 많은 영역을 포섭하고 있다. 그리고 방대한 분량의 상법학의 전체적 내용을 조망하고 이해하기 위하여는 전체적으로 간결하면서도 중요한 내용은 빠뜨리지 않는 방식으로 서술된 교재가 필요하다고 평소에 느껴 왔었다.

본서는 상법을 전체적으로 개관함을 목적으로 한다. 기업을 둘러싼 법적 규율은 특히 디지털화가 급속하게 진행됨으로써 직접적으로 영향을 받고 있다. 또한 최근 글로벌 금융위기를 극복하면서 빠르게 변모하는 기업경영현실 아래에서 변화의 소용돌이 속에 휘말려 있다. 상사법분야는 급변하는 현실경제계의 실상을 반영하여야 하는 만큼 법개정도 잦은 편이다. 실제로 2007년 상법 해상편이 대폭적으로 개정되었다. 또한 2009년 1월과 5월 상법 회사편이 개정되었고, 2009년 2월 상법시행령이 개정되었다. 현재 상법의 총칙·상행위편, 회사편, 보험편 개정안이 국회에 계류중에 있다. 특히 상법 회사편 개정안의 내용은 역대 어느 개정보다도 방대하면서도 획기적인 내용을 많이 포함하고 있다.

따라서 이들 개정안이 국회에서 통과되어 개정이 이루어지면 우리나라의 상법은 새로운 모습으로 탈바꿈할 예정이다. 최근의 상사법 내지 기업법 분야의 논의의 핵심은 기업지배구조변화, 기업규제의 유연화, 기업의 규모에 따른 탄력적 운용, 기업경영자의 책임추궁의 엄격화와 동시에 그 완화의 도모, 경영권방어조치의 마련, 주식제도의 다양화, 무액면주식제도의 도입, 전자투표제도·유가증권의 전자화를 비롯한 디지털시대에의 상사법의 적응을 우선적으로 들 수 있다.

이러한 점을 염두에 두고 본서에서는 특히 최근의 법개정 및 기업을 둘러싼 환경변화를 반영하도록 노력하였으며, 특히 다음의 몇 가지 점을 주의하며 서술하였다.

첫째, 통설을 위주로 서술하였으며, 소수설은 그것이 특별히 의미가 있는 경우에 한하여 소개하였다.

둘째, 연혁적 고찰과 비교법적 소개는 꼭 필요한 분야에서만 간결하게 행하였다.

셋째, 상사특별법의 내용은 점차 상법학에 많은 영향을 미치고 있다. 따라서 상업등기법, 자본시장과 금융투자업에 관한 법률, 은행법, 독점규제 및 공정거래에 관한 법률, 채무자회생 및 파산에 관한 법률 등 상사관련 특별법들을 필요한 한도 내에서 본서의 내용에 포함시켰다.

넷째, 기업의 규모에 따른 탄력적 제도설정, 최저자본금제도의 폐지, 전자투표제도 등 최근의 회사법관계 개정의 배경과 구체적인 내용은 비교적 상세히 소개하였다.

다섯째, 상법개설서로서 각종 국가고시 준비서, 법학전문대학원·법과대학의 상법정리강의 및 경영대학에서의 기업법강의 교재로 활용될 수 있도록 전체적인 분량을 조정하였다.

여섯째, 2010년 2월 말까지의 국내외 저술과 판례를 반영하였다.

본서의 편제에 있어서는 상법총칙·상행위, 회사, 보험·해상의 상법전 배열순서대로 앞부분에 배열하였고, 어음·수표법은 맨 뒤에 배치하였다.

본서는 각종 국가고시에서의 상법 준비서로의 활용을 염두에 두고, 또한 특히 법학전문대학원, 법과대학에서의 상법개관강의나 경영대학에서 공인회계사(CPA)시험과 연관된 기업법 강의에 활용할 것을 생각하였으며, 더 나아가 회사경영자 및 기업경영관련 실무자들에게 필요한 상사법 지식을 전달하는 것도 목표로 삼았다. 이에 학설대립의 전개, 판례의 소개 및 관련 법률의 인용에 있어서 중요도에 따라 취사선별하였으며, 그 과정에서 꼭 필요한 핵심을 빠뜨리지 않고 체계적으로 정리하려고 노력하였다. 또한 대륙법과 영미법의 접근현상으로 인하여 우리나라와 같은 대륙법계의 뿌리에 입각하여 있는 국가에서도 판례가 중요해짐에 따라 최신 판례까지를 요소요소에 가미하여 법이론과 법실무가 조화를 이루도록 하였으며, 상법의 기초인 민법학과의 연결에도 많은 배려를 하였다.

본서는 제자인 건국대학교의 최병규 교수의 꾸준한 노력에 의하여 만들어졌다. 그리고 본서는 2003년 제일법규에서 펴낸 「상법개론」을 토대로 하여 작업을 완결하였다. 변화하는 주변 경제상황에서 경제생활의 실상이 법에 반영되어야 하고, 상법개론 교과서에서도 이러한 변화를 신속하게 반영하는 것이 중요하다. 그렇기 때문에 특히 상사법 관계 교과서는 꾸준한 업데이트 작업이 필요하며 앞으로도 이를 위해 노력할 것을 독자들에게 약속드린다. 그런 만큼 이 책이 독자들의 사랑을 받기를 바란다. 본인의 교과서 작업에 심혈을 기울여 주신 박영사의 안종만 회장님, 그리고 본서의 교정을 보아주신 김양형 선생님께 고마운 인사를 올린다.

2010년 3월 10일
고려대학교 총장실에서

靑甫 李 基 秀

주요 목차

제 I 편 상법총칙

제 1 장 상법일반론

제 2 장 상 인

제 3 장 영업의 공시와 양도

제Ⅱ편 상행위법

제 1 장 상행위 일반론

제 2 장 상행위의 종류

제 3 장 신종상행위

제Ⅲ편 회 사 법

제 1 장 총 론

제 2 장 주식회사

제 3 장 유한회사

제 4 장 합명회사

제 5 장 합자회사

제Ⅳ편 보 험 법

제 1 장 보험감독과 보험업법

제 2 장 보험계약법

제Ⅴ편 해 상 법

제 1 장 총 론

제 2 장 해상운송업의 조직

제 3 장 해상운송계약

제 4 장 해상위험과 대책

제 5 장 선박담보제도

제Ⅵ편 어음·수표법

제 1 장 유가증권총론

제 2 장 어 음 법

제3장 수 표 법

세부 목차

제 I 편　상법총칙

제 1 장　상법일반론

제2장 상 인

제Ⅱ편 상행위법

제 1 장 상행위 일반론

제 2 장 상행위의 종류

제 3 장 신종상행위

제Ⅲ편 회 사 법

제 1 장 총 론

제 2 장 주식회사

제 3 장 유한회사

제 4 장 합명회사

제 5 장 합자회사

제Ⅳ편 보 험 법

제 1 장 보험감독과 보험업법

제 2 장 해상운송업의 조직

제 3 장 해상운송계약

제 4 장 해상위험과 대책

제 5 장 선박담보제도

제Ⅵ편 어음·수표법

제 1 장 유가증권총론

제 2 장 어 음 법

제 3 장 수 표 법

참고문헌

著　者	書　名	發行年度
姜渭斗	商事法演習	1998
	商法講義(上)	2009
金東勳	商法概說	2009
金星泰	商法總則 · 商行爲法講義	1998
金英鎬	商法總論	1990
	會社法總論	1990
金仁顯	海商法研究	2002
金正皓	商法講義(上)	2005
	商法講義(下)	2005
徐燉珏	第三全訂 商法講義(上)	1985
	第三全訂 商法講義(下)	1988
徐廷甲	改訂 商法(總則 · 商行爲)	1986
	新어음 · 手票法	1983
孫珠瓚	商法(上)	2005
	商法(下)	2006
宋相現 · 金建植	株式會社法理의 새로운 경향	1983
宋相現 · 金　炫	海商法原論	2008
安東燮	全訂 商法原論(上)	1989
梁承圭	商法事例研究(增補版)	1983
	保險法	2004
梁承圭 · 朴吉俊	第三版 商法要論	1993
李均成	國際海上運送法研究	1984
李基秀(공저)	商法總則 · 商行爲法	2010

(공저)	會社法	2009
(공저)	어음·手票法	2009
(공저)	保險·海商法	2008
李範燦	改訂 商法講義	1984
李範燦·崔埈璿	第 3 版 商法概論	1996
李哲松	商法總則·商行爲	2009
	會社法講義	2010
	어음·手票法	2008
	商法講義	2009
林泓根	商法(總則·商行爲)	2001
鄭敬永	改訂版 商法學講義	2009
鄭東潤	商法(上)	2009
	商法(下)	2008
鄭熙喆	商法學(上)	1989
	補訂 商法學原論(下)	1990
鄭燦亨	商法講義(上)	2010
	商法講義(下)	2010
	商法講義要論	2010
車洛勳	商法(上)	1971
	商法(下)	1969
蔡利植	改訂版 商法講義(上)	1996
	商法講義(下)	1992
崔基元	商法學新論(上)	2009
	商法學新論(下)	2008
崔完鎭	商法學講義	2005
崔埈璿	第 4 版 會社法	2009
洪復基	會社法講義	2009

제 I 편

상법총칙

제 1 장

商法一般論

제 1 절 商法의 概念

상법이란 무엇인가? 이 문제, 즉 상법대상론에 대해서는 국내외의 상법학계에서 예로부터 백가쟁명식의 학설들이 주장되어 왔으며 현재 우리나라에서는 기업법설과 상인법설의 양 학설이 대립을 보이고 있다.

Ⅰ. 商人法으로서의 商法

1. 商法은 商人의 特別私法이다

(1) 상법은 상인법이다. 상법이 상인법이라는 것은 상법이라는 법역이 탄생된 때로부터 현행상법전의 형성에 이르기까지 진리이다. 역사적으로 상법은 상인간에 이루어져 온 관행과 관습법의 규율에서 발전되어 왔다. 또한 이론적으로도 상법은 그것이 상인개념에 기초하고 있다는 점에서 상인법이다.

(2) 입법자는 우리 상법전을 원칙적으로 주관주의에 따라서 규율하고 있다. 상법규정의 적용에는 법률행위에 참여한 권리주체의 인격의 전제, 즉 상인자격에 구속되도록 하고 있다. 다만, 상법 제3조가 당사자 중 그 1인의 행위가 상행위인 때에는 전원에 대하여 상법을 적용한다고 한데서 상행위법 내에서도 객관주의에 의하여 보충되고 있음을 볼 수 있다.

(3) 상법과 인접법역의 한계설정을 위한 가장 중요한 표지는 상인자격과의 관계이다. 예컨대 어음법과 수표법은 광의의 상법에는 속하나, 협의의 상법에는 속하지 아니한다. 왜냐하면 어음법과 수표법의 적용에 있어서는 상인자격의 존재에 구속되

지 않고 오직 어음과 수표의 존재만이 문제되기 때문이다.

2. 特別私法으로서의 商法

(1) 상법은 사법의 일부이다. 물론 상법전 속에도 제29조 아래의 상업장부와 제34조 아래의 상업등기와 같이 공법규정도 포함하고 있지만, 이는 상사와의 밀접한 관련성 때문에 입법기술상 어쩔 수 없는 일이다.

(2) 상법은 사법으로서 민법과 밀접한 관계를 맺고 있다. 특별사법으로서 상법은 상사에 관하여 민법보다 앞서 적용된다(제1조). 하지만 사안을 해결함에 있어서 상법규정만이 적용되는 경우란 거의 있을 수 없고 원칙적으로 민법규정과 함께 적용됨을 간과해서는 안 된다. 상법규범은 민법규정에 대하여 예외성을 갖거나 보충성을 갖는다.

Ⅱ. 商法의 理念과 特性

상인에 관한 특별사법으로서의 상법에는 다음과 같은 이념과 특성이 인정된다.

1. 理　　念

(1) 營利主義

계획적·계속적 의도하에 영리행위를 실현하는 상인에는 유상성이 인정되고 있다. 예컨대 상인의 보수청구권(제61조), 소비대차 또는 금전체당의 경우 법정이자청구권(제55조), 연 6분의 상사법정이율(제54조) 등이 그 표현이다.

(2) 迅速主義

영업거래는 간이·신속하게 이루어져야 한다. 예컨대 상행위의 대리(제50조), 청약의 효력(제51조, 제52조), 청약에 대한 낙부통지의무(제53조), 상사매매의 효과의 신속한 확정(제67조, 제68조), 상사채권의 단기소멸시효제도(제64조) 등이 그 표현이다.

(3) 責任의 加重主義

영업거래에 있어서 영업자의 책임이 거래의 안전을 위하여 가중되고 있다. 예컨대 상인간의 매매에서 목적물의 검사 및 하자통지의무(제69조), 목적물보관·공탁의무(제70조), 운송인의 책임경감금지(제799조) 등이 그 표현이다.

⑷ 定型主義

영업거래는 집단적·반복적으로 이루어지므로 개성을 상실하고(劃一性), 집단적 거래의 처리를 위하여 정형화된다(定型性). 예컨대 회사에 있어서 주식청약서에 의한 주식의 청약(제420조), 보통거래약관에 의한 거래 등이 그 표현이다.

⑸ 法的 確實主義

기존의 사실상의 상태는 가능한 한 이를 유지·존중하여야 한다. 예컨대 회사법상의 각종의 소의 제한(제184조, 제236조, 제529조 등), 무효판결의 불소급효(제190조, 제328조 등) 등이 그 표현이다.

2. 特　　性

⑴ 私的 自治의 擴張

상법은 사적 자치의 영역을 확장하였다. 현재는 계약자유의 원칙은 모든 사법에 적용되는 원칙이 되었으나, 이 원칙은 애당초 상거래에서 발전하였다. 왜냐하면 상인에게는 고도의 거래기술과 경험을 기대할 수 있기 때문에, 가능한 한 형식적인 구속과 제한에서 벗어나게 할 필요가 있었다. 현재에도 상법은 계약자유의 원칙을 강하게 인정하거나 확장하고 있다. 예컨대 유질계약(流質契約)의 허용(제59조), 방식·내용자유의 확대(제48조, 제49조) 등이 그 표현이다. 「약관의 규제에 관한 법률」이 상법 제 3 편 회사 분야에 속하는 약관에 대하여 적용하지 않는 것도 이러한 경향의 반영이다(이 법 제30조 제 1 항).

⑵ 去來의 大量性

상인의 거래는 실제로 대량이익을 추구하고 있고 많은 상법규범은 이 점을 잘 반영하고 있다. 거래의 대량성은 개성의 상실 및 계약내용의 정형화와 밀접히 관련된다.

⑶ 外觀信賴保護

거래를 함에 있어서 외관과 진실이 일치하지 않는 경우에 법률효과가 진실에 따라 결정된다면 거래의 상대방은 안심하고 거래를 할 수 없다. 거래의 신속과 안전을 위하여 진실을 공시(公示)하게 하여야 할 뿐만 아니라, 진실에 반하는 외관이더라도 일정한 요건하에서 그 외관을 신뢰한 자를 보호하여야 한다. 후자를 외관신뢰보호의 원칙이라고 한다. 상법상의 많은 외관신뢰보호의 규정은 법적으로 평가되는 외관의 직접적 당사자가 아닌 제 3 자에 대한 관계에서 그 직접 당사자 사이의 법률관계를 외관에 의하여 인정한다. 즉 권리외관과 사실을 동일시할 수 있는 법률효과가 발생하므로 제 3 자는 원칙적으로 마치 자신이 인정하는 법상태가 정말로 존재하는 것 같은 지위를 갖게 된다. 이 원칙은 제 3 자의 이익을 위해서만 적용된다. 그러나 제 3 자가 권리외관책임을 주장한다면 권리외관책임을 지는 자도 경우에 따라서는 외관상의 법상태의 이점을 이용할 수는 있다.

(4) 世界的 統一性

급속하게 발전하는 국제간의 상품교역으로 인하여 새로운 법적 기초가 요구되고 있다. 국제거래의 영역에서 문제되는 계약의 성립과 이행은 국제사법규정에 의하여 해결될 수 있으나 소송지에 따라 그 해결이 달라진다. 이 점은 명백하고 분명한 규정에 관심을 갖는 상인에게는 만족스럽지 못하다. 이와 같은 문제해결을 위한 최선의 방법은 적용가능한 실체법을 통일하는 데 있다. 상거래관계의 용이성이라는 상인의 관심은 국내법의 통일화를 넘어 세계적 통일화로 지향되고 있다. 세계적인 법통일화에 활용될 수 있는 방법으로서는 다음과 같은 것이 있다.

1) 입법을 통한 통일화이다. 이 방법은 세계적인 입법기관이 존재하지 않는 국제거래에는 부적당하다. 그러나 유럽연합(EU)의 경우와 같이 제한적인 영역에서의 입법에 의한 통일화는 이루어지고 있다.

2) 조약을 통한 통일화이다. 국제적인 영역에서 법통일화의 방법으로서 가장 흔히 이용되는 것이 바로 조약의 체결이다. 체약국은 비준을 통하여 조약의 내용을 국내법화하고 이를 개정하지 아니할 국제법상의 의무를 부담한다. 1930년의 제네바어음법협약과 1980년 UN의 매매법협약이 그 예이다.

3) 모범법을 통한 통일화이다. 다수국가의 협상에 의하여 법초안만을 의결하여 이를 모범법으로 제시하면, 각국은 임의로 이를 자국의 국내법으로 편입시키게 된다. 우리나라는 1930년 제네바어음법을 모범법으로 하여 그 내용을 일부 수정하여 국내법화하였다.

4) 국제계약조건을 통한 통일화이다. 이 방법은 국가의 관여 없이 상인조직의 직접적인 주도에 의하여 통일화를 이루는 것이다. 국제상공회의소가 만든 국제상거래조건(Internationa1 Commercia1 Terms: Incoterms)과 화환신용장통일규칙(貨換信用狀統

一規則)이 그 예이다.

이와 같은 방법에 의한 법통일화는 국내법과는 달리 법규정의 통일적인 해석·적용이 어렵게 될 위험이 있다. 즉 내용에 있어서는 동일한 법규정이 나라마다 상이하게 적용될 위험성이 있다. 그러나 이러한 문제점은 통일법의 단일성을 유지하려는 국제적인 노력과 관심에 의하여 부분적으로 해결될 수 있을 것이다.

제 2 절 商法의 法源

제 1 관 法源과 商法 第 1 條

상법의 법원(法源)이란 실질적 의의의 상법의 존재형식을 말한다. 즉 실질적 의의의 상법의 내용을 파악할 수 있는 근거자료를 말한다. 상법은 상법전이라는 형식으로만 존재하는 것이 아니라, 기타의 형식으로도 존재한다. 이와 같이 상법이 존재하는 형식을 밝히는 것이 상법의 법원문제이다. 법원의 문제는 상법에만 한정된 것은 아니지만, 특히 상법에서 많은 논란이 있었다. 상법 제 1 조는 「상사에 관하여 본법에 규정이 없으면 상관습법에 의하고 상관습법이 없으면 민법의 규정에 의한다」고 규정하고 있다. 이 규정의 해석에 대하여 민법이 상사관계에 적용되는 한 상법의 법원이 된다는 견해가 있지만, 이 규정은 상법의 법원을 모두 열거한 것도 아니고 민법을 상법의 법원으로 삼고 있지도 않다(통설). 그렇다면 상법 제 1 조는 상관습법을 상법의 법원으로 예시하고 상사에 관한 법적용순서를 정한 것으로 본다.

제 2 관 法源의 種類

Ⅰ. 商事制定法

1. 意 義

상법의 법원으로서 가장 중요한 것은 상사제정법이다. 대부분의 상사문제는 제정법에 의하여 해결되고 있다. 왜냐하면 편의주의에 그 기초를 두고 있고 기술적 요소가 많은 영업생활관계는 명료하고 확실하게 처리되어야 하며, 또한 다수의 이해관계인이 관여하는 대량의 거래를 신속·정확하게 할 수 있도록 하기 위해서는 제정법에 의하여 당사자 사이의 권리의무를 명확하게 확정할 필요가 있기 때문이다. 그러나 상사거래는 민사거래에 비해 급속하게 발전하므로 이를 규율하는 상사제정법은 민사제정법에 비해 빈번하게 개정되는 편이다. 동시에 제정법은 성질상 고정되고 한정된 범위 내에서만 존재하므로 날로 발전하고 확장되어 가는 영업생활관계를 규율하기에는 적당하지 못한 경우가 생기고, 따라서 수많은 상관습법이 성립되고 있다.

2. 種 類

(1) 商 法 典

상사제정법으로서 가장 기본이 되는 중요한 법원이 바로 상법전이다. 현행 상법전은 1963년 1월 1일부터 시행되어 1984년, 1991년, 1995년, 1998년, 1999년, 2001년, 2007년, 2009년에 크게 개정되었다.

(2) 商事特別法令

상법전의 시행에 필요한 부속법령으로 상법시행법, 상법시행령, 선박의 속구목록(屬具目錄)에 관한 규정, 외국인의 서명에 관한 법률, 상업등기규칙 등이 있다. 그리고 특정한 내용의 영업이나 특정한 목적을 위하여 제정되어 상법전의 규정을 보충하거나 변경하는 특별법령으로서는 상업등기법, 자본시장과 금융투자업에 관한 법률(이하 '자본시장법'이라 한다), 채무자회생 및 파산에 관한 법률, 은행법, 보험업법, 부정경쟁방지 및 영업비밀보호에 관한 법률, 독점규제 및 공정거래에 관한 법률, 해운업법, 창고업법 등이 있다.

(3) 商事條約과 國際法規

헌법에 의하여 체결·공포된 조약과 일반적으로 승인된 국제법규는 국내법과 같은 효력을 가지며(헌법 제6조 제1항), 그 중 상사에 관한 조약과 국제법규는 상법의 법원이 된다[예컨대 국제민간항공협약(1952. 12. 13, 조약 제38호), 유류오염손해에 대한 민사책임에 관한 국제조약(1979. 3. 15, 조약 제678호), 공업소유권의 보호를 위한 파리조약(1980. 4. 15, 조약 제707호)]. 그러나 조약 중 체약당사국의 국내법으로서 직접 권리의무에 영향을 미치는 자기집행적 조약만이 엄격한 의미에서 상법의 법원이 될 뿐이고, 당사국에게 국내법으로서 이를 실시할 의무를 부과하고 있을 뿐인 비자기집행적 조약은 상법의 직접적 법원이 아니다. 상사관계 국제조약은 대부분 후자에 속한다. 그러나 이러한 조약도 상법을 해석하는 데 중요한 자료가 된다.

3. 民法의 商法法源性

상법 제 1 조가 상사에 관하여 민법의 적용을 규정하고 있고, 또한 민법규정이 상법에 준용되므로(제65조) 상당수의 민법규정이 상사관계에 적용된다는 점에서 민법도 상법의 법원이 된다고 하는 설이 있으나, 앞서 밝혔듯이 민법은 상법의 법원이 아니다. 왜냐하면 상법을 특별사법으로 파악하는 한 상법의 법원이 되기 위해서는 영업적 생활관계를 전제하는 특별사법적 성격을 가져야 하기 때문이다.

Ⅱ. 商慣習法

1. 意 義

관습법이란 자연적으로 발생한 관행이나 관례가 일반적으로 인정된 법적 확신에 의하여 법규범으로 승격된 것을 말하며, 영업적 생활관계에서 발생한 관습법을 상관습법이라고 한다. 상관습법과 구별되는 것으로 상관습이 있다. 상관습은 상거래에서 관행적으로 준수되지만 아직 법적 확신에 이르지 못한 것을 말한다.

연혁적으로 볼 때 상법은 상인단체의 관습법에서 출발하였으나, 대부분의 상관습법은 제정법에 편입되어 오늘날 상관습법으로 존재하는 규범은 극히 적다. 그러나 제정법은 고정되어 있으므로 발전하는 영업적 생활관계를 규율하기에는 부적당하거나 모순되는 경우가 발생한다. 따라서 이를 상관습법에 의하여 보충하지 않을 수 없다. 이제까지 상법은 상관습법이 제정법으로 편입되고 다시 새로운 상관습법이 발생하는 형태로 끊임없이 발전하고 있다.

더욱이 상법은 일부 규정에서 규범의 내용을 관습법에 위임하고 있다(제29조 제 2 항). 그러나 상관습법이 상법의 흠결을 보완하기 위하여 자연스럽게 발생하는 정도를 넘어 제정법을 회피하기 위하여 성립하는 때에는 그 효력 인정에 신중하여야 할 것이다.

2. 商慣習法의 成立要件

(1) 成立要件

상관습법으로 인정되기 위해서는 1) 영업적 생활관계에서 일정한 행위양식이 상당기간 되풀이되어야 하고 일반적으로 그 생활관계에서는 그러한 행위가 행하여진다고 인정되어야 하며, 2) 그러한 관행이 다수인에 의하여 법규범으로서의 확신을 얻어야 한다. 후자의 요건, 즉 어떤 행위양식이 법규범으로서의 확신을 얻었는가의 판단은 극히 어려우므로 상관습법과 상관습의 구별이 모호해진다.

(2) 商慣習法과 사실인 商慣習의 구별

상관습법은 사실인 관습으로서의 상관습과 구별하여야 한다. 양자의 구별 및 기준에 관하여는 다툼이 있다.

통설에 따르면 상관습법은 법규범으로서 당사자의 의사와 관계없이 구속력을 가지며, 법원의 판결이 상관습법에 위반한 경우에는 법령위반으로서 상고이유가 되고, 법인 까닭에 전국적으로 통일되어 있어야 하며, 상법의 강행규정에 반하여 성립될 수도 있다. 이에 비하여 사실인 상관습은 의사표시의 해석자료가 되는 사실상의 관행으로서, 당사자의 의사가 명확하지 않은 경우에 한하여 구속력을 가지고, 이에 위반한 판결은 단순한 사실오인으로 상고이유가 되지 아니하며, 전국적으로 통일된 내용을 가질 필요가 없고, 임의규정에 반하는 경우에만 성립될 수 있다는 점에서 양자는 원칙적으로 구별된다.

3. 商慣習法의 效力

(1) 補充的 效力

상사에 관하여 상법전에 규정이 없으면 상관습법에 의한다. 이를 상관습법의 보충적 효력이라고 한다. 이는 제정법우선주의의 한 표현에 지나지 않는다.

(2) 優先的 效力

상사에 관해서는 상관습법이 민법에 우선하여 적용되고 상관습법이 없으면 민법의 규정에 의한다. 이를 상관습법의 우선적 효력이라고 한다. 상관습법을 상법의 법원으로 인정하는 한 민법과의 사이에서는 일반법과 특별법의 관계에 있다고 할 것이고 그 당연한 결과로서 상관습법은 민법에 우선하여 적용된다.

(3) 變更的 效力

상관습법이 상법의 규정 또는 상법상의 임의규정을 변경(개폐)하는 효력을 갖는가에 대해서는 다툼이 있다. 상법의 진보성·합리성에 비추어 제정법우선주의를 폐지하고 상관습법에 제정법을 변경하는 작용, 즉 변경적 효력을 강행규정에 반하는 경우에도 인정해야 한다고도 하고, 상법의 임의규정에 대해서만 변경적 효력을 인정해야 한다고도 한다. 상법의 해석상 상관습법의 변경적 효력을 인정하는 것은 지나치다고 본다. 그러나 상관습법의 내용이 당사자의 의사의 일부로 인정되어 제정법의 강행규정에 반하지 않는 한 제정법에 우선하는 효력을 갖게 되므로 이 때에는 변경적 효력을 갖는 결과에 이르게 된다.

Ⅲ. 商事自治法

회사 기타 단체가 그 조직활동, 구성원의 권리의무를 정한 규범을 자치법이라 한다. 회사의 정관, 어음교환소의 교환규칙 등이 그 예이다. 자치법은 계약과는 달리 개인의 의사를 불문하고 단체의 구성원 및 장차 구성원이 될 자를 구속하는 효력이 있다. 장래의 구성원이 규칙의 존부나 내용을 인식하고 있지 아니한 때도 구속을 받는다는 점에서 보면 상사자치법은 상법의 법원이라고 할 수 있다.

Ⅳ. 普通去來約款

1. 意　　義

보통거래약관이란 다수인을 상대로 동종의 거래를 반복하는 경우에 그 거래를 위하여 미리 작성해 놓은 정형적인 계약조건을 의미한다. 보통거래약관의 예로서는 신용카드(credit card)약관, 시행알선약관, 화물운송약관, 보험약관, 방문판매약관, 금융거래약관, 리스(1ease)계약약관, 팩터링(factoring)계약약관 등이 있다. 이러한 유형의 약관에서 알 수 있는 바와 같이 일반대중을 상대로 재화·용역을 공급하는 계약은 대부분 보통거래약관에 의하여 체결되고 있다.

보통거래약관에 의한 계약은 보통거래약관을 작성하여 사용하는 자가 이를 타방당사자에게 일반적으로 제시하고서 이에 따라서 계약이 체결되도록 의도한다.

2. 法的 性質과 法源性

보통거래약관의 특성은 거래의 상대방인 고객이 약관의 내용을 알고 있는가의 여부를 불문하고 약관에 정해진 내용으로 계약을 체결한 것으로 인정하고 이에 따라

계약관계가 규율된다는 점이다. 이 점에서 볼 때 보통거래약관은 마치 법령과 유사한 기능을 하므로 그 법적 성질이 문제되고 그 결과 이를 법원으로 볼 수 있는가를 둘러싸고 다툼이 있다.

(1) 意思說(契約說)

의사설은 거래당사자가 보통거래약관의 내용에 따라 계약을 체결하기로 합의하여 그 약관이 계약의 내용이 됨으로써 당사자를 구속한다는 입장이다. 의사설에 의하면 보통거래약관의 법원성은 부인된다.

(2) 規 範 說

당사자의 의사의 존부와 상관없이 약관 자체가 규범적 효력을 취득하여 당사자를 구속한다는 입장이다. 규범설에 의하면 상대방인 고객의 의사 여하에 불구하고 약관이 법적 구속력을 갖게 되는데, 이것은 사실상 약관작성자에게 일방적으로 법규범을 창조할 수 있는 권능을 주는 결과가 된다.

(3) 慣習說 또는 慣習法說

보통거래약관은 그 거래권에서 계약은 일반적으로 약관에 의한다는 상관습 또는 상관습법이 성립되어 있는 때에는 구속력을 갖는다는 입장이다. 이 경우에도 보통거래약관 자체가 관습법으로 되어 효력을 갖는다는 의미는 아니다. 관습설 또는 관습법설은 약관의 구속력을 설명할 수는 있으나 계약설과 마찬가지로 약관 자체에 법원성을 인정하지는 않는다. 그러나 고객이 알지 못하는 약관도 구속력을 갖게 된다는 점에서 규범설과 같은 단점이 있고, 새롭게 등장하는 계약유형에는 이러한 상관습 또는 상관습법을 인정하기에 어려움이 있다.

(4) 結 論

생각건대 보통거래약관이 당사자를 구속하는 근거는 당사자의 의사에 있다고 본다. 즉 당사자는 약관의 내용을 상세히 정확하게 알지 못하더라도 약관에 따른다는 명시 또는 묵시의 합의를 할 수 있고, 이 합의에 기하여 약관이 법적 구속력을 갖는다.

제 3 관 法源의 適用順序

Ⅰ. 商法典과 기타 成文法

상법 제 1 조는 제정법우선주의에 입각하여 상법전을 상사에 관하여 적용할 제 1 순위의 법규로 정하고 있다. 그러나 상법 이외에 다수의 상사특별법령이 존재하므로 특별법우선의 원칙에 따라 상사특별법령이 상법전에 우선하여 적용된다.

국내법과 동일한 효력을 갖는 상사조약과 국제법규는 그 규제대상인 법률관계의 특수성에 비추어 볼 때 상법의 특별법의 지위에서 그 순위가 정해진다.

Ⅱ. 商法典과 商慣習法·自治法

상법에 대한 상관습법의 변경적 효력은 상법상의 임의규정에 대해서만 인정된다 [앞의 제 2 절 제 2 관 Ⅱ 3(상관습법의 효력) 참조].

자치법은 개별적인 자치단체의 법률관계에 관하여 당사자들이 직접 합의한 것이므로 관습법에 우선하여 적용되고 성문법에도 우선한다. 그러나 자치법은 성문법령 중 강행법규에 우선할 수는 없으므로, 상사자치법은 상사성둔법령의 강행법규에 비해 후순위로 적용된다.

Ⅲ. 商慣習法·自治法과 民法

상법 제 1 조는 상관습법이 없으면 민법을 적용하도록 하여 민법에 대한 상관습법의 우선적 효력을 인정하고 있다. 이에 따르면 상관습법과 자치법은 항상 민법에 우선하여 적용되는 것처럼 해석될 수도 있다. 그러나 민법의 강행법규에 어긋나는 상관습법 또는 자치법은 그 효력이 인정될 수 없다. 따라서 상관습법과 자치법은 민법의 강행규정에 대해서는 후순위로 적용되고 임의규정에 대하여 선순위로 적용된다고 본다.

제3절 商法의 效力

상법의 적용은 시간·장소·사람에 대해서 제약을 받으며, 그 대상이 되는 사항에 대해서도 제약을 받는다.

Ⅰ. 時間에 관한 效力

상법은 상사생활관계의 발전에 따라 자주 개정되기 마련이다. 그리하여 시간적으로 선후관계에 있는 두 개 이상의 상법법규가 존재하는 경우 그 법규 상호간의 효력이 문제되는데, 이에 관하여는 다음과 같은 원칙이 인정되고 있다. 즉 동순위에 있는 수개의 법규 상호간에는 '신법이 구법을 변경한다'(1ex posterior derogat 1egi priori)는 원칙이 인정되며, 수개의 법규가 보통법과 특별법의 관계에 있을 때에는 '일반적 신법은 특별적 구법을 변경하지 않는다'(1ex posterior genera1is non derogat 1egi prior specia1i)는 원칙이 인정된다. 상법시행법 제3조도 이 원칙에 따라 「상사에 관한 특별한 법령은 상법시행 후에도 그 효력이 있다」고 규정하고 있다.

Ⅱ. 場所에 관한 效力

상법은 국법으로서 대한민국의 전 영토에 적용됨이 원칙이다. 그러나 상거래는 국제적으로 이루어지는 경향이 있으므로, 국제적 상사생활관계에 어느 나라의 상법을 적용할 것인지가 문제될 수 있다. 이러한 상법의 장소적 적용범위에 관해서는 국제사법(2001. 4. 7. 법률 제6465호)이 정하는 바에 따른다.

Ⅲ. 사람에 관한 효력

상법은 대한민국 국민 전원에 대해 적용됨이 원칙이지만, 대한민국 국민과 외국인 사이에 이루어진 상거래에 대해서는 국제사법에 의해 결정된 준거법이 적용된다.

이와는 별도로 상법의 규정 중에는 특수한 상인에게는 적용되지 않는 것이 있다. 즉 소상인에 대해서는 지배인·상호·상업장부·상업등기에 관한 규정이 적용되지 않는다(제 9 조).

Ⅳ. 事項에 관한 效力

상법은 상사에 관해 적용된다. 상사관계를 형성하는 상행위로서 쌍방적 상행위뿐만 아니라, 일방적 상행위에 대해서도 그 전원에 대해 상법이 적용된다(제 3 조). 다만 상법은 영업법적 특질이 지나치게 강하여 비상인에게 적용하는 것이 무리라고 여겨지는 규정들은 쌍방적 상행위에만 적용하도록 하고 있다(예: 제55조, 제58조, 제67조 아래).

한편 상사라고 하여 그 전부가 상법만을 적용받는 것은 아니다. 상법은 상사에 특유한 부분에 대해서만 규정하고, 그렇지 않은 부분에 대해서는 민법의 일반규정을 적용하도록 하고 있다(제 1 조).

제 2 장

商　　人

제 1 절 商　　人

제 1 관 總　　說

상인은 영리를 목적으로 다른 상인 또는 일반공중과 거래를 하게 되는데, 거래관계에서 발생하는 권리·의무는 누군가에게 귀속되어야 한다. 권리·의무의 귀속주체가 존재함으로써 영업은 독립성을 유지할 수 있다. 이처럼 영업적 주체로서 그 조직과 활동에서 생기는 법률관계의 당사자, 즉 권리·의무의 귀속주체를 상인이라고 한다.

상법은 양 당사자가 상인인 경우뿐만 아니라, 당사자의 일방만이 상인인 경우에도 그 전원에게 적용되므로 상법의 적용범위를 명확하게 하기 위하여서는 상인의 개념을 정하여야 하다.

상법을 상인에 관한 특별사법으로 정의한다면 상법규정의 적용대상은 상인의 개념을 어떻게 정할 것인가에 따라 달라진다.

제 2 관 商人概念에 관한 立法主義

Ⅰ. **實質主義**(客觀主義·商行爲主義)

상인의 행위는 그 실질이 일반인의 행위와는 다르다는 전제하에 일정한 행위를 상행위로 열거하여 열거된 상행위를 영업으로 하는 자를 상인으로 보는 방법이다.

프랑스와 스페인의 상법이 실질주의 입장을 취하고 있다.

실질주의에 의하면 상행위가 제한적으로 열거되고 이를 영업으로 하는 자가 상인이 되므로 상인개념이 분명하게 정립될 수 있다.

Ⅱ. 形式主義(主觀主義 · 商人主義)

형식주의는 특정인의 형식적 자격 또는 행위형식의 특성을 기준으로 상인개념을 정하는 방법이다. 즉 일정한 형식을 갖추고 상인적 방법으로 영업을 하는 자를 상인으로 본다. 형식주의는 실질주의와는 반대로 상인개념이 결정된 다음에 이를 기초로 하여 상행위개념이 도출된다. 스위스 채무법과 1998년 개정된 독일 상법이 형식주의에 입각하고 있다. 형식주의는 상법이 계급법의 단계에 머물러 있던 중세 도시국가 시대에 상인단체에 가입한 자만을 상인으로 보고 이들에게만 상법을 적용한 데서 연유한다.

Ⅲ. 折衷主義

실질주의와 형식주의를 병용하여 단점을 보완하는 방법으로서, 상행위를 영업으로 하는 자뿐만 아니라, 일정한 형식을 갖추고 상인적 방법으로 영업을 하는 자도 상인으로 하는 방법이다. 일본 상법이 절충주의를 취하고 있다.

Ⅳ. 商法의 입장

상법은 당연상인(當然商人)(제 4 조)과 의제상인(擬制商人)(제 5 조)을 인정하고 있는 바, 당연상인은 상행위개념을 보조개념으로 하여 상인개념을 정하고 있다. 의제상인은 회사 또는 상인적 방법이라는 형식을 근거로 상인개념을 정하고 있으므로 절충주의를 취하고 있다(다수설).

제 3 관 當然商人

당연상인이란 「자기명의로 상행위를 하는 자」이다(제 4 조).

Ⅰ. 自己名義

자기명의란 상거래로 인하여 생긴 권리의무가 법적으로 귀속하는 주체가 되는 것을 말한다. 따라서 누가 직접 영업행위를 담당하는가 하는 것은 상인 여부의 판단에 중요하지 않다. 예컨대 주식회사의 대외적 거래는 대표이사가 수행하지만 이 때 상인이 되는 자는 대표이사가 아니라 회사이고, 또한 상인이 자신의 영업에 관여하지 않고 지배인이 모든 업무를 처리하더라도 그의 상인성은 영향을 받지 않는다. 그러나 민법상의 조합이 상행위를 하는 경우는 조합이 상인으로 되는 것이 아니라, 그 조합원이 각각 상인이 된다. 상인은 자기의 명의로 상행위를 하여야 하지만 반드시 자기의 계산으로 상행위를 할 필요는 없다.

권리의무의 주체가 되는 명의인과 행정관청에 대한 신고명의인(또는 납세명의인)이 일치하지 않는 경우에는 전자가 상인이 된다. 왜냐하면 관청에 대한 행정법적 관계와 상법상의 권리의무관계는 구별되고, 상인개념의 요소인 자기명의는 사법상의 권리의무의 귀속점을 의미하기 때문이다.

Ⅱ. 商 行 爲

상행위란 상법 제46조에서 정한 기본적 상행위와 특별법에서 상행위로 인정한 상행위(담보부사채신탁법 제23조 제2항; 신탁법 제4조)를 말한다. 이러한 상행위는 제한적으로 열거되고 있으며 상인의 개념을 정하는 기초가 된다.

기본적 상행위의 종류와 범위는 제46조에 열거되어 있다. 열거된 행위를 영업으로 한 때에만 상행위로 된다. 「영업으로 한다」고 함은 영리를 목적으로 동종의 행위를 계속·반복하는 것을 말하며 대외적으로 인식될 수 있는 경우를 말한다.

1. 營利의 目的

일정한 행위에 영업성이 인정되기 위해서는 이익을 얻으려는 의도, 즉 영리의 목적이 있어야 한다. 따라서 단순히 자체경비의 충당을 목적으로 운영되는 공장, 조합원에게 필요한 물건을 염가로 제공할 것을 목적으로 하는 소비조합 등은 영업으로 한다고 할 수 없다. 그러나 영리의 목적이 있는 한 이익 또는 손실의 유무, 이익의 사용목적은 불문한다. 이 점에서 사원에게 이익분배를 목적으로 할 때 영리성을 인정하는 회사의 영리개념과 다르다.

2. 繼續性

상행위가 되기 위해서는 동종의 행위를 계속·반복하려는 의도가 있어야 한다. 따라서 1회적인 거래 또는 기회가 있을 때마다 행하는 반복적인 투기행위는 영업으로 하는 것으로 볼 수 없다.

3. 對外的 認識

동종행위의 계속·반복은 대외적으로 인식될 수 있어야 한다. 대외적인 인식은 모든 사람에게 요구되지는 않고 거래관계에 있는 당사자간의 인식으로 충분하다. 또한 계속성·반복성은 상인의 점포시설·홍보활동 등 외부적 표상을 통하여 객관적으로 인식되는 것으로 족하고 실제로 계속되고 반복되었느냐의 여부는 중요하지 않다.

제 4 관 擬制商人

Ⅰ. 立法趣旨

상법에서 제한적으로 열거하고 있는 상행위 또는 특별법이 정하는 상행위만을 기준으로 하여 상인의 개념을 정한다면 이러한 상행위 이외에 경제발전에 따라 새롭게 등장하는 거래행위를 영업으로 하는 자는 상인의 실체를 구비하더라도 상법상 상인이 될 수 없다. 따라서 상법은 당연상인 이외에 의제상인에 관한 규정을 두어 상법에 제한적으로 열거되어 있는 상행위에 속하지 않는 행위일지라도 일정한 형식을 갖추고 상인적 방법으로 영업을 하는 자도 상인으로 인정하고 있다.

Ⅱ. 種　類

1. 設備商人

점포 기타 유사한 설비에 의하여 상인적 방법으로 영업을 하는 자는 상행위를 하지 아니하더라도 상인으로 본다(제 5 조 제 1 항).

⑴ 商行爲 이외의 行爲

상법에서 상행위로 열거되어 있지 아니한 행위와 특별법에서 상행위로 정해지지 아니한 행위가 이에 해당한다. 컴퓨터소프트웨어의 제작, 연예인의 송출업, 각종 강습소, 특히 서비스업에서 개발되는 새로운 사업이 설비상인의 업종으로 될 수 있다.

⑵ 商人的 方法

점포 기타 유사한 설비는 상인적 방법의 예시로 볼 수 있고, 상인적 방법이란 당연상인이 영업을 하는 방법과 동일한 방법 또는 당연상인이 영업을 경영함에 있어서 보통 필요로 하는 설비 등을 의미하는 것으로 본다. 상인적 방법으로 영업을 한다 함은 질적 요소(유형)와 양적 요소(범위)가 요구된다. 질적 요소는 상인적 거래행위(영업의 대상)와 상인적 영업종류(영업의 종류)이다. 양적 요소는 상인적 범위이다. 의미있는 표지는 전년도의 수입, 영업소의 크기, 상업장부의 이용, 보조자의 고용, 상호의 사용, 신용거래, 서신거래, 판매실적 등이다. 상인적 방법으로 영업을 하는가의 여부는 질적 요소와 양적 요소를 함께 고려하여 단일하게 판단하여야 하는 것이지, 유형과 범위를 구별하여 따로 이중으로 결정되는 것은 아니다.

그런데 의사·변호사·예술가 등과 같은 자유직업인은 점포 기타 설비에 의하여 활동을 하더라도 연혁적·공익적 이유 및 그 특정인의 기능을 타인이 대체하기 어렵다는 이유에서 그러한 활동이 상인적 방법에 의한 영업으로 인정되지 않는다.

⑶ 自己名義·營業性

자기의 명의로 상행위 이외의 행위를 영업으로 하여야 하는데, 이 점은 당연상인의 경우와 같다.

2. 民事會社

회사는 상행위를 하지 않더라도 상인으로 본다(제5조 제2항). 회사는 상행위 기타 영리를 목적으로 설립한 사단법인을 말한다(제169조, 제171조 제1항). 회사는 상행위를 목적으로 하는 상사회사와 상행위 이외의 영리를 목적으로 하는 민사회사로 나누어진다. 상사회사는 상행위를 하는 자이므로 당연상인이 된다.

제5조 제2항은 상행위 이외의 행위를 영업으로 하는 회사를 상인으로 하여 그 거래에 대하여 상법을 적용할 수 있게 하기 위하여 둔 규정이다. 왜냐하면 회사는 가장 합리적인 영업경영조직으로서 기본적 상행위를 하든 하지 아니하든 상인으

로서의 성격을 가장 강하게 나타내고 있기 때문이다. 신용보증기금의 경우 신용보증을 목적으로 하는 법인이지만 영리의 목적이 없으므로 상인이 아니다.

제5관 小商人

Ⅰ. 意 義

소상인이란 일정한 규모 이하의 상인으로서 회사가 아닌 자를 말한다. 즉 소상인은 영업의 규모가 영세하여 영업성이 희박한 상인이라고 할 수 있다. 소상인은 완전상인에 대응하는 개념일 뿐 당연상인이나 의제상인에 대립되는 개념이 아니다. 소상인을 '간이기업(簡易企業)'이라고 칭하는 견해도 있다.

소상인제도를 둔 이유는 소규모의 상인을 지배인이나 상업장부 등 영업조직에 관한 의무로부터 면제시키는 데 있다. 왜냐하면 영업조직의 완비를 위한 제도인 지배인이나 상업장부에 관한 규정을 소규모의 상인에게 적용하는 것은 번잡할 뿐만 아니라, 시간과 비용측면에서도 바람직스럽지 못하기 때문이다.

Ⅱ. 小商人의 범위

소상인의 기준이 되는 영업규모의 영세성은 사회의 경제규모에 따라 달라지게 될 문제이므로 대통령령으로 정하고 있다. 현재는 자본금액이 1천만원에 미달하는 상인으로서 회사가 아닌 자를 소상인으로 정하고 있다(상법시행령 제2조). 회사는 자본금의 액수와 상관없이 일정한 설비와 조직을 갖추고 있어야 하고 반드시 등기를 하여야 하므로 소상인에서 제외되고 있다.

Ⅲ. 法律效果

소상인에게는 지배인, 상호, 상업장부와 상업등기에 관한 규정이 적용되지 않는다(제9조).

(1) 지배인은 영업주에 갈음하여 재판상 또는 재판 외의 모든 행위를 할 권한을 가진 상업사용인인데, 소상인은 지배인을 선임하지 못하며 지배인을 등기할 방법도

없다. 물론 소상인도 재판 외의 행위에 관한 한 상법상 지배인과 유사한 광범위하고 포괄적 대리권을 가진 대리인을 선임할 수 있으나 그의 대리권은 상법상 지배인처럼 대리권이 객관적으로 정형화되어 있지 않다.

(2) 소상인도 자유로이 상호를 선정하여 사용할 수는 있지만, 상법상의 상호권자로서 보호를 받지 못한다. 따라서 소상인은 유사상호의 사용금지를 청구하거나, 상호권의 침해로 인한 손해배상을 청구하지 못한다. 하지만 소상인이 상호를 대여한 경우에는 명의대여자로서 책임을 진다(제24조).

(3) 소상인은 상법상 상업장부를 작성 · 보관 · 제출할 의무가 없다. 그러나 소상인은 임의로 이와 유사한 장부를 만들 수는 있다.

(4) 소상인은 등기를 할 수도 없고 할 필요도 없다. 따라서 소상인이 등기를 하였다 하더라도 상법상 등기에 관한 이익을 주장할 수 없으며, 반대로 등기를 아니하였다고 하여 불이익을 받지도 않는다.

제 6 관 商人資格의 得失

상인으로 존속하는 동안은 그의 행위에 대하여 상법이 적용되기 때문에 언제 상인자격을 취득하고 언제 상인자격을 상실하느냐의 문제는 중요한 의미를 갖는다. 여기서는 자연인과 법인으로 나누어 살펴보기로 한다.

Ⅰ. 自然人의 商人資格

1. 取 得

자연인이 상인이 됨에는 특별한 제한이 없으므로, 자연인의 상인자격은 사실관계에 따라서만 판단한다. 즉 자연인은 영업을 개시함으로써 상인이 된다. 경우에 따라서는 행정규제의 편의상 주무관청의 허가를 받아야 하는 영업이 있지만, 그러한 허가의 유무가 상인자격의 유무에 영향을 미치는 것은 아니다.

개업준비행위에 관해서는 논란이 있지만 점포의 임차, 비품의 구입, 상업사용인의 고용과 같은 개업준비행위도 객관적으로 영업의사를 알 수 있으면 상인의 행위로 보아야 할 것이므로, 개업의 준비에 착수하였을 때 상인자격을 취득한다고 본다.

2. 喪 失

자연인은 사망하거나, 영업을 폐지 또는 양도함으로써 상인자격을 상실한다. 여기서 영업폐지란 실제로 영업활동을 그만둔 것을 의미한다. 따라서 대외적으로 폐업의 의사표시만 한 경우, 또는 기본적인 영업활동은 그만두었지만 잔무처리가 끝나지 않은 경우에는 아직 상인자격을 유지하는 것으로 보아야 한다.

Ⅱ. 法人의 商人資格

법인의 상인자격에 관해서는 사법인인 영리법인과 비영리법인, 그리고 공법인으로 나누어서 살펴보기로 한다.

1. 營利法人(會社)의 商人資格

(1) 取 得

영리법인이나 회사는 상행위를 하든 하지 않든 상인으로 본다(제5조 제2항). 그런데 회사는 설립등기에 의해서 법인격을 취득하므로(제172조) 설립등기를 함으로써 비로소 상인자격을 취득하게 되며, 이런 점에서 영업을 개시함으로써 비로소 상인자격을 취득하는 자연인과 다르다. 다만 설립중의 회사는 설립중의 회사에 관한 동일성설에 의하면 성립된 회사와 동일한 지위를 가지므로 당연히 상인자격을 갖는다고 본다.

(2) 喪 失

회사는 해산된 후에도 청산의 목적범위 내에서 존속하므로(제245조, 제269조, 제542조 제1항, 제613조) 청산이 사실상 종결될 때까지 법인격을 갖고 상인자격도 유지된다. 회사가 합병하는 경우에는 청산절차 없이 소멸회사의 법인격이 소멸하므로, 소멸회사는 해산과 동시에 상인자격도 상실한다고 본다. 회사가 파산하는 경우에는 자연인의 경우와 같이 파산관재인이 잔무처리를 하는 한 상인자격이 유지된다고 본다.

2. 非營利法人의 商人資格

비영리법인, 즉 학술·종교·자선·기예·사교 기타 영리 아닌 사업을 목적으로 하는 사단 또는 재단(민법 제32조)도 상인자격을 취득할 수 있는지의 여부에 관해서는 비영리법인이 그 목적을 촉진하기 위한 수단으로 영업을 하는 것이 반드시 비영리법인의 공익적 성격에 반하는 것이라고 볼 수 없으므로, 비영리법인도 영업을 하는 한 상인자격을 갖는다고 본다(사립학교법 제 6 조)(통설).

3. 公法人의 商人資格

공법인 중에서 그 목적이 법률에 의하여 특정되어 있는 특수공법인(예: 수리조합·농지개량조합)은 영업을 할 수 없으므로 상인자격이 없다.

그러나 국가나 지방자치단체와 같이 일반적인 목적을 갖는 일반공법인은 그 목적을 수행하는 데 필요한 범위 내에서 상인자격을 갖는다고 본다(제 2 조 참조).

4. 中間法人 내지 特殊法人의 商人資格

이들 법인은 각각의 특별법에 의한 비영리인 특정사업 이외의 영업은 할 수 없으므로 상인자격을 취득할 여지가 없다고 함이 통설적 견해이나, 농협중앙회·수협중앙회가 비회원에 대하여 신용사업 등을 영위하는 경우에는 그 범위 안에서 상인이 된다고 하는 반대설도 있다.

Ⅲ. 組合의 商人資格

조합의 경우에는 조합원 중의 1인이라도 조합계약에 정한 영업행위 또는 그 준비행위를 함으로써 상인자격을 취득하며, 조합원 전원이 조합계약에 정한 영리행위를 종료함으로써 상인자격을 상실한 때 이를 상실한다.

제 7 관 營業能力

회사는 상인자격이 있는 한 영업능력도 있다. 그러나 자연인은 행위무능력자도 상인자격을 취득할 수 있으므로 자연인에 있어서는 상인자격과 영업능력이 반드시 일치하지는 않는다. 자연인의 영업능력에 관해서는 원칙적으로 민법의 행위능력에 관한 규정이 적용되지만, 상법은 상사관계의 특성을 고려하여 몇 가지 특칙을 두고 있다.

Ⅰ. 未成年者의 營業能力

1. 法定代理人의 許諾이 있는 경우

미성년자가 법정대리인으로부터 허락을 얻은 특정한 영업에 관하여는 성년자와 동일한 행위능력이 있다(민법 제 8 조 제 1 항).

미성년자가 법정대리인의 허락을 얻어 영업을 하는 때에는 등기를 하여야 한다(제 6 조). 이것은 미성년자가 법정대리인의 허락을 얻어서 하는 영업은 완전히 유효하기 때문에 미성년자와 거래하는 제 3 자의 이해관계에 중대한 영향을 미치므로 이를 공시(公示)하기 위함이다. 등기하지 아니한 경우의 효과에 관해서는 논란이 있지만, 상법 제37조 제 1 항을 적용하여 등기하지 아니하면 미성년자는 선의의 제 3 자에 대하여 영업능력 있음을 주장하지 못한다고 본다.

2. 未成年者의 無限責任社員으로서의 能力

미성년자가 법정대리인의 동의를 얻어 합명회사, 합자회사의 무한책임사원이 된 때에는 그 회사의 사원자격으로 인한 행위에 관하여는 능력자로 본다(제 7 조). 여기서 사원자격으로 인한 행위는 사원개인으로서 회사나 제 3 자에 대한 출자의무의 이행·지분의 양도 등의 행위를 말한다고 해석한다(통설).

3. 法定代理人이 營業을 代理하는 경우

법정대리인은 미성년자를 대리하여 영업을 할 수 있고, 이 때에는 등기를 하여야 한다(제 8 조 제 1 항). 이 때에도 후견인이 법정대리인으로서 미성년자를 대리하여 영업을 하기 위해서는 친족회의 동의를 얻어야 한다(민법 제950조 제 1 항 제 1 호). 법정대리인의 대리권에 대한 제한은 선의의 제 3 자에게 대항할 수 없다(제 8 조 제 2 항).

Ⅱ. 限定治産者의 營業能力

한정치산자의 영업능력 역시 미성년자와 동일한 규정의 적용을 받는다(제 6 조, 제 7 조; 민법 제10조).

Ⅲ. 禁治産者의 營業能力

금치산자는 법정대리인의 대리행위에 의해서만 권리·의무의 주체가 될 수 있으므로, 영업에 있어서도 언제나 법정대리인에 의한 대리만이 가능하다. 이 때에도 등기를 하여야 하고(제8조 제1항), 법정대리인의 대리권에 대한 제한은 선의의 제3자에게 대항하지 못한다는 것은 미성년자, 한정치산자의 영업을 대리하는 경우와 같다(제8조 제2항).

제8관 營業의 制限

모든 국민은 직업선택의 자유를 가지므로(헌법 제15조) 누구나 영업의 자유를 갖는다. 그러나 영업의 자유는 절대적인 자유라고 할 수 없기 때문에 무제한으로 인정될 수는 없고 공법상 또는 사법상의 제한을 받는다.

Ⅰ. 公法上의 制限

공법상 영업이 제한되는 경우로는 근거법규에 따라 여러 가지가 있다. 그 중에서 음란문서의 반포·제조와 같이 공익상의 이유로 영업이 금지되는 경우(형법 제243조, 제244조)와 전매·통신과 같이 국가재정상의 이유로 영업이 금지되는 경우(담배사업법·인삼사업법·우편법·전기통신사업법 등)에는 이러한 규정에 위반하여 한 영업행위의 사법상의 효과가 인정되지 않는다. 이에 반하여 경찰규제 또는 산업정책적 이유로 국가의 감독을 받는 식품영업·은행업·보험업 등(식품위생법·은행법·보험업법 등)의 경우에는 공법상의 제한규정을 무시하고 영업을 했다 하더라도 그 행위의 사법상의 효력에는 영향이 없다. 공무원 등과 같이 신분상의 이유로 영업이 제한되는 경우(국가공무원법 제64조)도 마찬가지이다.

Ⅱ. 私法上의 制限

상법에는 특히 사적 자치의 원칙이 지배하고 있으므로 당사자간에 일정한 영업을 하지 않을 약정을 하는 경우 그것이 선량한 풍속 기타 사회질서(민법 제103조)에 반하지 않는 한 유효하다. 그러나 상법은 일정한 지위에 있는 자, 예를 들어 상업사용인(제17조), 회사의 업무집행사원과 이사(제198조, 제269조, 제397조, 제567조) 등에게 경업금지의무를 부과하고 있다. 이것은 경업금지의무를 부담하는 자의 경업으로 인하여 영업주·회사 등의 영업기회가 침해당하는 것을 방지하기 위함이다. 그러나 이 때에 경업금지의무에 위반한 행위가 무효로 되는 것은 아니고, 위반자에게 채무불이행으로 인한 손해배상책임이 발생할 뿐이다. 물론 경우에 따라서는 영업주의 개입권이 인정된다.

제 2 절 匿名組合

제 1 관 匿名組合의 意義

익명조합은 당사자 일방(익명조합원)이 상대방의 영업을 위하여 출자를 하고 상대방(영업자)은 그 영업으로 인한 이익을 분배할 것을 약정함으로써 효력이 생긴다(제78조).

익명조합은 영업자와 익명조합원(출자자)의 이익이 일치할 때 성립된다. 출자자가 사회적 지위, 경영능력, 법률상의 제한(예: 공무원·경업금지의무) 등으로 말미암아 자신이 영업자로 나서기 곤란한 경우에 익명조합원이 되어 영업이익에 참가할 수 있다. 또 영업양도인이 그 대가나 이자의 회수방법으로 익명조합 형태를 이용하기도 한다. 또한 익명조합계약은 법률 또는 계약에 의해 경업금지의무를 지는 자가 그 금지된 영업 또는 거래에 익명으로 참여하는 것을 가능하게 한다.

영업자는 익명조합원의 간섭을 받지 않고 독자적으로 자기의 경영수완을 발휘할 수 있고, 출자에 대해 영업상의 이익이 있을 때에만 이를 분배하면 된다.

1. 匿名組合은 匿名組合員과 營業者間의 契約이다

(1) 當 事 者

익명조합은 출자자인 익명조합원과 상인인 영업자의 두 당사자간의 계약이다. 두 당사자간의 계약인 점에서 셋 이상의 다수당사자가 있을 수 있는 민법상의 조합과 다르다.

⑵ 匿名組合契約의 竝存

그러나 영업자는 자력을 강화하기 위하여 다수의 출자자와 동시에 같은 내용의 익명조합계약을 체결할 수 있으며, 이 경우 영업자와 각 출자자 사이에 수개의 독립된 익명조합계약이 병존하지만 출자자 상호간에는 아무런 관계가 없다.

⑶ 當事者資格

익명조합원은 상인이든 비상인이든 자격제한이 없다. 그러나 영업자는 상인이어야 한다. 왜냐하면 익명조합원의 출자는 영업자의 영업을 위한 것이기 때문이다. 따라서 상인인 영업자측에서는 익명조합은 영업을 위하여 하는 것이므로 보조적 상행위(제47조)가 된다.

2. 「匿名組合員이 營業을 위하여 出資하고 營業者가 營業으로 인한 利益을 分配할 것」을 目的으로 한다

⑴ 營　業

익명조합은 특정의 영업을 중심으로 결성되는 공동영업이므로 출자의 대상은 영업이고 따라서 영업은 특정되어야 한다. 그러므로 막연히 수익성 있는 사업을 하여 이익을 분배하겠다는 약정은 익명조합이 아니다. 여기서 영업이라 함은 수지·손익이 구별될 수 있는 상대적 독립성을 가지면 충분하며, 영업자가 영위하는 영업의 전부일 필요는 없고, 한 영업의 특정부문, 특정영업소와 같이 영업의 일부라도 무방하다.

⑵ 出　資

익명조합원의 출자는 영업자의 재산에 귀속한다(제79조). 출자의 목적은 금전 기타의 재산에 한하며 신용이나 노무는 출자의 목적이 될 수 없다(제86조, 제272조).

⑶ 利益分配

영업으로부터 생긴 불확정한 이익을 분배하는 것이 익명조합의 중요한 요소이다. 그러므로 당사자간에 분배이익의 최고한도를 정한다든가 매출액의 일부를 지급하기로 약속하는 것은, 확정이자·임료 등의 지급이 되어 익명조합의 본질에 어긋난다.

3. 匿名組合은 契約關係이다

(1) 匿名組合의 법적 성질

익명조합은 자본가와 유능한 경영자가 합작하여 형성한 영업형태로서 출자자인 자본가는 배후에 숨어 있어서 대외적으로는 경영자인 영업자의 개인영업이며, 내부적으로는 공동영업인 내부조합이다. 따라서 익명조합은 내부관계에서 계약이지 조직체가 아니며, 외부관계에서는 영업자의 단독영업이지 익명조합 그 자체가 권리·의무의 귀속주체가 되는 것은 아니다. 따라서 법률적으로는 익명조합 그 자체가 아니라, 오로지 영업자가 상인이 된다.

익명조합이 유상·쌍무·낙성·불요식계약인 것은 명백하지만 민법의 전형계약 중에서 어떤 유형에 속하는지에 관해서 이전에는 민법상의 조합이라는 설, 소비대차의 일종이라는 설 등이 주장되었다. 그러나 현재에는 민법상의 조합을 수정한 상법상의 특수한 계약이라는 데 의견이 일치되어 있다.

(2) 適用法規

익명조합이 비록 계약관계라고 하더라도 내적으로는 공동사업이 있고 조합관계가 존재하는 내적 조합이라고 할 수 있다. 따라서 익명조합에 대해서는 익명조합계약 그 자체가 우선하여 적용되고 그 다음에 이에 관한 상법(제78조~제86조)의 규정이 적용되며, 민법의 조합에 관한 규정(예컨대, 수임자의 권리의무(민법 제707조), 손익분배의 비율(민법 제711조) 등)도 보충적으로 유추적용된다.

익명조합원은 합자회사의 유한책임사원과 그 지위가 유사하기 때문에 익명조합원에 대하여는 유한책임사원에 관한 일부규정을 준용하고 있다(제86조, 제272조, 제277조, 제278조). 또 익명조합원의 지위를 양도함에는 특약이 없는 한 영업자의 승낙이 있어야 할 것이므로 제276조도 유추적용된다고 본다.

제 2 관 匿名組合의 效力

Ⅰ. 匿名組合員의 義務

1. 出資義務

익명조합원은 영업자에 대하여 계약에서 정한 출자의무를 진다(제78조 전단). 이 출자는 금전 기타 재산에 한정되며 노무 또는 신용의 출자는 인정되지 않는다(제86조, 제272조). 제86조(준용규정)에 의하여 제272조(유한책임사원의 출자)가 준용되므로 신용과 노무는 출자의 목적이 될 수 없다. 출자는 영업자의 재산에 귀속하게 되므로(제79조), 재산권의 이전에 필요한 모든 행위(인도, 등기, 양도의 통지, 명의개서)를 하여야 한다.

영업자가 하는 지출은 자신의 영업을 위한 것이고 이에 대하여 익명조합원이 지분을 갖는 것이 아니므로 공동영업인 익명조합에 대한 출자란 있을 수 없다.

2. 損失分擔義務

손실분담은 이익분배와는 달리 익명조합의 요소가 아니다. 익명조합원은 손실을 분담하지 아니한다는 특약을 할 수 있으나(독일상법 제231조 제 2 항 참조), 이러한 특약이 없으면 익명조합원이 손실을 분담한다는 약정이 있는 것으로 추정한다(제82조 제 1 항 · 제 3 항, 제85조 단서). 그 분담비율은 약정이 없더라도 이익분배의 비율과 같은 것으로 추정한다(민법 제711조 제 2 항). 이익분배의 비율을 정하지 않은 때에는 영업자가 계약의 목적인 영업에 투자한 재산액과 노력, 그리고 익명조합원의 출자액 기타 '모든 사정을 참작하여 합리적인 비율로'(독일상법 제231조 제 1 항 참조) 결정하여야 한다.

익명조합원의 손실분담의무는 손실을 전보하기 위하여 실제로 재산을 출연하여 손실을 전보할 의무를 의미하는 것은 아니며, 익명조합계약의 존속중과 종료 후로 나누어 본다.

(1) 계약존속중에 손실이 생기면 익명조합원의 출자가 계산상 분담액만큼 감소하게 되며 다른 약정이 없는 한 그것을 현실적으로 전보할 필요는 없다. 다만 후에 이익이 생겼을 때에 그 출자의 결손을 전보한 다음 이익분배를 청구할 수 있게 된다(제82조 제 1 항 · 제 2 항). 이것은 결손의 결과 출자가 영(0) 내지 負(−)로 되어도 다른 약정이 없는 이상 마찬가지이며, 이미 받은 이익의 반환이나 추가로 출자를 할 의무

는 없다(제82조 제 2 항 · 제 3 항).

(2) 계산상 출자가 감소한 상태에서 익명조합계약이 종료한 때에는 그 감소된 액대로 익명조합원에게 반환되지만 출자가 負(-)로 된다 하더라도 특약이 없는 한 손실을 전보하기 위한 출자의무는 없다.

3. 地位의 專屬性

익명조합은 상호간의 신용을 기초로 하는 내부조합으로서, 특히 익명조합원은 영업자의 업무에 대해 감시권을 가지고(제86조, 제277조) 영업에 정통할 수 있는 합자회사의 유한책임사원과 같은 지위에 있으므로 영업자의 동의 없이는 출자의무를 완전히 이행한 경우라도 그 지위를 일방적으로 타인에게 양도하지 못한다. 이것은 영업자의 지위에 대해서도 동일하게 적용된다.

4. 競業禁止義務의 不存在

익명조합원은 합자회사의 유한책임사원과 마찬가지로(제27조) 계약의 전 취지에서 판단하여 특약이 없는 한 경업금지의무는 지지 않는다. 왜냐하면 익명조합원은 영업활동을 하지 않기 때문이다.

Ⅱ. 營業者의 義務

1. 業務執行義務

익명조합원이 영업자의 영업을 위하여 출자한 금전 기타의 재산은 영업자의 재산에 귀속되며, 익명조합원은 영업에 관여하지 않고 다만 이익분배에만 참여할 뿐이므로 영업자는 계약의 본지에 따라 선량한 관리자의 주의로써(민법 제707조, 제681조) 업무를 집행하여야 한다.

그러므로 익명조합원은 영업자가 계약에서 정한 바에 따라 영업을 개시하지 않거나 영업활동을 실행하지 않는 때에는 그 개시와 실행을 청구할 수 있으며, 이에 응하지 않을 때에는 계약을 해지할 수 있다(제83조 제 2 항). 또한 영업자가 임의로 영업을 변경 · 양도 · 폐지 · 휴업을 하거나 영업을 부주의하게 수행하여 손실이 발생함으로써 기대되는 이익을 얻지 못한 때에는 부득이한 사정을 이유로 계약을 해지할 수 있을 뿐만 아니라(제83조 제 2 항), 채무불이행을 이유로 손해배상을 청구할 수 있다.

2. 營業狀態開示義務(匿名組合員의 監視權)

익명조합원은 합자회사의 유한책임사원과 마찬가지로 영업의 성과에 중대한 이해관계를 가지나 영업에의 관여가 배제되므로, 익명조합원의 이익을 도모하기 위해 영업자의 영업상태개시의무를 인정하고 있다(제88조, 제277조). 즉 익명조합원은 영업연도 말에 영업시간 내에 한하여 회계장부, 대차대조표 기타의 서류를 열람할 수 있고 영업자의 업무와 재산상태를 검사할 수 있다. 또 중요한 사유가 있을 때에는 익명조합원은 언제라도 법원의 허가를 얻어 위의 열람과 검사를 할 수 있다(제86조, 제277조).

3. 利益分配義務

이익분배는 익명조합의 요소이므로 영업자는 영업으로 인한 이익을 분배할 의무를 지고(제78조 후단), 익명조합원은 이익의 발생과 동시에 당연히 배당청구권을 취득하며, 특약이 없는 한 영업자는 이익을 차년도로 이월하거나 조합원의 출자에 가산할 수 없다.

4. 競業禁止義務

익명조합은 실질적으로 영업자와 익명조합원의 공동사업이고 영업자는 합자회사의 무한책임사원과 같으므로 경업금지의무가 있다. 왜냐하면 영업자가 동종의 영업을 따로이 행한다연 익명조합원과 이익충돌을 빚을 것은 명백하고 이는 익명조합의 본질과 신의칙에 어긋난다 할 것이므로 영업자의 경업금지의무를 인정하는 것이 타당하기 때문이다.

Ⅲ. 匿名組合의 對外的 關係

1. 營業者와 제 3 자의 관계

익명조합은 경제적으로는 계약적 공동영업의 일종이지만 법률적으로는 영업자만이 영업의 주체로서 제 3 자와 법률관계를 가지게 된다. 따라서 영업자의 영업행위로 생긴 모든 권리의무는 영업자에게만 귀속된다.

2. 匿名組合員과 제 3 자의 관계

익명조합원의 출자재산은 영업자의 소유에 속하고 영업자의 책임재산을 구성하게 된다. 그러므로 익명조합원의 채권자는 이 재산에 대해 압류를 할 수 없다.

또 익명조합원은 영업과 경영에는 전혀 관여하지 않으며 대외적으로 아무런 관계도 없다. 그러므로 영업자의 행위에 관하여 제 3 자에 대한 권리나 의무가 없고(제80조) 책임을 지지도 않는다.

그러나 익명조합원이 자기의 성명을 영업자의 상호에 사용하게 하거나 자기의 상호를 영업자의 상호로 사용할 것을 허락한 때에는 그 사용 이후의 채무에 대하여 영업자와 연대하여 변제할 책임이 있다(제81조). 제81조의 규정은 기본적으로 신뢰보호에 따른 금반언(禁反言)의 원칙, 즉 거래안전의 보호를 위한 외관주의에 입각한 책임으로써 상법 제24조와 다를 바 없는 주의규정에 불과하다.

제 3 관 匿名組合의 終了

Ⅰ. 終了事由

익명조합의 종료에는 계약의 일반적 종료사유 외에도 다음과 같은 특별종료사유가 있다.

1. 存續期間의 만료

당사자간에 존속기간을 정한 경우에는 그 존속기간의 만료로 인하여 종료한다.

2. 契約의 解止

당사자는 상대방의 채무불이행을 이유로 해지할 수 있음은 물론이나(민법 제543조) 채무불이행이 없더라도 다음과 같은 경우에는 해지가 가능하다.

(1) 익명조합계약으로 조합의 존속기간을 정하지 않거나 존속기간을 어느 당사자의 종신까지로 약정한 때에는 각 당사자는 6월 전에 예고하고 영업연도 말에 계약을 해지할 수 있다(제83조 제 1 항).

(2) 부득이한 사유가 있을 때에는 존속기간의 약정에도 불구하고 각 당사자는

언제든지 계약을 해지할 수 있다(제83조 제2항). 이 경우 해지권은 특약으로도 제한할 수 없다(민법 제103조).

3. 法定終了事由

익명조합계약은 1) 영업의 해지 또는 양도(제84조 제1호), 2) 영업자의 사망 또는 금치산(제84조 제2호), 3) 영업자 또는 익명조합원의 파산(제84조 제3호) 등의 사유로 당연히 소멸한다.

Ⅱ. 終了의 效果

1. 契約當事者의 義務의 종료

익명조합계약이 종료하면 계약의 존속을 전제로 한 각 당사자의 의무도 종료하고, 각 당사자는 익명조합계약이 종료할 때까지 계약종료에 의한 계산의 결과로 이익이 있으면 이를 분배하여야 한다. 하지만 특약이 없으면 영업자에 대한 분배청구권은 없다.

2. 計算의 기초

채권·채무의 결제는 계약종료 당시의 영업자의 재산상태를 기초로 한다. 즉 조합계약의 종료 후의 손실은 고려되지 아니한다. 왜냐하면 익명조합계약이 종료된 후에도 영업자는 영업을 계속할 수 있기 때문이다.

여기에서의 결제란 영업자가 익명조합원에게 출자의 가액을 반환함을 뜻한다.

3. 匿名組合員의 損失分擔特約이 없는 때

이 때에는 영업자측에서 익명조합원의 출자의 가액을 반환하여야 한다(제85조 본문). 출자의 가액이라 함은 납입된 출자를 말하며, 납입미필액이 있는 상태로 계약이 종료하면 잔액납입의무도 소멸한다. 현물출자를 한 경우에는 이를 금전으로 평가하여 그 가액을 반환하면 된다. 상법이 출자 자체가 아니라 출자의 가액을 반환하도록 한 것은 출자가 영업자의 재산에 귀속하는 까닭이다(제79조). 그러나 특약에 의하여 사용권만을 출자한 경우에는 물론 출자목적물 자체를 반환하여야 한다.

4. 匿名組合員의 損失分擔特約이 있는 때

이 경우 납입된 출자가 손실에 의하여 감소된 때에는 영업자는 그 잔액을 반환하면 되고(제85조 단서), 손실분담액이 출자한 가액을 초과하는 때에는 익명조합원은 이미 출자를 완료한 경우에는 추가로 출자할 필요가 없다. 다만 아직 출자하지 못한 부분이 있는 때에는 이를 영업자에게 급여하여야 한다. 그러나 그 잔액을 급여하면 족하고 그 액이 분담부분을 초과하더라도 다시 출자할 의무는 없다.

5. 營業者의 파산

영업자의 파산에 의하여 익명조합계약이 종료한 때에는 익명조합원은 다른 일반채권자와 동등한 지위에서 이익분배청구권 또는 출자반환청구권을 행사할 수 있을 뿐이지 이에 우선할 권리는 없다. 그러나 익명조합원이 사용권만을 출자한 경우에는 그 물건에 관하여 환취권(還取權)을 행사할 수 있다(채무자 회생 및 파산에 관한 법률 제407조)

제3절 商業使用人

제1관 總 說

Ⅰ. 商人補助者

다양한 영업형태 중에서 가장 소규모의 형태는 상인인 자연인이 직접 영업활동을 담당하는 개인상인이다. 그런데 상인이 영업규모를 확대하고 그 활동을 활발하게 하여 영리목적을 충분하게 달성하기 위해서는 여러 종류의 보조자를 사용하고 이들로 하여금 자기의 영업활동을 보조하게 할 필요가 있다.

이와 같이 상인의 영업활동을 보조하는 자 중에는 영업의 내부에서 특정한 상인에 종속하여 그 영업활동을 보조하는 비독립적인 보조자와 영업의 외부에서 특정인 또는 불특정인을 위해 활동하지만 법률상으로 상인자격을 갖는 독립적인 보조자가 있다. 전자가 상업사용인이고, 대리상·중개인·위탁매매인·운송주선인 등은 후자에 속한다.

Ⅱ. 商業使用人의 意義

특정한 상인에 종속하여 그 대외적인 영업활동을 보조하는 자를 상업사용인이라고 한다.

1. 商人에 대한 從屬性

상인에 종속한다 함은 영업주의 지휘감독에 따르게 되는 관계를 의미한다. 이 점에서 특정한 상인의 영업활동을 계속적으로 보조하지만 독립한 상인으로서 영업주와 대등한 입장에서 보조하는 대리상은 상업사용인이 아니다. 마찬가지로 회사의 대표사원 또는 대표이사와 같이 회사기관으로서 영업을 하는 자는 상업사용인이 아니다. 또한 상인이 미성년자인 경우의 그 법정대리인 및 금치산자의 후견인도 상인과 동일한 자격을 갖는 자이기 때문에 상업사용인과 구별하여야 한다.

2. 代 理 權

상업사용인은 대외적인 영업활동을 보조한다. 영업활동의 대외관계에 있어서 상인을 대리하는 자이기 때문에 순전히 내부적인 업무에 종사하고 영업상의 대리권을 갖지 않는 자는 비록 고용관계에 있더라도 상업사용인이 아니다.

3. 自 然 人

상업사용인은 영업활동을 보조하는 자이므로 자연인에 한한다.

Ⅲ. 種 類

상법은 영업주에 종속하여 영업활동을 보조하는 상업사용인을 지배인, 부분적 포괄대리권을 가진 사용인 및 물건판매점포사용인으로 구분하여 규정하고 있다. 이 구별은 영업주와의 신뢰관계의 강약에 따라 각기 다른 대리권의 범위를 기준으로 하고 있다.

제2관 支配人

Ⅰ. 支配人의 意義

지배인이란 영업주를 대신하여 그 영업에 관한 재판상 또는 재판 외의 모든 행위를 할 수 있는 권한을 가진 상업사용인이다(제11조 제1항). 이와 같이 영업에 관한 포괄적 대리권(지배권)을 수여받은 상업사용인을 지배인으로 보는 다수설에 따르면 지배인인가의 여부는 영업주로부터 영업에 관한 포괄적 대리권을 수여받고 있는지의 여부에 따라 결정되고 그 명칭 여하에 의할 문제는 아니다(통설: 지배권기준설). 그 이유로서는 현재 지배인이라고 하는 명칭 자체가 중시되지 않고 있는 이상 지배인 여부는 포괄적 대리권의 유무라는 실질에 의하여 결정해야 하고, 상법상 상업사용인의 종류가 대리권한의 범위에 의하여 구별되고 있는 이상 지배인에 관해서도 이와 동일한 평면에서 동일한 표준에 의하여 구별하여야 한다는 점이다. 그러나 이러한 입장과는 달리 지배인이란 형식적으로 본점 또는 지점의 영업주임자로 선임된 상업사용인이라는 견해가 있다(영업주임기준설).

Ⅱ. 支配人의 選任·終任

1. 支配人의 選任

(1) 지배인은 영업주인 상인(소상인은 제외. 제9조 참조) 또는 그 대리인이 선임한다(제10조). 회사의 경우에는 대표사원(합명·합자회사), 대표이사(주식회사), 이사(유한회사) 등 대표기관이 선임한다. 그러나 내부관계에 있어서 일정한 절차요건을 갖추어야 한다(제203조, 제274조, 제393조 제1항, 제564조 제1항). 그런데 이 절차요건은 회사의 내부관계 문제에 지나지 않기 때문에 이 요건을 위반한 경우라도 선임행위 자체의 효력에는 영향이 없다(다수설). 지배인은 다른 지배인을 선임하지 못한다. 왜냐하면 지배인의 지위의 중요성 및 지배인과 영업주의 고도의 신뢰관계 등에 비추어 볼 때 지배인은 영업주만이 선임할 수 있기 때문이다.

(2) **支配人 被選資格**

지배인이 될 수 있는 자는 자연인에 한한다. 자연인이면 행위무능력자도 무방하며 자격에 특별한 제한이 없다. 감사는 성질상 지배인을 겸할 수 없으나(제411조, 제570조) 회사의 이사나 업무집행사원이 지배인을 겸하는 것은 상관없다.

2. 支配人의 終任

영업주와 지배인 사이의 법률관계는 대리권수여가 따르는 고용 또는 위임이기 때문에 지배인은 대리권소멸과 고용관계 또는 위임관계의 종료에 의하여 당연히 종임한다. 예컨대, 지배인의 사망·금치산·파산, 해지, 영업주의 파산, 고용기간만료, 해임·사임, 영업의 폐지, 회사의 해산 등이다. 그러나 지배인의 대리권은 상행위의 위임에 의한 대리권이고 영업주의 사망에 의하여 소멸하지 않으므로(제50조) 영업주가 사망한 때에는 지배인은 당연히 그 상속인의 지배인으로 된다.

3. 登 記

지배인의 선임과 종임은 등기사항이다(제13조; 상업등기법 제53조~제55조). 즉 지배인의 선임이나 종임의 사실이 있는 경우에는 영업주(상인)가 이를 등기하여야 하는데, 영업주가 이를 등기하지 않으면 영업주는 이로써 선의의 제 3 자에게 대항할 수 없다(제37조 제 1 항).

Ⅲ. 支配人의 代理權(支配權)

지배인은 영업주에 갈음하여 그 영업에 관한 재판상 또는 재판 외의 모든 행위를 할 권한을 가지며 이에 대한 제한은 선의의 제 3 자에게 대항하지 못한다(제11조 제 1 항·제 3 항).

1. 支配權의 범위·내용

(1) 支配權의 범위

지배인의 대리권은 포괄성을 가진다. 그러나 지배권이 미치는 영업은 영업주의 모든 영업이 아니라, 일반적으로 상호와 영업소에 의하여 개별화된 특정한 범위의 영업에 한정된다. 즉 영업주가 수개의 상호에 의하여 수개의 영업을 하는 경우 지배인의 대리권은 각 상호의 영업에 미친다(상업등기법 제53조 제 1 항 제 3 호). 그러나 단일한 상호하에서 수종의 영업을 하는 경우에는 지배인의 대리권은 당연히 그 모두에 마친다. 또한 영업주가 한 개의 영업에 관해 수개의 영업소를 갖고 있는 경우 지배인의 대리권은 그 중에서 한 개의 영업소의 영업에 한정된다(동조 제 4 호). 그러나 영업주는 수개의 영업소에 관하여 지배권을 갖는 지배인(총지배인)을 선임할 수 있다.

(2) 支配權의 내용

지배인의 대리권의 내용을 보면, 먼저 영업에 관한 재판상의 행위란 소송행위를 말하며 지배인은 영업주의 소송대리인으로서 모든 심급에서 소송행위를 할 수 있으며(민사소송법 제87조), 당연히 변호사에게 소송위임을 할 권한을 갖는다.

영업에 관한 재판 외의 행위란 적법한 사법상의 법률행위를 말하며, 영업목적 자체의 행위인지, 아니면 영업을 위한 행위인지의 여부를 불문한다. 예컨대 회사를 위하여 한 금전의 차입행위, 어음행위, 지배인 이외의 상업사용인의 선임·해지 등은 지배인의 권한 내의 행위이다.

2. 代理權의 制限

지배인의 대리권은 포괄적 대리권으로 법정되어 있으므로 영업주가 이에 제한(예컨대 거래의 종류·금액·시기·장소 등)을 가하더라도 이 제한으로써 선의의 제 3 자에게 대항하지 못한다(제11조 제 3 항). 따라서 선의의 제 3 자를 기준으로 한다면 지배인의 대리권은 획일적·불가제한적(不可制限的)이기 때문에 제 3 자는 대리권의 범위를 조사하지 않고도 그 실질적 범위에 관해 안심하고 거래를 할 수 있다.

3. 共同支配人

영업주는 동일한 영업에 관하여 수인의 지배인을 선임하고 그들로 하여금 공동으로만 대리권을 행사하여야 한다는 뜻을 정할 수 있다(제12조 제 1 항). 이를 공동지배인제도라고 하는데, 대리권의 남용 내지 오용으로 인한 영업주의 불이익을 방지하기 위한 것이다. 따라서 이러한 위험이 없는 수동대리, 즉 단순히 상대방으로부터 의사표시를 수령하는 경우에는 공동지배인 각자가 대리권한을 행사할 수 있다. 그러나 공동지배인이 적극적으로 대리하는 능동대리의 경우에는 공동하여 대리하여야 한다. 이 때의 능동대리에는 재판상의 행위도 원칙적으로 그 대상이 된다고 본다.

Ⅳ. 表見支配人

1. 表見支配人의 意義

표현지배인이란 지배인이 아니면서 본점 또는 지점의 영업주임 기타 유사한 명칭을 가진 사용인으로서 재판 외의 행위에 관하여 본점 또는 지점의 지배인과 동일한 권한이 있는 것으로 의제되는 상업사용인이다(제14조). 표현지배인의 규정은 지배인이 선임될 수 있는 영업소에 영업주임자의 명칭을 부여받고 있으나 실제로는 포괄적 대리권을 수권받고 있지 아니한 사용인을 지배인으로 신뢰한 자를 보호하기 위해 마련한 것이다. 이른바 외관우월의 규정 중의 하나이다.

2. 表見支配人의 要件

표현지배인이 성립하기 위한 요건으로서는 1) 사용인이 영업소의 주임자인 명칭, 즉 포괄적 대리권이 있다고 볼 수 있는 영업주임 기타 유사한 명칭을 사용하고 있고, 2) 상인이 그 명칭을 부여하였으며, 3) 상대방이 선의이어야 한다. 1)은 영업조직의 외관적 관계이고, 2)는 본인인 상인의 귀책사유이며, 3)은 상대방의 보호사유이다.

(1) 營業所의 實質

거래의 안전을 위하여 영업소로서의 외관만 있으면 충분하고 그 실질을 갖출 것을 요하지 않는다는 형식설 내지 외관설과 본점 또는 지점의 실제를 가지고 어느 정도 독립적으로 영업활동을 할 수 있는 영업소로서의 실질을 갖추고 있어야 한다는 실질설이 있다. 후설이 다수의 견해이며 판례의 태도로서 타당하다. 즉 그 영업활동의 장소가 주된 사무소와 분리되어 일정한 범위에서 대외적으로 독자적인 영업활동을 하는 실체를 갖추고 있어야 한다. 따라서 영업소의 명칭이나 등기의 유무는 문제되지 아니한다.

(2) 表見支配人의 명칭

표현지배인으로 인정되기 위해서는 영업주임 기타 유사한 명칭이 부여되었어야 한다. 여기서 영업의 주임자로서의 명칭, 즉 영업주임 기타 유사한 명칭 여부는 일반적인 사회통념에 의하여 결정된다. 그런데 보험회사의 지사장·지부장 등의 명칭은 일반적인 사회통념에서는 영업의 주임자인 명칭으로 볼 수 있어도 보험업계의 통념에 의하면 포괄적 · 불가제한적인 대리권을 갖는 지점장으로서 영업의 주임자인 명칭으로 볼 수 없다(대판 1978. 12. 13, 78 다 1567; 1983. 10. 25, 83 다 107; 1993. 12. 10, 93 다 36974).

(3) 名稱의 부여

표현지배인이 성립하기 위해서는 상인이 명칭을 부여하였어야 한다. 명칭의 부여는 명시적 방법뿐만 아니라, 묵시적 방법에 의할 수도 있다. 이 요건은 영업주에게 책임을 지우기 위한 귀책근거이다.

(4) 相對方의 善意

표현지배인이 인정되기 위해서는 표현지배인의 외관 및 영업주의 귀책사유 외에 표현지배인과 거래한 상대방이 악의가 아니어야 한다(제14조 제 2 항).

여기서 악의란 영업주에 갈음하여 거래한 표현지배인이 진실한 지배인이 아니라는 사실을 알고 있는 것을 말한다. 한편 선의이지만 중과실이 있는 때에는 이를 악의와 동일하게 다루어 상대방은 보호되지 않는다고 할 것이다(다수설).

3. 表見支配人의 權限과 行爲의 效果

(1) 權 限

표현지배인이 행한 행위가 외관상의 권한 내의 거래행위이어야만 표현지배인은 성립할 수 있다. 즉 표현지배인의 권한은 본점 또는 지점의 지배인과 동일한 권한이지만 재판상의 행위에 관해서는 미치지 않는다(제14조 제 1 항 단서).

표현지배인이 행하는 영업에 관한 행위란 일반적으로 영업의 목적인 행위 외에 영업을 위하여 필요한 행위를 포함한다고 본다. 더욱이 영업에 관한 행위에 대한 권한은 지배인의 권한과 마찬가지로 영업의 종류, 영업소에 의하여 개별화된다. 그리고 지배인과 마찬가지로 영업 자체의 처분은 허용되지 않는다.

(2) 行爲의 效果

이와 같이 표현지배인이 무권대리로서 제 3 자와 거래한 행위는 진정한 지배인의 행위로 의제된다(제14조 제 1 항). 따라서 그 거래로 인한 법률효과는 영업주에게 귀속된다. 표현지배인으로 인정되어 영업주가 상대방에 대하여 책임을 지는 경우에 표현지배인 자신도 상대방에 대하여 책임을 지는가에 대하여는 견해가 대립되고 있다.

제 3 관 部分的 包括代理權을 가진 使用人

Ⅰ. 意 義

부분적 포괄대리권을 가진 사용인이란 영업의 특정한 종류 또는 특정한 사항에 대하여 위임을 받은 사용인이다(제15조 제 1 항). 일반적으로 부장·과장·계장·주임 등이 이러한 상업사용인에 속한다.

Ⅱ. 選任·終任

부분적 포괄대리권을 가진 사용인은 상인(소상인도 포함)과 그 대리인 또는 지배인이 선임한다. 종임은 지배인의 종임에 준한다. 선임과 해임은 지배인의 경우와 달리 등기사항이 아니다.

Ⅲ. 代 理 權

부분적 포괄대리권을 가진 사용인은 영업주로부터 위임을 받은 영업의 특정한 종류 또는 사항에 관하여 재판 외의 모든 행위를 할 수 있는 권한이 있다(제15조 제 1 항). 이러한 대리권은 일정한 범위에서 포괄적이고 불가제한적인 점에서 민법의 대리와 다르고 지배인의 대리권과 유사하지만 지배인보다는 대리권의 범위가 제한되어 있다. 이 대리권에 대한 제한은 선의의 제 3 자에게 대항하지 못한다(제15조 제 2 항).

제 4 관 物件販賣店鋪의 使用人

물건을 판매하는 점포의 사용인은 그 판매에 관한 모든 권한이 있는 것으로 본다(제16조 제 1 항). 이 규정은 외관법리에 의하여 판매에 관한 권한이 있다고 믿은 선의의 제 3 자를 보호하는 데 목적이 있다. 따라서 상대방이 악의인 경우에는 적용되지 않는다(제16조 제 2 항).

물건판매점포의 사용인은 영업주가 그 의사에 의하여 고객과의 거래를 위하여 점포에 사용하는 한 고용관계의 유무를 불문하고, 소유권의 이전이 수반되는 판매에 관하여 대리권이 있는 것으로 의제하는 것이다. 즉 점포의 거래관계에서 당연히 수반되는 판매와 수령에 관한 권한이 있으며 신용거래도 할 수 있다. 그런데 이러한 대리권이 인정되기 위해서는 거래가 점포에서 체결되거나 적어도 점포에서 개시되어야 한다.

제 5 관 商業使用人의 義務

상업사용인과 영업주 사이의 권리·의무관계는 고용계약 또는 위임계약에 관한 규정에 의하여 정한다. 상업사용인은 민법의 규정에 따른 권리·의무를 갖는 이외에 상법상의 의무로서 경업피지·겸직금지의무(競業避止·兼職禁止義務)를 부담한다.

Ⅰ. 義務의 내용(競業避止 · 兼職禁止義務)

상업사용인은 영업주의 허락 없이 자기 또는 제 3 자의 계산으로 영업주의 영업부류에 속한 거래를 하지 못하며 영업주의 허락 없이 다른 회사의 무한책임사원·이사 또는 다른 상인의 사용인이 되지 못한다(제17조 제 1 항). 전자를 경업피지의무 또는 경업금지의무라고 하며, 후자를 겸직금지의무라 한다.

상업사용인은 그 영업주와 신뢰관계를 기초로 대리권을 수여받고, 또 사용인으로서 영업주의 영업기밀에 정통하는 지위에 있으므로 상업사용인에 대하여 영업주와 경업관계를 발생시키는 행위를 금지하고 영업주의 신임에 응하여 부단히 그 직무에 전념할 수 있도록 하기 위하여 특정한 직위에 취임하는 것을 금지하고 있다.

Ⅱ. 義務違反의 효과

1. 違反行爲의 效力

상업사용인이 경업피지·겸직금지의무에 위반한 경우, 그 행위 자체는 유효하다. 상업사용인의 부작위의무는 영업주와의 사이의 내부관계에 그치는 것으로 위반행위에 대하여 영업주를 보호하기 위하여 제 3 자의 이익을 해할 수는 없기 때문이다.

2. 契約解止權·損害賠償請求權

상업사용인이 그 의무를 위반한 경우에 대내적으로 영업주는 사용인에 대하여 그 위반행위를 이유로 손해배상을 청구하거나 계약을 해지할 수 있을 뿐이다(제17조 제3항). 그러나 이것만으로는 영업주를 충분히 보호할 수 없기 때문에 상법은 영업주에 대하여 특수한 구제를 인정하고 있다.

3. 介 入 權

(1) 意　　義

상업사용인이 경업피지의무에 위반하여 자기의 계산으로 거래를 한 때에는 영업주는 그 거래를 영업주 자신의 계산으로 한 것으로 볼 수 있고(협의의 개입권), 제3자의 계산으로 한 때에는 영업주는 그로 인한 이득의 양도를 청구(이득양도청구권)할 수 있다(제17조 제2항). 영업주의 이러한 권리를 개입권 또는 탈취권이라고 부른다. 상법이 영업주에게 이러한 권리를 인정하는 이유는 경업피지의무위반으로 인한 손해는 일반적으로 기대이익을 상실한다고 하는 소극적 손해이기 때문에 손해의 증명산정이 용이하지 않고 영업주에게는 고객관계를 유지할 필요가 있기 때문이다. 그렇지만 개입권의 행사가 반드시 의무위반으로 인한 손해를 전제하지는 않는다.

(2) 性　　質

개입권은 영업주의 일방적인 의사표시에 의하여 일정한 법률효과를 발생시키는 권리이므로 형성권이다.

(3) 行使의 효과

개입권행사의 효과는 채권적 효과이다. 즉 영업주는 상업사용인에 대한 일방적 의사표시에 의하여 개입권을 행사하고 반면에 상업사용인은 그 거래로 인하여 취득한 금전 기타 물건·권리를 영업주에게 이전할 의무를 부담한다. 이러한 의무의 이행에 대하여 영업주는 사용인이 부담한 채무의 변제·지출비용을 상환할 의무가 있다.

(4) 除斥期間

개입권은 영업주의 구제를 목적으로 한 것이며 그 행사는 영업주의 일방적 의사에 달려 있으므로 법률관계의 불안정을 피하기 위하여 상법은 단기의 제척기간을 정하고 있다. 즉 개입권은 영업주가 그 거래를 안 날로부터 2주간을 경과하거나 거래가 있은 날로부터 1년이 경과하면 소멸한다(제17조 제 4 항).

(5) 發生要件

지배인이 영업주의 허락 없이 그의 영업부류에 속한 거래를 하였을 것, 즉 경업금지의무를 위반하였어야 한다.

(6) 介入權과 損害賠償請求權의 관계

영업주는 개입권을 행사한 후에도 손해가 있다면 다시 상업사용인에게 손해배상을 청구할 수 있다(제17조 제 3 항 후단). 이와 반대로 영업주는 손해배상을 청구한 후에도 개입권을 행사할 수 있지만, 그 결과 부당이득이 발생하면 이를 반환하여야 한다.

제 4 절 營 業 所

제 1 관 營業所의 개념

영업소란 상인의 영업활동의 중심이 되는 일정한 장소를 말한다. 영업소는 주소와 다른 개념으로서 개인상인의 경우에는 영업소와 주소가 반드시 일치하지는 않는다. 반면에 영업만을 목적으로 하는 회사의 경우에는 영업소와 주소가 일치한다. 다만 수개의 영업소가 있는 때에는 회사의 주소는 주된 영업소, 즉 본점의 소재지에 있는 것으로 한다(제171조 제 2 항). 영업소는 일정한 장소를 의미하지만 영업조직의 중심으로서 인적·물적 시설의 존재와 결합되어 있다. 영업소라고 하기 위해서는 다음의 요건을 갖추어야 한다.

Ⅰ. 일정한 場所

일반적인 의미에서 영업소는 점포 기타 인적·물적 설비의 일체를 말하지만, 법률상으로는 영업활동의 중심인 장소에 지나지 않는다. 일정한 장소란 고정적인 공간의 일부이면 족하므로 평면지상이어야 할 필요는 없고 고층 건물의 한 층 내지 사무실이어도 상관없다.

Ⅱ. 獨 立 性

영업소는 영업활동을 위한 조직의 중심이므로 독립적인 영업단위를 이루어 경영관리조직을 갖추어야 하고 그 영업활동에 관한 한 독립적인 관리가 행해지고 회계 등 경영효과가 집중되어야 한다. 그러므로 수금이나 주문의 접수 등과 같이 영업의 일부 기능만을 수행하는 장소는 영업소가 아니며 따라서 보험회사의 영업소는 상법상의 영업소에 해당되지 않는다. 본점과 지점이 있는 경우 지점은 본점의 지휘·명령에 따르지만 그 자체가 하나의 영업소가 될 수 있다. 이를 위해서는 일정한 범위 내에서 대외적인 영업활동을 결정·시행할 수 있는 정도의 조직의 실체를 가져야 하며, 특히 인적 조직면에서는 광범위한 영업대리권을 부여받은 상업사용인이 배치되어 있어서 그 의사결정에 의하여 영업활동이 실행되어야 한다.

영업소는 영업활동의 중심이 되는 장소로서 영업에 관한 지휘·명령을 하는 영업주 또는 상업사용인이 상주하는 장소이면 족하고 반드시 영업의 목적인 거래가 이루어지는 장소일 필요는 없다.

Ⅲ. 繼 續 性

영업소는 영업활동의 중심인 장소로서 시간적으로 어느 정도 계속성이 있어야 하므로 일시적인 매점(이동판매점)은 영업소가 아니다. 그러나 영업소의 계속성은 상대적이므로 일정기간 계속해서 개설되는 매점은 영업소라고 할 수 있다.

제2관 營業所의 設置, 數 및 種類

Ⅰ. 營業所의 설치

상인은 원칙으로 자유로이 영업소를 설치할 수 있다. 다만 회사의 경우 지점의 설치·이전 또는 폐지를 위하여 인적회사는 정관변경절차(제179조 제5호, 제270조)를, 자본회사는 이사회 또는 이사 과반수의 결의(제393조 제1항, 제564조 제1항)를 요한다.

Ⅱ. 營業所의 數

상인이 수개의 이종영업을 할 때에는 각 영업별로 독립된 영업소를 설치할 수 있다. 이 경우 영업소가 장소적으로 분리되어 있어야 할 필요는 없다. 그러므로 동일한 장소에 있더라도 기능적으로 분리된 수개의 영업소를 인정할 수 있다. 상인은 하나의 영업에 관하여 수개의 영업소를 설치할 수도 있다.

Ⅲ. 營業所의 종류

상인이 하나의 영업에 관하여 수개의 영업소를 설치한 경우에 각 영업소는 하나의 통일적인 중심에 의하여 지휘를 받으면서 일정한 범위에서 독립된 영업활동의 중심을 형성하게 된다. 이 경우 수개의 영업소 사이에 필연적으로 주종관계가 생기는데, 주된 영업소를 본점, 종된 영업소를 지점이라고 한다. 지점은 수개가 있을 수 있으나 본점은 하나만이 존재한다. 다만 개인상인이 이종의 영업을 하는 때에는 각 영업에 대하여 본점을 두고 그 밑에 수개의 지점을 둘 수도 있다. 그러나 회사의 경우에는 이종영업을 하고 각 영업에 관해 수개의 영업소를 두고 있는 때에는 각 영업을 통할하고 있는 장소가 아니라, 각 영업 전체를 통할하는 장소가 본점이다. 이 점은 회사가 이종영업을 하는 경우에도 하나의 상호만을 사용할 수 있는 점과 통한다.

지점은 영업소의 한 형태이기 때문에 독립된 단위의 영업을 수행하는 영업소로서의 실체를 구비하여야 할 뿐만 아니라, 종된 영업소이어야 한다. 따라서 영업의 기능적 일부를 수행하는 출장소·매점 등은 지점이 아니다.

제3관 營業所의 法的 效果

상인에 있어서 영업소는 자연인이 민사관계에서 갖는 주소와 동일한 효력을 갖는다. 따라서 회사의 경우 주소는 본점소재지에 있는 것으로 보며(제171조 제2항), 자연인인 상인의 경우에는 주소와 영업소가 동시에 존재하게 되지만 영업생활관계에 있어서는 영업소가 그 근거가 된다.

Ⅰ. 營業所 일반에 대한 효과

1. 債務辨濟의 장소

지참채무는 채권자의 영업소, 추심채무는 채무자의 영업소가 각각 이행장소가 된다. 즉 특정물인도 이외의 영업에 관한 채무의 변제는 채권자의 현영업소에서 하여야 하며(민법 제467조 제 2 항 단서), 지시채권이나 무기명채권은 채무자의 현영업소를 변제장소로 한다(민법 제516조, 제524조).

2. 支配人의 選任單位

상인은 영업 전부를 통할하는 지배인(총지배인)을 둘 수 있을 뿐만 아니라, 영업소를 단위로 하여 또는 지점별로 지배인을 둘 수도 있다(제10조). 따라서 표현지배인도 본점 또는 지점에서 표현적 명칭을 사용한 자에 대해 인정된다.

3. 登記管轄·裁判管轄의 표준

상법에 의하여 등기할 사항은 당사자의 신청에 의하여 영업소의 소재지를 관할하는 법원의 상업등기부에 등기한다(제34조; 상업등기법 제 3 조). 회사의 보통재판적은 회사의 주된 영업소에 의해 정하며(민사소송법 제 5 조 제 1 항), 영업소가 있는 자에 대한 소는 그 영업소의 의무에 관한 것에 한해 그 영업소 소재지에 특별재판적이 인정된다(민사소송법 제12조). 그리고 회생사건 및 파산사건은 채무자의 주된 영업소의 소재지를 관할하는 지방법원본원 합의부의 관할에 전속한다(채무자 회생 및 파산에 관한 법률 제 3 조). 한편 민사소송에서 서류의 송달은 송달받을 자의 영업소에 한다(민사소송법 제183조 제 1 항 본문).

Ⅱ. 支店에 대한 효과

지점에 대해서는 다음의 법적 효과가 특별히 인정된다.

1. 支店去來로 인한 債務의 履行場所

지점에서의 거래로 인한 채무의 이행장소가 행위의 성질이나 당사자의 의사표시에 의하여 특정되지 아니한 경우에는 특정물의 인도 이외의 채무의 이행은 그 지점을 이행장소로 본다(제56조).

2. 支店에서의 登記

지점에 둔 지배인의 선임과 대리권의 소멸은 그 지점소재지에서 등기하여야 한다(제13조). 그리고 본점의 소재지에서 등기할 사항은 다른 규정이 없으면 지점의 소재지에서도 등기하여야 한다(제35조).

지점에서 등기하여야 할 사항을 등기하지 아니한 경우 그 지점의 거래에 한해서는 선의의 제 3 자에게 대항하지 못한다(제38조, 제37조).

3. 營業讓渡의 단위

특정지점의 영업을 지점 또는 다른 지점의 영업과 분리하여 양도할 수 있다.

Ⅲ. 會社의 본점·지점에 대한 效果

(1) 회사는 본점소재지에서 설립등기를 함으로써 성립하며(제172조 등), 그 밖에 상법상 요구되는 각종 회사관계의 등기는 본점 또는 지점의 소재지에서 하여야 한다(제181조, 제192조 등).

(2) 회사설립무효·취소의 소 등 각종 회사법상의 소는 본점소재지를 관할하는 지방법원 합의부의 관할에 전속하며(제186조, 제240조 등), 회생사건도 회사의 본점소재지를 관할하는 지방법원본원 합의부의 관할에 전속한다(채무자 회생 및 파산에 관한 법률 제 3 조).

(3) 주식회사의 주주총회는 정관에 다른 정함이 없는 한 본점소재지 또는 이에 인접한 장소에서 소집하여야 한다(제364조).

(4) 정관·주주명부·사원명부·사채원부, 주주총회 또는 사원총회 및 이사회의 의사록, 재무제표 및 영업보고서, 감사의 감사보고서를 본점·지점에 비치하고 주주 또는 사원 및 회사채권자들이 열람할 수 있도록 하여야 한다(제396조, 제448조 등).

제 3 장

營業의 公示와 讓渡

제 1 절 商　號

제 1 관 商號의 意義

상호는 상인이 영업활동에 있어서 자기를 표시하기 위해 사용하는 명칭을 말한다. 따라서 상법상의 상인이 아닌 상호보험회사와 협동조합 등의 명칭은 상호가 아니다. 그러나 상법상의 기업에 가까운 중소기업협동조합에 있어서는 상호에 관한 상법규정이 준용되고 있다(중소기업협동조합법 제10조). 또 소상인에게는 상호에 관한 규정이 적용되지 않는다(제 9 조).

상호는 법적으로는 특정한 상인을 표시하는 명칭이지만 사회적으로는 당해 영업의 동일성을 표시하는 기능을 보유하며 신용의 표적이 된다. 그런데 상호는 기업 내지 영업의 명칭인가, 아니면 상인의 명칭인가에 관하여 다수설은 상인의 명칭으로 보고 있다. 이 명칭은 문자에 의한 것 이외에는 등기가 불가능하다. 즉 문자로 표시되고 발음하여 호칭할 수 있는 것이어야 한다. 외국문자로 된 상호의 등기를 금지한 구 상업등기처리규칙 제45조가 폐지되어 외국문자로 된 상호의 등기도 법적으로 가능하게 되었다. 다만 실무에서는 외국문자라도 그 발음을 한글로 표시하여 등기하고 있다.

제 2 관 商號의 選定

Ⅰ. 商號自由의 원칙

상법은 상인에게 상호선정의 자유를 인정하여 성명 그 밖의 명칭으로써 상호를 선정할 것을 허용하고 있다(제18조). 이와 같이 상호와 그 영업의 실체와의 일치를 요구하지 않는 입법주의를 상호자유주의라고 한다.

상호의 선정에 관해서는 세 개의 입법주의가 있다. 영미법계는 상호자유주의를 채택하고 있으며, 프랑스법계는 상호진실주의(상호에 상인의 성명 · 영업지 · 영업의 종류 등 영업의 실체와 일치하는 명칭을 요구한다)를 채택하며 독일법계는 절충주의(새로운 상호에는 진실의 표시를 요구하지만 기존의 영업의 상속 · 양수의 경우에는 종래의 상호의 속용을 인정한다)를 채용하고 있다(다만, 독일은 1998년 개정상법에 의하여 상호선정자유주의를 채택하였다).

Ⅱ. 商號自由의 원칙에 대한 예외

상호자유의 원칙이 상인의 영업활동에 대해 인정된다고 하여도 타인의 성명권을 침해하거나 공서양속에 위반하는 상호는 허용되지 아니한다. 또 그와 같은 일반적 한계 이외에 다음과 같은 특별한 제한이 상법상 인정되고 있다.

1. 會社의 商號

회사의 상호 중에는 그 종류에 따라 합명회사 · 합자회사 · 주식회사 또는 유한회사라는 문자를 사용하지 않으면 안 된다(제19조). 회사는 그 종류에 따라 각각 조직 및 사원의 책임을 달리하므로 회사채권자 · 거래상대방에 대하여 회사의 종류는 중대한 이해관계 사항이기 때문이다.

또 은행 · 상호신용금고 · 증권 등의 사업을 목적으로 하는 회사에 있어서는 자기 상호에 은행, 신탁, 상호신용금고, 증권 등 그 업무를 표시하는 문자가 상호 중에 포함되어 있어야 한다(은행법 제 8 조; 상호신용금고법 제 9 조; 자본시장법 제38조, 제183조).

2. 自然人인 商人의 상호

회사가 아닌 자는 상호 중에 회사임을 나타내는 문자를 사용할 수 없다. 이에 위반한 때에는 200만원 이하의 과태료에 처하여진다(제28조).

3. 不正한 목적에 의한 商號使用의 금지

어느 누구도 부정한 목적으로 타인의 영업이라고 오인시키는 상호를 사용할 수 없다(제23조 제1항). 부정한 목적이라 함은 타인의 명칭을 자기의 상호로 사용함으로써 자기의 영업을 그 명칭에 의해 표시된 타인의 영업인 것과 같이 오인시킬 의도를 말한다. 이 규정은 미등기상호를 보호할 뿐만 아니라, 타인의 명칭 등을 일반적으로 보호하여 타인의 영업이라고 오인시키는 것과 같은 상호의 사용을 제한하고 있다. 그리하여 영업주체를 오인시키는 것과 같은 명칭을 계약의 체결·문서의 서명 등에 사용하는 것은 물론 간판·광고·서류 등에 사용하는 것도 허용되지 않는다. 이에 위반한 때에 이익을 침해당할 위험이 있는 자는 그 사용의 폐지 및 손해배상을 청구할 수 있고(제23조 제2항·제3항), 또 사용자는 200만원 이하의 과태료에 처하여진다(제28조).

4. 名義貸與者·自稱社員의 책임에 의한 제한

상인이 자유로이 그 상호를 선정할 수 있다고 하면 그 상호의 외관으로부터 추정된 영업주(상인)가 진실한 영업주(상인)와 다른 경우도 생긴다. 따라서 오인한 거래상대방의 그와 같은 신뢰를 보호하려면 외관적 영업주에게도 진실의 거래자인 영업주와 같은 책임을 부과하여야 한다(제24조, 제81조, 제215조). 즉 명의대여자의 책임(제24조), 익명조합원의 책임(제81조) 및 자칭사원의 책임(제215조 등)이 그것이다.

이러한 규정에 의해 타인의 성명 또는 상호를 사용할 수 있는 것이 제한되어 상호자유의 원칙이 간접적으로 제한된다.

5. 商號의 數의 제한(商號單一의 原則)

상호자유의 원칙에 대하여는 상호의 수도 제한된다. 회사에 있어서는 회사의 인격이 하나이며 상호도 한 개에 한정된다. 각기 독립된 수개의 영업이 있더라도 상호는 하나이어야 한다. 따라서 회사가 영업을 양수한 때에도 그 영업의 상호를 사용할 수 없다.

개인상인은 수개의 영업을 영위할 경우에 각각 별개의 상호를 사용하는 것도 가능하다. 그러나 하나의 영업에 관해서는 하나의 상호밖에 인정되지 않는다(상호단일의 원칙). 이것은 상호가 사회적으로 영업의 동일성을 인식하는 표준으로 되어 있다는 점을 고려하여 하나의 영업에 수개의 상호가 사용되도록 하면 일반 거래상대방에게 오해를 야기시킬 위험이 있기 때문이다. 지점에서는 영업소 소재지의 명칭 등 지점인 것을 나타내는 문자를 부가하여 본점과의 종속관계를 표시하여 사용할 수 있다(제21조 제 2 항)(예: 주식회사 부영 순천지점, 동아타이어공업주식회사 서울지사). 이와 같이 상호단일의 원칙은 상호를 포함한 영업을 양수한 경우에도 적용되므로 종래의 상호와의 사이에서 선별하지 않으면 안 된다.

6. 社會秩序에 반하는 名稱의 使用禁止

선량한 풍속 기타 사회질서에 반하는 명칭은 상호로서 사용할 수 없다(상표법 제 9 조 제 1 항 제 4 호 참조). 상호의 선정이 비록 법률행위가 아니라, 사실행위라고 하더라도 민법 제103조가 유추 적용될 수 있기 때문이다.

Ⅲ. 名義貸與者의 책임

1. 意　　義

타인(명의차용인)의 영업에 관하여 자기의 성명·상호를 사용할 것을 허락한 자(명의대여자)는 자기를 영업주로 오인하여 거래한 자에 대하여 명의차용인과 연대하여 그 책임을 부담한다(제24조).

이는 금반언 또는 외관이론에 근거하고 있으며 명의차용자도 책임을 지며, 명의대여자는 제 3 자에 대해 권리를 취득하지는 못한다는 점에서 민법상 표현대리와 다르다.

2. 要　　件

(1) 名義貸與者의 外觀的 營業主體性

거래통념상 명의차용인의 영업에 관하여 명의대여자가 영업주체라고 인정할 수 있을 것이 필요하다. 법문은 '성명 또는 상호'라고 하고 있으나 이에 국한되지 아니하고 반드시 동일한 명칭이어야 하는 것도 아니며, 명의대여자의 명칭에 부가된 말이 있어도 명칭의 실질적 동일성이 인정되면 족하다. 또 출장소·지점과 같은 부가어를 첨가하여 명칭이용을 허락한 경우 상법 제24조의 문제와 민법 제125조의 문제가 발생한다. 다만 자기 상호 아래 '대리점'이라는 이름을 붙여서 사용하는 것을 허락한 경우에는 본조의 책임을 물을 수 없다고 한다(대판 1989. 10. 10, 88 다카 8354).

또한 명의차용인은 빌린 성명 또는 상호를 영업상으로 이용해야 한다. 명의대여자는 반드시 상인일 필요가 없으며, 명의차용인의 영업이 상행위가 아니더라도 상관이 없다.

⑵ 名義貸與者의 歸責事由(許諾)

명의대여자가 자기의 성명 또는 상호의 사용을 명의차용자에게 허락했어야 한다. 따라서 타인이 함부로 명칭을 모용한 경우에는 제 3 자가 선의인 경우에도 책임을 지지 않는다. 법문상은 「영업을 할 것을 허락한 자」라고 하고 있지만 명의대여와 별도의 영업허락을 요하는 것은 아니다.

명의대여의 외관에 객관적으로 해당한다고 생각되는 외관을 작위에 의해 창출하면서도 명의대여에 해당한다는 사실을 모른다고 하여도, 이는 사회적으로 상당한 주의의무를 해태한 자(과실)로서 명의대여자의 책임을 부담하여야 할 것이다.

명의사용의 허락을 철회한 경우에는 명의사용을 금지했다는 뜻을 통지 또는 광고하는 등 외관의 제거를 위한 조치를 해야 하고, 그러한 조치를 하지 아니한 경우에는 선의의 제 3 자에 대한 책임을 면할 수 없다.

⑶ 相對方의 保護事由(誤認)

상대방이 보호받기 위하여는 선의·무과실일 것을 필요로 하는 것일까? 학설은 선의·중과실보호설, 선의·경과실보호설, 선의·무과실보호설로 나뉘어진다. 외관을 신뢰하여 거래한 자의 과실정도는 외관의 신뢰성의 강약, 당해 거래의 구체적 사정에 의해 좌우된다고 생각한다. 보호할 가치가 없는 과실 있는 자를 중과실 있는 자로 이해하므로 선의·경과실보호설이 타당하다고 보며(통설·판례, 대판 1987. 3. 24, 85 다카 2219; 대판 1991. 11. 12, 91 다 18309), 악의 또는 중과실의 입증책임은 명의대여자에게 있다.

3. 效　果

(1) 責任의 範圍

명의대여자는 거래에 의해 발생한 채무에 관하여 명의차용자와 연대하여 책임을 부담한다. 이 거래에 의해 발생한 채무에는 채무불이행에 기한 손해배상의무와 계약해제에 의한 원상회복의무가 포함된다. 이에 대하여 명의차용자의 불법행위책임에 관하여는 명의대여자는 상법 제24조의 책임을 부담하지 않는다고 생각되지만, 거래행위를 통하여 행하여진 불법행위(사기 · 협박 등)에 있어서는 상대방의 오인이라고 하는 요소를 고려하여 명의대여자의 책임을 인정하여야 할 것이다.

그러나 명의차용자의 단순한 피용자의 행위에 대하여는 그 자가 그러한 권한을 가졌다고 볼 만한 특별한 사정이 존재하지 않는 한 명의대여자의 책임이 인정되지 않는다.

한편 거래책임이라 하더라도 그 범위는 대여한 명의에서 추론되는 영업범위 내의 거래로 인한 책임에 한정된다(대판 1983. 3. 22, 82 다 1852).

(2) 責任의 形態

본조에 의해 명의차용자와 명의대여자는 모두 책임을 지며, 양자는 부진정연대채무관계에 있다.

(3) 商號가 讓渡된 경우

상호가 양도된 경우에 양도인이 명의대여자로서의 책임을 지는가 하는 점이 문제된다. 경우를 나누어서 보면 먼저 미등기상호를 양도했는데 양수인도 등기를 하지 아니한 경우에는 양도인은 상당한 기간 동안 명의대여자로서의 책임을 면하지 못한다. 한편 등기상호를 양도한 경우에 양수인이 양도의 등기를 마쳤다면 제 3 자의 중과실이 인정될 터이므로 양도인은 명의대여자로서의 책임을 지지 않으나, 등기를 마치기 전에는 책임을 진다고 본다.

4. 어음行爲와 名義貸與者의 責任

어음행위에 관하여 명의사용이 허락된 경우에도 본조가 유추적용될 수 있는가? 판례는 영업에 관하여 명의사용의 허락이 행하여졌음에도 불구하고 단순히 은행(어음)거래에 관하여만 명의가 사용된 경우에 본조의 유추적용을 인정하고 있다. 전술한 영업이라는 「요건」의 의의로부터 어음행위에 관해서도 적용됨을 인정하여야 한다(통설 · 판례, 대판 1969. 3. 31, 68 다 2270).

이에 반하여 영업에 관해서가 아니라 순수하게 어음행위에 관해서만 명의대여가 행해진 경우에 본조의 책임을 부정하는 견해가 타당하다.

제 3 관 商號의 登記

Ⅰ. 商號登記의 意義

상인의 영업상의 명칭인 상호에는 등기제도가 인정되고 있다. 상호의 등기(공시)에 의해 상인은 자기의 상호에 부착되어 있는 신용 · 고객 등을 유지하며 또 거래상 대방은 특정의 상호가 어느 상인을 표시하는 것인가를 알 수 있다. 회사에 있어서 상호는 기입등기에 의하여 반드시 등기되지 않으면 안 된다(제180조, 제317조). 그러나 개인상인에 있어서는 상호의 등기는 자유이다.

Ⅱ. 商號登記의 效力

상호의 등기에는 동일 또는 유사한 상호의 등기를 배척하는 효력과 동일 또는 유사한 상호의 사용을 배척하는 효력이 인정되고 있다.

1. 同一 또는 類似商號의 登記排斥

타인이 등기한 상호는 동일한 특별시 · 광역시 · 시 · 군에 있어서 동종의 영업(동종의 목적을 갖는 영업을 말하지만 쌍방의 전 영업목적이 완전히 일치할 것을 요하지 않는다)을 위해 타인이 이를 등기할 수 없다(제22조). 여기서 동일한 상호는 완전히 동일한 상호뿐만 아니라, 확연히 구별되지 않는 상호를 포함한다(상업등기법 제30조 참조).

기등기상호와 동일 또는 확연히 구별되지 않는 상호를 등기할 수 없다고 하는 효력에는 다음과 같은 예외가 인정된다.

(1) 행정구획이 변경되어 동일한 특별시 · 광역시 · 시 · 군에 동일 또는 확연히 구별되지 않는 상호가 병존할 수 있다.

(2) 지점에 있어서의 상호의 등기는 이미 동종의 영업을 위하여 동일한 상호의

등기가 있는 경우에도 등기할 수 있다. 다만 기등기(既登記)된 타인의 상호와는 확연하게 구별될 수 있는 부가문자를 사용하여야 한다.

2. 同一 또는 유사상호의 使用排斥

상호의 등기를 한 자는 부정한 목적으로 동일 또는 유사한 상호를 사용하는 자에 대하여 그 사용의 폐지를 청구하고 또한 손해배상을 청구할 수 있다(제23조 제 2 항 · 제 3 항). 또 그 사용자에 대하여는 200만원 이하의 과태료에 처한다(제28조).

Ⅲ. 商號의 假登記

상호의 가등기는 회사가 본점을 이전하거나 상호 또는 목적을 변경하고자 할 때 그리고 주식회사 또는 유한회사를 설립하고자 할 경우 상당한 시일이 소요되므로 그 점을 아는 다른 사람이 먼저 상호등기를 함으로써 그 상호의 사용이 방해되는 일을 방지하여 상호사용자의 이익을 보호하기 위한 제도이다. 1995년 개정상법은 제22조의2를 신설하여 상호의 가등기제도를 도입하였다.

상호를 가등기하면 동일한 특별시 · 광역시 · 시 · 군에서는 동일한 상호를 동종영업의 상호로 등기하지 못한다. 즉 1995년 개정상법은 상호의 가등기의 효력은 본등기와 같은 것으로 하고 있다(제22조의2 제 4 항).

제 4 관 商 號 權

Ⅰ. 商號權의 意義

상인은 그 상호에 관하여 타인으로부터 방해받지 않고 사용할 권리(商號使用權)를 가지며, 또한 타인이 동일 또는 유사한 상호를 사용하는 것을 배제할 수 있는 권리(商號專用權)를 갖는다. 이와 같이 상호에 관하여 갖는 권리를 상호권이라 한다.

Ⅱ. 商號權의 性質

상호권의 성질에 관하여는 상호의 훼손이 인격권의 침해와 같은 결과를 초래하며 상호가 상인에게 주는 경제적 이익과 상호의 양도성을 고려하여 상호권은 등기의 전후를 묻지 않고 인격권적 성질을 갖는 재산권으로 본다(다수설).

Ⅲ. 商號使用權과 商號專用權

1. 商號使用權

상호자유의 원칙에 의해 상인은 자유로이 그 상호를 사용할 수 있고 따라서 상인은 그 상호에 관하여 타인으로부터 방해받지 않고 사용할 권리, 즉 상호사용권을 가지며, 이러한 권리를 위법하게 침해한 자는 불법행위책임을 진다(민법 제750조).

이러한 상호사용권은 타인의 상호전용권 또는 넓게 타인의 성명 등에 의해 배제되지 않는 한(부정경쟁방지법 제 2 조; 상법 제23조) 인정되며, 등기 유무에 관계없이 행사할 수 있고 비록 등기가 없어도 후에 타인이 그와 동일한 상호를 선정하여 등기를 한 경우에도 부정한 목적이 없는 한 계속하여 상호사용권을 가진다.

2. 商號專用權

상호권자는 타인이 부정한 목적으로 자기와 동일 또는 유사한 상호를 사용하는 경우 그 상호의 사용폐지와 손해배상을 청구할 수 있는 권리를 가지는데(제23조 제 2 항 · 제 3 항), 이를 상호전용권이라 한다. 상호전용권은 상호의 등기 유무를 불문하고 인정되며 등기상호의 경우에는 상호권이 강화될 뿐이다(제23조 제 4 항의 부정한 목적의 추정, 제22조의 등기금지의 효력).

상호전용권의 구체적 내용은 상호사용폐지청구권(제23조 제 2 항)과 손해배상청구권(제23조 제 3 항)이다.

Ⅳ. 商號의 讓渡

상호에는 등기의 유무를 묻지 않고 상호사용권 · 상호전용권 등이 인정된다. 더구나 상호에는 고객 · 신용 등이 부가되어 재산적 가치를 갖게 되는 점도 부인할 수 없다. 따라서 상호가 양도 · 상속되는 것도 인정된다(상호유지원칙). 상호의 양도는 당사자간의 의사표시에 의해 행하여질 수 있지만 등기상호의 경우에는 제 3 자에 대한 대항요건으로서 등기가 필요하다(제25조 제 2 항; 상업등기법 제33조).

그러나 상호의 양도는 영업의 양도와 함께 하든지 또는 영업을 폐지하는 경우 이외에는 할 수 없다(제25조 제 1 항). 이것은 상호에 부각되어 있는 신용이 영업을 기초로 하고 있는 점, 그리고 상호만의 양도를 인정하면 양도인의 영업과 양수인의 영업이 혼동될 염려가 있기 때문이다. 따라서 영업과 분리하여 상호만을 압류하는 것도 불가능하다.

상호양도의 절차에 관해서는 특별한 정함이 없으므로, 당사자간의 합의로 효력이 발생한다. 또한 상호양도는 등기하지 아니하면 제 3 자에게 대항하지 못하며(제25조 제 2 항), 이 때 '제 3 자'란 상호를 이중으로 양수하거나 압류한 사람을 말하며, 제 3 자의 선의 · 악의는 불문하고 등기만을 기준으로 하므로 이중양도의 경우 먼저 등기한 자가 우선하며, 상호를 침해하는 자는 제 3 자에 포함되지 아니한다.

제 5 관 商號의 廢止 · 變更

등기상호의 폐지 · 변경은 등기하지 않으면 안 된다(제40조; 상업등기법 제32조). 이해관계인도 등기의 말소를 등기소에 청구할 수 있다(제27조). 이 때에 상호등기의 말소를 신청하는 자는 그 말소에 이해관계가 있음을 소명하여야 한다(비송사건절차법 제170조). 또 2년간 정당한 사유 없이 등기상호가 사용되지 않을 때에는 그 상호는 폐지된 것으로 본다(상호폐지의 의제)(제26조). 왜냐하면 미사용의 등기가 존속하고 있으면 동일한 상호를 새로이 등기할 수 없기 때문이다. 미등기상호에도 상호전용권이 있으므로 상법 제26조는 미등기상호에도 준용하여야 할 것이다.

회사의 상호는 정관의 절대적 기재사항이므로(제179조 제 2 항, 제270조, 제289조 제 1 항 제 2 호, 제543조 제 2 항 제 1 호) 상호를 변경함에는 정관을 변경하여야 하고, 변경상호를 등기하여야 한다(제40조, 제180조 제 1 호, 제271조 제 1 항, 제317조 제 2 항 제 1 호). 이를 해태하면 선의의 제 3 자에게 대항하지 못한다(제37조 제 1 항).

제 2 절 商業帳簿

제 1 관 商業帳簿의 意義

I. 經濟的 機能

상인은 영리를 추구할 목적으로 거래에 참여하는 자이므로 재산상태와 손익을 파악해야만 영업성과를 적정하게 파악하고 이를 토대로 앞으로의 영업계획을 세우는 등 합리적 경영을 꾀할 수 있다. 여기에서 재산상태와 손익을 파악하는 기술을 경영실무에서 기업회계라고 하며 기업회계를 위한 도구가 바로 상업장부이다.

상업장부는 상인 자신의 합리적 경영판단에 공헌할 뿐만 아니라, 출자자·채권자 등 이해관계인의 이익보호를 위해서도 필요하다. 출자자 또는 상인의 채권자는 투자판단 또는 채권의 회수가능성에 대한 판단을 상업장부에 기초한다.

II. 概 念

상업장부라 함은 상인이 그 영업상의 재산 및 손익의 상황을 명백히 하기 위하여 상법상의 의무로서 작성하는 회계장부와 대차대조표를 말한다(제29조 제 1 항).

(1) 상인이 작성하는 장부이다. 따라서 상인이 아닌 자가 작성하는 장부는 비록 그 실질에 있어서 상업장부와 유사하더라도 상업장부가 아니다.

(2) 상인의 영업상의 재산 및 손익의 상황을 명백히 하기 위하여 작성하는 장부이다. 그러므로 상인이 상법상 의무로서 작성하는 장부라 하더라도 그 목적하는 바가 다르면 상업장부가 아니다. 예컨대 주주명부(제352조), 주주총회 또는 이사회의 의사록(제373조, 제391조의3), 사채원부(제488조), 중개인의 장부(제97조) 등이다.

(3) 상업장부는 상인이 상법상의 의무로서 작성하는 장부이다. 따라서 상인이 영업에 관하여 작성하는 장부라고 하더라도 임의로 작성하는 것(예: 재산목록)은 상업장부가 아니다.

(4) 상인이 작성하여야 하는 상업장부에는 회계장부와 대차대조표가 있다. 그러

나 상업장부는 오로지 이 두 개의 장부만을 의미하는 것이 아니다. 회계장부를 위하여는 실제로 주장부인 원장 이외에 사용되는 보조장부들도 상법상의 작성의무가 주어진 2종의 장부를 구성하는 한에서 상업장부이다.

제 2 관 商業帳簿에 관한 義務

Ⅰ. 作成義務

1. 作成義務者

상인은 상업장부를 작성할 의무가 있다(제29조 제 1 항). 이것은 상인이 자기명의로 작성한다는 의미로서, 작성 자체는 사용인에게 맡겨도 무방하다. 회사의 경우는 업무집행사원, 이사 또는 청산인이 작성의무자이다.

2. 作成義務의 始期와 終期

상업장부의 작성의무는 자연인이나 공익법인의 경우는 상인자격의 취득과 동시에 지게 되며, 회사의 경우는 설립등기한 때에 법인격과 더불어 상인자격을 취득하게 되므로 이 때에 작성의무를 진다. 상업장부의 작성의무는 이와 같이 상인자격과 결부되는 의무이므로 상인자격을 상실한 때에는 작성의무가 종료된다.

3. 作成方法

상업장부의 형식, 부기의 기술 등에 관하여는 상법에 특별한 규정이 있는 경우가 아니면 일반적으로 공정하고 타당한 회계관행에 의한다(제29조 제 2 항). 회계장부에는 거래와 기타 영업상의 재산에 영향이 있는 사항을 기재하여야 하며(제30조 제 1 항), 대차대조표에는 일반 상인은 영업을 개시할 때와 매년 1회 이상 일정한 시기에 회사는 성립한 때(제172조)와, 매결산기에 회계장부에 의하여 작성하고 작성자가 기명날인 또는 서명하여야 한다고 규정하고 있다(제30조 제 2 항). 1995년 개정상법은 상거래관행과 국제화 추세에 따라 서명으로도 가능하도록 이를 개정하였다.

4. 作成基準

일반적으로 공정·타당한 회계관행이란 상인의 영업과 재산상태를 진실하게 파악하기 위한 상업장부의 목적에 비추어 공정·타당하고 합리적이라 판단되는 회계관행이라고 할 수 있다. 상법에서 상업장부의 작성에 관하여 포괄규정만을 두고 나머지는 경영실무의 회계관행에 일임한 점에서, 고정적인 상법이 유동적인 회계관행과 연결된다. 제29조 제 2 항의 회계관행은 민법 제106조의 사실의 관습과 같은 의미이다.

5. 商業帳簿의 확정과 공시

단독상인이 작성한 상업장부는 작성과 동시에 확정되나 회사가 작성하는 상업장부는 소정의 절차를 밟아서 확정된다. 예컨대 자본회사에서는 이사회의 승인, 감사의 감사, 주주(사원)총회의 승인의 절차를 거쳐야 하고(제447조, 제447조의3, 제449조 제 1 항, 제579조 제 1 항 · 제 2 항, 제583조), 인적회사에는 법에 명시된 바는 없으나 총사원 또는 업무집행사원의 과반수의 결의를 거치는 등 통상의 업무집행과 같은 절차를 거쳐야 한다고 해석된다(제200조, 제201조, 제269조). 또 일정규모 이상의 대규모 주식회사는 주식회사의 외부감사에 관한 법률에 의해 외부감사인의 감사를 받아야 한다(동법 제 2 조).

Ⅱ. 保存義務

1. 保存義務의 범위

상인은 상업장부 및 영업에 관한 중요한 서류를 보존하여야 한다(제33조 제 1 항). 영업에 관한 중요한 서류의 범위는 주문서나 영수증과 같이 후일에 분쟁이 생길 때 증거자료가 될 수 있는 것을 포함한다. 그러므로 영업과 관계없는 서류는 보존할 필요가 없다. 보존의무에는 멸실된 장부를 재작성하여야 할 의무는 포함되지 않음이 원칙이나 재작성을 하지 않고는 현재의 재산상태를 파악할 수 없고, 정상적인 상업장부의 작성을 곤란하게 하는 때에는 재작성의무가 있다고 본다.

2. 保存期間

상인은 상업장부 및 영업에 관한 중요서류를 10년간 보존하여야 한다(제33조 제 1 항 본문). 다만 전표 또는 이와 유사한 서류는 5년간 보존하면 된다(제33조 제 1 항 단서). 보존기간은 상업장부에 있어서 장부를 「폐쇄한 날」로부터 기산한다(제33조 제 2 항). 그 「폐쇄한 날」이라 함은 최후의 기재를 한 때가 아니라, 장부의 사용을 폐지한 때, 즉 계산종료일이다.

3. 保存義務者

보존의무를 지는 자는 상인이다. 상인은 보존기간 내에 영업을 폐지하여 상인자격이 소멸된 후에도 보존의무를 지며 본인이 사망했을 때에는 그 상속인이 보존하여야 하고 또 영업과 함께 상업장부를 양도했을 때에는 영업의 양수인이 보존의무를 진다. 상법은 회사에 대하여는 특별한 규정을 두고 있다(제266조, 제269조, 제541조, 제613조 제 1 항).

4. 保存方法

보존방법에는 제한이 없다. 후일에 증거자료로서 제공될 수 있는 방법이면 무방하다고 본다. 그러나 어떠한 방법에 의하든 적합한 시간 내에 그 열람이 가능하여야 하며, 영업에 관한 중요한 서류는 원본과 일치하여야 한다. 1995년 개정상법은 제33조 제 3 항·제 4 항을 신설하여 마이크로필름 기타의 전산정보처리조직에 의한 보존을 인정하고, 보존방법 등 이를 위해 필요한 사항은 대통령령으로 정하게 하였는바, 이는 보관비용의 절감 및 체계적 보관을 위함이다.

Ⅲ. 提出義務(제32조)

1. 提出命令

상업장부는 영업에 관하여 중요한 증거자료가 되므로 법원은 신청에 의하여 또는 직권으로 소송당사자에게 상업장부 또는 그 일부분의 제출을 명할 수 있다(제32조).

2. 提出義務者

상업장부의 제출의무를 지는 자는 상인 또는 상업장부의 보존의무를 지는 자로서 장부의 소지인이다. 민사소송법 제344조와 제345조에 의하면 소송당사자가 아닌 제 3 자인 문서소지인도 제출의무를 지지만, 상법 제32조에 의하여 제출의무를 지는 자는 소송당사자에 한정되므로 제출의무자의 범위가 좁다.

3. 提出帳簿의 범위

제출하여야 할 장부의 범위는 상업장부의 전부 또는 일부분이며 영업에 관한 중요한 서류는 포함되지 않는다.

4. 證 據 力

상업장부는 증거능력은 있으나 법정의 특별증거력은 없으며 법원은 모든 사정을 참작하여 자유로운 심증에 의하여 판단한다(민사소송법 제202조, 자유심증주의). 즉 법관은 사실인정을 함에 있어서 상업장부와 그 기재내용을 증거로서 채용하여야 하는 것은 아니다.

Ⅳ. 商業帳簿에 관한 義務違反의 효과

단독상인에 관하여는 상업장부에 관한 의무위반에 대하여 상법상 벌칙을 두고 있지 아니하므로 상업장부에 관한 상법규정은 불완전법규이다.

이에 대하여 회사의 경우에는 재산목록 · 대차대조표 · 영업보고서 · 손익계산서 · 회계장부 등에 기재할 사항을 기재하지 아니하거나 또는 부실한 기재를 한 때에는 그 작성의 임무가 있는 업무집행사원, 이사 기타의 기관은 과태료에 처하게 된다(제635조 제 1 항 제 9 호). 또한 상업장부의 비치를 게을리한다든지, 주주 등의 열람 또는 등사청구 등을 거부한 때에도 과태료에 처하게 된다(제635조 제 1 항 제 4 호).

제 3 관 商業帳簿의 種類

상인이 작성하여야 하는 상업장부는 회계장부와 대차대조표이다(제29조 제 1 항).

Ⅰ. 會計帳簿

1. 意　　義

회계장부란 상인이 거래와 기타 영업상의 재산에 영향이 있는 모든 사항을 기재하는 장부로서(제30조 제 1 항) 재산상태의 변동을 기록하는 장부이다. 회계장부의 범위에 관하여는 매일의 개별거래의 요령을 기록하는 전표, 거러의 전말을 발생순으로 기재하는 일기장, 이를 각 계정과목에 따라 차변·대변으로 분류하여 기재하는 분개장, 그리고 분개장에 설정된 계정과목에 관하여 각 구좌를 상정하고서 그 구좌별로 매일의 거래를 종합정리하는 원장을 비롯하여 현금출납부, 상품수도장, 어음·수표책 등 그 명칭에 구애됨이 없이 실질적으로 재산의 증감 및 변화를 기록할 목적으로 작성되는 것은 모두 회계장부의 범위에 속한다. 또한 정보보존장치의 이용이 보급되는 것과 맞추어 회계장부를 전산화할 수도 있다.

2. 記載事項

회계장부에는 영업상의 재산 및 손익을 명백하게 하기 위한 일상의 거래 기타 영업재산에 영향을 미치는 모든 사항을 기재하여야 한다. 그러므로 법률행위뿐만 아니라, 불법행위, 화재·수해, 도난 등의 사실도 기재하여야 한다. 그러나 법률행위는 발생하였으나 현실적인 재산이동이 없으면(예: 매매계약은 성립하였으나 아직 대금의 지급이나 상품의 인도가 이행되고 있지 않는 동안) 이를 기재할 수 없다.

상법상 규정된 회계장부에 기재할 사항을 살펴보면,

(1) 개업 후 영업연도중에 작성하는 회계장부에는 '거래와 기타 영업상의 재산에 영향이 있는 사항'을 기재하여야 한다(제30조 제 1 항).

(2) 개인상인이 영업을 개시한 때와 매년 1회 이상 일정시기에 작성하는 회계장부 및 회사가 성립한 때와 매결산기에 작성하는 회계장부에는 영업상의 재산과 그 가액을 기재하여야 한다(제30조 제 2 항). 기재할 사항에 관해서는 상법상 아무런 규정이 없지만, 위 회계장부는 개업대차대조표와 결산대차대조표를 작성하는 기초가 되므로 영업용재산과 그 가액, 즉 동산·부동산 등의 유체재산, 각종의 채권, 무체재산권 등의 적극재산과 영업에 관하여 부담한 채무 등의 소극재산 등을 기재하여야 한다.

3. 記載方法

회계장부에 기재할 사항은 일반적으로 공정·타당한 회계관행에 따라서 기재하여야 한다(제29조 제 2 항). 재무제표작성은 기업회계기준에 따라 하면 될 것이나 회계장부의 기재방법은 기업회계에서의 명료성의 원칙에 따른 부기·회계의 관행에 따라 작성하면 된다. 단식부기와 복식부기 중에서 어떠한 방법을 택할 것인가는 영업의 규모와 특수성에 따라 정할 것이지만, 단독상인도 자본금액이 1,000만원 이상인 완전상인만이 상업장부의 작성의무를 지므로 복식부기로 하여야 할 것으로 본다. 그렇다고 복식부기만이 공정·타당한 회계관행이라고는 할 수 없다.

Ⅱ. 貸借對照表

1. 意　　義

회계장부는 영업상의 재산에 영향 있는 사항을 기재한 것으로서 영업의 동태를 나타내는 데 대하여, 대차대조표는 일정한 시점에 있어서의 영업의 정태를 파악하기 위하여 작성하는 장부이다. 즉 대차대조표는 재산의 구성상태를 개괄적으로 표시하기 위한 목적으로 작성하는 재산의 일람표로서 동일 종류에 속하는 재산을 일항목으로 일괄하여 여기에 가격의 총액을 자산(차변)부, 부채 및 자본(대변)부로 구분·기재하여 상인이 현재 가지고 있는 재산과 가지고 있어야 할 재산을 대조함으로써 상인의 재산상태와 손익관계를 명확하게 표시하기 위하여 작성하는 것이다. 대차대조표는 진실성의 원칙, 명확성의 원칙, 계속성의 원칙에 따라 작성하여야 한다.

2. 作成의 時期와 種類

대차대조표는 그 작성의 시기와 목적에 따라서 통상대차대조표와 비상대차대조표로 구분된다. 전자는 영업의 계속을 전제로 하여 개업시 또는 회사의 성립시에 작성하는 개시대차대조표와 매년 일정한 시기 또는 매결산기에 작성하는 결산대차대조표를 말하고, 후자는 회사에 있어서 청산·파산·합병·회생절차개시 등의 경우에 작성하는 대차대조표를 말한다(제247조 제 1 항, 제256조 제 1 항, 제269조, 제522조의2 제 1 항, 제533조 제 1 항, 제579조, 제613조 제 1 항; 채무자 회생 및 파산에 관한 법률 제91조).

제4관 資産評價의 原則

상법은 회계장부에 기재할 자산의 평가방법을 유동자산과 고정자산으로 구분하여 규정하고 있다. 이 평가원칙은 회계장부를 기초로 하여 작성하는 대차대조표에 적용되는 원칙이기도 하다. 이 원칙은 상인 일반에 관한 통칙이지만 자본회사의 자산평가에 대하여는 특칙이 존재하므로(제452조, 제583조), 자본회사에 대하여는 먼저 특칙이 적용되고 총칙규정은 보충적으로 적용된다.

Ⅰ. 流動資産의 평가

1. 三元主義

회계장부에 기재한 유동자산은 취득가액이나 제작원가(原價主義) 또는 시가(時價主義)에 의하여 평가하여야 한다. 그러나 시가가 취득가액 또는 제작원가보다 현저하게 낮은 때에는 시가에 의한다(低價主義)(제31조 제1호). 즉 상법은 원가주의와 시가주의를 병용하여 상인이 양자 중에서 택일하는 선택주의를 원칙으로 하고, 다만 원가주의를 택한 경우에 시가가 원가보다 현저하게 낮은 때에는 시가에 의하도록 하여 저가주의를 택함으로써 삼원주의를 취하고 있다.

2. 繼續性의 原則

유동자산의 평가는 원가주의와 시가주의 중의 한 가지 원칙에 의하여 일률적으로 평가하여야 하며, 유동자산의 종류에 따라 또는 영업연도마다 다른 원칙을 적용해서는 아니 된다(계속성의 원칙).

Ⅱ. 固定資産의 評價－時價主義의 배제

고정자산은 일정기간이 경과한 뒤에는 노후하여 폐기될 것이므로 그 마모의 정도에 따라 그 때마다 상당한 감손액을 상각하여야 하고 또 그 때마다 가액을 평가하기 어렵기 때문에, 고정자산의 평가는 취득가액 또는 제작가액으로부터 상당한 감가액을 공제한 가액에 의하되 예측하지 못한 감손이 생긴 때에는 상당한 감액을 하도록 한다(제31조 제2호). 즉 고정자산은 원가주의에 의하고 매결산기에 통상감가상각과 예측불능의 감손액(우발감가상각)을 감액하여야 한다.

Ⅲ. 資本會社

상법은 자본회사(주식회사와 유한회사)에서의 회계장부에 기재할 자산의 평가에 대하여 고정자산의 평가에 상법 제31조 제 2 호를 적용하는 외에 유동자산과 금전채권 및 사채, 주식 기타의 출자와 영업권의 평가에 대한 특칙을 두고 있다(제452조, 제583).

제 3 절 商業登記

제 1 관 商業登記의 概念 및 機能

상업등기는 상법의 규정에 따라 법정사항을 공시할 목적으로 상업등기부에 하는 등기이다. 따라서 법정사항의 공시가 아니라, 이해관계인 사이의 권리관계를 명확히 하는 것을 주된 목적으로 하는 등기는 그것이 비록 상법의 규정에 의한 등기라 하더라도(예: 선박등기) 상업등기에 포함되지 않는다. 현행법상 인정되는 상업등기부에는 상호등기부 · 미성년자등기부 · 법정대리인등기부 · 지배인등기부 · 합명회사등기부 · 합자회사등기부 · 주식회사등기부 · 유한회사등기부 · 외국회사등기부 등 9가지가 있다(상업등기법 제15조).

상업등기부는 상거래상 중요한 의미를 갖는 법률관계를 공시하는 기능을 한다. 이러한 기능에 근거하여 상법은 두 가지 방향의 실체법적 효과를 인정하고 있다. 그 하나는 상업등기부가 선의의 거래를 보호하기 위한 기초가 된다는 점이고, 다른 하나는 상업등기부가 경우에 따라서 신뢰구성요건을 파괴하기 위한 공시수단이 되기도 한다(후술 제 4 관 Ⅱ. 참조)는 점이다.

제 2 관 登記事項

등기사항에는 반드시 등기하여야 하는 절대적 등기사항과 등기 여부가 당사자의 임의에 맡겨진 상대적 등기사항이 있다. 개인상인의 상호를 제외하고는 대부분의 등기사항은 절대적 등기사항이다. 그러나 상대적 등기사항이라도 일단 이것을 등기하였을 때에는 그 변경이나 소멸은 반드시 등기하여야 하므로(제40조), 그런 한에 있어서는 이것도 절대적 등기사항의 성질을 갖게 된다.

절대적 등기사항이라 하더라도 당사자는 단지 사법상의 등기의무를 부담하는 데 그치므로, 등기를 해태한 경우에는 등기의무자가 그 사항을 선의의 제 3 자에게 대항할 수 없다는 불이익을 받는 데 그치게 될 뿐이고(제37조), 특별한 제재가 있는 것은 아니다. 그러나 회사의 경우에는 등기를 해태하면 발기인 · 업무집행사원 · 이사 등이 과태료의 제재를 받게 된다(제635조 제 1 항 제 1 호). 지점이 있는 때에 다른 규정이 없으면 본점의 소재지에서 등기할 사항은 지점의 소재지에서도 등기하여야 한다(제35조). 이 때의 등기사항은 절대적 등기사항을 의미하나, 절대적 등기사항이라도 다른 규정이 있는 경우, 예를 들면 지배인의 선임과 대리권의 소멸에 관한 등기는 그 지배인을 둔 영업소 단위로 등기하면 된다(제13조).

제 3 관 登記節次

Ⅰ. 登記申請

등기는 "당사자의 신청에 의하여" 영업소의 소재지를 관할하는 법원의 상업등기부에 등기하는 것이 원칙이다. 따라서 당사자신청주의를 원칙으로 하고 있다(상업등기법 제17조). 이 상업등기는 그 등기를 신청하는 자의 영업소의 소재지의 지방법원, 그 지원 또는 등기소의 관할로 한다(제34조, 제40조; 상업등기법 제 3 조).

1995년 개정법은 상업등기사무의 전부 또는 일부를 전산정보처리조직에 의하여 처리할 수 있다고 규정하였다(제34조의2 제 1 항). 이는 전산기술의 발달로 컴퓨터 등 전산장치에 직접 입력하여 각종 서류를 작성하고 있는 현실과 상업등기사무의 폭주에 따라 상업등기사무도 전산정보처리조직에 의하여 처리할 수 있는 근거를 마련한 것이다. 이를 위해 상업등기사무의 처리절차는 대법원규칙으로 정하도록 하였다(제34조의2 제 2 항).

Ⅱ. 登記所의 審査權

등기소는 등기신청의 적법성을 결정함에 있어서 어디까지 심사할 수 있는가에 관하여 여러 가지 견해가 있다. 특히 「등기관은 등기의 신청이 다음 각호의 어느 하나에 해당하는 때에는 이유를 기재한 결정으로써 이를 각하하여야 한다」는 상업등기법 제27조의 해석과 관련하여 형식적 심사주의와 실질적 심사주의가 대립하고 있다.

형식적 심사주의에 의하면 등기관은 신청사항이 그 등기소의 관할에 속하는가, 법정등기사항인가, 신청인이 적법한 신청인 또는 그 대리인인가, 신청서류가 법정의 형식을 구비하였는가 등 등기신청의 적법성에 관하여 형식적으로만 심사할 권한이 있을 뿐이며 신청사항의 진실성까지 조사할 권한은 없다고 한다.

반면에 실질적 심사주의에 의하면 등기관은 신청사항에 관한 형식적 심사뿐만 아니라, 신청사항의 진실성까지도 실질적으로 조사할 권한이 있다고 한다.

형식적 심사주의를 원칙으로 하되 등기신청사항의 진실성을 의심할 상당한 이유가 있는 경우에만 등기관은 실질적 심사를 할 수 있다고 본다(수정형식적 심사주의).

제 4 관 商業登記의 一般的 效力

등기에 의하여 발생하는 상업등기의 본래의 효력은 거래상 중요한 사실을 공시하는 효력, 즉 공시적 효력이라고 할 수 있다. 공시적 효력은 등기의 유무 및 등기된 사항의 사실과의 상위 여부에 따라 다르게 나타난다. 또한 상업등기의 일반적 효력이 미치는 지역적 범위는 등기한 영업소를 기준으로 한다(영업소 단위). 즉 지점의 소재지에서 등기할 사항을 등기하지 아니한 때에는 제37조의 규정은 그 지점의 거래에 한하여 적용된다(제38조).

Ⅰ. 登記前의 效力

상법 제37조 제 1 항에 의하면 상업등기부에 등기할 사항은 이를 등기하지 아니하면 선의의 제 3 자에게 대항하지 못한다.

1. 商法 제37조 제 1 항의 기능

예를 들어 상법 제13조의 규정에도 불구하고 상인이 지배권의 철회를 등기하지 않았다면 그 상인은 비록 지배권의 철회가 유효하다고 하더라도 상법 제37조 제 1 항에 의하여 선의의 제 3 자에 대하여 그 지배인의 법률행위의 효과를 부정할 수 없다.

이와 같이 어떠한 법률상태가 존재하지 않음에도 불구하고 선의의 제 3 자를 위하여 마치 그러한 법률상태가 존재하는 것처럼 다루어진다는 것이다. 즉 외관과 사실이 동일시되고 있다. 따라서 상법 제37조 제 1 항은 이론적으로 권리외관책임의 한 경우라고 할 수 있다. 상법 제37조 제 1 항에 의한 권리외관책임의 특수성은 상업등기가 되어 있지 않다는 데 있다. 따라서 상법 제37조 제 1 항은 상업등기부의 기재에 대한 신뢰를 보호하는 것이 아니라, 상업등기부의 침묵에 대한 신뢰를 보호하는 것이라고 할 수 있다. 이러한 이유로 위와 같은 효력을 "소극적 공시력"(negative Publizität) 이라고 한다.

따라서 "소극적" 공시력에 있어서는 기존의 법률상태 존속과 법률상의 원칙적 상태(예외가 아닌 상태)의 존속에 대한 신뢰가 보호된다.

2. 商法 제37조 제 1 항의 構成要件

(1) 상법 제37조 제 1 항에 의한 소극적 공시력의 첫 번째 구성요건은 등기할(등기의무 있는) 사항의 존재이다. 등기할 사항은 등기의무에 관한 규정(제13조, 제180조, 제269조, 제317조, 제549조 제 2 항 등)에서 도출된다. 등기가 창설적 효력을 갖는가 선언적 효력을 갖는가 하는 것은 중요하지 않지만, 상법 제37조 제 1 항의 주된 적용분야는 선언적 효력을 갖는 등기이다. 왜냐하면 등기가 창설적 효력을 갖는다면 등기할 사항은 법적으로 볼 때 그 등기 이전에는 아직 존재하지 않는 것이고, 따라서 상법 제37조 제 1 항을 적용할 여지나 필요성이 없기 때문이다. 또 등기의무 있는 사항이 아니라 단지 등기능력만을 갖는 사항에는 상법 제37조 제 1 항이 적용되지 않는다(동지: 김영호). 그러나 우리나라의 다수설은 절대적 등기사항뿐만 아니라, 상대적 등기사항도 상법 제37조의 등기할 사항에 포함된다고 하여 이와 반대의 입장을 취하고 있다(정동윤 · 정찬형 · 이철송 · 채이식).

(2) 구상법 제37조 제 1 항에 의한 소극적 공시력의 두 번째 구성요건은 등기만으로는 제 3 자의 신뢰보호를 배제할 수 없고, 공고도 있어야 했다. 그러나 1995년

개정상법은 등기사항의 공고에 관한 제35조를 삭제함으로써, 공고에 관한 논의는 그 실익이 없어졌다.

(3) 상법 제37조 제 1 항은 소극적 공시력을 위한 제 3 자의 주관적 요건으로서 선의, 즉 진정한 법률상태를 알지 못할 것을 요구한다. 이는 등기의 유무를 알지 못한다는 의미는 아니다(정동윤 · 채이식 · 이철송 · 정찬형). 선의보호에 관한 다른 원칙과 마찬가지로 여기서도 제 3 자의 선의가 추정된다. 제 3 자는 중과실이 있는 경우에도 보호된다(동지: 정동윤 · 최기원 · 손주찬).

(4) 제 3 자에 대한 또 다른 요건으로서 상법 제37조 제 1 항은 제 3 자가 법률행위 또는 소송의 범주에 속하는 행위를 했을 것을 전제로 한다(동지: 최기원 · 이철송 · 임홍근 · 김영호). 또한 상법 제37조 제 1 항은 순수한 "불법거래"에는(학자에 따라서 '불법거래'를 '불법행위'라고 표현하기도 한다) 적용되지 않는다. 예컨대 합명회사 사원에 의하여 교통사고를 당한 자는 상법 제37조 제 1 항에 의하여 퇴사등기를 하지 않은 다른 퇴사원에게 청구권을 행사할 수 없다.

3. 商法 제37조 제 1 항의 法律效果

(1) 등기할 사항은 이를 등기하지 아니하면 선의의 제 3 자에게 대항하지 못한다. 이와 같이 소송법적 규율방식을 택하고 있다고 해서 상법 제37조 제 1 항이 원칙적으로 대세적 효력을 갖는다는 사실이 간과되어서는 안 된다. 예컨대 제 3 자의 채권자는 상법 제37조 제 1 항에 의해서 그 효력이 인정되는 채권을 압류할 수 있다. 또한 제 3 자가 상법 제37조 제 1 항에 의하여(예컨대 실제로는 이미 해임된 지배인으로부터) 소유권을 취득한 물건은 완전하게 제 3 자의 재산에 귀속되기 때문에 그 물건은 제 3 자의 파산재단에도 속하고 권리자에 의한 처분에 관한 규정에 의하여 양도될 수도 있다.

(2) 그러나 제 3 자는 원칙적으로 상법 제37조 제 1 항에 의한 법률상태와 진실한 법률상태를 선택할 수 있는 권리를 갖는다. 예컨대 제 3 자가 해임된 지배인과 체결한 계약이 불리하다고 생각한다면 상법 제37조 제 1 항의 요건이 충족되었다 하더라도 원칙적으로 지배권의 흠결을 주장할 수 있고, 따라서 그 계약을 효력이 없는 것으로 취급할 수 있다.

Ⅱ. 登記後의 效力

1. 商法 제37조 제 1 항의 反對解釋에 의한 權利外觀責任의 배제

상법 제37조 제 1 항의 반대해석에 의하면 등기할 사항은 등기 후에는 선의의 제 3 자에게 대항할 수 있다. 1995년 개정상법이 공고에 관한 규정을 삭제함으로써 상업등기의 효력은 등기만 하면 즉시 발생한다. 우리나라의 다수설은 이것을 등기의 적극적 공시력이라고 하지만(정동윤 · 정찬형 · 채이식 · 손주찬), 등기의 적극적 공시력이란 다른 의미로 이해되어야 할 것이고(후술 Ⅲ. 참조) 이는 등기에 따른 일반적 효력으로서 이해함이 타당하다.

2. 상법 제37조 제 2 항에 의한 權利外觀責任

상법 제37조 제 2 항에 의하면 등기할 사항은 등기 후라도 제 3 자가 정당한 사유로 인하여 이를 알지 못한 때에는 제 3 자에게 대항하지 못한다.

(1) 상법 제37조 제 2 항은 신뢰구성요건이 등기부에의 등기에 있지 않을 수도 있다는 것을 보여주는 것이다. 신뢰구성요건은 상법 제37조 제 1 항에서와 마찬가지로 합명회사에서 공동대표를 약정하는 경우와 같은 법률상의 원칙적 상태, 또는 지배권을 철회하는 경우와 같은 이제까지의 법률상태의 공표에서 찾아볼 수 있다.

(2) 제 3 자의 선의에 대한 요건과 관련하여 상법 제37조 제 2 항은 두 가지 점에서 상법 제37조 제 1 항과 다르다. 첫째는 상법 제37조 제 2 항에서는 제 3 자의 선의가 추정되지 않고 제 3 자가 자신의 선의를 입증해야 한다는 것이고, 둘째는 제 3 자가 진정한 법률상태를 알고 있는 경우뿐만 아니라, 제 3 자에게 과실이 있는 경우에도 권리외관책임이 발생하지 않는다는 것이다. 여기서 문제되는 것은 상법 제37조의 정당한 사유의 의미이며(정당한 사유란 등기사항의 공고와 관련된 제도에 지나지 않으므로 공고제도를 폐지하면서 정당한 사유를 존치함은 아무 의미가 없다고 비판하는 견해는 정동윤 · 손주찬 외 6인 공저, 「상법개정안 해설」, 1995, 13쪽 참조), 다시 말하면 언제 제 3 자의 과실이 있다고 볼 것인가이다. 학설상으로는 선의의 입증이 거의 불가능할 정도로 매우 엄격한 객관적 요건을 요구하는 경향이 지배적이다. 구법하에서의 이러한 견해에 의하면 교통의 두절, 등기부의 멸실 등 극단적인 경우에만 상법 제37조 제 2 항에 의한 권리외관책임이 인정되고(정동윤 · 채이식 · 이철송), 제 3 자의 주관적 요건(예: 질병 등)은 정당한 사유에 해당되지 않는다.

(3) 선의의 제 3 자의 보호는 일정기간으로 제한되어야 한다(동지: 정동윤). 왜냐하면 제 3 자가 입증할 수 있는 정당한 사유란 일정기간이 경과하면 소멸되기 때문이다. 독일상법 제15조 제 2 항은 15일 이내로 그 기간을 정하고 있는데, 이는 입법론적으로 참고할 만하며 법형성의 관점에서도 이렇게 보아야 마땅하다.

Ⅲ. 不實登記의 效力

상법 제39조에 의하면 고의 또는 과실로 인하여 사실과 상위한 사항을 등기한 자는 그 상위를 선의의 제 3 자에게 대항하지 못한다. 이러한 부실등기의 효력을 일반적으로 공신력과 관련하여 설명하고 있으나(정찬형 · 최기원), 상업등기에는 공신력이 없으므로 공시적 효력의 문제로서 다루어져야 할 것이다(동지: 정동윤 · 이철송).

1. 商法 제39조의 機能

상법 제39조는 이론상 상법 제37조와 마찬가지로 권리외관책임에 관한 규정이다. 왜냐하면 이 규정은 선의의 제 3 자를 보호하기 위하여 권리외관대로의 효력을 인정하고 있기 때문이다. 그러나 상법 제37조와는 달리 상법 제39조는 잘못 등기된 사실에 대한 신뢰를 보호하고 있다. 즉 이 규정에서 문제로 삼는 것은 진정한 법률상태가 공표되지 않았다는 것이 아니라, 그 공표가 처음부터 잘못된 등기에 기인한다는 것이다. 따라서 제 3 자는 공시수단의 "침묵"뿐만 아니라, 잘못된 등기에 따른 "표시"도 신뢰할 수 있다는 의미에서 이것을 등기의 "적극적" 공시력(positive Pub1izität)이라고 함이 타당하다(동지: 정동윤. 다만 적극적 공시력을 등기부에 등기가 마쳐진 사항에 대하여 부여하는 효력이라 하여 상법 제39조와 제37조 제 2 항에 차이가 없으므로, 후자의 경우에도 적극적 공시력이라고 한다는 점에서 저자와 차이가 있다). 이는 또한 등기관의 하자에 의하건 인쇄소의 잘못에 의하건 간에 상업등기부의 잘못된 등기를 등기의무자가 자신의 책임 있는 사유로 인하여 제거하지 않은 때에도 선의의 제 3 자에 대하여 그 등기에 구속됨을 포함한다고 본다.

2. 商法 제39조의 構成要件

(1) 상법 제39조의 첫 번째 구성요건은 사실과 상위한 등기이다.

(2) 상법 제39조는 등기할 사항을 전제로 한다. 등기의무는 원칙적으로 상법 제

37조에서와 마찬가지로 결정된다. 이미 등기한 사항에 대하여 변경 · 소멸의 등기(제40조)를 하여야 함에도 불구하고 그 등기를 하지 아니하여 현재의 등기가 결과적으로 진정한 사실관계와 틀리게 된 경우에 상법 제39조가 적용될 것인가, 상법 제37조 제 1 항이 적용될 것인가에 대해 견해가 나뉜다. 제 1 설은 변경 또는 소멸된 사항은 상법 제37조 제 1 항의 등기할 사항에 포함된다고 하고(이철송 · 손주찬), 제 2 설은 상업등기에 공신력이 부여되어 있지 않으므로 이 경우 제39조가 적용된다고 하며(채이식 · 최기원), 제 3 설은 부실등기의 효력의 문제이나, 이에 일반적 효력도 적용된다고 한다(정찬형). 한편 제 1 설을 주장하면서, 상법 제39조는 작위에 의하여 부실등기가 된 경우에만 적용되므로, 변경 · 소멸등기를 하지 아니한 경우에는 상법 제37조 제 1 항만 적용된다고 하는 견해도 있다(정동윤).

(3) 제 3 자에 대한 주관적 요건은 원칙적으로 상법 제37조의 경우와 마찬가지로 판단할 수 있다. 여기서도 제 3 자는 진정한 법률상태를 인식하는 경우에만, 즉 악의인 때에만 보호받지 못한다.

(4) 상법 제37조와 마찬가지로 상법 제39조도 "불법거래"에 대해서는 적용되지 않는다.

(5) 상법 제37조에서와 마찬가지로 제 3 자가 사실과 상위한 등기에 관한 적극적 인식을 갖고 있었을 것도 요구되지 않는다. 왜냐하면 그러한 입증을 한다는 것은 사실상 어렵기 때문에 그러한 입증의 요구는 본조항이 추구하는 신뢰보호를 약화시킬 것이기 때문이다. 그러나 여기서도 상법 제37조에서와 같이 목적론적 축소해석에 의하여 권리외관책임을 지게 되는 자가 반증, 즉 제 3 자가 등기사실을 알지 못했다는 반증을 하는 것을 허용하여야 한다.

(6) 사실과 상위한 등기에 관하여 관계자의 귀책사유, 즉 고의나 과실이 있어야 한다. 순수한 권리외관원칙을 도입하여 귀책사유가 없는 경우에도 책임을 인정한다면 매우 부당한 결과가 초래될 수 있다. 예컨대 "장길동"의 지배인 갑이 잘못하여 "정길동"의 지배인으로 등기되었다면, 정길동은 제 3 자에 대하여 갑이 자신의 이름으로 행한 법률행위의 효력을 부정할 수 없게 된다. 이는 너무나 가혹할 뿐만 아니라, 법체계에도 반하는 법률효과이다.

(7) 상법 제39조는 귀책가능성에 근거하고 있기 때문에 행위무능력자에 대해서는 이 규정을 적용하지 않는 것이 논리적으로 당연하다. 즉 책임의 귀속은 책임능력을 전제로 하는 것이고, 책임능력은 책임의 법률행위적 효력에 비추어 볼 때 행위능

력에 관한 규정에 따를 수밖에 없다. 또한 그렇게 하는 것이 체계적 통일성 및 법질서의 모순된 가치평가방지의 요청이기도 하다.

Ⅳ. 商業登記의 推定力

상업등기부에 등기된 사항은 이것이 일단 진실일 것이라는 추정력이 발생한다. 즉 사실상의 추정력이 인정된다고 보는 것이 통설(손주찬 · 이철송 · 채이식 · 정찬형)과 판례이다. 그러나 이러한 추정력은 입증책임을 전환시키는 법률상의 추정력은 아니라는 것이 다수설이다.

제5관 商業登記의 特殊的 效力

상업등기는 위에서 본 공시적 효력 이외에 다음과 같은 특수적 효력을 갖는다.

Ⅰ. 創設的 효력

회사의 설립등기에 의하여 회사가 성립되고(제172조), 회사의 합병등기에 의하여 합병의 효력이 발생하는 것과 같이(제234조, 제530조 제2항, 제603조) 등기에 의하여 새로운 법률관계를 창설시키는 효력을 창설적 효력이라고 한다.

Ⅱ. 補完的 효력

등기 후에는 법률관계의 하자를 주장하지 못하는 효력을 보완적 효력이라고 한다. 이 보완적 효력으로 인하여 회사의 설립등기 후에는 주식을 인수한 자가 주식청약서의 요건 흠결을 이유로 인수의 무효를 주장하거나, 사기 · 강박 또는 착오를 이유로 하여 그 인수를 취소하지 못하고(제320조), 설립무효나 취소의 사유가 있는 회사도 설립무효나 취소의 판결이 확정될 때까지는 유효하게 취급된다.

Ⅲ. 附隨的 효력

등기가 어떤 행위의 허용 또는 면책의 기준이 되는 경우에 이를 부수적 효력이라고 한다. 예를 들어 주식회사는 설립등기 후 주권을 발행할 수 있고(제355조 제 2 항), 합명회사 · 합자회사의 사원은 퇴사등기 후 2년이 지나면 책임이 소멸하고(제225조 제 1 항, 제269조), 해산등기 후 5년이 경과하면 책임이 소멸한다(제267조 제 1 항, 제269조).

제 4 절 營業讓渡

제 1 관 總 說

영업은 인적 설비와 물적 설비를 갖는데, 물적 설비는 상인이 일정한 영업목적을 위해 조직한 유기적 조직체(객관적 의의의 영업)로서 존재한다. 영업을 양도하는 것을 영업양도라고 한다. 영업양도의 의의 및 성질에 관해서는 이 영업을 어떻게 해석하는가에 따라서 결론이 달라진다. 따라서 우선 영업에 관하여 검토해 본다.

제 2 관 營業의 意義

Ⅰ. 營業에 대한 두 개의 意義

상법상 영업이라는 말은 주관적 의의와 객관적 의의의 두 가지로 사용되고 있다. 전자는 상인의 영업활동을 의미하며 상법이 영업을 한다(제 6 조, 제 7 조 제 1 항)라고 하는 경우가 이에 해당한다. 후자는 상인이 일정한 영업목적을 위해 유기적으로 결합한 재산적 조직체를 말한다. 즉 단순한 물건 또는 권리의 집합체가 아니라 물건과 권리 이외에 재산적 가치를 갖는 사실관계(거래처, 구입처, 영업상의 비밀 또는 경험, 신용) 등의 적극재산과 영업상의 거래, 그 밖에 영업과 관련하여 발생한 채무 등의 소극재산으로 구성되는 유기적 조직체를 말한다(통설). 상법에서 영업의 양도라고 하는 경우는 후자의 의미이다(제25조, 제41조).

Ⅱ. 營業財産의 法的 性質

1. 權利客體性

현행법상으로는 집합물의 관념이 인정되어 있지 않고 또 이를 공시하는 제도도 없으므로, 영업재산은 1개의 물건이 될 수 없지만 예외적으로 재단저당제도(공장저당법·광업재단저당법)를 인정하여 영업재산을 일괄하여 하나의 물건으로 취급하여 저당권의 목적으로 삼을 수 있게 하고 있다. 그리고 채권법상으로는 전체로서의 영업재산에 대하여 거래의 객체성을 인정하고 있다(제374조, 제576조 등). 그렇지만 현행법이 영업재산을 독립적인 물권적 처분의 대상으로 삼는 것을 원칙적으로 부정하고 있는 것에 대하여는 입법론·해석론적으로 비판이 있어 왔다. 즉 개개의 물건과 권리를 단순 가산한 것 이상의 영업의 가치를 손상 없이 계속되도록 하기 위해서는 영업재산을 법률적으로도 일체로 취급하여 물권적 처분행위의 대상으로 삼아야 할 것이다.

2. 特別財産性

영업재산은 특정한 목적에 제공된 재산으로서 관념적·경제적으로는 특별재산성을 가진다. 그러나 법률상으로는 영업재산에 대하여 아직 특별재산으로서의 지위가 인정되지 않고 있다.

제 3 관 營業讓渡

Ⅰ. 營業讓渡의 意義와 性質

1. 意義와 性質

영업양도라 함은 일정한 영업목적을 위하여 조직화된 단순한 물건 또는 권리뿐만 아니라, 재산적 가치 있는 사실관계도 포함하는 유기적 조직체로서의 기능적 재산의 이전을 목적으로 하는 처분계약이다. 이를 영업재산양도설이라 한다(다수설).

이 다수설이 영업의 객관적 측면을 중시한 데 비해서 주관적 측면을 중시하여 영업의 존속을 전제로 하는 영업자 지위의 양도라고 보는 견해(영업자 지위양도설)와 절충적 입장에서 영업양도는 양도인이 영업의 양수인으로 하여금 그 영업의 경영자

지위에 취임시키고 그 외에 영업재산을 일괄하여 양도할 것을 약정하는 계약이라고 보는 견해(재산양도 및 경영도입계약 병합설) 등이 주장되고 있다. 경제적으로는 물론 영업활동도 승계하기 때문에 개개의 구성재산의 가치를 단순 가산한 것 이상의 가치가 영업에 인정되어 양도되는 것이다. 그 점에서 소수설은 경제적으로는 영업양도의 본질을 파악하고 있다고 생각할 수 있다. 그러나 법적으로는 영업을 승계한 이상 통상 발생하는 경업금지의무가 의사의 보충해석규정으로서 설정되어 있는 점을 고려해 보면 다수설과 같이 영업재산의 양도라고 해석하는 것이 타당하다.

이 다수설의 입장에 의하면 유기적 일체로서의 기능적 재산을 이전하면 양도인의 지위는 양수인에게 인계된다.

2. 類似概念과의 구별

(1) 會社의 合併과 營業讓渡

회사의 합병은 2개 이상의 회사가 당사자가 되어 그 일부 또는 전부가 해산하고 그 재산과 사원이 법률상 당연히 포괄적으로 존속회사 또는 신설회사로 이전 수용되는 현상을 가리킨다. 영업양도와 회사의 합병은 다같이 기업의 결합수단으로서 이용되고 따라서 독점규제법의 규제를 받는 점(독점규제 및 공정거래에 관한 법률 제 7 조 제 1 항)에서 공통되지만, 영업양도는 당사자간의 채권계약으로서 개인법상의 법현상임에 반하여 회사의 합병은 합병계약에 의하여 사단인 회사가 하나로 되는 단체법상의 현상이다. 영업양도의 경우에는 양도의 대상인 각개의 권리의무에 관하여 개별적 이전행위를 요한다. 따라서 영업양도에는 특별한 법정절차가 없으나 합병의 경우에는 합병절차가 법정되어 있고 자본회사의 경우 합병계약서를 작성해야 한다(제522조 제 1 항, 제603조). 또한 영업양도의 무효는 민법의 일반원칙에 따라 할 수 있으나, 회사합병의 무효는 합병무효의 소(제236조)에 의하여서만 주장할 수 있다.

(2) 會社持分의 讓渡와 營業讓渡

영업양도는 영업재산의 양도임에 반하여 지분의 양도는 사원권이라는 권리의 양도이다. 물론 경제적으로는 회사의 경우 그 지배권을 지분(주식)을 양수함으로써 취득하여 결과적으로 영업양도와 동일한 효과를 거둘 수 있다.

(3) 營業用財産의 讓渡와 營業讓渡

개념적으로는 영업양도는 유기적 일체로서의 기능적 재산의 양도이고, 영업용재산의 양도는 개개의 재산 또는 그 집합체의 양도라고 구별할 수 있으나, 구체적으로는 영업의 동일성의 유지, 그 재산이 가지는 의미, 경업피지의무의 부담 등 여러 가지 사정을 종합하여 판단하여야 할 것이다.

Ⅱ. 營業讓渡契約

1. 當 事 者

영업양도의 당사자는 영업의 소유자인 상인과 양수인이다. 양수인은 상인·비상인을 묻지 않는다. 영업양도계약의 체결과 관련하여 회사가 양도인인 경우에는 특별한 절차가 요구되고 있다. 왜냐하면 영업양도에 의하여 회사는 정관상의 목적인 영업목적의 전부 또는 중요한 부분에 관하여 경업금지의무를 부담하여 그 양도에 의해 해산을 초래하든가 혹은 정관변경이 부득이한 경우가 있을 수 있기 때문이다.

2. 對 象

영업양도는 반드시 영업의 전부가 아니더라도 유기적 일체로서의 기능적 재산이라고 인정되는 한 영업의 일부를 양도의 대상으로 할 수 있다. 따라서 수개의 지점을 갖는 경우에는 그 중의 하나를 분리하여 양도하는 것도 가능하다. 영업의 양도인가의 여부의 문제는 어떤 범위에서 유기적 일단위로서의 양도라고 인정될 것인가에 의해 판단되게 된다. 따라서 신용·고객 등의 사실관계의 이전을 포함하는가, 영업의 동일성이 유지되고 있는가 등이 중요한 판단기준이 된다.

3. 讓渡契約의 법적 성질

영업양도계약은 영업재산을 이전할 것을 내용으로 하는 채권계약이다. 반면 영업양도는 양도인이 양수인에게 현실적으로 영업을 인도할 때 존재하는 합의로서 의사의 합치를 내용으로 하는 점에서 볼 때에 영업양도는 일종의 계약이지만 그 계약에 기해 권리의무가 발생하는 것은 아니므로 채권계약이 아니라 준물권계약이라고 하는 견해도 있다.

여하튼 채권계약설의 입장에서 살펴보면 각 재산에 관하여 개별적으로 권리의 이전, 채무의 인수 등의 행위가 필요하게 된다. 이 점에서 상속·합병 등이 당연히 영업의 포괄적 이전을 발생시키는 것과 다르다.

Ⅲ. 營業讓渡의 效果

1. 營業讓渡契約 當事者間의 效果

(1) 營業財産 移轉의 義務

영업양도계약이 행하여지면 양도인은 양수인에 대하여 영업에 속하는 각개의 재산을 이전할 의무를 부담한다. 이전해야 할 재산의 범위는 계약에 의해 정한다. 계약에서 특별히 정하지 않았을 때에는 영업에 속하는 일체의 재산을 이전한다고 추정된다.

영업양도는 영업에 속하는 재산을 이전할 것을 목적으로 하는 채권계약이지만 영업이 하나의 권리의 객체로서 취급되지 않는 이상 포괄적으로 일체로서 물권적으로 이전하는 방법은 없다. 재산의 종류에 따른 이전방법이 이행되어야 한다.

따라서 동산에 관해서는 인도(민법 제188조), 상호 및 부동산에 관해서는 등기(제25조 제 2 항; 민법 제186조), 특허권 및 상표권에 관하여는 등록(특허법 제101조; 상표법 제56조), 지명채권에 관하여는 채무자에 대한 통지 또는 그 승낙(민법 제450조), 지시채권에 관해서는 배서교부(제65조; 수표법 제14조 아래), 기명주식에 관해서는 명의개서(제337조) 등이 행하여질 필요가 있다.

(2) 競業禁止義務

영업양도는 유기적 조직체의 일체로서 양도의 대상이 되는 것이므로 영업의 양도인은 양수인으로 하여금 종래의 영업을 승계할 수 있도록 하여야 한다. 이와 같은 영업양도의 본질로부터 보아 양도인이 동종의 영업을 개시하여 영업양수인이 양도인의 고객·신용 등 사실관계를 포함하여 양수한다고 하는 영업양도의 효과를 상실케 하는 것은 인정되지 않는다. 따라서 상법은 당사자가 특약을 하지 않는 한 영업양도인의 경업금지의무를 규정하고 있다(제41조).

상법이 규정하고 있는 이 경업금지의무는 당사자간에 특별한 약정이 없는 경우에 영업양도의 본질로부터 법이 당사자의 의사의 보완·해석규정으로서 둔 것이라고 해석된다.

이 경업금지의무의 내용은 다음과 같다. 즉 영업을 양도한 경우에 다른 약정이 없으면 양도인은 동일한 특별시 또는 광역시·시·군 및 인접한 특별시·광역시·시·군 내에 있어서 10년간 동종영업을 하지 못한다(제41조 제 1 항).

또한 당사자가 경업금지의무를 약정한 경우에는 그 효력에 관하여 제한규정을 두고 있다. 즉 그 경업금지의무의 특약은 특별시·광역시·시·군 및 인접한 특별시·광역시·시·군 내에서 20년을 초과하지 않는 범위 내에서만 그 효력을 갖는다(제41조 제 2 항). 이것은 당사자의 특약이 너무나도 광범위하고 장기간에 걸쳐서 당사자의 영업활동을 제한하게 되는 폐해를 방지하기 위한 것으로서 장소와 시간에 걸쳐서 이를 제한한 것이다.

2. 營業讓渡의 제 3 자에 대한 關係

(1) 營業上의 債權者에 대한 關係

1) 商號續用時 讓受人의 債務辨濟義務

(가) 意　　義　　영업의 양수인은 양도인의 채무를 인수하지 않은 경우에도 상호를 속용하는 한 양도인의 영업상의 채무에 관하여 변제할 책임이 있다(제42조 제 1 항).

민법 일반원칙에 의하면 채무인수를 위해서는 채권자의 승낙이 필요하므로(민법 제454조), 양도된 채무이더라도 채권자가 채무인수를 승낙하지 않는 한 채권자와의 관계에서는 양도인만이 계속하여 채무자로 남는다. 따라서 상법의 이 규정은 영업양도인과 양수인이 법률상 별개의 인격자임에도 불구하고 제 3 자의 외관신뢰를 보호하기 위해서 양수인에게 양도인의 채무를 변제하도록 한 규정이라는 점에서 민법에 대한 특칙이라고 할 수 있다.

영업양도라 함은 영업활동을 위하여 조직화된 재산의 총체(물건·권리·그 밖의 법률관계·사실관계가 포함되며 적극재산 또는 소극재산임을 묻지 않는다)인 영업을 양도하는 것(영업재산양도설)이고, 이러한 유기적 일체로서의 영업재산을 양도하면 양도인의 지위는 양수인에게 인계되어 영업주체의 변경을 가져오게 한다. 이와 같이 영업주체의 변경에도 불구하고 종래의 영업주를 나타내는 명칭이었던 상호를 속용하는 경우 제 3 자가 영업주체의 변경을 인식하는 것은 곤란하다. 그 때문에 제 3 자가 그 영업재산으로부터 변제를 받을 것을 기대하는 것은 거래계의 책임기대의 보호에 기여한다. 또 상호속용은 영업양도의 형태로서 전영업주의 지위와 동일한 지위에 서려고 하는 영업양도계약에 있어서 통상 행하여지는 방법이다. 즉 상호속용에는 영업이 동일하다고 하는 외관 이외에 영업이 승계되어 있다고 하는 외관의 이면성이 인정되는 것이다. 이상의 것으로부터 제42조 제 1 항의 취지를 요약한다면 제42조 제 1 항은 영업양도에 있어서 상호가 속용되는 결과 영업양도의 사실이 없다고 신뢰하였던, 또는 채무인수계약이 행하여진 것이라고 신뢰한 채권자를 보호하는 것이다. 어쨌든 채권자로서는 영업재산을 영업상의 채무에 대한 담보로서 파악하게 된다.

(나) **責任의 成立要件** 제42조에 따라 양수인이 변제의 책임을 지기 위하여는 A. 영업상의 채권자가 영업에 포함되는 채무로서 변제를 받을 수 있다고 신뢰할 만한 외관(영업주의 동일성, 영업의 계승성이라고 하는 상호속용의 영업양도), B. 그 외관에 대한 채권자의 신뢰, C. 그 외관창출에 대한 영업양수인의 귀책사유 등의 요건을 필요로 한다.

(다) **效 果** 상법 제42조 제 1 항의 법률효과는 말할 것도 없이 양수인이 그의 전 재산으로 인적 무한책임을 지는 데 있다. 이 책임은 "전소유자의 영업에서 생긴 모든 채무"에 미치며, 따라서 계약상의 채무뿐만 아니라, 예컨대 부당이득상의 채무와 불법행위상의 채무에도 미친다(대판 1989. 3. 27, 88 다카 12100).

양수인 외에 양도인도 또한 책임을 부담한다. 왜냐하면 상법 제42조가 양도인에 대해 그의 채무를 면제하고 있지 않기 때문이다. 따라서 연대채무관계가 생긴다. 그러나 양도인에 대한 영업채권자의 청구권은 상법 제45조에 의하여 원칙으로 2년이 경과하면 소멸되므로 그에 의하여 일종의 양도인의 면책이 생긴다.

(라) **책임의 배제** 상호를 속용하는 영업양수인은 상법 제42조 제 1 항의 책임을 배제할 수 있다(제42조 제 2 항). 즉 영업양도 후 지체없이 양수인이 양도인의 채무에 관해 책임이 없다는 뜻을 등기한 경우, 또 등기를 하지 않더라도 양도인 및 양수인이 제 3 자에 대하여 양수인이 책임을 지지 않는다는 뜻을 통지한 때에는 그 책임을 면한다(제42조 제 2 항).

2) 債務引受廣告 후의 讓受人의 債務辨濟義務

양수인이 양도인의 상호를 속용하지 않는 경우에 양수인은 당연히는 양도인의 영업상 채무에 관하여 변제할 책임이 없다. 그러나 양수인이 양도인의 영업상 채무를 인수한다는 뜻을 광고한 때에는 채권자는 양수인에 대하여 변제의 청구를 할 수가 있다(제44조). 이것은 소위 금반언의 법리에 기한 것이며, 양수인이 광고의 방법에 의하지 않고 개별적으로 동일한 의사표시를 한 경우에도 마찬가지로 해석되고 있다.

3) 讓渡人의 責任의 消滅

영업의 양수인이 양도인의 채무에 관하여 책임을 지는 경우에 양도인의 책임은 영업양도 또는 상법 제44조의 광고를 한 후 2년 내에 청구를 하지 않은 채권자에 대하여는 2년이 경과한 시점에 소멸한다(제45조). 이것은 영업양도 후에 영업상의 채무에 관하여 지나치게 장기간 책임을 부담시키는 것은 가혹하기 때문이다.

⑵ 營業上의 債務者에 대한 關係

1) 商號를 續用하는 경우

영업양수인이 양도인의 상호를 속용할 경우에는 영업자가 변경된 사실을 외부에서 알기가 곤란하다. 그래서 양도인의 영업에 의해 발생한 채권의 채무자가 영업양수인에 대하여 변제하는 경우가 있다. 이 경우에 영업의 양수인이 채권양도를 받지 않는 경우에는 비채변제로 된다. 그러나 이와 같은 비채변제가 선의이며 중과실 없이 행하여진 경우에 상법은 채무자보호를 위해 이를 유효로 보고 있다(제43조).

2) 商號를 續用하지 않는 경우

영업양수인이 상호를 계속 사용하지 않는 경우에 관하여는 상법에 아무런 규정이 없다. 그러므로 이 경우에는 민법의 일반원칙에 따라 해결하여야 한다. 채권양도의 대항요건이 구비된 경우에는 양수인에게 변제하여야 하고, 채권양도의 절차를 밟지 아니한 경우에는 본래의 채권자인 양도인에게 변제하여야 한다. 만일 잘못하여 양수인에게 변제한 경우에는 채권의 준점유자에 대한 변제로 되지 않는 한 변제로서의 효력이 없다.

제4관 營業의 賃貸借, 經營委任

영업재산의 소유관계에 변동을 가져오는 영업양도와 구별되는 것으로 소유관계에는 변동 없이 경영주체에만 변동을 가져오는 영업의 임대차와 경영위임이 있다.

Ⅰ. 營業의 賃貸借

영업 자체를 물건과 마찬가지로 일시적으로 제3자에 위탁할 수 있는데, 가장 대표적인 것이 상인이 그 영업을 일괄하여 타인에게 임대하는 계약인 영업의 임대차이다. 그러나 영업이 물적 시설 이외에 상업사용인 등의 인적 요소도 포함하고 있는 이상 순전한 물건의 임대차는 아니다.

영업의 임대차에 있어서는 임차인이 영업주가 된다. 즉 외부에 대하여는 물론 임대인에 대하여도 임차인이 영업으로부터 발생한 권리·의무의 주체가 되며, 임대인은 단순히 영업의 소유자에 지나지 않는다. 따라서 임대인은 영업양도인에 준하여 경업금지의무(제41조)를 부담하여야 하며, 또한 상호속용의 유무에 불구하고 임차인이 임대인의 채무를 인수한다는 뜻을 광고·통지한 경우에는 임차인이 책임을 부담한다고 해석한다(제44조의 유추적용). 이 경우 영업상의 채권자 또는 채무자인 제 3 자를 보호하기 위하여 영업양도의 경우에 관한 상법 제42조 내지 제44조를 유추적용하여야 할 것이다.

Ⅱ. 經營委任

상인이 그 영업의 경영을 타인에게 위탁하는 계약을 경영위임이라고 한다. 이것은 영업의 임대차와 달리 대외적으로도 영업의 소유자가 당연히 영업으로부터 생긴 권리의무의 귀속자이다. 그러나 대내적으로는 1) 영업상의 손익이 수임자에게 귀속하는 경우(협의의 경영위임)와, 2) 그 손익은 위임자인 영업의 소유자에게 귀속하고 수임자는 일정한 보수를 받는 데 지나지 않는 경우(경영관리)가 있다.

제Ⅱ편

상행위법

제 1 장

商行爲 一般論

제 1 절 商行爲法의 適用範圍

상행위에 관한 법은 상법 제 2 편에 11개장 123개조로 구성되어 있다(제46조~제168조). 일반사법인 민법에 대하여 상법은 그 법적 지위가 상인에 관한 특별사법이라는 점에서 상행위에 관한 위 규정들도 민법의 입법방식에 따라 규율되고 있다. 즉 모든 종류의 상행위에 적용되는 일련의 통칙규정을 제 1 장에 두고 있고(제46조~제66조), 제 2 장에서 제11장까지는 이론적으로 채권법각론에 속하는 개별적 상행위를 규정하고 있다(제67조~제168조).

제 1 관 商行爲法의 商人에의 適用

Ⅰ. 基本的 商行爲

기본적 상행위는 당연상인(제4조)의 개념정립을 위한 기초개념으로서 상법 제46조에서 한정적으로 열거하고 있다. 1995년 개정상법은 경제생활의 발전에 따라 새로운 유형의 상행위를 추가하여, 기본적 상행위는 이전의 18종류에서 21종류로 늘어났다. 새롭게 추가된 기본적 상행위는 제19호의 「기계 · 시설 기타 재산의 물융(物融)에 관한 행위」 제20호의 「상호 · 상표 등의 사용허락에 의한 영업에 관한 행위」, 제21호의 「영업상 채권의 매입 · 회수 등에 관한 행위」이다.

1. 商法 제46조의 列擧行爲

(1) 動産·不動産·有價證券 기타 財産의 賣買(제 1 호)

매매는 모든 상거래의 기본이 되는 행위로서 이익을 얻으려는 의사로서 하는 매도행위와 매수행위를 뜻한다. 이 때 「매수행위와 매도행위」를 매매로 볼 것인지 그리고 「매수행위 또는 매도행위」를 매매로 볼 것인지에 관해서는 다툼이 있다. 그러나 제46조가 가장 전형적인 상행위만을 한정적으로 규정하고 있고, 그 가운데 특히 매매는 상사활동의 가장 전형적 활동인 「사고 파는」 행위라는 점, 즉 상사활동의 시초가 사고 파는 활동에서 비롯되었다는 연혁적인 이유나 각국의 입법예로 볼 때 위 정의와 같이 양자의 내면적 관련성을 요구하는 입장이 옳다. 따라서 이득의 의사 없이 무상 또는 원시취득한 물건을 매각하는 행위는 이에 해당하지 아니한다.

목적물 중의 「기타의 재산」이란 무체재산권으로서 저작권·특허권·상표권과 광업권·어업권 등을 말한다.

(2) 動産·不動産·有價證券 기타 財産의 賃貸借(제 2 호)

소유권의 이전이 아닌 재산의 이용을 영업의 대상으로 하는 행위이다. 즉 이익을 얻고 임대할 의사로써 유상취득하거나 임차한 재산을 임대하는 행위를 말한다.

(3) 製造·加工 또는 修繕에 관한 행위(제 3 호)

제조·가공 또는 수선을 인수하는 행위이다. 왜냐하면 제조나 가공 그 자체는 사실행위이기 때문이다. 제조·가공 또는 수선을 유상으로 인수하는 행위이면 타인을 위하여 제조·가공 또는 수선을 인수하고 보수를 받기로 약정하는 행위뿐만 아니라, 자기를 위하여 원료를 유상으로 취득한 다음 제조·가공·수선하여 판매하는 행위도 포함된다. 제조란 재료에 노역을 들여 새로이 전혀 다른 물건을 만드는 행위이고, 가공이란 재료의 동일성을 유지시키면서 약간의 변화를 가하는 행위이다. 수선이란 효율적인 사용을 위하여 노역을 가하는 것으로서 광의의 가공 속에 포함시킬 수 있다.

(4) 電氣·電波·가스 또는 물의 공급에 관한 행위(제 4 호)

전기사업·방송사업·가스사업·수도사업 등과 같이 전기·전파·가스·물(식수·광천수) 등의 계속적인 공급을 인수하는 행위이다. 그 성질은 매매계약이며, 설비의 임대가 수반되는 때는 매매와 임대차 그리고 도급 등의 혼합계약이다.

⑸ 作業 또는 勞務의 都給의 引受(제 5 호)

작업의 도급의 인수는 부동산 또는 선박·중기·항공기에 관한 공사 등을 인수하는 행위이고, 노무의 도급의 인수란 인부 기타의 근로자의 공급을 인수하는 계약으로서 주로 토목사업이나 하역업 등에서 행해진다(예컨대 근로자 공급사업).

⑹ 出版·印刷 또는 撮影에 관한 행위(제 6 호)

출판에 관한 행위란 문서 또는 도화 등을 인쇄하여 발매 또는 유상으로 배포하는 행위이며, 출판을 함에 있어서는 저작자와의 사이에 출판계약, 인쇄업자와의 사이에 인쇄계약이 필요한데, 이러한 계약은 출판업자의 부속적 상행위에 속한다. 왜냐하면 출판업자의 기본적 상행위는 출판물의 매도행위이기 때문이다. 인쇄에 관한 행위란 기계 또는 화학적인 방법에 의하여 문서 또는 도서를 복제하는 것을 인수하는 행위이다. 촬영에 관한 행위란 사진의 촬영을 인수하는 계약이다.

⑺ 廣告·通信 또는 情報에 관한 행위(제 7 호)

광고란 소비자의 수요를 자극하기 위하여 널리 선전 또는 홍보하는 행위이고 통신은 각종의 뉴스·서신을 제공 또는 송달하는 행위이며, 정보에 관한 행위는 예컨대 신용조사업(흥신소)·정보관리업·신용평가업 등에서 하는 행위로서 타인의 자력이나 신용 및 기타 신원에 관한 사항을 수집하여 보고하는 것인데 이러한 것을 계약의 목적으로 하는 경우를 말한다.

⑻ 受信·與信·換 기타의 金融去來(제 8 호)

1995년 개정상법은 금융거래의 예시의 유형을 현실에 부합시켜서 수정하였다. 수신은 예금업무를 말하며, 여신은 금전을 타인에게 대여하는 것이다. 환금은 이종화폐간의 교환이고, 기타의 금융거래는 금전 또는 유가증권의 여신·수신에 관한 행위를 제외한 할인이나 보증 등의 행위를 말한다.

⑼ 客의 集來를 위한 施設에 의한 去來(제 9 호)

공중의 집래에 적합한 설비를 갖추어 객의 수요에 따라 이를 이용시킬 것을 목적으로 하는 행위이다(예: 여관·음식점·극장·동물원 등).

⑽ 商行爲의 代理의 引受(제10호)

독립된 상인으로서 일정한 상인을 위하여 계속적으로 상행위의 대리를 인수하는 행위이다(예: 체약대리상(제87조)의 행위).

⑾ 仲介에 관한 행위(제11호)

타인간의 법률행위의 중개를 인수하는 행위로서 계약체결을 유지하기 위한 모든 활동을 말한다(예: 중개인(제93조)·중개대리상(제87조)과 부동산·자동차 등의 매매를 중개하거나 직업소개소 등의 행위를 하는 각종의 민사중개인).

⑿ 委託賣買 기타의 周旋에 관한 행위(제12호)

자기의 명의로써 타인의 계산으로 법률행위를 하는 것을 인수하는 행위로서 간접대리의 인수라고 할 수 있다. 이 때 타인의 계산이란 경제적으로 그 타인이 손익의 주체가 됨을 말하며 주선의 목적인 법률행위가 상행위일 필요는 없다(예: 위탁매매인(제101조)·운송주선인(제114조)·준위탁매매인(제113조) 등의 행위).

⒀ 運送의 引受(제13호)

물건 또는 인의 운송을 인수하는 행위로서 운송계약을 말하고, 사실행위인 운송을 의미하는 것은 아니다. 운송의 목적물·장소·방법 등은 가리지 않는다(예: 물건운송·여객운송 등).

⒁ 任置의 引受(제14호)

타인을 위하여 물건 또는 유가증권을 보관할 것을 인수하는 행위이며(예컨대 창고업자가 영업으로 하는 물건보관인수계약), 이 때의 임치에는 소비임치는 포함되지 않는다고 보아야 하지만, 혼장임치는 포함된다.

⒂ 信託의 引受(제15호)

신탁이란 신탁설정자가 특정의 재산권을 수탁자에게 이전하거나 기타의 처분을 하고 수탁자로 하여금 일정한 자의 이익 또는 특정의 목적을 위하여 그 재산권을 관리·처분하게 하는 법률관계이다(신탁법 제 1 조 제 2 항). 이 때 수탁자의 지위를 인수하는 것이 이에 해당한다.

⒃ 相互賦金 기타 이와 유사한 행위(제16호)

구상법의 무진(無盡)이란 용어를 1995년 개정상법에서 상호부금으로 용어를 변경하였다. 상호부금이란 일정한 좌수(座數)와 급부금을 정한 다음 정기적으로 부금을 납입할 때마다 추첨·입찰 등의 방법으로 순서를 정하여 가입자에게 차례로 일정 금액을 지급하는 행위로서 만기가 될 때까지 되풀이하는 것이다(예컨대 상호신용금고에서 취급하는 상호신용계업무).

⒄ **保 險**(제17호)

보험이란 동일한 위험을 예상하는 다수인이 법적 위험공동체를 형성하고 일정한 기간을 정하여 금전을 모아 그 구성원 중에서 위험을 당한 자에게 일정한 금액의 급여를 하는 것인데, 여기에는 영리보험만 포함되고 상호보험(보험업법 제41조 내지 제81조)이나 사회보험은 제외된다.

⒅ **鑛物 또는 土石의 採取에 관한 행위**(제18호)

원시생산업에 속하는 것을 그 영업성이 농후하여 상행위로 흡수한 것이다. 여기에 속하는 행위는 채취라는 사실행위가 아니라, 채취한 것을 판매하는 행위를 말한다. 광업·채석업·채토업·사광업 등이 여기에 속하며, 광물 또는 토석 이외의 것을 대상으로 하는 원시산업은 해당되지 않는다.

⒆ **機械·施設 기타 財産의 物融에 관한 행위**(제19호)

일반적으로 리스라고 알려진 영업행태를 말한다. 기본적으로 리스회사가 리스이용자가 필요로 하는 물건을 구입하여 제공하는 물건의 융통을 물융이라 하며, 시설대여업법 제 2 조 제 1 호에 따르면 리스란 리스이용자가 선정한 특정물건을 리스회사가 새로이 취득하거나 대여받아 리스이용자에게 일정기간 이상 사용하게 하고 그 기간에 일정대가를 정기적으로 분할하여 지급받으며, 그 기간 종료 후의 물건의 처분에 관하여는 당사자간의 약정으로 정하는 물적 금융을 말한다.

⒇ **商號·商標 등의 使用許諾에 의한 營業에 관한 행위**(제20호)

프랜차이즈라고 알려진 영업행태이다. 프랜차이즈계약은 당사자의 일방(프랜차이즈 제공자)이 타방(프랜차이즈 이용자)에게 자기의 상호·상표 등의 영업표지를 이용하여 영업을 할 수 있도록 허가하고 그 영업과 관련하여 통제·조력할 것을 약정하며, 타방은 이에 대하여 대가를 지급할 것을 약정함으로써 성립하는 독립적 상인간의 계약이다.

(21) **營業上 債權의 買入·回收 등에 관한 행위**(제21호)

일반적으로 팩터링으로 알려진 영업행태이다. 팩터령은 거래기업이 그 매출채권을 팩터링회사에 양도하고 팩터링회사는 거래기업에 갈음하여 채권을 추심하는 동시에 채권추심과 관련된 부수적 행위를 할 것을 인수하는 계약을 말한다.

2. 營業으로 하는 行爲

영업이란 계속적인 이윤획득의 의도에서 독립하여 직업적으로 행하는 활동을 뜻한다. 다만 여기에서는 예술적인, 학문적인 그리고 자유업적인 활동(의사, 변호사, 세무사, 공인회계사)은 제외된다.

⑴ 獨 自 性

영업을 경영하는 자로서 근로자가 아닌 자만이 상인이 될 수 있다. 이 표지가 갖는 의미는 대리상의 예에서 분명해진다. 즉 대리상은 분명히 상인(제46조 제10호)이지만 거래의 대리 또는 중개를 영업으로 하는 독자적인 영업경영자만이 대리상으로 될 수 있다(제87조).

직업성의 표지는 자연인에게만 문제되고 회사에 대해서는 직업이란 것이 의미가 없다는 점에서 직업성은 상인개념의 절대불가결한 요소는 아니다.

⑵ 市場參加性

오직 자신의 수요충족만을 위한 활동은 영업의 요건으로 충분하지 못하다. 수요만을 위한 활동은 소비자가 행하는 것으로 상인이 행하는 것이 아니기 때문에 영업경영에 속하지 않는다. 또한 오직 자기의 수요를 만족시키기 위하여 생산하는 경우도 영업이 존재한다고 볼수 없다.

⑶ 計劃性 및 繼續性

이 표지도 역시 영업개념에 내포되어 있다. 영업적 행위가 되기 위하여는 영업의 운영이 일정한 정도로 계획적이고 계속성을 가져야 한다. 매 2년마다 자기가 쓰던 자동차를 파는 사람, 때때로 주식시장에서 투기를 하는 사람은 영업을 하는 것이 아니다. 그러나 그 활동이 연속적일 필요는 없다. 따라서 해수욕장에서 여름 한 철만 장사를 하는 경우도 그 계속성에 어떤 흠이 있는 것은 아니다.

⑷ 有 償 性

유상인가의 여부는 경제적인 관점에 의거하여 결정된다. 유상의 급부가 대가에 있어 완전한 보상일 필요는 없다. 그러나 이익을 획득하고자 하는 의도는 필수불가결한 요건이다. 그렇다고 실제로 이익이 생겨야 하는 것은 아니다(통설).

3. 例　外

영업성 있는 거래를 한다고 하더라도「오로지 임금을 받을 목적으로 물건을 제조하거나 노무에 종사하는 자의 행위」는 상행위로 보지 아니한다(제46조 단서). 여기에서「임금을 받을 목적」으로라는 뜻은 물건을 제조하거나 노무에 종사하는 자의 행위가 너무나 영세하여 상인성을 인정할 수 없는 때를 가리킨다(예컨대 소규모로 행해지는 바느질의 도급이나 컴퓨터입력의 도급, 개인택시 운행 등).

Ⅱ. 補助的 商行爲

1. 意　義

보조적 상행위란 상인이 "영업을 위하여" 하는 행위로서(제47조 제 1 항), 기본적 상행위와 준상행위의 수행을 위한 필요에서 하는 행위이다. 따라서 상인이 "영업으로," 즉 영리목적을 달성하기 위해 행하는 기본적 상행위 및 준상행위와 구별되는 개념이다.

보조적 상행위는 기본적 상행위와 준상행위의 실천·이행에 직접 기여하는 행위일 수도 있고, 영업 전체의 원활한 수행을 위하여 필요한 행위일 수도 있다. 또한 영업 자체의 생성·존폐와 관련된 행위일 수도 있다.

2. 補助的 商行爲의 推定

자연인의 행위는 일반법률행위와 상행위를 구별하여야 한다. 이러한 구별의 어려움을 덜어주기 위하여 상법은 제47조 제 2 항에 추정규정을 두고 있다. 이 규정에 의하여 상인에 의하여 행하여진 법률행위는 의심스러운 때에는 "영업을 위하여 하는 것으로 추정한다." 이 규정은 가능한 한 넓게 해석하여야 한다. 따라서 영업을 위하여 전형적이거나 통상적인 행위뿐만 아니라, 단지 간접적으로만 영업에 관계되는 행위도 상행위로 추정한다. 예컨대 영업을 위한 공간의 임차, 금전소비대차, 사무원의 채용과 해고, 영업의 양수·처분과 임대와 같은 부수행위, 보조행위 및 청산행위 등도 상행위에 해당된다.

Ⅲ. 準商行爲

의제상인이 영업으로 하는 행위를 준상행위라고 한다(제66조). 상법은 제46조에서 한정적으로 열거하고 있는 21종의 상행위를 자기명의로 하면 당연상인이 된다(제4조)고 규정하고 있다. 제46조에 규정되어 있지 아니한 신종의 상행위를 상법에서 규율할 수 없는 불합리를 없애기 위하여 입법자는 제5조에서 의제상인을 정하고 있다. 즉 점포 기타 유사한 설비에 의하여 상인적 방법으로 영업을 하는 자나 상행위 이외의 영리를 목적으로 하는 회사도 상인이 된다.

만약 준상행위 개념을 인정하지 않게 되면 이들 의제상인이 영업을 위하여 하는 행위는 보조적 상행위가 되나(제47조), 영업으로 하는 행위는 상행위에 속하지 않게 되고 그렇게 되면 법적 안정성을 해치게 되어 이를 준상행위라고 하여 상행위에 관한 통칙을 준용하도록 한 것이다(제66조). 통칙규정 외에도 익명조합은 준상행위의 영업을 위해 구성될 수 있고, 준상행위의 주선을 하는 준위탁매매, 준상행위를 위한 대리상계약과 중개도 있을 수 있기에 이들 규정도 준상행위에 적용된다.

Ⅳ. 一方的 商行爲

상법 제3조에 의하면 법률행위의 당사자 가운데 그 1인에게 그 법률행위가 상행위인 때에는 법률에 달리 규정되어 있지 않는 한 원칙으로 당사자 전원에 대하여 상법을 적용하도록 하고 있기에 당연히 상행위에 관한 규정도 적용된다. 또한 당사자 일방이 수인인 경우 그 1인에게 상행위가 되는 경우에는 그 전원에 대해 상법이 적용된다. 법률에서 달리 규정하는 경우란 제55조, 제58조, 제67조 내지 제71조와 같이 법률이 어떤 규정의 적용을 쌍방적 상행위에 국한하는 때를 말한다.

제2관 商行爲法의 일정 종류의 非商人에의 適用

상법 제61조와 같은 규율은 결코 상법에만 특유한 내용을 갖는 규정이 아니라, 일반 민법적 법사상의 이념을 내포하고 있다. 이들 규정은 곧 비상인에게도 적용(준용)할 수 있다. 그러나 그 밖의 대부분의 규정은 그러하지 아니하다. 그럼에도 불구하고 최소한 일정한 집단의 사람에 대하여는 상법규정을 유추적용할 수 있지 않겠는가 하는 문제가 제기되고 있다. 여기에서는 상법 제 2 조와 제24조를 일별한다.

Ⅰ. 公 法 人

공법인의 상행위에 관하여는 법령에 다른 규정이 없는 경우에 한하여 상법을 적용한다(제 2 조). 공법인 중에서 그 존립의 목적이 법률에 의하여 특정되어 있는 특수공법인(예: 농지개량조합 · 수리조합)은 그 특정된 사업목적에 영리성이 없으므로 상인능력이 없다. 이에 대하여 일반적인 행정목적을 위한 일반공법인(예: 국가 · 지방자치단체)은 그 목적이나 활동방법에 제한이 없기 때문에 영리사업을 할 수 있고, 따라서 상인능력이 있다고 본다. 따라서 이러한 때에는 특수공법인설립법령에 달리 특별규정이 없는 경우에는 상법이 2차적으로 적용된다. 다만 이들에게는 상업사용인, 상호, 상업장부 및 상업등기에 관한 규정은 그 성질상 공법인의 영업에는 적용되지 아니하기 때문에 실질적으로는 상행위에 관한 규정만이 적용될 수 있다(예컨대 박물관 영업에는 예술품거래의 관행의 적용이라든지, 곡물과 사료에 대한 조달청의 영업에는 곡물거래분야의 관행을 고려하여야 한다).

Ⅱ. 名義貸與者

타인에게 자기의 성명 또는 상호를 사용하여 영업을 할 것을 허락한 자는 자기를 영업주로 오인하여 거래한 제 3 자에 대하여 그 타인과 연대하여 변제할 책임이 있다(제24조). 이 때에는 명의사용자가 상인이고, 또한 계약당사자로서 책임의 주체가 된다. 하지만 거래안전의 필요에서 외관을 신뢰한 일반공중을 보호하려는 외관법리에 의하여 명의대여자에게도 책임을 법정한 것이다. 또한 면허 없는 자가 면허 있는 타인의 상호를 사용하여 영업하는 경우, 거래상대방의 보호와 함께 불법행위인 명의의 대여를 금지시키는 데에도 그 뜻이 있다.

Ⅲ. 申告(納稅)名義人

행정관청에 대한 신고명의인이나 납세명의인이 반드시 권리의무의 귀속 주체인 상인인 것은 아니다. 즉 행정관청에 대한 행정법적 관계는 상법상의 권리의무관계와는 구별된다.

제 2 절 商行爲通則

제 1 관 民法 總則編에 대한 特則

Ⅰ. 商行爲의 代理와 委任

1. 代理의 方式(非顯名主義)

(1) 民法의 原則

민법은 대리행위의 방식에 관하여 현명주의를 원칙으로 하여, 대리인이 본인을 위한 것임을 표시한 법률행위는 직접 본인에게 대하여 효력이 생기도록 하고 있고(민법 제114조 제 1 항), 본인을 위한 것임을 표시하지 아니한 때에는 자기를 위한 것으로 보고 대리인만이 책임을 지고 본인은 책임을 지지 않지만, 상대방이 대리인으로서 한 것임을 알았거나 알 수 있었을 때에 한하여 본인에 대하여 효력이 생기도록 하고 있다(민법 제115조).

(2) 非顯名主義

1) 原　　則

상법은 상행위의 대리인이 본인을 위한 것임을 표시하지 아니하여도 그 행위는 본인에 대하여 효력이 있다고 하여 비현명주의를 채택하고 있다(제48조 본문).

대량의 영업거래가 신속히 반복적으로 이루어져야 하는 상거래에서는 대리인이 거래시마다 현명하는 것은 불편할 뿐만 아니라, 상행위의 대리는 통상 그 상업사용인에 의하여 행해지므로 상대방이 대리관계를 알고 있는 경우가 많고, 비개성적인 내용의 상거래는 그 이행 여부가 문제되므로 민법상의 현명주의를 상행위에서는 배제한 것이다.

2) 代理人의 履行責任

민법에 의하면 현명하지 아니한 대리인의 행위는 원칙적으로 대리인만이 책임을 지고 상대방이 대리인으로 한 것임을 알았거나 알 수 있었을 때에 한하여 본인이 책임을 진다(민법 제115조). 그런데 상법에 의하면 상대방이 본인을 위한 것임을 알지 못한 때에는 대리인에 대하여도 이행의 청구를 할 수 있다(제48조 단서). 이와 관련하여, 즉 제48조 단서의 해석을 둘러싸고 다툼이 있으나, 단서의 법문이 과실을 요구하고 있지 않고 또한 상행위로 인한 채권의 이행을 확실히 한다는 점에서 상대방이 대리인으로서 한 것을 모른 것으로 충분하고, 비록 알 수 있었을 경우에도 대리인에게 이행의 책임이 있다고 본다.

3) 適用範圍

이 규정은 대리행위의 방식에 대한 특칙일 뿐 대리권 자체의 흠결을 보완해 주지는 않는다. 따라서 대리행위는 대리권의 범위 내이거나 표현대리의 요건을 갖추어야 하고 대리인에게 본인을 위한다는 대리적 효과의사는 있어야 한다.

상행위인 한 기본적 상행위와 보조적 상행위 모두에 적용되며, 쌍방적 상행위에 한정되지도 않는다. 그러나 일방적 상행위인 경우에는 본인에 대해 상행위가 되어야 한다.

2. 受任人의 權限

(1) 權限의 範圍

민법에 의하면 수임인은 위임의 본지에 따라 선관주의로써 위임사무를 처리하여야 한다(민법 제681조). 이에 대하여 상법은 특칙으로서 상헝위의 위임을 받은 자는 위임의 본지에 반하지 아니하는 범위 내에서 위임을 받지 아니한 행위를 할 수 있다고 규정하고 있다(제49조). 이 규정은 사정이 변경된 경우에 민법상의 수임인의 권한을 확장하여 광범위한 재량권을 수임인에게 부여함으로써 상행위의 수임인이 임기응변적 조치를 취할 수 있게 하기 위해서 마련된 것이다.

수임인의 권한은 모든 상행위에 미치며, 법률행위·준법률행위뿐만 아니라, 사실행위가 위임된 경우에도 이 규정이 적용되어야 할 것이다. 여기서 상행위의 위임이란 위임의 대상인 행위 자체가 상행위인 경우를 말한다. 따라서 위임 자체가 상행위일 필요는 없다.

(2) 規定의 性質

이 규정이 민법의 특칙인지에 관해서는 학설상 다툼이 있는바, 민법규정에 의하더라도 수임인은 사정변경에 처하여 임기응변적 조치를 취할 수 있다고 볼 수 있으므로 이 규정은 민법규정에 대한 특칙이라기보다 주의적 규정에 불과하다는 견해가 있다.

그러나 민법상 선관주의의무란 주의의무의 정도에 관한 것이고, 위임의 본지에 따라 처리하는 사무와 위임의 본지에 반하지 않는 범위 내에서 처리하는 사무는 분명히 그 범위의 차이는 있다고 할 것이며, 특별법으로서의 상법의 지위를 확고히 하기 위해서라도 상법의 규정은 수임인의 권한범위에 있어서 특칙규정이라고 해야 할 것이다(동지: 서돈각 · 채이식).

3. 本人의 死亡과 代理權의 存續

민법에 따르면 대리인의 대리권은 본인이 사망하면 원칙적으로 소멸하지만(민법 제127조 제1호), 상행위의 위임에 의한 대리권은 본인의 사망으로 인하여 소멸하지 않는다(제50조). 이 경우 대리인은 당연히 상속인의 대리인이 된다. 본인이 회사인 경우 본인의 사망이란 회사의 소멸을 의미하고 회사가 소멸하면 영업도 폐지되므로 이 규정이 적용될 여지가 없다. 이와 같이 대리권의 존속을 인정하는 이유는 상인이 사망하더라도 영업이 당연히 폐지되지 않는 한, 상사대리인은 개인적 신뢰에 기초한 상인의 대리인이라기보다 오히려 영업의 대리인이라고 할 수 있으므로 상인의 사망과 상관없이 대리인의 지위를 계속 갖도록 하는 것이 기업유지 또는 거래안전 측면에서 바람직하다는 데 있다.

Ⅱ. 消滅時效

1. 商事債權一般

(1) 민법은 채권의 소멸시효기간을 10년으로 하고 있으나(민법 제162조 제1항), 상법에 의하면 상행위로 인한 채권은 상법에 다른 규정이 없거나 다른 법령에 이보다 단기의 시효규정이 없는 한 5년간 행사하지 아니하면 소멸시효가 완성한다(제64조 본문). 상법이 시효기간을 단축하고 있는 이유는 집단적 · 반복적 법률관계를 맺는 상인으로 하여금 신속하게 거래를 종결할 수 있도록 하는 데 있다.

(2) 이 단기시효기간이 적용되는 채권은 상행위로 인한 채권인 한 일방적 상행위든 보조적 상행위든 상관이 없다.

채권이 직접 상행위로 인하여 발생한 것이 아니더라도 그와 동일성이 있는 상행위로 인하여 생긴 경우 그 채무의 불이행으로 인한 손해배상채무, 혹은 계약해제로 인한 원상회복의무 등에도 모두 5년의 단기소멸시효가 적용된다.

(3) 제64조는 거래행위로 인해 발생한 채권에 대해서 적용되므로 상거래의 신속·안전과는 무관한 부당이득반환청구권이나 불법행위로 인한 손해배상청구권과 같은 법정채권에는 적용되지 않는다. 이에 반하여 부당이득이나 사무관리에 관한 채권도 상사시효에 걸린다거나(채이식), 불법행위가 영업과 밀접하게 관련되어 있어서 보조적 상행위로 평가될 수 있는 경우에는 본조가 적용된다는 견해도 있으나(정동윤), 이는 받아들일 수 없다.

2. 特別規定에 의한 短期時效

상법이나 민법에는 그 외에도 5년 미만의 단기시효가 있다. 이 때는 그 최단기시효가 우선적으로 적용된다(제64조 단서). 주요한 것으로 상품의 대가 등에 적용되는 민사 3년의 단기시효(민법 제163조), 숙박료·음식료 등에 적용되는 민사 1년의 단기시효(민법 제164조), 불법행위에 적용되는 민사 3년의 단기시효(민법 제766조 제 1 항), 보험금청구권과 보험료 또는 적립금의 반환청구권에 적용되는 상사 2년의 단기시효(제662조), 운송료청구권·보험료청구권 등에 적용되는 상사 1년의 단기시효(제121조, 제122조, 제147조, 제166조, 제811조, 제830조 제 2 항) 등이 있다. 그리고 어음·수표법은 별도의 단기시효를 정하고 있다(어음법 제70조, 제77조 제 1 항 제 8 호; 수표법 제51조).

제 2 관 民法 物權編에 대한 特則

Ⅰ. 流質契約의 許容

1. 流質契約의 禁止와 許容

민법은 채권자가 채무자의 경제적 궁핍을 이용하여 폭리를 취하는 것을 방지함으로써 채무자(질권설정자)를 보호하기 위하여 유질계약을 원칙으로 금지하고 있다(민법 제339조). 그러나 상인은 상대방과 대등한 입장에서 합리적으로 금전을 차용할 수 있는 능력을 갖고 있다고 보아야 하므로 법이 일방을 특히 보호할 필요가 없고, 상인은 자금조달의 편의를 가져야 하고 상거래는 신속하게 종결되어야 한다. 그래서 상법은 상행위로 인하여 생긴 채권을 담보하기 위하여 설정한 질권에는 유질계약금지의 규정을 적용하지 않는다(제59조). 그러나 상행위로 인한 채권의 경우에도 특약이 있으면 유질의 권리가 발생함은 물론이다.

2. 適用範圍

유질계약이 허용되는 채권은 상행위로 인하여 생긴 채권에 한한다. 상행위는 영업적 상행위와 보조적 상행위를 포함한다. 그런데 상행위가 누구에 대하여 상행위가 되어야 하는가에 관해서는 적어도 채무자에게 상행위가 되어야 한다고 본다. 그러므로 유질계약은 상인인 채무자가 금전을 차용하면서 질권을 설정하는 경우에 적용된다고 할 것이다(동지: 채이식·이철송). 이에 대해 우리나라의 다수설은 채권자 또는 채무자 어느 일방에게 상행위가 되면 족하다고 보고 있다.

Ⅱ. 商事留置權

1. 意義와 機能

상사유치권이란 상인간의 상행위로 인한 채권이 변제기에 있는 때에는 채권자가 변제를 받을 때까지 그 채무자에 대한 상행위로 인하여 자기가 점유하고 있는 채무자소유의 물건 또는 유가증권을 유치할 수 있는(제58조 본문) 권리를 말한다. 이를 정확히 말해서 일반상사유치권이라고 한다.

민법상의 담보방법은 요건절차가 엄격하고 민사유치권은 목적물과 피담보채권과 견련성이 요구되는 등의 제약이 따른다. 그래서 상법은 상거래로 인한 채무의 이행을 확실히 하고 거래의 원활을 도모하기 위하여 특별한 유치권을 인정하고 있다.

상사유치권에는 상행위 전반에 걸쳐 적용되는 일반상사유치권과 특정한 영업에만 적용되는 특별상사유치권이 있다. 특별상사유치권으로는 대리상(제91조), 위탁매매인(제111조), 운송주선인(제120조), 운송인(제147조) 및 해상운송인(제807조 제 2 항) 등의 유치권이 있다.

이상의 여러 유치권들이 일반·특별관계에 있는 것이 아니기 때문에 상인은 민사유치권, 일반상사유치권 및 특별상사유치권을 각 요건이 충족되면 선택적 혹은 중첩적으로 행사할 수 있다.

이하에서는 일반상사유치권에 대해서만 설명하고 특별상사유치권에 대해서는 그 특징에 대해서만 검토한다.

2. 一般商事留置權의 成立要件

일반상사유치권은 민법상의 유치권(민법 제230조)과 비교할 때 유치물과 피담보채권의 견련성이 요구되지 않는다는 점에서는 요건이 완화되어 있으나, 유치권의 목적물이 채무자의 소유물로 제한되어 있는 점에서는 요건이 강화되어 있다.

(1) 當 事 者

상사유치권이 성립하기 위해서는 채권자와 채무자가 모두 상인이어야 한다. 상사유치권은 상시 거래관계에 있는 상인 사이의 담보 취득가능성을 확대하기 위해 피담보채권과 유치물의 견련성을 요하지 않는다. 상인과 비상인간에는 그 필요성도 적을 뿐만 아니라, 이 경우에까지 상사유치권을 인정하게 되면 오히려 채무자보호에 문제가 생긴다. 그러므로 채무자가 수인이고 그 중 일부만이 상인인 채권관계에서는 상사유치권은 상인인 채무자에 대해서만 행사할 수 있다. 만약 보증인에 대해 상사유치권을 행사하는 때에는 보증인이 상인이어야 한다.

상사유치권은 상인간에 이루어지는 거래의 특성을 고려하여 인정되는 제도이므로 채권자와 채무자의 상인자격은 유치권의 성립시, 즉 피담보채권의 성립시에 존재하여야 한다. 따라서 유치권이 성립한 후 당사자 일방이 상인자격을 상실하여도 이미 발생한 유치권은 소멸하지 않는다.

(2) 被擔保債權

1) 商行爲로 인한 債權

피담보채권은 상인간의 상행위로 인하여 발생한 채권이어야 한다(제68조 본문). 여기서 상행위란 쌍방적 상행위를 의미한다. 따라서 채권자와 채무자가 모두 상인이더라도 채권의 발생원인이 쌍방에 대하여 상행위가 아니거나 일방에 대해서만 상행위인 때에는 상사유치권이 성립하지 않는다. 쌍방적 상행위인 한 그 상행위가 일방에 대하여 영업적 상행위가 되든 보조적 상행위가 되든 관계 없다.

2) 被擔保債權의 種類

피담보채권은 유치물의 경매대금에서 변제될 수 있는 것이어야 하므로 금전채권이어야 한다. 그러나 처음부터 금전채권일 필요는 없고, 금전채권으로 전환될 수 있는 채권이면 족하다.

3) 辨 濟 期

채권의 변제기가 도래한 때에 유치권을 행사할 수 있다. 유치권이 성립할 때에는 변제기에 있지 않아도 무방하다. 그리고 유치권의 성립에는 채무자의 이행지체를 요하지 않는다.

(3) 目的物(留置物)

1) 物件 또는 有價證券

유치물은 물건 또는 유가증권에 한한다. 이는 민법상의 유치권과 동일하다(민법 제320조 제1항). 물건에는 동산만이 포함되고 부동산은 제외된다는 견해가 있으나, 명문의 규정이 없으므로 부동산도 유치물에 포함된다고 본다(다수설).

2) 債務者所有

민법상의 유치권은 견련성이 인정되는 한 그 소유권자를 불문한다. 그러나 상사유치권은 채무자소유의 물건 또는 유가증권에 한하여 인정된다. 왜냐하면 민사유치권의 피담보채권은 목적물과의 견련성 때문에 일종의 대물적 권리라고 볼 수 있으므로 채무자가 아닌 소유자라도 채권자의 권리에 복종해야 한다고 생각할 수 있고, 이 점이 목적물의 소유관계를 묻지 않고 유치권이 성립할 수 있는 근거가 되지만 상사유치권은 피담보채권과 목적물의 견련성을 요하지 않으므로 제3자의 소유물에 대해서까지 유치권을 성립시킨다면 명백한 소유권의 침해가 되는 까닭이다. 따라서 일반상사유치권은 피담보채권의 범위를 확장하는 대신에 목적물을 채무자소유로 한정하고 있다.

3) 商行爲로 인한 占有

목적물은 채무자에 대한 상행위로 인하여 채권자가 점유하고 있어야 한다. 점유취득의 원인이 상행위이면 족하고 점유취득 자체가 상행위일 필요는 없다. 점유취득의 원인행위는 채권자에게 상행위이면 충분하다.

(4) 個別的 牽聯性의 不要

민법상의 유치권성립에는 피담보채권과 점유목적물 사이에 개별적 견련성이 있어야 한다. 즉 피담보채권이 채권자가 점유하는 목적물에 관하여 생긴 것이어야 한다. 그러나 거래시마다 번거롭게 담보를 설정하는 대신 채권자가 거래상 점유하게 되는 채무자의 소유물 일반에 대해 유치권을 행사할 수 있는 상사유치권에서는 목적물이 채무자의 소유물이면 족하다(일반적 견련성).

3. 商事留置權의 效力

상법에는 상사유치권의 효력에 관한 규정이 없으므로 민법상의 유치권의 효력에 관한 규정이 상사유치권에도 적용된다. 따라서 채권자는 채권을 변제받기 위하여 유치물을 경매할 수 있다(민법 제322조 제 1 항). 유치권에 대해서는 우선변제권이 인정되지 않으나 채권자는 채권의 변제가 없는 한 경락인에 대하여 유치물의 인도를 거부할 수 있으므로 실질적으로 우선변제권이 인정되는 효과가 있다.

상사유치권에 관한 규정은 강행규정이 아니므로 당사자가 합의에 의하여 유치권을 배제할 수 있다(제58조 단서). 당사자간의 계약으로 채권자가 점유물을 일정한 방법으로 처분할 의무를 부담하고 유치권의 행사가 이 의무이행에 어긋난다고 보여지는 경우에는 유치권을 배제하는 특약으로 보아야 할 것이다(동지: 정동윤 · 최기원 · 정희철 · 정찬형). 또한 채권자가 그 점유물에 관해 화물상환증 · 선하증권 · 창고증권 등의 처분증권을 채무자에게 발행한 경우에도 증권을 취득하는 제 3 자에 대해 유치권을 배제하는 특약을 한 것으로 본다.

4. 特別商事留置權

상법은 제58조의 일반상사유치권 외에 몇 가지 업종에 대해 특별상사유치권을 인정하고 있다. 대리상 · 위탁매매인 · 운송주선인 · 운송인 · 해상운송인에 대해 각 종류별 영업에서 발생하는 채권을 피담보채권으로 하는 유치권을 인정하고 있다. 대리상의 유치권(제91조)과 위탁매매인의 유치권(제111조)은 일반상사유치권과 같이 피담보채권과 목적물의 견련성을 요구하지 않는 외에 목적물에 대한 요건도 완화하여 채무자소유임을 요구하지 않는다. 그리고 운송주선인(제120조) · 운송인(제147조) · 해상운송인(제807조 제 2 항)의 유치권은 일반상사유치권과 달리 피담보채권과 목적물의 견련성을 요하는 대신 채무자소유임을 요하지 않는다.

이 점은 민법상의 유치권과 유사하나, 목적물이 운송물로 제한된다는 점에서는 다르다.

제3관 民法 債權編에 대한 特則

Ⅰ. 商事契約의 成立時期(請約의 效力)

1. 對話者間의 請約

민법에 의하면 승낙기간을 정한 계약의 청약은 그 기간 내에 승낙의 통지를 받지 못한 때에 그 효력을 잃고(민법 제528조 제1항), 승낙기간을 정하지 아니한 계약의 청약은 청약자가 상당한 기간 내에 승낙의 통지를 받지 못한 때에는 그 효력을 잃는다(민법 제529조).

이에 비하여 상법에 의하면 대화자간의 계약의 청약은 상대방이 즉시 승낙하지 아니한 때에는 그 효력을 잃는다(제51조). 승낙기간이 없는 청약의 경우 민법에서는 막연히 상당한 기간 내에 승낙의 통지를 하여야 한다고 규정하고 있으나, 상법에서는 이를 구체화하고 단축하여 즉시 승낙을 할 것을 요구함으로써 청약단계에서의 거래관계의 신속한 완결을 도모하고 있다. 그런데 민법의 해석상 청약의 효력을 대화가 계속되는 동안에만 존속하는 것으로 이해한다면, 상법 제51조는 민법에 대한 특칙으로 보기는 어렵고, 거래의 신속을 위해 둔 주의규정이라 할 수 있다(동지: 정동윤 · 최기원 · 임홍근).

2. 隔地者間의 請約

(1) 承諾期間이 없는 경우

격지자간의 계약의 청약은 승낙기간이 없으면 상대방이 상당한 기간 내에 승낙의 통지를 발송하지 아니한 때에는 그 효력을 잃는다(발신주의)(제52조 제1항). 민법상 격지자간의 계약은 승낙의 통지를 발송한 때에 성립하지만(민법 제531조), 청약자가 상당한 기간 내에 승낙의 통지를 받지 못하는 것을 해제조건(민법 제529조)으로 계약의 효력이 발생한다. 그러므로 민법이나 상법 어느 법에 의하든 계약성립시점은 동일하고, 다만 승낙을 전달하는 도중에 발생하는 위험을 누가 부담하느냐 하는 데에서만 차이가 있다. 즉 이 때에 민법에 의하면 부도달에 의한 불이익을 승낙자가 부담하나, 상법에 의하면 청약자가 부담하게 된다. 이를 가리켜 민법 일반원칙이 도달주의인 데 반하여, 상법은 발신주의를 취하고 있다고도 한다.

청약의 효력은 승낙의 통지를 발송할 때까지 존속하는 결과 승낙의 도달에 필요한 기간은 계약의 성립에 무관한 듯 보인다. 그러나 승낙통지는 거래관행·상관습을 고려하거나 거래내용에 비추어 적당한 수단에 의하여야 한다고 할 것이므로 부적당한 통신수단에 의한 승낙의 통지는 단지 발송하였다는 사실만으로는 계약이 성립했다고 보기 어렵다.

이 특칙은 쌍방적 상행위와 일방적 상행위 모두에 적용되며, 일방적 상행위인 경우 청약자가 상인이든 승낙자가 상인이든 상관이 없다.

상당한 기간이 지나 발송한 승낙의 통지는 청약자가 이를 새로운 청약으로 볼 수 있다(제52조 제 2 항; 민법 제530조).

(2) 承諾期間이 있는 경우

상법은 승낙기간을 정하지 아니한 경우의 청약의 효력에 대해서만 규정하므로 승낙기간을 정한 청약은 민법에 따라 청약자가 승낙기간 내에 승낙통지를 받지 못한 때에는 효력을 잃는다(민법 제528조 제 1 항).

Ⅱ. 請約을 받은 商人의 義務

1. 諾否通知義務

낙부통지의무란 상인이 상시 거래관계에 있는 자로부터 그 영업부류에 속한 계약의 청약을 받은 때에는 지체없이 그 낙부의 통지를 발송하여야 하는 의무를 말한다(제53조 제 1 문). 이를 게을리한 때에는 승낙한 것으로 본다(제53조 제 2 문). 즉 1) 청약자가 상시 거래관계에 있는 자이고, 2) 청약에 대하여 침묵한 자가 상인이고, 3) 청약이 상인의 영업부류에 속한 계약의 청약인 때에는 청약수령자인 상인은 낙부통지의무를 부담하며 이를 게을리한 때에는 승낙한 것으로 의제된다.

계약에 관한 민법의 일반원칙에 의하면 청약수령자가 청약자에게 낙부를 통지할 의무는 없다. 그런데 상법이 제53조에서 특칙을 두고 있는 이유는 일정한 거래관계에 있으면서 종종 유사한 계약을 반복하는 상거래당사자 사이에서 상인에게 특별한 의무를 인정함으로써 상거래의 신속을 도모하고 상시 거래관계에 있는 자의 신뢰를 보호하는 데 있다. 즉 청약을 받은 상인으로서는 거래시마다 승낙의 의사를 통지할 필요 없이 계약을 체결할 수 있고, 상대방으로서는 때늦은 거절로 인한 불측의 손해를 입지 않을 수 있다.

상인의 낙부통지의무는 이를 배제하는 특약이나 상관습이 있는 때에는 그 적용이 배제된다. 그리고 청약의 내용이 지금까지 계속 이루어져 온 거래의 내용과 현저하게 다른 경우 또는 거래의 성질로 보아 계약체결 자체가 고도의 위험부담을 수반할 경우에는 이를 적용할 수 없다고 본다(동지: 정희철·정찬형·이철송).

2. 物件保管義務

(1) 意 義

물건보관의무란 상인이 그 영업부류에 속한 계약의 청약을 받은 경우에 견품 기타의 물건을 받은 때에는 그 청약을 거절한 때에도 청약자의 비용으로 그 물건을 보관하여야 하는 의무를 말한다(제60조 본문).

민법의 일반원칙에 의하면 타인의 부탁을 받지 않고 우연히 그의 물건을 보관하는 경우, 즉 청약자가 청약과 동시에 송부한 물건은 청약을 받은 자가 청약을 거절할 경우에는 이를 보관할 의무가 없다. 그러나 상거래에서는 청약자가 상대방으로 하여금 목적물의 성상·품질·내용 등을 살펴보게 할 목적으로 또는 상시 거래관계에 있는 때에는 승낙을 기대하고 목적물의 전부 또는 일부를 보내는 경우가 많다. 또한 청약을 받은 상대방의 입장에서도 견품 등을 통해 계약의 내용을 신뢰할 수 있고 승낙 여부를 속히 결정할 수 있으므로 상거래의 안전과 신속에 기여하는 바가 크다 하겠다. 그러므로 상법은 물건을 송부한 청약자에게 물건의 멸실·훼손에 대한 위험부담을 덜어주고 나아가 상거래의 안전과 신속을 도모하고자 상인에게 특별한 보관의무를 부여한 것이다. 이것은 한편 상거래질서의 유지와 고양을 위해 요구되는 신의칙상의 의무로 볼 수도 있다.

(2) 保管義務의 内容

물건보관의무는 단순히 수령한 물건의 보관만을 그 내용으로 하는 것이 아니라, 청약과 관련하여 송부된 물건을 수령하여 보관하고, 이를 반환할 의무까지도 포함한다.

협의의 보관의무는 물건의 수령시로부터 발생하고 청약자에게 물건을 인도할 때까지 존속한다. 상인 자신이 보관할 필요는 없고 창고업자에게 임치하거나 기타 물건의 성상에 따라 적절한 보관방법을 취하면 된다. 운송업자에게 의뢰하거나 우편 기타 방법으로 청약자에게 물건을 반송하는 것도 보관방법의 하나이다.

보수 없이 보관하더라도 무상임치를 받은 상인이 선관주의의무를 지게 하는 상법 제62조의 정신을 유추하여, 상인은 선량한 관리자의 주의로써 청약자의 물건을 보관해야 한다고 해석한다.

보관에 소요되는 비용은 청약자의 부담으로 한다(제60조 본문). 상인은 보관비용에 대한 채권을 가지고 보관물에 대해 상사 또는 민사유치권을 행사할 수 있다. 보관의무는 청약받은 상인에게 법률이 특별히 과한 의무이므로 상인은 보관행위에 관해 별도의 보수청구권을 갖지 아니한다(즉 제61조(보수청구권)가 적용되지 아니한다). 단지 비용만을 청구할 수 있을 뿐이다. 상인이 보관의무를 게을리할 경우 청약자에 대하여 손해배상책임을 짐은 물론이다.

⑶ 保管義務의 不存在

물건의 가액이 보관비용을 상환하기에 부족하거나 보관으로 인하여 상인이 손해를 받을 염려가 있는 때에는 보관의무가 없다(제60조 단서). 왜냐하면 물건보관의무는 상거래의 신의칙에서 유래하는 것인만큼 상인이 손실을 감수하면서까지 물건을 보관하도록 요구할 수는 없기 때문이다. 여기서 손해를 받을 염려란 물건의 보관을 위하여 쏟은 노력 때문에 초래되는 비용을 의미하는 것이 아니라, 물건을 보관함으로써 적극적인 손해가 발생할 염려를 의미한다.

Ⅲ. 商行爲의 營利性保障

상인은 상행위 기타 영리를 목적으로 하기 때문에 영리성은 상인존립의 기초가 된다. 따라서 상인에게 일정한 행위를 기대할 때에는 당연히 일정한 대가를 상인에게 지급할 것을 감수하여야 한다. 그리고 상인에게는 민법상 인정되는 대가의 지급에 비해 그보다 많은 대가의 지급이 인정된다. 상법은 상인이 행하는 행위의 영리성을 보장하는 여러 개의 규정을 두고 있다.

1. 商人의 報酬請求權

⑴ 意 義

상인이 그 영업의 범위 내에서 타인을 위하여 행위를 한 때에는 이에 대하여 상당한 보수를 청구할 수 있다(제61조). 상인은 타인의 부탁을 받거나 혹은 부탁을 받지 않고도 일정한 행위를 할 수 있다.

민법에 의하면 타인의 부탁을 받고 일정한 행위를 하였을 때에는 무상인 것이 원칙이며(민법 제686조 제1항, 제701조), 부탁을 받지 않고 타인을 위하여 일을 했을 때에는 사무관리가 되어 비용의 상환을 청구할 수 있을 뿐이지만(민법 제739조), 상인은 비용의 상환청구는 물론 상당한 보수까지도 청구할 수 있다(제61조).

⑵ 報 酬 額

상인은 타인에 대하여 상당한 보수를 청구할 수 있다. 보수의 약정은 있으나 금액이 약정되지 아니한 경우에도 마찬가지이다. 상당한 보수란 거래시에 적용되는 대가 또는 협의가 있었다면 도달하였을 것으로 예상되는 금액을 말한다. 구체적으로는 상인의 노력의 질과 정도, 행위의 성질, 타인의 이익의 정도 등을 참작하여 정한다.

⑶ 報酬請求權의 排除

거래의 관행, 당사자 사이의 특수관계 또는 계약의 성질상 무보수가 원칙인 행위에는 보수청구권이 발생하지 않는다. 즉 주된 거래의 성립·준비를 위한 행위, 거래의 이행행위의 일부 또는 주된 거래의 대가로 보상되는 행위, 송장의 작성·교부행위에 대해서는 특약이 없는 한 보수를 청구하지 못한다.

2. 金錢消費貸借의 利子請求權

민법에 의하면 소비대차는 특약이 없는 한 무이자가 원칙이다(민법 제598조). 그러나 상인간에서 금전의 소비대차를 한 때에는 대주는 법정이자를 청구할 수 있다(제55조 제1항). 이 규정은 항상 금전을 운용하여 영리를 실현하는 상인의 특성을 고려하여 둔 특칙이다.

이자청구는 상인간의 금전소비대차에 인정된다. 따라서 대주와 차주가 모두 상인이어야 한다.

3. 替當金의 利子請求權

체당금이란 널리 타인을 위하여 채무의 변제로서 지급되는 금전을 말한다. 체당은 위임·임치 등의 계약관계뿐만 아니라 사무관리 또는 법률상의 의무를 이행하는 과정에서 행해질 수 있다. 민법에 의하면 체당이 위임에 의하여 행해진 경우에 한하여 법정이자를 청구할 수 있으나(민법 제688조 제 1 항), 사무관리나 부당이득의 경우에는 법정이자청구권이 인정되지 않는다(민법 제739조, 제741조). 그러나 상인이 영업의 범위 내에서 타인을 위하여 금전을 체당한 때에는 체당한 날 이후의 법정이자를 청구할 수 있다(제55조 제 2 항). 이 규정은 금전을 운용하는 상인의 특성을 고려하여, 상인의 금전체당에 대해서는 이자의 약정이 없더라도 법정이자를 보장해 주기 위해 둔 특칙이다.

4. 商事法定利率

민법상의 법정이율은 연 5푼이지만(민법 제379조) 상행위로 인한 채무의 법정이율은 연 6푼이다(제54조). 영업거래에서는 자금수요도 크고, 채무자는 자금을 운용하여 높은 수익을 올릴 수 있으나 채권자는 그 기회를 잃게 된다는 점을 고려하여 상사법정이율을 민사법정이율보다 높게 하였다. 그러나 어음·수표에 의한 채무는 상행위와 관계없이 법정이율이 연 6푼이다(어음법 제48조, 제49조; 수표법 제44조, 제45조).

상사법정이율은 상행위로 인한 채무에 관하여 인정되는 것이므로 채무의 발생원인이 상행위인 한 현재의 채무가 직접 상행위로부터 생겼어야 할 필요는 없다. 따라서 상행위로 인한 채무의 불이행으로 인한 손해배상채무 또는 상행위로 인한 계약의 해제 후 원상회복의무에 관해서도 상사법정이율이 적용된다. 그러므로 부당이득이나 불법행위로 인한 채무에는 적용되지 않는다(대판 1985. 5. 28, 84 다카 966).

Ⅳ. 債務의 履行

1. 履行場所

(1) 一般的인 債務

민사거래이든 상사거래이든 채무이행장소에 관한 특약이 없는 한, 특정물인도채무는 채권성립 당시에 그 물건이 있던 장소에서, 기타의 채무는 채권자의 현주소에서 이행하여야 한다(민법 제467조 제 1 항·제 2 항 본문)(지참채무). 후자의 경우 영업에 관한 채무의 이행은 채권자의 현영업소에서 하여야 한다(민법 제467조 제 2 항 단서). 증권적 채권 및 금전·물건 또는 유가증권의 지급을 목적으로 하는 유가증권은 증권에 이행장소가 기재되어 있지 아니한 때에는 채무자 현영업소에서, 영업소가 없으면 채무자의 현주소에서 이행하여야 한다(민법 제516조, 제524조; 상법 제65조)(추심채무).

(2) 支店去來로 인한 債務

지점에서의 거래로 인한 채무이행의 장소가 그 행위의 성질 또는 당사자의 의사표시에 의하여 특정되지 아니한 경우에는 특정물의 인도 이외의 채무의 이행은 그 지점을 이행장소로 본다(제56조). 이 규정은 특정물인도 이외의 채무의 변제장소에 관한 민법 제467조 제 2 항의 특칙이라고 볼 수 있다.

2. 履行 또는 履行請求의 時間

채무의 이행 또는 이행의 청구는 법령 또는 관습에 의하여 영업시간이 정하여져 있는 때에는 그 시간 내에 하여야 한다(제63조). 민법에 이행시간에 관한 명문의 규정은 없으나 민법의 해석상으로도 거래관행의 신의칙에 따라야 하므로, 이 규정은 주의적인 규정일 뿐이다.

Ⅴ. 債務의 連帶性

상법은 상사채권의 인적 담보를 강화하여 상사채무의 이행을 확보하고 거래의 안전을 도모하기 위하여 채무자가 여러 명인 경우에는 반대의 약정이 없는 한 연대책임을 지도록 하고 있다.

1. 多數債務者의 連帶責任

민법은 채무자가 여러 명인 경우에 특별한 의사표시가 없으면 각 채무자는 균등한 비율로 의무를 부담하도록 하는(민법 제408조) 분할채무의 원칙을 채택하고 있다. 따라서 당사자 사이에 연대채무의 특약이 있는 경우에만 수인의 채무자는 연대책임을 부담한다. 그러나 상법은 수인이 그 1인 또는 전원에 대하여 상행위가 되는 행위로 인하여 채무를 부담하는 때에는 연대하여 변제할 책임이 있다(제57조 제 1 항)고 하여 상사채무의 연대책임의 원칙을 채택하고 있다.

왜냐하면 수인의 상인 또는 상인을 포함한 수인이 채무를 부담하는 경우에는 통상 서로의 신용을 이용하여 전 채무자의 대외적 신용을 강화하기 마련인데, 이 경우 민법의 분할채무의 원칙을 적용한다면 채무자들 중에 무자력자가 있을 경우 채무자들의 신용의 총화를 믿고 거래한 채권자의 신뢰를 해치기 때문이다.

2. 保證人의 連帶責任

민법에 의하면 보증인은 주채무자의 변제자력이 있는 사실 및 그 집행이 용이한 것을 증명하여 먼저 주채무자에게 청구할 것과 그 재산에 대하여 집행할 것을 항변할 수 있는 최고·검색의 항변권이 있다(민법 제437조 본문). 다만 보증인이 주채무자와 연대하여 채무를 부담하기로 하는 연대보증의 특약을 한 때에는 보증인이 연대보증채무를 진다(민법 제437조 단서). 반면에 상법은 연대보증의 특약이 없는 경우에도 그 보증이 상행위이거나 주채무가 상행위로 인한 것인 때에는 주채무자와 보증인은 연대하여 변제할 책임을 지는 상사보증채무의 연대책임을 원칙으로 하고 있다(제57조 제 2 항). 따라서 상사보증인은 당연히 연대보증인으로서의 책임을 진다.

Ⅵ. 任置를 받은 商人의 義務

민법에 의하면 수취인은 무상인 경우 자기의 재산과 동일한 주의로(민법 제695조), 유상인 경우에는 선량한 관리자의 주의로(민법 제374조) 보관하여야 한다. 상법에 의하면 상인이 그 영업범위 내에서 물건의 임치를 받은 경우에는 보수를 받지 아니한 때에도 선량한 관리자의 주의를 하여야 한다(제62조). 상법은 상인이 상대방의 신뢰를 받고 거래를 하며, 통상 일정한 재능과 자력을 가졌음을 고려하여 민법의 무상수치인(자기재산과 동일한 주의의무(민법 제695조))보다 더 엄격한 주의의무를 상인에게 부과하고 있다.

상인이 선관주의의무를 지는 임치는 상인의 영업범위 내이어야 한다. 영업의 범위 내란 영업적 상행위뿐만 아니라, 영업과 관련된 행위에 기하여 물건을 보관하는 경우도 포함한다. 영업적 상행위에 기한 보관은 유상일 경우가 많다. 따라서 이 규정은 주로 상인이 영업과 관련하여 타인의 물건을 보관하는 경우에 의미를 갖는다. 이러한 의무는 임치의 인수를 목적으로 하는 창고업자에게도 적용된다. 공중접객업자가 영업과 관련하여 일정한 물건을 수치한 때에는 특칙이 적용된다(제152조, 제153조).

제3절 商事賣買

상품의 매매는 가장 기본적인 재화의 유통형태이어서, 상행위의 일종인 상사매매는 현대의 기업거래에서 매우 중요한 위치를 차지하고 있다. 그리고 운송업이나 창고업 등은 상사매매의 보조수단으로서의 역할을 하고 있다.

그런데 상법은 상사매매에 관해 겨우 5개조(제67조 내지 제71조)의 규정을 두고 있을 뿐이다. 그 이유는 첫째로 매매에 관해서는 민법에 비교적 상세한 규정(제563조 내지 제589조)이 있고 상사매매의 경우에도 이러한 규정의 일반적 적용이 전제되어 있으므로, 상법에서는 약간의 특칙을 두면 충분하다고 보기 때문이다. 둘째로 상사매매는 특히 신속성을 중시하고 동시에 당사자의 사적 자치를 가장 강하게 요구하는 분야이어서 이에 관해 상세한 규정을 두게 되면 오히려 거래의 자유로운 발전을 저해할 염려가 있기 때문이다.

제1관 商事賣買에 관한 特例

Ⅰ. 賣渡人의 目的物供託·競賣權

1. 意 義

민법에 의하면 매매계약에서의 매수인(채권자)이 수령을 지체한 경우에 매도인(변제자)은 공탁권과 경매권(민법 제487조, 제490조)에 의하여 목적물인도의무를 면할 수 있다. 하지만 민법에 의하면 공탁을 원칙으로 하고 경매는 1) 변제의 목적물이 공탁에 적합하지 아니하거나 멸실 또는 훼손될 염려가 있거나(물리적·사실적 부적격), 2) 공탁에 과다한 비용을 요하여(경제적 부적격), 3) 법원의 허가(민법 제490조)를 얻은 때에 할 수 있다. 이러한 민법의 규정을 가격의 변동이 심한 상사매매의 경우에도 적용하게 되면 매수인의 수령지체 때문에 매도인의 이익을 해칠 우려가 있고, 거래의 신속한 완료도 기대할 수 없게 된다. 이런 이유에서 상법은 매도인을 보호하기 위하여 상사매매에 특칙을 두고 있다. 즉 상인간의 매매에 있어서 매수인이 목적물의 수령을 거부하거나 이를 수령할 수 없는 때에는 매도인은 그 물건을 공탁하거나 상당한 기간을 정하여 최고한 후 경매할 수 있다(제67조 제 1 항 제 1 문).

상법에 의하면 매도인은 공탁권과 경매권 중에서 선택권을 가지며(매도인의 선택권), 이 중 하나의 권리를 행사한 후라도 이를 변경하여 다른 권리를 행사할 수 있다.

2. 供 託 權

(1) 法的 性質

상사매매의 경우에 매도인은 매수인이 목적물의 수령을 지체하는 경우에 목적물을 공탁할 수 있다. 공탁의 법률적 성질은 공탁자와 공탁소가 채권자로 하여금 계약상의 권리를 취득하게 하기 위하여 체결하는 제 3 자를 위한 임치계약이라는 견해도 있으나(최기원), 공탁관계는 공법상의 임치관계이면서 제 3 자를 위한 계약으로서의 성질을 함께 지니는 것이다(동지: 김형배, 「채권총론」, 1992, 824쪽 아래). 공탁은 매도인의 부담을 덜어주기 위한 매도인의 권리일 따름이며 공탁의무는 존재하지 않는다.

공탁은 매수인의 위험부담으로 한다. 그러므로 매수인은 공탁물보관자에게 목적물을 운송할 때까지의 위험도 부담하여야 한다. 그러나 매도인은 필요하다고 인정되는 경우에 화재보험이나 도난보험 등의 보험계약을 체결할 주의의무가 있다고 본다.

매도인이 목적물을 공탁한 때에는 지체없이 매수인에게 그 통지를 발송하여야 한다(제67조 제 1 항 제 2 문). 이 통지는 발신주의이며, 민법의 도달주의(민법 제111조 제 1 항)와 다르다. 그러나 통지(민법 제488조 제 3 항)는 공탁의 유효요건이 아니다.

3. 競 賣 權

상사매매의 경우에 매도인은 법원의 허가 없이 공탁에 대신하여 상당한 기간을 정하여 매수인에게 수령의 최고만을 하고 경매할 수 있다(제67조 제 1 항). 매도인의 이러한 경매권을 자조매각권이라 한다.

경매를 하려면 먼저 상당한 기간을 정하여 매수인에게 수령을 최고하여야 한다. 경매를 위한 최고는 매수인에게 손해를 예방하기 위한 기회를 주는 것이므로, 매수인을 위하여 지정된 목적물을 언제까지 수령하지 아니하면 경매의 방법으로 목적물을 처분한다는 것을 명확하게 인식할 수 있게 하여야 한다. 단순히 동종의 목적물을 매각한다거나 상법에 의하여 처리한다는 내용의 최고만으로는 불충분하다.

경매를 하고 그 대금을 공탁 또는 매매대금에 충당하면 매도인의 채무는 소멸한다. 매도인은 공탁의 경우와 마찬가지로 지체없이 매수인에 대하여 그 절차가 완료되었다는 사실의 통지를 발송하여야 한다(발신주의)(제67조 제1항 제2문). 통지에는 특별한 방식을 요하지 않는다. 또한 통지는 경매의 유효요건도 아니며 다만 이를 게을리한 때에 매도인이 손해배상책임을 질 뿐이다.

적법한 자조매각은 본래의 매매계약을 이행한 것과 같은 효력이 생긴다. 자조매각을 한 경우에도 매매계약에 의한 매매대금청구권은 존속한다. 그리하여 상법에서는 매도인을 보호하기 위하여 경매대금의 전부 또는 일부를 매매대금으로 충당할 수 있는 변제충당권을 인정함과 동시에 경매비용의 공제를 인정하고 있다(제67조 제3항). 이 점이 민법의 경우에 자조매각금의 공탁만을 인정하는 것(민법 제490조)과 다르다.

Ⅱ. 確定期賣買의 解除

확정기매매란 매매의 성질 또는 당사자의 의사표시에 의하여 일정한 일시 또는 일정한 기간 내에 이행하지 아니하면 계약의 목적을 달성할 수 없는 매매를 말한다. 상법 제68조는 이러한 매매에 있어서 당사자의 일방이 이행시기를 경과한 뒤 상대방이 즉시 그 이행을 청구하지 아니하면 계약을 해제한 것으로 본다고 규정하고 있다. 이것은 정기행위의 해제에 관한 민법의 원칙에 대한 특칙을 이루고 있다. 즉 민법 제545조에 의하면 정기행위에 있어서 당사자 일방이 이행하지 아니하고 그 시기를 경과한 때에는 상대방은 최고(민법 제544조)를 하지 아니하고도 계약을 해제할 수 있다. 따라서 계약해제의 전제요건인 상당한 기간을 정한 이행의 최고는 필요하지 않으나 해제의 의사표시는 필요하다. 이에 대해 상법 제68조에서는 이 정기행위가 상행위인 매매의 경우에는 특히 해제의 의사표시도 할 필요가 없다고 하여 계약을 당연히 해제한 것으로 본다.

민법의 원칙하에서는 매도인이 이행시기까지 이행하지 아니하면 매수인은 이행의 청구와 계약의 해제 중 어느 것을 선택할 수 있어서, 가격에 따라 매도인의 희생에 의한 투기를 할 수 있다. 이 결과 매도인은 불안정한 상태에 있게 된다. 그런데 상거래의 신속한 결제를 도모하는 상법의 원칙하에서는 매수인의 이익뿐만 아니라, 위와 같은 매도인의 입장도 고려하여야 하므로 상대방이 즉시 이행의 청구를 하지 아니하면 계약을 당연히 해제한 것으로 본 것이다.

Ⅲ. 買受人의 目的物檢査와 瑕疵通知義務

1. 意 義

상법 제69조에 의하면 상인간의 매매에 있어서 매수인이 목적물을 수령한 때에는 지체없이 이를 검사하여야 하며 목적물의 하자 또는 수량의 부족을 발견한 때에는 즉시 매도인에게 그 통지를 발송하여야 한다. 만일 이 통지를 발송하지 않은 때에는 그 하자 또는 수량부족에 의한 계약해제, 대금감액 또는 손해배상을 청구하지 못한다. 그리고 매매의 목적물에 즉시 발견할 수 없는 하자가 있는 경우에 매수인은 6월 내에 이를 발견하여 통지하면 된다.

민법의 일반원칙에 의하면 매매의 목적물에 하자 또는 수량의 부족이 있는 경우에 매도인은 담보책임을 부담하고, 매수인은 선의인 한 그 사실을 안 날로부터 1년 또는 6월 내에 경우에 따라 계약을 해제하거나 대금감액 또는 손해배상을 청구하면 된다(민법 제573조, 제575조 및 제582조). 그러나 이와 같이 장기간에 걸쳐 매도인을 불확정한 상태에 두는 것은 신속한 종결을 요하는 상거래에서는 매우 불합리하다. 그래서 상법은 상사매매에 관해서는 매수인도 전문적 지식을 갖는 상인이기에 위와 같이 매수인에게 목적물의 검사·하자통지의무를 과하여 이를 게을리한 경우에는 계약해제, 대금감액 또는 손해배상 등의 청구를 할 수 없다고 규정하고 있다. 이러한 의미에서 상법 제69조는 거래를 신속히 종결시킴으로써 매도인의 보호를 도모하고 있다.

2. 檢査·瑕疵通知義務

(1) 檢 査

매수인이 목적물을 수령한 때에는 지체없이 이를 검사하여야 한다. 그러나 검사를 하지 아니하여도 다른 방법으로 하자 또는 수량의 부족을 알고 이를 통지기간 내에 통지한 때에는 매도인에 대한 권리를 행사할 수 있고, 검사의무의 위반만이 독립하여 문제로 되지는 않는다.

검사가 지체없이 행하여졌는가의 여부와 그 정도·방법은 목적물을 수령한 장소, 그 종류, 수량, 운송방법 등에 따라 다르지만, 통상의 거래관행을 기준으로 하여, 그 목적물의 취급을 영업으로 하는 상인이 하자 또는 수량의 부족을 발견하기에 상당하다고 인정되는 통상의 주의로써 상당한 기간 내에 행하여졌는가에 따라 판단해야 할 것이다. 따라서 매수인의 개인적 사정(능력·부재·인원부족 등)은 고려될 수 없다.

(2) 通 知

매수인은 발견할 수 있는 하자·수량의 부족에 대해서는 목적물을 수령한 후에 지체없이 검사하여 하자·수량의 부족을 발견한 경우에는 즉시 매도인에게 이를 통지하여야 한다. 즉시라고 함은 가급적 신속하게라는 의미일 뿐 약간의 시간도 유예되지 않는다는 의미는 아니다. 따라서 통상의 거래관행을 고려하여 지체없이 통지하면 된다. 검사 후 20일이 경과한 때에 발송한 통지는 시기를 지난 통지라고 본다.

즉시 발견할 수 없는 하자·수량의 부족에 대해서는 목적물을 수령한 후 6월 내(제69조 제1항 제2문)에 발견한 후 즉시 통지하여야 한다.

상법 제69조의 입법취지에서 볼 때 통지의 내용은 매도인이 그 개요를 알 수 있는 내용이어야 한다. 통지의 방법은 발신주의가 채용되고 있다.

3. 效 果

매수인이 검사·하자통지의무를 게을리한 때에는 목적물의 하자 또는 수량의 부족을 이유로 하여 계약을 해제하거나, 대금감액 또는 손해배상을 청구할 수 없다. 이 의무위반으로 인하여 매수인이 손해배상책임을 지지는 않는다(간접의무 또는 책무).

검사·하자통지의무를 이행하였다고 해서 매수인이 새로운 권리를 취득하는 것은 아니고, 매수인이 행사하게 되는 권리는 민법의 일반원칙에 의하게 된다. 이 때 목적물의 하자의 경우에 매수인이 행사할 수 있는 권리는 계약의 해제권과 손해배상청구권뿐이고(민법 제580조, 제575조), 대금의 감액은 청구할 수 없다. 그리고 수량부족의 경우에는 대금감액의 청구 외에 잔존부분만이면 매수인이 이를 매수하지 아니하였을 때에는 계약의 해제와 동시에 손해배상의 청구를 할 수 있다(민법 제574조, 제572조, 제573).

매매의 목적물에 즉시 또는 6월 내에 발견할 수 없는 성질의 하자가 있는 경우, 6월 내에 통지를 하지 아니하더라도 담보책임을 물을 수 있는가에 대해서는 견해의 대립이 있으나 상법 제69조가 상거래의 신속한 처리와 매도인의 보호를 위한 특칙이라는 점에서 매수인은 매도인에 대해 담보책임을 물을 수 없다고 본다.

상법 제69조는 불특정물의 매매에도 적용된다고 보기 때문에 불특정물매매의 경우에도 매수인은 검사·하자통지의무를 부담하나, 이를 이행한 때에는 대금감액청구권과 완전이행청구권만을 행사할 수 있다.

Ⅳ. 買受人의 目的物保管·供託義務와 競賣義務

1. 意　　義

민법에 의하면 매매의 목적물의 하자 또는 수량부족에 의하여 매수인이 계약을 해제한 경우에 각 당사자는 원상회복의무를 지므로 매수인은 목적물을 반환할 의무를 질 뿐이다(민법 제548조). 그러나 원격지에 있는 상인간의 상행위인 매매에도 민법의 원칙을 적용한다면 매도인은 목적물의 소재지에서 전매할 기회를 잃게 되고, 반송의 위험과 운송비를 부담하여야 하므로 경제적이지 못하다. 상법 제70조에서는 상인간의 매매에 있어서 매수인이 제69조의 검사·통지의무를 이행하고 목적물의 하자 또는 수량부족을 이유로 하여 계약을 해제한 때에도 매도인의 비용으로 매매의 목적물을 보관 또는 공탁하여야 하며, 만일 목적물이 멸실 또는 훼손될 염려가 있는 때에는 법원의 허가를 얻어 경매하여 그 대가를 보관 또는 공탁하고 지체없이 매도인에게 경매의 통지를 발송하여야 한다(제70조 제 1 항·제 2 항)고 규정하고 있다.

2. 保管·供託義務

매수인은 매매의 이행으로서 수령한 목적물의 하자 또는 수량부족으로 인하여 계약을 해제한 경우에 그 목적물이나, 인도된 물건이 목적물과 상위한 경우에 그 물건 또는 약정의 수량을 초과하는 경우에 그 초과하는 물건을 보관 또는 공탁하여야 한다(제70조 제 1 항 본문, 제71조). 이 경우에 매수인의 보관의무는 일단 성립하였던 계약을 해제한 경우에 지는 의무이므로, 상인이 계약의 청약을 거절한 때에 지는 보관의무(제60조)와 달리 목적물의 가액이 보관비용을 상환하기에 부족하거나 보관으로 인하여 손해를 받을 염려가 있는 경우에도 지게 된다. 이 경우에 보관을 할 것인가, 공탁을 할 것인가 하는 문제는 매수인이 임의로 정할 수 있다.

보관기간에 관하여는 우리 상법에 아무런 규정이 없으나 무제한의 보관은 매수인의 부담을 가중하는 결과가 되어 가혹하므로, 일시적인 보관(독일상법 제379조 참조)으로 해석하여 매도인이 적절한 조치를 취하는 데 필요한 상당한 기간 동안만 보관의무가 있다고 본다.

보관 또는 공탁은 매도인의 부담으로 한다(제70조 제 1 항 본문). 그러므로 매수인이 이를 보관한 때에는 매도인에 대하여 상당한 보수를 청구할 수 있다(제61조).

3. 競賣義務

매매의 목적물은 그 자체를 보관 또는 공탁하는 것을 원칙으로 하나, 목적물이 멸실 또는 훼손될 염려가 있는 때에는 법원의 허가를 얻어 경매하고 그 대가를 보관 또는 공탁하여야 한다(제70조 제1항 단서). 이러한 경매를 긴급매각이라 한다. 여기에서 주의할 점은 첫째로 매도인이 공탁과 경매 중 임의로 선택할 수 있었던 상법 제67조 제1항과는 달리 상법 제70조에서는 경매를 2차적인 수단으로 하고 있다는 점이다. 둘째로 주의할 점은 제70조의 경매는 일정한 요건이 구비된 때 매수인의 의무로서 인정된다는 점이다. 매수인이 경매를 한 때는 지체없이 매도인에게 그 통지를 발송하면 되고(발신주의)(제70조 제2항), 도달에 대한 위험은 매도인이 부담한다.

4. 義務違反의 效果

매수인이 보관·공탁 및 경매의무를 위반한 때에는 매도인에 대하여 손해배상책임을 진다. 이 점이 의무를 이행하지 아니한 경우에 다만 일정한 권리를 상실하는데 불과한 매수인의 검사 및 통지의무(제69조)와 다르다.

제4절 相互計算

제1관 相互計算의 槪念과 機能

Ⅰ. 相互計算의 意義

상법상의 개념정의에 의하면 "상호계산은 상인간 또는 상인과 비상인간에 상시 거래관계가 있는 경우에 일정기간의 거래로 인한 채권·채무 및 이자(이자의 약정이 있는 때)의 총액에 관하여 상계하고 그 잔액을 지급할 것을 약정함으로써 효력이 생긴다"(제72조 및 제76조 제2항).

이를 분설하면,

(1) 적어도 계약당사자의 일방은 상인이어야 한다. 상인이면 충분하므로 소상인이라도 상관이 없다. 이 계약은 상인이 영업을 위하여 하는 보조적 상행위(제47조)의

하나이다.

(2) 당사자간에는 채권·채무를 생기게 하는 계속적인 거래관계가 있어야 한다. 양 당사자는 모두 채권자가 되었다가 때로는 채무자가 되는 등 상호관계가 발생하여야 하므로, 처음부터 당사자의 일방은 채권자만 되고 타방은 채무자만 되는 것이 분명한 소상인과 일반소비자 사이에는 상호계산은 성립할 수 없다.

(3) 당사자 사이에서 채권·채무의 총액에 관하여 상계하고 그 잔액을 지급할 것을 약정하여야 한다. 이를 상호계산의 약정(Kontokorrentabrede)이라고 한다.

(4) 상호계산의 목적이 되는 것은 일정기간 내의 거래로부터 생긴 채권·채무인바, 상호계산기간은 당사자간에 임의로 정할 수 있으나 특약이 없으면 6월로 한다(제74조).

(5) 상호계산의 대상이 되는 채권·채무는 상행위로 인하여 발생한 것이어야 하며 일괄상계가 가능한 금전채권에 한한다. 그러나 금전채권이라도 특약이 있거나(결산기 전에 반환하기로 합의한 대금채권), 그 성질상 즉시 또는 현실로 이행되어야 할 채권이나 증권에 의하여 권리행사를 하여야 하는 어음채권과 같은 유가증권상의 채권은 특약이 없는 한 제외된다. 그러나 어음 기타의 증권상의 권리 자체가 아니라, 증권의 수수에 따른 대가지급의 채권·채무는 상호계산에 계입할 수 있으나, 그 증권상의 채무자가 변제하지 아니한 때에는 당사자는 그 채무의 항목을 상호계산에서 제거할 수 있다(제73조).

상호계산에 계입되는 채권은 상호계산기간 내에 발생하였고 그 기간 내에 변제기에 도래한 것에 한하며 기타의 것은 포함시키지 못한다. 이 밖에도 특약에 의하여 그 범위를 제한(영업소 또는 거래의 종류·품목 등)할 수 있다.

(6) 상호계산기간중에 생긴 채권·채무의 결제는 기말에 일괄상계하며 잔액을 지급하는 방법에 의한다. 그러나 상호계산기간의 존속기간이 종료하지 않은 때에는 잔액은 새로 개시되는 상호계산의 최초의 항목으로 계상할 수 있다.

Ⅱ. 相互計算의 機能

(1) 상호계산은 경제적으로 보면 특히 지급거래를 간편하게 하고 단일화하는 기능을 한다. 왜냐하면 상호계산에 계입된 채권·채무는 그 채권발생원인이나 개개의 법적 운명과는 무관하게 차감계산을 통하여 잔액채권의 정산만으로 종료하기 때문

이다.

(2) 상호계산은 민법상의 상계와 마찬가지로 담보기능을 갖는다. 이러한 담보기능은 특히 일방당사자가 자신도 타방당사자에게 이행해야 할 채무를 상호계산에 계입하고 있기 때문에 자신의 채권의 만족에 대해 염려할 필요가 없다는 데서 찾을 수 있다.

제 2 관 差減計算

Ⅰ. 差減計算의 意思表示의 效力과 時點

차감계산에 의하여 쌍방의 채권·채무는 일방당사자의 잔액채권으로 간소화된다. 양 당사자의 채권·채무관계가 상호 차감계산되는 금액만큼은 차감계산에 의하여 상각의 효과가 있다. 따라서 차감계산은 민법상의 상계계약과 밀접한 관계에 있는 처분계약이다.

(1) 차감계산계약은 매계산기간이 경과할 때마다 새로이 체결되는 것이 아니라, 당사자의 묵시적인 의사에 의하여 상호계산관계가 시작할 때 묵시적으로 장래에 대하여 이미 체결되고 그로써 선행적으로 성립된다. 따라서 "유인의" 잔액채권이 그때그때 자동적으로, 즉 당사자의 특별한 의사표시 없이도 성립된다. 즉 잔액채권은 잔액의 "확정"이나 "승인"에서 기인하는 것이 아니라, 이러한 확정이나 승인의 기초가 되어 있으며 또 그에 선행한다.

(2) 차감계산은 "일정한 기간의" 거래로 인한 채권·채무의 총액에 관하여 행하여진다(제72조). 즉 상법은 기간상호계산에 근거하고 있다. 기간상호계산에 반대되는 것이 단계상호계산이다. 단계상호계산에서는 상호계산능력이 있는 채권·채무가 발생할 때마다 차감계산이 행하여진다. 이러한 단계상호계산도 당사자에 의하여 계약자유의 원칙에 따라 합의될 수 있지만 의심스러운 때에는 이를 인정할 수 없다. 왜냐하면 이러한 단계상호계산은 상법 제72조에서 규정하고 있는 기간상호계산이 아니기 때문이다. 실무에서 특히 중요한 상호계산인 은행구좌도 기간상호계산이지 단계상호계산이 아니다. 왜냐하면 은행거래는 일정한 시간단위별로 특별한 차감계산을 통하여 체결되며 이 차감계산시에 해당 수수료·이자 등이 계산되기 때문이다.

Ⅱ. 差減計算을 통한 "有因의" 殘額債權의 成立

상호계산기간이 경과하면 상계적상에 있는 채권·채무는 상계되어 소멸하고 그 결과로 잔액채권이 성립한다. 우리나라에서는 지금까지 기간경과 후에 당사자가 계산서를 승인(제75조)해야만 잔액채권이 성립하는 듯이 설명하였지만, 잔액채권의 성립과 계산서의 승인은 구별하여야 한다(동지: 이철송). 상호계산계약을 체결할 때에는 기간중의 채권·채무를 상계하고 잔액채권을 성립시킬 의사, 즉 차감계산계약이 제 2의 계약으로 이에 포함되어 있다. 「잔액」이란 성질상 어떤 의사표시에 의해 만들어지는 것이 아니고 객관적 수치의 가감에 의해 산출되는 것이므로 상호계산기간이 경과하면 자동적인 계산의 결과로 생겨난다. 이에 대해 승인은 창설적 의미를 갖는 계약이므로 잔액의 성립과는 성질이 다르다. 한편 상법 제76조 제 1 항은 잔액에 대한 법정이자의 기산일을 계산폐쇄일로 잡고 있는데, 이는 계산기간의 경과로 잔액채권이 성립되는 것을 전제로 한 것이다.

계산서를 승인하지 아니한 때에도, 잔액채권이 새로운 계상항목으로서 자기의 상호계산기간에 이월되지 아니하는 한, 직접 "유인의" 잔액채권에 근거하여 지급의 소를 제기할 수 있다. 따라서 잔액채권이 어떻게 성립되는가 하는 문제가 실제적으로 중대한 의미를 갖는다. 왜냐하면 이에 따라서 소멸시효기간, 이행지와 재판적, 그 밖의 일련의 논의되어야 할 법적 효과가 좌우되기 때문이다.

제 3 관 殘額債權의 確定과 承認

차감계산을 통하여 잔액채권이 성립되지만 이 잔액채권은 원래 상호계산에 귀속된 항목에 기인하며, 따라서 그 구성력과 성립에 있어서 많은 불안정 요소를 지니고 있다("유인의" 잔액채권). 따라서 당사자는 잔액에 대하여 새로운 기초를 설정하기 위하여 정기적으로 잔액을 확정하거나 승인하여야 한다(추상적 잔액채권).

Ⅰ. 理論的 歸屬

상호계산에서 잔액확정의 과정을 어떻게 이론적으로 설명할 것인가에 관하여 독일의 판례 및 우리나라의 학설은 종래의 채권은 소멸하고 새로운(추상적인) 채권으로 대체된다고 한다(경개설). 그러나 잔액채권의 확정은 구(유인적)채권과 함께 (추상적)채권이 발생한다는 점에 관한 명시적 혹은 묵시적 승인을 기초로 한다고 본다(추상적 채무승인설).

Ⅱ. 殘額承認의 效果

(1) 새로운 잔액청구권은 추상적 채무승인에 의하여 독자적인 기초와 단일한 법적 운영을 취득한다. 따라서 이 잔액청구권은 민법 제162조 제1항에 의하여 10년의 소멸시효에 걸리며 또한 기초가 되는 개별의 채권·채무항목과 독립된 독자적인 이행지와 고유한 재판적을 갖는다.

(2) 잔액채권확정이 부적정하거나 기초되는 개별채권에 대하여 그 밖의 항변이 존재할 때에는 민법 제741조에 의하여 잔액승인은 부당이득반환청구의 원인이 될 수 있다. 상법에서 계산서에 「착오나 탈루가 있는 때」에는 이의를 제기할 수 있다고 함은 바로 이를 뜻한다(제75조 단서). 즉 상법에서의 착오나 탈루가 민법상의 무효와 취소사유에 해당되지 아니하면 제75조 단서만에 의하여 승인행위를 무효·취소할 수는 없다(동지: 이철송).

(3) 잔액채권에 대하여는 채권자는 계산폐쇄일로부터 연 6푼의 법정이자를 청구할 수 있다(제76조 제1항).

제4관 相互計算의 終了

Ⅰ. 終了原因

1. 一般的인 終了原因

상호계산은 존속기간의 만료 기타 계약의 일반적인 종료원인(회사의 해산, 당사자의 사망)에 의해 종료한다. 상호계산의 존속기간은 상호계산기간과 구별하여야 한다. 상호계산의 존속기간은 계약의 존속기간이므로 그 기간이 만료하면 당연히 계약이 소멸하나, 상호계산기간은 채권·채무의 상호계산계입의 단위가 되는 기간이므로 이 기간이 만료한다 하여 상호계산계약 자체가 소멸하는 것은 아니다.

2. 解　　止

당사자는 언제든지 상호계산을 해지하여(제77조 제 1 문) 상호계산을 종료시킬 수 있다. 상호계산은 쌍방의 신용을 기초로 하는 계약이므로 일방의 신용이 악화되었을 때 상대방이 상호계산을 해지함으로써 변제가 불확실한 채권이 누적되는 것을 막고 신속히 권리를 행사할 수 있도록 배려한 것이다.

3. 去來關係의 終了

상호계산은 상시 거래관계에 있는 자들간의 결제방법이므로 거래관계가 마감되면 상호계산 역시 종료된다.

4. 기　　타

상호계산은 상호계산의 기초가 되는 신용에 중대한 변화를 야기시키는 당사자 일방의 파산, 회사정리절차의 개시에 의해서도 종료한다(파산법 제57조; 회사정리법 제107조).

Ⅱ. 終了의 效果

상호계산계약이 종료되면 즉시 계산을 폐쇄하고 잔액채권자인 당사자는 잔액의 지급을 청구할 수 있다(제77조 제 2 문).

제 2 장

商行爲의 種類

제 1 절 代 理 商

제 1 관 代理商의 槪念

Ⅰ. 代理商의 意義

상법 제87조는 일정한 상인을 위하여 상업사용인이 아니면서 상시 그 영업부류에 속하는 거래의 대리 또는 중개를 영업으로 하는 자를 대리상이라 한다고 규정하고 있다.

1. "일정한 商人"을 위하여(商人의 特定)

이 때 상인을 본인이라 한다. 상인은 1인이어야 할 필요는 없으나 반드시 특정되어 있어야 한다. 특정된 상인이 다수인일 수 있다는 점에서 상업사용인과 구별되고, 특정 상인을 보조한다는 점에서 불특정다수인을 상대로 하는 중개인 및 위탁매매인과 구별된다. 본인은 반드시 상인이어야 하며, 소상인이라도 본인이 될 수 있다. 따라서 상인이 아닌 상호보험회사나 점포 기타 유사한 설비를 가지지 아니한 농수산업자를 위하여 대리 또는 중개를 하는 민사대리상은 상법상의 대리상이 아니다.

2. 일정한 商人을 "위하여"(營業의 補助性)

대리상은 자기 스스로가 완성된 영업을 하는 것이 아니라, 본인을 위하여 영업을 보조하는 보조상이다. 이 점에서 중개인·위탁매매인·운송주선인과 더불어 대리상을 보조상이라 한다. 이 중에서 운송주선인은 주선업이라는 점에서 위탁매매인과 같기 때문에(다만 운송주선인은 주선의 대상이 운송에 특정됨) 여기에서는 대리상·중개인·위탁매매인간의 본질적인 차이를 비교해 본다.

(1) 商人을 補助하는 方法

대리상은 대리 또는 중개에 의해, 중개인은 중개에 의해, 위탁매매인은 자기명의로 매매함으로써 각각 다른 상인의 영업활동을 보조한다.

(2) 商人의 特定與否

대리상은 일정한 상인을 위해 계속적으로 대리 또는 중개함에 반해, 중개인과 위탁매매인은 불특정다수인을 위해 중개 또는 매매한다.

(3) 商人資格取得의 獨自性與否

대리상의 경우 일정한 상인을 본인으로 하여 그의 대리 또는 중개의 인수를 함으로써 비로소 대리상의 자격을 취득하지만(지위취득의 종속성), 중개인과 위탁매매인은 불특정다수인을 상대로 하므로 사전에 스스로 중개인 또는 위탁매매인의 자격을 가지고 상인이 되는 것이다(지위취득의 독자성).

(4) 本人의 商人性與否

대리상의 본인은 반드시 상인이어야 하지만 중개인의 본인들은 그 중 일방만 상인이면 되고, 위탁매매인의 위탁자 또는 매매상대방은 상인이 아니더라도 무방하다.

(5) 競業禁止義務

대리상은 일정한 상인과 계속적인 관계를 가지므로 그 본인과의 이익충돌을 방지하기 위해 경업금지의무를 부담한다. 그러나 중개인과 위탁매매인은 본인 또는 위탁자와 이같은 계속적인 관계가 없으므로 경업금지의무를 부담하지 아니한다.

(6) 立法의 重點

보조상의 특성에 따라 관련법규도 입법의 초점을 각각 달리한다. 대리상의 경우 본인과 대리상간의 이해의 조정이 초점을 이루나, 중개인의 경우에는 쌍방의 거래당사자의 보호를 위해 중개된 거래의 원만한 이행을 확보하는 데 초점이 주어지고, 위탁매매인의 경우 실질적인 계산의 주체는 위탁자이지만 위탁매매의 형식적 당사자는 위탁매매인이 되는 법률관계의 분열이 생기므로 거래(매매)의 안전과 아울러 위탁자의 이익을 보호하는 데 중점을 두고 있다.

3. "商業使用人이 아니면서"(獨立性)

대리상은 특정 상인에 종속되지 않는 "독립된" 상인이다. 따라서 대리상계약에 따른 의무 외에 따로이 상인의 지휘·감독을 받지 아니하며 독자적인 계획과 계산에 따라 영업을 한다. 이 점에서 상업사용인과 근본적으로 구별된다. 반면 상인의 입장에서도 대리상의 행위가 대리권의 범위 내이거나 표현대리가 성립될 때만 거래상대방에 대하여 책임을 진다.

4. "常時"(營業의 繼續性)

상시란 보조행위가 계속·반복되어야 함을 말한다. 따라서 대리상계약은 계속적 계약관계이다. 이는 현실의 행위가 계속·반복되지 아니하더라도, 즉 1회의 행위이더라도 앞으로 계속·반복될 것임이 예상되면 족하다.

5. "그 營業部類에 속한 去來의"(商人의 營業部類에 속한 去來)

상인의 기본적인 영업활동을 뜻한다. 따라서 매매업을 하는 상인을 위하여 금융거래를 대리 또는 중개하는 경우처럼 보조적 상행위를 대리 또는 중개하는 때에는 상법상의 대리상이 아니다.

6. 去來의 "代理 또는 仲介"

거래를 대리하는 대리상을 체약대리상이라 하고, 거래의 중개만을 하는 대리상을 중개대리상이라 한다. 물론 이 양자를 겸할 수도 있다. 실제 구체적인 경우에는 대리상계약의 해석에 따라 위 세 가지 유형 중에 어떠한 경우에 해당하는지 정하여 질 것이다.

7. 去來의 代理 또는 仲介를 "營業으로 하는 者"(商人性)

대리상은 거래의 대리 또는 중개를 인수함을 영업으로 하는(제46조 제10호·제11호) 기본적 상행위를 하는 상인이다(제 4 조). 이러한 대리상의 행위는 본인과의 대리상계약(계속적 계약관계)에 따른 것이다. 따라서 대리행위와 중개행위 그 자체는 본인과 대리상간의 계약을 이행하는 대리상의 보조적 상행위일 뿐이다(제47조 제 1 항).

Ⅱ. 代理商契約의 法的 性質

대리상계약은 본인인 상인과 대리상이 되고자 하는 사람 사이에 체결되는 낙성·불요식계약이다. 이 계약은 본인인 상인에게는 "영업을 위하여 하는 행위"로서 보조적 상행위가 되고, 대리상이 되고자 하는 사람은 대리의 인수 또는 중개를 영업으로 하는 것이므로 대리상에게는 기본적 상행위가 되어 그가 당연상인이 된다는 데에 의미가 있다(제 4 조, 제46조 제10호·제11호). 대리상계약의 법적 성질은 법률행위(체약대리상의 경우) 또는 사실행위(중개대리상의 경우)에 관한 "위임"이며 따라서 민법상의 위임에 관한 규정이 준용된다(제49조; 민법 제680조 내지 제692조 참조).

제 2 관 代理商의 義務와 權利

Ⅰ. 本人과의 關係

1. 代理商의 義務

(1) 善管注意義務

대리상계약은 위임이므로 위임의 성질에 따라 선량한 관리자의 주의로써 계약의 내용에 따라 본인을 위하여 거래의 대리 또는 중개를 하여야 한다(민법 제681조). 따라서 대리상은 본인이 지시한 계약조건의 준수, 거래상대방의 선택 등에서 특별한 주의를 하여야 한다. 더 나아가서 본인의 이익을 도모하기 위하여 시장정보에 관한 사항, 즉 시장관계의 변동, 고객의 취향 변화, 새로운 시장참가자에 따른 경쟁관계 등을 조사하여 통지하고, 본인의 영업비밀을 누설하여서는 아니 된다.

(2) 通知義務

상법 제88조는 「대리상이 거래의 대리 또는 중개를 한 때에는 지체없이 본인에게 그 통지를 발송하여야 한다」라고 하여 대리상에게 민법 제683조의 수임인의 보고의무와 다른 통지의무를 규정하고 있다. 이는 본인과 계속적 계약관계에 있는 대리상이 거래의 대리를 하였을 경우는 물론 중개를 하였을 경우에도 대리상과 본인의 법률관계를 명확히 하기 위하여 상법이 특별히 규정하고 있는 대리상에게 부과된 엄격한 의무이다. 통지할 사항은 대리 또는 중개가 이루어진 사실과 거래의 중요내용이며, 통지는 발송만 하면 되도록 하여(발신주의) 대리상을 보호하고 있다.

⑶ 競業禁止義務

1) 상 법

제89조 제 1 항은 「대리상은 본인의 허락 없이 자기나 제 3 자의 계산으로 본인의 영업부류에 속한 거래를 하거나 동종영업을 목적으로 하는 회사의 무한책임사원 또는 이사가 되지 못한다」라고 대리상의 경업금지의무를 규정하여 대리상과 본인의 이익조정을 꾀하고 있다. 본조는 대리상이 독립된 상인이지만 본인인 상인과는 지속적 거래보조관계에 있기 때문에 본인의 영업기회를 잠탈할 우려가 크다는 데 근거한 것이다.

2) 義務違反의 效果

대리상이 의무를 위반한 때에는 상법 제89조 제 2 항에 의하여 제17조 제 2 항 내지 제 4 항이 준용되므로 상업사용인의 의무위반의 경우와 동일하다. 따라서 대리상이 본인의 허락 없이 한 행위는 그 자체로서는 유효하지만, 본인은 개입권을 행사할 수 있고 그에 대한 제17조 제 4 항의 제척기간도 준용된다. 또한 대리상계약해지권과 손해배상청구권도 갖는다(제17조 제 3 항).

⑷ 營業秘密遵守義務

1995년 개정상법은 대리상에게 대리상계약의 종료 후에도 계약과 관련하여 알게 된 본인의 영업상의 비밀을 준수할 의무를 규정하였다(제92조의3). 구상법에서도 해석상 대리상의 선관주의의무로부터 영업비밀준수의무는 인정이 되었으나 대리상의 보상청구권의 신설과 균형을 맞추어 본인의 영업상의 이익을 보호하며 동시에 대리상의 신용유지의 효과도 기대할 수 있도록 명문화하였다.

2. 代理商의 權利

⑴ 報酬請求權

대리상은 보수의 약정이 있으면 그에 따라, 보수의 약정이 없으면 상법 제61조의 규정에 의하여 상당한 보수를 청구할 수 있다. 보수의 청구시기는 민법 제686조에 따라 대리의 경우에는 그 대리로 인하여 개별계약이 체결된 후에, 중개의 경우에는 그 개별거래가 성립된 후에 즉시 보수를 청구할 수 있다. 또한 대리상에게는 비용선급청구권(민법 제687조)과 비용상환청구권(민법 제688조)이 인정된다.

⑵ 留 置 權

상법 제91조는「대리상은 거래의 대리 또는 중개로 인한 채권이 변제기에 있는 때에는 그 변제를 받을 때까지 본인을 위하여 점유하는 물건 또는 유가증권을 유치할 수 있다. 그러나 당사자간에 다른 약정이 있으면 그러하지 아니하다」라고 규정하여 대리상과 본인의 이익조정을 꾀하고 있다. 제58조의 일반상사유치권에 대한 특칙이라 할 수 있는 이러한 대리상의 유치권의 인정근거는 대리상의 채권은 주로 보수청구권이어서 독립상인인 대리상의 기초가 된다는 점과, 대리상이 본인을 위하여 점유하는 경우는 본인에게 간접점유가 되는 경우(본인 소유물을 점유하는 경우)뿐만 아니라, 본인을 제외한 타주점유의 경우(제 3 자로부터 취득한 물건의 소유권이 아직 본인에게 귀속하지 않았거나 본인의 물건이 이미 타인에게 이전한 경우)가 많아 대리상을 보호해야 할 필요성이 있기 때문이다.

대리상의 유치권은 민사유치권(민법 제320조 내지 제328조)과 상법 제58조의 일반상사유치권과는 별도로 인정한 것으로서 다른 유치권과의 선택적 행사가 가능하다. 물론 제91조 단서의 규정에 따라 약정에 의한 배제도 가능하다.

⑶ 報償請求權

1995년 개정상법은 대리상의 활동으로 본인이 새로운 고객을 취득하거나 영업상의 거래가 현저하게 증가하고 이로 인하여 계약의 종료 후에도 계속하여 본인이 이익을 얻고 있는 경우 대리상에게 본인에 대하여 상당한 보수를 청구할 수 있도록 하였는데 이를 보상청구권이라 한다(제92조의2 제 1 항 본문). 이는 독일상법 제89b조의 규정을 우리 상법에 도입한 것으로 이 규정의 취지는 계약이 종료된 후에 대리상의 활동에 의해서 본인이 이익을 얻고 있음에도 불구하고 그에 상응하는 보수를 받지 못하는 대리상에 대하여 반대급부로서 보상청구권을 인정하여 본인과 함께 대리상의 이익의 형평성을 도모하고자 하는 데 있다.

Ⅱ. 제 3 자와의 關係

1. 去來上의 權利·義務

⑴ 原 則

성립된 거래에 대해서는 당사자가 아닌 대리상은 특별히 보증계약 등을 체결하지 않은 한 스스로 제 3 자에 대하여 계약을 이행할 책임을 지거나 직접 권리를 취득·행사하는 것은 아니다.

(2) 商法上의 特則-通知受領權限

상법 제90조는「물건의 판매나 그 중개의 위탁을 받은 대리상은 매매의 목적물의 하자 또는 수량부족 기타 매매의 이행에 관한 통지를 받을 권한이 있다」라고 하여 대리상의 통지수령권한을 규정하고 있다. 상법 제69조에 의해 매수인에게 단기간의 검사통지의무가 있고 거래상대방은 원거리에 있는 본인과의 접촉이 용이하지 않은 경우가 많으므로 상법이 거래상대방의 보호를 위하여 특별히 규정한 것이다. 이는 체약대리상과 중개대리상 모두에게 인정된다.

2. 不法行爲責任

대리상 또는 그의 피용자가 대리행위나 중개행위중에 고의 또는 과실로 제 3 자에게 손해를 입힌 경우에는 독립된 상인인 대리상만이 책임을 지고 본인은 책임을 지지 않는다. 대리상의 의의에서 언급한 바와 같이 본인은 독립상인인 대리상에 대하여 지휘·감독의 권한이 없으며, 따라서 대리로서 적법하게 성립되었거나 표현대리가 성립되는 경우에만 거래상대방에 대하여 책임을 부담한다. 다만 보험대리상에 대해서는 보험업법 제158조 제 1 항에서 민법상의 사용자책임과 유사한 책임을 본인인 보험자에게 지우고 있다.

제 3 관 代理商契約의 終了

대리상계약은 그 법적 성질이 위임이므로 위임계약의 해지 또는 민법 제690조의 규정에 따라, 즉 당사자 일방의 사망·파산 또는 수임인의 금치산선고 등에 의하여 종료된다. 다만 상법 제50조의 규정에 의하여 본인의 사망은 종료사유가 되지 아니한다. 대리상계약은 영업을 전제로 하기 때문에 영업의 폐지나 양도는 당연한 종료사유가 된다.

제 2 절 仲 介 業

제 1 관 仲介業의 目的과 機能

중개업이란 상인 스스로 거래의 상대방을 구하기가 어려운 상거래 분야에서 위탁자 또는 상인을 보조하여 공급과 수요 사이의 적절한 거래조건을 창출하여 계약체결을 신속·용이하게 하고 그에 대하여 보수를 받는 상인의 보조영업으로서, 이를 영업으로 하는 자를 중개인이라 한다. 중개인은 시장의 시세와 상대방의 신용상태 등을 탐지하고, 상품의 감정, 유가증권의 진위, 보험료의 고저, 선박의 성질 등 전문적 자료를 준비하고서 위탁자에게 조언하여 때로는 당사자에게 상대방을 알리지 않음으로써 거래를 원활하게 하는 경제적 기능을 한다. 중개업에는 상거래에 익숙하면서도 자력이 없는 사람이 종사하는데, 시장이 상품별로 세분화되어 있는 고도산업사회에서는 그 이용도가 점차 높아지고 있다. 증권 등의 매매, 금융거래, 운송과 보험거래 등이 이에 속한다.

제 2 관 仲介人의 概念

중개인이라 함은 타인간의 상행위의 중개를 영업으로 하는 자이다(제93조).

I. "仲介"를 하는 者

중개란 타인간의 법률행위가 성립하도록 힘쓰는 사실행위를 말한다. 즉 당사자 사이에 흥정을 붙여서 계약을 체결하도록 하는 것이지 중개인 자신이 계약을 체결하는 것은 아니다. 따라서 중개인은 자기명의로 제 3 자를 위하여 법률행위를 하는 위탁매매인이나 운송주선인과 다르고, 특정 상인의 명의로 계속하여 제 3 자와 계약을 체결하는 체약대리상과도 다르다.

Ⅱ. "商行爲"의 仲介

여기에서 상행위라 함은 기본적 상행위(제46조)와 보조적 상행위(제47조)를 포함한다. 상법 제93조 아래의 규정들은 영업으로서 반복되는 상행위의 중개를 예상한 규정이기 때문에 기본적 상행위이어야 한다는 설이 있으나(정동윤), 중개인은 불특정 다수의 상인을 상대로 중개하므로 특정 상인과의 중개계약은 1회에 그치는 것이 보통이고, 그 상인의 행위가 상행위이면 되지 기본적 상행위이냐 보조적 상행위이냐를 구별할 필요는 없다고 본다(이철송 · 채이식).

Ⅲ. "他人間의" 商行爲의 仲介

중개인은 불특정한 타인간의 상행위의 중개를 영업으로 한다. 상인 이외의 자의 상행위란 있을 수 없으므로, 즉 절대적 상행위는 현행법에서 인정되지 아니하므로 그 타인 중의 일방은 상인이어야 한다.

Ⅳ. 仲介를 "營業으로 하는 者"

중개를 "영업으로 한다" 함은 상행위의 중개를 인수하는 것, 즉 중개계약을 체결하는 것을 영업으로 함을 말한다. 따라서 우연히 상행위의 중개를 하더라도 그것은 영업으로 하는 것이라 할 수 없다.

제3관 仲介人의 義務와 權利

Ⅰ. 仲介人의 義務

1. 善管注意義務

중개계약의 법적 성질은 위임이므로, 중개인은 중개위탁에 대하여 수탁자로서 선량한 관리자로서의 주의의무를 진다(민법 제681조). 선관주의의무의 내용은 적극적으로 위탁사무를 처리할 의무뿐만 아니라, 위탁자의 위탁에 관한 비밀준수 등 위탁자의 이익을 해하지 아니할 의무도 지게 된다. 따라서 이러한 의무의 해태(예: 중개할 기회의 회피)에 의해 위탁자가 손해를 입게 되면, 중개인은 그에 대한 손해배상책임을 지게 되고 위탁자는 보수의 지급을 거절할 수 있다. 그리고 중개인은 이해가 상반된 당사자들을 중개함을 영업으로 하기 때문에 중개를 중립적인 지위에서 객관적으로 해야 한다. 이를 특히 중개인의 중립성의 원칙이라고 한다.

2. 見品保管義務

중개인이 그 중개한 행위와 관련하여 견품을 받은 때에는 그 행위가 완료될 때까지 이를 보관하여야 한다(제95조).

견품을 중개인에게 보관시키는 목적은 장래에 발생할 수 있는 목적물에 대한 양 당사자간의 분쟁을 예방하고, 분쟁이 발생한 경우에 이를 신속히 해결하려는 데 있다.

중개인의 견품보관의무는 견품에 의하여 목적물을 정하고 그 품질을 담보하는 견품매매의 경우에만 발생한다. 따라서 중개인이 견품을 받았더라도 견품매매가 아닌 경우에는 중개인은 견품보관의무를 지지 않는다. 또한 중개의 양 당사자가 모두 견품보관의무를 면제한 경우에도 견품보관의무를 지지 않는다.

보관의무를 지는 기간이 종료한 때에는 견품이 중개인에게 귀속된다는 명시적 또는 묵시적 합의 기타의 약정이 없는 한 중개인은 견품을 반환하여야 한다. 그러나 반환비용이 견품의 가치를 초과하는 때에는 보관기간경과 후에 중개인이 견품을 임의로 처리할 수 있는 묵시적 합의가 있다고 본다.

3. 結約書의 交付義務

중개에 의하여 당사자간에 계약이 성립한 때에는, 중개인은 지체없이 각 당사자의 성명 또는 상호(일방당사자가 성명 또는 상호를 상대방에게 표시하지 않도록 중개인에게 요구한 경우는 제외)(제98조), 계약연월일 및 그 요령을 기재한 서면을 작성하여 기명날인 또는 서명한 후 각 당사자에게 교부하여야 하는데(제96조 제 1 항), 이 서면을 결약서라고 한다. 계약서에 기재해야 할 계약의 요령은 계약내용의 요점으로 목적물의 명칭, 수량·품질 및 그 대가, 이행의 시기와 방법 및 장소 기타의 계약조건 등이다. 기재형식에 관하여는 아무런 제한이 없다. 이 결약서를 작성·교부하도록 하는 것은 중개인이 중개한 계약의 성립사실 및 그 내용에 관하여 증거를 보전하여 당사자간의 분쟁의 예방과 분쟁의 신속한 해결을 위한 취지에서 작성되므로, 견품보관의무를 부담시키는 제95조와 같은 목적을 가지고 있다.

결약서는 당사자간에 계약이 성립한 후에 중개인이 작성한 것이므로, 계약성립의 요건도, 계약서도 아니며 다만 합의사항의 증명을 용이하게 하는 단순한 증거서류에 불과하다(동지: 정동윤 · 정찬형).

결약서는 계약의 양 당사자가 이를 면제한 때와 특별한 상관습이 있는 때에는 이를 작성하지 않아도 된다. 또한 중개인이 결약서를 교부하지 않았다고 하여 유효하게 이루어진 거래가 무효가 되는 것도 아니다.

즉시 이행하여야 하는 계약인 때에는 중개인은 지체없이 결약서를 작성하여 기명날인 또는 서명한 후 각 당사자에게 교부하여야 한다(제96조 제 1 항). 결약서의 기재에 하자가 있어 당사자가 손해를 입은 때에는 중개인은 손해배상책임을 진다.

즉시 이행되지 않아도 되는 계약인 때에는 중개인은 각 당사자로 하여금 결약서에 기명날인 또는 서명하게 한 후 그 상대방에게 교부하여야 한다(제96조 제 2 항). 즉 계약당사자간에 결약서가 교환된다.

당사자의 일방이 결약서의 수령을 거부하거나 기명날인하지 아니한 때에는 중개인은 지체없이 상대방에게 그 통지를 발송하여야 한다(제96조 제 3 항 발신주의).

4. 仲介人의 日記帳作成 및 謄本交付義務

(1) 日記帳作成義務

중개인은 계약당사자의 성명 또는 상호, 계약연월일과 그 요령을 장부에 기재하여야 한다(제97조 제 1 항). 이 장부를 중개인의 일기장이라고 한다. 중개인은 일기장을 작성함에 있어 계약이 성립된 연월일을 기준으로 순서에 따라 기재해야 하며, 당사자의 일방이 자기의 성명 또는 상호를 상대방에게 묵비할 것을 요구한 때에도 일기장에는 각 당사자의 성명 또는 상호를 기재하여야 한다(제98조의 반대해석),

(2) 謄本交付義務

중개인은 각 당사자의 청구가 있을 때에는 장부의 관계부분의 등본을 교부하여야 한다(제97조 제 2 항). 그러나 당사자가 그 성명 또는 상호를 상대방에게 묵비할 것을 요구한 때에는 그의 성명 또는 상호를 등본에 기재하지 못한다(제98조). 이 때에는 각 당사자는 장부의 열람을 청구할 수 없다.

중개인이 당사자의 등본교부청구를 거절한 때에는 그로 인하여 당사자가 입은 손해를 배상할 책임이 있다.

5. 姓名 또는 商號 黙秘義務

당사자의 일방이 자신의 이익을 위하여 그 성명 또는 상호를 상대방에게 표시하지 아니할 것을 중개인에게 요구한 때에는 그 상대방에게 교부하는 결약서와 중개인 일기장등본에 그 성명 또는 상호를 기재하지 못한다(제98조). 이는 당사자가 자기의 성명 또는 상호를 상대방에게 알리지 아니하고 중개인으로 하여금 교섭에 임하게 하는 것이 거래에 유리한 경우가 흔히 있기 때문이고 또한 상대방도 거래의 당사자가 누구인지 알 필요가 없는 경우에(상거래의 개성상실성) 이용된다. 그러나 이 때에도 중개인일기장에는 이를 기재하여야 한다(제98조의 반대해석)(동지: 임홍근 · 최기원 · 정동윤).

6. 介入義務(履行責任)

중개인이 임의로 또는 당사자의 요구에 의하여 당사자 일방의 성명 또는 상호를 상대방에게 표시하지 아니한 때에는 상대방은 중개인에 대하여 이행을 청구할 수 있다(제99조). 이 경우에는 중개인 자신이 계약을 이행할 책임이 있다(대판 1972. 8. 22, 72다 1071 · 1072).

이러한 상대방의 중개인에 대한 이행청구권은 계약이 성립됨과 동시에 발생하기 때문에 계약성립 후에 당사자의 성명 또는 상호를 개시하여도 중개인에 대한 상대방의 이행청구권은 소멸하지 않는다. 중개인에 대한 상대방의 신뢰는 계속 보호되어야 하기 때문이다(동지: 이철송).

Ⅱ. 仲介人의 權利

1. 報酬請求權

중개인은 상인이다. 따라서 당사자 사이에 아무런 특약이 없는 경우에도 중개인은 중개에 대한 일정한 보수, 즉 중개료를 청구할 수 있다(제61조).

그러나 중개료청구권을 행사하기 위하여는, 1) 중개당사자간에 계약이 유효하게 성립되어야 하고, 2) 당사자간에 성립한 계약은 당사자가 그 중개를 중개인에게 위탁한 것이고, 중개인의 중개에 의해 그 계약이 성립한 것이어야 하며, 3) 중개인이 중개료를 청구하려면 제96조의 결약서작성교부절차를 완료하여야 한다(제100조 제 1 항).

중개료는 다른 특약이나 관습이 없는 한 계약의 양 당사자가 균분하여 분담한다(제100조 제 2 항).

이에 따라 중개인은 직접 각 당사자에 대해 보수총액의 반액을 청구할 수 있을 뿐이다. 그러므로 당사자간에 보수의 분담에 관해 다른 약정을 하였더라도 이것으로 중개인에게 대항하지 못하며, 당사자의 일방이 보수를 지급하지 않더라도 다른 당사자에 대하여 그 지급을 청구하지 못한다.

2. 費用償還請求權 및 給與受領權의 不存在

계약이 성립한 때에는 중개인의 보수 내에 중개비용이 포함되어 있다고 보며, 계약이 성립되지 않은 때에는 중개인에게 비용을 지급할 필요가 없는 것이 원칙이다. 따라서 중개인은 비용상환의 특약이 없는 한 위탁자에게 비용의 상환을 청구하지 못한다(동지: 정동윤).

중개인은 단지 타인간의 상행위를 중개할 뿐이고, 자신이 행위의 당사자나 당사자의 대리인이 아니므로 특별한 약정이나 관습이 있는 경우가 아니면 당사자를 위한 지급이나 기타의 이행을 받을 권한이 없다(제94조). 따라서 당사자의 일방이 중개인에게 지급 기타의 급여를 한 때에도 법률행위의 상대방에 대한 면책이 인정되지 않는다. 다만 당사자의 일방이 자기의 성명 또는 상호를 상대방에게 묵비할 것을 요구한 때에는 지급 기타 급여수령권한을 주려는 의사표시가 있는 것으로 본다.

제 4 관 仲介契約의 終了

중개계약은 계약법에서 인정하고 있는 중개위탁의 실현에 의해 종료한다. 그 밖에 중개인의 사망, 위탁자의 재산에 대한 파산개시(파산법 제44조), 중개인의 해제의 의사표시 등으로도 계약관계는 종료된다. 독일의 학설과 판례는 위탁자가 중개계약을 언제든지 철회할 수 있다고 하는데, 이에 따르면 철회에 의해서도 중개계약은 종료하게 된다(동지: 임홍근 · 정동윤).

제 3 절 委託賣買業

위탁매매인은 기업이 지점을 설치하거나 대리상을 이용하는 경우와 같이 기업활동의 범위를 확대하는 수단으로 이용된다. 위탁매매인을 이용하게 되면 지점설치의 경우보다 경비가 절약되고, 대리상을 이용하는 경우보다 권한남용의 위험이 적다. 또 위탁자는 위탁매매인의 신용과 그의 영업수완을 이용할 수도 있으며, 경우에 따라서는 위탁매매인을 통하여 금융의 편의도 기대할 수 있고 위탁매매인의 상대방으로서는 거래상대방의 자력, 신용상태, 대리인의 대리권의 유무와 그 범위 등을 조사할 필요가 없어 거래의 신속을 기할 수 있다. 또한 위탁자가 거래상 노출을 회피하려 할 때에도 적합한 제도이다.

제 1 관 委託賣買人의 概念

Ⅰ. 委託賣買人의 意義

위탁매매인은 자기명의로써 타인의 계산으로 물건 또는 유가증권의 매매를 영업으로 하는 자이다(제101조).

(1) "타인의 계산으로" 매매를 하는 자이다. 타인의 계산으로 한다는 의미는 위탁매매인이 인수한 거래에서 생기는 경제적 손익의 효과가 위탁자에게 귀속된다는 의미이다. 그러나 특약으로써 손익의 일부를 위탁매매인에게 귀속시킬 수 있다. 여기서 타인이라 함은 위탁자를 가리키며, 위탁자는 상인임을 요하지 않고 특정될 필요도 없다.

(2) "자기명의로써" 타인의 계산으로 매매를 하는 자이다. 자기명의로써라 함은 자기가 직접 법률행위의 당사자가 되어 그 행위로부터 생기는 권리·의무의 주체가 됨을 뜻한다.

위탁매매업은 위탁매매인의 명의로써 위탁자의 계산으로 하기 때문에 법률효과의 귀속주체와 경제적 효과의 귀속주체가 서로 다르게 된다. 즉 위탁매매인의 행위는 위탁자를 위한 간접대리(숨은 대리)이다. 이와 같이 법률효과와 경제적 효과의 귀속주체가 달리 되는 경우를 주선이라 하며, 따라서 위탁매매업은 주선행위에 속한다.

(3) "물건 또는 유가증권의 매매를 주선"한다. 무체재산권과 채권은 위탁매매의 목적물에 해당하지 않는다. 또한 주선의 목적이 물건이나 유가증권의 매매라는 점에서 주선의 목적이 운송의 인수인 운송주선인과 다르며, 주선의 목적이 물건 또는 유가증권의 매매 이외의 것인 준위탁매매인과도 다르다. 한편 물건에 동산뿐만 아니라, 부동산도 포함되는가에 관하여 다수설은 긍정하나 부동산을 위탁매매인이 자기명의로써 매매하는 경우 등기이전의 복잡한 문제가 생길 뿐만 아니라, 위탁자의 이익을 해할 염려가 크기 때문에 제외된다고 봄이 타당하다(동지: 최기원 · 서정갑 · 이원석 · 이철송).

(4) 이상의 주선을 "영업으로 하는 자"이다. 위탁매매인은 물건 또는 유가증권의 매매의 주선을 기본적 상행위로 하는 당연상인에 해당한다(제46조 제12호, 제 4 조). 그렇게 볼 때 위탁매매인의 기본적 상행위는 매매의 주선을 인수하는 행위이고, 매매는 기본적 상행위를 실행하기 위한 보조적 상행위에 지나지 않는다. 다만 증권의 위탁매매는 금융위원회의 허가를 얻은 주식회사만이 할 수 있다(자본시장법 제12조 제 1 항).

Ⅱ. 委託賣買의 種類

위탁매매는 담당하는 영업이 매도인가 매수인가에 따라 매도위탁과 매수위탁으로 나뉜다. 또한 매매목적물의 종류에 따라 물건위탁매매와 유가증권위탁매매로 구분된다.

제 2 관 委託賣買의 法律關係

Ⅰ. 委託者와 委託賣買人과의 關係(內部關係)

1. 委託賣買契約

위탁자와 위탁매매인 사이에는 위탁매매계약이 존재한다. 위탁매매계약이란 위탁매매인이 자기명의로써 위탁자의 계산으로 물건 또는 유가증권의 매매를 주선하기로 하는 계약이다. 이 계약은 낙성계약이므로 당사자간의 합의로 효력이 발생하고 매도위탁에 있어서 목적물의 인도와 매수위탁에 있어서의 대금의 수수 등이 동시에 이루어져야 하는 것은 아니다. 당사자의 약정이나 관습에서 특별한 형식을 정하지 아니한 이상 위탁매매계약은 무방식으로 체결된다. 그러나 실제거래에서는 대부분 서면이 작성된다.

상인인 위탁자가 그 영업에 관하여 물건의 매수를 위탁한 경우에 위탁자와 위탁매매인의 관계에는 상사매매에 있어서의 확정기매매의 해제에 관한 제68조, 매수인의 목적물의 검사와 하자통지의무에 관한 제69조, 매수인의 목적물보관·공탁의무에 관한 제70조 및 수량초과 등의 경우에 목적물보관·공탁의무에 관한 제71조의 규정을 준용한다(제110조). 즉 위탁자를 매수인으로, 위탁매매인을 매도인으로 보고 이 규정들을 준용한다. 왜냐하면 매수위탁에서의 위탁자와 위탁매매인의 관계는 상사매매에서의 매수인과 매도인의 관계와 유사하고, 위탁자가 상인인 경우에는 상인간의 매매에서와 같이 위탁매매인을 매도인과 같이 보호해 줄 필요가 있기 때문이다.

2. 委託賣買人의 義務

위탁매매계약은 위임이므로 위탁매매인은 수임인으로서의 선관주의의무를 진다(제112조; 민법 제681조). 상법은 이러한 일반적 의무 이외에도 특별한 의무를 부과하고 있다.

⑴ 通知義務와 計算書提出義務

위탁매매인이 위탁받은 매매를 한 때에는 지체없이 위탁자에 대하여 그 계약의 요령과 상대방의 주소·성명의 통지를 발송하여야 하며, 계산서를 제출하여야 한다(제104조). 민법에서 위임인의 청구가 있는 때에 위탁사무의 처리상황을 보고하도록 수임인의 보고의무를 규정하고 있는 것(민법 제683)과는 달리 특칙을 두어 위탁자의 청구가 없더라도 지체없이 통지하도록 한 것은 상거래상 신속성의 요청에서 위탁자가 그 결과를 알게 함으로써 적당한 지시와 계획을 수립할 수 있도록 하기 위함이다.

⑵ 履行擔保責任

상법 제105조 본문에는 위탁매매인은 위탁자를 위한 매매에 관하여 상대방이 채무를 이행하지 아니하는 경우에는 위탁자에 대하여 이를 이행할 책임이 있다고 하여 위탁매매인의 이행담보책임을 규정하고 있다. 위탁매매인은 본래 위탁의 본지에 따라 선량한 관리자의 주의로써 상대방을 선택하여 매도 또는 매수를 한 이상 상대방의 채무불이행에 관하여 당연히 책임을 부담하여야 하는 것은 아니나, 상대방의 불이행으로 인한 손해가 결국 위탁자에게 귀속된다는 점에서 위탁매매인에게 이행담보책임을 물은 것이다. 다시 말해서 이 책임은 위탁자와 상대방 사이에는 아무런 직접적인 법률관계가 존재하지 아니하므로 위탁매매인의 신용보호와 위탁자의 보호를 위하여 법이 인정한 특별책임으로서 무과실책임이다.

상법 제105조 단서가 「그러나 다른 약정이나 관습이 있으면 그러하지 아니하다」고 한 것은 위탁매매인의 이행담보책임이 임의법규임을 밝히고 그 책임의 면제를 규정한 것이다.

⑶ 指定價額遵守義務

위탁매매인은 위임사무처리에 관하여 위탁자의 지시가 있으면 그 지시에 따라야 한다. 그러므로 위탁자가 매도가액 또는 매수가액을 지정한 때에는 위탁매매인은 이에 따라야 하며 위탁자에게 그 지정가액보다 불리한 가액으로 매매를 하여서는 안 된다.

위탁매매인이 지정가를 위반하여 매매한 경우, 즉 지정가보다 낮은 가액으로 매도하거나 높은 가액으로 매수한 경우에는 그 차액을 위탁자가 부담할 이유가 없기 때문에 위탁자는 그 매매를 자기계산으로 할 것을 거절할 수 있다(제106조 제 1 항의 반대해석). 그러나 제106조 제 1 항은 지정가보다 염가로 매도하거나 고가로 매수한 경우에도 위탁매매인이 그 차액을 부담한 때에는 그 매매는 위탁자에 대하여 효력이 있도록 하고 있다.

위탁매매인이 지정가액을 준수하지 아니한 결과로 차액 이외의 손해가 발생한 때에는 그 손해배상책임을 부담하여야 한다.

지정가보다 고가로 양도하거나 염가로 매수한 경우에는 그 차익은 당사자간에 다른 약정이 없으면 위탁자의 이익으로 한다(제106조 제 2 항). 왜냐하면 거래는 위탁자의 계산으로 하는 것이므로 그 거래로 인해 생긴 이익은 위탁자에게 귀속하여야 하기 때문이다.

⑷ 委託物에 관한 通知 및 處分義務(제108조)

위탁매매인이 위탁매매의 목적물을 인도받은 후에 그 물건의 훼손 또는 하자를 발견하거나 그 물건이 부패할 염려가 있을 때 또는 가격저락의 상황을 안 때에는 지체없이 위탁자에게 그 통지를 발송하여야 한다(제108조 제 1 항). 그러나 이러한 경우에 위탁자의 지시를 받을 수 없거나 그 지시가 지연되는 때에는 위탁매매인은 위탁자의 이익을 위하여 적당한 처분을 할 수 있다(제108조 제 2 항). 본조는 긴급한 경우에 있어서 위탁매매인에게 통지와 처분의 의무를 규정한 것인바, 이것은 위탁매매인의 선관주의의무(민법 제681조)를 구체화한 것이다. 이 의무에 위반하면 손해배상책임을 지며, 여기서의 '적당한 처분'이라 함은 상거래의 통념에 부합하는 범위에서의 공탁·경매 등을 뜻한다.

3. 委託賣買人의 權利

(1) 報酬請求權

위탁매매인은 독립된 상인이므로 보수에 관한 특약이 없는 때에도 위임사무를 완료한 후에 위탁자에 대하여 당연히 상당한 보수를 청구할 수 있다(제61조). 위탁매매인이 개입권을 행사한 경우에도 보수를 청구할 수 있으며(제107조 제 2 항), 위탁매매인의 책임 없는 사유로 그 위탁의 실행이 완료되지 못한 때에도 이미 이행한 비율에 따라 보수를 청구할 수 있다(민법 제686조 제 3 항).

(2) 費用先給 및 費用償還請求權

위탁매매인이 위탁매매계약에 기하여 위탁의 실행을 함에 있어서 비용을 필요로 하는 때에는 특약 또는 관습이 없는 한 체당할 의무가 없으며, 따라서 위탁자에게 그 비용의 선급을 청구할 수 있다(민법 제687조). 따라서 비용의 선급이 있을 때까지 위탁매매인은 그 위탁의 실행을 거절할 수 있다. 또한 위탁매매인이 위임사무의 처리를 위하여 필요비를 체당한 때에는 그 체당금과 체당한 날 이후의 법정이자를 청구할 수 있다(제55조 제 2 항; 민법 제688조 제 1 항).

(3) 留 置 權

위탁매매인은 대리상과 같은 유치권을 행사할 수 있다. 즉 위탁매매인은 특별한 약정이 없는 한 위탁자를 위한 물건의 매매로 인하여 생긴 채권이 변제기에 있는 때에는 그 변제를 받을 때까지 위탁자를 위하여 점유하고 있는 물건 또는 유가증권을 유치할 수 있다(제111조, 제91조). 상인간의 유치권에 관한 규정(제58조)이 있음에도 불구하고 특칙을 두어 대리상의 유치권규정을 준용하는 이유는 위탁자가 비상인인 경우에도 유치권을 행사할 수 있도록 하기 위함이다.

(4) 買受物의 供託·競賣權

위탁매매인은 매수의 위탁자가 매수한 물건의 수령을 거부하거나 이를 수령할 수 없는 때에는 상인간의 매매의 경우와 같이 그 물건을 공탁 또는 경매할 수 있다(제109조, 제67조). 다만 위탁매매인은 위탁자가 상인이 아닌 경우에도 공탁·경매권을 행사할 수 있다는 점에서 상사매매와 다르다. 이러한 권리는 매수의 위탁을 받은 위탁매매인의 지위가 상사매매에서의 매도인과 유사하므로 위탁매매인으로 하여금 책임에서 신속히 벗어나고 자금을 회수할 수 있게 한 것이다.

(5) 介 入 權

위탁매매인은 거래소의 시세 있는 물건의 매매를 위탁받은 때에는 자신이 직접 매수인이나 매도인이 될 수 있다(개입권)(제107조).

이는 위탁매매인이 직접 매도인 또는 매수인이 되는 경우도 매매행위만 공정하다면 위탁자가 바라는 목적은 달성되고 위탁매매인 자신이 직접 거래당사자가 됨으로써 양자의 위탁을 동시에 실행하여 계산·보고의 비용도 절약할 수 있게 되고, 위탁자도 위탁이 신속하게 실행되는 이점을 갖게 된다. 그러나 이는 위탁자와 위탁매매인의 이해의 대립을 가져오는 것이므로, 공정하게 행사되어야 하며 또한 남용되지 않도록 해석론상 및 입법론상 세심한 주의가 필요하다.

위탁매매인의 개입권은 운송주선인의 개입권(제116조 제1항)과 유사하다. 그러나 상업사용인(제17조 제2항), 대리상(제89조), 인적회사의 무한책임사원(제198조 제2항), 이사(제397조 제2항, 제567조) 등이 경업금지의무를 위반한 경우에 인정되는 개입권은 그 피해자를 구제하기 위한 것으로서 그 효력이 당사자간에만 미치고 또 일정한 기간 내에 행사하여야 하기 때문에 위탁매매인의 개입권과는 다르다. 개입권의 성질은 위탁매매인의 일방적 의사표시에 의해서 그 효과가 발생하는 형성권이다.

개입권의 행사에 의하여 위탁매매인과 위탁자 사이에는 매매계약관계가 성립되는 동시에 위탁도 실행한 것이 된다. 즉 개입권의 행사에 의하여 위탁매매계약이 매매계약으로 변경되는 것이 아니라, 양 계약이 병존하게 된다. 따라서 위탁매매인은 위탁자에 대하여 위탁매매인의 지위와 매매계약의 당사자로서의 지위를 겸하게 되고, 위탁자도 위탁자의 지위와 매매계약의 당사자가 되어, 위탁매매인과 위탁자는 모두 이중의 지위를 갖게 된다. 그리하여 위탁매매인은 개입권을 행사한 경우에도 위탁자에 대하여 비용의 상환과 보수를 청구할 수 있다(제107조 제2항). 또한 기타의 제3

자에 대하여도 법률행위의 권리주체가 되므로 위탁매매인의 개입권을 전면적 개입권 또는 외부적 개입권이라고도 한다.

Ⅱ. 委託賣買人과 제 3 자의 關係

여기에서 제 3 자는 위탁매매인이 위탁을 실행하는 그 상대방을 말한다. 위탁매매인은 자기의 명의로 제 3 자와 매매계약을 체결하는 것이므로 위탁매매인 자신이 제 3 자에 대하여 직접 권리를 취득하고 의무를 부담한다. 위탁매매인이 실행하는 매매가 위탁매매임을 상대방이 아는가의 여부는 문제가 되지 아니한다. 매매계약의 성립과 효력에 영향을 미치는 상황(예: 행위능력, 의사표시의 하자)은 위탁매매인과 제 3 자의 매매행위 자체를 기준으로 하여 결정되며, 위탁자와 위탁매매인 사이의 내부관계나 매매의 양 당사자가 위탁자에 대하여 갖는 관계는 매매의 효력에 영향을 미치지 않는다.

Ⅲ. 委託者와 제 3 자의 關係

위탁매매인은 자기의 명의로 거래상대방(제 3 자)과 매매계약을 체결하므로 특약이 없는 한 위탁자와 제 3 자의 사이에는 직접의 법률관계가 생기지 않는다. 그러므로 위탁자는 위탁매매인으로부터 제 3 자에 대한 채권을 양수 또는 채무를 인수하는 특약이 없는 한 직접 그 제 3 자에 대하여 권리를 취득하거나 의무를 부담하지 않는다(제102조의 반대해석). 또한 위탁자에게 발생한 사유는 매매에 영향을 주지 아니하며, 위탁자는 제 3 자에 대해 가지고 있는 반대채권을 가지고 매대로 인한 채무와 상계하지 못한다. 위탁매매인의 상대방이 계약을 이행하지 않은 경우에는 위탁매매인이 위탁자에 대하여 이를 이행할 책임이 있다(제105조 본문). 이 경우 위탁매매인이 위탁자에게 채무를 이행하면 위탁매매인측에 손해가 생기므로 위탁매매인은 상대방에 대하여 손해배상을 청구할 수 있고, 반대로 위탁자가 채무를 이행하지 않아 위탁매매인이 상대방에 대하여 손해배상책임을 지게 되면 그로 인한 위탁매매인의 손해는 위탁자와의 내부관계에서 해결된다. 따라서 위탁자와 제 3 자간에는 아무런 직접적인 법률관계가 존재하지 않게 된다.

Ⅳ. 委託物의 歸屬

위탁매매인이 위탁자로부터 받은 물건 또는 유가증권이나 위탁매매로 인하여 취득한 물건, 유가증권 또는 채권은 위탁자와 위탁매매인 또는 위탁매매인의 채권자간의 관계에서는 이를 위탁자의 소유 또는 채권으로 본다(제103조). 본조는 위탁물의 귀속에 관한 특별규정인데, 이 규정의 취지는 위탁매매로 인하여 취득한 물건, 유가증권 또는 채권은 위탁매매인의 이전행위 없이 위탁자에게 귀속되도록 의제한 것이며, 위탁매매인의 채권자가 위탁물에 대하여 강제집행을 하는 때에 위탁자가 자기소유임을 이유로 제3자 이의의 소를 제기할 수 있고(민사집행법 제48조), 위탁매매인이 파산한 때에 위탁자에게 환취권이 있음을(채무자 회생 및 파산에 관한 법률 제407조) 확인한 데에 있다.

위탁매매인의 채권자라 함은 위탁매매인의 보통의 채권자를 말하며, 여기에 위탁매매로 인하여 채권자가 된 제3자, 즉 위탁매매인의 매매상대방이 포함되는가에 관하여 의견이 대립되어 있으나 위탁매매의 성질에 비추어 볼 때 위탁매매인의 매매상대방은 위탁매매인을 거래상대방으로 알고 거래하는 것이 보통이므로 부정설이 타당하다. 또한 위탁자의 채권자도 본조의 적용대상이 아니다.

제103조의 적용범위는 위탁매매인이 위탁자로부터 받은 물건 또는 유가증권이나 위탁매매로 인하여 취득한 물건, 유가증권 또는 채권이다.

제3관 準委託賣買人

주선에 관한 행위를 영업으로 함으로써 상인이 되는 자(제46조 제12호)로 물건의 매매를 주선하는 위탁매매인(제101조)과 물건운송을 주선하는 운송주선인(제114조) 이외에 자기명의로써 타인의 계산으로 매매 아닌 행위를 영업으로 하는 준위탁매매인이 있다. 이에 관하여는 상법 제113조가 규정하고 있다. 준위탁매매업은 다른 주선업과는 주선의 목적물이 다를 뿐이므로 위탁매매업에 관한 규정을 준용하도록 하였다. 매매의 주선 이외의 주선의 예로는 출판·광고·공연·임대차·임치계약·선객운송·보험계약 등의 주선이 있다.

준위탁매매인에 관하여는 위탁매매에 관한 규정을 준용한다고 하였으나, 그 중에서도 물건 또는 유가증권의 매매를 전제로 한 위탁매매인의 개입권(제107조), 위탁물에 대한 통지 · 처분의무(제108조), 위탁매매인의 매수물의 공탁 · 경매권(제109조), 매수위탁자가 상인인 경우의 상사매매규정의 준용(제110조)에 관한 규정은 준위탁매매에 준용되지 아니하므로, 준위탁매매에 준용될 수 있는 규정은 위탁매매인의 지위(제102조), 위탁물의 귀속(제103조), 통지 · 계산서제출의무(제104조), 위탁매매인의 이행담보책임(제105조), 지정가액준수의무(제106조), 유치권(제111조), 위임규정의 적용(제112조)에 관한 규정 등이다.

제 4 관 委託賣買의 終了

위탁매매는 위임이기 때문에 위임의 종료사유에 의해서 종료된다. 즉 민법 제690조에 따라 당사자 일방의 사망 또는 파산으로 인하여 종료하며, 수임인이 금치산선고를 받은 때에도 종료한다. 또한 위탁매매의 목적을 달성한 경우에도 위탁매매가 종료한다.

제 4 절 運送周旋業

상거래가 국제화 · 대형화함에 따라 회물운송수단도 복잡하게 되었다. 그리고 송하인이 직접 운송인과 운송계약을 체결하는 경우 여러 가지 어려운 문제에 부딪치게 되어 운송주선인을 이용하는 경우가 많게 되었다.

운송주선업은 특별한 자력이나 시설을 요하지 아니하는 자유영업임이 원칙이나 주선업자는 운송인과 송하인 사이에서 운송질서를 좌우하는 지위에 있고, 송하인의 이익을 부당하게 침해할 가능성이 많으므로 운송주선업의 개시를 위하여는 면허나 허가를 얻도록 하고(면허사업), 그 활동에는 각종 규제와 감독이 뒤따른다.

소운송업이라 함은 철도 · 궤도사업이 하는 물건운송, 또는 이들 운송기관과 통운송을 하는 운송기관에 의한 통물건운송의 운송주선업과 운송대리업 및 철도 · 궤도사업에 부수하여 또는 이것을 이용하여 하는 육상의 물건운송업을 말한다(철도소운송업법 제 2 조).

제 1 관 運送周旋人의 意義

운송주선인이란 「자기의 명의로 물건운송의 주선을 영업으로 하는 자」(제114조)를 말한다.

Ⅰ. 物件運送의 周旋을 營業으로 한다

운송주선인은 자기명의로써 타인(위탁자)의 계산으로 운송계약을 체결함을 영업으로 하는 자이다. 따라서 운송주선인은 운송인과 운송계약을 체결함으로써 권리·의무의 귀속주체가 된다. 이 점에서 운송주선인은 위탁매매인이나 준위탁매매인과 같고, 대리상(운송대리인)이나 운송중개인과 다르다.

Ⅱ. 物件運送을 周旋한다

이 점이 물건 또는 유가증권의 매도나 매수를 주선하는 위탁매매인과 다르다. 물건은 운송의 객체가 될 수 있는 모든 물건을 말하나 부동산은 제외된다. 그리고 여객운송을 주선하는 사람은 운송주선인이 아니라, 준위탁매매인(제113조)이다. 운송의 방법에는 제한이 없으므로 「육상운송」·「해상운송」·「항공운송」 그리고 이러한 3종류에 걸쳐서 이루어지는 통운송도 포함된다.

Ⅲ. 周旋을 營業으로 하는 者이다

운송주선인은 송하인의 위탁을 받아 물건운송의 주선을 영업으로 하는 독립된 상인이다(제46조 제12호, 제 4 조). 그리고 운송주선인은 원칙으로 불특정다수인을 위한 주선을 영업으로 하는 자이다. 운송주선인과 송하인과의 위탁계약이 기본적 상행위이고, 운송주선인과 운송인과의 운송계약의 체결은 위탁계약의 실행행위로서 부속적 상행위이다.

Ⅳ. 委託賣買業規定의 準用

운송주선업은 주선의 목적이 물건운송인 점에서 물건 또는 유가증권의 매매의 주선을 목적으로 하는 위탁매매업과 다를 뿐 그 밖의 점은 같기 때문에, 상법은 다른 정함이 있는 경우를 제외하고는 위탁매매업에 관한 규정을 준용하고 있다(제123조).

제 2 관 運送周旋契約

Ⅰ. 運送周旋契約의 成立

운송주선계약이라 함은 자기명의로 그 상대방인 위탁자를 위하여 물건운송계약을 체결할 것 등의 위탁을 인수하는 계약을 말한다. 운송주선계약은 청약과 승낙에 의하여 체결된다. 그리고 어떤 형식에 구애되지 아니한다. 운송주선계약은 사무의 처리를 목적으로 하므로 그 법적 성질은 위임이다. 따라서 민법의 위임에 관한 규정이 적용된다(제123조, 제112조, 제48조; 민법 제680조 아래).

운송주선계약은 법적 구조에 있어서 위탁매매계약과 같다. 즉 위탁자는 위임인으로서 운송주선인은 수임인으로서 역할을 한다. 전자는 상인일 때도 비상인일 때도 있으나, 후자는 언제나 상인이다.

운송주선계약의 목적물의 소유자는 위탁자이거나 또는 제 3 자일 수도 있으며, 또 그 목적물의 수하인도 위탁자 자신이거나 또는 제 3 자일 수 있다. 그러나 계약상의 권리와 의무는 위탁자와 운송주선인 사이에서만 생긴다.

Ⅱ. 運送周旋契約의 實行

운송주선인의 실행행위는 운송주선계약의 내용에 따라 정하여지는바, 대체로 운송을 바라는 하주가 가장 저렴하다고 생각하는 비용으로 확실·신속하게 그 목적을 달성할 수 있도록 하주를 위하여 진력하는 것이다. 운송주선인은 운송주선계약의 실행으로서 자기명의로 위탁자의 계산으로 운송인과 운송계약을 체결한다. 이로써 운송주선인과 운송인 사이에 법률상의 권리와 의무가 발생한다.

그러나 위탁자와 운송인 사이에는 아무런 계약관계도 존재하지 아니하며, 운송물의 소유자와 운송인 사이에도 계약상의 구속은 성립하지 아니한다.

제3관 運送周旋人의 義務

Ⅰ. 善管義務

운송주선계약은 위임이므로 운송주선인은 위탁자의 수임인으로서 선량한 관리자의 주의로써 "운송을 주선"하여야 한다(민법 제681조). 운송의 주선이란 운송계약의 주선에 한하지 않고 그에 부수되는 사무, 즉 상관습상 그 임무에 속하는 사항, 주선계약에서 정한 사항 및 위임자의 지시(예: 운송의 수단이나 경로 등) 등 이를 폭넓게 해석한다. 상법 제115조의 「운송물의 수령·인도·보관, 운송인이나 다른 운송주선인의 선택 기타 운송에 관한 주의」도 바로 이를 표현한 예이다.

Ⅱ. 損害賠償責任

1. 責任原因

운송주선인은 자기나 그 사용인이 운송물의 수령·인도·보관, 운송인이나 다른 운송주선인의 선택 기타 운송에 관하여 주의를 게을리하지 아니하였음을 증명하지 아니하면 운송물의 멸실·훼손 또는 연착으로 인한 손해를 배상할 책임을 면하지 못한다(제115조).

상법 제115조는 운송주선인책임에 대해서 과실책임, 사용인의 과실에 대한 운송주선인의 책임, 운송주선인의 입증책임을 선언하고 있으나 민법상의 채무불이행책임(민법 제391조 이하)도 이와 동일한 원칙을 가지므로 민법의 일반원칙에 대하여 상법 제115조는 주의규정에 불과하다.

여기서 운송물의 멸실이란 물리적 멸실뿐만 아니라, 도난·분실, 무권리자에의 인도 따위와 같은 인도할 수 없는 모든 경우를 포함하며, 훼손은 가격을 감소하게 하는 물질적 손상을 가리키고, 연착은 약정된 일시 또는 보통 도착할 일시보다 늦게 도착하는 경우를 말한다.

2. 損害賠償의 範圍

(1) 原　　則

손해배상의 범위에 관하여는 다음에 볼 고가물에 대한 특칙 이외에는 상법에 특별한 규정이 없으므로 민법의 일반원칙에 따른다. 따라서 배상액의 범위는 채무불이행과 상당인과관계 있는 모든 손해(민법 제393조 제 1 항), 그리고 그 밖의 특별손해는 운송주선인이 알았거나 알 수 있었을 경우로 한정된다(동조 제 2 항).

(2) 高價物에 대한 特則

화폐·유가증권 기타의 고가물에 대하여는 송하인이 운송을 위탁할 때에 그 종류와 가액을 명시한 경우에 한하여 운송주선인이 손해를 배상할 책임이 있다(제124조, 제136조). 위탁자가 고가물의 종류와 가액을 명시하지 않음으로써 운송주선인에게 그 운송물의 보관 기타의 처리에 대하여 특별한 주의를 기울일 기회를 박탈하였을 뿐만 아니라, 고가물에 부과될 고액의 수수료도 면탈하였다고 보여지므로 운송주선인에게 고의가 없는 한 송하인(위탁자)은 보통의 물건으로서의 손해배상도 청구할 수 없다고 본다.

3. 立證責任

운송주선인은 자기나 그 사용인이 주선업무를 실시함에 있어서 주의를 게을리하지 않았음을 증명하지 아니하면 손해배상책임을 면하지 못한다(제115조). 따라서 운송주선인은 자기의 무과실뿐만 아니라, 그 이행보조자의 무과실도 입증하여야 한다. 이행보조자의 선임·감독에 관하여 과실이 없었다는 입증만으로는 그 책임을 면할 수 없다. 또 운송주선인은 자기 또는 이행보조자의 과실에 의하여 손해가 생긴 것이 아니라는 것을 입증하여야 하므로, 손해발생의 원인이 불명하여 그 증명을 하지 못하면 역시 그 책임도 면할 수 없다.

4. 責任의 消滅

(1) 短期消滅時效

원칙적으로 상행위에 의하여 생긴 채무는 5년의 소멸시효가 적용될 것이지만(제64조), 상법은 운송주선인의 책임에 관하여 특별한 규정을 두어 수하인이 운송물을 수령한 날로부터 1년을 경과한 때에는 소멸시효가 완성한다고 하였다(제121조 제1항).

(2) 適用範圍

상법 제115조는 민법의 원칙을 변경하는 특별규정이 아니기 때문에 단기시효를 규정한 상법 제121조의 적용은 운송물의 멸실·훼손·연착으로 인한 손해배상책임에 국한된다. 따라서 이러한 단기시효는 운송주선계약에 의한 운송물의 멸실·훼손 및 연착에 의한 손해배상청구권에만 적용된다(대판 1991. 8. 27, 91 다 8012).

그러나 운송주선인이나 그 사용인에게 악의가 있는 경우에는 1년의 단기시효는 적용되지 않고(제121조 제3항), 상법 제64조의 원칙이 적용된다(대판 1987. 6. 23, 86 다카 2107). 또한 단기시효는 강행규정이 아니므로 당사자간의 특약으로 단축하거나 연장할 수 있다.

Ⅲ. 受荷人에 대한 義務

운송물이 도착지에 도착한 때에는 운송주선계약에서 정하여진 수하인은 위탁자(송하인)와 동일한 권리를 취득한다(제124조, 제140조). 수하인은 운송주선계약의 당사자는 아니지만 운송의 목적에 비추어 볼 때 운송물이 도착지에 도착한 때에는 위탁자와 수하인을 일체로 인정함이 편리한 까닭이다.

따라서 운송물이 도착지에 도착한 때에는 수하인이 위탁자와 동일한 지위에 서므로 권리(손해배상청구권 및 기타 운송주선계약에 따르는 모든 권리)를 취득할 뿐만 아니라, 수하인이 운송물을 수령한 때에는 운송주선인에 대하여 보수 기타 운송주선에 관한 비용을 지급할 의무도 함께 부담한다(제124조, 제141조).

제4관 運送周旋人의 權利

Ⅰ. 報酬請求權

1. 請求時期

운송주선인은 독립된 상인으로서 특약이 없는 때에도 위탁자에 대하여 상당한 보수를 청구할 수 있다(제61조). 수임인은 위임사무를 종료한 후가 아니면 보수를 청구하지 못함이 원칙이므로(민법 제686조 제 2 항), 운송주선인도 1) 운송인과 운송계약을 체결하고, 2) 운송물을 운송인에게 인도한 때에 즉시 보수를 청구할 수 있다(제119조 제 1 항). 그러나 운송주선인이 위임사무를 처리하는 중에 위탁자의 책임 있는 사유로 인하여 운송물을 인도하지 못한 때에는 운송물의 인도 없이도 보수를 청구할 수 있다(민법 제686조 제 3 항).

2. 報酬請求權의 排除

상법 제119조 제 2 항은「운송주선인은 운송주선계약에서 운임을 확정한 경우에는 특약이 없는 한 별도로 보수를 청구하지 못한다」고 하여 확정운임운송주선계약시의 보수청구권의 배제를 규정하고 있다. 왜냐하면 운송주선계약에서 운임을 확정하였다면 당사자가 그 운임 속에 보수를 포함하였다고 볼 수 있기 때문이다(독일상법 제459조 참조). 따라서 이 때에는 운송계약이 체결된 것으로 보아 당사자간의 법률관계에는 운송에 관한 규정이 적용된다고 본다(다수설).

Ⅱ. 費用償還請求權

운송주선인은 자신의 영업을 수행하는 독립된 상인이므로 그 영업과 관련된 비용을 스스로 부담하여야 한다. 그러나 운송주선인이 위임사무의 처리에 관하여 필요비를 지출한 때에는 위탁자에 대하여 그 상환을 청구할 수 있다(제123조, 제112조; 민법 제687조, 제688조). 필요비에는 운송물의 운송, 보관, 보험, 통관절차 등의 지출비용이 있다.

Ⅲ. 留 置 權

운송주선인은 민법 및 상법 제58조에 의한 유치권을 가지는 외에, 상법 제120조에 의한 유치권도 갖는다. 즉 운송주선인은 운송물에 관하여 받을 보수·운임 기타 위탁자를 위한 체당금이나 선대금에 관하여서만 그 운송물을 유치할 수 있다.

이 유치권의 특색을 보면,

(1) 유치목적물은 운송물이다. 이 점에서 민사유치권(민법 제320조 제 1 항) 및 상사일반유치권(제58조)과 다르고 육상물건운송인의 유치권 및 선장의 유치권과 같다.

(2) 피담보채권은 운송물에 관하여 받을 보수·운임 기타 위탁자를 위한 체당금이나 선대금만이다. 상사일반유치권에 비하여 피담보채권의 범위를 제한한 것은 운송주선계약의 당사자간에는 계속적 거래관계가 없고 또한 수하인의 이익을 보호할 필요가 있기 때문이다.

(3) 유치목적물과 피담보채권 사이에는 견련관계가 있어야 한다. 이 점에서는 상사일반유치권·대리상 및 위탁매매인의 유치권과 다르며, 민사유치권 및 육상운송인의 유치권과 같다.

(4) 또 유치목적물이 채무자인 위탁자의 소유임을 요하지 않는다. 이 점에서는 상사일반유치권과 다르고 그 밖의 유치권과 같다.

(5) 운송주선인이 운송물을 간접점유하는 때에도 유치권을 행사할 수 있다. 운송주선인의 보수청구권은 운송물을 운송인에게 인도하였을 때 발생하므로 물건의 점유를 요건으로 하는 유치권과 모순되는 듯하지만, 운송주선인은 자기명의로 운송계약을 체결하여 송하인의 지위에 있으므로 운송물을 운송인에게 인도한 후에도 운송물을 간접점유하고 있으므로 운송물의 처분청구권(제139조)에 의하여 유치권을 행사할 수 있다.

Ⅳ. 介 入 權

1. 意 義

상법은 운송주선인은 다른 약정이 없으면 직접 운송할 수 있다(제116조 제1항 제1문)고 하여 운송주선인의 개입권을 규정하고 있다. 이는 운송주선인은 보통 운송업을 겸영하고 있거나 하수운송을 이용한다는 점을 고려한 규정이다.

2. 行使方法

(1) 개입권은 운송주선인이 위탁자에게 개입의 의사표시를 함으로써 그 효력이 발생한다. 운송주선인이 운송을 실행하면 묵시에 의한 개입의 의사표시가 있는 것이다(동지: 정동윤·정찬형). 이 때의 통지방법에는 아무런 제한이 없다. 개입의 효력은 이 통지가 위탁자에게 도달한 때에 발생한다(도달주의).

⑵ 介入의 擬制

운송주선인이 위탁자의 청구에 의하여 화물상환증을 작성한 때에는 직접 운송하는 것으로 보아(제116조 제 2 항) 개입이 의제된다. 왜냐하면 화물상환증은 원래 운송인이 발행하는 것인데 운송주선인이 자기의 명의로 화물상환증을 발행하였다면 운송주선인이 운송인으로서의 책임을 부담할 의사표시를 하였다고 보아야 하기 때문이다. 화물상환증의 발행이 자기의 명의로 한 것이 아니고 타인의 대리인으로 한 것이면 화물상환증의 작성으로 볼 수 없다(동지: 이철송).

3. 介入의 效力

개입에 의하여 운송주선인은 위탁자에 대하여 운송인과 동일한 권리·의무를 갖는다(제116조 제 1 항 제 2 문). 운송주선인의 개입은 운송주선을 이행하는 하나의 방법에 불과하므로 위임관계가 소멸하는 것은 아니며, 따라서 운송주선인으로서의 권리와 운송인으로서의 권리를 병유하고 보수·비용·운임 등을 청구할 수 있다(제123조, 제107조 제 2 항). 또한 수임인으로서의 의무를 면하는 것이 아니라, 운송주선계약과 운송계약에 따른 의무를 아울러 부담한다. 그리고 개입의 의사표시가 있으면 당연히 그 효력이 생기므로 위탁자는 그 통지가 도달한 후에는 개입을 금지하지 못한다.

V. 債權의 消滅時效

운송주선인의 위탁자 또는 수하인에 대한 채권의 소멸시효기간은 1년이다(제122조). 운송주선인의 채권을 1년의 소멸시효에 걸리도록 규정한 것은 운송물의 멸실·훼손·연착으로 인한 손해배상책임이 1년의 단기소멸시효로 완성하도록 한 것(제121조)과 조화를 이루도록 한 것이다.

제 5 관 順次運送周旋에 관한 特則

I. 順次運送周旋人의 意義

원격지간의 국제거래가 활발해지면서 운송에도 다수의 운송인이 순차로 운송을 담당하지 않으면 운송의 목적을 달성할 수 없기에 이르렀고, 따라서 운송주선도 각 구간에 따라 수인이 주선업무를 담당하지 않으면 안 되게 되었다. 이와 같이 하나의 운송에 수인의 운송주선인이 관여할 때 이들을 통틀어 순차운송주선인이라고 한다.

이러한 순차운송주선인 중에서 상법은 협의의 순차운송주선인인 중간운송주선인에 관하여만 규정하고 있다(제117조, 제118조).

Ⅱ. 順次運送周旋의 形態

1. 下受運送周旋

발송지의 운송주선인이 전 구간의 운송의 주선을 인수하고 주선업무의 전부 또는 일부를 다른 운송주선인으로 하여금 수행케 하는 운송주선이다. 하수운송주선에서는 최초의 운송주선인만이 주선계약의 당사자가 되며, 다른 운송주선인은 최초의 운송주선인의 이행보조자에 불과하다. 이 경우에 최초의 운송주선인을 원수운송주선인이라고 하고, 이행보조자인 운송주선인을 하수운송주선인이라고 한다. 그러므로 하수운송주선인은 상법 제117조에서 말하는 순차운송주선인에 속하지 않는다.

2. 部分運送周旋

중계운송을 요하는 운송물의 송하인이 각 구간마다 운송주선인과 개별적으로 운송주선계약을 체결하는 운송주선이다. 부분운송주선에서는 운송주선인 상호간에는 아무런 법률관계가 존재하지 아니하고 각각의 운송주선인이 위탁자인 송하인에 대하여 각자 별도로 운송주선인으로서의 의무를 지므로 상법 제117조에 해당하지 아니한다.

3. 中間運送周旋(狹義의 順次運送周旋)

중계운송을 요하는 운송물에 관하여 제 1 운송주선인이 최초의 운송주선을 인수하고 나머지 구간에 대하여는 제 1 운송주선인이 자기의 명의로 위탁자의 계산으로 제 2 이하의 운송주선인을 선임하여 운송주선을 위탁하는 운송주선이다. 제 2 이하의 운송주선인을 중간운송주선인이라 하며 이에는 도착지의 운송주선인도 포함된다.

순차운송주선의 경우에 제 1 운송주선인의 제 2 이하의 운송주선인에 대한 법률관계는 복위임이고 하수운송주선의 경우와 달리 제 2 이하의 운송주선인은 제 1 운송주선인의 이행보조자가 아니므로, 제 1 운송주선인은 제 2 이하의 운송주선인의 선택에 있어서 과실이 있는 경우에만 책임을 지며(제115조) 제 2 이하의 운송주선인의 운송주선에 대한 과실에 대하여는 책임을 지지 않는다.

Ⅲ. 中間運送周旋人의 權利·義務

1. 原　　則

중간운송주선계약은 위임 혹은 복위임이므로 당사자 사이에 반대의 특약이 없는 한 민법이나 상법의 위임 혹은 복위임에 관한 규정이 적용된다.

2. 前者의 權利를 行使할 義務

순차운송주선에서 후순위운송주선인은 전순위운송주선인에 갈음하여 그 권리를 행사할 의무를 부담한다(제117조 제 1 항). 중간운송주선인과 자기의 전자인 운송주선인간의 관계는 위임이므로 후자는 전자에 대하여 선관주의의무가 있다(민법 제681조). 이는 원격지간의 운송이라는 공간적 성질상 전자가 직접 권리를 행사하기가 곤란한 점을 고려하여 후자에게 전자의 대리인의 지위를 인정한 것이다. 후순위운송주선인은 전순위운송주선인을 위하여 보수청구권·비용상환청구권·질권·유치권 등을 행사할 의무가 있다.

3. 前者의 權利取得

후순위운송주선인이 전순위운송주선인에게 변제한 때에는 전자의 권리를 취득한다(제117조 제 2 항). 이 경우에 전자는 자기의 직접의 전자뿐만이 아니라, 모든 전자를 뜻한다. 왜냐하면 직접이든 간접이든 전자의 청구금액이 명백한 이상 이를 변제함은 그 자에게 이익이 되기 때문이다. 민법상의 변제자대위는 채권자의 승낙을 얻거나(민법 제480조) 변제할 정당한 이익이 있어야 하지만(민법 제481조), 후순위운송주선인은 당연히 전자의 권리를 취득한다. 이 경우에 변제한 후자는 전자의 권리를 승계취득하므로 채무자(전자의 위탁자, 수하인)는 전자에 대하여 갖는 모든 항변으로 후자에게 대항할 수 있다.

4. 運送人의 權利取得

운송주선인이 운송인에게 변제한 때에는 운송인의 권리를 취득한다(제118조). 운송주선인은 도착지운송주선인을 포함한 중간운송주선인을 말한다. 왜냐하면 운송인과 운송계약을 체결한 운송주선인이 운송인의 권리를 취득한다면 자기에 대한 권리를 취득하는 것이 되어 의미가 없기 때문이다. 그러므로 이 규정은 자기의 전자인 운송주선인과 운송계약을 체결한 운송인에게 변제한 경우에 적용된다.

제6관 運送周旋關係의 終了

운송주선계약은 위임이므로 당사자 일방의 사망, 파산, 수임인의 금치산선고 등 위임관계 종료사유가 발생하면(민법 제690조) 운송주선관계는 종료된다.

제5절 運 送 業

제1관 總　　說

Ⅰ. 運送의 意義

상거래는 본래 생산자와 소비자 사이에서 유형의 재화를 전환·매개하는 행위(경제상의 상 또는 고유의 상)를 중심으로 하여 발전해 왔다. 이러한 재화의 전환유통을 실현하기 위해서는 재화를 공간적으로 이동시킬 필요가 있고, 특히 근대경제가 발달하고 시장이 확대되어 생산자와 소비자의 물리적 거리가 커지면 커질수록 그 필요성은 한층 증대하게 된다. 운송은 생산과 유통판매 그리고 소비를 유기적으로 결합하고, 이 3자를 원활하게 하는 중요한 보조상의 하나이다.

Ⅱ. 運送의 種類

(1) 운송은 여러 가지 기준에서 분류할 수 있다. 운송이 실행되는 장소에 따라

분류하면 육상운송, 해상운송 및 공중운송(항공운송)과 이들 운송이 수개의 구역에 걸쳐 이루어지는 통운송(복합운송)이 있다. 상법은 제 2 편 상행위 제 9 장에서 「운송업」이라고 하여 육상운송에 대하여 규정하고, 제 5 편 해상 제 4 장에서 「운송」이라고 하여 해상운송에 대해서 규정하고 있다. 그런데 최근 급속히 발달한 공중운송에 대해서는 상법에 직접적인 규정이 없을 뿐만 아니라, 특별한 사법법규도 제정되어 있지 않다. 따라서 상법에 특히 「운송업」이라고 할 때는 육상운송영업, 즉 육상 또는 호천·항만에 있어서 물품 또는 여객의 운송을 하는 것을 영업으로 한다는 의미이다.

운송의 장소인 「육상」이란 지표(철도·궤도·도로)에 한하지 않고 지중(지하철) 및 지상의 공간(공중케이블)을 포함하는 외에 상법상 호천·항만도 포함한다. 호천·항만의 범위는 평수항로의 구역(평수구역)에 의한다고 규정되어 있으며(상법시행령 제 3 조), 구체적으로는 해안선에 대해서 18개의 평수구역이 설정되어 해상운송으로 되는 바다와 구별된다(선박안전법시행령 제 9 조 제 1 호). 하천·호수·운하 등 내수역상의 운송이 선박에 의하더라도 이를 「해상」운송으로 보지 않고, 여전히 「육상」운송으로 보는 것은 평수항로구역 내의 운송은 통상 운송거리가 짧고, 적하의 적재양륙이나 여객의 운송거리가 짧아 그 이용이 비교적 빈번하고 해상운송에서와 같은 특색이 적기 때문이다.

(2) 운송은 그 목적물에 따라 물건운송, 여객운송과 통신운송으로 나눈다. 물건운송은 재화의 전환을 보조하므로 상적 성질이 뚜렷하고, 여객운송은 재화의 전환과는 직접 관련이 없지만 그 영업방법과 형식이 물건운송과 같기 때문에 법률상의 상행위로 인정된다(제46조 제13호). 이에 반하여 통신운송은 국가독점사업으로 행하여져 왔던 까닭에 상적 성질이 없었으나 근자에는 상사서류 및 상품견적의 전달을 목적으로 하는 민간통신영업이 생겨나서 상적 성질을 갖게 되었다(우편법 제 2 조 제 2 항 단서, 동 시행령 제 3 조 참조).

Ⅲ. 運送人의 意義

운송인은 운송의 인수를 영업으로 하는 자, 즉 운송을 인수하고(자신이 운송을 할 필요는 없으며, 따라서 타인에게 운송을 위탁할 수도 있다) 이것에 대해서 보수를 받기로 약정하는 계약을 체결할 것을 영업으로 하는 자로서, 운송에 관한 행위(제46조 제13호)를 영업으로 하는 자이므로 상인이 된다(제 4 조).

Ⅳ. 運送契約

운송계약은 운송이라는 일의 완성을 목적으로 하므로 계약유형으로는 도급계약에 속한다(통설 및 판례).

반면 상법은 운송이라는 일의 특질에 맞게 비교적 상세한 규정을 두고 있으므로 운송계약의 성질이 도급계약이라고 하더라도 민법의 도급에 관한 규정(민법 제664조 아래)을 운송에 적용할 여지는 거의 없다.

운송계약은 낙성·불요식의 계약이고 원칙적으로 유상계약이다. 따라서 물품운송상의 운송장(철도 이외의 육상운송업계에서는 송장이라고도 한다) 또는 화물상환증·선하증권의 작성교부(제126조, 제128조, 제813조)나 여객운송상의 승차권·승선권·항공권 등의 발행은 운송계약성립의 요건이 아니다.

제 2 관 物件運送

Ⅰ. 運送人의 權利

1. 運賃請求權

운임은 운송계약에 의해 운송인이 가지는 중요한 권리의 하나이다. 그러나 운송계약에서 이를 정하고 있지 않더라도 상인인 운송인은 당연히 보수청구권을 가진다(제61조.).

운송인의 운임청구권은 운송계약은 성질상 도급계약에 해당하므로 현실적으로 운송물을 도착지까지 이전하여야 비로소 운송인의 운임청구권이 발생한다고 볼 것이고 따라서 운임은 후급이 원칙이지만, 특약으로 운임의 전부 또는 일부를 선급으로 정할 수도 있다. 운임지급의 일차적 의무자는 송하인이다. 그러나 수하인이나 화물상환증소지인도 운송물을 수령한 때에는 지급책임을 진다.

운송인의 운임청구권은 완전한 운송물을 현실적으로 인도할 것을 전제로 하므로 운송물의 전부 또는 일부가 송하인의 책임 없는 사유로 멸실된 때에는 이를 행사할 수 없다. 이 때 일부멸실의 경우에는 멸실된 부분에 대해서만 운임청구권이 행사되지 못한다. 송하인이 운송물의 처분권을 행사한 경우 운송인은 운송이 행해진 비율에 따라 운임을 청구할 수 있다(제139조 제 1 항). 그러나 운임에 관한 상법 제134조의 규정은 임의규정이므로, 당사자는 이와 다른 약정을 할 수 있다(대판 1972. 2. 22, 71 다 2500).

2. 費用償還請求權

운송인은 수하인이 운송물을 수령한 때에는 운임 외에도 운송에 따른 비용이나 체당금의 지급을 청구할 수 있다(제141조). 이러한 상환의무는 운송의 특성을 고려하여 수하인에게 부여한 의무로서 운임의 경우와는 달리 불가항력의 경우에도 부담하게 되며, 송하인의 상환의무와 함께 부진정연대채무 관계에 있게 된다. 운송인의 비용상환청구권은 그 특이성에 비추어 1년의 단기 소멸시효의 적용을 받는다(제147조, 제122조).

3. 運送物引渡請求權

운송계약은 낙성계약이므로 운송물의 인도가 계약의 성립요건이 되지 않지만, 운송물의 이전 없이는 운임을 취득할 수 없으므로 당연히 운송물의 인도를 청구할 권리가 내재한다. 그러나 운송물을 인도하지 아니하는 경우는 채권자지체로서 송하인은 운송인에 대해 그에 따른 손해배상책임을 진다.

4. 運送狀交付請求權

운송장은 운송인의 청구에 의해 송하인이 작성하는 서면으로서(제126조 제 1 항), 실무상으로는 송장 또는 출하안내서라고도 한다. 운송장은 우선 송하인에게는 자신이 작성하는 운송지시서면의 의미를 가지고, 운송인에게는 운송계약의 내용에 비추어 추후 자신이 이행할 의무의 내용을 확인·증명하는 의미를 가지며, 수하인에게는 자신이 수령할 운송물과 운임 등의 사항을 확인할 수 있는 증거서면이 된다는 점에서 중요하다. 실무상 운송장의 주된 기능은 수하인이 운송물을 검사하는 데 있다.

한편 운송장은 송하인이 일방적으로 작성하게 되고, 계약을 전후하여 작성될 수 있으므로 계약서가 아니며, 재산권을 표창하거나 권리행사에 운송장의 제시를 요하지 않으므로 유가증권도 아니다.

송하인이 운송장을 허위 또는 부실하게 기재한 때에는 손해배상책임을 진다(제127조 제 1 항). 다만 운송인이 악의인 경우를 제외한다(제127조 제 2 항).

5. 留 置 權

운송인은 운송물에 관하여 받을 보수·운임 기타 위탁자를 위한 체당금이나 선대금에 관해서만 운송물을 유치할 수 있다(제147조, 제120조). 이러한 운송인의 유치권은 피담보채권과 유치물 사이의 견련관계를 필요로 하는 점에서 민사유치권과 유사하다. 그러나 피담보채권의 범위가 제한된다는 점에서는 민사유치권 및 일반상사유치권과 다르고, 목적물이 채무자소유임을 요하지 않는다는 점에서 민사유치권과 동일하다.

한편 운송인의 유치권은 채권자인 운송인만이 상인이 되므로 쌍방적 상행위를 전제로 하는 일반상사유치권과 구별되어 특별상사유치권에 해당한다. 운송인의 유치권을 별도로 규정한 것은 우선 송하인과 운송인의 관계를 계속적 거래관계를 전제로 하여 당사자 쌍방이 상인이어야 하는 일반상사유치권으로 구성할 필요가 없고, 다른 한편 운송계약에서는 송하인과 수하인이 반드시 동일인인 것은 아니므로 피담보채권의 범위가 광범위하여 유치적 효력이 우세한 일반상사유치권 및 민사유치권과는 달리 이를 제한하여 수하인의 이익을 고려할 필요가 있었기 때문이다(대판 1993. 3. 12, 92 다 32906).

6. 供託·競賣權

운송인은 도착지에서 운송물을 인도함으로써 의무를 면하게 되나 수하인 등이 이를 게을리한 때에는 수령지체에 빠지게 된다. 이 때 운송인은 고의 또는 중대한 과실이 없으면 불이행으로 인한 책임이 없고(민법 제401조), 보관·변제비용의 증가분에 대해서도 책임이 없다(민법 제403조). 그 밖에 운송인의 특수성을 감안하여 상법상 공탁권과 경매권을 추가하고 있다.

(1) 供 託 權

수하인이 운송물의 수령을 거부하거나(제143조 제1항), 그 소재를 알 수 없는 경우에 운송인은 운송물을 공탁하고 그 책임을 면할 수 있다(제142조 제1항). 공탁을 한 경우 지체없이 송하인에게 통지를 발송하여야 한다(제142조 제3항).

(2) 競 賣 權

민법상의 경매권이 극히 제한된 경우에만 인정되는 것과는 달리 운송인의 경매권은 공탁권과 함께 선택적으로 행사할 수 있다는 점에서 상사매매에 있어서 매도인의 경매권(제67조)과 본질적으로 동일하다. 그러나 운송의 경우에는 운송계약의 당사자인 송하인 외에 수하인이 있으므로 공탁·경매의 통지와 경매 전의 최고는 수하인이 불명한 때에는 송하인에게 하여야 하고 그 외에는 수하인과 송하인의 양자에게 하여야 하므로 통지·최고에 있어서 약간의 차이가 있다.

운송인은 다음의 두 가지 경우에 운송물을 경매할 수 있다.

1) 受荷人 不明의 경우

수하인을 알 수 없을 경우에 운송인은 송하인에 대하여 상당한 기간을 정하여 운송물의 처분에 대한 지시를 최고하고, 그 기간 내에 송하인이 지시를 하지 않을 때에는 운송물을 경매할 수 있다(제142조 제 2 항).

2) 受荷人의 受領拒否 또는 受領不能

수하인이 운송물의 수령을 거부하거나 수령을 할 수 없게 된 경우에는 운송인은 먼저 수하인에 대하여 상당한 기간을 정하여 운송물의 수령을 최고하여야 하고, 최고에도 불구하고 운송물을 수령하지 않을 때에는 송하인에 대하여 운송물의 처분에 대한 지시를 최고하여야 한다(제143조 제 2 항). 그 기간 내에 송하인이 지시를 하지 않을 때에는 운송인은 운송물을 경매할 수 있다(제143조 제 1 항, 제142조 제 2 항). 화물상환증소지인 및 수하인 모두를 알 수 없을 경우에는 특정인에게 최고하는 것이 불가능하므로 공시최고 후 경매할 수 있다(제144조). 즉 운송인은 6월 이상을 공시최고기간으로 하고 이 기간 내에 권리를 행사할 것을 관보나 일간신문에 2회 이상 공고한 후 이 기간 내에 권리를 주장하는 자가 없을 때에는 경매할 수 있다. 경매를 한 경우에 경매대금에서 경매비용을 공제한 잔액을 공탁할 것인가 아니면 변제에 충당할 것인가에 대해서는 운송인이 임의로 정할 수 있다(제145조, 제67조 제 3 항). 그러나 어느 경우든 최고가 불가능하거나 운송물이 멸실 또는 훼손될 염려가 있는 때에는 최고 없이 경매할 수 있다(제145조, 제67조 제 2 항). 경매를 한 때에는 지체없이 송하인에게 통지를 발송하여야 한다(제142조 제 3 항).

Ⅱ. 運送人의 義務

1. 一般的 義務

운송인은 운송계약에 따라 운송물을 수령·운송·보관·인도하여야 할 의무를 진다. 이를 위반한 때에는 채무불이행에 기한 손해배상책임을 진다(제135조).

운송인의 이러한 일반적 의무는 계약당사자인 송하인뿐만 아니라, 운송물이 도착지에 도착한 경우에는 수하인, 화물상환증을 발행한 때에는 그의 소지인에게도 부담하게 된다.

2. 貨物相換證 交付義務

운송인은 운송물을 수령한 후 송하인의 청구가 있으면 화물상환증을 교부하여야 한다(제128조 제1항). 화물상환증의 교부청구권자는 송하인에 한정되며, 운송인이 이를 게을리한 때에는 손해배상책임을 진다.

3. 運送物處分義務

송하인이나 (화물상환증을 발행한 경우)화물상환증소지인은 운송계약을 체결한 후라도 운송인에 대해 운송의 중지, 운송물의 반환 기타의 처분을 청구할 수 있다(제139조 제1항 전단). 이 청구에 대응한 운송인의 의무를 처분의무라 한다. 운송계약은 도급계약의 하나인 까닭에 도착지까지 운송물의 인도를 주된 내용으로 하고 있으나 거래사정의 변화로 말미암아 이를 변경할 필요가 있는 경우에는 이처럼 처분권을 인정하여 손해의 방지와 이익의 증대를 꾀하고 있다.

운송인이 송하인의 지시에 따라 운송물을 처분한 경우에 운송인은 이미 운송한 비율에 의한 운임·체당금 및 처분비용 등의 지급을 청구할 수 있다(제139조 제1항 후단).

4. 運送物引渡義務

(1) 貨物相換證이 發行되지 않은 경우

운송물이 도착지에 도착한 경우에 수하인은 송하인과 동일한 권리를 취득하므로(제140조), 수하인은 운송인에 대해 운송물의 인도를 청구할 수 있다. 본래 수하인은 운송계약의 당사자가 아니지만 상법은 운송업의 특수성을 반영하여 별도의 권리를 수하인에게 부여하고 있다.

(2) 貨物相換證이 發行된 경우

1) 證券所持人에 대한 引渡

화물상환증은 운송물인도청구권을 나타내는 유가증권이므로 운송인은 이 증권과 상환하지 않고서는 운송물을 인도할 필요가 없다(제129조).

2) 保 證 渡

화물상환증, 선하증권 또는 창고증권(이하 증권이라 한다)이 발행된 때에는 이와 상환하지 않으면 운송물 또는 임치물(이하 운송물이라 한다)의 인도를 청구할 수 없다(제129조, 제861조, 제157조). 그렇지만 운송인 또는 창고업자(이하 운송인이라 한다)가 증권과 상환하지 않고 운송물을 인도하는 경우가 있다. 이것을 가인도 또는 공인도라고 말하며, 특히 제 3 자에 의한 보증장(Letter of Guarantee)과의 교환으로 운송물을 인도하는 것을 보증도라고 한다. 보증장에는 ㄱ) 운송물반환청구권자는 후일 증권을 입수한 즉시 운송인에게 교부하며, ㄴ) 증권과 상환하지 않은 운송물인도로 인하여 발생하는 일체의 결과에 대해서 책임질 것을 약속하고, ㄷ) 은행이 이를 연대하여 보증한다는 취지의 기재가 있다.

5. 物件運送人의 損害賠償責任

(1) 意　　義

상법 제135조에 의하면「운송인은 자기 또는 운송주선인이나 사용인 기타 운송을 위하여 사용한 자가 운송물의 수령·인도·보관과 운송에 관하여 주의를 해태하지 아니하였음을 증명하지 아니하면 운송물의 멸실·훼손 또는 연착으로 인한 손해를 배상할 책임을 면하지 못한다.」이 책임은 로마법의 이른바 레셉툼(receptum) 책임에서 유래하였다. 로마법에서는 운송인이나 여인숙의 주인은 손님으로부터 수취한 운송물이나 휴대품의 멸실·훼손에 의한 손해에 대하여 자기에게 고의·과실이 없어도 절대적인 손해배상책임을 부담하여 왔다. 그런데 이 무과실책임은 너무 엄격한 것이기에 그 후 프랑스법계 국가들을 제외하고는 조금씩 완화되어 왔다. 상법은 독일신상법과 마찬가지로 과실책임주의를 채택하여 운송인은 운송물의 수령·인도·보관 및 운송에 관해 주의를 태만히 하지 않았음을 증명하여야 손해배상책임을 면하게 하였다.

상법 제135조에 기초하여 운송물의 멸실·훼손·연착을 이유로 하여 손해배상을 청구할 수 있는 자는 화물상환증이 발행된 경우는 그 소지인, 화물상환증이 발행되지 않은 경우는 송하인 그리고 물건이 목적지에 도달한 이후에는 수하인(제140조)이다.

(2) 損害賠償責任의 內容

1) 責任의 原因

물건운송인의 손해배상책임의 원인은 상법 제135조에 의하여 운송인 자신 또는 운송주선인이나 그 사용인 기타 운송을 위해 사용한 자가 운송물의 수령·인도·보관 및 운송에 대해 주의를 태만히 하여 운송물의 멸실·훼손·연착에 의하여 손해가 발생한 때이다.

여기서 말하는 「운송주선인」이란 운송인이 위탁한 중간운송주선인이나 도착지 운송주선인을 의미한다. 「사용인」이란 운송인과 고용관계에 있는 업무상의 사용인을 말하며, 「운송을 위해 사용한 자」란 고용관계가 없이 운송에 관련된 자를 말한다. 이들은 모두 운송인의 이행보조자이다.

운송물의 멸실이란, 물리적 멸실 외에 도난, 유실, 몰수, 무권리자에의 인도 등 운송인이 하주에게 운송물을 인도할 수 없게 된 모든 경우를 말한다. 훼손은 물질적인 변질·부패로 인하여 운송물의 경제적 가치가 감소된 상태를 말한다(다만 운송물의 가격변동에 의한 가치감소는 제외된다). 연착이란 약정한 일시 또는 통상 도착해야 할 일시에 도착하지 않은 경우를 말한다.

2) 損害賠償額

(가) **定額賠償主義** 운송물의 멸실·훼손에 의한 운송인의 손해배상책임에 대해서는 대량의 운송물을 신속히 운송해야 하는 운송업의 성질상 법률관계를 획일적으로 처리할 필요에서 상법은 그 배상액을 정형화하였다. 이는 운송업자보호의 요청과 법률관계의 안정을 고려한 입법이다. 즉 운송물의 전부멸실의 경우는 인도할 날의 도착지의 가격에 의해서 정하고(제137조 제 1 항), 일부멸실 또는 훼손의 경우는 인도한 날의 도착지의 가격에 의해(제137조 제 2 항), 그리고 일부멸실 또는 훼손이 있고 동시에 연착된 경우는 인도할 날의 도착지의 시장가격에 의해서 정한다. 이렇듯 운송인의 책임의 범위를 도착지의 가격에 의해서 일률적으로 한정하고 특별손해를 제외한 것은 민법 제393조의 완전배상원칙의 예외를 규정한 것이다. 그러나 앞서의

배상액의 한정은 운송인에게 고의 또는 중대한 과실이 있는 경우에는 적용하지 않으며, 이 때에는 운송인은 일체의 손해를 배상해야 한다(제137조 제 3 항).

(나) **未支給運賃 등의 控除** 운송물의 시장가격이 형성되어 있지 않은 때에는 일반적인 판매가격에 의한다. 그러나 멸실·훼손으로 인하여 지급을 아니하는 운임(제134조 참조) 기타 비용은 앞서의 배상액에서 공제하여야 한다(제137조 제 4 항). 왜냐하면 통상 도착지의 가격은 이들 비용을 포함하여 정해지기 때문이며, 송하인의 이중이득을 방지하기 위함이다. 또한 운송물이 전부멸실하여도 손해가 전혀 발생하지 않은 경우에는 운송인은 배상책임을 지지 않는다.

(다) **適用範圍** 운송인의 계약불이행으로 인한 손해배상책임에 대하여 배상액을 제외한 상법 제137조의 규정은 이를 불법행위책임에도 적용하기로 하는 명시적·묵시적 합의가 없는 한 당연히 불법행위의 경우에 적용되는 것은 아니라는 것이 통설과 판례의 입장이었다.

그러나 최근에는 상법이 운송인의 책임을 완화하고 있는 것은 운송업의 특수성에 비추어 영업주인 운송인을 보호하려는 취지이며 운송인이 운송계약의 당사자라는 점을 중시하는 것은 아니라는 점, 계약상의 의무위반(채무불이행)과 일반적인 계약위반(불법행위)의 한계가 불명확하고 중첩된다는 점 등을 근거로 운송인의 책임을 완화하여 운송인을 보호하려는 정신이 불법행위의 경우에도 관철되어야 한다는 견해가 제기되어 있다(정동윤). 상법은 1991년 개정을 계기로 해상운송인의 책임에 관한 규정은 불법행위의 경우에도 적용됨을 명정하고 있다(제789조의3 제 1 항).

3) 高價物의 特則

(가) **意　　義** 상법은 고가물에 대해서 특칙을 두고 있다. 즉 화폐·유가증권 기타의 고가물에 대하여는 송하인이 운송을 위탁한 때에 그 종류와 가액을 명시한 경우에 한하여 운송인이 손해를 배상할 책임이 있다(제136조). 송하인에게 이러한 명시를 하게 한 취지는 운송인에게 운송물이 고가물임을 알려주어 고가물에 상응하는 운임을 청구하게 하고 운송에 특별한 주의를 하게 함이다. 이렇게 함으로써 운송인이 배상해야 할 책임의 최고한도를 예견할 수 있고, 또한 운송인도 운송수단과 용구 등을 고려하여 운송계약체결을 거절할 수 있는 기회도 가질 수 있다.

(나) **高 價 物** 고가물이란 중량 및 용적에 비해서 사회통념상 현저하게 고가인 물건을 말한다. 구체적으로 무엇을 고가물이라고 할 수 있는가에 대해서는 각

시대에 따라 평가가 달라질 수밖에 없다. 철도운송규정은 화폐·유가증권 외에 금·은·백금 기타의 귀금속, 홍옥·호박·진주 기타 보·옥석, 상아·산호 등(철운규 제33조 제1호), 미술품 및 골동품(철운규 제33조 제2호), 그리고 송하인의 신청에 따라 철도영업자가 귀중품으로 취급할 것을 승인한 물품(철운규 제33조 제3호)을 고가물로 하고 있다. 또한 자동차운송에 있어서 각 운송약관도 앞서와 거의 같은 물건을 고가물로 하고 있다(화물자동차운송약관 별표 3 귀중품품목표 참조).

㈐ **高價物 不告知의 效果** 운송인은 고가물임을 몰랐던 경우에는 보통의 운송물로서의 주의를 태만히 한 때에도 고가물로서는 물론 보통물로서의 책임도 지지 않는다. 그 이유는 고가물에 대하여 보통물로서의 가액을 산정할 수 없을 뿐만 아니라 고가물에 대한 고지를 촉진하고자 하는 데에 그 취지가 있다. 그렇지만 고의로 운송물을 멸실·훼손한 경우에는 고가물로서의 손해배상책임을 면할 수 없다고 보는 것이 통설이다.

고가물이라는 취지의 명시가 없어도 운송인이 우연히 알게 된 경우에는 명시가 없는 한 운송인은 송하인이 보통물로서 운송을 위탁한 것으로 볼 수밖에 없고, 우연히 알게 된 주관적 사유를 명시에 대신할 수 없으며, 명시를 촉진한다는 취지에서도 운송인의 손해배상책임을 부정하는 견해도 있으나, 운송인이 고가물임을 아는 이상 보통의 운송물의 운송에 필요한 주의까지 게을리한 경우에도 손해액에 대해서 예지하고 있었다고 볼 수 있기 때문에 고가물로서의 손해배상책임을 면할 수 없다.

⑶ 損害賠償責任의 消滅

운송인의 손해배상책임의 소멸에 대해서 상법은 특별소멸원인(제146조) 외에 1년의 단기소멸시효(제147조, 제121조)에 관한 규정을 두고 있다.

1) 特別消滅原因

운송인의 책임은 수하인이 유보하지 않고 운송물을 수령함과 동시에 운임 기타 비용을 지급한 때는 소멸한다(제146조 제1항 본문). 유보란 운송물의 일부멸실 또는 훼손이 있는 것 및 그 개요를 운송인에 통지하는 것을 말하며, 구두·서면 기타 방식을 불문한다. 운임선급시에는 유보하지 않는 한 운송물의 수령만으로 운송인의 책임은 소멸한다.

그러나 운송물에 즉시 발견할 수 없는 훼손 또는 일부멸실이 있는 경우에는 수하인이 인도한 날로부터 2주간 내에 운송인에 대해서 이를 통지한 때는 운송인의 책임은 소멸하지 않는다(제146조 제 1 항 단서). 또한 운송인 또는 그 사용인이 악의인 때에는 운송인의 손해배상책임이 소멸하지 않는다(제146조 제 2 항). 여기서 말하는 「악의」란 운송물의 손해(일부멸실 · 훼손)를 알고 있는 것만으로 족하다고 해석한다(임홍근 · 정동윤 · 채이식).

운송물의 전부멸실의 경우에는 수령이라는 것이 존재하지 않기 때문에 당연히 상법 제146조가 적용되지 않는다.

2) 短期消滅時效

운송물의 멸실 · 훼손 · 연착에 의한 운송인의 손해배상책임은 수하인이 운송물을 수령한 날, 또한 운송물이 전부멸실한 경우에는 그 인도할 날로부터 1년을 경과한 때는 시효에 의해 소멸한다(제147조, 제121조). 이 단기소멸시효제도는 운송계약상의 책임에만 적용되며, 불법행위에 의한 책임에는 적용되지 아니한다(대판 1985. 5. 28, 84다카 966).

이 단기소멸시효의 규정은 운송인이나 그 사용인이 악의인 경우에는 적용되지 아니한다(제147조, 제121조 제 3 항). 이 때의 악의란 운송물의 멸실 · 훼손 또는 연착을 알고 있는 것을 말한다.

(4) 免責約款과의 關係

지금까지 말한 운송인의 상법상의 책임에 대해서 실제로는 운송계약이나 각종의 운송약관 가운데 이것을 면제 또는 경감하는 특약이 있는 경우가 적지 않다. 이러한 특약조항을 면책약관이라고 한다. 여기에는 과실약관 · 부지약관 · 책임제한약관 등이 있다.

면책약관은 상법 제135조가 임의규정이기 때문에 계약자유의 원칙하에서 일반적으로 유효하다. 그러나 이를 무제한으로 인정한다면 부당한 결과가 발생한다. 그런데 육상운송에서는 해상운송에서와 같은 면책약관의 제한에 관한 명문규정(제790조)이 없기 때문에, 그 효력에 대해서는 약관의 규제에 관한 법률 제 6 조 · 제 7 조 및 그 밖에 공서양속(민법 제103조) · 신의성실(민법 제 2 조 제 1 항) · 권리남용(민법 제 2 조 제 2 항) 등의 일반원칙에 따라서 판단할 수밖에 없다.

Ⅲ. 受荷人의 地位

운송계약의 당사자는 물품운송계약의 경우에는 운송인(해상편에서는 선박소유자라 부른다)과 운송위탁자인 송하인(해상운송의 용선계약에서는 용선자라 부른다)이다. 그런데 물품운송에 있어 물품소유자 내지 그 대리인이 물품운송에 동행하고 도착지에서 자신의 물품을 수수하는 경우에는 송하인 이외에 물품인도를 받는 자격자를 인정할 필요가 없으나 상거래의 발달로 인하여 도착지에서 운송인으로부터 운송물을 수령해야 할 수하인이라는 법적 존재가 필요하게 되었다.

1. 受荷人의 權利·義務

수하인은 운송계약 내지 운송관계의 부수적인 제 3 자로 운송계약의 당사자는 아니지만 법은 운송의 공간적 진전에 따라서 수하인에 대해 운송계약상의 권리를 가지고 의무를 부담하도록 규정하고 있다(제140조). 그리고 통설에 따르면 이 수하인의 권리취득은 송하인의 권리를 계승하는 것이 아니라, 송하인과 동일한 내용의 권리를 원시적으로 취득한다고 해석된다. 그러나 화물상환증(선하증권)이 발행될 때는 그 증권의 정당소지인이 운송물에 대해서 운송계약상으로도 유일한 권리자가 되며, 수하인의 지위는 송하인의 지위와 함께 증권소지인에게 흡수되어 버리기 때문에 특별히 수하인의 지위가 문제되지 않는다는 점에 유의할 필요가 있다(제132조, 제139조 제 1 항, 제129조 참조).

2. 受荷人地位의 段階的 變化

수하인의 지위는 운송의 진전에 따라 다음과 같이 발전한다.

제 1 단계로서 운송물이 도착지에 도착하기 전에는 수하인은 아직 운송인에 대해서 어떠한 권리·의무도 갖지 않는다. 이 단계에서는 송하인만이 운송계약상의 권리·의무를 가지며, 운송인에 대해서 운송의 중지·운송물의 반환 기타의 처분을 청구할 수 있다(제139조).

제 2 단계로서 운송물이 도착지에 도달한 후에는 수하인은 운송계약에 의한 송하인의 권리(운송물인도청구권·손해배상청구권 기타 일체의 권리)를 취득하고 이것을 자신의 권리로 행사할 수 있다(제140조 제 1 항). 단 이 시기에는 아직 송하인의 권리는 소멸하지 않기 때문에 양자의 권리는 병존하는 것으로 해석된다.

제 3 단계로서 운송물 도착 후 수하인이 그 인도를 청구한 때는 수하인의 권리가 송하인의 권리에 우선하게 된다(제140조 제 2 항). 구상법은 송하인의 권리는 소멸한다고 규정하고 있으나 운송의 인도에 관해서 다툼이 있는 경우에는 운송인은 송하인의 지시를 구할 수 있다는 것(제143조 제 1 항, 제142조 제 2 항)과 수하인이 권리를 주장하지 아니하는 경우의 법률관계를 고려하여 1995년 개정상법은 송하인의 권리를 소멸시키지 않고 다만 수하인의 권리가 송하인의 권리에 우선하는 것으로 수정하였고, 조문의 위치도 수하인의 법적 지위의 변동순서와 일치시키기 위하여 제139조 제 2 항을 삭제하고 제140조 제 2 항으로 신설하였다.

제 4 단계로서 수하인이 운송물을 수령한 때에는 운송인에 대하여 운임, 기타 운송에 관한 비용과 체당금을 지급할 의무를 부담한다(제141조, 해상운송에 대해서는 제807조).

Ⅳ. 貨物相換證

1. 意　　義

상인이 어떤 물건을 원격지에서 구입하거나 또는 원격지에서 매각할 경우에 당해 물건을 운송할 필요가 생긴다.

그런데 이 때 운송되어야 할 물건은 운송기간중 운송인에게 인도되어 그 관리하에 들어가지만 물건이 목적지에 도달하면 물건을 수령할 사람에게 인도되지 않으면 안 된다. 그러나 물건을 수령할 사람은 송하인뿐만 아니라 그 대리인, 송하인으로부터 수하인으로 지정된 사람 또는 운송중에 전매된 경우는 당해 물건을 새롭게 취득한 사람이 각각 수하인의 지위를 얻게 되고 운송인이 누구에게 당해 물건을 인도해야 하는지를 확정하는 것이 어렵게 된다. 그래서 운송인은 운송계약에 기초하여 운송물을 수령했음을 증명하고 목적지에서 운송물을 증권소지인에게 인도할 것을 약속하는 유가증권을 발행하는 것으로 이 문제를 해결하였다. 다시 말하면 이 유가증권이 해상물건운송에서는 선하증권이고, 육상물건운송에서는 화물상환증이다.

따라서 화물상환증(bill of lading; Ladeschein)이라 함은 「운송인이 운송물의 수령을 증명하고, 이를 목적지에서 적당한 소지인에게 인도할 의무를 표창하는 유가증권」이다. 화물상환증은 송하인의 청구에 의해 운송인이 발행하며, 표창되는 권리는 운송물의 인도청구권이다.

화물상환증을 교부받은 송하인은 이 증권에 담보권을 설정하거나 양도함으로써 금융의 편의를 얻을 수 있다.

또 수하인도 화물상환증의 송부를 받은 후에는 물건이 목적지에 도착하기 전이라 할지라도 화물상환증에 의해서 운송중의 물건을 다시 전매할 수 있다.

2. 發 行

화물상환증의 발행은 운송계약에 근거하여 송하인의 청구에 의하여 운송인이 발행한다(제128조 제 1 항). 화물상환증의 발행시기에 대해서는 명문의 규정이 없다. 그러나 화물상환증의 발행이 운송물에 대한 운송물의 인도를 전제로 한다는 점은 논쟁의 여지가 없으므로 운송물을 수령한 후라고 본다.

화물상환증은 상법 제128조의 규정에 의한 법정요건의 기재를 요한다는 점에서 요식증권이지만, 오늘날에는 화물상환증으로서 최소한 필요한 요건의 기재가 구비되어 있으면 유가증권인 성질을 잃지 않고 엄격성이 완화된 요식증권으로 남는다고 풀이되고 있다.

3. 貨物相換證의 流通

화물상환증은 법률상 당연한 지시증권이므로 기명식으로 작성된 경우에도 특히 배서금지문구를 증권에 기재하지 않는 한 배서에 의해서 양도할 수 있다(제130조, 제65조). 화물상환증이 무기명식으로 발행될 수 있다는 점은 전술한 바이고, 이런 경우에는 무기명증권과 마찬가지로 교부의 방법에 의해 양도된다.

화물상환증의 배서에 의한 양도방법은 어음·수표의 경우와 마찬가지이다. 따라서 배서의 효력으로서 권리이전적 효력과 자격수여적 효력이 있고(제65조; 민법 제508조, 제513조) 권리이전에 대해서는 선의취득의 적용(제65조; 민법 제514조), 인적항변의 절단(민법 제515조), 변제자에게는 면책적 효력(민법 제518조)도 생긴다.

4. 貨物相換證의 效力

(1) 序 說

화물상환증은 운송물인도청구권을 표창하는 채권적 유가증권이다. 그렇지만 상법은 다시 「화물상환증을 작성한 경우에는 운송물에 관한 처분은 화물상환증으로써 하여야 한다」(제132조)고 하고, 또 「화물상환증에 의해서 운송물을 받을 수 있는 자에게 화물상환증을 교부한 때에는 운송물 위에 행사하는 권리의 취득에 관하여 운송물을 인도한 것과 동일한 효력이 있다」(제133조)고 하여 운송물의 처분에 관해서는 별도로 화물상환증에 물권적 유가증권의 효력도 인정하고 있다. 그러므로 아래에서는 화물상환증의 채권적 효력과 물권적 효력에 관해서 각각 고찰하기로 한다.

(2) 債權的 效力

1) 總　說

화물상환증이 발행되면 증권소지인과 운송인 사이에 운송에 관해서 어떠한 내용의 채권적 청구권이 생기고 그 청구권 행사에 대해서 채무를 이행하지 못한 경우 어떤 효과가 생길 것인가?

화물상환증은 운송인이 운송물을 수령한 것을 원인으로 하여 발행되는 요인증권으로 원인관계에서 절단된 어음이나 수표 등의 무인증권과는 전혀 다르다. 그러나 화물상환증상의 채권관계에 대해서는 상법은 개별 구체적인 운송계약에 의하지 않고 오직 증권에 기재된 문언에 의할 것을 정하고 있다(제131조). 따라서 화물상환증은 요인증권으로 문언적 효력을 갖는 유가증권이라고 말할 수 있다. 그러나 이 두 가지 성질은 예컨대 공권(空拳)이 발행된 경우(운송인이 운송물을 수령하지 않고 화물상환증을 발행하는 것)와 물건이 상이한 경우(화물상환증의 기재와 수령한 운송물이 상이한 것) 등에서 서로 저촉하므로 그 해결방법을 둘러싸고 학설은 대립하고 있다.

2) 學　說

(가) 要因性說　과거의 학설과 판례(선하증권에 관한 판례: 대판 1982. 9. 14, 80 다 1325)는 공권에 관해서는 이 입장을 지지하고 있다.

요인성설이 주장하는 바에 의하면 문언성 그 자체는 운송계약의 존재를 전제하지 않으면 성립의 여지가 없다. 원인관계의 존재가 1차적으로 확정된 경우 2차적으로 운임, 운송물의 수량 등 비교적 경미한 사항에 대해서만 문언성이 문제되는 데 지나지 않는다고 풀이한다. 그러므로 공권의 경우에는 증권발행의 원인관계를 흠결한 이상 증권은 원시적으로 무효이고 후에 운송인이 운송물을 수령하여도 증권상의 효력이 유효로 되는 것은 아니라고 한다.

(나) 文言性說　화물상환증의 문언성을 중시한 요즈음의 통설적 입장이다. 이 학설에 있어서는 요인성을 현저하게 형식화한다. 즉 요인성이란 증권상의 문언으로 권리의 원인관계를 증권의 종이쪽지에 기재할 것을 요하는 것으로서 증권의 기재상 운송인에의 운송물인도의 사실이 원인관계로서 짐작되는 정도로 증권작성행위가

유효로 성립하고 있다면 증권소지인은 증권기재 그대로의 운송물의 인도를 청구할 수 있다.

㈐ 折 衷 說　물건의 인도청구권을 표창하는 화물상환증은 유효한 운송계약의 존재를 전제로 하는 요인증권이라고 하면서 공권의 경우는 이것을 무효로 하는 입장이다.

㈑ 結　言　학설은 위와 같이 여러 갈래로 나뉘어져 있지만 오늘날에는 거래의 안전을 현저히 해치는 요인성설을 채택할 수는 없다.

따라서 현행의 문언성설 자체가 화물상환증을 어음이나 수표와 같은 완전유가증권이 아닌 중간적 증권으로 파악하고 있으며, 유통보호의 입장에서 선의의 증권취득자와 운송인 사이의 관계에서 요인증권으로 타당하지 않는 부분에 대해서 문언증권으로 해석하고, 그 범위 내에서 무인증권·설권증권·문언증권이라는 것을 인정하려 한 것임을 생각하면 이 설이 가장 타당하다.

⑶ 物權的 效力

1) 物權的 效力의 意義

화물상환증에는 물권적 법률관계를 정하는 효력이 인정되고 있다. 상법은 제133조에서 운송물을 받을 수 있는 자에게 화물상환증을 교부한 때에는 운송물 위에 행사하는 권리의 취득에 관하여 운송물을 인도한 것과 동일한 효력이 화물상환증에 있다고 하여 물권적 효력을 규정하고 있다. 따라서 증권의 이전으로 운송물의 점유이전과 동등한 효력이 발생하고, 이 인도가 매매계약에 수반되면 증권의 취득은 운송물에 대한 소유권의 취득이 되고 질권설정계약에 수반하면 증권인도로 질권설정은 완전히 효력을 발생한다.

2) 物權的 效力에 관한 學說

물권적 효력에 관한 이론구성을 둘러싸고도 학설이 대립하고 있다. 학설은 대체로 다음과 같이 나뉜다.

㈎ 否 認 說　이 설은 물권적 효력이라는 개념의 존재 자체를 부정하고 물권적 효력이라는 것은 화물상환증의 양도로 인하여 발생하는 채권적 효력이 동산물권변동의 한 방법인 목적물반환청구권의 양도방법으로 이용된 결과에 지나지 않는다고 한다.

㈏ 絶 對 說　이 설은 증권의 인도를 민법이 정하는 점유이전원칙 이외에

인정되는 특수한 점유이전원인으로 보고 운송인이 당해 운송물을 점유하고 있는가 아닌가에 관계 없이 증권의 인도로써 점유가 이전한다고 해석한다.

(다) **相 對 說** 절대설과 대립하는 것은 상대설이다. 상대설에 의하면 증권 소지인은 증권의 취득에 수반하여 운송물을 직접점유하는 운송인에 대하여 운송물인도청구권을 갖기 때문에 운송물에 대한 간접점유를 취득한다는 것이다.

A. **嚴正相對說** 이 설은 증권에 의해서 점유이전의 효력을 취득하기 위해서는 증권의 이전과는 별도로 민법에서 정하는 점유이전의 요건을 갖출 것(민법 제190조)을 요구한다.

B. **代 表 說** 종래부터의 통설이다. 이 설은 증권만에 의해서 점유이전의 효력이 생긴다고 해석하고 증권의 양도가 유효하려면 증권은 간접점유를 의제하기 때문에 이것에 의해서 직접점유와 마찬가지로 간접점유이전의 원칙에 의할 필요는 없다고 해석한다. 즉 증권은 운송인의 직접점유하에 있는 운송물을 대표하고, 그러한 한에 있어서 민법의 점유에 관한 일반이론을 수정하는 것이다.

(라) **折衷說**(有價證券的 效力說) 이 설은 상법 제133조는 민법 제190조의 의미에서의 단순한 목적물반환청구권의 양도가 아니라, 화물상환증에 표창된 운송물반환청구권을 유가증권법적으로 양도하는 특별한 방식을 규정한 것이며, 화물상환증의 교부를 운송물의 인도로 보는 인도의 대용물을 규정한 것이라고 해석한다. 그러므로 이 설은 종래의 상대설을 유가증권법적으로 발전·수정시킨 견해라고 말할 수 있다.

그리고 상법 제133조를 거래의 안전에 이바지하기 위하여 화물상환증에 표창된 운송물반환청구권을 유가증권법적으로 이전하는 방법을 정한 규정으로 보므로, 민법이 요구하는 목적물반환청구권의 양도절차를 따로 갖출 필요가 없다.

(마) **結 論** 운송물의 처분과 유통의 편의를 위한 화물상환증 본래의 기능을 고려하면 가능한 한 그 취득자를 강하게 보호하는 절대설이 타당하다고 할 수 있다. 그러나 그에 의할 경우 운송물 자체가 멸실되거나 제 3 자에 의하여 절취된 경우에도 화물상환증의 소지인이 그 소유권을 취득하게 되어 이론적으로 지나친 면이 없지 않다. 반면에 대표설에 의하면 운송인이 운송물을 점유하고 있지만 점유매개의사가 없이 자주점유하고 있는 경우에 증권의 소지인을 보호하지 않게 되어 실제적으로 부당하다. 또한 엄정상대설은 상법 제133조 자체를 사문화시키므로 받아들일 수 없다. 따라서 운송인이 운송물을 자주점유하고 있는 경우에도 증권의 소지인을 보호하는 절충설을 취하는 것이 상법 제133조의 존재의의를 살리면서, 요컨대 화물상환

증을 통한 운송물거래의 안전이라는 상법의 이념에 가장 부합한다고 생각한다.

3) 處分證券性

화물상환증이 발행된 경우는 화물상환증의 물권적 효력에 대응해서 운송물의 처분은 그 화물상환증에 의하지 않으면 안 된다고 규정되어 있다(제132조). 화물상환증에 처분증권성을 인정한 것은 그러한 한에서 운송물의 처분권을 제한한 것이 된다. 다만 그러한 경우라도 증권에 의하지 않고 운송물을 취득한 것이 선의·무과실이고 평온·공연하게 운송물을 취득하였다면 이 취득은 운송물에 관해서 선의취득의 요건을 만족시킨다(민법 제249조).

Ⅴ. 通 運 送

1. 通運送의 槪念

상거래지역이 확대되고 상품의 운송거리가 연장되며 운송수단도 철도·자동차·선박·항공기로 복잡해짐에 따라 한 사람의 운송인이 단독으로 운송물의 발송지에서 도착지까지의 전 구간에 걸쳐 종사하는 것은 사실상 불가능해졌다. 그래서 동일한 운송물에 대해 수인의 운송인이 관여하는 운송형태가 생겨났다.

이처럼 수인의 운송인이 동일한 운송물을 지리적 구간을 달리하여 운송하는 경우를 통운송이라고 한다. 그런데 상법 제138조 제 1 항이 「수인이 순차로 운송할 경우에는 각 운송인은 운송물의 멸실·훼손 또는 연착으로 인한 손해를 연대하여 배상할 책임이 있다」고 규정하고 있는데, 이 순차운송의 개념과 통운송의 개념이 동일한 것인가의 여부가 문제된다. 순차운송은 법률상의 용어이지만, 상법 제138조에 그치지 않고 넓은 의미에서는 수인의 운송인이 관여하는 모든 경우에 사용되기도 한다. 통운송의 용어는 세계적으로 널리 사용되고 있으며 양자의 개념은 대체로 일치한다고 할 수 있으나 통운송의 개념이 더 넓다.

2. 通運送의 形態

수인의 운송인이 동일한 운송물에 관하여 구간을 달리하여 관여하는 경우는 통상 다음의 네 가지 유형이 있다.

⑴ 部分運送

부분운송이라 함은 수인의 운송인이 각각 독립하여 특정한 구간의 운송을 인수하는 경우를 말한다. 이 경우에는 1) 송하인이 직접 수인의 운송인과 각 구간에 관하여 각각 독립한 운송계약을 체결하거나, 2) 송하인이 제 1 의 운송인과 운송계약을 체결하는 동시에 그 운송인을 자기의 대리인으로 하여 제 2 의 운송인과 운송계약을 체결시키거나, 아니면 3) 위 2)의 경우에 제 1 의 운송인을 운송주선인으로 하여 자기의 명의로 송하인의 계산으로 제 2 의 운송계약을 체결시키는 등의 유형이 있다. 이러한 부분운송은 운송계약이 여러 개 존재하기 때문에 통운송의 개념에서 제외시킬 수도 있다,

⑵ 下受運送

하수운송은 최초의 운송인이 전 운송구간에 걸쳐 운송을 인수하고 그 일부 또는 전부를 다른 운송인에게 운송시키는 형태이다. 이 경우 제 1 의 운송인을 원수운송인, 제 2 이하의 운송인을 하수운송인이라고 한다. 송하인과의 관계에서 운송계약은 한 개이고, 하수운송인은 원수운송인이 인수한 운송의무의 이행브조자로서의 지위를 가지게 되어 하수운송인과 송하인 사이에는 직접적으로 어떠한 법률관계도 존재하지 않는다.

⑶ 同一運送

동일운송이라 함은 수인의 운송인이 공동하여 전 구간의 운송을 인수하고 내부관계에서 각 운송인의 담당구간이 나뉘어진다. 이 경우도 송하인과의 관계에서는 운송계약은 한 개뿐이고 수인의 운송인 사이에는 연대관계가 성립한다(제57조 제 1 항).

⑷ 連帶運送

연대운송은 수인의 운송인이 순차로 전 구간에 관해 공동으로 운송을 인수하는 경우이다. 송하인은 제 1 의 운송인과 전 구간에 관하여 운송계약을 체결하지만 그 운송인은 일부 구간만의 운송을 실행하여 운송물을 제 2 의 운송인에게 인도한다. 이런 식으로 하여 순차로 수인의 운송인이 운송을 행하지만 각 운송인은 서로 운송의 연락관계를 갖는다. 그리고 이 경우 일반적으로 한 통의 통운송장이 발행된다. 그런데 이 연대운송을 공동운송이라고 하는 경우도 있으나 동일운송과 혼동될 염려가 있으므로 공동운송이라고 하는 용어는 적당하지 않다.

3. 順次運送

(1) 제138조의 適用範圍

이상과 같은 통운송의 제형태 중 어느 형태가 상법 제138조 제 1 항의 「수인이 순차로 운송할 경우」에 해당하는가? 통설은 독일상업 제432조를 참고하여 연대운송의 경우가 이에 해당한다고 본다. 그 이유는 다음과 같다. 부분운송의 경우 각 운송구간에 한 개의 운송계약이 성립하여 각 운송인 사이에는 아무런 관계도 발생하지 않으므로 상법 제138조와 같은 특별한 규정을 설정할 필요가 없다. 하수운송의 경우에는 최초의 운송인(원수운송인)만이 운송계약의 당사자이고 그 후의 운송인(하수운송인)은 원수운송인의 이행보조자에 지나지 않으므로 송하인에 대해서는 원수운송인만이 모든 책임을 부담하기 때문에 상법 제138조가 적용될 여지가 없다. 동일운송의 경우에는 수인의 운송인의 연대채무관계로서 상법 제57조에 의하여 해결되므로 특히 상법 제138조를 적용할 필요가 없다고 한다.

(2) 각 運送人의 內部關係

상법 제138조 제 1 항에 의하여 순차운송인은 송하인 또는 수하인에 대하여 대외적으로 연대책임을 부담하고 있으므로 송하인 또는 수하인은 운송물의 멸실·훼손 또는 연착이 어느 운송인 또는 운송구간에서 생겼는가를 문제삼지 않고 어느 운송인에 대해서도 손해의 배상을 청구할 수 있다. 각 운송인의 내부관계에 있어서는 손해를 배상한 운송인은 현실적으로 손해를 발생시킨 운송인에 대하여 구상권을 행사할 수 있다(제138조 제 2 항). 그리고 손해의 원인이 된 행위를 한 운송인을 알 수 없는 때에는 각 운송인은 그 운임액의 비율로 손해를 분담하지만 그 손해가 자기의 운송구간 내에서 발생하지 아니하였음을 증명한 때에는 손해분담의 책임을 면한다(제138조 제 3 항).

(3) 後續運送人의 地位

수인의 운송인이 관여하는 경우에 전 운송인이 후속운송인에게 운송물을 인도하였다면 운임 기타 채권을 행사하기 위하여 필요하더라도 운송물을 점유하고 있지 않기 때문에 유치권 등의 권리를 스스로 행사할 수 없다. 그래서 이 경우에는 후속운송인은 전 운송인에게 갈음하여 그 채권을 행사할 의무를 부담하며 후속운송인이 전 운송인에게 변제한 때에는 그의 권리를 취득한다(제147조, 제117조). 이 대위는 전술한 네 가지 유형을 포함하는 넓은 의미의 통운송에서 모두 인정할 수 있다.

(4) 海上順次運送

상법 제138조는 육상순차운송에 관한 규정이지만, 해상순차운송에 관해서도 준용된다(제812조).

제 3 관 旅客運送

Ⅰ. 意 義

여객운송은 일반적으로 자동차·철도·선박·항공기 등에 의하여 여객, 즉 자연인을 일정한 장소에서 다른 장소로 운반하는 것을 말한다. 그러나 단순히 여객운송이라고 하면 육상여객운송, 즉 육상 또는 호천·항만에서의 여객의 운송을 의미한다. 여객운송은 여객운송계약에 의하여 이루어지는데, 상법은 여객운송에 관하여 세 개 조문을 두고 있으므로 민·상법의 일반원칙과 약관에 의하는 외에 기타 특별규정의 적용을 받는다.

Ⅱ. 旅客運送契約

1. 運送契約의 成立·性質

여객운송계약은 여객, 즉 자연인의 운송을 목적으로 하는 계약이다. 여객운송계약의 당사자는 운송을 인수한 운송인(제46조 제13호, 제 4 조, 제125조)과 운송의 위탁자인 여객 자신이다.

여객운송계약은 청약과 승낙에 의해서 성립하는 낙성계약이고, 그 성립에 특별한 방식을 필요로 하지 않는다. 다만 일반적으로 현대의 여객운송은 광범위한 사람을 대량으로 반복해서 운송하기 때문에 실제에 있어 여객에 의한 운임의 지급과 교환하여 승차권이 발행되고, 승차권에 의해서 집단적인 운송관계가 신속하고 확실하게 처리된다. 여객운송계약의 성립시기에 관해서는 법에 규정이 없기 때문에 각각의 경우에 따라 계약의 일반원리에 의해 결정될 수밖에 없다. 따라서 승차 전에 승차권이 발행되는 경우에는 원칙으로 승차권을 구입했을 때 계약이 성립하고, 승차 후에 승차권을 구입하는 경우에는 승차시에 계약이 성립하는 것으로 해석된다(통설).

2. 乘 車 券

(1) 意義와 種類

승차권은 여객운송인이 집단적인 여객운송의 편의를 도모하기 위하여 여객에게 발행하는 증권이다.

승차권에는 일반승차권·정기승차권·회수승차권 등의 여러 종류가 있고, 발행형태도 기명식과 무기명식으로 나뉘어지고 또한 왕복·편도권, 환승·승계권, 단체승차권, 할인승차권 등 각양각색의 형식이 있다.

(2) 法的 性質

승차권이 단지 여객운송계약의 존재 및 운임지급을 증명하는 증거증권에 불과한 것인가, 혹은 재산권을 표창한 유가증권인가에 대하여는 논란이 있다. 물론 승차권은 그 종류·내용 또는 발행시기 등이 일정하지 않기 때문에 그 법적 성질에 대하여도 각각의 승차권에 따라 개별적으로 논할 필요가 있다. 승차권의 법적 성질을 논하기 위하여는 먼저 유가증권이란 무엇인가라고 하는 논의를 전제로 하는 것이지만 오늘날 승차 전에 발행된 무기명식·지시식 승차권은 이를 유가증권이라 하고, 무기명식 승차권애 대하여는 그 인도에 의하여, 지시식의 경우는 배서에 의하여 양도하는 것이 가능하다는 것이 통설로서 현재는 학설상 거의 이견이 없다.

이와 같이 승차권의 유가증권성을 인정하는 경우 표창되는 권리에 관하여 통설은 승차권의 구입시에 여객운송계약이 성립하고 승차권은 운송계약상의 채권, 즉 운송청구권을 표창한다고 해석하고 있다.

Ⅲ. 旅客運送人의 責任

1. 旅客의 損害에 대한 責任

여객운송계약은 여객을 안전하고, 지체없이 목적지에 운송할 것을 목적으로 하며 운송인은 여객운송계약의 본지에 좇아 선량한 관리자의 주의로 채무를 이행할 의무를 진다. 따라서 「여객운송인은 자기 또는 사용인이 운송에 관한 주의를 게을리하지 아니하였음을 증명하지 아니하면 여객이 운송으로 인하여 받은 손해를 배상할 책임을 면하지 못한다」(제148조 제 1 항). 이 여객운송인의 책임에 관한 규정은 채무불이행책임을 규정한 것이다. 운송인이 이행보조자의 과실에 대해서도 책임을 지는 것과 운송인이 무과실의 입증책임을 진다는 것 등은 모두 물건운송인의 책임의 경우와 동일하므로 여객운송인의 손해배상책임의 원인이나 그 성질에 대해서는 물건운송인의 손해배상책임을 참조하면 된다. 그러나 여객운송인의 책임은 손해배상액에 대하여 개별적 확정원칙이 취해진다는 점과 배상액의 범위에 대해서 「법원이 피해자와 그 가족의 정상을 참작하여야 한다」(제148조 제 2 항)는 데에 특색이 있기 때문에 법률적 논쟁도 이 점에 집중되어 있다.

(1) 旅客運送人의 注意義務

여객운송인은 운송계약에 기초하여 여객을 안전하고 지체없이 수송해야 할 의무를 진다. 따라서 여객운송인이 이 운송의무의 이행에 관해서 그 직업상 당연히 요구되는 선량한 관리자의 주의의무에 위반한 때에는 손해배상책임을 져야 한다.

여기서 말하는 여객운송인의 운송에 관한 주의란 수송행위 및 그와 밀접한 관계를 지닌 행위의 범위에 그치지 않고 수송관련시설(물적·인적 보안설비) 또는 사고발생 방지를 위해 필요한 지시·정보제공 등에 관한 주의도 포함한다. 그리고 여객운송인은 자기 또는 사용인이 그러한 주의의무를 다하였음을 증명할 수 없는 한 손해배상책임을 면할 수 없다.

(2) 損害賠償額

여객운송인은 운송채무의 불이행에 의해서 여객이 운송으로 인해 받은 손해를 배상할 책임이 있다. 이 손해에는 가장 중요한 여객의 생명·신체의 손해 외에 의복 기타의 신체부착물 등의 손해, 여행지연에 의한 손해 등 일체의 손해가 포함되고 그것이 유형이건 무형이건 또한 실손해이건 장래손해이건 이익의 상실에 의한 손해이건 불문한다.

그런데 상법 제148조 제 2 항은 여객이 받은 손해의 배상액산정에 대해서 법원이 피해자 및 그 가족의 정상을 참작하여야 한다고 하여 배상액의 산출법에 대해 개별적 산정원칙을 취하고 있다. 배상액이 정형화되어 있는 물건운송의 경우(제137조)와 다른 점이다.

⑶ 責任의 消滅時效

수하물에 대한 책임과는 달리 상사시효의 일반원칙에 따라 5년의 소멸시효의 완성으로 소멸한다.

2. 手荷物에 대한 責任(特則)

⑴ 託送手荷物

여객운송계약에 부수하여 운송인이 여객으로부터 인도받아 운송하는 수하물(탁송수하물·수탁수하물; 여객운송용 자동차의 뒷트렁크에 실어 운송하는 수하물도 탁송수하물이다)에 대해서 운송인은 특별히 운임을 청구하지 않은 때라도 물건운송인과 같은 책임을 부담한다(제149조 제 1 항). 여객운송인은 물건운송인과 같은 책임을 지기 때문에 그 책임원칙 및 책임범위에 대해서는 당연히 상법 제135조, 제137조의 적용을 받는다. 물론 운송인은 특약으로 자신의 책임을 경감 또는 면제할 수 있다.

그러나 철도운송에서는 탁송수하물의 멸실·훼손에 대해서 요상액의 표시가 있을 때는 원칙적으로 표시액을 한도로 하며, 요상액의 표시가 없을 때는 수하물 한 개에 대해 500원(단 여객 한 명에 대해 1만원을 최고 한도로 한다) 이내에서 손해배상책임을 지게 된다. 단 이러한 배상액의 제한규정은 철도영업자에게 악의 또는 중과실이 있는 때에는 적용되지 않으며(철도법 제72조 제 1 항; 철운규 제73조, 제75조), 이 경우 철도영업자는 상법 제137조 제 3 항에 따라 일체의 손해를 배상할 책임이 있다. 철도영업자의 악의·중과실의 입증책임은 여객이 부담해야 한다.

상법에 의하면 수하물이 도착한 때부터 10일 이내에 여객이 그 인도를 청구하지 않은 때에는 운송인은 상법 제67조의 규정에 따라 이를 공탁하거나 최고 후에 경매할 수 있으며(제149조 제 2 항 본문), 훼손되기 쉬운 물건(제67조 제 2 항 참조) 또는 여객의 주소 혹은 거소를 알 수 없을 때에는 최고 없이 경매할 수 있다(제149조 제 2 항 단서).

⑵ 携帶手荷物

여객운송인은 여객에게서 인도받지 않은 수하물(휴대수하물·지참수하물·수중에 있는 물품)의 멸실·훼손에 대해서는 자기 또는 이행보조자에게 과실이 있는 경우를 제외하고는 손해배상책임을 지지 않는다(제150조). 즉 휴대수하물은 여객 자신이 보관하고 있기 때문에 운송인으로 하여금 인도를 받은 수하물(탁송수하물)과 같은 책임을 지게 하는 것은 지나치다는 점에서 운송인의 책임을 경감한 것이다. 운송인이 과실에 대해서 책임을 지는 것은 탁송수하물의 경우와 다르지 않지만 운송인측의 과실에 대한 입증책임이 여객에 있다는 점에서 차이가 있다. 휴대수하물의 손해배상액에 대해서는 특별히 규정되어 있지 않으나 학설은 인도를 받지 않은 수하물에 운송인의 책임이 가중되는 것은 불합리하므로 탁송수하물의 경우와 마찬가지로 해석해야 하고 민법의 일반원칙(민법 제393조)에 의할 수는 없다고 한다(통설).

Ⅳ. 旅客運送人의 權利

1. 運賃請求權

여객운송인은 상인으로서 운송에 대한 보수청구권을 가진다(제61조). 운임은 영업의 성격상 일의 완료, 즉 승객을 목적지에 도착하도록 한 이후에 운임의 청구가 가능하다(민법 제665조). 그러나 실제에 있어서는 약관이나 상관습에 의해 운임을 선급하는 것이 일반적이다.

2. 留 置 權

운송인은 수하물과 여객의 운임에 대해 수하물에 대한 유치권을 가진다(제147조, 제120조). 이와 관련해서 여객운송이 갖는 유치권의 법적 근거가 민법상의 일반유치권인가(임홍근 · 강위두) 아니면 물건운송인의 유치권인가(손주찬 · 최기원 · 채이식)라는 논쟁이 있으나, 일반적으로 여객운송에 관해 물건운송에 관한 규정이 준용되고 있다는 점에서 후자의 입장이 타당하다.

3. 託送手荷物의 供託 · 競賣權

상법은 「탁송수하물이 목적지에 도착한 날로부터 10일 내에 여객이 그 인도를 청구하지 아니한 때에는 제67조의 규정(매도인의 공탁, 경매권)을 준용한다」(제149조 제 2 항 본문)고 규정하고 있는데, 이는 탁송수하물의 운송이 정상적으로 완료될 수 없는 경우에 운송인은 그 수하물을 공탁하거나 경매함으로써 운송관계를 완료시키고 여객이 수하물을 수취할 수 없거나 수취를 거절하는 경우에 그의 채무(수하물의 보관 등)를 면하게 하려는 것이다.

따라서 여객운송인은 여객이 탁송수하물의 수령을 거부하거나 이를 수령할 수 없는 때에는 그 수하물을 공탁하거나 상당한 기간을 정하여 최고한 후 경매할 수 있다. 그러나 이 경우 지체없이 여객에 대하여 그 통지를 발송하여야 한다(제149조 제2항, 제67조 제1항 준용). 다만 여객운송인이 여객의 주소 또는 거소를 알지 못하는 경우에는 그 여객에 대한 최고 및 통지를 요하지 않는다(제149조 제2항 단서). 그리고 공탁, 경매권이 인정되는 것은 수하물이 목적지에 도착한 날로부터 10일 내에 여객이 그 인도를 청구하지 않은 때이다(제149조 제2항 본문).

제6절 倉 庫 業

제1관 倉庫業者의 意義

창고업자란 타인을 위하여 창고에 물건을 보관함을 영업으로 하는 자이다(제155조). 일반창고업은 물류정책기본법에 의하여 규율되고 있다.

Ⅰ. 他人의 物件

보관의 대상은 타인의 물건이므로 자기의 물건을 자기의 창고에 보관하는 것은 창고업이라고 할 수 없다. 그러나 자기 물건이라도 보관물에 관한 창고증권이 발행되고, 이 창고증권을 제3자가 취득한 때에는 발행인은 창고업자로서 창고증권의 문언에 따라 책임진다고 본다.

Ⅱ. 物　　件

물건은 보관에 적합한 동산에 한정되므로 민법상의 임치의 목적물보다 그 범위가 제한된다. 문제는 화폐, 유가증권, 살아 있는 동물이 물건에 포함되는가이다.

살아 있는 동물의 경우에는 그 동물을 보관할 수 있는 보관시설이 있는 이상 물건에 해당된다고 본다. 한편 화폐, 유가증권의 경우에 "물건"에 포함되는가에 대하여 1) 긍정하는 설, 2) 그 표창한 재산권을 떠나 동산으로서만 임치의 대상이 된다는 설, 3) 부정설 등이 있으나 은행의 보관·임치업무가 발달된 근래에는 화폐 또는 유가증권을 창고업자에게 임치하는 사례란 없을 것이므로 이를 다툴 실제적인 의미가 없다고 생각한다.

Ⅲ. 倉 庫

창고란 물건의 보관을 목적으로 하는 일정한 설비로서, 보관시설의 폐쇄성 여부가 문제되는 것이 아니므로 지붕이 있는 건물일 필요도 없다. 따라서 야적장이나 저수장도 창고가 될 수 있다. 화물유통촉진법에 의하면 창고란 「물건의 멸실 또는 훼손을 방지하기 위한 보관시설 또는 보관장소」를 말한다.

Ⅳ. 保 管

창고업자는 물건의 직접점유를 취득하여 현상유지조치를 취하는 '보관'을 하는 사람이다. 보관이란 물건을 창고에 임치하여 보관함을 뜻한다. 그러므로 창고의 임대만을 영업으로 하는 자는 창고업자가 아니다.

창고업자는 임치목적물의 소유권을 취득하는 것이 아니므르 임치인의 지시 없이는 임치물을 처분할 수 없다. 그러나 이 경우에 임치인과 목적물의 소유권자가 다른 경우도 있다.

민법상의 「소비임치」(민법 제702조)는 수치인이 임치물에 대한 처분권을 가지므로 이를 영업으로 하는 사람은 창고업자가 아니다. 그러나 수인의 임치인의 임치의 목적물(대체물)을 혼합하여 보관할 것을 인수하는 혼장임치의 경우에는 임치물은 임치인들의 공유에 속하고 수치인은 그 혼합물 중에서 임치인의 청구에 따라 출고업무를 부담하고 창고업자가 처분권을 취득하는 것이 아니기 때문에 그 임치의 인수를 영업으로 하면 상법상의 창고업자가 될 수 있다.

Ⅴ. 營業으로 하는 者

창고업자는 임치의 인수를 영업으로 하는(제46조 제14호) 당연상인이다. 임치의 인수를 영업으로 하여야 하고 임치의 주선을 영업으로 하는 자는 창고업자가 아니다. 운송인이나 운송주선인이 본래의 업무에 부수해서 물건을 보관하는 경우는 창고업에 해당하지 아니하나 운송물보관의 인수를 영업으로 하면 창고업자의 자격을 겸하게 된다.

제2관 倉庫任置契約

Ⅰ. 當 事 者

창고임치계약의 당사자는 창고업자와 임치인이다. 이 때 임치인은 임치물의 소유자가 아니어도 좋다(대판 1955. 3. 10, 4287 민상 128).

Ⅱ. 法的 性質

민법상의 임치계약(민법 제693조)과 그 성질이 같아서 불요식의 유상계약이며 낙성계약이다. 따라서 상법규정 외에 민법의 임치에 관한 규정(민법 제693조 아래)이 적용된다. 임치물의 인도는 다만 보관의무의 발생요건이 될 뿐 창고임치계약의 성립요건은 아니다.

Ⅲ. 契約의 締結

창고임치계약은 낙성·불요식계약이므로 창고증권의 교부를 요건으로 하지 않는다. 하지만 대부분의 계약은 창고업자가 작성한 약관에 의거한 부합계약의 형태로 체결된다. 이 약관거래는 임치인이 명시적 또는 묵시적으로 그 약관에 따른다는 것을 전제해야 적용된다. 창고업자가 이용할 물건의 보관에 관한 창고임치사업은 공익적 이유에서 국토해양부장관의 감독을 받아야 한다(물류정책기본법 제4조 참조).

Ⅳ. 承 繼

타인의 창고업을 양수한 자는 당연히 그 창고업에 관한 양도인의 임치계약상의 의무를 승계한다. 그러나 임치인의 동의가 없는 한 양도인도 계속하여 책임을 진다.

제 3 관 倉庫任置契約의 效力

Ⅰ. 倉庫業者의 義務

1. 倉庫證券交付義務

(1) 倉庫證券의 槪念

창고증권이란 창고업자가 임치물을 수령하였음을 확인하고 임치물의 반환청구권을 표창하는 유가증권이다. 창고증권은 화물상환증과 같은 성질을 띠며 그에 관한 규정이 준용된다(제157조).

임치물이 보관되고 있는 동안에는 물건의 사용가치와 교환가지가 사장되는데 창고증권을 발행하면 소유권자 기타 처분권자가 이 보관중인 물건에 대한 창고증권을 양도함으로써 임치물의 담보제공, 양도에 이용하여 임치물의 교환가치를 활용할 수 있다.

창고증권은 화물상환증과 마찬가지로 유가증권으로서 1) 요식증권성, 2) 문언증권성, 3) 요인증권성, 4) 당연지시증권성, 5) 상환증권성, 6) 처븐증권성 등을 가진다.

우리 상법은 임치물에 대하여 1매의 창고증권을 발행하도록 하여 단권주의를 채택하고 있다. 그 이유는 법률상 간명하고 일반인들이 화물상환증 등의 단권주의에 익숙해 있기 때문이다.

(2) 倉庫證券의 發行

창고업자는 임치물을 수령한 후 임치인의 청구에 의하여 창고증권을 교부하여야 한다(제156조 제 1 항). 창고증권은 요인증권이므로 유효한 임치계약이 있고 임치물을 창고업자가 수령한 후에 발행하여야 하며, 그 이전에 발행한 창고증권(이른바 공권)은 무효이다. 그러나 그 발행 후 임치물을 수령한 때는 무효가 치유된다고 본다.

만일 임치한 물건이 분할할 수 있는 물건일 때에는 창고증권소지인은 대량의 임치물을 분할하여 수인에게 양도하려 할 경우 창고업자에 대하여 그 증권을 반환하고 임치물을 분할하여 각 부분에 대한 창고증권의 교부를 청구할 수 있다(제158조 제 1 항). 이 경우 임치물 분할과 증권교부의 비용, 인지세 등은 증권소지인이 부담하여야 한다(제158조 제 2 항).

창고증권은 어음·수표와 같은 엄격한 요식증권은 아니므로 이런 법정기재사항

중 창고증권의 본질에 속하지 아니하는 사항을 결하더라도 무효가 되지 않는다. 그리고 법정기재사항 이외의 사항을 기재해도 창고증권의 본질에 반하지 않는 한 유효하다.

(3) 倉庫證券의 流通

1) 倉庫證券의 讓渡

창고증권은 법률상 당연한 지시증권이다(제157조, 제130조). 그러므로 기명식의 경우에도 배서에 의하여 양도할 수 있고 배서를 금지하기 위하여는 창고업자가 증권에 특히 그 뜻을 기재하여야 한다. 무기명식의 경우에는 교부로 인하여 권리가 이전한다.

2) 倉庫證券의 入質

창고증권의 소지인이 임치물을 입질한 경우 창고증권을 질권자에 교부해야 한다. 따라서 단권주의에서는 채무를 변제하기 전에는 임치물의 반환을 청구할 수 없다. 그러나 상법은 이런 불편한 점을 없애고 임치인의 편의를 도모하기 위해 질권자의 승낙이 있는 때에는 채무변제 전에도 임치물의 일부의 반환청구를 인정하고 있다(제159조 제1문). 이 경우에 창고업자는 반환한 임치물의 종류, 품질과 수량을 창고증권에 기재하여야 한다(제159조 제2문). 이런 방법으로 구증권을 회수하고 신증권을 발행하는 번잡을 피할 수 있다.

(4) 倉庫證券의 效力

창고업자와 증권소지인 사이의 「임치에 관한 사항」은 창고증권의 기재를 기준으로 하며(제157조, 제131조 채권적 효력), 임치물을 수령할 자에게 창고증권을 교부한 때에는 임치물을 인도한 것과 동일한 효력이 있다(제157조, 제133조 물권적 효력). 이 창고증권의 효력은 화물상환증에 관한 규정이 모두 준용되므로 화물상환증에 관한 문제가 여기서도 그대로 제기된다.

2. 任置物의 保管義務

(1) 善管注意義務

창고업자는 임치계약에 따라 선량한 관리자의 주의로써 임치물을 보관하여야 한다(제62조). 즉 임치물이 멸실되거나 훼손되지 않도록 가능한 예방수단을 강구하여야 한다. 이러한 의무를 게을리한 때에는 채무불이행으로 인한 손해배상책임을 면할 수 없다. 다만 특약에 의하여 책임의 감면이 가능하다고 보나 임치인의 수령지체로 임치물을 반환하지 못하고 있는 사이에 임치물이 멸실·훼손된 경우에 수치인에게 고의·중과실이 없는 한 채무불이행으로 인한 손해배상책임은 없다고 한 판례가 있다(대판 1983. 11. 8, 83 다카 1476).

⑵ 任置期間

임치기간의 약정이 있는 때에는 창고업자는 부득이한 사유 없이 그 기간 만료 전에 임치계약을 해지하지 못한다(민법 제698조 제 1 문). 그러나 임치인이나 창고증권 소지인은 기간의 약정이 있어도 언제든지 임치계약을 해지하고 임치물의 반환을 청구할 수 있다. 그리고 이 같은 해지로 인한 손해를 배상할 책임이 없다. 임치기간의 약정이 없는 때에는 임치인은 언제든지 해지할 수 있으나(민법 제699조), 창고업자는 임치물을 받은 날로부터 6월을 경과한 후에는 2주간 전에 예고하고서 임치물을 반환할 수 있도록 하여(제163조) 언제든지 계약을 해지할 수 있도록 한(민법 제699조) 민법의 일반원칙에 대한 특칙을 두고 있다. 그러나 부득이한 사유가 있는 경우에는 창고업자는 언제든지 임치물을 반환할 수 있다(제164조).

3. 任置物의 檢査, 見品積取, 保存處分에 따른 義務

창고업자는 임치인이나 창고증권의 소지인이 임치물의 검사 또는 견품의 적취를 요구하거나 또는 임치물의 보존에 필요한 처분을 할 때에 영업시간 내에 한해서 이에 따를 의무가 있다(제161조).

견품의 적취란 임치물의 양도 또는 입질을 위해 견품을 가져가는 것을 말한다. 따라서 적취의 정도에 따라 임치물의 수량은 물론 그 상태에도 변화가 생기므로 창고업자는 적취수량의 증명서의 교부 또는 상당한 담보의 제공을 요구할 수 있다.

제161조의 창고업자의 의무는 개별적인 특약에 의하여 제한하거나 배제할 수 있다는 설(최기원)이 있으나, 창고업의 경제적 기능을 제고하고 임치인의 이익보호를 위하여, 그리고 영업시간 내의 의무로 규정하고 있는 입법취지로 보아 이에 반대한다.

4. 任置物의 毁損, 瑕疵通知義務와 處分義務

창고업자가 임치물을 인도받은 후에 그 물건의 훼손 또는 하자를 발견하거나 그 물건이 부패할 염려가 있는 때에는 지체없이 임치인에게 그 통지를 발송하여야 한다(제168조, 제108조 제 1 항). 그러나 통지를 하여도 임치인의 지시를 받을 수 없거나 그 지시가 지연되는 때에는 임치인의 이익을 위하여 적당한 처분을 할 수 있다(제168조, 제108조 제 2 항). 이 의무는 선관의무의 구체화로서 창고업자에 대해서는 위탁매매인에 관한 규정이 준용되므로 가격하락의 상황을 안 때도 창고업자가 통지의무를 지는가에 관해 학설이 나뉘고 있으나, 위탁자를 위하여 자기명의로 주선행위를 해야 하는 위탁매매인의 경우와는 달리 창고업자는 임치물의 보관이라는 사실행위를 영업으로 하는 자이므로 통지의무가 없다고 본다. 그리고 창고업자에게는 임치물에 대한 감시의무(제168조, 제108조 제 2 항)는 있으며, 이 의무를 게을리한 때에는 손해배상책임을 부담한다. 그러나 적극적인 손해발생예방의무는 없다고 본다.

5. 任置物의 返還義務

임치계약종료시에 창고업자는 임치인의 청구에 의해 임치물을 반환해야 한다(제163조, 제164조; 민법 제698조, 제699조). 창고증권이 발행된 경우에는 창고업자는 그 소지인에 대해서만 임치물의 반환의무를 부담한다(제157조, 제129조).

6. 損害賠償責任

(1) 責任原因

창고업자는 자기 또는 사용인이 임치물의 보관에 관하여 주의를 해태하지 아니하였음을 증명하지 아니하면 임치물의 멸실 또는 훼손에 대하여 손해를 배상할 책임을 면하지 못한다(제160조). 즉 임치물에 멸실 또는 훼손이 있을 때에는 원칙적으로 창고업자에게 책임이 발생하는 것으로 추정되고 이 책임을 면하기 위해서는 자기의 무과실을 입증하여야 한다.

(2) 損害賠償額

창고업자에 대해서는 상법 제137조나 제153조와 같은 배상액에 관한 규정이 없으므로 학설은 민법상의 원칙으로 산정한 보관계약불이행으로 인한 모든 손해를 배상해야 한다는 견해(채이식 · 임홍근 · 정동윤 · 정찬형)와, 이 경우에도 상법 제137조, 제153조가 유추적용되어야 한다는 견해로 나뉘고 있다(최기원). 통설인 전설에 따른다.

(3) 不法行爲責任과의 關係

상법 제160조에 의한 채무불이행책임과 불법행위를 근거로 한 손해배상책임의 관계가 문제되는데 이에 관해서는 청구권경합설에 의해 양 청구권이 모두 인정된다고 본다(동지: 정동윤).

(4) 責任의 消滅

1) 特別消滅原因

창고업자의 손해배상책임은 임치인 또는 창고증권소지인이 유보 없이 임치물을 수령하고 보관료 기타의 비용을 지급한 때에는 소멸한다. 그러나 임치물에 즉시 발견할 수 없는 훼손 또는 일부멸실이 있는 경우에 임치물을 수령한 날로부터 2주간 내에 창고업자에게 그 통지를 발송한 때와(제168조, 제146조 제 1 항) 창고업자나 그 사용인의 악의로 인하여 멸실·훼손이 생긴 때에는 창고업자의 책임은 소멸하지 아니한다(제168조, 제146조 제 2 항).

2) 短期時效

임치물의 멸실 또는 훼손으로 인하여 생긴 창고업자의 책임은 그 물건을 출고한 날로부터 1년이 경과하면 소멸시효가 완성한다(제166조 제 1 항).

이 기간은 임치물이 전부멸실한 경우에는 임치인과 알고 있는 창고증권의 소지인에게 그 멸실의 통지(제168조, 제108조 제 1 항)를 발송한 날로부터 기산한다(제166조 제 2 항). 그러나 멸실의 통지를 게을리한 때에는 임치물을 출고할 날로부터 기산한다(제121조 제 2 항 참조).

Ⅱ. 倉庫業者의 權利

1. 保管料請求權 및 費用償還請求權

(1) 保管料請求權

창고업자는 약정이 없어도 상당한 보수를 청구할 수 있다(제61조). 보관료의 청구는 임치물출고시에 할 수 있다. 그러나 보관기간 경과 후에는 출고 전이라도 보관료를 청구할 수 있다(제162조 제 1 항). 또한 일부출고의 경우에는 그 비율에 따라 보관료를 청구할 수 있다(제162조 제 2 항). 보관료의 채무자는 당연히 임치인이지만, 여기서 주의할 점은 창고증권의 전득자가 책임지는 경우에도 원래 계약당사자였던 임치인의 의무가 소멸되는 것은 아니라는 것이다.

⑵ 費用償還請求權

창고업자는 임치물에 관한 체당금 기타의 비용의 상환을 청구할 수 있으며, 그 시기는 보관료청구권과 같다(제162조 제2항). 또한 지급일 이후의 법정이자도 청구할 수 있다(민법 제701조, 제686조~제688조).

⑶ 任置의 中止

당사자의 책임 없는 사유로 인하여 창고임치계약이 종료된 경우 창고업자는 보관기간의 비율에 따라 보관료를 청구할 수 있다(민법 제701조, 제686조 제3항). 반면 임치인의 책임 있는 사유로 창고임치계약이 종료된 경우에는 전 기간에 걸친 보관료를 청구할 수 있다고 볼 수도 있으나, 임치인은 언제든지 임치기간 중 계약을 해지할 수 있고, 해지 후에 창고업자는 비율보관료만 청구할 수 있다는 점에 비추어 볼 때 이 경우에도 임치인은 비율보관료만 지급하면 된다고 해석된다. 물론 창고업자는 이로 인한 손해배상을 청구할 수 있다.

2. 倉庫業者의 保管·協力要求權

⑴ 任置物引渡請求權

창고업자는 임치인에 대하여 보관을 위해 임치물을 인도할 것을 요구할 수 있다. 이 때에 창고업자는 임치물을 보관하는 데 대하여 경제적 이익이 있기 때문에 임치인이 임의로 계약을 해제 또는 해지하고 임치물인도의무를 지지 않는다는 것은 공평에 어긋난다. 따라서 창고업자는 임치물인도청구권을 갖는다고 해석하여야 할 것이다.

⑵ 任置物受領請求權 및 供託·競賣權

임치인 또는 창고증권소지인은 임치기간 만료 후 임치물을 수령할 의무가 있고 이에 대응해서 창고업자의 임치물수령청구권이 인정된다 할 것이다. 임치인 또는 창고증권소지인이 임치물의 수령을 거부하거나 이를 수령할 수 없는 경우에는 상인간의 매매에서와 같이 창고업자는 임치물을 공탁하거나 경매할 수 있다(제165조, 제167조 제1항·제2항; 운송인에 관한 규정 참조).

3. 留 置 權

창고업자에게는 특별한 유치권을 규정하고 있지 않으므로 민사유치권(민법 제320조)이나 상사유치권(제58조)의 요건을 갖추어서 임치물에 대하여 유치권을 행사할 수 있다.

4. 債權의 短期消滅時效

임치인 또는 창고증권소지인에 대한 창고업자의 채권은 그 임치물을 출고한 날로부터 1년간 행사하지 아니하면 소멸시효가 완성한다(제167조).

제 4 관 倉庫任置契約의 終了

상법에 아무런 규정을 두고 있지 아니하므로 민법의 일반원칙에 의한다. 따라서 계약기간의 만료, 목적물의 멸실과 같은 일반적인 계약의 종료원인으로 종료한다. 당사자의 사망, 금치산 등의 위임의 종료사유는 임치계약에 적용되지 않지만 임치인의 파산의 경우에는 기간의 약정이 있는 때에도 창고업자는 해지할 수 있다고 할 것이다(동지: 정동윤 · 임홍근).

임치계약의 특수종료원인으로 당사자의 해지가 있다.

Ⅰ. 任置人 · 倉庫證券所持人의 解止

임치인 · 창고증권소지인은 보관기간에 관한 약정에 불구하고 언제든지 해지할 수 있다(민법 제698조). 그러나 임치기간이 있는 경우 창고업자는 조기출고로 인한 손해배상을 임치인 등에게 청구할 수 있다(동지: 이철송).

Ⅱ. 倉庫業者의 解止

(1) 「보관기간의 약정이 있는 때」에는 창고업자는 부득이한 사유 없이 그 기간 만료 전에 계약을 해지하지 못한다(민법 제698조). 부득이한 사유가 있는 경우에는 창고업자는 언제든지 임치물을 반환할 수 있다. 부득이한 사유가 있는 경우에도 창고

업자는 임치인 또는 창고증권소지인에게 임치물을 반환하기 전까지 그 보관에 책임을 져야 한다.

(2) 「보관기간의 약정이 없는 때」에는 민법에 의하면 창고업자는 언제든지 계약을 해지할 수 있다. 그러나 상법은 제163조 제1항에서 「창고업자는 임치기간을 정하지 않은 때에도 임치물을 받은 후 6월을 경과한 후에야 이를 반환할 수 있도록」 규정하고 있다. 이러한 경우에 임치물을 반환함에는 2주간 전에 예고하여야 한다(제163조 제2항). 그러나 「부득이한 사유가 있는 경우」에는 창고업자는 언제든지 임치물을 반환할 수 있다(제164조).

제7절 公衆接客業

제1관 總 說

Ⅰ. 公衆接客業者의 意義

공중접객업자란 상법 제151조에 의하면 극장, 여관, 음식점, 목욕탕, 유기장, 이발관 기타 객의 집래를 위한 시설에 의한 거래를 영업으로 하는 자를 말한다.

1. 客의 集來를 위한 施設에 의한 去來

「객의 집래를 위한 시설에 의한 거래」라 함은 1) 불특정다수인의 집래에 적합한 인적·물적 시설을 갖추고, 2) 그 시설에서 계약의 이행이 이루어지는 거래를 말한다.

2. 施設에 의한 去來를 營業으로 하는 者

객의 집래를 위한 거래를 영업으로 하므로 이는 기본적 상행위(제46조 제9호)이고, 따라서 공중접객업자는 당연상인이 된다(제4조).

Ⅱ. 公衆接客業에 대한 法的 規制

객의 집래를 위한 시설(예: 극장, 여관, 음식점, 독서실, 목욕장, 유기장, 이·미용실 등)에 의한 거래를 영업으로 하는 공중접객업은 이른바 접객업·유흥업·서비스업으로서 각각 독특한 내용을 갖는 영업이라는 점에서 특수한 지위를 차지하고 있다.

이러한 영업은 공중의 집래에 적합한 물적·인적 설비를 하여 이것을 이용하게 하거나 역무를 제공함을 목적으로 하므로 다수의 고객이 부단히 출입하고, 따라서 고객의 휴대품의 안전이 위협받는다는 점에서 공통된다. 따라서 상행위편 제10장에서는 고객의 휴대품의 도난·분실 등의 사고에 대하여 공중접객업자의 임치책임에 관하여 엄격한 규정을 두어 공중접객업자의 책임을 강화함으로써 고객을 보호하고 공중접객업소의 신뢰를 고양하고 있다. 공중접객업자의 책임에 관한 이 규정은 임치를 받은 상인의 책임에 관한 제62조와 상행위편 제11장의 창고업과 더불어 민법상의 임치(민법 제693조 아래)에 대한 특칙이다.

공중접객업은 공중이 빈번하게 집래하는 영업이므로 위생관리, 치안유지 및 공공복리의 목적을 위하여 국가가 정책적으로 각 영업의 형태에 따라 행정법규를 제정하여 감독과 단속을 강화하고 있다. 공중위생법(1986년 법률 제3822호), 공중목욕장업법(1961년 법률 제808호), 숙박업법(1961년 법률 제809호), 이용사 및 미용사법(1961년 법률 제798호) 등이 이에 해당한다. 또한 이들 영업은 대부분 행정청이나 경찰관서의 허가를 얻어야 한다.

제 2 관 公衆接客業者의 責任

Ⅰ. 受置한 物件에 대한 責任

1. 責任의 嚴格性

공중접객업자는 객으로부터 임치를 받은 물건의 멸실 또는 훼손에 대하여 불가항력으로 인함을 증명하지 아니하면 그 손해를 배상할 책임을 면하지 못한다(제152조 제 1 항). 이는 로마법에서 인정된 레셉툼책임(receptum nautarum cauponum)을 계수한 것으로서, 로마법에서는 운송인이나 여관업자에게 수령한 운송물이나 휴대물의 멸실 또는 훼손에 대하여 고의·과실이 없음을 증명하여도 수령했다는 사실에 의하여 법률상 당연히 결과책임을 인정하여 손해배상책임을 부담하도록 하였다.

객의 보호와 업자의 신용유지를 위한 제도이지만 공중접객업자에게 너무 가혹하다고 보아 불가항력이라는 예외적 면책사유를 인정하기에 이르렀다. 공중접객업자는 휴대품의 수취에 대하여 별도의 보수를 받지 않더라도 동일한 책임을 지며, 물론 자기의 이행보조자의 행위에 대해서도 책임을 진다.

2. 免責事由로서의 不可抗力

임치받은 물건의 멸실 또는 훼손이 불가항력으로 인한 것임을 증명하지 아니하면 공중접객업자는 손해배상책임을 면하지 못한다(제152조 제1항). 여기서 불가항력이란, 특정사업의 외부에서 발생된 사건으로서 통상 필요하다고 인정되는 예방수단을 취하더라도 위해를 방지할 수 없는 경우를 말한다(통설).

3. 客의 範圍

상법 제152조 제1항의 이른바 「객」이라 함은 공중접객업소의 시설을 이용하는 자이지만, 반드시 그 이용계약이 성립하고 있을 필요는 없으며, 객관적으로 보아 시설을 이용할 의사로써 업소에 입장한 것으로 인정되는 자도 이에 포함되는 것으로 본다. 따라서 상법 제152조 제1항의 책임은 계약체결상의 과실책임을 확장한 상법상의 특별책임이라고 할 수 있다.

Ⅱ. 受置하지 아니한 物件에 대한 責任

1. 責任의 輕減

상법 제152조 제2항에 의하면, 「공중접객업자는 객으로부터 임치를 받지 아니한 경우에도 그 시설 내에 휴대한 물건이 자기 또는 그 사용인의 과실로 인하여 멸실 또는 훼손된 때에는 그 손해를 배상할 책임이 있다」고 규정하고 있다. 이 책임은 휴대수하물에 관한 여객운송인의 책임(제150조)과 같다.

2. 責任의 性質

공중접객업자가 임치를 받지 아니한 객의 휴대물에 관하여 책임을 지는 근거는 임치계약상의 책임은 아니지만, 공중접객업자와 객이라고 하는 특수한 관계에서 발생하는 책임으로서 공중접객시설의 이용관계에 기인하여 법이 인정하는 특별책임이다(통설).

Ⅲ. 高價物에 대한 責任

1. 責任의 免除

화폐, 유가증권 기타의 고가물에 대하여는 객이 그 종류와 가액을 명시하여 임치하지 아니하면 공중접객업자는 그 물건의 멸실 또는 훼손으로 인한 손해를 배상할 책임이 없다(제153조).

고가물이라 함은 그 용적·중량에 비하여 그 성질·가공정도·연대 등의 이유로 고가인 것, 예컨대 귀금속·보석·고급미술품·골동품·모피 등을 말한다.

이러한 규정을 둔 취지는 운송주선인(제124조, 제136조) 및 운송인(제136조)의 경우와 같으며, 따라서 보통물로서의 책임도 지지 아니한다. 즉 공중접객업자는 임치를 받은 경우에도 고가물임을 명시하지 않는 한 제153조에 의해 책임을 지지 않으며, 객이 임치하지 아니한 고가물에 대하여는 제152조 제 2 항의 책임도 지지 아니한다. 공중접객업자가 고가물이라는 명시를 하지 않으면 고가물에 상응하는 보관방법을 취할 수 없기 때문에, 손해가 발생할 기회가 많아지고 또 손해액도 고액이 되는데, 그러함에도 불구하고 공중접객업자에게 책임을 지게 하는 것은 가혹하기 때문이다.

2. 不法行爲責任

객이 고가물에 대하여 그 종류와 가액을 명시하여 임치하지 않은 경우 공중접객업자는 계약상의 손해배상책임을 부담하지 않지만, 공중접객업자나 그 사용인의 '고의 또는 중과실'로 인하여 고가물이 멸실·훼손된 때는 불법행위상의 손해배상책임을 부담한다(동지: 최기원). 이에 반하여 공중접객업자를 보호하고자 하는 상법 제153조의 취지에서 볼 때 공중접객업자에게 '고의'가 있는 경우에 한하여 손해배상을 청구할 수 있다고 해석하는 견해와, 불법행위의 요건을 구비하면, 즉 '고의 또는 과실'이 있으면 손해배상책임을 부담한다는 견해도 있다.

Ⅳ. 責任의 消滅時效

1. 短期消滅時效

공중접객업자의 책임은 영업자나 그 사용인에게 악의가 없는 한 공중접객업자가 임치물을 반환하거나 객이 휴대물을 가져간 후 6월이 경과하면 소멸시효가 완성된다(제154조 제1항·제2항). 이 기간은 임치물이 전부멸실한 경우에는 객이 퇴거한 날로부터 기산한다(제154조 제2항).

2. 一般商事消滅時效

공중접객업자 또는 그 사용인이 악의인 때는 단기소멸시효는 적용되지 않고 공중접객업자의 책임은 5년의 일반상사채권의 소멸시효에 의하여 소멸한다(제64조). 악의란 영업자나 사용인이 고의로 객의 물건을 멸실 또는 훼손되게 하였거나 멸실 또는 훼손의 사실을 고의로 은폐한 경우를 말하며, 단순히 멸실 또는 훼손을 알고 있었다는 것만으로는 악의라 할 수 없다.

제 3 장

新種商行爲

제 1 절 리　　스

제 1 관 槪　　念

Ⅰ. 意　　義

리스(1ease)는 본래 영미법상 어떤 물건의 소유자가 그 물건을 일정기간 동안 다른 사람에게 사용·수익하게 하고 그 대가로 사용료를 받기로 하는 약정, 즉 임대차를 의미한다. 그런데 오늘날 경제계에서는 리스회사가 리스이용자에게 물건의 구입자금을 융통해 주는 대신에 리스이용자가 필요로 하는 물건을 구입하여 제공하는 물건의 융통, 즉 물융을 의미하는 말로 널리 쓰이기도 한다.

여신전문금융업법에 의하면 시설대여업이란 시설대여를 업으로 하는 것을 말한다(여신전문금융업법 제 2 조 제 9 호). 그리고 시설대여란 소정의 법령이 정하는 물건을 새로 취득하거나 대여받아 거래상대방에게 소정 기간 이상 사용하게 하고, 그 사용 기간 동안 일정한 대가를 정기적으로 나누어 지급받으며, 그 사용 기간이 끝난 후의 물건의 처분에 관하여는 당사자간의 약정으로 정하는 방식의 금융을 말한다(동법 제 2 조 제10호). 따라서 이 때의 리스이용자는 기계설비 등에 대해 소유권을 갖지 않으면서 그 경제적 이용권을 갖게 되고, 리스회사는 리스기간중의 소유권보유를 인정받는다는 점에서 리스는 기업가의 이윤이 자산을 '소유'하는 데서 생기는 것이 아니라 그 자산을 '이용'함으로써 생긴다는 소유와 사용의 분리를 그 본질로 한다.

Ⅱ. 法的 規律

현재 리스거래에 대한 법규로는 리스영업에 관한 행정적 규율을 목적으로 하는 여신전문금융업법(2009. 2. 6. 개정, 법률 제9459호)이 있을 뿐이다. 따라서 리스거래와 관련하여 그 사법적 법률관계(리스법률관계)에 적용할 법규정을 찾는 것이 크게 논란이 되고 있는 실정이다. 1995년 개정상법은 리스를 '기계·시설 기타 재산의 물융에 관한 행위'로 그 표현을 바꾸어 기본적 상행위에 포함시켜 리스거래와 관련된 사법적 법률관계에 상법이 적용되도록 하였다(제46조 제19호).

제2관 種 類

리스의 종류와 형태는 매우 다양하지만 법적으로 중요한 의미를 갖는 것은 금융리스(finance 1ease; Finanzierungsleasing)와 운용리스(operating lease; Operatingleasing)의 구별로서, 이는 계약기간중에라도 리스계약을 자유로이 해지할 수 있는가, 즉 대상물건의 진부화의 위험을 리스회사 또는 리스이용자 중 어느 쪽이 부담하는가를 기준으로 한다.

Ⅰ. 金融리스

금융리스는 리스이용자가 기계·설비 등을 필요로 하는 경우, 리스회사가 구입자금을 리스이용자에게 대부하는 대신에 리스물건을 직접 구입하여 이를 대여해 주는 것을 말한다. 이 때에는 리스기간이 보통 리스물건의 내용연수에 상당한 기간으로 되며, 리스이용자는 이 기간 중 계약을 해지할 수 없다. 또 리스이용자는 물건구입대금과 부대비용·리스회사 이윤 등을 합한 금액에 상당하는 리스료를 지급하여야 할 채무와 리스물건에 대한 유지·관리책임 등을 부담한다.

Ⅱ. 運用리스

운용리스는 금융리스 이외의 리스를 총칭하는 것으로 금융적 성격은 거의 없고 서비스제공의 성격이 강하다. 즉 리스회사는 불특정다수를 대상으로 가동률이 높은 범용기종(자동차 · 컴퓨터 · 사진기 · 건설기계 등)을 내용연수의 일부 동안 임대하여 투하자금의 회수를 꾀한다. 또 리스이용자는 수시로 또는 일정한 예고기간을 두고 리스계약을 해지할 수 있으며, 통상 리스물건의 수선의무 · 위험부담 · 하자담보책임은 물론 진부화의 위험도 리스회사가 진다.

제 3 관 리스去來의 構造

Ⅰ. 리스去來의 當事者

리스거래에는 기본적으로 리스이용자, 리스회사 및 공급자의 3당사자가 있다. 리스이용자는 리스물건의 실수요자인 사용자로서 리스료를 지급한다. 다음으로 리스회사는 리스물건의 법적 소유자로서 리스료를 받고 리스물건을 이용자에게 빌려준다. 공급자는 리스물건을 생산 · 공급하고 그 대금을 받는 자로서 제조업자 또는 판매업자라고도 하지만 직접 리스계약의 당사자가 되는 것은 아니다.

Ⅱ. 리스去來의 展開

리스거래의 과정은 리스대상물건이 수입물품 또는 국내조달물품인가에 따라 구체적인 차이가 있을 수 있으나 대략 다음과 같이 전개된다. 먼저 리스이용자가 자신이 필요로 하는 기계 · 설비 등의 제조자 기타 공급자나 그 대리인과 상담하여 목적물 · 가격 · 인도시기 등에 관해 실질적인 합의를 하고, 이 합의내용을 토대로 리스회사와 리스계약을 체결한다. 이 때 리스기간, 리스료, 유지 및 관리책임 등은 약관에 따른다.

리스계약이 성립하면 리스회사는 계약의 이행으로 공급자와 매매계약을 체결하며, 여기에서 공급자가 당해 목적물의 인도 및 보증, 보수서비스 등을 이용자에게 직접 하기로 합의한다. 이 계약에 따라 공급자는 이용자에게 리스물건을 인도한다. 이 때 리스이용자가 물건을 검수하여 하자가 없으면 리스회사에 리스물건수령증을 발급하는데, 이 때부터 리스기간이 개시되고 이용자는 정기적인 리스료지급의무를 부담한다. 그리고 리스회사는 공급자에게 대금을 지급한다.

제4관 리스契約의 法的 性質

리스계약의 법적 성질에 관해서는 학설·판례가 일치하지 않고 있다.

Ⅰ. 賃貸借契約說

리스계약을 리스회사가 리스이용자에게 일정한 물건을 유상으로 사용·수익하게 하는 것이므로 임대차계약이라고 보는 견해가 있다. 하지만 리스계약을 그 특성을 무시한 채 전형적인 임대차로 보는 입장을 취하는 학자는 거의 없고 대신에 특수한 임대차계약으로 보는 견해가 있다. 이 특수임대차설은 리스계약의 형식면에 치중하여 민법상의 임대차로 파악하되 임대차적 구성에 부적합한 부분은 민법상 임대차에 관한 규정이 대부분 임의규정인 점에 착안하여 개별적으로 계약의 유효성을 판정하려는 것이다.

Ⅱ. 無名契約說

무명계약설(비전형계약설)은 금융리스는 민법상 전형계약의 어느 것에도 속하지 않는 것으로 거래의 현실적 필요에서 자생적으로 발달한 독특한 계약형식으로 물적 금융을 내용으로 하는 특수한 무명계약(비전형계약)이라고 한다.

Ⅲ. 判 例

이에 대해 판례는 형식에서는 임대차계약과 유사하나 그 실질은 물적 금융이고 임대차계약과는 여러 가지 다른 특질이 있기 때문에 시설대여계약(무명계약)이고, 따라서 이에 대하여는 민법의 임대차에 관한 규정이 바로 적용되지 않는다고 하면서(대판 1986. 8. 19, 84 다카 503·504; 대판 1987. 11. 24, 86 다카 2799·2800), 리스계약의 내용은 당사자 사이의 약정(보통의 경우 리스약관)에 의하여 정하여지는 것이라고 하고 있으며(대판 1990. 5. 11, 89 다카 17065), 물건의 인도를 계약성립의 요건으로 하지 않는 낙성계약이라고 하고 있다(대판 1991. 4. 9, 90 다카 26515; 대판 1991. 12. 10, 90 다 19114).

제 5 관 當事者의 權利·義務

Ⅰ. 리스利用者의 權利·義務

1. 리스物件의 受取·檢收義務 및 借受證交付義務

리스물건은 공급자로부터 리스이용자에게 직접 인도되는 것이 보통이기 때문에 리스이용자는 물건의 인도를 받은 뒤 지체없이 이를 검수하고 차수증을 작성하여 리스회사에 교부하여야 한다. 리스회사가 공급자에게 물건의 대금을 지급하려면 리스이용자에게 물건이 인도되었음을 확인할 필요가 있으므로 차수증의 교부는 리스이용자의 리스계약상 당연한 의무이다. 리스기간은 리스이용자가 차수증을 리스회사에 교부한 날로부터 기산한다.

2. 리스物件의 使用·受益權

리스이용자는 전(全) 리스기간에 걸쳐 리스물건을 점유하여 사용·수익할 권리를 가지는데, 이는 리스계약에 의하여 약정되는 것이므로 리스계약상의 권리이다. 사용·수익의 정도 및 방법은 계약의 내용 및 목적물의 성질에 의하여 결정되며, 리스이용자는 물건을 사용함에 있어 선량한 관리자의 주의를 다하여야 한다(민법 제374조). 리스이용자가 수권의 정도를 넘어서 사용하거나 목적물의 용법을 현저히 위반한 경우 또는 사용·수익권을 무단으로 양도하거나 전대하는 경우에 리스회사는 손해배상을 청구하거나 계약을 해지할 수 있다.

3. 리스料支給義務

리스이용자는 리스기간 중 리스회사에 약정된 리스료를 지급하여야 한다. 리스료는 물건의 사용·수익에 대한 대가가 아니라, 리스회사가 제공한 금융에 대한 대가이다. 따라서 리스물건이 리스이용자와 리스회사의 책임 없는 사유로 멸실·훼손된 경우에도 리스이용자는 당초 약정된 리스료를 리스회사에 지급하여야 하며, 리스이용자는 물건의 하자를 이유로 리스료의 지급을 거절할 수 없다. 그러나 리스회사는 리스이용자의 채무불이행 등을 이유로 하여 리스계약을 해지하여 물건을 반환받을 수 있고 동시에 잔존리스료 전액을 청구할 수 있다.

4. 契約更新權 또는 購買選擇權

리스이용자가 리스기간의 만료 후에도 그 리스물건을 계속 사용하고자 할 때에는 기간만료 전에 리스회사에 통지하여 계약을 갱신하거나 혹은 리스회사와 구매계약을 체결하여 그 물건을 염가로 구매할 수 있다. 이는 리스이용자의 본질적 권리로 이해되고 있으며, 리스이용자는 이러한 권리를 행사하여 리스물건을 계속 사용할 것인지 아니면 종료시켜서 라스물건을 반환할 것인지의 여부를 일방적으로 결정할 수 있고 리스회사는 이에 응하여야 한다.

5. 리스物件의 保全義務

실무상 리스계약에 있어서는 리스물건의 유지·관리·수선의무 등은 리스이용자가 부담하고 리스회사는 이를 부담하지 않는 것으로 약정되어 있다(한국개발리스주식회사 시설대여 (리스)약관(이하 약관) 제15조 참조). 이는 민법의 임대차에 있어서 임대인이 물건의 사용·수익에 필요한 수선의무를 지는 것(민법 제623조)과 크게 다르다. 금융리스에 있어서는 리스물건의 선택이 전적으로 리스이용자의 필요에 의하여 행하여지며, 리스물건을 현실적으로 지배하는 것도 리스이용자 자신이고, 리스회사는 이에 관하여 전문지식을 갖고 있지 않으므로 리스회사가 이를 수선·관리하는 것은 기술적으로 불가능에 가깝다. 또 금융리스의 금융적 성격 때문에 리스료의 계산에 유지·수선비를 포함시키지 않고 있을 뿐만 아니라, 리스거래는 통상 무담보로서 리스물건이 유일한 담보기능을 가지므로 리스이용자에게 보전의무를 과하여 그 담보가치를 유지·확보할 필요가 있다. 한편 리스물건이 전국에 산재하고 있어서 지리적으로 서비스를 제공하기도 곤란하다.

여신전문금융업법 제34조 제 1 항에서는 대여시설이용자가 특정물건의 시설대여 등을 받아 사용하는 경우 다른 법령의 규정에 의하여 특정물건의 소유자에게 부과되는 검사 등 그 물건의 유지·관리에 관한 각종 의무는 대여시설이용자가 그 당사자가 되어 이를 이행하여야 한다고 규정하여 리스이용자의 보전의무를 인정하고 있다.

6. 通知 및 報告義務

리스이용자는 리스물건에 대하여 소유권 기타의 권리를 주장하는 자가 있거나, 가처분 또는 강제집행을 받은 경우에는 그 침해를 방지함과 아울러 즉시 리스회사에 통지하여야 한다. 또 리스회사의 요청이 있으면 리스이용자는 자신의 사업현황, 물건의 사용 또는 보관상태 등을 리스회사에 보고하고 관련자료를 제출하여야 한다.

7. 리스物件表示의 毁損禁止義務

리스이용자(대여시설이용자)는 리스물건임을 나타내기 위해 리스회사가 그에 부착한 표지를 훼손하지 못한다(여신전문금융업법 제36조 제 2 항). 이는 동산의 선의취득에 의한 제 3 자의 소유권취득을 방지하고, 리스회사가 제 3 자의 강제집행에 대한 제 3 자이의의 소를 제기하거나 리스이용자의 파산시 환취권을 행사하는 경우에 그 입증수단이 된다.

8. 리스物件의 返還義務

리스기간의 만료, 再리스기간의 종료 또는 리스회사의 계약해지 등으로 리스회사가 리스물건의 반환을 청구하는 경우에 리스이용자는 자기의 비용으로 리스물건을 리스회사가 지정하는 장소에 양도할 의무를 진다. 반환된 물건에 통상의 마모가 아닌 현저한 손괴가 생긴 경우에는 리스이용자가 원상회복을 하거나 손해배상을 하여야 한다(국제금융리스 제 4 차협약안 제 8 조 제 2 항, 동조 제 1 항 참조).

Ⅱ. 리스會社의 權利·義務

1. 리스料支給請求權

리스회사는 리스물건의 하자나 리스계약의 해지 또는 리스물건의 멸실여부와 관계없이 매기마다 리스료의 지급을 청구할 수 있다.

2. 契約解止權

금융리스에 있어서는 리스이용자뿐만 아니라, 리스회사도 리스기간 중에 리스계약을 해지할 수 없는 것이 원칙이나, 예외적으로 리스이용자에게 리스료의 부지급 등의 채무불이행이 있거나 파산·은행거래정지처분 등 신용악화사유가 발생한 경우에는 리스회사는 리스계약을 일방적으로 해지할 수 있다.

3. 入會調査權

리스회사는 리스물건이 지정된 장소에서 약정된 방법으로 설치·사용되고 있는지, 보수·정비상태는 양호한지, 제3자가 선의취득할 가능성은 없는지 등에 관하여 조사하기 위하여 리스이용자의 공장이나 사무실에 출입하여 리스물건을 조사할 수 있다. 그러나 원칙으로 자력구제는 인정되지 않으므로 리스이용자가 반대의 의사를 분명히 한 경우에는 입회할 수 없다.

4. 財政報告徵收權

리스회사는 리스이용자의 재산상태가 현저히 악화된 경우에 즉시 리스물건을 회수하여 지급받지 못한 리스료 채권을 확보하기 위한 수단으로 리스이용자의 재정상태에 관하여 보고받을 권리를 갖는다.

5. 기타의 權利

그 밖에 리스회사는 리스기간이 만료한 때에는 리스물건을 반환받을 권리와 리스이용자의 리스물건에 대한 사용·수익권을 침해하지 않는 범위에서 리스이용자의 동의 없이 리스계약상의 권리의 전부 또는 일부를 제3자에게 양도하거나 담보제공할 수 있다.

6. 리스會社의 義務

리스회사는 리스이용자가 리스물건을 사용할 수 있게 할 의무, 리스물건을 보험에 들 의무와 공급자에 대한 매매대금지급의무 및 리스물건 중도반환의 경우 청산의무가 있다. 그러나 수선의무·하자담보책임·비용상환의무는 특약으로 배제되고 있다 (임대차와 비교).

Ⅲ. 供給者의 權利·義務

1. 供給者의 權利

공급자는 리스계약의 직접 당사자는 아니나 리스회사와의 리스물건에 대한 매매계약의 당사자로서 리스회사가 리스이용자로부터 차수증을 교부받은 후 리스회사로부터 리스물건의 대금을 지급받을 권리를 갖는다.

2. 供給者의 義務

공급자는 약정된 인도기일에 리스물건을 리스이용자에게 인도하여야 하고, 또 리스물건에 대한 하자담보책임(하자의 보수, 완전물급부 또는 손해배상)을 부담하여야 한다. 리스물건의 하자담보책임을 확실히 지우기 위해 리스이용자와 공급자 사이에 품질보증계약이 체결되는 경우도 있다,

제 6 관 리스契約의 終了

Ⅰ. 中途解止

원칙으로 리스이용자는 리스기간 중에 리스계약을 해지할 수 없다(약관 제 2 조 제 2 항 참조). 이는 리스기간 중 계약이 해지되어 물건이 반환될 경우 리스회사가 이 물건을 다시 동일조건의 새로운 이용자를 구하여 빌려주거나 이를 처분하여 투하자금을 회수하는 것이 불가능하므로 리스회사를 보호하기 위한 것이다. 하지만 리스물건이 불가항력 등으로 멸실되었거나 사용할 수 없게 된 때에는 리스이용자도 계약해지권을 갖는다고 보아야 한다. 또 리스회사의 경우에도 리스이용자가 계약조건을 준수하는 한 리스계약에 구속되어 계약을 해지할 수 없다. 그러나 리스이용자의 채무불이행이 있거나 파산, 리스이용자에 대한 강제집행·보전처분·체납처분 등의 절차의 개시, 은행거래정지처분·영업의 폐지·회사의 해산 등으로 계약의 존속을 기대할 수 없는 경우에는 리스회사가 리스계약을 일방적으로 해지할 수 있다(약관 제21조 제 1 항·제 2 항 참조). 그리고 리스이용자가 리스물건을 계약을 위반하여 사용하는 경우에도 계약의 해지가 가능하다고 할 것이다.

Ⅱ. 리스期間의 滿了

리스기간이 만료하면 리스회사와 이용자간의 약정에 따라 반환, 재리스 또는 물건의 매입선택권을 행사할 수 있게 된다. 따라서 리스계약이 만료된 때에는 이용자는 시설을 구입하거나 리스계약을 갱신하지 않는 한 통상의 방법으로 시설을 사용하

여 통상의 사용에 따르는 소모를 고려하여 인도시의 상태로 그 시설을 리스회사에 반환하여야 한다(국제금융리스 제4차협약안 제8조 제2항 참조).

제2절 프랜차이즈

상인은 자기의 영업분야에서, 독자적인 상호나 상표 등의 영업표지와 독특한 영업운영방식을 개발하고자 노력하는 것이 일반적이다. 이 경우 개발된 영업표지와 영업운영방법을 자기 자신의 영업에만 한정적으로 이용한다면 그 재산적 가치를 충분히 활용하지 못하는 것이 되어, 여러 가지 비효율과 비능률을 초래하게 될 것이다. 프랜차이즈계약은 이러한 비효율과 비능률을 제거하고, 보다 많은 사람에게 고용기회를 제공하며, 나아가 상품이나 서비스의 품질을 규격화·고급화시키는 유통계약으로서 최근에 새로이 등장한 상행위 유형의 하나이다('프랜차이징은 금세기에 출현한 가장 창조적 마케팅기술 중의 하나'라고까지 하였다). 1995년 개정상법은 점차로 그 중요성이 더해 가는 프랜차이즈를 '상호·상표 등의 사용허락에 의한 영업에 관한 행위'로 표현하여 기본적 상행위에 포함시켰다(제46조 제20호). 그리고 프랜차이즈이용자의 권익을 보호하기 위하여 가맹사업거래의 공정화에 관한 법률이 2002. 5. 13. 제정되었다(법률 제6704호). 또한 가맹사업진흥에 관한 법률이 2007. 12. 21. 제정되었다(법률 제8761호).

제1관 概 念

Ⅰ. 프랜차이즈利用者의 意義

프랜차이즈계약 자체가 아직 생성중인 개념으로서 그 정의가 다양하게 시도되고 있는 단계에 있으므로, 프랜차이즈이용자의 개념도 단정적으로 정의하기는 쉽지 않다. 프랜차이즈사업은 영미에서 발전되기 시작한 사업관행인바, 대체로 프랜차이즈계약의 정의에서 포함하는 사항으로는 1) 상호, 상표, 서비스표 등 영업표지의 사용권 설정, 2) 당사자의 법적 지위의 상호독립성, 3) 프랜차이즈이용자의 영업에 대한 프랜차이즈제공자의 계속적 지도·조언 및 통제, 4) 프랜차이즈료 등으로 지칭되는 사용료의 지급 등이다. 이러한 필수요건을 고려하여 프랜차이즈계약을 정의하면 "프랜차이즈계약이란 당사자의 일방(프랜차이즈제공자)이 타방(프랜차이즈이용자)에게 자기의 영업표지를 이용하여 영업을 할 수 있도록 허가하고 그 영업과 관련하여 통제·조력할 것을 약정하며, 타방은 이에 대하여 대가(프랜차이즈료)를 지급할 것을 약정함으로써 성립하는 독립적 상인간의 계약"이라고 할 수 있다.

이러한 프랜차이즈계약의 개념정의를 기초로 프랜차이즈이용자의 정의를 도출한다면 "프랜차이즈이용자란 타인의 지도·통제하에 그의 영업표지를 사용하여 자기의 영업에 종사하는 자"라고 할 수 있다.

Ⅱ. 프랜차이즈利用者의 類型

프랜차이즈이용자의 유형은 프랜차이즈계약의 내용에 따른 분류와 유통단계에 따른 분류로 대별할 수 있다.

프랜차이즈계약의 내용에 따라 프랜차이즈이용자를 분류하면 다음과 같다.

(가) **商品販賣 프랜차이즈利用者** 상품판매 프랜차이즈이용자는 프랜차이즈제공자로부터 그의 상표가 부착된 상품을 판매할 권리를 부여받고, 그가 생산하거나 공급하는 상품을 판매한다.

(나) **營業型 프랜차이즈利用者** 영업형 프랜차이즈이용자는 프랜차이즈제공자의 상호하에 상품이나 서비스를 판매할 수 있는 권리를 취득한다.

(다) **生産 및 工程플랜트** 이 경우 프랜차이즈이용자는 프랜차이즈제공자의 지도에 따라 상품을 생산한다. 프랜차이즈제공자는 프랜차이즈이용자에 대하여 상품생산에 필요한 필수원료나 생산비법을 제공한다.

제 2 관 프랜차이즈契約의 成立要件

프랜차이즈계약은 새로운 유형의 계약이므로 그 성립요건을 보다 엄격히 확정할 필요가 있다. 통상적으로 프랜차이즈계약의 성립요건으로 논의되는 것으로는 1) 영업표지의 사용허가, 2) 프랜차이즈제공자의 통제·조력, 3) 프랜차이즈이용자의 독립적 지위, 4) 프랜차이즈료의 지급 등이다.

Ⅰ. 營業標識의 使用許可

프랜차이즈계약이 성립하기 위하여는 프랜차이즈이용자의 영업이 프랜차이즈제공자의 영업표지와 실질적인 관련성이 있어야 한다. 대표적인 영업표지로는 상호·상표·서비스표·로고 등이 있다. 그러나 프랜차이즈계약에서 말하는 영업표지는 이러한 것들에 한정되지 않고 간판이나 선전탑, 광고와 기타 디자인, 조명, 색상 등 널리 프랜차이즈제공자의 동일성을 표시하는 모든 표현물이나 표현방법을 포함하는 것으로 보아야 한다.

Ⅱ. 프랜차이즈提供者의 統制·助力

프랜차이즈계약이 성립하기 위해서는 프랜차이즈제공자가 프랜차이즈이용자에 대하여 일정한 지시·통제를 가하고 아울러 프랜차이즈이용자의 영업활동을 도와주는 관계가 설정되어야 한다. 이 경우 지시·통제는 프랜차이즈이용자의 영업의 주된 부분에 관련된 것이어야 하기 때문에 부수적 서비스나 다른 상품의 판매제한에 관한 조항 등은 그 자체만으로 지시·통제라고 할 수는 없다.

지시·통제가 있다고 인정되는 경우로는, 프랜차이즈제공자의 지시에 대한 프랜차이즈이용자의 복종의무조항이나 점포의 입지, 상호의 사용, 광고, 각종 표지물, 판매대, 상품의 공급원 등에 대한 프랜차이즈제공자의 허가조항 및 가맹점포의 시설이나 비품, 장비의 외관, 직원의 제복, 영업시간, 점포의 관리, 기타 장비에 관한 조항 등이 계약에 삽입된 것을 들 수 있다.

Ⅲ. 프랜차이즈利用者의 獨立的 地位

프랜차이즈이용자는 프랜차이즈제공자와 동일한 영업표지를 사용하고, 프랜차이즈제공자로부터 지시·통제를 받음에도 불구하고 프랜차이즈제공자와는 독립적인 관계에 있다. 프랜차이즈이용자가 독립적 상인이라는 것은 그 영업의 결과가 직접 자기에게 귀속된다는 것을 의미한다.

Ⅳ. 프랜차이즈료의 支給

프랜차이즈계약은 상사계약으로서 유상계약이다. 따라서 프랜차이즈이용자는 프랜차이즈제공자에 대하여 프랜차이즈료를 지급하여야 한다.

프랜차이즈료란 프랜차이즈계약에서 정한 사업에 가입할 권리를 취득하고 이를 유지하기 위하여 프랜차이즈이용자가 프랜차이즈제공자에게 지급하거나 지급하기로 약정하는 요금 내지 부담금을 말한다. 따라서 이러한 성질의 요금 내지 부담금인 한 그 명칭이나 형태는 묻지 아니한다.

제 3 관 프랜차이즈契約의 法的 性質

프랜차이즈계약은 새로이 형성중인 계약으로서, 기존의 전형계약과는 여러 면에서 차이가 있다.

여기서는 프랜차이즈계약이 상호·상표 등의 영업표지에 대한 사용권의 설정과 더불어 영업상의 통제와 조력을 내용으로 하는 새로운 유형의 비전형계약이라고 보는 신종계약설에 따라 프랜차이즈계약의 법적 성질을 좀더 분설하면 다음과 같다.

(1) 프랜차이즈계약은 비전형계약이다. 프랜차이즈계약은 민법전에 규정되어 있지 않은 새로운 유형의 계약이다.

(2) 프랜차이즈계약은 상사계약이다. 프랜차이즈제공자는 이미 상호·상표 등의 영업표지를 소유하고 있어야 하므로 상인이다. 프랜차이즈이용자는 아직 상인의 지위를 보유하지 못한 경우가 많겠으나 이 경우에도 프랜차이즈이용자가 되려는 자가 프랜차이즈제공자와 프랜차이즈계약을 체결하는 것은 상행위를 영위하기 위한 개업준비행위에 해당한다. 그러므로 양 당사자간에 체결되는 프랜차이즈계약은 상사계약이다.

(3) 프랜차이즈계약은 유상계약이다. 프랜차이즈제공자가 영업표지의 사용을 허가하고 프랜차이즈이용자의 영업에 대하여 각종 통제와 조력을 해야 하는 의무가 있고 프랜차이즈이용자는 프랜차이즈제공자에게 프랜차이즈료를 지급해야 할 의무가 있으며 이 양 의무는 대가관계에 있으므로 프랜차이즈계약은 유상계약이다.

(4) 프랜차이즈계약은 쌍무계약이다. 프랜차이즈이용자는 프랜차이즈제공자의 통제와 조력에 대하여 대가를 지급하여야 하고 프랜차이즈제공자는 프랜차이즈료에 대

하여 영업표지의 사용허가 및 프랜차이즈이용자의 영업을 지도·통제하여야 하므로 프랜차이즈계약은 쌍무계약이다.

(5) 프랜차이즈계약은 라이센스계약이다. 프랜차이즈계약은 상호·상표·서비스표·로고 등의 사용권을 프랜차이즈이용자에게 설정하는 것을 기본요건으로 하기 때문에 영업표지의 사용권설정을 내용으로 하는 라이센스계약이다.

(6) 프랜차이즈계약은 프랜차이즈이용자의 영업에 대하여 프랜차이즈제공자가 통제·조력하는 특수한 계약이다. 기존의 계약관계에서는 독립적인 상인에 대하여 통제나 조력을 할 수 없으나 프랜차이즈계약에서는 프랜차이즈제공자가 독립적인 프랜차이즈이용자의 영업에 대하여 통제를 가하거나 조력을 제공하는 특수한 계약이다.

(7) 프랜차이즈계약은 계속적 계약이다. 프랜차이즈계약당사자의 권리·의무관계는 1회적 이행으로 종료되는 것이 아니고 일정기간 동안 계속적으로 이행이 필요한 계속적 계약이다.

(8) 프랜차이즈계약은 복합계약이다. 프랜차이즈계약은 영업표지의 사용허가계약과 상품이나 서비스의 공급계약, 그리고 영업을 지도·통제할 것을 내용으로 하는 계약 등 여러 가지 계약이 복합적으로 일체를 이루는 복합계약이다.

제4관 프랜차이즈契約의 法律關係

Ⅰ. 프랜차이즈利用者와 프랜차이즈提供者의 關係

프랜차이즈계약은 프랜차이즈이용자가 프랜차이즈제공자와 의사를 합치함으로써 성립되는 상사계약으로서 기본적으로 사적 자치의 원칙이 적용된다. 따라서 그 법률관계도 당사자가 프랜차이즈계약에서 구체적으로 정하는 바에 따라 형성된다.

1. 營業標識의 使用關係

프랜차이즈제공자는 프랜차이즈이용자에 대하여 자기의 상호·상표·서비스표·로고 등의 영업표지를 사용하여 독자적으로 가맹점포를 운영할 수 있는 권리를 부여한다. 즉 영업표지의 소유권을 양도하거나 병존적으로 양도하여 공유관계를 설정하는 것이 아니라, 단순히 사용권만을 설정한다.

구체적인 계약에 있어서 이러한 사용권은 일정한 기간과 지역에 의하여 제한된다. 또한 영업표지의 사용권은 사용방법상의 제한을 받기도 한다.

2. 프랜차이즈提供者의 義務

프랜차이즈제공자는 프랜차이즈이용자에 대하여 영업상 후원자 내지 안내자와 같은 지위에 있으므로, 일단 프랜차이즈이용자를 모집한 경우에는 그가 독립한 상인으로서 자신의 가맹점을 독자적으로 운영할 수 있도록 각종 서비스를 제공할 의무가 있다. 이러한 서비스 제공의무에는 연수교육의 실시의무, 가맹점의 개업준비행위지원의무, 원료나 제품의 공급의무, 각종 정보 및 새로운 노하우의 전수의무 등이 포함된다. 그 밖에도 프랜차이즈제공자는 프랜차이즈이용자에게 자신의 영업시스템에 관한 내용이 상세하게 수록되어 있는 운영교범(operating manua1)을 교부하여야 하고, 영업현장에서 프랜차이즈이용자의 영업상 미흡한 점이나 잘못된 점을 시정·지도하여야 한다.

3. 프랜차이즈利用者의 義務

프랜차이즈이용자는 프랜차이즈제공자에 대하여 로열티 등의 프랜차이즈료를 지급하여야 한다. 이는 최초의 사업개시에 앞서 지급하는 입회비와 계속적인 로열티로 구성된다. 전자는 통상 프랜차이즈보증금이라는 이름으로 약정되는 것으로서 프랜차이즈이용자가 되려는 자가 가맹점운영을 개시할 것으로 예정됨에 따라 프랜차이즈제공자가 이에 대비하여 각종의 준비를 하는 데 드는 비용을 담보하기 위한 것이고, 후자는 영업표지의 사용에 대한 대가나 계속적인 서비스의 제공에 대한 대가의 의미를 가진다.

또한 프랜차이즈이용자는 프랜차이즈제공자가 교부한 운영교범을 준수하고, 각종의 지시·통제에 순응하여야 할 의무를 부담하며, 특히 프랜차이즈제공자의 영업표지 및 영업비결 등을 보호하여야 할 의무를 부담한다.

끝으로 프렌차이즈이용자는 자신의 영업을 프랜차이즈제공자의 허가 없이 양도할 수 없다. 이는 프랜차이즈이용자의 연수 및 당사자간의 기본적인 신뢰관계를 기초로 하는 프랜차이즈계약의 특성에 비추어 당연한 의무일 것이다.

Ⅱ. 프랜차이즈提供者와 제 3 자의 關係(프랜차이즈提供者의 제 3 자에 대한 責任)

프랜차이즈제공자와 프랜차이즈이용자는 당사자 사이에서는 엄연히 독립한 별개의 상인이다. 그러나 이러한 내부관계의 독립성은 영업표지 및 점포 외관의 동일성 등으로 인하여 프랜차이즈이용자와 거래하는 제 3 자와의 관계에까지 그대로 확장될 수는 없다. 거래의 안전과 선의의 제 3 자 보호를 위하여 당사자관계의 독립성이 약화되어야 할 때가 있기 때문이다.

대법원은 수급인의 행위로 피해를 입은 제 3 자가 도급인에 대하여 책임을 추궁하는 사건에 있어서 일정한 요건하에 사용자책임을 인정하는 판결을 하고 있다(대판 1972. 1. 31, 71 다 2370). 이는 프랜차이즈제공자와 프랜차이즈이용자의 관계가 미국법상 본래 도급인과 수급인의 관계로 인식되고 있는 점에 비추어 좋은 참고가 될 것이다.

생각건대, 프랜차이즈제공자와 프랜차이즈이용자의 외관상의 동일성과 미국 상표법의 입법취지 및 우리 대법원의 판례를 종합적으로 고려하여 볼 때, 프랜차이즈제공자가 프랜차이즈이용자에 대하여 통제를 가하는 경우에는 프랜차이즈이용자의 행위로 피해를 입은 제 3 자에게 일응 책임을 부담한다고 하여야 할 것이다. 다만 그러한 통제가 상표 등의 영업표지와 그에 부수하는 영업권의 보호를 위하여 필요한 범위를 초과하지 않는 경우에까지 프랜차이즈제공자의 책임을 인정하는 것은 프랜차이즈사업의 특성에 비추어 지나치다고 할 수 있으므로 이러한 경우에는 그 책임을 부인하는 것이 합당할 것이다(동지: 최영홍, “가맹상계약의 법률문제에 관한 연구－미국 프랜차이즈계약을 중심으로,” 1991년도 고려대 법학박사학위논문, 120쪽 아래).

제 3 절 팩 터 링

제 1 관 팩터링의 意義

팩터링(factoring)은 상인이 상거래에서 발생하는 외상매출채권을 회수할 때 이용하는 금융거래의 하나이다. 즉 거래상인은 자신의 외상매출채권을 금융기관인 팩터(factor)에게 양도하고, 팩터는 거래상인에 갈음하여 채무자로부터 매출채권을 추심하는 동시에 채권추심과 관련된 부수적 행위를 할 것을 인수하는 경우가 많은데, 이를 팩터링이라고 한다. 1995년 개정상법은 팩터링을 '영업상 채권의 매수·회수 등에 관한 행위'로 표현하여 기본적 상행위에 포함시켰다(제46조 제21호).

현재 팩터링거래가 활발하게 이루어지고 있는 미국에서는 원칙으로 팩터는 거래상인의 매출채권 전부를 매입하고, 채권양도의 사실을 채무자에게 통지하며, 거래상인에 대하여 상환청구권을 가지지 않고, 매출채권은 어음화하지 않는 것이 일반적이다. 그러나 팩터링의 역사가 아직 짧고, 그 거래실적도 미미한 우리나라에서는 팩터는 거래상인의 매출채권 전부를 사전에 일괄양도받지 않고 현재의 매출채권 중의 일부만을 양도받으며, 채권양도의 사실을 채무자에게 통지하지 않고, 거래상인에 대하여 상환청구권을 가지며, 팩터링금융은 어음 중심으로 이루어지고 있다.

이와 같이 팩터링거래는 각 나라마다 다양한 모습을 보이고 있기 때문에 팩터링의 개념을 일률적으로 정의하기는 어렵다.

제 2 관 팩터링去來의 構造와 機能

Ⅰ. 팩터링去來의 當事者

팩터링거래는 팩터, 거래상인 및 채무자의 세 당사자 사이에서 이루어진다. 팩터는 거래상인으로부터 외상매출채권을 매입하고 이를 채무자로부터 추심하는 자로서 대체로 금융기관이다. 거래상인(c1ient, Kunde)은 상거래로 인하여 발생한 매출채권의 채권자로서 이 매출채권을 팩터에게 매각하는 자이다. 채무자(customer, Dritt-schuldner)는 거래상인으로부터 외상으로 물건을 매수하거나 용역을 제공받은 자로서 거래상인에 대한 채무를 팩터에 대하여 지급할 의무를 진다.

Ⅱ. 팩터링去來의 構造

팩터링거래는 대체로 다음과 같은 구조를 갖는다.

(1) 팩터와 거래상인 사이에서 양자의 권리·의무 등을 정하는 기본계약인 팩터링계약이 체결된다.

(2) 팩터는 거래상인의 판매처인 채무자의 신용을 조사하여, 거래상인에게 이에

관한 정보를 제공한다.

(3) 거래상인은 팩터가 제공한 정보를 기초로 채무자에 대하여 외상으로 상품 또는 용역을 제공한다.

(4) 거래상인은 채무자에 대한 외상매출채권을 팩터에게 양도한다.

(5) 팩터는 외상매출채권의 변제기 전에 거래상인에게 채권대금을 지급하고 나중에 채무자로부터 채권을 회수하거나, 채권의 변제기에 채권을 회수하고 나서 거래상인에게 채권대금올 지급한다.

이러한 과정에서 팩터는 채권의 회수와 관련하여 거래상인에게 장부정리 기타의 서비스를 제공한다.

Ⅲ. 팩터링의 機能

1. 信用提供機能

팩터는 매입된 매출채권의 대가를 선급하는 방법에 의하여 거래상인에게 필요한 자금을 제공한다. 이것이 팩터링의 가장 중요한 기능이라고 할 수 있다.

2 서비스提供機能

팩터는 채권회수업무, 회계업무, 경영관리자료의 제공업무, 경영지도, 정보제공업무 등 매출채권의 관리와 관련한 업무도 취급한다는 점에서 서비스제공기능을 갖는다고 할 수 있다.

3. 信用保證機能

팩터가 거래상인에 대한 상환청구권을 보유하지 않고 매출채권을 매입하는 경우에는 팩터가 채무자의 신용위험을 인수하므로 거래상인에 대하여 채무자의 지급을 보증하는 기능을 한다.

제3관 팩터링去來의 法的 性質

팩터링거래에 있어서는 팩터와 거래상인 사이에 기본계약으로서 팩터링계약이 체결되고, 이 팩터링계약에 근거하여 거래상인이 개개의 채권을 팩터에게 양도하게 된다. 따라서 팩터링거래의 법적 성질은 기본계약과 채권양도로 나누어서 살펴보아야 한다.

Ⅰ. 팩터링契約의 法的 性質

기본계약으로서의 팩터링계약은 팩터와 거래상인 사이에 계속적 채권관계를 설정하는 것으로서, 일정한 기간 동안 당사자가 다수의 장래의 채권을 이전할 것을 내용으로 한다. 일반적으로 팩터는 거래상인을 위하여 여러 가지 서비스를 제공하므로 이 계약은 위임의 성질을 갖고, 팩터가 거래상인에 대하여 선급금융을 행할 경우에는 소비대차로서의 성질도 갖는다고 볼 수 있다. 따라서 이 계약은 특수한 종류의 혼합계약이다.

Ⅱ. 債權讓渡의 法的 性質

개개의 채권의 양도는 기본계약에서 정한 계약상의 채무의 이행으로서 하는 별개의 채권행위로서, 미국에서는 이것을 매매계약으로 보지만, 독일에서는 그 성질에 관하여 견해가 대립하고 있다. 첫째로 기본계약에 의한 개개의 채권의 양도를 매매라고 보는 매매계약설이 있다. 이 견해는 팩터링이 갖는 금융기능을 설명할 수 없다는 점에 문제가 있다. 둘째로 팩터링의 금융기능을 중시하여 채권양도를 소비대차로 보는 소비대차계약설이 있다. 이 견해는 팩터링이 채권의 매매, 양도의 형식을 취한다는 점을 무시하고 있다는 비판을 받고 있다. 셋째는 진정팩터링과 부진정팩터링으로 나누어 전자는 채권의 매매이고, 후자는 소비대차로 보는 견해가 있다. 이것이 독일의 통설·판례의 입장이라고 할 수 있는데, 채권양도의 형식적 측면과 기능적 측면을 모두 고려하고 있다는 점에서 타당한 견해라고 생각한다.

제Ⅲ편

회 사 법

제 1 장

總　　論

제 1 절　會社의 개념

제 1 관　會社의 의의

상법상 회사란 상행위 기타 영리를 목적으로 하여 설립된 사단법인을 말한다(제169조, 제171조 제 1 항). 따라서 회사는 영리성 · 사단성 · 법인성의 세 가지 요소를 갖추어야 한다.

Ⅰ. 營 利 性

회사는 상행위 기타 영리를 목적으로 하는 영리단체이다. 기본적 상행위를 영업으로 하는 회사를 상사회사라 하고, 상행위 이외의 영리행위를 영업으로 하는 회사를 민사회사라고 한다. 하지만 둘 다 상인이라는 점에서는 아무런 차이가 없다(상사회사는 제 4 조에 의해 당연상인이 되고, 민사회사는 제 5 조 제 2 항에 의해 의제상인이 된다).

영리를 목적으로 한다는 것은 회사가 영리사업을 하여 이익을 얻는 것만으로는 부족하고 대외적인 영리사업에서 생긴 이익을 사원에게 분배하여야 한다는 의미이다(이익분배설). 따라서 단체의 내부활동에 의하여 구성원에게 직접 경제적 이익을 주는 조합이나 상호보험회사(보험업법 제41조 아래 참조)는 회사가 아니며, 또한 재단법인이나 공법인이 공공의 목적을 위한 수단으로 영리사업을 하더라도 회사가 아니다.

사원에 대한 이익분배의 방법은 제한이 없으며, 회사는 영리사업에 곁들여 비영리사업도 할 수 있다.

Ⅱ. 社 團 性

1. 意 義

회사는 공동목적을 위한 복수인의 결합체로서 사단이다(제169조). 이것은 일정목적을 위하여 자본을 투하한 출자자들이 사단을 구성한다는 의미이다. 원래 회사란 자본과 노역의 결합을 필요로 하는 공동사업을 영위하기 위한 것이다. 하지만 여기에서 사단성을 강조함은 회사를 구성하고 있는 자본과 인적 요소를 떠나서 독립적으로 존재하는 의미에서의 사단이므로 자본과 인력이 결합하여 독립단체를 이룬다는 뜻이다. 따라서 상법 제169조의 사단의 의미를 민법상 조합과 대립시킨 의미로서의 사단으로 엄격하게 해석할 필요는 없다. 특히 일정목적을 수행하기 위하여 투하된 재산이라는 면이 강조되는 자본회사에서는 복수인의 결합체라는 의미의 사단성은 희박하여지고, 투하된 자본에 중점이 두어져 회사가 목적재산화 내지 재단화하는 경향도 나타나고 있다.

2. 1人會社

복수인의 결합체라는 의미의 인적회사에서는 2인 이상의 사원의 존속이 성립요건(제178조, 제268조, 제543조 제1항)이자 존속요건(제277조 제3호, 제269조, 제609조 제1항 제1호)이기도 하다. 하지만 2001년 개정법은 주식회사나 유한회사의 경우 설립시부터 1인회사의 성립을 허용하고 있다. 과거상법에 따르면 주식회사의 경우에는 회사성립시에는 3인 이상의 발기인이 있어야 하지만(제288조, 제293), 회사존속중에는 사원이 1인이 되어도 다른 회사와는 달리 해산사유로 규정하고 있지 아니하였으므로(제517조 참조) 1인주식회사가 가능한가가 논의되었었다. 그러나 1) 주식의 양도성(제355조 제1항 본문)에 의하여 일시적으로 1인주주가 됨은 어찌할 수 없었고(단, 1995년 상법 개정시에 주식양도에 일정한 제한이 가해졌다(제335조 제1항 단서 참조), 2) 이 때에 주식회사를 해산한다면 회사유지의 사상에 반하며, 3) 해산기간을 알 수 없게 되어 만일 이렇게 된다면 존재하지 않는 회사에 대하여 채권자가 소를 제기하게 되는 불합리가 생기고, 4) 주주의 성명과 주소가 등기사항이 아니므로 주식의 1인에의 집중을 확인할 방법이 없으며, 제3자에게 명의신탁을 하여 둠으로써 쉽게 탈법할 수 있으므로 1인회사의 불인정은 실익이 없고, 5) 주식회사는 회사재산이 회사의 실체를 이루는 자본회사이므로 사원의 수나 개성은 중요하지 않으며, 회사채권자에 대한 유일한 담보는 회사재산이므로 주주가 1인이 된 때에도 회사재산과 회사조직은 그대로 존속하므로 1인회사를 인정하여야 한다는 근거에서 1인회사를 긍정하는 설이 통설이었고, 판례도 같은 입장을 취하고 있었다.

1인회사라고 하여 법적 성질이 변하는 것은 아니다. 법률관계는 주주가 다수인 주식회사와 같아서 권리·의무의 귀속주체는 회사이고, 회사재산만이 회사채권자에 대한 책임재산이다. 또한 사원은 회사와는 별개의 법인격을 갖고서 회사에 대하여는 출자의무만을 지고, 회사채권자에 대하여는 직접 아무런 책임도 지지 않는다(주주의 간접·유한책임의 원칙). 또한 회사의 기관구성 등도 이를 준수하여야 한다. 하지만 1인회사에 있어서는 회사의 손실이 실질적으로 1인사원에게 귀속되므로 상법의 일부 규정은 그 적용이 배제된다.

Ⅲ. 法 人 性

1. 意 義

회사는 모두 법인으로서(제171조 제 1 항) 본점소재지에서 설립등기를 함으로써 법인격을 취득한다(제172조). 법인은 법에 의하여 법인격이 인정된 권리·의무의 귀속주체로서 자연인에 대응되는 개념이다. 이는 회사의 법률관계를 명확·단순화하고, 회사재산을 대외적 책임재산으로 제한하기 위한 법기술이다.

회사는 법인으로서 적극적 속성과 소극적 속성을 갖고 있다. 1) 권리의무의 주체가 되고 법률효과도 직접 귀속되며, 책임재산을 가질 수 있고, 2) 소송당사자가 되며, 3) 회사에 대한 채무명의에 의해서만 강제집행을 할 수 있는 등 법인이 전면에 나타나는 속성은 법인의 적극적 속성이다. 이에 대하여 1) 법인의 채권자에 대하여는 오로지 법인재산만이 책임재산이 되고, 사원의 개인재산과 구별되며, 2) 법인재산은 법인의 채권자를 위한 배타적 책임재산이 될 뿐 사원 개인의 채권자에 의한 강제집행의 대상이 되지 않는 등 법인과 사원이 구별되는 속성이 법인의 소극적 속성이다.

2. 法人格授與에 대한 立法例

어떤 종류의 회사에 법인격을 부여할 것인가는 입법정책의 문제로서 나라마다 다르다. 프랑스(상법 제 5 조 제 1 항), 일본(상법 제54조)은 자본회사뿐만 아니라, 조합의 실질을 갖춘 인적회사에 대하여도 법인격을 인정하고 있다. 이에 반하여 독일에서는 자본회사(주식법 제 1 조, 제278조; 유한회사법 제13조)에 대해서만 법인격을 부여하고, 인적회사에 대하여는 기관의 불비, 사원의 무한책임성을 이유로 법인격을 부여하지 않고 있다(다만 상법 제124조에서는 이들 인적회사에도 법적 독자성을 인정하여 법인과 다름없이 다루고 있다). 영국과 미국에서도 자본회사(company, corporation)에 대하여만 법인격을 부여하고, 인적회사(partnership, limited partnership)에 대하여는 법인격을 부여하지 않고 있다.

3. 法人格否認論

회사에 부여되어 있는 법인격이 법에 의하여 의도된 목적과는 달리 남용된 경우에 법인격을 부인하고 그 배후에 있는 실체에게 그 법률관계를 귀속시키고자 하는 이론이 있는데, 이것을 법인격부인론이라고 한다.

법인격부인론은 미국에서는 법인격무시론(the doctrine of the disregard of the corporate entity), 독일에서는 실체파악론(Durchgriffslehre)이라는 이름으로 발전되어 온 이론으로서 각 이론은 법인격을 부인할 수 있는 전형적인 사례를 유형화해 놓고 있다. 예를 들어서 독일의 실체파악론에 의하면 회사의 재산이 사원의 개인재산과 분리되어 있지 않은 경우, 법인이라는 법형태를 남용하는 경우, 사원이 자신이 지배하는 회사에 그 회사의 업무목적과 업무범위에 상응하는 자기자본을 제공하지 않은 경우, 자신의 이익을 위하여 자신의 지배적 지위를 이용하여 타인에게 영향력을 행사하는 경우에 회사의 법인격을 부인하고 그 배후에 있는 실체(예를 들면 지배주주, 모회사 등)에게 책임을 물을 수 있다고 한다.

우리나라에서도 1988년 법인격부인의 법리를 적용한 최초의 대법원 판결(대판 1988. 11. 12, 87 다카 1671)이 나온 이래로 법인격부인의 구체적 내용을 정립하기 위한 많은 연구가 진행되고 있다.

제 2 관 會社의 종류

제 1. 資本會社와 人的會社

Ⅰ. 意 義

회사는 강학상 자본회사(물적회사)와 인적회사로 구분할 수 있다. 양자를 구분하는 표준은 독일에서는 회사의 대외관계에서 신용의 기초가 사원이냐 회사재산이냐에 따라서 구분하고, 프랑스에서는 회사의 대내관계에서 사원의 지위이전의 난이에 따라서 구분하고 있다. 즉 인적회사는 대외적으로는 회사 자체의 재산보다 사원의 신용이나 개성에 중점이 두어지고, 대내적으로는 사원 상호간의 신뢰관계가 두텁기 때문에 사원의 지위의 이전이 제한되는 회사로서 실질적으로는 조합적 실체를 갖는다. 이에 반하여 자본회사는 대외적으로는 사원의 개성이나 신용보다 회사 자체의 재산적 기초에 중점이 두어지고, 대내적으로는 사원의 지위의 이전이 비교적 용이한 회사로서 자본적 결합체로서의 실체를 갖는다.

상법상 합명회사는 전형적인 인적회사이고, 주식회사는 자븐회사의 전형이라 할 수 있다. 합자회사와 유한회사는 양자의 요소를 함께 지닌 중간형태라고 할 수 있으나, 합자회사는 무한책임사원이 중요한 지위를 차지하므로 인적회사에 가깝다고 할 수 있으며, 유한회사는 모든 사원이 유한책임을 지고 회사의 신용의 기초는 회사의 재산이란 점에서 자본회사의 성격이 강하다고 할 수 있다.

Ⅱ. 資本會社와 人的會社의 차이

자본회사는 회사의 자본에 기초를 둔 회사로서 1) 대내적으로는 사원과 회사와의 관계가 희박하여 사원이 회사의 업무집행에 관여하는 것은 원칙적으로 요구되지 아니하고 소유와 경영이 분리되어 회사는 제 3 자기관에 의하여 운영되고, 출자는 금전 기타 재산에 한하며, 회사의 의사결정은 다수결의 원칙에 따르고 일반적으로 사원의 수가 많으며, 사원의 지위는 자유로이 양도할 수 있는 것이 원칙이며, 1인회사를 인정하며, 청산은 법정청산의 방법에 따른다. 또 2) 대외적으로 사원은 회사채권자에 대하여 개인적으로 책임을 지지 않고 회사재산에 한하여 유한책임을 지기 때문에 회사채권자를 보호하기 위하여 강행법규로 이를 규율하고 있다.

인적회사는 위에서 본 바와 같이 개개의 사원의 개성에 기초를 둔 회사이므로 사원의 개성이 농후하여 1) 대내적으로는 사원의 수가 적고 사원과 회사와의 관계가 밀접하여 사원이 원칙적으로 업무집행에 관여하는 자기기관을 가지며, 의사결정은 전원일치를 요하고, 노무와 신용도 출자로서 인정되며, 사원의 지위는 원칙적으로 이전이나 상속이 제한되고, 사원이 1인으로 된 때에는 해산되며, 청산은 임의청산의 방법으로 할 수 있으며, 내부관계에 관한 규정은 임의법규이다. 또 2) 대외적으로 사원은 회사채권자에 대하여 개인적으로 직접·연대의 책임을 지며, 회사재산은 중요성이 덜하고, 사원의 인적 신용이 회사신용의 기초이다. 따라서 임의규정이 많고, 사적 자치의 원칙이 지배한다.

제 2. 商法上의 會社의 종류

상법상 회사는 주식회사, 유한회사, 합명회사와 합자회사로 구분된다(제170조).

주식회사, 유한회사, 합명회사와 합자회사를 설립과정, 사원의 종류, 책임, 출자목적물, 지위, 양도와 사원의 수 그리고 업무집행기관에 관하여 비교하면 다음의 도표와 같다.

<table>
<tr><th rowspan="2">구별사안
회사의 종류</th><th rowspan="2">설립과정</th><th colspan="6">사 원</th><th rowspan="2">업무집행기관</th></tr>
<tr><th>종 류</th><th>책 임</th><th>출자 목적물</th><th>지 위</th><th>양 도</th><th>수</th></tr>
<tr><td>주식회사</td><td>정관작성
주식인수
설립등기</td><td>주 주</td><td>간접·
유한책임</td><td>재 산</td><td>주 식</td><td>원칙적으로 자유</td><td>1인 이상</td><td>이사회·
대표이사</td></tr>
<tr><td>유한회사</td><td>정관작성
납입징수
설립등기</td><td>유한책임
사원</td><td>간접·
유한책임
(단, 자본
전보책임</td><td>재 산</td><td>지 분</td><td>사원
총회의
특별결의</td><td>1인 이상
50인
이내</td><td>이 사</td></tr>
<tr><td>합명회사</td><td>정관작성
설립등기</td><td>무한책임
사원</td><td>직접·연대·무한책임</td><td>재산·노무·신용</td><td>지 분</td><td>다른
사원의
동의</td><td>2인 이상</td><td>사 원</td></tr>
<tr><td rowspan="2">합자회사</td><td rowspan="2">정관작성
설립등기</td><td>무한책임
사원</td><td>직접·연대·무한책임</td><td>재산·노무·신용</td><td>지 분</td><td>다른
사원의
동의</td><td rowspan="2">각각 1인
이상</td><td rowspan="2">무한책임
사원</td></tr>
<tr><td>유한책임
사원</td><td>직접·연대·유한책임</td><td>재 산</td><td>지 분</td><td>무한책임
사원의
동의</td></tr>
</table>

제 3. 內國會社와 外國會社

상법은 외국회사에 관한 특별한 장(제3편 제6장)을 두고 있으나, 외국회사의 의의에 관하여는 아무런 규정도 두고 있지 않다. 그러나 회사의 내외를 구별하는 것은 외국회사에 관한 규정을 적용하기 위하여 필요하므로 그 구별의 표준을 확정하지 않으면 안 된다.

내국회사와 외국회사의 구별표준에 관하여는 여러 가지 학설이 대립하고 있다. 설립준거법주의가 우리나라의 통설(손주찬 · 최기원 · 이철송 · 정동윤 · 정찬형)이며 또한 타당하다. 왜냐하면 회사에 형식상 법인격을 부여하는 것은 설립에 있어 준거한 특정 국가의 법이기 때문이다. 설립준거법주의에 의하여 내국회사는 우리나라의 법률에 준거하여 설립된 회사이고, 외국회사는 외국의 법률에 준거하여 설립된 회사이다. 이 견해에 따르면 우리나라에 본점을 가지거나 또는 우리나라에서 영업을 할 것을 주목적으로 하는 회사도 외국법에 준거하여 설립된 것은 내국회사가 아니고 외국회사가 된다. 그러나 상법은 이러한 회사도 우리나라에서 설립된 회사, 즉 내국회사와 동일한 규정에 따르도록 하고 있다(제617조). 이것은 국내법상의 회사설립에 관한 준칙을 잠탈하는 것을 방지하기 위한 것이다.

제 3 관 會社의 能力

회사는 법인이므로 자연인과 같은 일반적 권리능력을 가지고 있다. 그러나 회사의 활동은 자연인인 회사기관의 현실적 행위를 통하여 실현할 수밖에 없으므로 기관의 행위가 곧 회사 자신의 행위로 인정된다. 이러한 의미에서 회사는 행위능력을 가지며, 그 밖에도 불법행위능력을 가진다고 본다.

Ⅰ. 會社의 權利能力

(1) 우리나라 상법상의 모든 회사는 법인이므로(제171조 제 1 항) 자연인과 마찬가지로 일반적으로 권리의무의 주체가 될 수 있는 자격, 즉 권리능력을 가진다. 그러나 회사는 그 성질상 자연인만이 갖는 권리 · 의무(예: 신체 · 생명에 관한 권리 · 의무, 친족 · 상속법상의 권리 · 의무)는 가질 수 없으며, 법률에 의하여 권리능력이 제한된 경우가 있다(예: 제173조).

(2) 영미법계에서 발전되어 온 목적외이론(ultra-vires doctrine)에 의하면 법인의 권리능력은 정관상의 목적에 의해서 제한된다고 한다. 반면에 독일에서는 법인의 권

리능력은 정관상의 목적에 의하여 제한되지 않는다는 것이 통설이다. 우리나라에서도 목적에 의한 제한을 인정하지 않는 것이 다수설이지만, 판례는 목적에 의한 제한을 인정하고 있다. 다만 판례는 민법 제34조의「목적의 범위」를 넓게 해석하여 실제로는 통설과 같은 결론을 내리고 있다.

Ⅱ. 會社의 意思能力과 行爲能力

회사는 법인으로서 권리능력이 있지만 의사능력이나 행위능력은 자연인으로 구성된 기관에 의하여 갖게 된다. 법인의제설에서는 회사 자체의 의사능력과 행위능력을 부정하고, 회사의 대표자는 회사의 조직 외에 있는 대리인이라고 본다. 이에 반하여 법인실재설에 의하면 회사는 그 법적 조직체의 일부를 이루는 기관을 통하여 스스로 행위를 할 수 있으므로 회사 자체의 의사능력과 행위능력을 인정한다. 오늘날에는 회사 자체의 의사능력과 행위능력을 인정하는 데 견해가 일치한다.

기관의 대표행위에 관하여는 특별한 규정이 없으므로 대리에 관한 규정이 유추적용된다.

Ⅲ. 會社의 不法行爲能力

회사의 불법행위능력도 법인본질론과 관련하여 그 인정 여부가 달라진다. 그러나 오늘날 회사의 행위능력을 인정하는 것에 이론이 없으므로, 그 당연한 귀결로서 회사의 불법행위능력 역시 이를 인정한다. 즉 기관의 구성원이 업무를 집행함에 있어서 고의 또는 과실로 인하여 타인에게 손해를 가한 때에는 그것은 회사 자체의 불법행위가 된다. 이 경우 사실상의 행위자도 책임을 져야 하므로 회사는 손해를 가한 사원과 연대하여 배상할 책임이 있다(제210조, 제269조, 제389조 제3항, 제567조; 대판 1980. 1. 15, 79 다 1230). 이 책임의 성격은 부진정연대책임이라고 할 것이다. 회사의 대표기관 이외의 사용인 등이 회사의 사무를 집행함에 있어서 제3자에게 불법행위를 한 때에는 회사는 사용자로서 손해배상책임을 진다(민법 제756조).

Ⅳ. 會社의 公法上의 能力

회사는 그 성질에 반하지 않는 한 개개의 법률이 정하는 바에 따라 공법상의 권리능력이 인정된다. 즉 회사는 소송법상 당사자능력과 소송능력을 가지고(민사소송법 제64조; 형사소송법 제27조), 행정소송제기권, 청원권(청원법 제6조 제1항) 및 상공회의소의원의 선거권(상공회의소법 제13조), 납세의무 등 공법상의 권리의무를 가진다. 다만 일반적으로 회사의 형법상의 범죄능력은 부정된다고 본다.

제2절 會社의 組織變更

제1관 總 說

Ⅰ. 會社의 組織變更의 의의

회사의 조직변경이라 함은 회사가 그 인격의 동일성을 유지하면서 법률상의 조직을 변경하여 다른 종류의 회사로 되는 것을 말한다.

이것은 회사유지의 관점에서 인정되는 제도로서 회사가 조직변경 후에도 법률상 권리·의무의 주체로서 동일성을 유지한다는 점에서 타회사가 권리·의무를 포괄적으로 승계하는 합병과 다르다.

Ⅱ. 會社의 組織變更의 제한

상법은 그 성질이 대체로 비슷한 회사 사이에서만 조직변경을 인정하고 있다. 인적회사인 합명회사와 합자회사 사이 그리고 자본회사인 주식회사와 유한회사 사이에서만 조직변경이 가능하게 되어 있다.

제 2 관 각종 會社의 組織變更節次

Ⅰ. 株式會社의 有限會社로의 조직변경

주식회사는 총주주의 일치에 의한 총회의 결의로 유한회사로 조직변경할 수 있다(제604조 제 1 항 본문). 총회결의에서는 정관 기타 조직변경에 필요한 사항을 정하여야 한다(제604조 제 3 항).

유한회사에서는 사채발행이 금지되므로 주식회사가 사채의 상환을 완료하지 아니한 경우에는 조직변경을 할 수 없다(제604조 제 1 항 단서). 이에 위반한 조직변경은 무효이다. 주식회사를 유한회사로 조직변경하는 경우 변경 전 회사인 주식회사의 순재산액보다 많은 금액을 변경 후 회사인 유한회사의 자본의 총액으로 할 수 없다(제604조 제 2 항). 그러나 이에 위반하여도 조직변경은 무효가 되지 않는다고 본다. 왜냐하면 회사에 현존하는 순재산액이 자본의 총액에 부족하는 때에는 결의 당시의 이사와 주주는 회사에 대하여 연대하여 그 부족액을 지급할 전보책임을 지도록 하고 있기 때문이다(제605조 제 1 항). 이사의 책임은 총사원의 동의로 면제할 수 있으나 주주의 책임은 면제하지 못한다(제605조 제 2 항, 제550조 제 2 항, 제551조 제 2 항 · 제 3 항). 조직변경 후의 유한회사의 자본총액을 순재산액보다 적게 정하는 것은 무방하다.

주식회사를 유한회사로 조직변경한 때에는 채권자보호절차를 밟아야 한다(제608조, 제232조). 종전의 주식을 목적으로 한 질권은 변경 후의 지분에 대하여 물상대위가 인정된다(제604조 제 4 항, 제601조). 주식회사를 유한회사로 조직변경한 때에는 주식회사의 해산등기 및 유한회사의 설립등기를 하여야 한다(제606조).

Ⅱ. 有限會社의 株式會社로의 조직변경

유한회사는 총사원의 일치에 의한 총회결의로 주식회사로 조직변경할 수 있다(제607조 제 1 항). 이 결의에 있어서는 정관 기타 조직변경에 필요한 사항을 정하여야 한다(제607조 제 5 항, 제604조 제 3 항). 이 조직변경은 법원의 인가를 받지 아니하면 그 효력이 없다(제607조 제 3 항).

조직변경시에 발행하는 주식의 발행가액의 총액은 회사에 현존하는 순재산액을 초과하지 못한다(제607조 제 2 항). 회사에 현존하는 순재산액이 조직변경시에 발행하는 주식의 발행가액의 총액에 부족할 때에는 결의 당시의 이사·감사와 사원은 회사에 대하여 연대하여 그 부족액을 지급할 책임이 있다. 이사·감사의 책임은 총주주의 동의로 면제할 수 있으나, 사원의 책임은 면제할 수 없다(제607조 제 4 항, 제550조 제 2 항, 제551조 제 2 항·제 3 항).

조직변경을 함에는 주식회사의 경우와 같이 채권자보호절차를 밟아야 한다(제608조, 제232조). 종전의 유한회사의 지분을 목적으로 하는 질권의 효력은 새로이 발행되는 주식에 미치며, 새로운 주식상의 질권자가 된 자는 주권의 교부를 청구할 수 있다(제607조 제 5 항, 제340조 제 3 항, 제601조 제 1 항).

Ⅲ. 合名會社의 合資會社로의 조직변경

합명회사는 1) 총사원의 동의로 일부 사원을 유한책임사원으로 하거나, 유한책임사원을 새로 가입시켜 또는 2) 사원이 1인으로 되어 해산한 뒤에 새로 사원을 가입시켜 회사를 계속하는 경우에 합자회사로 조직변경을 할 수 있다(제242조 제 1 항·제 2 항).

무한책임사원 일부를 유한책임사원으로 하면서 조직변경하는 것은 회사채권자에 대하여는 그만큼의 담보가치가 감소되므로 채권자를 보호하는 조치가 필요하다. 그리하여 조직변경에 의하여 유한책임사원이 된 자는 본점소재지에서 조직변경등기를 하기 전에 생긴 회사채무에 대하여는 등기 후 2년 내에는 무한책임사원으로서의 책임을 진다(제244조). 그리고 합명회사를 합자회사로 조직변경한 때에는 본점소재지에서는 2주간 내, 지점소재지에서는 3주간 내에 합명회사의 해산등기와 합자회사의 설립등기를 하여야 한다(제243조).

Ⅳ. 合資會社의 合名會社로의 조직변경

합자회사는 총사원의 동의로, 유한책임사원이 퇴사한 경우에는 무한책임사원 전원의 동의로 합명회사로 조직변경할 수 있다(제286조 제 1 항·제 2 항). 무한책임사원이 1인뿐인 합자회사에 있어서 유한책임사원 전원이 퇴사한 경우는 물론 조직변경이 허용되지 않는다. 이 때에는 사원을 새로이 가입시켜 회사를 계속함과 동시에 조직변경을 할 수 있을 것이다(제269조, 제242조 제 2 항).

합자회사를 합명회사로 조직변경하는 경우에는 합명회사를 합자회사로 조직변경하는 경우와는 달리 회사채권자에게 유리하므로 회사채권자의 보호를 고려할 필요는 없다.

그러나 유한책임사원이었던 자는 책임이 가중되므로 그의 동의를 얻어야 되고, 한편 유한책임사원이었던 자도 업무집행권을 가지게 되므로 무한책임사원의 동의를 얻어야 한다. 이 경우에도 합자회사의 해산등기와 합명회사의 설립등기가 필요하다(제286조 제3항).

제3관 組織變更의 效力發生時期

조직변경의 효력이 언제 발생하느냐에 관하여는 조직변경의 등기, 즉 변경 전 회사의 해산등기와 변경 후 회사의 설립등기를 한 때에 효력이 발생한다는 견해(정동윤·최기원·이철송·채이식·정찬형)와 등기를 한 때가 아니라, 현실로 조직이 변경되었을 때에 그 효력이 발생한다는 견해(서돈각)가 대립하고 있다. 생각건대 조직변경의 효력은 본점소재지에서 조직변경등기를 한 때에 발생한다고 하는 다수설이 타당하다고 본다.

제4관 組織變更의 무효

조직변경에 하자가 있는 경우에는 어떻게 처리할 것인가? 조직변경은 회사의 설립과 유사하며 회사법상의 법률관계의 안정을 고려할 때 설립무효의 소(제328조)에 관한 규정이 유추적용된다고 본다(동지: 정동윤·최기원·이철송).

제3절 會社의 構造調整

제1관 會社의 合倂

Ⅰ. 合倂의 개념

1. 合倂의 의의

회사의 합명이란 법정절차에 따라서 2개 이상의 회사가 계약에 의하여 청산절차를 거치지 아니하고 하나의 회사로 합일하는 회사법상의 법률사실이다. 따라서 합병에 의하여 당사회사의 일부 또는 전부가 해산되고 회사의 재산과 사원이 존속회사 또는 신설회사에 포괄적으로 이전·승계된다.

2. 合併의 방법

합병에는 두 가지 방법이 있다. 1) 흡수합병은 수개의 당사회사 중에서 한 회사만이 존속하고 나머지 회사는 해산하여 존속회사에 흡수되는 방법이고, 2) 신설합병은 모든 당사회사가 해산하고 동시에 이들에 의해 신회사가 설립되는 방법이다.

3. 合併의 법적 성질

합병의 본질에 관하여는 인격합일설·현물출자설 그리고 재산합일설로 나누어지고 있는데, 인격합일설이 우리나라의 다수설(서돈각·손주찬·최기원·이철송·채이식·정찬형)이며 타당하다. 즉 합병은 2개 이상의 회사가 하나의 회사로 합일되는 법률사실이고 합병에 의하여 합일되는 것은 법인인 회사 그 자체이며 회사재산의 포괄승계는 인격합일의 결과에 지나지 않는다.

Ⅱ. 合併의 自由와 制限

1. 合併의 自由

회사는 자유로이 합병할 수 있다(합병자유의 원칙)(제174조 제1항). 따라서 이종의 회사간의 합병도 가능하므로 자본회사 상호간이나 인적회사 상호간은 물론이고, 자본회사와 인적회사 사이의 합병도 인정되며, 목적이 서로 다른 회사 사이의 합병도 가능하다. 그러나 실제에 있어서 합병은 동종의 회사간, 특히 주식회사간에 행하여지는 것이 보통이다. 해산 후의 회사도 존립중의 회사를 존속회사로 하는 경우에 합병할 수 있다(제174조 제3항). 회생절차중에 있는 주식회사는 채무자 회생 및 파산에 관한 법률에 의하여 합병이 가능하다(동법 제210조 아래).

2. 合併의 制限

합병은 원칙적으로 자유이지만 상법과 특별법에 의하여 다음과 같은 제한을 받는다.

⑴ 商法上의 제한

1) 資本會社의 合併

합병을 하는 회사의 일방 또는 쌍방이 주식회사 또는 유한회사인 때에는 존속회사 또는 신설회사는 주식회사 또는 유한회사이어야 한다(제174조 제 2 항).

2) 法院의 認可

유한회사와 주식회사가 합병하는 경우에 존속회사 또는 신설회사가 주식회사인 때에는 법원의 인가를 받지 아니하면 합병의 효력이 없다(제600조 제 1 항).

3) 社債未償還의 株式會社

유한회사와 주식회사가 합병하는 경우에 존속회사 또는 신설회사가 유한회사인 때에는 주식회사가 사채의 상환을 완료하지 않으면 안 된다(제600조 제 2 항).

⑵ 特別法上의 제한

1) 銀行法上의 제한

은행·신탁회사·보험회사 등은 주무관청의 인가를 받지 아니하면 합병을 할 수 없다(은행법 제 9 조 제 2 항 제 1 호; 보험업법 제116조).

2) 獨占規制에 의한 제한

합병이 일정한 거래분야에 있어서 경쟁을 실질적으로 제한하는 경우에 해당할 때에는 독점규제 및 공정거래에 관한 법률에 의하여 합병할 수 없다(동법 제 7 조 제 1 항 제 3 호).

3) 資本市場法上의 制限

주권상장법인이 다른 법인과의 합병을 하려면 자본시장법시행령 제176조의5에서 정하는 요건·방법 등의 기준에 따라야 한다(자본시장법 제165조의4). 이 때 요구되는 요건은 주로 합병가액에 관한 것과 합병가액의 적정성에 관하여 외부평가기관의 평가를 받을 것 등이다(자본시장법시행령 제176조의5 제 1 항~제 9 항). 그리고 법률의 규정에 따른 합병에 관하여는 이러한 규정의 적용을 받지 아니하지만, 합병의 당사자가 되는 법인이 계열회사의 관계에 있고 합병가액을 자본시장법시행령 제176조의5 제 1 항 제 1 호에 따라 산정하지 아니한 경우에는 합병가액의 적정성에 대하여 외부평가기관에 의한 평가를 받도록 하고 있다(자본시장법시행령 제176조의5 제10항).

Ⅲ. 合併의 節次

1. 총 설

합명의 절차는 당사회사간의 합병계약의 체결에서부터 시작된다. 이어서 사원총회에서 합병계약의 승인결의를 얻고 채권자보호절차를 취하며, 그 밖에 필요한 부수절차를 거친다. 그리고 합병계약에서 정한 합병기일이 도래하면 당사회사는 실질적으로 합일하게 된다. 마지막으로 합병등기를 함으로써 합병의 효력이 발생한다.

2. 合併契約

합병을 함에는 먼저 당사회사의 대표기관간에 합병조건, 합병기일, 존속회사·신설회사의 정관의 내용, 기타 합병에 필요한 사항에 관하여 합병계약이 체결된다. 합병계약은 단체법상의 특수한 채권계약으로서(동지: 정동윤·이철송·채이식·정찬형) 특별한 방식을 필요로 하지 않지만, 합병계약서를 작성하는 것이 보통이다. 다만 주식회사나 유한회사가 합병하는 때에는 법정사항을 기재한 합병계약서를 반드시 작성해야 한다(제523조, 제524조, 제603조). 또한 존속회사 또는 신설회사가 주식회사인 경우에 합병할 회사의 일방 또는 쌍방이 합명회사 또는 합자회사인 때에는 총사원의 동의를 얻어 합병계약서를 작성해야 한다(제525조).

3. 合併決議

합병은 당사회사의 사원의 이해관계에 많은 영향을 미치므로, 사원의 이익을 보호하기 위한 대내적 절차로서 합병결의가 필요하다. 합병결의는 합명회사·합자회사에서는 총사원의 동의에 의하고(제230조, 제269조), 주식회사·유한회사에서는 주주총회 또는 사원총회의 특별결의에 의한다(제522조 제 1 항 본문, 제598조). 이에 대하여 주식회사의 경우 간이합병과 소규모합병에 대하여는 다음의 특칙이 적용된다,

(1) 簡易合併

구상법에서는 합병할 회사의 일방이 합병 후 존속하는 경우에 합병으로 소멸하는 회사의 총주주의 동의가 있거나 또는 그 회사의 발행주식총수를 합병 후 존속하는 회사가 소유하고 있는 경우에는 합병으로 소멸하는 회사의 주주총회의 승인은 이를 이사회의 승인으로 갈음할 수 있도록 되어 있었다(구상법 제522조 제 1 항). 그런데

1998년 개정상법에서는 이러한 간이합병제도를 확대하였다. 즉 구상법 제522조 제1항의 단서를 삭제하는 대신 합병할 회사의 일방이 합병 후 존속하는 경우에 합병으로 인하여 소멸하는 회사의 총주주의 동의가 있거나 구회사의 발행주식총수의 100분의 90 이상을 합병 후 존속하는 회사가 소유하고 있는 때에는 소멸하는 회사의 주주총회의 승인은 이사회의 승인으로 갈음할 수 있도록 하고 있고(제527조의2 제1항) 후자의 경우 주주총회의 승인 없이 합병한다는 뜻을 공고하거나 주주에게 통지하도록 하고 다만 총주주의 동의가 있는 때에는 그렇지 않도록 하여(제527조의2 제2항) 합병절차를 대폭 간소화하였다.

⑵ 소규모 합병

한편 1998년 개정상법은 소규모합병을 신설하였다. 즉 합병 후 존속하는 회사가 합병시 발행하는 신주의 총수가 그 회사 발행주식총수의 100분의 5를 초과하지 않는 경우, 주주총회의 승인은 이사회의 승인으로 갈음할 수 있도록 하였다(제527조의3 제1항). 다만 합병으로 인하여 소멸하는 회사의 주주에게 지급할 금액을 정한 경우에 그 금액이 최종의 대차대조표상으로 존속하는 회사에 현존하는 순자산액의 100분의 2를 초과하는 때에는 정식 합병절차에 의하도록 하고 있다(제527조의3 제1항 단서). 이 경우 합병반대 주주의 매수청구권을 배제하는 등 합병절차를 간소화하고 있다. 다만 발행주식총수의 100분의 20 이상의 주주들이 반대하는 경우에는 소규모합병을 할 수 없도록 하고 있다(제527조의3 제4항).

⑶ 기타 合併決議 關係事項

합병으로 인하여 어느 종류의 주주에게 손해를 미치게 되는 경우에는 그 종류의 주주총회의 결의를 따로 얻어야 한다(제436조). 1995년 개정상법에서 합병반대주주의 주식매수청구권을 인정하였다(제522조의3). 회사의 합병은 합병계약과 합병결의가 있어야 성립한다. 따라서 합병당사자 중에서 일방의 회사에서 합병결의가 이루어지지 않거나 그것이 무효인 때에는 정지조건이 성취되지 못하여 그 계약은 무효로 된다(동지: 정동윤 · 이철송 · 정찬형).

4. 會社債權者 保護節次

복수의 회사가 합병을 하게 되면 회사의 재산상태와 경영활동의 내용이 크게 달라지므로 회사채권자의 이해관계에 중대한 영향을 미치게 된다. 따라서 회사채권자를 보호하기 위한 절차가 필요하다.

합병당사회사가 주식회사 또는 유한회사인 경우에는 이사는 합병계약승인을 위한 총회의 회일 2주간 전부터 합병을 하는 각 회사의 최종의 대차대조표 등을 본점에 비치하고, 주주 또는 사원 및 회사채권자의 열람에 제공하여야 한다(제522조의2, 제603조). 또한 회사는 합병의 결의가 있은 날로부터 2주간 내에 회사채권자에 대하여 합병에 이의가 있으면 일정한 기간(1월 이상) 내에 이의를 제출할 것을 공고하여야 한다(제232조 제 1 항, 제269조, 제530조 제 2 항, 제603조). 채권자가 이의신청기간 내에 이의를 제출하지 아니한 때에는 합병을 승인한 것으로 보고, 이의를 제출한 채권자가 있는 때에는 회사는 그 채권자에 대하여 변제 또는 상당한 담보를 제공하거나 이를 목적으로 하여 상당한 재산을 신탁회사에 신탁하여야 한다(제232조 제 2 항 · 제 3 항, 제269조, 제530조 제 2 항, 제603조).

위와 같은 절차를 위반한 때에는 합병무효의 원인이 되며, 과태료에 의한 제재를 받는다(제635조 제 1 항 제14호).

5. 그 밖의 절차

(1) 設立委員의 選任

합병의 형태가 신설합병인 경우에는 각 회사에서 선임한 설립위원이 공동하여 정관의 작성 기타 설립에 관한 행위를 하여야 한다(제175조 제 1 항). 설립위원의 선임은 합명회사 · 합자회사에서는 총사원의 동의에 의하고(제175조 제 2 항, 제230조, 제269조), 주식회사 · 유한회사에서는 주주총회 또는 사원총회의 특별결의에 의한다(제175조 제 2 항, 제434조, 제585조).

(2) 株式의 併合

주식회사간에 합병하는 경우에 회사의 재산상태에 차이가 있어서 해산회사의 주식 1주에 대하여 존속 · 신설회사의 신주 1주를 배정할 수 없는 때에는 동수의 주식을 배정할 수 있도록 미리 해산회사가 자본감소의 경우의 주식병합절차에 따라 주식의 병합을 하여야 한다(제530조 제 3 항, 제440조 내지 제444조).

(3) 報告總會 또는 創立總會의 소집

존속회사 또는 신설회사가 주식회사 또는 유한회사인 경우에는 각각 보고총회(흡수합병의 경우) 또는 창립총회(신설합병의 경우)를 소집하여야 한다. 흡수합병의 경우에는 존속회사의 대표이사가 채권자보호절차의 종료 후, 주식병합이 있을 때에는 그 효력이 생긴 후 지체없이 보고총회를 소집하고 합병에 관한 사항을 보고하여야 하고, 이 경우에 이사회는 공고로써 보고총회에 대한 보고에 갈음할 수 있다(제526조 제 3 항 신설, 제603조). 합병당시에 발행하는 주식의 인수인(해산회사의 주주)은 보고총회에서 존속회사의 주주와 동일한 권리를 가진다(제526조 제 2 항, 제603조). 보고총회에서는 합병의 보고를 듣는 외에 정관의 변경, 재무제표의 승인, 이사·감사의 선임 등에 관하여도 결의할 수 있다. 다만 합병폐지의 결의는 할 수 없다고 본다. 신설합병의 경우에는 설립위원이 채권자보호절차의 종료 후, 주식병합이 있을 때에는 그 효력이 생긴 후 지체없이 창립총회를 소집하여야 하고(제527조 제 1 항), 이 경우에 이사회는 공고로써 주주총회에 대한 보고에 갈음할 수 있다(제527조 제 4 항). 창립총회에서는 설립위원이 합병의 경과를 보고하는(제527조 제 3 항, 제331조) 외에 이사와 감사를 선임하고(제527조 제 3 항, 제312조), 합병계약의 취지에 위반하지 않는 정관변경의 결의를 할 수 있으나(제527조 제 2 항), 합병폐지의 결의는 할 수 없다. 창립총회의 경우에는 보통의 회사설립의 경우에 있어서의 창립총회(제308조)에 관한 여러 규정이 준용된다(제527조 제 3 항).

(4) 合併期日에 있어서의 合併의 실행

이와 같은 절차가 끝나면 합병계약서에 정하여진 합병기일에 해산회사는 그 재산 및 주주관계의 서류 일체를 존속회사 또는 신설회사에 인도하게 된다. 그리고 보통 이날 해산회사의 주주는 존속회사 또는 신설회사의 주식을 배정받게 되어 그 주식인수인이 된다. 그리하여 합병기일에 당사회사는 실질적으로 합일하게 된다.

6. 合併登記

주식회사와 유한회사의 경우에는 보고총회(흡수합병의 경우) 또는 창립총회(신설합병의 경우)가 종료한 날로부터, 그리고 합명회사와 합자회사의 경우에는 채권자보호절차 기타 합병에 필요한 제절차가 종료한 날로부터 본점소재지에서는 2주간 내, 지점소재지에서는 3주간 내에, 존속회사에 있어서는 변경의 등기를, 해산회사에 있어서는 해산의 등기를, 신설회사에 있어서는 설립의 등기를 하여야 한다(제233조, 제269조, 제528조, 제602조). 그리고 합병으로 인하여 전환사채 또는 신주인수권부사채를 승계한 때에는 합병등기와 동시에 사채의 등기를 하여야 한다(제528조 제 2 항).

존속회사의 변경등기 또는 신설회사의 설립등기에 의하여 합병은 비로소 그 효력이 발생한다(제234조, 제269조, 제530조 제 2 항, 제603조).

Ⅳ. 合併의 효과

1. 會社의 消滅·新設 및 變更

합병으로 인해 흡수합병의 경우에는 존속회사 이외의 당사회사(해산회사)가, 신설합병의 경우에는 당사회사의 전부가 소멸한다(제227조 제 4 호, 제269조, 제517조 제 1 호, 제609조 제 1 호).

합병의 결과 흡수합병의 경우에는 존속회사의 정관변경이 생기고, 신설합병의 경우에는 신회사가 성립한다.

2. 社員의 收容

합병으로 인하여 해산회사의 사원은 원칙적으로 존속회사 또는 신설회사의 사원이 된다. 사원의 지위는 존속회사 또는 신설회사의 종류, 합병계약의 내용에 따라서 정해진다. 사원의 수용과 관련하여 합병에 반대하는 주주에 대해서는 주식매수청구권을 인정하고 있다(제522조의3).

3. 權利·義務의 포괄승계

존속회사 또는 신설회사는 해산회사의 모든 권리·의무를 포괄적으로 승계한다(제235조, 제269조, 제530조 제 2 항, 제603조). 합병에 있어서의 권리·의무의 승계는 법률상 당연히 이루어지는 것이므로 각개의 권리·의무에 대하여 개별적 이전행위를 요하지 아니하며, 특약에 의하여 그 일부의 이전을 제외할 수 없다. 다만 대항요건을 필요로 하는 권리에는 제 3 자 대항요건을 갖추어야 한다.

4. 訴訟法上의 효과

합병으로 인하여 소송당사자인 회사가 소멸한 때에는 소송절차가 중단되고, 존속회사 또는 신설회사가 이를 승계하여야 한다(민사소송법 제234조).

Ⅴ. 合併의 無效

1. 총　　설

회사의 합병이 법정요건을 결하거나 그 절차에 하자가 있는 경우에 이를 민법의 일반원칙에 맡기는 것은 법률관계의 안정을 해한다. 따라서 상법은 합병의 무효에 대해서 회사설립의 무효와 마찬가지로 신중한 입장을 취하고 있다.

2. 合併無效의 원인

합병의 무효원인에 관하여는 상법에 아무런 규정이 없지만, 1) 합병당사회사, 존속회사 또는 신설회사의 적격성(제174조 제2항·제3항, 제600조 제2항)을 결하는 경우, 2) 합병계약에 일반사법상의 하자가 있는 경우, 3) 자본회사에서 합병계약서를 작성하지 않거나 법정기재사항을 기재하지 아니한 경우, 4) 합병승인결의에 무효 또는 취소원인이 있는 경우, 5) 채권자보호절차를 이행하지 않은 경우, 6) 자본회사에서 합병보고총회 또는 창립총회를 소집하지 아니한 경우 등은 무효의 원인이 된다. 또한 합병비율의 현저한 불공정이 합병무효의 원인이 되느냐에 관하여는 현재 이를 긍정하는 견해가 우세하다.

3. 合併無效의 訴

합병무효는 소에 의해서만 주장할 수 있다. 합병무효의 소는 합병의 효력을 소멸시키는 것이므로 형성의 소이다.

합병무효의 소의 제기권자는 남소를 방지하기 위하여 제한되어 있으며, 합명회사와 합자회사에서는 각 회사의 사원, 청산인, 파산관재인 또는 합병을 승인하지 아니한 회사채권자 등이고(제236조 제1항, 제269조), 주식회사와 유한회사에서는 이외에도 각 회사의 이사·감사도 이에 포함된다(제529조 제1항, 제603조). 독점규제 및 공정거래에 관한 법률에 위반하여 합병한 때에는 공정거래위원회가 합병무효의 소를 제기할 수 있다(독점규제 및 공정거래에 관한 법률 제16조 제2항). 소제기자가 회사채권자인 때에는 법원은 회사의 청구에 의하여 상당한 담보를 제공할 것을 명할 수 있고, 이 경우에 회사는 회사채권자의 청구가 악의임을 소명하여야 한다(제237조, 제176조 제3항·제4항). 합병무효의 소에 있어서 피고는 존속회사 또는 신설회사이다.

합병무효의 소는 합병의 등기가 있은 날로부터 6월 이내에 제기하여야 한다(제

236조 제 2 항, 제269조, 제529조 제 2 항, 제603조). 그러나 공정거래위원회가 합병무효의 소를 제기하는 때에는 제소기간의 제한이 없다(독점규제 및 공정거래에 관한 법률 제16조 제 2 항). 합병무효의 소의 관할 및 기타 절차는 설립무효의 소와 같다(제240조, 제186조 내지 제189조, 제269조, 제530조 제 2 항, 제603조).

4. 合併無效判決의 효과

합병당사회사 및 이해관계인들 사이의 법률관계를 획일적으로 확정하기 위하여 합병무효의 판결이 확정된 때에는 그 판결은 제 3 자에 대하여도 효력이 미친다(대세적 효력)(제240조, 제190조, 제269조, 제530조 제 2 항, 제603조).

합병무효의 판결은 판결확정 전에 생긴 회사와 사원 및 제 3 자 사이의 권리·의무에 영향을 미치지 아니한다(불소급효)(제240조, 제190조, 제269조, 제530조 제 2 항, 제603조). 이는 합병의 유효를 전제로 하여 형성된 법률관계가 합병무효판결에 의하여 대단히 복잡하고 혼란스러운 상태에 놓이는 것을 방지하기 위한 것이다. 그러므로 합병무효판결확정시까지 합병을 전제로 하여 행한 존속회사 또는 신설회사의 주주총회의 소집과 결의, 이익배당, 주식의 양도, 회사와 제 3 자의 거래 등은 아무런 영향을 받지 아니한다.

합병무효의 판결은 기왕의 법률관계에는 영향을 미치지 않지만 장래에 향하여 그 효력이 발생한다. 따라서 존속회사 또는 신설회사는 장래에 향하여 합병 전의 당사회사로 분할된다. 즉 합병으로 소멸한 해산회사는 부활하고 신설회사는 소멸한다. 그리고 합병 당시의 합병당사자가 소유하고 있던 재산과 부채로서 존속회사 또는 신설회사에 현존하는 것은 각각 본래의 회사로 복귀하고 합병 후에 존속회사 또는 신설회사가 취득한 재산은 당사회사의 공유로 하고 그들이 부담한 부채는 당사회사의 연대채무로 한다(제239조 제 3 항, 제269조, 제530조 제 2 항, 제603조).

합병무효의 판결이 확정된 때에는 존속회사의 변경등기, 해산회사의 회복등기, 신설회사의 해산등기를 하여야 한다(제238조, 제269조, 제530조 제 2 항, 제603조).

합병무효의 소에서 원고가 패소한 경우에는 판결의 효력은 일반원칙에 따라 소송당사자 사이에만 미친다(민사소송법 제218조 제 1 항). 패소한 원고에게 악의 또는 중대한 과실이 있는 때에는 회사에 연대하여 손해를 배상할 책임이 있다(제240조, 제191조, 제269조, 제530조 제 2 항, 제603조).

제2관 會社의 分割

Ⅰ. 會社의 分割의 개념

1. 意 義

회사의 분할(scission, corporate division; Ausgliederung)이라 함은 하나의 회사를 두 개 이상의 회사로 분리하는 현상을 말한다(제530조의2). 상법은 1998년 개정법에서 이에 관한 규정을 새로 두었으며 개념상으로는 합병과 반대되는 제도라고 할 수 있다. 분할하는 회사의 전 재산과 부채가 새로이 성립하는 수개의 회사로 포괄승계되고 분할하는 회사의 주주에게 새로이 성립하는 회사의 주식이 발행·교부된다. 분할하는 회사가 해산하여 청산절차를 밟지 않고 소멸하는 것은 합병에 있어서와 같다.

회사가 합병을 하는 이유는 주로 경영의 합리화나 시장지배력의 강화에 있지만, 회사의 분할은 주로 품질향상을 통한 경쟁력의 강화나 판매촉진을 위하여 업무부문의 전문화, 신제품의 개발 등을 위한 정책적인 목적에서 이루어진다.

회사의 분할은 여러 가지 경제적 목적을 달성하기 위하여 필요한 제도임에도 불구하고 미국·일본은 이에 관하여 상법상 아무런 규정을 두고 있지 않으며, 프랑스가 1966년 상사회사법에서 처음으로 이에 관한 명문의 규정을 둔 이래(동법 제371조 아래) 유럽공동체 이사회는 기업분할에 관한 지침을 제정하였고, 독일·영국 등의 회원국에서 이에 관한 입법을 하였다.

2. 법적 성질

분할의 법적 성질에 관하여도 합병의 경우와 같이 논의의 여지가 있다. 여기서 주의할 것은 분할의 경우에는 분할되는 부분에 해당하는 주주의 인적측면에서의 분할이 반드시 뒤따르지 않을 수도 있다는 점이다. 회사가 분할하고 그 분할부분에 해당하는 신주를 종전의 주주에게 분배하는 경우에는 회사는 물적으로뿐만 아니라, 인적으로도 분할되지만, 분할부분에 해당하는 신주를 종전의 주주에게 분배하지 않고 분할 전의 회사가 취득하는 경우, 즉 자회사를 설립하는 경우에는 회사는 물적으로만 분할되고 인적으로는 분할되지 아니한다. 따라서 분할은 재산법적으로 파악하여야 할 것이다(동지: 정동윤, 801쪽).

한편 개정상법은 이러한 물적 분할에 관하여도 회사분할에 관한 규정을 준용하고 있다(제530조의12).

3. 分割의 유형

회사의 분할은 종전의 회사가 분할 후에 존속하느냐의 여부에 따라 존속분할과 소멸분할로 나눌 수 있다. 존속분할은 하나의 회사가 두 개 이상의 회사로 분할되지만, 종래의 회사는 존속회사로 되고 나머지 회사는 신설회사로 되는 형태이다. 이를 불완전분할(division imparfaite)이라고도 한다. 소멸분할은 분할부분이 각각 독립한 신설회사로 되고, 종래의 회사가 해산하는 형태이다. 이를 완전분할(division parfaite)이라고도 한다.

존속분할과 소멸분할은 하나의 회사가 둘 이상의 회사로 분할되어 분할부분이 그 상태대로 남아 있는 형태로서 이를 단순분할이라고도 한다. 그런데 어느 회사가 분할된 다음에 그 분할부분이 다른 회사 또는 그 회사의 분할부분과 합체하여 하나의 회사로 되는 형태가 있다. 이 경우에는 분할부분의 합병이 발생한다. 이 형태를 분할합병(fusion-scission)이라고 하는데, 분할합병은 다시 분할된 회사의 일부분이 다른 회사에 흡수되는 경우(흡수분할합병)와 그 회사의 일부분과 더불어 회사를 신설하는 경우(신설분할합병)의 두 가지로 나누어진다(정동윤, 802쪽; 정찬형, 93쪽).

Ⅱ. 分割의 절차

1. 事實上 會社分割의 절차

기존에는 상법상으로는 회사의 분할이 인정되지 아니하므로 기존의 다른 제도를 차용하여 사실상 회사분할의 목적을 달성하고 있었다.

회사의 분할을 위한 사실상의 회사분할방법으로서는 다음의 네 가지가 있다(정동윤, 804쪽). 첫째는 회사가 그 영업의 일부를 현물출자하여 신회사를 설립하는 방법이고(제290조 제 2 호), 둘째는 회사가 신회사를 설립한 후 신회사의 신주발행시에 회사의 영업 중 일부를 현물출자하는 방법이고(제416조 제 4 호), 셋째는 신회사가 재산인수의 형태로 분할회사의 영업 중 일부를 양수하는 방법이고(제290조 제 3 호), 넷째는 회사가 신회사를 설립한 후에 사후설립에 의하여 영업양도를 받는 방법이다(제375조). 이 가운데 첫째와 셋째의 방법을 취하는 경우에는 법원이 선임한 검사인의 조사를 받아야 하기 때문에(제299조 제1항 제1호), 이를 회피하기 위하여 실제로는 사후설립의 방법이 이용되고 있다. 사후설립의 경우에는 분할하는 회사뿐만 아니라, 신회사에서도 주주총회의 특별결의가 필요하지만, 신회사의 주주는 분할하는 회사이므로 별로 문제되지 않는다.

2. 商法上 會社分割制度의 절차

(1) 분할계획서·분할합병계약서의 작성

단순분할의 경우에는 소멸분할(제530조의5 제1항)과 존속분할(제530조의5 제2항), 분할합병의 경우에는 흡수분할합병(제530조의6 제1항)과 신설분할합병으로 나누어서 각각 분할계획서 및 분할합병계약서에 기재하여야 할 사항이 법정되어 있다.

(2) 分割貸借對照表 등의 작성·비치·공시

분할하는 회사의 이사는 분할결의를 위한 주주총회의 회일의 2주간 전부터 분할의 등기를 한 날 또는 분할합병을 한 날 이후 6개월간 다음의 서류를 본점에 비치하여야 한다(제530조의7 제1항).

1) 분할계획서 또는 분할합병계약서

2) 분할하는 부분의 대차대조표

3) 분할합병의 경우의 합병상대방회사의 대차대조표

4) 분할하는 회사의 주주에게 발행할 주식의 배정에 관하여 그 이유를 기재한 서면

또한 분할하는 회사의 일부가 다른 회사와 합병하여 그 다른 회사가 존속하는 경우에는 상대방회사의 이사는 분할합병을 승인하는 주주총회의 회일의 2주간 전부터 분할합병의 등기를 한 후 6월간 다음 서류를 본점에 비치하여야 한다(제530조의7 제2항).

1) 분할합병계약서

2) 분할하는 회사의 분할하는 부분의 대차대조표

3) 분할하는 회사의 주주에게 발행할 주식의 배정에 관하여 그 이유를 기재한 서면

합병대차대조표의 공시에 관한 제522조의2 제2항의 규정은 이 경우에 준용한다(제530조의7 제3항).

⑶ 株主總會의 승인

회사가 분할 또는 분할합병을 함에는 분할계획서 또는 분할합병계약서를 작성하여 주주총회의 특별결의에 의한 승인을 얻어야 하며, 이 때는 의결권 없는 주주도 의결에 참가한다(제530조의3 제 1 항 · 제 2 항 · 제 3 항). 또한 이 결의에는 합병에 관한 제522조 제 4 항 및 제 5 항의 규정이 준용된다(제530조의3 제 7 항).

한편 수종의 주식을 발행한 경우에 분할로 인하여 어느 종류의 주주에게 손해를 미치게 될 때에는 그 종류의 주주의 총회의 결의가 있어야 하며 회사의 분할로 인하여 분할에 관련되는 각 회사의 주주의 부담이 가중되는 경우에는 그 주주 전원의 동의가 있어야 한다(제530조의3 제 5 항 · 제 6 항).

분할에 반대하는 주주에게는 합병과 마찬가지로 주식매수청구권이 인정된다(제530조의11, 제522조의3).

⑷ 分割登記

분할회사가 분할을 한 때는 본점소재지에서는 2주간 내에, 지점소재지에서는 분할 후 존속하는 회사의 변경등기, 분할로 인하여 소멸하는 회사의 해산등기, 분할로 인하여 설립되는 회사의 설립등기를 하여야 한다(제530조의11, 제233조).

⑸ 會社設立의 특례

분할에 의하여 설립되는 회사는 분할하는 회사의 출자만으로도 설립할 수 있다(제530조의4 제 2 항). 따라서 형식상으로는 발기인을 3인으로 채울 필요가 없다. 또한 분할하는 회사의 분할결의로 설립되는 회사의 창립총회의 결의에 갈음하며 분할하는 회사의 주주에게 그 주주가 가지는 그 회사의 주식의 비율에 따라서 설립되는 회사의 주식이 발행되는 경우에는 검사인의 검사가 요구되지 않는다(제530조의4 제 3 항 · 제 4 항).

⑹ 기타의 節次

회사의 분할에 필요한 자본의 감소, 주식의 병합 및 분할, 단주의 처리 등에 관하여는 각 해당규정이 준용된다(제530조의11, 제329조의2, 제440조 내지 제444조, 제439조).

Ⅲ. 會社分割의 효과

1. 會社財産의 包括的 移轉

분할 또는 분할합병으로 인하여 설립되는 회사 또는 존속하는 회사는 분할하는 회사의 권리와 의무를 분할계획서 또는 분할합병결의서가 정하는 바에 따라서 승계한다(제530조의10).

분할의 효력이 발생하는 시기는 분할 후 존속하는 회사 또는 분할로 인하여 설립되는 회사가 본점소재지에서 등기를 함으로써 그 효력이 발생한다(제530조의11, 제234조).

2. 債務에 관한 연대책임

분할 또는 분할합병으로 인하여 설립되는 회사 또는 존속하는 회사는 분할 또는 분할합병 전의 회사채무에 관하여 연대하여 변제할 책임이 있다(제530조의9 제 1 항). 다만 분할하는 회사는 특별결의로 분할에 의하여 회사를 설립하는 경우에 설립되는 회사가 분할하는 회사의 채무 중에서 출자한 재산에 관한 채무만을 부담할 것을 정하거나 분할의 출자를 받는 존립중의 회사가 분할하는 회사의 채무 중에서 출자한 재산에 관한 채무만을 부담할 것을 정할 수 있다(제530조의9 제 2 항 · 제 3 항).

후자의 경우에는 제232조 제 2 항과 제 3 항, 제439조 제 3 항 및 제527조의5의 규정을 준용한다(제530조의9 제 4 항). 이 경우에는 분할하는 회사가 분할출자 후에 존속하는 때에는 분할로 인하여 설립되는 회사가 부담하지 아니하는 채무만을 부담한다(제530조의9 제 2 항 · 제 3 항의 후단). 한편 채권자에 대한 사전적 보호로써 합병에 있어서의 채권자보호에 관한 규정이 준용되고 있다(제530조의11, 제232조 제 2 항 · 제 3 항, 제527조의5).

3. 會社의 計算

분할 또는 분할합병으로 인하여 설립되는 회사 또는 출자를 받는 회사가 영업권을 취득한 경우에는 그 취득가액을 대차대조표의 자산의 부에 계상할 수 있다. 이 경우에는 설립등기 또는 분할합병의 등기를 한 후 5년 내의 매결산기에 균등액 이상을 상각하여야 한다(제530조의8).

Ⅳ. 分割의 무효

합병의 무효에 관한 규정(제237조 내지 제240조, 제529조)은 분할의 무효에 관하여도 준용된다(제530조의11 제 1 항).

제 3 관 株式의 포괄적 교환과 이전

Ⅰ. 도입배경

주식의 포괄적 교환과 이전은 특정의 타회사(자회사)를 완전히 지배하는 완전모회사의 설립을 위한 방법이다. 이를 상법에 도입하게 된 것은 독점규제법에서 이미 지주회사를 허용함에 따라 지주회사를 쉽게 설립하는 방법을 회사법에서도 규정할 필요성이 있었기 때문이다. 상법에서 완전모회사 내지 지주회사의 설립을 규정하게 된 것은 자회사에 소수주주가 존재하는 이상 자회사에 대한 경영전략에 유연성이 없어지고 기업의 매수를 주저하게 되는 상황이 예상되기 때문이다. 이에 완전모회사의 설립을 쉽게 한 것이 주식의 포괄적 교환제도이고 기존기업의 매수에 의하지 아니하고 완전모회사의 설립을 가능하게 하는 것이 주식의 포괄적 이전제도이다.

주식의 포괄적 교환 및 이전은 국내외에서 찾을 수 있다. 이미 국내법으로서는 금융지주회사법(제20조~제37조)에서 그 전례를 찾을 수 있고, 외국 입법례로는 일본상법(제352조~제372조)과 미국 모범사업회사법(11. 02(Share Exchange))에서 그 예를 찾을 수 있다.

Ⅱ. 株式交換과 株式移轉의 차이점

1. 완전모회사의 성립과 기존회사의 관계

주식의 포괄적 교환에 의한 완전모회사는 기존회사가 자회사의 주식을 전부 취득함으로써 완전지배관계가 성립된다. 그러나 주식의 포괄적 이전에 의한 경우는 완전모회사가 신설되는 점이 근본적으로 다르다. 주식의 포괄적 교환의 경우에는 완전모회사가 기존회사이지만 주식의 포괄적 이전의 경우 완전모회사는 기존회사의 의사에 따라서 신설되는 모회사이다.

2. 완전모회사의 承認總會

주식교환의 경우에는 완전자회사 및 완전모회사의 양쪽 주주총회의 승인결의가 필요하지만(제360조의3), 주식의 포괄적 이전의 경우에는 완전모회사가 설립되기 전이므로 완전자회사의 총회의 이전승인결의만 있으면 된다(제360조의15).

3. 완전모회사의 自己株式의 교부

주식교환의 경우에는 완전자회사의 주주에게 완전모회사가 신주 대신에 자기주식을 교부할 수 있으나(제360조의3) 주식의 포괄적 이전의 경우에는 완전모회사가 설립되기 전이므로 자기주식을 보유할 수 없다. 그리하여 신주발행에 갈음하여 자기주식을 교부하는 일은 없다.

4. 株主總會의 승인사항

주식교환의 경우에는 완전모회사가 될 회사와 자회사가 될 회사간의 주식교환계약서를 작성하여 주주총회에서 승인을 얻게 된다(제360조의3). 주식의 포괄적 이전의 경우에는 완전모회사가 될 회사가 아직 존재하지 않으므로 자회사가 될 회사의 주주총회에서 주식이전에 관한 사항 및 완전모회사의 설립에 관한 의안을 승인하는 절차를 밟게 된다(제360조의16).

5. 완전모회사의 이사·감사

주식교환의 경우에는 완전모회사의 이사 및 감사는 주식교환 이전에 이미 취임하고 있으므로 그 임기는 주식교환계약서에 다른 정함이 없는 경우에는 주식교환 후 최초로 도래하는 결산기에 관한 정기총회가 종료하는 때에 퇴임한다(제360조의12). 완전자회사의 주주가 새로 완전모회사의 주주가 된 것이기 때문에 전체의 의사를 묻도록 한 것이다. 주식의 포괄적 이전으로 인한 완전모회사의 이사 및 감사는 신임이므로 그 임기는 통상의 임기의 규정에 따른다.

6. 효력발생기

주식의 포괄적 교환의 효력이 발생하는 날은 주식교환계약서상의 주식교환을 할 날(제360조의3 제3항 제6호)이 된다. 다만 이 날은 완전자회사의 주권실효절차에 관한 주권제출기간이 만료한 다음 날이 된다(제360조의8 제 1 항). 이 주식교환을 할 날부터 2주 내에 자본총액 등의 변경등기를 하여야 한다. 다만 이 등기는 이미 효력이 발생한 것을 확인하는 의미를 가질 뿐이다. 주식의 포괄적 이전의 효력은 주식이전으로 인하여 설립한 완전모회사의 본점소재지에서 설립등기 내지 주식이전등기를 함으로써 생긴다(제360조의20).

7. 간이·소규모주식교환의 인정

주식의 포괄적 교환의 경우에는 간이주식교환 및 소규모주식교환(제360조의9, 제360조의9 제 1 항)이 인정되지만 이전에서는 인정되지 않는다.

Ⅲ. 株式의 포괄적 교환

1. 개 념

주식의 포괄적 교환은 기존 주식회사가 이미 존재하는 다른 주식회사의 완전모회사(지주회사)가 되기 위한 제도이다. 주식의 포괄적 교환에 의해 기존주식회사 A가 다른 주식회사 B의 주주로부터 B회사의 주식 전부를 포괄적으로 취득하여 완전모회사가 되고 그 대가로 A사의 주식을 교부하게 된다(제360조의2 제 1 항).

2. 株式의 포괄적 교환의 規制

(1) 채무초과회사를 완전자회사로 하는 주식교환

주식교환의 날의 대차대조표상 채무초과상태에 있는 회사를 자회사로 하는 경우에는 주식교환이 허용되지 않는다. 왜냐하면 주식교환에 의하여 모회사의 증가할 자본액은 교환의 날의 자회사의 순자산액을 초과하지 못하게 되어 있기 때문이다(제360조의6 제 1 항).

(2) 독점규제법상의 규제

독점규제법에 의하면 자산총액이 1,000억원 이상의 회사는 지주회사로 전환하거나 지주회사를 설립하는 경우에는 공정거래위원회에 신고하여야 한다(독점규제법 제 8 조, 동 시행령 제 2 조). 그리고 지주회사에 대해서는 일정한 행위가 제한된다(독점규제법 제 8 조의2).

3. 주식의 포괄적 교환의 절차

(1) 주식의 포괄적 교환계약의 체결

주식의 포괄적 교환은 모회사가 될 회사와 자회사가 될 회사간에 계약에 의하여 이루어진다. 그리고 이를 서면화한 주식교환계약서애 대한 총회에서의 승인절차가 진행된다. 그런데 그 계약은 주주간에 체결되는 것이 아니고 계약당사자는 양 회사가 된다. 그리하여 절차의 처음은 이사회의 결의에 의한 계약의 체결이다.

(2) 주식의 포괄적 교환계약서의 작성

주식교환계약서의 작성은 모회사가 되는 회사 및 자회사가 되는 회사에서 한다. 그리고 이것은 합병의 경우의 합병계약서작성에 상응한다(제523조). 자회사가 되는 회사는 2개회사 이상일 수도 있다. 주식교환계약서의 기재사항은 상법 제360조의3 제3항에 나열되어 있다.

(3) 공시서류, 공시기간, 주주의 열람권

각 회사의 이사는 주식교환계약서의 승인에 관한 주주총회의 회일의 2주 전부터 주식교환의 날 이후 6월이 경과하는 날까지 일정한 서류(주식교환계약서, 완전자회사가 되는 회사의 주주에 대한 주식의 배정에 관하여 그 이유를 기재한 서면, 주식교환을 하는 각 회사의 대차대조표 및 손익계산서)를 회사의 본점에 비치하여 주주가 영업시간 내에 그 열람 또는 등사를 청구할 수 있도록 하여야 한다(제360조의4, 제391조의3 제3항). 이러한 서류 중 주식의 배정에 관하여 그 이유를 기재한 서면은 주식교환비율의 이유서를 말하며, 비율의 공정성을 판단하는 기초자료가 된다. 이에 의거하여 교환비율이 불리하다고 판단하는 주주는 승인결의에 반대하고 주식매수청구를 할 수 있다(제360조의5).

(4) 회사채권자 보호조치 여부

이러한 사전공시는 주주총회에서 주식교환계약서의 승인을 할 것인지의 여부를 판단하기 위한 자료를 제공하는 것이다. 그런데 사후공시(제360조의12)는 주식교환무효의 소(제360조의14)를 위한 정보제공이라는 점에서 사전공시와 구별된다. 그런데 합병의 경우에는 주주 이외에 회사채권자도 열람·등사를 청구할 수 있으나(제522조의2 제2항), 주식교환의 경우에는 회사채권자는 열람·등사청구권이 없다. 주식교환의 경우에는 모회사 및 자회사가 되는 회사는 주식교환 이후에도 그대로 존속하므로 채권자의 이익에 영향을 미치는 일이 없기 때문이다.

(5) 반대주주의 주식매수청구권

주식교환에 반대하는 주주는 주식매수청구권을 행사할 수 있다(제360조의5). 합병반대주주의 매수청구권(제522조의3)과 같은 취지이다. 매수청구권은 모회사 및 자회사가 되는 회사의 주주가 모두 행사할 수 있다. 주식교환에 반대하는 주주의 청구에 의한 주식매수가액은 회사의 영업 전부의 양도 등의 결의(제374조)에 반대하는 주주의 주식매수청구의 경우(제374조의2 제 2 항~제 5 항)와 동일하다(제360조의5 제 2 항).

(6) 주주총회의 승인결의

주식교환계약서의 승인총회의 소집의 통지와 공고에는 일정한 사항을 기재하여야 한다(제360조의3 제 4 항). 주식교환에 의하여 자회사의 주주는 모회사의 주주가 되고, 두 회사간에는 완전 지배종속관계가 성립되므로 양 회사의 주주총회의 특별결의에 의한 주식교환계약서의 승인이 필요하게 된다(제360조의2 제 2 항, 제360조의3 제 2 항).

(7) 완전모회사의 주식의 배정, 자기주식의 이전, 자본증가와 자본준비금

1) 신주의 발행

완전모회사가 되는 회사는 완전자회사가 되는 회사의 주식의 전부를 취득하는 대가로 완전자회사가 되는 회사의 주주에게 신주를 발행한다. 이 경우의 신주의 총수, 종류와 종류별 주식의 수 등은 주식교환계약서의 기재사항이다(제360조의3 제 3 항 제 2 호).

2) 모회사의 자기주식 이전

완전모회사가 되는 회사가 자기주식을 보유하고 있는 경우에는 신주의 교부에 갈음하여 자기주식을 자회사가 되는 회사의 주주에게 이전할 수 있으며, 이 경우의 이전할 주식의 총수, 종류 및 종류별 주식의 수를 주식교환계약서에 기재하여야 한다(제360조의3 제 3 항 제 8 호).

3) 모회사의 자본증가 한도액

모회사가 되는 회사의 자본의 증가는 자회사가 되는 회사의 순자산액에서 주식교환교부금 등을 공제한 금액을 초과하지 못한다(제360조의7).

4) 자본준비금

모회사가 되는 회사가 주식교환을 위하여 발행하는 신주의 액면총액(자본증가액)이 자본증가의 한도액(제360조의7)보다 낮은 경우에는 그 차액은 자본준비금으로 적립하게 된다(제459조 제1항 1의2).

(8) 완전모회사의 이사·감사의 임기

주식교환계약서에 완전모회사가 되는 회사의 이사와 감사 또는 감사위원회 위원을 정한 때에는 그 성명과 주민등록번호를 기재하여 총회의 승인결의를 얻도록 하고(제360조의3 제3항 제9호), 그러한 정함이 없으면 주식교환 이전에 취임한 완전모회사의 이사·감사는 주식교환 이후 최초로 도래하는 결산기에 관한 정기총회가 종료하는 때에 퇴임한다(제360조의12). 흡수합병시 존속회사의 이사·감사의 임기에 관한 규정(제527조의4 제1항)과 같은 취지이다.

(9) 완전모회사의 주권의 실효절차

완전자회사가 되는 회사는 주주총회에서 주식교환계약서의 승인결의가 있는 때에는 1) 승인결의의 사실, 2) 주식교환의 날 전일까지 주권제출을 해야 한다는 사실, 3) 주권교환의 날에 주권이 무효로 된다는 사실을 주식교환의 날 1월 전에 공고하고 주주명부에 기재된 주주와 질권자에게 따로 통지하여야 한다(제360조의8 제1항).

4. 주식교환의 효력발생

주식교환의 효력은 주식교환계약서에 기재된 "주식교환을 할 날"(제360조의3 제3항 제6호)에 발생하며, 이는 주권실효절차에서의 주권제출기간이 만료한 날(제360조의8 제2항, 제442조)의 다음 날이 된다. 사후정보공시의무자는 완전모회사가 되는 회사 및 완전자회사가 되는 회사의 (대표)이사이다. 그는 일정한 사항(주식교환의 날, 주식교환의 날에 완전자회사가 되는 회사에 현존하는 순자산액, 주식교환으로 인하여 완전모회사에게 이전한 완전자회사의 주식의 수) 기타 주식교환에 관한 사항을 기재한 서면을 주식교환의 날부터 6월간 본점에 비치하여야 한다(제360조의12 제1항).

5. 간이주식교환 및 소규모주식교환

(1) 간이주식교환

상법은 간이합병에 관한 규정(제527조의2)의 취지에 따라 간이주식교환의 제도를 규정하고 있다(제360조의9). 이는 주식교환의 경우의 완전모회사를 흡수합병의 경우의 존속회사로, 완전자회사를 해산회사로 보고 간이합병과 같은 요건이 갖추어지면 완전자회사의 주주총회의 주식교환승인결의를 생략하고 이사회의 결의로 갈음하기 위한 조치이다.

(2) 소규모주식교환

1) 인정요건

상법은 또한 소규모합병(제527조의3)과 같은 취지에서 다음과 같은 경우 소규모주식교환제도도 규정하고 있다(제530조의10). 첫째는 완전모회사가 신주를 배정하는 경우로서 완전모회사가 되는 회사가 주식교환을 위하여 배정하는 신주의 총수가 그 회사의 발행주식 총수의 100분의 5를 초과하지 않는 경우가 신주를 배정하는 경우이다(제360조의10 제1항 본문). 이 때에는 완전모회사가 되는 회사의 주주에게 지급할 주식교환교부금이 완전모회사가 되는 회사에 현존하는 순자산액의 100분의 2를 초과하지 않아야 한다(제360조의10 제1항 단서). 두 번째는 완전모회사가 자기주식을 이전하는 경우로서 완전모회사가 신주의 발행에 갈음하여 자기주식을 완전자회사의 주주에게 이전하는 경우(제360조의6)의 주식은 제360조의10 제1항 본문의 신주로 본다(제360조의10 제2항). 가령 A회사의 자기주식을 B회사의 주주에게 이전하는 경우의 주식의 총수가 A회사의 발행 주식총수의 100분의 5를 초과하지 않는 경우이어야 소규모주식교환이 가능하여 총회의 승인을 생략할 수 있다.

2) 절 차

(가) **주식교환계약서의 기재** A회사가 발행주식총수의 100분의 5를 초과하지 않는 범위에서 신주를 B회사의 주주에게 배정하는 경우에는 주주총회의 승인결의(제360조의3 제1항) 없이 주식교환을 할 수 있다는 뜻을 주식교환계약서에 기재하여야 한다(제360조의3 제1항). 그런데 A회사의 정관변경사항(제360조의3 제3항 제1호)은 주식교환계약서에 기재하지 못한다. 이를 기재하는 경우에는 이사회의 결의에 의하여 정관을 변경하는 결과가 되기에 그러하다. 이 기재가 있는 주식교환계약서에는 공고 또는 통지(제360조의10 제4항)의 날로부터 2주 전부터 주식교환의 날 이후 6월이 경과하는 날까지 본점에 기재하여 공시되며(제360조의10 제6항, 제360조의4 제1항), 주주는 열람할 수 있다(제360조의4 제2항).

(나) **공고·통지** A회사는 주식교환계약서를 작성한 날로부터 2주 내에 B회

사의 상호와 본점, 주식교환의 날 및 주주총회의 승인을 얻지 않고 주식교환을 할 날을 공고하거나 주주에게 통지하여야 한다(제360조의10 제 4 항).

(다) **반대주주의 주식매수청구권 여부** 소규모주식교환의 경우에는 반대주주의 주식매수청구권을 인정하지 않는다(제360조의10 제 7 항). 소규모합명의 경우에 이를 인정하지 않기 때문에(제527조의3 제 5 항) 그와 조화시키려는 것이다.

(라) **효 과** 소규모주식교환의 요건이 갖추어지고 소정의 절차를 이행한 때에는 완전모회사가 되는 회사의 주주총회의 승인결의가 생략되고 그 회사의 이사회의 승인으로 이에 갈음할 수 있다(제360조의10 제 1 항).

6. 주식교환의 무효

주식교환에 있어서도 합병무효의 소(제529조)와 같은 취지의 주식교환무효의 소의 제도(제360조의14)를 규정하고 있다. 이 소의 관할은 완전모회사가 되는 회사의 본점소재지의 지방법원의 관할에 전속한다(제360조의14 제 2 항). 소제기의 공고(제187조), 소의 병합심리(제188조) 등에 관하여는 회사설립무효의 소에 관한 규정이 준용된다(제360조의14 제 4 항). 그리고 제소주주의 담보제공의무(제377조)는 주주총회결의취소의 소와 동일하다(제360조의14 제 4 항). 주식교환무효의 판결이 확정된 때에는 본점과 지점의 소재지에서 등기하여야 한다(제360조의14 제 4 항, 제192조).

Ⅳ. 주식의 포괄적 이전

1. 개 념

주식의 포괄적 이전은 기존 주식회사가 그 자체는 자회사가 되고 완전모회사를 설립하는 제도이다. 기존 주식회사 B의 주식의 전부를 신설하는 회사 A에 포괄적으로 이전하고 신설회사 A의 설립시에 발행하는 주식을 기존회사 B의 주주에게 교부함으로써 성립하는 완전모회사의 창설행위를 가리킨다(제360조의14). 이 때 B회사는 A회사의 완전자회사가 되고 B회사의 주주는 A회사의 주주가 되는 것이다.

2. 절 차

(1) 이사회의 결의

기존회사가 주식의 포괄적 이전에 의하여 완전모회사를 설립하기로 하는 내용의 주식이전계획서를 작성하여 주주총회의 승인을 위한 총회소집사항을 이사회가 결의한다.

⑵ 사전정보공시

이사회에서 주식이전에 의한 완전모회사의 설립에 관한 승인을 얻기 위한 주주총회소집을 결의하면 (대표)이사는 주주에게 필요한 정보를 제공하기 위하여 소정의 서류를 본점에 비치하여야 한다(제360조의17 제 1 항).

⑶ 주식이전계획서의 승인결의

1) 주주총회의 소집·결의

주식이전계획서의 승인을 위한 주주총회의 소집·공고를 하는 경우에는 주식이전의 의안의 요령을 회의의 목적사항에 기재하여야 한다(제360조의16 제 3 항, 제360조의3 제 4 항 제 1 호). 주식의 포괄적 이전의 승인은 주주총회의 특별결의를 요한다(제360의16조 제 2 항).

2) 반대주주의 주식매수청구권

주식의 포괄적 이전에 반대하는 주주에 대하여는 주식교환에 반대하는 주주와 동일한 매수청구권이 인정된다(제360조의22).

3) 주권실효절차

주식이전에 의하여 완전자회사가 되는 회사는 주주총회에서의 승인결의(제360조의16 제 1 항)를 한 때에는 일정한 사항(주주총회에서의 주식의 포괄적 이전의 승인결의가 있었다는 것, 일정한 기간 내에 주권을 회사에 제출하여야 한다는 것, 주식이전의 날에 주권이 무효가 된다는 뜻)을 공고하고 주주명부에 기재된 주주와 질권자에게 따로 통지를 하여야 한다(제360조의19 제 1 항). 구주권을 제출할 수 없는 자가 있는 때에는 회사는 그 자의 청구에 의하여 3월 이상의 기간을 정하고 이해관계인에 대하여 그 주권에 대한 이의가 있으면 그 기간 내에 제출할 것을 공고하고 그 기간이 경과한 후에 신주권을 청구자에게 교부할 수 있다(제360조의19 제 2 항, 제442조, 제444조).

4) 완전모회사의 자본의 한도액

신설되는 완전모회사의 자본액은 설립시에 발행하는 주식의 액면총액이 되지만 주식이전의 날에 완전자회사가 되는 회사에 현존하는 순자산액에서 그 회사의 주주에게 지급할 금액을 공제한 액을 초과하지 못한다(제360조의18).

5) 등기 및 효력발생

주식이전을 한 때(주권실효절차에서의 완전모회사가 되는 회사의 주권의 제출기간이 만료한 날)에는 설립한 완전모회사의 본점소재지에서는 2주 내에, 지점소재지에서는 3주 내에 주식이전의 등기(제317조 제 2 항)를 하여야 한다(제360조의20). 주식이전을 통하여 설립된 완전모회사가 그 본점소재지에서 주식이전의 등기로 인하여 주식이전은 효력이 발생한다(제360조의12). 이는 합병의 경우와 같다(제234조).

6) 사후정보공시

사후정보공시에 대하여는 주식교환의 경우의 규정(제360조의12)을 준용한다(제360조의22).

3. 주식이전의 무효

주식의 포괄적 이전에 무효사유가 있는 때에는 제소권자가 제소기간 내에 주식이전무효의 소를 제기할 수 있다(제360조의23). 제소권자·제소기간 등은 주식교환 무효의 소의 경우와 같은 규정들이 준용되고 있다(제360조의23 제 4 항). 주식이전을 무효로 하는 판결이 확정된 때에는 완전모회사가 된 회사는 주식이전을 위하여 발행한 주식의 주주에 대하여 그가 소유하였던 완전자회사가 된 회사의 주식을 이전하여야 한다(제360조의23 제 3 항). 상법 제360조의23 제 4 항에서는 주식이전무효의 판결의 효력에 대해서 설립무효판결의 불소급효에 관한 규정(제190조 단서)과 준청산에 관한 규정(제193조)을 준용하고 있다는 점을 주목하여야 한다.

제 4 절 會社의 解散과 繼續

제 1 관 會社의 解散

Ⅰ. 意義와 법적 성질

회사의 해산은 회사의 법인격을 소멸시키는 원인이 되는 법률사실이다. 따라서 회사는 해산에 의하여 법인격이 소멸되는 것이 아니라, 해산은 법인격소멸의 원인이 됨에 그친다. 회사가 해산되면 합병과 파산의 경우를 제외하고는 기존의 법률관계를 처리하기 위하여 청산절차(제531조 아래)를 밟게 되고, 이 청산이 종결한 때에 회사의 법인격은 소멸한다. 해산 후에도 회사는 청산의 목적범위 내에서 청산중의 회사로 존속하게 되는데, 이의 법적 성질은 동일회사가 계속해서 존속한다는 동일성설이 타당하다(통설).

회사의 해산사유는 각 회사마다 다르나, 모든 회사에 공통한 해산사유로는 법원의 해산명령과 해산판결이 있다.

Ⅱ. 法院의 解散命令

1. 意　　義

모든 회사에 공통되는 해산사유로서 회사법 통칙 부분에 법원의 해산명령제도를 두고 있다(제176조). 이 제도는 공익보호의 견지에서 회사의 법인격을 완전히 박탈하는 것으로서, 비송사건절차법에 따라 법원의 결정으로 회사의 해산을 명령한다.

법원의 해산명령제도는 회사설립에 있어서 준칙주의를 취한 결과 회사의 남설을 사후에 규제하기 위한 제도로서, 이해관계인이나 검사의 청구에 의해서뿐만 아니라, 법원의 직권에 의해서도 할 수 있다.

2. 事　　由

(1) 회사의 설립목적이 불법한 것인 때(제176조 제 1 항 제 1 호).

(2) 회사가 정당한 사유 없이 설립 후 1년 내에 영업을 개시하지 아니하거나 1년 이상 영업을 휴지(休止)하는 때(제176조 제 1 항 제 2 호).

(3) 이사 또는 업무집행사원이 법령 또는 정관에 위반하여 회사의 존속을 허용할 수 없는 행위를 한 때(제176조 제 1 항 제 3 호).

3. 절　　차

(1) 법원은 이해관계인이나 검사의 청구에 의하여 또는 직권으로 회사에 해산을 명할 수 있다(제176조 제 1 항).

(2) 해산명령의 청구가 있는 때에는 법원은 해산을 명하기 전일지라도 이해관계

인이나 검사의 청구에 의하여 또는 직권으로 관리인의 선임 기타 회사재산의 보전에 필요한 처분을 할 수 있다(제176조 제 2 항).

(3) 이해관계인이 해산명령의 청구를 한 때에는 법원은 회사의 청구에 의하여 상당한 담보를 제공할 것을 명할 수 있다(제176조 제 3 항). 이는 남소를 방지하기 위한 것이며, 이 때 회사는 이해관계인의 청구가 악의임을 소명하여야 한다(제176조 제 4 항).

(4) 해산명령청구사건은 비송사건이기 때문에 비송사건절차법에 따른다(비송사건절차법 제90조 아래). 회사의 본점소재지의 지방법원 합의부에서 관할하며(비송사건절차법 제72조 제 1 항), 재판은 이유를 붙인 결정으로 하여야 한다(비송사건절차법 제90조 제 1 항, 제75조 제 1 항). 회사, 이해관계인과 검사는 이 결정에 대하여 즉시 항고할 수 있으며, 이 항고는 집행정지의 효력이 있다(비송사건절차법 제91조).

4. 효 과

해산명령재판(결정)의 확정에 의하여 회사는 해산한다(제227조 제 6 호, 제269조, 제517조 제 1 호, 제609조 제 1 항 제 1 호). 해산의 결과 회사의 권리능력은 청산목적범위 내로 축소되며, 영업을 전제로 한 규정은 더 이상 적용되지 아니하고 회사대표와 업무집행기관은 그의 권한을 상실한다.

회사의 해산을 명한 재판이 확정된 때에는 법원은 해산한 회사의 본점과 지점소재지의 등기소에 그 등기를 촉탁하여야 한다(비송사건절차법 제93조).

Ⅲ. 法院의 解散判決

1. 意義와 법적 성질

해산판결은 사원의 이익을 보호하기 위하여 인정되는 제도로서, 회사의 존속이 오히려 사원의 이익을 해할 때에는 사원의 청구에 의하여 회사의 법인격을 박탈하여 사원의 손실을 방지하고자 한다.

해산판결청구사건은 소송사건으로서 법원의 판결에 의하며, 형성의 소이다. 이 점에서 공익을 보호하기 위해 회사의 법인격을 박탈하는 제도로서 비송사건절차법의 적용을 받는 해산명령과 다르다.

2. 事 由

(1) 資本會社

주식회사의 소수주주와 유한회사의 소수사원은 1) 회사의 업무가 현저한 정돈상태를 계속하여 회복할 수 없는 손해가 생긴 때 또는 생길 염려가 있는 때(예컨대 이사들간의 불화로 회사업무가 정체된 때), 2) 회사재산의 관리 또는 처분의 현저한 실당(失當: 도리에 어그러짐)으로 인하여 회사의 존립을 위태롭게 한 때(이사가 회사재산을 부당히 유용처분한 때) 등 '부득이한 사유'가 있는 때에는 회사의 해산을 법원에 청구할 수 있다(제520조, 제613조 제 1 항).

(2) 人的會社

합명회사와 합자회사의 각 사원은 부득이한 사유가 있는 대에는 회사의 해산을 법원에 청구할 수 있다(제241조 제 1 항, 제269조). 부득이한 사유란 회사의 목적을 달성할 수 없거나 회사의 존속이 불가능한 때이다. 특히 인적회사는 사원간의 신뢰를 바탕으로 생긴 회사인데, 사원간의 불화가 극도에 달하였는 데도 불구하고 일부사원의 제명, 지분의 양도, 총사원의 동의에 의한 회사해산 등이 어려울 때가 이에 해당한다.

3. 절 차

소(訴)는 본점소재지를 관할하는 지방법원에 전속하며(제241조 제 2 항, 제269조, 제520조 제 2 항, 제613조 제 1 항, 제186조), 원고는 해산판결의 청구자이고, 피고는 해산될 회사이다.

4. 효 과

해산판결이 확정되면 회사는 해산하여 청산절차를 밟게 되며, 법원은 해산회사의 본점 및 지점소재지의 등기소에 그 등기를 촉탁하여야 한다(비송사건절차법 제238조 제 3 항, 제248조, 제255조 제 3 항, 제266조). 원고가 패소한 때에는 악의·중과실 있는 원고는 회사에 대하여 연대하여 손해배상책임을 진다(제241조 제 2 항, 제269조, 제520조 제 2 항, 제613조 제 1 항, 제191조).

Ⅳ. 休眠會社의 解散擬制

1. 休眠會社의 의의

휴면회사란 영업을 폐지하여 사실상 존재하지 않는 회사이지만, 회사의 해산등기와 청산등기를 하지 않고 방치하여 등기부에서만 존재하는 회사이다.

휴면회사는 무모하게 남설된 회사들이 사업의 실패나 불경기 등으로 영업을 폐지하고도 그 해산·청산등기를 해태함으로 해서 회사의 상호선정에 어려움이 생기고, 사실과 등기의 불일치로 등기사무의 혼란과 번잡을 초래하며, 타인의 휴면회사를 매매 대상으로 하는 등 회사범죄의 수단으로 이용되기 때문에, 이러한 폐해를 제거하여 거래안전을 보호하고 주식회사제도에 대한 일반의 신뢰를 회복하기 위하여 규제하는 것이다.

2. 解散·淸算의 擬制

(1) 법원행정처장이 최후의 등기 후 5년을 경과한 회사는 본점의 소재지를 관할하는 법원에 아직 영업을 폐지하지 아니하였다는 뜻의 신고를 할 것을 관보로써 공고한 경우에, 그 공고한 날에 이미 최후의 등기 후 5년을 경과한 회사로서 공고한 날로부터 2월 이내에 대통령령이 정하는 바에 의하여 신고를 하지 아니한 때에는 그 회사는 그 신고기간이 만료된 때에 해산한 것으로 본다(해산의제). 그러나 그 기간 내에 등기를 한 회사에 대하여는 그러하지 아니하다(제520조의2 제 1 항). 이 때의 신고는 서면으로 하여야 하며, 이 신고서면에는 일정한 사항을 기재하고 회사의 대표자 또는 그 대리인이 기명날인하여야 한다(상법시행령 제 7 조).

공고가 있는 때에는 법원은 해당 회사에 대하여 그 공고가 있었다는 뜻의 통지를 발송하여야 한다(제520조의2 제 2 항).

해산등기는 등기관이 직권으로 하여야 한다(비송사건절차법 제214조 제 1 항).

(2) 휴면회사가 해산이 의제된 날부터 3년 이내에 제434조에 의한 회사계속의 결의에 의하여 회사를 계속(회사계속)하지 아니한 때에는 그 회사는 그 3년이 경과한 때에 청산이 종결된 것으로 의제한다(청산의제)(제520조의2 제 3 항·제 4 항).

제 2 관 會社의 繼續

Ⅰ. 會社繼續의 의의

회사의 계속이란 일단 해산된 회사가 사원들의 의사에 의하여 해산 전의 상태로 복귀하여 해산 전의 회사와 동일성을 유지하면서 존립중의 회사로서 존속함을 말한다. 존립기간의 만료 등으로 회사가 해산한 때에는 사원들이 회사존속을 원한다면 청산을 하고서 다시 회사를 신설하도록 하는 것보다 사원들의 의사를 존중하여 해산 전의 회사와 동일성을 유지할 수 있는 회사계속을 허용함이 더 합리적이기 때문에 상법은 해산원인 중에서 일정한 원인에 기하여 해산한 경우에만 선별하여 회사의 계속을 허용하고 있다.

Ⅱ. 각종 會社의 繼續이 가능한 解散事由

1. 株式會社

주식회사는 회사의 존립기간의 만료 기타 정관에서 정한 사유의 발생 또는 주주총회의 결의에 의하여 해산한 때에는 주주총회의 특별결의(제434조)로 회사를 계속할 수 있다(제519조). 해산등기를 한 뒤에 계속결의를 한 때에는 계속의 등기를 하여야 한다(제530조 제 1 항, 제229조 제 3 항).

해산의제된 휴면회사는 의제된 때로부터 3년 내에 한하여 주주총회의 특별결의에 의하여 회사를 계속할 수 있다(제520조의2 제 3 항). 파산선고에 의하여 해산된 회사는 파산폐지의 결정이 있는 때 채무자 회생 및 파산에 관한 법률 제540조에 의하여 주주총회의 특별결의로써 회사를 계속할 수 있다. 이 때에 회사의 계속은 파산폐지의 결정에 의하여 그 효력이 있다. 청산중의 회사가 파산선고를 받은 경우에도 위와 같은 절차를 밟아 회사를 계속할 수 있다. 회사의 해산 후에 회생절차가 개시된 회사는 회생절차에 따라 회사를 계속할 수 있다(채무자 회생 및 파산에 관한 법률 제55조 제 1 항).

2. 有限會社

유한회사는 존립기간의 만료 기타 정관에서 정한 사유의 발생 또는 사원총회의 결의에 의하여 해산한 때에는 사원총회의 특별결의(제585조)로써, 사원이 1인이 되어 회사가 해산한 때에는 신입사원의 가입에 의하여 회사를 계속할 수 있다(제610조). 회사가 파산한 때의 회사의 계속은 주식회사와 같다(채무자 회생 및 파산에 관한 법률 제540조).

3. 合名會社

(1) 합명회사가 존립기간의 만료 기타 정관에서 정한 사유의 발생 또는 총사원의 동의로 해산한 때에는 사원의 전부 또는 일부의 동의로 회사를 계속할 수 있다. 일부의 동의로 계속할 때에는 최소한 2인 이상의 동의가 있어야 하며(제178조, 제227조 제3호), 동의하지 아니한 사원은 퇴사한 것으로 본다(제229조 제1항, 제227조 제1호 · 제2호).

(2) 사원이 1인으로 되어 해산한 때에는 신입사원을 가입시켜서 회사를 계속할 수 있다(제229조 제2항). 사원가입은 정관변경사항이기 때문에 총사원의 동의가 있어야 하나(제204조), 이 때는 1인 사원이 가입을 결정함으로써 정관이 변경된다. 또한 이 때에는 유한책임사원을 가입시켜 합자회사로 조직을 변경하여 회사를 계속할 수도 있다(제242조).

(3) 회사설립의 무효 · 취소판결이 확정된 경우에 무효와 취소원인이 특정한 사원에 한한 것인 때에는 다른 사원 전원의 동의로써 회사를 계속할 수 있으며, 이 때 무효와 취소원인이 있는 사원은 퇴사한 것으로 본다(제194조 제1항 · 제2항). 이 때 잔존사원이 1인인 때에는 위 (2)의 방법으로 회사를 계속할 수 있다(제194조 제3항).

(4) 파산선고에 의하여 해산한 때(제227조 제5호)에 강제화의의 가결이 있으면 정관변경의 규정에 따라 회사를 계속할 수 있으며(파산법 제283조, 제284조), 파산폐지결정에 따라 회사를 계속할 수 있다(채무자 회생 및 파산에 관한 법률 제540조).

4. 合資會社

합명회사에서 설명한 회사계속사유는 합자회사에 준용된다(제269조). 다만 합자회사는 무한책임사원과 유한책임사원의 이종의 사원으로 구성되는 회사이기 때문에, 어느 한 종류의 사원이 전원 퇴사하면 회사가 해산되는데, 이 때 잔존한 사원은 전원의 동의로 이종의 사원을 가입시켜 회사를 계속할 수 있다(제285조 제1항 · 제2항). 유한책임사원 전원이 퇴사한 때에 무한책임사원은 전원의 동의에 의하여 합명회사로 조직을 변경하여 회사를 계속할 수 있으며, 이 때에 합자회사는 해산등기를, 합명회사는 설립등기를 하여야 한다(제286조 제 2 항 · 제 3 항).

Ⅲ. 會社繼續의 효과

회사의 계속은 회사를 장래에 향하여 해산 전의 회사로 복귀하여 완전한 권리능력을 회복하게 하며 소급효가 생기는 것은 아니므로, 해산중에 청산인이 한 행위는 그 효력을 잃지 아니한다. 하지만 회사계속의 결과 청산인은 그 권한을 상실하고 해산 전의 회사대표 및 업무집행기관은 그의 권한을 회복한다.

회사가 이미 해산등기를 하였을 때에는 본점소재지에서는 2주간 내, 지점소재지에서는 3주간 내에 계속등기를 하여야 한다(제229조 제 3항, 제194조 제 3 항, 제285조 제 3 항, 제530조 제 1 항, 제611조). 그러나 회사가 해산등기를 하지 않았을 때에는 계속등기를 할 필요가 없다.

제 5 절 罰 則

제 1 관 序 說

1. 罰則의 필요성

회사제도는 자본주의 경제발전에 크게 기여하고 있으나, 남용되는 폐단도 적지 않다. 특히 주식회사에 있어서 주주는 유한책임을 지며, 대주주나 임원에 의한 부정과 임무해태로 인하여 이해관계인에게 손해를 끼치는 일이 적지 않다. 이것은 회사의 구성원과 회사채권자의 권리를 침해할 뿐만 아니라, 회사 자체의 존립을 위태롭게 할 염려가 있으므로, 상법의 벌칙에 관한 규정은 주식회사를 주된 대상으로 하고 있으며, 유한회사에 관하여는 그 규정이 적고 더욱이 인적회사에 대하여는 행정벌의 규정이 있을 뿐이다.

2. 商法上의 制裁

상법 회사편 벌칙의 장에 규정되어 있는 제재에는 징역·벌금·몰수 등의 형벌과 과태료의 행정벌이 있다. 전자는 형사소송법의 규정에 의하여 과하여지고, 후자는 비송사건절차법의 규정에 의하여 처리된다(동법 제247조 내지 제250조). 형벌인 징역의 최고한도는 10년이며, 벌금의 최고한도는 3천만원이다. 그리고 범죄에 따라서는 징역과 벌금을 병과할 수 있다(제632조). 행정벌인 과태료의 최고한은 500만원이다(제635조). 원래 형벌은 형사법에, 행정벌은 행정법에 속하는 성질의 것이지만, 특수기구에 관련되기 때문에 편의상 상법에서 규정하고 있다,

제 2 관 刑罰을 科하는 行爲

회사법상 형벌을 과하는 행위로는 특별배임행위(제622조, 제623조, 제624조), 회사재산을 위태롭게 하는 행위(제625조), 모회사주식취득제한에 위반한 행위(제625조의2), 조직변경의 경우 순재산액에 관한 부실보고행위(제626조), 주식 또는 사채의 모집 및 매출에 관한 부실문서행사행위(제627조), 납입가장행위(제628조), 주식의 초과발행행위(제629조), 임직원의 독직행위(제630조), 권리행사방해 등에 관한 증수뢰행위(제631조), 납입책임면탈행위(제634조), 주주의 권리행사에 관한 이익공여행위(제634조의2) 등이다.

제 3 관 過怠料에 처할 行爲

1. 任員 등의 可罰行爲

회사의 발기인, 설립위원, 업무집행사원, 이사, 외국회사의 대표자, 공증인, 감정인, 지배인, 명의개서대리인, 사채모집의 위탁을 받은 회사와 그 사무승계자, 임시이사, 직무대행자, 임시감사, 감사직무대행자가 상법 제635조에 열거한 행위를 한 때에는 500만원 이하의 과태료에 처한다. 그러나 그 행위에 대하여 형을 과할 때에는 그러하지 아니하다(제635조 제 1 항).

2. 登記 전의 會社名義의 營業

회사의 성립 전에 회사의 명의로 영업을 한 자는 회사성립의 등록세의 배액에 상당한 과태료에 처한다(제636조 제1항). 외국회사가 그 영업소 소재지에서 영업소 설치등기를 하기 전에 계속하여 거래를 한 경우에도 과태료에 처한다(제636조 제2항).

제4관 法人에 대한 罰則의 적용

발기인, 이사 기타 임원 및 사채권자대표자 등의 특별배임행위(제622조, 제623조), 회사재산을 위태롭게 하는 행위(제625조), 주식 또는 사채의 모집 및 매출에 관한 부실문서행사행위(제627조), 납입가장행위(제628조), 발기인·이사 기타 임원의 독직행위(제630조 제1항)의 주체가 법인인 때에는 위에 말한 벌칙은 그 행위를 한 이사·감사 기타 업무를 집행한 사원 또는 지배인에 적용한다(제637조).

제 2 장

株式會社

제 1 절 株式會社의 개념

주식회사는 법인(제171조 제 1 항)으로서 독자적인 법인격을 갖는다. 주식회사가 자기의 명의로 채무를 부담하고 있을 때에 회사채권자에 대하여는 오로지 회사재산만이 책임을 지고 사원인 주주는 자기가 인수한 주식인수가액을 회사에 출자할 의무만을 부담한다. 따라서 주식회사는 사원이 간접 · 유한책임을 지는(제331조) 자본회사의 전형이다. 또한 주식회사는 주식으로 균일하게 분할된 기본자본을 갖는다. 과거 최저자본금은 5천만원 이상이어야 하였으나 2009년 개정에서 삭제하였다.

제 1. 間接 · 有限責任

주식회사에서의 유한책임을 우리는 보통 주주의 유한책임이라고 하나 실은 주식인수인으로서의 납입책임에 지나지 않는다. 왜냐하면 현행상법은 주식회사의 설립시에 전액납입주의(제350조 제 1 항)를 택하고 있기에 납입에 의하여 원시적으로 주주가 된 자나 그 후에 주식을 승계취득한 자는 회사나 회사채권자에 대하여 납입책임 이외에 다른 책임을 지지 않기 때문이다. 주주는 다만 주식의 취득을 위하여 지급한 금액의 상실위험만을 부담할 뿐이다.

주식회사의 구성원인 주주는 원칙으로 내부관계로서 회사에 대하여는 주식의 인수가액을 한도로 하는 유한의 출자의무를 부담할 뿐이고(제331조), 외부관계로서 회사의 채권자에 대하여는 직접 아무런 책임을 지지 않으므로, 이를 주주의 간접 · 유한책임(mittelbare und beschränkte Haftung)이라고 한다.

그렇지만 주주의 간접·유한책임의 원칙은 실제파악론(법인격부인론의 법리)에 의해서 회사재산과 주주재산의 분리원칙(Trennungsprinzip)이 부인되어 이것이 부정될 수도 있음은 앞에서 보았다.

제 2. 資本會社

Ⅰ. 株式과 資本

주식회사는 세분화된 일정한 출자단위인 주식을 통하여 그 출자의 이행을 구하는 형태로 자본을 형성한다. 그런데 출자는 사람에 의해 행해지기 때문에 자본의 형성은 동시에 사단의 형성을 의미하게 된다. 따라서 사단법인인 주식회사의 설립은 정관에 정하여진 주식수에 대응하는 출자에 의해 자본을 모으고 이와 함께 성립되는데, 이 경우 출자자인 사원(주주)과 사단인 회사간의 법률관계는 주식회사의 자본단체로서의 성질을 반영하여 자본단위로 설정되게 된다. 이리하여 주식은 회사와 출자자인 주주간의 법률관계, 즉 사원의 지위를 구성하는 단위이며, 다른 한편 자본관계로서 보면 자본형성의 기초, 즉 자본의 구성단위로서의 의미를 갖는다.

Ⅱ. 資本에 관한 원칙

1. 現行商法의 株式會社에서의 자본에 관한 규정내용

주식회사에서는 자본을 '상법에 다른 규정이 있는 경우 외에는 발행주식의 액면총액'(제451조)이라고 하였으며, 자본은 주식으로 분할되고 주식의 금액은 균일하여야 하며, 일주의 금액은 100원 이상으로 하여야 한다. 과거 주식회사의 자본은 5천만원 이상으로 정해져 있으나 2009년 5월 개정에 의하여 최저자본금이 삭제되었다. 자본총액은 등기에 의하여 공시되며(제317조 제 2 항 제 2 호), 정관에는 수권자본액과 회사의 설립시에 발행하는 자본액이 공시된다(제289조 제 1 항 제 3 호~제 5 호).

2. 資本에 관한 원칙

주식회사는 자본회사(Kapita1gesellschaft)로서 회사채권자에 대하여 오직 회사재산만이 변제의 담보가 되며, 주주는 간접·유한의 책임만을 진다. 따라서 주식회사에 있어서는 자본이 중요한 의미를 가지며, 이와 관련하여 소위 자본원칙이 논의되고 있다.

(1) 資本에 관한 형식적 원칙

자본은 '발행주식의 액면총액'으로서 회사의 설립시이건 신주발행시이건간에 설립등기나 신주발행으로 인한 변경등기에 의하여 공시되며, 따라서 자본회사에서의 자본이란 그러한 수액으로서 일정하게 정해지고, 대차대조표상 부채부에 계상되는 수액이다. 주식회사의 경우 이러한 자본변경에 있어 증자는 이사회의 결정으로, 감자는 정관변경의 특별결의가 있어야 한다(유한회사의 자본총액은 정관의 절대적 기재사항이므로 증자건 감자건간에 정관변경의 특별결의가 있어야만 한다). 이렇게 정해진 자본은 채권자측에서 보면 유일한 담보이므로, 이에 상당하는 현실적인 회사재산을 확보하여야 한다. 따라서 자본과 회사재산의 관련에서 자본납입의 원칙과 자본유지의 원칙(Grundsatz der rea1en Kapitalaufbringung und der nominellen Kapitalerhaltung)이 필요하다. 하지만 소위 자본확정의 원칙과 자본불변의 원칙은 최소한 100원(유한회사는 1천만원)이라는 조건만 성취되면 그 액이 얼마이건간에 이의 결정은 오직 주주와 사원에게 달려 있다. 따라서 자본액이 얼마여야 하는가는 오직 '자본에 관한 실질적 원칙'에서 논의되어야지 형식적 법원칙으로서 거론될 것이 아니라고 본다. 따라서 자본확정의 원칙이니 자본불변의 원칙이니 하는 논의는 더 이상 자본에 관한 형식적 법원칙으로서는 거론될 여지가 없다고 본다.

(2) 資本에 관한 실질적 원칙

자본에 관한 실질적 원칙으로서 자본충분의 원칙(상당자본비축의 원칙; Grundsatz der angemessenen Kapitalausstattung)을 들고 있는 학자(정동윤)도 있으나, 여기에서 우리가 문제로 삼아야 할 것은 현실에 맞지 않는 '적정한 자본납입의 명령'(Gebot zu angemessener Eigenkapitalausstattung)이 아니라 '절대적으로 부적정한 책임자본납입의 금지'(Verbot völlig unangemessener Haftkapitalausstattung)이어야 한다. 이 양자의 구별은 단순한 말장난이 아니고 각각 다른 법해석학적인 근거를 갖고 있으며, 다음과 같은 차이점을 들 수 있다. 즉 첫째로 주주에게 회사자본조달상태에 계속 관심을 갖게 하고, 둘째로 사원에게 영원한 인적 책임이라는 공포로부터 해방시킴으로써 법적 불안정성을 감소시키며, 셋째로 현실적으로 거의 불가능한 적정성을 검사해야 되는 것이 아니고 정당한 근거에서 다만 잘못된 부적정성만을 검사하면 되기 때문이다. 이 이론이 뜻하는 바는 우리의 일상 경제생활에서 최소의 책임자본만으로 인적 책임을 면제하려는 의도는 받아들일 수 없다는 점이며, '절대적으로 부족한 책임자본의 금지'를 어길 때에는 단순히 주주나 사원에게 인적 책임을 지우는 것만으로는 부족하고, 자본이 절대적으로 부족한 자본회사는 더 이상 경제활동을 하지 못하도록 규제하여야 할 것이다. 따라서 자본에 관한 실질적 원칙은 '자본충분의 원칙'이 아니라 '자본부적정금지의 원칙' 또는 '자본불상당금지의 원칙'이라고 표현되어야 할 것이다.

제 2 절 株式會社의 種類

주식회사는 여러 가지 기준에 의하여 분류할 수 있다.

제 1. 商法上의 一般會社·特別法上의 會社

특별법상의 회사에는 그 회사를 위하여 특별법을 제정하는 특수회사와 일반적 특별법상 회사가 있다(은행법에 의해 설립된 신한은행).

제 2. 母會社·子會社

어느 회사가 타회사의 발행주식총수의 50%를 초과하여 소유할 경우 이 소유하는 회사를 모회사라 하고 그 소유당하는 회사를 자회사라 한다(제342조의2).

제 3. 支配會社·從屬會社

지배회사는 타회사 발행주식총수의 과반수를 실질적으로 소유하거나 기타 방법으로 타회사를 실질적으로 지배할 때 그 지배하는 회사를 지배회사, 반대회사를 종속회사라 한다. 지배회사와 종속회사는 상호 연결재무제표를 작성해야 한다(기업회계기준 제25호).

제 4. 企業集團·系列會社·持株會社

이는 독점규제 및 공정거래에 관한 법률(독점규제법)과 관련된 분류이다. 기업집단 내지 재벌은 동일인이 소정의 기준에 의하여 사실상 사업내용을 지배하는 회사들을 가리킨다. 기업집단은 그 소속회사의 재무제표를 결합한 기업집단결합재무제표를 작성하여야 한다(기업회계기준 제 6 조 제 2 항). 계열회사는 그 기업집단소속회사를 가리킨다. 지주회사는 주식의 소유를 통하여 다른 회사의 사업내용을 지배하는 것을 목적으로 하는 회사를 가리킨다. 지주회사를 설립하려면 공정거래위원회에 신고하여야 한다(독점규제법 제 8 조). 지주회사의 요건은 법정되어 있다: 자회사주식 40/100 이상 소유해야(예외 있음), 자본총액의 2배를 초과하는 부채를 가질 수 없다(200%). 같은 지주회사 내 금융보험업을 영위하는 회사와 그 밖의 회사를 같이 둘 수 없다(예외 있음).

제 5. 上場法人·公共的 法人

Ⅰ. 상장법인·주권상장법인

상장법인은 증권시장에 상장된 증권을 발행한 법인을 가리킨다(자본시장법 제 9 조 제15항 제 1 호). 이에 비하여 주권상장법인은 증권시장에 상장된 주권을 발행한 법인을 가리킨다(자본시장법 제 9 조 제15항 제 3 호). 이 때 자본시장법에서 “증권시장”이라 함은 증권의 매매를 위하여 거래소가 개설하는 시장으로서 다음의 것을 말한다(자본시장법 제 9 조 제13항). 1) 유가증권시장: 자본시장법 제 4 조 제 2 항 각호의 증권의 매매를 위하여 개설하는 시장, 2) 코스닥시장: 자본시장법 제 4 조 제 2 항 각호의 증권 중 대통령령으로 정하는 증권의 매매를 위하여 개설하는 시장.

Ⅱ. 공공적 법인

공공적 법인은 국가기간산업 등 국민경제상 중요한 산업을 영위하는 법인으로서 대통령령으로 정하는 상장법인을 가리킨다(자본시장법 제152조 제 3 항).

제 6. 內資會社·合作會社·外資會社

내자회사는 자본이 내국자본인 회사를 가리키고, 합작회사는 합작투자회사, 국제회사라고도 하는데 외국자본과 국내자본이 결합된 회사이며, 외자회사는 자본이 외국자본인 회사이다. 그 밖에 초국적(다국적) 회사는 동일자본이 많은 나라에서 동종영업을 위해 출자되고 이 자본으로 별개의 다수의 회사가 설립되어 그 회사들이 서로 모자회사 등으로 연결되어 있는 회사를 가리킨다.

제 7. 公開會社·非公開 또는 閉鎖會社

공개회사는 주식이나 사원이 불특정 다수인이나 여러 사람의 소유지배하에 있는 회사를 가리킨다. 그렇지 않은 회사를 비공개·폐쇄회사라 한다.

제 3 절 株式會社의 設立

제 1 관 總 說

제 1. 株式會社 設立의 개념

주식회사의 설립이란 주식회사라는 영리사단법인을 성립시키는 과정을 일컫는 말이다. 그래서 주식회사의 설립에는 주식회사의 조직과 활동에 관한 근본규칙인 정관의 작성, 주식회사의 구성원(사원)인 주주의 확정, 영리사업에 필요한 자본을 제공하는 출자의 확정, 주식회사의 활동을 대표할 가관의 구성 등이 필요하며, 일반에게 공시(公示)시키기 위하여 설립등기를 법정책적으로 배려하고 있다.

우리나라에서 주식회사를 설립하고자 하는 자는 설립에 필요한 일정한 요건을 갖추기만 하면 당연히 법인격을 갖는다. 이를 준칙주의라고 한다(민법 제31조, 제39조 참조).

주식회사 설립은 자본을 중심으로 많은 사람이 참여하기 때문에 설립절차가 복잡하고, 사기가 발생하기도 쉬우므로, 인적회사에 비하여 엄격하다. 즉 1) 주식인수절차가 필요하고, 설립경과의 조사와 공시를 요구하며, 2) 설립사무를 맡은 발기인을 두어 그에게 엄한 책임을 지우고 있고, 3) 설립에 관한 법규정은 강행규정이다.

제 2. 株式會社 설립의 방법(발기설립과 모집설립)

주식회사의 설립은 인적회사와는 달리 정관작성과 설립등기 사이에 주식회사의 실체를 형성하는 자본구성절차로서의 주식인수가 필요한데, 이를 어떻게 하는가에 따라 발기설립과 모집설립의 두 가지 방법이 있다. 즉 발기인이 발행하는 주식 전부를 인수하는 것이 발기설립(단일설립·동시설립)이고 발기인이 발행주식 중 일부만을 인수하고 나머지는 널리 일반공중으로부터 모집하는 것이 모집설립(단계설립·점차설립)이다.

제 3. 株式會社 設立의 企劃者

Ⅰ. 發 起 人

1. 意 義

발기인은 형식적으로는 정관에 발기인으로서 기명날인 또는 서명한 자를 말하고(제289조 제 1 항), 실질적으로 회사설립을 기획한 자를 말한다.

발기인은 정관을 작성하고 이에 기명날인 또는 서명함과 동시에 1주 이상의 주식을 인수하여야 한다(제293조).

2. 자 격

발기인의 자격에는 제한이 없으므로 무능력자(민법이 정하는 요건을 갖추어야 한다)와 법인도 발기인이 될 수 있다(동지: 손주찬·정동윤·최기원·이철송). 자연인인 경우에는 내·외국인을 묻지 않으며, 법인도 공·사법인을 불문한다. 발기인 전원이 법인일 수도 있으나, 다만 법인이 발기인인 때에 정관의 작성은 법인의 기관이 담당한다. 합명회사의 사원과 합자회사의 무한책임사원, 민법상의 조합과 권리능력 없는 사단은 발기인이 될 수 없다(동지: 최기원).

3. 員 數

주식회사의 설립에는 1인 이상의 발기인이 있어야 한다(제288조). 구법에서는 발기인의 수를 다른 회사형태보다 다수로 하여 7인으로 하였고, 1995년 개정상법에서 다시 3인으로 낮추었다. 그러나 2001년 7월 개정상법은 발기인의 최저수의 제한을 없앰으로써 1인 주식회사의 설립을 인정하게 되었다.

4. 權 限

발기인이 설립중의 회사의 기관으로서 어떠한 권한을 갖는가에 관하여는 1) 회사의 형성·설립 그 자체를 직접적 목적으로 하는 행위만을 할 수 있다고 보는 견해(이철송), 그 밖에도 2) 회사설립에 필요한 행위도 할 수 있다고 하는 견해(정찬형·최기원), 3) 성립 후의 영업개시를 위하여 준비하는 행위(개업준비행위)도 할 수 있다는 견해(정동윤·정찬형), 4) 성립 후의 회사가 할 수 있는 모든 행위를 할 수 있다는 견해 등이 있다. 발기인의 권한을 너무 넓게 해석하면 그것이 자칫 남용될 위험이 있으므로 제 2 설이 타당하며 또한 판례의 입장이다.

Ⅱ. 發起人組合

복수의 발기인이 있는 경우, 발기인 상호간에는 정관작성을 함에 앞서 회사의 설립을 목적으로 하는 조합계약, 즉 발기인조합(Gründergesellschaft; Vorgründungsgesellschaft)이 존재하는 것이 보통이다. 정관작성이나 그 밖의 설립절차는 이 조합의 업무집행으로 하게 되며, 이 업무집행에는 민법의 조합에 관한 규정이 적용된다. 따라서 발기인조합의 업무집행에 관한 의사결정은 원칙적으로 발기인의 과반수에 의한다(민법 제706조 제 2 항). 발기인조합으로부터의 탈퇴나 가입은 민법의 조합규정(민법 제716조)에 의한다. 또한 발기인조합이 부담한 채무는 각 조합원이 분할하여 직접 책임을 진다(민법 제712조, 제713조 참조). 발기인조합은 정관의 작성에 의하여 소멸하는 것이 아니고, 최초의 이사·감사가 선임되어 회사의 설립이라는 절차가 종료하거나 또는 회사의 설립이 불가능하게 됨으로써 소멸한다. 발기인은 이사·감사가 선임될 때까지 대외적으로는 설립중의 회사의 기관으로서 행위를 하며, 대내적으로는 발기인조합의 일원으로서 업무를 집행하는바, 발기인조합은 발기인의 존속기간중의 내부관계로서 존속하고 회사가 성립하면 해산한다.

제 4. 設立中의 會社

1. 總 說

주식회사는 자본회사이기에 회사의 설립에서도 정관작성과 설립등기 사이에 회사실체형성절차, 즉 주식의 인수와 납입 및 기관의 구성이 필요하며, 장래 성립될 회사를 위하여 설립등기 전에 점차로 회사로서의 실체를 구비하도록 하여야 한다. 이러한 미완성의 단체를 설립중의 회사라고 하는데, 그 법적 성질은 독자적인 조직형태(특수한 종류의 단체)이다(동지: 정동윤).

설립중의 회사의 창립시기에 관하여는 정관작성시설(이철송), 정관을 작성하여 공증인의 인증을 받고 각 발기인이 1주 이상의 주식을 인수한 때라는 설(최기원 · 정찬형), 정관의 작성 · 인증과 주식총수의 인수가 있는 때라는 설(정동윤), 정관의 작성 · 인증과 주식총수의 인수는 물론이고 기관이 구성되어야 한다는 설(우리나라에는 주장자가 없음)이 있다. 주식회사의 설립은 정관작성에서부터 시작되고 이 때부터 설립중의 회사의 기관인 발기인의 행위에 의하여 설립중의 회사의 권리 · 의무가 발생하고, 설립중의 회사를 인정하는 취지와 법적 안정성을 유지하기 위하여도 정관작성시설이 타당하다고 생각한다.

2. 設立中의 會社의 법률관계

(1) 內部關係

내부관계에 있어서 사원의 권리와 의무는 우선 권리능력을 취득하기 위하여 설립중의 회사의 목적과 정관에 따라서 결정된다. 사원은 이를 위해서 필요한 행위를 하는데, 이에는 정관에서 이사를 임명하지 않은 경우 이사의 선임과 최저출자의 이행이 있다.

상용거래에 관한 한 설립중의 회사의 사원결의는 단순다수결로 의결될 수 있다. 이에 반하여 새로운 사원의 가입이나 정관의 변경은 사원전원의 동의가 있어야 한다. 뿐만 아니라 설립목적을 벗어나는 사전거래행위는 모두 그 거래행위에 기한 책임효과 때문에 모든 사원의 동의를 요한다. 이사의 권한은 설립목적, 정관 및 사원결의에 따른다. 사원이 사전거래에 동의하지 않았다면 이사는 그러한 거래를 체결할 권한이 없다. 출자나 법률행위적 취득에 의하여 획득된 재산은 설립중의 회사의 재산이다.

(2) 外部關係

설립중의 회사는 외부관계에 있어서 부분적으로 권리능력을 갖는다. 설립중의 회사는 출자를 취득할 목적으로 구좌를 개설할 수 있고, 토지등기부에 등기할 수 있다. 따라서 설립중의 회사는 적극적·소극적 당사자능력과 파산능력이 인정되어야만 한다.

소극적 당사자능력은 거의 일반적으로 인정되지만, 적극적 당사자능력에 대해서는 아직 부분적으로 다툼이 있다.

이에 반하여 설립중의 회사의 어음능력·수표능력은 아직까지 대체적으로 부정된다. 그러나 독일연방대법원판례는 이를 인정하고 있다(BGHZ 80, 129). 설립중의 회사는 발기인에 의하여 대표된다. 그러나 발기인의 대표권은 설립목적에 의하여 제한된다. 금전출자에 의한 설립에 있어서의 대표권은 회사의 등기를 하는 데 필요한 법률행위에 한정된다. 현물출자에 의한 설립에 있어서는 납입된 재산을 유지하는 데 필요한 행위를 포함한다. 이 밖의 사전거래에 대해서는 모든 사원이 동의한 경우에만 회사가 의무를 부담한다. 그렇지 않은 경우에는 행위자책임에 의하여 발기인이 인적 책임을 질뿐이다.

3. 설립중의 會社의 權利·義務의 설립된 株式會社로의 이전

설립중의 회사명의로 적법하게 체결된 거래에서는 일반적으로 설립중의 회사 자신이 권리를 갖고 의무를 부담한다. 이 때 책임을 지는 것은 회사재산이다. 그 밖에 사원도 직접적·인적 책임을 지며, 이 책임은 합자회사의 유한책임사원과 유사하게 자신의 출자에 한정된다. 사원이 자신의 출자의무를 이행하는 한 이 책임은 배제된다.

설립중의 회사의 권리와 의무는 등기를 함으로써 자동적으로 성립한 주식회사로 이전된다, 이 때 발기인의 인적 책임은 소멸된다. 아직 납입되지 않은 출자를 포함한 회사재산만이 채권자에 대한 책임의 대상이 된다.

제 2 관 株式會社의 定款

제 1. 定款의 의의

실질적인 의미의 정관이란 회사의 조직과 활동에 관한 근본규칙을 말하고, 이를 기재한 서면을 형식적 의미의 정관이라 한다. 또한 회사의 설립시에 발기인이 작성한 최초의 정관을 원시정관이라 하며, 이를 변경한 변경정관과 구별한다. 원시정관에는 책임의 소재를 명확히 하기 위하여 발기인이 기명날인 또는 서명하도록 하고(제289조 제 1 항), 훗날의 분쟁과 부정행위를 막기 위하여 공증인의 인증이 유효요건이다(제292조). 그러나 2009년 회사의 설립을 용이하게 하는 취지에서 상법을 개정하면서 제292조에 단서를 추가하였다. 그에 의하여 자본금 총액이 10억원 미만인 회사를 상법 제295조 제 1 항에 따라 발기설립하는 경우에는 상법 제289조 제 1 항에 따라 각 발기인이 정관에 기명날인 또는 서명함으로써 효력이 생기도록 하여 소규모 회사를 발기설립하는 경우에는 공증인의 인증을 받지 않아도 되도록 간소화하였다(제292조 단서).

주식회사의 정관은 회사의 자치법규로서 법령의 현행법규에 반하지 않는 한 이를 작성한 발기인뿐만 아니라, 회사의 내부자인 주주와 기관을 구속하는 효력이 있으나, 제 3 자를 구속하는 효력은 없다. 다만 정관에는 재산인수(제290조 제 3 호)나 제 3 자의 신주인수권(제418조 제 1 항)과 같이 회사와 제 3 자와의 관계를 규정한 개인법적 성질의 내용을 포함할 수도 있으나, 이 때에도 정관이 직접 제 3 자를 구속하는 것이 아니라, 정관의 규정에 따라 회사와 제 3 자와의 계약에 의하여 제 3 자가 회사에 대하여 채권자로서의 지위를 가지게 될 뿐이다(동지: 최기원).

정관은 단체법의 원칙에 따라 객관적으로 해석하여야 하며, 일반적인 의사표시나 계약의 해석원칙은 적용될 수 없다. 정관을 해석함에 의문이 있을 때에는 회사의 설립시에 법원에 제출된 공시된 등기서류 등을 참고로 할 수 있으나, 일반적으로 인식할 수 없는 발기인의 의도나 문서화되어 있지 아니한 약정은 고려될 수 없다.

제 2. 定款의 기재사항

정관에는 1) 법률에 의하여 반드시 기재하여야 하고, 그 중에서 어느 하나라도 빠뜨리거나 기재사항이 위법인 때에는 정관을 무효로 만들 뿐만 아니라, 회사의 설립 자체를 무효로 만드는 절대적 기재사항, 2) 정관의 효력에 영향은 없으나 상법의 규정에 의하여 정관에 기재하지 아니하면 법적 효력이 생기지 아니하는 상대적 기재사항, 3) 강행규정이나 선량한 풍속 기타 사회질서에 반하지 아니하는 한 정관에 기재할 수 있고 기재함으로써 특별한 효력이 생기는 임의적 기재사항이 있다.

Ⅰ. 定款의 절대적 기재사항

(1) 目　　的

회사는 상행위 기타 영리를 목적(제169조)으로 하는 목적단체이므로 정관에는 업종을 확인할 수 있도록 구체적 사업내용을 기재하여야 한다. 회사목적이 강행법규에 반하면 정관은 무효이다.

(2) 商　　號

회사의 명칭으로서의 상호에는 반드시 주식회사라는 회사의 종류를 나타내는 문자를 사용하여야 하므로(제19조), 이를 위반하면 정관은 무효가 된다. 공공사업을 목적으로 하는 주식회사는 특별법에서 그 업종도 표시하도록 하고 있다(은행법 제8조; 보험업법 제8조).

(3) 會社가 발행할 株式의 총수

회사가 발행하려고 예정하고 있는 주식의 총수, 즉 발행예정주식총수(수권자본 또는 수권주식이라고도 한다)를 기재하여야 한다. 발행예정주식총수에는 최대와 최소의 제한이 없으나 회사의 설립시에는 수권주식의 4분의 1 이상을 발행하여야 하므로(제289조 제2항) 과다한 수를 정하는 것이 간접적으로 방지되고 있다.

(4) 1株의 金額

주식의 금액은 균일하여야 하고, 1주의 금액은 100원 이상이어야 한다(제329조 제3항 · 제4항). 우리 법은 무액면주식제도는 인정하지 아니하고 액면주식제도만을 인정한다.

(5) 會社의 設立時에 發行하는 株式의 總數

발행예정주식총수 중에서 회사의 설립시에 발행하여야 하는 주식의 총수로서 수권주식의 4분의 1 이상이어야 한다. 설립시에 발행하는 주식총수는 전액인수·납입되어야 한다(제295조, 제305조). 2009년 5월 상법개정에 의하여 최저자본금제도가 폐지됨으로써(제329조 제1항 삭제) 소액의 주금납입도 가능하게 되었다. 창의적인 아이디어를 갖고 있는 사람이라면 누구라도 손쉽게 저렴한 비용으로 회사를 설립할 수 있도록 개정 전 5천만원 이상으로 규정되어 있는 주식회사 최저자본금제도를 폐지한 것이다. 원래 최저자본금제도는 채권자보호를 위한 목적으로 한 것이나 현대 회사제도에 있어서 최저자본금제도는 이러한 채권자보호 목적이 형해화되어 있는 것이 현실이며, 오히려 최저자본금제도가 창업의 물리적·심리적 장벽으로 작용하고 있는 것이 현실적인 문제점으로 지적되어 왔었다. 현실경제계에서는 채권자는 자본금으로 회사의 신용도를 평가하는 것이 아니라 회사의 재무상태로 회사의 신용도를 평가하고 있으므로 최저자본금제도가 폐지된다고 하여 채권자보호에 문제가 생기지는 않을 것으로 보고 있다(일본은 2005년 신회사법에서 주식회사의 최저자본금(1,000만엔) 제한을 폐지하였다). 또한 최저자본금제가 폐지됨으로써 자본금이 소액인 회사의 설립이 가능하나, 자본금 액수가 표시되어 채권자나 투자자 입장에서 투자결정에 참고하게 될 것이다. 개정 전 최저자본금 제한은 다른 최저자본금제도 유지 국가들에 비교하여도 매우 높은 편이었다(1인당 국민소득 대비 최저자본제한 금액은 한국 30%, 아시아지역 117%, OECD 국가 평균 28%이었다)(World Bank Report, 2005)(법무부 보도자료, 2009년 4월 29일자).

⑹ 本店의 소재지

회사의 주소는 본점소재지에 있는 것으로 하므로(제171조 제2항), 전 영업을 총괄하는 주된 영업소인 본점의 소재지는 정관의 절대적 기재사항이다. 이는 본점이 있는 곳의 최소행정구역을 표시하면 되나, 확정적으로 기재하여야지 선택적으로 기재하여서는 아니 된다. 업계의 요청에 따라 지점소재지는 정관의 절대적 기재사항에서 제거함과 동시에 지점의 설치·이전·폐지는 이사회의 권한사항으로 하였으나(제393조 제1항), 지점의 소재지도 등기하여야 한다(제317조 제2항 제3의2호).

⑺ 會社가 公告를 하는 방법

회사의 공고방법을 특정함은 주주·채권자 등의 이해관계자를 보호하기 위함인데, 관보 또는 시사에 관한 사항을 게재하는 일간신문(신문지명)에 한정하고 있다(제289조 제3항). 따라서 주간신문·업계신문 등에의 게재는 허용되지 아니한다. 2009년 상법개정에 의하여 제289조 제3항에 단서가 추가되었다. 즉 회사는 그 공고를 정관에서 정하는 바에 따라 전자적 방법으로 공고할 수 있다(제289조 제 3 항 단서). 그리고 제289조 제 4 항부터 제 6 항까지를 신설하였다. 그에 의하여 회사는 상법 제289조 제 3 항에 따라 전자적 방법으로 공고할 경우 대통령령으로 정하는 기간까지 계속 공고하고, 재무제표를 전자적 방법으로 공고할 경우에는 상법 제450조에서 정한 기간까지 계속 공고하여야 한다. 다만, 공고기간 이후에도 누구나 그 내용을 열람할 수 있도록 하여야 한다(제289조 제 4 항). 그리고 회사가 전자적 방법으로 공고를 할 경우에는 게시 기간과 게시 내용에 대하여 증명하여야 한다(제289조 제 5 항). 그 밖에 회사의 전자적 방법으로 하는 공고에 관하여 필요한 사항은 대통령령으로 따로 정하도록 하였다(제289조 제 6 항).

(8) 發起人의 성명·주민등록번호와 주소

책임을 질 발기인을 명확하게 기재하기 위한 것으로 발기인의 동일성을 인식할 수 있으면 족하므로, 본문에 기재가 없더라도 기명날인 내지는 서명과 이에 부기한 주소로써 대신할 수 있으며, 잘못된 주소의 기재가 있다고 하여도 정관을 무효로 만들지는 아니한다고 본다. 발기인이 법인인 때에는 법인의 상호와 본점소재지를 기재하여야 한다,

Ⅱ. 定款의 상대적 기재사항

1. 危險設立事項

정관의 상대적 기재사항은 상법의 여러 곳에 흩어져 있으나 회사의 설립시에 특히 문제되는 것은 상법 제290조에 법정되어 있는 '위험설립사항(변태설립사항)'이다. '위험설립사항'은 회사관여자들에게 중대한 영향을 끼칠 수 있으므로 주식청약서에도 기재하게 하여(제302조 제 2 항 제 2 호) 일반공중에 의한 감독과 공정성판단을 하게 한다. 또한 '위험설립사항'이 들어 있는 회사설립에는 법원이 선임한 검사인의 검사를 받도록 하여(제299조, 제310조) 이에 관한 정관의 규정이 부당한 때에는 발기설립시에는 법원(제300조)이, 모집설립시에는 창립총회(제314조)가 정관을 변경할 수 있다.

(1) 發起人이 받을 特別利益과 이를 받을 자의 성명

발기인이 받을 특별이익이라 함은 회사설립의 기획을 맡아 위험을 무릅쓰고 활동한 발기인의 공로에 대한 보상으로서 특정발기인이나 발기인 전원에게 인정하는

이익을 말한다. 예컨대 이익배당 · 잔여재산분배(동지: 정찬형 · 최기원, 이설: 이철송) 및 신주인수시의 우선권부여, 회사설비이용에 관한 특전, 회사제품의 총판매권이나 할인거래약속 등 강행법규에 위배되지 아니하는 한 원칙적으로 모든 재산적 이익이 대상이 된다. 하지만 발기인이 소유한 주식에 대하여 확정이자의 지급이나 납입의 면제, 무상주의 교부 등은 자본납입 · 유지의 원칙에 반하므로 허용되지 아니하며, 발기인에게 이사 · 감사 기타 임원의 지위를 약속하거나 주주총회의 결의에 대한 의결권의 확약 등은 주주의 의결권을 제약하므로 인정되지 아니한다.

(2) 現物出資를 하는 者의 성명과 그 목적인 財産의 종류 · 수량 · 가격과 이에 대하여 부여할 株式의 종류와 수

현물출자는 금전 이외의 재산을 출자하여 주식의 배정을 받음을 말한다. 회사에게는 필요한 재산의 확보책으로서 개업 후의 경영에 유리하고 출자자에게도 편리하기 때문에 이를 허용하고 있다.

현물출자의 목적이 되는 재산은 경제적 가치를 확정할 수 있고, 양도가 가능한 대차대조표상 자산으로 계상할 수 있는 모든 재산으로서 통신, 부동산, 채권, 유가증권, 무체재산권, 상호권, 출자지분, 영업상의 비결 등 재산적 가치 있는 사실관계와 영업의 전부 또는 일부도 될 수 있다. 다만 주식회사에서는 주주의 개성이 문제되지 아니하므로 노무나 신용은 출자의 목적이 될 수 없다.

현물출자가 있을 때에는 부여할 주식수를 정하기 위하여 그 출자재산을 평가하여야 한다. 만일 출자재산을 과대평가하면 회사의 설립시부터 자본액에 해당하는 실질적 회사재산이 확보되지 아니하므로 자본납입 및 유지의 원칙에 반한다. 현물출자의 과대평가에 의하여 주식을 인수한 주식인수인은 그 차액을 현금으로 추가납입하여야 한다(제424조의2 유추).

현물출자의 이행시기는 납입시기이며, 출자의 목적인 재산을 인도하고 권리의 설정 또는 이전에 필요한 서류를 완비하여 교부하여야 한다(제295조 제 2 항). 현물출자한 재산을 출자자가 임의로 타인에게 양도하지 못함은 물론이고, 발기인에게 위임하여 그의 명의로 현물출자하여도 이는 통모허위표시가 되지 아니한다.

(3) 會社成立 후에 讓受할 것을 약정한 財産의 종류 · 수량 · 가격과 그 讓渡人의 성명

이른바 재산인수에 관한 것으로서, 이는 발기인이 회사의 성립을 조건으로 회사를 위하여 특정인으로부터 일정한 재산을 양수하기로 약정한 개인법상의 계약을 말한다.

발기인은 회사의 설립 자체를 위한 행위(정관작성 · 주식인수 · 설립인가 등)와 설립에 필요한 행위(설립사무소의 임차, 주식청약서의 인쇄 등)만 할 수 있고 장래 성립될 회사의 실질적인 활동을 위하여 필요한 행위(개업준비행위인 점포의 차용, 공장부지의 매입, 기계설비의 구입 등)는 할 수 없는 것이 원칙이지만, 법은 예외로 설립 후에 회사활동의 원활을 위한 준비행위로 재산인수를 인정한다.

현물출자는 재산을 출자하고 주식을 받는 단체법상의 행위임에 대하여 재산인수는 재산을 제공하고 주식 이외의 금전 기타의 대가를 받는 개인법상의 계약이다. 재산인수의 대상인 재산은 현물출자와 같으며, 그 상대방도 발기인뿐만 아니라, 제 3 자도 될 수 있다는 점은 현물출자와 마찬가지이다. 재산인수에도 목적물이 과대평가되면 회사의 재산적 기초를 위태롭게 할 염려가 있고, 현물출자의 탈법행위로서 악용될 염려도 있기에 이를 정관에 기재시켜 현물출자와 함께 엄격한 심사를 받게 하였다. 또한 회사가 성립된 후에도 재산제공자와의 계약으로 이 규정을 잠탈할 염려가 있으므로 사후설립에는 주주총회의 특별결의를 얻도록 하여(제375조) 이를 예방하고 있다(대판 1992. 9. 14, 91 다 33087).

(4) 會社가 부담할 설립비용과 發起人이 받을 보수액

설립비용이란 발기인이 설립중의 회사의 기관으로서 회사설립을 위하여 지출한 비용이다. 설립비용을 상대적 기재사항으로 한 취지는 발기인에 의한 부당지출을 방지하여 회사의 재산적 기초를 확실히 하기 위함이다.

회사설립비용에는 정관과 주식청약서 및 사업설명서의 작성 및 인쇄비, 광고비, 통신비, 설립사무소의 임차료, 납입보관자의 수수료, 법원의 검사비, 설립사무원의 보수 등이 있으며, 개업준비행위에서 생기는 비용은 이에 포함되지 아니한다. 설립등기의 등록세는 산정에 객관성이 있어 금액이 확정되어 남용의 위험이 없으므로 설립비용에 포함되지 아니하며 정관에 기재하지 아니하더라도 당연히 회사가 부담한다(동지: 정동윤).

설립비용으로서 정관에 기재되지 아니하거나 그 기재액을 초과한 액 또는 검사인의 검사를 통과하지 못한 액은 회사의 성립당시에 발기인이 아직 채무를 이행하지 않은 때에 발기인과 성립한 회사 가운데 누가 부담하여야 하는가 하는 문제가 있으며, 이에 대하여는 회사전액부담설, 발기인전액부담설, 회사·발기인분담설, 회사·발기인중첩책임설이 있는데, 설립중의 회사와 관련하여 동일성설을 취하는 입장에서는 회사전액부담설이 타당하다고 생각한다.

발기인이 받을 보수액이란 발기인의 회사설립사무에 종사한 노동의 대가로서 일시에 지급되는 금전이다. 발기인이 받을 특별이익과는 달리 봉급의 성질을 갖는다.

설립비용은 발기인의 보수액 및 등록세액과 함께 창업비로서 대차대조표에 이연자산(移延資産)으로 계상할 수 있으며, 회사성립 후 5년 내의 매결산기에 균등액 이상을 상각하여야 한다(제453조).

2. 기타의 상대적 기재사항

회사설립시의 '위험설립사항' 이외의 상법에 규정되어 있는 상대적 기재사항으로는 주식발행사항(제291조), 명의개서대리인의 선임(제337조 제 2 항), 수종의 주식발행(제344조 제 2 항), 주식의 이익소각(제343조 제 1 항 단서), 전환주식의 발행(제346), 무기명주권의 발행(제357조 제 1 항), 주권불소지제도의 배제(제358조의2 제 1 항), 주주총회의 권한사항(제361조), 주주총회의 보통결의요건의 완화(제368조 제 1 항), 의결권 없는 주식의 발행(제370조 제 1 항), 이사의 임기연장(제383조 제 3 항), 자격주(제387조), 이사의 보수(제388조), 주주총회에 의한 대표이사의 선임(제389조 제 1 항 단서), 이사회의 소집통지기간의 단축(제390조 제 2 항), 이사회결의방법의 가중(제391조 제 1 항 단서), 감사선임시의 의결권제한비율의 인하(제409조 제 1 항), 주주총회에 의한 신주발행사항의 결정(제416조 단서), 제 3 자의 신주인수권(제418조 제 1 항), 주주총회에 의한 준비금의 자본전입(제461조 제 1 항), 건설이자의 배당(제463조 제 1 항), 전환사채의 발행사항의 결정 및 주주총회에 의한 전환사채발행의 결정(제513조 제 2 항), 신주인수권부사채의 발행사항의 결정 및 주주총회에 의한 신주인수권부사채발행의 결정(제516조의2 제 2 항), 해산사유(제517조 제 1 호, 제277조 제 1 호) 등이 있다.

Ⅲ. 定款의 임의적 기재사항

정관에는 절대적·상대적 기재사항 이외에도 강행법규, 선량한 풍속 기타 사회질서와 주식회사의 본질에 반하지 않고 상법이 허용하는 범위 안에서 기타 필요사항을 기재할 수 있으며, 이를 임의적 기재사항이라고 한다. 임의적 기재사항은 정관에 기재하여야만 그 효력이 생기는 것이 아니라는 점에서 상대적 기재사항과 다르다. 다만 정관에 기재한 이상은 그에 따라야 한다. 예를 들면 주식명의개서절차, 주권의 종류와 재교부, 정기주주총회의 소집시기, 장소, 의장, 의결권의 대리행사, 이사와 감사의 원수, 그 명칭과 자격, 사장·부사장·전무이사·상무이사의 권한, 영업연도, 인감신고, 배당금의 청구기간 등이다.

제 3. 定款變更

Ⅰ. 定款變更의 개념

1. 定款變更의 의의

정관변경이란 회사의 조직과 활동에 관한 근본규칙인 정관의 기재사항을 수정, 삭제 또는 신설하는 것을 말한다. 절대적 기재사항이건 임의적 기재사항이건 정관에 기재된 사항의 변경은 모두 정관변경이다.

2. 定款變更의 범위

정관은 이를 자유로이 변경할 수 있는 것이 원칙이다. 원시정관에 정관변경을 불허하거나, 특정규정은 변경할 수 없다는 규정을 두었더라도 그 규정은 정관의 한 내용에 불과하므로 정관변경의 절차에 의하여 변경할 수 있다(동지: 손주찬·정동윤·이철송).

그러나 변경의 내용이 사회질서나 강행법규에 위반하여서는 안 되며, 주식회사의 본질과 주주의 고유권을 침해하여서도 안 된다. 또한 주주평등에 어긋나는 변경도 허용되지 않는다.

정관의 변경이 있더라도 회사의 동일성에는 아무런 영향이 없다.

Ⅱ. 定款變更의 절차

1. 株主總會의 특별결의

정관을 변경하려면 출석한 주주의 의결권의 3분의 2 이상의 수와 발행주식총수의 3분의 1 이상의 수로써 하는 주주총회의 특별결의가 필요하다(제433조 제 1 항, 제

434조). 1995년 개정상법에서 의사정족수를 철폐하여 정족수를 현실화하였다. 정관의 기재사항 가운데 사실관계나 법령에 기초하고 있는 경우(예컨대 본점의 지명·지번이나 법령의 개폐에 의해 정관의 일부규정이 실효되는 경우), 그 규정은 그 사실이나 법령의 변경에 따라 주주총회의 결의를 요하지 않고 당연히 변경된다(제375조).

정관변경을 위한 주주총회를 소집할 때에는 소집의 통지와 공고에 의안의 요령을 기재야 한다(제433조 제 2 항). 정관변경은 주주총회의 전속사항이므로 이를 다른 기관에 위임할 수 없다.

2. 種類株主總會의 결의

회사가 수종의 주식을 발행한 경우에 정관을 변경함으로써 어느 종류의 주주에게 손해를 미치게 될 때에는 주주총회의 결의 외에 그 종류의 주주총회의 결의가 있어야 한다(제435조 제 1 항). 이 경우 종류주주총회의 결의는 출석한 종류주주의 의결권의 3분의 2 이상의 수와 그 종류의 발행주식의 총수의 3분의 1 이상의 수로써 하여야 한다(제435조 제 2 항). 의결권 없는 주식도 이 종류주주총회에서는 의결권을 행사할 수 있다(제435조 제 3 항).

종류주주총회의 결의를 요하는 경우에 그 결의가 없으면 정관변경에 관하여 주주총회의 특별결의가 있더라도 주주총회의 결의는 효력이 발생하지 않는다(주주총회결의의 불발효).

3. 登　　記

정관의 변경 자체는 등기할 필요가 없으나, 정관변경으로 등기사항이 변경된 때에는 변경등기를 요한다(제317조 제 3 항, 제183조).

Ⅲ. 定款變更의 한계

1. 發行豫定株式總數의 증가제한

회사가 발행할 주식의 총수는 정관의 절대적 기재사항이므로(제289조 제 1 항 제 3 호), 이것을 변경하려면 정관변경의 절차를 밟아야 한다. 개정 전의 상법은 발행예정주식총수를 증가하는 경우에는 이미 발행한 주식총수의 4배를 초과하지 못한다고 제한하였다(구상법 제437조).

그러나 1995년 개정상법은 이를 삭제하여 정관변경의 절차와 요건에 부합하는 한 수권주식의 증가범위에 아무 제한도 없도록 하였다.

2. 株金額의 변경

1주의 금액은 정관의 절대적 기재사항이므로(제289조 제1항 제4호) 1주의 금액을 인상하거나 인하하려면 정관변경의 절차가 필요하다.

(1) 株金額의 인상

주금액을 인상하는 방법에는 인상한 분만큼 주주에게 추가로 주금을 납입시키는 방법과 주식의 병합을 통하여 하는 방법이 있다. 전자의 경우 추가로 납입하게 함은 주주의 유한책임의 원칙에 반하므로 총주주의 동의가 있어야 하고, 후자의 경우에는 병합에 의하여 단주가 발생하는 경우와 단주가 발생하지 않는 경우로 나누어 살펴볼 필요가 있다. 구주의 정수배의 신주를 주식배당 또는 무상교부함과 동시에 그 신주와 구주를 병합하는 경우에는 단주의 문제도 생기지 않고 주주에 추가납입도 시키지 않으므로 주주총회의 특별결의에 의하여 주금액을 인상할 수 있다. 이에 반하여 병합에 의하여 단주가 발생하는 일반적인 경우에는 단주가 발생하여 주주평등의 원칙을 침해하므로 총주주의 동의를 요한다고 본다(정찬형 · 정동윤 · 이철송 · 채이식).

(2) 株金額의 인하

1주의 금액을 인하하는 경우 그로 인해 자본이 감소된다면 자본감소절차를 밟아야 하지만 자본감소 없이 주금액을 인하하는 경우에는 정관변경결의만으로 가능하다. 다만 이 경우에도 액면가의 법정최저액인 100원 미만으로 인하할 수는 없다.

Ⅳ. 定款變更의 효력

정관변경은 원칙적으로 주주총회의 결의가 있은 때에 즉시 효력이 발생한다. 주주총회의 결의 뒤에 이사가 변경된 내용을 문서화하거나 등기를 하지만 이것은 정관변경의 효력발생요건이 아니다. 다만 정관변경의 결의가 조건부 또는 기한부인 때에는 조건의 성취 또는 기한의 도래에 의하여 비로소 그 효력이 발생하게 된다. 변경된 정관에는 공증인의 인증이 필요 없다.

제 3 관 株式會社의 實體形成節次

Ⅰ. 株式發行事項의 결정

회사설립시의 주식발행과 관련하여 가장 기본사항인 회사설립시에 발행하는 주식총수와 1주의 금액은 정관의 절대적 기재사항으로 되어 있다(제289조 제 1 항 제 4 호 · 제 5 호). 정관으로 수종의 주식의 발행을 예정하고 있는 때에 발행주식의 종류와 수 그리고 액면 이상으로 주식을 발행하는 때(액면초과 발행: 프리미엄부 발행)의 그 수와 금액은 정관에 달리 정한 바가 없으면 발기인 전원의 동의로 결정할 수 있다(제291조). 이는 회사성립 후의 주식발행사항은 이사회의 결의(제416조)로 정할 수 있으나, 회사설립시에는 그만큼 중요한 사항이기 때문이고, 또한 이는 정관작성시에 미리 정하는 것보다 주주모집 직전에 정하는 것이 유리하기 때문이다. 그 밖의 중요하지 않은 사항, 예를 들어 주식의 청약과 납입기일 · 납입취급은행 등은 발기인의 과반수의 결의로 정할 수 있다(민법 제706조 제 2 항).

발기인 전원의 동의의 방법은 법정되어 있지 않아 서면에 의하든, 그 밖의 방법에 따르든, 묵시적 동의이건 무방하다.

발기인 전원의 동의를 얻지 못하면 회사설립의 무효사유가 되며, 발기인 전원동의에 의한 주식발행사항의 결정이 강행법규나 정관에 위배되면 그 동의는 무효이다(동지: 정동윤 · 최기원).

Ⅱ. 發起設立

1. 發起人의 株式引受

발기설립에는 설립시에 발행하는 주식총수를 발기인이 인수한다(발기인이 타인의 명의를 모용하여 주식을 인수하더라도 명의모용자가 주식인수인이라 할 것이므로 그 모집설립은 무효라는 판례: 대판 1992. 2. 14, 91 다 31494). 인수는 서면으로 하여야 하며(제293조), 구두에 의한 주식인수는 무효이다. 주식인수의 시기는 정관작성과 동시 또는 그 이후이지만 늦어도 주식인수가액의 납입기일까지는 하여야 한다. 발기인의 주식인수의 법적 성질은 발기인의 일방적 의사표시의 합치에 의하여 그 효력이 생기는 합동행위이다(동지: 최기원 · 정찬형, 이설: 이철송).

2. 出資의 履行

발기인이 금전출자를 할 때에는 지체없이 각 주식에 대하여 인수가액(발행가액)의 전액을 납입하여야 한다(전액납입주의 제295조 제 1 항). 인수가액은 주금액을 의미하나, 만일 액면초과발행을 한 때에는 액면초과액(프리미엄)을 납입하여야 한다. 어음과 수표로 납입한 때에는 지급이 있는 때에 납입이 있은 것으로 보고, 대물변제나 상계는 인정되지 않는다(제334조).

1995년 개정법에서는 발기설립의 경우에도 모집설립의 경우와 같이 발기인이 납입을 맡은 은행 기타 금융기관과 납입장소를 지정하도록 하였다(제295조 제 1 항). 이는 주금납입의 확실성을 보장하기 위한 것이다. 발기인이 납입을 지체하면 강제집행을 하여야 하고, 실권절차(제307조)는 인정되지 않는다(동지: 최기원). 납입금을 보관한 은행이나 그 밖의 금융기관은 발기인 또는 이사의 청구를 받으면 그 보관금액에 관하여 증명서(주금납입금 보관증명서)를 발급하여야 한다(제318조 제 1 항). 이러한 은행이나 그 밖의 금융기관은 증명한 보관금액에 대하여는 납입이 부실하거나 그 금액의 반환에 제한이 있다는 것을 이유로 회사에 대항하지 못한다(제318조 제 2 항). 2009년 상법개정시 상법 제318조 제 1 항 · 제 2 항의 문구를 조정하고 동조에 제 3 항을 신설하였다. 개정 전 상법에서는 주식회사 설립등기를 하기 위하여 은행 또는 금융기관으로부터 별도로 주금납입금 보관증명서를 발급받아야 하였다. 그런데 소규모 주식회사를 설립하는 경우에도 금융기관이 발행한 주금납입금 보관증명서를 제출하여야 하는데, 그 발급절차가 번거로워 신속한 창업에 지장을 초래하는 면이 있었다. 그리하여 2009년 개정상법(제318조 제 3 항)은 자본금 총액이 10억원 미만인 소규모 회사가 발기설립을 하는 경우 주금납입금 보관증명서를 금융기관의 일반 잔고증명서로 대체할 수 있도록 하고 있다. 이는 2009년 상법개정에 의하여 최저자본금제도가 폐지됨으로써(제329조 제 1 항 삭제) 소액의 주금납입도 가능하게 되고 자본금의 확인필요성도 줄어들게 되므로 창업절차를 간이화한다는 측면에서 소규모 회사의 발기설립에 한하여 주금납입 보관증명서를 잔고증명서로 대체할 수 있도록 한 것이다.

현물출자를 하는 발기인은 납입기일에 지체없이 출자의 목적인 재산을 인도하고 등기 · 등록 기타 권리의 설정 또는 이전을 요할 때에는 이에 관한 서류를 완비하여 교부하여야 한다(제295조 제 2 항). 즉 등기 · 등록에 필요한 협력의무를 완전이행하여야 한다.

3. 任員選任

금전출자의 납입과 현물출자의 이행이 완료된 때에는 발기인은 지체없이 의결권의 과반수로 이사와 감사를 선임하여야 한다. 각 발기인은 1주에 관하여 1의결권을 가지므로(제296조), 의결권 없는 주식을 인수한 발기인도 이 임원선임에서는 의결권을 행사할 수 있다고 본다. 선임된 이사들은 이사회를 열어 회사를 대표할 이사를 선임하여야 한다(제317조 제 1 항 · 제 2 항 제 9 호, 제389조). 이 때에 발기인은 의사록을 작성하여 의사의 경과와 그 결과를 기재하고 기명날인 또는 서명하여야 한다(제297조).

4. 設立經過의 조사

임원선출이 끝나면 회사의 실체는 형성되지만 그 동안의 설립사기를 방지하기 위하여 법은 이사와 감사 및 검사인으로 하여금 설립경과를 조사하도록 하고 있다. 발기인에 의하여 선임된 이사와 감사는 취임 후 지체없이 회사의 설립에 관한 모든 사항이 정관의 규정에 위반되지 아니하는가의 여부를 조사하여 발기인에게 보고하여야 한다(제298조 제 1 항). 이사와 감사 중 발기인이었던 자, 현물출자자 또는 회사성립 후 양수할 재산의 계약당사자는 위의 조사보고에 참가하지 못하며(제298조 제 2 항), 이사와 감사 전원이 이에 해당할 때에는 이사는 공증인으로 하여금 제 1 항의 조사보고를 하게 하여야 한다(제298조 제 3 항). 이는 기존의 법원선임의 검사인에 의한 설립경과조사를 1995년 개정법에서 이사와 감사에 의한 조사보고로 변경함으로써 설립절차를 간소화하기 위한 것이다(설립경과의 조사에 참여할 수 없는 이사 · 감사의 범위에 현물출자자인 이사 및 감사를 국회에서 추가하였다).

정관에 제290조의 위험설립사항을 정한 경우에는 이사는 이에 관한 조사를 위해 검사인의 선임을 법원에 청구하도록 하였다(제298조 제 4 항). 그렇지만 1995년 개정법은 이와 더불어 법원선임의 검사인에 의한 위험설립사항조사도 발기인의 특별이익과 재산인수의 경우에는 공증인의 조사 · 보고로, 현물출자 · 회사설립비용과 발기인의 보수액에 관한 사항은 공인된 감정인의 감정으로 갈음할 수 있게 하였다(제299조의2). 이 경우 공증인 또는 감정인은 조사 또는 감정결과를 법원에 보고하여야 한다.

검사인의 위험설립사항에 관한 조사보고서에 사실과 상이한 사항이 있을 때에는 발기인은 이에 대한 설명서를 법원에 제출할 수 있다(제299조 제 3 항).

법원은 검사인 또는 감정인의 조사보고서 또는 감정인의 감정결과와 발기인의 설명서를 심사하여 '위험설립사항'이 부당하다고 인정할 때에는 이를 변경하여(금액 또는 배정주식의 삭감) 각 발기인에게 통고할 수 있고(제300조 제 1 항), 위 변경에 불복하는 발기인과 이사는 그 변경결정에 대하여 즉시항고를 할 수 있지만(비송사건절차법 제75조), 그 주식인수의 전부 또는 일부를 취소할 수도 있다(제300조 제 2 항 제 1 문). 이 경우에는 발기인의 결의에 의하여 설립의 폐지를 할 수도 있으나, 법원의 변경에 따라 정관을 변경하거나(주식인수가 취소된 만큼 설립시에 발행하는 주식총수를 감소하거나 현물출자에 관한 규정 등을 삭제하는 등) 인수취소된 주식을 다른 발기인이 인수하여 설립에 관한 절차를 속행할 수도 있다(제300조 제 2 항 제 2 문).

법원의 변경통고가 있은 후 2주간 내에 주식의 인수를 취소한 발기인이 없는 때에는 정관은 통고내용에 따라 변경된 것으로 본다(제300조 제 3 항). 이 때 공증인의 인증은 필요하지 않다.

Ⅲ. 募集設立

1. 發起人의 一部株式의 引受

모집설립에는 설립시에 발행하는 주식 가운데에서 발기인이 주식모집 전에 그 일부를 인수하여야 한다(제301조). 발기인이 인수하여야 할 주식수에 관하여는 아무런 규정이 없으므로 1주 이상을 인수하면 된다(제293조, 제302조 제 2 항 제 4 호).

2. 株主의 모집

회사설립시에 발행하는 주식 가운데에서 발기인이 인수하고 남은 주식에 대하여는 발기인이 주주를 모집하여야 한다(제301조). 주주의 모집이라 함은 주식인수의 청약을 권유하는 것이다. 모집의 방법은 공모를 하든, 연고모집을 하든 제한이 없다.

주주를 모집함에는 응모주주를 보호하기 위하여 우리 법은 주식청약서주의를 채택하고 있다. 주식청약서주의란 주식청약을 하는 자에게 회사조직의 대강과 청약의 조건을 알리기 위하여 발기인으로 하여금 일정한 사항을 기재한 주식청약서(Zeichnungsschein)를 작성하게 하고, 주식의 청약은 반드시 이에 의하도록 함을 말한다(제302조 제 1 항·제 2 항). 따라서 주식청약서에 의하지 아니한 주식인수는 무효이다.

자본시장법에서는 일정한 모집의 경우에는 신고서제출의무와 투자설명서제출의무에 대하여 규정하고 있다.

자본시장법에서 "모집"이란 대통령령으로 정하는 방법에 따라 산출한 50인 이상의 투자자에게 새로 발행되는 증권의 취득의 청약을 권유하는 것을 말한다(자본시장법 제9조 제7항). 이 경우 50인을 산출하는 경우에는 청약의 권유를 하는 날 이전 6개월 이내에 해당 증권과 같은 종류의 증권에 대하여 모집이나 매출에 의하지 아니하고 청약의 권유를 받은 자를 합산하되, 일정한 전문가, 연고자는 제외된다(자본시장법시행령 제11조 제1항). 그리고 자본시장법시행령 제11조 제1항에 따라 산출한 결과 청약의 권유를 받는 자의 수가 50인 미만으로서 증권의 모집에 해당되지 아니할 경우에도 해당 증권이 발행일부터 1년 이내에 50인 이상의 자에게 양도될 수 있는 경우로서 증권의 종류 및 취득자의 성격 등을 고려하여 금융위원회가 정하여 고시하는 전매기준에 해당하는 경우에는 모집으로 본다(자본시장법시행령 제11조 제2항). 한편 자본시장법시행령 제11조 제1항을 적용할 때 매출에 대하여는 증권시장 밖에서 청약의 권유를 받는 자를 기준으로 그 수를 적용할 때 매출에 대하여는 증권시장 밖에서 청약의 권유를 받는 자를 기준으로 그 수를 산출한다(자본시장법시행령 제11조 제3항).

증권의 모집 또는 매출(대통령령으로 정하는 방법에 따라 산정한 모집가액 또는 매출가액 각각의 총액이 대통령령으로 정하는 금액 이상인 경우에 한한다)은 발행인이 그 모집 또는 매출에 관한 신고서를 금융위원회에 제출하여 수리되지 아니하면 이를 할 수 없다(자본시장법 제119조 제1항, 자본시장법시행령 제120조). 자본시장법 제119조 제1항에 불구하고 증권의 종류, 발행예정기간, 발행횟수, 발행인의 요건 등을 고려하여 대통령령으로 정하는 기준과 방법에 따라 일정기간 동안 모집하거나 매출할 증권의 총액을 일괄하여 기재한 신고서(일괄신고서)를 금융위원회에 제출하여 수리된 경우에는 그 기간 중에 그 증권을 모집하거나 매출할 수 있다. 이 경우 그 증권(집합투자증권 중 대통령령으로 정하는 것을 제외한다)을 모집하거나 매출할 때마다 대통령령으로 정하는 일괄신고와 관련된 서류(일괄신고추가서류)를 제출하여야 한다(자본시장법 제119조 제2항). 그리고 발행인은 자본시장법 제119조 제1항의 신고서와 제2항의 일괄신고서(증권신고서)에 발행인(투자신탁의 수익증권 및 투자익명조합의 지분증권의 경우에는 그 투자신탁 및 투자익명조합을 말한다)의 미래의 재무상태나 영업실적 등에 대한 예측 또는 전망에 관한 사항으로서 다음 법령소정의 사항(예측정보)을 기재 또는 표시할 수 있다. 이 경우 예측정보의 기재 또는 표시는 자본시장법 제125조 제2항 제1호·제2호 및 제4호의 방법에 따라야 한다(자본시장법 제119조 제3항). 또한 증권신고서를 제출하는 경우 증권신고서에 기재하여야 할 사항이나 그 첨부서류에 이미 제출된 것과 같은 부분이 있는 때에는 그 부분을 적시하여 이를 참조하라는 뜻을 기재한 서면으로 갈음할 수 있다(자본시장법 제119조 제 4 항). 더 나아가 증권신고서를 제출하는 경우 신고 당시 해당 발행인의 대표이사 및 신고업무를 담당하는 이사(대표이사 및 신고업무를 담당하는 이사가 없는 경우 이에 준하는 자를 말한다)는 그 증권신고서의 기재사항 중 중요사항에 관하여 거짓의 기재 또는 표시가 있거나 중요사항의 기재 또는 표시가 누락되어 있지 아니하다는 사실 등 대통령령으로 정하는 사항을 확인·검토하고 이에 각각 서명하여야 한다(자본시장법 제119조 제 5 항). 한편 자본시장법 제119조 제 1 항부터 제 4 항까지의 증권신고서의 기재사항 및 그 첨부서류에 관하여 필요한 사항은 자본시장법시행령 제127조 이하에 규정되어 있다.

한편 자본시장법 제119조에 따라 증권을 모집하거나 매출하는 경우 그 발행인은 소정의 규정으로 정하는 방법에 따라 작성한 투자설명서를 그 증권신고의 효력이 발생하는 날에 금융위원회에 제출하여야 하며, 이를 해당증권의 발행인의 본점 등 소정의 장소에 비치하고 일반인이 열람할 수 있도록 하여야 한다(자본시장법 제123조 제 1 항, 자본시장법시행령 제131조, 자본시장법시행규칙 제13조). 투자설명서에는 증권신고서에 기재된 내용과 다른 내용을 표시하거나 그 기재사항을 누락하여서는 아니 된다. 다만, 기업경영 등 비밀유지와 투자자 보호와의 형평 등을 고려하여 기재를 생략할 필요가 있는 사항으로서 소정의 규정으로 정한 사항에 대하여는 그 기재를 생략할 수 있다(자본시장법 제123조 제 2 항, 자본시장법시행령 제131조 제 5 항). 한편 누구든지 증권신고의 효력이 발생한 증권을 취득하고자 하는 자에게 자본시장법 제123조에 적합한 투자설명서를 미리 교부하지 아니하면 그 증권을 취득하게 하거나 매도하여서는 아니 된다. 이 경우 투자설명서가 자본시장법 제436조에 따른 전자문서의 방법에 따르는 때에는 법 소정의 요건을 모두 충족하는 때에 이를 교부한 것으로 본다(자본시장법 제124조 제 1 항). 또한 누구든지 증권신고의 대상이 되는 증권의 모집 또는 매출, 그 밖의 거래를 위하여 청약의 권유 등을 하고자 하는 경우에는 법 소정의 규정에 해당하는 방법에 따라야 한다(자본시장법 제124조 제 2 항).

3. 株式의 引受

(1) 株式引受의 請約

설립중의 주식인수청약의 권유에 응하여 주식인수의 청약을 하고자 하는 자는 주식청약서 2통에 인수할 주식의 종류와 수 및 주소를 기재한 다음 기명날인 또는 서명하여야 한다(제302조 제1항). 발기인이 작성하는 주식청약서에는 회사조직의 대강과 주식청약자에게 이해관계가 많은 법정사항을 기재하며(제302조 제2항), 이 밖의 임의사항을 기재할 수 있다.

주식인수의 청약을 함에는 청약과 동시에 청약자의 신용을 확인하기 위하여 납입금액의 전부 또는 일부를 청약증거금으로 납입시킬 수 있다. 이러한 청약증거금은 뒤에 주식의 배정을 받으면 주금의 납입에 충당하고, 납입을 해태하여 실권한 때에는(제307호) 위약금으로 몰수되며, 주식의 배정을 받지 못하거나 회사가 성립하지 아니한 경우에는 다시 반환된다.

주식청약서 1통만에 의한 주식인수의 청약은 무효가 아니라고 하는 설도 있으나(정동윤), 주식청약서 2통에 의하지 아니한 주식인수의 청약은 무효이다(통설). 주식청약서의 기재사항을 흠결하여도(예컨대 정관인증의 연월일 등과 같이) 그것이 중요한 사항이 아닌 경우에는 주식인수의 청약이 무효로 되지 아니한다고 볼 것이나, 주식청약서의 내용을 변경하거나 조건 기타의 제한을 붙여서 청약하지는 못한다. 이러한 변경 또는 제한은 회사에 대하여 효력이 없다.

(2) 假設人 또는 승낙 없이 타인명의로 한 株式引受의 請約

상법 제332조에서는 가설인의 명의나 또는 타인의 승낙 없이 그의 명의로 주식인수의 청약을 한 경우에는 실제로 주식인수의 청약을 한 사람을 주식인수인으로 보고 그에게 납입의무를 지우고 있다(제332조 제1항). 이것은 타인의 명의로 주식인수를 청약하였다가 주식의 배정을 받은 후에 회사와 자기의 형편을 보아 납입 여부를 결정하려는 주식인수청약을 방지하기 위함이다. 따라서 이 때에는 명의의 여하를 불문하고 실제로 주식인수의 청약을 한 사람이 납입책임을 부담함과 동시에 주식인수인이 된다.

이와는 달리 타인의 승낙을 얻어 그의 명의로 주식인수의 청약을 한 경우에 관하여 상법은 실제상의 청약인이 그 타인과 연대하여 납입할 책임이 있다고만 규정할 뿐(제332조 제2항), 누가 주주권을 갖는 주식인수인이 되는가에 관하여는 밝히지 않고 있다. 이 점에 관하여는 명의인인 명의대여자가 주식인수인이 된다는 형식설(명의설·명목설)과 실제상의 청약인인 명의차용자가 주식인수인이 된다는 실질설이 대립하고 있다. 대량적·집단적 처리를 필요로 하는 주식에 관한 법률관계의 형식적·획일적 처리의 요청을 근거로 하는 형식설에도 일리가 있으나, 법률행위의 일반이론 및 제332조 제 1 항과의 해석상의 균형에서 실제로 법률행위를 하고 주금을 납입한 명의차용자가 주주가 된다고 보는 실질설이 타당하다고 보며, 이것이 다수설(동지: 정동윤 · 최기원 · 정찬형, 이설: 손주찬)이고 판례의 입장이다.

⑶ 株式引受의 무효 또는 취소

주식인수는 청약과 배정에 의해 이루어지는 법률행위로서 주식회사의 설립에 있어서 가장 중요한 요소이다. 따라서 주식인수의 청약이 무효가 되면 회사의 설립시에 발행하는 주식총수에 대한 주식인수의 흠결이 생겨서 회사의 불성립 또는 설립무효의 원인이 된다. 따라서 회사의 성립이라는 집단적 행위의 일부를 이루는 주식인수의 청약의 효력을 확보하기 위하여 민법의 일반원칙에 대하여 다음과 같은 두 가지 특칙을 두고 있다. 비진의의사표시에 의한 주식인수의 청약은 발기인이 악의인 경우에도 유효한 것으로 하고(제302조 제 3 항), 주식을 인수한 자가 회사의 성립 후 또는 창립총회에 출석하여 그 권리를 행사한 때에는 주식청약서의 요건의 흠결을 이유로 하여 그 인수의 무효를 주장하거나, 사기 · 강박 또는 착오를 이유로 하여 그 인수를 취소하지 못하도록(제320조) 하였다. 그러나 행위무능력이나 사해행위를 이유로 하는 인수의 취소는 가능하며, 주식청약서에 기재된 일정한 시기까지 창립총회가 종료되지 아니한 때에도 주식인수의 청약을 취소할 수 있다(제302조 제 2 항 제 8 호).

⑷ 株式의 배정

발기인은 주식인수의 청약인에게 주식을 인수시킬 것인가, 또 인수시킨다면 몇 주를 인수시킬 것인가를 결정하여야 하는데, 이를 주식의 배정이라고 한다. 배정의 법적 성질은 주식인수의 청약에 대한 승낙의 의사표시이다. 발기인은 주식모집의 광고나 사업설명서에서 추첨, 청약의 최저한, 선착순, 안분비례 등 배정방법을 미리 정하지 않은 이상 모집주식수의 범위 안에서 이를 자유로이 배정할 수 있다(이를 주식배정자유의 원칙이라고 한다). 배정방법을 정한 때에는 이에 따라야 하며, 이에 반하여 배정한 때에는 손해배상책임을 부담한다. 배정의 통지는 주식청약서에 기재한 주소 또는 그 자로부터 회사에 통지된 주소로 하면 되고(제304조 제 1 항), 통지는 도달할 시기에 도달한 것으로 본다(제304조 제 2 항). 주식인수의 청약에 대하여 배정이 있으면 주식의 인수가 성립하고, 청약인은 주식인수인이 되어 배정된 주식에 대하여 납입의무를 진다(제303조).

4. 出資의 이행

(1) 納入義務

회사의 설립시에 발행하는 주식의 총수가 인수되면 금전출자의 경우에는 발기인은 지체없이 납입기일을 정하여 그 날까지 각 주식에 대한 인수가액의 전액을 납입시켜야 한다(전액납입주의)(제305조 제 1 항). 여기의 인수가액은 주금액이거나 액면초과액(제291조 제 2 호)이다. 납입은 주식청약서에 기재된 은행 기타 금융기관의 납입장소에서 하여야 한다(제305조 제 2 항, 제302조 제 2 항 제 9 호). 따라서 발기인에게 직접 납입을 하더라도 납입으로서의 효력이 생기지 아니한다. 또 납입장소 또는 납입금의 보관자(납입 후의 납입금보관은행)를 변경할 때에는 법원의 허가를 얻어야 하나(제306조), 동일한 금융기관의 점포간의 변경에는 법원의 허가를 요하지 아니한다. 이들 규정은 납입금의 소재를 분명히 하고 부정행위를 방지하기 위함이다.

납입금을 보관한 은행 기타의 금융기관은 발기인 또는 이사의 청구가 있는 때에는 그 보관금에 관한 증명서(보관증명)를 교부할 의무가 있고, 그 증명한 보관금액에 대하여는 납입의 부실 또는 그 금액의 반환에 관한 제한이 있음을 이유로 하여 회사에 대항하지 못한다(제318조). 즉 그 증명한 금액에 대하여 은행은 무조건 지급의무가 있다. 이것은 회사로 하여금 납입취급은행이 증명한 납입금액을 완전히 수령함으로써 설립의 안정 및 자본납입과 유지를 꾀하기 위함과 아울러 발기인이 금융기관과 공모하거나 공모하지 않고 하는 납입가장행위를 방지하기 위함이다. 납입금보관증명에 관한 규정은 주식청약서에 납입취급은행으로 기재되지 아니한 은행이 보관증명을 발행한 때 및 법원의 허가 없이 납입취급은행을 변경한 경우에 허가받지 아니한 은행이 보관증명을 발행한 때에도 같다(동지: 정동윤).

(2) 納入假裝行爲

자본납입의 원칙을 견지하기 위하여 회사의 설립시에 인수가액의 전액을 납입시켜야 하나, 실제로는 납입을 가장하는 일이 적지 않았다.

가장납입은 주금납입으로서의 효력이 없다. 납입의 흠결이 근소한 때에는 발기인의 납입담보책임(제321조 제 2 항)에 의하여 구제되지만, 그 흠결이 현저한 때에는 설립무효의 원인이 된다고 본다. 이 때에 발기인과 이사는 회사 또는 제 3 자에 대하여 손해배상책임을 지고(제322조, 제399조, 제401조), 나아가 벌칙의 제재가 있다(제628조,

제622조). 그리고 이 경우에 납입을 취급한 은행은 증명한 납입금액에 대하여 책임을 진다(제318조 제 2 항). 그런데 판례는 가장납입을 차입금에 의한 체당납입으로 보고, 주주에 대한 주금의 상환청구권을 회사에 부여하고 있다. 2009년 5월 상법개정에 의하여 최저자본금이 없어짐으로써 가장납입이 이루어지는 경우는 줄어들 것이다.

(3) 假設人 등에 의한 株式引受와 납입

가설인의 명의로 또는 타인의 승낙 없이 그의 명의로 주식을 인수한 자는 주식인수인으로서의 납입책임이 있으며, 타인의 승낙을 얻어 타인의 명의로 주식을 인수한 자는 타인과 연대하여 납입할 책임이 있다(제332조). 이 경우 누가 주주로 되는가에 관하여는 이미 앞의 3. (2)에서 살펴보았다.

(4) 失權節次

주식인수인이 납입을 하지 않을 때에는 발기인은 강제집행의 방법에 의하여 납입을 강제할 수도 있으나 회사설립이 지체되므로 상법은 발기인에게 실권절차제도를 마련하고 있다. 즉 발기인은 일정한 기일을 정하여 그 기일 내에 납입을 하지 아니하면 실권한다는 실권예고부 최고를 하고, 주식인수인이 그 기일 내에 납입의 이행을 하지 아니한 때에는 주식인수인은 그 권리를 잃으며, 발기인은 다시 그 주식에 대하여 주주를 모집할 수 있고(제307조 제 1 항 · 제 2 항), 손해가 있으면 실권한 주식인수인에 대하여 손해배상도 청구할 수 있다(제307조 제 3 항). 이 방법을 실권절차(Kaduzierung, Verlusterklärung)라 하며, 이것은 다수의 주식인수인으로부터의 주금납입의 추심을 용이하게 하고 회사의 설립을 신속하게 마무리하기 의한 제도이다. 그러나 실제에 있어서는 납입금에 상당하는 금액을 청약증거금으로 징수하고, 뒤에 주식의 배정이 이루어지면 위 청약증거금을 납입금으로 이체충당하는 방법을 이용함으로써 실권절차는 거의 이용되지 않고 있다.

(5) 現物出資의 이행과 檢査人의 조사

현물출자의 이행에 관하여는 발기설립의 경우와 마찬가지로 출자자는 납입기일까지 출자의 목적인 재산의 전부를 인도하고, 등기 · 등록 기타의 권리의 설정 · 이전을 요할 경우에는 이에 관한 서류를 완비하여 교부하여야 한다(제305조 제 3 항, 제295조 제 2 항). 현물출자를 비롯하여 위험설립사항을 정관에 기재한 때에는 이에 관한 사항을 조사하게 하기 위하여 법원에 검사인의 선임을 청구하여야 한다(제310조 제 1 항).

검사인은 조사보고서를 창립총회에 보고하여야 한다(제310조 제 2 항). 하지만 이러한 검사인의 조사보고제도는 1995년 개정법에서 공증인의 조사보고와 공인된 감정인의 감정으로 검사인의 조사에 갈음할 수 있게 함으로써 그 기능이 상당히 축소되었다(제310조 제 3 항, 제298조 제 4 항 단서, 제299조의2 참조). 현물출자의 불이행에 대해서는 실권절차의 문제는 발생하지 않으므로, 강제집행의 방법을 쓰거나 정관변경을 해서 회사의 설립을 속행할 때에는 손해배상청구를 할 수밖에 없다.

5. 創立總會

(1) 意 義

모집설립의 방법으로 주식회사를 설립하면 발기인을 제외한 주식인수인들은 주식청약서나 사업설명서에 기재된 내용만을 검토하고 회사의 설립에 참가할 뿐이며, 회사의 설립절차나 그 경과에 대하여는 알지 못하기 때문에 설립에 관한 보고를 받고 설립의 최종적인 마무리를 하기 위하여 창립총회를 개최하도록 하였다.

창립총회는 주식인수인으로 구성되는 설립중의 회사의 최고의 의사결정기관이며, 성립 후의 회사의 주주총회에 해당한다. 따라서 주주총회에 관한 규정이 준용된다(제308조 제 2 항).

(2) 소 집

각 주식에 관한 납입과 현물출자의 이행이 완료된 후에 발기인은 지체없이 창립총회를 소집하여야 한다(제308조 제 1 항). 소집절차 등에 관하여는 주주총회의 규정이 준용된다(제308조 제 2 항, 제363조 제 1 항 · 제 2 항 · 제 3 항, 제364조).

(3) 決議要件

창립총회의 결의는 출석한 주식인수인의 의결권의 3분의 2 이상이며, 인수된 주식총수의 과반수에 해당하는 다수로 하여야 한다(제309조). 이 결의에는 의결권 없는 주식의 인수인도 의결권이 있다(제308조 제 2 항은 제370조를 준용하지 않음). 위의 결의요건을 주주총회의 특별결의요건(제434조)보다 가중한 이유는 의결에 있어서 발기인의 영향력을 약화시키고 회사창설이라는 중요한 의사를 결정하기 때문에 결의에 있어서 특히 신중을 기하기 위함이다. 따라서 이 결의요건은 정관에 의하여 완화하거나 가중할 수 없다.

⑷ 權 限

창립총회는 회사설립에 관한 모든 사항에 관하여 결의할 수 있는데, 상법은 특히 다음과 같은 사항은 창립총회의 권한으로서 규정하고 있다.

1) 會社創設에 관한 發起人의 보고

발기인은 서면으로 주식의 인수와 납입에 관한 제반상황, 위험설립사항의 실태 등을 창립총회에 보고하여야 한다(제311조). 만일 이러한 절차를 밟지 않고 창립총회가 종료하면 설립무효의 원인이 된다. 또한 발기인이 부실한 보고를 하거나 사실을 은폐하면 임무해태의 책임을 지고(제322조) 벌칙의 제재가 있다(제625 제 1 호, 제635조 제 1 항 제 5 호).

2) 任員의 선임

창립총회에서는 설립중의 회사의 설립경과를 조사하게 하기 위하여 이사와 감사를 신임하여야 한다(제312조).

3) 設立經過의 조사

이사와 감사는 취임 후 지체없이 회사의 설립에 관한 모든 사항이 법령 또는 정관의 규정에 위반되지 아니하는지의 여부를 조사하여 창립총회에 보고하여야 한다(제313조 제 1 항). 그러나 이사와 감사 중에 발기인이었던 자, 현물출자자 또는 회사성립 후에 양수할 재산의 계약당사자인 자는 위 조사보고에 참가하지 못한다(제313조 제 2 항, 제298조 제 2 항). 이사와 감사의 전원이 이에 해당하는 때에는 이사는 공증인으로 하여금 위의 조사·보고를 하게 하여야 한다(제313조 제 2 항, 제298조 제 3 항). 왜냐하면 이 조사·보고는 공정하여야 하기 때문이다. 위의 조사·보고는 이사·감사의 직무에 속한다. 따라서 회사에 대하여 선관주의의무를 부담하고 있는 이들은 설립절차를 형식적으로뿐만 아니라, 실질적으로 조사하여야 한다. 따라서 부실한 보고를 한 때에는 임무해태로 인한 책임(제323조)을 지며, 이 절차를 생략하면 설립무효의 원인이 된다.

4) '危險設立事項'의 변경

창립총회는 조사·보고를 받고 위험설립사항이 부당하다고 인정한 때에는 이를 변경할 수 있다(제314조 제 1 항). 이 경우의 변경은 성립 후의 회사의 부담을 줄이는 것만이 가능하고 이를 늘리는 것은 허용되지 않는다고 본다(동지: 최기원·정동윤). 이 변경에 불복하는 발기인은 주식인수를 취소할 수 있지만(제314조 제2항, 제300조 제2항·제3항), 발기인 이외의 주식인수인은 정관의 변경으로 이익을 입을 뿐이므로 주식인수를 취소할 수 없다(동지: 최기원·정동윤).

5) 定款變更 또는 設立廢止의 결의

창립총회에서는 소집통지서에 그 기재가 없는 경우에도 정관의 변경 또는 설립의 폐지를 결의할 수 있다(제316조 제1항·제2항). 창립총회에서 정관변경을 결의한 경우에는 의사록에만 명확히 하면 되고 공증인의 인증을 요하지 않는다고 본다(통설). 창립총회에서 경제사정의 변경, 설립절차의 흠결 등의 이유로 설립이 부당하다고 인정되면 설립의 폐지를 결의할 수 있고, 그러면 회사는 성립되지 아니한다. 그러나 창립총회가 설립폐지의 결의를 하지 아니하고 종결한 때에는 특히 설립의 결의를 하지 않더라도 그로써 회사의 실체는 완성되고 설립등기의 절차만 남게 된다.

제4관 設立登記

Ⅰ. 登記의 목적

주식회사는 설립을 위한 최종절차인 설립등기에 의하여 성립하고(제172조), 동시에 법인격을 취득한다(제171조 제1항). 설립등기의 목적은 국가로 하여금 준칙주의에 의하는 회사설립의 법정요건에 대한 적법성을 조사할 수 있는 기회를 주고, 회사가 성립된 사실과 그 조직의 기본적 내용을 공시함으로써 다수의 이해관계인들의 이익을 보호하고 거래의 안전을 도모하는 데 있다.

Ⅱ. 設立登記의 절차

1. 登記期間

발기설립의 경우에는 검사인의 위험설립사항의 조사 또는 법원의 변경처분에 따른 절차가 종료한 날로부터 2주간 내에, 모집설립의 경우에는 창립총회가 종료한 날로부터 2주간 내에 대표이사가 본점소재지에서 등기하여야 한다(제317조 제1항).

2. 登記事項과 添附書類

설립등기시에 등기할 사항은 1) 목적, 2) 상호, 3) 회사가 발행할 주식의 총수, 4) 1주의 금액, 5) 본점의 소재지, 6) 회사가 공고를 하는 방법, 7) 자본의 총액, 8) 발행주식의 총수, 그 종류와 각종 주식의 내용과 수, 9) 주식의 양도에 관하여 이사회의 승인을 얻도록 정한 때에는 그 규정, 10) 지점의 소재지, 11) 회사의 존립기간 또는 해산사유를 정한 때에는 그 기간 또는 사유, 12) 건설이자에 관한 사항, 13) 이익소각에 관한 사항, 14) 전환주식에 관한 사항, 15) 이사와 감사의 성명 및 주민등록번호, 16) 대표이사의 성명, 주민등록번호 및 주소, 17) 공동대표에 관한 사항, 18) 명의개서대리인에 관한 사항 등이다(제317조 제 2 항). 이 등기사항은 일반에 대한 공시의 목적에서 정하여진 것이므로 정관의 절대적 기재사항과 일치하지 않는 것이 많다. 1995년 개정법에서는 지점설치나 그 이전시에 지점소재지 또는 신지점소재지에서 하는 등기에는 위의 등기사항 중 1)~6), 11), 16) 및 18)만을 등기하면 되도록 하여 지점에서의 등기사항을 크게 축소하였다(제317조 제 3 항).

설립등기는 대표이사가 하여야 하며, 그 신청서에는 일정한 서류를 첨부하여야 한다(상업등기법 제80조).

3. 登記의 懈怠와 變更登記

설립등기시에 주금의 납입이나 현물출자의 이행 가타 위험설립사항에 관하여 법원, 총회 또는 발기인에게 부실보고를 하거나 사실을 은폐하였을 때에는 형벌에 의한 제재를 받으며(제625조 제 1 호), 설립등기를 해태한 때에는 과태료의 제재를 받는다(제635조 제 1 항 제 1 호). 지점의 설치(제181조), 본점·지점의 이전(제182조) 및 등기사항의 변경(제183조)이 있는 때에는 일정한 기간 내에 변경등기를 하여야 한다(제317조 제 4 항).

Ⅲ. 設立登記의 효력

1. 본래의 효력

본점소재지에서 회사의 설립등기가 행하여지면 회사가 성립하여 법인격을 취득한다(제172조). 그 결과 설립중의 회사는 회사로 성립되고, 주식인수인은 주주가 되며 이사 · 감사는 성립 후의 회사의 기관이 된다. 그리고 설립중의 회사의 집행기관인 발기인이 회사설립을 위하여 취득하거나 부담한 권리 · 의무는 동일성설의 입장에서 이때부터 성립된 회사에 귀속된다. 소극재산은 차액책임론에 따라 발기인의 담보책임에 의하여 해결하여야 한다(제321조). 설립등기도 당연히 상업등기의 일반적 효력을 갖는다.

2. 특별한 부수적 효력

(1) 株式引受의 無效 · 取消의 제한

설립등기에 의하여 회사가 성립하면 주식인수인은 주식청약서의 요건의 흠결을 이유로 하여 그 인수의 무효를 주장하거나, 사기 · 강박 또는 착오를 이유로 하여 그 인수를 취소하지 못한다(제320조 제 1 항). 그리고 창립총회에 출석하여 그 권리를 행사한 주식인수인은 회사성립의 전후를 묻지 않고 위와 같다(제320조 제 2 항).

(2) 權利株讓渡制限의 해제

설립등기에 의하여 회사가 성립하면 권리주양도의 제한에 관한 제319조가 적용되지 아니한다. 권리주란 회사성립 전의 주식인수인의 지위를 말한다. 제319조의 입법취지는 권리주의 양도를 자유로이 인정하면 투기의 남용을 조장하여 회사설립의 안전을 해할 염려가 있기 때문이다. 그러나 회사가 성립하면 주식인수인의 지위(권리주)는 주식으로 되므로, 권리주양도의 제한은 적용될 여지가 없다.

다만 상법은 회사가 성립된 후에도 주권이 발행되기까지는 회사에 대한 관계에서 주식양도의 효력을 원칙적으로 제한하고 있다(제335조 제 2 항).

(3) 株券發行의 허용 및 강제

설립등기에 의하여 회사가 성립되기 전에는 주권을 발행할 수 없으며, 이를 위반하여 발행된 주권은 무효이다(제355조 제 2 항 · 제 3 항). 따라서 회사는 성립된 후에야 비로소 주권을 발행할 수 있으며, 성립한 뒤에는 지체없이 주권을 발행하여야 하므로(제355조 제 1 항) 주권의 발행이 강제된다. 왜냐하면 회사가 성립되면 회사에 대하여도 유효한 주식양도의 자유가 보장되어 회사존속중에 투하자본을 회수할 수 있어야 하기 때문이다.

⑷ **設立無效의 주장의 제한**

설립등기에 의하여 주식회사가 성립하면 그 설립절차에 하자가 있는 것이 판명되어도 회사성립의 날로부터 2년 내에 설립무효의 소에 의하지 아니하고는 그 무효를 주장할 수 없다(제328조 제 1 항). 왜냐하면 자본단체로서의 주식회사의 법률관계를 신속하게 안정시키기 위함이다. 하지만 설립등기 전에는 설립에 관한 하자가 있으면 항변으로도 이를 주장할 수 있고, 이 경우에는 하자가 보완되지 않는 한 회사는 성립되지 못한다.

⑸ **發起人의 資本納入責任**

회사가 성립되면 발기인은 자본납입책임을 진다. 즉 회사의 설립시에 발행한 주식으로서 회사성립 후에 아직 인수되지 아니한 주식이나 그 주식인수의 청약이 취소된 때에는 발기인이 이를 공동으로 인수한 것으로 보며(제321조 제 1 항), 회사성립 후에 납입을 완료하지 아니한 주식이 있는 때에는 발기인이 연대하여 납입할 책임을 진다(제321조 제 2 항).

제 5 관 設立關與者의 책임

Ⅰ. 總 說

주식회사의 설립은 그 절차가 복잡하여 과오나 부정을 저지르기 쉽고 사기의 목적으로 설립되는 경우도 있기 때문에 상법은 회사의 설립절차를 강행법적으로 규정하고 발기인 등 설립관여자에게 엄중한 벌칙의 제재와 엄중한 민사책임을 과하여 회사의 건전한 설립과 관계자의 보호를 도모하고 있다.

벌칙으로서는 발기인은 특별배임과 그 미수(제622조 제 1 항, 제624조), 회사재산을 위태롭게 하는 행위(제625조), 부실문서행사(제627조), 납입가장행위(제628조 제 1 항), 주식의 초과발행(제629조), 독직(제630조)에 관해 이사·감사·검사인의 부실보고(제626조), 주식인수인의 수뢰(제631조), 주식납입책임의 면탈(제634조)에 관하여 형벌의 제재를 받는다. 이외에도 설립등기의 해태, 설립에 대한 조사·검사의 방해, 주식청약서의 부작성 또는 부실기재, 권리주의 양도, 회사성립 전의 영업 등에 관하여 과태료의 제재를 받는다(제635조 제 1 항·제 2 항, 제636조).

민사책임에 관해서는 회사가 성립한 경우에 있어서 발기인의 회사에 대한 자본납입책임(제321조)과 회사·제 3 자에 대한 손해배상책임(제322조) 및 회사의 불성립의 경우에 있어서 발기인의 책임(제326조)이 규정되어 있다. 그 밖에 유사발기인의 책임(제327조)과 이사·감사·발기인의 연대책임(제323조) 및 검사인의 손해배상책임에 관한 규정이 있다. 자본시장법 제125조 이하에서 유가증권의 공모와 관련하여 증권신고서 등의 허위기재 등으로 인한 손해배상에 관한 특칙을 두고 있다. 즉 증권신고서(정정신고서 및 첨부서류를 포함)와 투자설명서(예비투자설명서 및 간이투자설명서를 포함) 중 중요사항에 관하여 그것의 기재 또는 표시가 있거나 중요사항이 기재 또는 표시되지 아니함으로써 증권의 취득자가 손해를 입은 경우에는 법 소정의 자(그 증권신고서의 신고인과 신고 당시의 발행인의 이사 등)는 그 손해에 관하여 배상의 책임을 진다. 다만, 배상의 책임을 질 자가 상당한 주의를 하였음에도 불구하고 이를 알 수 없었음을 증명하거나 그 증권의 취득자가 취득의 청약을 할 때에 그 사실을 안 경우에는 배상의 책임을 지지 아니한다(자본시장법 제125조 제 1 항). 자본시장법에서는 증권발행인의 이사 등의 손해배상책임과 관련하여 손해배상액에 대한 특칙도 두고 있다(자본시장법 제126조). 그리고 자본시장법 제125조에 따른 배상의 책임은 그 청구권자가 해당 사실을 안 날부터 1년 이내 또는 해당 증권에 관하여 증권신고서의 효력이 발생한 날부터 3년 이내에 청구권을 행사하지 아니한 경우에는 소멸한다(자본시장법 제127).

Ⅱ. 發起人의 責任

1. 會社가 성립한 경우

발기인은 회사가 성립한 경우에 회사에 대하여 자본납입책임을 지고 회사 또는 제 3 자에 대하여 손해배상책임을 진다.

(1) 會社에 대한 책임

1) 資本納入責任

(가) 의 의 주식회사를 설립하는 때에는 발행예정 주식총수의 4분의 1 이상에 해당하는 주식을 발행하고, 그 주식이 모두 인수되고, 그 인수가액의 전액이 납입되어야 한다(제289조 제 2 항, 제305조). 이와 같이 회사의 설립시에 발행한 주식으로서 회사가 성립한 후에 아직 인수되지 아니한 주식이 있거나 주식인수의 청약이 취

소된 때에는 발기인이 이를 공동으로 인수한 것으로 보고(제321조 제 1 항)(인수담보책임), 회사의 성립 후에 아직 납입을 완료하지 아니한 주식이 있는 때에는 발기인은 이를 연대하여 납입할 의무가 있다(제321조 제 2 항). 이러한 발기인의 책임을 통상 자본충실책임이라고 하고 있으나 자본에 관한 형식상의 원칙을 자본납입·유지의 원칙이라고 하였기에 이를 자본납입책임이라고 하여야 한다.

(나) 기 능 회사설립시에 발행하는 주식총수의 인수 및 발행가액의 전액납입이 회사의 설립요건이기 때문에 이를 흠결한 때에는 회사가 비록 설립등기에 의하여 성립되어도 회사의 설립은 무효로 되어야 한다. 그래서 상법은 주식의 청약 또는 인수의 무효·취소에 관하여 특칙을 두어(제302조 제 3 항, 제320조) 주식의 인수·납입에 흠결이 생기지 않도록 배려하고 모집설립의 경우에는 주식의 납입에 관해 엄중한 규정을 두어(제305조, 제302조 제 2 항 제 9 호, 제306조, 제318조) 납입의 확실을 기하고 있으나, 그래도 주식의 인수·납입의 흠결이 있는 때에는 설립의 무효를 회피하기 위하여 발기인에게 위와 같은 자본납입책임을 부담시키고 있는 것이다.

(다) 요 건 발기인의 자본납입책임은 회사설립의 무효를 회피하기 위한 보충적 책임이므로, 주식의 인수 또는 납입의 흠결이 근소한 경우에 한하여 발기인의 자본납입책임에 의하여 설립의 무효가 회피될 수 있을 뿐이고 그 흠결이 현저한 때에는 회사설립의 무효원인이 된다. 따라서 인수 또는 납입의 흠결이 현저한 때에는 설립무효가 될 수 있으나, 이 경우에도 발기인이 자본납입책임을 현실적으로 이행한 때에는 설립의 하자가 치유된다고 본다.

(라) 내 용 발기인의 인수담보책임은 회사성립 후 아직 인수되지 아니한 주식 또는 인수의 청약이 취소된 주식에 대하여 발기인에 의한 공동인수가 의제되어 인수된 주식에 대하여 연대하여 납입할 책임을 지는 것이므로(제333조 제 1 항), 발기인이 주주가 되어 납입의무를 부담한다. 이에 대해 회사성립 후 아직 납입을 완료하지 아니한 주식에 대하여 발기인이 연대하여 납입할 의무를 부담하는 납입담보책임은 이미 주식인수인의 존재를 전제하고 있으므로 발기인이 납입하더라도 주주가 되지는 않는다. 이 경우 주식인수인의 납입의무와 발기인의 납입의무는 부진정연대채무의 관계에 있다.

(마) 성 질 발기인의 자본납입책임은 주식회사의 자본납입의 요청에 의하여 법이 특별히 인정한 무과실연대책임이다. 그러므로 이 책임은 채권자의 보호를 위하여 총주주의 동의로도 면제하지 못한다(제321조, 제322조, 제324조, 제400조). 발기인

의 납입의무는 이사가 그 이행을 청구하는 것이 원칙이지만 소수주주의 대표소송에 의하여 그 이행을 강제할 수도 있다(제324조, 제403조 내지 제406조). 발기인의 자본납입책임은 회사의 성립시로부터 10년의 경과로 시효소멸하며, 납입의무에 관하여 상계로써 회사에 대항하지 못한다(제334조).

2) 損害賠償責任

㈎ 의 의 발기인은 설립의 기획자이고 설립중의 회사의 기관이기 때문에 선량한 관리자의 주의로써 회사의 설립에 관한 임무를 행하여야 하고, 이를 해태하여 회사에 손해를 발생시킨 경우에는 발기인은 회사에 대하여 연대하여 손해를 배상할 책임이 있다(제322조 제 1 항).

㈏ 법적 성질 발기인의 자본납입책임이 무과실 · 연대책임임에 대하여, 발기인의 손해배상책임은 과실이 있는 발기인만이 지는 과실책임이다. 이 손해배상책임은 발기인과 회사 사이에 계약관계가 존재하지 않기 때문에 채무불이행책임이 아니며, 위법성을 요하지 않으므로 불법행위책임도 아니다. 이 책임은 설립중의 회사의 기관으로서 선량한 관리자의 주의의무를 다하지 않은 데 대하여 상법이 특별히 인정한 책임이다.

㈐ 責任의 면제 · 추궁 · 소멸 발기인의 임무해태로 인한 손해배상책임은 총주주의 동의가 있으면 면제할 수 있으며(제324조, 제400조), 10년의 시효로 소멸한다. 소수주주는 발기인의 책임을 추궁하는 소의 제기를 회사에 대하여 청구할 수 있으며, 이러한 청구에도 불구하고 회사가 30일 이내에 소를 제기하지 않을 때에는 직접 대표소송을 제기하여 회사를 위하여 발기인의 책임을 추궁할 수 있다(제324조, 제403조의 아래).

⑵ 第 3 者에 대한 責任

1) 의 의

발기인은 설립중의 회사의 기관으로서 회사에 대하여 전술한 손해배상책임을 지는 것은 당연하지만, 제 3 자에 대하여서는 일반불법행위책임 이외에 손해배상책임을 부담하지는 않는다. 그러나 상법은 발기인이 회사의 설립에 관하여 악의 또는 중대한 과실로 인하여 그 임무를 해태한 때에는 제 3 자에 대하여도 연대하여 손해배상책임을 진다는 뜻을 규정하고 있다(제322조 제 2 항). 발기인의 제 3 자에 대한 손해배상책임은 경과실의 경우에는 책임을 지지 않는다는 점에서 일반불법행위의 경우(민법

제750조)보다 책임을 경감시킨 반면에, 악의 또는 중대한 과실은 발기인의 임무해태에 관하여 있으면 되고 직접 제 3 자에 대한 위법성은 존재할 필요가 없다는 점에서는 발기인의 책임을 가중시킨 것이라고 할 수 있다.

2) 법적 성질

발기인의 제 3 자에 대한 책임이 발생하기 위해서는 위법행위임을 요하지 않고 경과실에 대해서는 면책되고 악의 · 중과실은 임무해태에 관한 것이면 충분하므로, 이 책임은 민법상의 일반불법행위책임과는 관계 없는 특별한 법정책임이라고 본다. 그러므로 일반불법행위의 요건을 구비하는 때에는 상법에 의한 발기인의 제 3 자에 대한 책임은 일반불법행위책임과 경합한다.

3) 책임의 면제 등

발기인의 제 3 자에 대한 책임은 회사의 설립이 무효가 되어도 면제되지 않으며(제328조, 제190조), 총주주의 동의로써 면제할 수 없음은 당연하다. 이사 · 감사가 제 3 자에 대하여 책임을 지는 경우에는 발기인은 이들과 연대하여 손해를 배상할 책임이 있다(제323조).

2. 會社가 成立하지 못한 경우

(1) 意　　義

전술한 발기인의 책임은 회사가 성립한 경우의 책임이지만, 회사가 성립하지 못한 경우 상법은 「발기인은 회사의 설립에 관하여 행한 행위에 대하여 연대하여 책임을 부담하고 회사의 설립에 관하여 지출한 비용은 발기인의 부담으로 한다」는 뜻을 규정하고 있다(제326조). 회사가 성립하지 못한 경우란 회사가 설립절차에 착수하였으나 설립절차가 도중에 좌절하여 설립등기에 의한 성립에까지 이르지 못한 것으로 확정된 것이다.

(2) 責任의 근거

회사가 성립하지 못한 경우의 발기인의 책임을 정한 상법 제326조의 근거에 관하여 학설이 대립한다.

1) 회사가 성립하지 못한 경우에는 설립중의 회사는 법률적으로는 소급하여 처음부터 존재하지 않은 것으로 된다. 따라서 발기인과 주식인수인 또는 제 3 자와의

사이에 개재한 설립중의 회사는 존재하지 않은 것으로 되기 때문에 발기인이 형식적으로뿐만 아니라, 실질적으로도 권리의무의 귀속주체로 되므로 이 규정은 당연규정이라고 한다. 이 설은 회사가 성립하지 못한 경우에까지 설립중의 회사를 법률적으로 의미 있는 것으로는 인정하기 어렵다는 입장이다.

2) 이에 대하여 회사가 성립하지 못한 경우에도 거기까지 실재한 설립중의 회사가 처음에 소급하여 소멸하지 않으며 회사는 목적달성불능에 의하여 해산하여 청산하는 것이고 주식인수인도 설립중의 회사의 구성원인 이상 단체의 채무를 변제한 잔액에 관하여서만 납입금의 반환을 청구할 것이지만 상법 제326조는 주식인수인을 보호하기 위하여 모든 발기인에게 전 책임을 부담시킨다고 한다(동지: 정동윤 · 이철송 · 정찬형). 이 설은 회사가 성립하지 못한 경우에도 설립중의 회사를 법률적으로 의미 있는 것으로 해석하는 입장이다.

기본적으로는 후설에 찬성하지만 본조는 주식인수인 및 설립중의 회사의 거래상의 채권자도 보호하기 위한 것으로 본다(동지: 정동윤 · 이철송). 왜냐하면 회사가 성립하지 못한 때에는 설립중의 회사는 목적달성불능에 의하여 해산하여 청산한다. 청산단계에 있어서는 발기인이 설립중의 회사의 이름으로 한 회사의 설립에 필요한 거래행위에 기한 채무를 부담한다. 더욱이 주식청약인의 주식인수계약은 발기인의 주식인수와 달리 회사의 불성립을 소급적 해제요건으로 하는 계약으로 해석하여야 한다. 따라서 청산단계에 있어서는 주식인수인에 대한 원상회복의무로서 청약증거금 · 납입금의 반환의무를 부담하여야 한다. 그래서 본조는 청산단계에 있는 단체와 함께 발기인 전원에게 설립중의 회사의 이름으로 회사의 설립에 관하여 한 발기인의 행위에 관해 연대책임을 부담시켜 그러한 행위의 상대방을 보호하고자 한다.

⑶ 責任의 성질

이 책임은 회사의 불성립에 관하여 발기인의 고의 · 과실을 요하지 않는 무과실책임이다.

⑷ 責任의 내용

회사가 성립하지 못한 경우에 상법 제326조에 의하여 발기인이 책임을 부담해야 할 회사의 설립에 관하여 한 행위가 무엇이냐에 관하여 다툼이 있다. 발기인의 권한이 사단의 형성 자체를 직접 목적으로 하는 행위에 한정되지 않고 회사의 설립에 필요한 행위에까지 미친다고 보면 발기인의 회사의 설립에 관한 행위로서 중요한 것은 주식에 대한 청약증거금·납입금의 수령, 현물출자의 이행의 수령뿐만 아니라, 설립사무소의 임차, 사무원의 고용, 주주모집광고의 위탁 및 설립사무소의 임료와 사무원의 급료의 지급 등이다.

Ⅲ. 類似發起人의 責任

1. 類似發起人의 의의와 책임

전술한 발기인의 책임에 있어서 발기인이란 정관에 발기인으로서 기명날인 또는 서명한 자라고 하는 형식적 개념이다. 그러나 경우에 따라서는 발기인으로서 정관에 기명날인 또는 서명하지 아니한 자에게도 발기인과 동일한 책임을 지울 필요가 있다. 상법은 발기인이 아니면서 주식청약서, 사업설명서, 주주모집광고 기타 주식모집에 관한 서면에 자기의 성명 및 회사의 설립을 찬조한다는 뜻의 기재를 할 것을 승낙한 자는 발기인과 동일한 책임을 부담한다는 뜻을 규정하고 있다(제327조). 이러한 자가 부담하는 책임을 유사발기인의 책임이라고 한다. 이 책임은 설립찬조자의 발기인과 같은 외관을 신뢰하는 자를 보호하기 위한 것이고, 그 기초는 금반언 내지 외관이론에 있다.

유사발기인은 발기인과 동일한 책임을 부담한다고 규정되어 있으나 유사발기인은 발기인으로서의 직무권한을 갖고 있지 않기 때문에 임무해태로 인한 회사 및 제3자에 대한 손해배상책임은 부담하지 않으므로, 실제로 유사발기인이 지는 책임은 무과실책임인 자본납입책임과 회사가 성립하지 못한 경우의 책임뿐이다.

2. 類似發起人의 資本納入責任

유사발기인의 책임 중에서 자본납입책임은 인수되지 아니한 주식의 발기인과의 공동인수 및 납입되지 아니한 주식의 발기인과의 연대납입의무이다. 유사발기인의 자본납입책임은 총주주의 동의로써도 면제할 수 없고, 납입의무의 취급에 관하여서는 소수주주의 대표소송이 인정된다(제327조, 제403조 내지 제406조). 유사발기인은 이 납입의무에 관하여 상계로써 회사에 대항하지 못한다. 또한 유사발기인은 회사의 설립이 무효로 되어도 자본납입책임을 면하지 못한다.

Ⅳ. 理事·監事 및 檢査人의 責任

1. 理事와 監事의 책임

회사의 성립 전에 선임된 이사와 감사는 설립중의 회사의 감사기관으로서 설립경과를 조사하여 창립총회에 보고하고 설립등기신청 등의 의무가 있는데, 그 임무를 해태하여 회사 또는 제 3 자에 대하여 손해를 입힌 때에는 이를 연대하여 배상할 책임이 있으며, 발기인도 책임이 있는 때에는 이사·감사 및 발기인이 연대하여 손해를 배상할 책임이 있다(제323조). 이사·감사의 제 3 자에 대한 손해배상책임은 발기인의 경우와 마찬가지로 악의 또는 중대한 과실이 있는 때에만 진다고 본다(동지: 최기원·정동윤·이철송·정찬형). 이사·감사의 책임은 총주주의 동의로 면제할 수 있고 책임추궁을 위하여 소수주주의 대표소송이 인정된다(제400조, 제403조).

2. 檢査人의 책임

법원이 선임한 검사인은 설립경과를 조사할 임무를 부담하므로 악의 또는 중대한 과실로 인하여 그 임무를 해태한 때에는 회사 또는 제 3 자에 대하여 손해를 배상할 책임이 있다(제325조). 법원이 선임한 검사인은 회사와는 아무런 계약관계가 없지만, 상법은 주식인수인과 회사채권자를 보호하기 위하여 검사인에게 설립경과를 조사하게 하고 검사인에게 임무해태로 인한 손해배상책임을 지우고 있다.

창립총회에서 선임한 검사인의 책임에 관하여는 상법에 아무런 규정을 두고 있지 않으나, 이는 설립중의 회사의 감사기관이므로 이사·감사와 같은 책임을 진다고 본다(동지: 최기원·정동윤).

제 6 관 株式會社 設立無效의 訴

Ⅰ. 意　　義

회사는 준칙주의에 따라 법률이 정한 요건을 갖추고 설립등기를 마침으로써 성립하게 된다. 이 때 회사가 설립등기까지 마쳐서 형식상·외관상 유효한 회사가 성립하였으나 설립의 방법이나 절차가 법령이나 정관에 위반하였을 때에는 회사설립에 하자가 있게 된다. 한편 회사설립의 하자는 형식상 회사의 설립을 전제로 하기 때문에 회사의 설립등기에까지 이르지 못하고 중도에 그치게 된 회사의 불성립이나 회사설립에 중대한 결함이 있어서 전혀 회사가 존재한다고 볼 수 없는 회사의 부존재에 있어서는 회사설립의 하자라는 문제가 생기지 않는다(하지만 광의의 회사설립의 하자에는 이를 포함하기도 한다). 회사의 불성립의 경우에는 회사설립사무의 기획자인 발기인이 모든 책임을 진다. 이러한 회사의 불성립이나 부존재가 있는 경우에는 누구든지 어떠한 방법으로도 언제나 이를 주장할 수 있다. 이 때에는 제 3 자에 대하여 부존재하는 회사를 대표하여 거래한 자가 무권대리인의 책임에 관한 민법 제135조를 유추적용하여 책임을 부담하여야 한다.

상법상 회사설립의 하자와 관련하여 회사설립무효의 소와 회사설립취소의 소를 규정하고 있으나, 주식회사에 있어서는 그 중 회사설립무효의 소만이 인정되고 있다. 주식회사의 설립절차는 엄격하게 법정되어 있고 또 매우 복잡한데, 만일 그 절차의 사소한 불비를 이유로 회사설립의 효력을 부인한다면 주주의 이익뿐만 아니라, 설립등기 및 회사의 법인격을 신뢰하고 회사와 거래한 상대방의 지위가 불안정해진다. 따라서 주식회사 설립절차상의 하자를 치유하는 여러 규정들을 두고 있고(제320조 제 1 항, 제321조, 제302조 제 3 항과 민법 제107조 제 1 항 단서), 또한 이해관계자의 주관적 사정을 이유로 하는 설립취소의 소를 인정하지 않고 있다.

Ⅱ. 設立無效의 원인

주식회사설립의 하자는 주관적 하자와 객관적 하자로 나누어 볼 수 있다. 설립참여자의 주관적 의사표시상의 하자인 착오 · 사기 · 강박 · 통정허위표시 등은 주식회사설립을 취소시키거나 무효로 하지는 못한다. 이 점에서 주관적 하자가 회사설립의 취소의 원인이 될 수 있는 합명회사, 합자회사 및 유한회사(제184조, 제269조, 제552조)와는 다르다. 주식회사는 자본회사의 전형으로서 자본의 집적이 문제이지 사원이 누구인가는 중요한 문제가 아니기에 이러한 주관적 하자는 설립등기를 한 후에는 그 하자가 치유된다(제320조). 또한 회사성립 후에 주식인수인이 주식인수의 청약을 취소하면 발기인이 이를 인수한 것으로 보아(제321조) 자본의 구성을 완결시킴으로써 회사설립 그 자체의 무효가 되지는 아니한다.

상법에는 주식회사 설립무효의 원인에 대해 직접적인 규정이 없으나, 설립절차에 관한 객관적인 하자가 바로 그 원인이 된다. 먼저 주식회사의 설립절차가 강행법규 또는 주식회사의 본질에 반할 때에는 설립무효의 원인이 된다(동지: 정찬형·손주찬·이철송·채이식). 또한 회사설립에 관한 상법규정은 거의가 강행규정이므로 상법에 위반하여 설립되었다면 원칙적으로 이는 설립무효사유가 된다. 한편 주식회사의 설립이 선량한 풍속 기타 사회질서에 반하는 경우에도 설립무효원인이 된다고 본다(동지: 서돈각·손주찬·최기원·정찬형, 이설: 채이식).

그 밖에 구체적인 예로서는 정관의 절대적 기재사항이 흠결된 경우, 정관에 공증인의 인증이 없는 경우, 주식의 인수나 납입에 중대한 결함이 있는 경우, 주식발행사항에 대한 발기인 전원동의의 결정이 없는 경우, 발행예정주식총수의 4분의 1 미만의 주식을 발행한 경우, 설립등기가 무효인 경우, 창립총회의 불소집·결의하자의 경우, 설립경과의 조사·보고가 생략된 경우 등이다.

Ⅲ. 절 차

1. 訴의 提起 및 절차

주주·이사·감사만이 설립무효의 소를 제기할 수 있으며, 또한 회사설립의 날로부터 2년 내에 제기하여야 한다(제328조). 이 기간은 제척기간으로 2년 경과 후에는 누구라도 당해 원인에 기한 설립무효를 주장할 수 없다. 피고는 회사가 되며 본점소재지의 지방법원의 관할에 전속한다(제328조 제2항, 제186조). 설립무효의 소가 제기된 때에는 회사는 지체없이 공고하여야 하고(제328조 제2항, 제187조), 수개의 소가 제기된 때에는 법원은 이를 병합심리하여야 한다(제328조 제2항, 제188조).

2. 裁量棄却

설립무효의 소가 그 심리중에 원인이 된 하자가 보완되고, 회사의 현황과 제반사정을 참작하여 설립을 무효로 하는 것이 부당하다고 인정한 때에는 법원은 그 청구를 기각할 수 있다(제328조 제2항, 제189조). 설립무효원인의 존부에 관한 판단은 회사설립시를 기준으로 하여야 할 것이므로, 여기의 심리중이란 설립시부터 변론종결시까지를 말한다고 해석하여야 한다. 이는 회사설립이 사소한 기술적·절차적 하자 때문에 무효로 되는 것을 방지하기 위하여 인정된 예외이다.

Ⅳ. 判決의 효력

1. 原告勝訴의 경우

회사설립무효의 판결이 확정되면 그 판결의 효력으로서 회사설립이 무효가 된다. 설립무효판결의 효력은 제 3 자에게 대하여도 미친다(제190조 제 1 문). 이것은 주식회사설립의 효력은 당사자 사이에서만 개별적으로 조사·확정될 성질의 것이 아니고, 또 단체법상 이해관계인 모두에게 획일적으로 확정되어야 할 성질의 것이기 때문이다. 하지만 확정판결 전에 생긴 회사와 주주 및 제 3 자간의 권리·의무에는 영향을 미치지 않는다(제190조 제 2 문). 이는 기존상태를 존중하여 설립무효판결의 소급효를 부인한 것으로, 이른바 하자 있는 회사(fehlerhafte Gesellschaft)가 존재하게 된다.

설립무효의 판결이 확정된 때에는 회사는 해산의 경우에 준하여 청산하여야 하고(제193조 제 1 항, 제328조 제 2 항), 본점과 지점의 소재지에서 등기하여야 한다(제328조 제 2 항, 제192조).

2. 原告敗訴의 경우

원고가 패소한 때에는 일반원칙에 따라 그 기판력은 당사자에게만 미친다(민사소송법 제218조 제 1 항). 따라서 제 3 자는 동일한 원인을 이유로 다시 설립무효의 소를 제기할 수 있다. 하지만 소제기가 2년의 제척기간에 걸려서 실제로 다시 소를 제기함은 실무상 불가능하다. 한편 패소한 원고는 악의 또는 중대한 과실이 있는 때에는 회사에 대해 연대하여 손해를 배상할 책임이 있다(제191조, 제328조 제 2 항). 이는 설립무효소송을 남발함으로써 회사의 명예나 신용이 실추되는 것을 막기 위한 것이다.

제 4 절 株 式

제 1 관 株式의 의의와 분류

제 1. 株式의 의의

주식이란 법률상 두 가지 의미를 갖는다. 하나는 자본의 구성단위로서의 주식이고, 다른 하나는 주주권, 즉 주식회사의 구성원으로서의 주주의 지위(주주의 권리와 의무)를 나타내는 주식이다. 주주권을 표창하는 유가증권을 주식이라고도 하나, 이는 주권이라고 함이 옳다.

Ⅰ. 資本의 構成單位

1. 均一한 금액

주식회사의 자본은 균일한 금액으로 나타낸 주식으로 분할하여야 하므로(제329조 제 2 항 · 제 3 항), 주식은 자본의 구성단위로서의 의미를 갖는다.

주식은 자본을 균일하게 나눈 단위로서의 금액을 표시하여야 하며, 1주의 금액은 최소한 100원 이상이어야 한다(제329조 제 24항). 이와 같이 일정한 금액으로 표시하는 주식을 액면주식이라고 한다. 이에 반하여 주식을 자본에 대한 일정한 비율(예컨대 자본의 1만분의 1 등)로 나타낸 주식을 무액면주식 또는 비례주식이라 한다. 우리 상법은 액면주식만을 인정한다(제330조, 제417조).

2. 資本과 株式의 관계

주식은 자본을 균일하게 나눈 단위(금액)이므로 원칙으로 발행주식의 액면총액이 자본액과 일치한다(제451조). 즉 1주의 액면금액에 발행주식총수를 곱한 것이 자본이다. 하지만 상환주식의 상환(제345조)과 이익소각(제343조 제 1 항 단서)의 경우에는 소각되는 주식수만큼 주식수와 액면총액이 감소하지만, 자본감소의 절차에 따른 것이 아니므로 자본은 감소되지 아니하여 발행주식의 액면총액과 자본이 일치하지 않게 된다.

Ⅱ. 株主의 地位(株主權)

1. 會社에 대한 權利義務의 단위

주식은 앞서 말한 자본의 구성단위일 뿐만 아니라, 또한 주식회사의 구성원으로서의 주주의 지위, 즉 주주가 회사에 대하여 가지는 권리의무의 총체를 의미하기도 한다. 여기에서 주주의 권리의무는 주식으로부터 파생하거나 주식에 포함되어 있다고 말할 수 있다.

2. 株式複數主義

주주가 주식을 100주 가지면 100의 주주권을 갖게 되는데, 이와 같이 주주의 지위, 즉 주주의 회사에 대한 권리의무는 그가 가지는 주식수에 따라 산술적으로 계산된다. 이것이 주식복수주의이다. 합명회사의 경우 손익의 분배는 각 사원의 출자가액에 따르며(제195조; 민법 제711조), 의사결정은 중요사항에 관해 총사원의 동의에 의하며(제204조, 제227조 제 2 호, 제230조, 제525조), 업무집행에 관하여도 사원의 과반수에 의하는 등(제195조, 제203조; 민법 제706조 제 2 항) 두수제(頭數制)이기 때문에 각 사원의 지위를 하나로 보는 지분단일주의가 타당하며, 출자액의 대소가 있을 뿐이다. 이에 대해 주식회사에 있어서는 이익의 배당을 주식수에 따라 하게 됨(제464조)은 물론이고 주주총회의 결의도 1주1의결권의 원칙에 의한 다수결에 의하는 것이 원칙이기 때문(제368조 제 1 항, 제434조)(극히 예외의 경우에는 총사원의 동의 필요: 제400조, 제604조)에 주주의 지위를 여러 개로 보는 주식복수주의가 지배하고 있다(지금까지 주식복수주의를 지분복수주의라고 잘못 얘기하였으나 주주권을 주식이라고 하지, 지분이라고 하지 않기 때문에 이를 주식복수주의라고 하여야 마땅하다).

3. 株式의 법적 성질

주식회사의 구성원인 주주의 지위로서의 주식의 법적 성질에 관해서는 학설이 나뉘어진다. 주식회사를 조합으로 파악하여 주식을 주주가 회사재산에 대해 갖는 공유지분으로 보는 물권설, 주식회사를 법인으로 인정하고 주식을 주주의 회사에 대한 채권으로 보는 채권설이 있으나 주식은 주주가 회사재산 위에 공유권을 가지는 것이 아니므로 물권이 아니고 또 주주는 의결권 기타의 공유권을 가지므로 채권도 아니며, 그것은 주식회사라는 사단법인의 사원의 지위를 뜻하는 사원권이라고 하는 사원권설이 통설이며 타당하다.

사원권설은 사원권의 구성내용에 대해 다시 주주의 지위에서 갖는 권능과 의무가 합쳐져 단일한 권리를 이룬다고 하는 단일권설, 주주의 지위에서 가지는 권리의무의 집합이고 하나의 권리를 이루는 것은 아니라는 집합설, 주주의 권리의무를 생기게 하는 법적 지위라고 하는 자격설 등으로 나뉜다. 이 중 자격설을 따르기로 한다.

제 2. 株式의 분류

Ⅰ. 記名株式·無記名株式

이는 주주의 성명이 주권 및 주주명부에 기재되어 공시되느냐 않느냐에 의한 구별이다. 기명주식은 주주의 성명이 주권 및 주주명부에 기재된 것으로, 주주명부에 기재된 사실만으로 회사에 대한 권리행사의 자격이 인정된다. 이에 대하여 무기명주식은 주주의 성명이 주권 및 주주명부에 기재되지 않은 것을 말한다. 이 구별은 주권의 발행을 전제로 하므로 기명주식·무기명주식의 구별은 결국 기명주권·무기명주권의 구별로 귀착한다.

상법상 기명주식이 원칙이고 무기명주식은 정관에 규정이 있는 경우에 한하여 발행할 수 있다(제357조 제1항). 그러나 법령의 규정에 의하여 대한민국의 국민만으로 조직할 주식회사 또는 대한민국의 국민만으로 조직할 것을 조건으로 하여 특별한 권리를 가진 회사는 정관에 의하여서도 무기명식의 주권을 발행하지 못한다(부칙 제4조). 무기명주권을 가진 자가 주주의 권리를 행사하기 위해서는 그 주권을 회사에 공탁하여야 한다(제358조). 한편 무기명주식을 갖는 주주는 언제든지 무기명주식의 주권을 기명식으로 변경할 것을 회사에 청구할 수 있다(제357조 제2항).

Ⅱ. 額面株式·無額面株式

이는 주권에 액면금액을 기재하느냐 그렇지 않느냐에 의한 구별이다. 액면주식은 1주의 금액(주금액)이 정관과 주권에 기재된 주식을 말한다. 액면주식의 금액은 100원 이상으로 균일하여야 한다(제329조 제3항·제4항). 주식의 액면총액이 원칙적으로 회사의 자본이 되며(제451조), 액면을 초과하는 금액으로 발행한 경우에는 그 액면초과금액은 자본준비금으로 적립된다(제459조 제1호). 주식을 액면미달의 가액으로 발행하는 것(할인발행)은 원칙적으로 허용되지 않으나, 신주발행의 경우에는 일정한 요건을 갖추어 할인발행을 할 수 있으며(제417조), 이 때에는 액면미달금액의 총액을 대차대조표 자산의 부에 계상하고 주식발행 후 3년 내에 이를 상각하여야 한다(제455조).

이에 대해 무액면주식은 주권에 주금액의 기재가 없이 주식수만이 기재된 주식이다. 이것은 자본조달의 기동성을 확보하거나 주식의 발행세를 회피할 목적 또는 액면금액의 자본계입원칙을 회피할 목적으로 미국에서 만들어져 캐나다·일본 등에서도 채택되고 있는 제도이다. 그러나 우리 상법은 액면주식만을 인정하고 무액면주식을 인정하지 않으므로 이 구별은 상법상의 구별이 아니다.

Ⅲ. 수종의 株式과 특수한 株式

주주평등의 원칙에 의하면 각 주식이 나타내는 권리의 내용은 원칙적으로 동일하다. 그러나 상법은 자금조달의 편의를 위하여 우선주·보통주·후배주·혼합주 등 권리의 내용이 다른 주식을 발행할 수 있도록 하였다(제344조 제 1 항). 이와 같이 권리의 내용이 다른 주식을 '수종의 주식'이라고 한다. 또한 상법은 수종의 주식을 발행하는 경우 여기에 특수한 내용을 정할 수 있도록 했는데, 이러한 특수한 내용을 정한 주식을 '특수한 주식'이라 한다. 상환주식(제345조), 전환주식(제346조) 및 무의결권주식(제370조)이 그것이다. 따라서 특수한 주식은 수종의 주식의 존재를 전제로 하여 이에 부가된 특성에 지나지 않는다.

제 2 관 株 主

제 1. 株主의 개념

Ⅰ. 株主의 의의 및 종류

주식의 인수·양수 및 기타 사유로 인하여 주주권을 의미하는 주식의 귀속자가 주주이다. 주주는 사단법인인 주식회사의 구성원, 즉 사원이며 채권자가 아니다.

주주는 법률상 그가 갖는 주식의 종류에 따라 보통주주·우선주주·후배주주·상환주주·전환주주·무의결권주주·기명주주·무기명주주 등으로 구별된다. 이에 대하여 경제적으로는 소유주식수의 다소에 따라 대주주와 소수주주, 주식의 취득동기 및 보유목적에 따라 투자주주·투기주주·기업자주주로 구별된다.

Ⅱ. 자격 및 원수

주식회사는 사원의 개성을 중시하지 않는 자본회사이기 때문에 주주의 자격에는 특별한 제한이 없다. 따라서 자연인은 물론 법인도 주주가 될 수 있고, 또 능력이나 국적 등도 문제되지 않는다. 공익법인이나 공법인도 그 목적범위 내에서 주주가 될 수 있고, 영리법인인 회사는 그 목적에 관계없이 다른 회사의 주식을 취득하여 주주가 될 수 있다. 다만 독점규제 및 공정거래에 관한 법률 등 특별법에 의하여 개인 또는 법인에 의한 주식의 취득 또는 보유가 제한된다(독점규제 및 공정거래에 관한 법률 제7조 아래).

주주의 원수에 관하여는 과거에 회사의 성립시에 한하여 3인 이상의 주주가 있을 것이 요구되었지만(제288조, 제293조), 이제는 1인주식회사의 설립이 허용되므로 그 최고·최저의 수에 대한 제한이 없다.

Ⅲ. 株主地位의 변동

주주의 지위는 여러 가지 원인에 의해 변동될 수 있다. 이를 주주권을 기준으로 하여 보면 주주권의 취득·상실의 문제가 된다.

주주지위의 취득에는 원시취득과 승계취득이 있다. 원시취득으로는 회사설립시 또는 신주발행시에 새로이 발행되는 주식의 인수, 주식의 선의취득이 있다. 다만 선의취득은 기존의 주식에 관한 권리취득의 한 경우로 새로이 발행되는 주식의 원시취득인 전자와 다르다. 승계취득은 상속 및 합병에 의한 포괄승계와 주식의 양도·경매·공매 등에 의한 특정승계가 있는데, 이 중 주식의 양도가 보통의 취득방법이다. 주주지위의 상실에는 절대적 상실과 상대적 상실의 두 가지가 있다. 절대적 상실은 회사의 소멸, 주식의 소각 또는 실권절차에 의하여 발생하고, 상대적 소멸은 주식의 선의취득 및 승계취득의 반면으로서 발생한다.

Ⅳ. 株主平等의 原則

1. 意義 및 근거

주식회사는 자본단체로서 그 구성원인 주주의 지위는 주식을 균등한 비례적 지위로 하여 구성되어 있기 때문에 주식, 즉 사원의 지위는 회사에 대하여 동일한 관계에서 평등하게 취급되어야 함은 일반원칙으로서 당연하다. 이를 주식의 귀속자인 주주를 중심으로 하여 보면 주주인 자격에 근거하여 회사에 대해 갖는 권리·의무에 있어서 주주가 보유하는 주식수에 따라 자의적인 불평등취급을 금지하여야 한다. 이러한 주주평등의 원칙은 적극적인 평등취급의 요청에서보다 소극적인 불평등취급금지의 요청에서 더 쉽게 이해된다. 상법에서는 이를 인정하는 일반규정은 없지만, 의결권(제369조 제 1 항), 신주인수권(제418조 제 1 항), 이익배당청구권(제464조) 및 잔여재산분배청구권(제538조) 등에 관한 규정으로부터 간접적으로 인정할 수 있다(독일에서는 1978년 개정에 의하여 주식법 제53a조에 이를 명문으로 신설하였다. 이에 관하여는 이기수, "주주평등의 원칙," 「월간고시」, 1990년 10월호, 138쪽 아래 참조). 주식회사에 있어서는 사원이 다수이고 특히 자본에 의해서만 회사에 관여할 뿐 사원간에 인적 신뢰관계가 없기 때문에 다수결의 남용으로부터 일반주주를 보호하는 데 있어 이 원칙은 중요한 역할을 한다.

2. 내 용

주주평등의 원칙은 주주의 자격에서 가지는 모든 법률관계에 적용되며, 따라서 권리의 행사뿐만 아니라 의무의 이행에 있어서도 적용된다. 자본단체인 주식회사에 있어서는 사원인 주주가 자본으로 결합되어 있으므로 주주의 평등은 두수(頭數)에 의하는 것이 아니라, 각 주주가 가지는 주식수를 기준으로 한다. 바로 이 때문에 주주평등의 원칙을 주식평등의 원칙이라고도 한다. 또 이 원칙은 각 주주에 대하여 기회가 균등하게 주어져야 한다는 기회의 균등을 의미하며, 그 이상의 실질적 평등을 요구하는 것은 아니다. 그리고 수종의 주식이 발행된 경우에는 같은 종류의 주식은 평등하게 취급되어야 한다는 종류적 평등을 그 내용으로 한다. 따라서 1) 보통주·우선주·후배주·상환주식·전환주식·무의결권주식 등 정관으로 권리의 내용이 다른 주식을 발행한 경우 그 주식 상호간(제344조, 제345조, 제346조, 제370조), 2) 수종의 주식을 발행한 경우 그 주식의 종류에 따라 신주의 인수, 주식의 병합·분할·소각 또는 회사의 합병·분할로 인한 주식의 배정에 관하여 특수한 정함이 있는 경우(제344조 제 3 항) 등은 주주평등의 원칙의 한 내용이다.

3. 예 외

주주평등의 원칙에 대하여는 상법상의 몇 가지 예외를 제외하고는 정관의 규정, 주주총회의 결의 또는 이사회의 결의에 의한 제한은 허용되지 않는다. 상법상 인정되는 예외로는 1) 단주의 처리에 관하여 특별한 규정이 있는 경우(제443조, 제530조 제 3 항, 제461조 제 2 항, 제462조의2 제 3 항), 2) 감사의 선임을 하는 경우 의결권 없는 주식을 제외한 발행주식총수의 100분의 3을 초과하는 수의 주식을 가진 주주의 의결권 행사제한(제409조), 3) 소수주주권(제402조, 제403조, 제366조 제 1 항, 제385조 제 2 항, 제466조, 제467조, 제520조 등), 4) 단수의 전환사채 및 신주인수권부사채의 경우(제513조의2 제 1 항 단서, 제516조의10) 등이 있다.

4. 위반의 효과

주주평등의 원칙에 반하는 정관규정, 주주총회결의 및 이사회결의는 전부 무효이며, 회사의 선의·악의를 묻지 않는다. 예를 들어 일정수 이상의 주식을 갖는 주주에 대해서만 신주인수권을 주기로 하거나, 또는 자본감소에 따르는 주식의 병합·소각의 경우 보유주식수에 따른 특별한 정함이 있으면 이는 무효이다. 그러나 불평등한 취급을 받는 주주 모두가 이에 동의하면 무효가 되지 아니한다.

제 2. 株主의 權利

Ⅰ. 意 義

주주의 권리라 함은 주주권의 내용을 이루는 권리, 즉 주주가 주주인 지위에서 회사에 대하여 갖는 여러 가지 권리를 말한다(대판 1992. 5. 12, 90 다 8862). 주주의 권리는 주주권의 내용을 이루는 포괄적 권리이다. 따라서 주주권의 내용의 하나인 이익배당청구권은 주식과 별도로 독립하여 양도·입질·압류할 수 없으며, 또한 독립하여 시효에 걸리지도 않는다. 주주의 권리와 구별하여야 할 것은 주주가 주주인 지위에서 벗어나 회사에 대하여 갖는 권리, 즉 채권자적 권리 또는 제 3 자적 권리이다. 예를 들어 주주총회의 결의에 의하여 특정된 이익배당청구권은 주주권의 내용을 이루는 이익배당청구권으로부터 나오는 것이긴 하지만, 주주총회의 결의에 의해 구체화된 채권자적 권리로서 보통의 채권과 동일하게 주주권과는 별개로 양도·입질 등의 처분이나 압류의 대상이 된다.

Ⅱ. 株主의 權利의 분류

1. 自益權과 共益權

주주권은 그 권리행사의 목적에 따라 자익권과 공익권으로 구분할 수 있다. 자익권은 주주가 회사로부터 경제적 이익을 얻는 것을 목적으로 하는 권리로서 재산적 내용을 가지며, 바로 이 때문에 재산권이라고도 부른다. 이에 대하여 공익권은 주주가 회사의 관리·경영에 참여하는 것을 목적으로 하는 권리로서 관리권 또는 행정권이라고도 부른다(환매조건부 주식취득자도 공익권을 행사할 수 있다는 판례: 대판 1992. 5. 26, 92 다 84).

자익권으로는 이익배당청구권(제462조, 제464조), 이자배당청구권(제463조), 잔여재산분배청구권(제538조), 신주인수권(제416조, 제418조), 주식전환청구권(제346조 이하), 주권교부청구권(제355조 제 1 항), 주식의 명의개서청구권(제337조), 기명식주권으로의 전환청구권(제357조 제 2 항), 주권의 재발행청구권(제358조의2 제 4 항), 주식매수청구권(증권거래법 제191조) 등이 있다.

공익권으로는 의결권(제369조), 주주총회결의의 하자를 다투는 소권(제376조, 제380조), 설립무효의 소권(제328조), 신주발행무효의 소권(제429조), 이사의 위법행위유지청구권(제402조), 대표소송제기권(제403조), 재무제표 등의 열람청구권(제448조 제 2 항), 주주총회소집청구권(제366조), 이사·감사의 해임청구권(제385조 제 2 항, 제415조), 회계장부열람청구권(제466조), 청산인해임청구권(제539조), 검사인선임청구권(제467조), 해산판결청구권(제520조), 회사정리개시신청권(회사정리법 제30조 제 2 항), 주주제안권(제363조의2) 등이 있다.

2. 單獨株主權과 少數株主權

단독주주권은 주주가 갖는 주식수에 관계없이 각 주주가 단독으로 행사할 수 있는 권리, 즉 1주를 가진 주주라도 행사할 수 있는 권리이고, 소수주주권은 회사의 발행주식총수의 일정비율을 초과하는 주식을 갖는 주주 또는 주주들만이 행사할 수 있는 권리를 말한다.

자익권은 성질상 전부 단독주주권이고 공익권 중에서는 의결권, 주주총회결의의 하자를 다투는 소권, 설립무효의 소권, 신주발행무효의 소권, 신주발행유지청구권, 재무제표 등의 열람청구권 등이 단독주주권이다. 개정 전 상법에서는 발행주식총수의 100분의 5 이상의 주식을 가진 주주에게 인정되는 소수주주권과 발행주식총수의 100분의 10 이상의 주식을 가진 주주에게 인정되는 소수주주권이 있었으나, 개정 후에는 특성에 맞게 다양한 비율의 소수주주권을 안정하고 있다.

소수주주권은 주로 대주주의 전횡을 억제하여 회사이익을 보호하기 위하여 소수주주에 인정되는 것이 대부분이지만, 주주에 의한 권리남용을 방지하기 위한 취지에서 인정된 것도 많다. 소수주주권은 수인의 주주가 공통하여 행사할 수 있지만, 1인의 주주가 일정비율의 주식을 소유하는 때에는 그 주주가 이를 단독으로 행사할 수도 있다. 소수주주권을 재판상 행사하는 때에는 사실심의 변론종결시까지 필요한 주식수를 보유하여야 한다.

2009년 1월 상법개정에 의하여 종래의 증권거래법에서 상법으로 편입된 상장회사의 소수주주권 내용을 보면 상장회사의 경우에는 소수주주권의 행사요건이 대폭 완화되어 있는 반면에 6개월의 보유기간을 요구하고 있다. 주주총회소집청구권과 회사의 업무·재산상태의 조사를 위한 검사인선임청구권의 경우에는 6개월 전부터 계속하여 상장회사 발행주식총수의 1천분의 15 이상에 해당하는 주식을 보유한 자가 행사할 수 있도록 하고 있고(제542조의6 제1항), 주주제안권의 경우에는 6개월 전부터 계속하여 상장회사의 의결권 있는 발행주식총수의 1천분의 10(대통령령으로 정하는 상장회사의 경우에는 1천분의 5) 이상에 해당하는 주식을 보유한 자가 행사할 수 있도록 하고 있으며(제542조의6 제2항), 이사·감사·청산인의 해임청구권의 경우에는 6개월 전부터 계속하여 상장회사 발행주식총수의 1만분의 50(대통령령으로 정하는 상장회사의 경우에는 1만분의 25) 이상에 해당하는 주식을 보유한 자가 행사할 수 있도록 하고 있고(제542조의6 제3항), 회계장부열람권의 경우에는 6개월 전부터 계속하여 상장회사 발행주식총수의 1만분의 10(대통령령으로 정하는 상장회사의 경우에는 1만분의 5) 이상에 해당하는 주식을 보유한 자가 행사할 수 있도록 하고 있으며(제542조의6 제4항), 이사의 위법행위유지청구권의 경우에는 6개월 전부터 계속하여 상장회사 발행주식총수의 10만분의 50(대통령령으로 정하는 상장회사의 경우에는 10만분의 25) 이상에 해당하는 주식을 보유한 자가 행사할 수 있도록 하고 있고(제542조의6 제5항), 대표소송의 경우에는 6개월 전부터 계속하여 상장회사 발행주식총수의 1만분의 1 이상에 해당하는 주식을 보유한 자가 행사할 수 있도록 하고 있다(제542조의6 제 6 항). 여기에서 주식을 보유한 자란 주식을 소유한 자, 주주권 행사에 관한 위임을 받은 자, 2명 이상 주주의 주주권을 공동으로 행사하는 자를 말한다(제542조의6 제 8 항).

3. 固有權과 非固有權

이는 주주가 갖는 권리를 그의 동의 없이도 박탈 또는 제한할 수 있는가 없는가에 따른 구분이다. 주주가 갖는 권리 중에서 주주의 본질적 이익에 관한 것으로 그 주주의 동의가 없는 한 주주총회의 다수결이나 정관변경으로도 박탈 또는 제한할 수 없는 것을 고유권이라 말하고, 주주총회의 다수결로 박탈 또는 제한할 수 있는 것을 비고유권이라 한다. 고유권은 주주평등의 원칙과 함께 다수결원칙이 행해지는 주식회사에 있어서 주주총회에서의 다수결의 남용을 방지하는 기능을 한다.

어떤 권리가 고유권인가의 여부에 관하여는 학설이 분분한데, 실정법이 잘 정비되어 있는 오늘날은 그 권리를 정한 실정법규정의 해석과 주식회사의 본질에 따라 결정할 수 있을 것이므로 논할 실익이 별로 없다. 그리하여 예컨대 의결권·이익배당청구권 등은 고유권으로 볼 수 있을 것이다.

4. 수종의 株式과 특수한 株式

회사는 정관으로 이익이나 이자의 배당 또는 잔여재산의 분배에 관하여 내용이 다른 수종의 주식을 발행할 수 있으며, 또한 이러한 주식에 특수한 내용을 정한 특수한 주식을 발행할 수 있다. 따라서 수종의 주식 또는 특수한 주식이 발행된 경우에는 그 주식의 종류에 따라 주주가 갖게 되는 권리내용이 달라진다.

(1) 數種의 株式

1) 의 의

상법은 자금조달을 쉽게 하기 위하여 회사로 하여금 정관으로 이익이나 이자의 배당 또는 잔여재산의 분배에 관하여 내용을 달리하는 수종의 주식을 발행할 수 있게 하였다(제344조 제 1 항 · 제 2 항). 이를 주주평등의 원칙의 예외라고 하는 설명도 있으나, 주주평등의 원칙은 종류적 평등을 그 내용으로 하므로 수종의 주식은 바로 주주평등의 원칙의 한 내용이다.

2) 종　　류

수종의 주식에는 보통주·우선주·후배주·혼합주가 있다. 이익이나 이자의 배당 또는 잔여재산의 분배에 관하여 표준이 되는 주식보다 우선적 지위가 인정된 주식을 우선주라고 하고, 이에 대하여 열후적 지위가 주어진 주식을 후배주 또는 열후주라고 하며, 표준이 되는 주식을 보통주라고 한다. 그리고 이익배당에서는 우선하고 잔여재산분배에 있어서는 열후한 것과 같이 어떤 권리에 있어서는 우선적 지위에 있고, 다른 권리에 있어서는 열후적 지위에 있는 주식을 혼합주라고 한다. 우선권과 열후권은 재산적 내용의 것이어야 하며, 따라서 이익이나 이자의 배당 또는 잔여재산의 분배에 관한 것이어야 한다(제344조 제1항).

우선주는 우선권의 내용에 따라 참가적 우선주·비참가적 우선주·누적적 우선주·비누적적 우선주가 있다. 참가적 우선주는 약정된 일정비율의 우선배당을 받고 보통주가 우선주보다 높은 비율의 배당을 받게 된 때에는 이에 참가하여 차액을 받는 주식이고 비참가적 우선주는 약정된 일정비율의 배당만 받는 주식이다. 누적적 우선주는 어느 영업연도의 이익이 약정된 우선배당률에 부족한 때에 그 다음 영업연도 이후의 이익으로부터 그 부족액을 보충하는 주식이고, 비누적적 우선주는 일영업연도의 이익만을 표준으로 하고 부족액은 이를 보충하지 않는 주식이다. 주주에게 가장 유리한 주식은 참가적·누적적 우선주이다.

우선주의 우선권 또는 후배주의 열후권에는 해제조건 또는 종기를 정할 수 있는데, 이 경우 조건이 성취되거나 기한이 도래하면 우선권이나 열후권은 당연히 소멸하고 우선주 또는 후배주는 보통주가 된다. 그 밖에 주주총회의 정관변경의 결의로 우선권 또는 열후권을 제거하여 보통주로 만들 수 있는데, 이 때에는 이에 의하여 손해를 입는 종류의 주주의 종류주주총회의 결의가 있어야 한다(제435조 제1항).

3) 발　　행

회사가 수종의 주식을 발행하는 때에는 미리 정관으로 각종의 주식의 내용과 수를 정하여야 하며, 이익배당에 관하여 우선적 내용이 있는 종류의 주식에 대하여는 정관으로 최저배당률을 정하여야 한다(제344조 제2항). 1995년 개정법에서는 그 동안의 회사실무에서 의결권 없는 우선주에 대하여 “이익배당에 관하여 보통주보다 1% 더 지급한다”라고 규정하여 회계연도 말에 결산하여 보통주에 대한 배당액에 1%만 더하여 지급함으로써 우선주의 이용이 형해화(形骸化)한 것을 고쳤다. 하지만 이를 소급하여 적용하는 때의 혼란을 막고, 또한 현재까지 이용되고 있는 의결권 없는 주식 등 우선주에 대한 관행을 무시할 수도 없기에 이 법 시행 전에 발행된 우선적 내용이 있는 종류의 주식에 대하여는 종전의 규정에 따르도록 하였다(부칙 제 4 조). 그리고 주식청약서, 신주인수권증서, 주주명부, 주권 및 상업등기부에 이를 공시하여야 한다.

정관에 다른 정함이 없으면 회사설립시에는 발기인 전원의 동의로(제291조 제 1 호), 신주발행시에는 이사회의 결의로(제416조 제 1 호) 발행할 주식의 종류와 수를 정하고, 또한 이를 주식청약서 및 신주인수권증서에 기재하여야 한다. 한편 수종의 주식이 발행된 때에는 발행한 주식의 종류와 수를 등기하고(제317조 제 2 항 제 3 호·제 4 항) 이후 작성되는 주식청약서, 신주인수권증서, 주주명부, 주권에 이를 기재한다(제302조 제 2 항 제 5 호, 제420조의2 제 2 항 제 3 호, 제352조 제 1 항 제 2 호, 제356조 제 6 호).

4) 數種의 株式의 株主의 地位

회사가 수종의 주식을 발행한 때에는 정관에 다른 정함이 없는 경우에도 신주의 인수, 주식의 병합·분할, 주식의 소각 또는 합병·분할로 인한 주식의 배정에 관하여 주식의 종류에 따라 특수한 내용을 정할 수 있다(제344조 제 3 항). 이는 수종의 주식을 발행하는 경우에는 그 주식 사이에 주가의 차이가 있어 기계적으로 평등하게 다룰 수 없기 때문이다.

회사가 수종의 주식을 발행한 경우에 그들 사이에 신주의 인수, 회사의 이익으로의 주식의 소각, 다른 종류의 주식으로의 전환, 의결권의 불부여 같은 특수한 정함이 있는 경우 또는 정관의 변경이나 회사의 합병으로 어느 종류의 주주에게 손해가 미치게 될 때에는 주주총회의 결의 외에 그 종류의 주주의 총회(종류주주총회)의 결의가 필요하다(제435조, 제436조).

(2) 특수한 株式

1) 서 설

회사가 수종의 주식을 발행하는 때에 이러한 주식에 회사의 이익으로의 소각, 다른 종류의 주식으로의 전환, 의결권의 불부여 같은 특수한 내용을 부가할 수 있다. 이와 같이 특수한 내용이 붙은 수종의 주식을 특수한 주식이라 하는데, 상환주식(제345조)·전환주식(제346조)·무의결권주식(제370조)이 이에 속한다.

2) 償還株式

(가) 의 의 발행시부터 일정한 기간 내에 회사의 이익으로써 소각될 것이 예정되어 있는 주식이 상환주식이다(제345조 제1항). 이것은 회사가 수종의 주식을 발행하는 경우 이익배당에 관하여 우선적 내용이 있는 종류의 주식(우선주)에 대해서만 인정된다.

본래 회사는 자본감소를 위하여 또는 정관규정에 따라 이익으로 주식을 소각할 수 있는데, 이 경우 소각은 모든 종류의 주식에 대하여 평등하게 행해져야 한다(제343조 제1항). 이에 대한 예외로 상환주식에 있어서는 특정종류의 주식만 소각할 수 있다.

상환주식은 일시적인 자금필요 때문에 이익배당에 관한 우선주를 발행하지만, 장래의 일정시점에는 이를 소각하여 높은 이익배당에 따른 경제적 부담을 덜려고 하는 목적에서 발행된다.

(나) 내 용 상환주식의 내용은 이를 정관으로 정하여야 하는데, 이에는 상환가액, 상환기간, 상환방법과 수를 기재하여야 한다(제345조 제2항). 상환방법은 상환의 선택권을 회사 또는 주주 중 누가 갖느냐에 따라 회사가 갖는 수의상환(隨意償還)과 주주가 갖는 의무상환(義務償還)으로 나뉘어진다. 수의상환은 또한 상환에 주주의 동의를 필요로 하느냐의 여부에 따라 주주의 동의를 요하지 않는 강제상환과 주주의 동의를 요하는 임의상환으로 나뉜다.

(다) 상환절차 상환방법, 상환시기, 상환가액과 수 등 상환에 관한 내용은 정관에 기재되게 되므로 회사는 정관규정에 따라 상환하여야 한다. 한편 상환은 배당가능이익의 존재를 법정조건으로 하며, 따라서 상환시기가 도래하였더라도 이익이 없으면 상환하지 못한다. 여기의 이익에는 임의준비금으로부터 나온 것도 포함된다. 임의상환방식을 채택한 경우에 회사는 자기주식취득금지의 예외로서 자기주식(상환주식)을 취득할 수 있다. 하지만 회사는 이를 취득한 후 지체없이 주식실효절차를 취하여야 하며(제341조 제1호, 제342조), 이를 마친 때에 상환의 효력이 발생한다. 강제상환방식을 취한 경우에 정관에 특별한 정함이 없으면 회사는 3월 이상의 기간을 정하여 상환의 뜻과 그 기간 내에 주권을 회사에 제출할 것을 공고하고 주주명부에 기재된 주주와 질권자에 대해서는 각별로 통지하여야 한다(제343조 제2항, 제440조). 상환은 이 기간이 만료한 때에 그 효력이 발생한다(제343조 제2항, 제441조).

(라) 상환의 효력 상환주식의 상환에 의하여 회사의 발행주식총수는 그만큼

감소하므로 이에 따른 변경등기를 하여야 한다(제317조 제 2 항 제 3 호 · 제 4 항, 제183조). 하지만 자본감소의 절차를 밟지 않았기 때문에 상환의 결과 회사의 자본이 실제로 감소하지는 않는다. 따라서 자본이 발행주식의 액면총액을 초과하게 되어 자본과 주식 사이의 관련(제451조)이 절단된다.

문제는 상환주식을 상환한 때에는 그 분량만큼 미발행주식총수가 부활하여 회사가 그 분량만큼 주식을 재발행할 수 있는가에 있다. 이에 대해 정관에서 명문으로 보통주 또는 우선주로 재발행할 수 있음을 정한 때에는 문제가 생기지 않는다. 하지만 정관에 아무런 규정이 없는 때에는 상환주식의 발행으로 이미 그 발행수권이 행사되었으므로(재발행은 이중의 발행수권이 되므로) 주식을 재발행할 수 없다고 본다(동지: 정찬형 · 정동윤 · 최기원).

3) 轉換株式

(가) 의 의 전환주식은 회사가 수종의 주식을 발행하는 경우에 주주에게 다른 종류의 주식으로 전환을 청구할 수 있는 권리(전환권)가 인정된 주식을 말한다(제346조). 수종의 주식의 권리내용은 고정적인 것이 원칙이지만, 회사영업 및 경제사정의 변화로 어느 종류의 주식의 발행 당시의 이점이 반드시 계속된다고 할 수 없으므로 전환권을 부여함으로써 주식의 발행을 쉽게 할 수 있다.

전환주식은 전환권이 주주에게 인정된 주식이므로, 이러한 권리가 회사에 주어진 것은 전환주식이 아니며 현행상법상 인정되지도 않는다. 그러나 우선주의 우선권이나 후배주의 열후권이 정관에 정해진 해제조건 또는 종기의 성취 또는 도래에 의하여 소멸하면 그 주식은 당연히 보통주로 되지만, 이는 주주의 전환권행사에 의해 전환의 효력이 발생하는 전환주식과 구별되어야 한다.

(나) 내 용 전환주식을 발행함에 있어서는 정관으로 주주가 인수한 주식을 다른 종류의 주식으로 전환을 청구할 수 있다는 뜻, 전환의 조건, 전환의 청구기간과 전환으로 인하여 발행할 주식의 수와 내용을 정하여야 한다(제346조 제 1 항). 또한 이를 주식청약서와 신주인수권증서에도 기재하여야 한다(제347조).

전환의 조건은 전환비율, 즉 전환주식 몇 주에 대하여 전환으로 인하여 발행하는 신주를 몇 주 주는가의 비율을 말한다. 전환의 청구기간(전환기간)은 보통 시기와 종기로 정하여진다(예컨대 전환주식발행 후 몇 년 경과한 때로부터 몇 년 이내). 전환으로 인하여 발행할 주식의 내용이라 함은 그 주식의 종류를 말한다.

(다) **전환의 청구** 주주가 주식의 전환을 청구하려면 전환기간중에 전환하고자 하는 주식의 종류와 수 및 청구연월일을 기재하고, 기명날인 또는 서명한 청구서 2통에 주권을 첨부하여 이를 회사에 제출하여야 한다(제349조 제1항·제2항). 1995년 개정법에서는 주주명부폐쇄기간중에 전환을 청구하지 못하도록 한 제349조 제3항을 삭제하였다. 왜냐하면 주주명부폐쇄는 주주총회에서 의결권을 행사하거나 이익배당을 받을 자를 정하기 위하여 이용되는 제도(제354조)이기에 주식의 전환청구는 그와는 무관하기 때문이다. 따라서 전환청구를 할 수 있는 기간중에는 주주는 언제든지 그 주식의 전환을 청구할 수 있게 되었다. 그리고 회사는 전환청구기간 내에는 발행할 수종의 주식의 수 중에서 전환으로 인하여 발행할 주식의 수는 발행을 보류하여야 한다(제346조 제2항).

(라) **전환의 효과** 전환의 청구가 있으면 회사의 승낙 없이도 청구를 한 때에 전환의 효력이 발생한다(제350조 제1항). 즉 전환주식은 소멸하고 이를 대신하여 신주가 발행된다. 따라서 전환권은 형성권의 일종이다. 이 때 신구주식의 발행주식총수가 증감하고 전환비율이 1대 1이 아닌 때에는 회사의 발행주식총수도 증감한다. 따라서 전환을 청구한 날이 속하는 달의 말일부터 2주간 내에 본점소재지에서 일괄하여 전환에 따른 변경등기를 하여야 한다(제351조). 한편 전환으로 인하여 발행하는 신주식의 발행가액은 전환 전의 주식(전환주식)의 발행가액과 같아야 한다(제348조). 여기에서 말하는 발행가액은 1주의 발행가액이 아니라, 각 단위주식의 발행가액의 합계액이다(동지: 정동윤·이철송).

전환비율이 1대 1이 아닌 때에는 전환에 의한 신주의 발행으로 자본의 증감이 생기게 된다. 그런데 전환 후의 신주식의 수를 전환 전의 주식의 수보다 적게 하는 전환은 자본감소절차에 의하지 않고 자본을 감소시키는 것이 되므로 허용되지 않고, 다만 전환 후의 신주식의 수가 많게 되는 전환만이 허용된다. 이 때에는 전환과 동시에 전환주식의 발행시에 자본준비금으로 적립된 액면초과액을 자본으로 전입하여야 한다. 따라서 이 때에는 자본이 증가하게 된다,

상환주식의 경우에 문제된 바와 같이 전환권의 행사에 의해 소멸한 전환주식의 수만큼 그 종류의 미발행주식의 수가 부활하여 그 수만큼을 회사가 재발행할 수 있는지가 다투어진다. 이 경우에는 전환으로 인하여 발행되는 신주식의 발행권한이 행사되었다고 풀이할 것이고 발행예정주식의 종류에 교체가 있을 뿐이므로 미발행주식의 부활을 긍정하는 것이 타당하다. 이것이 다수설이다. 단 이 때에는 소멸한 전환주

식의 수만큼 전환권 없는 주식으로 부활한다.

한편 전환의 효력은 전환청구를 한 때에 발생하는 것이 원칙이지만, 이익이나 이자의 배당에 관하여는 그 청구를 한 때가 속하는 영업연도 말에 전환된 것으로 보았다(구법 제350조 단서). 그러나 1995년 개정법에서는 그 전환으로 발행한 신주에 대한 이익이나 이자의 배당에 관하여는 정관이 정하는 바에 따라 그 청구를 한 때가 속하는 영업연도의 직전영업연도 말에 전환된 것으로 할 수 있도록 하였다(제350조 제 3 항 제 2 문). 또한 주주명부의 폐쇄기간중에도 주주가 전환권을 행사할 수 있으므로(구법 제349조 제 3 항 삭제), 전환을 청구하면 그 청구한 때에 효력이 생기나 이 기간중에 전환된 주식의 주주는 그 기간중의 총회의 결의에 관하여는 의결권을 행사할 수 없다(제350조 제 2 항).

(마) **전환의 등기** 주식의 전환으로 인한 변경등기는 전환을 청구한 날이 속하는 달의 말일부터 2주간 내에 본점소재지에서 이를 하여야 한다(제351조). 구법에서는 본점과 지점소재지에서 개별적으로 변경등기를 하도록 하여 너무 번거로운 것을 1995년 개정법에서는 본점소재지에서만 일괄하여 처리하도록 하였다. 지점소재지에서의 등기는 법인등기에 관한 특별법에 의하여 이를 삭제하였다.

4) 議決權 없는 株式

(가) **의 의** 상법은 회사가 수종의 주식을 발행하는 경우 정관으로 이익배당에 관한 우선적 내용이 있는 종류의 주식에 대하여 주주에게 의결권이 없는 것으로 하는 것을 허용하고 있다(제370조). 이러한 주식이 의결권 없는 주식이며, 무의결권주라고도 한다. 이것은 기업의 소유와 경영이 분리되는 경향에 따라 회사의 지배권은 그대로 유지하면서 이익배당에만 관심이 있는 투자주주로부터 새로운 자금을 조달하기 위한 방법으로 생겨난 제도이다. 반대로 복수의 의결권을 부여하는 복수의 결권주는 인정되지 않는다.

(나) **내 용** 무의결권주식의 주주에게는 원칙적으로 의결권이 없다. 따라서 의결권을 전제로 하는 권리, 예컨대 주주총회의 소집통지를 받을 권리(제363조 제 4 항), 주주총회에의 출석·발언권을 갖지 못한다(제371조 제 1 항 참조)(동지: 정동윤, 이설: 서돈각·최기원). 하지만 의결권에 의하지 않고 행사할 수 있는 주주의 감독시정권에 속하는 주주총회소집청구권(제366조), 주주총회의결의 하자를 다투는 소권(제376조, 제380조), 이사·감사의 해임청구권(제385조, 제415조)은 이를 행사할 수 있다고 본다.

예외적으로 무의결권주식의 주주도 의결권을 갖는 경우가 있는데, 이는 다음과 같다. 1) 정관에 정한 우선적 배당을 받는다는 결의가 있는 총회의 종료시까지(제370조 제1항 단서), 2) 정관의 변경 또는 회사의 합병이 특히 무의결권주식의 주주에게 손해를 미치게 될 때의 종류주주총회(제435조, 제436조), 3) 회사성립 전의 창립총회(제308조 제2항), 4) 총주주의 동의를 필요로 하는 이사·감사의 책임면제(제400조, 제415조), 5) 총주주의 일치에 의한 결의가 필요한 유한회사로의 조직변경(제604조)의 경우이다.

㈐ **발행의 제한** 상법은 무의결권주식의 남발에 의해 의결권이 있는 소수의 주식이 다수의 무의결권주식을 지배하게 되는 위험을 막기 위해 무의결권주식의 총수는 발행주식총수의 4분의 1을 초과하지 못하도록 하였다(제370조 제2항). 그러나 주권상장법인이나 주식을 신규로 상장하기 위하여 주식을 모집 또는 매출하는 법인은 발행주식총수의 2분의 1까지 무의결권주식을 발행할 수 있다(자본시장법 제165조의15).

제3. 株主의 義務

Ⅰ. 總 說

주주가 주주의 자격에서 회사에 대하여 부담하는 의무가 주주의 의무이다. 이러한 주주의 의무로는 주식회사의 경우 유한책임원칙에 따라 주주가 주식의 인수가액을 한도로 하여 회사에 부담하는 출자의무가 가장 중요하며, 그 밖에 주주의 충실의무 및 기타의 재산상 의무가 논의되기도 한다.

한편 주주의 의무는 주주가 주주의 지위를 떠나서 회사에 대하여 매매 등 다른 법률 원인에 기하여 부담하는 여러 가지 의무, 즉 제3자적 의무와는 구별하여야 한다.

Ⅱ. 出資義務

주주는 회사에 대하여 그가 인수한 주식의 인수가액을 납입할 책임만 진다. 즉 주주는 원칙적으로 출자의무만 질 뿐 그 밖의 다른 재산적 의무는 부담하지 않는다. 그런데 이 주주의 출자의무는 회사성립 전 또는 신주발행의 효력발생 전에 전부 이행되어야 하므로(제295조, 제305조, 제421조, 제423조), 보다 정확히 달하면 주식인수인으로서 부담하는 의무이다.

출자는 원칙적으로 금전 또는 현물출자로 행해져야 한다. 따라서 회사의 자본납입을 해칠 우려가 있는 노무 및 신용의 출자는 인정되지 않는다. 또한 납입은 현실로 하여야 하며, 상계나 대물변제는 인정되지 않는다. 수표를 교부한 경우에는 언제 납입이 있는 것으로 보느냐가 문제되는데, 납입을 위하여 수표가 교부된 때에는 현실적으로 결제되어 그 지급이 있는 때에 납입된 것으로 본다는 판례가 있다.

주주는 회사에 대하여 가지는 채권으로 회사가 주주에 대하여 갖는 출자금청구권을 상계하지 못한다(제334조). 대법원판결은 단순히 현금의 수수를 생략하는 뜻의 상계는 무방하다고 하나 이는 의문이다.

수인이 공동으로 주식을 인수한 때에는 연대하여 납입할 책임을 진다(제333조 제 1 항). 그리고 가설인의 명의로, 또는 타인의 승낙 없이 그 명의로 주식을 인수한 자는 주식인수인으로서 납입책임을 지며(제332조 제 1 항), 타인의 승낙을 얻어 그 명의로 주식을 인수한 자는 그 타인과 연대하여 납입할 책임을 진다(제332조 제 2 항). 한편 신주발행에 있어 이사와 통모하여 현저하게 불공정한 발행가액으로 주식을 인수한 자는 회사에 대하여 공정한 발행가액과의 차액에 상당한 금액을 지급할 의무가 있다(제424조의2 제 1 항).

Ⅲ. 忠實義務

출자를 이행할 의무 이외에 주주가 회사 및 다른 주주에 대하여 일반적인 충실의무를 부담하는가에 관하여는 다툼이 있다. 독일제국법원은 주주와 경영진 사이의 충돌 내지 다수의 주주들간의 충돌을 처음에는 단지 독일민법의 일반규정(독일민법 제826조, 제242조)에 의하여 판결하였지만, 나중에는 최소한 회사에 대해서만 충실의무를 인정하였었다. 주주 상호간의 충실의무를 인정할 것인가에 관하여, 독일연방대법원은 1988년에 대주주의 소수주주에 대한 충실의무를 인정한 판결을 한 바 있다(BGH 103, 794).

미국에서는 주식은 주주의 사유재산이라는 근거에서 주주의 의결권행사에는 아무런 제약을 받지 않는다고 하여 의결권행사에 아무런 충실의무를 부담하지 않는다는 주장이 견지되어 왔다. 그러나 주주들이 해산·합병 등 비상사건 등에 관하여 의결권을 행사할 때에는 지배주주는 충실의무를 부담한다고 하며, 그 밖에 폐쇄회사의 주주, 지배권양도의 경우에의 지배주주에게 충실의무를 부담시키고 있다.

우리나라에서도 주주의 충실의무를 인정하자는 논의가 근자에 일고 있으며, 이를 긍정하는 쪽의 학자가 늘고 있다. 그 근거로서는 '다수결의 원칙'이라는 미명 아래 군소주주들이 지배주주들의 이익을 위한 제물로 바쳐져서는 안 된다는 점에 있다. 이러한 점에서 가족회사 내지는 폐쇄회사의 틀을 벗어나지 못하고 있는 우리나라에서야말로 지배주주의 충실의무를 인정하여야 할 것이 아닌가 한다. 이러한 지배주주의 충실의무의 근거로서 "타인을 지배하는 사람은 그 지배에 따르는 책임을 져야 한다"는 일반적인 법원칙을 원용하기도 한다. 또한 주식의 소유에 의하여 회사의 지배권을 갖는 주주는 그 지배권을 양도함에는 '양수인선택에 있어서 다른 주주의 이익을 고려할 의무가 있다'고도 한다.

Ⅳ. 기타 義務

상법상 주주에게 출자의무 이외에 기타의 재산적 의무를 부과하는 명문규정은 없다. 그러나 실체파악이론(법인격부인론)에 의하여 주주가 회사채무에 대하여 무한책임을 지게 되는 경우, 설립중의 회사의 채무에 대하여 발기인이 차액책임을 지게 되는 경우에는 주주의 의무가 출자의무에 한정되지 않는다. 그리고 위법배당을 받은 주주는 회사에 이를 반환하여야 하며(제462조 제2항), 불공정한 발행가액으로 주식을 인수한 자는 회사에 대하여 공정한 발행가액과의 차액에 상당한 금액을 지급할 의무가 있다(제424조의2).

제3관 株券과 株主名簿

제1. 株 券

Ⅰ. 意 義

주권은 주식, 즉 회사에 대한 주주의 법률상의 지위인 주주권을 표창하는 유가증권으로서 사원권적 유가증권이다. 무기명주권은 그 권리를 행사하기 위해서 주권을 회사에 공탁하여야 하므로(제358조) 주권의 소지가 필요하고, 따라서 유가증권이다. 이에 반하여 기명주권은 주주명부에 명의개서가 있은 뒤에는 주권을 소지하지 않고도 권리를 행사할 수 있으므로 유가증권이 아니라고 하는 견해도 있으나, 기명주권도 주주명부에 명의개서를 하기 위해서는 주권을 제시하여야 하고, 주주명부의 기재에 주권의 제시에 갈음한 효력이 인정되므로 기명주권도 유가증권이다. 주권에는 일정한 법정기재사항을 기재하고 대표이사가 기명날인 또는 서명하여야 하므로 요식증권이지만(제356조), 그 기재사항이 본질적인 것이 아닌 한 이를 누락하거나 사실과 다르더라도 법률관계가 존재하는 한 주권은 유효하므로 어음과 수표보다 요식성이 많이 완화된다. 또한 주권은 회사의 성립 또는 신주의 발행에 의하여 주주권이 발생하는 것이 아니므로 비설권증권이다. 그리고 주권기재의 문언은 선의의 주권취득자에 대하여도 그 권리의 내용을 정하는 효력은 없으므로 주권은 문언증권이 아니다. 그리고 주권은 그 증권상의 권리가 원인관계의 존부에 따라 좌우되므로 요인증권이다.

이러한 주권은 다른 유가증권과 마찬가지로 주식을 증권화하여 그 유통성을 보장하기 위한 것이다.

그러나 오늘날은 주식회사가 대규모화하고 그에 따라 주식도 천문학적인 숫자로 발행되어 유통되기에 이르렀다. 이러한 경우 모든 주식에 반드시 주권을 발행하고 또한 주식의 양도시에 주권을 반드시 교부하도록 한다면, 매우 큰 인적·물적 부담과 주식유통의 신속성이 침해될 수 있다. 따라서 이러한 위험을 피하기 위해 주주가 주권을 소지하지 않을 수 있는 주권불소지제도와 증권시장에서 주식을 거래할 때 주권자체를 교부하지 않고 간편하게 장부상의 기재에 의하는 증권예탁결제제도가 마련되었다.

Ⅱ. 종 류

1. 記名株券·無記名株券

주주의 성명이 기재되어 있는 주권이 기명주권이고, 기재되어 있지 않은 주권이 무기명주권이다. 상법은 기명주권을 원칙으로 하고, 무기명주권은 정관에 규정이 있는 경우에 한하여 발행할 수 있도록 하고 있다(제357조 제1항). 기명주권과 무기명주권은 그것이 표창하는 권리의 내용에는 차이가 없고, 다만 그 권리의 행사방법 및 통지방법에 차이가 있을 뿐이다. 기명주권의 경우에는 주주가 회사에 대하여 권리를 행사하기 위해서는 주주명부에 명의개서를 하여 두면 되고 권리행사시마다 주권을 회사에 제시할 필요가 없는 반면, 무기명주권의 경우에는 주주가 권리를 행사하려면 주권을 회사에 공탁하여야 한다(제358조). 또한 기명주권의 경우에는 회사의 주주에 대한 통지나 최고는 주주명부에 기재된 주주에게 각별로 하여야 하는 데 대하여, 무기명주권의 경우에는 공고에 의하게 된다.

한편 주주는 언제든지 무기명주권을 기명주권으로 할 것을 회사에 청구할 수 있다(제357조 제 2 항). 회사가 정관의 변경으로 기명주식과 무기명주식간에 강제적으로 전환시킬 수 있는가에 관하여는 논란이 있으나, 기명주식이나 무기명주식이나 그 권리의 내용은 마찬가지이므로 정관변경에 의한 전환이 가능하다고 본다(동지: 최기원).

2. 單一株券·併合株券

1개의 주식을 표창하는 주권이 단일주권이고, 여러 개의 주식을 표창하는 주권이 병합주권이다. 회사는 반드시 하나의 주식에 하나의 주권을 발행하여야 하는 것은 아니며, 10주권·50주권·100주권 등도 발행할 수 있다. 회사가 이처럼 단일주권뿐만 아니라, 병합주권도 발행하는 경우 주주는 회사에 대하여 자기의 비용부담으로 그가 가지는 주권의 분할 또는 병합을 청구할 수 있다.

Ⅲ. 발 행

1. 발행시기

회사는 주주로부터 주권불소지의 신고가 있는 경우를 제외하고는 반드시 법정의 기재사항을 기재한 주권을 작성하여 이를 주주에게 교부하여야 한다. 따라서 정관에 주권을 발행하지 않는다는 규정을 둘 수는 없다. 주식의 양도에는 주권의 교부를 필요로 하므로(제336조 제 1 항) 이를 발행하지 않으면 주식양도의 자유를 부당하게 제한하는 결과가 되기 때문이다(제335조 제 1 항 본문 참조). 따라서 주주는 회사에 대하여 주권교부청구권을 갖는다.

회사는 그 성립 후 또는 신주의 납입기일 후 지체없이 주권을 발행하여야 한다(제355조 제 1 항·제 2 항). '지체없이'란 늦어도 회사성립 후 또는 신주의 납입기일 후 6월 내라고 해석할 것이다(제335조 제 3 항 단서 참조)(동지: 정동윤·정찬형). 회사의 성립 후 또는 신주의 납입기일 후가 아니면 주권을 발행하지 못하도록 한 것은 권리주양도의 제한(제319조)에 맞추어 권리주의 유가증권화를 방지하기 위한 것이다. 이에 위반하여 발행한 주권은 무효이고, 이를 발행한 회사는 손해배상책임을 지며 이사는 과태료의 제재를 받는다(제355조 제3항, 제635조 제1항 제19호).

2. 기재사항

주권에는 다음 사항과 번호를 기재하고 대표이사가 기명날인 또는 서명하여야 한다(제356조). 법정기재사항은 1) 회사의 상호, 2) 회사의 성립연월일, 3) 회사가 발행할 주식의 총수, 4) 1주의 금액, 5) 회사의 성립 후 발행된 주식에 관하여는 그 발행연월일, 6) 수종의 주식이 있는 때에는 그 주식의 종류와 내용, 7) 주식의 양도에 관하여 이사회의 승인을 얻도록 정한 때에는 그 규정, 8) 상환주식이 있는 때에는 상환가액 · 상환기간 상환방법과 수, 9) 전환주식이 있는 때에는 그 주식을 다른 주식으로 전환할 수 있다는 뜻, 전환의 조건, 전환으로 인하여 발행할 주식의 내용, 전환을 청구할 수 있는 기간 등이다.

앞서 말한 바와 같이 주권은 요식증권이지만, 그 요식성은 그렇게 엄격하지 않다. 따라서 본질적인 사항이 아닌 것은 이를 기재하지 않더라도 주권이 무효로 되지는 않는다. 또 주권에 기재된 사항에 변경이 생긴 경우에는 이를 정정하여야 하지만, 정정을 하지 아니하였다고 하여 주권이 무효로 되지는 않는다.

Ⅳ. 記名株券 不所持制度

1. 意　　義

기명주식의 주주가 회사에 주권을 소지하지 않겠다는 뜻을 신고함으로써 회사가 그 신고된 주권을 발행하지 않는 제도를 기명주권 불소지제도라 한다(제358조의2).

상법은 1984년 개정에 의하여 기명주식도 주권의 교부만으로 양도가 가능하도록 하였으므로(제336조 제1항) 주권의 도난 또는 분실로 인하여 주주의 권리를 잃게 될 위험성이 커졌다. 또한 기명주식의 경우 주권은 주식의 처분시에만 필요할 뿐 회사에 대한 권리행사는 주주명부에 대한 기재에 의하므로 주권의 소지가 필요하지 않다. 그리하여 장기간 주식을 처분할 의사가 없는 주주들의 이익을 고려하여 과거 공개법인 · 상장법인에만 인정되던 주권불소지제도를 모든 주식회사에 인정한 것이다.

또한 상법은 주권불소지제도를 채택하지 않겠다는 규정을 정관에 둘 수 있도록 하였는데(제358조의2 제1항 참조), 이는 사무부담 등의 사정으로 이 제도가 필요하지 않는 회사도 있을 수 있기 때문이다.

2. 不所持申告

불소지신고를 할 수 있는 자는 기명주식의 주주만이며(제358조의2 제1항), 무기명주식의 주주는 주주권의 행사를 위해 그 주권의 소지가 필요하므로(제358조) 불소지신고를 할 수 없다. 한편 기명주식의 주주라도 주주명부상의 주주 또는 주식인수인에 한한다. 왜냐하면 주식의 양수인으로서 아직 명의개서를 하지 아니한 자에게 불소지신고를 허용하면 양수인이 장차 주주권을 행사할 수 없기 때문이다. 주식질권자는 이 신고를 할 수 없다.

신고는 회사에 대하여 하여야 하지만, 명의개서대리인(제337조 제2항)을 둔 때에는 명의개서대리인에 대하여도 할 수 있다. 불소지의 신고는 회사의 설립 또는 신주발행의 경우에는 주권의 발행 후 뿐만 아니라, 주권의 발행 전에도 할 수 있다. 이미 주권이 발행된 경우에는 주주는 불소지의 신고를 할 때 기발행주권을 회사에 제출해야 한다(제358조의2 제3항). 다만 주권제출절차(제440조)에 의하여 이미 회사에 제출되어 있는 주권에 대하여는 신고만으로 족하며, 또 주권을 상실한 주주가 제권판결을 받고 아직 주권의 재발행을 받기 전도 마찬가지이다.

3. 申告의 효과

주권불소지의 신고가 있으면 회사는 지체없이 주권을 발행하지 아니한다는 뜻을 주주명부와 그 복본에 기재하고, 그 사실을 주주에게 통지하여야 한다(제358조의2 제2항 제1문). 이러한 기재가 있게 되면 회사는 그 주식에 대해서는 주권을 발행할 수 없다(제358조의2 제2항 제2문). 구법은 회사가 주권을 제출받아 이를 무효로 하였으나, 1995년 개정법은 회사의 선택에 따라 이를 무효로 하거나 명의개서대리인에게 임치하도록 하였다(제358조의2 제3항 후단). 이 때에는 그 사실을 주주에게 통지하여야 한다. 회사가 이에 위반하여 주권을 발행하거나 제출된 주권이 유통되더라도 그 주권은 무효인 까닭에 선의의 제3자가 양수하더라도 선의취득이 인정되지 않는다.

4. 株券의 발행

주주는 주권불소지의 신고를 하였더라도 언제든지 회사에 대하여 주권의 발행 또는 반환을 청구할 수 있다(제358조의2 제 4 항). 주권발행의 청구는 전혀 주권을 발행하지 않았거나 이미 발행한 주권을 무효로 한 경우이고, 주권반환의 청구는 명의개서대리인에게 그 주권을 임치하고 있는 경우이다. 주식을 양도 또는 입질하려면 주권이 필요하기 때문이다. 주권발행의 청구가 있으면 회사는 지체없이 주권을 발행하여야 한다.

Ⅴ. 株券의 喪失과 再發行

1. 總　　說

주주가 멸실·도난·분실 등으로 인하여 주권을 상실하게 되는 경우에는 어려운 문제가 생긴다. 기명주권의 경우에는 주식의 처분을 할 수 없고, 무기명주권의 경우에는 권리의 행사와 주식의 처분을 할 수 없다. 뿐만 아니라, 그 주권이 제 3 자에 의해 선의취득될 수도 있다(제359조). 그리하여 법은 이 경우 공시최고절차를 밟아서 제권판결을 얻음으로써 상실된 주권을 무효로 할 수 있게 하고(제360조 제 1 항; 민사소송법 제492조 제 1 항), 또한 회사가 임의로 주권을 발행하는 것을 막기 위해 주권의 재발행은 제권판결을 얻은 후에만 청구할 수 있도록 하였다(제360조 제 2 항).

2. 公示催告

주권을 무효로 하기 위한 공시최고는 민사소송법상의 증서의 무효선고를 위한 공시최고절차의 규정에 의한다(민사소송법 제492조 제 1 항).

공시최고의 신청권자는 무기명주권의 경우에는 최종소지인인 주주이고, 기명주권의 경우에는 주주명부상의 주주 또는 그가 이미 주식을 양도한 때에는 최종양수인인 주주이다(민사소송법 제493조). 주식을 입질한 경우에는 주주와 질권자가 모두 신청권을 갖는다. 그리고 회사가 자기 주식의 주권을 상실한 경우에는 회사도 신청권을 갖는다.

신청인은 공시최고의 신청을 할 때 신청의 증거로써 주권의 등본이나 주권의 내용을 개시하고, 주권의 도난·분실·멸실과 공시최고절차를 신청할 수 있는 이유되는 사실을 소명하여야 한다(예컨대 분실 또는 도난신고가 있었다는 경찰의 증명서)(민사소송법 제494조). 공시최고절차의 관할법원은 주권을 발행한 회사의 본점소재지의 지방법원이다(민사소송법 제476조). 공시최고의 신청이 있으면 공고를 하여야 하고(민사소송법 제479조, 제480조), 공시최고기간은 공고한 날로부터 3월 이상이어야 한다(민사소송법 제481조). 공시최고에는 공시최고기간 내에 권리의 신고나 청구를 하여야 하며, 신고나 청구를 하지 않으면 실권된다는 뜻을 기재하여야 한다(민사소송법 제479조 제2항).

공시최고의 공고가 있은 후 제권판결이 선고되기 전에는 그 주권은 아직 유효하다. 따라서 공시최고 후에도 제3자에 의하여 주권이 선의취득될 수 있다. 주권을 선의취득한 자가 회사에 대하여 명의개서를 청구한 때에는 그가 악의 또는 중과실로 이를 취득하였음을 입증하지 못하는 한 회사는 공시최고의 신청이 있다는 이유만으로 명의개서를 거절하지 못한다.

3. 除權判決

공시최고기간 내에 권리의 신고나 청구가 없는 때에는 법원은 공시최고신청인의 신청에 의하여 주권의 무효를 선고하는 제권판결을 한다(민사소송법 제496조, 제487조). 제권판결의 요지는 관보·공보 또는 신문에 공고된다(민사소송법 제489조).

일반적으로 제권판결은 일정한 공시최고절차를 거친 후 증권 또는 증서의 무효를 선고하는 법원의 판결로 다음과 같은 두 가지 효력이 있다.

첫째로 제권판결에 의해 증권(증서)은 무효로 된다(민사소송법 제496조)(소극적 효력). 이 경우에는 주권이 무효로 됨에 그치고 종전의 주주의 주주권은 그대로 남는다. 이처럼 주권이 장래에 향하여 무효가 되므로 회사는 이 후 그 주권에 대하여 명의개서의 청구가 있어도 이를 거부하여야 하고, 제3자는 주권을 양수하여도 아무런 권리를 취득하지 못한다.

둘째로 제권판결이 있는 때에는 신청인은 주권을 소지한 것과 마찬가지의 지위를 회복하여 회사에 대하여 주주권을 주장할 수 있다(민사소송법 제497조)(적극적 효력). 그러나 이것은 공시최고신청인에게 주주로서의 형식적 자격을 회복시켜 주는 데 그치고 그를 실질적 권리자로 확정하는 것은 아니다.

4. 株券의 재발행

주권을 상실한 자는 제권판결을 얻어야만 회사에 대하여 주권의 재발행을 청구할 수 있다(제360조 제 2 항).

청구하는 사람이 주주명부상의 주주일 때에는 회사가 그에게 신주권을 교부하면 그가 제권판결을 얻지 않았더라도 면책된다(민사소송법 제497조). 그러나 청구자가 실질적으로 무권리자라는 사실을 회사가 알고 또 이를 입증할 수 있는 경우에는 면책되지 아니한다. 이에 반하여 제권판결 전에 명의개서가 행하여져서 청구자와 주주명부상의 최종의 주주가 다른 경우에는 회사는 청구자에게 실질상의 권리자임을 증명시킨 후가 아니면 주권을 재발행해서는 안 된다고 할 것이다. 왜냐하면 이 경우에는 청구인이 주주라는 추정은 깨어졌기 때문이다(제336조 제 2 항 참조).

제 2. 株主名簿

Ⅰ. 意　　義

주주명부는 주주 및 주권에 관한 사항을 명확히 하기 위하여 상법의 규정에 따라 회사가 작성·비치하는 장부이다. 따라서 상법의 규정에 의하지 않고 단순히 주권을 기초로 하여 작성되는 주권대장과 구별하여야 한다. 또한 주주명부는 회사의 영업상의 재산 및 상황을 명백히 하기 위하여 작성되는 것이 아니므로 상업장부가 아니다. 주식회사의 발행주식이 한국예탁결제원에 예탁되어 있는 때에는 주주명부 외에 실질주주명부를 작성·비치하여야 한다.

2009년 상법개정에 의하여 전자주주명부가 도입되었다. 즉 회사는 정관에서 정하는 바에 따라 전자문서로 주주명부를 작성할 수 있다(제352조의2조 제 1 항). 전자주주명부와 관련하여서는 이메일주소가 중요하므로 전자주주명부에는 상법 제352조 제 1 항의 기재사항 외에 전자우편주소를 적도록 하고 있다(제352조의2 제 2 항). 그 밖에 전자주주명부의 비치·공시 및 열람의 방법에 관하여 필요한 사항은 대통령령으로 정하도록 하였다(제352조의2 제 3 항).

Ⅱ. 기재사항

회사가 발행한 주식이 기명주식인가, 무기명주식인가, 아니면 전환주식인가에 따라 주주명부에 기재하여야 할 사항이 다르다. 즉 기명주식의 경우에는 1) 주주의 성명과 주소, 2) 각 주주가 가진 주식의 종류와 수, 3) 각 주주가 가진 주식의 주권을 발행한 때에는 그 주권의 번호, 4) 각 주식의 취득연월일 등을, 무기명주식의 경우에는 그 주식의 종류와 수 그리고 주권의 번호와 발행연월일을 기재하여야 한다(제352조 제1항·제2항). 전환주식의 경우에는 이 사항들 외에 그 주식을 다른 종류의 주식으로 전환할 수 있다는 뜻, 전환의 조건, 전환으로 인하여 발생할 주식의 내용, 전환을 청구할 수 있는 기간을 기재하여야 한다(제352조 제3항, 제347조). 그 밖에 주식공유의 경우 주주권을 행사할 자의 성명과 주소(제333조 제2항), 기명주식의 질권의 등록(제340조), 기명주권의 불소지신고(제358조의2 제2항), 신탁재산의 표시(신탁법 제3조 제2항)를 기재하여야 하지만, 이것 이외에 다른 사항(예컨대 주주의 법정대리인의 성명·주소)을 기재하여도 무방하다.

주주명부의 기재사항에 변동이 생긴 때에는 회사는 지체없이 그 변경내용을 기재하여야 한다. 이사 또는 명의개서대리인이 주주명부 또는 그 복본에 기재하여야 할 사항을 기재하지 않거나 부실한 기재를 한 때에는 과태료의 처벌을 받는다(제635조 제1항 제9호).

Ⅲ. 公 示(備置와 閱覽)

이사는 주주명부를 작성하여 이를 회사의 본점에 비치하여야 한다(제396조 제1항 제1문). 이 경우 명의개서대리인을 둔 때에는 주주명부 또는 복본을 명의개서대리인의 영업소에 비치할 수 있는데, 주주명부를 명의개서대리인의 영업소에 비치하는 경우에는 회사의 본점에는 이를 두지 않아도 된다(제396조 제1항 제2문).

주주와 회사채권자는 영업시간 내에는 언제든지 주주명부 또는 그 복본의 열람 또는 등사를 청구할 수 있다(제396조 제2항).

Ⅳ. 株主名簿의 폐쇄와 기준일

1. 序 說

주주권을 행사할 자는 그 권리를 행사하는 현재 주주명부상의 주주이어야 한다. 예컨대 특정주주총회에서 의결권을 행사하는 자는 그 결의시 현재의 주주이고, 특정의 신주발행에 있어서 신주인수권을 갖는 자는 신주발행결의시 현재의 주주이다. 그러나 이와 같은 원칙대로 주주에게 그 권리를 행사시키는 것은 다수의 주주가 끊임

없이 변동하는 주식회사에서는 거의 불가능에 가깝다.

여기에서 대량적 사무처리의 필요상 또 배당결의시 이외의 시점(결산기)에 있어서의 주주에게 이익배당을 하기 위하여 마련된 것이 주주명부의 폐쇄와 기준일제도이다.

2. 株主名簿의 폐쇄

(1) 意 義

주주명부의 폐쇄란 의결권을 행사하거나 배당을 받을 자 기타 주주 또는 질권자로서 권리를 행사할 자를 정하기 위하여 일정기간 주주명부의 기재를 변경하지 않는 것이다(제354조 제 1 항).

주주명부의 기재를 변경하지 않는 주된 목적은 주주의 명의개서의 정지이다(그래서 본 제도를 명의개서의 정지라고도 한다). 따라서 폐쇄기간중에는 주주명부상 주주의 변경이 생기지 않기 때문에 폐쇄개시시의 주주명부상의 주주가 주주자격을 갖는 자로 고정되므로 실질적으로는 폐쇄의 초일이 후술의 기준일적 성격을 갖게 된다.

이 밖에 폐쇄기간중에는 질권의 등록(제340조 제 1 항)과 신탁재산표시의 기재(신탁법 제 3 조 제 2 항) 및 그 말소도 정지된다. 1995년 개정법은 전환주식의 전환의 청구는 주주명부폐쇄기간에도 할 수 있는 것으로 하고, 다만 폐쇄기간중의 총회의 결의에 관하여는 의결권을 행사할 수 없도록 하였다(제350조 제 2 항).

(2) 期間에 관한 제한

폐쇄기간은 3개월을 초과하지 못한다(제354조 제 2 항). 주주명부상의 주주를 고정시키기 위하여 일정기간 주주명부에 있어서의 주주의 변경을 금지하는 것은 그 반면에 폐쇄기간중 주식의 양도가 있어도 양수인이 실질적인 주주임에도 불구하고 주주자격을 구비하여 주주로서의 권리를 행사하는 것을 방해받기 때문에 간접적으로 주식의 양도성(제335조 제 1 항 본문)을 저해하게 된다. 그래서 법은 폐쇄기간에 제한을 둔 것이다.

3개월을 초과하는 폐쇄기간을 정한 때에는 그 초과부분만이 무효인가 또는 전부무효인가에 관하여 다툼이 있으나 초과부분을 결정할 수 있는 한 초과부분만을 무효로 하는 것이 이해관계자의 손해를 최소로 줄이는 것이므로 정당하다고 보며, 만약 초과부분을 결정할 수 없는 때에는 전부무효라고 생각한다.

(3) 절 차

주주명부의 폐쇄는 이것에 관한 정관의 규정이 없어도 필요 있을 때마다 이사회의 결의로써 실시할 수 있다(왜냐하면 이것은 주주에게 중대한 이해관계가 있는 업무집행에 관한 사항이기 때문이다). 정관에서 "결산기의 익일부터 정기주주총회종결일까지 주주명부를 폐쇄한다"고만 정하고 있는 것은 정기주주총회개최 이외의 목적을 위해서는 필요에 따라서 이사회의 결의로써 주주명부를 폐쇄하는 것을 방해받지 않는다는 것을 뜻한다.

주주명부를 폐쇄함에는 정관으로 그 기간이 확정적이거나 확정할 수 있는 구체적 표준을 나타내어 지시한 경우 외에는 미리 그 폐쇄기간의 초일의 2주간 전에 폐쇄기간의 시기와 종기 및 폐쇄의 목적(예컨대 임시주주총회의 소집을 위하여)을 표시하여 정관소정의 방법(제289조 제1항 제7호·제3항)에 의하여 공고하여야만 한다(제354조 제4항). 이것은 주식을 취득하였으나 아직 명의개서를 하지 않은 자에게 명의개서를 하도록 하여 주주로서의 권리를 행사할 기회를 잃지 않도록 하기 위해서다. 위 공고를 하지 않거나 공고기간이 2주간이 되지 않을 때에는 폐쇄의 효력은 생기지 않는다고 본다[이 2주간 전은 달력에 의하여 2주간 전이면 족하다고 본다. 따라서 그 사이에 일요일 기타 휴일이 있거나 또는 2주간의 최종일(폐쇄의 전일)이 일요일 기타 휴일에 해당하기 때문에 실제로 주주명부 폐쇄기간이 2주간이 안 되어도 무방하다고 본다].

3. 基 準 日

(1) 意 義

회사가 일정일(확정된 날 또는 확정할 수 있는 날)을 정하여 그 날에 주주명부에 기재되어 있는 주주 또는 질권자를 의결권을 행사하거나 배당을 받을 자 기타 주주 또는 질권자로서 권리를 행사할 자로 일률적으로 확정하는 경우에 그 일정일을 기준일 또는 등록일이라 한다(제354조 제1항).

기준일도 주주명부의 폐쇄와 마찬가지로 권리를 행사할 주주 또는 질권자를 확정하기 위한 제도로서 동일한 효과를 갖는다. 그러나 주주명부의 폐쇄는 일정기간 주주명부의 기재를 변경하지 못하는 것이기 때문에 그 기간 중에는 실질적으로 주식의 양도성이 제한되어 주주의 이익이 침해받게 된다. 그래서 주주명부폐쇄제도를 이용하지 않고 권리를 행사할 주주 또는 질권자를 확정하는 방법으로서 기준일제도가 규정되게 되었다. 즉 권리행사 전의 일정일(기준일) 현재의 주주명부에 기재되어 있는 자가 그 후의 주주명부의 기재의 변경에 관계 없이 권리를 행사할 자가 된다.

(2) 기간의 제약

기준일은 주주 또는 질권자로서 권리를 행사할 날에 앞선 3월 내의 날로 정하여야 한다(제354조 제 3 항). 기준일이 위 권리를 행사할 날에 앞선 3월을 초과하여 정해진 때는 기준일의 설정은 그 효력을 잃으며, 또 기준일로부터 3개월 이내에 위 권리를 행사할 날이 도래하지 않은 때에도 기준일의 설정은 마찬가지로 그 효력을 잃는다(이에 반하여 기준일지정의 효력은 있으나 손해배상의 문제가 생길 뿐이라는 설도 있다).

(3) 절 차

기준일은 이에 관한 규정이 없어도(보험회사에 관하여는 보험업법 제19조 제 2 항 참조) 필요한 때에는 이사회의 결의로써 설정할 수 있다. 예컨대 이익배당금에 관한 기준일을 정관에 '결산기'로 정하고 있다고 하여 필요에 따라 그 밖의 목적을 위해서 이사회의 결의로써 기준일을 설정함을 방해하는 것이 아님은 말할 필요도 없다.

기준일을 설정함에는 정관으로서 그 목적과 동시에 그 날을 확정적으로 또는 확정할 수 있는 구체적 표준을 나타내어 지정한 경우 외에는 미리 그 날의 2주간 전에 그 날을 그 목적과 같이 공고하여야 한다(제354조 제 4 항). 일정한 목적(예컨대 이익배당을 받을 자의 확정)을 위한 기준일을 다른 목적(예컨대 주주명부를 폐쇄하지 않은 경우에 정기주주총회에서 의결권을 행사할 자를 확정하기 위하여)에 사용하는 것은 불가하다. 그러한 경우에는 다시 이사회의 결의로써 동일일을 기준일로 정하고 그 뜻을 공고하여야 한다. 공고를 결하거나 2주간보다 짧은 기간을 두어서 공고된 때에는 그 기준일의 설정은 무효이다.

제 4 관 株式의 讓渡

Ⅰ. 意 義

주식의 양도란 매매 · 교환 · 증여 등 당사자간의 법률행위에 의하여 주식을 이전함을 말한다. 주식의 양도에 의해서 양수인은 양도인으로부터 주식을 승계취득하게 된다. 따라서 주식인수와 같은 원시취득과는 구별된다. 한편 양수인이 취득하는 주식은 주주가 회사에 대하여 가지는 권리 · 의무, 즉 주주권을 의미하는 것으로 주식의 양도에 의해서 이러한 권리·의무가 포괄적으로 양수인에게 이전한다고 할 수 있다. 다만 주주인 지위에서 생긴 권리라도 주주총회의 결의로 확정된 구체적 이익배당지급청구권과 같이 이미 구체화된 권리는 주식에 포함되지 않으므로 주식이 양도되어도 이러한 권리까지 당연히 양수인에게 이전하는 것은 아니다.

Ⅱ. 株式의 讓渡性

1. 원 칙

주식회사의 경우에는 인적회사와 같은 퇴사제도(제217조 아래, 제269조)가 없으므로, 주주가 자기의 투하자본을 회수하려면 타인에게 그 소유주식을 양도하는 수밖에 없다. 따라서 주식회사에 있어서는 주식양도성이 그 본질적 요소라고 할 수 있다. 이에 따라 상법은 "주식은 타인에게 이를 양도할 수 있다"(제335조 제 1 항 본문)라고 하여 이를 보장하고 있다.

그런데 개정 전의 상법이 주식의 양도성을 절대적으로 인정함으로써 폐쇄적인 사원구성을 원하는 경우나 외국회사와 합작을 하려는 때에 주식회사형태를 취할 수 없었다는 문제점이 있었다. 입법론으로서 정관에서 주식의 양도에 회사의 동의(독일주식법 제68조 제 2 항; 프랑스회사법 제274조)나 이사회의 승인(일본신회사법 제136조)을 요하는 규정을 두어 주식의 양도에 제한을 가할 수 있음을 규정한 각국의 입법례에 따라 우리 상법도 이에 대한 방안을 마련하여야 한다는 주장이 제기되어 왔었다. 이에 따라 1995년 개정법에서는 주식은 타인에게 이를 양도할 수 있고, 다만 정관에 의해 이사회의 승인을 얻도록 할 수 있다(제335조 제 1 항 단서)고 규정하여 주식의 양도성을 원칙으로 인정하면서 정관에 의해 일정한 제한을 할 수 있도록 하였다.

2. 定款에 의한 株式讓渡의 제한

(1) 株式讓渡制限의 내용

주식의 양도는 정관에 의하여 이사회의 승인을 받도록 할 수 있는데(제335조 제 1 항 단서), 이로써 상법은 정관에 의한 주식양도의 제한을 가능하게 하였다. 주식의 제한 없는 자유로운 양도로 인하여 발생하는 폐해를 막기 위하여 정관에 기재된 경우 주식양도시 이사회의 개별적 승인을 요하도록 하는 내용으로 주식양도의 자유를 제한할 수 있는 근거를 마련하자는 것이 개정의 이유이다.

⑵ 讓渡制限의 방법

주주의 주식양도를 제한하기 위하여는 먼저 정관에 이를 정하여야 한다. 주식양도제한의 규정은 회사의 설립시에 작성한 원시정관에서 정하든, 정관의 변경에 의한 변경정관에서 정하든 상관이 없다. 회사가 정관에 주식의 양도에 관하여 이사회의 승인을 얻도록 정한 때에는 그 규정을 주식청약서와 주권에 기재하여야 하고, 또 등기에 의하여 이를 공시하여야 한다. 변경정관에서 이를 제한하는 때에는 주권을 제출하게 하여 이 내용을 기재하여야 한다. 이와 같이 회사가 주식의 양도를 제한하는 경우 정관에 의하여 이사회의 승인을 얻도록 하고 있으므로 정관의 규정 없이 주주총회의 결의 또는 이사회의 결의만으로 이를 제한할 수는 없으며, 또 그 승인기관을 대표이사로 하는 것은 허용되지 않는다. 그리고 정관으로 주식의 양도를 전면적으로 제한하는 것은 무효이다. 왜냐하면 주식회사에 있어서 주식양도에 의한 투자자금의 회수를 주주에게 보장하여야 하기 때문이다.

⑶ 理事會의 承認이 없는 株式讓渡의 효력

정관에 이사회의 승인을 얻어 주식을 양도하도록 정한 회사의 주주가 이사회의 승인을 얻지 아니하고 주식을 양도한 경우 회사에 대하여 효력이 없다(제335조 제 2 항). 하지만 1995년 개정법 제335조의7은 주식의 양수인에 의한 승인청구를 인정하므로 당사자 사이에는 그 양도의 효력이 있다.

3. 法律에 의한 株式讓渡의 제한

이와 같이 상법은 주식의 양도성을 보장하고 있지만, 이에 대해서는 법률상 다음과 같은 제한이 있다.

⑴ 商法上의 제한

1) 權利株讓渡의 제한

인수된 주식이 회사성립 전 또는 신주발행의 효력발생 전에 매매되어 투기화하는 것과 설립절차 및 신주발행절차가 번잡해지는 것을 방지하기 위하여 상법은 주식의 인수로 인한 권리, 즉 권리주의 양도는 회사에 대하여는 효력이 없다고 규정한다(제319조, 제425조 제 1 항). 따라서 양수인이 양도의 효력을 회사에 대하여 주장할 수 없을 뿐만 아니라, 회사도 그 양도의 효력을 승인하지 못한다고 본다.

2) 株券發行 전의 株式讓渡의 제한

상법은 주권발행 전의 주식양도도 회사에 대하여 효력이 없다고 규정하고 있다(제335조 제 3 항 본문). 따라서 주권발행 전에 한 주식의 양도는 당사자 사이에서는 유효하지만, 회사와의 관계에서는 회사에 대해 그 양도의 효력을 주장하지 못할 뿐만 아니라, 회사도 이를 승인하지 못한다. 이것은 회사의 주권발행을 촉진하기 위하여 둔 규정이다.

다만 회사의 주권발행이 지나치게 늦어지게 되면 주권불발행이라는 수단을 이용하여 주식의 양도성을 위반할 수 있으므로, 상법은 회사성립 후 또는 신주의 효력발생 후 6월이 경과한 때에는 주권의 발행이 없어도 회사에 대하여 유효한 주식양도를 주장할 수 있도록 하고 있다(제335조 제 2 항 단서)(이의 입법론적 해결은 이미 이기수, "주권발행 전의 주식양도,"「고시연구」 1976년 2월호, 76쪽 아래서 제시하고 있었다). 따라서 주권발행 전에 한 주식의 양도는 회사성립 후 또는 신주의 납입기일 후 주권의 발행 없이 6월이 경과함으로써 하자가 치유되어 회사에 대하여도 유효하게 된다고 보아야 한다(상법부칙 제 6 조 참조).

3) 自己株式의 取得禁止

(가) 의 의 자기주식의 취득이란 회사가 자기의 계산으로 이미 발행된 자신의 주식을 취득하는 것을 말한다. 주식은 유가증권화하여 유통되므로 회사가 자기주식을 취득하게 될 가능성이 있다. 주식은 주주로서의 지위를 표창하는 것으로 회사가 이를 취득하여 스스로 자기의 구성원이 된다는 것은 자기모순이며, 회사의 자기주식취득을 무제한으로 인정하면 실질상 출자의 환급이 되어 자본의 납입 및 유지의 원칙에 반하게 될 뿐만 아니라, 회사가 기업위험 이외에 주가변동에 따른 위험을 부담하게 될 염려가 있다. 또한 이사 등이 이를 투기거래에 이용함으로써 일반투자자와 주주의 이익을 해칠 수도 있다. 따라서 상법은 회사는 원칙으로 자기의 계산으로 자기주식, 즉 자신의 주식을 취득하지 못하도록 하였다(제341조). 주식을 양도하려는 사람의 입장에서 보면 이는 명백히 주식의 양도성에 대한 제한이 된다.

일본의 경우는 2005년 신회사법에서 자기주식취득에 대하여 동법 제 2 항 제 4 절에서 규정하고 있다. 그 내용을 보면 1) 자기주식을 취득할 수 있는 경우를 열거하고 있으며, 그 밖의 경우에는 자기주식의 취득을 제한하였다(일본신회사법 제155조). 2) 자기주식취득의 방법으로 주주와의 합의에 의한 취득(일본신회사법 제156~159조),

특정주주로부터의 취득(일본신회사법 제160조~제164조), 시장거래 등에 의한 취득(일본신회사법 제165조)으로 구분하여 규정하였다. 3) 재원에 대하여 규제하고 있다.

(나) **적용범위** 자기주식의 취득이 금지되는 것은 회사가 자기의 계산으로 취득하는 때이다. 자기의 명의로 하든, 아니면 제 3 자의 명의로 하든, 이는 문제되지 않는다. 상법 제341조는 승계취득에 관한 규정이지만 자기주식의 원시취득도 이론상 당연히 금지된다.

(다) **위반의 효과** 회사가 자기주식의 취득금지규정에 위반하여 자기주식을 취득한 행위의 효력이 문제된다.

이에 대해서는 학설이 다음과 같이 나누어진다. 1) 강행법규에 반하고 자본납입 및 유지의 원칙에 위반되므로 무효라는 설(최기원·정동윤·정찬형), 2) 자기주식의 취득금지규정은 명령규정이므로 이에 위반한 취득행위는 완전히 유효하고, 회사의 손해는 관계이사의 손해배상책임으로 해결하면 된다는 유효설(박원선·이정한·채이식), 그리고 3) 원칙적으로는 무효이지만 거래의 안전을 위해 일정한 경우에는 이에 대한 예외를 인정하는 상대적 무효설(손주찬·이철송·정찬형)이 있다.

주식회사에 있어서는 회사재산이 회사채권자를 위한 유일한 담보라는 데서 자본납입 및 유지의 원칙은 주식회사의 자본에 관한 형식상의 원칙으로서 중대한 의미를 갖는다. 따라서 출자의 환급과 같은 결과를 가져오는 자기주식의 취득행위는 이 원칙을 침해하므로 무효라고 해석함이 옳다고 본다. 판례도 같은 입장이다.

이사가 상법 제341조에 위반하여 회사의 자기주식을 취득한 때에는 회사에 대하여 연대하여 손해를 배상할 책임을 지며(제399조), 또 일정한 경우에는 형벌에 처해진다(제625조 제 2 호).

(라) **예 외** 회사는 원칙적으로 자기주식을 취득하지 못하지만 일정한 경우에는 예외적으로 취득이 허용된다. 이에는 법률상 인정되는 경우와 해석상 인정되는 경우가 있다.

법률상 인정되는 경우는 다음과 같다. 즉 상법상으로는 1) 주식을 소각하기 위한 때, 2) 회사의 합병 또는 다른 회사의 영업 전부의 양수로 인한 때, 3) 회사의 권리를 실행함에 있어 그 목적을 달성하기 위하여 필요한 때, 4) 단주의 처리를 위하여 필요한 때, 5) 주주가 주식매수청구권을 행사한 때(1995년 개정법에서 신설됨. 제335조의2 제 4 항, 제371조의2, 제522조의3 참조)이다(제341조).

1999년 개정상법 논의과정에서 일본상법처럼 5% 이내에서는 허용해 줄 것인가가 논의되었지만, 상법의 자본충실의 원칙 및 자기주식취득을 원칙적으로 허용하지 않는다는 정신에 따라 스톡옵션제도의 도입과 주식거래가 힘든 비상장법인을 상정하여 주식매수선택권을 위하여 자기주식을 양도의 목적으로 취득하거나 퇴사하는 이사·감사 또는 피용자의 주식을 양수할 목적의 범위 내에서 발행주식총수의 10% 이내와 제462조의 배당가능한도 내에서 자기주식을 취득할 수 있도록 하였다(제341조의2 제1항).

자본시장법 제165조의2에서 자기주식취득의 특례를 규정하고 있다. 즉 주권상장법인(외국법인 등은 제외한다)은 다른 법률에 따르는 경우 외에는 해당 법인의 명의와 계산으로 자기주식을 취득할 수 있도록 허용하고 있다(자본시장법 제165조의2 제1항). 그리고 주권상장법인은 자본시장법 제165조의2 제1항에 따라 자기주식을 취득하는 경우에는 다음의 방법에 따라야 한다. 이 경우 그 취득금액은 상법 제462조 제1항에 따른 이익배당을 할 수 있는 한도 이내이어야 한다(자본시장법 제165조의2 제2항). 1) 증권시장에서 취득하는 방법, 2) 자본시장법 제133조 제1항에 따른 공개매수의 방법, 3) 자본시장법 제165조의2 제3항에 따른 신탁계약에 따라 자기주식을 취득한 신탁업자로부터 신탁계약이 해지되거나 종료된 때 반환하는 방법. 다만, 신탁업자가 해당 법인의 자기주식을 제1호 또는 제2호에 따라 취득한 경우만 해당한다. 이 때 주권상장법인이 금전의 신탁계약에 따라 신탁업자의 자기주식을 취득하게 하는 경우에는 그 신탁계약의 계약금액을 자본시장법 제165조의2 제2항 각호 외의 부분 후단에 따른 취득금액으로 본다(자본시장법 제165조의2 제3항). 주권상장법인은 자본시장법 제165조의2 제1항부터 제3항까지의 규정에 따라 자기주식을 취득(신탁계약의 체결을 포함한다)하거나 이에 따라 취득한 자기주식을 처분(신탁계약의 해지를 포함한다)하는 경우에는 대통령령으로 정하는 요건·방법 등의 기준에 따라야 한다(자본시장법 제165조의2 제4항). 한편 주권상장법인은 이익배당을 할 수 있는 한도 등의 감소로 자본시장법 제165조의2 제2항 후단에 따른 범위를 초과하여 자기주식을 취득하게 된 경우에는 그날부터 3년 이내에 그 초과분을 처분하여야 한다(자본시장법 제165조의2 제5항, 자본시장법시행령 제176조의3). 그리고 주권상장법인이 자본시장법 제165조의2 제1항 및 제2항에 따라 자기주식을 취득하는 경우에는 상법 제341조의2 제1항부터 제3항까지의 규정을 적용하지 아니한다(자본시장법 제165조의2 제6항).

회사가 발행주식총수의 100분의 10 이상의 주식을 소유하는 주주로부터 유상으로 취득하는 경우에는 1) 주식을 양도하고자 하는 주주의 성명, 2) 취득한 주식의 종류와 수, 3) 취득한 주식의 가액에 관하여 정관변경의 특별결의(제434조)에 의한 주주총회의 결의를 얻도록 하고 있으며, 이러한 경우에 총회의 결의에 이해관계가 있는 자, 즉 10% 이상의 주식을 소유한 주주는 해석상 의결권을 행사하지 못하며, 주주총회소집통지와 공고에 관한 방법이 준용된다(제341조의2 제 4 항, 제344조 제 2 항).

문제는 회사가 적법하게 자기주식을 보유하는 경우에 이 주식에 대해 완전한 권리가 인정되느냐는 것이다. 상법은 의결권을 인정하지 않는다는 규정만 두고 있다(제369조 제 2 항). 의결권 외의 공익권도 휴지(休止)한다는 데에는 이론이 없다. 다만 자익권에 관하여는 이를 인정하자는 설도 있으나 회사의 자기주식에 대해서는 원칙적으로 모든 권리가 인정되지 않는다고 보는 통설이 타당하다(독일주식법 제71b조 참조. 회사가 갖는 자기주식에 대하여는 어떤 권리도 인정되지 않는다). 그러나 자기주식이 다시 제 3 자에게 이전되면 모든 권리가 다시 되살아난다.

4) 株式의 相互保有制限

(가) **서 설** 주식의 상호보유라 함은 두 회사가 서로 상대방 회사의 주식을 소유하는 것을 말한다. 주식의 상호보유의 형태에는 갑회사는 을회사의 주식을, 또 을회사는 갑회사의 주식을 소유하는 것과 같은 단순형 상호보유(직접상호보유)가 있고, 갑회사는 을회사의 주식을, 을회사는 병회사의 주식을, 그리고 병회사는 정회사의 주식을 소유하는 식으로 순차로 나가다가 마지막 회사가 다시 갑회사의 주식을 소유하는 환상형(고리형) 상호보유가 있다. 이 밖에도 갑회사는 을·병회사의 주식을, 을회사는 갑·병회사의 주식을, 병회사는 갑·을회사의 주식을 각각 소유하는 매트릭스(matrix)형 상호보유가 있다.

주식의 상호보유에 대한 상법의 규제는 종전에 구증권거래법에 의하여 상장회사간에서만 적용되던 것(구증권거래법 제189조)을 모든 회사에 일반화한 것이다. 한편 상법은 단순형 상호보유만 규제하고 다른 형태의 상호보유는 규제하고 있지 않을 뿐만 아니라, 규제내용도 미흡하여 그 실효성은 의문시된다.

(나) **주식상호보유의 문제점** 주식의 상호보유에는 여러 가지 폐단이 많다. 먼저 지배·종속회사가 주식을 상호보유하는 경우에는 자기주식의 취득과 마찬가지로 실질에 있어 출자의 환급이 되어 그만큼 자본의 공동화를 가져온다. 그리고 또한 주식의 상호보유는 주식을 상호보유하는 회사의 경영진이 서로 상대방회사의 주주총회의 결의에 큰 영향을 미칠 수 있게 함으로써 회사지배 내지 주주총회의 결의를 왜곡

시킬 수 있다. 이 밖에도 법인주주가 주축이 되므로 해서 회사의 사단성이 파괴되고 현금차금이 늘어 재무구조가 악화되는 등의 폐단도 있다.

(다) 子會社에 대한 母會社株式取得의 금지

A. 의 의 주식의 상호보유로 인한 폐해를 방지하기 위하여 상법은 과거 해석상 인정되어 온 자회사에 의한 모회사주식취득의 금지에 관하여 명문규정을 두었다(제342조의2). 그런데 이러한 금지는 양도인의 입장에서 볼 때에는 주식의 양도성에 대한 제한이 된다.

B. 母子會社의 基準 상법은 모회사와 자회사의 개념을 명확하게 규정하고 있다. 즉 상법상 다른 회사의 발행주식총수의 100분의 50을 초과하는 주식을 가진 회사를 모회사라 하고, 그 다른 회사를 자회사라 한다(제342조의2 제 1 항). 또한 상법은 모회사와 자회사가 가지고 있는 다른 회사의 주식을 합계하여 그 회사의 발행주식총수의 100분의 50을 초과하는 경우, 그리고 나아가서 자회사 혼자 이러한 비율을 초과하는 주식을 가지고 있는 경우에 그 다른 회사도 모회사의 자회사로 본다(제342조의2 제 3 항).

C. 위반의 효과 상법 제342조의2 금지에 위반하여 자회사가 모회사의 주식을 취득한 경우에 그 취득행위의 효력에 대해 자회사에 의한 모회사주식의 취득은 유효하고 원인행위만이 상대적으로 무효이며, 따라서 자회사는 그 주식을 취득한 날로부터 조속한 기간 내에 처분하면 된다는 견해(정찬형), 그리고 취득은 무효이지만 선의의 제 3 자에게 대항하지 못한다는 상대적 무효설(손주찬 · 이철송)이 있다. 그러나 자기주식취득의 금지에 반하여 자기주식을 취득한 행위와 마찬가지의 이유에서 절대적으로 무효라고 해야 할 것이다(동지: 정동윤 · 최기원 · 정찬형).

이사가 상법 제342조의2 제 1 항과 제 2 항의 규정에 위반하면 2천만원 이하의 벌금에 처해질 뿐만 아니라(제625조의2), 또한 회사에 대하여 연대하여 손해를 배상할 책임이 있다(제399조).

D. 예 외 자회사가 모회사의 주식을 취득하는 것은 원칙적으로 허용되지 않지만 다음의 경우에는 예외적으로 허용된다. (ㄱ) 주식의 포괄적 교환, 주식의 포괄적 이전, 회사의 합병 또는 다른 회사의 영업전부를 양수하는 때, (ㄴ) 회사의 권리를 실행함에 있어서 그 목적을 달성하기 위하여 필요한 때이다(제342조의2 제 1 항).

또한 금지되는 것은 자회사에 의한 모회사주식의 취득이므로, 자회사가 모회사의 주식을 질권을 목적으로 받는 것은 주식취득과 같은 폐단이 없기 때문에 금지되지 않는다.

문제는 이와 같이 자회사가 예외적으로 적법하게 취득한 모회사의 주식에는 어떠한 권리가 인정되느냐 하는 것이다. 이에 관해서는 의결권이 인정되지 않는다는 규정이 있을 뿐이다(제369조 제 3 항). 그러나 자회사에 의한 모회사주식의 취득은 실질적으로 자기주식의 취득과 같으므로, 자기주식과 마찬가지로 의결권뿐만 아니라, 이익배당청구권이나 신주인수권 등 모든 권리의 행사가 인정되지 않는다고 보아야 한다(독일주식법 제71b조, 제71d조 참조).

자회사는 이와 같이 예외적으로 인정되어 취득한 모회사의 주식을 취득한 날로부터 6월 이내에 처분하여야 한다(제342조의2 제 2 항).

4) 다른 會社의 株式取得

회사, 모회사 및 자회사 또는 자회사가 다른 회사의 발행주식총수의 10분의 1을 초과하는 주식을 가지고 있는 경우, 그 다른 회사가 가지고 있는 회사 또는 모회사의 주식은 의결권이 없으므로(제369조 제 3 항), 이 경우 다른 회사의 경영권은 10분의 1을 초과하여 주식을 취득하고 있는 회사에 의하여 영향을 받을 수 있다. 따라서 상법은 적대적인 경영권 공략으로부터 다른 회사가 방어할 수 있도록 신의측에 입각하여 회사가 다른 회사의 발행주식총수의 10분의 1을 초과하여 취득한 때에는 그 다른 회사에 대하여 지체없이 이를 통지하도록 하고 있다(제342조의3).

⑵ 特別法에 의한 제한

1) 資本市場法의 制限

㈎ **任職員의 金融投資商品 賣買** 금융투자업자의 임직원(겸영금융투자업자 중 대통령령으로 정하는 금융투자업자의 경우(자본시장법시행령 제64조 제 1 항)에는 금융투자업의 직무를 수행하는 임직원에 한한다)은 자기의 계산으로 대통령령으로 정하는 금융투자상품(자본시장법시행령 제64조 제 2 항)을 매매하는 경우에는 다음의 방법에 따라야 한다. 1) 자기의 명의로 매매할 것, 2) 투자중개업자 중 하나의 회사를 선택하여 하나의 계좌를 통하여 매매할 것. 다만, 금융투자상품의 종류, 계좌의 성격 등을 고려하여 대통령령으로 정하는 경우(자본시장법시행령 제64조 제 3 항)에는 둘 이상의 회사 또는 둘 이상의 계좌를 통하여 매매할 수 있다. 3) 매매명세를 분기별(투자권유자문인력, 자본시장법 제286조 제 1 항 제 3 호 나목의 조사분석인력 및 투자운용인력의 경우에는 월별로 한다)로 소속 금융투자업자에게 통지할 것, 4) 그 밖에 불공정행위의 방지 또는 투자자와의 이

해상충의 방지를 위하여 대통령령으로 정하는 방법 및 절차(자본시장법시행령 제64조 제 4 항)를 준수할 것.

(나) **公共的 法人의 境遇** 자본시장법 제167조 제 1 항은 누구든지 공공적 법인이 발행한 주식을 누구의 명의로 하든지 자기의 계산으로 일정한 기준(① 그 주식이 상장된 당시에 발행주식총수의 100분의 10 이상을 소유한 주주는 그 소유비율, ② 이에 따른 주주 외의 자는 발행주식총수의 100분의 3 이내에서 정관이 정하는 비율)을 초과하여 소유하지 못하도록 하고 있다. 이 경우 의결권 없는 주식은 발행주식총수에 포함되지 아니하며, 그 특수관계인의 명의로 소유하는 때에는 자기의 계산으로 취득한 것으로 본다(자본시장법 제167조 제 1 항 제 2 문). 이 때 자본시장법 제167조 제 1 항에 불구하고 소유비율 한도에 관하여 금융위원회의 승인을 받은 경우에는 그 소유비율 한도까지 공공적 법인이 발행한 주식을 소유할 수 있다(자본시장법 제167조 제 2 항). 또한 자본시장법 제167조 제 1 항 및 제 2 항에서 규정하는 기준을 초과하여 사실상 주식을 소유하는 자는 그 초과분에 대하여는 의결권을 행사할 수 없으며, 금융위원회는 그 기준을 초과하여 사실상 주식을 소유하고 있는 자에 대하여 6개월 이내의 기간을 정하여 그 기준을 충족하도록 시정할 것을 명할 수 있다(자본시장법 제167조 제 3 항).

(다) **內部者去來의 制限** 자본시장법 제174조 제 1 항에 의하면 법 소정의 내부자는 상장법인(6개월 이내에 상장하는 법인을 포함한다)의 업무 등과 관련된 미공개중요정보(투자자의 투자판단에 중대한 영향을 미칠 수 있는 정보로서 소정의 법령으로 정하는 방법(자본시장법시행령 제201조)에 따라 불특정 다수인이 알 수 있도록 공개되기 전의 것을 말한다)를 특정증권 등의 매매, 그 밖의 거래에 이용하거나 타인에게 이용하게 하여서는 아니된다. 즉 금지되는 행위는 중요한 미공개 정보를 특정증권의 매매, 그 밖의 거래에 이용하거나 다른 사람에게 이용하게 하는 경우이다. 이 때 이용했다고 보기 위해서는 정보보유자의 거래가 전적으로 내부정보 때문에 이루어진 것을 입증할 필요는 없고 단지 내부정보가 하나의 요인이었다는 점만을 입증하면 된다(김건식 · 정순섭, 「자본시장법」, 2009, 293쪽).

(라) **會社內部者에 대한 特別規制** 회사내부자는 누구보다도 자기 회사의 미공개 중요정보에 접근할 수 있는 가능성이 크기 때문에 자본시장법은 이들에 대해서는 내부자거래의 예방차원에서 특별한 규제를 하고 있다.

① 任員 · 主要株主의 所有狀況 報告制度 주권상장법인의 임원 또는 주요주주는 임원 또는 주요주주가 된 날부터 5일(대통령령으로 정하는 날은 산입하지 아니한

다) 이내에 누구의 명의로 하든지 자기의 계산으로 소유하고 있는 특정증권 등의 소유상황을, 그 특정증권 등의 소유상황에 변동이 있는 경우에는 그 변동이 있는 날부터 5일까지 그 내용을 대통령령으로 정하는 방법에 따라 각각 증권선물위원회와 거래소에 보고하여야 한다(자본시장법 제173조 제1항). 보고대상은 단기차액반환규제의 대상과 일치하도록 하여 주식뿐만 아니라 특정증권으로 하여 확대하고 있다. 증권선물위원회와 거래소는 보고된 보고서를 3년간 갖추어 두고, 인터넷 홈페이지 등을 이용하여 공시하여야 한다(자본시장법 제173조 제1항). 그리고 이 보고의무를 위반하여 보고를 하지 아니하거나 거짓으로 보고한 경우에는 1년 이하의 징역 또는 3천만원 이하의 벌금에 처하도록 하고 있다(자본시장법 제446조).

② 短期賣買差益返還 단기매매차익반환제도는 회사의 내부자가 회사증권을 6개월 내에 매매하여 얻은 이익은 내부정보를 이용하여 얻은 것인지 여부와 관계없이 무조건 회사에게 반환토록 하는 제도를 가리킨다(임재연, 「자본시장법」, 2010, 673쪽). 종래 증권거래법상의 제도에 대한 비판을 수용하여 자본시장법에서는 일부 새로이 규정하였다(증권연수원, 「자본시장과 금융투자업에 관한 법률 이해」, 2008, 242쪽). 주권상장법인의 임원(상법 제401조의2 제1항 각호의 자를 포함한다), 직원(직무상 제174조 제1항의 미공개중요정보를 알 수 있는 자로서 대통령령으로 정하는 자에 한한다) 또는 주요주주가 일정한 금융투자상품(그 법인이 발행한 증권, 이러한 증권과 관련된 증권예탁증권, 그 법인 외의 자가 발행한 것으로서 이러한 증권과 교환을 청구할 수 있는 교환사채권, 이러한 증권만을 기초자산으로 하는 금융투자상품)을 매수(권리행사의 상대방이 되는 경우로서 매수자의 지위를 가지게 되는 특정증권 등의 매도를 포함한다)한 후 6개월 이내에 매도(권리를 행사할 수 있는 경우로서 매도자의 지위를 가지게 되는 특정증권 등의 매수를 포함한다)하거나 특정증권 등을 매도한 후 6개월 이내에 매수하여 이익을 얻은 경우에는 그 법인은 그 임직원 또는 주요주주에게 그 이익(단기매매차익)을 그 법인에게 반환할 것을 청구할 수 있다. 이 경우 이익의 산정기준·반환절차 등에 관하여 필요한 사항은 대통령령으로 정한다(자본시장법 제172조 제1항). 해당 법인의 주주(주권 외의 지분증권 또는 증권예탁증권을 소유한 자를 포함한다)는 그 법인으로 하여금 자본시장법 제172조 제1항에 따른 단기매매차익을 얻은 자에게 단기매매차익의 반환청구를 하도록 요구할 수 있으며, 그 법인이 그 요구를 받은 날부터 2개월 이내에 그 청구를 하지 아니하는 경우에는 그 주주는 그 법인을 대위하여 그 청구를 할 수 있다(자본시장법 제172조 제2항). 그리고 증권선물위원회는 제1항에 따른 단기매매차익의 발생사실을 알게 된 경우에는 해당 법인에 이를

통보하여야 한다. 이 경우 그 법인은 통보받은 내용을 대통령령으로 정하는 방법에 따라 인터넷 홈페이지 등을 이용하여 공시하여야 한다(자본시장법 제172조 제3항). 한편 자본시장법 제172조 제2항의 청구에 관한 소를 제기한 주주가 승소한 경우에는 그 주주는 회사에 대하여 소송비용, 그 밖에 소송으로 인한 모든 비용의 지급을 청구할 수 있다(자본시장법 제172조 제4항). 자본시장법 제172조 제1항 및 제2항에 따른 권리는 이익을 취득한 날부터 2년 이내에 행사하지 아니한 경우에는 소멸한다(자본시장법 제172조 제5항). 이러한 내용은 임직원 또는 주요주주로서 행한 매도 또는 매수의 성격, 그 밖의 사정 등을 고려하여 소정의 규정으로 정하는 경우(자본시장법시행령 제198조) 및 주요주주가 매도·매수한 시기 중 어느 한 시기에 있어서 주요주주가 아닌 경우에는 적용하지 아니한다(자본시장법 제172조 제6항).

(마) **空賣渡禁止** 누구든지 증권시장에서 상장증권(소정의 법령으로 정하는 증권(자본시장법시행령 제208조 제1항)에 한한다)에 대하여 일정한 매도(공매도)(소유하지 아니한 상장증권의 매도, 차입한 상장증권으로 결제하고자 하는 매도)를 하거나 그 위탁 또는 수탁을 하여서는 아니 된다. 다만, 증권시장의 안정성 및 공정한 가격형성을 위하여 소정의 규정으로 정하는 방법(자본시장법시행령 제208조 제2항)에 따르는 경우에는 이를 할 수 있다(자본시장법 제180조 제1항). 그런데 자본시장법 제180조 제1항 본문에 불구하고 다음 각호의 어느 하나에 해당하는 경우에는 이를 공매도로 보지 아니한다(자본시장법 제180조 제2항). 1) 증권시장에서 매수계약이 체결된 상장증권을 해당 수량의 범위에서 결제일 전에 매도하는 경우, 2) 전환사채·교환사채·신주인수권부사채 등의 권리행사, 유·무상증자, 주식배당 등으로 취득할 주식을 매도하는 경우로서 결제일까지 그 주식이 상장되어 결제가 가능한 경우, 3) 그 밖에 결제를 이행하지 아니할 우려가 없는 경우로서 소정의 규정(자본시장법시행령 제208조 제3항)으로 정하는 경우.

(바) **詐欺的 行爲禁止** 자본시장법에서는 부정거래행위금지 내지 일반사기금지규정을 동법 제178조에서 도입하였다. 자본시장법에 좋은 제도를 두고 있다 하더라도 실제 거래에서는 부정행위가 발생할 가능성은 얼마든지 있다. 자본시장법에서는 금지행위별로 개별적인 규제를 하고 있기 때문에 규율하지 못하는 다양한 수법들이 이용될 수 있으므로 이에 대응하기 위하여 일반사기금지규정을 도입한 것이다. 이러한 일반사기금지규정은 다음의 특징이 있다(증권연수원, 「자본시장과 금융투자업에 관한 법률 이해」, 2008, 259쪽). 1) 적용요건상 목적성을 전제로 하지 않고 있다. 2) 시세조종규정이 공개시장에서의 행위에 대한 규제인 데 반하여 일반사기금지규정에 의한

규제는 공개시장은 물론, 장외시장에서의 거래도 포함된다. 3) 일반사기금지조항 위반으로 인하여 책임을 부담할 배상책임자의 범위에 대해 증권발행관련 부실공시나 내부자거래 내지 시세조종행위자의 책임과 달리 명시하고 있지 않아서 누구든지 동 규정의 적용대상자가 될 수 있다.

2) 銀行法上의 제한

은행법은 은행이 다른 금융기관의 주식 또는 타주식회사의 100분의 15를 초과하는 주식을 소유하지 못하도록 하는 한편(은행법 제37조 제 1 항), 산업자본이 은행을 지배하는 것을 막기 위하여 동일인이 금융기관의 의결권 있는 발행주식총수의 100분의 10을 초과하는 주식을 보유하지 못하도록 하고 있다(은행법 제15조 제 1 항).

3) 獨占規制法上의 제한

독점규제 및 공정거래에 관한 법률에 의하면 누구든지 직접 또는 특수관계인을 통하여 다른 회사의 주식을 취득(인수)함으로써 일정한 거래분야에서 경쟁력을 실질적으로 제한하는 경우에는 원칙적으로 그러한 주식취득을 할 수 없다(독점규제 및 공정거래에 관한 법률 제 7 조 제 1 항 제 1 호 · 제 5 호). 상호출자제한기업집단에 속하는 회사는 자기의 주식을 취득 또는 소유하고 있는 계열회사의 주식을 원칙적으로 취득 또는 소유할 수 없으며(독점규제 및 공정거래에 관한 법률 제 9 조 제 1 항), 다른 회사의 의결권 없는 주식을 제외한 발행주식총수의 100분의 20(주권상장법인의 경우는 100분의 15) 이상을 취득(인수)하는 경우에는 그 주식취득을 공정거래위원회에 신고하여야 한다(독점규제 및 공정거래에 관한 법률 제12조 제 1 항 제 1 호 · 제 4 호).

Ⅲ. 株式의 양도방법

1. 株券發行 전의 양도방법

주권발행 전에 주식을 양도함에 있어서는 당사자간의 단순한 의사표시만으로 할 수 있으며, 주금납입영수증이나 주식청약증거금영수증의 교부를 요건으로 하지 않는다. 주권발행 전의 주식양도는 원칙적으로 회사에 대하여는 효력이 없으나, 회사의 성립 후 또는 신주의 납입기일 후 6월이 경과하면 주권발행이 없어도 회사에 대하여 유효한 양도를 할 수 있다(제335조 제 3 항).

6월이 경과하기 전에 주권발행 없이 한 주식의 양도도 6월이 경과하면 회사에 대하여 유효하다고 해석하여야 한다. 이 경우 주식양수인은 주권을 소지하고 있지 않기 때문에 주주로 추정받지는 못한다(제336조 제 2 항 참조). 그렇지만 회사 이외의 제 3 자에 대하여는 양수인이 실질적인 주식양도사실로써 대항할 수 있다고 할 것이다.

2. 株券發行 후의 양도방법

(1) 株券의 交付

주권발행 후에 주식을 양도함에 있어서는 기명주식과 무기명주식 모두 주권의 교부에 의하여야 한다(제336조 제 1 항).

주권의 교부란 주권의 점유를 이전하는 것으로 현실의 인도가 원칙이지만 간이인도, 점유개정 그리고 반환청구권의 양도에 의할 수도 있다. 증권예탁결제제도에서는 계좌부상의 대체의 기재가 교부의 효력을 갖는다(증권거래법 제174조의3 제 2 항). 그러나 상속이나 회사의 합병 등 포괄승계에 의하여 주식이 이전하는 경우에는 법률상 당연히 이전효과가 생기며, 주권의 교부는 필요하지 않다.

이와 같이 주권발행 후의 주식양도에 있어서는 주권의 교부가 필요하므로 주권불소지의 신고를 한 주주가 주식을 양도하고자 하는 경우에는 회사에 주권의 발행을 청구하여야 한다(제358조의2 제 4 항).

기명주식의 양도도 주권의 교부에 의해 행해지는 결과 무기명주식이든 기명주식이든 모든 주권의 점유자는 그 주권의 점유 자체에 의하여 권리자로서의 외관을 갖게 되므로 적법한 소지인으로 추정되며, 그 권리를 다투는 자가 주권의 점유자의 무권리를 입증하여야 한다(제336조 제 2 항). 이를 주권의 자격수여적 효력이라고 한다.

(2) 株券의 預託決濟

한국예탁결제원에 예탁된 주식에 관하여 주식의 이전 및 담보권의 설정을 주권의 현실적 인도에 의하지 않고, 양도인 또는 담보권설정자의 계좌로부터 양수인 또는 담보권자의 계좌로의 약정수량의 대체(이기)에 의해 행하는 자본시장법상의 제도가 바로 증권예탁결제제도이다(물론 사채권도 해당된다). 대체결제업무를 맡아 보는 대체결제회사로 증권거래소의 전액출자에 의해 설립된 한국예탁결제원이 있다.

이 때 증권회사가 작성하게 되는 투자자계좌부와 한국예탁결제원이 작성하는 예탁자계좌부에 기재된 자가 각각 그 주권을 점유하는 것으로 보고, 주권의 양도 또는 질권설정을 위하여 이 장부에 대체의 기재가 있는 경우에는 주권의 교부가 있은 것과 동일한 효력이 있다(자본시장법 제311조 제 2 항).

3. 理事會의 承認을 요하는 경우의 양도방법

(1) 讓渡人에 의한 讓渡承認請求

1) 의 의

주식의 양도에 관하여 이사회의 승인을 받아야 하는 경우에는 주식을 양도하려는 주주는 회사에 대하여 서면으로 양도의 승인을 청구할 수 있는데, 이것을 양도승인의 청구라고 한다(제335조의2 제 1 항). 이것은 주식의 양도성의 제한으로 주식을 양도하려는 주주가 불이익을 입지 않도록 하기 위해서 1995년 개정법에서 신설된 것으로, 정관에 주식의 양도를 제한하는 내용을 정한 경우에도 주주의 투하자본회수의 길을 열어 주기 위하여 적법하게 주식을 양도하는 절차와 방법을 규정한 것이다.

2) 讓渡承認請求의 방법

주식을 양도하려는 주주는 회사에 대하여 양도의 상대방 및 양도하려는 주식의 종류와 수를 기재한 서면으로써 양도의 승인을 청구할 수 있다(제335조의2 제 1 항). 승인청구는 서면으로 할 것을 요구하고 있으므로 승인청구서에는 주주의 기명날인 또는 서명이 있어야 하고, 구두로 하는 승인청구는 그 효력이 없다.

3) 會社의 通知義務와 義務懈怠의 효과

회사는 주주의 양도승인의 청구가 있은 날로부터 1월 이내에 주주에게 그 승인여부를 서면으로 통지하여야 한다(제335조의2 제 2 항). 주식양도의 승인기관은 이사회이다. 그러므로 회사는 주주로부터 주식양도의 승인청구서를 받은 때에는 이사회를 소집하여 그 승인여부를 결정하여야 한다. 이사회의 승인은 주주가 양도한 주식의 전부에 대한 것이어야 하고, 일부는 승인하고 일부는 거부하는 것은 허용되지 않는다. 이사회의 승인은 정관에 다른 정함이 없는 한 이사 과반수의 출석과 출석이사 과반수의 결의로써 한다(제391조).

회사가 그 기간 내에 주주에게 거부의 통지를 하지 아니한 때에는 주식의 양도에 관하여 이사회의 승인이 있는 것으로 본다(제335조의2 제 3 항). 그러므로 회사가 주주의 주식양도의 청구를 받고도 1월 내에 이사회의 승인절차를 거쳐 거부의 통지를 서면으로 하지 않으면 주주가 청구한 대로 승인한 것으로 된다. 이것은 주식을 양도하고자 하는 주주의 권리를 보호하고자 하는 데 그 뜻이 있다.

(2) 讓渡相對方의 指定請求

1) 의 의

회사로부터 양도승인거부의 통지를 받은 주주는 회사에 대하여 양도의 상대방을 지정해 줄 것을 청구할 수 있는데, 이것을 양도상대방의 지정청구권이라 한다(제335조의2 제 4 항). 이것은 정관에 의한 주식의 양도성을 제한하면서도 주주의 회사에 대한 양도상대방의 지정청구권을 인정함으로써 주주로 하여금 주식양도에 있어서 상대방선택의 자유만을 제한하게 하였고, 결과적으로 예상 밖의 지분율변동을 방지하여 중소기업의 안정을 도모하자는 애초의 신설취지와 주식을 양도하여 투하자본을 회수하려는 주주의 이익을 조화하여 조정하는 역할을 하도록 한 것이다.

2) 理事會의 지정과 通知義務

주주가 양도의 상대방을 지정하여 줄 것을 청구한 경우에는 이사회는 이를 지정하고, 그 청구가 있었던 날로부터 2주간 내에 주주 및 지정된 상대방에게 서면으로 이를 통지하여야 한다(제335조의3 제 1 항). 이 경우 양도상대방을 지정하는 기관은 이사회이므로 이사회의 결의를 거쳐 상대방을 지정하고, 그 통지는 회사가 대표이사의 이름으로 하여야 한다. 그리고 양도상대방의 지정은 1인이든 2인 이상이든 상관이 없으나, 양도승인을 청구한 주식 전부에 대한 것이어야 한다. 통지서면에는 주주의 성명과 주소, 양도할 주식의 종류와 수 및 양도상대방으로 지정된 자의 성명과 주소 등이 기재되어 있어야 할 것이다.

3) 通知義務懈怠의 효과

이사회가 양도의 상대방지정청구를 받은 날로부터 2주간 내에 주주에게 상대방지정의 통지를 하지 아니한 때에는 주식의 양도에 관하여 이사회의 승인이 있는 것으로 본다(제335조의3 제 2 항). 여기서 이사회의 주식양도 승인이 누구에 대한 것이냐는 의문이 제기되는데, 그것은 주주가 청구한 양도상대방에 대한 이사회의 양도승인거부의 통지를 받고, 주주가 회사에 대하여 양도상대방을 지정해 주도록 청구한 것이기 때문이다. 그러나 주주는 회사가 양도상대방의 지정청구를 받은 날로부터 2주간 내에 그 지정의 통지를 하지 아니한 때에는 그 전에 주주가 청구한 양도상대방에 대한 이사회의 승인거부를 번복하여 그 승인이 있는 것으로 보아야 할 것이다.

이에 따라 주주는 양도상대방이 지정청구를 한 날로부터 2주간이 경과하도록 회사로부터 그 지정통지를 받지 못한 때에는 회사에 대하여 주식양도승인을 청구한 때의 상대방에 대하여 그 주식을 양도할 수 있다. 그리고 만일 그 상대방이 이전에 이사회의 승인거부가 있었다는 이유로 주식을 양도받지 않겠다고 거부한 경우에는 주주는 회사에 대하여 그 소유주식의 매수를 청구할 수 있다(제335조의3 제 4 항).

(3) 指定된 者의 先買權

1) 의　　의

주식양도의 상대방으로 지정된 자는 지정통지를 받은 날로부터 10일 이내에 지정청구를 한 주주에 대하여 서면으로 그 주식을 자기에게 매도할 것을 청구할 수 있는데, 이것을 지정된 자의 선매권이라고 한다(제335조의4 제 1 항). 주식매수인으로 지정된 자는 주주에 대하여 그 주식을 자기에게 매도할 것을 청구하여 매매의 절차를 밟을 필요가 있다. 주식매수인으로 지정된 지는 반드시 그 주식을 매수하여야 할 의무를 지는 것은 아니지만, 회사가 사전에 당사자의 의사를 물어 그 동의를 받아 지정한 경우에는 피지정자는 그 주식을 매수할 계약상의 의무가 있다고 보아야 한다.

2) 청구기간과 방법

주식매수를 지정받은 자의 주식매도의 청구는 이사회의 지정통지를 받은 날로부터 10일 이내에 서면으로 하여야 한다. 피지정자는 회사로부터 통지받은 주주에게 그 주식을 양도받을 의사가 있음을 서면으로 통지하여야 하고, 그 청구서를 10일 이내에 양도승인을 청구한 주주에게 보내지 아니한 때에는 피지정자가 주식매수를 포기한 것으로 보아 주주는 회사에 대하여 주식매수청구권을 행사할 수 있다.

3) 청구의 효과

피지정자가 주식매수를 청구한 때에는 주주와의 사이에 주식매매계약이 성립한다. 이것은 주주가 이사회에 대하여 양도상대방을 지정청구한 것이 바로 이사회가 지정한 자에게 주식을 팔겠다는 것을 청약한 것이고, 그 피지정자가 주식매도를 청구한 것을 승낙으로 볼 수 있기 때문이다. 그러므로 주주는 피지정자로부터 주식매도의 청구를 받은 때에는 당사자의 협의 등을 통하여 결정된 매도가격을 바탕으로 산정된 주식의 대금을 받고 피지정자에게 그 주식을 양도하여야 한다.

4) 株式賣買價額의 결정

㈎ 당사자의 협의에 의한 賣渡價額의 결정　이사회에서 주식양도의 상대방으로 지정된 자가 주식매도를 청구한 경우에 그 주식의 매도가액은 주주와 그 상대방인 매수청구인 사이의 협의에 따라 결정하는 것이 원칙이다(제335조의5 제1항 본문). 그러므로 피지정자의 주식매도청구가 있는 경우에 당사자 사이에 그 가액에 대한 협의가 이루어진 때에는 그것이 주식의 매도가액으로 된다.

㈏ 협의가 이루어지지 아니한 경우의 賣渡價額의 결정　주주가 매도청구인인 피지정인으로부터 서면으로 매도청구를 받은 날부터 30일 이내에 매도가액 결정에 관한 협의가 이루어지지 않은 경우, 주주 또는 매도청구인은 법원에 대하여 매도가액의 결정을 청구할 수 있으며(제335조의5 제2항, 제374조의2 제4항), 법원은 매도가액 결정시 회사의 재산상태 그 밖의 사정을 참작하여 공정한 가액으로 이를 선정하여야 한다(제335조의5 제2항, 제374조의2 제5항).

(4) 株式買受請求權

1) 의　의

회사가 정관으로 이사회의 승인을 얻어 주식을 양도하도록 한 경우에 주주가 상대방에 대한 주식의 양도의 승인을 얻지 못할 때에 회사에 대하여 양도의 상대방의 지정 또는 그 주식의 매수를 청구할 수 있는데, 그 주식의 매수를 청구할 수 있는 권리가 바로 주주의 주식매수청구권이다(제335조의6). 이것은 주식회사는 자본회사로서 인적회사와 같은 사원의 퇴사제도가 인정되지 않으므로, 주식양도의 제한이 있는 경우에도 주식을 양도하고자 하는 주주로 하여금 투하자금을 회수할 수 있도록 보장하기 위한 것이다.

2) 買受請求權行使의 요건

주주가 주식매수청구권을 행사하기 위하여는 회사가 정관으로 주식을 이사회의 승인을 얻어 양도하도록 제한하고 있는 경우에, 첫째 주주의 양도상대방에 대한 주식양도의 승인청구를 회사가 거부하였어야 하고, 둘째로 주주는 양도승인거부의 통지를 받은 날로부터 20일 이내에 회사에 대하여 그 주식의 매수를 청구하여야 한다(제335조의2 제4항). 주식매수청구는 서면으로 하여야 한다. 그러므로 주주가 그 거부의 통지를 받은 날로부터 20일이 경과하도록 회사에 대하여 양도상대방의 지정 또는 주식매수청구를 하지 아니한 때에는 주식양도를 포기한 것으로 보고, 그 주식매수청구권을 행사할 수 없다. 다만 주주가 회사에 대하여 주식의 양도상대방의 지정청구를 하여 회사가 그 상대방을 지정하였으나 지정된 자가 지정통지를 받은 날로부터 10일 이내에 주식의 양도를 서면으로 청구하지 아니한 때에는 회사에 대하여 주식매수청구권을 행사할 수 있다.

3) 株式買受의 시기와 買受價額의 결정

주식매수의 시기와 매수가액에 대하여는 반대주주의 주식매수청구권에 관한 제374조의4 제 2 항 내지 제 4 항을 준용하고 있다. 이에 따라 회사는 주주로부터 주식매수의 청구를 받은 날로부터 2월 이내에 그 주식을 매수하여야 한다(제374조의2 제 2 항). 그리고 주식의 매수가액은 회사와 주주 사이의 협의에 의하여 결정하는 것이 원칙이고, 그 협의가 이루어지지 아니한 경우에는 매수의 청구를 받은 날부터 30일 이내에 회사 또는 주식의 매수를 청구한 주주는 법원에 대하여 매수가액의 결정을 청구할 수 있다(제374조의2 제 3 항 · 제 4 항).

⑸ 讓受人에 의한 取得承認請求

1) 의　　의

회사가 정관에 의하여 이사회의 승인을 얻어 주식을 양도하도록 제한한 경우에 주주가 그 소유주식을 양도하고자 하는 때에는 그 승인절차를 밟아 이를 양도하여야 한다. 그러나 주주가 그러한 승인절차를 거치지 아니하고 주식을 양도한 경우에 당사자 사이의 주식양도의 효력은 있다 하더라도 그 주식양수인이 회사에 대하여 주주로서의 권리를 행사하기 위하여는 이사회의 승인을 얻어야 한다. 여기에서 상법은 주식매수인에 의한 주식취득의 승인을 회사에 대하여 청구할 수 있도록 하였다(제335조의7 제 1 항).

주식양수인은 주주로부터 주식을 매수하였거나 증여를 받은 자이고, 상속이나 회사의 합병에 의하여 주식을 포괄적으로 승계한 자는 이에 포함되지 않는다. 그리고 주식양수인의 주식취득은 주주로부터 매매 또는 증여에 의하여 그 주식을 직접 취득하였거나, 그 담보권의 실행으로 경매 등의 절차를 밟아 취득하였거나 그 취득원인은 문제되지 아니한다,

2) 承認請求의 방법과 절차

주식양수인은 회사에 대하여 그가 취득한 주식의 종류와 수를 기재한 서면으로

그 승인을 청구하여야 하며, 이 경우 양수인에 의한 주식취득의 승인절차는 주주가 청구한 경우와 마찬가지로 다루고 있다(제335조의7 제2항). 그리하여 양수인이 그 주식취득의 승인을 청구한 때에는 회사는 이사회의 결의를 거쳐 승인여부를 결정하여 그 청구가 있는 날로부터 1월 이내에 그 승인여부를 서면으로 통지하여야 하고, 그 기간 내에 그 통지를 해태한 경우에는 그 주식취득을 승인한 것으로 본다(제335조의2 제2항·제3항).

양수인이 회사로부터 주식취득의 승인을 거부하는 통지를 받은 때에는 주주의 지위를 얻을 수 없으므로 그 주식을 양도하여야 한다. 이에 따라 그 주식양수인은 그 통지를 받은 날부터 20일 내에 회사에 대하여 양도의 상대방의 지정 또는 주식의 매수를 청구할 수 있고, 상대방의 지정청구의 방법과 효과, 지정된 자의 선매권 및 매수가액의 결정에 관한 규정이 그대로 준용된다(양승규, 「상법개정안 해설」(손주찬 외 6인 공저), 1995, 86쪽 아래 참조).

Ⅳ. 株式讓渡의 對抗要件

1. 總　說

회사에 대한 주식양도의 대항요건은 양도방법과 마찬가지로 주식의 양도가 주권발행 전에 이루어졌는가, 또는 주권발행 후에 이루어졌는가에 따라 다르다.

주권발행 전에 이루어진 주식의 양도는 지명채권양도방식인 당사자간의 의사표시만으로 행하여지므로 양도의 사실을 회사에 통지하거나 양도에 대한 회사의 승낙을 얻어야만 회사에 대항할 수 있다고 본다(민법 제450조 참조).

주권이 발행된 뒤에 하는 주식의 양도는 다시 그 주권이 기명식이냐, 무기명식이냐에 따라 다르다. 먼저 무기명주식인 경우에는 주권의 교부에 의해 그 주식이 확정적으로 양수인에게 이전하므로 따로 회사에 대한 대항요건은 필요하지 않다. 그러나 기명주식인 경우에는 그 양도는 주권의 교부에 의하여 성립되어 양수인이 주주가 되지만, 회사에 대하여 그 주식의 이전을 대항하기 위하여는 주주명부에 취득자의 성명과 주소를 기재하여야 한다(제337조 제1항). 이와 같이 주주명부에 취득자의 성명과 주소를 기재하는 것을 명의개서라 한다.

2. 名義改書

(1) 意 義

주식이 양도된 경우에 취득자의 성명과 주소를 주주명부에 기재하는 것을 명의개서라고 한다. 명의개서는 기명주식을 양도하는 경우에 회사에 대항하는 방법이다(제337조 제 1 항).

(2) 절 차

회사에 대한 명의개서의 청구는 주식의 양수인이 단독으로 할 수 있고 양도인의 협력을 필요로 하지 않는다(대판 1992. 10. 27, 92 다 16386). 그리고 양수인이 주권의 교부를 받은 때에는 주권의 점유만으로 적법한 소지인으로 추정(제336조 제 2 항)되어 실질적 권리자임을 따로 증명함이 없이 주권의 제시만으로 명의개서를 청구하면 정당한 사유가 없는 한 명의개서를 거절할 수 없다.

회사가 정당한 사유 없이 명의개서를 거절한 때에는 주식취득자는 회사에 대하여 명의개서청구의 소를 제기할 수 있다. 주주명부의 폐쇄기간중에는 명의개서를 청구하지 못하여, 회사도 명의개서를 해 줄 수 없다(제354).

적법한 청구가 있으면 회사는 지체없이 명의개서를 하여야 한다. 수인이 주식을 공유하는 경우에는 공유자 전원의 성명을 주주명부에 기재하여야 하고, 회사 또는 법인이 주주인 경우에는 그 법인명만을 기재하면 된다.

(3) 효 력

명의개서의 효력은 회사가 이를 수리한 때에 발생한다. 회사가 명의개서의 청구를 수리하고 과실로 주주명부에 이를 기재하지 않았더라도 관계 없다. 기명주식의 취득자의 성명과 주소가 주주명부에 기재(명의개서)되면 그로부터 회사에 대한 관계에서는 주주명부에 주주로 기재된 자가 주주권을 행사할 수 있다. 그리고 기명주식을 양수하여 실질적 권리자가 된 자도 명의개서를 하지 않으면 회사에 대항하지 못한다(제337조 제 1 항). 그리하여 회사와의 관계에 있어서는 주주명부에 주주로 기재된 자가 그 실질적 권리자임을 증명하지 않고도 주주권을 행사할 수 있고(자격수여적 효력 또는 권리추정력), 또한 회사는 주주명부에 기재된 자에게 권리의 행사를 인정하면 그가 진정한 주주가 아니더라도 책임을 면한다(면책적 효력).

3. 名義改書代理人

(1) 意 義

명의개서대리인의 자격은 자본시장법 제294조 제 1 항의 한국예탁결제원 및 같은 법 제365조 제 1 항에 따라 금융위원회에 등록한 주식회사로 한다(상법시행령 제 4 조).

주식의 명의개서는 이를 회사의 본점에서 하는 것이 원칙이지만(제396조 제 1 항), 상법은 회사가 정관으로 명의개서대리인을 둘 수 있도록 하는 규정을 둠으로써 상장회사에만 둘 수 있었던 명의개서대리인제도를 모든 주식회사에 일반화하였다(제337조 제 2 항). 기명사채의 경우에도 명의개서대리인을 둘 수 있다(제479조 제 2 항).

회사가 명의개서대리인을 둔 때에는 그 상호 및 본점소재지를 등기하여야 하고(제317조 제 2 항 제11호), 또한 주식청약서 · 신주인수권증서 · 사채청약서 등에는 성명과 주소 및 영업소를 기재하여야 한다(제302조 제 2 항 제10호, 제420조 제 2 호, 제420조의2 제 2 항 제 2 호, 제474조 제 2 항 제15호).

(2) 權 限

회사가 명의개서대리인을 둔 때에는 주주명부나 사채원부 또는 그 복본을 명의개서대리인의 영업소에 비치할 수 있다(제396조 제 1 항 제 2 문). 주주명부의 원본을 명의개서대리인의 영업소에 비치한 경우에는 그 곳에서 명의개서를 하면 되고, 주주명부의 복본만 비치한 경우에도 그 복본에 주식취득자의 성명과 주소를 기재하면 명의개서한 것으로 본다(제337조 제 2 항 제 2 문).

명의개서대리인은 명의개서의 대행 외에도 주주총회의 소집통지, 배당금의 지급, 주권 및 사채권의 발행, 신주권의 교부 등 주주명부와 관계있는 전반적인 사무를 위탁받아 처리하는 것이 보통이다.

(3) 責 任

명의개서대리인이 정당한 사유 없이 명의개서를 거절하거나 주주명부 또는 그 복본에 기재하여야 할 사항을 기재하지 않거나 또는 부실한 기재를 한 때에는 500만원 이하의 과태료에 처해진다(제635조 제 1 항 제 7 호 · 제 9 호). 또한 회사 그리고 주주 기타 제 3 자에게 손해를 입힌 때에는 민법의 일반원칙에 따른 손해배상책임을 진다(민법 제680조, 제681조, 제756조).

V. 株券의 善意取得

1. 意 義

주식의 양도는 주권의 교부에 의해 행해지며 주권의 점유자는 적법한 소지인으로 추정되고 있으므로(제336조 제 2 항), 이러한 권리자로서의 외관을 신뢰하여 무권리자로부터 주권을 취득한 자는 주권, 즉 주식의 권리자가 될 수 있다(제359조). 이를 주권의 선의취득이라 한다.

주권의 선의취득제도는 어음·수표의 선의취득과 마찬가지로 민법상의 선의취득제도를 강화한 것으로 주권의 유통성을 증대시키기 위한 것이다.

2. 要 件

(1) 주권이 유효한 것이어야 한다. 주권의 효력발생시기에 관하여 교부계약설을 취하는 입장에서는 회사가 주권을 작성하여 진정한 주주에게 교부하기 전에 주권을 상실한 때에는 선의취득이 인정되지 않는다.

(2) 종래의 통설은 양도인이 무권리자(주권을 습득하거나 보관하는 자, 절취한 자)인 경우에 한하여 선의취득을 인정하였다(서돈각·이철송). 그러나 증권회사 등에 의한 주권의 예탁과 대리인에 의한 주권의 처분이 널리 행해지는 현상황에서는 무권리자인 경우 외에 적어도 무권대리·무처분권의 경우까지만 인정하는 설(정동윤)에서 이제는 더 나아가서 수표법 제21조의 "사유의 여하를 불문하고"라는 표현을 넓게 해석하여 무권대리 및 의사표시의 하자의 경우까지 선의취득을 인정하여야 한다고 보는 견해도 있고, 이보다 더 나아가 무능력까지도 선의취득을 인정하자는 견해가 있다(최기원).

(3) 주식의 양도에 의하여 주권을 취득한 경우라야 한다. 따라서 상속, 회사의 합병 등 포괄승계에 의한 경우에는 선의취득이 인정되지 않는다. 그리고 주식의 양도에는 주권의 교부가 있어야 하는데, 현실의 인도 이외에 간이인도, 반환청구권의 양도에 의한 취득의 경우에만 선의취득을 인정하고 점유개정의 경우에는 이를 인정하지 않는 것이 통설이고 판례이다.

(4) 주권취득자에게 악의 또는 중대한 과실이 없어야 한다. 따라서 주권의 취득자가 양도인의 무권리·무권대리·무처분권 및 의사표시의 하자를 몰랐거나 알지 못한 데 대하여 중대한 과실이 없어야 한다. 그런데 주권의 점유자는 적법한 소지인으로 추정되므로 주권의 취득자는 자기의 선의·무중과실을 입증할 필요가 없고, 주권

의 반환을 청구하는 자가 주권취득자의 악의·중과실을 입증할 책임을 진다(제336조 제 2 항 참조). 악의·중과실의 유무를 판단하는 시점은 주권을 취득한 때이다.

3. 效 果

주권을 선의취득한 자는 주식에 대한 권리를 취득하여 주주가 되며(제359조; 수표법 제21조), 그 주권을 반환할 필요가 없다. 상대적으로 원권리자는 주주권을 상실하며, 이에 따른 질권 등의 담보권도 역시 소멸한다. 질권 기타 주식을 담보로 하는 권리도 상법 제359조에 따라 선의취득할 수 있다.

제 5 관 株式의 擔保

Ⅰ. 意 義

주식은 재산적 가치를 가질 뿐만 아니라, 양도가 가능하므로 담보의 대상이 될 수 있다. 상법은 주식의 담보방법으로 주식의 입질에 관하여 규정하고 있으나 실제 거래계에서는 주식의 양도담보가 더 많이 이용되고 있다.

Ⅱ. 株式擔保化自由의 원칙과 그 제한

주식의 담보화는 원칙으로 자유이지만(제335조 제 1 항 본문 참조), 다음과 같은 제한이 있다.

(1) 회사는 발행주식총수의 20분의 1을 초과하여 자기주식을 질권의 목적으로 받지 못한다(제341의2조 본문)(자기주식의 질취제한).

(2) 권리주 및 주권발행 전의 주식의 입질 또는 양도담보는 당사자들 사이에서는 유효하지만 회사에 대하여는 효력이 없다. 따라서 회사에 대하여 질권 또는 양도담보권의 등록을 청구할 수 없다(제319조, 제425조 제 1 항, 제335조 제 3 항 본문). 다만 회사의 성립 후 또는 신주의 효력발생 후 6월이 경과한 때에는 그러하지 아니하다(제335조 제 3 항 단서).

Ⅲ. 株式의 擔保方法

주식의 담보방법에는 주식의 입질과 양도담보의 두 가지 방법이 있는데, 이는 담보권자를 주주명부에 등록하느냐 않느냐에 따라 다시 등록질·약식질, 그리고 등록양도담보·약식양도담보로 구분된다. 그리고 증권회사 또는 한국예탁결제원에 주권이 예탁된 주식의 담보설정은 투자자계좌부나 예탁자계좌부에의 대체의 기재에 의한다(자본시장법 제311조 제 2 항).

1. 株式의 入質

주식의 입질은 질권의 목적이 되는 주식이 기명주식이냐, 무기명주식이냐에 따라 질권설정방법이 달라진다.

(1) 記名株式의 경우

기명주식의 입질방법으로는 약식질과 등록질이 있는데, 등록질은 절차가 번거롭고 질권설정의 사실이 공표되게 되므로 실제로는 거의 이용되지 않는다.

1) 略 式 質

약식질은 당사자간에 있어서 질권설정의 합의와 질권자에 대한 주권의 교부에 의하여 성립한다. 주권의 교부는 현실의 인도뿐만 아니라, 간이인도나 목적물반환청구권의 인도에 의할 수 있으나, 다만 점유개정에 의한 인도는 민사질에 관하여 이를 금하는 민법상의 원칙(민법 제332조)을 유추적용하여 허용되지 않는다고 본다. 질권자가 그 질권을 가지고 제 3 자, 특히 회사에 대항할 수 있기 위하여는 주권의 계속점유가 필요하다(제338조).

2) 登 錄 質

등록질은 약식질의 요건 외에 다시 회사가 질권설정자의 청구에 의하여 질권자의 성명과 주소를 주주명부에 부기하고 그 성명을 주권에 기재하는 방법에 의하여 성립한다(제340조 제 1 항). 상법은 주권에도 질권자의 성명을 기재하는 것을 요하나 그 기재가 없어도 질권은 성립한다(통설). 그리고 한국예탁결제원에 예탁한 주식을 입질하는 경우에는 주주명부에 기재하는 대신에 투자자계좌부 및 예탁자계좌부에 질권설정의 대체기재를 하게 된다(자본시장법 제311조 제 2 항).

등록질권자는 회사와의 관계에서는 자신의 실질적 권리를 증명할 필요없이 질권자로서의 권리를 행사할 수 있다. 그러나 회사 이외에 제 3 자에게 질권을 가지고 대항하기 위해서는 주권을 계속 점유하여야 한다(제338조 제 2 항).

(2) 無記名株式의 경우

무기명주식의 경우에는 주주명부에 주주의 성명 · 주소 등의 기재가 없으므로 등록질은 있을 수 없고 약식질에 의할 수밖에 없다.

무기명주식은 무기명채권에 준하는 것으로 질권설정의 효력은 질권설정의 합의와 주권의 교부에 의하여 발생한다(민법 제351조). 그리고 제 3 자에 대한 대항요건은 주권의 계속적 점유이다(제338조).

2. 株式의 讓渡擔保

주식의 양도담보란 채무의 변제가 없는 때에는 주식을 처분하여도 좋다는 뜻의 약정을 하여, 주권을 교부하는 방법으로 기명주식과 무기명주식 모두에 대해 인정된다.

기명주식의 양도담보에는 기명주식의 입질에 약식질과 등록질이 있음에 대응하여 약식양도담보와 등록양도담보가 있다. 전자는 담보권설정자가 담보권자에게 담보의 목적인 주권을 교부하고(제336조 제 1 항 참조) 담보권자가 이를 계속하여 점유하는 경우이고, 후자는 주권의 교부 외에 주주명부상으로도 담보권자의 명의로 개서하는 경우이다(제337조 제 1 항 참조).

그리하여 질권설정과 양도담보 모두 약식으로 행해지는 경우에는 단순한 주권의 교부로 족하므로 방식에 있어 차이가 없어 양자의 구별이 곤란하다. 이 때에는 당사자의 의사에 따라 판단할 일이지만, 당사자의 의사가 명확하지 않은 때에는 거래관행 및 담보권실행의 용이함을 고려하여 담보권자에게 유리한 양도담보로 추정하여야 한다(동지: 정동윤 · 정찬형).

3. 自己株式의 質取制限

(1) 意　　義

상법은 회사가 자기주식을 질권의 목적으로 취득하는 것을 원칙으로 허용하고, 다만 수량면에서 이를 제한하고 있다. 즉 회사는 발행주식총수의 20분의 1을 초과하는 자기주식을 질권의 목적으로 받지 못한다(제341조의2 본문). "질권의 목적으로"라 함은 자기주식의 질권자가 되는 것뿐만 아니라, 널리 담보로 잡는 것, 즉 양도담보의 목적으로 하는 것도 포함한다고 보아야 한다.

이것은 회사로 하여금 일정한 범위 내에서 자기주식을 담보로 취득하는 것을 가능하게 함과 동시에 자기주식취득의 금지를 일탈하는 수단으로 자기주식을 질취하는 것을 막기 위한 것이다. 상법 제341조의2는 자기주식의 질취(質取), 즉 담보에 관한 것이므로 매도담보와 같이 실질적으로 자기주식의 취득으로 볼 수 있는 경우에는 발행주식총수의 20분의 1 이내이더라도 자기주식취득의 금지규정(제341조)에 의하여 금지되는 것으로 해석하여야 한다.

그러나 자회사가 모회사주식을 질취하거나 양도담보에 의하여 취득하는 데는 아무런 제한이 없다(제342조의2 참조).

⑵ 違反의 효과

회사가 발행주식총수의 20분의 1을 초과하여 자기주식을 질취한 경우에 그 초과부분의 질취가 유효한가? 이에 관해서는 1) 자기주식의 취득의 경우와 같이 절대적으로 무효라는 설(서돈각·최기원), 2) 원칙적으로는 무효이지만 질권설정자가 선의인 때에는 무효를 주장할 수 없다는 설(상대적 무효설)(정찬형), 3) 상법이 자기주식의 질취 자체는 허용하면서 수량면에서만 제한하고 있고, 이를 무효로 하면 회사에 불리하므로 유효로 보아야 한다는 설(유효설)(정동윤·손주찬·정찬형) 등이 있다. 악의의 질권설정자까지 보호할 필요가 없고 회사에 많은 폐해를 야기할 수도 있어 이를 제한하는 입법취지를 생각할 때 무효설이 타당하다.

이사가 회사의 계산으로 부정하게 그 주식을 질취(質取)한 때에는 벌칙의 제재가 있다(제625조 제 2 호). 수량면에서의 제한을 초과하여 질취한 자기주식의 처분에 대해 상법은 명문규정을 두고 있지 않은데, 적법한 질취(제341조의2 단서)의 경우에 대한 규정(제342조)을 유추해서 그 질권을 상당한 기간 내에 처분하여야 한다고 해석한다.

⑶ 制限의 예외

자기주식을 질취함에 있어서 수량면에서의 제한을 받지 않는 예외로는 다음의 두 가지 경우가 있다. 1) 회사의 합병 또는 다른 회사의 영업 전부의 양수로 인한 때, 2) 회사의 권리를 실행함에 있어서 그 목적을 달성하기 위하여 필요한 때 등이다(제341조의2 단서, 제341조 제 2 호·제 3 호).

Ⅳ. 擔保權者의 權利

주식질권자에게는 민법상 질권에 인정되는 유치권(민법 제355조, 제335조)·우선변제권(민법 제329조)·전질권(민법 제336조)이 인정된다. 그 밖에 물상대위권도 인정되는데, 상법은 특히 주식의 소각·병합·분할, 회사의 합병, 준비금의 자본전입, 신주발행의 무효 등으로 인하여 주주가 받을 금액이나 주식에 대하여도 물상대위의 효력이 미친다고 하고 있다(제339조, 제432조 제 1 항, 제461조 제 6 항, 제530조 제 4 항, 제601조 제 1 항, 제604조 제 4 항). 이러한 권리는 주식의 양도담보권자에게도 마찬가지로 인정된다.

그런데 물상대위권의 행사와 관련하여 등록질·등록양도담보의 경우에는 담보권자가 회사에 대하여 직접 금전의 지급 또는 주권의 인도를 청구할 수 있으나(제340조), 약식질·약식양도담보에 관하여는 상법에 아무런 규정이 없어 어떻게 해석할 것인지가 문제된다. 이에 대해서는 담보권자는 회사로부터 직접 금전 또는 주권을 받지는 못하며, 민법의 일반원칙(제355조, 제342조)에 따라 목적물이 주주에게 지급 또는 인도되기 전에 압류하여야 한다는 견해와 이익배당·주식배당·준비금의 자본전입에 의한 신주의 무상교부와 같이 주주명부상 주주에게 회사가 직접 목적물을 지급 또는 인도하는 경우에만 그 지급이나 인도 전에 압류를 하여야 한다고 해석하는 견해로 나뉜다. 후설이 타당하다.

이익배당청구권, 잔여재산분배청구권 및 신주인수권과 같은 자익권에 담보권의 효력이 미치는지 여부도 문제된다. 등록질의 경우에는 질권의 효력이 이익배당청구권 등에도 미친다는 것이 명문으로 규정되어 있으므로(제340조 제 1 항·제 2 항), 등록양도담보의 경우에도 마찬가지라고 해석된다. 그리고 약식질·약식양도담보의 경우에도 이익배당청구권에 담보의 효력이 미치는지가 문제인데, 이익배당금을 주식의 법정과실 또는 이에 준하는 것으로 보아 여기에도 담보의 효력이 미친다고 해석하여야 한다는 설, 즉 긍정설이 타당하다고 본다(동지: 정동윤·최기원·정찬형).

그리고 잔여재산분배청구권에 관하여는 상법은 등록질의 경우에만 질권의 효력이 여기에도 미친다는 것을 명문으로 규정하고 있지만(제340조 제 1 항), 잔여재산분배청구권은 회사의 해산시 주식의 변형물에 불과하므로 약식질 그리고 양도담보의 경우에도 담보권의 효력이 이에 미친다고 본다(통설).

다음으로 담보권의 효력이 신주인수권에도 미치는가에 관하여 상법은 아무런 규정도 두고 있지 않으며, 이에 관하여는 학설이 대립하고 있다. 발행신주의 주가와 액면금액과의 차액으로 계산되는 신주인수권의 가치는 신주발행에 의하여 하락한 구주의 가치의 일부이며, 따라서 담보권자의 이익을 보호하기 위해 신주인수권에도 담보의 효력이 미친다고 보는 긍정설에 찬성한다(동지: 정동윤).

한편 주식의 담보는 주식이 지닌 재산적 가치를 채권의 담보에 이용하는 것을 목적으로 하는 것이므로 의결권을 비롯한 공익권은 담보권설정자인 주주가 이를 행사할 수 있다.

제 6 관 株式의 消却

Ⅰ. 意　　義

주식의 소각이란 회사의 존속중 발행주식의 일부를 절대적으로 소멸시키는 것을 목적으로 하는 회사의 행위이다. 주식 일부를 소멸시킨다는 점에서 주식 전부를 소멸시키는 회사의 해산과 다르고, 주식은 소멸시키지 않고 이를 표창하는 주권만 무효로 만드는 제권판결(제360조)과도 다르다.

Ⅱ. 種　　類

주식의 소각으로는 자본감소의 규정에 따라 하는 소각과 주주에게 배당할 이익으로 하는 소각이 있다(제343조 제 1 항). 후자는 다시 정관에 의한 이익소각(제343조 제 1 항 단서)과 주주총회의 결의에 의한 주식소각(제343조의2), 그리고 상환주식의 상환(제345조)으로 나누어진다. 여기에서는 정관에 의한 이익소각과 주주총회의 결의에 의한 주식소각에 대해서만 살펴본다.

Ⅲ. 利益消却

1. 意　　義

회사는 정관에 정하는 바에 의하여 주주에게 배당할 이익으로 주식을 소각할 수 있다(제343조 제 1 항 단서). 이는 일정기간 후에는 경제적 가치를 상실하게 되는 회사에서 해산에 따른 청산절차를 간단히 하기 위해 이용된다.

2. 要　件

(1) 정관에 이익소각의 뜻과 방법을 구체적으로 규정하여야 한다(제343조 제 1 항 단서). 이 경우의 정관은 원시정관뿐만 아니라, 변경정관도 포함한다.

(2) 소각은 주주에게 배당할 이익, 즉 대차대조표의 순재산액에서 자본과 준비금의 전액을 뺀 잔액에 의하여서만 할 수 있다. 이익은 당해연도의 이익에 한하지 않으며 임의준비금도 이에 포함된다. 이것도 주주에게 배당할 수 있는 이익이기 때문이다.

(3) 위 정관의 규정을 등기하고(제317조 제 2 항 제 6 호) 또한 주식청약서와 신주인수권증서에 기재하여야 한다(제302조 제 2 항 제 7 호, 제420조 제 2 항, 제420조의2 제 2 항 제 2 호).

3. 方法 및 節次

소각방법에는 임의소각과 강제소각의 두 가지가 있다. 임의소각은 회사와 주주간의 자유로운 계약, 예컨대 매매 · 교환 · 증여 등에 의하는 것이고, 강제소각은 회사가 주주의 의사를 묻지 않고 특정한 주식을 취득하여 이를 소멸시키는 것이다. 어느 방법에 의하거나 회사는 주주평등의 원칙에 따라 모든 주주를 평등하게 취급하여야 한다.

강제소각의 경우에 회사는 1개월 이상의 기간을 정하여 소각의 뜻과 이 기간 내에 주권을 회사에 제출할 것을 공고하고, 주주명부에 기재된 주주 및 등록질권자에게는 개별적으로 통지하여야 한다(제343조 제 2 항, 제440조). 소각은 위의 기간이 만료하는 때에 효력을 발생한다(제343조 제 2 항, 제441조).

임의소각의 경우에는 회사가 일시 자기주식을 취득하나 주식실효의 절차를 밟아야 하며, 그 때에 소각의 효력이 발생한다(제342조 참조).

4. 效　果

소각에 의해 그 주식은 절대적으로 소멸하며, 소각된 주식수만큼 회사의 발행주식총수가 감소한다. 그러나 배당가능이익으로 소각하기 때문에 자본의 감소는 생기지 않는다. 따라서 회사채권자의 보호가 필요하지 않다. 이 경우에는 자본과 주식의 관련(제451조)이 절단된다.

그러나 소각된 주식에 관하여는 이미 이사회가 주식의 발행권을 행사하였기 때문에 소각된 수만큼의 신주를 재발행할 수는 없다.

Ⅳ. 株主總會의 決議에 의한 株式消却

1. 意 義

2001년 개정상법은 회사는 주가관리 등의 재무관리를 위하여 제343조의 규정에 의하는 이익소각 외에 정기총회의 특별결의로 배당가능이익의 한도 안에서 주식을 매수하여 이를 소각할 수 있도록 하고 있다. 상법 제343조에 다른 이익소각은 원시정관이나 변경정관(통설은 총주주의 동의에 의한 변경정관만을 인정)에 근거규정이 있어야만 하므로 현실적으로 재무관리 차원에서 회사가 이익소각제도를 이용하기가 어려웠다는 점을 감안한 제도로 볼 수 있다.

2. 要 件

(1) 정기총회에서 주식소각에 관한 특별결의가 있어야 한다(제343조의2 제 1 항). 이 때 총회의 결의에서는 매수할 주식의 종류, 총수, 취득가액의 총액 및 주식을 매수할 수 있는 기간을 정하여야 한다(제343조의2 제 2 항).

(2) 배당가능이익(제462조 제 1 항)이 존재하여야 하고, 매수할 수 있는 주식의 취득가액의 총액이 배당가능이익을 초과해서는 안 된다(제343조의2 제 3 항).

(3) 당해 영업연도의 결산기에 배당가능이익이 존재할 것으로 예상되어야 한다. 따라서 대차대조표상의 순자산액이 배당가능이익에 미지지 못할 우려가 있는 때에는 주식의 매수를 하여서는 아니 된다(제343조의2 제 5 항). 당해 영업연도의 결산기에 대차대조표상의 순자신액이 배당가능이익에 미지지 못함에도 불구하고 회사가 주식을 매수하여 소각한 경우 이사는 회사에 대하여 연대하여 그 미치지 못한 금액을 배상할 책임이 있다(제343조의2 제 6 항). 다만 이사가 그러한 우려가 없다고 판단함에 있어 주의를 게을리하지 아니하였음을 증명한 때에는 그러하지 아니하다(제462조의3 제 4 항 단서).

(4) 주식소각을 위하여 자기주식을 매수할 수 있는 기간은 주식소각에 관한 정기총회의 결의 후 최초의 결산기에 관한 정기총회의 종결 전까지이다(제343조의2 제 4 항).

3. 方法 및 節次

주주총회의 결의에 의한 주식소각은 임의소각의 방법으로 행하여진다. 따라서 회사는 자기주식을 매입하여 실효절차를 밟아야 하며, 실효절차의 종료시 소각의 효력이 발생한다.

4. 效　　果

주주총회의 결의에 의한 주식소각도 임의소각의 일종이므로, 그 효과 역시 정관에 의한 임의소각과 다르지 않다. 즉 주주총회의 결의에 의한 주식소각도 자본감소절차에 의한 소각이 아니므로 자본에는 영향이 없으며, 채권자보호절차도 필요하지 않다.

또한 주주총회의 결의에 의하여 소각된 주식은 절대적으로 소멸하므로, 소각된 주식 수만큼 미발행주식수가 증가하지는 않으며, 따라서 소각된 수만큼 신주를 재발행할 수도 없다.

제 5 절　株式會社의 機關

제 1 관　理事會와 代表理事

제 1. 總　　說

주식회사의 기관이 분화된 결과 회사의 업무집행은 이사회를 중심으로 이루어진다. 그러나 회의체인 이사회의 성질상 구성원으로서의 이사와 이사회에서 결정된 업무집행의 의사를 구체적으로 실행하는 대표이사의 존재가 필요하다. 한편 1998년 상법개정으로 소규모회사의 경우에는 이사의 수가 자율화되었으므로 이사회가 존재하지 아니하는 주식회사의 출현이 가능하게 되었으며(제383조 제 1 항 단서), 규모가 큰 주식회사의 지배구조개선과 관련하여 1999년 개정상법은 이사회 내에 정관에서 정한 바에 따라 다양한 위원회를 설치할 수 있도록 하였다(제393조의2).

이사는 주주총회에서 선임되지만 각 이사가 직접 회사의 기관으로 되지는 않고 이사 전원이 이사회를 구성하고 그 회의에서 업무집행 기타 주주총회의 권한 이외의 사항에 관해 회사의 의사를 결정한다. 이사회에서 결정된 회사의 업무집행의사는 이사회 또는 주주총회가 이사 중에서 선임한 대표이사를 통하여 구체화된다. 대표이사는 업무집행에 있어서 대외적으로 회사를 대표할 뿐만 아니라 업무집행의 의사결정에 관해서도 일상의 업무집행을 결정하는 권한을 갖는다. 이렇게 본다면 주식회사의 업무집행기관은 의사결정기관으로서의 이사회와 집행·대표기관으로서의 대표이사로 2분되고, 각 이사는 이사회의 구성원이면서 대표이사의 지위의 전제자격이다. 이러한 체계는 주주총회의 권한이 한정되고 업무집행기관의 권한이 확대된 결과 업무집행권한의 신중·적정한 행사를 확보하기 위한 방안이다. 그리고 이사의 지위의 중요성에 대응하여 그 선임·책임 등에도 특별한 배려가 이루어지고 있다.

제 2. 理　　事

Ⅰ. 意　　義

이사는 업무집행의 의사결정기관인 이사회의 구성원으로서 그 의사결정에 참여하고 이사회를 통하여 대표이사의 업무집행을 감독하는 권한을 갖는 자이다. 각 이사는 회사의 기관은 아니지만 이사회의 구성원의 입장에서 주주총회에 출석하는 외에 회사의 운영이 정상적인 궤도를 이탈하는 경우에 각종의 소를 제기할 수 있고 위험설립사항을 조사하기 위한 검사인의 선임을 법원에 청구할 수 있다(제298조 제 4 항). 그러나 법이 단순히 이사의 직무권한으로 규정하고 있으나 실은 대표이사의 직무권한인 것이 적지 않다. 예컨대 정관의 비치(제396조 제 1 항), 주식 또는 사채청약서의 작성(제420조, 제474조 제 2 항), 재무제표의 작성·제출·비치·공고(제447조 내지 제449조) 등이 그러하다.

이사는 업무집행과 관련한 법률행위 기타 사무의 처리를 회사로부터 위임받은 자이므로 회사와 위임관계에 있다. 따라서 민법의 위임에 관한 규정이 준용된다(제382조 제 2 항). 그러나 무보수가 원칙인 민법의 위임과는 달리 수임인의 지위에 있는 이사의 보수는 정관에 그 액을 정하지 아니한 때에는 주주총회의 결의로써 이를 정한다(제388조).

Ⅱ. 選 任

1. 資 格

상법은 이사의 자격에 관하여 아무런 제한을 두고 있지 않으므로 주주가 아닌 자도 이사가 될 수 있다. 정관으로 이사가 가질 주식(자격주)의 수를 정한 경우에 다른 규정이 없는 때에는 이사는 그 수의 주권을 감사에게 공탁하여야 한다(제387조). 자격주제도는 이사의 자격을 주주로 제한함과 동시에 이사의 손해배상책임을 담보하는 기능도 갖는다. 이 외에도 사적 자치의 원칙에 반하지 않는 한 범법자·외국인 등을 배제하기 위하여 정관으로 이사의 자격을 제한할 수 있다고 본다.

법인이 이사로 될 수 있는가, 즉 자연인만이 이사로 되는가에 관해서는 다툼이 있다. 법인도 이사로 될 수 있다는 입장은 법인이 발기인이 될 수 있다는 해석론 및 구회사정리법상 법인도 재산관리인이 될 수 있다는 규정(구회사정리법 제95조)과의 균형을 맞출 수 있다든가(서돈각·정동윤), 제한적으로 업무를 담당하지 않는 경우에는 이론상 법인이 이사로 되지 못할 이유가 없다고 한다(손주찬·정찬형). 그러나 일시적으로 기술적·절차적인 임무에 종사하는 발기인 또는 재산관리인을 이사와 동일하게 볼 수는 없다. 왜냐하면 고도의 경영판단능력을 필요로 하며 이사회를 통하여 회사의 업무집행을 감독하여야 할 이사의 직무에서 볼 때 이사는 자연인에 제한된다고 본다(동지: 최기원·이철송·정찬형). 더욱이 법인이 이사로 된다고 할 때 실질적 문제로서 이사의 직무를 행하는 자가 문제되고, 법인의 대표자가 그 직무를 행한다고 해도 그 대표자의 변경에 의해 이사의 실질적 교체가 생기며, 회의체인 이사회의 특성상 이사의 의결권의 대리행사가 허용되지 않는다는 점에서 법인이 그 직무를 대리할 자를 선정하는 것도 불가능하다고 볼 때 상법이 명문의 규정으로 이를 인정하지 않는 한 법인은 이사로 될 수 없다고 본다.

겸임금지에 의하여 감사는 회사 및 자회사의 이사가 되지 못한다(제411조). 왜냐하면 감사가 이사의 적을 갖는 때에는 감사의 독립성을 해치기 때문이다.

2. 員 數

이사는 3인 이상이어야 한다(제383조 제 1 항). 정관으로 최저한을 높이거나 최고한을 정할 수 있다. 최저한으로 3인을 정함은 이사회를 구성하기 위함이고, 가부동수인 경우의 해결책으로 3인이라는 기수로 규정하였다. 그러나 대기업과는 달리 소규모 중소기업체의 경우는 1인의 이사가 실제로 회사를 경영하고 나머지 이사들은 명목상의 이사에 불과하므로 소규모 중소기업체까지 3인의 이사를 두도록 의무화한 것은 비현실적이라고 할 수 있다. 1998년 개정법은 이러한 법규정의 비현실성을 개선하여 자본의 총액이 5억원 미만인 소규모회사의 경우는 이사의 수를 1인 또는 2인으로 할 수 있도록 자율화하였다(제383조 제1항 단서). 이사수의 자율화로 이사가 한 명뿐인 회사가 나타나게 되었는데, 이러한 회사는 이사회가 존재할 수 없으므로 주주총회 또는 1인 이사가 이사회의 기능을 대신하게 된다(제383조 제4항·제6항).

3. 選任方法

이사는 주주총회에서 선임한다(제382조 제1항). 이사의 선임은 주주총회의 전속결의사항이므로 그 선임을 제3자나 다른 기관에 위임하지 못한다. 그러나 회사의 설립시에는 발기인 또는 창립총회가 선임한다(제296조, 제312조).

이사의 선임은 주주총회의 보통결의에 의한다. 즉 출석한 주주의 의결권의 과반수와 발행주식총수의 4분의 1 이상의 수로써 하여야 한다(제386조 제1항 참조)(1995년 개정법에서 이사의 선임결의의 정족수에 관한 제384조를 삭제하였다).

한편 1998년 개정법은 2인 이상의 이사를 선임할 때에는 정관에서 달리 정한 경우를 제외하고는 소수주주의 청구가 있으면 집중투표제(누적투표제)에 의하여 이사를 선임할 수 있도록 하였다(제382조의2). 집중투표(cumulative voting)란 동일의 주주총회에서 2인 이상의 이사를 선임하는 경우 각 주주가 1주당 선임해야 할 이사의 수와 동수의 의결권(예컨대 3인의 이사를 선임할 때에 1주에 대하여 3표)을 가지고, 그들의 의결권 전부를 1인의 후보자에게 집중적으로 투표하거나 또는 적당히 나누어 여러 후보자에게 투표할 수 있으며 투표의 다수를 얻은 자로부터 순차적으로 당선자로 하는 제도이다(제382조의2 제3항·제4항). 집중투표제를 실시하기 위해서는 2인 이상의 이사의 선임을 목적으로 하는 총회의 소집이 있는 때에 의결권 없는 주식을 제외한 발행주식총수의 100분의 3 이상에 해당하는 주식을 가진 주주의 청구가 있어야 하며(제382조의2 제1항), 또한 이 서면은 총회가 종결될 때까지 본점에 비치하고 주주로 하여금 영업시간 내에 열람할 수 있게 하여야 한다(제382조의2 제6항). 이러한 집중투표제도는 지배주주가 지지하는 이사뿐만 아니라, 기타 소수주주들의 이해관계자도 이사로 참가할 수 있도록 함으로써 소수주주를 보호하고 투명한 기업경영을 유도하기 위해 도입된 제도이다.

한편 2009년 1월 개정법은 구증권거래법에 규정되어 있던 상장회사의 집중투표에 관한 특례를 상법으로 받아들였는데, 이에 따르면 대통령령으로 정하는 상장회사의 경우에 집중투표를 청구할 수 있는 소수주주의 요건은 의결권 있는 발행주식총수의 100분의 1 이상이다(제542조의7 제2항). 또한 집중투표제의 청구는 주주총회일 6주 전까지 이사에게 서면 또는 전자문서로 하도록 하고 있다(제542조의7 제1항). 물론 상장회사도 정관규정으로 집중투표제를 배제할 수 있는데, 상장회사가 정관에서 집중투표를 배제하고자 하거나 그 배제된 정관을 변경하고자 하는 경우에는 의결권 있는 발행주식총수의 100분의 3을 초과하는 수의 주식을 가진 주주는 그 초과하는 주식에 관하여 의결권을 행사하지 못한다. 이 의결권제한비율은 정관에서 이 보다 낮게는 정할 수 있지만 높일 수는 없다(제542조의7 제3항). 그리고 상법 제542조의7 제2항의 상장회사가 주주총회의 목적사항으로 동조 제3항에 따른 집중투표 배제에 관한 정관변경에 관한 의안을 상정하려는 경우에는 그 밖의 사항의 정관변경에 관한 의안과 별도로 상정하여 의결하여야 한다(제542조의7 제4항).

4. 選任의 효과와 登記

주주총회의 선임결의에 의하여 피선임자가 곧바로 이사의 지위에 서는 것은 아니고 회사의 청약에 의한 임용계약에 의하여 비로소 이사의 직에 취임한다.

이사의 주민등록번호와 성명은 설립등기사항이므로, 이사를 선임하고 피선임자가 이사로 취임한 때에는 회사는 그 성명과 주민등록번호를 등기하여야 한다(제317조 제2항).

Ⅲ. 任 期

이사의 임기는 3년을 초과하지 못한다(제383조 제2항). 그러나 정관으로 그 임기중의 최종의 결산기에 관한 정기주주총회의 종결에 이르기까지 연장할 수 있다(제383조 제3항).

임기는 이사에 취임한 때로부터 시작한다. 이사의 선임결의시를 임기의 기산점으로 보기도 하나(이철송·채이식·정찬형), 선임과 취임을 명확히 구별하는 한 이사의 지위에 있지 아니한 상태에서 그 임기를 기산하는 것은 타당하지 못하다(동지: 정동윤·최기원). 결산기가 법정의 임기중에 도래하는 경우에 그 결산기에 관한 정기주주총회의 종결시까지 이사의 임기를 정관에 의하여 연장할 수 있도록 한 것은 이사의 교체로 인한 결산의 번잡과 불편을 제거하기 위한 기술적 배려이다.

Ⅳ. 終 任

1. 終任事由

이사와 회사와의 관계에는 위임에 관한 민법의 규정이 준용되므로 이사는 언제든지 사임할 수 있고, 이사의 사망·파산·금치산, 회사의 파산에 의하여 이사는 종임한다(민법 제689조, 제690조). 이 외에도 임기의 만료, 자격의 상실, 회사의 해산에 의하여 이사는 그 지위를 상실한다. 이러한 일반적 종임사유 이외에 상법은 이사의 해임제도를 규정하고 있다. 이사의 해임은 주주총회의 해임결의에 의하는 경우와 소수주주의 해임청구에 의하는 경우가 있다.

이사의 종임으로 등기사항의 변경이 발생하므로 이사의 종임의 변경등기를 하여야 한다.

(1) 株主總會의 解任決議

주주총회는 언제든지 사유의 여하를 불문하고 이사를 해임할 수 있으나, 이사의 지위를 안정시키기 위하여 선임과는 달리 특별결의에 의하여야 하고, 정당한 이유 없이 임기의 만료 전에 이사를 해임하는 때에는 이사에 대하여 손해배상책임을 진다(제385조 제 1 항). 해임의 효과는 피해임자의 동의를 요하지 않고 발생하지만 해임결의에 의하여 즉시 발생하는 것이 아니라, 피해임자에게 해임의 고지를 한 때에 발생한다(동지: 정동윤·최기원·정찬형).

(2) 少數株主의 解任請求

이사가 그 직무에 관하여 부정행위 또는 법령이나 정관에 위반한 중대한 사실이 있음에도 불구하고 주주총회에서 그 해임을 부결한 때에는 발행주식총수의 100분의 3 이상에 해당하는 주식을 가진 주주는 총회의 결의가 있는 날로부터 1월 내에 그 이사의 해임을 법원에 청구할 수 있다(제385조 제 2 항). 이사해임의 소는 주주총회의 특별결의를 얻지 못하였기 때문에 해임결의가 성립하지 아니한 경우 소수주주에게 그 수정권을 인정한 것이다.

이 소는 회사의 본점소재지를 관할하는 지방법원에 제기하여야 하고(제385조 제 3

항, 제186조), 이사와 회사를 공동피고로 하여야 한다(동지: 최기원 · 정동윤 · 정찬형. 이에 대하여 이사만이 피고라 하는 견해는 손주찬 · 서돈각). 해임판결이 확정되면 위임관계의 해소를 위한 특별한 절차 없이 해임의 효력이 발생하고 이사는 당연히 종임한 것으로 된다.

2. 缺員時의 繼續理事 · 臨時理事

이사의 종임으로 법률 또는 정관에 정한 이사의 원수를 결한 경우에는 임기의 만료 또는 사임으로 인하여 퇴임한 이사는 새로 선임된 이사가 취임할 때까지 이사의 권리 · 의무를 갖는 것은 임기의 만료 또는 사임으로 인하여 퇴임한 경우에만 인정되므로, 기타의 사유로 퇴임하거나 계속하여 이사의 직무를 수행하기에 부적당한 경우에는 임시이사(가이사)제도를 이용할 수 있다. 즉 법률 또는 정관에 정한 이사의 원수를 결한 경우에 필요하다고 인정할 때에 법원은 이사 · 감사 또는 이해관계인의 청구에 의하여 일시 이사의 직무를 행할 자를 선임할 수 있고, 이 경우에는 본점의 소재지에서 그 등기를 하여야 한다(제386조 제 2 항)(1995년 개정법에서 '지점의 소재지에서의 등기'를 삭제하였다). 이를 임시이사 또는 가이사라 하며, 그 권한은 본래의 이사와 동일하다. 이 점은 후술하는 가처분에 의한 직무대행자와 다르다.

Ⅴ. 職務執行停止 · 職務代行者選任

이사의 선임결의의 무효나 취소 또는 이사해임의 소가 제기되어도 이유가 없는 경우가 있기 때문에 소의 제기에 의하여 당연히 직무집행정지의 효력이 생기지는 않는다. 그러나 소의 제기가 있음에도 불구하고 그대로 이사의 직무를 행하게 하는 것이 부적당한 경우가 적지 않다. 더욱이 선임결의가 무효로 되거나 취소의 판결이 확정된다면 소급하여 이사가 아닌 것으로 되기 때문에 그가 직무를 행한 경우에는 불합리한 결과가 발생한다. 그래서 상법은 민사집행법상의 가처분제도(민사집행법 제300조, 제301조)의 특칙을 두고 있다.

이사선임결의의 무효나 취소 또는 이사해임의 소가 제기된 경우 또는 제기 전이라도 급박한 사정이 있는 때에는 법원은 당사자의 신청에 의하여 가처분으로 이사의 직무집행을 정지할 수 있고 또는 직무대행자를 선임할 수 있다(제407조 제 1 항). 이것은 이사선임결의의 부존재확인의 소의 경우에도 유추적용할 수 있다.

가처분의 내용은 직무집행정지 또는 직무대행자선임이다. 직무대행자의 선임은 직무집행정지를 전제로 하지만 당연히 직무집행정지에 수반하지 않고, 그 결과 정관 또는 법률에 정한 이사의 원수를 결한 경우와 같이 필요가 있는 경우에 한하여 선임된다. 또한 직무대행자는 대표이사가 직무집행을 정지당한 경우에 이를 선임하는 실익이 많지만 그 경우에 한정되지 않는다.

직무집행정지중의 이사가 한 행위는 제 3 자에 대한 관계에서도 무효이고, 후에 본안소송의 이유 없음이 확정되어도 소급하여 유효로 되는 것은 아니다.

가처분과 그 변경 · 취소는 본점과 지점의 소재지에서 등기에 의하여 공시된다(제407조 제 3 항).

직무대행자는 이사의 직무를 잠정적으로 대행하는 자이기 때문에 그 권한은 가처분명령에 다른 정함이 있는 경우 외에는 회사의 상무에 한정되고 상무에 속하지 아니하는 행위를 하기 위해서는 법원의 허가를 받아야 한다(제408조 제 1 항). 상무에 속하지 아니하는 행위란 신주발행 · 사채발행 · 영업양도 등이고, 평이사의 직무대행자는 이러한 사항에 관하여 이사회의 결의에 참가할 수 없고, 대표이사의 직무대행자는 그 결의를 집행할 수도 없다. 그러나 직무집행자가 이 제한에 위반한 행위를 한 때에도 회사는 선의의 제 3 자에 대하여 책임을 진다(제408조 제 3 항).

Ⅵ. 權　　限

이사는 업무집행기관인 이사회의 구성원으로서 업무집행의 의사결정에 참여할 수 있고 이사회를 통하여 업무집행을 감독하는 권한을 갖는다. 그리고 이사는 정관 기타 내규에 의하여 대내적으로 일정한 범위에서 업무집행의 권한을 가질 수 있다. 이를 업무담당이사라 하는데 대표이사가 아닌 전무이사 · 상무이사가 이에 해당한다. 대표이사가 아닌 이사는 대외적으로 회사를 대표할 권한이 없다. 또한 이사는 대표이사로 하여금 다른 이사 또는 피용자의 업무에 관하여 이사회에 보고할 것을 요구할 수 있다(제393조 제 3 항).

이 외에도 이사는 이사회의 구성원으로서 이사회소집권(제390조 제 1 항), 주주총회 의사록에 대한 기명날인 또는 서명권(제373조 제 2 항), 검사인선임청구권(제298조 제 4 항), 설립무효의 소(제328조) · 주주총회결의취소의 소(제376조) · 신주발행무효의 소(제429조) · 감자무효의 소(제445조) · 합병무효의 소(제529조) 등 각종의 소제기권을 갖는다.

Ⅶ. 理事의 보수

위임은 무상을 원칙으로 하지만, 이사는 특단의 사유가 없는 한 보수를 받는다. 그런데 보수액의 결정은 본래 이사회 또는 대표이사의 직무에 속하는 사항이나 이렇게 한다면 스스로 자기 또는 동료의 보수를 결정하게 되어 주주의 이익을 해할 수 있기 때문에 상법은 정관에 보수액을 정하지 아니한 때에는 주주총회의 결의로 이를 정하도록 하였다(제388조).

이사의 보수라 함은 봉급·급여·공로금·주택료 등 명칭의 여하를 불문하고 그 직무행위의 대가로서 지급되는 것을 말하며, 사택의 사용, 회사제품의 제공 등 현물급여도 이에 해당한다.

보수는 자주 변동되므로 정관으로 정하는 경우는 거의 없고 대부분 주주총회의 결의로써 이를 정한다. 정관 또는 주주총회의 결의로 이사의 보수를 정할 때 각 이사의 보수를 개별적으로 정할 필요는 없고, 전원에 대한 총액 또는 한도액을 정하고 각 이사에 대한 배분의 결정을 이사회 또는 대표이사에 위임할 수 있다고 본다(동지: 최기원·정동윤·정찬형). 따라서 보수액의 결정 및 그 지급을 무조건으로 위임하는 주주총회의 결의는 무효이다.

이사의 보수액을 결정하는 주주총회의 결의에서는 주주인 이사는 특별이해관계인으로서 의결권을 행사하지 못한다(제368조 제4항). 그리고 이사의 보수총액을 각 이사에게 배분하는 이사회의 결의에 관해서도 특별이해관계의 문제가 생길 여지가 있으나, 이미 그 총액이나 한도가 정해진 이상 특별히 이를 문제삼을 필요는 없다.

Ⅷ. 株式買受選擇權

1. 株式買受選擇權의 의의 및 종류

(1) 株式買受選擇權의 의의

주식매수선택권이란 회사가 정관이 정하는 바에 따라 제434조의 규정에 의한 주주총회의 결의로 회사의 설립, 경영과 기술혁신 등에 기여하거나 기여할 수 있는 회사의 이사·감사 또는 피용자에게 미리 정한 가액(이하 "주식매수선택권의 행사가액"이라 한다)으로 신주를 인수하거나 자기의 주식을 매수할 수 있도록 부여한 권리이다(제340조 제1항).

주식매수선택권제도는 회사의 발전에 공헌을 많이 하거나 능력이 있는 경영진과 종업원에 대하여 상여금과 같은 장기적 보상 및 동기를 부여하기 위하여 이용된다. 이 제도를 채택함으로써 최소의 비용으로 유능한 인재를 확보하여 기업의 경쟁력을 높일 수 있고, 이사나 감사 또는 피용자에게 잠재적 주인의식을 심어주어 회사의 경영이나 업무에 대한 적극적인 참여를 유인하기 위한 수단이다. 이로써 가족중심의 경영에서 전문경영인중심의 경영으로 유도함으로써 소유와 경영의 분리를 통해 기업의 수익률을 향상시킬 수 있게 한다.

(2) 株式買受選擇權의 장 · 단점

주식매수선택권의 장점으로는 1) 성장과실의 분배로 주인의식고취 및 근로의욕 상승을 통한 실적향상, 2) 자본참여가 없는 경영진에 대한 성과보상으로 유능한 인력의 확보, 3) 회사 · 주주 · 경영자의 이해일치로 경영의 민주화 및 투명성제고, 4) 소유와 경영의 분리유도로 전문경영인 육성, 5) 전문기술과 유능한 경영진 및 자본의 결합촉진으로 모범기업의 창업촉진 등이 있다.

그러나 단점으로는 1) 직원간 신뢰 · 화합이 저해될 가능성이 있고, 2) 주가상승이 경영성과의 향상의 결과인지 모호하고, 3) 경영진의 과다이익향유로 인한 주주권 침해가능성, 4) 제도악용가능성 등이 있다.

2. 法的 性質

제 3 자가 주식매수선택권을 행사하면 회사의 승낙을 요하지 않고 그 효력이 발생하므로 그 법적 성질은 형성권이라고 보아야 할 것이다. 제 3 자에게 신주발행에 관한 주식매수선택권을 부여하는 경우에는 주주의 신주인수권이 그 한도 내에서 배제된다. 신주교부에 의한 주식매수선택권과 제 3 자의 신주인수권은 다같이 제 3 자에게 신주를 인수할 수 있는 권리를 부여한다는 점에서는 같으나, 주식매수선택권은 제 3 자에게 특히 유리한 가격으로 신주를 인수할 수 있게 하는 권리라는 점에서 제 3 자의 신주인수권과 구별된다.

3. 株式買受選擇權의 行使要件

(1) 附與主體와 대상자

상법상 주식매수선택권을 부여할 수 있는 주체는 회사이다. 따라서 주식회사이기만 하면 회사의 종류에 관계없이 모든 회사는 주식매수선택권을 일정한 요건을 갖춘 자에게 부여할 수 있다(제340조의2 제1항). 주식매수선택권의 대상자는 회사의 이사·감사 또는 피용자이다. 상장회사의 주식매수선택권의 대상자는 관계회사의 이사·감사 또는 피용자까지도 포함된다(제542조의3 제1항). 주식매수선택권은 양도할 수 없다. 그러나 주식매수선택권을 행사할 수 있는 자가 사망한 경우에는 그 상속인이 이를 행사할 수 있도록 하였다(제340조의4 제2항). 주식매수선택권을 부여받을 수 없는 자로는 1) 의결권 없는 주식을 제외한 발행주식총수의 100분의 10 이상의 주식을 가진 주주, 2) 이사·감사의 선임과 해임 등 회사의 주요경영사항에 대하여 사실상 영향력을 행사하는 자, 3) 제1호와 제2호에 규정된 자의 배우자의 직계존·비속 등이다(제340조의2 제2항).

⑵ 附與限度

1999년 개정상법에 의한 주식매수선택권의 부여한도는 발행할 신주 또는 양도할 자기의 주식은 회사의 발행주식총수의 100분의 10을 초과할 수 없다(제340조의2 제5항). 상장회사의 경우 상법 제340조의2 제1항 본문에도 불구하고 대통령령으로 정하는 관계회사의 이사·집행임원·감사 또는 피용자에게 주식매수선택권을 부여할 수 있다(제542조의3 제1항). 그리고 상장회사는 상법 제340조의2 제3항에도 불구하고 발행주식총수의 100분의 20의 범위 안에서 대통령령으로 정하는 한도까지 주식매수선택권을 부여할 수 있다(제542조의3 제2항).

⑶ 정관의 규정

주식매수선택권에 관한 정관의 규정에는 1) 일정한 경우 주식매수선택권을 부여할 수 있다는 뜻, 2) 주식매수선택권의 행사로 발행하거나 양도할 주식의 종류와 수, 3) 주식매수선택권을 부여받을 자의 자격요건, 4) 주식매수선택권의 행사기간, 5) 일정한 경우 이사회결의로 주식매수선택권의 부여를 취소할 수 있다는 뜻 등의 사항을 기재하여야 한다(제340조의3 제1항).

⑷ 株主總會의 결의

주식매수선택권에 관한 주주총회의 결의에 있어서는 1) 주식매수선택권을 부여받을 자의 성명, 2) 주식매수선택권의 부여방법, 3) 주식매수선택권의 행사가액과 그 조정에 관한 사항, 4) 주식매수선택권의 행사기간, 5) 주식매수선택권을 부여받을 자

각각에 대하여 주식매수선택권의 행사로 발행하거나 교부할 주식의 종류와 수 등의 사항을 정하여야 한다(제340조의4 제 2 항).

(5) 行使期間

주식매수선택권은 제340조의3 제 2 항 각호의 사항을 정하는 주주총회결의일로부터 2년 이상 재임 또는 재직한 경우에 행사할 수 있다(제340조의4 제 1 항). 이는 아이디어(예컨대 특허)와 같은 것은 회사에게 커다란 공헌을 할 수 있지만 주식매수선택권의 근본적 취지가 회사에 어느 정도 근무하면서 회사에 공헌한 자에게 인정하는 권리이므로 재직기간을 2년으로 하였다.

(6) 附與契約

주식매수선택권을 부여한 회사는 주식매수선택권을 부여받는 자와 여러 사항에 대해 주식매수선택권부여계약을 서면으로 체결하여야 한다(제340조의3 제 3 항). 회사는 계약서를 계약을 체결한 날로부터 그 행사기간이 종료할 때까지 본점에 비치하고 주주로 하여금 영업시간 내에 이를 열람할 수 있도록 하여야 한다(제340조의3 제 4 항).

(7) 株式買受選擇權의 양도금지

주식매수선택권은 양도할 수 없다(제340조의4 제 2 항 본문). 다만 주식매수선택권을 행사할 수 있는 자가 사망한 경우에는 그 상속인이 이를 행사하도록 하고 있다(동조 동항 단서).

4. 株式買受選擇權의 행사방법

주식매수선택권의 행사방법에는 자기주식교부방법, 신주교부방법, 차액교부방법 등 3가지가 있다. 증권거래법 역시 3가지 방법을 모두 인정하고 있다. 이러한 3가지 형태 중 어떠한 방법에 의할 것이냐는 주주총회의 결의사항이다(제340조의3 제 2 항 제 2 호).

(1) 自己株式 양도방법

자기주식양도방법이란 주식매수선택권의 행사가격으로 자기주식을 교부하는 방법이다. 다만 자기의 주식을 양도하는 경우에는 주식매수선택권의 부여일을 기준으로 한 주식의 실질가액을 주식매수선택권의 행사가액으로 한다(제340조의2 제 4 항 제 2 호). 따라서 부여일을 기준으로 10,000원이 실질가격이었다면 행사 당시의 주가에 관계없이 10,000원으로 행사할 수 있다는 취지이다. 이는 행사 당시 가격이 올라 있다면 주식매수선택권을 행사할 것이고, 만약 주가가 부여일의 실질가격보다 더 떨어져 있다면 굳이 주식매수선택권을 행사하려 하지 않을 것이다. 왜냐하면 주식을 시장에서 살 수 있기 때문이다.

⑵ 新株交付方法

신주교부방법이란 주식매수선택권의 행사가격으로 신주를 발행하여 교부하는 방법이다. 다만 신주를 발행하는 경우에는 주식매수선택권의 부여일을 기준으로 한 주식의 실질가액과 주식의 권면액 중 높은 금액을 주식매수선택권의 행사가액으로 한다(제340조의2 제 4 항 제 1 호). 따라서 실질가격(시장가격)이나 주식의 권면액 중 높은 금액으로 하도록 하고 있으니 항상 권면액 이상으로만 행사할 수 있을 것이다. 이는 권면액 이하로 발행하므로 말미암아 자본잠식이 되는 것을 방지하기 위한 것이다. 신주발행에 의할 때는 신주발행에 관한 규정에 관한 절차가 그대로 준용된다(제340조의5 준용규정 참조).

⑶ 差額交付方法

차액교부방법은 주식매수선택권의 행사가액이 주식의 실질가액보다 낮은 경우에 회사는 그 차액을 금전으로 지급하거나 자기의 주식으로 교부할 수 있는데, 이 경우 주식의 실질가액은 주식매수선택권의 행사일을 기준으로 평가한다(제340조의2 제 1 항). 따라서 행사가격(계약가격)이 10,000원이고 실질가격(시장가격)이 15,000원이라면, 1주당 5,000원씩의 차액을 교부할 전체수량으로 곱해서 그 금액만큼 현금으로 주거나 1주당 주식가격으로 나누어 그 수량만큼만 주식으로 주면 되는 것이다.

5. 株式買受選擇權의 효과

⑴ 株 主

신주교부방식의 경우에는 신주의 주금을 납입한 다음날(상법 제423조), 자기주식의 교부방식의 경우에는 매수대금을 지급하고 주식을 교부받은 때에 주주가 된다. 그리고 주가차익수익금을 지급하는 방법으로 자기주식을 양도하는 경우에는 주식을 교부받은 때에 주주가 된다(제336조 제 1 항).

⑵ 준용문제

주식매수선택권의 행사로 신주를 발행하는 경우에는 주주명부의 폐쇄, 기준일의 기간중에 부여된 주식의 주주는 그 기간중의 총회의 의결에 관하여는 의결권을 행사할 수 없다(제340조의5, 제350조 제 2 항). 그리고 주식의 부여로 인한 변경등기는 주식매수청구권행사를 청구한 날이 속하는 달의 말일부터 2주간 내에 본점소재지에서 이를 하여야 한다(제340조의5, 제351조).

제 3. 理 事 會

Ⅰ. 意 義

이사회는 이사 전원으로 구성되고 그 회의에서의 결의에 의하여 업무집행에 관한 회사의 의사를 결정하며, 이사의 직무집행을 감독하는 필요적 상설기관이다. 기관인 이사회는 상설적 존재이지만, 그 활동은 정기 또는 임시의 회의형식으로 한다(동지: 정동윤 · 정찬형). 하지만 1998년 상법개정으로 자본의 총액이 5억원 미만인 소규모 회사의 경우 이사의 수가 자율화됨에 따라 이사의 수가 1인뿐이어서 이사회가 존재할 수 없는 회사도 출현하게 되었다(제383조 제 1 항 단서).

이사회가 회의를 개최하여 그 회의에서 일정한 사항을 결정하게 한 것은 이사회의 광범한 권한에 대응하여 이사 상호간의 공정한 협의에 의하여 타당한 결론에 도달하기 위한 배려이다. 감사는 이사회의 구성원은 아니지만, 1984년 개정법에 의하여 업무 전반에 관한 감사권을 인정받았기 때문에 이사회에 출석하여 의견을 진술할 수 있다(제391조의2 제 1 항).

Ⅱ. 權 限

1. 業務執行의 意思決定

이사회는 회사의 업무집행을 결정한다(제393조 제 1 항). 이 결정권한의 범위는 회사의 기초적인 사항, 기타 법령 또는 정관에 의하여 주주총회의 권한으로 되어 있는 사항 이외에 이사회에서 결정해야 할 것으로 법률상 정해져 있는 사항 또는 명문의 규정이 없어도 다른 규정으로부터 그 취지를 추측할 수 있는 사항은 반드시 이사회에서 결정하여야 하고, 정관으로도 그 결정을 대표이사 또는 상무회와 같은 하부기관에 위임하지 못한다.

상법이 구체적으로 이사회의 권한사항으로 정하고 있는 것은 주주총회의 소집(제362조), 대표이사의 선임과 공동대표의 결정(제389조), 중요한 자산의 처분 및 양도, 대규모 재산의 차입, 지배인의 선임·해임과 지점의 설치·이전·폐지(제393조 제1항), 이사의 경업거래의 승인(제397조 제1항)과 개입권의 행사여부에 관한 결정(제397조 제2항), 이사의 자기거래의 승인(제398조), 신주발행사항의 결정(제416조), 재무제표와 영업보고서의 승인(제447조, 제447조의2), 준비금의 자본전입(제461조), 사채의 모집(제469조), 전환사채 및 신주인수권부사채의 발행(제531조, 제516조의2) 등이 있다. 이 밖에도 상법상 회사가 결정하여야 할 것으로 규정한 사항은 성질상 이사회의 결의사항으로 보아야 하는 경우도 있다(제403조 등). 주주총회의 권한에 속하지 아니하는 중요하지 아니한 영업 일부의 임대·경영위임, 다른 회사의 영업 일부의 양수(제374조 참조), 예컨대 중요한 재산의 처분·양수, 다액(多額)의 차재·보증, 담보의 설정 기타 중요한 업무집행은 이사회의 결의에 의하여야 한다. 여기서 중요 또는 다액인가의 여부는 회사의 규모·상황, 그 금액, 기업조직상의 지위, 종래의 처리를 감안하여 판단하여야 할 것이다.

이와 같은 법정사항, 정관에 의하여 이사회의 권한으로 유보한 사항 및 그 권한으로 볼 수 있는 사항 이외의 사항은 이사회가 정하는 일반적 규칙 또는 구체적인 결의에 의하여 그 결정을 대표이사 또는 업무담당이사에게 위임할 수 있으며, 특히 일상업무의 결정은 당연히 대표이사에게 위임된 것으로 추정할 수 있다(동지: 손주찬·정동윤·이철송).

단 이사가 1인인 소규모회사는 이사회가 없으므로 주주총회 또는 1인이사가 이사회의 권한을 갖는다(제383조 제4항·제6항). 위에서 언급한 이사회의 권한 중 주주총회의 소집, 중요한 자산의 처분 및 양도, 대규모 재산의 차입, 지배인의 선임·해임과 지점의 설치·이전·폐지 등은 1인이사가 이사회의 권한을 대신하고 그 밖의 권한은 주주총회가 갖는다.

2. 業務執行의 監督

이사회는 주주총회와 마찬가지로 회사내부의 의사를 결정할 수 있음에 지나지 않고 회의체로서의 성질상 직접 집행하지는 못한다. 집행은 이사, 특히 대표이사와 집행권한이 있는 업무담당이사의 직무권한이지만 그 집행은 이사회의 의사결정에 반할 수 없다. 따라서 이사회는 이사의 직무집행을 감독하는 권한을 갖는다(제393조 제2

항). 단 이사가 1인인 소규모회사는 이사회가 존재하지 않으므로 이사회의 업무집행의 감독에 관한 규정은 적용되지 아니한다(제383조 제 5 항). 감사는 이사회의 구성원이 아니지만 업무집행의 위법성 여부를 감사하는 직무권한을 갖는 관계상 이사회에 출석하여 의견을 진술할 수 있고 더욱이 이사가 법령 또는 정관에 위반한 행위를 하거나 그 행위를 할 염려가 있다고 인정하는 때에는 이사회에 이를 보고하여야 한다(제391조의2).

이사회의 이사에 대한 감독은 이사회를 소집하여 그 결의로써 하며, 감사가 행하는 적법성을 중심으로 하는 업무감사와는 달리 업무집행의 타당성 내지 합목적성의 감사에도 미친다(동지: 손주찬 · 정동윤 · 이철송).

Ⅲ. 召　集

1. 召集權者

이사회는 원칙으로 각 이사가 소집할 수 있으나 정관 또는 이사회의 결의로 대표이사 또는 이사회 의장과 같이 소집할 이사를 정한 때에는 그 이사만이 이사회를 소집할 수 있다(제390조 제 1 항). 그런데 소집권을 갖는 이사를 한정한 경우에 다른 이사는 절대적으로 이사회를 소집할 수 없다고 하면 이사회가 대표이사 등의 업무집행을 감독할 수 없다. 따라서 다른 이사는 소집권자에게 언제든지 이사회의 소집을 요구할 수 있으며, 소집권자가 정당한 이유 없이 이를 거절할 경우에는 그 이사가 직접 이사회를 소집할 수 있다(제390조 제 2 항).

2. 召集節次

이사회는 필요에 따라 개최되므로 소집권자는 원칙적으로 회의일의 1주간 전에 각 이사 및 감사에 대하여 소집통지를 발송하여야 하며, 이 기간은 정관에 의하여 단축할 수 있다(제390조 제 3 항). 이사 및 감사 전원의 동의가 있는 때에는 소집절차를 거치지 않고 언제든지 이사회를 개최할 수 있다(제390조 제 4 항).

소집통지는 이사 및 감사에게 출석의 기회와 준비시간을 주기 위한 것이라고 볼 수 있으므로 비록 일부에 대하여 소집통지를 하지 아니하였더라도 그 전원이 출석하여 이의를 하지 아니한 때, 즉 전원출석이사회는 적법한 이사회로 인정된다. 또한 미리 이사 및 감사 전원의 동의로 정한 정기일에 개회하는 경우에는 소집절차를 요하지 않으며, 이사회가 회의의 속행 또는 연기의 결의를 한 때에도 집행통지를 요하지 않는다(제392조, 제372조).

이사회의 회의에는 업무집행에 관한 여러 가지 사항이 토의될 것이 당연히 예정될 수 있기 때문에 이사회의 소집통지에는 회의의 목적사항을 기재할 필요가 없다(제363조 제2항 참조)(동지: 정동윤. 이에 반하여 목적사항을 통지하여야 한다는 견해는 최기원).

Ⅳ. 決　議

1. 決議方法

이사회의 결의는 이사 과반수의 출석과 출석이사의 과반수로 하여야 하나 정관으로 그 비율을 높게 정할 수 있다(제391조 제1항). 이사회의 결의요건은 정관으로도 그 비율을 낮게 정할 수 없으며, 가부동수인 때에는 당연히 부결되고 의장에게 결정권을 인정하는 정관의 규정은 무효이다(동지: 최기원·이철송·정찬형. 이에 반하여 유효설은 정동윤·서돈각).

결의는 적법하게 개최된 이사회의 결의이어야 하기 때문에 서면에 의한 결의는 인정되지 않는다. 그러나 전자기술의 발달에 따라 이사가 회합하여 결의하는 것과 동일한 효과를 갖는 전화회의·화상회의에 의한 결의는 적법한 이사회로 인정할 수 있다(동지: 정동윤·이철송). 이사는 개인적 신뢰에 기하여 선임되는 자로서 1인 1의결권이 인정된 자이므로 주주와 달리 다른 사람에게 위임하여 의결권을 대리행사하지 못한다.

의사정족수의 산정을 위한 이사는 재임이사를 말하며(동지: 정동윤·정찬형), 재임이사가 법률 또는 정관에 정한 이사의 원수를 결한 때에는 법률 또는 정관에 정한 원수를 기초로 하여 산정한다. 직무집행정지중인 이사는 재임이사에서 제외되지만, 선임된 직무대행자는 그 권한 범위 내의 사항에 관해서는 재임이사에 산입된다. 그리고 계속이사·임시이사도 재임이사에 산입된다.

결의의 공정을 기하기 위하여 결의권이 배제된 특별이해관계를 갖는 이사는 재임이사에 산입되나 의결정족수의 산정을 위해 출석한 이사에는 산입하지 않는다(제391조 제2항)(대판 1992. 4. 14, 90 다카 22698). 이사가 특별이해관계를 갖는 경우로는 이사와 회사 사이의 거래의 승인을 위한 결의가 있다. 그러나 대표이사의 선임·해임을 위한 결의는 회사지배의 일면이고 이사로서의 임무와 모순되지 않으므로 이에 해당하지 않는다고 본다(동지: 최기원 · 이철송, 이설: 손주찬 · 정동윤).

2. 決議의 瑕疵

이사회의 결의에 절차 또는 내용의 하자가 있는 경우에는 주주총회의 결의에서와 같은 특별한 소제도가 인정되지 않기 때문에 일반원칙에 의하여 당연무효라고 본다. 따라서 이해관계인은 누구든지, 언제든지 그리고 어떠한 방법에 의해서든지 그 무효를 주장할 수 있으며, 필요한 때에는 결의무효확인의 소를 제기할 수 있다.

Ⅴ. 議 事 錄

이사회의 의사에 관하여도 의사록을 작성하여야 하고, 의사록에는 의사의 경과요령과 그 결과를 기재하고 출석한 이사 및 감사가 기명날인 또는 서명하여야 한다(제391조의3). 대표이사는 그 의사록을 본점에 비치하여야 하고 주주와 회사채권자는 영업시간 내에 언제든지 그 의사록의 열람 또는 등사를 청구할 수 있다(제396조).

의사록에 기재되지 아니한 결의 또는 그 기재와 다른 결의도 당연히 무효로 되지는 않는다. 그러나 의사록은 의사에 관한 증거로서의 효력을 갖기 때문에, 결의에 반대한 이사는 의사록에 이의의 뜻이 기재되어 있지 않는 한 그 결의에 찬성한 것으로 추정되어 회사에 대하여 손해배상책임을 지는 불이익을 받는다(제399조 제 2 항 · 제 3 항).

Ⅵ. 理事會內 委員會制度

1. 委員會의 의의

이사회는 정관에서 정하는 바에 따라 위원회를 설치할 수 있다(제393조의2 제 1 항). 이는 1999년 개정에 의해 신설된 것이다. 이사회 내 각종 위원회를 둘 수 있도록 함으로써 원활한 의사결정과 전문적인 의사결정을 도출할 수 있도록 하기 위해서이다. 이사회는 회의체이고 또 회의를 개최하여서만 이사회 본래의 기능을 수행할 수 있으나, 그 규모와 회의시간, 구성원 등의 사정으로 인하여 이사회를 빈번하게 개최하기도 어렵고, 경영의 복잡성, 전문성에 비추어 볼 때 회의에서 만족할 만한 성과를 얻기도 어렵다. 이 때문에 특정의 중요한 문제에 대하여 위원회를 설치하고 그

위원회에서 문제를 검토시키고 그 결과를 이사회에 보고하게 할 필요성이 있다.

2. 委員會의 구성

위원회는 2인 이상의 이사로 구성한다(제393조의2 제 3 항). 3인을 두지 않고 2인 이상으로 한 것은 상법에서는 최소한의 기준만을 마련해 두기 위한 것이다. 3인위원회의 경우 의결은 2인 이상 찬성하면 되나, 2인위원회의 경우에는 의결이 만장일치가 되어야만 그 결의가 효력이 있을 것이다. 이사회 내 위원회의 위원이 법률 또는 정관에 정한 이사의 원수를 결한 경우에는 임기의 만료 또는 사임으로 인하여 퇴임한 위원은 새로 선임된 위원이 취임할 때까지 위원으로서의 권리·의무가 있다(제393조의2 제 5 항, 제386조 제 1 항).

3. 위원회의 운영

위원회의 운영은 원칙적으로 이사회의 운영과 같다(제393조의2 제 5 항, 제390조). 따라서 이사회의 소집(제390조), 이사회의 결의방법(제391조), 이사회의 의사록(제391조의3)에 관한 규정이 준용된다.

4. 위원회의 권한

이사회 내 위원회는 이사회의 보조기관적 성격을 갖고 있으므로 원칙적으로 이사회에서 부여받은 권한에 대해서만 결정할 권한이 있다. 물론 이사회의 권한보다 더 강한 권한을 행사할 수 없다. 따라서 주주총회의 권한은 논리상 당연히 이사회 내 위원회의 권한으로 할 수 없다. 1999년 개정상법에 의하여 이사회 내 위원회의 권한으로부터 배제된 것으로는 1) 주주총회의 승인을 요하는 사항의 제안, 2) 대표이사의 선임 및 해임, 3) 위원회의 설치와 그 위원의 선임 및 해임, 4) 정관에서 정하는 사항이 있다(제393조의2 제 2 항).

제 4. 代表理事

Ⅰ. 意　　義

각 이사는 이사회를 구성하고 이사회에서는 업무집행에 관한 의사결정만이 이루어진다. 따라서 대내적으로 업무를 집행하고 대외적으로 회사를 대표하는 필요적 상설기관으로서 대표이사가 필요하다. 업무집행기관은 이사회와 대표이사로 구성되며, 이는 주식회사의 필요상설기관으로서 서로 다른 기능을 갖고 업무를 분담하여 내각제에 유사한 업무집행기관이다. 양 기관의 권한과 역할에 대해 상법은 제393조(이사회의 권한), 제389조(대표이사) 제 1 항에서만 간접적으로 근거를 제공하여 실제적인 내용을 유추하기에는 너무 빈약하다. 양 기관의 관계에 대하여는 파생기관설과 독립기관설이 주장되고 있지만 독립기관설이 타당하다고 본다.

Ⅱ. 選　　任

대표이사는 이사회의 구성원인 이사 중에서 선임한다. 대표이사로서의 자격에는 특별한 제한이 없으며 주주일 필요도 없다.

대표이사는 이사회의 구성원의 지위를 겸하므로 의사결정과 집행 자체와의 연결을 확보할 수 있다. 대표이사의 원수는 1인 또는 수인이라도 무방하다. 실제 정관으로서 사장 · 전무이사 · 상무이사를 두고, 이들을 대표이사로 하는 경우가 많다. 대표이사가 수인인 때에도 공동대표가 아닌 한 각자가 업무집행과 대표행위를 한다(제389조 제 1 항).

대표이사는 원칙으로 이사회의 결의에 의하여 선정하지만, 정관으로 주주총회에서 이를 선정할 것을 정할 수 있다(제389조 제 1 항). 대표이사의 선거결의가 있은 후에 피선임자의 승낙이 있어야 대표이사로서의 지위를 갖는다. 대표이사의 선임결의에 하자가 있는 때에는 이사의 직무집행정지 · 직무대행자에 관한 규정을 유추적용할 수 있다. 그러나 대표이사의 직무대행자는 이사의 직무대행자의 자격을 갖지 않는다. 대표이사의 성명, 주민등록번호 및 주소는 등기사항이다(제317조 제 2 항 제 9 호).

Ⅲ. 終　　任

대표이사는 이사의 자격을 전제로 하므로 이사의 지위를 잃으면 당연히 그 자격을 잃는다. 따라서 대표이사에게 이사의 종임사유가 발생하면 대표이사는 종임한다. 대표이사는 이사의 지위만을 갖고서 대표이사를 사임할 수 있으며, 이사회는 결의에 의하여 대표이사를 해임할 수 있다. 대표이사가 주주총회에서 선임된 때에는 주주총회가 이를 해임할 수 있다. 법률 또는 정관에 정한 대표이사의 원수를 결한 경우에는 임기의 만료 또는 사임으로 퇴임한 대표이사는 새로 선임된 대표이사가 취임할 때까지 대표이사의 권리·의무가 있고, 필요하다고 인정할 때에는 법원의 청구에 의하여 임시대표이사를 선임할 수 있음은 이사의 경우와 같으며(제389조 제3항), 대표이사의 직무집행정지 및 직무대행자의 선임에 관해서는 이사의 직무집행정지, 직무대행자의 선임에 관한 규정을 유추적용할 수 있다.

대표이사의 종임이 있는 때에는 대표이사의 종임의 등기를 하여야 한다.

Ⅳ. 權 限

대표이사는 집행기관으로서 대내적·대외적인 업무집행을 담당한다. 주주총회 또는 이사회의 결의를 그대로 집행할 뿐만 아니라, 이사회가 위임한 범위 내에서 직접 결정하고 집행한다. 그리고 대외적인 업무대행을 위하여 회사의 대표권을 갖는다.

1. 業務執行權

대표이사는 대내적으로 주주총회 또는 이사회의 결의를 실행하고 일상의 업무 등 이사회에 의하여 위임받은 사항을 결정하고 집행한다. 대표이사가 업무집행을 함에 있어서는 법률, 정관, 주주총회 또는 이사회의 결의·업무규칙 등에 의한 제한을 받는다. 수인의 대표이사가 공동으로 회사를 대표할 것을 정한 때에는 공동으로만 업무를 집행할 수 있다(제389조 제2항). 이를 공동대표라 하며, 그 수인의 대표이사를 공동대표이사라 한다.

상법에서 이사의 직무권한으로 정하고 있는 사항의 대부분은 성질상 대표이사의 직무권한이다. 예컨대 주주총회·이사회의 의사록의 비치(제396조), 정관·주주명부·사채원부의 비치(제396조), 재무제표의 작성·비치·공고·제출(제447조, 제447조의3, 제448조, 제449조), 주식·사채청약서의 작성(제420조, 제474조 제2항), 신주인수권증서·증권의 기명날인 또는 서명(제420조의2 제2항, 제516조의5 제2항) 등이 그 예이다.

2. 會社代表權

대표이사는 대외적으로 회사를 대표하는 기관이기 때문에 그 행위가 그대로 회사의 행위로 인정된다. 따라서 대표이사의 행위의 효력은 회사 및 제3자에게 중대한 이해관계를 갖는다.

(1) 代表權의 범위

대표이사의 대표권은 회사의 영업에 관한 재판상 · 재판 외의 모든 행위에 미치는 포괄적인 권한이며, 대표권은 내부적인 제한으로써 선의의 제 3 자에게 대항할 수 없는 불가제한적인 권한이다(제389조 제 3 항, 제209조 제 1 항 · 제 2 항). 이처럼 대표권이 포괄적 · 불가제한적인 권한이라는 점에서 합명회사의 대표사원의 권한과 같으며, 지배인의 대리권과 유사하다. 즉 대표이사의 행위가 객관적으로 영업에 관한 것으로 인정되는 이상 그 행위가 대표이사 자신을 위한 경우에도 상대방에게 악의가 없는 한 대항하지 못한다고 해석해야 하고, 대표권행사의 남용을 방지하기 위하여 공동대표를 정할 수 있고, 대표이사의 성명 및 공동대표의 뜻은 등기하여야 하며, 표현대표이사(表見代表理事)의 행위에 의하여 회사가 책임을 부담하는 것은 동일하다. 그러나 대표이사의 대표권은 그 성질이 단체법에 고유한 관계이고 개인법상의 대리관계는 아니며, 그 범위가 회사의 영업 전반에 미친다는 점에서 지배인의 대리권과 다르다. 회사와 대표이사는 대표관계에 있기 때문에 대표이사의 불법행위에 의한 회사의 책임은 민법상의 사용자책임이 아니라, 상법이 인정하는 책임이다. 이처럼 대리와 대표는 다른 것이지만, 그 성질에 반하지 않는 한 대리에 관한 규정을 대표관계에 유추적용할 수 있다.

(2) 代表權의 行使方法과 共同代表

대표이사가 수인 있는 경우에도 각자가 포괄적 · 불가제한적인 대표권을 가지며 단독으로 대표권을 행사할 수 있다. 그러나 업무집행의 통일성을 확보하고 대표권행사의 신중을 기함과 아울러 대표이사 상호간의 견제에 의하여 대표권의 남용 · 오용을 방지하여 회사의 이익을 도모하기 위한 공동대표의 정함이 있는 때에는 수인의 대표이사가 공동으로만 회사를 대표할 수 있다(제389조 제 2 항). 따라서 회사의 상대방에 대한 의사표시는 공동대표이사가 공동으로 하여야 한다(능동대표). 그렇지만 공동대표의 정함이 있는 경우에도 대표권의 남용 · 오용의 위험이 없는 상대방의 의사표시는 공동대표이사 중의 1인에 대하여 하면 회사에 그 효력이 생긴다(수동대표)(제389조 제 3 항, 제208조 제 2 항).

공동대표의 정함이 있는 때에는 공동대표이사 중의 1인이 다른 공동대표이사에게 그 권한의 행사를 포괄적으로 위임하는 것은 공동대표제도의 취지에 어긋나므로 허용되지 않지만, 특정한 행위에 관하여 개별적으로 위임하는 것은 가능하다고 본다.

⑶ 代表權의 제한

대표이사의 대표권은 법률, 정관, 주주총회 또는 이사회의 결의 그리고 이사회 규칙 등에 의하여 제한된다.

법률에 의한 대표권의 제한으로서 이사와 회사 사이의 소에 관하여 대표이사는 회사를 대표하지 못하고 감사가 회사를 대표한다(제394조). 그리고 영업의 전부 또는 중요한 일부의 양도(제374조 제 1 항), 사후설립(제375조), 주주총회의 결정사항과 이사의 자기거래(제398조), 신주의 발행(제416조), 사채의 모집(제469조) 등 이사회의 결정·결의사항에 관하여는 대표이사는 총회 또는 이사회의 결의를 얻지 아니하면 회사를 대표할 수 없다. 필요한 결의를 얻지 아니한 대표이사의 행위의 효력은 경우에 따라 달리 보아야 한다.

정관 또는 이사회규칙 등에 의하여 대표이사 사이에 상하관계를 정하거나 업무분담을 설정하여 대표이사의 권한을 특정한 영업이나 영업소에 한정하는 등 대표권을 제한할 수 있다. 대표이사가 이 제한에 위반하더라도 회사는 그 제한으로 선의의 제 3 자에게 대항하지 못한다. 제 3 자에게 중대한 과실이 있는 때에는 그 제한으로써 대항할 수 있다고 본다.

⑷ 制限違反行爲의 效力과 代表權의 濫用

대표이사의 대표권이 법률에 의하여 제한된 경우에 그 제한에 위반한 행위는 효력이 없다.

대표이사가 주주총회 또는 이사회의 결의에 의하지 않거나 결의에 위반하여 한 행위의 효력은 회사의 이익과 그 행위를 신뢰한 제 3 자가 당연히 알아야 하고, 이 결의사항은 회사에 중대한 사항이기 때문에 원칙적으로 무효라고 보아야 한다. 그러므로 정관의 변경, 회사의 합병 또는 자본의 감소가 주주총회의 결의 없이 이루어진 때에는 무효이다. 그러나 영업양도와 같은 개별적 거래행위에 관해서는 회사는 그 무효를 선의의 상대방에게 대항할 수 없다고 본다.

이사회의 결의사항에 관해서도 총회의 소집, 회사와 이사 사이의 거래 등은 거래의 안전을 고려할 필요가 없기 때문에 무효라고 보지만(동지: 정동윤·최기원), 이 거래의 효과가 제 3 자에 파급하는 때에는 그 무효를 선의의 제 3 자에게 주장하지 못한다고 본다. 이에 대하여 제 3 자와의 개별적 거래행위가 이사회의 결의를 거치지 아니한 때에도 그 거래행위는 내부적 의사결정을 흠결한 것에 지나지 아니하므로 유효하며, 신주의 발행, 사채의 발행 등 집단적 거래행위는 거래의 안전을 크게 고려할 필요가 있으므로 유효하다고 봄이 타당하다(동지: 정동윤 · 최기원 · 정찬형). 그러나 개별적 거래행위에 있어서는 악의 또는 중과실이 있는 자에 대하여 악의의 항변으로 대항할 수 있다(동지: 정동윤).

대표권의 범위에 속하는 사항이라도 권한의 남용이 있는 경우에 상대방이 대표이사의 행위의 효과를 회사에 대하여 주장할 수 있는지가 문제된다. 이에 대하여는 다음의 견해가 주장되고 있다.

1) **權利濫用說**

대표이사의 권한남용행위에 대하여 상대방이 악의인 경우에도 행위자체는 유효하지만 악의의 상대방이 회사에 대하여 권리를 행사하는 것은 권리남용 또는 신의칙의 법리에 기하여 인정되지 않는다는 견해이다(다수설).

2) **心理留保說**(非眞意意思表示說)

대표이사가 내부적으로나 외부적으로 대표권한에 속하는 행위를 자기 또는 제 3 자의 이익을 위하여 남용한 때에는 상대방이 대표이사의 진의를 알았거나 알 수 있었을 때에는 민법 제107조 제 1 항 단서의 규정을 유추적용하여 그 행위는 무효가 된다고 한다. 그러나 의사표시의 무효는 선의의 제 3 자에게 대항할 수 없다고 한다.

3) **利益較量說**(相對的 無效說)

대표권의 남용행위는 대표이사의 개인적 이익을 위하여 행사한 경우로서 선관주의의무에 위반하여 원칙적으로 무효이다. 다만 선의의 제 3 자에 대하여는 유효하다고 한다. 그러나 제 3 자에게 악의 또는 중과실이 있는 경우에는 다시 원칙으로 돌아가서 무효라고 한다.

4) **代表權制限說**

회사의 대표권은 본인의 이익을 위하여 행사되어야 한다는 내재적 제한이 있는 것으로 보고, 대표권남용행위를 대표권한유월의 경우로 보아 표현대표에 관한 상법 규정을 적용 내지 유추적용한다는 입장이다.

5) 私　　見

지배인의 지배권의 내용 중 영업에 관한 것인지 여부를 객관적으로 판단하듯이 이 경우에도 대표권의 정형성은 객관적으로 판단하여야 한다. 따라서 대표행위가 객관적으로 보아 대표권의 범위 내의 행위로 평가되면 회사는 이에 대하여 책임을 져야 한다. 그러나 제 3 자가 개인적으로 쓴다는 것을 알고 있으면서 권리를 주장하는 것은 신의칙 내지 권리남용법리에 위배되어 회사는 그 이행을 거절할 수 있다고 보아야 한다. 따라서 대표이사의 권한남용행위에 대하여 상대방이 악의인 경우에도 행위자체는 유효하지만 악의의 상대방이 회사에 대하여 권리를 행사하는 것은 권리남용 또는 신의칙의 법리에 기하여 인정되지 않는다는 권리남용설이 타당하다. 이 때 제 3 자의 악의는 회사가 입증하여야 한다. 제 3 자에게 악의는 없고, 단순과실만 있는 경우에는 회사는 그를 이유로 신의칙이나 권리남용금지원리에 위배된다고는 주장할 수 없을 것이다. 중과실은 악의와 동일시하여야 할 것이다.

6) 判　　例

판례는 주식회사의 대표이사가 회사의 영리목적과 관계없이 자기의 개인적인 채무변제를 위하여 회사 대표이사명의로 약속어음을 발행·교부한 경우에는 그 권한을 남용한 것에 불과할 뿐 어음발행의 원인관계가 없는 것이라고 할 수는 없고, 다만 이 경우 상대방(어음을 받은 사람)이 대표이사의 진의를 알았거나 알 수 있었을 때에는 그로 인하여 취득한 권리를 회사에 대하여 주장하는 것은 신의칙에 반한다 할 것이므로 회사는 상대방의 악의를 입증하여 그 책임을 면할 수 있다(대판 1990. 3. 13, 89 다카 24360)고 하였다.

Ⅴ. 表見代表理事

1. 總　　說

이사와 대표이사의 성명은 등기사항이므로 누구라도 등기부를 보면 이사가 대표권을 갖는가의 여부를 쉽게 알 수 있다. 그러나 제 3 자가 거래시마다 등기부를 열람할 수도 없고 대표권이 인정될 만한 명칭을 사용하는 이사는 비록 대표이사가 아니더라도 제 3 자는 그를 대표이사로 오해하기 쉽다. 그래서 상법은 등기와는 별개의 법리인 외관주의에 의하여 표현지배인제도와 마찬가지로 거래의 안전을 보호·강화하기 위하여 표현대표이사제도를 두고 있다. 즉 사장, 부사장, 전무, 상무 기타 회사를 대표할 권한이 있는 것으로 인정될 만한 명칭을 사용한 이사의 행위에 대하여는 그 이사가 회사를 대표할 권한이 없는 경우에도 회사는 제 3 자에 대하여 그 책임을 진다(제395조).

표현대표이사제도는 거래의 안전을 보호하기 위한 규정이므로 불법행위와 재판상의 행위에는 적용되지 않는다.

2. 適用要件

(1) 外觀의 존재

회사를 대표할 권한이 있는 것으로 인정될 만한 명칭을 사용한 경우에 회사가 책임을 진다. 상법 제395조가 예시하고 있는 사장·부사장·전무·상무 이외에 총재·회장·이사회총장 등 회사조직상 일반적인 통념에 의하여 회사를 대표할 권한이 있는 것으로 보이는 명칭을 사용할 때에는 외관이 존재한 것으로 된다. 상법 제395조는 표현대표이사가 적어도 이사의 자격을 가지고 있을 것을 전제하고 있다.

그러나 반드시 이사에게만 대표권이 있는 것으로 의제하여야 할 필요성이 없기 때문에 이사의 자격이 없는 회사의 사용인 또는 이사직을 퇴임한 자가 회사를 대표할 권한이 있는 것으로 인정될 만한 명칭을 사용하는 한 표현대표이사의 성립을 인정해야 할 것이다.

(2) 會社의 歸責事由

표현대표이사의 행위에 대하여 회사에게 책임을 인정하기 위해서는 외관의 존재에 대하여 회사에 귀책사유가 있어야 한다. 회사에 귀책사유가 있다고 하기 위해서는 대표권이 있는 것으로 인정될 만한 명칭을 회사가 적극적으로 부여하였거나 그 사용을 허용하였어야 한다. 따라서 행위자가 임의로 그러한 명칭을 사용한 때에는 회사가 책임을 져야 할 이유가 없다. 그렇지만 회사가 그러한 명칭의 사용을 알고 있으면서 그 사용을 저지하지 않고 묵인한 때에는 회사가 책임을 져야 할 것이다.

(3) 外觀에 대한 제 3 자의 신뢰

표현대표이사제도는 외관을 신뢰한 제 3 자를 보호하여 거래의 안전을 도모하는데 그 목적이 있으므로 제 3 자는 행위자에게 대표권이 없음을 알지 못하였어야 한다. 즉 선의이어야 한다. 회사는 제 3 자가 악의임을 입증하여 그 책임을 거절할 수 있음은 당연하고(회사의 입증책임), 행위자에게 대표권이 없음을 알지 못한 데 대하여 중대한 과실이 있는 때에도 제3자를 보호할 필요가 없다고 할 것이므로 회사는 책임을 지지 않는다(동지: 정동윤·최기원·정찬형).

여기서 제3자란 표현대표이사와의 거래의 직접상대방뿐만 아니라, 그러한 명칭의 표시를 신뢰한 제3자 모두를 의미한다.

3. 효 과

위의 요건이 갖추어진 때에는 회사는 표현대표이사의 행위에 대하여 대표권이 있는 대표이사가 한 행위와 마찬가지로 제3자에 대하여 책임을 진다. 따라서 회사는 거래행위의 법률효과를 부인하지 못하고, 회사에 대하여 표현대표행위의 효력이 발생하는 결과 그에 따른 권리를 취득하고 의무를 부담한다. 그렇지만 회사가 표현대표이사에 대하여 손해배상을 청구할 수 있음은 당연하다. 어음행위에 있어서는 회사가 제3자에 대하여 책임을 지는 외에 표현대표이사도 어음법 제8조에 따라 무권대리인으로서 제3자에 대한 어음상의 책임을 진다.

제5. 理事와 會社·株主·監事 및 第3者의 관계

Ⅰ. 理事와 會社의 관계

1. 總 說

이사와 회사 사이의 법률관계에는 위임에 관한 규정이 준용된다. 따라서 이사가 이사회의 구성원으로서 또는 대표이사로서 직무를 수행함에 있어서는 당연히 선량한 관리자의 주의의무를 부담한다. 이 외에 이사가 회사에 대하여 충실의무와 관계가 있어 보이는 특별한 규정을 두고 있고, 따라서 충실의무의 인정 여부가 신중히 논의되고 있다.

2. 善管注意義務와 忠實義務

(1) 善管注意義務

이사는 회사의 수임인으로서 위임의 본지에 따라 선량한 관리자의 주의로써 위임사무를 처리하여야 한다(민법 제681조). 따라서 이사 또는 대표이사는 거래의 통념상 이사 또는 대표이사에게 객관적으로 요구되는 주의로써 회사의 업무를 집행하여야 하고, 이러한 의무에 위반한 때에는 회사에 대하여 손해배상책임을 지고 악의 또는 중과실이 있는 때에는 제 3 자에 대하여도 손해배상책임을 진다(제399조, 제401조).

이사의 선관주의의무는 이사의 모든 직무에 관하여 요구된다. 보통의 이사는 이사회에서의 의결권의 행사에 관하여, 대표이사 또는 업무담당이사는 그 맡은 직무집행에 관하여 선관주의의무를 다하여야 한다.

그리고 이사는 이사회의 구성원으로서 이사회의 업무감독기능을 확보하기 위하여 다른 이사를 선량한 관리자의 주의로써 감시할 의무도 있다.

(2) **忠實義務**

1998년 개정법은 이사의 책임을 강화하여 건전한 기업운영을 촉진하기 위하여 「이사는 법령과 정관의 규정에 따라 회사를 위하여 그 의무를 충실하게 수행하여야 한다」고 규정함으로써 이사의 충실의무(duty of loyalty)를 명문으로 인정하였다(제382조의3). 충실의무란 이사가 회사와의 신임적 법률관계에 기하여 특히 이사의 이익이 회사의 이익과 상충할 경우 항상 회사의 이익을 위하여 행동하고 그 지위를 이용하여 자기 또는 제 3 자의 이익을 추구하지 말아야 할 의무라 할 수 있다. 이러한 의무에 위반한 이사는 엄격한 책임을 부담하여 손해배상과 아울러 그 거래에서 취득한 이익을 회사에 제공하여야 한다.

이에 대해 위임에 관한 민법의 규정도 주의의무에 관해서뿐만 아니라, 항상 위임자의 이익을 위하여 행동할 것을 요구한다고 해석하며, 충실의무란 선관주의의무의 구체적인 표현이라는 견해가 있다. 이 견해에 따르면 신설된 이사의 충실의무는 이사의 수임인으로서의 선관주의의무를 구체적이고 주의적으로 규정한 것에 불과하다고 이해한다. 하지만 무보수를 원칙으로 하는 민법상 수임인이 위임과 무관한 개인적 업무에 관하여 자신의 이익에 앞서 위임인(회사)의 이익을 우선시킬 의무를 부담한다고 보기는 어려우므로 이사의 충실의무를 수임인의 선관주의의무와 동일시하는 데는 무리가 있다. 또한 상법상의 개별적 규정, 예컨대 경업금지의무에 관한 제397조, 이사와 회사 사이의 이익충돌거래(자기거래)에 관한 제398조, 이사의 보수결정에 관한 제388조, 자본시장법상의 내부자거래금지에 관한 규정(자본시장법 제174조) 등에서 이미 충실의무를 인정하고 있다. 따라서 1998년 개정법에서 신설된 충실의무에 관한 규정을 선관주의의무의 구체화에 불과한 것으로 해석할 것이 아니라, 선관주의

의무와는 별개로 이미 개별규정에서 인정하고 있던 충실의무를 일반규정을 두어 확실하게 인정한 것으로 보아야 할 것이다.

3. 競業禁止義務

(1) 意 義

이사가 그 지위에 기하여 알게 된 회사의 영업비밀을 이용하여 사리를 도모하고 회사의 이익을 해할 위험이 크기 때문에 이를 방지하기 위하여 이사는 이사회의 승인이 없으면 자기 또는 제3자의 계산으로 회사의 영업부류에 속한 거래를 하거나 동종영업을 목적으로 하는 다른 회사의 무한책임사원이나 이사가 되지 못한다(제397조 제1항). 이는 경업금지의무와 겸직금지의무를 규정한 것이다. 1995년 개정상법에서 주주총회가 갖고 있던 경업에 대한 승인권을 이사회가 갖도록 하였다. 이는 이사의 자기거래승인이 이사회의 승인사항으로 되어 있으므로 그 형평성에서 보아 보다 현실적이고 합리적이며, 그 승인절차를 간소화할 필요성이 있었기 때문이다.

(2) 禁止行爲의 범위

경업금지의무의 대상이 되는 거래는 회사의 영업부류에 속하는 거래로서, 회사가 실제로 행하는 사업과 시장에서 경합하여 회사와 이사 사이에 이익충돌을 가져올 수 있는 거래를 말한다. 거래는 회사의 정관에 기재한 목적사업에 속하는 거래뿐만 아니라, 이에 부속하는 거래를 포함한다. 자기 또는 제3자의 계산이라 함은 그 명의 여하를 불문하고 거래행위의 경제적 효과가 자기 또는 제3자에 귀속하는 것을 말한다.

이사는 회사와 동종영업을 목적으로 하는 다른 회사의 무한책임사원이나 이사가 되지 못하므로 그 다른 회사의 유한책임사원이나 주주가 될 수 있고, 또한 그 영업의 종류를 달리하는 회사의 무한책임사원이나 이사가 될 수 있다.

이사는 이와 같은 경업 또는 겸직을 원칙적으로 금지당하지만 이사회에 의한 승인이 있는 때에는 겸직이 허용된다. 승인은 거래시마다 개별적으로 받아야 할 필요는 없고, 거래의 범위·대상 등을 한정하여 포괄적으로 받을 수 있다. 이사회가 승인을 하기 위해서는 거래의 상대방, 다른 회사의 사업의 종류·성질·규모, 거래의 범위 등 구체적 정보를 알아야 하기 때문에 이사는 승인을 받기 전에 그 거래 또는 다른 회사에 관한 중요한 사실을 알려야 할 것이다.

(3) 위반의 효과

이사가 경업금지의무에 위반하여 경업거래를 하더라도 상대방의 선의·악의를 불문하고 그 거래 자체는 유효하고, 다만 회사가 손해를 입은 때에는 이사에 대하여 손해배상을 청구할 수 있고(제399조), 의무위반이라는 정당한 이유에 기하여 이사를 해임할 수 있다.

손해액의 입증이 곤란하여 손해배상만으로 회사의 보호가 충분하지 못하고 또한 회사의 거래처 등을 유지할 필요가 있기 때문에 회사는 개입권을 행사할 수 있다. 즉 이사의 경업금지의무위반에 대하여 회사는 이사회의 결의로 그 이사의 거래가 자기의 계산으로 한 때에는 이를 회사의 계산으로 한 것으로 볼 수 있고, 제 3 자의 계산으로 한 것인 때에는 그 이사에 대하여 이로 인한 이득의 양도를 청구할 수 있다(제397조 제 2 항). 회사가 개입권을 행사하면 이사는 그 거래로 인하여 취득한 물건 또는 권리를 회사에 인도하거나 이전할 의무를 부담한다(채권적 귀속설, 서돈각·손주찬·정동윤·정찬형). 회사의 개입권은 거래가 있은 날로부터 1년을 경과하면 제척기간이 만료된다(제397조 제 3 항).

4. 自己去來의 제한

(1) 意　　義

이사가 직접 당사자로서 또는 다른 사람의 대리인·대표자로서 회사로부터 재산을 양수하거나 금전의 대부를 받고 또는 회사에 재산을 양도하는 등 회사와 거래를 하는 경우에는 그 이사 자신이 회사를 대표하는 때뿐만 아니라, 다른 이사가 회사를 대표하는 때에도 이사의 지위를 이용하여 회사에 불이익한 거래를 할 염려가 있다. 그래서 이사가 자기 또는 제 3 자의 계산으로 회사와 거래를 함에 있어서는 이사회의 승인을 받도록 하고 있다(제398조). 이와 같이 회사와 이사의 이익이 충돌할 수 있는 거래를 자기거래라 하고, 이사는 이사회의 승인이 없는 한 자기거래를 하지 말아야 할 의무를 진다.

이사 자신이 회사를 대표하는 경우에도 이사회의 승인이 있으면 자기계약·쌍방대리에 관한 민법 제124조를 적용하지 아니하고 그 이사가 동시에 회사를 대표한다.

(2) 自己去來의 범위

자기거래의 대상으로 되는 거래는 회사에 불이익을 미칠 수 있는 모든 재산상의 법률행위를 포함한다. 그러므로 이사가 직접 당사자로서 회사로부터 재산을 양수하는 등의 직접거래뿐만 아니라, 회사가 이사의 채무에 관해 그 채권자에 대하여 보증하거나 채무인수를 하는 경우 등의 간접거래도 포함한다.

반면에 이사의 회사에 대한 무상증여, 이사의 채무이행행위, 상계, 이사가 회사에 투자를 하였다가 투자금을 반환받는 거래 등 회사의 이익을 해할 염려가 없는 거래 그리고 보통거래약관에 의한 행위와 같이 특별히 회사에게만 불이익한 것이 아닌 거래는 그 성질상 자기거래에 해당하지 않는다.

어음행위에 관해서는 어음행위는 원인행위와 분리되고 지급거래의 수단으로서 채무이행적 성질을 가지고 있으므로 자기거래에서 제외하고자 하는 견해가 있으나 어음행위에 의하여 원인관계와는 분리된 전혀 새로운 채무가 발생하고 어음채무는 항변의 절단, 입증책임의 전환에 의하여 더 엄격한 책임으로 되며 부도시 거래정지처분을 받는 등 회사에 불이익할 수 있기 때문에 자기거래에 포함된다고 보는 것이 다수설이다(이설: 서돈각). 그러나 이를 획일적으로 판단할 수는 없고 어음행위의 실질적·구체적 사정을 고려하여 회사와 이사의 이익충돌 여부를 판단하여야 한다.

이사는 자기거래를 하지 아니할 의무가 있으나 이사회의 승인을 얻으면 그러하지 않다. 이사회의 승인은 경업금지의무에 있어서 이사회의 승인과 같이 개별적으로 또는 합리적 범위 내에서 포괄적으로 이루어질 수 있다. 사후승인은 허용되지 않으며 이사는 자기거래에 관한 중요한 정보를 이사회에 알려야 한다(동지: 정동윤·이철송). 이사회의 승인은 주주전원의 동의에 의하여 대체할 수 있다고 보는 것은 의문이다. 왜냐하면 회사의 구성원인 주주뿐만 아니라, 회사채권자 및 거래 후의 주식양수인의 보호도 고려하여야 하기 때문이다(동지: 이철송, 이설: 정동윤·최기원).

(3) 制限違反의 효과

이사회의 승인을 얻지 아니한 자기거래는 무효이다(주주 전원의 사전동의가 있으면 승인이 없더라도 유효라는 판례: 대판 1992. 3. 31, 91 다 16310). 이사회승인의 유무는 거래의 효력에 영향을 미치지 않는다고 보기도 하나, 회사의 희생으로 법을 위반한 이사를 보호할 필요는 없다. 그러나 거래의 안전을 고려하여 회사가 제3자에 대하여 무효를 주장하기 위해서는 그 제3자의 악의를 입증하여야 한다(동지: 정동윤·이철송·정찬형). 그리고 무효는 회사만이 주장할 수 있고 그 상대방인 이사는 이를 주장하지 못한다.

승인을 얻지 아니한 자기거래에 의하여 손해가 발생한 때에는 회사는 그 이사에 대하여 손해배상을 청구할 수 있고, 더욱이 이사회의 승인을 얻어 자기거래를 한 경우에는 그 결의에 찬성한 다른 이사도 손해배상책임을 진다(제399조 제 1 항 · 제 2 항).

5. 報告義務

(1) 意義 및 內容

이사는 이사회와 감사 또는 감사위원회에 보고의무를 부담한다.

우선 상법은 이사회의 활성화를 위하여 이사로 하여금 3월에 1회 이상 업무의 집행상황을 이사회에 보고하도록 하고 있다(제393조 제 4 항). 또한 상법은 감사제도의 실효성을 확보하기 위하여 이사로 하여금 회사에 현저하게 손해를 미칠 염려가 있는 사실을 발견한 때에는 즉시 감사 또는 감사위원회에 이를 보고하도록 하고 있다(제412조의2, 제415조의2 제 6 항).

이사의 보고방법에는 제한이 없으므로 구두로 하여도 무방하다.

(2) 違反의 效果

보고의무 위반으로 인하여 회사에 손해가 발생하면 이사는 회사에 대하여 손해배상책임을 진다(제399조 제 1 항). 감사나 감사위원회에 대한 보고의무 위반의 경우 감사나 감사위원회는 이를 감사보고서에 기재하여야 한다(제477조의4 제 2 항 제10호).

6. 秘密維持義務

이사는 재임중뿐만 아니라, 퇴임 후에도 직무상 알게 된 회사의 영업상 비밀을 누설하여서는 아니 된다(제382조의4). 재임중의 비밀유지는 이사의 선관주의의무에 비추어 당연하다고 볼 수 있지만, 퇴임 후에도 비밀유지의무가 부과되어 있다는 점에서 볼 때, 이는 법정의무로서의 성격을 가지고 있다고 볼 수 있다.

7. 監視義務

직무의 성격상 대표이사는 다른 이사의 직무집행을 감시하여야 하며, 공동대표이사는 각자가 서로 직무집행을 감시해야 하고, 대표이사가 아닌 사내이사(업무담당이사) 역시 다른 이사의 직무집행을 감시해야 한다.

반면 사외이사나 비상근이사인 평이사가 다른 이사에 대한 감시의무를 부담하는

지에 대해서는 다툼이 있다. 판례나 다수설은 평이사도 개별적으로 회사의 업무전반에 관하여 다른 이사에 대하여 감시의무를 부담한다고 본다. 평이사는 직접 업무집행을 담당하지 않으므로, 평이사의 감시의무는 다른 이사의 업무집행이 위법함을 알았거나 알 수 있었을 경우에만 인정된다고 보는 것이 타당하다.

감시의무의 소홀로 인하여 회사에 손해가 발생하면 평이사는 회사에 손해배상책임을 지며(제399조), 악의나 중과실이 있으면 제 3 자에 대해서도 손해배상책임을 진다(제401조).

8. 理事의 責任

(1) 序　　說

상법은 이사회의 권한을 강화시킴에 대응하여 그 권한의 행사를 신중하게 하기 위하여 이사회의 구성원인 이사에게 무거운 책임을 지우고 있다. 이사는 회사에 대하여 손해배상책임과 자본납입책임을 지며, 제 3 자에 대해서도 손해배상책임을 지는 경우가 있다. 이러한 민사책임 이외에 이사는 엄중한 벌칙의 제재를 받는다(제622조 아래 참조).

(2) 會社에 대한 損害賠償責任

1) 責任의 원인

이사가 법령 또는 정관에 위반한 행위를 하거나 그 임무를 해태한 때에는 회사에 대하여 연대하여 손해를 배상할 책임이 있다(제399조 제 1 항). 법령 또는 정관에 위반한 행위를 한 때라 함은 위법배당을 한 경우(제462조, 제463조 참조), 경업금지의무에 위반한 거래를 한 경우, 이사회의 승인 없이 자기거래를 한 경우, 이익공여금지에 위반하여 주주에게 재산상의 이익을 공여한 경우(제467조의2) 등 법령이나 정관에 구체적으로 정한 이사의 의무를 위반하거나 금지규정에 위반하여 행위한 때를 말한다.

이러한 위반행위로 인하여 이사에게 책임이 발생하기 위해서는 이사에게 고의·과실이 있어야 한다. 즉 제399조의 책임은 과실책임이다. 그러나 이사가 법령이나 정관에 위반하였다면 그 자체로 과실의 존재가 추정될 수 있다고 볼 수 있으므로 이사가 무과실의 입증책임을 진다고 본다.

이사가 임무를 해태한 때라 함은 이사의 감독불충분으로 지배인이 회사재산을 낭비한 경우, 이사가 조사불충분으로 인하여 부당한 이익배당을 한 경우, 은행의 이사가 채무자의 자력을 충분히 조사하지 않고 대출한 경우 등 위임계약상의 선관주의 의무 또는 이사의 감시의무를 위반한 때를 말한다. 이는 위임계약의 불이행에 따른 과실책임이다(동지: 정동윤 · 이철송 · 정찬형).

2) 責任의 내용

이사는 법령 · 정관의 위반 또는 임무의 해태로 인하여 회사가 입은 손해를 배상하여야 한다. 배상액은 위반행위 또는 임무해태행위와 상당인과관계가 있는 손해에 한정된다. 법령 또는 정관에 위반하거나 임무를 해태한 이사가 수인인 때에는 연대책임을 지고, 그 행위가 이사회의 결의에 의한 때에는 그 결의에 찬성한 이사도 위반행위 · 임무해태행위를 한 자로 보아 동일한 손해배상책임을 진다(제399조 제 1 항 · 제 2 항). 그런데 이 결의에 찬성하였는가의 여부의 입증을 간단히 하기 위하여 결의에 참가한 이사는 의사록에 이의의 뜻을 가재하지 아니한 한 결의에 찬성한 것으로 추정한다(제399조 제 3 항). 따라서 결의에 참가한 이사는 반증을 들어 이를 번복하지 아니하는 한 책임을 면하지 못한다. 감사도 책임이 있는 때에는 그 이사와 연대하여 책임을 진다(제399조 제 1 항, 제414조 제 3 항).

3) 責任의 추궁과 면제

이사의 회사에 대한 손해배상책임은 회사가 추궁할 수 있지만, 소수주주도 대표소송에 의하여 이를 추궁할 수 있다(제403조 아래 참조).

이 손해배상책임은 의결권 없는 주주를 포함한 총주주의 동의로써 면제할 수 있다(제400조).

정기총회에서 재무제표의 승인을 한 후 2년 내에 다른 결의가 없으면 부정행위에 대한 경우를 제외하고 회사는 이사의 책임을 해제한 것으로 본다(제450조).

(3) 資本納入責任

신주발행의 경우에 이사는 자본납입책임을 진다. 즉 신주발행으로 인한 변경등기가 있은 후에 아직 인수하지 아니한 주식이 있거나 주식인수의 청약이 취소된 때에는 이사가 이를 공동으로 인수한 것으로 분다(제428조 제 1 항). 이사의 자본납입책임은 회사설립시의 발기인의 자본납입책임과는 달리 인수담보책임에 제한된다. 그러나 무과실책임이고 총주주의 동의로도 면제할 수 없다는 점은 발기인의 경우와 같다. 이사가 이 자본납입책임을 지더라도 이로 인한 손해에 대해서는 여전히 손해배상책임을 져야 한다(제428조 제 2 항).

9. 業務執行關與者의 責任

(1) 序 說

우리나라의 대규모기업집단은 상당한 주식을 보유한 지배주주가 그룹총괄기구(비서실 또는 기조실)를 통하여 기업집단 전체의 경영권을 실질적으로 행사하여 왔다. 그러나 법규정의 미비로 기업의 부실경영으로 인해 손해를 입은 회사와 소수주주들은 실제로 경영권을 행사한 지배주주에게는 그 책임을 추궁할 수 없었다. 이러한 문제점을 해결하기 위해서 1998년 개정법에서는 업무집행관여자의 책임에 관한 규정(제401조의2)을 신설하여 실질적으로 경영권을 행사한 지배주주에 대해서도 이사와 마찬가지로 책임을 지게 하였다.

법률상의 이사는 아니지만 이사와 마찬가지의 책임을 지는 자로는, 회사에 대한 자신의 영향력을 이용하여 이사에게 업무집행을 지시한 자(제401조의2 제 1 항 제 1 호), 이사의 이름으로 직접 업무를 집행한 자(제401조의2 제 1 항 제 2 호), 이사가 아니면서 명예회장 · 회장 · 사장 · 부사장 · 전무 · 상무 · 이사 기타 회사의 업무를 집행할 권한이 있는 것으로 인정될 만한 명칭을 사용하여 회사의 업무를 집행한 자(제401조의2 제 1 항 제 3 호) 등이 있다. 이러한 자들은 흔히 사실상의 이사라고 칭해지고 있으나 사실상의 이사는 이사로 선임되어 그 직무를 수행하였으나 그 후 이사선임결의가 취소 또는 무효로 된 자를 의미하는 것으로 의미상 오해의 소지가 있어 부적절하다.

업무집행관여자가 법령 또는 정관에 위반한 행위를 하거나 그 임무를 해태한 경우에는 회사에 대하여 손해배상책임을 지며(제401조의2 제 1 항, 제399조 제 1 항), 악의 또는 중대한 과실로 인하여 그 임무를 해태한 경우에는 제 3 자에 대하여 손해배상책임을 진다(제401조의2 제 1 항, 제401조 제 1 항). 또는 회사 또는 제 3 자에 대하여 손해를 배상할 책임이 있는 이사는 업무집행관여자에 대하여도 이사의 경우와 마찬가지로 소수주주의 대표소송에 의하여 책임을 추궁할 수 있다(제401조의2 제 2 항, 제403조).

(2) 責任主體

1) 회사에 대한 자신의 영향력을 이용하여 이사에게 업무집행을 지시한 자(제401조의2 제 1 항 제 1 호)

회사에 대한 자신의 영향력을 이용하여 이사에게 업무집행을 지시한 자는 업무집행관여자로서 회사와 제 3 자에 대하여 이사와 같은 책임을 진다. 위의 업무집행지시자란 1인주주 또는 지배주주 등 회사의 경영에 영향력을 행사할 수 있는 자로서 회사의 이사로서는 취임하지 아니하고 자신의 뜻에 따라 이사를 임면하면서 그 이사를 통하여 회사의 업무에 관한 지시를 하거나 관여하고 있는 자, 즉 배후에서 실질적으로 영향력을 행사하는 자(이러한 의미에서 배후이사라고 부르기도 한다)를 말한다.

위의 업무집행관여자는 주주총회에서 자신의 뜻에 따라 이사를 선임한 후 그 이사를 통해서 업무집행을 지시함으로써 영향력을 행사하여야 한다. 따라서 독점적 수요자나 공급자, 신용공여자, 노동조합 등과 같이 경제상 또는 거래상 우월적 지위에서 영향력을 행사하는 경우는 업무집행관여자에 해당하지 않는다. 그리고 그 지시는 통상적으로 적극적인 것이어야 하며 이사에 대하여 구속력을 가지는 것이어야 한다. 따라서 우연히 1회의 지시가 있었다거나 구속력이 없는 단순한 조언이나 자문을 제공한 경우는 업무집행관여자에 해당되지 않는다. 또한 업무집행을 지시받은 이사는 반드시 법률상의 이사에 한정할 필요는 없으며, 등기되지 않은 임원이나 사용인에게 지시하여도 된다. 왜냐하면 업무집행관여자에게 책임을 지우는 것은 회사의 경영에 지배적으로 참여했다는 데 근본원인이 있으므로 회사의 경영에 참여하기 위해서는 반드시 이사를 통해서만 가능한 것은 아니며 등기되지 않은 임원이나 사용인을 통해서도 가능하기 때문이다.

2) **理事의 이름으로 직접 업무를 집행한 자**(제401조의2 제 1 항 제 2 호)

회사의 배후에서 실질적인 영향력을 행사하는 자가 이사의 이름으로 직접 업무를 집행한 경우에도 업무집행관여자의 책임을 진다. 이사의 이름으로 직접 업무를 집행한 자란 자신은 이사에 취임하지 아니하고 명목상의 이사를 둔 채 그 이사의 이름으로 직접 회사의 업무를 집행한 자를 의미한다. 업무집행관여자가 이사를 통하지 않고 자신이 직접 업무를 집행하는 점이 위의 업무집행을 지시한 자와 다를 뿐 회사에 영향력을 행사하여 자신의 뜻에 따라 업무를 집행한다는 점에서는 다를 바 없다.

한편 이사로 선임되어 업무를 집행한 후 그 이사의 선임행위가 취소 또는 무효로 된 자, 즉 이러한 사실상의 이사도 법률상의 이사도 아니면서 이사의 이름으로 직접 업무를 집행한 자이므로 일견 이러한 자도 업무집행관여자가 될 수 있는 것처럼 보인다. 하지만 사실상의 이사는 회사와 거래한 제 3 자를 보호하고자 이사의 행위를 유효한 것으로 보기 위하여 도입된 개념으로써 배후의 영향력 있는 지배주주의 책임을 추궁하기 위한 업무집행관여자와는 그 취지가 엄연히 다르다. 따라서 사실상의 이사는 업무집행관여자에 해당되지 않으며 그 개념 또한 명백히 구분해야 할 것이다.

3) 업무를 집행할 권한이 있는 것으로 인정될 만한 명칭을 시용하여 회사의 업무를 집행한 자(제401조의2 제1항 제3호).

이사가 아니면서 명예회장 · 회장 · 사장 · 부사장 · 전무 · 상무 · 이사 기타 회사의 업무를 집행할 권한이 있는 것으로 인정될 만한 명칭을 시용하여 회사의 업무를 집행한 자는 업무집행관여자에 해당한다. 업무집행권이 있는 것으로 인정될 만한 명칭을 사용하여 이사의 외관을 갖춘 자에 대해서도 이사의 책임을 인정한 것이다. 한편 위에서 나열한 자들은 법 제395조의 표현대표이사에도 해당되는 자들이므로 혼동의 여지가 있으므로 주의하여야 한다. 표현대표이사에 관한 규정이 외관책임으로써 선의의 제3자를 보호하기 위하여 표현대표이사의 행위에 대한 회사의 책임을 규정한 것이라면, 반면 위의 업무집행관여자의 규정은 업무집행관여자 자신의 행위에 대하여 회사와 제3자에 대한 자신의 책임을 규정한 것이다.

(3) 責任內容

업무집행관여자는 회사와 제3자에 대하여 이사와 동일한 책임을 진다. 즉 업무집행관여자는 법령 또는 정관에 위반한 행위를 하거나 그 임무를 해태한 때에는 회사에 대하여 손해배상책임을 지며(제401조의2 제1호), 악의 또는 중대한 과실로 인하여 그 임무를 해태한 때에는 제3자에 대하여 책임을 진다(제401조의2 제1호). 한편 발행주식총수의 100분의 1 이상에 해당하는 주식을 가진 주주는 회사에 대하여 이사의 책임을 추궁할 소의 제기를 청구할 수 있다(제401조의2 제1호).

Ⅱ. 理事와 株主의 관계

1. 總 說

주주는 회사의 구성원으로서 주주총회에서 의결권을 행사하고 이사의 선임 · 해임, 재무제표의 승인을 통하여 간접적으로 이사의 업무집행을 감독할 뿐만 아니라, 회계장부열람(제466조), 검사인의 선임을 통한 회사의 업무 · 재산상태의 검사(제467조) 등에 의하여 회사의 운영을 감독하고 시정하는 권리를 갖는다. 그렇지만 이사가 법령 또는 정관에 위반한 행위를 하는 때에는 회사가 사전에 중지시켜야 하고, 이사의 책임은 회사가 추궁하여야 한다. 따라서 이사와 주주는 직접적인 법률관계에 서는 것은 아니다.

그러나 이사들 사이의 특수한 관계로 인하여 그것이 불가능하게 되어 회사 그리고 주주의 이익을 해할 우려가 많다. 그래서 상법은 영미법상의 제도인 유지명령제도와 대표소송제도를 도입하여 특정한 경우에 감사와 소수주주가 회사를 대신하여 회사가 이사에 대하여 갖는 권리를 행사하는 것을 인정하고 있다. 이 경우에는 소수주주가 회사의 기관으로 행동하는 결과가 된다.

2. 留止請求權

(1) 意 義

이사가 법령 또는 정관에 위반한 행위를 하여 이로 인하여 회사에 회복할 수 없는 손해가 생길 염려가 있는 경우에는 감사 또는 발행주식총수의 100분의 1 이상에 해당하는 주식을 가진 주주는 회사를 위하여 이사에 대하여 그 행위를 유지할 것을 청구할 수 있다(제402조).

이사가 위법행위를 한 경우에는 회사에 대하여 손해배상책임을 부담하지만(제399조) 이러한 사후구제보다는 그 행위가 이루어지기 전에 가능하다면 그것을 방지하는 쪽이 바람직스럽다. 회사는 이사의 위법행위를 유지하는 권리를 당연히 갖지만, 회사가 이를 해태하는 경우에 대비하여 일정한 요건하에 감사 및 소수주주는 회사를 위하여 그 행위를 유지할 수 있는 권리를 갖는다. 이것을 유지청구권이라고 하는데, 영미법의 유지명령제도를 변용한 것이다.

(2) 留止請求權者

유지청구를 할 수 있는 자는 의결권 없는 주식을 포함하여 발행주식총수의 100분의 1 이상에 해당하는 주식을 가진 주주 및 감사이다. 영미법의 유지명령은 각 주주가 청구할 수 있으나 상법은 그 남용을 방지하기 위하여 소수주주에게 인정하였고, 감사가 업무감사권을 갖게 된 결과 감사에게도 유지청구권을 인정하였다. 1998년 개정상법은 소수주주권을 강화하기 위하여 100분의 5로 되어 있는 유지청구권의 행사요건을 100분의 1로 완화하였다.

⑶ 留止請求權의 내용과 방법

유지청구의 대상이 되는 행위는 법령 또는 정관에 위반한 이사의 행위이다. 이사의 행위는 이사회의 결의에 반하는 대표이사의 거래행위와 같이 유효행위뿐만 아니라, 당연무효의 행위도 포함한다. 이사의 위법행위를 유지하기 위해서는 그 행위로 인하여 회사에 회복할 수 없는 손해가 발생할 염려가 있어야 한다. 따라서 손해배상청구 등의 사후적 구제에 의하여 그 손해를 회복할 수 있는 때에는 위법행위라 할지라도 그 유지를 청구하지 못한다.

유지청구권은 대표소송과 달리 회사에 대한 청구 없이도 곧바로 재판상 또는 재판 외에서 행사할 수 있다. 소에 의하지 않더라도 유지청구의 요건이 갖추어져 있는 한 이사는 위법행위를 유지하여야 하지만, 재판 외의 청구로서는 그 목적을 달성할 수 없는 경우에는 그 이사를 피고로 하여 유지청구의 소를 제기하고 이 소를 본안으로 하여 가처분을 신청할 수 있다(민사소송법 제300조).

유지청구의 소는 회사를 위한 것이므로 판결의 효력은 당연히 회사에 미친다(민사소송법 제218조 제 3 항). 소송의 목적물은 적극적인 급부가 아니고 소극적인 유지이지만, 회사가 이사에 대하여 갖는 유지청구권은 회사를 위하여 행사하는 경우이고 그 본질은 대표소송과 동일하다고 볼 수 있다. 따라서 상법에 규정이 없는 사항에 관해서는 대표소송에 관한 규정(제403조 내지 제406조)을 유추적용할 수 있다.

⑷ 留止請求의 효과

유지청구가 있는 때에는 이사는 선량한 관리자의 주의의무로 그 행위의 유지 여부를 결정하여야 한다. 유지청구의 요건이 갖추어져 있는 때에는 그 행위를 유지하여야 하고, 이를 무시하고 위법행위를 한 때에는 법령 또는 정관의 위반으로 인한 손해배상책임을 진다.

적법한 유지청구를 무시하고 한 이사의 행위의 효력은 유지청구라는 형식적 기준이 아니라, 거래의 안전을 고려하여 결정해야 한다. 당연히 무효인 행위는 유지청구 여부에 관계없이 그 효력이 발생하지 않는다. 이사의 법령 또는 정관에 위반한 행위가 유효한 때에는 유지청구가 있다고 하여 그 행위를 무효로 할 수는 없다.

3. 代表訴訟

(1) 意 義

발행주식총수의 100분의 1 이상에 해당하는 주식을 가진 주주는 회사가 이사의 책임을 추궁할 소를 제기하지 않는 때에는 회사를 위하여 그 소를 제기할 수 있다(제403조 제3항). 1998년 개정상법은 그 행사요건을 100분의 5에서 100분의 1로 하향조정하여 소수주주권 행사요건을 완화하였다.

이사의 책임은 원칙적으로 회사 자신이 추궁할 수 있으나, 이사의 인적관계로 인하여 회사가 그 책임의 추궁을 하는 것을 기대할 수 없고 이에 따라 회사 및 주주의 이익을 해하게 된다. 그런데 상법은 사후구제방법으로 미국법상의 대표소송 또는 대위소송을 도입·병용하여 소수주주가 직접 회사를 위하여 이사에 대한 회사의 권리를 행사하여 책임추궁의 소를 제기할 수 있음을 인정하고 있다. 미국법상으로는 단독주주가 이사의 책임에 대해서뿐만 아니라, 회사가 갖는 모든 권리를 재판상 행사할 수 있다는 점이 상법상의 대표소송과 다르다.

(2) 提訴權者

대표소송을 제기할 수 있는 자는 결의권이 없는 주식을 포함하여 발행주식총수의 100분의 1 이상에 해당하는 주식을 가진 주주이다. 소수주주만이 소제기권을 갖게 한 것은 남소를 방지하기 위함이다. 감사는 소제기권을 갖지 않는다. 소수주주의 자격은 소제기시로부터 변론종결시까지 유지하여야 한다.

(3) 代表訴訟의 내용과 절차

1) 理事의 責任의 범위

대표소송의 대상이 되는 이사의 책임은 그 발생원인이 중요하여 면제가 불가능하거나 그 요건이 엄격한 책임, 즉 이사의 회사에 대한 손해배상책임(제399조)과 자본납입책임(제428조)에 제한된다는 견해가 있으나(정찬형), 이사가 회사에 대하여 부담하는 모든 채무를 포함하고, 따라서 거래상의 채무이행의 청구에 대해서도 대표소송이 인정된다고 본다(다수설). 이사가 재임중에 부담한 책임 또는 채무는 이사가 퇴임하더라도 대표소송의 대상이 된다.

2) 提訴 전의 절차

소수주주가 대표소송을 제기하기 위해서는 먼저 이유를 기재한 서면으로 회사에 대하여 이사의 책임을 추궁할 소의 제기를 청구하여야 하고(제403조 제1항·제2항), 회사가 이 청구를 받은 날로부터 30일 내에 소를 제기하지 아니할 때에 비로소 소수주주는 즉시 대표소송을 제기할 수 있다(제403조 제3항). 그러나 30일의 기간의 경과로 인하여 회사에 회복할 수 없는 손해가 생길 염려가 있는 때에는 30일의 경과를 기다리지 않고 즉시 소를 제기할 수 있다(제403조 제4항). 소수주주가 회사에 대하여 이사의 책임을 추궁할 소의 제기를 청구한 때에는 감사가 회사를 대표하여 소를 제기하여야 한다(제394조).

3) 訴訟節次

소수주주의 대표소송은 회사의 본점소재지의 지방법원의 관할에 전속한다(제403조 제5항, 제186조). 대표소송을 제기한 경우에 피고인 이사는 소수주주가 악의임을 소명하여 소수주주에게 상당한 담보를 제공하게 할 것을 법원에 청구할 수 있다(제403조 제5항, 제176조 제3항·제4항).

대표소송을 제기한 소수주주는 소를 제기한 후 지체없이 회사에 대하여 소송참가의 기회를 주기 위한 소송의 고지를 하여야 한다(제404조 제2항). 회사는 대표소송에 참가할 수 있다(제404조 제1항).

한편 대표소송을 제기한 주주의 보유주식이 제소 후 발행주식총수의 100분의 1 미만으로 감소한 경우에도 제소의 효력에는 영향이 없다(제403조 제5항). 그리고 소를 제기한 당사자는 법원의 허가를 얻지 않고는 소의 취하, 청구의 포기·인락·화해를 할 수 없다(제403조 제6항).

(4) 代表訴訟의 효과

소수주주가 제기한 대표소송에 대한 판결은 당연히 회사에 대하여 그 효력이 미친다(민사소송법 제218조 제3항). 그리고 이 판결의 반사적 효과로서 다른 주주는 동일한 주장을 하지 못한다(동지: 정동윤·최기원·정찬형). 이 효력은 원고가 승소한 경우뿐만 아니라, 패소한 경우에도 발생한다. 원고인 소수주주가 승소한 때에는 그 소수주주는 회사에 대하여 소송비용 외에 기타 소송으로 인하여 지출한 비용 중 상당한 금액의 지급을 청구할 수 있고, 소송비용을 지급한 회사는 이사 또는 감사에 대하여 구상권을 행사할 수 있다(제405조 제1항). 이에 반하여 소수주주가 패소한 때에는 악의인 경우 외에는 회사에 대하여 손해를 배상할 책임이 없다(제405조 제 2 항).

(5) 再審의 訴

상법은 대표소송의 공정성을 확보하기 위하여 전속관할, 소송참가와 소송고지에 관한 규정을 두는 외에 재심의 소에 관한 특칙을 두고 있다. 이사의 책임을 추궁하기 위한 소수주주의 대표소송이 제기된 경우에 원고와 피고의 공모로 인하여 소송의 목적인 회사의 권리를 사해할 목적으로써 판결을 하게 한 때에는 회사 또는 주주는 확정된 종국판결에 대하여 재심의 소를 제기할 수 있다(제406조 제 2 항, 제405조).

Ⅲ. 理事와 監事의 관계

1. 序 說

이사는 회사업무집행의 의사결정기관인 이사회의 구성원으로서 그 의사결정에 참여하고 이사회를 통하여 대표이사의 업무집행을 감독하는 권한을 갖는 자이다. 감사는 회사의 업무와 회계의 감사를 주된 임무로 하는 회사의 필요적 상설기관이다. 감사는 이사의 직무집행을 감사하고(제412조 제 1 항), 이사회에 출석하여 의견을 진술할 권한(제391조의2), 이사에 대하여 언제든지 영업에 관한 보고를 요구하거나 회사의 업무와 재산상태를 조사할 수 있다(제412조 제 2 항). 이에 더하여 1995년 개정법에서는 자회사조사권(제412조의4), 해임결의에 관한 의견진술권(제409조의2) 및 총회소집청구권(제412조의3)을 신설하였다.

감사는 이사에 대하여 언제든지 영업에 관한 보고를 요구할 수 있으나(제412조 제 2 항), 이에 응할 이사의 보고의무는 감사의 요구가 있을 때에 하는 소극적인 보고업무에 불과하였다. 이것만으로서는 회사의 업무집행에 직접 관여하지 않는 감사의 감사가 어려웠고, 회사의 손해를 미연에 방지하는 데도 충분하지 못하였다. 따라서 1995년 개정법에서는 감사가 스스로 조사하는 외에 회사에 현저한 손해를 미칠 염려가 있는 사실을 발견한 때에는 감사의 요구가 없더라도 이사가 자발적으로 보고할 이사의 적극적인 보고의무를 부과하였다(제412조의2).

2. 理事의 報告義務

이사는 회사에 현저하게 손해를 미칠 염려가 있는 사실을 발견한 때에는 즉시 감사에게 이를 보고하여야 한다(제412조의2). 이사가 감사에게 보고하여야 할 때는 회사에 현저한 손해를 미칠 염려가 있는 사실을 발견한 경우이다. 회사의 중요한 거래처나 투자자가 도산하려 하거나 도산한 사실, 회사재산에 대한 횡령이 있었던 사실, 회사제품에 대하여 피해가 발생하고 또 그러한 피해가 발생할 염려가 있는 사실 등 회사에 현저한 손해가 이미 발생한 경우는 물론 그러한 위험이 있는 사실도 포함된다.

보고의무가 있는 이사는 회사에 현저한 손해를 미칠 염려가 있는 사실을 발견한 이사와, 그 이사로부터 이러한 사실을 인지하고 아직 그 이사가 감사에게 이 사실을 보고하지 아니한 것을 안 이사이다.

보고의 시점은 회사에 현저한 손해를 입힐 염려가 있는 사실을 발견한 그 단계에서 즉시 보고하여야 한다. 회사에 현저한 손해가 발생한 후에 한 보고는 보고업무를 위반한 것이다. 보고의 방법은 구두 또는 서면으로 하면 되나, 이사의 구두보고가 있은 후에 감사가 필요하다고 생각되면 서면으로 재보고를 요청할 수 있다고 본다.

이사가 회사에 현저한 손해를 미칠 염려가 있는 사실을 발견하였으면서도 감사에게 직접 이를 보고하지 아니한 때에는 보고의무를 위반한 것으로 회사에 발생한 손해를 배상할 책임을 진다(제399조 제 1 항). 또한 이는 이사의 직무수행에 관한 법령에 위반한 중대한 사실이므로 감사는 감사보고서에 그 사실을 기재하여야 한다(제447조의4 제 2 항 제10호).

감사는 이사가 보고한 회사에 현저한 손해를 미칠 염려가 있는 사실을 확인하고, 만일 그 사실이 이사의 법령 또는 정관위반행위에 기인하는 경우에는 감사는 이사회에 이를 보고하여야 하고(제391조의2 제 2 항), 필요한 때에는 임시총회의 소집을 청구할 수 있다(제412조의3 제 1 항). 만일 이사의 행위에 의하여 회사에 회복할 수 없는 손해가 발생할 염려가 있는 때에는 감사는 당해 이사에 대하여 소를 제기할 수도 있고(제394조), 주주총회에서 위의 사실을 진술할 수도 있다(제404조). 만일 이러한 사실이 이사의 위법행위에 기인하지 아니한 때에는 감사는 이사회를 소집하여 이사들이 적절한 조치를 강구하도록 촉구하는 등 회사의 손해를 미연에 방지하거나 손해가 최소한도에 그치도록 하여 선량한 관리자의 주의의무를 다하여야 할 것이다(동지: 이범찬, 앞의 글, 143쪽).

Ⅳ. 理事와 第 3 者의 관계

1. 序 說

원칙적으로 이사는 제 3 자와 계약관계에 있지 않으므로 이사의 임무해태로 인하여 제 3 자가 손해를 입었다고 하더라도 민법상의 불법행위에 따른 책임은 별론으로 하고 이사가 개인적으로 직접 제 3 자에게 책임을 지지는 않는다. 그러나 이러한 원칙을 무제한 견지할 경우 이사의 업무집행이 신중해지지 않을 수 있고, 특히 주주가 동시에 이사인 폐쇄적 회사의 경우 제 3 자 보호에 문제가 발생할 수 있다. 따라서 상법은 이사가 악의 또는 중대한 과실로 인하여 임무를 게을리한 때에는 그 이사가 제 3 자에 대하여 직접 손해배상을 하도록 하고 있다(제401조 제 1 항). 따라서 이사의 임무해태가 제 3 자에 대하여 불법행위를 구성하지 않더라도, 제 3 자는 그 이사에게 개인적 책임을 추궁할 수 있다.

주의할 것은 상법 제401조 제 1 항에 따른 이사의 제 3 자에 대한 책임은 대표이사가 제 3 자에 대하여 부담하는 손해배상책임(제389조 제 3 항, 제210조)과는 차원이 다르다는 것이다. 왜냐하면 상법 제389조 제 3 항에 따른 대표이사와 회사의 제 3 자에 대한 연대책임은 대표이사의 대표행위로 인한 회사의 불법행위로부터 제 3 자 보호를 위하여 인정된 책임의 성격을 갖기 때문이다. 또한 대표이사 이외의 자가 제 3 자에 대한 불법행위로 인하여 회사가 책임을 부담하는 것은 민법 제756조에 따른 사용자의 배상책임이라는 점도 유의할 필요가 있다.

2. 第 3 者에 대한 損害賠償責任

(1) 意 義

이사가 악의 또는 중대한 과실로 인하여 그 임무를 해태한 때에는 그 이사는 제 3 자에 대하여 연대하여 손해를 배상할 책임이 있다(제401조 제 1 항). 이 책임은 제 3 자를 보호하고 이사의 업무집행을 신중하게 하는 기능을 한다.

(2) 責任의 성질

이사가 제 3 자에 대하여 지는 손해배상책임은 이사가 그 업무를 위반한 때에는 회사에 대한 관계에서 책임을 질 뿐이지만, 그 결과 주주 또는 회사채권자 등이 손해를 입는 경우가 많음을 고려하여 상법이 특별히 인정하는 법정책임이다(동지: 손주찬·정동윤·최기원·정찬형). 따라서 이사가 회사에 대한 임무위반에 관하여 악의 또는 중과실이 있으면 제3자에 대한 권리침해 또는 고의·과실이 없더라도 이 책임이 발생한다. 이사의 임무해태행위가 직접 제3자에 대하여 불법행위의 요건을 갖춘 때에는 당연히 불법행위책임과의 경합이 인정된다.

(3) 責任의 내용

제401조에 의한 이사의 손해배상책임은 악의·중과실로 인한 임무해태행위가 있는 경우에 그 임무위반과 상당인과관계가 있는 모든 손해를 배상할 책임이다. 임무해태행위라 함은 선관주의의무, 다른 이사에 대한 감시의무를 위반한 행위 또는 주식청약서·재무제표 등에 허위의 기재를 하거나 허위의 등기·공고를 하는 행위 등을 말한다. 제3자가 입은 손해는 회사재산과는 무관하게 발생하는 직접손해뿐만 아니라, 이사의 임무위반에 의하여 회사재산이 감소한 결과 발생하는 간접손해도 포함한다. 제3자에는 회사채권자뿐만 아니라 주주도 포함한다(주주포함설).

임무를 위반한 이사가 수인 있는 때에는 연대책임을 지고, 그 임무해태행위가 이사회의 결의에 의한 때에는 그 결의에 찬성한 이사도 동일한 책임을 지며, 결의에 참가한 이사로서 의사록에 이의의 뜻을 기재하지 아니한 이사는 결의에 찬성한 것으로 추정한다(제401조 제2항, 제399조 제2항·제3항). 감사가 책임을 지게 되는 때에는 그 이사와 연대책임을 진다(제414조 제2항).

제2관 株主總會

제1. 總會의 성립

Ⅰ. 意 義

주주총회는 주주에 의하여 구성되는 회사의 최고의 의사결정기관으로 상법 또는 정관에서 정하는 회사의 기본적인 중요사항에 관하여 회사의 의사를 결정하는 필요적 기관이다.

주주총회는 주주전원에 의하여 구성된다. 의결권 없는 주식을 가진 주주는 주주총회의 구성원이 아니라고 하는 견해도 있으나(정동윤), 주주총회는 회의체기관으로서 존재형식이 상설기관이므로 의결권 없는 주식을 가진 주주도 주주총회의 구성원이다(동지: 이철송). 다만 우선적 배당을 받고 있는 한에서 활동형식인 회의체로서의 주주총회에서 의결권을 행사하지 못할 뿐이다.

주주총회는 회사의 최고기관이다. 구상법 이래 그 권한이 많이 축소되었으므로 주주총회의 권능은 이미 만능은 아니지만 이사·감사의 선임·해임권이 있고, 회사의 기본적 변경사항(정관변경·자본감소·해산·합병 등)의 결의 및 재무제표의 승인 등도 주주총회의 권한에 속하므로 여전히 주식회사의 최고기관이라고 할 수 있다.

Ⅱ. 결의사항

주주총회의 권한은 법률 또는 정관에 정해진 사항에 한정된다(제361조). 법률 또는 정관에 정한 결의사항은 주주총회의 전속적 권한에 속하므로 주주총회의 결의나 정관으로 이사회나 대표이사 등 다른 기관의 결정에 위임할 수 없다. 다만 주주총회가 그 결의사항에 관하여 기본적인 부분을 정하고(예컨대 이사·감사의 보수액의 최고한의 결정), 그 범위 내에서 세목을 다른 기관에 일임하는 것은 상관이 없다.

1. 法律의 규정에 의한 決議事項

상법은 주주의 이해에 특히 중대한 관계가 있는 사항은 주주총회의 권한으로 하고 있는데, 이에는 1) 회사의 기구나 업태의 기본에 관한 사항(정관변경, 자본감소, 해산, 회사의 계속, 영업의 양도 또는 양수, 합병계약의 승인 등), 2) 기관구성원의 선임·해임(이사·감사·청산인·감사인 등의 선임·해임과 보수의 결정), 3) 업무운영과 주주의 이익을 위한 사항(주주총회의 연기·속행, 재무제표의 승인, 사후설립, 이사·감사·청산인의 책임추궁, 이사·청산인의 위법행위의 면책, 주주 이외의 자에 대한 신주인수권 부여, 정관에 규정이 있는 경우의 전환사채의 발행 등) 등이 있다.

한편 1998년 개정법에 따라 이사가 1인뿐인 경우에는 이사회라는 존재가 의미가 없어지므로 개정상법은 이 경우 이사회결의사항으로 되어 있는 것을 주주총회의 결의사항으로 하였다(제383조 제 4 항). 즉 정관규정에 의해 주식양도를 제한하는 경우의 양도승인, 이사의 경업과 자기거래의 승인, 신주발행사항 중 정관에 규정이 없는 사항의 결정, 준비금의 자본전입의 결정, 사채모집의 결의, 전화사채와 신주인수권부사채에 관한 사항 중 정관에 규정이 없는 사항의 결정, 간이합병의 경우의 합병승인

등의 경우는 이사회 대신 주주총회가 결의해야 한다.

2. 定款上의 決議事項

주주총회는 이상과 같은 법정의 전속권한을 가지며, 더 나아가 상법에서 다른 기관의 권한으로 되어 있는 것도 총회소집과 같이 그 성질상 허용될 수 없는 것을 제외하고는 정관에서 주주총회의 권한으로 유보할 수 있다. 이 경우 그 허용범위가 문제되는데, 주식회사의 본질 또는 강행법규에 위반되지 않는 한 이사회의 결의사항을 정관의 규정에 의하여 주주총회의 결의사항으로 할 수 있다고 본다(동지: 정동윤·최기원).

대표이사의 선임(제389조 제1항), 신주의 발행(제416조), 준비금의 자본전입(제461조 제1항), 전환사채의 발행(제513조 제2항), 신주인수권부사채의 발행(제516조의2 제2항) 등에 대하여는 상법에 명문의 규정이 있다.

Ⅲ. 召 集

1. 召集時期

주주총회는 소집의 시기에 따라 정기총회와 임시총회로 나뉜다. 정기총회는 매년 1회 일정한 시기에 소집하는 총회이며(제365조 제1항), 연 2회 이상 이익배당을 하는 회사에서는 매결산기마다 정기총회를 소집하여야 한다(제365조 제2항). 정기총회는 재무제표의 승인이나 이익 또는 이자의 배당에 관한 결의를 하는 것을 주된 권능으로 하고, 그 소집시기는 주주명부의 폐쇄기간 또는 기준일의 설정시기의 제한(제354조 제2항·제3항)과의 관계로 보아 매결산기 후 3월 내이어야 한다.

임시총회는 필요한 때에 수시로 소집되는 총회이며(제365조 제3항), 임시총회의 소집이 강제되는 경우로는 법원의 명령에 의한 때(제467조), 흡수합병의 보고총회(제526조), 청산개시시 또는 청산종결시 청산인이 재산관계서류의 승인을 요구한 경우 등이 있으며, 그 밖에도 소수주주의 청구 또는 소집에 의하여 소집되는 경우가 있다(제366조).

2. 召集權者

(1) 理事會 · 代表理事에 의한 소집

주주총회는 원칙적으로 이사회에서 총회의 개최 및 그 일시·장소·의안 등을 결의하고(제362조), 총회의 소집은 통상의 업무집행권을 가진 대표이사가 한다.

소집권자가 소집하지 않은 회합이더라도 1인주주나 전 주주가 출석하여 총회의 개최에 동의하여 결의한 것은 전원출석총회로서 유효하다.

(2) 少數株主에 의한 소집

발행주식총수의 100분의 3 이상에 해당하는 주식을 가진 소수주주는 회의의 목적사항과 소집의 이유를 기재한 서면을 이사회에 제출하여 임시총회의 소집을 청구할 수 있다(제366조 제 1 항).

소수주주의 청구에도 불구하고 회사가 이사회의 결의로 지체없이 총회소집의 절차를 밟지 않으면 그 소수주주는 법원의 허가를 얻어 직접 총회를 소집할 수 있다(제366조 제 2 항). 이렇게 하여 소집된 총회에서는 회사의 업무와 재산상태를 조사하기 위하여 검사인을 선임할 수 있다(제366조 제 3 항).

(3) 監事에 의한 소집

감사는 회의의 목적사항과 소집의 이유를 기재한 서면을 이사회에 제출하여 임시총회의 소집을 청구할 수 있고, 감사가 총회를 소집하는 경우에는 제366조 제 2 항이 준용된다(제412조의3 신설).

(4) 法院의 命令에 의한 소집

법원이 소수주주(발행주식총수의 100분의 3 이상에 해당하는 주식을 가진 주주)의 청구에 의하여 검사인을 선임한 경우(제467조 제 1 항)에 회사의 업무와 재산상태를 조사한 결과에 대한 보고를 받고 필요하다고 인정한 때(제467조 제 2 항)에는 대표이사에게 총회의 소집을 명할 수 있다(제467조 제 3 항). 대표이사가 법원의 명령에 위반하여 총회를 소집하지 않는 때에는 과태료의 제재가 있다(제635조 제 1 항 제20호).

3. 召集地와 召集場所

소집지는 정관에 다른 정함이 없으면 본점소재지 또는 이에 인접한 지이어야 한

다(제364조).

소집장소에 대하여는 따로 규정이 없으나 소집권자가 소집지 내의 특정한 장소를 정하여 소집의 통지 또는 공고에 기재한다.

4. 召集節次

주주총회를 소집함에는 주주에게 출석의 기회와 준비의 기회를 주기 위하여 기명주주에 대해서는 회의일의 2주간 전에 서면으로 통지를 발송하여야 하고(제376조 제1항), 무기명주주를 위해서는 통지 대신에 회의일의 3주간 전에 공고를 하여야 한다(제363조 제3항).

(1) 召集通知를 해야 할 株主

통지를 해야 할 주주는 주주명부의 폐쇄 당시 또는 기준일에 있어서의 주주명부상 주주로서 의결권 있는 주주를 말하며, 회사는 주주명부에 기재된 주주의 주소로 통지하면 면책된다(제353조).

(2) 召集通知의 방법

소집통지는 서면으로 하는 것이 원칙이었으나 2001년 개정상법은 전자우편(E-mai1)의 일반화를 감안하여 서면 또는 전자문서에 의하도록 하였다(제363조 제1항). 주권상장법인이 주주총회를 소집하는 경우에는 발행주식총수(의결권 없는 주식은 제외)의 100분의 1 이하를 소유하는 주주에 대하여 정관에 정하는 바에 따라 회일을 정하여 2주간 전에 총회를 소집하는 뜻과 회의의 목적사항을 2개 이상의 일간신문에 2회 이상 공고함으로써 소집통지에 갈음할 수 있다(542조의4 제1항, 상법시행령 제10조).

2009년 개정에 의하여 전자문서로 통지하는 경우에는 주주의 동의를 받아서 하도록 되었다(제363조 제1항 본문). 무기명식 주권을 발행한 경우에는 주주총회일의 3주 전에 총회를 소집하는 뜻과 회의의 목적사항을 공고하여야 한다(제363조 제3항). 2009년 개정상법은 자본금총액이 10억원 미만인 소규모 회사가 주주총회를 소집할 때 기명주주에게는 10일 전에 통지를, 무기명주주에게는 2주 전에 공고를 하도록(제363조 제4항) 하여 통지기간을 줄여주었다. 한편 2009년 개정에서는 소규모 회사의 경우 총주주의 동의에 의하여 소집절차의 생략도 가능하도록 하였으며, 주주전원의 서면동의로써 주주총회의 결의에 갈음할 수 있도록 하였다(제363조 제5항). 상법상 주주총회 소집절차를 흠결한 때 결의취소 또는 결의부존재 사유가 되나(제376조, 제380

조), 판례가 주주총회 소집절차가 없어도 총주주가 주주총회의 개최에 동의하여 출석한 경우에는 전원출석총회의 효력을 인정하고 있는 점(대판 1993. 3. 26, 92 다 48727), 주주수가 매우 적은 소규모 폐쇄회사의 경우에는 총주주 전원이 회사에 대하여 파악하고 있는 점을 근거로 소집절차를 간이화한 것이다. 상법 제363조 제 5 항의 서면에 의한 결의는 주주총회의 결의와 같은 효력이 있다(제363조 제 6 항). 그리고 서면에 의한 결의에 대하여는 주주총회에 관한 규정을 준용한다(제363조 제 7 항).

(3) 召集通知의 기재사항

소집의 통지 또는 공고에는 회의의 목적사항을 기재하여야 한다(제363조 제 2 항 · 제 3 항). 이 목적사항이라는 것은 의안 · 의제 · 의사일정이라고도 하며, 결의사항이 무엇인가를 주주가 알 수 있을 정도로 기재하면 된다(예컨대 임원의 선임 등). 특히 중요한 의안(정관변경 · 자본감소 · 합병 · 영업의 양도 등)에 대하여는 그 요령도 기재하여야 한다(제433조 제 2 항, 제438조 제 2 항, 제522조 제 2 항).

(4) 召集通知를 요하지 않는 경우

회사가 발송한 서면통지가 주주명부상의 주주의 주소에 계속 3년간 도달하지 아니한 때에는 회사는 당해 주주에게 총회의 소집을 통지하지 아니할 수 있다(제363조 제 1 항 단서)(소집통지가 3년간 반송되어 올 경우에 회사의 비용과 번거로움을 덜기 위하여 1995년 개정법에서 이 단서를 신설하였음). 그리고 의결권 없는 주주에 대하여는 소정의 우선적 배당을 하는 한 의결권이 정지되므로(제370조 제 1 항 본문) 통지나 공고를 하지 않아도 된다(제363조 제 4 항). 마찬가지로 회사의 자기주식(제369조 제 2 항), 자회사가 가지는 모회사의 주식 또는 비모자회사간에 상호소유하는 의결권이 제한된 주식(제369조 제 3 항)에 대하여는 통지를 할 필요가 없다.

(5) 召集通知의 철회

총회소집의 통지 · 공고가 행하여진 후라도 소집을 철회하거나 회의의 목적사항의 일부를 철회할 수 있고, 또 총회의 회의일을 늦추거나(소집의 연기) 시간을 변경할 수 있다. 그러나 이 경우에도 이사회의 결의를 거쳐 대표이사가 그 뜻을 통지 · 공고하고, 그 통지는 앞서 통지된 회의일보다 먼저 도달되어야 한다(동지: 최기원 · 정동윤 · 손주찬).

5. 全員出席總會

법정된 소집절차를 흠결하더라도 총주주가 주주총회의 개최에 동의하여 출석하면 그 총회에서 이루어진 결의는 유효하며, 이것을 전원출석총회라고 한다(동지: 최기원 · 정동윤 · 정찬형).

6. 總株主의 동의에 의한 召集節次의 생략

총주주가 소집절차를 생략하고 총회를 개최하는 데 동의한 경우에는 결석자가 있더라도 유효한 총회로 인정하여야 할 것이다(동지: 정동윤 · 정찬형). 상법은 유한회사의 사원총회에 관하여 총사원의 동의가 있으면 소집통지 없이 총회를 열 수 있다고 규정하고 있는데(제573조), 주주총회에 관하여도 위 규정을 유추적용할 수 있다고 본다. 앞에서 보았듯이 2009년 5월 개정에 의해 소규모회사에 대하여는 명문의 규정을 두었다.

Ⅳ. 總會의 成立과 議事

1. 總會의 성립

주주총회는 소집통지에 기재된 일시 · 장소에 정족수에 해당하는 주주가 출석하고, 이사가 출석하여야 하며, 의장이 출석주주의 자격을 조사하여 그 결과를 총회에 보고하고 개회를 선언함으로써 성립한다.

회의 기타의 의사방법은 상법에 명문의 규정이 없으므로 정관 또는 총회결의가 정한 바에 따른다. 이것이 없으면 관습에 따르고, 관습도 없으면 회의의사의 일반원칙에 따른다.

2. 議 長

주주총회에서 그 의사를 원활하게 진행시키기 위하여 의장이 필요하다. 상법에는 의장의 존재를 전제로 한 규정(제373조 제 2 항)만이 있을 뿐 의장에 대하여 특별히 규정하고 있지 않다. 보통 정관에서 의장이 될 자를 정하고 있으나, 주주총회 자체에서 이를 선출할 수도 있다. 정관에서 정한 의장이 총회출석이 불가능하거나, 불신임동의가 제출되어 가결된 경우 또는 그 직책을 포기한 경우에는 총회에서 임시의장을 선임하여야 한다.

소수주주가 법원의 허가를 얻어 임시주주총회를 직접 소집한 경우(제366조 제 2 항)에는 정관의 규정에 구애받지 않고 별도로 소집된 총회에서 의장을 선임하여야 한다. 마찬가지로 법원의 명령에 의하여 대표이사가 총회를 소집한 경우(제467조 제 3 항)에도 의장은 그 총회에서 선임하여야 한다(동지: 최기원).

1999년 상법개정시 주주총회의 의장의 질서유지권을 신설하였다. 주주총회질서유지제도는 주주총회의 의장에게 주주총회의 질서유지권을 부여하여 주주총회의 운영을 원활하게 하기 위한 것이다. 이는 주주총회시 주주들(총회꾼)의 회의질서문란행위로 인하여 주주총회 진행을 방해하는 것을 막기 위한 것이다. 따라서 주주총회의 의장은 그 총회장에서 고의로 의사진행을 방해하기 위한 발언·행동을 하는 등 질서를 문란하게 하는 자에 대하여 그 발언의 정지나 퇴장을 명할 수 있다(제366조의2 제 1 항). 의장에게 퇴장명령권을 부여하는 것은 사인의 회의체에 관한 한 위헌이라는 견해가 있다. 그리고 주주총회의 의장은 의사진행을 원활히 하기 위하여 필요하다고 인정할 때에는 주주의 발언시간 및 발언횟수를 제한할 수 있다(제366조의2 제 2 항).

주주총회질서유지와 관련하여 퇴장당한 경우의 정족수산정문제는 의결정족수에서 제외하되, 그 절차에 대해 하자가 있는 경우에는 주주총회결의취소의 소 등의 방법으로 해결하여야 할 것이다. 의장의 권한의 오·남용의 경우도 생각해 볼 수 있는데, 이러한 경우에는 주주총회결의취소의 소 등의 방법으로 해결할 수 있을 것이다. 의장의 회의진행방식의 여하, 특히 어떤 안건에 대해 토론에 부치지 않고 밀어부치려고 할 때에 개정법의 규정을 남용할 여지가 있으므로 주주에게도 차제에 의안설명청구권을 인정하는 것이 힘의 균형이론으로 보아서 옳다.

3. 決議事項

상법상 의안의 제출권은 원칙적으로 이사회에 있다. 그러나 예외적으로 소수주주가 법원의 허가를 얻어 소집하는 주주총회(제366조 제 2 항)에서는 의안도 소수주주가 결정한다.

주주총회에서 심의할 수 있는 의안은 원칙적으로 소집통지·공고에 기재된 회의의 목적사항(제363조 제 2 항·제 3 항), 소수주주에 의한 소집의 경우에는 법원의 허가를 받는 사항(제366조)에 한정된다.

4. 議事錄의 作成

총회의 의사에는 의사록을 작성하여야 한다(제373조 제1항). 의사록에는 의사의 경과요령과 그 결과를 기재하고, 의장과 출석한 이사가 기명날인 또는 서명하여야 한다(제373조 제2항).

이사는 의사록을 작성하여 본점과 지점에 비치하고 주주 및 회사채권자의 열람에 제공하여야 한다(제396조 제1항 · 제2항).

5. 總會의 延期와 續行

총회의 연기란 총회의 성립 후 의사에 들어가기 전에 회의일을 후일로 변경하는 것을 말하고, 총회의 속행은 의사에 들어가기는 하였으나 시간 또는 자료의 부족 등으로 심리를 마치지 못하고 나머지 의사를 후일에 계속하는 것이다. 이 경우 전자를 연기회, 후자를 계속회라고 한다. 총회의 연기와 속행은 주주총회의 결의에 의해서 한다(제372조 제1항).

연기회와 계속회는 원래의 총회와 동일하므로 새로 총회의 소집절차를 밟을 필요가 없다(제372조 제2항).

6. 株主提案權

1998년 개정법은 의결권 있는 주식의 100분의 3 이상에 해당하는 주식을 가진 주주는 이사회에 대하여 회의일의 6주 전에 서면으로 일정한 사항을 주주총회의 목적사항으로 할 것을 제안할 수 있다고 규정하여(제363조의2) 주주제안권(shareho1der proposa1)을 신설하였다. 주주제안권을 실효성 있게 하기 위해서는 단독주주권으로 하는 것이 타당하다는 주장도 있으나, 이렇게 되면 남용의 우려가 있고 특히 총회꾼에 의한 남용의 위험성이 상당히 많기 때문에 주주제안권제도의 취지와 남용방지 등을 고려하여 소수주주권으로 하는 것이 타당하다 할 것이다. 이사회는 주주제안에 그 내용이 법령 또는 정관에 위반되는 경우를 제외하고는 이를 주주총회의 목적사항으로 하여야 한다. 또한 주주제안을 한 자는 회의일의 6주 전에 서면으로 당해 주주가 제출하는 의안의 요령을 주주총회 소집통지 및 공고에 기재할 것을 청구할 수 있으며, 회사는 주주제안을 한 자의 청구가 있는 경우에는 주주총회에서 당해 의안을 설명할 기회를 주어야 한다.

현재는 상장회사에 대한 내용도 상법에 규정되어 있다. 즉 6개월 전부터 계속하여 상장회사의 의결권 없는 주식을 제외한 발행주식총수의 1천분의 10(최근 사업연도 말 자본금이 1천억원 이상인 상장회사의 경우에는 1천분의 5) 이상에 해당하는 주식을 보유한 자는 상법 제363조의2에 따른 주주제안권을 행사할 수 있다(제542조의6 제 1 항, 상법시행령 제11조).

제 2. 議 決 權

Ⅰ. 意　　義

의결권이란 주주가 주주총회에 출석하여 결의에 참가할 수 있는 권리를 말한다. 의결권은 이익배당청구서와 함께 주주가 가지는 가장 중요한 권리이며, 회사의 관리경영에 참가하는 것을 내용으로 하는 공익권에 속한다. 또한 의결권은 이른바 주주의 고유권으로서 법률에 다른 규정이 있는 경우가 아니면 정관 또는 주주총회의 결의로도 완전히 박탈하거나 제한하지 못한다.

Ⅱ. 議決權의 수

1. 一株一議決權의 원칙

모든 주주는 1주마다 1개의 의결권을 갖는다(제369조 제 1 항). 이것을 일주일의결권의 원칙이라 한다.

한편, 1998년 개정법은 소수주주의 이익을 대표하는 이사의 선임이 가능하도록 하기 위하여 집중투표제도를 도입하였는데, 이에 의하면 2인 이상의 이사선임시 각 주주는 1주마다 선임할 이사수만큼의 의결권을 갖게 되고 이를 이사후보자 1인에게 집중 행사하거나 수인에게 분산하여 행사할 수 있다. 집중투표는 1주1의결권원칙에는 맞지 않지만, 모든 주식에 대해 평등하게 복수의 의결권을 부여하는 것이므로 주식(주주)평등의 원칙에 위반되는 것은 아니다.

2. 一株一議決權原則에 대한 예외

상법은 위 원칙에 대한 예외로서 결의권이 없는 주식, 회사의 자기주식(제369조

제 2 항), 특별이해관계인의 의결권(제368조 제 4 항), 감사선임의결에서 의결권이 없는 주식을 제외한 발행주식총수(무의결권주식은 제외)의 100분의 3을 초과하는 주식을 가진 주주의 의결권(제409조 제 2 항), 회사 상호간에 다른 회사의 발행주식총수의 10분의 1을 초과하는 주식을 소유하는 경우의 의결권(제369조 제 3 항) 등을 규정하고 있는데, 이 경우에는 의결권이 제한된다.

Ⅲ. 議決權의 행사

1. 總　　說

주주는 그의 의결권을 자유로이 행사할 수 있다. 그러나 의결권의 행사로 인하여 소수주주를 해하게 되는 의결권남용의 경우에는 이러한 의결권행사자유의 원칙이 부정된다.

의결권은 주주 자신이 직접 행사하거나 또는 자신의 대리인으로 하여금 행사하게 할 수 있으며, 주주가 직접 의결권을 행사하는 경우에는 기명주식을 소유하는 주주는 주주명부의 폐쇄 당시 또는 기준일 현재에 주주명부상에 주주로 기재되어 있으면 주권의 제시 없이 의결권을 행사할 수 있지만, 무기명주식의 경우에는 회의일의 1주간 전에 그 주권을 회사에 공탁하여야 한다(제368조 제 2 항).

2. 議決權의 대리행사

(1) 代理行使의 자유

주주는 그의 의결권을 대리인을 통하여 행사할 수 있다(제368조 제 3 항). 따라서 정관으로 의결권의 대리행사를 금지하거나 부당하게 제한할 수 없다.

(2) 代理行使의 방법주주가 대리인에 의하여 議決權을 행사하는 경우에는 대리인은 대리권을 증명하는 서면(위임장)을 총회에 제출하여야 한다(제368조 제 3 항).

하나의 위임장으로 수개의 총회에 대하여 포괄적으로 대리권을 수여하는 것은 허용되지 않는다. 그러나 하나의 총회에 있어서 구체적이고 개별적인 사항에 국한하여 위임할 수 있다는 의미가 아니라, 이 때에는 일정한 사항에 관하여 포괄적으로 위임할 수 있다(동지: 정동윤 · 최기원).

주주는 전에 수여한 의결권의 대리행사를 위한 위임장을 자유로이 철회할 수 있다. 그러나 철회를 위하여는 위임장을 회수하여야 하고, 그렇지 못한 경우에는 그 철회로서 회사에 대항하지 못한다.

(3) 代理人의 자격제한

회사는 정관으로 회사와는 아무런 관계가 없거나 회사와 상반되는 이해관계를 갖는 제 3 자의 총회참가를 막기 위하여 대리인의 자격을 제한할 수 있다. 그러나 이러한 대리인의 자격제한으로 사실상 주주의 의결권행사가 곤란하게 되거나 금지되는 결과가 되면 그 제한은 허용되지 않는다.

(4) 代理行使의 권유

의결권의 대리행사는 실제로는 주주총회에 앞서 회사가 소집통지를 함에 있어서 백지위임장을 주주에게 송부하여 위임장을 받아 회사의 경영자 또는 제 3 자를 수임자로 하여 의결권을 대리행사하는 방법으로 행하여지고 있다. 이와 같은 백지위임장의 이용에 의한 의결권의 대리행사를 그대로 방치하면 의결권이 주주의 의사에 반하여 행사되거나 경영자의 지배권유지 등의 개인적 이익을 위하여 남용될 위험이 있다. 상법은 의결권대리행사의 권유에 관하여 아무런 규정을 두고 있지 않으나, 자본시장법은 증권거래소에 상장된 주식에 관하여 의결권의 대리행사를 권유하는 자(권유자)는 피권유자에 대하여 참고서류를 제공하여야 하며 위임장용지에는 총회의 의안에 관하여 찬부를 명기할 수 있도록 하여야 한다고 규정하고 있다.

즉 상장주권의 의결권대리행사의 권유를 하고자 하는 자는 그 권유에 있어서 그 상대방에게 대통령령으로 정하는 방법에 따라 위임장용지 및 참고서류를 교부하여야 한다(자본시장법 제152조 제 1 항, 자본시장법시행령 제160조). 이러한 위임장용지는 주주총회의 목적사항 각 항목에 대하여 의결권피권유자가 찬반을 명기할 수 있도록 하여야 한다(자본시장법 제152조 제 4 항). 의결권권유자는 위임장용지에 나타난 의결권피권유자의 의사에 반하여 의결권을 행사할 수 없다(자본시장법 제152조 제 5 항). 그리고 의결권권유자는 자본시장법 제152조에 따라 위임장용지 및 참고서류를 의결권피권유자에게 제공하는 날 5일 전까지 이를 금융위원회와 거래소에 제출하여야 하며, 총리령으로 정하는 장소에 이를 비치하고 일반인이 열람할 수 있도록 하여야 한다(자본시장법 제153조). 또한 위임장권유내용의 진실성을 보장하기 위한 규제로서 의결권권유자는 위임장용지 및 참고서류 중 의결권피권유자의 의결권위임 여부 판단에 중대한 영향을 미칠 수 있는 사항에 관하여 거짓의 기재 또는 표시를 하거나 의결권위임 관련 중요사항의 기재 또는 표시를 누락하여서는 아니 된다(자본시장법 제154조). 나아가 금융위원회는 위임장용지 및 참고서류의 형식을 제대로 갖추지 아니한 경우 또는 위임장용지 및 참고서류 중 의결권위임 관련 중요사항에 관하여 거짓의 기재 또는 표시가 있거나 의결권위임 관련 중요사항이 기재 또는 표시되지 아니한 경우에는 그 이유를 제시하고 위임장용지 및 참고서류를 정정하여 제출할 것을 요구할 수 있다(자본시장법 제156조 제 1 항). 금융위원회와 거래소는 자본시장법 제152조에 따른 위임장용지 및 참고서류, 제155조에 따른 서면 및 제156조에 따른 정정내용을 그 접수일부터 3년간 비치하고, 인터넷 홈페이지 등을 이용하여 공시하여야 한다(자본시장법 제157조). 그리고 금융위원회는 투자자 보호를 위하여 필요한 경우에는 의결권권유자, 그 밖의 관계인에 대하여 참고가 될 보고 또는 자료의 제출을 명하거나, 금융감독원장에게 그 장부·서류, 그 밖의 물건을 조사하게 할 수 있다(자본시장법 제158조 제 1 항 제 1 문).

3. 議決權의 不統一行使

(1) 意 義

주주가 2개 이상의 의결권을 가지는 경우에 그 의결권을 반드시 통일적으로 행사할 필요는 없다. 일부는 찬성하는 쪽으로, 나머지 일부는 반대하는 쪽으로 행사할 수 있다. 이것을 의결권의 불통일행사라고 한다(제368조의2 제 1 항).

주식이 신탁된 경우나 주권예탁결제제도가 행하여지는 경우와 같이 명의상의 주주와 실질상의 주주가 분리되어 있어 명의상의 주주가 실질상의 주주의 요구대로 의결권을 행사하는 것이 타당한 경우라든가, 단체소유의 주식에 관하여 단체내부의 의견대립이 있는 경우 등에는 의결권불통일행사를 인정할 필요가 있다.

(2) 절 차

주주가 의결권을 불통일하고자 히는 경우에는 회의일의 3일 전에 회사에 대하여 서면으로 그 뜻과 이유를 통지하여야 한다(제368조의2 제 1 항).

(3) 不統一行使의 거부

적법한 통지를 받은 경우에도 주주가 신탁을 인수하였거나 기타 타인을 위하여 주식을 가지고 있는 경우 외에는 회사는 주주에 의한 의결권의 불통일행사를 거부할 수 있다(제368조의2 제 2 항). 타인을 위하여 주식을 가지고 있는 경우란 타인의 이익을 위하여 또는 타인의 계산으로 주식을 소유하고 있는 경우로서 명의상의 주주와 실질상의 주주가 다른 때를 말한다. 회사가 적법하게 불통일행사를 거부한 경우 주주는 의결권을 불통일행사할 수 없고, 그럼에도 불구하고 불통일행사한 경우에는 의결권 행사의 전부가 무효로 된다(동지: 정동윤·최기원). 이와 반대로 회사의 거부가 위법한 때에는 주주는 유효하게 불통일행사를 할 수 있다.

(4) 효 과

불통일행사가 적법하게 이루어진 때에는 각각 유효한 의결권행사가 되므로 찬성과 반대의 수에 산입한다.

4. 書面投票制度

서면투표제도란 주주총회의 소집통지에 주주가 의결권을 행사할 수 있도록 투표용지를 첨부하여 보내고, 주주가 총회에 출석할 수 없을 때에는 위 투표용지에 필요한 사항을 기재하여 회의일의 전일까지 회사에 제출하는 것을 말한다. 서면에 의한 의결권행사를 인정하는 실질적인 이유는 서면에 의한 의결권행사를 인정함으로써 주주의 회사운영에 관여할 수 있는 기회를 보장하기 위해서이다. 주주의 권익을 보호하고, 주주총회의 운영을 개선하기 위하여 1999년 개정상법에서 서면결의제도를 도입하였다(제368조의3). 같은 자본회사인 유한회사는 총사원의 동의가 있는 경우에 한하여 서면결의가 인정된다(제577조).

전원서면결의로 하는 주주총회도 허용하여야 할 것이다. 왜냐하면 주주 전원이 만장일치로 서면에 의한 주주총회를 합의할 때에는 모든 주주가 찬성하고 있으므로 문제될 것이 없기 때문이다.

그러나 일부서면결의의 경우에는 주주총회를 반드시 열도록 하여야 할 것이다. 일부 주주가 서면에 의한 주주총회를 반대하면 이들 주주에게 총회를 열어 주주총회의 사항에 대해 토론하고 질의할 수 있는 기회를 주는 것이 주주총회의 본질이기 때문이다.

2009년 5월 개정에서는 자본금이 10억원 미만인 소규모 회사의 경우 총주주의 동의에 의하여 소집절차의 생략도 가능하도록 한 것에서 더 나아가 주주전원의 서면동의로써 주주총회의 결의에 갈음할 수 있도록 하였다(제363조 제5항). 상법상 주주총회 소집절차를 흠결한 때 결의취소 또는 결의부존재 사유가 되나(제376조, 제380조),

판례가 주주총회 소집절차가 없어도 총주주가 주주총회의 개최에 동의하여 출석한 경우에는 전원출석총회의 효력을 인정하고 있는 점(대판 1993. 3. 26, 92 다 48727) 등을 고려하면 전원서면결의로 하는 주주총회에 대해 허용하여야 할 것이다. 왜냐하면 주주 전원이 만장일치로 서면에 의한 주주총회를 합의할 때에는 모든 주주가 찬성하고 있으므로 문제될 것이 없기 때문이다. 이에 2009년 개정에서 자본금 10억원을 기준으로 하여 주주 수가 적은 소규모 폐쇄회사의 경우에는 총주주 전원이 회사에 대하여 파악하고 있는 점을 근거로 서면결의를 인정함으로써 간이화한 것이다. 상법 제363조 제 5 항의 서면에 의한 결의는 주주총회의 결의와 같은 효력이 있다(제363조 제 6 항). 그리고 서면에 의한 결의에 대하여는 주주총회에 관한 규정을 준용한다(제363조 제 7 항).

5. 電子的 方法에 의한 議決權行使

정보통신환경의 발달로 전자적 방법에 의한 주주총회 개최가 가능해졌으나, 종래 이를 입법적으로 뒷받침하지 못하고 있었다. 이에 2009년 상법개정에서 주주가 주주총회에 출석하지 아니하고도 전자적 방법으로 의결권을 행사할 수 있도록 전자투표제를 도입하였다. 즉 회사는 이사회의 결의로 주주가 총회에 출석하지 아니하고 전자적 방법으로 의결권을 행사할 수 있음을 정할 수 있도록 한 것이다(제368조의4 제 1 항). 이 때 회사는 상법 제363조에 따라 소집통지나 공고를 할 때에 주주가 상법 제368조의4 제 1 항에 따른 방법으로 의결권을 행사할 수 있다는 내용을 통지하거나 공고하여야 한다(제368조의4 제 2 항). 회사가 상법 제368조의4 제 1 항에 따라 전자적 방법에 의한 의결권행사를 정한 경우에 주주는 주주확인절차 등 대통령령으로 정하는 바에 따라 의결권을 행사하여야 한다. 이 경우 회사는 의결권행사에 필요한 양식과 참고자료를 주주에게 전자적 방법으로 제공하여야 한다(제368조의4 제 3 항). 그리고 동일한 주식에 관하여 상법 제368조의4 제 1 항 또는 상법 제368조의3 제 1 항에 따라 의결권을 행사하는 경우 전자적 방법 또는 서면 중 어느 하나의 방법을 선택하여야 한다(제368조의4 제 4 항). 또한 회사는 의결권행사에 관한 전자적 기록을 총회가 끝난 날부터 3개월간 본점에 갖추어 두어 열람하게 하고 총회가 끝난 날부터 5년간 보존하여야 한다(제368조의4 제 5 항). 주주확인절차 등 전자적 방법에 의한 의결권행사의 절차와 그 밖에 필요한 사항은 대통령령으로 정하도록 하였다(제368조4 제 6 항).

Ⅳ. 議決權行使의 제한

1. 議決權 없는 株式

의결권 없는 주식을 가진 주주는 원칙적으로 의결권을 갖지 못한다(제370조 제 1 항 본문). 다만 주주가 정관에 정한 우선적 배당을 받지 않는 동안(제370조 제 1 항 단서)과 무의결권주의 종류주주총회(제435조, 제436조)에 있어서는 의결권 없는 주주도 예외적으로 의결권을 갖는다. 또한 의결권 없는 주주는 의결권뿐만 아니라, 의결권을 전제로 한 권리, 즉 주주총회에의 소집통지를 받을 권리(제363조 제 4 항), 주주총회에 출석하여 의견을 진술한 권리(제371조 제 1 항 참조)도 갖지 못한다.

2. 自己株式

회사가 가진 자기주식은 의결권이 없으며(제369조 제 2 항), 의결정족수의 계산시 발행주식총수에도 산입되지 않는다(제371조 제 1 항).

3. 相互保有株式

복수의 주식회사가 상호간에 주식을 보유하고 있는 것을 주식의 상호보유라고 한다. 이와 같은 회사 사이의 주식의 상호보유는 기업집단의 결속강화 등의 목적으로 널리 행해지고 있으나, 반면 자기주식취득의 경우와 같이 자본의 공동화, 의결권의 왜곡화 등의 폐해가 생긴다. 그리하여 상법은 모자관계에 있는 경우에는 자회사에 의한 모회사의 주식취득 자체를 금지하고(제342조의2), 모자관계에 있지 아니한 경우에도 보유주식의 의결권행사를 금지하는 형태로 회사간의 주식의 상호보유를 규제하고 있다(제369조 제 3 항).

즉 갑회사가 을회사의 발행주식총수의 10분의 1을 초과하는 주식을 가지고 있는 경우에는 을회사가 가지고 있는 갑회사의 주식에 관하여는 의결권을 행사할 수 없고, 갑회사가 모회사로서 그 회사를 지배하고 있는 경우에, 갑·을 양회사가 합하여 병회사의 발행주식총수의 10분의 1을 초과하여 가지고 있으면 병회사가 갑회사의 주식을 가지고 있다 하더라도 위 병회사는 그 주식에 관하여 의결권을 행사할 수 없으며, 갑회사의 자회사인 을회사가 단독으로 병회사의 발행주식총수의 10분의 1을 초과하여 가지고 있는 경우에는 병회사가 가지고 있는 갑회사 및 을회사의 주식에 관하여는 의결권을 행사할 수 없다.

따라서 을회사 또는 병회사로서는 부지중에 갑회사 또는 갑 및 을회사에 대한 권리행사가 봉쇄되어 불측의 손해를 입을 수 있으므로, 권리행사제도에 대한 절차적 보장이 요구되었다. 따라서 1995년 개정법은 회사가 다른 회사의 발행주식총수의 10분의 1을 초과하여 취득한 때에는 그 다른 회사에 대하여 지체없이 이를 통지하도록 하고 있다(제342조의3).

그런데 모회사 및 자회사 또는 자회사가 다른 회사의 발행주식총수의 10분의 1을 초과하여 취득하는 경우에 대하여는 아무런 규정이 없으므로 그 적용여부가 문제되는바, 이 경우도 역시 통지하여야 한다고 할 것이다.

한편 이러한 통지를 해태한 경우의 효과에 대하여는 언급이 없으나, 통지를 하지 않은 때에는 상대방회사의 주주권행사에 대하여 제369조 제 3 항(의결권 없음)을 주장하지 못한다고 보아야 할 것이다.

이러한 상호보유주식에 대하여 의결권 이외의 다른 주주권을 행사할 수 있는가가 문제되는데, 이 때에도 공익권은 원칙적으로 제한되지 않는다(동지: 정동윤 · 최기원 · 이철송). 공익권에 관하여는 소수주주에 의한 총회소집권과 같이 의결권을 전제로 하는 것은 행사할 수 없다고 본다(동지: 정동윤 · 이철송, 최기원은 의결권을 제외한 다른 공익권은 이를 행사할 수 있다고 한다).

4. 特別利害關係人의 소유주식

총회의 결의에 관하여 특별한 이해관계가 있는 자는 의결권을 행사하지 못한다(제368조 제 4 항). 이것은 결의의 공정을 기하기 위하여 인정된 것이며, 여기서 특별한 이해관계란 특정한 주주가 주주의 입장을 떠나서 회사와의 개인적 이해관계, 예컨대 주주가 결의에 의하여 주주의 지위와 상관없이 권리 · 의무의 취득 · 부담 · 면제 등을 생기게 하는 것이다(동지: 정동윤 · 최기원 · 이철송). 예컨대 회사와 주주간에 상법 제374조 소정의 계약을 함에 필요한 결의를 할 때의 그 주주 또는 이사의 보수를 정하는 결의에 있어서 이사인 주주는 특별이해관계인이지만(동지: 정동윤 · 최기원 · 이철송) 사단관계에 대하여 갖는 이해관계, 예컨대 이사선임의 경우의 후보자인 주주, 해임결의의 대상이 된 주주인 이사, 재무제표승인결의에 있어서의 이사인 주주 등은 특별이해관계인에 해당되지 않는다(동지: 정동윤 · 정찬형).

5. 監事選任의 경우

감사의 선임결의에 있어서는 의결권 없는 주식을 제외한 발행주식총수의 100분의 3을 초과하는 수의 주식을 가진 주주는 그 초과하는 주식에 관하여 의결권을 행사할 수 없다(제409조 제 2 항). 이는 대주주의 영향력을 배제하여 중립적인 인물을 감사로 선임하려는 취지에서 둔 규정이므로, 회사는 정관으로 그 비율을 낮출 수는 있으나 높일 수는 없다(제409조 제 3 항).

6. 無記名株式의 供託

무기명주식을 가진 자가 의결권을 행사하려면 회의일의 1주간 전에 그 주권을 회사에 공탁하여야 한다(제368조 제 2 항). 이 공탁기간은 무기명주주의 의결권행사에 관한 사무처리에 필요한 시간을 회사에 주기 위한 것이므로, 정관으로 이 기간을 연장할 수는 없으나 단축할 수는 있다.

7. 特別法에 의한 제한

상호출자제한기업집단에 속하는 회사로서 금융업 및 보험업을 영위하는 회사는 국내 계열회사의 주식을 취득 또는 소유하더라도 의결권을 행사하지 못하고(독점규제 및 공정거래에 관한 법률 제11조), 공공적 법인이 발행한 주식 가운데 등록 당시에 총발행주식의 100분의 10 이상을 소유한 주주는 그 소유비율, 기타의 자는 총발행주식의 100분의 3 이내에서 정관이 정하는 비율을 초과하여 소유한 주식에 관하여는 의결권을 행사할 수 없으며(자본시장법 제167조 제 1 항), 은행법에 의하면 동법상 동일인은 금융기관의 의결권 있는 발행주식총수의 100분의 10을 초과하는 주식을 소유하거나 사실상 지배하지 못하며 이를 초과하여 보유한 주식에 대해서는 의결권이 제한된다(은행법 제15조 제 1 항, 제16조).

8. 議決權拘束契約

주주가 다른 주주 또는 제 3 자의 의결권을 일정한 방향으로 행사할 것을 약정하는 계약을 의결권구속계약이라고 한다. 의결권구속계약은 선량한 풍속 기타 강행법규나 주식회사의 본질에 위배되지 않는 한 유효하다(동지: 정동윤 · 최기원 · 정찬형). 그러나 특정한 주주의 의결권을 박탈하거나 일정한 수를 초과하는 주식에 관한 의결권

행사를 제한하는 것을 내용으로 하는 계약은 주주의 고유권을 침해하고 주주평등의 원칙에 반하므로 무효이다. 의결권구속계약은 단지 채권적 효력만 있기 때문에 주주가 의결권을 약정과 달리 행사하였다 하더라도 그 결의는 유효하고, 다만 계약상대방에 대하여 손해배상책임을 질 뿐이다(동지: 최기원 · 정동윤).

제 3. 決 議

Ⅰ. 決議의 법적 성질

주주총회의 결의는 의결권의 내용에 포함된 의사표시를 요소로 하는 법률행위이다. 결의의 법적 성질에 관하여는 의안에 대한 복수의 의사표시가 찬반으로 집약되어 결의요건을 충족시킴으로써 성립하는 사단법상의 합동행위라고 하는 견해도 있으나(정동윤 · 정찬형), 결의에서는 의사표시가 찬반으로 갈릴 수 있고 사단결의로서의 특수성도 있으므로 이를 별개의 법률행위로 봄이 타당하다(동지: 이철송).

Ⅱ. 決議의 요건

주주총회의 결의는 자본다수결에 의하여 이루어지며, 그 결의요건은 결의사항에 따라 다르게 규정되어 있다. 결의가 성립되기 위해서는 일정한 수의 주식을 가진 주주가 출석하여 회의가 성립되어야 하고, 그 출석한 주주의 의결권 가운데 일정수 이상의 찬성을 얻어야 한다. 이 때 전자를 의사정족수(1995년 개정법에서 의사정족수를 원칙으로 배제하였음. 제368조 제 1 항), 후자를 의결정족수라고 한다. 정족수의 계산에 있어서는 의결권 없는 주주가 가진 주식의 수는 발행주식의 총수에 산입하지 아니한다(제371조 제 1 항).

의결권 없는 주주가 가진 주식이란 의결권 없는 주식뿐만 아니라, 감사선임결의시의 의결권이 휴지된 주식, 회사가 가진 자기주식, 자회사가 가진 모회사주식, 상호보유주식 기타 특별법에 의하여 의결권이 휴지되는 주식도 포함한다. 또한 출석한 주주의 의결권의 수를 계산함에 있어서는 특별이해관계인(제368조 제 4 항)이 가진 의결권의 수는 이에 산입하지 아니한다(제371조 제 2 항).

1. 普通決議

출석한 주주의 의결권의 과반수와 발행주식총수의 4분의 1 이상의 수로써 성립하는 결의를 말한다(제368조 제 1 항). 정족수는 정관으로 완화하거나 가중할 수 있다(제368조 제 1 항).

보통결의사항으로는 이사 · 감사 · 청산인의 선임과 그 보수의 결정(제382조, 제409조 제 1 항, 제388조, 제415조 제 2 항), 재무제표의 승인(제449조), 주식배당(제462조의2), 배당금지급시기의 특정(제464조의2 제 1 항 단서), 청산회사의 재산목록과 대차대조표의 승인(제533조), 검사인의 선임(제336조 제 3 항, 제367조, 제542조 제 2 항), 총회의 연기 또는 속행의 결정(제392조), 청산인의 청산종료의 승인(제540조 제 1 항), 청산인의 해임(제539조 제 1 항) 등이 있다.

2. 特別決議

일정한 중요사항에 관하여는 법정된 정족수를 완화할 수 없고, 또 결의의 요건이 가중된 것이 있다. 이것을 특별결의라고 하며 그 대표적인 것으로 정관변경결의가 있다. 이 결의는 출석한 주주의 의결권의 3분의 2 이상의 수와 발행주식총수의 3분의 1 이상의 수로써 하여야 한다(제434조). 상법이 정한 특별결의는 결의사항의 중대성에 비추어 정관으로 그 요건을 경감하지 못한다고 본다(동지: 정동윤 · 손주찬 · 정찬형). 정관으로 위 요건을 가중할 수 있는가에 관하여는 결의요건의 가중은 폐쇄회사에 있어서의 소수주주에게 거부권을 확보하여 주기 위하여 중요하고, 보통결의의 경우에는 요건의 가중이 허용되므로(제368조 제 1 항) 이보다 중요한 특별결의의 경우에도 결의요건의 가중은 가능하다고 본다(동지: 정동윤, 이설: 이철송 · 정찬형).

상법에서 규정하고 있는 주주총회의 특별결의사항으로는 정관의 변경(제434조), 영업의 전부 또는 중요한 일부의 양도, 영업 전부의 임대 또는 경영위임, 타인과 영업의 손익을 같이하는 계약의 체결 · 변경 또는 해약, 다른 회사의 영업전부의 양수, 회사의 영업에 중대한 영향을 미치는 다른 회사의 영업일부의 양수(제374조), 이사 또는 감사의 해임(제385조, 제415조), 자본의 감소(제438조), 사후설립(제375조), 임의해산(제518조), 회사의 계속(제519조; 파산법 제283조), 주식의 할인발행(제417조 제 1 항), 주주 이외의 자에 대한 전환사채 및 신주인수권부사채의 발행사항(제513조 제 3 항, 제516조의2 제 4 항), 신설합병의 경우에 설립위원의 선임(제175조), 합병계약서의 승인(제522조),

휴면회사의 계속(제520조의2 제3항) 등을 들 수 있다.

3. 特殊決議

특수결의는 특별결의의 특수형태로서 특별결의보다 그 결의요건이 더 가중된 결의를 말하며, 여기에는 두 가지가 있다. 하나는 총주주(무결의권주주를 포함)의 동의를 요하는 것으로서, 이사의 회사에 대한 책임(재무제표승인 후에 책임해제가 의제되는 경우를 제외, 제450조)의 면제(제400조)와 주식회사를 유한회사로 조직변경하는 경우(제604조)가 이에 해당한다.

다른 하나는 주식회사의 모집설립(제309조) 또는 신설합병(제527조 제3항)의 경우의 창립총회의 결의로써 출석한 주식인수인의 의결권의 3분의 2 이상이고 인수된 주식의 총수의 과반수에 해당하는 다수로 하는 결의이다.

제 4. 反對株主의 株式買受請求權

Ⅰ. 意　　義

주식매수청구권이란 주주의 이익관계에 중대한 영향을 미치는 주주총회의 결의가 다수결에 의하여 가결된 경우에 이 의안을 반대한 주주가 자기 소유주식을 회사에 대하여 매수하도록 청구할 수 있는 권리로서, 구증권거래법에서 인정된 권리였는데(구증권거래법 제191조), 1995년 개정법에서 새로운 청구권으로서 신설하였다(제374조의2). 이 제도는 다수파주주의 횡포로부터 소수파주주를 보호하고 양자의 이익을 조화하기 위한 것이다. 즉 다수파주주는 그들의 계획을 실현할 수 있는 반면, 소수파주주는 일정한 보상을 받고 회사로부터 떠날 수 있는 것이다.

Ⅱ. 發生要件

상법은 제374조 각호의 결의를 한 때에 그 결의에 반대한 주주에게 이 권리를 인정하고 있다(제374조 제1항). 즉 영업의 전부 또는 중요한 일부의 양도, 영업전부의 임대 또는 경영위임, 타인과 영업의 손익전부를 같이하는 계약 기타 이에 준하는 계약의 체결, 변경 또는 해약, 다른 회사의 영업전부의 양수에 관한 결의가 있었을 때

(제374조) 등이다. 또한 합병승인의 특별결의가 있을 때에 이에 반대하는 주주는 주식매수청구권을 행사할 수 있다(제522조의3).

Ⅲ. 절 차

위의 결의사항에 관하여 주주총회의 결의가 있는 때에는 그 결의에 반대하는 주주는 주주총회 전에 회사에 대하여 서면으로 그 결의에 반대하는 의사를 통지한 경우에 한하여, 총회의 결의일로부터 20일 이내에 주식의 종류와 수를 기재한 서면으로 회사에 대하여 자기가 소유하고 있는 주식의 매수를 청구할 수 있다(제374조의2 제 1 항). 매수청구권자는 그 소유주식의 전부뿐만 아니라, 일부만의 매수도 청구할 수 있다.

Ⅳ. 효 과

주주가 매수청구권을 행사하면 회사는 그 주식을 매수할 의무가 생기는 것이므로 매수청구권은 일종의 형성권이다. 주식매수청구권의 행사에 의하여 당해 주식에 관한 매매계약이 성립한다고 하는 견해(동지: 정동윤 · 이철송 · 최기원)도 있으나, 주식매수청구권은 형성권으로서 회사의 매수가격 협의의무를 생기게 할 따름이다. 또한 상법 제374조의2 제 1 항의 청구를 받은 날부터 2월 내에 회사는 당해 주식을 매수하여야 한다(제374조의2 제 2 항).

이와 같이 주식의 매수가격은 원칙적으로 주주와 회사간의 협의에 의하여 결정하고(제374조의2 제 3 항), 이 협의가 매수청구를 받은 날부터 30일 이내에 이루어지지 않으면 회사 또는 매수청구를 한 주주는 법원에 대하여 매수가액의 결정을 청구할 수 있으며(제374조의2 제 4 항), 이 때 법원은 회사의 재산상태 기타 사정을 참작하여 공정한 가액으로 매수가액을 산정하여야 한다(제374조의2 제 5 항).

제 5. 種類株主總會

Ⅰ. 意　　義

종류주주총회란 회사가 정관에 의하여 수종의 주식을 발행한 경우에 일반주주총회와는 별도로 특정한 종류의 주식을 가진 주주들만으로 구성되는 주주총회를 말한다.

회사가 수종의 주식을 발행한 경우에 종류를 달리하는 주식을 가진 주주 사이에 이해관계가 대립할 수 있다. 즉 어떤 종류의 주식을 가진 주주가 다른 종류의 주식을 가진 주주에 비하여 수적으로 우세한 경우에 그 다른 종류의 주식을 가진 주주의 이익을 무시하고 주주총회의 결의가 행해질 위험이 있다. 그래서 상법은 주주총회의 결의사항이 특정한 종류의 주주에게 손해를 미치게 될 때에는 주주총회의 결의 이외에 따로 그 종류의 주주들만의 종류주주총회의 결의를 요하도록 하고 있다.

Ⅱ. 種類株主總會가 필요한 경우

회사가 수종의 주식을 발행한 경우에 정관을 변경함으로써 어느 종류의 주주에게 손해를 미치게 될 때에는 주주총회의 결의 외에 그 종류의 주식의 주주총회의 결의가 있어야 한다(제435조 제 1 항). 또한 회사가 수종의 주식을 발행한 경우에 주식의 종류에 따라 신주의 인수, 주식의 병합, 소각 또는 합병으로 인한 주식의 배정에 관하여 특수한 정함을 하는 경우(제344조 제 3 항)와 주식교환, 주식이전 및 합병으로 인하여 어느 종류의 주주에게 손해를 미치게 될 경우에도 그 종류주주총회의 결의가 있어야 한다(제436조).

Ⅲ. 決議의 요건

종류주주총회의 결의는 출석한 주주의 의결권의 3분의 2 이상의 수와 그 종류의 발행주식 총수의 3분의 1 이상의 수로써 하여야 한다(제435조 제 2 항)(1995년 개정법에서 의사정족수를 폐지하면서 결의요건을 완화하였다). 이러한 결의요건은 정관으로도 완화하거나 가중할 수 없다.

Ⅳ. 召集과 議事 등

종류주주총회의 소집·의사·결의 등에 관하여는 결의권 없는 종류의 주식에 관한 것을 제외하고는 주주총회에 관한 규정을 준용한다(제435조 제 3 항).

Ⅴ. 決議의 효과

종류주주총회의 결의는 일반주주총회의 결의가 유효하기 위한 요건이기 때문에 종류주주총회의 결의가 없는 한 주주총회의 결의는 효력을 발생하지 않는다. 이 경우 주주총회의 결의는 부동적인 상태에 있어 종류주주총회가 유효하게 성립되면 주주총회의 결의는 완전히 유효하게 되며, 종류주주총회의 결의가 부결되거나 무효·취소된 때에는 주주총회의 결의도 효력이 없게 된다.

제 6. 株主總會決議의 瑕疵

Ⅰ. 總　說

주주총회의 결의가 유효하기 위해서는 그 성립절차 및 내용이 법령과 정관에 적합한 것이어야 하며, 그 중에 어느 것이라도 하자가 있는 경우에는 본래의 효과를 인정하기 곤란하다. 그러나 하자 있는 결의가 다수의 이해관계인에 관계되는 동시에 그 결의를 전제로 회사의 내외에서 여러 가지 법률관계가 이루어질 경우에는 주주 등의 이해관계인 또는 회사 밖의 거래관계자 등을 보호할 필요가 있다. 그리하여 상법은 회사에 관한 법률관계의 획일적 처리 또는 법적 안정성을 고려하여 하자의 주장을 가급적 제한하고(당사자, 원인 및 제소기간의 제한), 확정판결의 효력을 수정하는 등(대세적 효력) 특별한 규정을 두고 있다.

Ⅱ. 決議取消의 訴

1. 意　義

결의취소의 소란 총회의 소집절차 또는 결의방법이 법령 또는 정관에 위반되거나 현저하게 불공정한 때 또는 그 결의의 내용이 정관에 위반한 때에는 주주, 이사 또는 감사가 결의의 날로부터 2월 내에 그 결의의 취소를 구하는 소이다(제376조 제1항). 이 소는 형성의 소이다.

2. 取消의 원인

첫째로, 총회의 소집절차 또는 결의방법이 법령 또는 정관에 위반한 경우에는 결의취소의 소의 원인이 된다. 예컨대 일부주주에 대한 소집통지의 흠결, 소집통지의 기재의 불비, 소집통지기간의 부족, 정관에 기재되지 않은 먼 장소에서의 소집, 주주 또는 그 대리인이 아닌 자의 결의참가, 특별이해관계인의 의결권행사, 정족수 및 가결요건의 위반, 소집통지에 기재하지 않은 사항의 결의 등이다.

둘째로, 총회의 소집절차 또는 결의방법이 현저하게 불공정한 경우에도 결의취소의 소의 원인이 된다. 예를 들연 조조·심야의 소집, 폭행·협박에 의한 결의의 성립 등이다.

셋째로, 그 결의의 내용이 정관에 위반한 경우에도 결의취소의 소의 원인이 된다. 이는 절차상 하자가 심한 경우는 결의부존재사유로 하고(제380조), 내용상 하자 중에서 가벼운 것은 결의취소사유로 하려는 의도에서 1995년 개정법에서 새로이 결의취소의 소의 원인으로 첨가되었다.

3. 訴의 당사자

결의취소의 소는 주주, 이사 또는 감사에 한하여 이를 제기할 수 있다(제376조 제1항). 소를 제기하는 주주는 기명주주의 경우에는 소제기의 당시에 주주명부상의 주주일 것을 요하나, 그 주주수와는 상관이 없으며 결의당시에 주주일 필요는 없다. 또한 총회에 출석하거나 총회에서 결의에 반대하여야만 하는 것도 아니다. 그러나 소를 제기한 후에 주주자격을 상실한 때에는 제소권도 소멸한다(동지: 손주찬·정동윤·최기원).

결의취소의 소를 제기할 권리는 정관에 의해서도 박탈하지 못하고, 주주도 미리 일반적으로 포기할 수는 없다. 그러나 개별적인 경우에 주주가 스스로의 의사에 기하여 이를 포기할 수는 있다. 또한 결의취소의 소권은 의결권에 의하지 않고 행사할 수 있는 주주의 시정감독권에 속하므로 의결권이 없는 주주도 이 소를 제기할 수 있다(동지: 정동윤·최기원·이철송, 이설: 손주찬).

이사는 대표이사인가 아닌가를 불문하고 각자가 단독으로 결의취소의 소를 제기할 수 있다. 임기의 만료 또는 사임으로 인하여 퇴임한 후에 후임자가 취임할 때까지 이사의 권리의무를 갖는 자(제386조 제 1 항)도 결의취소의 소를 제기할 수 있다. 당해 총회에서 해임된 이사·감사도 결의취소에 의하여 그 지위를 회복할 가능성이 있기 때문에 결의취소의 소를 제기할 수 있다.

결의취소의 소는 반드시 당해 회사를 피고로 하여야 하며, 회사 이외의 자, 예를 들면 주주·이사를 피고로 하는 것은 허용되지 않는다. 피고인 회사는 대표이사가 대표하는 것이 원칙이지만, 이사가 원고인 때에는 감사가 회사를 대표한다(제394조).

4. 제소기간

결의취소의 소는 결의의 날로부터 2월 내에만 제기할 수 있다(제376조 제 1 항). 소를 제기하지 않고 이 기간을 경과한 때에는 결의취소의 원인이 되는 하자를 이유로 결의의 효력을 다툴 수 없다.

5. 取消의 訴의 절차

결의취소의 소는 회사의 본점소재지의 지방법원의 전속관할에 속한다(제376조 제 2 항, 제186조). 소가 제기된 때에는 다른 주주가 소송에 참가할 수 있는 기회를 주기 위하여 회사는 지체없이 이를 공고하여야 한다(제376조 제 2 항, 제187조). 수개의 소가 제기된 때에는 법원은 이를 병합심리하여야 하며(제376조 제 2 항, 제188조), 이는 필요적 공동소송이다(민사소송법 제67조). 소를 제기한 후에 원고주주가 청구의 포기 또는 화해를 하는 것은 원고승소판결에 대세적 효력이 있고, 원고주주는 전주주의 이익을 대표하여 소를 수행하여야 한다는 점에서 허용되지 않는다. 또한 반대로 피고회사가 승낙·화해·자백을 하는 것도 원고승소판결에 대세적 효력이 있고, 그것이 실질적으로 결의의 효력이 유지되기를 바라는 다른 주주의 이익을 처분하는 것이 되므로 부정하여야 한다(동지: 이철송·채이식·정동윤은 자백과 청구의 포기는 가능하다고 한다).

6. 擔保의 提供

남소를 방지하기 위하여 이사 또는 감사가 아닌 주주가 결의취소의 소를 제기한 때에는 법원은 회사의 청구에 의하여 상당한 담보를 제공할 것을 원고에게 명할 수 있다(제377조). 회사가 이 청구를 할 때에는 주주의 소제기가 악의임을 소명하여야 한다(제337조 제2항, 제176조 제4항). 이 경우 악의란 주주가 정당한 이유 없이 회사를 곤경에 빠뜨리려는 의도가 있는 것을 말하며, 담보액은 회사가 소송제기로 인하여 장차 받게 될 모든 손해를 표준으로 정하여야 한다.

7. 裁量棄却

결의취소의 소가 제기된 경우에 결의의 내용, 회사의 현황과 제반사정을 참작하여 그 취소가 부당하다고 인정한 때에는 법원은 그 청구를 기각할 수 있다(제379).

8. 判決의 효력

원고가 승소하여 결의취소의 판결이 확정된 때에는 그 판결은 당사자뿐만 아니라, 제3자에 대하여도 그 효력이 있다(대세적 효력)(제376조 제2항, 제190조 본문). 그러므로 소송당사자가 아닌 다른 주주나 이사·감사도 판결에 구속되어 결의의 효력을 다툴 수 없게 된다. 이것은 회사의 법률관계를 획일적으로 확정하기 위한 것이다. 1995년 개정법에서 불소급효에 관한 제190조 단서를 준용조문에서 삭제하여 그 동안 학설과 판례에서 문제되었던 점을 바로 잡았다.

결의한 사항이 등기된 경우에 결의취소의 판결이 확정된 때에는 본점과 지점의 소재지에서 등기하여야 한다(제378조).

원고의 결의취소청구를 기각하는 판결이 확정된 경우에는 그 판결의 효력은 소송당사자 사이에만 미치고, 다른 주주·이사·감사가 취소의 소를 제기하는 것을 방해하지는 않는다. 그러나 실제로는 판결이 확정될 때에는 이미 제소기간이 경과하는 것이 보통이므로 다른 제소권자가 취소의 소를 제기할 여지가 없다. 또한 원고가 패소한 경우에 악의 또는 중대한 과실이 있는 때에는 회사에 대하여 연대하여 손해를 배상할 책임이 있다(제376조 제2항, 제191조).

Ⅲ. 決議無效確認의 訴

이것은 결의의 내용이 법령에 위반한 것, 예를 들연 상법에 정한 이외의 사항의 결의, 주식회사의 본질에 반하는 결의, 주주평등의 원칙에 반하는 결의, 위법배당결의 등을 이유로 결의무효의 확인을 청구하는 소이다(제380조). 결의의 내용이 구체적으로 법령에 위반하지는 않아도 실질적으로 현저하게 불공정한 경우에는 결의무효가 된다고 해석된다.

상법은 결의무효확인의 소와 다음에 말하는 결의부존재확인의 소에 관하여 결의취소의 소와는 달리 제소권자, 기간 및 방법에 관하여 규정을 두고 있지 않고, 한편으로 판결에 대세적 효력을 인정하고 소급효를 제한하고 있었기 때문에 양소의 성질을 어떻게 볼 것인가에 대하여 다툼이 있었다. 이에 대하여 판결의 대세적 효력 및 소급효제한을 근거로 하여 양소는 형성의 소라고 풀이하는 견해도 있었으나, 양소는 그 내용의 위법성으로 인하여 그 자체 무효인 것을 확인하는 것이요, 그 무효를 소만으로 주장하여야 한다면 소의 제기에 의하여 결의의 무효가 확정되지 않는 한 결의는 유효하다는 부당한 결과가 초래되며, 또한 소만에 제한하면 결의의 무효를 이유로 하는 청구, 예컨대 위법배당금반환청구(제462조 제 2 항), 이사 · 감사 등에 대한 손해배상청구(제399조, 제401조, 제414조, 제415조)를 함에 있어 이중의 절차를 강요하게 되어 결의의 무효를 전제로 하는 청구권의 행사를 제한하는 불합리를 초래하게 되어 무효의 주장은 항변으로도 가능하다는 확인소송설이 타당하다고 보았다(동지: 손주찬 · 최기원 · 채이식 · 정찬형). 하지만 1995년 개정법은 제190조를 준용하였던 것을 제90조 본문만을 준용하도록 하여 이 문제를 해결하였다.

따라서 결의무효의 주장은 하자의 중대성에 비추어 결의취소의 경우와 같이 소제기에 제한이 없고, 누구든지, 언제든지, 어떠한 방법으로든 결의의 무효를 주장할 수 있다. 반드시 소의 방법으로 주장할 필요는 없으며, 항변으로도 주장할 수 있다. 소의 방법으로 주장할 경우에는 확인의 이익이 있을 것을 요한다. 이 소의 피고는 회사이며 대표이사를 이사로 선임한 주주총회의 결의가 소송의 대상인 경우에도 피고인 회사는 대표이사가 대표한다는 것이 판례의 입장이다. 결의무효판결은 법률관계의 획일적 안정을 도모한다는 뜻에서 당사자뿐만 아니라, 제 3 자에 대해서도 효력이 있으며, 전속관할, 소제기의 공고, 소의 병합심리, 판결의 효력, 패소원고의 책임, 주주의 담보제공의무, 등기 등에 대해서는 결의취소의 소의 경우와 같다(제380조).

Ⅳ. 決議不存在確認의 訴

결의의 취소나 결의의 무효의 경우는 모두 총회의 결의라고 인정할 만한 것이 존재하지만, 그 외에 총회의 소집절차 또는 결의방법에 중대한 하자가 있어 법률상 총회결의가 존재한다고 볼 수 없는 경우가 있다. 이를 결의의 부존재라고 한다(제380

조). 이와 같은 결의부존재의 경우에도 등기 등 결의가 행해졌다는 외관이 남아 있을 때에는 그 부존재를 대세적 효력이 있는 판결로 확정할 필요가 있다. 이러한 하자는 본래 결의의 내용상의 하자가 아니라 절차상의 하자이지만, 중대하기 때문에 제소권자를 내부자로 한정하고 제소기간을 제한하는 것은 적당치 않다. 따라서 상법은 결의무효확인의 소와 함께 결의부존재확인의 소를 인정하고 있다(제380조). 결의부존재의 원인으로 볼 수 있는 것으로는 1) 총회를 소집하거나 개최한 사실이 전혀 없음에도 불구하고 마치 어떤 결의가 있었던 것처럼 의사록을 작성하는 등의 결의사항이 물리적으로 전혀 존재하지 아니한 경우(비결의: Nichtbeschluß)와 2) 이사회의 결의도 없이 소집권한 없는 자가 소집한 총회에서 이루어진 결의와 소집통지가 없음에도 불구하고 일부주주가 화합하여 한 결의, 그리고 극히 일부 주주에게만 소집통지를 하여 소집된 총회에서 한 결의와 같이 총회의 소집절차 또는 결의방법에 중대한 하자가 있어서 법률상 결의가 존재하지 않는 것으로 평가되는 표현결의(Scheinbeschluß)이다. 결의무효의 경우와 같이 누구든지, 언제든지, 어떠한 방법으로든지 결의의 부존재를 주장할 수 있으며, 소의 방법으로 주장할 경우에는 확인의 이익이 있을 것을 요한다(신의칙의 입장에서 소의 이익을 부인한 판례: 대판 1992. 8. 14, 91 다 45141). 그 밖에 전속관할, 판결의 효력 등에 관하여는 결의무효확인의 소와 같이 취급된다(제380조).

Ⅴ. 不當決議取消·變更의 訴

특정주주가 총회의 결의에 관하여 특별한 이해관계가 있기 때문에 의결권을 행사할 수 없었던 경우(제368조 제 4 항)에 결의가 현저하게 부당하고 그 주주가 결의권을 행사하였다면 이를 저지할 수 있었을 때에는 그 주주는 그 결의의 날로부터 2월 내에 결의의 취소 또는 변경을 구하는 소를 제기할 수 있다(제381조 제 1 항). 이것은 본질적으로 결의취소의 소에 속하며, 전속관할, 판결의 효력 등에 관하여는 결의취소의 소의 경우와 같다(제381조 제 2 항).

부당결의취소·변경의 소는 특별이해관계를 가진 주주가 결의에 참여하지 못함으로 인하여 반대파가 이를 악용하는 것을 규제하기 위하여 둔 규정이다. 따라서 이 소는 제368조 제 4 항이 있기 때문에 두어진 규정이다. 입법론으로서는 제368조 제 4 항과 제381조를 함께 삭제하여야 하리라고 생각한다(동지: 이윤영, "특별이해관계인의 결의권 행사," 「법률행정논집」(제14집), 1976, 273쪽 아래 참조).

제3관 監事·監査人·檢査人

제 1. 總 說

주식회사의 전문적인 감사기관으로서는 감사, 감사인 및 검사인이 있다. 회사의 내부기관인 감사가 항시 업무와 회계 전반에 관하여 감사를 하고 대규모회사는 감사에 의한 내부감사 외에 회사 외부에 있는 독립한 감사인에 의한 회계감사를 받아야 한다. 그리고 특정한 감사업무를 수행하기 위하여 필요한 때에 한하여 선임되는 임시적 감사기관으로서의 검사인이 있다.

주주는 주주총회에서 이사의 선임·해임 및 결산의 승인을 통하여 이사의 직무집행을 감사하는 외에 개별적으로도 소수주주권 등에 의하여 이사를 감독할 수 있으나 주주 자신에 의한 감독만으로는 불충분하므로 주주총회에서 감사를 선임하여 상시 이사의 직무집행과 회계를 감사하도록 하고 있다. 의용상법에서는 감사가 이사의 업무집행 전반을 감사하였으나 1962년 상법은 이사회제도를 신설하여 이사회내부에서 대표이사 기타 업무담당이사를 다른 이사가 감독할 것을 기대하여 감사의 임무를 회계감사에 한정하였다. 그러나 이러한 법의 기대에 반하여 이사회의 구성상의 특성 때문에 이사회의 감독기능이 충분히 효과를 거둘 수 없게 되었다. 그래서 주식회사의 외부감사에 관한 법률은 일정규모 이상의 주식회사 및 상장법인에 대하여(동법 제2조, 제4조의2 5) (외부)감사인에 의한 회계감사를 받도록 하고 있다. 1984년 개정법은 이 점에 관해 근본적인 개정을 하여 감사가 회계를 포함하여 이사의 직무집행 전반에 관하여 감사할 수 있도록 하고, 이를 위해 감사에게 강력한 권한을 부여하였다. 1995년 개정법에서도 감사의 임기연장, 해임결의시의 의견진술권, 총회소집청구권, 자회사의 조사권 등을 신설하여 감사의 독립성을 보장하고, 감사의 지위를 안정·강화시키며 그 권한을 확대하였다. 그리고 1999년 개정법은 감사제도의 대체제도로 감사위원회를 도입하였다.

그런데 소규모 회사는 대부분 가족기업 등의 형태로 운영되어 감사제도가 기업운영의 부담으로 작용하는 반면, 감사기능의 효율성은 기대하기 어려운 면이 있기 때문에 감사선임의무를 면제하는 것이 필요하였었다. 이에 2009년 개정상법은 자본금 총액이 10억원 미만인 회사를 설립하는 경우에 감사선임을 회사가 자율적으로 할 수 있도록 하고, 감사를 선임하지 않을 경우 주주총회가 직접 이사의 업무 및 재산상태에 관한 감독·감시를 하였다. 그리고 이사와 회사간의 소에서 회사, 이사 또는 이해관계인이 법원에 회사를 대표할 자를 선임하여 줄 것을 신청하도록 하였다. 이와 같이 개정한 배경으로는 소규모 회사는 가족기업이거나 소수의 동업형태가 많아서 가족 또는 친인척을 명목상 감사로 선임한 경우가 대부분이어서(법무부가 중소기업청을 통하여 자본금 10억원 미만 회사 64개사를 대상으로 조사한 자료에 따르면 다음과 같은 결과가 나왔다: 우선 선임감사의 수를 보면, 대부분 비상근 감사(47개사), 상근감사를 선임한 기업 18개사(감사인 수 모두 1명), 비상근감사의 경우가 47개사이며, 감사의 역할로서 감사업무를 형식적으로 운영하는 회사가 53개사이었다. 그리고 의사록에 대한 기명날인, 주주총회소집청구 등 법으로 규정한 감사업무가 실질적으로 준수되는 기업은 10개사, 형식적으로 운영되는 회사가 53개사이었다). 감사의 역할이 사실상 형해화되어 있으며, 소규모 회사에 대해 감사를 강제로 설치해야 하는 것에 경제적 부담 및 비효율성이 크다는 지적이 많았다는 점을 들 수 있다. 이 때 소규모 회사를 자본금 10억원 미만 기준으로 규정한 것은, 한국의 기업현실상 자본금 10억원 미만의 주식회사 대부분이 주주가 직접 경영에 참여하여 경영을 감시하는 기업지배구조 형태로 운영되고 있으므로 그러한 회사에서는 감사를 반드시 설치해야 할 필요성이 적다는 점을 고려한 것이다. 그리고 감사를 두지 않는 경우 주주총회로 하여금 감사의 역할을 수행하도록 하는 규정도 신설함으로써(제409조 제6항), 보완책도 함께 마련하였다. 이와 관련하여 미국은 주주총회와 이사회에서 이사의 직무집행을 감사하므로 별도의 감사제도가 없으며, 일본의 신회사법의 경우도 5억엔 미만의 회사에 대해서는 감사설치의무를 면제하고 있다(법무부 보도자료, 2009년 4월 29일자). 이와 같이 2009년 5월 상법개정을 통하여 자본금 10억원 미만의 소규모 회사를 설립할 때 감사선임의무가 면제됨으로써 자본금 10억원 미만 회사설립시 감사를 선임하지 않고 주식회사를 설립할 수 있게 간이화되었다(제409조 제4항부터 제6항). 구체적으로 살펴보면 상법 제409조 제1항, 제296조 제1항 및 제312조에도 불구하고 자본금의 총액이 10억원 미만인 회사의 경우에는 감사를 선임하지 않을 수 있게 되었다(제406조 제4항). 이와 같이 상법 제409조 제4항에 따라 감사를 선임하지 아니한 회사가 이사에 대하여 또는 이사가 그 회사에 대하여 소를 제기하는 경우에 회사, 이사 또는 이해관계인은 법원에 회사를 대표할 자를 선임하여 줄 것을 신청하여야 한다(제406조 제5항). 그리고 상법 제409조 제4항에 따라 감사를 선임하지 아니한 경우에는 상법 제412조, 제412조의2 및 제412조의4 제1항·제2항 중 "감사"는 각각 "주주총회"로 보게 된다(제406조 제6항).

제 2. 監 事

Ⅰ. 意 義

감사는 회사의 업무와 회계의 감사를 주된 임무로 하는 주식회사의 필요적 상설기관이다. 필요적 기관이라는 점에서 유한회사의 임의적 기관인 감사와 다르며(제568조), 상설기관이라는 점에서 임시기관인 검사인과 다르다.

감사는 업무와 회계감사를 통해 이사의 직무집행을 감독하지만, 이를 선임하는 주주총회는 사실상 이사의 의향에 따라 움직이기 때문에 감사의 선임이 반드시 공정하게 이루어질 수 없으므로 그 감사기능은 본래의 목적을 달성할 수 없는 경우가 허다하다. 그래서 1984년 개정법에서는 감사의 권한을 확대하고 그 지위를 강화하기 위한 배려를 하였으나, 지난 10년간의 법실무에서 볼 때 그것으로도 부족하였기에 1995년 개정법에서도 이러한 개정의도가 계속 반영되었다.

이사의 경우와 마찬가지로 감사와 회사의 관계에 대해서는 위임에 관한 규정이 준용된다(제415조, 제382조 제 2 항). 또 감사의 보수는 이사에 관한 규정을 준용한다(제415조, 제388조). 감사는 회사의 기관으로서 감사가 수인이 있는 경우에도 회의체를 구성하지 않고 각자가 독립하여 그 권한을 행사한다.

감사는 감사에 관하여 감사록을 작성하여야 하며, 감사의 실시요령과 그 결과를 기재하고 감사를 실시한 감사가 기명날인 또는 서명하여야 한다(제413조의2).

Ⅱ. 選 任

1. 자격·원수

상법은 감사의 자격에 관하여 아무런 규정을 두고 있지 않다. 따라서 감사의 자격이 특히 회계감사에 대한 기술적 지식과 경험이 있는 자, 주주 등에 제한되지 않는다. 그러나 감사기관의 성질상 감사는 회사 및 자회사의 이사 또는 지배인 기타 사용인의 직무를 겸하지 못한다는 제한이 있다(제411조).

감사의 원수에 관하여는 제한이 없으므로 1인 이상이면 된다. 감사가 수인 있는 경우에도 각자가 독립하여 그 권한을 행사한다.

2. 選任方法·登記

감사는 주주총회에서 선임한다(제409조 제1항). 감사의 선임권은 위임하지 못하며, 회사설립시에는 발기인 또는 창립총회가 선임하는 점도 이사의 경우와 같다.

감사의 선임은 주주총회의 보통결의에 의하지만 대주주의 전횡에 의한 감사의 선임을 막고 소수주주의 의사를 반영하기 위하여 상법은 의결권 없는 주식을 제외한 발행주식총수의 100분의 3을 초과하는 수의 주식을 가진 주주는 그 초과하는 주식에 관하여 의결권을 행사하지 못하도록 하고 있다(제409조 제2항). 회사는 정관으로 위 비율을 낮출 수는 있으나 높일 수는 없다(제409조 제3항).

그런데 최대주주, 최대주주의 특수관계인, 그 밖에 대통령령으로 정하는 자(최대주주 또는 그 특수관계인의 계산으로 주식을 보유하는 자, 최대주주 또는 그 특수관계인에게 의결권을 위임한 자(해당 위임분만 해당함))가 소유하는 상장회사의 의결권 있는 주식의 합계가 그 회사의 의결권 없는 주식을 제외한 발행주식총수의 100분의 3을 초과하는 경우 그 주주는 그 초과하는 주식에 관하여 감사를 선임하거나 해임할 때에는 의결권을 행사하지 못한다. 다만, 정관에서 이보다 낮은 주식보유비율을 정할 수 있다(제542조의12 제3항, 상법시행령 제17조 제1항).

감사로 선임된 자가 취임한 때에는 회사는 그 성명과 주민등록번호를 등기하여야 한다(제317조 제2항 제8호·제3항, 제183조).

3. 常勤監事

최근 사업연도 말 현재 자산총액이 1천억원 이상인 상장회사는 주주총회 결의에 의하여 회사에 상근하면서 감사업무를 수행하는 감사(상근감사)를 1명 이상 두어야 한다. 다만, 상법 및 다른 법률에 따라 감사위원회를 설치한 경우에는 그러하지 아니하다(제542조의10 제1항, 상법시행령 제15조 제1항). 다음의 어느 하나에 해당하는 자는 이러한 상장회사의 상근감사가 되지 못하며, 이에 해당하게 되는 경우에는 그 직을 상실한다(제542조의10 제2항, 상법시행령 제15조 제2항). 1) 미성년자, 금치산자 또는 한정치산자, 2) 파산선고를 받고 복권되지 아니한 자, 3) 금고 이상의 형을 선고받고 그 집행이 끝나거나 집행이 면제된 후 2년이 지나지 아니한 자, 4) 대통령령으로 별도로 정하는 법률을 위반하여 해임되거나 면직된 후 2년이 지나지 아니한 자, 5) 누구의 명의로 하든지 자기의 계산으로 의결권 없는 주식을 제외한 발행주식총수의 100

분의 10 이상의 주식을 소유하거나 이사·감사의 선임과 해임 등 상장회사의 주요 경영사항에 대하여 사실상의 영향력을 행사하는 주주(주요주주) 및 그의 배우자와 직계존속·비속, 6) 회사의 상무에 종사하는 이사 및 피용자 또는 최근 2년 이내에 회사의 상무에 종사한 이사 및 피용자(다만 소정의 감사위원회위원으로 재임중이거나 재임하였던 이사는 제외한다), 7) 회사의 상무에 종사하는 이사의 배우자 및 직계존비속, 8) 계열회사의 상무에 종사하는 이사 및 피용자 또는 최근 2년 이내에 상무에 종사한 이사 및 피용자

Ⅲ. 任　　期

감사의 임기는 취임 후 3년 내의 최종의 결산기에 관한 정기주주총회의 종결시까지이다(제410조). 감사의 독립성을 확보하고, 주식회사의 복잡한 회계처리, 영업활동 및 재정상태에 관한 실정을 제대로 파악하여 감사의 임무를 적절히 행사하도록 하기 위하여 1995년 개정법에서 그 임기를 2년에서 3년으로 연장하였다. 이 기간은 정관으로도 연장하거나 단축하지 못한다.

Ⅳ. 終　　任

회사가 해산하더라도 청산중의 회사에는 여전히 감사가 필요하므로 회사의 해산이 감사의 종임사유가 되지 않는 점을 제외하고 감사의 종임은 이사의 경우와 같다. 따라서 감사는 위임의 일반적 종료사유로 종임하며, 주주총회는 특별결의에 의하여 감사를 해임할 수 있고, 필요한 경우에 소수주주가 감사의 해임을 법원에 청구할 수 있다(제415조, 제382조 제 2 항, 제385조). 이 때 감사는 주주총회에서 자기의 해임에 관하여 의견을 진술할 수 있다(제409조의2 신설).

감사의 결원이 있는 때에는 퇴임한 감사가 일정기간 계속하여 감사의 권리·의무를 가지며, 필요한 경우에 법원의 청구에 의하여 임시감사를 선임할 수 있는 것도 이사의 경우와 같다(제415조, 제386조).

Ⅴ. 職務執行停止·職務代行者選任

법원이 당사자의 신청에 의하여 가처분으로서 감사의 직무집행을 정지하고 직무대행자를 선임할 수 있는 것도 이사의 경우와 같다(제415조, 제407조).

Ⅵ. 權　　限

1995년 개정법에서는 주식회사의 보다 더 건전한 운영을 위하여 감사의 직무권한을 강화하는 몇 가지 입법조치를 강구하는 한편 그 직무기능과 관련하여 지위를 조절하고 있다.

1. 會計·業務監査權

감사는 이사의 직무집행을 감사하는 기관이기 때문에(제412조 제 1 항) 그 직무권한은 회계의 감사를 포함하여 업무 전반의 감사에 미친다. 그런데 감사의 업무감사권이 어디까지 미치느냐에 관해 다툼이 있다.

감사가 이사의 직무집행이 법령 또는 정관에 위반하는가의 여부, 즉 적법성을 감사할 수 있음은 당연하다. 문제는 그 타당성을 감사할 수 있는가 하는 것이다. 이에 관하여는 상법이 명문으로 인정하는 경우(제413조, 제447조의4 제 2 항 제 5 호·제 8 호)에 한하여 타당성감사를 할 수 있다거나(서돈각·손주찬·정동윤·이철송), 이에 한하지 않고 업무집행이 현저하게 타당성을 결하는 것으로 인정되는 경우에는 그 부당사항을 지적할 수 있다고도 한다(정찬형). 감사는 이사의 업무집행에 관한 자유로운 판단에 관여할 수 없고, 또한 타당성감사는 이사회가 할 수 있다고 할지라도 1984년 개정법이 감사의 업무감사권을 적법성감사에 제한하고 예외적으로 감사하지 않고서는 현저하게 부당한 사항 여부를 가려낸다는 것이 불가능하다. 그러므로 감사의 감사권한은 이사의 업무집행의 적법성뿐만 아니라, 타당성에도 미친다고 본다(동지: 최기원). 상법은 특히 중요한 주주총회에 제출할 의안·서류의 타당성 여부에 관해 주주총회에 그 의견을 진술하고 특정한 사안에 관해 감사보고서에 기재할 기준을 제시하고 있는 것으로 볼 수 있다.

2. 報告要求·調査權

감사는 언제든지 이사에 대하여 영업에 관한 보고를 요구하거나 회사의 업무와 재산상태를 조사할 수 있다(제412조 제 2 항). 이사가 이 요건을 정당한 사유 없이 거부하거나 조사를 방해한 때에는 벌칙의 제재를 받는다(제635조 제 1 항·제 3 항 제 4 호). 감사는 필요한 조사를 할 수 없었던 경우에는 그 뜻과 이유를 감사보고서에 기재하여야 한다(제447조의4 제 2 항 제11호). 이와 관련하여 1995년 개정법은 이사가 회사에 현저하게 손해를 미칠 염려가 있는 사실을 발견한 때에는 즉시 감사에게 이를 보고하여야 한다는 규정을 신설하였다(제412조의2)(앞의 이사와 감사의 관계 참조).

3. 理事會出席·意見陳述權

감사는 이사회에 출석하여 의견을 진술할 수 있다(제391조의2 제 1 항). 이 권리는 이사회에서 업무집행을 결정하는 경우에 감사가 위법·부당한 결의의 성립을 사전에 방지할 수 있도록 한 것이다. 감사의 권리실현이 가능하도록 이사회의 소집통지는 감사에 대하여도 발송하여야 한다(제390조 제 2 항). 이사회가 소집절차 없이 개회하기 위해서는 이사뿐만 아니라, 감사전원의 동의가 있어야 한다(제390조 제 3 항). 이사회에 출석한 감사는 그 출석사실과 진술의견을 명확히 하고 이사회의사록의 정확·진정을 보장하기 위하여 이사회의사록에 기명날인 또는 서명하여야 한다(제391조의3).

4. 理事의 違法行爲에 대한 留止請求權

이사의 위법행위를 사전에 금지시킬 필요가 있을 때에는 감사는 소수주주와 마찬가지로 이사에 대하여 그 행위의 유지를 청구할 수 있다(제402조).

5. 會社代表權

회사가 이사에 대하여 또는 이사가 회사에 대하여 소를 제기하는 경우, 그리고 소수주주가 회사에 대하여 이사의 책임을 추궁할 소의 제기를 청구한 경우에 감사는 그 소에 관하여 회사를 대표한다(제394조).

6. 各種의 訴權

감사는 이사 및 주주와 마찬가지로 회사설립무효의 소(제328조), 총회결의취소의 소(제376조), 신주발행무효의 소(제429조), 자본감소무효의 소(제445조), 합병무효의 소(제529조) 등 각종의 소를 제기할 수 있다.

7. 監事의 株主總會召集請求權

1995년 개정법에서는 감사의 지위를 강화하기 위하여 감사에게 임시총회소집청구권을 인정하였다. 감사는 회의의 목적사항과 소집의 이유를 기재한 서면을 이사회에 제출하여 임시주주총회의 소집을 청구할 수 있으며(제412조의3 제 1 항), 이 청구가 있은 후 지체없이 총회소집의 절차를 밟지 아니한 때에는 감사는 법원의 허가를 얻어 임시총회를 소집할 수 있다(제412조의3 제 2 항, 제366조 제 2 항).

8. 子會社의 調査權

지금까지는 모회사의 감사가 자회사의 회계장부 및 서류의 조사권한이 있는지의 여부에 관해 명문의 규정이 없어 일반적으로 부정되어 왔으나, 1995년 개정법에서는 모회사의 감사에게 자회사의 조사권을 부여하고 있다(제412조의4). 만일 이러한 권한이 인정되지 않는다면 모회사가 자회사와 함께 하는 분식결산을 통제하기가 어려우므로, 자회사의 감사를 효과적으로 하기 위해서 자회사의 영업상황을 알아야 할 필요가 있는 경우에는 영업의 보고를 요구하고(제 1 항), 필요가 있을 때에는 자회사의 업무와 재산상태에 관하여 모회사의 감사가 직접 조사할 수 있도록 보장해 준 것이다(제 2 항). 이 때에 자회사는 정당한 이유가 없는 한 이러한 보고나 조사를 거부하지 못한다(제 3 항).

Ⅶ. 監事와 會社의 관계

감사와 회사 사이의 법률관계에는 위임에 관한 규정이 준용되기 때문에(제415조, 제382조 제 2 항), 그 직무를 수행함에 있어서 당연히 선량한 관리자의 주의의무를 부담한다. 이 점은 이사의 경우와 같지만, 감사는 업무집행에 관여하지 않으므로 이사와 회사 사이에서처럼 이익충돌의 염려가 없고, 따라서 경업금지 및 자기거래제한은 문제되지 않는다. 감사는 이사의 직무집행을 감사할 의무가 있으며(제412조 제 1 항) 이사가 법령 또는 정관에 위반한 행위를 하거나 그 행위를 할 염려가 있다고 인정한 때에는 이사회에 이를 보고할 의무가 있다(제391조의2 제 2 항). 이 외에도 감사는 이사가 주주총회에 제출한 의안 및 서류의 조사 · 보고의무(제413조), 감사록의 작성의무(제413조의2) 및 감사보고서의 작성 · 제출의무(제477조의4)가 있다.

감사가 위 의무에 위반하여 감사의 직무를 태만히 한 때에는 그 임무해태로 인하여 회사에 대하여 연대하여 손해를 배상할 책임이 있다(제414조 제 1 항). 감사의 회사에 대한 손해배상책임은 총주주의 동의로 면제할 수 있으며, 감사의 보수를 정관 또는 주주총회의 결의에 의하여 정하는 것은 이사의 경우와 같다(제415조, 제400조, 제388조).

우리 대법원 판례에 의하면 주식회사의 감사가 실질적으로 감사로서의 직무를 수행할 의사가 전혀 없으면서도 자신의 도장을 이사에게 맡기는 등의 방식으로 그 명의만을 빌려줌으로써 회사의 이사로 하여금 어떠한 간섭이나 감독도 받지 않고 재무제표 등에 허위의 사실을 기재한 다음 그와 같이 분식된 재무제표 등을 이용하여 거래상대방인 제 3 자에게 손해를 입히도록 묵인하거나 방치한 경우, 감사는 악의 또는 중대한 과실로 인하여 임무를 해태한 때에 해당하여 그로 말미암아 제 3 자가 입은 손해를 배상할 책임이 있다(대판 2008. 2. 14, 2006 다 82601; 대판 2009. 11. 12, 2007 다 53785 등 참조).

Ⅷ. 監事와 株主의 관계

감사의 책임추궁에 관하여 소수주주의 대표소송이 인정되는 것은 이사의 경우와 같지만, 감사는 업무집행에 관여하지 않으므로 위법행위금지청구는 문제가 되지 않는다. 감사에 대한 대표소송에 있어서는 대표이사가 여전히 회사를 대표하고 제소전의 절차에 있어서 청구의 상대방도 여전히 대표이사이다.

Ⅸ. 監事와 第 3 者의 관계

감사가 악의 또는 중대한 과실로 그 임무를 해태한 때에는 이사의 경우와 마찬가지로 제 3 자에 대하여 연대하여 손해를 배상할 책임이 있다(제412조 제 2 항).

제4관 監査委員會

Ⅰ. 監査委員會의 의의

1999년 개정상법에 따르면 회사는 종래의 감사에 대체하는 기관으로 감사위원회를 설치할 수 있다. 감사위원회를 설치한 경우에는 감사를 둘 수 없다(제415조의2 제1항). 따라서 감사위원회는 감사의 대체기관으로서의 지위를 가지고 있다.

Ⅱ. 監査委員會의 구성

감사위원회는 3인 이상의 이사로 구성한다. 다만, 1) 회사의 업무를 담당하는 이사 및 피용자 또는 최근 2년 이내에 업무를 담당한 이사 및 피용자이었던 자, 2) 최대주주가 자연인인 경우 본인, 배우자 및 직계존비속, 3) 최대주주가 법인인 경우 그 법인의 이사·감사 및 피용자, 4) 이사의 배우자 및 직계존비속, 5) 회사의 모회사 또는 자회사의 이사·감사 및 피용자, 6) 회사와 거래관계 등 중요한 이해관계에 있는 법인의 이사·감사 및 피용자, 7) 회사의 이사 및 피용자가 이사로 있는 다른 회사의 이사·감사 및 피용자가 위원의 3분의 1을 넘을 수 없다(제415조의2 제2항). 즉 3분의 2 이상을 사외이사로 구성하여야 한다.

Ⅲ. 監査委員會의 운영

감사위원회는 그 결의로 위원회를 대표할 자를 선정하여야 한다. 이 경우 수인의 위원이 공동으로 위원회를 대표할 것을 정할 수 있다(제415조의2 제4항). 이는 감사위원회가 이사회처럼 3인 이상으로 구성된 회의체이기 때문이다. 감사위원회가 실질적으로 감독기능을 수행하기 위해서는 외부전문가의 조력을 얻어야만 하는 경우가 있다. 따라서 감사위원회는 회사의 비용으로 전문가의 조력을 구할 수 있도록 하고 있다(제415조의2 제5항).

Ⅳ. 監査委員會의 권한

감사위원회는 감사처럼 감독을 수행하는 기관이지만, 감사위원회의 위원의 신분은 이사라는 점에서 상법상의 감사가 이사의 신분이 아니면서 이사와는 별개의 견제장치라는 점과 다르다. 이는 미국의 감사위원회제도를 도입하면서 생기는 미국의 제도와 상법상 제도의 불일치에서 생기는 결과이다. 따라서 감사위원회의 준용조문과 관련하여 감사에 해당하는 모든 조문을 기계적으로 준용할 수는 없다. 그러나 순수한 미국식의 위원회제도의 하나가 아니라 상법상 감사의 대체기관으로서의 감독기관인 점을 고려하여 개별적으로 준용조문을 검토해야 할 것이다.

1999년 개정상법상 감사위원회에 준용되는 개정 전 상법상의 감사에 관하여 조문위주로 검토하면 다음과 같다(제415조의2 제 6 항). 발기설립의 경우의 임원선임(제296조), 창립총회에서는 이사와 감사선임(제312조), 검사인의 선임(제367조), 자격주(제387조), 감사가 이사의 법령 또는 정관에 위반한 행위를 할 염려가 있다고 인정할 때에는 이사회에 보고할 의무(제391조의2 제 2 항), 이사와 회사간의 소에 관한 대표(제394조 제 1 항), 회사에 대한 책임의 면제(제400조), 제소주주의 권리의무(제405조), 대표소송과 재심의 소(제406조), 직무집행정지, 직무대행자선임(제407조), 직무와 보고요구 · 조사의 권한(제412조), 조사 · 보고의 의무(제413조), 감사의 책임(제414조), 재무제표 등의 제출(제447조의3), 감사보고서(제447조의4), 이사 · 감사의 책임해제(제450조), 이사 · 감사의 임기(제527조의4), 분할계획서의 기재사항(설립되는 회사의 이사와 감사를 정한 경우에는 그 성명과 주민등록번호)(제530조의5 제 1 항 제 9 호), 분할합병계약서의 기재사항(분할합병의 상대방회사의 이사와 감사를 정한 때에는 그 성명과 주민등록번호)(제530조의6 제 1 항 제10호), 대차대조표 · 사무보고서 · 부속명세서의 제출 · 감사 · 공시 · 승인(제534조) 등이 감사위원회에 준용된다.

Ⅴ. 監査委員會 위원의 해임

개정논의과정에서 제415조 제 1 항의 “제393조의2의 규정에 의한 위원회로서”를 삭제하느냐의 여부에 대해 논쟁이 많았다. 그러나 “제393조의2의 규정에 의한 위원회로서”를 원안대로 두기로 했다. 이는 감사위원회도 위원회의 일종인데 이사회의 통제를 벗어나면 권한이 방대하여지고 미국식의 감사위원회제도를 그대로 도입하자는 주장에 따라 이사회에서 선임되는 것으로 한 것이다. 물론 최초의 이사로서의 선임은 주주총회에서 선임되지만 이사회의 결정에 따라 감사위원회위원이 될 수 있도록 한 것이다. 다만 감사위원회의 독립성제고를 위해 감사처럼 주주총회에서 선임될 것을 주장하는 의견을 반영하여 제 3 항에 추가하여 감사위원회위원의 해임에 관한 이사회의 결의는 이사총수의 3분의 2 이상의 결의로 하여야 한다고 규정함으로써 독립성을 제고시켰다(제415조의2 제 3 항).

Ⅵ. 監査委員會 관련 기타 규정

1. 過怠料 조항개정

모회사의 감사위원회도 감사와 마찬가지로 자회사에 대해 영업의 보고를 요구하거나(제412조의4 제 1 항), 자회사의 업무와 재산상태를 조사할 수 있다. 이러한 모회사의 감사위원회의 조사에 정당한 이유 없이 응하지 아니한 자는 과태료에 처한다(제635조 제 1 항 제21호의2).

2. 常勤監事

최근 사업연도 말 현재 자산총액이 1천억원 이상인 상장회사는 주주총회 결의에 의하여 회사에 상근하면서 감사업무를 수행하는 감사(상근감사)를 1명 이상 두어야 한다. 다만, 상법 및 다른 법률에 따라 감사위원회를 설치한 경우에는 그러하지 아니하다(제542조의10 제 1 항, 상법시행령 제15조 제 1 항).

3. 주식회사의 외부감사에 관한 법률

상법상 감사위원회를 설치한 경우에는 감사위원회가 주식회사의 외부감사에 관한 법률상 감사인 선임위원회에 갈음한다(주식회사의 외부감사에 관한 법률 제 4 조 제 2 항 참조).

제 1. 監 査 人

Ⅰ. 意 義

주식회사의 외부감사에 관한 법률(이하 '외감법'이라 약함)은 일정규모 이상의 주식회사(자산총액이 100억원 이상)는 감사에 의한 내부감사 외에 회계 전문가인 회계법인, 또는 감사반에 의한 회계감사를 받도록 하고 있다(외감법 제 2 조). 또한 상장법인은 연속하는 매 3개 사업연도의 감사인을 동일 감사인으로 하여 외부감사를 받도록 하고 있다(외감법 제 4 조의2). 이처럼 회사로부터 독립하여 회계감사를 행하는 회계법인 또는 감사반을 (외부)감사인 또는 회계감사인이라고 한다. 감사인은 회사와의 계약에 의하여 사무의 위탁을 받은 자에 지나지 않으므로 감사와 같은 회사의 기관은 아니다.

Ⅱ. 選任·任期·終任

회사는 매사업연도 개시일로부터 4월 이내에 감사인을 선임하여야 한다(외감법 제 4 조 제 1 항). 감사인을 선임함에 있어서는 감사의 제청에 의하여 정기주주총회의 승인을 얻어야 한다(동법 제 4 조 제 2 항 본문).

감사인은 등록된 회계법인 또는 감사반이어야 한다(외감법 제 3 조). 회계감사의 실효성을 보장하기 위하여 감사인의 자격을 회계에 관해 전문적인 지식과 경험이 있는 자에 제한하고 있다.

감사인의 임기에 관해서는 규정이 없다. 임기에 관하여 당사자 사이에 약정이 없으면 임기는 1년이라고 볼 것이다.

감사인은 임기만료·사망 등 감사계약에서 정한 사유 기타 위임의 일반적 종료사유로 인하여 종임한다. 선임기관은 당연히 감사인을 해임할 수 있다.

Ⅲ. 職務權限

감사인의 직무는 그 사업연도의 재무제표와 연결재무제표, 그 부속명세서를 감사하는 것이다(외감법 제 7 조). 감사인은 그 직무를 수행하기 위하여 언제든지 회사의 회계에 관한 장부와 서류를 열람·등사할 수 있고, 특히 필요한 때에는 회사의 업무와 재산상태를 조사할 수 있다. 그리고 연결재무제표의 감사시에는 회사 및 관계회사의 감사인에 대하여 회계에 관한 보고를 요구할 수 있다(외감법 제6조).

Ⅳ. 義 務

감사인은 그 임무를 해태하여 회사에 손해가 발생한 때에는 회사에 대하여 손해배상책임을 지며, 이 경우 감사반인 감사인의 경우에는 당해 회사에 대한 감사에 참여한 공인회계사가 연대하여 책임을 진다(외감법 제17조 제1항). 감사인이 중요한 사항에 관하여 감사보고서에 기재하지 아니하거나 허위의 기재를 함으로써 이를 믿고 이용한 제3자에게 손해가 발생한 때에는 제3자에 대하여 손해를 배상할 책임이 있고(외감법 제17조 제2항), 공인회계사가 연대책임을 지는 경우 공인회계사가 그 임무를 해태하지 아니하였음을 증명한 때에는 그러하지 않다(외감법 제17조 제5항). 이사 또는 감사도 그 책임이 있는 때에는 감사인은 이들과 연대하여 손해배상책임을 진다(외감법 제17조 제4항). 감사인, 이사 또는 감사의 손해배상책임은 그 청구권자가 당해 사실을 안 때로부터 1년 또는 감사보고서를 제출한 날로부터 3년 이내에 청구권을 행사하지 아니하면 소멸한다(외감법 제17조 제7항). 감사인 기타 보조자에 대해서는 엄격한 벌칙의 제재가 있다(외감법 제20조, 제21조).

제2. 檢 査 人

Ⅰ. 意 義

검사인은 회사의 설립경과 또는 존속중인 회사의 업무와 재산상태의 조사를 목적으로 하는 임시적 감사기관이다. 검사인의 임무의 내용과 범위는 그 선임의 목적에 따라 다르지만 일반적으로 계산관계의 정확 여부, 발기인 또는 이사의 '행위의 적법성 여부'를 조사한다.

Ⅱ. 選任·資格·終任

1. 選 任

검사인은 그 필요에 따라 법원 또는 총회(창립총회 또는 주주총회)에서 선임한다.

검사인은 임시기관이므로 등기할 필요는 없다. 법원이 선임하는 경우로서는 위험성립사항 내지 설립경과조사를 위하여 이사 또는 발기인의 청구가 있는 경우(제298조, 제310조), 업무집행에 관하여 부정행위 또는 법령이나 정관에 위반한 중대한 사실이 있음을 의심할 사유가 있는 때에 소수주주권자의 청구가 있는 경우(제467조), 할인발행의 인가 여부를 결정하고 회사의 재산상태를 조사하게 하기 위하여 법원이 직권으로 선임하는 경우(제417조 제 3 항) 등이다.

창립총회 또는 주주총회가 검사인을 선임하는 경우로는 소수주주권의 발동에 의하여 소집된 임시총회에서 회사의 업무와 재산상태를 조사하게 하기 위한 경우(제366조 제 3 항), 이사나 청산인의 제출서류와 감사의 보고서를 조사하게 하기 위한 경우(제367조, 제542조 제 2 항) 등이다.

2. 資　　格

검사인의 자격과 원수에 관해서는 법률상 아무런 제한이 없다. 그러나 그 직무의 성질상 검사인은 당해 회사의 이사, 감사 및 지배인 기타 사용인을 겸할 수 없고, 검사를 받을 사항의 당사자도 검사인이 되지 못한다고 본다.

3. 終　　任

검사인은 위임관계의 일반적 종료사유에 의하여 종임할 뿐만 아니라, 선임기관이 해임할 수 있다. 그리고 검사인은 그 선임목적이 달성되어 그 임무가 종료한 때에도 종임한다.

Ⅲ. 職務權限·義務

검사인은 그 선임목적에 따른 직무권한을 갖는다. 검사인과 회사의 관계는 위임이므로 검사인은 회사에 대해 선관주의의무를 진다.

Ⅳ. 責　　任

검사인이 선관주의의무를 다하지 못한 때에는 회사에 대하여 임무해태로 인한 손해배상책임을 지고, 제 3 자에 대해서는 불법행위로 인한 책임을 진다는 것은 당연하다. 법원이 회사의 설립경과의 조사를 위하여 검사인을 선임할 때에는 검사인과 회사 사이에 위임관계가 존재하지 않지만, 검사인이 악의 또는 중대한 과실로 인하여 그 임무를 해태한 때에는 회사 또는 제 3 자에 대하여 손해를 배상할 책임이 있다(제325조). 검사인에 대해서도 벌칙의 제재가 있다(제625조, 제630조 등).

제 6 절 株式會社의 資本과 計算

제 1 관 資本調達 서설

자본조달에는 자기조달(내부조달)과 타인조달(외부조달)의 두 가지 방법이 있다.

내부조달은 사원 또는 제 3 자로부터 자금을 조달받지 않는 자본조달방식인 데 반하여, 외부조달은 사원 또는 제 3 자의 재산으로부터 자본을 조달받는 방법이다. 즉 외부조달은 자기자본 또는 타인자본의 형태로 자본을 조달하는 방법이다. 내부조달은 영업활동에 의한 이익으로부터 자본을 형성함을 말하며, 이익의 축적과 준비금의 형성이 이에 속한다.

제 2 관 自己資本의 調達-新株의 發行

Ⅰ. 新株發行의 의의와 종류

자기자본의 조달은 신주의 발행에 의한다. 신주의 발행이란 회사의 성립 후에 회사가 발행할 주식총수의 범위 내에서(제289조 제 1 항 제 3 호) 새로 주식을 발행하는 모든 경우를 말한다. 신주가 발행되면 새로이 발행된 주식의 액면가액의 총액만큼 자본이 증가하게 된다(제451조 참조).

우리 상법은 수권자본제도를 채택하고 있으므로 정관에는 자본금을 기재하지 아니하고 회사가 발행할 주식의 총수, 즉 수권주식수만을 기재하고(제289조 제 1 항 제 3 호), 그 나머지의 미발행주식은 회사성립 후에 원칙적으로 이사회의 결의에 의하여 필요할 때마다 수시로 이를 발행할 수 있다(제416조). 이는 회사가 기동성 있게 자금을 조달할 수 있도록 하기 위한 것이다.

넓은 의미의 신주의 발행에는 보통의 신주발행과 특수한 신주발행의 두 가지가 있다. 회사의 자금조달을 직접의 목적으로 하는 신주발행을 보통의 신주발행 또는 통상의 신주발행이라 하며, 회사는 신주의 인수인을 구하여 그로부터 신주의 대가를 제공받기 때문에 회사의 재산은 신주의 인수가액의 총액만큼 실제로 증가한다. 그러나 자본액의 증가가 반드시 재산액의 증가와 일치하지는 아니한다. 왜냐하면 주식의 할인발행이나 액면초과발행의 경우에는 할인액 또는 초과액만큼 양자 사이에 차이가 생기기 때문이다. 좁은 의미의 신주발행이란 보통의 신주발행을 말하며, 상법에 규정된 신주의 발행도 바로 이에 관한 규정이다.

특수한 신주발행이란 자본조달을 직접목적으로 하지 않고 그 이외의 사유에 의하여 신주가 발행되는 경우를 가리킨다. 이 경우에는 회사가 현재 보유하고 있는 재산을 충당하여 신주를 발행하므로 회사의 재산이 실제로 증가하지 않는 것이 원칙이다. 이러한 신주발행의 원인으로는 전환주식의 전환(제346조 아래), 준비금의 자본전입(제461조), 주식배당(제462조의2), 전환사채의 전환(제513조 아래), 합병(제523조 제3호), 주식병합(제442조), 채무자 회생절차상의 신주발행(채무자 회생 및 파산에 관한 법률 제206조) 등이 있다.

Ⅱ. 普通의 新株發行

1. 意　　義

보통의 신주발행이란 회사성립 후의 자금조달을 위하여 발행예정주식총수의 범위 내에서 미발행주식을 발행함을 말한다. 이 때에는 신주의 인수인이 신주의 대가를 납입하므로 회사의 재산이 증가한다. 그리고 주주 이외의 제3자에게 신주를 인수시키는 경우에는 새로운 주주가 생겨난다. 보통의 신주발행은 이사회가 정한 주식의 인수방법에 따라 주주배정, 제3자 배정 및 모집의 세 가지 형태가 있다.

2. 新株發行의 절차

(1) 株主配定 · 第3者配定에 의한 新株發行

1) 理事會의 결정

보통의 신주발행은 정관으로 주주총회에서 정하기로 한 경우를 제외하고는 수권주식의 범위 내에서 이사회가 결정하며, 정관에 규정이 없는 다음의 사항을 결정한

다(제416조).

(가) **新株의 종류와 수**(제 1 호) 신주의 종류와 수는 정관으로 수종의 주식을 발행하기로 예정된 경우(제344조 제 2 항)에 어떤 주식을 몇 주 발행할 것인가를 정하는 것이다.

(나) **新株의 발행가액과 납입기일**(제 2 호) 신주의 발행가액은 액면 또는 그 이상이어야 한다. 액면미달의 발행결정은 주주총회의 전권사항이고, 또 최저발행가액도 주주총회에서 결정한다(제417조 제 1 항 · 제 2 항). 이사회나 대표이사는 발행가액 또는 인수가액을 결정함에 있어서 선량한 관리자의 주의로써 상당한 가액을 발행가액 · 인수가액으로 결정해야 한다.

납입기일은 신주인수인이 인수한 주식에 대하여 납입 또는 현물출자의 이행을 하여야 할 날을 말한다. 따라서 납입기일까지 납입하지 아니하면 당해 인수인은 실권하며, 납입하면 그 익일부터 주주가 된다.

(다) **新株의 인수방법**(제 3 호) 주주배정에 의할 것인가의 여부, 신주의 공모 여부 또는 양자의 병행 여부 및 주식의 청약단위, 청약증거금의 수령방법, 주금납입을 취급할 금융기관 및 단주 · 실권주의 처리방법 등을 결정한다.

(라) **現物出資에 관한 사항**(제 4 호) 현물출자를 하는 자의 성명과 그 목적인 재산의 종류 · 수량 · 가액과 이에 대하여 부여할 주식의 종류와 수를 결정하여야 한다. 현물출자를 하는 자의 자격에는 제한이 없다.

(마) **新株引受權의 양도에 관한 사항**(제 5 호) 이사회는 주주가 가지는 신주인수권을 양도할 수 있음을 결정할 수 있다. 물론 이를 양도할 수 없다고 결정할 수도 있다.

(바) **株主의 청구가 있는 때에만 新株引受權證書를 발행한다는 것과 그 청구기간**(제 6 호) 이사회가 주주의 신주인수권을 양도할 수 있음을 결정한 경우에 신주인수권의 양도는 신주인수권증서의 교부에 의하여야 한다(제420조의3). 따라서 회사는 그 양도를 원하는 주주에게만 선주인수권증서를 발행하도록 하고 또 발행청구기간도 결정하도록 한 것이다.

(사) **新株配定日**(제418조 제 2 항) 이사회는 배정일을 결정하여 배정일 현재의 주주명부에 기재된 주주가 신주인수권을 갖는다는 것을 결정하고, 이를 배정일 2주간 전에 공고한다(제418조 제 2 항 본문). 그 날이 주주명부의 폐쇄기간중인 때에는 그 기간의 초일의 2주간 전에 공고하여야 한다(제418조 제 2 항 단서).

2) 新株引受權者에 대한 催告

신주인수권은 권리이지 의무는 아니므로 회사로서는 신주인수권자가 그 권리를 행사할 것인가의 여부를 알 필요가 있다. 따라서 신주인수권을 가진 자(주주 포함)가 있는 때에는 회사는 그 자가 신주인수권을 가지는 주식의 종류와 수, 신주인수권을 양도할 수 있음을 정한 때에는 그 뜻과 신주인수권증서청구기간(제416조 제 5 호·제 6 호) 및 일정한 기일까지 주식인수의 청약을 하지 않으면 그 권리를 잃는다는 뜻(실권예고부최고)을 그 기일의 2주간 전에 통지(무기명주권을 발행한 경우에는 공고)하여야 한다(제419조 제 1 항 내지 제 3 항). 정관규정으로 발행신주 전부를 공모할 수 있는 경우에는 이러한 절차가 필요 없다. 만일 인수권자가 그 기일까지 주식인수의 청약을 하지 아니하면 당연히 실권하게 된다(제419조 제 4 항). 이를 실권주라 한다.

(2) 新株引受權

1) 新株引受權의 의의와 기능

신주인수권(Bezugsrecht; preemptive right, preemption right)이란 회사의 성립 후 신주를 발행하는 경우에 다른 사람에 우선하여 신주를 인수할 수 있는 권리를 말하며, 이에는 주주의 신주인수권과 제 3 자의 신주인수권이 있다.

회사가 신주를 발행함에 있어서 그 신주를 주주 이외의 제 3 자에게 배정할 때에는 주주의 지주비율이 낮아져 의결권을 통한 회사기업의 지배력의 저하를 가져오고, 또 신주가 시가 이하로 발행되면 주가의 하락에 의하여 주주에게 경제적 손실을 주게 되므로, 종래의 주주에게 그 지주수에 비례하여 신주인수권을 부여할 필요가 있다. 그러나 다른 한편 주주가 당연히 신주인수권을 가지는 것으로 하면, 회사가 유리한 자본조달방법을 선택하는 데 제약을 받고 자본조달의 기동성을 기할 수 없게 된다.

이처럼 신주발행에 있어서는 한편으로 주주의 이익보호, 다른 한편으로는 회사에 유리한 자본조달의 기동성의 확보라는 두 개의 상반되는 요청을 어떻게 조화시키느냐 하는 것이 각국의 상법에 부과되어 있는 과제이다. 그리하여 우리 상법은 주주는 원칙으로 신주인수권을 가지지만, 정관에 의하여 이를 제한하거나 특정한 제 3 자에게 이를 부여할 수 있도록 하였다(제418조, 제420조 제 5 호).

2) 株主의 新株引受權

(가) 의의·성질 　주주의 신주인수권이란 정관에 다른 정함이 없는 한 주주가

가지고 있는 주식의 수에 비례하여 우선적으로 신주의 배정을 받을 수 있는 권리이다(제418조). 이 권리는 법률상 당연히 주주에게 인정되는 것이고, 정관이나 이사회의 결정에 의하여 비로소 발생하는 것은 아니다. 주주의 신주인수권을 바탕으로 하여 주주에게 신주를 발행하는 것을 주주배정에 의한 신주발행이라고 한다.

주주의 신주인수권은 추상적 신주인수권(allgemeines od. virtuelles Bezugsrecht, Bezugsgrundrecht)과 구체적 신주인수권(konkretes od. aktuelles Bezugsrecht, Bezugsanspruch)으로 나누어진다. 전자는 법률에 의하여 당연히 인정되는 것으로서 주주권의 한 내용을 이루고 있으므로 주식과 분리하여 양도 기타의 처분을 할 수 없다. 후자는 이사회의 결의에 의하여 전자로부터 유출된 구체적 권리로서 주주권과는 별개의 권리로서 주식과 독립하여 양도될 수 있다. 구체적 신주인수권은 이사회의 결의로 정하여진 배정일 현재 주주명부상의 주주에게 귀속되는 권리로서 이 경우에도 청약에 대한 배정에 의하여 주식인수의 효과가 발생하므로(제419조 제420조), 형성권이 아니라, 하나의 채권적 권리이다.

(나) **제 한** 주주의 신주인수권은 정관으로 제한을 가할 수 있음이 명정되어 있으며(제418조, 제420조 제5호), 여기에서 제한이라는 것은 주주의 신주인수권의 완전박탈을 포함한다(통설)(이에 대해 명문의 규정이 없는 우리나라에서 완전박탈이 가능한지에 대해 의문을 갖는 견해로는 정동윤). 제한이라 함은 일반적으로 수종의 주식에 관하여 신주인수로 인한 주식의 배정에 관하여 특수한 정함을 하는 따위의 신주인수권의 부여비율에 관한 제한을 뜻하나, 공모발행의 병행으로 인한 제한, 공모에 의하여 일반인을 상대로 신주발행할 때의 주주의 신주인수권배제, 제3자에게 신주인수권을 부여하는 경우 등도 이에 포함된다. 2001년 7월 개정상법은 주주 이외의 자에 대하여 신주인수권, 전환사채, 신주인수권부사채의 인수권을 주는 경우에는 신기술의 도입, 재무구조의 개선 등 회사의 경영상 목적을 달성하기 위하여 필요한 경우에 한하여 정관에 정하는 바에 따라 배정할 수 있다(제418조 제1항 단서, 제513조 제3항 후단, 제516조의2 제4항 후단)고 하여 그 요건을 명시적으로 강화하였다. 전환사채의 전환권 또는 신주인수권부사채권자의 신주인수권의 행사에 의한 회사경영권의 변동 등을 고려한 견제책의 의미를 가지나 회사자본조달의 길을 좁힌다는 문제점도 있다.

(다) **新株引受權과 株主平等의 原則** 주주의 신주인수권은 추상적 신주인수권이든, 구체적 신주인수권이든 주주의 자격에 근거하는 것이므로 주주평등의 원칙에 따라야 한다. 따라서 주주는 정관에 다른 규정이 없는 한 그가 가진 주식의 수에

비례하여 신주인수권을 가진다(제418조 제 1 항).

그러나 주주평등의 원칙은 모든 주주의 신주인수권이 배제되는 경우에는 적용되지 않는다. 그 밖에도 1) 회사가 수종의 주식을 발행한 경우에 정관에 다른 정함이 없는 때에는 주식의 종류에 따라 신주의 인수에 관하여 특수하게 정할 수 있고(제344조 제 3 항), 2) 회사가 가지는 자기주식과 자회사가 가지는 모회사의 주식에 대하여는 신주인수권이 인정되지 않으며, 3) 신주 1주에 달하지 못하는 단주에 관하여는 상법에 규정이 없으므로 정관에서 이에 관하여 달리 정함이 없으면 이사회가 공정한 방법으로 처분하여 그 차익을 단주의 신주인수권을 갖는 주주에게 분배하여야 한다.

주주평등의 원칙에 위반하여 신주인수권을 부여 또는 제한하는 정관규정은 무효이고, 이 정관규정에 따라 신주발행이 있는 경우에는 신주발행유지청구의 소 및 신주발행무효의 소의 원인이 된다.

(라) **新株引受權의 대상이 되는 株式** 원칙적으로 장래 발행될 모든 신주가 주주의 신주인수권의 대상이 된다. 발행예정주식총수 가운데 아직 발행되지 아니한 주식뿐만 아니라, 정관변경에 의하여 발행예정주식총수가 증가하는 경우에는 그 증가된 미발행주식에 대하여도 신주인수권이 인정된다. 그러나 1) 현물출자자에 대하여 신주를 발행하는 경우(제416조 제 4 호), 2) 준비금의 자본전입에 의한 신주발행의 경우(제416조), 3) 전환주식 또는 전환사채의 전환에 의한 신주발행의 경우(제346조 아래, 제513조 아래), 4) 주식병합에 의한 신주발행의 경우(제442조), 5) 주식배당에 의한 신주발행의 경우(제462조의2), 6) 신주인수권부사채의 신주인수권의 행사에 의한 신주발행의 경우(제516조의8). 7) 흡수합병으로 인하여 존속회사가 해산회사의 주주에게 주식을 발행하는 경우(제523조)에는 신주인수인이 이미 확정되어 있으므로 신주인수권의 문제가 생기지 않는다.

(마) **新株引受權을 가지는 株主** 신주인수권을 가지는 주주는 회사가 정한 배정일 현재 주주명부에 기재된 주주이다(제418조 제 2 항).

그리고 배정일까지 구주의 양수인이 명의개서를 하지 않고 기일을 넘기게 되면 주주명부상의 주주인 구주의 양도인에게 신주가 배정되게 되는데, 이를 실기주라 하여 누구에게 귀속시킬 것인가가 문제된다.

(바) **新株引受權行使 機會의 확보-配定日의 公告, 失權豫告附催告** 회사는 구체적 신주인수권을 가진 주주를 확정하기 위하여 일정한 날(배정일)을 정하고, 이 날에 주주명부에 기재된 주주가 신주인수권을 가진다는 뜻과 신주인수권을 양도할

수 있는 경우에는 그 뜻을 배정일의 2주간 전에 공고하여야 하고 만일 배정일이 주주명부의 폐쇄기간중인 때에는 그 폐쇄기간의 초일의 2주간 전에 공고하여야 한다(제418조 제 2 항).

또한 회사는 신주인수권을 가진 주주에게 그 인수권을 가지는 주식의 종류 및 수와 일정한 기일(청약기일)까지 주식인수의 청약을 하지 아니하면 그 권리를 잃는다는 뜻, 신주인수권의 양도를 인정한 때에는 그 뜻과 주주의 청구가 있는 때에만 신주인수권증서를 발행한다는 것 및 그 청구기간을 청약기일의 2주간 전까지 통지하여야 하고(제419조 제 1 항 · 제 3 항), 만일 회사가 무기명식의 주권을 발행한 때에는 청약기일의 3주간 전에 동일한 사항을 공고하여야 한다(제419조 제 2 항).

(사) **新株引受權의 행사** 신주인수권을 가지는 주주가 그 권리를 행사하려면 통지 또는 공고에 기재된 청약기일까지 회사에 대하여 신주인수의 청약을 하여야 하고, 위 기일까지 그 청약을 하지 아니한 때에는 주주는 신주인수권을 잃는다(제419조 제 4 항). 실권한 주식에 대하여 회사는 다시 주주를 모집할 수도 있고, 신주를 발행하지 않을 수도 있다.

신주인수권을 가지는 주주가 신주인수의 청약을 함에 있어서는 주식청약서에 의하여 하는 것이 원칙이지만(제425조, 제302조), 신주인수권증서가 발행되어 있는 때에는 신주인수권증서에 의한다(제420조의4 제 1 항). 신주인수권증서를 상실한 자는 주식청약서에 의하여 주식의 청약을 할 수 있지만, 그 청약은 신주인수권증서에 의한 청약이 있으면 그 효력을 잃는다(제420조의4 제 2 항).

신주인수권을 가지는 자가 청약기일까지 소정의 절차에 따라 유효한 신주의 청약을 한 때에는 회사는 그 자에게 신주의 배정을 하지 않으면 안 된다. 즉 배정자유의 원칙은 적용되지 않는다.

(아) **新株引受權의 讓渡**

A. **新株引受權의 讓渡性** 1962년 상법은 신주인수권의 양도에 관한 명문의 규정을 두지 아니하여 신주인수권의 양도가 회사에 대하여도 효력이 있는가에 관하여 다툼이 있었다. 그러나 1984년 개정법은 정관에 규정이 없는 경우에는 이사회가 주주가 가지는 신주인수권의 양도에 관한 사항(제416조 제 5 호) 및 주주의 청구가 있는 때에만 신주인수권증서를 발행한다는 것과 그 청구기간을 결정한다고 하여 신주인수권의 양도를 명문화하였다.

B. **新株引受權讓渡의 요건** 첫째, 주주의 신주인수권을 양도할 수 있음을

정한 경우에만 신주인수권의 양도가 허용된다(제416조 제 5 호). 이러한 정함은 정관에 정함이 있으면 이에 의하고, 정관으로 주주총회에서 결정하기로 한 경우에는 주주총회의 결의, 정관에 정함이 없으면 이사회의 결의로 한다. 따라서 정관이나 이사회의 결의에서 신주인수권의 양도에 관하여 정하지 않거나 그 양도를 금지한 때에는 신주인수권을 양도하더라도 회사에 대하여는 효력이 없다.

둘째, 양도의 대상은 주주가 가지는 신주인수권이다(제416조 제 5 호). 따라서 제 3 자에게 부여된 신주인수권은 양도할 수 없다. 그러나 신주인수권부사채권자는 이사회의 정함에 따라 신주인수권만을 따로 양도할 수 있으며, 신주인수권증서의 교부에 의한다(제516조의2 제 2 항 제 4 호, 제516조의6).

C. 新株引受權의 讓渡方法

(ㄱ) 총 설 정관 또는 이사회의 결의로 신주인수권의 양도를 인정한 때에는 회사는 신주인수권증서를 발행하여야 하며(제420조의2 제 1 항), 신주인수권의 양도는 신주인수권증서의 교부에 의해서만 가능하다(제420조의3 제 1 항).

(ㄴ) 新株引受權證書 신주인수권증서는 주주의 신주인수권을 표창하는 유가증권으로서 무기명증권이다. 신주인수권을 양도할 수 있음을 정한 경우에 신주인수권증서의 발행청구기간을 정한 때에는(제416조 제 6 호) 그 정함에 따라, 그 정함이 없는 때에는 상법 제419조 제 1 항의 기일, 즉 신주청약기일의 2주간 전에 회사는 신주인수권증서를 발행하여야 한다(제420조의2 제 1 항).

신주인수권을 양도하려면 반드시 신주인수권증서를 교부하여야 하며(제420조의3 제 1 항), 그 밖의 방법에 의한 신주인수권의 양도는 회사에 대하여 주장하지 못한다. 또한 신주인수권증서를 발행한 경우에는 주식청약은 오직 신주인수권증서에 의하여야 한다(제420조의4 제 1 항 제 1 문). 신주인수권증서에는 신주인수권증서라는 뜻의 표시, 주식청약서의 기재사항(제420조), 신주인수권의 목적인 주식의 종류와 수, 일정기일까지 주식의 청약을 하지 아니할 때에는 그 권리를 잃는다는 뜻 및 신주인수권증서의 번호를 기재하고 이사가 기명날인 또는 서명하여야 한다(제420조의2 제 2 항). 신주인수권증서에 의하여 신주의 인수를 청약하는 자는 신주인수권증서에 인수할 주식의 종류와 수 및 주소를 기재하고 기명날인 또는 서명하여야 한다(제420조의4 제 1 항 제 2 문). 신주인수권은 신주인수권증서에 화체되어 있기 때문에 그 소지에 의하지 아니하면 권리를 행사하지 못한다. 따라서 신주인수권증서를 상실한 경우 재발행은 공시최고절차에 의한 제권판결이 있어야 할 것이지만(제360조; 민사소송법 제492조 아래),

아주 짧은 기간의 유통만이 예상되는 신주인수권에까지 이를 적용할 실익이 없기 때문에 상법은 신주인수권증서를 상실한 자는 주식청약서에 의하여 청약할 수 있도록 그 구제책을 마련하고 있다(제420조의4 제 2 항 본문). 그러나 이 경우 신주인수권증서에 의한 청약이 있으면 주식청약서에 의한 주식의 청약은 그 효력을 잃는다(제420조의4 제 2 항 단서). 이는 신주인수권증서의 점유자를 적법한 소지인으로 추정하기 때문에(제420조의3 제 2 항, 제336조 제 2 항) 생기는 당연한 결과이다. 제420조의4에 의하여 주식청약은 신주인수권증서에 의하여도 할 수 있으므로 신주인수권증서의 요건의 흠결을 이유로 하는 인수무효의 주장은 주식청약요건흠결의 경우와 같이 신주발행에 의한 변경등기를 한 날로부터 1년을 경과하면 이를 주장하지 못한다(제427조).

3) 第 3 者의 新株引受權

(가) **의　의**　제 3 자의 신주인수권이라 함은 신주발행시에 주주 이외의 제 3 자가 신주를 우선하여 배정받을 수 있는 권리를 말한다. 이것은 정관에 의하여 부여되는 것이 보통이지만, 신주인수권부사채권자나 종업원지주제도(자본시장법 제165조의7)에 의한 우리 사주조합원과 같이 법률에 의하여 부여되는 경우도 있다. 주주라도 그가 가지는 주식의 수에 따라 가지는 신주인수권 외에 따로 주주자격에 기하지 않고 신주인수권을 가지는 경우에는 그것은 제 3 자의 신주인수권에 해당한다. 제 3 자에게 신주인수권을 부여하는 경우에는 주식청약서에도 그 뜻을 기재하여야 한다(제420조 제 5 호).

(나) **성　질**　제 3 자의 신주인수권이 정관의 규정에 의하여 바로 발생한다는 설도 있으나 회사의 규칙인 정관의 규정만으로 제 3 자의 권리·의무에 영향을 줄 수 없으므로 회사와 제 3 자 사이의 계약이 있어야 비로소 발생한다고 본다(다수설. 이설: 이철송). 이러한 다수설에 따르면 제 3 자의 신주인수권은 계약상의 권리에 불과하며, 이 점에서 법률상 당연히 인정되는 주주의 신주인수권과 크게 다르다.

(다) **第 3 者에게 新株引受權을 부여할 필요**　주주 이외의 제 3 자에게 신주인수권을 부여하는 경우에는 회사의 지배관계에 변동을 가져오고 또 제 3 자에게 유리하게 발행하는 때에는 주주의 재산적 이익을 침해하게 된다. 그러나 회사의 자금조달의 기동성을 꾀하기 위하여는 제 3 자에게 신주인수권을 부여할 필요가 있다. 또한 종업원·거래처 등 제 3 자와의 관계강화 등을 꾀하기 위하여 이것이 필요한 때도 있다. 따라서 상법은 정관으로써 특정한 제 3 자에게 신주인수권을 부여할 수 있게 하

였고(제418조 제 1 항, 제420조 제 5 호), 자본시장법은 사회정책적 차원에서 종업원에게 신주인수권을 부여하도록 하고 있다(자본시장법 제165조의7).

(마) **第 3 者의 범위** 여기의 제 3 자는 종업원 · 구종업원 · 임원 · 구임원 등과 같이 특정되어야 한다(제420조 제 5 호 참조). 주주가 주주의 자격에 기하지 아니하고 신주인수권을 갖는 경우에는 그 주주도 제 3 자에 해당한다. 주권상장법인 또는 주식을 신규로 상장하고자 하는 법인이 주식을 모집 또는 매출하는 경우에는 그 법인의 우리사주조합원은 모집 또는 매출하는 주식총수의 100분의 20의 범위 안에서 신주의 우선배정을 받을 권리가 있으며(자본시장법 제165조의7), 또 전환사채(제513조 아래)나 신주인수권부사채(제516조의2 아래)를 제 3 자 배정의 방법으로 발행하는 경우도 제 3 자에게 신주인수권이 부여되는 결과가 된다.

(바) **讓 渡** 제 3 자의 신주인수권을 양도할 수 있는가에 관하여는 제 3 자의 신주인수권이 법률에 의하여 발생하는 경우에 이를 양도할 수 없다는 데에는 이론이 없으나, 정관에 의하여 발생되는 경우에 관하여는 계약상의 권리라는 이유로 그 양도성을 인정하기도 하고(서돈각 · 정찬형), 회사가 인정한 경우에만 양도가 가능하다고도 한다(양승규 · 박길준). 그러나 제 3 자의 신주인수권은 계약상의 권리이기는 하지만, 이를 양도할 수 없다고 풀이하여야 할 것이다(동지: 이철송 · 정동윤 · 최기원). 왜냐하면 제 3 자의 신주인수권은 회사와 제 3 자 사이의 특별한 관계를 고려하여 제 3 자의 범위가 정관에 의하여 한정된다는 점에서 또한 주주의 신주인수권과 같이 환가를 전제로 한 것이 아니기 때문이다.

4) 新株引受權을 무시한 新株發行의 효과

주주의 신주인수권을 무시하고 이사회가 신주발행을 하는 경우에는 당해 주주는 신주발행유지청구권을 행사할 수 있고(제424조), 회사 또는 이사에 대하여 손해배상을 청구할 수 있다(제389조, 제210조, 제401조). 주주의 신주인수권을 무시한 신주발행의 효력에 관하여는 다툼이 있다. 주주의 신주인수권은 회사지배권에 결정적 영향을 미치는 점을 들어 그러한 신주발행은 무효라고 보는 견해(무효설)(서돈각 · 최기원)와 주주의 신주인수권은 주주의 고유권으로 볼 수 없다는 이유로 신주발행은 유효라고 보는 견해(유효설)도 있으나, 주주의 신주인수권의 전부 또는 대부분이 무시된 경우에 한하여 신주발행이 무효로 된다고 보아야 할 것이다(절충설)(동지: 정동윤 · 이철송은 회사지배권에 영향을 미친 때만 무효라고 한다).

제 3 자의 신주인수권을 무시한 경우에는 회사는 계약책임을 부담할 뿐 신주발행이 무효로 되지는 않는다.

⑶ 新株發行의 절차

이사회(정관에 정함이 있으면 주주총회)에서 신주발행사항이 결정되면 그 결정에 따라 신주발행절차가 진행된다.

1) 株式의 引受方法에 따른 차이

이사회(또는 주주총회)의 결정에 따라 대표이사는 신주에 관하여 신주인수인을 구하여야 한다. 정관에 주주의 신주인수권배제에 관한 정함이 있을 경우 그 규정에 따라 주식인수인을 구하는 방법(주식의 인수방법)에는 주주배정, 제 3 자배정 및 모집의 세 가지가 있을 수 있고, 이 가운데 적합한 방법을 이사회(또는 주주총회)가 결정한다(제416조 제 3 호).

주주배정이라 함은 주주에게 신주인수권을 부여하여 주주에게 신주를 발행하는 것이고, 제 3 자배정이라 함은 회사의 임원·종업원·거래처 등 특정한 제 3 자에게 신주인수권을 부여하여 그들에게 신주(이른바 공로주는 제 3 자배정의 대표적인 예이다)를 발행하는 것이다.

주주배정 또는 제 3 자배정에 의하지 않는 신주발행을 모집이라 하는바, 모집에는 모집의 대상범위와 관련하여 회사의 임원·종업원·거래처 등 연고자에 한정하여 모집하는 연고모집과 널리 일반대중으로부터 주주를 모집하는 공모(일반모집)의 두 가지 방법이 있다. 또 모집절차의 주체와 관련하여 발행회사가 직접 모집하는 직접모집(자기모집)과 발행회사로부터 위탁받은 증권회사가 모집하는 간접모집(위탁모집)으로 나누어진다.

2) 株式引受의 請約과 配定

주식인수의 청약을 하고자 하는 자는 현물출자자를 제외하고는 회사가 법정사항(제420조)을 기재하고 작성한 주식청약서 2통에 인수할 주식의 종류와 수 및 주소를 기재하고, 기명날인 또는 서명함으로써 한다(제425조, 제302조 제 1 항). 주식인수의 청약에는 비진의의사표시에 관한 민법의 규정(민법 제107조 제 1 항 단서)은 적용되지 않는다(제425조, 제302조 제 3 항).

회사가 주주의 청구에 따라 신주인수권증서를 발행한 경우에는 주식인수의 청약은 원칙적으로 신주인수권증서에 인수할 주식의 종류와 수 및 주소를 기재하고 기명날인 또는 서명함으로써 한다(제420조의4 제 1 항). 다만 신주인수권증서를 상실한 때에는 예외적으로 주식청약서에 의하여 주식의 청약을 할 수 있으나, 그 청약은 신주인수권증서에 의한 청약이 있으면 그 효력을 잃는다(제420조의4 제 2 항). 신주를 인수한 자는 신주발행으로 인한 변경등기를 한 날로부터 1년을 경과한 후에는 주식청약서 또는 신주인수권증서의 요건의 흠결을 이유로 하여 그 인수의 무효를 주장하거나 사기·강박 또는 착오를 이유로 하여 인수를 취소하지 못한다. 그 주식에 관하여 주주의 권리를 행사한 때에도 같다(제427조). 주식청약과 관련하여 상장법인에 대하여는 예외적으로 투자설명서주의가 채택되고 있다(자본시장법 제123조).

신주인수의 청약이 있으면 대표이사는 신주를 배정하고, 위 배정에 의하여 주식의 인수가 성립한다. 주식인수인은 납입기일까지 배정된 주식에 관하여 인수가액을 납입할 의무를 진다(제425조, 제303조). 이 경우에 회사는 신주인수권이 있는 자의 청약에 대하여는 배정할 의무를 지지만 신주인수권이 없는 자의 청약에 대하여는 배정의 자유가 있다. 신주가 배정된 신주인수인의 지위, 즉 권리주는 양도할 수 있으나 회사에 대하여는 양도의 효력이 없다(제425조, 제319조).

주식인수의 법적 성질은 주식청약인과 회사 사이의 입사계약이다(통설).

3) 納入과 現物出資의 履行

신주인수인은 납입기일에 그 인수한 신주에 대한 인수가액의 전액을 납입하여야 하고(제421조), 현물출자를 하는 자는 납입기일에 지체없이 출자의 목적인 재산을 인도하고, 등기·등록 기타 권리의 설정 또는 이전을 요할 때에는 이에 관한 서류를 교부하여야 한다(제425조, 제305조 제 3 항, 제295조 제 2 항). 납입장소, 납입금보관자 또는 장소의 변경, 납입금의 보관증명 등은 모집설립의 경우와 같다(제425조, 제305조 제 2 항, 제306조, 제318조). 납입은 현실로 하여야 하며 상계로 회사에 대항하지 못한다(제334조).

4) 現物出資의 檢査

1995년 개정법에서는 신주발행의 경우나 회사설립의 경우 모두 현물출자자의 자격에 제한이 없다. 그러나 현물출자는 언제나 현물에 대한 과대평가의 위험이 있으므로 이에 대한 규제가 요구된다. 따라서 현물출자를 하는 자가 있는 경우에 이사는 그에 관한 사항을 조사하게 하기 위하여 검사인의 선임을 법원에 청구하여야 하고(제422조 제 1 항), 법원은 검사인의 보고서를 심사하여 현물출자사항이 부당하다고 인정한 때에는 이를 변경하여 이사와 현물출자를 한 자에게 통고할 수 있다(제422조 제 2 항). 현물출자를 한 자가 위 변경에 불복하는 경우에는 그 주식의 인수를 취소할 수 있다(제422조 제 3 항). 법원의 통고 후 2주간 내에 주식의 인수를 취소한 현물출자를 한 자가 없는 때에는 현물출자사항은 위 변경통고에 따라 변경된 것으로 본다(제422조 제 4 항).

그런데 1995년 개정법은 회사설립의 경우에는 제299조의2를 신설함으로써 현물출자나 재산인수에 있어서 공인된 감정인의 감정으로 검사인의 조사에 갈음할 수 있도록 하여, 이 경우에는 이사가 검사인의 선임을 법원에 청구하지 않는 것으로 한 반면(제298조 제 4 항 단서), 신주발행의 경우에는 그에 관한 규정을 두고 있지 않다. 생각건대 신주발행의 경우 이러한 회사측의 편의를 배제할 특별한 이유는 없으므로, 위 규정들이 준용되어야 할 것으로 본다.

신주발행시에는 설립시와는 달리 현물출자자가 출자를 필하고 이행기일이 지나면 다음 날 바로 주주로서의 자격을 취득하게 되므로(제423조 제 1 항), '현물출자의 이행 전'에 원칙적으로 이러한 검사절차를 거쳐야 하겠지만, 현물출자 후에도 이러한 검사절차를 실시할 수 있다(동지: 채이식).

5) 新株發行의 효력발생

신주의 인수인이 신주의 납입기일에 납입 또는 현물출자의 이행을 한 때에는 납입기일의 다음 날로부터 신주발행의 효력이 발생하고 신주의 인수인은 이 날부터 당연히 주주가 된다(제423조 제 1 항 제 1 문). 다만, 이 경우 주식발행 및 유통의 효율성과 회사업무의 편의성을 도모하기 위하여 신주에 대한 이익이나 이자의 배당에 관하여는 정관이 정하는 바에 따라 그 납입기일이 속하는 영업연도의 직전영업연도 말에 신주가 발행된 것으로 할 수 있다(제423조 제 1 항 제 2 문, 제350조 제 3 항 제 2 항). 즉 정관에 의하여 신주의 효력발생시기를 소급할 수 있도록 1995년 개정법에서 고쳤다. 그러나 신주의 인수인이 납입기일에 납입 또는 현물출자의 이행를 하지 아니한 때에는 그 주식인수인은 당연히 주식인수인으로서의 권리를 잃고(제423조 제 2 항) 모집설립의 경우와는 달리 따로 실권절차(제307조)를 취할 필요가 없다. 또한 실권한 주식인수인은 회사에 대하여 손해배상의 책임을 진다(제423조 제 3 항).

이처럼 신주발행의 경우에는 신주발행결의시에 정한 주식총수에 대한 인수와 납입이 없더라도 실제로 인수되고 납입기일에 납입된 주식의 한도 내에서 신주발행의 효력이 생기며, 납입기일까지 인수 또는 납입이 되지 아니한 주식은 미발행주식으로 남게 되고 이사가 이에 대하여 담보책임을 지지 않는다는 점에서 회사설립의 경우와는 다르다.

6) 新株發行으로 인한 變更登記와 효력

신주발행의 효력이 발생하면 회사의 발행주식총수 및 자본의 총액이 늘어나고 주식의 종류와 수에 변경이 생기므로, 회사는 납입기일로부터 2주간 내에 본점소재지에서, 또 그 날로부터 3주간 내에 지점소재지에서 각각 변경등기를 하여야 한다(제317조 제 2 항 제 2 호·제 3 호, 제 3 항, 제183조). 이 변경등기에는 이미 효력이 발생한 신주의 발행과 이에 따른 자본액의 증가를 공시하고, 이 외에도 신주인수의 무효·취소의 제한과 이사의 자본납입책임의 부수적 효력이 안정되고 있다. 즉 신주발행으로 인한 변경등기를 하면 그 날로부터 1년을 경과하거나 1년을 경과하기 전이라도 그 주식에 대하여 주주의 권리를 행사한 때에는 신주를 인수한 자는 주식청약서 또는 신주인수권증서의 요건의 흠결을 이유로 하여 그 인수의 무효를 주장하거나 사기·강박 또는 착오를 이유로 하여 인수를 취소하지 못한다(제427조).

신주발행으로 인한 변경등기가 있은 후에 아직 인수하지 아니한 주식이 있거나 주식인수의 청약이 취소된 때에는 이사가 이를 공동으로 인수한 것으로 본다(제428조 제 1 항). 이는 신주발행의 경우에는 납입기일까지 인수·납입되지 아나하였거나 주식인수의 청약이 취소되면 신주발행의 효력이 생기지 아니하나 유효한 발행이 된 것 같은 등기가 이행된 이상 공시된 바에 따른 자본납입을 기하기 위하여 이사의 책임을 인정한 것이다. 발기인의 인수담보책임과 마찬가지로 무과실책임이며 총주주의 동의로도 면제할 수 없다.

7) 失權株와 端株의 處理

(가) 失權株의 처리 신주인수권을 가지는 주주 또는 신주인수권증서를 취득한 자가 청약기일까지 주식인수의 청약을 하지 아니하면 신주인수권을 잃으며(제419조 제 4 항), 또 청약기일까지 주식인수의 청약을 한 자라도 신주의 납입기일에 납입 또는 현물출자의 이행을 하지 아니하면 주식인수인의 권리를 잃게 된다(제423조 제 2 항). 이처럼 신주인수권의 대상인 주식 가운데에서 인수나 납입이 되지 아니하여 실권한 주식을 실권주라고 한다.

실권주가 확정되는 것은 납입기일이 종료한 때이다. 이 점에서 실권절차에 의하여 주식인수인이 실권하는 회사설립의 경우와 다르다. 그러나 청약기일에 납입금과 동액의 청약증거금을 받는 것이 경제계의 관행이므로 인수의 청약을 하고 납입을 하지 않아 실권하는 경우는 현물출자의 경우를 제외하고는 있을 수 없기에 사실상 청약기일이 종료한 때에 확정된다.

실권주가 생긴 경우에 회사는 실권주를 그대로 방치하거나, 실권주에 대하여 다시 주주를 모집할 수 있다. 회사설립의 경우와는 달리 신주발행의 경우에는 실권주에 대하여 이사가 인수와 납입의 담보책임을 지지 않으며 실권주를 제외한 한도 내에서 신주발행의 효력이 발생한다(제423조 제 1 항 · 제 2 항).

(나) 端株의 처리 단주란 1주 미만의 주식을 말한다. 신주인수권자에게 신주를 발행하는 경우에는 신주인수권자의 지주수에 비례하여 배정하므로 이 과정에서 단주가 발생한다. 예컨대 구주 2주에 대하여 1주의 비율로 신주를 발행하는 경우에는 구주 15주를 가진 주주는 7.5주의 신주를 배정받게 되어 7주 이외에 0.5주의 단주가 생긴다. 신주인수권과 관련하여 단주가 발생한 경우에 이를 어떻게 처리할 것인가에 관하여 상법에는 아무런 규정이 없다. 따라서 회사는 이를 미발행부분으로 남겨 둘 수도 있고, 또 이사회의 결의에 의하여 임의로 처리할 수도 있다.

8) 公募에 의한 新株發行時 資本市場法상의 特則

자본시장법은 투자자보호를 위하여 공모가액의 총액이 일정규모 이상인 때에 발행인인 회사가 그 유가증권에 관하여 신고서(유가증권신고서)를 금융위원회에 제출하여 수리된 이후에 공모하도록 하고 있다(자본시장법 제119조, 동 시행령 제120조). 자본시장법에서의 공모란 모집과 매출을 말한다. 이 경우 "모집"이란 대통령령으로 정하는 방법에 따라 산출한 50인 이상의 투자자에게 새로 발행되는 증권의 취득의 청약을 권유하는 것을 말한다(자본시장법 제 9 조 제 7 항). 그리고 "매출"이란 대통령령으로 정하는 방법에 따라 산출한 50인 이상의 투자자에게 이미 발행된 증권의 매도의 청약을 하거나 매수의 청약을 권유하는 것을 말한다(자본시장법 제 9 조 제 9 항). 따라서 50인 이상을 대상으로 10억원 이상의 주식을 신규로 발행하고자 할 때에는 자본시장법에 따라 모집 또는 매출에 관한 신고서를 금융위원회에 제출하여야 한다(자본시장법 제119조 제 1 항, 동 시행령 제120조). 그럼에도 불구하고 증권의 종류, 발행예정기간, 발행횟수, 발행인의 요건 등을 고려하여 소정의 규정으로 정하는 기준과 방법에 따라 일정기간 동안 모집하거나 매출할 증권의 총액을 일괄하여 기재한 신고서(일괄신고서)를 금융위원회에 제출하여 수리된 경우에는 그 기간 중에 그 증권을 모집하거나 매출할 때마다 제출하여야 하는 신고서를 따로 제출하지 아니하고 그 증권을 모집하거나 매출할 수 있다. 이 경우 그 증권을 모집하거나 매출할 때마다 소정의 규정으로 정하는 일괄신고와 관련된 서류(일괄신고추가서류)를 제출하여야 한다(자본시장법 제119조 제 2 항, 동 시행령 제121조).

한편 자본시장법 제119조에 따라 증권을 모집하거나 매출하는 경우 그 발행인은 소정의 규정으로 정하는 방법에 따라 작성한 투자설명서를 그 증권신고의 효력이 발생하는 날에 금융위원회에 제출하여야 하며, 이를 총리령으로 정하는 장소에 비치하고 일반인이 열람할 수 있도록 하여야 한다(자본시장법 제123조 제 1 항, 동 시행령 제131조). 더 나아가 증권신고의 효력이 발생한 증권의 발행인은 금융위원회가 정하여 고시하는 방법에 따라 그 발행실적에 관한 보고서를 금융위원회에 제출하여야 한다(자본시장법 제128조). 또한 금융위원회는 다음의 서류를 3년간 일정한 장소에 비치하고, 인터넷 홈페이지 등을 이용하여 공시하여야 한다(자본시장법 제129조, 동 시행령 제136조). 1) 증권신고서 및 정정신고서, 2) 투자설명서, 3) 증권발행실적보고서. 이 경우 기업경영 등 비밀유지와 투자자보호와의 형평 등을 고려하여 소정의 규정으로 정하는 사항을 제외하고 비치 및 공시할 수 있다.

(4) 新株의 額面未達發行(割引發行)

1) 의 의

주식의 할인발행(Unterpariemission; issue of shares at a discount)이라 함은 주식을 액면미달의 금액으로 발행함을 말한다. 회사를 설립하는 경우에는 자본납입의 원칙에 의하여 주식의 할인발행이 금지되어 있으나(제330조), 회사의 성립 후에도 이 원칙을 고수하면 회사의 자금조달이 곤란하므로 신주발행의 경우는 엄격한 요건 아래 이를 인정하고 있다. 이것이 또한 기업유지의 원칙에도 합치하기 때문이다.

2) 요 건

신주발행시에 할인발행을 하려면 다음 요건을 갖추어야 한다(제417조 제 1 항). 즉 1) 회사가 성립한 날로부터 2년을 경과하였을 것(회사의 존립기간), 2) 할인발행의 여부와 최저발행가액의 결정에 관하여 주주총회의 특별결의를 얻을 것(제417조 제 2 항), 3) 법원의 인가를 얻어야 한다(제417조 제 1 항; 비송사건절차법 제86조). 이 때 법원은 회사의 현황과 제반사정을 참작하여 최저발행가액을 변경하여 인가할 수 있고, 회사의 재산상태 기타 필요한 사항을 조사하게 하기 위하여 검사인을 선임할 수도 있다(제417조 제3항). 그리고 4) 신주는 법원의 인가를 얻은 날로부터 1월 내에 발행하여야 한다. 다만 법원은 이 기간을 연장하여 인가할 수 있다(제417조 제4항).

3) 會社債權者의 보호와 公示

신주의 할인발행의 경우에는 회사채권자를 보호하기 위하여 1) 액면미달금액은 신주발행 후 3년 내의 매결산기에 균등액 이상을 상각하여야 하고(미달액의 상각)(제455조 제2항), 2) 미상각액은 신주발행으로 인한 변경등기에 등기하여야 하며(제426조), 또 3) 신주발행의 경우의 주식청약서와 신주인수권증서에도 할인발행의 조건과 미상각액을 기재하여야 한다(공시)(제420조 제4호, 제420조의2 제2항 제2호).

액면미달금액의 총액은 대차대조표의 자산의 부에 계상할 수 있다(제455조 제1항).

(5) 新株發行의 違法 · 不公正에 대한 救濟措置

1) 총 설

우리 법은 자본조달의 기동성을 위하여 수권자본제도를 택하였으므로 신주의 발행은 원칙으로 이사회의 권한에 속한다. 따라서 법률 또는 정관에 위반하거나 불공정한 방법으로 신주를 발행하여 주주, 회사 또는 회사채권자의 이익을 해하는 수가 있다. 상법은 법률 또는 정관에 위반하거나 불공정한 신주의 발행에 대하여 사전에 이를 예방하는 조치로써 주주의 신주발행유지청구권(제424조)을, 사후에 그로 인한 부당한 결과를 바로잡는 조치로서 신주발행무효의 소(제429조 아래)와 통모인수인에 대한 책임추궁(제424조의2)을 마련하였다.

2) 新株發行留止請求權

(가) 의 의 　회사가 법령 또는 정관에 위반하거나 현저하게 불공정한 방법에 의하여 신주를 발행함으로써 주주가 불이익을 받을 염려가 있는 경우에도 주주가 회사에 대하여 신주발행의 유지를 청구할 수 있다(제424조). 이 제도는 이사의 위법행위유지청구권과 함께 미국의 금지명령(injunction)의 제도를 계수한 것이다.

(나) 청구원인 　회사가 법령 또는 정관에 위반하거나 현저하게 불공정한 방법에 의하여 주식을 발행한 때이다.

법령에 위반한 예로는 법정요건을 갖추지 아니한 신주의 할인발행, 회사가 발행할 주식의 총수를 초과하는 신주발행 등이 있다. 또 현저하게 불공정한 방법에 의한 경우의 예로는 회사임원에게 부당하게 많은 신주를 배정하거나, 이사가 자기의 지위를 유지하기 위하여 자기와 같은 파인 특정인에게 부당하게 많은 주식을 배정하는 경우, 소수파 주주를 밀어내기 위한 수단으로 이용하는 경우, 현물출자를 현저히 과대평가한 경우 등을 들 수 있다.

(다) **청구권자** 위와 같은 법령·정관에 위반하거나 현저히 불공정한 방법에 의한 신주발행으로 불이익을 받을 염려가 있는 주주만이 유지청구를 할 수 있다. 따라서 불이익을 받을 염려가 없는 경우에는 주주의 유지청구권은 인정되지 않는다. 또한 주주 이외의 제 3 자는 그 신주인수권이 무시되어도 손해배상을 청구할 수 있을 뿐이다.

(라) **청구시기** 유지청구는 사전의 구제수단이므로, 법령 또는 정관에 위반하거나 현저하게 불공정한 방법에 의한 신주발행이 유효한 경우에는 신주발행이 효력을 발생할 때까지, 즉 납입기일까지(제423조 참조) 유지청구를 하여야 하나 위 신주발행이 무효인 경우에는 그 후에 주권의 발행 등도 유지할 수 있다(동지: 정동윤·최기원, 이설: 이철송).

(마) **청구방법** 유지청구의 방법에는 제한이 없다. 따라서 재판 외의 청구도 할 수 있으며, 필요에 따라 회사를 피고로 하여 신주발행유지청구의 소를 제기하고, 그 소를 본안으로 신주발행유지의 가처분을 신청할 수 있다. 이 가처분은 임시의 지위를 정하는 가처분이다(민사집행법 제300조).

(바) **留止請求를 무시한 新株發行의 효력** 주주가 재판 외에서 유지청구를 한 경우에는 이사의 책임이 발생할 뿐 이를 무시한 신주발행은 무효가 아니라고 볼 것이다. 그러나 법원의 유지판결이나 가처분이 있음에도 불구하고 이를 무시하고 신주를 발행한 경우에는 유효설(김용태)도 있으나, 유지청구에 대한 법원의 공권적 판단을 무시한 신주발행은 무효라고 본다(동지: 손주찬·최기원·정동윤).

3) 新株發行無效의 訴

(가) **총 설** 신주발행에 하자가 있는 때에 민법의 일반원칙에 따라 처리하면 신주발행에 따르는 법률관계의 안정을 해한다. 따라서 종러에는 신주발행이 유효함을 전제로 하여 전개된 각종 법률관계의 안정을 꾀하고 회사를 둘러싼 다수인간의 법률관계를 획일적으로 처리하기 위하여 상법은 신주발행무효의 소의 제도를 두어 신주발행의 무효는 일정한 기간 내에 일정한 자에 한하여 소로써만 주장할 수 있도

록 하고, 또 그 판결의 소급효를 부정하였었다(1995년 개정법 이전의 제430조, 제190조). 그러나 1995년 개정법은 주주총회결의의 하자를 다투는 소에 있어서 원고승소시 대세적 효력(제190조 본문)만을 인정하고 불소급효(제190조 단서)는 인정하지 않고 있는바, 이 점은 신주발행무효의 소에서도 마찬가지로 개정되었다. 신주발행무효의 소의 법적 성질은 형성의 소이다.

(나) **무효원인** 신주발행의 무효원인에 관하여 상법상 특별한 규정은 없으나 법령 또는 정관에 위반한 모든 하자가 무효의 원인이 된다고 할 수는 없다. 왜냐하면 신주발행이 효력을 발생하면 그 후 신주는 유통되므로 신주주 또는 제 3 취득자의 이익보호가 요구되기 때문이다. 그리하여 신주발행에 하자가 있더라도 법적 안정을 위하여 그 무효원인은 되도록 좁게 해석할 것이다. 즉 신주발행에 하자가 있더라도 일반적으로는 유지청구의 대상이 되거나(제414조), 이사의 손해배상책임의 발생원인(제399조, 제401조)이 됨에 그치는 것으로 하여 무효의 원인은 될 수 있는 한 좁게 해석하는 것이 타당하다.

신주발행의 무효원인이 되느냐의 여부가 문제되는 것을 살펴보면 다음과 같다.

A. 정관소정의 회사가 발행할 주식(수권주식)총수를 초과하는 신주발행은 무효원인이 된다.

B. 법정의 절차에 위반한 주식의 할인발행의 경우에는 원칙적으로 무효라고 보는 것이 통설이다.

C. 주주의 신주인수권을 무시하고 신주를 발행한 경우에 주주의 신주인수권의 전부 또는 대부분을 무시한 경우에는 신주발행이 무효이지만, 근소한 일부분만이 무시된 경우에는 무효로 되지 않고 이사의 손해배상책임만이 발생할 뿐이라고 본다(동지: 정동윤). 이에 반하여 제 3 자의 신주인수권만을 무시한 경우에는 회사가 계약위반의 책임을 지는 데 그치고 신주발행이 무효로 되지는 않는다.

D. 이사회의 결의 없이 대표이사가 신주를 발행한 경우에는 대표이사의 대표권을 신뢰한 상대방의 보호를 위하여 또 획일적인 처리를 위하여 유효라고 볼 것이다.

E. 주주의 신주발행유지청구를 무시하고 신주를 발행한 경우에 주주가 재판 외에서 한 유지청구를 무시한 때에는 무효로 되지 않지만, 유지의 가처분이나 판결을 무시한 경우에는 무효의 원인이 된다(동지: 정동윤).

F. 현물출자의 검사를 위하여 검사인을 선임하지 않고 현물출자에 따른 신주를 발행한 경우에도 현물출자의 평가가 부당하지 않는 한 신주발행은 유효하다(동지: 정

동윤 · 이철송. 이에 반하여 무효설은 최기원 참조).

G. 현저하게 불공정한 방법에 의한 신주발행의 경우에는 신주의 유지청구와 이사의 손해배상책임에 의하여 해결하고, 거래의 안전을 위하여 신주발행 자체는 유효하다고 본다(동지: 정동윤).

(다) **無效의 訴와 그 節次** 신주발행의 무효는 소에 의하여만 주장할 수 있다. 또 제소권자도 주주, 이사 또는 감사에 한정되고, 제소기간도 신주를 발행한 날로부터 6월 내로 제한되어 있다(제429조). 여기에서 신주를 발행한 날이라 함은 신주발행의 효력이 발생하는 날인 납입기일의 익일을 말한다. 이 소의 피고는 회사이다.

신주발행무효의 소의 전속관할(제186조), 소제기의 공고(제187조), 소의 병합심리(제188조), 하자의 보완 등 청구의 기각(제189조), 패소원고의 책임(제191조), 무효의 등기(제192조) 등은 설립무효의 소의 경우와 같고(제430조), 제소주주의 담보제공의무(제377조)는 주주총회결의취소의 소의 경우와 같다(제430조).

(라) **無效判決의 效力** 신주발행의 무효판결의 효력은 법률관계의 획일적 처리를 위해 당사자 이외의 제 3 자에 대하여도 미친다(대세적 효력)(제430조, 제190조 본문). 그러나 1995년 개정법 이전에는 제190조 전체를 준용하는 것으로 하여 종래 신주발행의 무효판결의 효력이 장래에 대해서만 미치는 것으로 해석할 수밖에 없었으나(제190조 단서 준용), 1995년 개정법은 제430조에서 제190조 본문만을 준용하고 있으므로 판결의 소급효를 인정하였다. 다만 신주발행무효의 판결이 확정된 때에는 발행된 신주는 장래에 대하여만 그 효력을 잃는다(제431조 제 1 항).

(마) **無效判決 후의 措置** 신주발행무효의 판결이 확정되면, 회사는 지체없이 신주실효의 뜻과 3월 이상의 일정한 기간 내에 신주의 주권을 회사에 제출할 것을 공고하고, 주주명부에 기재된 주주와 채권자에 대하여 각별르 그 통지를 하여야 한다(제431조 제 2 항). 또 회사는 신주의 주주에 대하여 그 납입한 금액을(현물출자인 경우에는 그 평가액을) 반환하여야 한다(제432조 제 1 항). 반환청구에 응하여야 할 시기는 신주발행무효의 판결이 확정된 날로부터 6개월이 경과한 때라고 할 것이다(비송사건절차법 제88조 참조). 신주의 납입기일과 신주발행무효판결의 확정시까지의 사이에 회사의 재산상태에 변동이 있어서 납입금액을 그대로 반환하는 것이 현저하게 부당한 때에는 법원은 회사 또는 주주의 청구에 의하여 반환할 금액의 증감을 명할 수 있다(제432조 제 2 항). 또 신주주가 반환받을 금액에 대하여 질권자는 물상대위권을 갖는다(제432조 제 3 항, 제339조, 제340조). 그리고 무효판결의 확정에 의하여 신주는 무효가 되고

그만큼 회사의 발행주식총수와 자본액이 감소되므로, 이에 대한 변경등기를 하여야 한다(제317조 제 2 항 제 2 호·제 3 호, 제 3 항, 제183조).

4) 通謀引受人의 責任

(가) 총 설 신주의 불공정한 발행을 규제하기 위하여 이사와 통모하여 현저하게 불공정한 발행가액으로 주식을 인수한 자는 회사에 대하여 공정한 발행가액으로 주식을 인수하는 경우에는 이른바 물탄주가 발행되는 것이고, 이것은 자본납입 및 유지의 원칙을 침해하게 되므로 그 차액을 전보하지 않으면 안 된다.

(나) 責任의 發生要件

A. 주식인수인이 이사와 통모하여야 한다. 따라서 이사와의 사이에 통모가 없으면 설사 발행가액이 현저하게 불공정하다는 사실을 주식인수인이 알고 있었더라도 이러한 책임은 발생하지 않는다.

B. 신주의 발행가액이 현저하게 불공정하여야 한다. 발행가액이 현저하게 불공정하다고 하는 것은 이사회가 결정한 발행가액(발행예정가액)(제416조 제 2 호)이 아니라, 회사에 납입한 실제의 발행가액(배정가액 · 인수가액)(제421조)이 구주의 시가를 기준으로 한 공정한 가액을 밑도는 경우를 말한다.

(다) 責任의 내용과 성질

A. 責任의 내용 통모인수인은 회사에 대하여 불공정한 발행가액과 공정한 발행가액의 차액에 상당한 금액을 회사에 지급할 의무가 있다. 이 책임을 부담하는 자는 인수인 자신이므로 주식을 양도하여도 그 책임은 당연히 양수인에게 이전하는 것은 아니다. 현저하게 불공정한 발행가액으로 신주를 발행한 이사도 회사에 대하여 손해배상의 책임을 지는데(제339조), 통모인수인의 책임과 이사의 손해배상책임은 부진정연대관계에 있다(통설).

B. 責任의 성질 통모인수인의 책임은 법률상 회사에 대한 불법행위에 기한 손해배상책임의 일종이라고 할 수 있으나 이 책임의 내용이 공정한 발행가액과 실제의 발행가액과의 차액을 지급하는 것이므로, 실질적으로는 자본납입을 위한 추가출자의무의 성질을 가진다. 따라서 회사는 이 의무를 면제하거나 지급금액의 반환을 할 수 없으며, 통모인수인은 그 지급에 관하여 상계로써 회사에 대항하지 못한다(제334조).

C. 會計上의 처리 통모인수인이 회사에 추가로 지급한 차액은 액면초과액에 준하는 것으로서 자본준비금으로서 회사에 적립하여야 한다(제459조 제 1 호 참조).

D. 責任의 추궁 회사가 통모인수인의 책임을 추궁하여야 할 것이지만, 회사의 대표이사가 이사와 통모한 자에 대하여 책임을 추궁하는 것은 사실상 기대하기 곤란하므로 소수주주가 대표소송에 의하여 통모인수인의 책임을 추궁할 수 있도록 하고 있다(제424조의2 제 2 항, 제403조 내지 제406조).

통모인수인이 위 책임을 지는 경우에도 이와 별도로 이사는 회사(제399조) 또는 주주(제401조)에 대한 손해배상책임을 면하지 못한다(제424조의2 제 3 항).

Ⅲ. 特殊한 新株發行

1. 總 說

특수한 신주발행이라고 함은 통상의 신주발행이 새로운 자금조달을 직접적인 목적으로 함에 반하여, 직접으로 자금조달을 목적으로 하지 않고 그 이외의 사유에 의하여 신주가 발행되는 경우를 말한다. 특수한 신주발행의 경우에는 신주의 인수인은 이미 확정되어 있고, 또 현재 회사가 보유하는 재산을 충당하여 발행하므로 대가의 지급을 요하지 않고, 따라서 회사의 재산이 실제로 증가하지 않는 것이 원칙이다. 특수한 신주발행에는 전환주식 또는 전환사채의 전환(제346조 아래, 제513조 아래), 신주인수권부사채의 신주인수권의 행사(제516조의8), 준비금의 자본전입(제461조 제 2 항), 주식배당(제462조의2), 주식의 병합(제442조), 흡수합병(제523조) 및 주식분할에 의한 경우와 회생절차에 의한 경우(채무자 회생 및 파산에 관한 법률 제206조, 제266조) 등이 있다.

2. 準備金의 資本轉入에 의한 신주발행

이는 이사회의 결의에 의하여 준비금의 전부나 일부를 자본에 전입하고, 이 전입된 금액에 해당하는 신주를 발행하여 주주가 가진 주식의 수에 따라 무상으로 신주를 교부함을 말하며(제461조 제 1 항 · 제 2 항), 단순히 신주의 무상교부라고도 한다.

준비금의 자본전입에 의하여 신주가 발행되면 각 주주의 주식수는 증가하지만, 보유주식의 자본금에 대한 비율은 변화가 없으므로 준비금의 자본전입의 성질은 주식의 분할이라고 할 수 있다. 다만 신주의 무상교부의 경우에는 신주발행분만큼 자본이 증가하는 점에서 회사의 자본이 증가하지 않는 주식의 분할과 구별된다. 그러나 회사의 재산은 실제로 증가하지 않고 주식수만 증가하는 점에서는 양자가 동일하다.

준비금의 자본전입에 의한 신주발행은 정관으로 주주총회에서 결정하기로 정하지(제461조 제1항) 않는 한, 원칙적으로 이사회에서 결정한다.

3. 株式配當에 의한 신주발행

이는 배당가능이익을 자본에 전입하여 신주를 발행하고, 이 신주를 주주가 가진 주식수에 따라 무상으로 교부함을 말한다(제462조의2).

주식배당의 법적 성질에 대하여는 주식분할이라고 보는 견해도 있으나 장래의 이익배당의 선급으로 본다.

주식배당에 의한 신주발행은 주주총회의 결의에 의한다(제462조의2 제1항).

4. 轉換株式·轉換社債의 전환에 의한 신주발행

정관에 의하여 전환주식이 발행된 때에 주주가 전환기간 중에 전환을 청구하면 구전환주식은 소멸하고(제349조, 제350조), 이에 대신하여 전환에 의하여 발행할 신주를 발행하여 전환주주에게 교부한다. 전환주주의 전환청구에 의한 신주발행의 경우에 주주는 새로운 출자를 하지 아니하므로 회사의 재산에는 변동이 없다. 그러나 회사의 자본은 신구주식 사이의 전환의 비율이 1 : 1이면 변동이 없으나, 전환 후의 신주식의 수가 전환 전의 구주식의 수보다 많은 경우에는 자본금이 증가한다. 이와 반대로 전환 후의 신주식의 수가 구주식의 수보다 적은 경우에는 자본이 감소하게 되는데, 이는 감자절차에 의하지 아니한 자본감소이므로 허용되지 아니한다.

전환사채의 경우에는 전환사채권자가 전환청구를 하면 전환사채는 소멸하고, 그 대신에 신주식이 발행되어 종전의 사채권자에게 교부된다. 하지만 이 때에도 회사의 재산이 실제로 증가하는 것은 아니고, 단지 이미 회사 내에 들어와 있는 재산이 장부상 사채에서 자본금으로 이동될 따름이다. 하지만 자본금은 신주의 발행가액만큼 명목상 증가한다.

5. 新株引受權附社債의 新株引受權 행사에 의한 신주발행

신주인수권부사채의 사채권자 또는 신주인수권증권의 취득자가 신주인수권을 행사한 경우에는 신주의 청약·배정 등의 절차를 거치지 않고, 그들이 신주발행가액의 전액을 납입한 때에 주주가 된다(제516조의9). 대용납입의 경우에는 신주의 발행가액을 납입하지 않더라도 신주인수권부사채의 상환에 갈음하여 사채의 발행가액으로 신주의 납입이 있는 것으로 본다(제516조의2 제2항 제5호). 이러한 때에는 회사의 자본은 증가한다. 그러나 신주의 발행가액을 추가로 납입하는 경우에 한하여 회사의 재산이 증가한다.

6. 吸收合併에 의한 신주발행

회사가 다른 회사를 흡수합병하는 때에는 존속회사는 해산회사의 전 재산을 승계하고, 승계한 재산만큼 신주를 발행하여 해산회사의 주주에게 교부하여야 하므로 그만큼 회사의 재산이 늘고 또 회사의 자본도 증가하는 점에서 보통의 신주발행과 비슷하다. 하지만 흡수합병에 의한 신주발행은 해산회사의 재산이 존속회사에 포괄적으로 이전되고 해산회사의 주주에게 그 지주수에 따라 신주가 교부되는 것인 데 반하여, 통상의 신주발행은 개별적인 출자에 신주가 교부된다는 점에서 차이가 있다.

7. 株式併合·株式分割에 의한 신주발행

주식의 병합은 수개의 주식을 합하여 종래보다 소수의 주식으로 함을 말하고, 주식의 분할은 기존의 주식을 세분화하여 발행주식 총수를 증가시키는 것이다. 주식의 병합 또는 분할은 주식의 수만 증감할 뿐 회사의 자본과 재산에 아무런 변동이 없다. 주식의 병합절차에 관하여는 제440조 아래에서 규정하고 있으나, 주식의 분할에 관하여는 규정이 없다. 자본감소 또는 합병으로 인한 주식의 병합은 자본감소 또는 합병절차에 따라 행하여진다(제440조 아래, 제530조 제 3 항). 주식의 분할은 정관의 절대적 기재사항인 1주의 금액을 변경하게 되므로 주주총회의 특별결의에 의한 정관변경이 있어야 한다(제289조 제 1 항 제 4 호 참조).

이 때에 1주의 주식은 100원 이상이어야 한다(제329조 제 4 항).

제 3 관 他人資本의 調達-社債의 發行

제 1. 總 說

Ⅰ. 社債의 개념

1. 社債의 경제적 의의

주식회사형태가 자본을 조달하는 방법으로서는 크게 자기자본에 의하는 경우와 타인자본에 의하는 경우가 있다. 주식의 발행이 전자의 예이고, 어음할인이나 당좌대월·사채 등은 후자의 예이다. 특히 사채는 회사사업의 확장이나 구채의 상환 등 주로 장기신용을 목적으로 한다는 점에서 단기신용을 목적으로 하는 어음할인·당좌대월·담보부신용과 구별된다. 그리고 장기자금의 조달에 있어 신주발행의 방법에 의할 때에는 그 신주에 대하여도 이익배당을 하게 되어 배당률이 저하되는 불이익이 생기게 되므로 공중으로부터 다액이고 장기간에 걸치는 자금을 조달하는 방법으로서 사채제도가 필요하게 된다.

2. 社債의 법률적 의의

사채는 회사가 일반공중인 투자자로부터 비교적 장기의 자금을 집단적·대량적으로 조달하기 위하여 채권발행의 형식에 의하여 부담하는 채무이다.

(1) 社債의 發行者

사채의 발행자는 주식회사이다. 인적회사인 합명회사와 합자회사의 기채에 관하여는 상법에 아무런 규정이 없지만, 사원의 전부 또는 일부가 회사채무에 대하여 연대·무한책임을 지기 때문에 특별히 채권자보호에 관한 규정을 둘 필요가 없고 인적결합이 밀접하여 기채의 결정에 있어서도 구태여 각 사원의 이익보호에 관하여 간섭적 규정을 설정할 필요가 없으므로 반드시 금지되는 것은 아니나 사채를 발행하는 예가 없다. 유한회사에 있어서도 특별한 규정은 없지만 유한회사의 폐쇄적 성질과 상법 제600조 제 2 항 및 제604조 제 1 항의 취지에서 볼 때 사채를 발행할 수 없는 것으로 보는 것이 통설이다(최기원·정동윤).

(2) 社債에 관한 법규제의 특색

사채는 자금조달을 위하여 제 3 자로부터 금전을 차입하고 그 대가로 일정한 이자를 지급하며, 일정기한이 지나면 원금을 상환하여야 한다는 점에서 보통의 차입금과 같이 순수한 채권이다. 다만 사채는 대량적·집단적·공중적인 것이므로, 첫째 집단적인 기채를 위한 특별한 기술적 처리가 요구되며, 다음으로는 대량·장기의 채권이고 또 채권자가 일반대중이기 때문에 특히 사채권자의 보호가 필요하게 된다. 뿐만 아니라, 다수의 채권자가 계속적으로 이익이 공통된 입장에 서기 때문에 사채권자의 단체적 취급이 필요하게 된다.

Ⅱ. 社債의 종류

(1) 擔保附社債와 無擔保社債

사채에 대하여 담보권이 설정되어 있는 것이 담보부사채이고, 그러하지 아니한 것이 무담보사채이다. 상법이 규정하고 있는 것은 무담보사채이며, 담보부사채는 담보부사채신탁법(1962. 1. 20. 법률 제991호)에 규정되어 있고, 동법에 특별한 규정이 없는 한 상법의 사채에 관한 규정이 적용된다.

(2) 記名社債와 無記名社債

사채권에 사채권자의 성명이 기재되어 있는 것을 기명사채라 하고, 기재가 없는 것을 무기명사채라 한다. 양자 사이에는 전환이 인정되나(제480조), 양자는 이전과 입질의 대항요건에 차이가 있다.

(3) 登錄社債와 現物社債

공사채등록법(1970. 1. 1. 법률 제2164호)에 의한 등록기관에 등록을 하였는가의 여부에 따른 분류이다. 등록사채는 사채권을 발행하지 않기 때문에(공사채등록법 제 5 조 제 1 항), 이미 채권이 발행된 사채에 대하여 등록을 하고자 하면 사채권을 회수하여야 한다(공사채등록법 제 5 조 제 2 항). 이에 대하여 공사채등록법에 의한 등록을 하지 않고 현실로 사채권이 발행되어 있는 사채를 현물사채라 한다. 등록사채의 이전 및 입질은 공사채원부에 등록하지 아니하면 회사 기타의 제 3 자에게 대항하지 못한다(공사채등록법 제 6 조).

(4) 普通社債와 特殊社債

사채권자에게 특수한 권리가 부여되어 있는가의 여부에 따른 분류이다. 특수사채에는 전환사채, 신주인수권부사채, 이익참가부사채, 교환사채 및 담보부사채 등이 있다.

Ⅲ. 社債契約의 성질

사채발행회사와 사채권자 사이의 사채계약의 성질에 관하여는 소비대차설, 무명계약설, 채권매매설 및 절충설(구분설) 등이 있으나, 소비대차와 유사한 무명계약이라고 본다(동지: 최기원 · 채이식).

제 2. 社債의 募集

1. 社債募集의 제한

(1) 社債總額의 제한

1995년 개정법에서 사채의 총액을 최종의 대차대조표에 의하여 회사에 현존하는 순자산액의 4배를 초과하지 못하도록 하였다(제470조 제 1 항). 개정 전에는 사채총액은 자본과 준비금의 2배를 초과하지 못하며(구법 제470조 제 1 항), 최종의 대차대조표에 의하여 현존하는 순재산이 이것보다 적을 때에는 그 액의 2배를 초과하지 못하게 하고 있었다(구법 제470조 제 2 항).

수회에 걸쳐서 사채모집을 하는 경우에는 수회의 사채액의 합계가 사채총액이며, 다만 구사채를 상환하기 위한 경우에는 구사채의 액은 사채총액 중에 산입하지 않는다(제470조 제 3 항 제 1 문).

(2) 再募集의 제한

회사는 전에 모집한 사채총액을 납입시킨 후가 아니면 다시 사채를 모집하지 못한다(제471조).

(3) 社債金額의 제한

각 사채의 금액은 1만원 이상으로 하여야 하며, 동일종류의 사채에서는 각 사채의 금액은 균일하거나 최저액으로 정제할 수 있는 것이어야 한다(제472조).

(4) 割增償還額의 제한

사채권자에게 상환할 금액이 권면액을 초과할 것을 정하였을 때 그 초과액은 각 사채에 대하여 동률이어야 한다(제473조).

(5) 株券上場法人의 社債發行의 특례

주권상장법인이 발행하는 전환사채 또는 신주인수권부사채 중 주식으로의 전환 또는 신주인수권의 행사가 가능한 부분에 해당하는 금액은 상법 제470조의 규정에 의한 사채발행한도의 제한을 받지 아니한다(자본시장법 제165조의10).

2. 社債發行의 방법

(1) 公募發行

일반공중으로부터 공모하는 방법으로서(제474조) 이에는 직접모집, 위탁모집, 도급모집 및 매출발행의 4가지 방법이 있다.

(2) 總額引受의 방법

특정인으로 하여금 사채총액을 일괄하여 인수시키는 방법이며(제475조), 기채회사는 사채총액을 인수시키고 인수인은 그 인수한 사채를 매출하여 그 차액을 이득하는 것이다.

3. 社債發行의 절차

(1) 理事會의 결의

사채를 모집하려면 이사회의 결의가 있어야 한다(제469조). 이러한 결의를 거치지 아니하고 대표이사가 사채를 모집한 경우에도 이는 유효하다. 왜냐하면 사채발행은 단순히 업무집행행위이며, 사채권자인 일반공중을 보호하고 그 유통을 보호하여야 하기 때문이다(통설).

(2) 社債契約의 성립

사채의 모집에 대한 청약은 사채청약서 2통에 그 인수할 사채의 수와 주소를 기재하고 기명날인 또는 서명함으로써 한다(제474조 제 1 항). 사채청약서는 발행회사의 이사가 작성하는 것이 원칙이지만(제474조 제 2 항) 예외로 수탁회사가 작성하기도 한다(제476조 제 2 항). 사채청약서에 의하지 아니한 사채청약 및 중요한 기재사항을 빠뜨린 사채청약서에 의한 청약은 무효라고 본다(동지: 정동윤 · 정찬형). 사채총액을 인수하는 경우(제475조 제 1 항)와 수탁회사가 스스로 사채의 일부를 인수하는 경우(제475조 제 2 항) 및 채권매출의 방법에 의할 때에는 사채청약서를 필요로 하지 않는다.

청약에 대하여 기채회사 또는 수탁회사가 자유로이 배정을 함으로써(배정자유의 원칙) 사채계약이 성립한다.

(3) 納　入

사채모집이 완료되면 이사 또는 수탁회사는 지체없이 각 인수인에 대하여 그 사채의 전액 또는 제 1 회의 납입을 시켜야 한다(제476조). 납입지체에 대하여는 회사설립에 있어서의 주식모집과 같은 실권절차는 인정되지 아니하며, 주식납입의 경우와 달리 상계의 금지(제334조), 납입장소의 제한(제302조 제 2 항 제 9 호)도 없다.

4. 자본시장법에 의한 규제

소정의 방법에 따라 산출된 50인 이상의 투자자에게 새로 발행되는 증권의 취득의 청약을 권유하는 경우에는 자본시장법의 적용을 받게 된다(자본시장법 제 9 조 제 7 항, 동 시행령 제11조).

제 3. 社債의 流通

1. 債券과 社債原簿·登錄簿

(1) 債　　券

1) 債券의 의의와 성질

사채총액에 대한 분할채무증서로서 채권증권성·환수증권성·문언증권성을 갖는 유가증권을 채권 또는 사채권이라고 한다. 채권을 기채회사의 채무약속을 표창하는 무인증권이라고 보는 견해도 있으나(서정갑), 매출발행에 의한 경우를 제외하고는 사채계약상의 권리를 표창하는 요인증권이라고 본다(동지: 서돈각·손주찬·정동윤).

2) 債券의 발행

채권에는 법정기재사항과 번호를 기재하여 대표이사가 이것에 기명날인 또는 서명하여야 한다(제478조 제 2 항). 채권은 사채전액의 납입이 완료한 후가 아니면 발행하지 못한다(제478조 제 1 항). 이를 위반하면 과태료의 제재가 있다(제635조 제 1 항 제24호). 채권의 종류에는 기명식과 무기명식이 있으며, 사채권자는 원칙적으로 언제든지 양자간의 전환을 청구할 수 있으나(제480조 제 1 문), 이사회가 사채발행의 조건으로 어느 한 종류로 발행할 것을 정한 때에는 그러하지 아니하다(제480조 제 2 문).

3) 登錄社債에 있어서의 債券의 불발행

공사채등록법은 사채에 관하여 등록제도를 채용하여 등록기관(은행·신탁회사)에 등록된 사채에 관하여는 채권을 발행하지 않고, 또 이미 채권이 발행된 사채를 등록한 때에는 등록기관이 채권을 회수하여야 한다(공사채등록법 제 5 조).

4) 債券의 재발행

기명채권에 관하여는 공시최고에 의한 제권판결이 인정되지 않지만, 무기명채권을 상실한 경우에는 상실자는 공시최고의 절차에 따라 제권판결을 얻어 채권의 재발행을 청구할 수 있다(제360조 참조)(동지: 최기원 · 정동윤).

(2) 社債原簿

사채원부라는 것은 사채, 사채권 및 사채권자에 관한 사항을 명백히 하기 위하여 작성되는 장부이며, 이사가 작성 · 보존할 의무를 부담한다(제396조). 사채원부의 기재사항은 법정되어 있으며(제488조), 이 원부의 기능은 주주명부와 같다(제489조 제 1 항, 제353조). 그러나 사채는 주식과는 달리 무기명식으로 발행되는 것이 보통이므로 큰 의의는 없다.

(3) 社債登錄簿

공사채등록법에 의한 사채의 등록을 위하여 등록기관이 비치하여야 할 장부이며(공사채등록법 제 9 조), 등록사채권자 이외의 이해관계인의 열람, 등 · 초본의 교부의 청구에 응하여야 된다(공사채등록법 제12조). 사채등록부는 등록사채의 이전의 대항요건을 갖추는 데 그 뜻이 있다(공사채등록법 제 6 조).

2. 社債의 讓渡와 入質

(1) 無記名社債의 讓渡와 入質

상법에는 규정이 없으므로 민법의 규정(민법 제351조, 제523조)에 의한다. 즉 무기명사채의 양도는 양수인에게 채권을 교부함으로써 효력이 있고, 입질도 질권자에게 채권을 교부함으로써 효력이 생기며, 계속 점유함으로써 제 3 자에게 대항할 수 있다.

(2) 記名社債의 讓渡와 入質

1) 記名社債의 양도방법

이에 관하여 상법에는 특별한 규정이 없다. 그러나 기명사채의 성질이 일종의 지명채권이라 할 수 있으므로, 그 양도는 의사표시만으로 할 수 있다 할 것이고, 채권이 발행되어 있는 경우에는 채권의 교부가 양도의 효력발생요건이라고 풀이할 것이다(통설).

기명사채를 양도한 경우에 회사 기타 제 3 자에게 대항하기 위하여는 취득자의 성명과 주소는 사채원부에 기재하고(명의개서) 또 그 성명을 채권에 기재하여야 한다(제479조 제1항). 명의개서대리인을 둔 경우에는 그 영업소에 비치된 사채원부 또는 복본에 명의개서를 하여도 된다(제479조 제2항, 제337조 제2항).

2) 記名社債의 入質

기명사채의 입질도 의사표시와 채권의 질권자에 대한 교부로써 효력이 생긴다. 입질의 경우에도 상법에 규정이 없으므로 민법의 규정에 따를 수밖에 없다. 입질의 대항요건에 관하여는 견해가 나뉘는데, 민법 제349조를 유추적용하여 사채발행회사에 대한 통지나 승낙이 있어야 회사에 대항할 수 있다는 다수설에 찬성한다(동지: 최기원 · 정동윤 · 정찬형).

(3) 善意取得

기명증권이든 무기명증권이든 금전의 급여를 목적으로 하는 유가증권은 당연히 상법 제65조가 준용하는 민법 제514조가 적용되어 선의취득이 인정되어야 할 것 같으나, 기명채권의 경우에는 그 점유의 자격수여력이 없으므로 선의취득이 인정되지 않고 무기명채권의 경우에만 선의취득이 인정된다고 할 것이다(동지: 최기원 · 정동윤 · 정찬형).

3. 社債의 利子支給

1) 利券의 첨부

사채에는 이자가 붙는데, 이자의 지급은 사채계약에서 정한 바에 따른다. 무기명채권에는 이권이 붙는 것이 보통이며, 이 경우에는 이권과 상환으로 이자를 지급하게 된다. 이권은 각 이자지급기에 발생하는 이자지급청구권을 표창하는 유가증권으로서 무기명증권이며, 채권에서 분리되어 독립적으로 유통의 대상이 된다. 이자지급청구권의 소멸시효는 5년이다(제487조 제3항).

2) 利券의 유통

채권과 이권은 각각 독립하여 유통의 대상이 될 수 있는 까닭에 회사가 무기명사채를 기한 전에 미리 상환하는 경우에는 이권 중에서 흠결된 것이 있게 된다. 이러한 경우에는 흠결된 이자지급기미도래의 이권의 권면액에 상당한 금액을 사채상환액에서 공제하여 사채를 지급한다(제486조 제1항). 그 후 이권소지인은 언제든지 이권과 상환하여 그 공제금액의 지급을 청구할 수 있다(제486조 제2항).

4. 社債의 償還

회사가 사채권자에 대하여 그 부담하는 채무를 변제하는 것을 사채의 상환이라 한다.

1) 償還金額

상환의 방법과 기한은 사채발행조건에 의하여 정하여지며, 사채청약서, 사채권 및 사채원부의 기재사항이다(제474조 제 2 항 제 8 호, 제478조 제 2 항, 제488조 제 3 호). 상환금액은 권면액인 것이 보통이지만 사채권자평등의 원칙에 반하지 않는 한 할증액을 붙일 수도 있고(할증상환)(제473조), 상환시에 지급하는 금액을 권면액으로 하고 발행시부터 상환시까지의 이자합계액을 차감한 금액으로 사채를 발행할 수도 있다(할인발행).

2) 償還의 기한과 방법

기한의 약정이 있는 경우에도 만기 전에 사채의 일부 또는 전부를 상환하는 것이 인정된다(임의상환). 사채의 임의상환을 할 수 있는 기간에 관하여는 사채발행 후 일정한 거치기간을 정하고, 그 후 매년 일정금액의 정기상환을 규정하거나(정기분할상환) 일시상환을 규정하는 것이 보통이며, 이 거치기간 중에는 사채권자의 의사에 반하여 상환할 수 없다.

사채의 상환은 채권과 상환하여야 하나 등록사채의 경우에는 등록기관이 지급장소를 통지하는 동시에(공사채등록법 시행규칙 제46조), 사채권자에 등록채원금영수증을 송부하고 사채권자가 지급장소에서 이것과 상환하여 지급을 받는다.

3) 買入消却

증권시장에서 자기의 사채를 임의의 가격으로 사들여 회사가 이것을 소각하는 것이며, 시장가격이 상환가격보다 싼 경우에 행해진다.

4) 受託會社가 있는 경우의 償還

사채모집의 수탁회사가 있는 경우에는 사채권자를 위하여 사채의 상환을 받는데 필요한 모든 재판상·재판 외의 행위를 할 권한이 수탁회사에 부여된다(제484조 제 1 항). 수탁회사가 이 권한을 행사하여 기채회사로부터 상환을 받은 때에는 사채는 소멸하고 사채권자는 수탁회사에 대해서만 채권과 상환하여 채권액의 지급을 청구할 수 있게 된다(제484조 제 2 항 · 제 3 항, 제486조). 이 경우에는 채권은 이 상환지급청구권을 표창하는 유가증권으로 변한다.

5) 債務不履行의 경우

회사가 사채의 이자의 지급을 게을리하거나 정기에 사채의 일부를 상환하여야 할 경우에 그 상환을 게을리한 때에는 사채권자집회의 결의에 의하여 일정한 기간(2월) 내에 그 변제를 하여야 한다는 뜻과 그 기간 내에 변제를 하지 않으면 기한의 이익을 잃는다는 뜻을 서면으로 통지하여야 한다(제505조 제 1 항 · 제 2 항). 그 기간 내에 변제하지 않으면 사채의 총액에 대하여 기한의 이익을 잃으며(제505조 제 3 항), 이 사실을 공고 또는 통지하여야 한다(제506조).

6) 消滅時效

사채의 상환청구권과 수탁회사에 대한 상환액지급청구권은 10년, 이자청구권은 5년간 행사하지 않으면 소멸시효가 완성한다(제487조).

7) 起債會社의 不公正한 行爲의 取消

회사가 어느 사채권자에 대하여 한 변제, 화해 기타의 행위가 현저하게 불공정한 때에는 사채모집의 위탁을 받은 회사는 소만으로 그 행위의 취소를 청구할 수 있다(제511조 제 1 항). 사채권자집회의 대표자 또는 집행자는 집회의 결의에 의하여 불공정한 행위의 취소의 소권을 갖는다(제512조). 이 소는 기채회사의 본점소재지의 지방법원의 관할에 전속하고(제511조 제 3 항, 제186조), 제소기간은 6월 내지 1년으로 제한되어 있다(제511조 제 2 항, 제512조). 취소의 효력은 총사채권자를 위하여 발생한다(제511조 제 3 항; 민법 제407조).

5. 社債募集의 受託會社

수탁회사는 기채회사로부터 사채모집의 위탁을 받은 회사이며 수탁회사 또는 수탁회사의 사무승계자(제483조)의 자격은 은행, 신탁회사 또는 증권회사에 한한다(부칙 제 6 조).

(1) 受託會社의 地位

1) 選任 · 解任

수탁회사는 기채회사와의 위임계약에 의하여 취임하고 계약의 종료에 의하여 퇴임한다. 그러나 수탁회사는 사채권자를 보호할 임무를 가지고 있고, 그 변경은 기채회사와 사채권자에게 중대한 영향을 미치므로 수탁회사의 사임에는 일정한 제한이 있으며(제481조), 또 해임방법도 한정되고 있다(제482조).

2) 事務承繼者

사임 또는 해임에 의하여 수탁회사가 없어진 경우에는 기채회사와 사채권자집회의 일치로써 사무승계자를 정한다(제483조).

3) 報酬·費用

보수와 사무처리 비용은 계약에 약정이 있는 경우 외에는 법원의 허가를 얻어 기채회사로 하여금 부담하게 할 수 있으며(제507조 제 1 항), 수탁회사는 상환을 받은 금액에서 사채권자에 우선하여 보수와 비용의 변제를 받을 수 있다(제507조 제 2 항).

⑵ 受託會社의 職務權限

수탁회사와 기채회사의 관계는 위임관계이므로 임의대리의 성질을 갖는다. 사채권자에 대하여는 특별한 계약관계에 서지 않으므로, 이 면에서는 법정대리의 일종이다. 그리고 이러한 법정대리권이 부여되는 이유는 사채권자의 보호에 있으므로 수탁회사는 선량한 관리자의 주의로써 그 권한을 행사하여야 한다. 수탁회사가 둘 이상 있을 때에는 권한에 속하는 행위는 공동으로 행사하여야 하며(제485조 제 1 항), 공동의 권한행사에 따라 사채권자에 대한 상환액지급의무도 연대채무가 된다(제485조 제 2 항).

수탁회사의 권한의 범위로서 중요한 것은 1) 사채모집에 관한 것(제476조), 2) 사채상환에 관한 것(제484조, 제485조), 3) 기채회사의 부정행위의 취소청구(제511조), 4) 사채권자집회의 소집 기타에 관한 것(제491조 제 1 항, 제493조 제 1 항, 제501조) 등이 있다.

제 4. 社債權者集會

1. 意　　義

사채권자집회는 사채권자에게 중대한 이해관계가 있는 사항에 관하여 의사를 결정하는 다수결단체로서 회사가 수종의 사채를 발행한 경우에 같은 종류의 사채권자에 의하여 구성되는(제509조) 사채권자단체의 임시적 회의체이다. 사채권자집회는 발행회사에 대하여 채권자의 위치에 서는 회사 밖의 회의체이므로 회사의 기관이 아니다(동지: 정희철 · 정찬형 · 최기원). 그 법적 성질은 권리능력 없는 사단이다.

사채권자집회의 제도를 둔 취지는 사채권자의 권리보호와 회사의 편의도모에 있다. 사채권자는 이 제도에 의하여 그들의 총의를 결정하고 발행회사에 대하여 그들의 이익을 지키기 위하여 필요한 조치를 할 수 있고, 다른 한편 발행회사는 이 제도에 의하여 명확한 교섭상대방을 가질 수 있고, 그 결의가 있으면 개개의 사채권자와 개별적으로 교섭하지 않아도 되므로 편리하다. 그러나 그 구성이 어려운 까닭에 실제 거래계에서는 거의 이용되지 않고 있다.

2. 召 集

소집권자는 기채회사, 수탁회사 및 사채총액의 10분의 1 이상에 해당하는 사채권자(소수사채권자)이다. 소수사채권자는 회의의 목적인 사항과 소집의 이유를 기재한 서면을 기채회사 또는 수탁회사에 제출하여 소집을 청구할 수 있다(제491조 제 1 항 · 제 2 항). 다만 소집청구를 받고도 회사가 지체없이 집회소집의 절차를 밟지 아니할 때에는 소집청구를 한 소수사채권자가 법원의 허가를 얻어 집회를 소집할 수 있다(제491조 제 3 항, 제366조 제 2 항). 소집절차는 주주총회의 소집절차에 준하며(제510조 제 1 항, 제363조), 다만 사채권자 이외에 기채회사와 수탁회사에 대하여도 소집의 통지를 하여야 한다(제493조 제 3 항). 사채권자집회의 소집공고는 기채회사의 정관이 정하는 방법에 따라야 한다(부칙 제 8 조). 무기명식의 채권을 가진 자가 집회소집의 청구를 하거나 법원의 허가를 얻어 직접 소집하려면 자신의 채권을 공탁하여야 한다(제491조 제 4 항).

3. 集會의 決議

(1) 決議事項

사채권자집회의 결의사항은 크게 두 가지로 나누어진다. 첫째는 법률이 정한 사항(법정결의사항)으로 1) 기채회사가 이자의 지급 또는 정기의 일부상환을 게을리한 경우의 기한의 이익 박탈(제505조), 2) 기채회사의 현저하게 불공정한 변제, 화해 기타의 행위를 취소하는 소의 제기(제511조, 제512조), 3) 기채회사의 자본의 감소, 합병에 대한 이의(제439조 제 3 항, 제530조 제 2 항), 4) 집회의 대표자 및 결의의 집행자의 선임, 해임 및 위임사항의 변경(제500조, 제501조 단서, 제504조), 5) 수탁회사의 사임에 대한 동의, 해임의 청구와 사무승계자의 선임(제481조, 제482조, 제483조 제 1 항), 6) 기채회사의 대표자의 집회출석청구(제494조), 7) 사채권자집회의 연기 · 속행(제510조 제 1 항, 제372조) 등이 있다.

둘째는 위 법정사항 외에 사채권자의 이해에 중대한 관계가 있는 사항으로서 법원의 허가를 얻는 사항이다(제490조). 법원의 허가를 얻지 않고 결의한 경우에는 법원의 결의불인가사유가 된다(제497조 제 1 항 제 1 호). 그러나 법원은 결의를 인가할 수 있다(제497조 제 2 항).

(2) 議 決 權

각 사채권자는 사채의 최저액마다 1개의 의결권이 있다(제492조 제 1 항). 무기명채권을 가진 자는 회의일로부터 1주간 전에 채권을 공탁하지 아니하면 그 의결권을 행사하지 못한다(제492조 제 2 항).

의결권의 대리행사의 허용과 방법(제510조 제 1 항, 제368조 제 3 항), 기채회사 소유의 자기사채의 의결권의 휴지(제510조 제 1 항, 제369조 제 2 항), 특별이해관계인의 의결권의 제한(제510조 제 1 항, 제368조 제 4 항), 정족수 및 의결권수의 계산(제510조 제 1 항, 제371조) 등은 주주총회의 경우와 같다.

(3) 決議의 방법

1995년 개정법 이전에는 사채권자집회의 결의는 원칙적으로 주주총회의 특별결의(제434조)와 마찬가지로 그 종류의 사채총액의 과반수를 가지는 사채권자가 출석하여(의사정족수), 출석한 사채권자의 의결권의 3분의 2 이상의 다수(의결정족수)로써 하여야 했다(제495조 제 1 항).

그러나 1995년 개정법하에서는 제495조 제 1 항은 예전과 같으나, 그 준용규정인 제434조가 의사정족수를 폐지하고 의결정족수만을 규정하였으므로 사채권자집회의 결의 역시 출석한 사채권자의 의결권의 3분의 2 이상의 수와 그 종류의 사채총액의 3분의 1 이상의 수로 하면 된다. 따라서 이 점에서는 종전보다 사채권자집회의 성원이 용이해졌고, 아울러 의결정족수도 완화되었다. 그러나 예외적으로 제481조 내지 제483조 및 제494조의 경우에는 의사정족수를 요하지 않으면서 출석한 사채권자의 의결권의 과반수로 결정하도록 하고 있다(제495조 제 2 항).

(4) 決議의 효력

사채권자집회의 소집자는 결의한 날로부터 1주간 내에 결의의 인가를 법원에 청구하여야 하며(제496조), 법원의 인가에 의하여 효력이 생긴다(제498조 제 1 항). 인가의 청구가 있더라도 1) 집회소집의 절차위반이 있을 때, 2) 결의방법이 불법·부당한 때, 3) 결의내용이 몹시 불공정한 때, 4) 결의가 사채권자 일반의 이익에 반할 때에는 원칙으로 인가되지 않는다(제496조, 제497조 제 1 항). 1)과 2)의 경우는 절차상의 하자이므로 법원은 결의의 내용 기타 모든 사정을 참작하여 결의를 인가할 수도 있다(제497조 제 2 항). 인가가 있으면 결의는 총사채권자에 대하여 효력이 생긴다(제498조 제 2 항). 집회의 결의에 관하여 인가 또는 불인가의 결정이 있는 때에는 기채회사는 지체없이 그 뜻을 공고하여야 한다(제499조).

(5) 決議의 執行者

집회의 결의를 집행할 필요가 있는 경우에 집회의 결의로써 결의집행자를 정하였을 때에는 그 자, 정하지 않았을 때에는 수탁회사, 수탁회사도 없을 때에는 집회의 대표자(제500조)가 이를 집행한다(제500조, 제503조, 제507조).

집행의 경우에 집행자 또는 대표자가 수인이고 수탁회사가 2개 이상인 때에는 그 행위는 공동으로 하여야 하며(제485조 제 1 항, 제502조), 집행자와 대표자는 상환을 받을 금액에서 사채권자에 우선하여 보수와 비용을 변제받을 수 있다(제507조 제 2 항).

4. 集會의 代表者

사채권자집회는 사채총액의 500분의 1 이상을 가진 사채권자 중에서 1인 또는 수인의 대표자를 선임하여 그 결의할 사항의 결정을 대표자에게 위임할 수 있다(제500조 제 1 항, 제507조). 대표자제도를 인정하는 것은 사채권자집회를 매번 개최하기가 어려울 뿐만 아니라, 세목을 결정하기에 적당하지 않기 때문이다. 따라서 이 때에는 대표자가 집회의 결의에 갈음하는 결정을 한다. 대표자가 여러 명일 때에는 과반수의 찬성으로 결정하며(제500조 제 2 항), 위 결정 외에 대표자의 권한에 속하는 행위는 공동으로 하여야 한다(제502조, 제485조). 사채권자집회는 언제든지 대표자나 집행자를 해임하거나 위임한 사항을 변경할 수 있다(제504조).

5. 費用의 負擔

사채권자집회와 결의의 인가청구에 관한 비용은 사채의 발행회사가 부담한다(제508조 제1항·제2항 본문). 그러나 법원은 결의의 인가청구에 관한 비용에 대해서는 이해관계인의 신청에 의하여 또는 직권으로 그 전부 또는 일부에 관하여 따로 부담자를 정할 수 있다(제508조 제2항 단서).

제 5. 特殊한 社債

Ⅰ. 總　　說

우리나라에서 현재 인정하고 있는 특수한 사채로는 상법이 규정하고 있는 전환사채(제513조 이하)와 신주인수권부사채(제516조의2 이하), 상법상의 사채와는 달리 담보부인 점에서 담보부사채신탁법의 적용을 받는 담보부사채 및 자본시장법에 의하여 인정되는 이익참가부사채와 교환사채가 있다.

이들 사채에는 모두 사채의 모집을 가능·용이하게 하여 자금조달의 편의를 도모하기 위하여 사채권자에게 특별한 이익이 부여되어 있다. 상법상의 사채는 무담보임에 반하여 담보부사채는 사채권을 담보하기 위한 물적 담보가 있고, 나머지 사채는 주식과 사채의 접근현상을 나타내는 중간형태의 사채로서 주식으로의 전환권, 신주인수권, 이익배당에의 참가권, 상장유가증권으로의 교환권이 부여되어 있는 점에서 특수하다.

아래에서는 상법에 규정된 특수한 사채인 전환사채와 신주인수권부사채에 관하여 설명한다.

Ⅱ. 轉換社債

1. 概　　念

전환사채란 기채회사의 주식으로 전환할 수 있는 권리(전환권)가 부여된 사채이다. 전환사채의 사채권자는 주식으로 전환되기 전까지는 여전히 사채권자로서 일정한 이자를 지급받지만, 회사의 사업이 호전되어 주주로서 이익배당을 받는 것이 더 유리한 때에는 전환권을 행사하여 사채를 주식으로 전환함으로써 주주가 될 수 있다.

이처럼 전환사채는 사채의 안전성과 주식의 투기성을 함께 갖고 있고, 이를 이용함으로써 사채발행회사는 보통의 모집조건보다 더 유리한 조건으로 사채를 쉽게 모집할 수 있으므로 회사의 자금조달에 편리하다.

2. 發　　行

(1) 會社의 轉換社債 發行權

회사는 자금조달의 한 방법으로 전환사채를 발행할 수 있다(제513조 제1항). 전환사채는 장래에 주식으로 될 가능성을 내포하고 있으므로 이를 발행하는 경우에는 그 전환청구기간 중에 전환으로 발행할 주식의 수를 미발행주식의 수 중에 보류하여야 한다(제516조 제1항, 제346조 제2항).

전환사채의 발행 및 발행사항의 결정기관은 자금조달의 기동성을 위해 원칙적으로 이사회이다. 그러나 정관으로 주주총회에서 이를 결정하기로 정한 때에는 주주총회가 이를 결정한다(제513조 제2항).

(2) 발행사항

정관으로 주주총회에서 결정하기로 정한 경우를 제외하고 정관에 규정이 없는 다음의 사항은 이사회가 이를 결정한다. 1) 전환사채의 총액, 2) 전환의 조건, 3) 전환으로 인하여 발행할 주식의 내용, 4) 전환을 청구할 수 있는 기간, 5) 주주에게 전환사채의 인수권을 준다는 뜻과 인수권의 목적인 전환사채의 액 및 6) 모집 및 제3자 배정의 경우에는 주주 외의 자에게 전환사채를 발행하는 것과 이에 대하여 발행할 전환사채의 액(제513조 제2항).

전환사채는 잠재적 주식에 해당하므로 주주 이외의 자에게 발행할 경우 주주의 신주인수권이 배제되는 경우와 마찬가지로 기존주주의 비례적 이익이 침해되므로, 주주 외의 자에 대하여 전환산채를 발행하는 경우에 그 발행할 수 있는 전환사채의 액, 전환의 조건, 전환으로 인하여 발행할 주식의 내용과 전환을 청구할 수 있는 기간에 관하여 정관에 규정이 없으면 제434조의 결의로써 이를 정하도록 한 기존의 규정에 추가하여, 2001년 개정법은 주주 이외의 자에 대한 전환사채의 발행사유를 제한하여 신기술의 도입, 재무구조의 개선 등 회사의 경영상 목적을 달성하기 위하여 필요한 경우로 한정하였다(제513조 제3항·제4항, 제418조 제2항 단서). 이 특별결의를 위한 주주총회의 소집통지와 공고에는 전환사채의 발행에 관한 의안의 요령을 기재하여야 한다(제513조 제 4 항).

(3) 發行의 절차

전환사채의 발행절차는 보통의 사채를 발행하는 경우와 거의 같지만, 다음과 같은 점에서 다르다.

1) 사채청약서, 채권 및 사채원부에 사채를 주식으로 전환할 수 있다는 뜻, 전환의 조건, 전환으로 인하여 발행할 주식의 내용 및 전환을 청구할 수 있는 기간, 주식의 양도에 관하여 이사회의 승인을 얻도록 정한 때에는 그 규정을 기재하여야 한다(제514조 제 1 항).

2) 전환사채를 발행하는 경우 주주가 당연히 전환사채인수권을 갖지는 않으며, 정관 또는 이사회나 주주총회의 결의에 의하여 주주에게 전환사채인수권을 부여할 수 있다(제513조 제 2 항 제 5 호). 전환사채인수권을 가진 주주는 지주수에 따라 전환사채의 배정을 받을 권리가 있으나, 각 전환사채의 금액 중 최저액에 미달하는 단수에 대하여는 권리가 없다(제513조의2 제 1 항). 주주에게 전환사채의 인수권을 부여하고 주주에게 배정함으로써 전환사채를 발행하는 경우에는 회사는 신주인수권의 경우와 같이 배정일을 지정·공고하여야 한다(제513조의2 제 2 항, 제418조 제 2 항). 또한 주주가 전환사채의 액, 발행가액, 전환의 조건, 전환으로 인하여 발행할 주식의 내용, 전환청구기간 그리고 일정한 기일까지 전환사채의 청약을 하지 아니하면 그 권리를 잃는다는 뜻을 기재하여 신주인수권의 경우와 같이 실권예고부최고를 하여야 한다(제513조의3, 제419조 제 2 항 내지 제 4 항).

3) 전환사채의 발행이 위법 또는 불공정한 경우에는 이를 예방 또는 시정할 수 있는 구제책으로서 신주발행에 관한 유지청구권 및 불공정한 가액으로 주식을 인수한 자의 책임에 관한 규정이 전환사채의 발행에 준용된다(제516조 제 1 항, 제424조, 제424조의2).

3. 轉換의 절차

전환사채를 주식으로 전환하기 위해서는 전환사채권자가 전환기간 중에 전환을 청구하여야 한다. 전환청구권자는 전환하고자 하는 사채와 청구연월일을 기재하고 기명날인 또는 서명한 청구서 2통에 채권을 첨부하여 회사에 제출하여야 한다(제515

조). 1995년 개정법 이전에는 전환의 청구는 주주명부폐쇄기간 중에는 이를 하지 못하게 함으로써(제516조 제 2 항, 제349조 제 3 항) 폐쇄기간 중의 전환청구에 의하여 발행된 주식에 관한 회사사무의 번잡을 피하고자 하였다. 그러나 주주명부의 폐쇄는 주주총회에서 의결권을 행사할 자 또는 이익배당을 받을 자를 확정하기 위한 제도이고 전환의 청구는 그 사채권자의 정당한 권리행사로서 주주명부폐쇄와 직접적인 관련이 없다는 점에서 1995년 개정법은 제516조의 준용규정 가운데에서 앞서의 취지를 규정한 제349조 제 3 항을 삭제함으로써, 그 기간에도 전환권을 행사할 수 있도록 하였다. 1995년 개정은 이전부터 특별법에 의해 상장회사의 경우에 인정되던 바(구자본시장육성에 관한 법률 제10조 제 3 항 참조)를 모든 주식회사에 확대했다는 데 의미가 있다.

전환사채의 발행가액을 전환에 의하여 발행하는 주식의 발행가액으로 하므로(제516조 제 2 항, 제348조), 전환의 청구가 있으면 회사는 사채의 발행가액과 동액의 발행가액으로 주식을 전환조건에 따라 전환사채권자에게 교부하여야 한다. 이 때의 발행가액은 사채 및 주식의 발행가액의 합계액을 말하며 그 합계액이 서로 같도록 자본유지를 기하게 하고 있다.

4. 轉換의 효력

전환의 청구는 전환사채권자의 일방적 의사표시로서 전환의 청구가 있으면 회사의 승낙을 요하지 않고 전환청구시에 당연히 전환의 효력이 발생한다(제516조 제 2 항, 제350조 본문). 이처럼 전환권은 형성권의 일종이므로 전환권의 행사에 의하여 전환사채는 소멸하고 전환에 의하여 발행될 주식의 신주발행의 효력이 발생하며, 따라서 전환사채권자는 사채권자의 지위를 잃고 주주의 지위를 갖는다.

전환의 청구에 의하여 신주발행의 효력이 발생하므로 보류하였던 미발행주식수는 감소하는 대신 자본은 증가하며 발행가액 중 주식액면을 초과하는 금액은 자본준비금으로 적립하여야 한다. 전환의 효력은 전환청구시에 발생하지만 사채의 이자지급 또는 주식의 이익이나 이자의 배당에 관하여는 그 계산상의 어려움으로 인해 전환권을 행사한 때를 기준으로 하기는 곤란하므로 1995년 개정법 이전에는 전환청구한 때가 속하는 영업연도 말에 전환된 것으로 보았다(제516조 제 2 항, 제350조 단서). 그러나 1995년 개정법은 상장회사의 경우 예외를 인정하였던 특별법상의 규정(구 자본시장육성에 관한 법률 제10조 제 1 항 참조)을 상법에 도입하여 전환청구로 발행한 신주에 대한 이익이나 이자의 배당에 관하여는 위와 같이 원칙적으로 전환의 청구가 속하는 영업연도 말에 전환된 것으로 하고 있으나 그 이외에도 정관이 정하는 바에 따라 청구를 행한 영업연도의 직전영업연도 말에 전환된 것으로 할 수도 있다(제516조 제 2 항, 제350조 제 3 항). 이와 같이 개정한 것은 회사 내지 주주에게 선택의 폭을 넓힘으로써 회사와 주주의 이익을 보호하는 데 목적이 있다. 전환에 의하여 받을 주식에 대해서는 물상대위가 인정된다(제516조 제 2 항, 제339조).

5. 發行·轉換의 登記

회사가 전환사채를 발행한 때에는 전환사채의 등기를, 등기사항의 변경이 있는 때에는 변경등기를 하여야 하고(제514조의2 제 1 항), 전환사채가 주식으로 전환된 때에는 전환의 등기를 하여야 한다(제516조 제 2 항, 제351조). 이 때 1995년 개정법 이전에는 전환사채의 등기와 관련해서는 납입이 완료된 날로부터 그리고 전환의 등기와 관련해서는 전환한 날로부터 모두 본점소재지에서는 2주간 내 그리고 지점소재지에서는 3주간 내에 하도록 하였다. 그러나 1995년 개정법은 등기에 따른 회사의 부담을 덜어주기 위해서 전환사채의 등기에 관해서는 제476조의 규정에 의한 납입이 완료된 날로부터, 그리고 전환의 등기와 관련해서는 전환을 청구한 날이 속하는 달의 말일부터 각각 2주간 내에 본점소재지에서만 등기를 하도록 하고 있다(제514조의2 제 1 항, 제516조 제 2 항, 제351조).

Ⅲ. 新株引受權附社債

1. 概　念

(1) 의　의

신주인수권부사채는 사채발행회사의 신주인수권이 부여된 사채이다(제516조 제 2 항). 사채권자는 회사에 대한 금전채권으로서의 사채뿐만 아니라, 사채의 발행 후 일정한 기간 내에 일정한 수의 주식을 일정한 가액으로 발행할 것을 회사에 청구할 수 있는 권리를 갖는다.

신주인수권부사채는 전환사채와 마찬가지로 사채의 안전성과 주식의 투기성을 갖는 중간형태로서 회사의 유리한 자금조달을 위해 고안된 것이다. 신주인수권부사채권자는 신주인수권을 행사하더라도 사채권자의 지위를 잃지 않은 채 다시 주주의 지위도 갖게 된다. 신주인수권부사채는 1984년 개정법에 의하여 인정되었다.

(2) 종 류

신주인수권부사채에는 분리형과 비분리형의 두 가지가 있다. 분리형은 사채권을 표창하는 채권과 신주인수권을 표창하는 신주인수권증권을 별개로 발행하여 사채권과 분리하여 신주인수권만을 양도할 수 있다. 비분리형은 사채권과 신주인수권이 동일한 채권에 표창되어 신주인수권은 사채권과 일체로써만 양도할 수 있다. 상법은 비분리형을 원칙으로 하고 이사회에서 특히 분리형의 발행을 결의한 경우에 한하여 분리형을 발행할 수 있다고 규정하고 있다(제516조의2 제2항 제4호).

2. 발 행

(1) 會社의 新株引受權附社債 發行權

신주인수권부사채는 전환사채의 경우와 같이 회사가 자금조달을 위해 이를 발행할 수 있다(제516조의2 제1항). 회사가 신주인수권부사채를 발행하는 경우에는 수권주식수에 이에 상당하는 미발행주식수를 신주인수권 행사기간 중에 보유하여야 한다(제516조의10, 제516조 제1항).

신주인수권부사채의 발행 및 발행사항은 원칙적으로 이사회가 이를 결정한다. 그러나 정관으로 주주총회에서 이를 결정하기로 정한 때에는 보통결의로, 주주 외의 자에게 발행하는 경우에는 정관의 규정이 없으면 특별결의로 이를 결정한다(제516조의2 제2항).

(2) 發行事項

정관으로 주주총회에서 결정하기로 정한 경우를 제외하고 정관에 규정이 없는 신주인수권부사채의 발행사항(제516조의2 제2항 제1호 내지 제8호)은 이사회가 이를 결정한다. 신주인수권부사채 역시 전환사채와 마찬가지로 잠재적 주식에 해당하므로, 주주 외의 자에 대하여 신주인수권부사채를 발행하는 경우에 그 발행할 수 있는 신주인수권부사채의 액, 신주인수권의 내용과 신주인수권을 행사할 수 있는 기간에 관하여 정관에 규정이 없으면 제434조의 결의로써 이를 정하도록 하는 한편, 2001년 개정법은 주주 이외의 자에 대한 전환사채의 발행사유를 제한하여 신기술의 도입, 재무구조의 개선 등 회사의 경영상 목적을 달성하기 위하여 필요한 경우로 한정하였다(제516조의2 제4항, 제418조 제2항 단서). 이 특별결의를 위한 주주총회의 소집통지와 공고에는 그 발행에 관한 의안의 요령을 기재하여야 한다(제516조의2 제 5 항, 제513조 제 4 항).

⑶ 發行에 관한 제한

사채의 총액을 초과하는 신주발행을 인정하면 신주를 남발하여 주주의 이익을 해칠 염려가 있으므로 상법은 각 신주인수권부사채에 부여된 신주인수권의 행사로 인하여 발행할 주식의 발행가액의 합계액이 각 신주인수권부사채의 금액을 초과하지 못하도록 하고 있다(제516조의2 제 3 항). 신주인수권부사채도 전환사채와 마찬가지로 사채이기 때문에 사채발행총액이나 재발행이 제한된다.

⑷ 發行의 절차

신주인수권부사채의 발행절차는 전환사채의 발행절차와 거의 유사하지만(제516조의10, 제513조의2, 제516조 제 1 항), 사채청약서, 채권 및 사채원부에 기재할 사항이 다르고 분리형의 신주인수권부사채의 채권에는 이를 기재할 필요가 없다(제516조의4). 왜냐하면 이 기재사항은 신주인수권증권에 모두 기재되기 때문이다.

3. 新株引受權의 양도

⑴ 양도방법

신주인수권부사채의 원칙적 형태인 비분리형의 경우 사채권과 신주인수권이 하나의 채권에 함께 표창되어 있으므로, 신주인수권의 양도는 채권의 양도방법에 따른다.

분리형의 경우 사채권을 표장하는 채권 외에 신주인수권을 표창하는 신주인수권증권이 별개로 존재하고 신주인수권의 양도는 신주인수권증권의 교부에 의해서만 할 수 있다(제516조의6 제 1 항).

⑵ 新株引受權證券

1) 의　　의

신주인수권증권은 신주인수권부사채를 분리형으로 발행하는 경우에 채권과 별개로 발행되는 신주인수권을 표창하는 유가증권으로서 신주발행에 있어서 주주의 신주인수권을 표창하는 유가증권인 신주인수권증서와 구별된다.

2) 기재사항

신주인수권증권은 법정사항과 번호를 기재하고 이사가 기명날인 또는 서명하여야 한다(제516조의5 제2항).

3) 新株引受權의 讓渡, 證券의 善意取得·喪失

신주인수권증권이 발행된 경우에 신주인수권의 양도는 신주인수권증권의 교부에 의해서만 할 수 있다.

신주인수권증권의 점유자는 적법한 소지인으로 추정되며 선의취득이 인정된다(제516조의6 제2항, 제336조 제2항; 수표법 제21조). 그리고 증권의 상실에 대해서는 제권판결과 재발행도 인정된다(제516조의6 제2항, 제360조). 신주인수권증권이 기명식으로 발행된 때에도 교부에 의하여 이전되는 점에서 그 성질은 무기명증권이다.

4. 新株引受權의 행사

⑴ 行使方法과 株金額의 納入

신주인수권을 행사하려는 자는 청약서 2통을 회사에 제출하고 청구서 제출시에 신주인수권증권을 첨부하거나(분리형의 경우) 채권을 제시하고(비분리형) 주식의 발행가액 전액을 납입하여야 한다(제516조의8 제1항·제2항). 정관 또는 신주인수권부사채의 발행결의에서 정함이 있는 경우에는 신주인수권자의 청구에 따라 사채의 상환에 갈음하여 그 발행가액으로 신주인수권의 행사에 의한 신주의 납입(대용납입)이 있는 것으로 본다(제516조의2 제2항 제5호). 주금의 납입은 현금납입이 원칙이지만, 이 경우에는 예외적으로 사채의 상환금과의 상계에 의한 납입이 허용된다.

납입은 채권 또는 신주인수권증권에 기재한 은행 기타 금융기관의 납입장소에서 하여야 한다(제516조의8 제3항). 주식인수의 청약과 납입금의 보관 등에 관해서는 회사설립시의 규정이 이에 준용된다(제516조의8 제4항).

⑵ 行使의 효력

신주인수권을 행사한 자는 신주의 발행가액의 전액을 납입한 때에 주주가 된다(제516조의9 제1문). 즉 신주인수권부사채에 있어서 신주인수권의 행사로 인한 신주발행의 효력은 납입기일의 다음 날로부터 효력이 발생하는 보통의 신주발행의 경우와는 달리 납입시에 발생한다. 그렇지만 대용납입의 경우에는 신주인수권의 행사를 위한 청구서를 회사에 제출할 때에 주주가 된다 할 것이다. 이익이나 이자의 배당에 관하여 1995년 개정법 이전에는 그 납입을 한 때가 속하는 영업연도 말에 신주발행의 효력이 있는 것으로만 보았으나(제516조의9 제 2 문), 1995년 개정법에서는 그 이외에 전환사채에서와 마찬가지로 정관이 정하는 바에 따라 그 청구를 한 때가 속하는 영업연도의 직전 영업연도 말에 전환된 것으로 할 수 있도록 하였다(제516조의9 제 2 문, 제350조 제 3 항).

신주인수권의 행사로 신주가 발행되므로 수권주식수 중에 보류하였던 미발행주식수는 감소하고, 따라서 신주의 액면만큼 자본이 증가하며, 대용납입의 경우를 제외하고 회사의 재산이 실질적으로 늘어난다.

5. 發行·變更登記

신주인수권부사채를 발행한 때에는 회사는 신주인수권부사채의 등기를, 등기사항의 변경이 있는 때에는 변경등기를 하여야 하고, 신주인수권의 행사로 인하여 발행주식 총수와 자본이 증가하므로 이에 관해서도 변경등기를 하여야 한다(제516의7조).

제 4 관 資本의 減少

Ⅰ. 意 義

자본감소란 회사의 자본의 액을 감소함을 말한다. 주식회사에 있어서 자본은 회사채권자에 대한 유일한 책임재산으로서 회사신용의 기초가 되므로 이를 함부로 감소하는 것은 허용되지 않지만, 회사의 탄력적인 재무관리를 위해서는 그 필요성이 인정되므로 법은 특히 엄격히 절차를 거쳐 자본을 감소할 수 있도록 하고 있다. 다만 자본은 정관의 절대적 기재사항이 아니므로 자본감소는 정관의 변경을 요하지 않는다. 자본은 발행주식의 액면총액이므로(제451조) 자본의 감소란 발행주식의 액면총액의 감소만을 일컫고, 발행주식 아닌 보유자산의 감소는 자본의 감소가 아니다.

Ⅱ. 資本減少의 종류

자본감소는 감소에 따른 순재산의 감소 여부를 기준으로 통상 실질상의 자본감소와 명목상의 자본감소의 두 가지로 나뉜다. 전자는 회사의 과잉재산을 주주에게 반환하기 위하여 행하여지는데, 자본의 감소와 더불어 일정금액을 주주에게 반환하므로 회사재산도 현실적으로 감소한다. 이에 반하여 후자는 자본에 결손이 생겨서 이익배당이 곤란한 경우에 자본을 순재산액과 일치시킴으로써 장래의 이익배당을 가능하게 하기 위하여 행하여지는데, 장부상(계산상)의 자본금만 줄고 회사재산은 실제로 감소하지 않는다. 실제상 행하여지는 자본감소는 명목상의 자본감소인 경우가 대부분이다.

Ⅲ. 資本減少의 방법

자본은 발행주식의 액면총액이므로(제451조) 자본감소는 주금액의 감소, 주식수의 감소 및 양자의 병용을 통해서 할 수 있다. 어느 방법에 의한 경우이든 주주평등의 원칙에 따라야 한다.

1. 株金額의 감소

발행주식수는 줄이지 않으면서 주식의 액면가액만을 낮추는 방법이다. 감소되는 금액의 처리는 자본감소의 목적에 따라 실질적인 감자의 경우에는 주주에게 환급하고 명목상의 감자의 경우에는 주주의 손실로 이를 처리한다. 어느 방법으로 감자를 하든 남은 잔액이 새로운 주금액이 된다. 그리고 주금균일의 원칙(제329조 제3항)에 위반하여서는 안 된다. 또한 1주의 금액은 정관의 절대적 기재사항이므로 주금액을 감소하려면 정관변경의 절차를 거쳐야 한다(제289조 제1항 제4호).

2. 株式數의 감소

주식수를 감소하는 방법에도 주식의 병합과 주식의 소각의 두 가지가 있다.

(1) 株式의 併合

주식의 병합은 여러 주식을 합하여 그보다 적은 수의 주식으로 하는 방법이다. 예컨대 7주를 5주로 하는 것과 같다. 이것은 실제로 가장 많이 이용되는 감자방법이다. 주식의 병합의 경우에는 1주에 미달하는 단주가 발생하는 것이 보통이므로 상법은 단주에 관한 규정을 두고 있다(제443조). 주식병합의 경우에도 주주평등의 원칙에 따라야 한다.

(2) 株式의 消却

주식의 소각은 발행주식 중 특정한 주식을 소멸시키는 방법이다. 주식의 소각에는 회사와 주주 사이의 자유로운 계약에 의하여 특정한 주식을 실효시키는 임의소각과 추첨·안분비례(추첨과 같은 사행적 방법은 이해관계인들의 신뢰에 반하고 주주에게 실질적 평등을 보장하지 않으므로 주주평등의 원칙에 반한다는 견해. 이철송) 등의 방법에 의하여 주주의 의사와 관계없이 특정한 주식을 실효시키는 강제소각이 있다. 또 위의 어느 경우이든 회사가 주주에게 대가를 지급하여 실질상의 감자를 하는 유상소각과 주주에게 아무런 대가를 지급하지 않고 계산상의 감자를 하는 무상소각이 있다.

Ⅳ. 資本減少의 절차

1. 株主總會의 특별결의

자본감소는 주주의 권리를 줄이거나 박탈하는 결과를 가져옴으로써 주주의 이익에 중대한 영향을 끼치기 때문에 주주총회의 특별결의에 의해서만 할 수 있다(제438조 제 1 항). 주주총회를 소집함에는 회의의 목적사항 외에 의안의 요령도 기재하여야 한다(제438조 제 2 항). 또 자본감소의 결의에서는 자본의 감소액 외에 감소의 방법도 정하여야 한다(제439조 제 1 항). 주금액의 감소방법을 택하더라도 감자의 결의와 정관변경의 결의는 그 요건이 같고 감자의 절차가 더 엄격한 점에 비추어 감자의 결의만으로 충분하고, 따로 정관변경의 결의를 요하지 않는다고 생각한다(동지: 정동윤·이철송).

2. 債權者保護節次

실질상의 감자는 회사의 실재산이 감소하고, 명목상의 감자도 이익배당의 가능성이 생기게 되므로 어느 경우에나 직·간접으로 회사채권자의 일반적 담보력에 영향을 준다. 상법은 이에 대한 보호책으로서 회사합병시의 채권자보호절차를 준용하고 있다. 즉 회사는 감자결의일로부터 2주간 내에 회사채권자에 대하여 2월 이상의 일정한 기간 내에 이의를 제출할 것을 공고하고, 알고 있는 채권자에 대하여는 개별적으로 최고하도록 하고 있다(제439조 제 2 항, 제232조 제 1 항). 채권자가 이의기간 내에 이의를 제출하지 아니한 때에는 감자를 승인한 것으로 본다(제439조 제 2 항, 제232조 제 2 항). 사채권자가 이의를 하자면 사채권자집회의 결의가 있어야 하며, 이 경우에 법원은 이해관계인의 청구에 의하여 사채권자를 위하여 이의의 기간을 연장할 수 있다(제439조 제3항). 이의를 제출한 채권자에 대하여는 회사가 변제하거나 상당한 담보를 제공하거나 또는 이를 목적으로 상당한 재산을 신탁회사에 신탁하여야 한다(제439조 제2항, 제232조 제3항).

4. 資本減少의 실행

(1) 株式併合節次

회사는 주식병합을 한다는 뜻과 1월 이상의 일정기간 내에 주권을 회사에 제출할 것을 공고하고 또 주주명부에 기재된 주주와 채권자에게는 개별로 통지를 하여야 한다(제440조). 구주권의 제출기간이 3개월이었으나, 1995년 개정법에서 1월로 단축하였다. 이로써 주식병합에 따른 신주발행의 효력발생시기도 2개월이 단축되는 결과가 되었다(제441조 참조). 구주권을 제출하는 경우에는 이를 회수하고 신주권을 교부한다. 분실 기타의 사유로 구주권을 제출하지 못한 자가 있으면 공시최고절차보다 간편한 방법으로서 회사는 그 자의 청구에 의하여 그 자의 비용으로 이해관계인에 대한 이의제출의 공고를 하고, 3월 이상이 경과한 후에 신주권을 교부할 수 있다(제442조).

병합에 적합하지 않은 단주는 그 병합에 적당하지 아니한 부분에 대하여 발생한 주식을 경매하거나, 거래소의 시세가 있는 주식은 거래소를 통하여 매각하고, 거래소의 시세가 없는 주식은 법원의 허가를 얻어 임의매각을 함으로써 얻은 대금을 단주의 수에 비례하여 종전의 주주에게 지급하여야 한다(제443조). 병합에 적합하지 않은 구주권을 제출할 수 없는 자가 있으면 이의제출의 공고절차가 끝난 후에 그 대금을 지급한다(제443조 제2항, 제442조). 주식병합의 경우에 제출기간 내에 제출되지 아니한 무기명주권이 있는 때에는 모든 단주에 준하여 매각 및 대금지급의 절차를 취하게 된다(제444조).

(2) 株式消却의 절차

강제소각의 경우에는 병합절차와 같이 회사가 1월 이상의 기간을 정하여 소각한다는 뜻과 주주에게 주권을 제출할 것을 공고하고 주주명부상의 주주와 질권자에게는 각별로 통지하여야 한다(제343조 제2항, 제440조). 이 공고기간이 종료한 때, 그리고 채권자보호절차가 종료하지 아니한 때에는 그 절차가 종료한 때에 소각의 효력이 발생한다(제343조 제 2 항, 제441조).

임의소각의 경우에는 주주의 신청과 주권제출에 의하여 또는 매입에 의하여 회사가 자기주식을 취득하여 이를 소각시키게 된다(제341조, 제342조).

(3) 株金額의 減少節次

주금액을 감액하는 경우에는 주권을 제출시켜 신주권과 교환하여야 하며, 그 절차와 효력 등은 병합의 경우와 같다(제440조, 제441조, 제442조).

(4) 登 記

자본감소로 인해 등기사항에 변동이 생기므로 변경등기를 하여야 한다(제317조 제 2 항 제 3 호, 제317조 제 3 항, 제183조).

Ⅴ. 資本減少의 효력

1. 效力發生時期

자본감소의 효력은 강제소각 및 주식병합의 방법에 의할 때에는 주권의 제출기간이 만료한 때에, 채권자보호절차가 아직 종료하지 아니한 대에는 그 절차가 종료한 때에 각각 발생한다(제343조 제 2 항, 제440조, 제441조). 이와 관련하여 1995년 개정법에서는 효력발생시기가 종전보다 2개월 앞당겨지게 되었음은 앞서 설명한 바와 같다. 그 밖의 방법에 의한 자본감소의 경우에는 주주총회의 특별결의, 채권자보호절차 및 자본감소실행절차가 모두 완료한 때에 생긴다.

2. 減資差益의 積立

자본의 감소액에 비하여 환급하는 금액이 적을 때에는 그 차액에 상당히는 감자차익이 발생하는데, 이를 자본준비금으로 적립하여야 한다(제459조 제 2 호).

3. 未發行株式數와의 관계

주식수의 감소에 의한 감자의 경우 회사의 발행주식 총수가 줄어들게 된다. 이 경우에도 그 줄어든 주식에 관하여 이사회에서 일단 주식발행의 수권을 행사하였기 때문에 미발행주식의 수가 그만큼 늘어난 것이 아니다.

4. 質權의 物上代位

주식의 소각·병합으로 인하여 주주가 받게 되는 주식이나 금액에 대하여서도 질권의 효력이 미치게 된다. 액면가가 감액되더라도 질권에는 영향이 없고, 등록질권자의 경우에는 그 대금으로 우선하여 자기의 채권의 변제에 충당할 수 있다(제339조, 제340조).

Ⅵ. 資本減少의 無效

자본감소의 절차나 내용에 하자가 있는 경우에 회사를 둘러싼 법률관계의 안정과 획일적인 처리를 위하여 상법은 자본감소무효의 소를 두고 있다.

1. 無效原因

자본감소의 절차 또는 내용에 하자가 있는 경우이다. 예컨대 자본감소의 결의가 무효이거나 취소될 수 있는 경우, 자본감소의 방법·절차에 있어서 주주평등의 원칙에 위반한 경우, 채권자보호절차를 밟지 않은 경우 등이다.

2. 減資無效의 訴

(1) 訴의 요건(제445조)

자본감소의 무효를 주장할 수 있는 자는 주주, 이사, 감사, 청산인, 파산관재인 또는 자본감소를 승인하지 아니한 채권자에 한한다. 자본감소무효를 주장할 수 있는 기간은 자본감소로 인한 변경등기가 있은 날로부터 6월 내에 한정된다. 무효의 주장은 반드시 소로써만 할 수 있다. 이 소는 형성의 소로써 피고는 회사이다.

(2) 訴의 절차

자본감소무효의 소의 관할, 소제기의 공고, 병합심리, 하자의 보완과 청구의 기각, 패소원고의 책임, 제소자의 담보제공의무 등은 신주발행무효의 소에서와 같다(제446조, 제186조 내지 제189조, 제191조, 제192조, 제377조).

(3) 判決의 효력

원고승소의 판결이 확정된 때는 그 판결은 제 3 자에 대해서도 효력이 있으며 소급효가 인정된다(제446조 제190조 본문). 자본감소무효의 소의 경우에도 원고승소판결의 효력은 제446조가 종전에는 제190조 전체를 준용하였으나, 1995년 개정법에서는 제190조 본문만을 준용하므로 소급되는 것이다. 따라서 자본감소절차에서 채권자에 대한 변제나 판결 전에 이루어진 주식의 양도는 원고승소판결이 확정되면 판결의 소급효에 의하여 모두 무효로 된다. 자본감소가 무효가 됨에 따라 자본은 감소 이전의 상태로 회복하고 주금액을 감액한 경우에는 감액 전의 주금액으로 회복하고, 소각된 주식은 부활하며, 병합된 주식은 병합 전 주식으로 분할된다.

제 5 관 株式會社의 計算

제 1. 總 說

주식회사는 전형적인 자본회사로서 회사재산이 채권자의 유일한 담보이므로 이를 유지함으로써 채권자를 보호하려는 것이 계산제도의 1차적 목적이다. 다른 한편 주주에게는 우선 업무담당자의 부정행위를 방지하여 회사가 적정한 자본을 계속 유지할 수 있도록 하는 동시에 회사의 재산상태를 합리적으로 평가할 수 있는 수단이 되기도 한다. 뿐만 아니라, 예비투자자나 소비자를 포함한 일반공중에게도 회사의 계산이 가지는 의의는 매우 중요하다.

상법은 이와 같은 취지에서 주식회사의 계산에 대하여 많은 강행규정을 두어 규제하고 있다.

제 2 財務諸表의 작성

1. 財務諸表의 의의

주식회사는 상인으로서 1차적으로 상업장부인 회계장부와 대차대조표를 작성하여야 하고(제29조 제 1 항), 그 밖에 특별히 계산에 관한 서류를 작성하여야 한다. 여기에는 대차대조표, 손익계산서, 이익잉여금처분계산서 또는 결손금처리계산서와 그 부속명세서(제447조) 및 영업보고서(제447조의2)가 포함되고, 이 가운데 앞의 3자를 재무제표라고 한다.

2. 財務諸表의 구성

(1) 貸借對照表

대차대조표(Bilanz, B/S)는 일정한 시점에 있어서 회사가 현재 보유하고 있는 재산과 가져야 할 재산을 대조하여 그 재산상태를 총괄적으로 나타내는 회계보고서로서 '자산=부채+자본'이라는 등식으로 표시된다. 특히 회사의 수익상황을 표시하는 손익계산서와의 관계에서 볼 때 대차대조표는 기간손익계산서를 작성하기 위한 가교의 기능을 한다. 대차대조표는 그의 작성시기와 목적 및 영업의 계속성에 따라 통상대차대조표와 비상대차대조표, 폐쇄대차대조표와 결산대차대조표로 나눌 수 있으며, 비상대차대조표는 다시 청산·파산·합병대차대조표 등으로 나누어진다.

(2) 損益計算書

손익계산서는 일정한 영업연도의 경영성과를 밝히기 위해 그 회계기간에 속하는 모든 이익과 이에 대응하는 모든 비용을 기재하여 경영손익을 표시하고, 특별손익·법인세 등을 차감하여 당기의 순손익을 표시하는 영업성적표이다.

(3) 利益剩餘金處分計算書 · 缺損金處理計算書

이익잉여금처분계산서는 회사의 이익을 전제로 하여 이월이익영여금의 수정액과 당기이익잉여금의 처분액을 명확히 보고하기 위한 이익금의 처분에 관한 계획서로서 배당의안이라고도 한다. 그 반면 결손금처리계산서는 회사에 손실이 있는 경우에 당기의 미처분결손금의 처리에 관한 보고서에 해당한다.

(4) 附屬明細書

부속명세서는 대차대조표와 손익계산서의 주요항목에 대하여 그 명세를 기재한 서류이다. 사실상 재무제표에는 단순하고 개괄적인 사항만 기재되어 있어 서류이용자에게 충분한 정보를 제공해 주지 못하고 있으므로, 이를 보충하는 역할을 한다.

(5) 營業報告書

영업보고서는 일정한 영업연도의 회사의 영업상태를 기재한 서류로서 영업에 관한 중요사항을 문장으로 기재하게 되므로 계수로 표시되는 회계서류인 재무제표에서 제외된다.

3. 財務諸表의 내용

(1) 資産評價의 특칙

1) 流動資産

유동자산의 평가는 취득가액 또는 제작가액에 의함을 원칙으로 하고(원가주의), 시가가 이러한 원가보다 현저하게 낮은 때에만 시가에 의하여 평가한다(저가주의)(제452조 제 1 호). 상인일반의 평가원칙이 원가주의 또는 시가주의 및 저가주의의 삼원주의에 의하는 것과는 달리(제31조 제 1 호) 원가주의와 저가주의의 이원주의로 정한 것은 시가가 높은 경우에 평가익의 산정을 방지하기 위한 것으로 궁극적으로 다수의 이익당사자를 전제로 한 결산을 위한 평가기준이기 때문이다.

2) 固定資産

고정자산은 기업의 영업목적을 위해 1년 이상 장기간 이용·제공되는 자산으로 토지·건물·기계 등의 유형고정자산과 영업권·상표권·특허권 등의 무형고정자산으로 구분된다. 고정자산의 평가는 취득가액 또는 제작가액으로부터 상당한 감가액(통상감가상각)을 공제한 가액에 의하되, 예측하지 못한 결손이 생긴 때에도 상당한 감액(우발감가상각)을 하여야 한다(제31조 제 2 호).

3) 金錢債權

금전채권은 채권금액에 의한다. 그러나 채권을 채권금액보다 낮은 가액으로 취득하거나 또는 이에 준하는 경우에는(저이자나 무이자채권) 상당한 감액을 할 수 있다. 추심불능의 염려가 있는 채권은 그 예상액을 감액하여야 한다(제452조 제 3 호).

4) 社　　債

거래소의 시세 있는 사채의 평가는 시가인 결산기 전 1월의 평균가액에 의하고, 국공채와 같은 거래소의 시세가 없는 사채의 평가는 취득가액에 의한다. 그러나 취득가액과 사채의 금액이 다른 때에는 상당한 증액 또는 감액을 하여 실질적인 가액에 접근할 수 있도록 하였다. 추심불능의 염려가 있는 사채는 그 예상액을 감액하여야 한다(제452조 제 4 호).

5) 株　　式

거래소의 시세 있는 주식의 평가는 평가익의 산정을 방지하기 위해 취득가액에 의하되, 결산기 전 1월의 평균가액이 취득가액보다 낮을 때에는 그 시가에 의한다. 거래소의 시세 없는 주식도 또한 취득가액에 의한다. 그러나 장기간 보유할 목적으로 취득한 주식은 고정자산적 성질을 가지므로 거래소시세의 유무를 불구하고 취득가액에 의한다. 한편 발행회사의 재산상태가 현저하게 악화된 때에는 상당한 감액을 하여야 한다.

유한회사 기타에 대한 출자의 평가도 주식의 경우와 같다(제452조 제5호).

6) 營 業 權

영업권이라 함은 어떤 기업이 특수한 기술이나 신용 등으로 다른 기업에 비해 상대적으로 높은 수익을 가져다 줄 수 있는 무체의 재산가치를 뜻한다. 그러나 대차대조표상 자산능력을 가지는 경우는 유상으로 취득한 경우에 한한다.

원시적으로 창설하거나 무상으로 취득한 영업권은 산정평가가 곤란하고 평가익의 우려가 있으므로 자산능력을 부인하였다. 영업권은 취득한 후 5년 내의 매결산기에 균등액 이상을 상각하여야 한다(제452조 제6호).

(2) 移延計定

1) 의 의

이연자산이라 함은 회사가 일시적으로 지출한 비용으로서 그 지출의 효과가 수년에 미치도록 하여 당기의 이익배당을 가능하게 하는 회계처리기술로서 그 항목을 이연계정이라 한다. 자본유지의 원칙상 자산 이외의 것을 대차대조표의 자산에 계상할 수 없다고 한다면 지출한 당해 연도의 비용으로만 되어 당기에 이익배당과 같은 필요한 지출을 할 수 없게 된다. 그러므로 이연자산이란 비용의 성질을 가지면서도 적절한 기간손실의 계산을 위하여 비용·수익대응의 원칙에 따라 마치 자산과 같이 취급하여 수년에 걸쳐 이연하는 것을 뜻한다. 이와는 달리 이연부채는 회사의 수익 가운데 당해 연도 이후에 해당하는 금액이 있는 경우에 이 금액을 부채로 계상하여 당해 연도 이후의 비용으로 대응시키기 위해 이연하는 것을 말하며, 이연부채에 대해서는 상법에 규정이 없다. 그러나 이연자산을 과도하게 인정하면 자산총액의 증가를 가져와 이익배당을 용이하게 함으로써 회사의 자본납입 및 유지의 원칙을 해하게 된다. 그러므로 상법은 다음과 같이 제한된 수의 이연자산만을 인정하고 있다.

2) 移延資産의 종류

(가) **創 業 費**　　회사가 부담한 설립비용, 발기인에게 지급한 보수액 및 설립등기시의 세액은 대차대조표의 자산의 부에 계상할 수 있다(제453조 제 1 항). 자산으로 계상한 창업비는 회사성립 후 또는 개업 전에 이자를 배당할 것을 정한 때에는 배당을 마친 후 5년 내의 매결산기에 균등액 이상을 상각하여야 한다(제453조 제 2 항).

(나) **新株發行費**　　신주발행비란 신주발행에 따르는 납입취급은행의 수수료, 주식청약서 · 사업설명서 · 주권의 인쇄비, 변경등기에 따른 등록세 등을 말한다. 이 비용은 일종의 자본조달비로서, 신주발행으로 얻은 자금에서 수익이 실현되는 기간 동안에 배분의 효력이 발생할 수 있도록 하기 위하여 대차대조표의 자산의 부에 계상하여 그 발행 후 3년 내의 매결산기에 균등액 이상을 상각하여야 한다(제454조).

(다) **社債發行費**　　사채발행비는 사채발행에 따르는 비용으로서 모집위탁수수료 · 광고비 · 인쇄비 등이 여기에 해당한다. 이 비용도 위의 신주발행비와 마찬가지로 자산의 부에 계상할 수 있고, 계상금액은 사채발행 후 3년 내의 매결산기에 균등액 이상을 상각하여야 한다(제456조 제 3 항).

(라) **額面未達金額**　　주식은 원칙적으로 액면미달발행이 금지되어 있다(제330조). 이 경우에 주가가 액면에 미달하는 기업으로서는 주식을 통한 자본조달이 사실상 불가능하게 되므로, 상법은 예외적으로 성립 후 2년이 지난 기업으로서 주주총회의 특별결의와 법원의 허가를 얻은 경우에 할인발행을 허용하고 있다(제417조). 그러나 이 차액을 방치하게 되면 회사의 자산과 재산의 괴리가 생겨 재산적 기초를 해치게 되므로 이를 대차대조표 자산의 부에 계상하여 주식발행 후 3년 내의 매결산기에 균등액 이상을 상각하도록 하고 있다(제455조).

(마) **社債發行差額**　　사채발행차액이란 사채의 상환총액과 모집시의 실수령액의 차액을 말한다. 이는 사채의 선급이자이므로 상환기간 내에 비용을 배분하여 매기의 수익에 대응시키기 위해 대차대조표 자산의 부에 계상하여 사채상환기간 내의 매결산기에 균등액 이상을 상각하도록 한다(제456조 제 1 항 · 제 2 항).

(바) **建設利子配當額**　　철도 · 항만 등과 같이 사업 자체가 장기를 요하는 경우에는 그 기간 동안 영업을 할 수 없으므로 이익배당을 할 수 없게 되어 주주의 모집이 곤란해진다. 건설이자배당이란 이를 가능하게 하기 위하여 법정절차에 따라 주주에게 이자를 배당하는 것을 말한다(제463조). 이것은 장래의 수익에 대응하는 비용이 아니므로 그 자산성을 인정할 수 없지만, 선급이익배분의 회계처리를 위하여 이

연계정으로 하였다(제457조). 건설이자의 배당은 장래의 이익배당의 선급의 성질을 가진다(상세는 제 5 절 제 7. 참조).

㈔ **開 業 費** 개업비라 함은 회사설립일로부터 영업개시일까지 발생한 개업준비를 위한 비용(광고비, 통신비, 건물의 임차료 등)을 말하며, 회사설립 전에 발생하는 회사설립을 위한 비용(회사가 부담할 설립비용과 발기인이 받을 보수액 및 설립등기에 지출한 세액)(제453조)인 창업비와 구별된다. 1995년 개정법 이전에는 개업비가 이연자산으로 규정되어 있지 않았기 때문에 대차대조표상의 자산으로 취급되지 않았으나, 기업회계기준에서는 이미 이연자산으로 인정되고 있었다(기업회계기준 제38조 제 2 호). 이러한 모순을 풀기 위하여 개정법에서는 기업회계기준에 대해서 명문으로 개업비를 이연자산으로 인정하게 된 것이다. 따라서 개업비는 개업 후 3년 내의 매결산기에 균등액 이상으로 상각하여야 한다(제453조의2).

㈕ **研究開發費** 기업회계기준에서는 연구개발비를 이미 이연자산으로 인정하고 있으나(기업회계기준 제38조 제 5 호), 1995년 개정법 이전에는 이에 관한 규정이 없었으므로 이연자산의 범위를 한정적으로 보는 통설의 입장에서는 상법상으로는 연구개발비를 이연자산으로 처리할 수 없었다. 이리하여 1995년 개정법은 앞서의 개업비와 마찬가지로 연구개발비를 이연자산으로 안정하여 대차대조표 자산의 부에 계상할 수 있게 하는 한편, 5년 내의 매결산기에 균등액 이상으로 상각하도록 규정하게 된 것이다(제457조의2). 이연자산으로 계상되는 연구개발비는 신제품 또는 신기술의 연구 또는 개발을 위하여 특별히 발생한 비경제적 비용이다.

3) 企業會計基準上의 移延資産

상법은 이상과 같은 과목을 이연자산계정으로 정하고 있는 반면 기업회계기준은 이 가운데 주식발행차액(제455조)과 건설이자배당액(제457조)을 이연자산으로 보지 않고 자본에서 '자본조정'의 부에 기재하고 있으며, 그의 상각도 이익잉여금의 처분으로 하고 있다. 그러나 개업비와 연구개발비의 2과목은 개정 전 상법에서는 이연자산으로 인정되지 않았으나 기업회계기준상에서는 이연자산으로 인정하고 있었던 것을 1995년 개정법에서 이를 상법상의 이연자산계정으로 추가하였다(제453조의2, 제457조의2).

이 밖에 장기외화채권·채무에 대한 임시거액의 외화평가손실인 환율조정차도 기업회계기준상의 이연자산이었으나, 외화환산손익의 이연처리를 불인정함에 따라 1990년의 개정에 의하여 삭제되었다.

제 3. 財務諸表의 承認節次

1. 財務諸表의 작성

이사는 매결산기에 재무제표와 그 부속명세서 및 영업보고서를 작성하여 이사회의 승인을 얻어야 한다(제447조, 제447조의2 제 1 항). 이 때 이사는 대표이사를 의미한다.

2. 財務諸表의 감사

이사는 재무제표와 그 부속명세서 및 영업보고서를 정기총회 6주간 전에 감사에게 제출하여야 한다(제447조의3). 감사는 이를 받은 날로부터 4주간 내에 감사보고서를 이사에게 제출하여야 한다(제447조의4 제 1 항). 그러나 외부감사를 받아야 할 회사는 다시 재무제표와 재무상태변동표에 대하여 외부감사인의 감사를 받기 위하여 주주총회 4주간 전에 이를 외부감사인에게 제출하여야 한다(외감법 제 7 조). 외부감사인은 감사보고서를 작성하여 회사에 대해서는 정기총회 1주간 전에, 감리위원회에 대해서는 정기총회 종료 후 2주간 내에 제출하여야 한다(외감법 제 8 조, 동 시행령 제 5 조).

3. 財務諸表의 비치·공시

이사는 정기총회 회의일의 1주간 전부터 재무제표, 부속명세서 및 영업보고서와 감사보고서를 본점에 비치하여야 한다(제448조 제 1 항). 외부감사법에 의하여 감사인의 회계감사를 받는 회사는 그 밖에 감사인의 감사보고서도 함께 비치해야 한다(외감법 제14조 제 1 항). 주주는 이 기간 동안 위의 서류를 열람함으로써 결산승인에 필요한 자료를 얻을 수 있다.

4. 財務諸表의 승인

이사는 재무제표를 정기총회에 제출하여 그 승인을 요구하여야 하며(제499조 제 1 항), 영업보고서는 정기총회에 제출하여 그 내용을 보고하여야 한다(제499조 제 2 항). 반면 부속명세서와 감사보고서는 이를 제출하여 승인을 받을 필요는 없고 본점 또는 지점에 비치하기만 하면 된다. 주주총회는 보통결의에 의하여 재무제표를 승인하며 그의 거부 및 수정도 가능하다. 이 때 감사는 이사가 제출한 서류를 조사하여 법령 또는 정관의 위반이나 현저하게 부당한 사유가 있는가의 여부에 대해 주주총회에 의견을 진술하여야 하고(제413조), 주주총회는 필요한 경우에 재무제표와 감사보고서를 조사하기 위해 감사인을 선임할 수 있다(제367). 재무제표는 정기총회에서 승인한 경우에 확정되며, 이에 따라 이익배당, 준비금의 적립, 결손금의 처리를 할 수 있다.

재무제표승인의 부수적 효력으로서 그 승인 후 2년 내에 다른 결의가 없으면 회사는 이사와 감사의 책임을 해제한 것으로 본다. 책임해제의 입증책임은 이사와 감사가 진다(제450조 본문). 그러나 부정행위가 있는 때에는 예외이다(제450조 단서).

5. 貸借對照表의 공고

주주총회에서 재무제표를 승인한 경우에 이사는 지체없이 대차대조표를 공고하여야 한다(제449조 제3항). 그리고 주식회사의 외부감사에 관한 법률의 적용을 받는 기업은 대차대조표의 공고에 감사인의 명칭과 감사의견을 명기하여야 한다(외감법 제14조 제2항).

제4. 準 備 金

1. 資本과 準備金

자본은 주주의 출자에 의하여 제공된 발행주식총수의 액면총액(제451조)으로서 회사가 보유해야 할 재산의 일차적 기준이 되며 준비금은 회사가 장래의 위험에 대비하기 위하여 대차대조표상의 순재산액으로부터 자본액을 공제한 잉여금 가운데 일부를 사내에 유보해 둔 금액으로서 준자본, 보충자본 또는 사내유보금이라고도 한다.

자본과 준비금은 모두 대차대조표 대변에 표시되며, 이익산출에 있어서 순재산액으로부터 공제되는 공제항목으로서(제462조 제1항) 회사재산의 사외유출을 억제하는 기능을 한다.

2. 準備金의 종류

준비금에는 법률의 규정에 의해 적립되는 법정준비금과 정관의 규정이나 주주총회의 결의에 의해 적립되는 임의준비금, 준비금 또는 적립금의 용어를 사용하지만 여기서 말하는 준비금과 구분되는 것으로서 비밀준비금이 있다.

(1) 法定準備金

법정준비금은 법률상 적립이 강제되는 준비금으로서, 그 재원에 따라 이익준비금과 자본준비금으로 구분된다. 이를 인정하는 이유는 여러 가지 원인의 자본결손에 대비하기 위함이다.

1) 利益準備金

이익준비금은 매결산기의 이익을 재원으로 하여 적립하는 준비금으로서, 회사는 그 자본의 2분의 1에 달할 때까지 매결산기의 금전에 의한 이익배당액의 10분의 1 이상의 금액을 이익준비금으로 적립하여야 한다(제458조).

2) 資本準備金

자본준비금이란 영업이익 이외의 자본거래로 인한 잉여금을 재원으로 하여 적립되는 준비금으로서, 이는 회사의 영업활동의 소산이 아니므로 주주에게 배당할 성질의 것이 아니다. 그러므로 상법은 그의 적립한도를 정하지 않고 전액을 적립하도록 하고 있다(제459조).

상법은 다음의 네 가지를 자본준비금으로 규정하고 있다.

㈎ **額面超過金** 주식을 '프리미엄'부로 발행하는 경우의 '프리미엄'에 해당하는 금액으로서 그 결정은 이사회가 한다. 불공정한 가액으로 주식을 인수한 자가 공정가액과의 차액을 회사에 납입하면 이 금액도 이에 해당한다(제424조의2). 액면초과금은 넓은 의미의 납입자본에 해당하므로 주주에게 이익으로 배당할 수 없으며, 전액을 자본준비금으로 적립하여야 한다(제459조 제 1 항 제 1 호). 2001년 개정법에 따라 주식의 포괄적 교환을 할 경우에는 제360조의7에서 규정하는 자본증가의 한도액이 완전모회사의 증가한 자본액을 초과한 경우의 그 초과액, 주식의 포괄적 이전을 할 경우에는 제360조의18에 규정하는 자본의 한도액이 설립된 완전모회사의 자본액을 초과한 경우의 그 초과액 역시 자본준비금으로 적립하여야 한다(제459조 제 1 호의2, 제 1 호의3).

㈏ **減資差益金** 감자차익금은 실질적 감자의 경우는 주식의 소각 또는 주금의 반환에 들어간 금액 이상으로 자본을 감소한 경우의 차액이며, 명의상의 감자의 경우는 자본결손의 전보에 필요한 금액 이상으로 자본을 감소할 때의 차액을 말한다(제459조 제 1 항 제 2 호).

㈐ **合併差益金** 합병차익금은 회사합병의 경우에 소멸회사로부터 승계한 재산이 그 회사로부터 승계한 채무액, 그 회사의 주주에게 지급한 합병교부금과 존속회사의 자본증가액(흡수합병시) 또는 신설회사의 자본액(신설합병시)을 초과하는 경우

의 초과액을 말하며, 이것 또한 자본거래의 소산이므로 자본준비금으로 적립하여야 한다(제459조 제1항 제3호). 분할 또는 분할합병으로 인하여 설립된 회사 또는 존속하는 회사에 출자된 재산의 가액이 출자한 회사로부터 승계한 채무액, 출자한 회사의 주주에게 지급한 금액과 설립된 회사의 자본액 또는 존속한 회사의 자본증가액을 초과한 경우 그 초과금액도 자본준비금에 적립하여야 한다(제459조 제3호의2).

그러나 특수한 목적을 위하여 관계법규에 따라서 적립할 것이 강제된 소멸회사의 준비금은 존속회사나 신설회사가 소멸회사의 사업을 승계함에 따라 그 준비금의 적립목적, 용도제한 등이 그대로 승계되어야 할 경우가 있다. 상법은 위 초과금액 중 소멸 또는 분할되는 회사의 이익준비금 기타 법정준비금은 합병 후 또는 분할·분할합병 후 존속 또는 설립되는 회사가 이를 승계할 수 있도록 하였다(제459조 제2항).

㈑ **기타 資本去來에서 생긴 剩餘金** 여기에 해당하는 잉여금으로는 자산재평가법과 기업회계기준에 의한 재평가적립과 기업회계기준에 의한 국고보조금, 공사부담금, 보험차익, 자본수증이익, 채무면제이익, 자기주식처분이익 및 기타의 자본잉여금이 있다.

⑵ 任意準備金

임의준비금은 정관의 규정이나 주주총회의 결의에 의해 적립하는 준비금으로 이익준비금을 공제한 액을 그 재원으로 하며, 상법에 의해 적립이 강제되는 것이 아니므로 임의준비금이라 한다. 따라서 그 목적이나 이용방법은 주주들이 임의로 정할 수 있다.

⑶ 秘密準備金

비밀준비금은 대차대조표상의 자산총액이 실제보다 낮게 평가되어 있거나, 또는 부채의 총액이 더 많이 계상됨으로써 실질상의 재산이 대차대조표 표시액 이상으로 유보되어 있을 때 그 초과액을 말한다.

비밀준비금의 적법성에 대해서는 논란의 여지가 있다. 이는 한편으로 기업회계정보의 유용성저하, 이익의 은폐, 탈세, 과소배당 등의 부정의 원인이 되기도 하지만, 다른 한편 회사의 자산기초를 충실히 하여 경영의 합리화와 배당평준화 등을 도모할 수 있는 순기능의 일면도 있다.

각국의 입법례도 점차 이에 대한 규제를 강화하고 있으며, 우리 상법도 자산의 평가원칙을 별도로 정하고 있다. 그러나 그 평가에 있어서도 저가주의를 취하는 등의 보수주의에 의한 회계처리가 인정되고 있으므로 제한적인 범위 내에서 비밀준비금의 적립이 가능하다.

3. 準備金의 사용

(1) 缺損塡補

자본의 결손이란 회사의 순재산액이 자본과 법정준비금의 합계에 미치지 못하는 상태를 의미하며, 이는 결산기 말의 주주총회의 승인에 의해 정기적으로 확인된다. 이러한 결손의 전보는 대차대조표 대변의 해당 준비금의 금액을 감소시킴과 동시에 차변의 손실액의 금액을 동일하게 감소시키는 장부상의 조작에 의한다.

이러한 결손전보를 위한 준비금의 사용에 있어서 상법은 법정준비금 가운데 이익준비금을 먼저 사용하고 부족한 경우에만 자본준비금을 사용하도록 하고 있으나(제460조), 임의준비금과 법정준비금의 사용순위에 대해서는 규정이 없다. 그러나 상장법인에 적용되는 결손금처리에 대한 회계기준의 규정(제109조)은 임의준비금 · 이익준비금 · 자본준비금의 순으로 정하고 있으므로 별도의 결손전보적립금 등의 임의준비금이 있으면 이를 먼저 사용하여야 할 것이다. 그러나 준비금의 사용 여부에 대해서는 회사가 임의로 정할 수 있으므로 결손이 있더라도 법정준비금으로 전보하지 않고 이월결손으로 차기에 이월할 수도 있다.

(2) 準備金의 資本轉入

1) 의 의

예비적 자본의 성질을 가지는 준비금은 자본과 더불어 이익산정을 위한 공제항목으로서 회사에 유보할 재산의 범위기준이 된다. 그러나 과드한 준비금의 적립은 효율적인 재무관리를 저해하므로, 자본구성을 개선하는 방법으로서 회사는 준비금을 자본에 전입할 수 있도록 하였다(제461조 제 1 항).

준비금의 자본전입은 이를테면 장래 회사규모를 확장하거나, 상대적으로 높은 주가를 인하함으로써 신주의 발행과 그 거래를 용이 · 원활하게 하고자 하는 등의 동기에서 실행될 수 있다.

2) 절 차

준비금의 자본전입은 이사회의 결의에 의한다(제461조 제 1 항). 이 때 이사회는 법정준비금 가운데 어느 것을 전입할 것인가와 전입액을 구체적으로 정하여야 한다.

1984년 개정 이전의 상법에서는 주주총회의 결의를 요건으로 하였으나, 전입으로 인해 주주에게 특별한 불이익을 주지 않을 뿐만 아니라, 보통의 신주발행이 이사회의 권한사항인 점 등을 고려하여 이사회의 결의를 거치도록 개정되었다. 그러나 정관으로 주주총회에서 결정하기로 한 때에는 그러하지 아니하다(제461조 제 1 항).

3) 효 력

㈎ **新株發行** 회사는 자본으로 전입한 금액에 대해 신주를 발행하여야 하며, 각 주주에게 그의 소유주식수에 비례하여 무상으로 교부한다(제461조 제 2 항).

배정신주 가운데 1주에 미치지 못하는 단주가 있는 경우에는 이를 경매한 매득금을 주주에게 지급하되 거래소의 시세 있는 주식은 거래소를 통하여 매각하고, 거래소의 시세 없는 주식은 법원의 허가를 받아 경매 이외의 방법으로 매각할 수 있다(제461조 제 2 항 제 2 문).

전입의 효력은 이사회의 결의에 의한 때에는 이사회가 정한 배정기준일에, 주주총회의 결의에 의한 때에는 주주총회의 결의가 있는 때에 발생한다. 즉 신주의 주주가 된다(제461조 제 4 항). 이 때 조건이나 기한을 붙일 수도 있다. 이사회가 준비금의 자본전입을 결의한 경우에 회사는 일정한 날, 즉 배정기준일을 정하여 그 날에 주주명부에 기재된 주주가 신주의 주주가 된다는 뜻을 기준일의 2주간 전에 공고하여야 한다(제461조 제 3 항). 이는 주주에게 이사회의 결의사항을 알리고 명의개서의 기회를 부여하기 위함이다. 그러나 주주총회에서 준비금의 자본전입을 결정한 때에는 이와 같은 절차가 필요하지 않고 총회결의일로부터 주주가 된다.

한편 신주에 대한 이익이나 이자의 배당에 관하여는 정관이 정하는 바에 의하여 신주의 주주가 되는 날이 속하는 영업연도의 직전영업연도 말에 신주가 발행된 것으로 할 수 있다(제461조 제 6 항, 제350조 제 3 항 제 2 문).

㈏ **通知·公告** 신주의 효력이 발생하면 이사는 기명주주와 등록질권자에게 지체없이 주주가 받은 주식의 종류와 수를 통지하고, 무기명주주가 있는 경우에는 그 결의의 내용을 공고하여야 한다(제461조 제 5 항).

㈐ **質權의 物上代位** 종전의 주식을 목적으로 하는 질권은 신주 또는 단주처분에 의한 매득금에 대하여 물상대위가 인정된다(제461조 제 7 항, 제339조).

제 5. 利益配當

1. 意 義

영리단체인 주식회사에 있어서 주주의 출자목적은 궁극적으로 이익을 배당받는 데 있다. 여기에는 물론 회사해산시의 잔여재산의 분배와 같은 예외적인 방법의 배당도 있지만, 계속적 존재인 회사에 있어서는 존속기간 동안의 정기적인 이익배당이 본래 의미의 이익배당이라고 보아야 할 것이다. 이는 또한 주주의 고유권을 구성한다. 이익배당청구권은 이를 구체화한 권리로서 정기총회에서 이익잉여금처분계산서가 승인되면 구체화된 권리로서 일정액의 배당금지급청구권이 발생한다.

2. 要 件

이익배당은 주주에게 있어 본질적인 권리이기는 하나 이를 과도하게 인정하면 회사의 자본유지의 원칙과 회사채권자를 해치게 되므로 배당에 대한 엄격한 요건이 요구된다.

(1) 우선 회사의 이익이 존재해야 한다. 여기에서 이익이란 회사의 모든 이익이 아니라 배당가능이익을 의미한다. 즉 대차대조표의 순자산액에서 자본액, 그 결산기까지 적립한 법정준비금과 이익준비금의 합계액, 그 결산기에 적립해야 할 이익준비금, 임의준비금이 있는 경우에는 그 금액을 공제한 금액을 말한다(제462조 제 1 항).

(2) 이익배당은 또한 주주총회의 결의를 거쳐야 한다. 이사회는 사전에 이익처분안을 결정하고, 그 가운데 준비금의 적립금과 이익배당액을 이익잉여금처분계산서에 기재하여 정기총회에 제출하면 총회는 이를 승인·확정한다(제449조 제 1 항, 제447조 제 3 호).

3. 利益配當의 기준

이익배당은 원칙적으로 각 주주의 지주수에 비례하여 지급하여야 한다(제464조). 그러나 여러 가지 원인에 의해 차등배당이 이루어지기도 하는데, 상법상 회사가 이익배당의 내용을 달리하는 수종의 주식을 발행한 경우에 이들 주식 사이에 차등배당이 가능하고(제464조, 제344조 제 1 항), 특별법상으로는 공공적 법인에 있어서 배당률이 시중금리에 미치지 못할 경우에는 그 차액에 대해 일반주주에게 우선적으로 배당하는 예가 있다(자본시장법 제165조의12).

4. 利益配當의 지급

정기주주총회에서 이익잉여금처분계산서를 승인하거나 중간배당을 하는 경우에는 정관에 따라서 이사회가 결의로 정한 날에 이익배당이 확정되어 주주는 회사에 대해 확정액의 배당금지급청구권을 행사할 수 있다.

주주권의 내용을 구성하는 추상적 이익배당청구권으로부터 유출된 구체적 이익배당청구권 또는 배당금지급청구권은 전자와는 달리 독립한 금전채권으로서 양도·입질·전부명령의 대상이 된다. 종전에는 배당금이 지급시기가 승인결의일로부터 2월 이내였으나, 1995년 개정법은 이를 1월로 단축하였다(제464조의2 제 1 항 본문). 주주총회에서 배당금의 지급시기를 따로 정할 수 있다(제464조의2 제 1 항). 배당금지급청구권은 5년의 소멸시효에 걸린다(제464조의2 제 2 항).

회사가 배당금을 지급하지 아니할 경우에 주주는 이사에 대해 손해배상을 청구할 수 있고(제401조), 회사에 대해서는 배당금과 지연손해금의 지급을 청구할 수 있다(민법 제397조).

5. 違法配當

(1) 의 의

위법배당이란 상법 제462조 제 1 항에 위반하여 하는 배당, 즉 배당가능이익이 없음에도 불구하고 배당하거나 또는 배당가능이익을 초과하여 하는 배당을 말한다. 분식결산에 의한 이익배당, 즉 가공자산의 계상, 가공전표의 이용, 감가상각의 부족에 의하여 현실적인 위법배당도 있게 된다. 이러한 위법배당은 주식회사의 자본납입 및 유지의 원칙을 해칠 수 있기에 이를 엄격히 규제하고 있다.

(2) 효 과

1) 株主의 違法配當金返還義務

위법배당은 무효이므로 위법배당을 받은 주주는 선의·악의를 묻지 않고, 위법배당액을 부당이득으로서 회사에 반환할 의무를 진다(민법 제741조, 제748조). 또한 회사채권자는 직접 주주에 대하여 위법배당액을 회사에 반환할 것을 청구할 수 있다(제462조 제 2 항). 이러한 반환청구권은 위법배당시의 회사채권자에 한하지 아니하고 그 후의 회사채권자도 할 수 있으며, 채권액의 다과는 문제되지 않고 행사할 수 있지만 위법배당액의 반환은 회사에 대하여 하여야 한다.

2) 理事·監事·外部監査人의 損害賠償責任

이익잉여금처분계산서를 제출한 이사와 재무제표의 승인결의에 찬성한 이사 그리고 위법배당안을 포함한 이익잉여금처분계산서에 대하여 허위의 감사보고를 한 감사 그리고 외부감사인이 허위의 감사보고서를 작성한 때에는 회사에 대하여 위법배당으로 인한 손해를 배상할 책임이 있다(제399조, 제414조 제 1 항; 외감법 제17조 제 1 항). 이사와 감사의 회사에 대한 손해배상책임을 추궁하기 위하여 주주의 대표소송이 인정된다(제403조, 제415조). 이사와 감사가 악의 또는 중과실로 인하여 임무를 게을리하여 제 3 자에게 손해가 발생한 때, 예컨대 위법배당으로 인하여 채권을 회수할 수 없게 된 회사채권자, 허위의 배당액을 믿고 고가로 주식을 매입한 자 등에 대하여도 연대하여 손해를 배상할 책임이 있다(제401조, 제414조 제 2 항). 외부감사인이 선임된 경우에 허위의 감사보고서로 인한 제 3 자의 손해에 대하여 외부감사인도 배상책임을 진다(외감법 제17조 제 2 항).

3) 벌 칙

위법배당이 있는 때에는 이사·감사 등은 회사재산을 위태롭게 하는 죄로서 5년 이하의 징역 또는 1천 500만원 이하의 벌금에 처해진다(제625조 제 3 호). 종전에 500만원 이하였던 벌금이 1995년 개정법에서 상향조정되었다.

제 6. 株式配當

1. 株式配當의 개념과 본질 및 효용

주식배당(stock dividend, share dividend)이란 배당을 할 때에 그 회사의 주식으로써 하는 배당을 뜻한다. 우리나라는 1984년 상법개정시에 주식배당제도를 신설하였다.

주식배당의 성질에 관하여 1) 주식배당은 금전배당에 대신하여 이루어지므로 금전배당의 계기가 적지 않게 내재하고 있고, 경제적 의미에서의 자본이 증가하며, 2) 주식배당은 기초와 기말을 비교할 때 이익의 존재, 즉 1주당 회사재산의 증가를 전제하므로 주식배당은 현물배당의 일종이라는 점에서 주식배당을 이익배당의 일종으로 보는 견해(손주찬·최기원·정동윤·이철송·정찬형)가 통설이라 할 수 있고, 현행법 아래서는 그렇게 볼 수밖에 없다. 이에 반해 통설의 근거상 효과는 주식배당의 효과라기보다 금전배당이 행하여지지 않는 효과이고, 주식배당은 어디까지나 신주가 지주수에 비례하여 분배된다는 점에서 주식배당은 배당가능잉여금의 자본전입을 수반하는 주식분할이라 설명하는 견해가 있기는 하다(정무동).

주식배당을 위하여 신주를 발행함으로써 생기는 효과로는 첫째로 주식의 시장성을 회복할 수 있다. 주가가 높은 경우에 주가를 인하하게 되고, 유통주식의 감소에 의하여 시장성이 격감된 경우에는 그 유통주식을 증가시키기 때문이다. 둘째로 주식배당으로 인한 주식증가는 주식의 분산을 촉진시키며, 이로 인하여 회사지배에 필요한 주수가 상대적으로 감소하기 때문에 경영자 지배가 안정성을 찾게 된다. 셋째로 고율배당은 소비자나 노동자로부터 비판을 받게 되며 경쟁기업의 성립을 촉진한다. 이 밖에 또 주식에 시장성이 있는 경우에는 그 회사가 행한 주식배당은 주주에게 현금배당보다 더 유리한 경우가 적지 않다.

일본 신회사법의 경우에는 제185조 아래에서 주식무상할당에 대하여 규정하고 있다. 주주총회의 결의에 의하여 주식무상할당을 할 수 있으며, 정관에 특별한 정함이 있는 경우에는 그러하지 아니하다(일본 신회사법 제186조 제 3 항). 영업연도 중에 신주발행이 이루어진 경우에는 이익배당에 관하여 당해신주에 대해 일할계산하여 배당하는 것을 일할배당이라고 하는바, 일본 신회사법은 일할배당을 채택하지 않고, 기준일 주주는 그 보유하고 있는 주식의 발행시기에 불문하고 동일한 배당 기타 재산, 주식 등의 할당을 받는 것으로 하고 있다.

2. 株式配當의 요건

(1) 配當可能利益의 존재

상법은 주식배당을 이익배당의 한 종류로 보고 있으므로 당연히 배당가능이익이 존재하여야 한다. 즉 대차대조표상의 순재산액으로부터 자본액, 그 결산기까지 적립된 자본준비금과 이익준비금 그리고 그 결산기에 적립하여야 할 이익준비금을 공제한 액을 한도로 하여서만 이익배당을 할 수 있다(제462조 제 1 항).

(2) 株式配當의 한도

주식배당은 이익배당총액의 2분의 1을 초과할 수 없다(제462조의2 제 1 항 단서). 이것은 현금에 의한 주주의 이익배당청구권을 보장하기 위한 것으로 주권상장법인에는 이러한 제한이 없다(증권거래법 제191조의3).

⑶ 기타의 요건

1) 株主總會의 결의

주식배당은 주주총회의 보통결의에 의한다(제462조의2 제 1 항 본문). 이 때 회사가 수종의 주식을 발행한 때에는 수종의 주식별로 각각 그와 같은 종류의 주식으로 할 수 있다(제462조의2 제 2 항 후단). 종전의 제462조의2 제 2 항은 발행가액에 관하여 권면액으로 할 것만을 규정하였으나, 1995년 개정법에서는 주식배당에 따른 신주의 종류에 관해서도 규정을 둔 것이다. 신주의 발행은 발행예정주식총수의 범위 내이어야 하므로, 그 이상으로 주식배당을 하는 때에는 수권자본의 범위를 확대하여야 하므로 정관변경을 요한다.

2) 發 行 價

법문에서 배당은 주식의 '권면액'으로 하고 있으므로(제462조의2 제 2 항 전단) 액면미만의 발행은 금지된다. 액면초과액을 발행가로 하는 것이 가능한가에 대해 긍정하는 견해도 있으나, 회사의 편의를 위한 주식발행에서 주주가 액면초과금을 지급해야 한다고 보기는 어려우므로 이를 부정해야 할 것이다.

3) 端株의 처리

주식으로 배당할 이익의 금액 중 주식의 액면가에 미달하는 단주가 있는 경우에 그 부분에 대해서 종전에는 단지 금전으로 배당한다고 규정하고 구제적인 환가방법을 정하지 않았으므로(1995년 개정법 이전의 제462조의2 제 3 항), 이와 관련하여 1995년 개정법은 자본감소의 경우의 주식병합에 관한 제443조 제 1 항을 준용하도록 하여 환가방법을 구체화하였다. 즉 권면액에 미달하는 부분의 배당주식은 이를 경매하여 그 대금을 지급하고, 거래소의 시세 있는 주식은 거래소를 통하여 매각하며, 거래소의 시세 없는 주식은 법원의 허가를 얻어 경매 이외의 방법으로 매각할 수 있다(제462조의2 제 3 항, 제443조 제 1 항).

3. 株式配當의 효력

⑴ 新株發行과 資本의 增加

주식배당을 하면 회사의 발행주식수가 증가하며, 그만큼 자본도 증가한다. 그러나 특수한 신주발행에 해당하므로 별도의 인수 및 납입절차는 필요하지 않다. 주주가 주식배당을 받는 시기는 주식배당을 결의하는 주주총회의 종결시이다. 이 경우 신주에 대한 이익이나 이자의 배당에 관하여는 정관이 정하는 바에 의하여 그 주주총회가 종결한 때가 속하는 영업연도의 직전영업연도 말에 신주가 발행된 것으로 할 수 있다(제462조의2 제 4 항 제 2 문).

(2) 質權의 效力

등록질의 경우에 질권자의 권리는 주주가 받는 주식에 미치며, 동시에 동질권자는 회사에 대해 주권의 교부를 청구할 수 있다(제462조의2 제 6 항). 약식질의 경우에도 질권의 효력은 주식배당에 미친다고 보아야 할 것이다.

(3) 違法配當의 效力

1) 의 의

위법한 주식배당은 그 요건과 절차에 위반하여 이루어지는 배당으로서, 여기에는 이익배당에서와 같이 배당가능이익이 없는 경우의 주식배당과 그 밖의 형식요건과 절차에 위반하는 주식배당으로 대별할 수 있다.

2) 違法한 株式配當

(가) 配當可能利益이 없는 경우의 株式配當 이것은 전형적인 위법배당에 해당하는 것으로, 이 경우에는 신주발행의 효력이 동시에 문제된다. 즉 배당재원으로서의 배당가능이익이 전제되지 않고 신주가 발행되므로 액면미달발행의 일례로 보아 신주발행무효의 소의 원인이 될 것이다. 배당주식의 반환청구는 배당결의의 무효판결이 확정된 이후에 회사가 실행하여야 할 것이다. 이 때 이익배당에서와 같이 채권자가 주주에 대하여 배당금액의 반환청구권을 행사할 수 있는가에 대하여 주식배당에 있어서는 책임재산으로서의 회사재산이 유출되지 않았으므로 반환을 청구할 수 없다고 보는 견해가 일반적인데, 이는 채권자보호와 무관하기 때문이다.

(나) 形式要件·節次에 違反한 株式配當 이익배당액의 2분의 1을 초과하거나 수권자본주식수를 넘어서 주식배당을 하는 등의 형식절차에 위반하는 배당을 한 경우에는 신주발행무효의 소의 원인이 된다(제429조).

3) 理事·監事의 責任

이사·감사는 위법한 주식배당을 한 경우 법령위반이나 임무해태로 손해배상책임을 지며(제399조, 제414조) 벌칙이 적용된다(제625조 제 3 호). 또한 이사는 신주발행의 등기 후 자본납입의 책임을 진다(제428조).

제 7. 中間配當

1. 意 義

연 1회의 결산기를 정한 회사는 정관에서 영업연도 중 1회에 한해 이사회의 결의로 영업연도 중의 일정한 날을 정하여 그 날의 주주에 대하여 금전으로 이익을 배당할 수 있음을 정할 수 있다(제462조의3 제 1 항). 이 때의 이익배당을 중간배당이라 한다. 원래 이익배당은 결산기에 계산서류의 승인에 의해 확정된 이익에 대하여 주주총회의 이익처분결의에 의해서 행해지는 것이어서, 결산을 거치지 않고 아울러 주주총회도 개최하지 않은 채 영업연도 중에 이익배당을 할 수는 없다. 그러나 연 1회의 결산기를 정한 회사로서는 결산기에 배당을 할 경우 안게 되는 자금압박을 분산시킬 수 있고, 또한 중간배당을 통하여 투자자의 투자의욕을 자극하여 원활한 자금조달을 할 기회를 얻게 되는 등 중간배당은 회사에 경제적으로 필요한 측면이 강하다. 이러한 취지에서 이미 구증권거래법에 의하여 주권상장법인 또는 협회등록법인에 대해서 인정되었던 중간배당제도(구증권거래법 제192조의3)를 1998년 개정상법이 채택하게 된 것이다.

2. 성 질

중간배당의 법적 성질이 이익배당인지 금전분배인지에 대하여 다툼이 있을 수 있으나, 법률적으로 이익배당은 영업연도 말의 이익을 주주총회의 이익처분결의에 의해서 주주에게 분배하는 것인 반면, 중간배당은 영업연도 중에 이사회의 결의만으로 주주에게 금전을 분배하는 것이므로 금전분배로 보는 것이 타당하다(동지: 정찬형, 920쪽). 다만 경제적으로는 이익배당의 성격을 갖고 있음을 부인할 수는 없다 하겠다. 이러한 점에서 중간배당에 대해서는 대체로 이익배당에 관한 규정들이 준용되고 있다(제462조의3 제 5 항 및 제 6 항).

3. 中間配當의 요건

회사가 중간배당을 할 때에는 다음의 요건을 갖추어야 한다.

1) 회사의 결산기가 연 1회일 것

결산기를 변경하였기 때문에 변경시의 영업연도가 1년 미만이 된 경우에는 그 영업연도 중에는 중간배당을 할 수 없다.

2) 정관에서 중간배당에 관한 규정을 둘 것

3) 배당은 영업연도 중 1회에 한할 것

4) 배당은 법정금액의 한도 내에서 이루어질 것

여기서 법정금액이란 직전 결산기의 대차대조표상의 순재산액에서 다음의 금액을 공제한 액을 말한다. 즉 ㉠ 직전 결산기의 자본의 액, ㉡ 직전 결산기까지 적립된 자본준비금과 이익준비금의 합계액, ㉢ 직전 결산기의 정기총회에서 이익으로 배당하거나 지급하기로 정한 금액, ㉣ 중간배당에 따라 당해 결산기에 적립하여야 할 이익준비금(중간배당액의 10분의 1 이상의 금액) 등이 공제된다(제462조의3 제2항·제5항, 제458조). 결국 법정한도액은 실질적으로는 직전 결산기에 배당가능이익을 배당하지 않고 회사에 유보한 것에 다름아니라고 할 수 있다. 다시 말해서 이는 직전 결산기의 대차대조표상 이익이 현존하여야 함을 의미한다.

5) 당해 결산기에 회사의 순자산액이 제462조의3 제2항의 각호의 금액의 합계액에 미치지 못할 우려가 없을 것

직전 결산기의 대차대조표상 위의 법정금액이 산출되어 중간배당이 가능하게 될 경우에도 이후 경영이 악화되어 연도말 결산에서 결손이 발생할 우려가 있을 때에는 중간배당이 인정되어서는 안 되기 때문이다. 즉 당해 결산기에 이익이 예상되어야 한다. 이를 위반하여 이사가 중간배당을 한 경우에는 결손이 발생할 우려가 없다고 판단함에 있어 주의를 게을리하지 아니하였음을 증명하지 못하는 한 회사에 대하여 연대하여 그 차액(배당액이 그 차액보다 적을 경우에는 배당액)을 배상할 책임이 있다.

4. 中間配當의 절차

(1) 중간배당은 이사회가 정하는 일정한 날의 주주에 대해서 행하여진다. 이 일정한 날은 이익배당시의 결산기에 상당한다고 볼 수 있지만, 본래의 결산기가 아니라 일종의 기준일이라고 할 수 있다. 중간배당을 받을 자는 이 날의 주주명부상의 주주이다. 배당기준일에 대해서는 상법의 기준일에 관한 규정이 적용된다(제462조의3 제5항, 제354조 제1항).

(2) 중간배당은 이사회의 결의에 의해서 행해지고 이 결의에서는 중간배당을 한다는 뜻과 그 금액을 정하여야 한다.

5. 中間配當의 기준

(1) 株主平等의 原則

중간배당도 주주평등의 원칙에 의해서 각 주주의 지주비율에 따라 이루어져야 한다(제462조의3 제 5 항, 제464조 본문). 다만 정관규정에 의하여 이익배당에 관하여 내용이 다른 수종의 주식이 발행된 경우에는 차등배당이 가능하다(제462조의3 제 5 항, 제464조 단서).

(2) 新株發行과 신주에 대한 中間配當

영업연도 중에 신주가 발행된 경우 납입기일의 다음 날부터 신주의 효력이 발생하므로 일할배당을 할 수 있으나, 정관에서 직전영업연도 말에 주주의 권리의무가 있는 것으로 정한 경우에는 동액배당을 하여야 한다(제462조의3 제 5 항, 제423조 제 1 항 제 2 문). 또한 전환주식이나 전환사채가 전환되거나, 신주인수권부사채의 신주인수권이 행사된 경우에도 정관에서 직전영업연도 말에 신주발행의 효력이 발생하는 것으로 하면 동액배당을 하여야 한다(제462조의3 제 5 항, 제516조 제 2 항, 제516조의9).

6. 中間配當金의 지급

(1) 中間配當請求權

이사회의 중간배당결의로 배당기준일인 일정한 날의 주주는 구체적 중간배당청구권을 취득하며, 구체적 이익배당청구권과 마찬가지로 구체적 중간배당청구권은 독립적으로도 양도·압류·전부명령 등의 목적이 된다. 이 권리의 시효기간은 5년이다(제464조의2 제 2 항).

기명주식의 등록질권자도 중간배당청구권을 가진다(제462조의3 제 5 항, 제340조 제 1 항).

회사가 건설이자를 배당하고 이를 이연자산으로 계상할 경우에는 개업한 후 연 6분 이상의 중간배당을 하는 경우 그 6분을 초과한 금액과 동액 이상을 상각하여야 한다.

(2) 配當金支給時期

중간배당은 중간배당에 관한 이사회의 결의가 있은 날부터 1월 이내에 지급되어야 한다(제464조의2 제 1 항 본문). 이는 중간배당금의 지급지연으로 인한 주주의 손해를 방지하기 위한 취지에서 규정된 것이다. 다만 이사회의 결의로 배당금의 지급시기를 따로 정한 경우에는 그러하지 아니하다(제464조의2 제 1 항 단서).

7. 違法中間配當

위법중간배당이란 중간배당의 요건에 위반하여 금전을 배당하는 것을 말하며 위법이익배당과 마찬가지로 당연무효이다(동지: 정찬형, 923쪽).

따라서 앞서의 법정한도액(제462조의3 제 2 항)을 초과하여 중간배당을 한 경우에는 그 중간배당은 무효가 되고, 이를 행한 이사는 회사에 대하여 연대하여 위법하게 분배된 액을 배상하여야 하고(제462조의3 제 4 항 본문), 동시에 형벌의 제재를 받는다(제462조의3 제 5 항, 제625조 제 3 호).

또한 위법중간배당을 받은 주주는 법률상 원인 없이 이득을 받은 것이므로 배당받은 금전을 회사에 반환할 의무를 부담하며, 회사채권자는 위법중간배당을 받은 주주에 대해서 이를 회사에 반환할 것을 청구할 수 있다(제462조의3 제 6 항, 제462조 제 2 항).

반면 법정한도액의 범위 이내인 경우에 결산기에 결손이 발생할 우려가 있을 때에 중간배당을 하더라도 그 배당이 무효가 되는 것은 아니지만, 이사는 연대하여 앞서의 순자산액과 제462조의3 제 2 항 각호의 금액의 합계액의 차액 또는 배당액이 그 차액보다 적을 경우에는 배당액을 회사에 대해 배상하여야 한다(제462조의3 제 4 항 본문). 다만 이사가 당해 결산기에 이익이 발생할 것으로 판단함에 있어 주의를 게을리하지 아니하였음을 증명한 때에는 차액배상책임을 면한다(제462조의3 제 4 항 단서). 이사의 이 책임은 총주주의 동의로 면제될 수 있다(제462조의3 제 6 항, 제400조).

제 8. 建設利子의 配當

1. 意 義

건설이자(Bauzins)란 일정조건 아래에서 일정기간 이익이 없더라도 주주에게 배당하는 이자를 말한다. 일반회사의 경우와는 달리 철도·운하 등 건설에 장기간을 요하는 사업에 있어서는 개업 때까지 영업활동을 전제로 한 영업이익을 실현할 수 없으므로 통상의 이익배당이 불가능하다. 이를 방치하면 위와 같은 회사의 설립이 어렵고, 설립한 후라도 주가가 하락하여 지속적인 회사운영을 기대할 수 없다. 그러므로 "이익 없으면 배당 없다"는 기본원칙을 수정하여 이익을 전제로 하지 않는 예외

배당을 할 필요가 있다.

건설이자라고는 하지만 주금납입이 소비대차가 아니므로 진정한 의미의 이자는 아니다. 또한 이익이 없음에도 이를 지급하므로 지급되는 금전은 출자금을 주는 것이지만 건설이자를 배당하더라도 법률적으로 자본감소의 효과가 생기지 않는 것이고, 배당한 이자액은 이연자산으로 처리되고 개업 후 이익에 의하여 상각되도록 하고 있으므로 그 법적 성질은 장래의 이익배당의 선급이라고 본다. 하지만 건설이자의 배당은 자본유지의 원칙을 해치는 기능이 있으므로, 다음과 같은 요건하에서만 허용된다.

2. 要　件

(1) 사업의 성질상 회사성립 후 2년 이상 영업 전부의 개시가 불가능하여야 한다. 그러므로 그 밖의 사유로 개업이 불가능한 경우는 제외되며, 영업 일부를 개시한 때에는 이자배당이 가능하다.

(2) 원시정관으로 건설이자배당을 받을 주식의 수, 배당기간, 이자율을 정하여야 한다. 여기에서 정해진 주식은 설립시에 그의 전부를 발행하지 않아도 되며, 배당기간은 영업 전부의 개시 이전의 일정기간이며, 이 기간이 경과하면 영업이 전부 개시되지 않더라도 배당을 하지 못한다. 이자율은 연 5분을 초과할 수 없다(제463조 제 1 항).

(3) 건설이자의 배당은 법원의 인가를 받아야 한다. 실제로는 정관을 인가하는 방법에 의하며 정관변경의 경우에도 동일하다(제463조 제 2 항).

3. 建設利子配當請求權

건설이자배당청구권도 이익배당의 경우와 같이 추상적 건설이자배당청구권과 구체적 건실이자배당청구권으로 구분한다. 현행법은 의용상법과는 달리 건설이자배당청구권을 주주총회의 승인대상에서 제외하고 있으므로 주주총회의 결의에 의해 확정되는 것도 아니고, 정관에 의해 예정되고 영업연도의 경과로 확정되므로(제463조 제 1 항 본문), 이 때부터 독립한 채권이 되어 양도·압류·전부명령의 대상이 된다.

4. 會計處理方法

회사가 건설이자를 배당한 경우에는 그 금액을 이연자산으로 처리할 수 있다(제457조 제 1 항). 배당금액을 이연자산으로 계상한 때에는 개업 후 연 6분 이상의 이익을 배당하는 경우에 그 초과액과 동액 이상의 상각을 하여야 한다(제457조 제 2 항).

5. 違法配當의 효력

건설이자배당의 요건에 위반하는 배당은 무효이므로 회사는 주주에 대해 그 반환을 청구할 수 있다(민법 제748조). 또한 이사는 회사에 대해 법령위반에 따른 손해배상책임을 지고(제399조), 형벌의 제재를 받는다(제625조 제 3 호).

제 9. 株主의 經理檢査權

1. 意 義

주식회사에 있어서 회사경영에 관한 모든 사항은 이사회에 위임되어 있고, 투자자인 주주는 주주총회를 통해 상법과 정관이 정한 사항에 대해서만 결정할 수 있을 뿐이다. 한편 상대적으로 권한이 강화된 이사회에 대한 견제수단으로서 대표소송제기권(제403조), 위법행위유지청구권(제402조) 및 이사해임청구권(제385조) 등의 감독시정권이 예정되어 있다.

그러나 주주가 이와 같은 권리를 효율적으로 행사하기 위해서는 회사의 업무와 재산상태 전반에 걸친 자세하고도 정확한 내용의 파악이 당연히 전제되어야 한다. 이와 관련하여 증권정보공시나 상업등기제도를 중심으로 한 회사의 공시제도도 기업내용을 반영하고 있기는 하나 구체적인 인식수단이 되기에는 미흡하므로, 상법은 검사의 대상과 내용을 달리하는 다음과 같은 권리를 주주에게 부여하고 있다.

2. 財務諸表 등의 閱覽權

(1) 會計帳簿閱覽權

발행주식총수의 100분의 3 이상에 해당하는 주식을 가진 주주는 이유를 붙인 서면으로 회계장부와 서류의 열람 또는 등사를 청구할 수 있다(제466조 제 1 항). 이를 회계장부열람권이라고 한다. 현행법은 회사의 업무집행에 직접 관여할 수 없는 주주에 대해 각종 감독시정권을 부여하고 있지만, 행사요건이 이사의 극단적인 불법적 행위에 국한되어 있을 뿐만 아니라, 주주보호에도 실효적이지 못하므로 이를 실현하기 위해서는 회사의 영업상태, 특히 경리내용을 자세하게 알 필요가 있다.

열람을 청구할 수 있는 자는 발행주식총수의 100분의 3 이상의 주식을 가진 주주이며, 열람 및 등사의 대상은 회계장부와 서류이다. 이미 재무제표 등의 서류는 공시되어 있으므로 분개장·원장 등의 상업장부와 그의 기초가 되는 전표·영수증 등의 서류가 여기에 포함될 것이다. 이 때 주주의 청구는 이유를 붙인 서면으로 하여야 하며, 회사는 주주의 적법한 청구가 있는 경우에 그 청구가 부당함을 증명하지 아니하면 이를 거부할 수 없다(제466조 제 2 항). 그러므로 회사가 이유 없이 청구를 거부하는 경우에 주주는 열람청구의 소를 제기할 수 있고, 은닉·변경 등의 우려가 있는 경우에는 장부와 서류의 보전을 위한 가처분신청을 할 수 있다.

(2) 業務 · 財産調査權

회사의 업무집행에 있어서 부정행위 또는 법령이나 정관에 위반하는 중대한 사실이 있음을 의심할 사유가 있는 경우에 발행주식총수의 100분의 3 이상에 해당하는 주식을 가진 주주는 회사의 업무 및 재산상태를 조사하기 위하여 법원에 검사인의 선임을 청구할 수 있다(제467조 제 1 항). 이 때 소수주주는 청구이유의 존재를 증명하여야 한다.

검사인은 업무 및 재산상태를 조사하여 그 결과를 법원에 보고하여야 하며(제467조 제 2 항), 법원은 필요한 경우에 대표이사에게 주주총회의 소집을 명할 수 있다(제467조 제 3 항 제 1 문). 이 경우에 검사인은 조사보고서를 총회에 제출하여야 하며(제467조 제 3 항 제 2 문, 제310조 제 2 항), 이사와 감사는 지체없이 이 보고서의 정확여부를 조사하여 이를 주주총회에 보고하여야 한다(제467조 제 4 항).

제10. 利益供與의 禁止

1. 입법취지

회사는 주주의 권리행사와 관련하여 재산상의 이익을 공여할 수 없으며(제467조의2 제 1 항), 이를 위반한 때에는 그 이익을 회사에 반환하여야 한다(제467조의2 제 3 항). 이 규정은 1984년 개정법에서 신설되었다. 이는 일반주주의 보호 및 형해화된 주주총회기능을 회복시키는 한 방법으로 도입되었다. 종래 총회꾼이 소수의 주식을 취득한 후 주주총회에 참석하여 정상적인 의사진행을 방해하거나 할 수 있음을 시사하여 이를 삼가는 조건으로 회사로부터 금품을 제공받거나, 아니면 적극적으로 임원과 결탁하여 그의 부정을 은폐하거나 연임을 위하여 의사를 주도하고, 그 대가로 회사로부터 금품을 제공받는 등의 폐해를 시정하기 위한 제도이다.

2. 요　　건

(1) 利益供與의 당사자

이익공여금지의 주체는 회사이다. 대개는 대표이사가 제공하겠지만, 그 밖에 이사·감사·지배인 등도 회사의 명의와 계산으로 한 때에는 회사가 제공한 것으로 본다.

한편 이익공여의 상대방은 주주에 한하지 않는다.

(2) 株主의 權利行使에 기한 利益의 供與

금지되는 이익의 공여는 주주의 권리행사와 관련하여 이루어지는 경우이므로, 의미상 권리의 행사·불행사, 행사방법 등과 관련하여 공여되는 경우를 포함한다. 예를 들면 주주인 총회꾼이 의사진행에 적극적으로 협조하는 조건으로 또는 이사의 과실이 문제되는 사항을 주주총회에서 질문하지 않는 조건으로 이익을 공여받는 경우 등이 여기에 해당할 것이다. 그러나 주주의 권리행사에 관한 것인지의 여부는 사실상 입증하기 어려우므로 상법은 추정규정을 둠으로써 입증책임을 전환하고 있다. 즉 회사가 특정주주에 대하여 무상으로 재산상의 이익을 공여한 경우뿐만 아니라, 유상으로 공여한 경우라도 회사가 얻은 이익이 현저하게 적은 때에는 주주의 권리행사와 관련하여 공여한 것으로 추정한다(제467조의2 제 2 항). 그러므로 이익반환을 거절하자면 피공여자가 주주권의 행사와 관련 없음을 입증하여야 한다.

(3) 財産上의 利益

재산상의 이익에는 금전을 주로 하여 물품, 부동산, 유가증권, 이권, 향응, 채무의 면제, 채권의 포기, 재산상의 이익이 수반되는 지위의 부여 등이 포함된다. 그러나 재산상의 이익이 수반되지 않는 지위의 부여나 주주총회에서 주주에게 의례적으로 배부하는 기념품의 경우는 제외된다.

3. 違反의 效果

(1) 利益返還義務

이익공여금지에 위반하여 재산상의 이익을 공여한 경우에 이익을 공여받은 자는 이를 회사에 반환하여야 한다(제467조의2 제 3 항). 물론 이익공여계약은 무효이므로 이익을 공여받은 자는 부당이득으로서 반환의무를 지지만, 경우에 따라서는 비채변제나 불법원인급여에 해당하여 반환받을 수 없을 수도 있으므로 부당이득의 원칙에 대한 예외로서 상법상의 특칙을 두어 반환의무를 용이하게 하고 있다.

반환의 청구는 원칙적으로 회사가 해야 하지만 이익공여의 대부분이 총회꾼과 이사 사이에서 이루어지므로, 스스로 반환청구를 하기는 어렵다고 보아 소수주주에 의한 대표소송의 방법으로도 이를 실현할 수 있도록 하였다(제467조의2 제 4 항). 그리고 회사가 대가로 받은 이익이 있을 때에는 그 대가를 반환하여야 한다(제467조의2 제 3 항). 이 때 공여이익과 대가의 반환은 동시이행의 관계에 있다고 볼 것이다.

(2) **理事 · 監事의 民 · 刑事上의 責任**

이사 · 감사가 재산상의 이익을 공여한 때에는 이로 인한 회사의 손해를 배상하여야 한다(제399조, 제414조). 그리고 이사 · 감사 · 지배인 기타 사용인 등이 본조에 위반하여 재산상의 이익을 공여한 때에는 형벌의 제재를 받으며(제634조의2 제 1 항), 위의 이익을 수수하거나 제 3 자에게 이를 공여하게 한 자도 동일한 책임을 진다(제634조의2 제 2 항).

제11. 使用人의 優先辨濟權

사용인은 회사와의 고용관계에 기초하여 신원보증금 · 급료 · 각종 수당 · 상여금 · 퇴직금 등의 채권을 가지게 되는 경우가 많다. 회사는 이에 대비하여 퇴직급여충당금 등의 임의준비금을 적립하지만 고유의 목적에 사용되기 이전에 회사의 손실이 있는 경우에는 그의 전보에 우선적으로 충당하여야 하므로 사용인의 이익이 충분하게 보장되지 못한다. 그러므로 상법은 사회정책적 견지에서 사용인의 우선변제권을 인정하고 있는바, 신원보증금의 반환채권 기타 회사와 사용인간의 고용관계로 인한 채권이 있는 자는 회사의 총재산에 대한 우선변제를 받을 권리가 있다(제468조)고 규정하고 있다. 이것은 일종의 법정담보권으로서 명문규정은 없지만, 회사재산의 경매청구권을 포함하는 것으로 볼 수 있다. 그러나 사용인의 우선변제권은 질권이나 저당권과 같은 담보물권에는 우선하지 못한다(제468조 단서). 이는 근로기준법 제30조의2에 상응하는 것으로 동 규정은 회사기업을 포함하는 사용자 일반을 대상으로 한다(근로기준법 제30조의2 제 1 항). 하지만 최종 3월분의 임금은 질권과 저당권에도 우선한다

(근로기준법 제30조의2 제 2 항).

제 7 절 株式會社의 解散·淸算과 回生節次

제 1 관 株式會社의 解散

Ⅰ. 解散事由

해산에 관한 통칙은 이미 살펴보았고, 여기에서는 주식회사에 관한 특칙만 간단히 언급한다. 주식회사는 1) 존립기간의 만료 기타 정관으로 정한 사유의 발생, 2) 합병·파산, 3) 법원의 해산명령과 해산판결, 4) 휴면회사의 해산의제, 5) 주주총회의 특별결의 등에 의하여 해산한다(제517조). 다른 종류의 회사와는 달리 주주가 1인이 된 때를 해산사유로 규정하고 있지 아니하므로 1인주식회사가 인정된다(통설). 1)과 5)의 사유로 인하여 회사가 해산한 때에는 제434조의 주주총회의 특별결의에 의하여 회사를 계속할 수 있다(제519조).

Ⅱ. 解散의 효과와 공시

회사가 해산한 때에는 합병과 파산의 경우를 제외하고 채권자보호를 위하여 청산절차를 밟아야 하며(제531조 제 1 항), 회사의 권리능력은 청산의 목적범위 내로 제한된다(제542조, 제245조).

회사가 해산되면 파산의 경우를 제외하고 이사는 주주에게 해산통지를 하고 무기명주권을 발행한 때에는 이를 공고하여야 한다(제521조). 그리고 해산사유가 있는 날로부터 본점소재지에서는 2주간 내, 지점소재지에서는 3주간 내에 해산등기를 해야 한다(제530조 제 1 항, 제228조).

제 2 관 株式會社의 清算

Ⅰ. 意 義

회사가 해산하면 존립중에 발생한 일체의 대내외적 법률관계를 종국적으로 처리하기 위하여 청산을 하여야 한다. 청산이란 해산한 회사의 법률관계를 정리하고 그 재산을 처분하는 절차이다. 주식회사가 해산하면 합병과 파산의 경우 외에는 청산절차를 밟아야 한다(제531조 제 1 항). 인적회사와는 달리 주식회사의 청산절차는 강행법으로 규정되어 있다. 주식회사에서는 주주의 간접·유한책임으로 인해 오직 회사재산만이 회사채권자의 담보가 되므로 이를 보호하려고 하는 것이지만, 대주주의 횡포에서 일반주주를 보호하고자 하는 배려도 이에 숨어 있다. 인적회사와는 달리 주식회사에서는 임의청산은 인정되지 않고 오직 법정청산만이 인정된다. 주식회사의 청산에 관한 사건은 회사의 본점소재지의 지방법원합의부의 관할에 속하며 법원의 감독을 받는다(비송사건절차법 제117조 제 2 항, 제118조).

Ⅱ. 清算中의 會社

해산에 뒤이어 청산절차중에 있는 회사를 청산중의 회사 또는 청산회사라 한다. 청산중의 회사는 영업활동을 할 수 없고 청산의 목적을 위하여서만 존속하게 된다(제245조). 이사는 업무집행자로서의 지위를 잃게 되고 청산인이 청산사무를 담당하며, 주주는 이익배당을 받지 못하고 잔여재산의 분배를 받게 된다. 신주발행, 사채발행, 지점의 신설 등도 불필요하며, 자본의 감소도 이뤄지지 않는다. 하지만 영업을 전제로 하지 않는 주주총회와 감사는 청산중에도 존속하며, 검사인의 선임도 인정되고 주식의 유통도 행해진다.

청산중의 회사의 권리능력의 범위는 청산의 목적범위 내르 제한된다.

청산중의 회사의 성질에 관해서는 청산중의 회사와 해산 전의 회사는 동일한 회사라고 보는 동일회사설이 정설이다.

Ⅲ. 淸算人·淸算人會·代表淸算人

1. 서 설

청산중의 회사는 영업을 하지 아니하므로 이사는 지위를 잃고 그 대신 청산인이 청산사무를 담당한다. 이사회와 대표이사가 맡았던 청산사무의 집행과 회사대표는 청산인회와 대표청산인이 맡는다(제542조 제2항, 제389조, 제393조).

2. 淸 算 人

(1) 취 임

정관에 다른 정함이 있거나 주주총회에서 따로 선임하지 아니하는 한 이사가 당연히 청산인이 된다(제531조 제1항). 이를 법정청산인이라 한다. 여기서 이사란 일시이사의 직무를 행할 자도 포함하나 직무대행자는 포함하지 아니한다.

법정청산인도 없고, 정관이나 주주총회에서도 청산인을 선임하지 아니하면 법원은 이해관계인의 청구에 의하여 청산인을 선임한다(제531조 제2항). 해산명령이나 해산판결에 의하여 해산한 때에는 언제나 이해관계인이나 검사의 청구에 의하여 또는 직권으로 법원이 청산인을 선임하고(제542조 제1항, 제252조), 회사설립무효의 판결이 확정된 때에도 법원은 이해관계인의 청구에 의하여 청산인을 선임한다(제328조, 제193조 제2항). 감사는 청산인을 겸할 수 없다(제542조 제1항, 제411조). 주주총회에서 청산인을 선임하거나 이사가 청산인이 된 때에는 선임결의의 하자를 다툴 수 있다. 이때 청산인선임결의의 무효·취소판결이 확정되기 이전에도 이 직무집행정지 또는 직무대행자선임의 가처분신청을 할 수 있다(제542조 제2항, 제407조, 제408조).

청산인의 선임은 등기하여야 한다(제542조 제1항, 제253조, 제183조). 청산인의 성명과 주소를 등기사항으로 하던 것을 1995년 개정법은 청산인의 성명, 주민등록번호와 주소를 등기사항으로 하고, 다만 대표청산인을 둔 경우에는 그 이외의 청산인의 주소는 제외하여 변경등기의 번거로움을 덜고자 하였다(제253조 제1항 제1호).

(2) 원수 및 임기

청산인의 정원에 관하여는 법률상 규정한 바가 없으므로 정관으로 정할 수 있다. 다만 청산인회제도를 두고 있으므로 2인 이상이 있어야 한다고 주장하는 설도 있으나(최기원), 상법이 청산인에 관하여 이사에 관한 규정을 많이 준용하고 있으면서 이사의 원수에 관한 규정을 준용하고 있지 않은 점에 비추어 청산인은 1인이어도 무방하다고 풀이된다(동지: 정동윤, 이철송은 1인이어도 무방하다고 개설). 다만 청산인이 2인 이상인 때에는 청산인회가 있게 된다고 본다. 청산인의 임기에 관하여도 달리 규정한 바가 없으므로 청산의 종결에 이르기까지 임기가 계속된다.

(3) 종 임

청산인은 사망·파산·금치산 등의 위임관계의 종료사유(민법 제909조), 해임(민법 제689조), 자격의 상실(비송사건절차법 제121조) 등으로 퇴임한다. 법원이 청산인을 선임한 경우가 아니면 언제든지 주주총회의 보통결의로 해임할 수 있고, 청산인이 그 업무를 집행함에 있어 현저하게 부적임하거나 중대한 임무에 위반한 행위가 있으면 발행주식의 100분의 3 이상에 해당하는 주식을 가진 주주는 법원에 그 청산인의 해임을 청구할 수 있다(제539조 제 1 항·제 2 항).

청산인이 종임하면 변경등기를 하여야 한다(제542조 제 1 항, 제250조 제 2 항, 제183조).

(4) 清算人과 會社와의 관계

청산인과 회사의 관계는 위임이므로(제542조 제 2 항, 제382조 제 2 항), 청산인은 선량한 관리자의 주의의무를 가지고 청산사무를 집행하여야 한다(민법 제681조). 청산인에 관하여는 이사에 관한 규정을 준용하고 있다(제542조 제 2 항, 제388조 내지 제394조, 제398조 내지 제408조). 다만 청산중의 회사는 영업활동을 할 수 없으므로 청산인에게는 경업금지의무의 위반이나 위법배당에 따른 책임문제 등은 발생할 여지가 없다. 청산인의 보수의 결정에 관하여 법원이 선임한 청산인의 보수는 법원이 정하고서 회사가 지급하도록 한다(비송사건절차법 제123조, 제77조).

3. 清算人會·代表清算人

청산인회는 청산회사의 청산업무의 집행에 관하여 결의하는 청산인으로 구성되는 합의체기관이다(제542조 제 2 항, 제393조). 청산인회의 의사결정에 따라 청산사무에 관한 재판상·재판 외의 일체의 집행을 담당하는 기관은 대표청산인이다(제542조 제 2 항, 제389조 제 3 항, 제209조). 이처럼 청산회사에 있어서도 그 업무집행과 관련하여 의사결정기관과 집행·대표기관이 분리되어 있다. 회사는 청산인회의 결의에 의하여 대표청산인을 선임한다(제542조 제 2 항, 제389조 제 1 항). 그러나 해산 전의 이사가 청산인이 된 때에는 종전의 대표이사가 대표청산인이 되고, 법원이 청산인을 선임할 때에는 대표청산인도 법원이 정한다(제542조 제 1 항, 제255조).

청산인회와 대표청산인에 관하여는 이사회와 대표이사에 관한 규정이 준용된다(제542조 제 2 항, 제389조 내지 제393조).

Ⅳ. 清算事務

청산을 수행함에 필요한 사무를 청산사무라 한다. 이러한 청산사무는 청산인회와 대표청산인이 수행하는데, 기본적인 청산사무와 부수적인 청산사무로 나눌 수 있다. 청산은 잔여재산을 최종적으로 분배하므로 이를 위하여 현존사무의 종결, 채권의 추심과 채무의 변제, 재산의 환가처분 등을 하게 되는데, 이러한 사무가 기본적 청산사무이다. 이러한 사무에 부수하여 처리하여야 될 것들이 부수적인 청산사무이다.

1. 基本的 清算事務

(1) 現存事務의 종결

청산회사는 우선 회사가 해산 전부터 계속하고 있는 여러 가지 사무를 끝마쳐야 한다. 현존사무의 종결을 위하여 필요한 때에는 매매계약의 이행을 위하여 물건을 인도할 수 있다고 본다.

(2) 債券의 추심과 債務의 변제

청산인은 청산회사의 채권추심을 위하여 변제수령, 대물변제의 수령, 채권양도, 상계, 화해 등을 할 수 있다. 채무의 변제를 위하여 청산인은 취임한 날로부터 2월 내에 회사채권자에 대하여 2월 이상의 일정한 기간 내에 그 채권을 신고할 것과 그 기간 내에 신고하지 아니하면 청산에서 제외된다는 뜻을 2회 이상 공고로써 최고하여야 하며(제535조 제 1 항), 알고 있는 채권자에 대하여는 각별로 그 채권의 신고를 최고하여야 하며, 그 채권자가 신고하지 아니한 때에도 이를 청산에서 제외하지 못한다(제535조 제 2 항). 소송이 제기된 채무의 채권자는 당연히 알고 있는 채권자이므로 신고가 없더라도 청산에서 제외할 수 없다.

청산인은 채권의 신고기간 내에는 채권자에 대하여 변제를 하지 못한다. 이는 모든 채무를 변제함에 있어 회사재산이 부족한 경우에 채권자들에게 공평하게 변제할 수 있기 위함이다. 다만 회사는 그 변제의 지연으로 인한 손해배상의 책임을 면하지 못한다(제536조 제 1 항). 다만 청산인은 소액의 채권, 담보 있는 채권 기타 변제로 인하여 다른 채권자를 해할 염려가 없는 채권에 대하여는 법원의 허가를 얻어 이를 변제할 수 있다(제536조 제 2 항). 회사가 모르는 채권자로서 채권신고기간 내에 채권을 신고하지 아니하여 청산에서 제외된 채권자는 분배되지 아니한 잔여재산에 대하여서만 변제를 청구할 수 있다. 그리고 일부주주에 대하여 재산분배를 한 때에는 그와 동일한 비율로 다른 주주에게 분배할 재산을 위 잔여재산에서 공제한다(제537조). 이는 일단 분배가 개시되고 나면 주주가 청산에서 제외된 채권자보다 우선하기 때문이다.

채무는 변제기에 변제하는 것이 원칙이나 변제기가 도래하지 아니한 회사채무도 변제할 수 있다(제542조 제 1 항, 제259조 제 1 항). 이는 변제기를 기다리다가는 청산의 종결이 늦어지기 때문이다. 이 때에 이자 없는 채권이나 법정이율보다 낮은 이율의 이자부채권에 관하여는 중간이자를 공제한 액을 변제하여야 하고, 조건부이자, 존속기간이 불확정한 채권 기타 가액이 불확정한 채권에 관하여는 법원이 선임한 감정인의 평가액을 변제하여야 한다(제542조 제 1 항, 제259조 제 2 항 내지 제 4 항). 회사재산이 채무를 변제하기에 부족한 때에는 청산인은 지체없이 파산선고를 신청하여야 한다(제542조 제 1 항, 제254조 제 4 항; 민법 제93조).

(3) 財産의 換價處分

회사채무를 변제하거나 잔여재산을 금전의 형태로 분배하기 위해서는 회사재산의 환가가 필요하다. 재산의 환가방법으로는 재산을 개별적으로 매각할 수도 있고, 영업의 전부 또는 중요한 일부를 양도할 수도 있는데, 이 때에는 주주총회의 특별결의를 얻어야 한다(제374조 제 1 항).

(4) 殘餘財産의 分配

회사의 모든 채무를 완제하고도 남은 재산이 있으면 이를 주주평등의 원칙에 따라 주식수에 비례하여 주주에게 분배한다(제542조 제 1 항, 제260조, 제538조 본문). 다만 잔여재산분배에 관하여 우선주·열후주 등 수종의 주식을 발행한 때에는 이에 따른다(제538조 단서, 제344조 제 1 항).

2. 附隨的 淸算事務

(1) 淸算人의 申告

청산인은 취임한 날로부터 2주간 내에 해산사유와 그 연월일, 청산인의 성명, 주민등록번호 및 주소를 법원에 신고하여야 한다(제532조).

(2) 會社財産調査報告

청산인은 취임 후 지체없이 회사의 재산상태를 조사하여 재산목록과 대차대조표를 작성하고 이를 주주총회에 제출하여 승인을 얻어야 하고, 승인을 얻은 후에 지체없이 이를 법원에 제출하여야 한다(제533조).

(3) 淸算貸借對照表 등의 提出 등

청산인은 정기총회회일로부터 4주간 전에 대차대조표 및 그 부속명세서와 사무보고서를 작성하여 감사에게 제출하여야 한다. 감사는 이 서류에 관한 감사보고서를 정기총회회일로부터 1주간 전에 청산인에게 제출하여야 한다. 청산인은 정기총회회일의 1주간 전부터 대차대조표, 부속명세서, 사무보고서 및 감사보고서를 본점에 비치하여야 한다. 주주와 회사채권자는 영업시간 내에 언제든지 이 비치서류를 열람할 수 있고, 회사가 정한 비용을 지급하고 등본과 초본의 교부를 청구할 수 있다. 청산인은 대차대조표 및 사무보고서를 정기총회에 제출하여 그 승인을 요구하여야 한다(제534조).

Ⅴ. 淸算의 종결

(1) 청산사무가 종결한 때에는 청산인은 지체없이 결산보고서를 작성하고, 이를 주주총회에 제출하여 승인을 얻어야 한다. 이 승인이 있는 때에는 회사는 청산인에 대하여 청산인의 부정행위가 없는 한 청산인의 책임을 해제한 것으로 본다(제540조).

(2) 청산인은 결산보고서의 승인이 난 뒤에 청산종결의 등기를 하여야 한다(제542조 제1항, 제264조).

(3) 회사는 장부 기타 영업과 청산에 관한 중요한 서류는 본점소재지에서 청산종결의 등기를 한 후 10년간 보존하여야 하며, 전표 또는 이와 유사한 서류는 5년간 보존하도록 1995년 개정법에서 그 기간을 단축하였다. 이 보존에 관하여는 청산인

기타 이해관계인의 청구에 의하여 법원이 보존인과 보존방법을 정한다(제541조).

(4) 청산은 청산사무가 종료한 때에 종결하고 회사는 소멸한다. 따라서 아직 청산사무가 종결되지 아니하였다면 비록 청산종결의 등기를 하였다 하더라도 청산은 종결되지 아니한다. 따라서 남아 있는 사무의 처리를 위한 범위에서는 청산회사는 법인격을 갖고 소송상 당사자능력도 있으며 청산인의 의무도 그대로 존속한다.

제 3 관 會社의 回生節次

과거 채무자의 회생 및 파산에 관한 사항이 회사정리법·화의법 및 파산법에 분산되어 있어서 각 법률마다 적용대상이 다를 뿐만 아니라, 특히 회생절차의 경우 회사정리절차와 화의절차로 이원화되어 있어서 그 효율성이 떨어지므로 상시적인 기업의 회생·퇴출체계로는 미흡하다는 지적이 있었다. 이에 회사정리법·화의법 및 파산법을 하나의 법률로 통합하여 2005년 3월 31일 소위 통합도산법으로서 '채무자 회생 및 파산에 관한 법률'(이하 '채무자회생·파산법'이라 한다)이 탄생되었다(법률 7428호). 채무자회생·파산법에 의해 채무자의 회생 및 파산에 관한 법률의 체계를 일원화하고, 기존의 회생절차 중 화의절차를 폐지함과 아울러 회사정리절차틀 개선·보완하고, 정기적 수입이 있는 개인채무자에 대하여는 파산절차에 의하지 아니하고도 채무를 조정할 수 있는 개인회생제도를 도입하여 파산선고로 인한 사회적·경제적 불이익을 받게 되는 사례를 줄이며, 국제화시대에 부응하여 국제도산절차에 관한 규정을 신설하게 되었다. 채무자회생·파산법의 회사의 회생절차의 주요 내용은 다음과 같다.

Ⅰ. 開始原因·申請者

사업의 계속에 현저한 지장을 초래하지 아니하고는 변제기에 있는 채무를 변제할 수 없는 경우이거나 채무자에게 파산의 원인인 사실이 생길 염려가 있는 경우에는 채무자는 법원에 회생절차개시의 신청을 할 수 있다(채무자회생·파산법 제34조 제 1 항). 회생절차의 개시는 직권에 의한 경우는 없고 신청에 의한다. 회생절차개시의 신청을 하는 자는 회생절차개시의 원인인 사실을 소명하여야 한다. 이 경우 채무자에 대하여 제628조 제 1 호의 규정에 의한 외국도산절차가 진행되고 있는 때에는 그 채무자에게 파산의 원인인 사실이 있는 것으로 추정한다. 그리고 채권자·주주·지분권자가 회생절차개시의 신청을 하는 때에는 그가 가진 채권의 액 또는 주식이나 출자지분의 수 또는 액도 소명하여야 한다(채무자회생 · 파산법 제38조).

Ⅱ. 管轄法院 및 處理節次

회생사건 및 파산사건은 채무자의 주된 사무소 또는 영업소(외국에 주된 사무소 또는 영업소가 있는 때에는 대한민국에 있는 주된 사무소 또는 영업소를 말한다)의 소재지를 관할하는 지방법원본원 합의부의 관할에 전속한다. 다만, 채무자가 개인이거나 채무자의 사무소 또는 영업소가 없는 때에는 채무자의 보통재판적 소재지를 관할하는 지방법원본원의 관할에 전속한다(채무자회생 · 파산법 제 3 조 제 1 항).

주식회사인 채무자에 대하여 회생절차개시의 신청이 있는 때에는 법원은 다음의 자에게 그 뜻을 통지하여야 한다(채무자회생 · 파산법 제40조 제 1 항). 1) 채무자의 업무를 감독하는 행정청, 2) 금융위원회, 3) 채무자의 주된 사무소 또는 영업소(외국에 주된 사무소 또는 영업소가 있는 때에는 대한민국에 있는 주된 사무소 또는 영업소를 말한다)의 소재지를 관할하는 세무서장. 이 경우 법원은 필요하다고 인정하는 때에는 다음의 자에 대하여 회생절차에 관한 의견의 진술을 요구할 수 있다(채무자회생 · 파산법 제40조 제 2 항). ① 채무자의 업무를 감독하는 행정청, ② 금융위원회, ③「국세징수법」 또는 「지방세법」에 의하여 징수할 수 있는 청구권(국세징수의 예, 국세 또는 지방세 체납처분의 예에 의하여 징수할 수 있는 청구권으로서 그 징수우선순위가 일반 회생채권보다 우선하는 것을 포함한다)에 관하여 징수의 권한을 가진 자. 이러한 자는 법원에 대하여 회생절차에 관하여 의견을 진술할 수 있다(채무자회생 · 파산법 제40조 제 3 항).

Ⅲ. 法院의 回生節次開始 결정 및 효력

채무자가 회생절차개시를 신청한 때에는 법원은 회생절차개시의 신청일부터 1월 이내에 회생절차개시 여부를 결정하여야 하며, 회생절차개시결정은 그 결정시부터 효력이 생긴다(채무자회생 · 파산법 제49조 제 1 항 · 제 3 항). 법원은 회생절차개시결정과 동시에 관리위원회와 채권자협의회의 의견을 들어 1인 또는 여럿의 관리인을 선임하고 다음의 사항을 정하여야 한다(채무자회생 · 파산법 제50조 제 1 항). 1) 제 1 회 관계인집회의 기일(이 경우 기일은 회생절차개시결정일부터 4월 이내이어야 한다), 2) 관리인이 채무자회생 · 파산법 제147조 제 1 항에 규정된 목록을 작성하여 제출하여야 하는 기간(이 경우 기간은 회생절차개시결정일부터 2주 이상 2월 이하이어야 한다), 3) 회생채권 · 회생담보권 · 주식 또는 출자지분의 신고기간, 4) 목록에 기재되어 있거나 신고된 회생채권 · 회생담보권의 조사기간.

한편 회생절차개시 이후부터 그 회생절차가 종료될 때까지는 채무자는 회생절차에 의하지 아니하고는 다음의 행위를 할 수 없다(채무자회생 · 파산법 제50조 제 1 항). 1) 자본 또는 출자액의 감소, 2) 지분권자의 가입, 신주 또는 사채의 발행, 3) 자본 또는 출자액의 증가, 4) 주식의 포괄적 교환 또는 주식의 포괄적 이전, 5) 합병 · 분할 · 분할합병 또는 조직변경, 6) 해산 또는 회사의 계속, 7) 이익 또는 이자의 배당. 그리고 회생절차개시 이후부터 그 회생절차가 종료될 때까지 회생절차에 의하지 아니하고 법인인 채무자의 정관을 변경하고자 하는 때에는 법원의 허가를 받아야 한다(채무자회생 · 파산법 제55조 제 2 항). 한편 회생절차개시결정이 있는 때에는 채무자의 업무의 수행과 재산의 관리 및 처분을 하는 권한은 관리인에게 전속한다(채무자회생 · 파산법 제56조 제 1 항). 개인인 채무자 또는 개인이 아닌 채무자의 이사는 이러한 규정에 의한 관리인의 권한을 침해하거나 부당하게 그 행사에 관여할 수 없다(채무자회생 · 파산법 제56조 제 2 항).

Ⅳ. 管理人 · 保全管理人 · 調査委員

법원은 관리위원회와 채권자협의회의 의견을 들어 관리인의 직무를 수행함에 적합한 자를 관리인으로 선임하여야 한다(채무자회생 · 파산법 제74조 제 1 항). 그런데 법원은 다음에 해당하는 때를 제외하고 개인인 채무자나 개인이 아닌 채무자의 대표자를 관리인으로 선임하여야 한다(채무자회생 · 파산법 제74조 제 2 항). 1) 채무자의 재정적 파탄의 원인이 일정한 자(개인인 채무자, 개인이 아닌 채무자의 이사, 채무자의 지배인)에 해당하는 자가 행한 재산의 유용 또는 은닉이나 그에게 중대한 책임이 있는 부실경영에 기인하는 때, 2) 채권자협의회의 요청이 있는 경우로서 상당한 이유가 있는 때, 3) 그 밖에 채무자의 회생에 필요한 때. 한편 법인은 관리인이 될 수 있다. 이 경우 그 법인은 이사 중에서 관리인의 직무를 행할 자를 지명하고 법원에 신고하여야 한다(채무자회생 · 파산법 제74조 제 6 항). 한편 관리인은 필요한 때에는 법원의 허가를 받아 법률 또는 경영에 관한 전문가를 고문으로 선임할 수 있다(채무자회생 · 파산법 제77조). 채무자의 재산에 관한 소송에서는 관리인이 당사자가 된다(채무자회생 · 파산법 제78조).

법원은 회생절차개시의 신청이 있는 때에는 이해관계인의 신청에 의하거나 직권으로 회생절차개시신청에 대한 결정이 있을 때까지 채무자의 업무 및 재산에 관하여 가압류 · 가처분 그 밖에 필요한 보전처분을 명할 수 있다. 이 경우 법원은 관리위원회의 의견을 들어야 한다(채무자회생 · 파산법 제43조 제 1 항). 법원은 이러한 규정에 의한 보전처분 외에 필요하다고 인정하는 때에는 관리위원회의 의견을 들어 보전관리인에 의한 관리를 명할 수 있으며, 이 경우 법원은 1인 또는 여럿의 보전관리인을 선임하여야 한다(채무자회생 · 파산법 제43조 제 3 항).

법원은 필요하다고 인정하는 때에는 관리위원회의 의견을 들어 1인 또는 여럿의 조사위원을 선임할 수 있으며(채무자회생 · 파산법 제87조 제 1 항), 이 때 조사위원은 조사에 필요한 학식과 경험이 있는 자로서 그 회생절차에 이해관계가 없는 자 중에서 선임하여야 한다(채무자회생 · 파산법 제87조 제 2 항). 한편 법원은 상당한 이유가 있는 때에는 이해관계인의 신청에 의하여 또는 직권으로 조사위원을 해임할 수 있다. 이 경우 법원은 그 조사위원을 심문하여야 한다(채무자회생 · 파산법 제87조 제 5 항).

Ⅴ. 債務者의 財産狀況의 조사와 부인권

관리인은 취임 후 즉시 채무자의 업무와 재산의 관리에 착수하여야 한다(채무자회생 · 파산법 제89조). 관리인은 취임 후 지체없이 채무자에게 속하는 모든 재산의 회생절차개시 당시의 가액을 평가하여야 하며, 이 경우 지체될 우려가 있는 때를 제외하고는 채무자가 참여하도록 하여야 한다(채무자회생 · 파산법 제90조). 한편 관리인은 취임 후 지체없이 회생절차개시 당시 채무자의 재산목록 및 대차대조표를 작성하여 법원에 제출하여야 한다(채무자회생 · 파산법 제91조). 그리고 관리인은 지체없이 일정한 사항을 조사하여 제 1 회 관계인집회의 기일 전까지 법원과 관리위원회에 보고하여야 한다(채무자회생 · 파산법 제92조).

관리인은 회생절차개시 이후 채무자의 재산을 위하여 다음의 행위를 부인할 수 있다(채무자회생 · 파산법 제100조 제 1 항). 1) 채무자가 회생채권자 또는 회생담보권자를 해하는 것을 알고 한 행위(다만, 이로 인하여 이익을 받은 자가 그 행위 당시 회생채권자 또는 회생담보권자를 해하는 사실을 알지 못한 경우에는 그러하지 아니하다), 2) 채무자가 지급의 정지, 회생절차개시의 신청 또는 파산의 신청이 있은 후에 한 회생채권자 또는 회생담보권자를 해하는 행위와 담보의 제공 또는 채무의 소멸에 관한 행위(다만, 이로 인하여 이익을 받은 자가 그 행위 당시 지급의 정지 등이 있는 것 또는 회생채권자나 회생담보권자를 해하는 사실을 알고 있은 때에 한한다), 3) 채무자가 지급의 정지 등이 있은 후 또는 그 전 60일 이내에 한 담보의 제공 또는 채무의 소멸에 관한 행위로서 채무자의 의무에 속하지 아니하거나 그 방법이나 시기가 채무자의 의무에 속하지 아니한 것(다만, 채권자가 그 행위 당시 채무자가 다른 회생채권자 또는 회생담보권자와의 평등을 해하게 되는 것을 알지 못한 경우에는 그러하지 아니하다), 4) 채무자가 지급의 정지 등이 있은 후 또는 그 전 6월 이내에 한 무상행위 및 이와 동일시할 수 있는 유상행위

Ⅵ. 法人의 理事 등의 책임

법원은 법인인 채무자에 대하여 회생절차개시결정이 있는 경우 필요하다고 인정하는 때에는 관리인의 신청에 의하거나 직권으로 채무자의 발기인·이사(제401조의2 제 1 항의 규정에 의하여 이사로 보는 자를 포함한다)·감사·검사인 또는 청산인에 대한 출자이행청구권 또는 이사 등의 책임에 기한 손해배상청구권을 보전하기 위하여 이사 등의 재산에 대한 보전처분을 할 수 있다(채무자회생·파산법 제114조 제 1 항). 법원은 긴급한 필요가 있다고 인정하는 때에는 회생절차개시결정 전이라도 채무자(보전관리인이 선임되어 있는 때에는 보전관리인)의 신청에 의하거나 직권으로 소정의 규정에 의한 보전처분을 할 수 있다(채무자회생·파산법 제114조 제 3 항). 그리고 법원은 법인인 채무자에 대하여 회생절차개시결정이 있는 경우 필요하다고 인정하는 때에는 관리인의 신청에 의하거나 직권으로 이사 등에 대한 출자이행청구권이나 이사 등의 책임에 기한 손해배상청구권의 존부와 그 내용을 조사확정하는 재판을 할 수 있다(채무자회생·파산법 제115조 제 1 항).

제 3 장

有限會社

제 1 절　有限會社의 개념

제 1 관　有限會社의 의의

유한회사는 사원의 균등액단위의 출자로 이루어진 자본을 기초로 하는 회사이다. 사원은 회사에 대하여 출자의무를 부담하고 원칙적으로 출자금액을 한도로 책임을 질 뿐 회사채권자에 대하여는 직접 아무런 책임을 지지 않는다.

유한회사도 자본, 지분, 사원의 유한책임 등의 특질을 가지는 자본단체적 회사로서 그 기본적 성질에 있어서는 주식회사와 같다. 다만 주식회사는 대기업에 적합한 회사형태임에 반하여, 유한회사는 중소기업에 적합한 회사형태인 까닭에 자본형성방법과 사원의 지위에 있어 주식회사와 다른 점이 있다. 즉 사원의 구성이 폐쇄적이고 사원 상호간의 관계에 대하여는 자치에 맡기고 있는 점이 주식회사와 다르고 인적회사와 유사하다.

유한회사는 1892년에 독일의 입법자들이 실제적인 경제적 필요에 의하여 소수인에 의한 중소기업이 유한책임의 이점을 이용할 수 있도록 하기 위해 새로이 고안한 회사형태이다. 그 후 유럽 여러 나라에 전파되었고, 일본을 거쳐 우리나라에 도입되었다.

제 2 관　有限會社의 특성

유한회사는 주식회사와 마찬가지로 자본단체의 하나이지만, 한편 소규모 · 폐쇄적 · 비공개적인 회사의 성격을 가진다.

1. 資本團體性

유한회사는 사원의 출자에 의하여 형성되는 자본중심의 단체로서 자본은 정관의 절대적 기재사항이며(제543조 제 2 항 제 2 호), 그 증감은 정관변경의 절차에 의한다. 그리하여 유한회사에 있어서도 회사재산이 회사채권자에 대한 유일한 담보이므로 주식회사와 같이 자본납입의 원칙이 적용된다. 또 자본액 전부에 대하여 출자자가 확정되어야 회사가 성립되기 때문에 자본납입의 원칙은 중요한 의미를 갖는다.

2. 小規模閉鎖性

유한회사는 그 설립절차가 간소화되어 있다. 즉 설립방법에는 주식회사의 발기설립에 해당하는 것밖에 없고, 정관에서 각 사원이 인수할 출자좌수가 확정되며(제543조 제 2 항 제 4 호), 설립의 경과에 관하여 법원이 선임하는 검사인의 조사절차가 없다.

유한회사는 소규모 · 폐쇄적 · 비공개적 회사로서 사원의 개성이 중시된다. 따라서 원칙적으로 사원의 총수를 50인 이하로 제한하고 있으며(제545조), 지분의 양도를 제한하고(제556조), 지분에 관하여 지시식 또는 무기명식의 증권을 발행하지 못하고 출자인수의 공모, 사채의 발행도 인정되지 않는다(제555조, 제588조, 제589조 제 2 항).

또한 유한회사는 기관이 간소화되어 있다. 즉 이사는 1인 이상이면 되고(제561조) 원칙적으로 각 이사가 회사를 대표한다(제562조 제 1 항). 감사는 임의적 기관으로 되어 있고(제568조 제 1 항), 사원총회의 소집절차가 간소화되어 있다(제571조, 제573조).

제 2 절 有限會社의 설립

Ⅰ. 序　說

유한회사의 설립절차는 주식회사의 발기설립과 비슷하지만 발기인이 따로 없으며, 사원으로 될 자가 바로 정관을 작성한다. 사원은 정관에서 확정되고 기관도 정관으로 정할 수 있으며, 설립경과에 대한 조정제도가 없는 것이 그 특징이다.

Ⅱ. 設立節次

1. 定款의 작성

유한회사를 설립함에는 사원이 정관을 작성하고 기명날인 또는 서명하여야 한다. 정관은 공증인의 인증을 받음으로써 효력이 생긴다(제543조, 제292조). 정관의 절대적 기재사항으로는 1) 목적, 2) 상호, 3) 사원의 성명·주민등록번호 및 주소, 4) 자본의 총액, 5) 출자일좌의 금액, 6) 각 사원의 출자좌수, 7) 본점의 주소지 등이며, 상대적 기재사항은 현물출자·재산인수·설립비용 등 이른바 '위험설립사항'(변태설립사항)(제544조)이다. 그 밖에 선량한 풍속 기타 사회질서나 강행법규에 위반되지 않는 한 어떠한 사항도 정관에 기재할 수 있다.

2. 理事 및 監事의 선임

주식회사와 같이 발기인이 없으므로 집행기관인 이사는 정관으로 정하거나 정관 작성 후에 사원총회를 열어 선임하여야 한다. 이 사원총회는 각 사원이 소집할 수 있다(제547조). 감사는 임의기관이나 이를 두기로 정한 경우에는 위와 같은 방법으로 선임한다(제568조).

3. 出資의 이행

이사는 사원으로 하여금 출자전액의 납입 또는 현물출자의 목적인 재산전부의 급여를 시켜야 한다. 또 현물출자의 경우는 출자목적인 재산을 인도하고 등기·등록 기타 권리의 설정 또는 이전을 요할 때에는 이에 관한 서류를 완비하여 교부하여야 한다(제548조, 제295조 제2항). 납입의 해태에 대하여는 실권절차가 없으므로 강제집행에 의하여 납입을 실현시킬 수밖에 없다.

4. 設立登記

설립등기는 출자의 납입 또는 현물출자의 이행이 있은 날로부터 2주간 내에 본점소재지에서 하여야 한다(제549조 제1항). 등기사항은 법정되어 있다(제549조 제2항)(1995년 개정법에서 지점설치 및 이전시에의 등기에 관한 제549조 제3항 신설). 이 설립등기에 의하여 유한회사는 성립한다(제172조).

5. 事後設立

설립절차 중 특히 재산인수절차를 회피하는 것을 방지하기 위하여 회사가 그 성립 후 2년 내에 성립 전부터 존재하는 계산으로서 영업을 위하여 계속하여 사용할 것을 자본의 20분의 1 이상에 상당한 대가로 취득하는 계약을 체결하는 경우에는 사원총회의 특별결의를 얻어야 한다(제576조 제 2 항).

Ⅲ. 設立에 따른 責任

유한회사의 설립에 관하여는 감독제도가 없는 대신에 일정한 경우에 사원·이사·감사의 자본전보책임을 인정하고 있다(제550조, 제551조). 또한 설립사무의 해태로 인한 손해배상책임이나 회사불성립의 경우의 책임에 관하여는 아무런 규정을 두고 있지 않고 일반원칙에 맡기고 있다.

1. 社員의 不足財産價額塡補責任

현물출자 또는 재산인수의 목적인 재산의 회사성립당시의 실가가 정관에 정한 가격에 현저하게 부족한 때에는 회사성립당시의 사원은 회사에 대하여 그 부족액을 연대하여 지급할 책임이 있다(제550조 제 2 항). 이 책임은 유한회사에는 설립에 대한 조사나 현물출자 또는 재산인수에 관한 검사제도가 없기 때문에 재정적 기초가 불확실한 회사가 남설되는 것을 방지하기 위한 것이다. 연대책임으로 인한 구상관계는 지분의 좌수에 비례한다.

2. 社員과 理事·監事의 出資未畢額塡補責任

회사성립 후에 출자금액의 납입 또는 현물출자의 이행이 완료되지 아니하였음이 발견된 때에는 회사성립당시의 사원, 이사와 감사는 회사에 대하여 그 납입되지 아니한 금액 또는 이행되지 아니한 현물의 가액을 연대하여 지급할 책임이 있다(제511조 제 1 항). 이 책임도 앞의 부족재산가액전보책임과 같은 취지에서 무과실책임이다. 사원은 어떠한 경우에도 그 책임이 면제되지 아니하나 이사·감사는 유한회사의 수임자에 불과하므로 총사원의 동의가 있으면 면책된다(제551조 제 2 항·제 3 항).

Ⅳ. 設立의 無效와 取消

유한회사의 설립무효에 관하여는 주식회사의 경우와 같다(제552조). 한편 유한회사에서는 주식회사에서 인정되지 않는 설립취소의 소가 인정되고 있다(제552조 제 1 항). 유한회사는 소규모·폐쇄적 성격을 지니므로 사원의 개성이 중시되어 개개의 사원의 설립행위가 취소되어 그가 회사로부터 탈퇴하면 회사 자체를 소멸시키는 것이 적당하기 때문이다. 설립의 무효 또는 취소에 관하여는 합명회사의 규정을 준용한다(제552조 제 2 항, 제184조 제 2 항, 제185조 내지 제193조).

제 3 절 社員의 地位

Ⅰ. 社員의 자격과 수

사원의 자격에는 특별한 제한이 없으므로 자연인 외에 법인도 사원이 될 수 있다. 사원의 수는 1인 이상 50인 이하이어야 한다(제543조 제 1 항, 제545조 제 1 항 전문). 그러나 특별한 사정이 있는 경우에 법원의 허가를 얻은 때와 상속 또는 유증으로 인하여 사원의 수에 변동이 생긴 경우에는 50인을 넘어도 상관없다(제545조 제 1 항·제 2 항).

Ⅱ. 社員의 權利·義務

1. 社員의 權利

사원의 권리는 주식회사의 주주의 권리와 비슷하다. 즉 자익권으로서 이익배당청구권(제583조 제 1 항, 제462조), 잔여재산분배청구권(제612조), 출자인수권(제588조) 등이 있으며 공익권으로는 의결권(제575조), 총회소집청구권(제572조), 총회결의에 대한 소권(제578조, 제376조 내지 제381조), 설립의 무효·취소, 증자·감자 및 합병의 무효 등의 소권(제552조, 제595조, 제597조, 제445조, 제603조, 제529조), 대표소송제기권(제565조), 이사의 위법행위유지청구권(제567조, 제402조), 이사해임청구권(제567조, 제385조), 회사의 업무·재산상태에 대한 영업감독권(제581조, 제582조, 제566조) 등이 있다. 사원의 위 권리들 가운데 자익권 전부와 공익권 중 의결권, 각종의 소권, 서류열람청구권(제566조 제 3 항) 등은 단독사원권이고, 그 밖의 공익권은 자본의 100분의 3 이상에 해당하는 출자좌수를 가진 사원이 행사할 수 있는 소수사원권이다.

2. 社員의 義務

사원은 그 인수한 출자에 대한 출자의무를 부담하며, 이는 회사의 성립 전 또는 자본증가의 효력발생 전에 모두 이행하여야 한다(제548조, 제596조). 출자는 금전출자를 원칙으로 하고, 현물출자를 예외로 인정한다(제544조 제 1 호, 제586조 제 1 호).

유한회사의 사원은 유한의 출자의무만을 부담하는 것이 원칙이지만, 예외적으로 자본전보의 책임을 진다는 것은 앞서 설명한 바와 같다.

유한회사에 있어서는 사원 사이에 인적 신뢰관계가 있으므로 사원은 회사와 다른 사원에 대하여 충실의무를 진다고 본다(동지: 정동윤 · 최기원).

Ⅲ. 持　　分

1. 意　　義

유한회사의 지분이란 사원이 회사에 대하여 갖는 법률상의 지위를 말한다. 각 사원은 출자좌수에 따라 지분을 갖는다(제554조). 그리고 출자 1좌의 금액은 균일하여야 하고(제546조 제 2 항), 이익의 배당은 원칙적으로 각 사원의 출자좌수에 따라 하여야 하며(제580조), 지분에 따라 출자를 인수할 권리가 있는 점(제588조)에 비추어 우리 상법은 지분복수주의를 취하고 있다. 그런데 유한회사는 폐쇄적 · 단체적 성격을 갖기 때문에 주식회사의 경우와 달리 지시식 또는 무기명식의 증권을 발행하지 못한다(제555조). 이것은 지분의 양도가 매우 제한되어 있기 때문이다. 그러므로 지분에 관해 기명식의 유가증권을 발행하는 것도 불가능하다고 풀이한 것이다. 그러나 증거증권으로서의 지분증권을 발행하는 것은 상관이 없다. 왜냐하면 사원권의 행사와 양도를 위하여 그 소지가 필요한 것이 아니라, 다만 사원임을 증명하는 데 도움을 줄 뿐이기 때문이다. 지분을 공유하는 것은 허용되며, 주식의 공유에 관한 규정이 준용된다(제558조, 제333조).

2. 持分의 양도

사원이 투자한 자본의 회수방법의 하나로서 상법은 지분의 양도를 인정하고 있지만, 한편으로 유한회사의 비공개·폐쇄성을 고려하여 일정한 제한을 두고 있다. 즉 사원 상호간의 양도는 정관의 규정에 의하여 자유양도가 인정되며, 사원 이외의 자에 대한 양도는 사원총회의 특별결의가 있는 때에 한하여 그 지분의 전부 또는 일부를 양도할 수 있게 하였다(제556조 제 1 항·제 3 항). 지분의 양도로 인하여 사원의 총수가 50인을 초과하는 경우에는 유증의 경우를 제외하고 그 양도는 무효가 된다(제556조 제 2 항). 또한 지분의 이전은 취득자의 성명·주소와 그 목적이 되는 출자좌수를 사원명부에 기재하지 않으면 회사와 제 3 자에게 대항하지 못한다(제557조).

3. 持分의 입질

유한회사의 지분은 질권의 목적으로 할 수 있다(제559조 제 1 항). 그러나 이 경우에도 지분양도의 경우와 같은 요건을 갖추어야 한다(제559조 제 2 항, 제556조, 제557조). 지분의 증권화가 금지되므로 약식질은 인정되지 않고 등록질만이 인정된다(제560조 제 1 항, 제340조 제 1 항). 그리고 질권의 효력은 지분의 병합·소각 등의 경우에 사원이 받을 금전, 회사의 합병·조직변경의 경우에 사원이 받을 주식 또는 지분에도 미친다(제560조, 제339조).

4. 自己持分取得의 制限과 持分의 消却

여기에는 모두 주식회사의 규정이 준용된다(제560조, 제341조, 제341조의2, 제342조, 제343조 제 1 항).

제 4 절 有限會社의 機關

Ⅰ. 總 說

유한회사의 법정기관으로는 의사결정기관인 사원총회와 업무집행기관인 이사가 있다. 감독기관인 감사는 임의기관으로 하고 있다. 또한 이사가 수인인 때에도 주식회사와 같이 이사회와 대표이사로 분화하지 않고 있다. 이와 같이 기관이 간소화되어 있고 그 활동의 자유가 널리 인정되는 것은 유한회사가 중소기업의 경영을 위한 회사형태이기 때문이다.

Ⅱ. 理 事

1. 意 義

유한회사의 이사는 기업의 업무를 집행하고 이를 대표하는 필요상설의 기관이다.

2. 選任 · 終任

이사의 선임은 회사설립의 경우에 정관으로 정한 경우를 제외하고 사원총회에서 한다(제547조 제 1 항, 제567조, 제382조 제 1 항).

이사의 자격 · 임기 · 수에는 특별한 제한이 없다. 이사의 보수는 정관이나 총회의 결의로 정한다(제567조, 제388조). 이사와 회사의 관계는 위임에 관한 규정이 준용된다(제567조, 제382조 제 2 항). 따라서 위임의 일반적 종료사유에 의하여 종임되며, 사원총회의 해임결의나 소수사원에 의한 해임의 청구에 의하여 종임된다(제567조, 제385조).

3. 職務 · 權限

(1) 會社代表權

이사는 각자 회사를 대표한다(제562조 제 1 항). 이사가 수인인 경우에 정관에 다른 정함이 없으면 사원총회에서 회사를 대표할 이사를 선정하여야 하며, 정관 또는 사원총회는 수인의 이사가 공동으로 회사를 대표할 것을 정할 수 있다(제562조, 제382조 제 2 항). 그러나 회사와 이사간의 소에 있어서는 이사에게 대표권이 없으며 사원총회에서 그 소에 관하여 회사를 대표할 자를 선정하여야 한다(제563조). 기타 공동대표의 경우의 수동대표(제562조 제 4 항, 제208조 제 2 항), 대표권의 범위(제567조, 제209조)는 합명회사의 그것과 같고 표현대표이사의 행위에 대하여는 주식회사에 관한 규정을 준용한다(제567조, 제395조).

(2) 業務執行權

이사는 유한회사의 업무집행기관이다. 이사가 수인인 경우에도 다른 정함이 없으면 회사의 업무집행은 그 과반수의 결의에 의하여 한다(제564조 제 1 항). 지배인의 선임 또는 해임, 지점의 설치·이전 또는 폐지도 이와 같으나, 사원총회에서 지배인을 선임 또는 해임하는 경우는 예외이다(제564조 제 2 항). 그 외의 이사의 업무로는 사원총회의 소집(제571조 제 1 항), 정관·사원총회의 의사록·사원명부 등의 비치(제566조 제 1 항), 재무제표의 작성과 제출(제597조 제 1 항·제 2 항), 영업보고서의 작성과 제출(제579조의2), 재무제표 등의 비치·공시(제579조의3) 등이 있다.

4. 義　　務

이사와 회사의 관계는 위임에 관한 규정이 준용되므로(제570조, 제382조 제 2 항) 이사는 회사에 대하여 선관주의의무를 부담한다. 또한 이사는 경업금지의무가 있으며(제567조, 제397조), 자기 또는 제 3 자의 계산으로 회사와 거래하는 경우에는 감사의 승인을, 감사가 없는 때에는 사원총회의 승인을 얻어야 하는 자기거래의 제한이 있다(제564조 제 3 항). 위의 승인이 있는 때에는 민법 제124조의 자기계약·쌍방대리 규정을 적용하지 아니한다(제564조 제 3 항 제 2 문).

이사는 그 밖에도 정관, 사원총회의 의사록 및 사원명부의 비치의무(제566조 제 1 항), 재무제표·영업보고서의 작성과 제출의무 및 비치의무 등을 진다(제579조, 제579조의2, 제583조, 제449조, 제579조의3).

5. 責　　任

(1) 損害賠償責任

이사가 법령 또는 정관에 위반한 행위를 하거나 그 임무를 게을리한 때에는 그 이사가 연대하여 회사에 대하여 손해배상책임을 지고, 이에 동의한 이사도 같은 책임을 지며, 이 이사의 책임은 총사원의 동의가 없으면 면제할 수 없다(제567조, 제399조, 제400조). 또한 이사가 악의 또는 중대한 과실로 인하여 그 임무를 게을리한 때에는 그 이사는 제 3 자에 대하여 연대하여 손해를 배상할 책임이 있다(제567조, 제401조).

(2) 資本塡補責任

이사는 회사의 설립(제551조), 자본의 증가(제594조) 및 조직변경(제607조 제 4 항)의 경우에 자본전보책임을 진다. 이 책임도 총사원의 동의가 없으면 면제할 수 없다(제551조 제 3 항, 제594조 제 3 항, 제607조 제 4 항).

Ⅲ. 社員總會

1. 意 義

사원총회는 사원으로 구성된 회사의 필요적 최고의사결정기관이다. 그 성질은 주주총회와 같으나 주주총회의 권한이 상법 또는 정관기재사항에 한정되어 있는 데 반하여, 사원총회는 그러한 제한이 없으므로 법령이나 정관에 위반하지 않는 한 모든 사항에 관하여 의사결정을 할 수 있다. 그러나 사원총회의 소집절차와 결의방법은 유한회사의 소규모·폐쇄성 때문에 매우 간소화되어 있다.

2. 召 集

사원총회의 소집은 원칙적으로 이사가 하지만, 감사를 둔 경우에는 감사도 임시총회를 소집할 수 있다(제571조 제 1 항). 소수사원도 총회의 소집을 청구할 수 있으며(제572조 제 1 항), 법원의 명령에 의하여 감사 또는 이사가 소집하는 경우도 있다(제582조 제 3 항).

사원총회를 소집함에는 회일을 정하고 1주간 전에 각 사원에 대하여 서면으로 그 통지를 발송하여야 한다. 이 기간은 정관으로 단축할 수 있다(제571조 제 2 항). 그러나 총사원의 동의가 있을 때에는 소집절차 없이 총회를 열 수 있다(제573조).

3. 議 決 權

각 사원은 출자 1좌마다 1개의 의결권을 갖는 것이 원칙이지만 정관으로 이 점에 관하여 다르게 정할 수 있다(제575조). 그러나 사원의 의결권을 전적으로 박탈할 수는 없다.

의결권의 대리행사(제368조 제 3 항), 특별이해관계인의 의결권제한(제368조 제 4 항), 출석사원의 의결권수의 계산에 있어서 특별이해관계인의 의결권의 불산입(제371조 제 2 항) 등은 모두 주주총회의 경우와 같다(제578조).

4. 決　　議

사원총회의 결의는 결의요건에 따라 1) 총사원의 의결권의 과반수를 가지는 사원이 출석하고 그 의결권의 과반수로써 결의하는 보통결의(제574조), 2) 총사원의 반수 이상이며 총사원의 의결권의 4분의 3 이상을 가지는 자의 동의로 하는 특별결의(제585조 제 1 항), 3) 총사원의 일치에 의한 결의가 있어야 하는 특수결의(제607조 제 1 항) 등이 있다. 이 중 보통결의의 요건은 정관으로 다른 정함을 할 수 있다(제574조). 특별결의에 있어서는 의결권을 행사할 수 없는 사원은 이를 총사원의 수에, 그 행사할 수 없는 의결권은 이를 의결권의 수에 산입하지 아니한다(제585조 제 2 항).

특별결의사항으로는 지분의 양도(제556조 제 1 항), 영업의 양도·임대·경영위임 등의 계약(제576조 제 1 항, 제374조 제 1 호·제 2 호·제 3 호), 사후설립(제576조 제 2 항), 정관변경(제585조 제 1 항), 자본증가의 경우의 현물출자·재산인수·출자인수권의 부여(제586조, 제587조), 사원의 출자인수권의 제한(제588조), 사후증자(제596조, 제576조 제 2 항), 합병(제598조), 설립위원의 선임(제599조), 회사의 해산·계속(제609조, 제610조), 자본감소(제597조, 제439조 제 1 항) 등이 있고, 특수결의사항으로는 유한회사의 주식회사로의 조직변경(제607조, 제531조), 이사·감사의 책임면제(제567조, 제570조, 제400조) 등이 있다. 그 외는 모두 보통결의사항이다.

결의방법은 원칙적으로 사원이 모여 회의를 개최하고 토의를 거쳐 결의하여야 하지만, 총사원의 동의가 있는 때에는 서면에 의한 결의를 할 수도 있다(제577조 제 1 항). 이 때 동의는 특정사항에 관하여 하여야 하고, 미리 일반적으로 하는 것은 허용되지 않는다(동지: 정희철·정찬형·손주찬·정동윤). 또한 결의의 목적사항에 대하여 총사원이 서면으로 동의한 때에는 서면에 의한 결의가 있는 것으로 본다(제577조 제 2 항). 서면에 의한 결의는 총회의 결의와 동일한 효력이 있다(제577조 제 3 항). 이것은 소규모인 유한회사의 경영을 간편하게 하기 위한 것으로서 총회에 관한 규정이 여기에 준용되고 있다(제577조 제 4 항).

사원총회의 결의에 하자가 있는 경우에 결의의 무효·취소·부존재 및 부당결의의 취소·변경에 관하여는 주주총회의 결의의 하자에 관한 규정이 준용된다(제578조, 제376조 내지 제381조).

Ⅳ. 監 事

유한회사에 있어서 감사는 임의기관으로서 정관에 의하여 1인 또는 수인의 감사를 둘 수 있다(제568조 제 1 항).

최초의 감사는 정관으로 직접 정할 수 있지만 이를 정관으로 정하지 않은 경우와 그 후의 감사는 사원총회에서 선임한다(제568조 제 2 항, 제547조). 감사의 해임은 사원총회의 특별결의에 의하여 언제든지 할 수 있으나(제570조, 제385조 제 1 항), 소수사원에 의한 해임의 소는 인정되지 않는다.

감사는 언제든지 회사의 업무와 재산상태를 조사할 수 있고, 이사에 대하여 영업에 관한 보고를 요구할 수 있다(제569조). 또한 임시사원총회를 소집할 수 있고(제571조 제 1 항), 설립무효 및 증자무효의 소를 제기할 수 있으며(제552조, 제595조), 이사와 회사간의 거래승인권이 있다(제564조 제 3 항).

감사는 회사성립 후의 출자미필액과 자본증가 후의 미인수출자액의 전보책임을 지고(제551조, 제594조), 회사 또는 제 3 자에 대하여 손해배상책임을 진다(제570조, 제414조). 또한 감사는 이사가 사원총회에 제출할 의안 및 서류에 관하여 조사하고, 이를 사원총회에 보고할 의무가 있으며(제570조, 제413조), 감사보고서를 이사에게 제출하여야 한다(제579조 제 3 항).

이 밖에 주식회사의 감사결원의 경우(제386조), 보수(제388조), 직무집행정지, 직무대행자의 선임(제407조), 책임면제(제400조) 등의 규정은 유한회사의 감사에 준용한다(제570조).

Ⅴ. 檢 査 人

유한회사는 회사의 업무와 재산상태를 조사하는 임시적·임의직 기관으로서 검사인을 사원총회의 보통결의로 선임하거나 소수사원의 청구로 법원이 선임할 수 있다(제582조 제 1 항). 검사인은 그 조사의 결과를 서면으로 법원에 제출해야 한다(제582조 제 2 항). 법원은 이 보고에 의하여 필요하다고 인정한 경우에는 감사나 이사에게 사원총회의 소집을 명할 수 있다(제582조 제 3 항).

그러나 회사설립경과와 '위험설립사항'에 관하여 검사인의 조사를 받지 않는 점이 주식회사의 경우와 다르다.

제5절 有限會社의 資本과 計算

제1관 有限會社의 資本

Ⅰ. 序 說

유한회사는 수권자본제도가 채택되어 있지 않고, 자본의 총액이 정관의 절대적 기재사항이므로 자본의 증가와 감소가 정관변경의 한 경우에 해당한다. 정관의 변경은 특별결의의 방법에 의한다.

Ⅱ. 資本增加

1. 意 義

자본증가(증자)란 정관에 정한 자본의 총액이 증가하는 것을 말한다. 유한회사는 사채발행이 금지되므로 자금조달을 위해서는 자본증가가 중요한 방법이다.

2. 資本增加의 방법

자본증가의 방법에는 출자좌수의 증가, 출자 1좌의 금액의 증가, 양자의 병용 등의 방법이 있다. 출자 1좌의 금액을 증가시키는 경우는 사원의 유한책임원칙의 예외에 속하므로 총사원의 동의가 필요하다(동지: 최기원 · 정동윤 · 이철송).

3. 資本增加의 절차

(1) 社員總會의 決議

자본을 증가시키기 위해서는 사원총회의 특별결의에 의한 정관변경이 있어야 한다(제584조, 제585조). 이 결의에서는 정관에 다른 정함이 없더라도 현물출자 · 재산인수 · 출자인수권의 부여에 관하여 정할 수 있다(제586조).

(2) 出資의 引受 · 履行

사원은 지분에 따라 증가자본을 인수할 권리가 있다(제588조). 다만 자본증가의 결의에서 출자인수권을 부여할 자를 정한 경우(제586조 제 3 호)와 총회의 특별결의에 의하여 특정한 자에 대하여 출자인수권을 부여할 것을 약속한 경우(제587조)에는 사원의 출자인수권이 제한된다(제588조 제 2 문). 출자의 인수를 하고자 하는 자는 인수를 증명하는 서면에 인수할 출자의 좌수와 주소를 기재하고 기명날인 또는 서명하여야 한다(제589조 제 1 항). 이 방식에 의하지 않은 출자의 인수는 무효이다. 유한회사는 그 폐쇄성 때문에 광고 기타의 방법으로 인수인을 공모하지 못한다(제589조 제 2 항). 새로운 출자의 인수에 의하여 사원의 총수가 50인을 초과하여서는 안 된다(제545조). 증가된 출자좌수의 전부에 대한 인수가 있는 때에는 이사는 인수인으로 하여금 출자전액의 납입 또는 현물출자의 목적인 재산의 급여를 시켜야 한다(제596조, 제548조). 자본증가에 해당하는 새로운 출자의 전부에 관한 인수 및 출자이행이 없으면 자본증가는 성립되지 않는다.

(3) **變更登記**

출자의 이행이 완료되면 출자증가로 인한 변경등기를 2주간 내에 본점의 소재지에서 하여야 한다(제591조)(1995년 개정법에서 지점의 소재지에서의 등기를 삭제함). 이 등기에 의하여 자본증가의 효력이 생긴다(제592조).

4. 資本增加에 관한 責任

자본증가의 경우에도 사원·이사·감사는 자본납입책임을 진다. 즉 현물출자나 재산인수의 목적인 재산의 실가가 평가보다 현저히 부족한 때에 그 증자결의에 동의한 사원은 부족액을 전보할 책임이 있으며(제593조), 이사와 감사는 자본증가 후에 인수되지 아니한 출자가 있는 경우에 출자의 인수책임을 지며, 자본증가 후에 납입 또는 급여미필재산의 가액에 대한 지급책임이 있다(제594조).

5. 事後增資

유한회사가 그 증자 후 2년 내에 증자 전부터 존재하는 재산으로서 영업을 위하여 계속하여 사용할 것을 자본의 20분의 1 이상에 상당하는 대가로 취득하는 것을 사후증자라고 하는데, 이러한 계약을 체결하는 경우에는 사원총회의 특별결의가 있어야 한다(제596조, 제576조 제 2 항).

6. 資本增加의 無效

자본증가의 무효는 사원 · 이사 · 감사에 한하여 본점소재지에서 자본증가의 등기를 한 날로부터 6월 내에 소만으로 이를 주장할 수 있다(제595조 제 1 항). 이 경우에는 주식회사의 신주발행무효의 소에 관한 규정이 준용된다(제595조 제 2 항, 제430조 내 제432조).

Ⅲ. 資本減少

자본감소도 정관에 정한 자본총액을 감소하는 것이므로 정관변경의 한 경우이다. 자본감소의 방법에는 출자좌수의 감소, 출자 1좌의 금액의 감소, 양자의 병용 등이 있다.

감소절차는 사원총회의 특별결의, 채권자보호절차, 감소한 자본과 출자와의 조정절차를 거친다. 즉 출자 1좌의 금액감소의 경우에는 환급 또는 체기, 출자좌수의 감소에는 지분의 소각이나 병합을 거쳐서 감자에 의한 변경등기를 하게 된다. 이 등기는 자본증가와는 달리 자본감소의 효력발생요건이 아니다.

자본감소의 무효에 관하여는 주식회사에 관한 규정이 준용된다(제597조, 제445조, 제446조).

제 2 관 有限會社의 計算

Ⅰ. 序 說

유한회사의 사원도 회사의 채무에 대하여 간접 · 유한책임을 지기 때문에 회사채권자를 보호하기 위하여 회사의 경리에 관한 규제가 필요하다. 즉 회사자본에 관하여는 출자는 재산출자에 한정되고, 출자의 환급이 금지되며, 회사손실전보 후에만 이익배당이 가능하고, 창업비를 소각하여야 하며, 법정준비금제도가 있는 등 주식회사에서의 자본에 관한 규정이 많이 준용되고 있다. 다만 유한회사는 소규모 · 폐쇄적 성격을 가지므로 대차대조표의 공고의무가 면제되고, 건설이자의 배당제도가 인정되지 아니하며, 주식회사에서 인정되고 있는 회사정리제도가 없다.

Ⅱ. 財務諸表·營業報告書

이사는 매결산기에 재무제표, 즉 대차대조표, 손익계산서, 이익잉여금처분계산서 또는 결손금처리계산서와 그 부속명세서 및 영업보고서를 작성하여 감사가 있는 때에는 정기총회회일로부터 4주간 전에 이들 서류를 감사에게 제출하여야 한다(제579조 제 1 항·제 2 항). 감사는 위 서류를 받은 날로부터 3주간 내에 감사보고서를 이사에게 제출하여야 한다(제579조 제 3 항). 감사가 없는 경우에는 재무제표를 이사가 직접 정기총회에 제출하여 그 승인을 요구하여야 하고, 영업보고서를 총회에 제출하여 그 내용을 보고하여야 한다(제583조, 제449조 제 1 항·제 2 항). 재무제표의 작성에 있어서 따라야 할 기업회계의 제원칙, 재무제표의 형식, 자산의 평가방법, 준비금 등은 모두 주식회사의 경우와 비슷하게 규정되어 있다(제583조 제 1 항, 제452조, 제453조, 제458조 내지 제460조). 1995년 개정법에서 유한회사에 대하여도 창업비, 개업비와 연구개발비를 이연자산으로 안정하였다(제583조 제 1 항, 제453조, 제453조의2, 제457조의2).

이사는 재무제표·영업보고서 및 감사보고서를 정기총회회일의 1주간 전부터 5년간 회사에 비치하여야 한다(제579조의3 제 1 항). 사원과 회사채권자는 영업시간 내에는 언제든지 위 서류를 열람할 수 있으며, 회사가 정한 비용을 지급하고 그 서류의 등본이나 초본의 교부를 청구할 수 있다(제579조의3 제 2 항, 제448조 제 2 항). 또한 자본의 100분의 5 이상의 출자좌수를 가진 사원은 회계의 장부와 서류의 열람 또는 등사를 청구할 수 있다(제581조 제 1 항).

Ⅲ. 利益配當

유한회사의 이익배당도 손실전보와 법정준비금적립 후가 아니면 하지 못함은 주식회사에서와 같다(제583조 제 1 항, 제462조). 이익배당은 정관에 다른 정함이 있는 경우 외에는 각 사원의 출자좌수에 따라 하여야 한다(제580조). 위법배당의 경우에 회사채권자가 반환청구를 할 수 있음은 주식회사에서 본 바와 같다(제583조 제 1 항, 제462조 제 2 항).

제 6 절 有限會社의 解散과 淸算

Ⅰ. 解　　散

유한회사의 해산사유로는 1) 존립기간의 만료 기타 정관에 정한 사유의 발생, 2) 사원총회의 결의, 3) 합병, 4) 파산, 5) 법원의 해산명령 또는 6) 해산판결 등이다(제609조).

위의 1)·2)의 경우에는 특별결의에 의하여 회사를 계속할 수 있다(제610조; 서울고판 1981. 1. 15, 80 나 1543). 또한 해산등기 후에도 위와 같은 회사의 계속이 가능하며, 이 때에는 소정의 등기를 하여야 한다(제611조).

회사가 해산한 때에는 합병과 청산의 경우 외에는 일정한 기간 내에 해산등기를 하여야 한다(제613조 제 1 항, 제228조).

Ⅱ. 淸　　算

유한회사의 청산은 주식회사에서와 같이 모두 법정청산이다. 청산절차는 거의 주식회사와 같다(제613조 참조). 청산중의 유한회사에 있어서는 이사는 청산인이 되지만 사원총회와 감사는 그대로 존속한다.

유한회사의 청산에는 주식회사에 있어서와 같은 청산인회와 대표청산인의 분화가 없으며, 각 청산인이 청산사무의 집행과 대표권을 갖는다. 청산사무는 주식회사의 경우와 같다.

잔여재산의 분배는 정관에 다른 정함이 있는 경우가 아니면 각 사원의 출자좌수에 따라서 분배하여야 한다(제612조).

감사의 제 3 자에 대한 책임 및 재무제표승인 후의 책임해제에 관한 것은 주식회사의 규정이 준용되는 등 기타의 점도 대체로 주식회사의 경우와 같다(제613조).

제4장

合名會社

제1관 合名會社의 개념

Ⅰ. 合名會社의 의의

합명회사는 모든 사원이 회사채무에 대하여 직접·연대·무한의 책임을 지는 회사이다. 그러나 1차적인 책임재산은 회사의 재산이므로 사원의 책임은 회사의 재산으로 회사의 채무를 완제할 수 없을 때에 지는 보충적 책임이다(제212조 제1항). 이와 같이 합명회사의 사원은 무거운 책임을 지므로 각 사원은 원칙적으로 당연히 회사의 업무집행기관이 되고 회사를 대표할 권리·의무를 갖는다(제200조, 제207조).

합명회사는 서로 신뢰관계에 있는 소수의 사원으로 구성되고, 법률관계에 있어서 사원의 개성이 농후하고 회사의 인적 요소에 중점이 주어지므로 인적회사의 전형이다. 상법은 모든 회사를 일률적으로 사단법인으로 규정하고 있으나(제169조, 제171조 제1항), 합명회사의 실질은 조합이다. 따라서 회사의 내부관계에 관하여는 정관 또는 상법에 다른 규정이 없으면 조합에 관한 민법의 규정을 준용한다(제195조).

합명회사는 중세 이탈리아와 독일의 상업도시에 있어서의 공동상속에서 시작되었다. 즉 수인의 상속인이 망부의 영업을 공동상속한 가족적 결합이 오늘날의 합명회사의 기원이다. 합명회사에 관한 최초의 입법은 1673년의 프랑스의 상사조례이고 1807년의 프랑스상법 및 1871년의 독일구상법이 이것을 따른 후 여러 나라의 입법에 영향을 주었다.

Ⅱ. 合名會社의 경제적 기능

합명회사는 인적 결합이 강한 회사이므로 가까운 친척이나 친구 등과 같이 밀접한 이해관계자간에 조직되는 것이 보통이며, 사원의 광범위한 자치가 인정되므로 다양한 경제적 관계와 수요에 대처할 수 있고 모든 사원이 각자 업무를 집행하고 회사를 대표하므로 상거래에 있어서 유동성과 신속성이 보장된다.

제 2 관 合名會社의 설립

Ⅰ. 序 說

합명회사는 신뢰관계로 맺어진 소수인의 단체이고, 사원이 무한책임을 지기 때문에 회사채권자의 보호를 위하여 주식회사와 같은 복잡하고 엄격한 설립절차를 필요로 하지 않는다. 그러므로 합명회사의 설립은 정관의 작성과 설립등기를 함으로써 성립한다. 주식회사와 달리 출자의 이행이 회사의 성립요건이 아니며, 발기인이 따로 없다.

Ⅱ. 設立節次

1. 組合契約

합명회사를 설립함에는 먼저 회사설립이라는 공동사업을 하기 위하여 재산·노무·신용의 출자를 하는 것을 내용으로 하는 회사설립을 위한 당사자간의 계약이 있어야 한다. 이는 민법상의 조합계약이다(민법 제703조).

2. 定款의 작성

합명회사를 설립하려면 사원이 되고자 하는 자 2인 이상이 정관을 작성하여야 한다(제178조). 사원은 자연인에 한한다(제173조).

정관에 기재할 절대적 기재사항은 1) 목적, 2) 상호, 3) 사원의 성명, 주민등록번호와 주소, 4) 사원의 출자의 목적과 그 가격 또는 평가의 표준, 5) 본점의 소재지, 6) 정관의 작성연월일, 7) 각 사원의 기명날인 또는 서명 등이다(제179조).

상대적 기재사항은 정관에 반드시 기재를 필요로 하는 것은 아니지만, 법률상의 효력을 가지기 위하여는 정관에 기재하여야 하는 사항이다. 이에는 1) 사원의 업무집행권의 제한(제200조), 2) 회사의 존립기간과 해산사유(제227조), 3) 대표사원의 결정(제270조 단서), 4) 공동대표(제208조 제 1 항), 5) 퇴사사유(제218조 제 1 항), 6) 퇴사원의 지분환급의 제한(제222조), 7) 임의청산(제247조) 등이 있다.

이것 이외에 정관에는 합명회사의 본질, 강행법규 또는 선량한 풍속 기타 사회질서에 반하지 않는 한 임의사항을 기재할 수 있다.

3. 設立登記

정관의 작성에 의하여 실체가 형성된 합명회사가 법인격을 취득하기 위해서는 회사의 본점소재지에서 설립등기를 하여야 한다(제172조). 설립등기의 등기사항으로는 1) 목적, 2) 상호, 3) 사원의 성명, 주민등록번호와 주소, 다만 대표사원을 정한 때에는 그 이외 사원의 주소는 제외, 4) 본점의 소재지 및 지점을 둔 때에는 그 소재지, 5) 사원의 출자의 목적, 재산출자에는 그 가격과 이행한 부분, 6) 존립기간 기타 해산사유를 정한 때에는 그 기간 또는 사유, 7) 회사를 대표할 사원을 정한 때에는 그 성명, 8) 공동대표를 정한 때에는 그 규정 등이다(제180조).

회사의 설립등기사항에 변경이 있는 때, 지점을 신설하거나 본·지점의 이전이 있는 경우에는 일정기간 내에 이에 따른 등기를 하여야 한다(제181조 내지 제183조).

Ⅲ. 設立의 無效와 取消

1. 總　　說

합명회사의 설립에 하자가 있는 경우에 그 설립의 효력을 다투는 방법으로서 상법은 법률관계의 획일적 처리와 거래안전의 조화를 위하여 설립무효의 소와 취소의 소에 관하여 규정하고 있다. 즉 이러한 제도에 의하여 설립의 무효 또는 취소를 인정하지만 효력은 소급시키지 않고 있다.

설립무효의 원인으로서 객관적 무효원인 외에 주관적 무효원인이 포함되어 있는 점과 설립취소의 소가 인정되고 있다는 점이 주식회사의 경우와 다르다.

2. 設立의 無效

(1) 設立無效의 원인

객관적 무효원인으로서는 정관의 절대적 기재사항이 흠결되었거나 그 기재가 불법인 때, 설립등기가 무효인 때 등을 들 수 있고, 주관적 무효원인으로서는 사원의 심신상실, 의사표시의 흠결 등이 있는 경우이다. 합명회사는 사원의 인적 신용이 중요시되므로, 설립행위자 가운데 단 1인이라도 그 의사표시가 무효가 되면 회사의 설립행위 전체가 무효로 된다.

(2) 設立無效의 訴

회사설립의 무효는 그 사원에 한하여 회사성립의 날(설립등기일)로부터 2년 내에 소만으로써 이를 주장할 수 있다(제184조). 설립무효의 소의 절차, 판결의 효력 및 패소원고의 책임 등은 주식회사의 그것과 같다.

3. 設立의 取消

(1) 設立取消의 원인

개개의 사원의 설립행위의 취소원인(주관적 사유)은 회사설립의 취소원인이 된다. 즉 사원의 행위무능력(민법 제5조, 제10조, 제13조) 또는 의사표시의 하자(민법 제109조, 제110조)에 의한 설립행위 등이 설립취소의 원인이 된다. 또한 상법은 사원이 그 채권자를 해할 것을 알고 회사를 설립한 때에도 취소원인으로 하고 있다(제185조). 따라서 채무자에게 채권자를 만족시킬 재산이 남지 않게 되면, 채권자는 채무자가 가지는 회사지분을 압류하고 채무자의 퇴사고지를 할 수도 있고(제223조, 제224조) 설립을 취소함으로써 회사해체를 통해 자신을 보호할 수도 있다.

(2) 設立取消의 訴

설립의 취소는 취소원인이 사원의 무능력, 의사표시의 하자인 경우에는 민법의 일반적 취소권자(제184조 제2항; 민법 제140조)가, 사원이 채권자를 해할 것을 알고 회사를 설립한 때에는 채권자가 그 사원과 회사에 대하여 회사성립의 날로부터 2년 내에 소만으로써 이를 주장할 수 있다(제184조, 제185조).

4. 會社의 繼續

회사의 설립무효 또는 취소의 판결이 확정된 경우에 그 무효나 취소의 원인이 특정한 사원에 한한 것인 때에는 다른 사원 전원의 동의로써 회사를 계속할 수 있으며, 이 경우에 그 무효 또는 취소의 원인이 있는 사원은 퇴사한 것으로 본다. 그 결과 사원이 1인으로 된 때에는 새로 사원을 가입시켜서 회사를 계속할 수 있다. 회사를 계속하는 경우에는 이미 회사해산의 등기를 하였을 때에는 본점 및 지점의 소재지에서 소정기간 내에 회사의 계속등기를 하여야 한다(제194조). 이 제도는 기업유지의 이념이 발현된 것이다.

제 3 관 合名會社의 機構

Ⅰ. 序 說

1. 內部關係와 外部關係

합명회사의 법률관계는 회사와 사원, 사원 상호간, 회사와 제 3 자, 사원과 제 3 자와의 관계로 나눌 수 있다. 일반적으로 앞의 두 가지를 회사의 내부관계라고 하고, 뒤의 두 가지를 회사의 외부관계라고 한다. 합명회사를 사단으로 규정함에도 불구하고 사원 상호간의 관계가 인정되고, 사원이 직접 제 3 자에 대하여 책임을 지는 것은 합명회사의 실체가 조합적 결합체라는 이유에 기한 것이다. 따라서 합명회사의 사단법인으로서의 법형식과 조합적 단체로서의 실질을 조화시키는 방향으로 법률관계를 풀어가야 한다.

2. 合名會社에 관한 法規의 성격

회사의 내부관계는 출자 · 손익분배 · 업무집행 · 정관변경 · 경업금지의무 · 지분 등으로 구성되며, 외부관계는 회사대표, 회사의 책임 등이 문제된다. 내부관계는 사원의 자유로운 결정에 맡기더라도 폐해가 생길 염려가 적으므로 계약자유의 원칙이 지배한다. 따라서 상법의 규정은 임의적 · 보충적인 것이어서 정관, 상법의 규정, 조합에 관한 민법규정의 순서로 내부관계에 적용된다(제195조). 그러나 외부관계에 관한 법규는 거래의 안전 기타 사회적 이익에 관계되므로 강행법규에 속한다.

Ⅱ. 內部關係

1. 出 資

⑴ 出資의 의의와 증류

출자란 사원이 회사의 업무목적을 달성하기 위하여 사원의 자격에서 일정한 유형·무형의 수단을 회사에 대하여 급여하는 것을 말한다. 사원은 반드시 출자를 하여야 하며(제179조 제4호) 정관의 규정으로도 이에 반하는 정함을 할 수 없다.

출자의 목적은 재산 또는 노무·신용의 어느 것이라도 상관이 없다(제222조, 제195조; 민법 제703조 제2항). 노무의 출자란 사원이 회사를 위하여 노동력을 제공하는 것이고, 신용의 출자란 사원이 자기의 신용을 회사로 하여금 이용하게 함으로써 하는 출자이다. 이와 같이 재산 이외에 노무와 신용출자를 인정하는 이유는 사원이 대외적으로 무한책임을 지기 때문이다.

⑵ 出資義務의 발생과 소멸

사원의 추상적 출자의무는 회사설립의 경우에는 회사의 설립계약에 의하여, 회사설립 후 입사하는 경우에는 입사계약에 의해서 발생하고, 그 내용은 정관에서 확정된다. 이 추상적 출자의무는 사원자격에 기한 의무이므로 사원에 대한 회사의 추상적 출자청구권은 양도나 강제집행의 목적이 될 수 없으며, 최고 및 기한의 도래로 인하여 구체적 채무로 된다. 이 구체적 출자의무는 사원자격과 독립된 하나의 채무로서 사원이 퇴사한 후에도 존재하며 양도나 강제집행의 목적이 된다. 추상적 출자의무는 그 이행 또는 사원자격의 소멸에 의하여 소멸한다.

⑶ 出資義務의 이행

출자의무이행의 시기와 방법은 정관에 정한 바에 따르고, 정관에 특별한 규정이 없으면 보통의 업무집행의 방법에 따라 자유로이 결정한다(제195조; 민법 제706조 제1항·제2항). 다만 이 경우에는 사원평등의 원칙에 따라야 하며, 이것에 위반한 출자이행의 최고는 무효이다.

출자의무이행은 출자의 종류에 따라 금전의 납입, 현물출자의 목적인 재산의 이전, 노무의 제공, 신용의 제공 등의 방법에 의한다. 현물출자의 목적물에 관한 위험부담·담보책임 등은 민법의 일반원칙이 준용된다. 채권출자의 경우에 그 채권이 변제기에 변제되지 아니한 때에는 사원은 그 채권액을 변제할 책임을 지고, 이자지급뿐만 아니라, 이로 인한 손해를 배상하여야 한다(제196조).

사원이 구체화된 출자의무를 이행하지 아니하면 채무불이행의 일반적 효과 이외에 제명 또는 업무집행권이나 대표권상실의 사유가 된다(제220조 제 1 항 제 1 호, 제205조 제 1 항, 제216조).

2. 業務執行

(1) 의 의

업무집행이란 회사가 정관에 정하여진 목적을 달성하기 위하여 하는 직·간접의 대내·대외적인 업무활동을 말한다. 법률행위뿐만 아니라, 사실행위도 포함한다. 회사대표는 업무집행의 대외적 측면이다.

(2) 業務執行의 權利·義務

합명회사의 각 사원은 정관에 다른 규정이 없는 때에는 회사의 업무를 집행할 권리와 의무가 있다(제200조 제 1 항). 이처럼 인적 결합을 중요시하는 합명회사에 있어서는 사원 스스로가 업무집행기관을 구성함으로써 사원자격과 기관자격이 일치하게 된다. 다만 정관의 규정에 의하여 사원의 1인 또는 수인을 업무집행사원으로 정할 수 있으며, 이 경우에는 업무집행사원만이 회사의 업무를 집행할 권리와 의무가 있게 된다(제201조 제 1 항). 업무집행의 권리·의무는 사원 이외에는 아무도 가질 수 없고, 총사원의 업무집행권을 박탈하는 것은 허용되지 않는다.

업무집행사원이 업무를 집행함에 현저하게 부적임하거나 중대한 의무에 위반한 행위가 있는 때에는 법원은 사원의 청구에 의하여 업무집행권한의 상실을 선언할 수 있다(제205조 제 1 항). 업무집행사원과 회사와의 관계는 위임이며, 따라서 업무집행사원은 선관주의의무로써 업무를 집행하여야 한마(민법 제681조).

2001년 개정상법은 합명회사와 합자회사에서 사원의 업무집행과 관련하여 업무집행정지 가처분제도와 직무대행자 선임가처분제도를 신설하였다. 그러나 가처분의 사유나 가처분신청권자 등에 대한 실체법적 규정을 두고 있지 않은 문제점을 안고 있다. 상법에 따르면 사원의 업무집행을 정지하거나 직무대행자를 선임하는 가처분을 하거나 그 가처분을 변경·취소하는 경우에는 본점 및 지점이 있는 곳의 등기소에서 이를 등기하여야 하며(제183조의2), 직무대행자는 가처분명령에 다른 정함이 있는 경우 외에는 법인의 통상업무에 속하지 아니한 행위를 하지 못한다. 다만, 법원의 허가를 얻은 경우에는 그러하지 아니하다(제200조의2 제 1 항). 그러나 직무대행자가 직무범위를 벗어난 행위를 한 경우에도 회사는 선의의 제 3 자에 대하여 책임을 진다(제200조의2 제 2 항).

(3) 業務執行의 방법

회사의 업무집행에 관하여는 그 의사결정이 있어야 하고, 이 의사결정은 정관에 다른 규정이 없으면 업무집행사원의 과반수로써 한다(제195조; 민법 제706조 제 2 항). 사원의 의결권은 정관에 다른 규정이 없는 한 1인 1개의 두수주의에 의하며 원칙적으로 대리행사가 인정되지 아니한다. 업무집행 자체는 단독으로 할 수 있으나 업무집행에 관한 행위에 대하여 다른 사원의 이의가 있을 때에는 곧 행위를 중지하고 총사원 과반수의 결의에 의하여야 한다(제200조 제 2 항). 또 지배인의 선임과 해임은 회사의 이해관계에 중대한 영향을 미치므로 업무집행사원이 있는 경우에도 총사원의 과반수의 결의에 의한다(제203조). 정관으로 수인의 사원을 공동업무집행사원으로 정한 때에는 지체할 염려가 있는 경우가 아니면 그 전원의 동의가 없이 업무집행에 관한 행위를 하지 못한다(제202조). "지체할 염려가 있는 때"란 즉시 업무집행행위를 하지 않으면 회사에 손해가 생길 염려가 있는 때를 말한다.

(4) 業務監視權

업무집행권을 갖지 않는 사원이 회사의 업무와 재산의 상태를 검사할 수 있는 권리를 업무감시권이라고 한다(제195조; 민법 제710조). 이것은 업무집행권이 없는 사원도 무한책임을 지기 때문에 이들을 보호하기 위한 것이므로 정관의 규정으로도 이를 박탈할 수 없다.

3. 競業禁止義務와 自己去來의 제한

(1) 競業禁止義務

1) 義務의 내용

합명회사의 사원은 다른 사원의 동의가 없으면 자기 또는 제 3 자의 계산으로 회사의 영업부류에 속하는 거래를 하지 못하며, 동종영업을 목적으로 하는 다른 회사의 무한책임사원 또는 이사가 되지 못한다(제198조 제 1 항). 이는 사원이 그 지위를 이용하여 회사와 다른 사원의 이익을 희생시키고, 자기의 이익을 꾀하는 것을 막기 위한 공익적 의무이며, 동종영업을 목적으로 하는 회사인 경우에만 적용되는 점에서 일반적으로 그것이 금지된 상업사용인과 다르다. 그러나 이 규정은 임의규정이므로 정관에 이와 달리 정할 수도 있다.

2) 義務違反의 효과

이 의무는 대내관계에 속하는 것이므로 이것에 위반하여 한 행위 자체는 유효하다. 그러나 회사는 이것을 이유로 손해배상청구를 할 수 있으며, 사원의 제명 또는 업무집행권이나 대표권을 박탈하는 제재를 할 수도 있지만, 특히 상법은 회사의 개입권을 인정하고 있다(제198조 제 2 항 · 제 3 항). 즉 사원이 의무를 위반하여 거래를 한 경우에 그 거래가 자기의 계산으로 한 것인 때에는 회사는 이를 회사의 계산으로 한 것으로 볼 수 있고, 제 3 자의 계산으로 한 때에는 그 사원에 대하여 회사는 이로 인한 이득의 양도를 청구할 수 있다. 개입권은 다른 사원 과반수의 결의에 의하여 행사하여야 하며, 다른 사원의 1인이 그 거래를 안 날로부터 2주간, 그 거래가 있은 날로부터 1년을 경과하면 소멸한다(제198조 제 4 항).

(2) 自己去來의 제한

사원은 다른 사원 과반수의 결의가 있는 때에 한하여 자기 또는 제 3 자의 계산으로 회사와 거래할 수 있다. 이 경우에는 민법 제124조의 규정을 적용하지 아니한다(제199조). 이 경우에 제한되는 거래는 회사와 사원간의 직접거래뿐만 아니라, 간접거래도 포함된다.

4. 損益分配

(1) 損益의 의의

손익이란 회사가 작성하여야 하는 대차대조표에서 회사의 순재산액(재산의 합계액－부채의 합계액)이 자본액(재산출자의 총액)을 초과하는 경우 이 초과액을 이익, 반대로 그 부족액을 손실이라고 한다.

(2) 損益의 分配

1) 分配의 기준

정관 또는 총사원의 동의로 자유로이 결정할 수 있지만, 다른 정함이 없는 경우에는 사원의 출자의 가액에 비례한다. 손익의 어느 한쪽에 대하여서만 분배의 비율을 정한 때에는 그 비율은 양자에 공통한 것으로 추정된다(제195조; 민법 제711조). 또 분할출자의 경우에는 이미 이행된 출자액을 기준으로 한다.

2) 分配의 시기와 방법

정관에 규정이 없는 한 매결산기에 대차대조표를 작성하여야 하므로(제30조 제2항) 결산기에 손익을 분배하는 것으로 볼 수 있다.

이익의 분배는 원칙적으로 금전으로써 현실로 지급하지만, 정관의 규정 또는 총사원의 동의로 이익의 전부 또는 일부를 적립금으로 사내에 유보할 수도 있다. 손실의 분담은 현실로 손실분담액을 출연시키는 것이 아니라 계산상으로 사원의 지분을 감소시키는 방법에 의하나, 사원의 퇴사시와 회사의 청산시에는 구체적으로 납입할 의무를 부담한다.

이익의 배당은 특정영업연도만의 이익을 산출하여 전영업연도의 손실을 전보하지 않고도 할 수 있다. 즉 합명회사에는 출자유지의 원칙이 적용되지 않는다. 이는 사원이 무한책임을 지기 때문이다,

5. 持 分

(1) 持分의 의의

합명회사에 있어서 그 재산은 법인인 회사 자체에 귀속하므로 사원이 그 재산에 대하여 직접 어떠한 권리를 갖지 않는다. 그러므로 합명회사의 사원의 지분이 무엇을 뜻하는가가 문제되는데, 대체로 다음 두 가지의 뜻을 가진 것으로 풀이되고 있다. 첫째로 사원권, 즉 사원이 그 자격에서 회사에 대하여 가지는 법률상의 지위를 뜻하며, 이것에는 업무집행권·회사대표권·의결권 등의 권리와 출자의무·이익배당청구권·잔여재산분배청구권 등이 포함되는데, 이는 다시 모든 사원의 공동이익을 위한 공익권과 사원 개인의 경제적 이익을 목적으로 하는 자익권으로 나뉜다. 둘째로는 퇴사한 사원의 지분의 환급이라고 말할 때의 뜻으로서 사원이 회사재산에 대하여 가지는 몫을 나타내는 계산상의 수액을 의미한다. 이는 자익권을 경제적으로 평가한 것에 지나지 않으며 회사의 재산상태에 따라 항상 증감한다.

사원의 지분은 회사의 설립행위, 입사, 지분의 양수·상속에 의하여 취득하고, 지분의 양도, 설립행위의 취소, 퇴사에 의하여 상실한다.

⑵ 持分의 양도

지분의 양도란 사원이 그 사원권의 전부 또는 일부를 타인에게 이전하는 것이다. 사원의 개성이 중요시되기 때문에 다른 사원의 동의를 얻은 때에만 양도의 효력이 발생한다(제197조). '다른 사원'이란 양도당사자 이외의 모든 사원을 말한다.

지분의 전부를 양도한 양도인은 사원자격을 상실하게 되며, 양수인이 기존사원인 때에는 그의 지분이 증가하게 되고, 사원 이외의 자인 때에는 새로이 사원이 된다. 지분의 일부를 양도하는 때에는 사원인 양도인의 지분이 감소되고, 양수인은 그 지분이 증가하거나 새로운 사원이 된다.

지분의 양도를 제 3 자에게 대항하기 위하여는 지분양도에 따른 정관변경의 등기를 하여야 하고(제183조, 제180조 제 1 항, 제179조 제 3 항), 지분을 전부 양도한 사원도 본점소재지에서 정관변경의 등기를 하기 전에 생긴 회사채무에 대하여 등기 후 2년 내에는 다른 사원과 동일한 책임이 있다(제225조 제 2 항).

⑶ 持分의 入質 · 押留

지분의 입질에 관하여는 상법에 아무런 규정이 없으나, 이를 긍정하는 것이 통설이다. 이 경우에는 지분양도에 관한 규정을 유추하여 사원 전원의 동의를 얻어야 한다고 본다(동지: 정찬형 · 손주찬 · 최기원).

지분의 압류에 관하여는 상법이 특별규정을 두고 있다. 즉 회사채권자를 보호하기 위하여 사원의 지분의 압류는 사원이 장래이익의 배당과 지분의 환급을 청구하는 권리에 대하여도 그 효력이 있으며(제223조), 사원의 지분을 압류한 채권자는 회사와 그 사원에 대하여 6개월 전에 예고하고 영업연도 말에 그 사원을 퇴사시킬 수 있고(제224조 제 1 항), 회사가 임의청산을 하려면 압류채권자의 동의를 얻어야 한다(제247조 제 4 항).

⑷ 持分의 相續

사원의 사망은 퇴사원인이 되며(제218조 제 3 항) 정관으로 상속을 인정하지 않는 한 상속인은 단지 지분의 환급청구권을 갖게 된다. 정관으로 지분의 상속을 정한 때에는 상속인은 상속의 개시를 안 날로부터 3월 내에 회사에 대하여 승계 또는 포기의 통지를 발송하여야 하며, 아무런 통지 없이 3월을 경과한 때에는 사원이 될 권리를 포기한 것으로 본다(제219조).

Ⅲ. 外部關係

1. 會社代表

(1) 의 의

회사의 대표라 함은 회사의 기관을 담당하는 자의 행위가 회사 자체의 행위로 되는 관계를 말한다. 합명회사도 법인이므로 대외적으로 회사를 대표하는 기관이 필요하다.

(2) 代表機關의 構成

1) 各自代表

정관으로 업무집행사원을 정하지 아니한 때에는 각 사원이, 업무집행사원을 정한 경우에는 각 업무집행사원이 회사를 대표할 권한이 있다(제207조).

2) 代表機關의 특정

수인의 업무집행사원을 정한 경우에 정관 또는 총사원의 동의로 업무집행사원 중 특히 회사를 대표할 자를 정할 수 있다(제207조 단서). 이 경우 다른 사원은 그 대표권이 박탈된다.

3) 共同代表

회사는 정관 또는 총사원의 동의로 수인의 사원이 공동으로 회사를 대표할 것을 정할 수 있다(제208조 제 1 항). 이 경우에도 제 3 자의 회사에 대한 의사표시는 공동대표의 권한 있는 사원 1인에게 대하여 이를 하면 된다(제208조 제 2 항).

4) 會社와 社員間의 訴의 경우

회사가 사원에 대하여 또는 사원이 회사에 대하여 소를 제기하는 경우에 회사를 대표할 사원이 없을 때에는 다른 사원 과반수의 결의로 선정하여야 한다(제211조). 이 경우 반드시 사원일 필요는 없고(동지: 손주찬·최기원·정동윤) 또 정관변경의 절차나 등기는 요하지 않는다.

(3) 代表社員의 登記

모든 사원이 대표사원이고 또 상법 제207조 본문에 의한 대표권을 가진 경우에는 대표에 관한 등기는 필요 없다. 그러나 정관이나 총사원의 동의로 회사를 대표하는 자를 정한 경우(제180조 제 4 호), 공동대표의 경우(제180조 제 5 호), 사원의 대표권상실의 경우(제216조, 제205조)에는 대표사원에 관한 사항을 등기하여야 한다.

(4) 代表機關의 권한

회사를 대표하는 사원은 회사의 영업에 관하여 재판상 또는 재판 외의 모든 행위를 할 권한이 있고, 대표권한에 관한 제한은 선의의 제 3 자에게 대항하지 못한다(제209조). 대표사원의 권한은 영업에 관한 행위에만 미치고, 회사의 기본관계, 즉 사원 상호간의 관계나 정관의 변경 등에는 미치지 않는다. 영업에 관한 행위인가의 판단은 행위의 추상적·객관적 성질에 의하여 결정된다.

(5) 代表機關의 加害行爲

대표사원이 그 업무집행으로 인하여 타인에게 손해를 가한 때에는 회사는 그 사원과 연대하여 배상할 책임이 있다(제210조). 고의는 물론 과실이 있는 때에도 마찬가지이다.

(6) 代表權限의 喪失

대표사원이 회사를 대표하는 것이 현저하게 부적당하거나 중대한 의무위반행위가 있는 때에는 법원은 다른 사원의 청구에 의하여 대표권한의 상실을 선고할 수 있다(제216조, 제205조).

2. 社員의 責任

(1) 의 의

사원은 회사의 채권자에 대하여 직접·연대·무한의 책임을 진다(제212조). 사원의 이러한 책임은 합명회사의 기본적 특색이고, 합명회사의 실질이 개인기업적·조합적 성격을 가진 데서 유래하며, 회사의 담보자본의 구실을 한다. 사원의 책임은 정관의 규정이나 사원간의 합의에 의하여 이를 배제할 수 없다.

(2) 責任을 지는 者

사원은 업무집행권 또는 대표권에 관계 없이 책임을 지며(제212조 제 1 항), 회사성립 후의 신입사원도 그 가입 전에 생긴 회사채무에 대하여 다른 사원과 동일하게 책임을 진다(제213조). 퇴사한 사원 또는 지분양도사원도 본점소재지에서 퇴사등기를 하기 전에 생긴 회사채무에 대하여는 등기 후 2년 내에는 다른 사원과 동일한 책임이 있다(제225조). 또한 사원이 아닌 자가 타인에게 자기를 사원이라고 오인시키는 행위를 하였을 때에는 오인으로 인하여 회사와 거래한 자에 대하여 사원과 동일한 책임을 진다(제215조).

⑶ 責任履行의 조건

사원의 책임은 회사채무의 발생과 동시에 생기지만 회사재산으로써 회사채무를 완제할 수 없는 때, 또는 회사재산에 대한 강제집행이 주효하지 않은 때(제212조)에만 이행을 하게 되는 제 2 차적 · 보충적 책임이다. 또한 사원이 변제의 청구를 받은 때에는 회사가 갖는 항변으로써 대항할 수 있으며, 회사가 채권자에 대하여 상계, 취소 또는 해제할 권리가 있는 경우는 변제를 거부할 수 있다(제214조). 왜냐하면 사원의 책임은 회사의 채무에 대하여 부종성을 갖기 때문이며, 채권자가 회사에 대하여 청구하는 것보다 더 유리한 지위에 있어야 할 이유는 없기 때문이다.

⑷ 責任의 內容

사원은 회사채무의 전부에 대하여 변제의 책임이 있다. 완제불능은 책임이행의 조건에 불과하고 채권자에게 일부변제의 수령을 강요하는 결과가 되므로 회사채무의 전액에 대하여 책임이 있다. 변제의 책임을 지는 채무는 사법상 · 공법상의 채무를 모두 포함한다(동지: 최기원).

사원의 책임의 내용이 회사와 동일한 급여를 하여야 하는가(이행설), 아니면 일정한 경우에는 금전으로 배상할 수 있는가(책임설) 하는 문제가 있다. 이는 회사채무가 비금전채무인 경우에 차이가 생겨나는데, 통설은 사원은 원칙적으로 회사와 동일한 급여를 이행할 의무가 있지만 회사의 채무가 비대체적인 경우 등 예외적인 경우에만 금전배상의 책임이 있다고 한다.

사원의 1인이 회사에 대하여 가지는 채권에 대하여 다른 사원이 변제책임을 지는가가 문제된다. 사원의 회사에 대한 채권은 결국 내부관계의 실질에서 보면 사원 자신의 채무와 다름이 없기 때문에 변제책임을 지지 않는다는 설(정희철 · 정찬형 · 서돈각 · 손주찬)이 있으나 변제책임을 부담한다고 본다(동지: 정동윤, 최기원).

⑸ 責任履行의 효과

사원이 회사채권자에게 채무를 이행한 때에는 회사채무는 소멸한다. 그 결과 사원은 회사에 대하여 구상권을 취득하며(민법 제425조), 회사채권자의 권리를 대위할 수 있다(민법 제481조). 또 다른 사원에게 그 부담부분에 대하여 구상할 수 있으며, 다른 사원은 회사에 자력이 있다는 이유로 구상을 거절하지 못한다.

(6) 責任의 소멸

사원의 책임은 회사의 채무가 존재하는 한 독립하여 소멸시효에 걸리지 않는다. 그러나 해산의 경우에는 등기 후 5년, 퇴사 및 지분전부양도의 경우에는 그 등기 후 2년의 경과에 의하여 소멸한다(제267조 제 1 항, 제225조). 위 기간은 모두 제척기간이며 해산등기 후 5년이 경과한 뒤에도 분배하지 아니한 잔여재산이 있는 때에는 회사채권자는 이에 대하여 변제를 청구할 수 있다(제267조 제 2 항).

Ⅳ. 入社와 退社

1. 社員의 入社

입사란 성립 후의 회사에 가입하여 사원의 지위를 원시적으로 취득하는 것을 말한다. 이는 회사와 입사하려는 자 사이의 입사계약에 의하여 행하여지며, 신입사원은 회사에 대하여 새로운 출자를 함으로써 입사하게 된다.

사원은 정관의 절대적 기재사항이기 때문에 사원의 입사를 위하여는 정관을 변경하여야 하며, 이를 위해서는 총사원의 동의가 있어야 한다(제204조). 입사는 무한책임을 지는 사원의 수가 증가하는 것이므로 사원채권자의 보호절차는 필요하지 않다.

신입사원이 있는 경우에는 그 성명, 주민등록번호와 주소를 일정기간 내에 등기하여야 한다(제183조, 제180조 제 1 호, 제179조 제 3 호).

2. 社員의 退社

(1) 退社의 의의

퇴사란 사원이 회사의 존속중에 사원의 지위를 절대적으로 상실하는 것을 가리킨다. 따라서 '존속중'이라는 점에서 회사의 소멸로 인한 모든 사원의 사원자격소멸과 다르고, '절대적'이란 점에서 사원자격이 상대적으로 소멸하는 지분의 전부양도의 경우와 다르다. 또한 사원의 책임이 제한되어 있는 주식회사와 유한회사에서는 퇴사제도가 인정되지 않는 점과 비교할 때 퇴사제도는 합명회사의 큰 특색이다.

⑵ 退社原因

1) 社員의 單獨行爲에 의한 退社

사원은 일방적 의사표시에 의하여 퇴사할 수 있다. 즉 정관으로 회사의 존립기간을 정하지 아니하거나 어느 사원의 종신까지 존속할 것을 정한 때에는 6월 전에 예고를 하고 영업연도 말에 한하여 퇴사할 수 있고, 또 부득이한 사유가 있을 때에는 언제든지 퇴사할 수 있다(제217조).

2) 持分押留債權者에 의한 退社

사원의 지분을 압류한 채권자는 영업연도 말에 그 사원을 퇴사시킬 수 있다. 그러나 이 경우에도 회사와 그 사원에 대하여 6월 전에 예고하여야 하는데, 이 예고는 사원이 변제를 하거나 상당한 담보를 제공한 때에는 그 효력을 잃는다(제224조).

3) 法律上 당연한 退社

㈎ 定款에 정한 사유의 발생(제218조 제 1 호)

㈏ 總社員의 동의(제218조 제 2 호).

㈐ 死　　亡(제218조 제 3 호)　　합명회사는 사원의 개성을 중시하므로 그 상속인이 당연히 사원이 되지는 않는다. 그러나 정관으로 사원이 사망한 경우에 그 상속인이 회사에 대한 피상속인의 권리의무를 승계하여 사원이 될 수 있음을 정한 때에는 상속인은 상속의 개시를 안 날로부터 3월 내에 회사에 대하여 승계 또는 포기의 통지를 발송하여야 하며, 이 통지를 하지 않고 3월이 경과하면 사원이 될 권리를 포기한 것으로 본다(제219조).

㈑ 禁 治 産(제218조 제 4 호)

㈒ 破　　産(제218조 제 5 호)

㈓ 除　　名(제218조 제 6 호)　　제명은 특정사원의 의사에 반하여 사원의 지위를 박탈하는 경우이며, 그 사유로는 사원이 출자의 의무를 이행하지 아니한 때, 경업금지의무에 위반한 행위가 있는 때, 회사의 업무집행 또는 대표에 관하여 부정한 행위가 있는 때, 권한 없이 업무를 집행하거나 회사를 대표할 때, 기타 중요한 사유가 있는 때이다(제220조 제 1 항). 제명의 절차는 다른 사원 과반수의 결의에 의하여 회사가 법원에 대하여 제명선고를 청구한다. 사원이 2인인 경우 그 중 1인의 사원이 다른 사원을 제명하지 못하며(동지: 손주찬·최기원), 다수설과 판례는 피제명자가 수인인 경우 각 제명별로 그 1인만을 제외하고 나머지 다른 사원의 과반수의 결의를 요

한다고 본다(동지: 정희철 · 정찬형 · 정동윤 · 이철송).

(사) **會社繼續의 不同意**(제229조 제 1 항 단서)

(아) **設立無效 · 取消의 경우 회사를 계속할 때에 어느 社員에 관하여 無效 또는 取消原因이 있는 때**(제194조 제 2 항)

(3) 退社의 효과

사원의 퇴사는 회사채무에 대하여 직접 · 연대 · 무한의 책임을 지는 사원수의 감소를 가져오므로 회사채권자를 보호하는 조치가 필요하며, 다른 한편 회사와의 사이에 사원관계의 소멸을 가져오므로 회사와의 사이의 관계를 규정할 필요가 있다.

회사채권자의 보호(제225조)에 관하여는 전술하였으므로(Ⅲ. 2 (2)), 여기에서는 회사와 퇴사원과의 관계에 관하여만 설명한다.

1) 持分還給請求權과 損失分擔金納入義務

퇴사한 사원은 노무 또는 신용을 출자의 목적으로 한 경우에도 그 지분의 환급을 받을 수 있고(제222조), 지분의 계산은 정관에 특별한 규정이 없는 때에는 퇴사 당시의 회사의 재산상태에 따라서 하며(제195조; 민법 제719조 제 1 항), 사원이 제명된 경우에는 제명의 소를 제기한 때의 회사재산의 상태에 따르고 그 때로부터 이자를 붙여야 한다(제221조). 계산의 결과 지분이 소극으로 나타난 때에는 그 금액을 출자의 종류에 관계없이 금전으로 납입하여야 한다(제195조; 민법 제719조 제 2 항).

2) 商號變更請求權

퇴사한 사원의 성명이 회사의 상호중에 사용된 경우에는 그 사원은 회사에 대하여 그 사용의 폐지를 청구할 수 있다(제226조). 이것은 자칭사원의 책임(제215조)을 면하기 위함이다.

Ⅴ. 定款의 變更

1. 意　義

정관의 변경이란 정관규정의 실질을 변경하는 것이며, 선량한 풍속, 사회질서와 강행법규에 반하지 않는 한 어떤 사항이든지 자유로이 변경할 수 있다.

2. 變更節次

합명회사의 정관을 변경함에는 총사원의 동의가 있어야 한다(제204조). 그러나 정관의 변경은 내부관계에 속하는 사항이므로 정관의 규정에 의하여 다르게 정할 수도 있다. 정관변경은 이 결의만으로 즉시 효력이 생기며, 사원의 사망·임의퇴사·제명 등의 경우에는 총사원의 동의 없이 그 사유발생사실에 따라 정관변경의 효력이 생긴다(동지: 서돈각·손주찬·정동윤·정찬형).

3. 變更登記

정관의 변경에 의하여 등기사항에 변경이 생기는 경우에는 변경등기를 하여야 한다(제183조). 이 등기는 대항요건에 불과한 것이므로 상업등기의 일반원칙이 적용된다.

제 4 관 合名會社의 解散과 清算

Ⅰ. 解　　散

1. 解散原因(제227조)

합명회사의 해산원인으로서는 존립기간의 만료 기타 정관으로 정한 사유의 발생, 총사원의 동의, 사원이 1인으로 된 때, 합병, 파산, 법원의 명령 또는 판결 등이다.

존립중의 합명회사에 있어서는 채무초과가 파산원인이 되지 않기 때문에(채무자회생 및 파산에 관한 법률 306조) 합명회사의 해산을 가져오는 파산의 원인은 지급불능에 한한다. 합명회사의 해산명령은 주식회사에 관하여 설명한 바와 같으나, 합명회사의 해산판결은 부득이한 사유가 있는 때에 각 사원은 회사의 해산을 법원에 청구할 수 있으므로 해산판결의 사유와 청구권자가 주식회사와 다르다.

2. 解散登記

회사가 해산하였을 때에는 합병과 파산의 경우를 제외하고는 그 해산사유가 있는 날로부터 본점·지점소재지에서 일정한 기간 내에 해산등기를 하여야 한다(제228

조). 합병의 경우에는 합병등기를 하고(제223조), 파산의 경우에는 파산등기를 한다.

3. 解散의 효과

회사가 해산한 경우에는 합병과 파산으로 인한 때를 제외하고 당연히 청산절차로 들어가며, 청산의 목적범위 내로 그 권리능력이 줄어든다(제245조). 해산에 의하여 회사는 영업을 수행할 능력을 상실하므로 영업을 전제로 하는 사원의 대표권, 업무집행권 및 경업금지의무는 소멸한다. 또 사원의 지분은 소멸하그 그 결과 잔여재산의 분배청구권을 갖게 되므로 지분양도나 퇴사는 인정되지 않는다. 해산 후 사원이 사망한 경우에는 그 상속인이 청산회사의 사원의 지위를 취득한다(제246조). 그러나 회사의 상인자격, 상호, 사원의 출자의무, 사원의 책임은 해산으로 소멸하지 않는다.

Ⅱ. 清　　算

1. 義　　務

청산이란 해산한 회사의 법률관계를 정리하고, 그 재산을 처분하는 절차이다. 합병·파산의 경우에는 청산절차가 필요 없지만, 기타의 사유로 해산한 때에는 상법의 규정에 의한 청산을 하여야 한다.

2. 清算의 방법

합명회사의 청산에는 임의청산과 법정청산이 있어 회사는 임의로 그 하나를 택할 수 있다. 이 점에서 법정청산만을 인정하는 주식회사와 다르다.

(1) 任意清算

임의청산이란 사원이 1인이 된다든가 해산을 명하는 재판에 의하여 해산하는 경우 외에 회사가 해산을 하는 경우, 법정절차에 의하지 않고 정관 또는 총사원의 동의에 의하여 정하는 방법에 따라 재산을 처분함을 말한다(제247조 제 1 항·제 2 항). 이 임의청산의 방법은 회사채권자의 이해와 중대한 관계가 있으므로 회사채권자에게 이의권이 부여되어 있고(제247조 제 3 항, 제232조), 이 규정에 위반하여 그 재산을 처분함으로써 회사채권자를 해한 때에는 회사채권자는 그 처분의 취소를 법원에 청구할 수 있다(제248조). 사원의 지분을 압류한 채권자가 있을 때에는 그 자의 동의를 얻어야 하고(제247조 제 4 항), 이에 위반하여 그 재산을 처분한 때에는 사원의 지분을 압류한 자는 회사에 대하여 그 지분에 상당하는 금액의 지급을 청구할 수 있다(제249조). 1995년 개정법에서 청산종결의 등기를 신설하였다(제247조 제 5 항).

(2) 法定淸算

회사가 임의청산을 하지 않는 경우에는 법정절차에 의한 법정청산이 집행된다(제250조).

1) 淸 算 人

청산인은 청산회사의 사무를 집행하고 이를 대표하는 기관이다(제255조). 청산인은 총사원의 과반수의 결의로 선임되는 것이 원칙이며, 그 선임이 없는 때에는 업무집행사원이 청산인이 된다(제251조). 다만 사원이 1인이 된 때, 해산명령·해산판결에 의하여 해산한 때에는 법원에 의하여 청산인이 선임된다(제252조).

이상의 어느 경우에나 등기를 하여야 한다(제253조)(1995년 개정법에서 부분개정이 있었음).

사원이 선임한 청산인은 총사원 과반수의 결의로 언제든지 해임할 수 있으며, 청산인이 그 직무를 집행함에 현저하게 부적임하거나 중대한 임무위반이 있는 때에는 법원은 사원 기타의 이해관계인의 청구에 의하여 청산인을 해임할 수 있다(제261조, 제262조). 청산인과 회사와의 관계에는 위임에 관한 규정이 준용되므로(제265조, 제382조 제 2 항), 청산인은 위임의 종료사유로 종임한다.

2) 淸算人의 직무

청산인의 주된 직무는 1) 현존사무의 종결, 2) 채권의 추심과 채무의 변제, 3) 재산의 환가처분 , 4) 잔여재산의 분배 등(제254조 제 1 항)이지만, 그 외에 청산의 목적범위 내에 속하는 모든 행위를 할 권한이 있다.

채권의 추심은 원래 변제기에 있는 채권이어야 하나, 사원에 대한 출자청구권에 대하여는 특칙이 있어 변제기에도 불구하고 이를 행사할 수 있다(제258조). 출자를 청구하는 데에는 사원평등의 원칙에 의해 그 출자액은 각 사원의 지분비율로 이를 정한다(제258조 제 2 항). 채무의 변제는 청산의 신속을 가하기 위하여 변제기가 도래하지 않은 채무라도 변제할 수 있으며, 이 경우 무이자채권에 관하여는 변제기까지의 법정이자를 가산하여 그 채권액에 달할 금액을 변제하여야 하고, 이자부채권의 이율이 법정이율에 달하지 못하는 경우에도 이와 같다(제259조). 조건부채권, 존속기간이 불확정한 채권 기타 가액이 불확정한 채권에 대하여는 법원이 선임한 감정인의 평가에 의하여 변제하여야 한다(제259조 제 4 항).

잔여재산은 회사의 채무를 완제한 후가 아니면 분배하지 못한다. 그러나 다툼이 있는 채무에 대하여는 그 변제에 필요한 재산을 보류하고 잔여재산을 분배할 수 있다(제260조).

3) 清算人의 附隨的 義務

청산인은 기타 등기의무(제253조, 제254조), 청산서류작성 · 청산상황보고의무(제256조), 청산중의 파산신고의무(제254조 제 4 항; 민법 제93조), 장부 · 서류의 보존의무(제266조) 등이 있다.

4) 清算의 종결

청산인은 그 임무가 종료한 때에는 지체없이 계산서를 작성하여 각 사원에게 교부하고 그 승인을 얻어야 한다(제263조 제 1 항). 청산이 종결된 때에는 청산인은 계산승인이 있은 날로부터 소정기간 내에 청산종결의 등기를 하여야 한다(제264조). 회사의 법인격은 청산의 종결로써 완전히 소멸한다.

5) 清算人의 責任

청산인과 회사간의 관계는 위임이므로 청산인은 회사에 대하여 선관주의의무가 있으며 자기거래의 제한을 받는다(제265조, 제199조). 또 청산인은 일정한 경우 회사 또는 제 3 자에 대하여 연대하여 손해를 배상할 책임이 있다(제265조, 제399조, 제401조).

제 5 장
合資會社

제 1 관 合資會社의 개념

합자회사는 무한책임사원과 유한책임사원으로 조직된 회사이다(제268조). 즉 합자회사에서는 무한책임사원과 유한책임사원이 각각 1인 이상 있어야 하며, 무한책임사원은 합명회사의 사원과 동일한 책임을 지고 유한책임사원은 회사채무에 대하여 종된 채무자로서 회사채권자에 대하여 직접 그 재산출자의 가액을 한도로 하여 연대책임을 진다.

무한책임사원은 원칙적으로 당연히 회사의 업무집행기관과 대표기관으로 되고(제273조, 제269조, 제207조), 유한책임사원은 일정한 감시권을 가질 뿐이다(제278조, 제277조). 합자회사는 대내관계에서 조합성이 병존하며, 그 실질이 개인기업 또는 조합기업이라는 점에서 주식회사와 뚜렷한 차이를 보인다.

합자회사의 기원은 10세기 이래 이탈리아의 해상무역에서 유행된 기업가와 자본가의 조합인 코멘다(commenda)계약에서 시작되었다. 이 계약은 당초에는 자본가가 상품 또는 금전을 투자하고, 기업가가 대외적으로 자기의 이름으로 해외무역을 하여 이로 인한 순이익을 양자간에 분배하는 것이었다. 그 후 기업가도 자본의 일부를 출자하게 되면서 자본가가 표면에 나타나고 채권자에 대하여 출자액을 한도로 하여 책임을 지는 형태인 아꼬만디따(accomandita)가 생겨 합자회사의 기원이 되고, 한편 자본가가 외부에 나타나지 않는 형태가 오늘날의 익명조합이 되었다.

합자회사는 합명회사의 형태에 자본적 결합성이 가미된 회사로서 그 본질은 합명회사와 유사하다. 따라서 상법은 합자회사에 관하여 다른 규정이 있는 사항을 제외하고는 합명회사에 관한 규정을 준용하고(제269조), 합자회사의 내부관계에 관해서는 민법의 조합에 관한 규정을 준용한다(제269조, 제195조).

제 2 관 合資會社의 설립

합자회사의 설립은 각각 1인 이상의 무한책임사원이 될 자와 유한책임사원이 될 자가 정관을 작성하여 설립등기를 함으로써 완료한다. 이 정관과 설립등기에는 합명회사에서 요구되는 사항 이외에 각 사원 책임의 유한·무한을 명시하여야 한다(제270조, 제271조). 설립의 무효와 취소에 관하여는 합명회사에 관한 규정을 준용한다(제269조).

제 3 관 合資會社의 기구

I. 內部關係

무한책임사원의 관계는 전술한 합명회사의 그것과 같으므로 유한책임사원에 관하여만 설명한다.

1. 出 資

유한책임사원의 출자는 재산출자에 한정되며, 노무나 신용출자는 허용되지 않는다(제272조). 합자회사는 무한책임시원이 경영하는 기업에 대하여 유한책임사원이 자본참가를 하는 일형식이기 때문이다.

2. 業務執行

각 무한책임사원은 정관에 다른 규정이 없는 때에는 각자가 회사의 업무를 집행할 권리가 있으며(제272조), 정관의 규정으로 특정한 무한책임사원을 업무집행사원으로 정할 수 있다. 이 경우에도 지배인의 선임은 무한책임사원 과반수의 결의에 의하여야 한다(제274조).

유한책임사원은 회사의 업무집행을 하지 못하지만, 회사의 업무집행은 내부관계에 속하는 사항으로서 임의법규에 속하므로 정관 또는 총사원의 동의로 업무집행에 속하는 사항으로서 임의법규에 속하므로 정관 또는 총사원의 동의로 업무집행의 권리의무를 부여할 수 있다고 본다(동지: 최기원·정동윤, 이설: 이철송). 또한 유한책임사원에게는 일정한 감시권이 인정된다. 즉 영업연도 말에 있어서 영업시간 내에 한하여 회사의 회계장부·대차대조표 기타의 서류를 열람할 수 있고, 회사의 업무와 재산상태를 검사할 수 있으며, 중요한 사유가 있는 때에는 언제든지 법원의 허가를 얻어 위 열람과 검사를 할 수 있다(제277조).

무한책임사원은 경업금지의무를 부담하지만, 유한책임사원은 다른 사원의 동의 없이 자기 또는 제3자의 계산으로 회사의 영업부류에 속하는 거래를 할 수 있고, 동종영업을 목적으로 하는 다른 회사의 무한책임사원 또는 이사가 될 수 있다(제275조).

3. 損益分配

유한책임사원이 그 출자액을 초과하여 손실을 분담하지 않는 점을 제외하고는 합명회사의 경우와 같다. 그러나 이와 달리 정관으로 유한책임사원에게 출자액 이상으로 손실을 분담시키기로 정하는 것도 가능하다.

4. 持分의 讓渡

유한책임사원은 무한책임사원 전원의 동의가 있으면 다른 유한책임사원의 동의 없이 그 지분의 전부 또는 일부를 타인에게 양도할 수 있다(제276조).

유한책임사원은 무한책임사원과 달리 그 인적 신용을 중시할 필요가 없기 때문이다. 이는 지분의 양도에 따라 정관을 변경하여야 할 경우에도 같다(제276조 단서).

5. 社員資格의 得喪

지분양도에 의하여 사원자격의 득상이 생기는 것은 합명회사와 같으나 유한책임사원의 금치산이나 사망은 퇴사의 원인이 되지 않는다(제283조, 제284조). 그러므로 유한책임사원이 사망한 때에는 그 상속인이 지분을 승계하여 사원이 되며, 상속인이 수인일 때는 사원이 권리를 행사할 자 1인을 정하여야 한다. 이를 정하지 아니한 때에는 회사의 통지 또는 최고는 그 중의 1인에 대하여 하면 전원에 대하여 그 효력이 있다(제283조).

Ⅱ. 外部關係

1. 會社代表

정관 또는 총사원의 동의에 의하여 특히 회사를 대표할 무한책임사원을 정하지 아니한 때에는 각 무한책임사원이 회사의 대표권을 가진다(제269조, 제270조). 유한책임사원은 회사를 대표하지 못한다(제278조). 합자회사의 외부관계에 관한 규정은 강행법규이므로 정관의 규정 또는 총사원의 동의로써도 유한책임사원에게 대표권을 부여하지 못한다.

업무집행사원의 권한상실선고제도는 합자회사에도 준용된다(제269조, 제205조). 판례는 업무집행사원의 권한상실선고는 유한책임사원도 청구할 수 있으며, 지분의 대소는 상관이 없다고 한다. 그러나 판례는 무한책임사원이 1인뿐인 경우에는 그에 대하여 대표권상실선고를 할 수 없다고 한다. 유한책임사원은 회사를 대표할 수 없으므로 결국 대표자가 없게 되기 때문이다.

2. 社員의 責任

(1) 責任의 범위

합자회사의 무한책임사원은 합명회사의 사원과 같은 책임을 지고, 유한책임사원은 출자액을 한도로 회사채권자에 대하여 직접 연대책임을 진다. 즉 유한책임사원에 있어서는 출자액이 회사사업에 관하여 자기가 부담할 위험의 최대한을 나타내므로 그 출자가액에서 이미 이행한 부분을 공제한 가액을 한도로 하여 회사채무를 변제할 책임이 있고, 회사에 이익이 없음에도 불구하고 배당을 받은 금액은 실질상으로 출자의 환급에 해당하므로 변제책임을 정함에 있어서 이를 가산한다(제279조).

유한책임사원은 그 출자를 감소한 후에도 본점소재지에서 등기를 하기 전에 생긴 회사채무에 대하여는 등기 후 2년 내에는 종전의 책임을 면하지 못한다(제280조). 이는 출자감소액만큼 책임의 한도가 줄어들기 때문에 회사채권자를 보호하기 위한 것이다.

(2) 責任의 변경

정관변경으로 유한책임사원이 무한책임사원으로 되는 경우에는 무한책임사원의 입사로 볼 수 있으므로 합명회사의 신입사원의 책임을 무한책임사원이 유한책임사원으로 되는 경우에는 무한책임사원의 퇴사로 볼 수 있으므로 합명회사의 퇴사원의 책임을 지우고 있다(제282조).

(3) 自稱無限責任社員의 책임

유한책임사원이 타인에게 자기를 무한책임사원이라고 오인시키는 행위를 한 경우, 또는 그 책임의 한도를 오인시키는 행위를 한 경우에는 오인으로 인하여 회사와 거래를 한 자에 대하여 무한책임사원과 동일한 책임이 있다(제281조).

제4관 合資會社의 解散과 清算

Ⅰ. 解 散

합자회사의 해산사유는 합명회사와 대체로 같지만, 그 구성이 이원적이기 때문에 무한책임사원 또는 유한책임사원의 전원이 퇴사한 때에 해산한다(제285조 제1항). 이 경우에 잔존한 무한책임사원 또는 유한책임사원은 전원의 동의로 새로 유한책임사원 또는 무한책임사원을 가입시켜서 회사를 계속할 수 있다(제285조 제2항). 합자회사는 또한 사원전원의 동의로 그 조직을 합명회사로 변경하여 계속할 수 있고, 유한책임사원이 퇴사한 경우에도 무한책임사원은 그 전원의 동의로 합명회사로 변경하여 계속할 수 있다(제286조 제1항·제2항).

Ⅱ. 清 算

합자회사도 해산에 의하여 청산절차에 들어가며, 이에는 임의청산과 법정청산의 두 가지가 인정된다. 청산인은 무한책임사원 과반수의 결의로 선임하며, 이를 선임하지 아니한 때에는 업무집행사원이 청산인이 된다(제287조). 이와 같이 유한책임사원 또는 사원 이외의 제3자도 청산인이 될 수 있다. 정관의 규정에 의하여 유한책임사원이 업무집행사원이 된 때에는 법정청산인이 될 수 있지만 대표권은 없다고 본다(동지: 최기원).

제Ⅳ편

보 험 법

제 1 장

保險監督과 保險業法

제 1 절　保險監督

보험과 관련한 법으로는 보험공법(保險公法)과 보험사법(保險私法)으로 나누어 볼 수 있다. 그 가운데 보험공법은 보험사업에 대한 감독과 규제에 관한 법으로서 보험업법이 가장 중요하고 그 밖에 독점규제 및 공정거래에 관한 법률에 의하여도 보험사업을 영위하는 회사에 대한 규제가 이루어진다. 이에 반하여 보험사법은 보험계약법을 말하는 것으로서 보험계약을 둘러싼 법률관계로서 어느 당사자가 어떠한 의무를 지고 권리를 갖는가에 대한 관계를 규율하는 것이다.

Ⅰ. 保險監督의 의의

보험감독이라 함은 민영보험사업에 대한 국가의 지도와 규제를 의미한다. 보험사업은 다수의 보험계약자로부터 거액의 보험료를 징수하여 경영하는 것이기 때문에 그 경영의 양부는 직접적으로 다수인의 이해에 결부되므로 이것이 사회적으로 미치는 영향은 큰 것이다. 또 개개의 보험계약자 및 피보험자는 보험 및 보험회사의 경영에 관하여는 거의 무지하고 또 무관심하기 때문에 그 이익을 주장하여 이를 보호하는 수단을 채득하지 못하는 경우가 많다. 그리하여 보험사업의 영위에 대하여는 국가의 간섭을 인정하여 약자인 일반대중을 보호하는 것이 공익상 필요하게 된다.

Ⅱ. 保險의 특성

보험감독이 필요하게 된 이유는 보험에 몇 가지 중요한 특수성이 있기 때문이다. 그 가운데 대표적인 것으로는 공공적·사회적 성격, 단체적 성격 및 기술적·전문적 성격을 들 수 있다.

1. 公共性·社會性

보험회사는 사업의 성질상 다수의 일반대중을 상대로 하게 된다. 또 보험사업자는 각 보험계약자의 사고의 경제상의 타격을 다수인에 의한 위험분담에 의해 합리적으로 그리고 경제적으로 분산할 수 있게 하는 입장에 서므로 공통준비재산의 관리자로서 위험단체구성원의 수요를 만족시켜 주기 위한 사무를 담당한다.

영리보험은 영리사업임에는 틀림이 없지만 현대의 경제생활에 있어서는 영리보험은 국민생활 및 국가경제에 없어서는 안 될 중요한 기능을 수행하고 있다. 즉 교통과 산업의 비약적인 발달에 의한 여러 가지 위험의 증대로 인하여 가계도 기업도 이제는 보험이 없어서는 도저히 생활의 안정을 기할 수 없게 되었다.

이와 같이 보험산업은 공공성·사회성을 짙게 띠며 이에 대해서 국민의 이해관계가 직접적으로 견련되어 있다.

2. 保險의 단체성

보험계약은 다수의 계약의 목적으로서 체결된 것인데 다수의 보험계약은 객관적으로 하나의 단체를 결성하고 있다. 즉 보험의 역사는 보험단체(Gefahrengemeinschaft)의 역사라고 할 수 있다. 보험제도는 이러한 보험단체 내에서 가입자가 갹출한 보험료의 총액과 사고발생에 의하여 지급할 보험금의 총액(이에는 영업비와 정규의 이익이 물론 포함되게 된다)이 서로 균형을 취하도록 계획되어 있다. 이러한 단체성으로 인해 "만인은 1인을 위하여, 1인은 만안을 위하여"(Alle für Einen, Einer für Alle) 결합되는 관계에 있게 된다.

그러나 보험계약의 단체성은 이제 보험회사가 주로 대규모의 주식회사라는 점에서 새로운 평가를 필요로 한다. 보험회사도 하나의 기업이지 위험공동체의 관리자가 아니라는 주장까지 대두되고 있다.

3. 技術性과 專門性

(1) 기 술 성

보험에서는 일정기간에 걸친 사고발생의 개연성을 측정하여 그것에 의하여 급부와 반대급부가 서로 균형을 이루도록 운영되지 않으면 안 된다. 그리고 보험에서 우연한 사고의 발생에 대한 개연성은 대수의 법칙(law of large Numbers; Gesetz der großen Zahl)에 의하여 계산된다. 그리고 이 대수의 법칙에 의하여 사고율과 보험료를 책정할 때에 일반인으로서는 이해하기 어려운 통계학·수학적 지식이 활용된다. 보험계약에 있어서는 그 계속적 특징으로 말미암아 보험료불가분의 원칙(Unteilbarkeit der Prämie)을 논의하게 되는데 이것도 또한 기술적 특성의 일례이다.

(2) 전 문 성

일부의 보험계약은 보통인의 언어로도 작성될 수 있는 반면에 대부분의 약관의 내용은 상업용어이거나 단순한 언어에 어떤 특별한 의미를 부가하고 있다. 가령 보통보험 약관은 법학을 전공하지 않은 일반 고객들은 이해할 수 없을 정도로 난해한 전문용어로 작성되어 있는 경우가 많다.

더욱이 보험자의 보험금지급이라는 급부약속의 조건들, 서비스나 수혜의 약속 때문에 정직한 보험대리점(agent; Versicherungsvertreter)이나 보험중개사(broker; Versicherungsmakler) 등에 의한 적절한 설명이 없이는 매우 적은 수의 보험계약자만이 이해할 수 있는 아주 복잡하고 전문성을 띤 계약이 된다.

Ⅲ. 보험감독의 필요성

1. 保險契約者의 보호

보험사업은 기업이나 가계 등 국민을 대상으로 하는 불특정의 대량계약이기 때문에 공익과 관계된 사업이다. 보험계약자로부터 수집된 자산은 국민의 중요한 자산이며 보험료납입과 보험금지급간에는 격차가 있기 때문에 정부는 보험회사에 대하여 수입과 지출간에 균형을 유지하고 또 지급능력(solvency)을 확보하고 보험기업이 견실성(solidity)을 갖도록 재무상태를 감독할 필요가 있다.

또 보험계약자와 보험자 사이에는 지적인 또 경제적인 능력에 있어서 차이가 있으므로 이러한 교섭력(bargaining power)의 차이로 인한 폐해를 시정하기 위하여 약자인 보험계약자측을 보호하기 위하여 국가가 개입할 필요가 있다.

2. 保險企業의 육성

부정직하고 부적정한 사업자에 의한 부당한 경쟁으로부터 정직하고 유능한 보험자의 이익을 보호하기 위한 데에 또 하나의 보험감독의 목적이 있다.

보험사업은 귀중한 재산을 불의의 사고로부터 지켜주고 국민의 생명을 인수함으로써 유족의 생계보장과 본인의 노후생활을 확보해 주는 등 가계의 안정을 도모해주는 복지기능을 담당하고, 그 밖에 여러 가지 효용을 가져다 주므로 정부로서는 이를 담당하는 사업자를 육성해 줄 필요가 있는 것이다.

그런데 최근의 외국의 금융시장개방압력과 관련하여 규제완화의 기운이 불고 있으며 보험감독도 필요한 최소한의 범위에 머물고 가능한 한 보험회사의 자율에 맡기는 방향으로 나아가고 있다.

Ⅳ. 보험감독에 대한 입법주의

보험감독의 입법주의 또는 보험사업감독주의에는 공시주의·준칙주의 및 실질적 국가감독주의가 있다.

공시주의는 가장 미약한 감독형태로서 국가가 단지 정기적으로 대차대조표와 영업보고서 등을 공개하게 하고 그 밖의 통제 및 그로부터 이끌어지는 결과는 일반대중에게 이전시키는 공시원칙을 말한다. 이러한 공시주의는 순수한 형태로는 어느 국가에서도 채택되지 않고 있고, 영국에서 일부 공시주의적 요소를 적용하고 있다. 준칙주의는 국가에 의한 기업의 감독을 인정하지만 그것은 특별한 방법에 제한된다. 국가가 보험영업에 필요한 기본적 사항을 규정해 놓고 이러한 개별적 사항이 보험사업자에 의하여 지켜지는가에 대해서는 감시하지만 기타의 사항은 규제하지 않는다. 실질적 감독주의에서는 국가가 보험회사의 설립부터 경영, 해산에 이르기까지 전부의 사항에 대하여 간섭하여 보험계약자측을 보호하려는 입법주의이다. 오늘날 대부분의 국가가 실질적 국가감독주의를 취하고 있다.

V. 보험감독의 방법

보험감독의 방법으로는 입법적·사법적·행정적 및 자율적 방법이 있다. 입법적 통제는 표현 그대로 법규의 규정을 통하여 하는 규제방법이다. 이는 보험규제의 기초를 이룬다. 대부분의 나라가 보험감독에 관한 법규를 가지고 있다. 우리나라에는 보험업법이 있다. 사법적 통제는 법원에 의한 규제이다. 법원은 보험에 관한 당사자들의 분쟁을 해결해 주는 과정을 통하여 보험관계법규를 해석하고 또 일정한 원칙을 정립함으로써 보험사업을 규제한다. 보험규제법규를 위반한 사람들에 대한 제재도 결국은 사법적 절차에 의해서만 시행된다. 행정적 통제는 각종의 보험감독법규를 근거로 하여 행정기관에 의하여 행정명령 등에 의하여 행하여지는 규제이다, 보험사업규제를 위하여서는 전문적 지식과 능력을 필요로 한다. 그 결과 훈련되지 않은 입법자에게 모든 것을 맡길 수 없다. 우리나라에는 금융위원회와 중간감독기구로서 금융감독원이 있다. 자율적 규제는 보험사업자 자체에 의한 자율적인 규제방법이다. 이에 의하여 창의성을 발휘할 수 있게 된다. 이러한 자율적 규제가 유효한 한도에서는 정부의 규제는 불필요하거나 축소된다. 우리나라에서도 가능한 한 자율적 규제의 영역을 확대해 주는 방향으로 입법과 행정정책이 진행되어야 할 것이다.

VI. 현행 보험업법

우리나라의 보험감독법은 보험업법이다. 이 법은 1962년 제정되어 1977년 전문개정되었으며, 그 이후에도 여러 차례의 개정을 거쳐왔다. 우리나라의 보험감독은 보험회사의 태동에서부터 그 종결에 이르기까지 엄격한 감독을 하는 실질적 국가감독의 입장을 취하고 있다. 보험사업을 영위하고자 하는 자는 금융위원회의 허가를 받아야 한다(보험업법 제 4 조 제 1 항). 보험사업의 허가를 받고자 하는 자는 정관, 사업방법서, 보험약관, 보험료 및 책임준비금 산출방법서 등을 포함하는 신청서를 금융위원회에 제출하여야 한다(보험업법 제 5 조). 보험사업자는 300억원 이상의 자본금 또는 기금을 납입하여야 보험사업을 개시할 수 있다. 다만, 보험사업자가 대통령령이 정하는 보험사업의 종류 중 일부만을 영위하고자 하는 경우에는 50억원 이상의 범위에서 대통령령으로 자본금 또는 기금의 액수를 달리 정할 수 있다(보험업법 제 9 조 제 1 항). 보험업법 제 9 조 제 1 항 단서의 규정에 의한 보험사업의 종류별 자본금 또는 기금 구분의 예시는 다음과 같다.

(1) 생명보험: 200억원
(2) 해상보험: 150억원
(3) 자동차보험: 200억원
이러한 보험종목 외의 보험종목: 50억원(보험업법시행령 제12조).

보험약관에는 보험사업자가 보험금을 지급하여야 할 사유, 보험계약의 무효의 원인, 보험사업자의 면책사유, 보험계약자 또는 피보험자가 그 의무를 이행하지 아니한 경우에 받는 손실 등의 내용을 기재하여 한다(보험업감독규정 제 2 조~제 3 조의3). 보험사업자는 그 상호 또는 명칭 중에 주로 영위하는 보험사업의 종류를 표시하여야 한다. 그리고 보험사업자가 아닌 자는 그 상호 또는 명칭 중에 보험사업자임을 표시하는 문자를 사용하지 못한다(보험업법 제 8 조). 그 밖에 금융위원회는 보험사업자에 대하여 그 업무 및 재산상황에 따라 필요하다고 인정하는 때에는 업무집행방법의 변경 또는 금융위원회가 지정하는 기관에의 재산의 예탁을 명하거나 기타 감독상 필요한 명령을 할 수 있도록 규정되어 있다(보험업법 제131조).

제 2 절 각국의 保險法

Ⅰ. 독 일

독일의 경우 해상보험에 대해서는 1897년 상법전(HGB)의 제14편 「해상」(Seehandel)의 제10장 「항해위험에 대한 보험」에서 120여 개 조에 달하는 자세한 규정을 두고 있다. 그런데 이 해상보험규정은 사실상 사문화되었고 해당 약관에 의하여 규율이 되고 있는 실정이다. 대학교육에서도 해상법강의는 소홀히 취급되고 있고 항구도시인 함부르크, 브레멘이나 키일 정도에서 해상법강의가 개설되어 있다. 육상보험에 대해서는 1908년 5월 30일 제정된 보험계약법(Versicherungsvertragsgesetz)에서 규정하고 있다. 이 법은 상당부분의 규정을 편면적 강행규정으로 하고 있다. 또한 동법은 제정 이후 수차례 개정이 이루어졌으며 특히 1994년 유럽공동체 제 3 보험법지침에 의한 개정이 주목을 요한다.

1908년 5월 30일 제정된 독일 보험계약법이 99년만인 2007년 7월 5일 대대적으로 개정되어 2008년 1월 1일부터 시행되고 있다. 2000년 개정준비위원회를 구성한 후 7년 만에 개정이 되었다. 개정의 주요내용은 다음과 같다. 1) 보험자의 상담·조언의무, 설명의무 및 정보의무에 관한 것, 2) 증권모델의 청약모델로의 변경, 3) 중과실비례보상제도의 도입(all or nothing원칙의 포기), 4) 보험료불가분의 원칙의 포기, 5) 권리보호보험(Rechtsschutzversicherung), 직업능력상실보험 및 의무보험 등의 개별 보험종목별로의 법정 최저보호수준의 설정, 6) 계약의 존속기간에 대한 새로운 규정, 7) 보험자의 정보의 부실 내지 불완전 제공이나 보험계약자의 고지의무위반에 대한 이의기간, 해제기간, 해지기간에 대한 새로운 규정, 8) 생명보험에서 배당상품의 경우 잉여금배당을 계약중간에도 정기적으로 실시하도록 한 규정 신설. 독일의 보험감독법은 1901년 제정된 사보험감독법(Gesetz über Beaufsichtigung der privaten Versicherungsunternehmungen)이다.

Ⅱ. 일　　본

일본은 2008년 6월 6일 종래에 상법에 규정되어 있던 보험계약법의 내용을「보험법」이라는 단행법으로 분리 독립시켰다. 이는 전 5장, 96개 조문으로 구성되어 있다. 구체적으로 제 1 장 총칙, 제 2 장 손해보험, 제 3 장 생명보험, 제 4 장 상해질병정액보험, 제 5 장 잡칙으로 되어 있다. 이 개정의 주요내용은 다음과 같다. 1) 공제계약에 대한 적용범위의 확대, 2) 상해질병보험(상해질병손해보험, 상해질병정액보험)에 관한 규정의 신설, 3) 계약체결시 고지에 관한 규정의 정비, 보험급부의 이행시기에 대한 규정 신설, 상대적 강행규정의 도입 등 보험계약자 등의 보호의 강화, 4) 초과보험, 중복보험 등의 손해보험에 대한 규율의 유연화, 5) 책임보험에서 피해자의 우선권의 확보, 6) 보험금수취인의 변경에 대한 규정의 정비, 7) 중대사유에 의한 해제규정 신설로 모럴리스크 방지 강화(김형기, "일본 보험법의 제정경위 및 주요 개정내용,"「보험법연구」제 2 권 제 2 호, 2008, 171쪽 아래 참조).

Ⅲ. 미국·영국

미국에서는 연방제 국가로서 각 주(州)가 보험계약, 보험사업의 보호와 감독에 관한 법령과 기관을 두고 있다는 점에 특이점이 있다. 그 가운데 많이 인용이 되는 것이 뉴욕주법이다.

영국에서는 1870년에 생명보험회사법이 제정된 이후 1906년에 해상보험법(Marine Insurance Act)이 제정되었다. 그리고 1909년에는 보험회사법이 제정되었다. 그 이 후 동법은 수차례 개정되었다. 1909년 법은 생명보험, 간이생명보험, 화재보험 등에 대하여 규정하였고 1946년에는 해상보험, 항공보험 등이 추가되었다. 더 나아가 1958년에는 종래의 규정들을 정비할 목적으로 제정되었다. 그 밖에 영국은 원래 불문법 국가로서 약관, 판례법, 관습법 등에 의하여 보험관계가 규율되고 있다.

Ⅳ. 프 랑 스

프랑스에서는 1681년의 해사조례에 있는 해상보험에 관한 규정을 거의 변화 없이 1807년 나폴레옹 상법전에 편입시켰다. 그로써 프랑스상법전이 해상보험에 관한 최초의 통일된 법전으로서 위상을 갖게 되었다. 한편 1804년의 프랑스민법전에 사행계약의 일종으로서 보험계약에 관한 규정을 두고 있었다. 육상보험에 대해서 규정한 것은 1930년 보험계약법이었다. 동법은 상당부분을 강행법규화하여 놓고 있다. 프랑스에서 보험업감독법은 1905년에 제정되었다. 그런데 프랑스는 보험에 관한 기존의 제법령을 통합하여 1976년 보험법전(Code des Assurance)을 제정하였다.

Ⅴ. 스 위 스

스위스에는 1908년 보험계약법이 제정되었다. 동법은 손해보험과 인보험을 독립된 장으로 규정하고 있다. 법규정은 일부는 절대적 강행규정으로 해 놓고, 일부는 편면적 강행규정으로 하고 있다. 보험감독법은 1885년에 제정되었다.

Ⅵ. 이탈리아

이탈리아에서는 1942년 민법전에서 육상보험에 대해서 규정하고 있다. 동법에서 보험계약에 대한 기본적인 사항을 규정하고 있으며 구체적인 사항은 약관에 의하여 처리되고 있다. 또한 동법도 보험계약자보호를 위한 부분적 강행규정을 두고 있다. 1942년 항행법전에서 해상보험에 대하여 규정한다(동지: 최기원).

제 2 장

保險契約法

제 1 절 總　　說

Ⅰ. 法과 契約

법률관계라고 함은 법률에 의하여 일정한 법률효과가 부여된 권리주체 사이의 관계, 즉 권리의무관계를 말한다. 이에 대해 법률관계의 변동은 권리의무의 변동이며, 권리의 변동은 권리의 발생·변경·소멸이다. 이는 변동원인인 일정한 사실에 대하여 법이 적용되어 비로소 생기는 것이며, 이 일정한 요건을 총괄하여 법률요건이라 하고, 이 법률요건을 구성하는 개개의 사실을 법률사실이라 한다.

일반적으로 법률행위라 함은 한 개 또는 수개의 의사표시를 불가결의 요소로 하는 법률요건이며 법이 그 의사표시의 내용에 따라 사법상의 효과를 생기게 하는 것을 가리킨다. 이에는 단독행위, 계약, 합동행위가 있다. 그 가운데 계약은 서로 대립하는 두 개 이상의 의사표시의 합치로써 성립하는 법률행위를 가리키는 것으로 매매·교환·임대차 등을 예로 들 수 있다.

그런데 보험계약도 채권계약으로서 계약의 하나이다. 일반적으로 계약(contract; Vertrag)이라 함은 사법상 일정한 법률효과의 발생을 목적으로 하는 쌍방의 의사표시의 합치를 말한다. 이러한 계약은 하나의 법률행위이다. 본인의 의사표시에 의하여 권리의무를 발생하거나 변경하는 행위를 법률행위라고 하는데 계약은 단독행위와 같이 그 일부에 속한다.

그러므로 계약에는 민법의 법률행위에 관한 여러 규정들이 적용된다. 그런데 민법 제 3 편의 계약은 채권관계를 발생시키는 데 한정되고 있는 소위 채권계약으로서 공법상의 계약, 물권계약이나 신분계약과는 다르다.

계약은 서로 대립하고 있는 의사표시의 합치에 의하여 성립한다. 보통은 청약·승낙이라고 하는 서로 대립되고 있는 두 개의 의사표시의 합치로 성립한다.

Ⅱ. 보험에 대한 개념정의

모든 종류의 보험에 공통된 정의를 내리는 것은 매우 어려운 일이다. 그러나 보험에는 몇 가지 공통된 요소가 있으므로 이를 중심으로 개념정의를 시도하는 것은 무익한 일이 아니다. 그 한 예로 보험에 포섭이 된다면 그 특유의 원리(예를 들어 최고신의〈uberrima fides〉의 원칙)가 적용되어야 하는데, 그 포섭여부를 결정하는데 보험의 정의가 도움이 되기 때문이다.

학자들이 보험개념의 요소로 드는 것을 보면 독일의 Hofmann 교수는 위험, 동종의 위험, 계획을 세울 수 있는 토대, 법적 위험공동체, 법적 청구권을 들고, 영국의 Birds 교수는 구속력 있는 계약, 보험사고의 발생여부나 시기의 불확실성, 피보험이익, 보험사고가 당사자의 통제 밖에 있을 것, 불확실한 사고발생시의 금전지급을 든다.

이를 토대로 보험일반의 정의를 내려보면 보험이란 “동질적인 경제상의 위험에 놓여 있는 다수인이, 당사자가 약정한 우연한 사고가 발생한 경우의 재산상의 수요를 충족시키기 위하여, 미리 일정한 근거에 의해 산출된 보험료를 출연하여 위험공동체를 조성하고 현실적으로 재해를 입은 사람에게 일정한 금액이나 정기금을 지급함으로써 경제생활의 불안을 제거 또는 감경시키려는 사회적 고안물”을 가리킨다. 이는 안전을 추구하는 인간심리의 표출이며 인간의 합리적 이성이 만들어낸 무형상품이다.

Ⅲ. 보험의 분류

보험은 여러 가지 기준에 의하여 분류할 수 있다.

1. 公保險·私保險

공보험은 국가 기타의 공공단체가 사회정책 및 산업정책의 실현수단으로서 운영하는 보험으로서 우리나라에서의 고용보험, 국민연금보험, 국민건강보험, 산업재해보상보험, 수출보험 등이 있다. 사보험은 관계자가 순전한 사경제적 견지에서 운영하는 영리를 목적으로 하는 보험과 상호보험이 있다. 우리나라에서는 상호보험은 이용되고 있지 않다.

2. 人保險·物保險

인보험은 사람의 생명 또는 신체에 대하여 생긴 사고를 보험사고로 하는 보험이다. 물보험은 보험사고로 인한 피보험자의 물건 기타 재산상 손해를 보상하기로 하는 보험이다.

3. 損害保險·定額保險

손해보험은 보험사고발생시에 보험자가 지급할 액이 미리 정해져 있지 않고 보험사고의 발생에 의하여 생긴 실제의 손해액에 따라 결정되는 보험이다. 정액보험은 보험사고발생에 의한 실손해의 유무, 그 액의 다소를 묻지 않고 당초에 계약에서 정한 일정한 금액을 보험금으로 지급하는 보험이다.

4. 원보험·재보험

원보험은 보험자가 보험가입자로부터 직접 위험을 인수하는 보험이다. 재보험은 어떤 보험자가 보험가입자로부터 인수한 위험 자체를 다시 보험에 부치는 보험을 말한다.

5. 해상보험·육상보험·항공보험

해상보험은 선박 또는 적하 등에 대하여 해상사업에 관한 사고로 생긴 손해를 보상하기로 하는 보험이다. 육상보험은 육상에서 일어나는 사고에 대비하기 위한 보험으로서 화재보험, 운송보험 등이 이에 속한다. 항공보험은 항공기 및 항공에 관한 사고로 인한 손해를 보상하기로 하는 보험이다.

6. 개별보험·집합보험·단체보험

개별보험은 개개의 사람 또는 물건을 보험의 목적으로 하는 보험이다. 집합보험은 복수의 물건 또는 사람을 하나의 집단으로 하여 보험에 드는 것으로, 이 가운데 특정보험은 특정한 집합된 물건을 보험에 드는 것이고 총괄보험은 창고에 입·출고되는 임치물 전부에 대하여 일괄하여 보험에 부치는 것이다. 단체보험은 직장에 다니는 사람을 하나의 단체로 하여 보험에 드는 것이다.

7. 기업보험·가계보험

기업보험은 기업자가 기업경영에 따른 위험에 대비하여 이용하는 보험으로서 해상보험, 운송보험 등이 이에 속한다. 가계보험은 개인이 가계의 안정을 위하여 이용하는 보험으로서 생명보험, 주택의 화재보험 등이 그에 속한다.

8. 임의보험·강제보험

임의보험은 보험계약체결의 여부가 당사자의 자유의사에 맡겨져 있는 보험이다. 강제보험은 법률상 보험가입이 강제되고 보험자도 특별한 사유가 없는 한 보험계약의 체결을 거절할 수 없는 보험이다. 자동차손해배상책임보험, 가스사고배상책임보험 등이 이에 속한다,

이 가운데에서 손해보험과 인보험으로 나누는 것을 우리 상법은 채택하고 있다. 그리하여 상법은 손해보험계약에 대하여 간접적으로 정의를 내리고 있다. 즉 상법 제665조는 "손해보험자는 보험사고로 인하여 생길 피보험자의 재산상의 손해를 보상할 책임이 있다"고 하고 있다.

손해보험은 일응 다음과 같이 정의해 볼 수 있다. "많은 개개의 위험을 한 사람 또는 사람들의 집단에 옮김으로써 행하여지는, 우연한 사고로 인한 불확실한 물건 기타의 재산상의 손해를 보상해 주기 위해 만들어진 사회적인 제도." 여기에서는 "물건 기타의 재산적 이익에 대한 손해의 보상"을 목적으로 하는 점에서 인보험과 다르다.

이러한 손해보험의 범주에 드는 것으로는 우선 우리 상법이 규정하고 있는 화재보험, 운송보험, 해상보험, 책임보험 그리고 1991년 개정시에 새로이 추가된 자동차보험(제726조의2 이하)을 들 수 있다. 그러나 손해보험은 이에 한정되는 것이 아니며 보증보험, 생명보험의 성격을 띠면서도 대상이 재산이어서 손해보험에 속하는 장기저축보험, 특종보험 등도 그에 속한다. 이 가운데 특종보험은 그 종류가 상당히 많다(독일의 우박보험, 프랑스에서 1928년 시작된 유리보험, 동물보험, 원자력보험, 기계보험, 조립보험, 일본의 지진보험 등이 이에 속한다).

상법상 인보험에 대한 규정에서 보험자는 생명 또는 신체에 관하여 보험사고가 생길 경우에 보험계약의 정하는 바에 따라 보험금액 기타의 급여를 할 책임이 있다고 규정하면서 인보험으로 생명보험과 상해보험을 규정하고 있다.

그런데 상해보험은 손해보험에 해당할 것인가, 인보험에 해당할 것인가가 문제된다. 이는 상법상의 분류로는 인보험에 속하나(제737조 이하), 보험업법 제10조 제2호에 의하여 손해보험사업자와 인보험사업자에 겸업이 허용되고 있다. 또 실질적으로는 상해보험은 손해보험사업자가 주로 취급하고 있어서 과거 생명보험사와 손해보험사간에 겸업논쟁이 있어 왔다. 외국의 예로, 가령 독일 보험계약법은 제179조 이하에서 손해보험 및 생명보험과는 별도로 상해(사고)보험(Unfa11versicherung)을 규정하고 있다.

Ⅳ. 保險法의 法源

1. 法 源

보험계약법의 법원도 다른 법영역에서와 마찬가지로 제정법·관습법 등 여러 형태로 존재하고 있다. 보험의 인수는 상법상의 기본적 상행위이고(제46조 제17호) 또 보험회사도 상인이므로 이 분야도 상법의 적용을 받는다. 그 가운데 보험계약법의 가장 중요한 제정법 법원은 상법 제4편 보험에 관한 규정이다. 그 밖에 상법의 상행위에 관한 일반규정의 적용을 받는다. 보험에 관하여 상법에 규정이 없으면 상관습법에 의하고 상관습법이 없으면 민법에 의한다(제1조). 그러나 보험분야에서는 보험약관의 발달로 인하여 그 내용이 강행법규나 선량한 풍속 기타 사회질서에 반하지 않는 한 약관이 먼저 적용되기 때문에 다른 상행위에서와 같이 상관습법이 발달할 여지는 많지 않다.

2. 보통보험약관

(1) 보통보험약관의 의의

보통보험약관(insurance po1icy; A11gemeine Versicherungsbedingungen)이란 같은 위험을 대상으로 하는 수많은 보험계약을 체결하기 위하여 미리 작성한 보험계약의 내용을 이루는 정형적인 계약조항으로서, 보통거래약관의 일종이다. 보통보험약관은 보험계약의 일반적·보편적·표준적인 계약조항이므로 특수한 보험에서는 이 약관으로는 부족하여 보충적으로 다시 상세한 약정을 할 때가 있는데, 이것을 특별보통보험약관 또는 부가약관이라 한다. 이 부가약관은 그것이 정형적인 한 그 명칭여부는 묻지 않고 사실상의 보통보험약관의 일부를 이룬다. 이에 대하여 개개의 보험계약체결시에 당사자가 보통보험약관에 의하지 않고 구체적인 사정에 의하여 계약의 내용을 정하는 경우가 있는데, 이를 특별보험약관이라 한다. 이 특별보험약관은 해상보험 등 기업보험에서 보험단체의 이익을 해치지 않는 범위 내에서 예외적으로 허용되며, 보험계약자들의 합의에 의하여 그 계약내용을 정하는 계약조항인 보통보험약관과는 구별해야 한다. 이러한 특별보험약관이 유효한 것으로 인정되는 한, 그러한 특별보험약관은 개별약정우선의 원칙에 의하여 보통보험약관보다 우선하여 적용된다.

(2) **보통보험약관의 필요성**

보통보험약관은 보험계약의 성질상 다수의 가입자를 상대로 하여 대량적으로 처리되어야 할 필요에서 그 내용을 정형화하여야 한다는 기술적인 요청에 따른 합리화의 일환으로 생겨난 것이다. 보험제도는 동질적인 위험을 예견하는 다수가입자의 단체인 법적 위험공동체를 전제로 하여 기술적으로 가입자에 관한 위험을 종합평균하여 위험을 분산하는 것이므로, 이것이 가능하기 위해서는 보험계약의 내용이 모든 가입자에게 동일하여야 한다. 또한 법적인 이유로서 모든 보험계약자를 동등하게 취급해야 한다는 원칙을 위해서도 통일된 계약을 사용하여야 한다.

또한 오늘날 사업자들은 대량거래의 신속한 처리를 위하여 약관을 통하여 미리 정해 놓은 계약내용이나 조건을 거래에 일률적으로 적용하는 방법(정형계약)으로 영업의 합리화와 거래생활의 간이화를 꾀할 수 있고 법률의 내용을 상세화함으로써 당사자간의 분쟁을 예방하는 한 방편으로 약관을 이용할 수 있다.

(3) **보통보험약관과 소비자보호**

기업은 약관을 통하여 그와 거래하는 모든 사람들과의 법적 관계를 자신에게 유리하게 형성할 수 있다. 즉 약관작성의 다른 동기는 기업유지를 위해 기업활동에서 발생하는 불측의 위험을 고객이나 소비자의 불이익으로 전가하려는 의도일 수도 있다. 즉 약관사용자는 집단거래의 합리화라는 명분으로 실제로는 법률적 수단에 의한 경제력 강화의 기도를 가질 수 있는 것이다.

대부분의 고객, 특히 소비자의 경우에는 약관의 존재를 알지 못하거나, 알고 있다고 하더라도 그 내용을 이해할 수 없거나 납득할 수 없는 경우가 많다. 그럼에도 불구하고 그 조항에 그대로 따를 수밖에 없는 상황인 반면에(기성품적 계약), 교섭력이 강한 대기업은 개별적인 교섭을 통하여 특별약관이나 특약이라는 형식으로 약관을 수정하고 있다(주문품적 계약). 이러한 현상은 소비자보호라는 측면에서 재고될 필요가 있고, 여기에 약관현상의 근본적인 문제가 있다.

(4) **약관의 구속력의 근거**(약관의 법적 성질)

보험계약의 당사자가 보통보험약관의 내용을 알고 그에 합의한 경우에, 보통보험약관은 당연히 계약의 내용으로서 당사자를 구속하게 된다. 보험자는 약관을 작성하는 자이므로 그 내용에 스스로 구속될 의사가 있었다는 것은 당연하지만, 보험계약자는 보험의 목적, 보험사고의 종류, 보험기간, 보험료, 보험금액 등에 관한 합의만을 하고 그 약관의 구체적인 내용에 관심을 갖지 않는 것이 보통이다. 이에 따라 보험계약자가 보험계약을 맺으면서 구체적인 약관의 존재를 알지 못하였거나 그 약관에 따라서 보험계약을 맺는다는 의사표시를 하지 않은 경우에도 그 보통보험약관의 구속력을 인정할 수 있는지 그리고 인정할 수 있다면 그 근거는 무엇인지가 문제된다. 이와 같은 법적 성질의 문제에 관하여는 크게 의사설(계약설)과 규범설로 학설이 나뉘어져 있다.

규범설(Normentheorie)은 보험계약은 다수계약으로서 보통보험약관에 따라 이루어지고 있는 것이 거래의 실정이므로 법사회학적으로 볼 때는 보통보험약관은 객관적인 법과 비슷하고 보험계약상의 법원으로 다루어지는데, 이에서 보통보험약관의 구속력의 근거를 구하는 이론이다. 이 설에 의하면, 국가 내에서 법이 규범력을 가지고 있어서 국민이 법의 존재나 내용을 모르더라도 그것에 구속되듯이, 특정의 거래권 내에서는 약관이 법과 같은 규범력을 가지고 있어서 그 거래권 내에 들어오는 고객은 약관의 존재나 내용을 모르더라도 그에 구속된다고 한다.

계약설(Vertragstheorie; 의사설)에 의하면, 보통보험약관은 그 자체가 법규범이 아니라 보험자가 일방적으로 작성한 계약의 모형에 불과하므로 이로써 약관의 구속력을 당연히 주장할 수는 없고, 당사자들이 이를 계약의 내용으로 하고자 하는 합의를 한 때에만 구속력을 갖게 된다는 것이다. 이는 보통보험약관의 구속력의 근거를 당사자의 의사에서 구하는 주관주의적인 이론구성이다.

규범설은 보험약관을 규범으로 보므로 당사자의 의사와는 무관하게 보험약관이 당사자 사이의 권리의무를 규율하는 현상을 설명할 수 있다는 장점이 있지만 보통보험약관이 규범으로 발전한 근거를 잘 설명하지 못한다는 문제가 있다. 또 이에 대하여는 보통보험약관은 사업자의 경제력에 의하여 사실상 이용될 뿐이고 일반적 적용을 주장할 수 있는 법적 기초를 갖는 것은 아니기 때문에 법적으로는 그 자체가 당연히 법원이라고 할 수는 없다는 비판이 있다.

계약설은 보험계약자가 보통보험약관의 내용을 명확히 파악하고서 보험계약을 체결하였다면 문제가 없으나, 당사자가 그 약관의 내용을 모르고 보험계약을 체결한 경우에도 약관의 구속력을 당사자의 의사에서 구할 수 있을 것인가의 문제가 있다. 이 설에 의하면 당사자는 약관의 내용을 상세히 정확하게 알지 못하더라도 약관에 따른다는 명시 또는 묵시의 합의를 할 수 있고 이 합의에 기하여 약관이 구속력을 갖게 되며, 대부분의 보험청약서에는 보통보험약관에 따른다는 의사표시가 있으므로 이에 의하여 보험계약자는 보험약관의 내용을 묵시적으로 동의하였다고 볼 수 있다고 한다. 그리고 비록 보험계약자가 보험약관에 따라 보험계약을 체결할 의사가 없었다고 해도 이는 착오의 문제라고 한다.

이러한 계약설이 타당하다. 상법 제638조의3이 보통보험약관의 교부·명시의무를 규정하고 있는 것은 보험약관이 법규범이기 때문이 아니라, 오히려 개별계약의 내용을 구성하기 때문이다. 또 약관의 규제에 관한 법률(이하 약관규제법이라 한다) 제 3 조는「사업자는 계약체결에 있어서 고객에게 약관의 내용을 계약의 종류에 따라 일반적으로 예상되는 방법으로 명시하고, 고객이 요구한 때에는 당해 약관의 사본을 고객에게 교부하여 이를 알 수 있도록 하여야」하며(동법 제 3 조 제 2 항 본문),「사업자는 약관에 정하여져 있는 중요한 내용을 고객이 이해할 수 있도록 설명하여야 한다」(동법 제 3 조 제 3 항 본문)라고 규정하고 있고,「사업자가 제 2 항 및 제 3 항의 규정에 위반하여 계약을 체결한 때에는 당해약관을 계약의 내용으로 주장할 수 없다」(동법 제 3 조 제 4 항)고 규정하는데, 이는 고객이 약관의 존재와 내용을 알고 계약을 체결하는 것을 약관의 구속력 발생의 전제로 하는 것이다. 따라서 우리 약관규제법이 의사설에 의해서 입법을 한 것은 명백하다. 약관규제법의 시행을 전후로 하여 우리나라의 판례도 일관되게 의사설(계약설)의 입장을 취하고 있다.

약관의 구속력의 발생요건으로서 당사자의 합의는 약관문언에 포함된 보험자의 의사와 객관적 의사로서의 보험계약자의 의사의 합치로 구성된다. 여기서 보험계약자의 객관적 의사란 당해계약을 이용하고 있는 '보험종목의 고객권'에 있어서의 계약자 전체에 공통적으로 존재하고 있는 의사이다.

(5) 현행 약관규제법의 주요 내용

우리나라에서는 약관규제법이 1986년에 제정되어 1987년 7월 1일부터 시행되었다. 동법은 1992년 말에 개정된 바 있다. 종래 부당약관에 대하여 약관심사위원회에서 심사하고 경제기획원장관은 시정권고만 할 수 있었으나, 이 제재가 미약하다는 비판을 받아왔었다. 1992년의 개정 후에는 약관에 대하여 공정거래위원회에서 심사한 후 동 위원회가 부당약관에 대하여 시정명령까지 내릴 수 있게 되었다. 또한 정부조직법 개정으로 공정거래위원회가 총리실 산하 독립기관으로 되어 위상이 높아졌다. 우리의 현행 약관규제법의 주요 내용으로는 다음과 같은 것을 들 수 있다.

1) 약관에 의한 거래를 하고자 하는 사업자에게 약관의 명시·설명의무를 부과하였다(약관규제법 제 3 조).

2) 약관의 내용과 다른 개별약정이 있을 경우 이 개별약정이 우선하고 그와 배치되는 약관조항은 배제된다(약관규제법 제 4 조). 이는 당사자가 약관을 읽지 않는 경우가 많기에 손으로 쓰거나 한 경우에는 이는 최소한 당사자가 이해한 것으로 보아 이 개별약정을 우선시키는 것이다.

3) 약관규제법 제 5 조에서는 약관해석의 원칙으로 객관적 해석원칙과 작성자 불이익원칙을 규정하고 있다.

4) 약관규제법의 가장 중요한 내용으로서 고객에게 현저하게 불리한 조항 등 약관조항의 무효의 일반원칙을 일반조항으로서 제 6 조에서 규정하고 있다.

5) 공정거래위원회는 약관규제법 제17조의 규정을 위반한 경우의 약관에 대하여 시정명령과 권고를 할 수가 있다(약관규제법 제17조의2).

6) 약관규제법에서 표준약관을 명시적으로 규정하였다. 또 사업자단체 등은 표준약관의 내용이 약관규제법에 위배되는지에 대한 심사청구를 할 수 있다(약관규제법 제19조의2).

7) 약관조항의 일부가 무효일 때에는 계약은 원칙으로 나머지 부분으로 유효하다. 다만 나머지 부분으로 계약목적을 달성하기 불가능하거나 일방에게 부당히 불리할 때에는 계약은 무효로 된다(약관규제법 제16조). 그러나 이 때에도 상대방을 보호하기 위해 계약자체는 가능한 한 유효하다고 해석하려는 노력을 할 필요가 있다.

(6) 약관에 대한 사전인가의 완화

유럽연합은 과거 유렵공동체체제에서부터 보험법분야의 통일을 위한 노력을 하여왔다. 그 계획의 일단의 완성은 제 3 보험법지침에서 찾을 수 있다. 이 지침으로 인한 유럽 보험법분야에서의 가장 큰 변화는 약관과 요율에 대한 사전인가제도의 폐지이다. 즉 1994년 7월 1일자로 보통보험약관과 요율에 대한 인가가 없어졌다. 단지 개별사안에 대해서는 영업국가의 감독청이 약관의 제출을 요구할 수 있다.

이는 유럽대륙국가의 상품중심의 통제가 영국과 아이레의 상품제공자(보험회사) 중심의 통제에 밀리는 방향으로 결정이 난 것이라 풀이되고 있다. 또 이에 맞추어 상당수의 회원국 국가가 이미 국내법을 개정하였다. 물론 이로써 사후의 감독까지 불가능하게 되는 것은 아니다. 앞으로 유럽에서도 계속하여 소비자보호의 최저선을 유지하기 위하여 감독관청이 새로운 방법을 모색하여야 한다. 이러한 의미에서 남용에 대한 감독의 견지에서는 실질적 국가감독이 계속 존재하게 될 것이다.

최근에 우리나라도 자율화를 위한 조치를 한 단계씩 도입·시행함을 볼 수 있다. 특히 보험약관에 대한 사전인가제도가 사후신고제도나 보고제도로 상당부분에서 이미 이월되어 갔다. 또한 정부의 계획에 의하면 앞으로 사후신고제로 바뀌는 범위가 넓어질 것이다. 그러나 우리나라의 상황에서 유럽에서와 같은 큰 변화를 갑자기 도입할 수는 없다. 유럽에서도 이러한 변화를 실시할 수 있기까지는 20년 이상의 시간을 필요로 하였음을 주목할 필요가 있다. 그러나 우리나라에서도 결국은 자율화의 조치를 더 강도 있게 시행하지 않을 수 없기 때문에 그에 대한 준비와 대응책마련을 서두를 필요가 있다. 그러한 관점에서 유럽의 보험법과 보험시장의 변화 및 움직임은 우리에게 시사하는 바가 크다.

(7) 독일 약관규제법 폐지와 변화

1) 도　　입

우리나라에서 1986년 약관의 규제에 관한 법률(약관규제법)을 제정할 때 독일의 AGB-Gesetz(독일 약관규제법)를 많이 참조하였음은 사실이다. 우리보다 약 10년 전에 제정되었던 독일 약관규제법은 그 동안 독일에서 소비자보호법제로서 많은 기능을 수행하였음이 사실이다. 그리고 동법에 대하여 몇 개의 주목할 만한 주석서(대표적인 것은 Wolf/Honr/lindacher의 것(Wolf/Horn/lindacher, AGB-Gesetz, 4. Aufl., 1999)과 Ulmer/Brandner/Hensen의 것(Ulmer/Brandner/Hensen, AGB-Gesetz, 4. Aufl., Köln, 2001)도 판을 거듭하면서 이 분야의 연구를 촉진하고 있었다. 그리고 동법에 대한 판례도 상당부분 누적되어 약관규제법을 해석·보완하고 있었다. 그 판례의 대표적인 것은 투명성의 원칙(Transparenzgebot)을 들 수 있다. 그런데 이러한 독일 약관규제법이 2002년 1월 1일 발효된 채권현대화법(Schu1drechtsreform)에 의하여 폐지되고 해당규정이 독일 민법전(BGB)에 규정되었으며 그 과정에서 일부규정은 대상 없이 삭제되거나 변경되었다.

이러한 독일의 약관규제법제의 변화를 연구하여 우리의 약관규제법 운영에 참고하여야 할 것이다.

2) 변화의 개요

2002년 1월 1일 발효한 채권현대화법에 의하여 독일에서는 소비자보호관계 특별법이 폐지되고 민법전(BGB)과 해당 명령에 소비자보호관계 규정을 두게 되었다. 즉 채권현대화법에 의하여 이루어진 변경 가운데 중요한 것으로 소비자보호법의 민법에의 통합을 들 수 있다. 즉 약관규제법(AGB-Gesetz), 소비자신용법(Verbraucherkredit-gesetz), 방문판매법(Hausturgeschäfte-Widerrufsgesetz), 통신판매법(Fernabsatzgesetz), 일시주거권법(Teilzeitwohnrechtsgesetz)이 민법에 규정이 되면서 해당법률은 폐지되었다. 과거 약관규제법에 있던 중요한 규정이 대부분 민법 채권편의 제305조 아래에 규정되어 있다. 가령 약관의 개념정의는 민법전 제305조 제 1 항, 계약에의 편입규정은 제305조 제 2 항, 의외성규정은 제305c조 제 1 항, 개별약정우선의 원칙은 제305b조, 불명확성조항은 제305c조 제 2 항, 약관의 불편입 및 일부무효의 효과에 관한 종래 약관규제법 제 6 조는 민법전 제306조에서 그대로 규정하고 있다. 그리고 단체소송에 관한 종래의 독일 약관규제법 제13조는 민사소송관계 특별법인 금지청구소송법(Unterlassungsklagengesetz)에로 규정이 옮겨졌다. 이에 대해서는 약관규제법을 민법에 둔다면 민법 채권편이 아니라, 총칙에 두어야 할 것이라는 비판이 있었다.

이와 같이 약관규제법에 해당 내용은 채권편 총칙에 규정을 하는데, 원래는 민법 총칙편에 규정하는 것이 타당하다는 견해가 우세하였음에도 불구하고 채권편에 규정을 하게 된 것이다. 그렇다 하더라도 가령 소유권유보와 같은 물권법상의 법률행위에도 약관규제의 해당내용이 적용된다. 약관규제법제의 변경은 단순히 종전의 약관규제법의 변경만을 의미하는 것은 아니고, 채권편의 다른 일반계약규정과 같이 연계하여 개정을 이해하여야 한다.

약관규제법을 없애고 민법에 해당규정을 둠으로써 약관규제내용이 노동법관계에도 적용되는 변화가 있게 되었다. 약관규제내용의 적용예외 목록에 관한 독일 민법

제310조 제 4 항에 노동관계규정이 포함되어 있지 않기 때문이다. 그리하여 약관의 규제내용이, 물론 노동법분야의 특수성은 고려하여야 할 것이지만, 노동법분야에도 적용이 된다. 불공정약관목록서는 독일 민법상의 급부장애법이 개정되어 일부 편집상의 개정이 이루어졌다(특히 독일민법 제309조 제 7 호 · 제 8 호). 특히 독일민법 제309조의 생명, 신체, 건강침해시의 책임배제를 금지하는 목록의 추가는 1993. 4. 15 유럽공동체의 약관규제지침에서 규정하였던 것을 반영한 것이다. 독일민법 제309조 제 5 호 b에 의하여 비기업간 거래에서의 손해배상총액예정시 손해가 더 적었다는 반대입증이 명시적으로 허용되게 되었다.

그리고 종래 판례에 의하여 인정되던 투명성원칙은 이제 독일민법 제307조 제 1 항 제 2 문에 규정되어 동 원칙에 위반할 경우 상대방을 부당하게 불리하게 하는 것으로 인정되게 되었다. 독일 약관규제법 제 8 조의 내용통제의 제한(Schranken der Inha1tskontro11e)규정은 법체계상 내용통제의 예외로 규정되었으며, 독일민법 제307조 제 3 항에 규정되었다. 그리고 투명성원칙과 관련하여 임의법으로부터의 벗어남이 문제되는 것은 아니라는 점이 명확히 되었다. 편입통제에 있어서는 편입요건을 충족하지 않아도 편입된 것으로 인정되던 예외가 삭제되었다는 점을 주목하여야 한다. 즉 종래 관청인가약관에 대하여 계약편입에 대한 예외를 규정하던 조항(AGB-Gesetz 제23조 제 3 항)은 해당규정이 없이 삭제되었다. 그 밖에 존재했던 예외규정은 독일민법 제305a조에 규정되었다. 보통거래약관은 약관사용자가 상대방에게 보통 인정할 수 있는 방법으로 약관을 인식할 수 있는 상태에 두어야 계약에 편입이 된다는 점은 과거와 동일하다. 하지만 이 때 특히 상대방이 신체적 장애(Körperbehinderung)가 있음을 약관사용자가 인식할 수 있을 때에는 그러한 장애까지를 고려하여 상대방이 약관을 인식할 수 있는 상태에 두어야만 계약의 내용이 된다(독일민법 제305조 제 2 항 제 2 호)는 내용의 변화가 추가되었다.

3) 평 가

독일에서 약관의 규제에 대해 종래 존재하던 특별법를 없애고 민법 채권편으로 규정의 위치를 변경한 것은 분명 커다란 변화임이 틀림없다. 그러한 변화의 성과는 앞으로도 좀더 지켜보아야 한다. 그런데 소비자보호관계를 모두 민법에서 규정하려는 것이 과연 개선이었는가에 관하여 평가하여 보면 오히려 부정적으로 보아야 할 것이다. 그러한 점에서 독일의 새로운 시도를 우리나라 법제의 운용에 있어서 최소한 체제면에서는 크게 참조할 필요는 없다고 보아야 한다. 다만 종래 판례에 의하여 인정되던 투명성원칙을 명문으로 규정한 것(독일민법 제307조 제1항 제2문)이라든지 약관의 계약편입여부판단시 상대방이 신체적 장애가 있음을 약관사용자가 인식할 수 있을 때에는 그러한 장애까지를 고려하여 상대방이 약관을 인식할 수 있는 상태에 두어야만 계약의 내용이 된다는 내용의 변화는 우리도 주목하여야 할 사항이다.

일본에서는 2001년 소비자계약법을 새로이 제정하여 약관의 규제에 대한 내용을 그 곳에 일부 규정하였음이 주목을 요한다.[1)]

결국 독일의 2002년 개정은 방문판매에 관한 법률(Haustürwiderrufsgesetz), 소비자신용법(Verbraucherkreditgesetz) 등도 모두 폐지되고 민법에 포섭이 된 획기적인 변화이며, 생명, 신체, 건강침해시 손해배상책임을 배제하는 약관은 무효라고 규정하였다던지, 계약상대방의 장애여부 고려 등 몇몇 변화는 높이 평가할 가치가 있다.

Ⅴ. 보험계약의 개념정립에 중요한 표지

1. 사고의 우연성·불확정성

일정한 기간동안 보험가입자가 보험금을 받을 수 있는가는 전적으로 우연하고 불확실한 보험사고에 달려 있다. 즉 사고의 발생여부(가령 화재), 발생시기(가령 생명보험에서의 사망), 발생태양(상해·질병 등)의 불확실성이 보험자의 위험부담의무의 발생요건이며 보험계약의 구성요건이다. 따라서 확실한 발생가능성이 있거나 정기적·규칙적으로 발생하는 사고는 보험의 대상에 포함되지 않는다. 하지만 보험사고발생의 빈도와 손해의 정도에 대한 불확실성만 있어도 보험의 대상이 된다. 이 때 단순한 주관적 불확실성만으로 충분하므로 소급보험, 즉 과거의 어떤 시점에서 개시하는 보험계약의 체결도 가능하다. 그러나 이는 계약당사자 모두가 보험사고가 이미 발생한 사실 또는 그 반대로 더 이상 발생할 수 없다는 사실을 모르는 경우이어야 한다(제643조).

---

1) 江澤雅彦, "일본의 소비자계약법과 금융상품판매법," 「생명보험」, 생명보험협회, 2002년 1월호, 45쪽 아래 참조.

2. 위험의 동종성

위험의 종류가 다르면 보험의 기초가 달라지게 되므로, 보험에 있어서는 다수의 동종위험의 결합이 필요하다. 동일한 위험이 기준이 되어야 통계에 의한 확률로서 부보된 위험의 발생빈도와 동일한 기간 내에 보험금의 지급을 위하여 필요한 보험료 수입의 정도, 보험사고시 지출될 보험금액에 대한 계산이 가능하게 된다. 이와 같은 위험의 동종성이 필요하기 때문에 보험의 종류가 다양하게 분화·발전되는 것이다.

3. 대수의 법칙에 기한 계산

이는 기술적 기초설의 특징을 가장 잘 나타내는 표지이다. 개개인은 통계상의 위험발생비율에 따라 이미 정해진 위험부담액, 즉 보험료를 내고서 자신의 개인적인 위험을 축소하기를 원하고 계속적인 보험료지급의무를 확정짓고자 한다. 반면에, 보험자는 보험계약자들과 본질적인 표지에서 공통되는 특별위험을 계획성 있는 토대에서 종합하면서 보험계약을 체결하고자 한다.

같은 위험에 있는 자라 해도 개인적인 관점에서는 실제의 사고는 언제, 누구에게 발생할지 예측할 수 없지만, 일정기간 동안 다수의 대상자를 전체적인 관점에서 보면 과거의 경험을 통하여 항상 아주 작은 비율의 위험이 일정기간 안에 발생되며, 이러한 위험발생비율이 오랜 기간에서 보면 변동폭이 좁다는 것을 알 수 있으므로 사고의 발생가능성을 보다 정확하게 파악할 수 있다. 이것은 위험단체의 규모를 확대할수록 확률의 오차가 적어지므로 위험한 사고의 발생가능성이 우연에서 필연으로 계산될 수 있다는 것을 의미한다. 보험은 이러한 수학적 내지 기술적 측면을 기초로 하여 성립하고 있다. 이와 같이 보험을 제도적으로 가능하게 하는 통계법칙을 대수의 법칙(1aw of 1arge numbers; Gesetz der großen Zah1)이라고 한다.

원자력시설에서의 방사선사고와 같은 발생빈도가 적은 위험에 대한 보험도 재보험이나 공동보험의 수단을 통하여 가능하다. 이 경우에는 보험자가 다시 재보험에 가입하여 보험계약자로부터 수령한 보험료의 일부를 지급함으로써 보험사고 발생시 대수의 법칙에서 벗어나는 보상액으로 인해 손실보상이 많아진 경우 원보험자는 재보험자로부터의 보호를 받을 수 있다. 또한 공동보험을 통해 큰 위험을 소수의 개개의 위험으로 분할인수하여 다수의 보험자가 공동으로 책임을 질 수도 있다.

4. 법적 위험공동체

보험사고 발생시 지급되는 보험금의 재원은 법적 위험공동체의 구성원들이 지급한 보험료에 의해 구성되므로, 법적 위험공동체는 보험보호의 유상성의 기초가 된다. 보험가입자 개인의 경제적 손실은 같은 보험에 가입하고 있는 계약자 전원이 분담하여 보상하는 결과가 되므로 일인의 큰 위험도 만인의 작은 위험으로 분산되는 특징을 갖게 된다. 일인의 손실을 만인이 떠맡는다는 의미에서 보험은 '만인이 일인을 위하여'(all for one; Alle für Einen) 존재하는 제도이고, 일인은 일정한 대가를 내고 보험에 가입함으로써 이 대가가 만인 중 어느 누군가의 경제적 손실을 보상하는 자금으로 사용된다는 의미에서 '일인은 만인을 위하여'(one for all; Einer für Alle) 존재하는 제도이다.

그리고 보험에서는 위험인수와 보험료지급 사이에 등가관계가 필요하므로, 법적 공동체로서의 보험의 본질에서 볼 때 보험자는 보험계약자 등에 대해 '평등취급의 원칙'을 견지해야 한다. 따라서 보험자는 일부의 보험계약자에게만 싼 보험료를 지급하도록 하는 방법 등으로 특정한 보험계약자 또는 보험계약자집단에 대하여 특별이익을 주어서는 안 된다.

이것이 전통적인 보험에 대한 설명이나 최근에 외국의 일부 견해(독일 프랑크푸르트대학의 Müller 교수가 중심이 된다)는 이러한 전통적인 설명방법을 지양하고 보험도 정보를 매개하고 대가를 받는 하나의 기업으로 설명하려고 한다. 일부 상호보험회사에서는 법적 위험공동체라는 설명이 적합할지 모르나 오늘날과 같이 보험회사가 거대한 주식회사로 운영되는 것이 대부분일 경우 보험도 기업이라고 하여야 한다는 주장이다. 이 보험기업은 고객에게 정보를 제공하고 보험료라는 대가를 받아 사고가 발생한 경우 보험금을 지급하면서 이윤을 얻는 것이라고 설명한다.

5. 법적 청구권

보험계약자는 약정한 보험사고가 발생하면 보험자에 대해 보험금지급청구권을 갖는다(제638조). 계약에서 정한 사고가 발생하면 보험계약자는 보험자에 대하여 보험금에 대한 법적 청구권을 취득하는 것이다.

6. 상법상의 정의

상법 제638조는 「보험계약은 당사자의 일방이 약정한 보험료를 지급하고 상대방이 재산 또는 생명이나 신체에 관하여 불확정한 사고가 생길 경우에 일정한 보험금액 기타의 급여를 지급할 것을 약정함으로써 효력이 생긴다」라고 규정하여, 손해보험과 인보험에 관한 통일적인 정의규정을 두고 있다. 이러한 정의규정은 그 형식상 일원적으로 규정되어 있으나, 보험의 목적을 재산 또는 생명이나 신체라고 하여 손해보험과 인보험으로 규정하고 있는 점을 볼 때, 실질적으로는 이원적이라고 볼 수 있다. 여기서 '일정금액'이라 함은 손해보험에 있어서는 손해보상액, 정액보험에서는 그 약정금액을 의미하고, '기타의 급여'라 함은 현물급여 또는 치료 등과 같은 현물 이외의 급여를 의미한다.

상법의 이러한 보험계약에 관한 규정은 매우 추상적인 규정으로서 이것만으로는 보험계약이 다른 유사계약과 명확히 구분되지 않는다는 면도 있지만, 보험계약법의 적용범위 등을 정하기 위해서는 이러한 통일적 규정이 의미가 있다.

Ⅵ. 보험계약의 특성(법적 성질)

1. 불요식·낙성계약성

보험계약은 당사자 쌍방의 의사의 합치가 있으면 성립하고, 그 계약의 성립요건으로서 특별한 요식행위를 요구하고 있지 아니하므로, 낙성·불요식의 계약이다(제638조). 보험계약은 보험료의 지급여부와 상관없이 또한 보험증권의 작성여부와 상관없이 당사자 사이의 의사의 합치만으로 성립한다. 실제 거래계에서는 보험계약을 체결할 때 정형화된 보험청약서를 이용하고 보험자가 보험을 인수하면서 서면으로 승낙통지를 하거나, 승낙통지에 갈음하여 보험증권을 교부하는 것이 일반적이다. 하지만 보험증권은 계약관계를 증명하는 증거증권에 불과하므로 이는 보험계약의 성립과는 무관하다.

또한 보험계약의 성립은 보험료의 지급여부와도 무관하나 우리 상법 제656조는 「보험자의 책임은 최초의 보험료의 지급을 받은 때로부터 개시한다」고 규정하고 있지만, 이는 보험자의 책임개시 시기를 정한 것에 불과하고 보험계약의 성립과는 무관하다.

2. 쌍무·유상계약성

보험계약은 보험자가 '보험금액 기타의 급여'를 지급할 것과 보험계약자가 '보험료'를 지급할 것을 약정하는 계약이므로 유상계약이고, 이 때 보험금액과 보험료는 서로 대가관계에 있으므로 쌍무계약이다. 보험계약의 유상계약성을 살펴보는 실익은 민법의 매매에 관한 규정이 준용되는가의 여부에 있다.

그런데 보험자의 보험금지급의무는 보험사고의 발생을 전제로 하므로, 보험사고가 발생하지 않은 경우에는 보험자는 보험금지급의무를 면하게 되므로, 보험계약의 쌍무계약성을 부인하는 것이 아닌가 하는 의문이 생긴다. 이에 대하여는 보험자의 책임은 보험사고의 발생을 전제로 하여 금액을 지급하는 것이라는 금액급여설과 위험을 부담하는 것이라는 위험부담설이 있다. 금액급여설에 의하면 보험자는 보험사고가 발생하지 않으면 보험금지급책임을 지지 않는 점을 설명하기 힘들다는 문제점이 있다. 따라서 보험자는 보험자의 책임개시 이후 보험사고발생 이전에 이미 위험부담이라는 급부의무를 부담한다고 보아야 한다. 보험자가 위험을 부담함으로써 보험사고가 발생하면 수요를 충족시킬 수 있다는 경제적으로 평가할 수 있는 기대권을 형성함으로써 보험계약자에게 경제생활의 안정을 제공하고, 잠재적인 단계에 존재하던 위험부담급부가 보험사고의 발생과 더불어 실체화함으로써 보험계약자의 기대를 실현시키게 된다. 다시 말해서 보험계약 당사자 사이에 약정한 보험사고가 발생하기 전에는 보험자가 추상적인 위험을 부담하다가 약정한 보험사고가 발생함으로써 비로소 보험금지급으로 위험부담이 구체화된다는 것이다.

이에 대해 미국에서는 보험계약은 미확정, 조건부계약(executory and conditional contract)으로서 편무계약(unilatera1 contract)이라고 하는 입장도 있는데, 우리나라의 법체계하에서 보험계약은 비록 보험자의 책임이 보험사고의 발생을 조건으로 하고 있다고 하더라도 보험자와 보험계약자의 의사의 합치에 의하여 성립하여 그 효력이 생기기 때문에 이를 조건부계약이라고 볼 수는 없다.

3. 사행계약성

보험계약에 있어서 보험자의 급여의무는 미리 보험자가 보험료를 수령하여도 우연한 사고의 발생을 전제로 발생하므로 보험계약은 사행계약(射倖契約)(aleatory contract)이다. 이 점에서 보험계약은 도박과 닮은 점이 있지만, 보험계약과 도박은 그 사회적 기능에 있어서 큰 차이가 있으므로 법률적으로 매우 다른 취급을 받고 있다.

보험계약의 사행계약성에 대하여 사행계약이란 전형계약을 두지 않은 우리 법제 하에서는 논의의 실익이 없다고 하는 견해도 있으나 보험계약의 유상성이나 선의계약성도 보험사고의 우연성을 전제로 하는 보험계약의 사행계약성을 전제로 하여 인정되는 것이라고 할 수 있다. 따라서 보험계약을 다른 유상계약과 구별하기 위해서는 보험계약의 특성인 사행계약성을 전적으로 무시할 수는 없다.

4. 선의계약성

위에서 살펴본 바와 같이 보험계약은 사행계약이기 때문에 아울러 선의계약성을 갖는다. 다시 말해서 보험계약의 당사자인 보험자와 보험계약자의 관계는 서로 대립되는 투쟁적인 관계가 아니다. 대립적인 관계에 있는 당사자 사이의 타협의 산물이 계약이라면, 계약을 체결함에 있어서 당사자가 특별한 신뢰관계나 지배관계에 있지 않는 한, 최대한 자기의 이익을 추구할 수 있다는 영미법계에서는 일반원칙에 대한 예외로서 보험계약의 선의성이 큰 의미를 갖는다.

이에 대하여 당사자의 선의 또는 신의성실의 원칙은 보험계약에서만 주장하는 것이 아니고, 오늘날 모든 법역에서 요구되는 대원칙이라고 하는 견해가 있다. 그러나 다른 계약과는 달리 보험계약자는 자신에게 불리한 사실까지 보험자에게 고지할 의무가 있고, 피보험이익이 없이 도박적으로 보험에 가입할 수 없고, 보험계약의 체결 후에는 위험증가·변경금지의무 또 보험사고발생 후에는 손해방지의무가 있는 점에서 '선의'는 특별한 의의가 있고, 보험계약의 단체성·계속성 및 사행성에 비추어 그 해석원리로서 한층 더 높은 신의성실의 원칙에 기한 선의계약성이 요구된다.

5. 영업적 상행위성

상법상 보험의 인수를 영업으로 할 때에는 기본적 상행위(영업적 상행위)의 일종이 된다(제46조 제17호). 그러므로 영리보험에 있어서 보험계약은 상행위성이 인정되며 이를 영업으로 하는 보험자는 상인이 된다(제 4 조). 따라서 보험계약에도 상행위에 관한 규정이 적용되나, 그 특수성으로 인해 일반상행위와는 다른 많은 제약을 받는다. 즉 보험계약은 반드시 허가를 받은 보험자와만 체결하여야 하고(보험업법 제 3 조, 제 4 조, 제209조 제 3 항 제 1 호 참조), 어느 정도 강제성이 수반되어 계약자유의 원칙이 제한을 받는다.

상호보험계약은 영리보험자가 하는 것이 아니므로 상행위는 아니지만, 보험계약관계는 실질적으로 영리보험과 같으므로 그 성질에 반하지 않는 한 영리보험계약에 관한 상법의 규정이 준용된다(제664조). 보험계약자가 비상인인 경우에도 보험자는 상인이므로 원칙적으로 당사자 모두에게 상법이 적용된다(제 3 조).

6. 공동체성

각개의 보험계약은 보험자와 보험계약자의 권리의무에 의하여 규율되는 개별적 성질의 계약이지만, 많은 보험계약자와 보험계약을 체결하는 보험자의 입장에서 총체적 · 종합적으로 보험관계를 고찰하면, 보험계약자들은 동질의 위험을 공유하면서 위험단체 혹은 보험단체를 구성한다. 그리고 구성원으로서 대수의 법칙에 의한 사고발생의 개연율에 따라 보험료총액과 그 부담비율을 정하여 이를 합리적으로 공정하게 분담된 금원을 출연하여 기금을 조성하고, 보험자는 구성원 모두를 위하여 이 기금을 관리 · 보관하고 있다. 위험이 현실화될 때에 구체적으로 보험금을 지급하게 되는 것이다. 보험계약자는 이 법적 위험공동제의 구성원으로서 협조의무가 요구되고 신의성실의 원칙이 강조되며, 이러한 원칙들은 보험계약을 해석하는 데 있어 중요한 지도원리가 된다.

7. 계속적 계약성

보험계약은 보험자가 일정기간 안에 보험사고가 발생한 경우에 보험금을 지급하는 것을 내용으로 하므로 그 기간동안 보험관계가 지속되는 계속적 계약의 성질을 갖는다. 보험계약은 다른 계약에 비해서 비교적 장기의 존속기간을 예정하고 있으므로 계약당사자간에는 다수의 권리의무가 발생하게 되고, 이와 같은 계속적 채권관계의 특질의 하나로 '당사자의 상호신뢰성'이 강하게 요구된다. 따라서 보험계약자 등은 보험료를 모두 지급한 후에도 위험변경시 또는 사고발생시에 보험계약자의 보험자에 대한 통지의무(제652조, 제657조)와 같은 일정한 보험계약법상의 의무를 지며, 보험기간이 한번 개시되면 보험계약은 장래를 향해서만 해지되는 것이 원칙이다(제649조 제 2 항, 제669조 제 1 항 등).

8. 부합계약성

보험계약은 다수인을 상대로 하여 체결되는 다수계약(Mengengeschäft)이고, 보험의 기술성과 공동체성으로 인해 그 정형성이 요구되어, 필연적으로 부합계약(附合契約)에 속한다. 보험계약은 일반적으로 보험자에 의해 미리 마련된 보통보험약관을 매개로 체결되는데, 보험계약자는 이의 작성과정에 참가할 수 없는 경우가 보통이고 보험계약체결시 약관을 전체로서 승인하든가 아니면 거절하는 것을 선택할 수 있을 뿐이다. 그리하여 상법은 소위 불이익변경금지의 원칙(제663조)과 보험약관의 교부·명시의무(제638조의3)에 관하여 규정하고 있다. 그런데 약관규제와 관련하여 약관에 대한 사전인가는 사후신고제 또는 사후제출제로 전환되었다.

9. 독립계약성

보험계약은 민법에 규정되어 있는 여러 계약유형의 어느 범주에도 속하지 않는 무명계약, 즉 특유한 계약으로서 독립계약이다. 그러므로 위험의 인수는 가령 운송계약, 도급계약 또는 매매계약 등에의 부대약관(Nebenabrede)에 의한 것이 아니어야 한다. 그러나 이것은 단지 법률상 보험계약이 독립성을 가진다는 의미이고, 경제상으로는 보험계약을 다른 계약과 결합하거나 다른 계약에 부수하여 체결할 수는 있다.

Ⅶ. 보험계약의 요소

1. 보험계약의 관계자

보험계약의 관계자에 대하여는 다음과 같이 분류하여 볼 수 있다.

(1) 보 험 자

보험자는 보험계약 당사자로서 보험계약자와 보험계약을 체결하고 보험사고 발생시 보험금을 지급할 의무를 지는 자이다. 보험사업은 사회성·공공성을 띠기 때문에 보험자에게는 자격제한이 있다. 즉 인보험사업이나 손해보험사업에서는 300억원 이상의 자본금 또는 기금을 갖는 것을 원칙으로 하고, 다만 보험사업자가 대통령령이 정하는 보험사업의 종류 중 일부만을 영위하고자 하는 경우에는 50억원 이상의 범위에서 자본금 또는 기금의 액수가 차등되어 있다. 보험사업자는 이러한 요건을 갖춘 주식회사 또는 상호회사로 금융위원회로부터 보험사업의 허가를 받은 자만이 될 수 있다(보험업법 제 4 조, 제 5 조). 그러나 우리나라에서는 상호보험회사는 실제 활용되고 있지 않다.

(2) 보험계약자

보험계약자는 보험자의 상대방이 되어 자기명의로 보험계약을 체결하고 보험료 지급의무를 지는 자이다. 보험계약자의 자격제한은 없고 권리능력자이면 된다.

(3) 피보험자

이는 손해보험과 생명보험에서 달리 이해되고 있다. 즉 손해보험에서의 피보험자는 피보험이익의 주체로 보험사고 발생시 손해보상을 받을 권리자를 가리킨다. 이에 반하여 인보험에서는 자신의 생명, 신체에 대해 보험이 부쳐진 자를 피보험자라 한다.

(4) 보험수익자

보험수익자는 인보험에서 보험금을 받기로 예정된 자를 가리킨다.

(5) 보험자의 보조자

보험자의 보조자로는 보험대리점, 보험중개인, 보험모집인, 보험의가 있다.

1) 보험대리점

보험대리점은 보험자를 위해서 보험계약체결의 대리 또는 중개를 영업으로 하는 자로서 금융위원회에 등록한 자이다(보험업법 제87조). 이는 상법상 독립된 상인인 대리상이다(제87조).

2) 보험중개사

보험중개사는 독립적으로 보험계약의 체결을 중개하는 자로 금융감독원장이 실시하는 시험에 합격하고 금융위원회 등록을 한 자이다(보험업법 제89조). 이는 상법상 중개인이다(제93조).

3) 보험설계사

보험설계사는 보험외판원 또는 보험권유인을 말한다. 이는 보험자를 위해 보험계약체결을 중개하는 자로서 금융위원회에 등록된 자를 말한다(보험업법 제84조). 그러나 실제는 손해보험협회와 생명보험협회가 보험설계사의 등록사무를 맡고 있다(이는 보험업법 제194조의 권한의 위임에 의하여 가능하게 된 것이다). 이들을 생활설계사라고 하기도 한다. 이들은 보험회사를 대리하여 보험계약을 체결할 권한이 없다. 따라서 이를 잘못 알고 보험계약을 체결한 소비자보호의 문제가 발생한다. 판례는 점차 이들의 행위에 대하여 보험자의 책임을 인정하는 경향에 있다(보험업법 제102조 참조).

4) 보 험 의

보험의(保險醫)는 인보험에서 보험자의 의뢰를 받아 피보험자의 신체, 건강상태를 검사하는 자를 가리킨다.

(6) 보험모집보조자관련 시장개방

1992년 6월 30일 그 당시 재무부가 발표한 보험시장개방현안에 대한 자유화방안과 1995년 11월 정부가 발표한 보험자유화계획에 따르면 보험모집보조자에 대한 시장개방 내지 자유화의 내용을 담고 있다. 종래 우리나라에서는 대리점제도에 관하여 보험업법상 제한이 있었던 것은 아니나 1993년 4월 이전까지는 '1회사 전속대리점' 체제를 유지하여 왔었다. 그런데 위의 자유화방안에 따라 우리나라에서는 손해보험 복수대리점 및 생명보험 복수대리점이 각각 1993년 4월 및 1994년 4월에 허용되었다. 또 1996년 4월부터 손해보험 독립대리점제도가 도입되었으며 생명보험 독립대리점은 1997년 4월부터 시행하였다. 더 나아가 1997년 4월부터는 보험중개인제도도 도입하였다. 그리고 1998년에는 외국 브로커에 대해서도 우리나라의 시장이 개방되었다.

이와 같은 보험모집관계자에 대한 규제완화조치로 인하여 이들의 행위에 대한 소비자보호조치의 마련의 과제를 남기게 되었다. 특히 모집보조자의 행위에 대한 보험회사의 책임문제와 중개인의 행위 등에 대하여 별도의 책임이행 확보조치를 가령 전문직업인책임보험 등을 통하여 마련하는 것이 필요하다.

2. 보험의 목적

보험의 목적은 보험사고 발생의 객체로서 손해보험에서는 피보험자의 재화를 의미하고 인보험에서는 피보험자의 생명 또는 신체를 가리킨다. 이 보험의 목적은 보험자가 배상해야 할 범위와 한계를 정해 준다.

3. 보험사고

보험사고는 보험자의 책임을 발생시키는 사건을 말하는데, 이를 위험이라고도 한다. 이미 발생하였거나 발생할 수 없는 것을 보험사고로 하는 계약은 무효이다(제644조 본문).

4. 보 험 료

보험료는 보험계약자가 보험자에게 지급할 금액이다. 보험계약에는 반드시 보험계약자가 지급해야 할 보험료가 있어야 한다. 이것이 보험계약자가 이행해야 할 유일한 적극적 의무이다.

(1) 보험료지급지체의 효과

보험료와 관련하여서는 특히 보험료지급지체의 효과가 문제된다. 계약성립 후 2월 내에 보험료의 전부 또는 제 1 회 보험료를 지급하지 않은 때에는 다른 약정이 없는 한 계약은 해제된 것으로 본다(제650조 제 1 항 후단). 이는 보험자의 이익을 위하여 둔 규정이다. 계속 보험료지급을 지체한 때에는 보험자는 상당한 기간을 정하여 보험계약자에 최고하고 그 기간 안에 지급하지 않는 경우에는 계약을 해지할 수 있다(제650조 제 2 항). 이 때 계약을 해지하면 보험계약은 장래에 향하여 그 효력을 잃고 보험사고가 발생한 후에도 보험자는 금액지급책임이 없고 이미 지급한 보험금액에 대하여 반환청구를 할 수가 있다(제655조). 보험계약자가 보험료지급을 지체한 경우에 타인을 위한 보험의 경우에는 상법 제650조 제 3 항에 보험자는 그 타인에게도 상당한 기간을 정하여 최고한 후에야 계약을 해지할 수 있도록 되어 있다.

그런데 그 동안 일정기간 보험료지급을 지체하였을 때 최고와 해지의 절차를 거치지 않고 보험계약이 자동 해지되는 것으로 정하는 약관이 많이 이용되고 있었다. 이를 실효약관(失效約款)이라 한다. 이는 최고와 해지를 요구하는 상법 제650조 제 2 항을 위반하는 것으로 상법 제663조에 의해 무효가 아닌가 하는 의문이 있었다. 과거 대법원은 실효약관도 보험관리상 효용을 고려하여 그러한 약관도 유효라고 하였었다(대법원 1987. 6. 23 선고, 86 다카 2995 판결). 그리고 학설도 이에 동조하고 있었다. 그러나 공정거래위원회가 이른바 실효약관에 대하여 생명보험분야와 자동차보험분야에서 무효라고 의결하여 관계기관에 수정을 요구하였다. 또 대법원도 전원합의체판결(대법원 1995. 11. 16 선고, 94 다 56852 판결)을 통하여 종래의 판결을 변경하였다. 즉 이 대법원판결은 "이 사건 실효약관은 제 2 회 분납보험료가 그 지급유예기한까지 납입되지 아니하였음을 이유로 위 상법 제650조 소정의 절차를 거치지 않고 막바로 이사건 보험계약이 실효됨을 규정하고 있음이 명백하므로, 위 실효약관은 위 상법 제650조의 규정에 위배되어 같은 법 제663조에 의하여 보험계약자에게 불이익한 범위 안에서는 무효라고 보아야 할 것이다"라고 하여 종래의 입장을 변경하였다. 따라서 변경된 판례에 의하면 상법 제650조 제 2 항의 절차를 거치지 아니하고 곧바로 보험계약이 해지되거나 실효됨을 규정하는 보험약관은 상법 제650조, 제663조에 위배되어 무효가 된다. 이에 의하면 보험자는 보험계약자가 계속보험료를 연체한 경우 반드시 일정한 기간을 정하여 최고를 하고 그 기간 내에도 납입을 하지 않을 경우 계약을 해지할 수 있다. 이 때 최고기간은 너무 짧아서는 안 된다. 3~4주가 적합할 것으로 보인다(독일 보험계약법 제39조 제 1 항 참조). 만일 보험계약자가 해지 후 1개월 내에 지체된 보험료를 납입하면 계약은 장래를 향하여 다시 유효하다고 하는 방안이 고려되어야 할 것이다.

그리고 최고와 동시에 실효의 예고를 하는 것이 유효한가가 문제되는데, 상법 제650조, 제663조의 해석상으로도 그 효력을 긍정할 수 있다고 본다. 또 최고로 인한 비용은 보험계약자측에서 부담하여야 한다. 대법원이 실효약관에 대해 무효라고 한 이후에 상황이 보험계약자에게 상당히 유리하게 전개되었다. 그만큼 보험회사는 이와 관련하여 업무처리를 철저히 하여 선의의 보험계약자에게 피해가 돌아가지 않도록 하여야 한다.

(2) 보험료지급수단으로 어음 · 수표가 교부된 경우

보험료의 지급수단으로 어음이나 수표가 교부된 경우에 일반원칙에 의하면 어음·수표가 보험료채무의 '지급을 위하여' 교부된 것으로 보고 어음·수표금이 결제(지급)될 때까지 보험료가 지급되지 않은 것으로 보게 되어 보험가입자가 보호받지 못하는 결과로 된다.

이에 대한 해결책으로는 다음과 같은 방안이 주장되고 있다. 이 때 보험계약자에게 유리하게 결론지어야 할 필요성이 있다.

1) 해제조건부 대물변제설

해제조건부 대물변제설에 의하면 이 때 어음·수표금의 부지급을 해제조건(가령 시험점수가 일정 이하로 떨어지면 용돈을 주지 않겠다고 하는 계약의 "시험점수가 일정 이하로 떨어지면이라고 하는 것이 해제조건인데, 장래에 발생할지도 모르는 사실에 이미 생긴 법률행위의 효력의 소멸이 걸리게 하는 것을 말한다)으로 하는 대물변제(대물변제는 본래의 급여에 갈음하여 다른 급여를 함으로써 채권을 소멸시키는 채권자와 채무자 사이의 계약이다)가 이루어진다고 한다.

2) 지급유예설

어음·수표의 만기까지 보험료의 지급을 유예했다고 보아야 한다는 견해가 지급유예설이다. 이 견해가 우리나라의 통설의 입장이다.

보험료지급수단으로 어음·수표를 교부한 경우에 발생하는 이러한 문제는 당사자의 의사의 해석의 문제이다. 상법 제656조에서 "지급받은 때"의 의미는 반드시 지급채무가 변제된 때가 아니라, 어음·수표를 교부받은 때에도 지급받은 때에 해당한다고 해석하여야 한다. 보험료지급으로 교부된 어음·수표가 부도가 난 경우 보험자가 다시 보험료지급을 청구했어도 보험계약자가 지체없이 이를 지급하지 않는 것을 해제조건으로 지급받았다고 추정해야 할 것이다. 이에 대한 판례는 보험료를 선일자수표로 지급한 경우에 대하여 보험자의 책임을 인정하지 않고 있다. 그런데 이 판례에는 문제가 있으며 선일자수표라 하여 달리 취급할 것은 아니다.

5. 보 험 금

보험금은 보험사고가 발생하였을 때 보험자가 지급할 금액이다. 상법은 보험금을 "보험금액 기타의 급여"라고 표현하고 있다. 인보험은 대개 정액보험이어서 당사자가 약정한 바에 따라 일정금액을 지급한다. 손해보험에서는 원칙적으로 보험금액의 범위 내에서 피보험자에게 실제 발생한 손해를 계산하여 보상한다. 기타의 급여는 상법은 상해보험에서 사용하고 있다. 치료, 수리, 일정한 물건의 지급도 보험금이 될 수 있다는 것이 통설이다.

6. 보험기간

(1) 의 의

보험기간은 보험사고발생에 대한 시간적 제한을 의미한다. 이는 다음과 같이 나누어 볼 수 있다.

1) 보험기간(실질적 보험기간)

이 기간 내에 사고가 발생하면 보험금청구권이 발생하는 기간이다.

2) **보험료기간**(기술적 보험기간)

이는 보험료산정의 기준이 되는 기간이다.

3) **보험계약기간**(형식적 보험기간)

이는 당사자 사이에 보험계약이 존속하기로 약정한 기간을 말한다.

(2) 확 정

보험기간은 당사자가 계약에서 정해야 한다. 즉 보험증권에 계약의 시기(始期), 종기(終期)를 기재하여야 한다. 소급보험도 가능하다(제643조). 일자로 보험기간이 정해진 경우에는 시일의 0시부터 개시하여 종일의 24시에 종료한다. 당사자간의 다른 약정이 없으면 보험자의 책임은 최초의 보험료지급을 받은 때로부터 개시한다(제656조). 별도의 보험기간의 약정이 있어도 보험자의 책임은 최초보험료의 지급을 받은 때부터 개시한다.

(3) 효 력

보험사고는 모두 보험기간 내에 발생하여야 한다. 그리고 보험기간 내에 수회에 걸쳐 보험사고가 발생하여도 이를 모두 보상해야 한다. 보험계약자는 보험사고발생 후에도 임의로 보험계약을 해지할 수 있다(제649조 제 2 항). 그러나 우리 법에서는 보험자가 임의로 계약을 해지하는 것은 불가능하다. 즉 원칙적으로 고지의무위반 등 일정한 사유가 있을 때에만 가능하게 되어 있다. 독일에서는 보험자도 계약을 해지하는 것이 보험계약자와 같이 가능하게 되어 있다.

Ⅷ. 보험계약의 체결

1. 계약의 성립

보험계약은 보험계약자의 청약에 대하여 보험자가 승낙함으로써 성립한다. 청약과 승낙에 특별한 방식이 요구되지는 않는다. 실제로는 보험모집인 등의 권유에 의하여 보험계약청약서에 보험계약자가 일정한 사항을 기재하여 청약하고 보험자는 그 청약서와 기타 필요사항을 검토한 후 승낙여부를 통지하는 형식으로 이루어진다.

2. 국제적 보험계약체결

1995년 11월 정부는 OECD가입에 대비하여 보험산업의 국제경쟁력을 강화하고 보험계약자의 권익을 증진하기 위하여 보험시장자유화계획을 발표하였다. 그 핵심적인 내용은 ENT(경제적 수요심사)제도의 폐지, 손해보험종목 중 이미 Cross-Border거래가 허용된 바 있는 재보험, 수출입적하보험, 항공보험에 더하여 1997년 1월부터 생명보험 전 종목, 손해보험 중 선박보험, 해외여행보험, 장기상해보험에 대한 Cross-Border거래의 추가허용, 재보험자유화의 조기시행, 보험중개인제도(브로커제도)의 국내도입 및 대외개방, 손해사정업 및 보험계리업을 개방하는 것이다.

일반적으로 Cross-Border거래라고 하면 서비스의 국경간 거래로서 공급자와 소비자가 각각 다른 국가에 소재하면서 서비스를 공급하는 것으로서 이를 보험분야에서 보면 외국보험사업자가 자국의 보험상품을 (국내감독당국의 허가나 인가 없이) 소비자 거주국에 회사를 설립하지 않고도 우편, 텔렉스, 팩스, Cable 등의 수단을 통하여 판매하는 거래형태를 말한다.

이러한 Cross-Border거래에 대해서는 1992년까지는 사실상 재보험에 대해서만이 형태로 거래가 일부 이루어지고 있었을 뿐이므로 Cross-Border보험거래가 우리 보험산업에 미치는 영향도 그리 크지 않았다. 따라서 이에 대한 보험업계와 일반의 관심도 거의 없었던 것이 사실이었다. 그런데 1993년 1월 수출적하보험, 1995년 4월 수입적하보험 및 항공보험의 Cross-Border거래가 허용되면서 관심과 논의가 활발해지게 되었다.

이러한 상황에서 1997년 1월부터는 생명보험의 전 종목, 손해보험 중 장기상해보험, 해외여행보험, 선박보험의 Cross-Border거래가 추가 허용되고 단계적으로 그 허용 폭을 넓혀갈 계획임이 발표된 것이다. Cross-Border보험거래를 위한 현행법적 제도를 살펴보면 보험업법 제 3 조(보험계약의 체결)에서 "누구든지 법령에 특별한 규정이 있는 경우를 제외하고는 보험사업자가 아닌 자와 보험계약을 체결하거나 이를 대리 또는 중개하지 못한다"고 규정하고 보험업법시행령 제 7 조(보험계약의 체결)에서 "법 제 3 조의 규정에 의하여 보험사업자가 아닌 자와 보험계약을 체결하거나 이를 중개 또는 대리할 수 있는 경우는 다음 각호의 1에 해당하는 경우로 한다"고 하면서 외국보험사업자와 재보험계약을 체결하는 경우, 외국보험사업자와 수출적하보험계약, 수입적하보험계약 또는 항공보험계약을 체결하는 경우 등을 열거하고 있다.

이와 같은 상황을 고려할 때 1997년 1월 이후 보험료기준으로 우리나라 보험시장의 80% 이상이 개방되었다고 볼 수 있다. Cross-Border보험거래 범위 내에서만 보면 보험거래의 국경은 없어졌다고 하여도 무리가 없다. 이로 인하여 보험계약의 체결, 보험료송금, 보험금송금행위 이외에 보험문화의 교류, 의식관행의 교류 등도 있을 것으로 보이기에 이에 대한 대비책을 세워야 한다. 특히 섭외사법의 문제를 진지하게 논의하여 보완책을 세워야 한다.

3. 보험자의 낙부통지의무·승낙 전 사고에 대한 책임

(1) 낙부통지의무

민·상법상의 일반원칙에 의하면 상시 거래관계에 있는 상인 사이의 청약(제53조)이 아닌 한 당사자는 승낙여부를 통지할 의무를 지지 않고 상당기간 내에 승낙의 통지가 없으면 그 청약은 효력을 잃고 계약은 성립되지 않는다(민법 제529조, 제52조).

그런데 보험거래실정은 승낙권한 없는 모집인 등에게 청약하므로 보험계약이 성립되었다고 믿고 청약과 동시에 보험료상당액을 납부한 때에는 보험보호를 받을 수 있는 것으로 믿는다. 이에 상법은 보험자가 보험계약자로부터 청약과 함께 보험료상당액의 전부 또는 일부 지급받은 때에는 타약정이 없을 경우 30일 내 낙부통지를 발송해야 하고, 이를 게을리하면 승낙한 것으로 보는 개정을 1991년에 하였다. 이 때 인보험의 경우에는 그 기간을 신체검사를 받은 날로부터 기산한다(제638조의2 제 1 항·제 2 항).

(2) 승낙 전 보험사고에 대한 보험자의 책임

상법은 승낙 전 책임에 대한 특별규정을 두고 있다. 보험자가 보험계약자로부터 보험계약의 청약과 함께 보험료상당액의 전부 또는 일부를 받은 경우에 그 청약을 승낙하기 전에 보험사고가 생긴 때에는 그 청약을 거절할 사유가 없는 한 보험자는 책임을 진다. 단 인보험의 피보험자가 신체검사를 받아야 하는 경우에 그 검사를 받지 아니한 때에는 보험자가 책임을 지지 않는다(제638조의2 제 3 항). 이것도 1991년 개정시에 추가한 내용이다.

4. 약관의 교부·설명의무

(1) 의 의

보험계약자는 보험약관을 제대로 알지 못하여 예상하지 못한 불이익을 받는 경우가 많다. 따라서 상법은 보험자에게 약관의 교부·설명의무(제638조의3 제1항)를 부과하고 있다.

(2) 내 용

보험자는 보험계약체결시 보험계약자에게 약관을 교부하고 그 중요내용을 알려주어야 한다(제638조의3 제1항). 가령 보험료와 그 지급방법, 보험금액, 보험기간, 보험사고의 내용 및 면책사유 등에 대하여 알려주어야 한다. 체약대리권이 없는 모집관계자도 이 의무를 진다고 보아야 한다.

(3) 유럽과 독일의 상황과 시사점

계약을 체결하는 단계에서 보험계약자를 보호하기 위하여 유럽에서는 유럽공동체보험법지침에 의하여 보험자가 보험계약자측에게 다양한 정보를 제공하여야 할 의무를 도입하였다. 이에 의거하여 가령 독일에서도 1994년 보험감독법과 보험계약법을 개정하여 보험자의 정보제공의무를 도입하였다. 이러한 정보제공의무로 인하여 계약체결시에 보험계약자가 제대로 정보를 제공받지 못한 경우에는 이의를 제기하여 계약을 철회할 수 있도록 하는 변화를 도입하였다. 즉 독일 보험계약법 제5a조에서는 보험자가 청약당시에 보험약관을 제공하지 않거나 소정의 보험계약관련 정보를 제공하지 않았을 경우에 보험계약자가 서류의 제공을 받은 날로부터 14일 내에 서면으로 이의를 제기하지 않을 경우에만 보험계약이 당해보험약관과 정보를 제공한 의제(擬制) 아래에서 체결된 것으로 본다는 규정을 하고 있다. 이 때 14일이라는 기간은 보험계약자가 보험증권과 보험약관 등 관계서류를 교부받고 또 보험자가 보험증권교부시에 분명하게 인식할 수 있는 문구의 서면으로 이의권, 14일이라는 기간 및 이 기간개시시점에 대하여 주지를 시킨 경우에 비로소 개시하도록 되어 있다. 그리고 이 경우에는 제1회 보험료를 지급한 후 1년이 지난 후에는 그러한 이의권이 소멸하도록 되어 있다.

이는 보험자가 보험계약자측에게 정확하고 다양한 정보를 제공하여야만 보험계약이 확정적으로 체결되도록 하는 변화를 도입한 것으로 보험계약자측을 유리하게 하는 내용으로서 우리에게 시사하는 바가 크다. 물론 그렇게 되면 보험계약관계가 상당기간 동안 확정되지 않아 당사자의 법적 확정성이란 견지에서는 그 타당성에 의문이 제기될 수도 있다. 그러나 소비자의 입장에서는 충분한 정보를 제공받아야 하고 그러한 점에서 정보를 제공받고 나서야 기간이 개시되도록 하는 것은 환영하여야 한다.

특히 상법 제638조의3 제 2 항의 해석과 관련하여 독일 보험계약법 제5a조가 많은 시사점을 제공하고 있다. 상법 제638조의3 제 2 항에 의하면 보험자가 약관의 명시·설명의무에 위반한 경우 보험계약자는 1월 내에 그 계약을 취소할 수 있다고 되어 있다. 취소하게 되면 계약은 무효로 된다(민법 제141조). 그 결과 보험료도 반환해 주어야 한다(제648조 참조).

그런데 약관규제법 제 3 조 제 3 항에 의하면 이러한 경우에 그 설명이 안 된 내용을 계약의 내용으로 주장할 수 없다고 되어 있다. 만일 1월 내에 취소하지 않은 경우 그 계약의 효력은 인정된다고 보아야 한다. 이것이 오히려 보험계약자에게도 유리하다. 가령 독일의 경우도 보험약관도 계약에의 편입요건을 충족하여야 하지만 편입요건을 갖추지 않았더라도 계약이 무효로 되는 경우는 계약의 핵심적 내용(essentia1ia negotii)이 합의되지 않은 아주 예외적인 경우로 한정된다. 그러나 상법의 규정의 해석과 관련하여도 경우를 나누어 보아야 한다.

1) 약관에 대해 설명을 전혀 해 주지 않은 경우에는 소송에서 쟁점이 된 문제의 약관의 경우 그 내용은 약관의 규제에 관한 법률 제 3 조에 의하여 계약의 내용으로 주장할 수 없고 임의법규의 내용이 있는 경우 이에 의한 내용, 그 밖에는 일반적으로 통용되는 관습 내지 일반인의 관념(Verkehrssite)에 따른 내용에 의하여 설명을 해 주지 않아 편입되지 않은 문제의 약관내용 대신에 채워져야 한다.

2) 약관의 내용과 다른 설명을 해 준 경우에는 설명해 준 내용이 계약의 내용으로 된다(같은 입장: 대판 1989. 3. 28, 88 다 8645)(반대견해 있음).

결국 상법 제638조의3 제 2 항은 장기적으로는 약관규제법 제 3 조와 관련하여 조정하여야 할 것이다. 그리고 2007년 독일의 개정에서처럼 보험자의 정보제공의무를 규정하는 것이 필요하다.

5. 고지의무

(1) 의 의

보험계약자 또는 피보험자는 보험자에 대하여 중요한 사항을 고지하고 부실의 고지를 하지 아니할 의무를 지는데(제651조), 이를 고지의무 또는 계약 전 알릴의무라 한다. 이 의무위반의 경우에 보험자에게 계약해지권이 인정될 뿐 보통의 의무에서 가능한 이행강제나, 불이행을 이유로 손해배상청구는 하지 못한다. 이러한 종류의 의무를 책무(Ob1iegenheit), 간접의무 또는 자기의무라고 한다.

(2) 근 거

고지의무를 인정하는 근거에 대하여는 견해가 나누어지고 있다. 위험측정설과 선의계약설이 그것이다. 위험측정설(기술설)은 위험률을 측정하기 위하여 고지의무를 인정하여야 한다고 한다. 위험의 기초사실 관리·지배하고 있는 보험계약자나 피보험자는 이를 보험자에게 고지하여 위험측정에 협조할 의무가 있다는 것이다. 선의계약설(사행계약설)은 고도의 신의성실이 요구되는 선의계약 내지 사행계약이어서 자기에게 불리한 사실이라도 보험자에게 고지할 의무가 있다. 그러나 이 두 가지 견해가 서로 배척하는 것이 아니라, 둘 다 고지의무의 근거의 일 단면을 설명해 주고 있는 것으로서 모두 다 고지의무의 근거를 설명할 때 원용하여야 한다.

(3) 내 용

고지의무의 내용에 대하여는 그 의무를 부담하는 당사자, 시기 및 방법, 고지하여야 할 사항에 대하여 살펴볼 필요가 있다.

1) 당 사 자

고지의무는 보험계약자와 피보험자가 부담한다. 인보험의 보험수익자는 이 의무를 부담하지 않는다. 손해보험의 피보험자도 피보험이익의 귀속자로 이해관계를 가지므로 그도 고지의무를 부담한다.

2) 시기 및 방법

고지는 보험계약성립시까지 하여야 한다. 계약성립시가 기준이 된다. 방법으로는 서면이나 구두로 하면 된다. 보통은 질문표가 있어서 그에 답하게 되어 있다.

3) 고지사항

고지사항은 중요한 사항이다. 중요한 사항이라 함은 보험자가 보험의 인수여부 및 보험료액의 판단에 영향을 미칠 수 있는 사실, 보험자가 그 사실을 알았으면 계약을 체결하지 않았거나 적어도 같은 조건으로 계약을 체결하지 않을 것이라고 객관적으로 생각되는 사실을 말한다. 그러나 이 중요한 사항을 너무 넓게 해석해서는 안 된다. 질문표에 기재된 사항은 중요한 사항으로 추정된다(제651조의2).

(4) 고지의무위반

고지의무의 위반과 관련하여서는 그 요건, 입증책임 및 효과에 대하여 살펴보아야 한다.

1) 요 건

주관적 요건으로 고지의무위반에 대하여 보험계약자나 피보험자의 고의 또는 중대한 과실이 있어야 한다. 이 때 고의는 중요사항을 알면서 고지하지 않는 것 또는 허위인 줄 알면서 고지하는 것이다. 해의는 필요하지 않다. 중대한 과실과 관련하여서는 고지사항 자체를 중대한 과실로 알지 못한 것은 포함되지 않고 고지·불고지에 관하여 중대한 과실이 있으면 된다고 보는 견해도 있다. 그러나 고의와 거의 동일시되는 중대한 과실로 중요한 사실을 인식하지 못한 사람을 보호하지 않는 것이 상법 제651조의 취지라고 본다면 고지사항 자체를 중과실로 모른 경우도 포함한다는 견해가 더 타당하다고 본다.

객관적 요건으로 보험계약자 등에 의한 중요사항의 불고지 또는 부실고지가 있어야 한다. 이 때 불고지는 중요한 사항인 줄 알면서 알리지 아니한 것을 말하고 중요사항은 위험인수 및 보험료산정에 영향을 미칠 수 있는 사실로 보험자가 그 사실을 알았으면 동일조건으로 계약을 체결하지 않는다고 객관적으로 인정되는 사실을 말한다.

2) 입증책임

입증책임과 관련하여서는 보험자가 위반사실이 보험계약자 등의 고의·중과실로 생긴 것임을 입증해야 한다.

3) 효 과

보험계약자가 고지의무에 위반한 경우 보험자는 위반에 대하여 안 날로부터 1월 내, 계약체결일로부터 3년 내에 계약을 해지할 수 있다(제651조 본문). 보험사고가 발생한 후에 계약을 해지한 때에는 보험자는 보험금액을 지급할 책임이 없고 이미 지급한 보험금액은 그 반환을 청구할 수 있다(제655조 본문). 이 때에는 인과관계를 다시 따져 사고발생과 고지의무위반이 인과관계가 없을 때에는 보험금을 지급하여야 한다(제655조).

(5) 인과관계

1) 의 의

고지의무에 위반한 사실이 보험사고의 발생에 영향을 미치지 않았음이 증명된 때에는 보험자는 보험금지급책임을 면치 못한다(제655조). 이 때 인과관계가 없음은 보험계약자가 입증해야 한다. 그런데 불량한 위험에 대한 보험계약체결을 배제한다는 고지의무제도의 취지상 인과관계를 요구하는 것에 대해서는 입법론상 재고의 여지가 있다. 이에 대하여 현재로서는 판례는 인과관계를 인정하는 경우를 극히 제한함으로써 대처하고 있다.

2) 인과관계 없을 시 계약해지가부

(가) 개 관 고지의무위반을 검토할 때에는 항상 계약의 효력지속의 문제와 당해 보험사고에 대해 보험금을 지급하여야 하는지 여부의 문제는 분리하여 생각하여야 한다.

그런데 상법 제655조 단서의 해석과 관련하여 견해가 대립되고 있다. 즉 불고지사실과 보험사고 간에 인과관계 없음이 입증된 경우 보험자는 계약을 해지할 수 없는가(이에 의하면 계약을 해지하여도 해지의 효력은 인정되지 않는다), 아니면 해지는 할 수 있되 그 발생사고에 대해 책임을 면할 수 없다고 해석해야 하는가에 대하여서이다. 우리나라의 통설은 상법 제655조 단서의 "그러하지 아니하다"를 "계약을 해지할 수 없다"라고 해석하고 있다. 대법원판례(대판 1992. 10. 23, 92 다 28259)도 그 부수적 논거에서 고지의무위반과 보험사고발생간에 인과관계가 없으면 계약자체를 해지할 수 없는 것으로 보고 있다. 그런데 상법 제651조에서는 "해지할 수 있다"라고 하여 소급효가 없는 해지로 하고 있기에 보험금은 지급하여야 되는 것이나, 제655조 본문에서 그에 대한 특칙으로 보험금을 지급하지 않아도 된다고 하였고 다시 제655조 단서에서 인과관계를 문제삼고 있다. 따라서 이 단서에서의 의미는 계약자체는 해지할 수 있되 인과관계가 없을 때에는 상법 제655조 본문, 즉 보험금을 지급하지 않는 것에 대한 예외로서 그 경우는 보험금을 다시 지급하도록 하는 것이라 해석하여야 한다. 즉 이 해석방법에 의하면 인과관계가 없어도 해지는 할 수 있게 되는 것이다. 이에 대한 현행법의 표현은 불분명하게 되어 있으므로 표현을 명확하게 하여 줄 필요가 있다. 독일 보험계약법 제21조는 "보험사고발생 후 보험자가 계약을 해제하는 경우 고지의무를 위반한 상황이 보험사고의 발생 및 보험자의 급부범위에 아무런 영향을 미치지 않은 것으로 판단되는 때에는 보험자의 급부의무는 그대로 존속한다"고 규정한다.

(b) **소 결** 불고지사실과 보험사고간에 인과관계의 부존재가 입증된 경우 보험자는 계약을 해지할 수 없는가, 아니면 해지는 할 수 있되 그 발생사고에 대해 책임을 면할 수 없다고 해석해야 하는가 하는 문제에 대해 약관과 상법 제655조에 대한 올바른 해석이 달리 되어 있었다. 과거 약관은 위의 경우 계약을 해지할 수 없다고 해석될 수 있게 규정되어 있었다. 그러나 이는 타당하지 않다. 즉 상법 제655조에서 보험사고가 발생한 후에도 보험자가 고지의무위반으로 계약을 해지한 때에는 보험금을 지급할 책임이 없고 다만 인과관계가 없는 경우는 그러하지 아니하다고 규정되어 있는데, 이를 계약은 해지는 할 수 있되 그 발생사고에 대해 책임을 면할 수 없다고 해석하는 것이 타당하다. 1995년 2월 1일 이후의 약관에서는 상법의 규정에 대한 타당한 해석과 일치되어 있다. 인과관계가 없으면 계약을 해지하지도 못한다고 문리적으로만 해석할 경우 야기될 수 있는 모순, 즉 계약시 사실대로 고지하여 보험계약체결에 이르지 못한 다른 선의의 해당자와의 형평에도 맞지 않게 된다는 불합리점을 감안하면 상법 제655조의 해석으로 계약해지가 가능하다는 견해로 해석하여야 된다.

인과관계에 대한 상법과 분쟁조정례가 그렇다 하더라도 실제 업무처리에 있어 계약해지처리를 할 경우 보다 신중할 필요성이 있다. 이와 관련하여 분쟁조정위원회에서 청약서의 규정에도 불구하고 불고지 사실자체가 중요한 고지대상이 되지 않는다고 판정한 사례도 많고(위염, 기관지염 등) 더욱이 보험부실판매의 과정에서의 약관설명부족, 청약서 임의기재 등에 대한 보험자책임을 인정한 판례와 분쟁조정례가 많다.

3) 인과관계부존재시 보험자 책임범위

고지의무위반은 있으나 인과관계가 없어 보험금을 지급하여야 하는 경우 암보험과 같이 보험사고가 장기간 계속되는 경우 그 진단, 수술, 치료, 사망 등이 하나의 단일한 사고로 보아야 하는지 및 그러한 사고에 대한 비용을 보험자가 어느 범위에서 인수하여야 하는지가 문제된다.

(가) **계약해지의 범위제한 여부** 우리나라 보험계약법(상법)상의 고지의무위반시 인과관계를 따지는 것은 문제가 있는 조항이다. 장기적으로는 인과관계제도를 없애고 당사자의 사기성여부에 따라 처리하도록 법을 개정하여야 한다. 그리고 실무상 고지의무위반여부는 일단 보험사고가 발생한 후 역추적과정에서 판명되므로 해지 전 이미 발생한 보험사고에 대하여 인과관계가 없어 보험금을 지급하여야 할 경우 그 보험금지급을 무색하게 하는 정도로 형식논리적으로 해지권을 인정하는 것이 가능한지가 문제된다. 그런데 현행법의 해석상으로 인과관계를 요구하고 있는 취지에 비추어 보아 package보험상품의 경우 인과관계가 없어 보험계약을 해지할 수 있다고 하더라도 그 해지로 인해 미치는 효과가 보험금을 지급하여야 하는 부분까지 미치는 경우에는 해지가능범위가 그 한도에서 제한된다고 보지 않을 수 없다. 특히 한 보험종목으로 다양한 보험사고를 보상하도록 상품구성이 되어 있는 경우 해지권행사의 범위는 해당상품의 분리가능성 원리에 의하여 판단하여야 한다. 상품결합이 강하지 않고 개별상품으로 나뉘어질 수 있는 경우에는 일부의 보상사고상품에 대하여 고지의무위반이 있어도 분리가능한 그 밖의 부분에 대하여는 해지권을 행사할 수 없다고 보아야 한다. 이는 당사자의 상품구성과 구성상품 및 그 상품이 보상하는 보험사고의 결합정도 및 개별취급가능성에 의하여 판단하여야 한다.

(나) **기존 암보험약관의 효력문제** 생명보험회사의 암보험상품약관상 "다만 피보험자의 암진단 확정 후 암진단 확정과 인과관계가 없는 고지의무를 위반하므로 계약이 해지된 경우에는 암진단확정일로부터 180일 이내에 피보험자가 그 암을 직접적인 원인으로 사망 또는 제 1 급의 장해상태가 되었을 때 한하여 그때까지 발생한 암으로 인한 해당보험금을 지급하여 드리며, 이 경우 계약해지시 이미 지급한 금액은 공제합니다" 부분의 유·무효가 과거 논란이 되었었다.

이 조항은 상법 제650조, 제655조, 제663조 및 약관의 규제에 관한 법률 제 9 조, 제 6 조 등에 위반하여 무효로 보아야 한다. 약관의 무효여부를 판단할 때 기준이 되는 것은 법률의 규정·취지인바, 우리 법에서 인과관계를 요구하여 보험계약자보호를 위한 안전장치를 두고 있는 이상 그러한 안전장치의 취지를 무색하게 할 정도로 "암진단확정일로부터 180일 이내에 피보험자가 그 암을 직접적인 원인으로 사망 또는 제 1 급의 장해상태가 되었을 때 한하여" 보험금을 지급한다는 약관조항은 보험계약에 따르는 본질적인 권리를 제한하는 것으로서 무효로 볼 수밖에 없다.

㈐ 정 리 보험약관의 효력을 판단할 때에 기준이 되는 것은 당해 보험종목이 보상하려는 목적에 비추어 해당약관이 보험계약자측을 신의성실의 원칙에 반하여 불리하게 하는지 여부이다(약관규제법 제6조). 이 때 법률의 (편면적) 강행규정에 반하는 내용은 무효가 된다. 그리고 그 밖의 경우에는 해당약관이 당해보험으로 보상을 기대하는 계약자측의 입장에서 보아 불공정하고, 자의적이며, 의외의 것으로 판단될 때에는 효력을 갖기 어렵다(Horn, in Wolf/Horn/lindacher, AGB-Gesetz, 4. Aufl., 1999, S. 1757).

인과관계 없는 보험사고로 인하여 보험금을 지급하여야 하고 해지권의 행사가 그 한도에서는 제한된다고 하여도 보험자가 무제한적으로 책임을 진다고 할 수는 없다. 고지의무제도의 보험계약자측의 위험측정의 협조 및 선의계약성의 취지 및 보험의 단체성원리에 비추어 일정한 합리적인 범위까지만 보험자가 책임을 진다고 규정하는 약관은 그 효력이 인정된다고 보아야 한다. 이 경우 일률적인 기준은 제시할 수는 없고 앞으로 법을 개정하여 문제를 해결하든지 그것이 현실적으로 어려울 경우 수정된 (표준)약관을 통하여 구체화시켜야 할 문제이다.

최종적인 판단을 할 경우에 우선 고려하여야 할 점은 해당 보험(가령 암보험)에서 보장하고자 하는 취지를 고려하여 그 목적이 좌절되지 않도록 하는 내용을 담고 있어야 한다는 것이다. 그러나 다른 한 측면에서 보험제도의 단체성 및 고지의무제도의 인정취지도 고려하여야 한다. 즉 보험계약은 다수의 계약의 목적으로서 체결된 것인데, 다수의 보험계약은 객관적으로 하나의 단체를 결성하고 있다. 그 결과 인과관계가 없어 보험금을 지급하여야 하는 경우 암보험과 같이 치료에 장기간을 요하는 경우 그 치료관련 비용 및 사망보험금을 무제한으로 보상 내지 지급하여야 한다면 이는 보험단체의 불이익으로 작용하므로 허용할 수 없고 일정한 제한을 가하여야 한다. 그 제한과 관련하여서는 절대적인 기준은 없지만 양자의 이익형량에 의하여 합리적으로 결론을 도출해 내야 한다.

암은 의학적으로 여러 가지 특성이 있다. 암은 최초 발견시점이 1, 2, 3, 4기의 다양한 시점에 이루어지고 있다. 만일 조기 발견하였을 경우 치료 후 생존할 확률이 높지만 늦게 발견할 경우일수록 생존할 확률이 낮다. 암은 수술 후에도 재발가능성이 있으며, 무엇보다 전이가능성이 있어 치료에 장시간을 요하며 방사선요법 등 치료요법과정에서 환자가 고통에 시달리게 된다. 그리고 암의 종류는 다양하여 일률적으로 생존가능성, 치료가능성을 판단하기도 어렵다. 그런데 대한암학회 등에서 암에 대한 다양한 임상학적 통계자료연구를 하고 있어(가령 자궁내막암의 발견시점을 보면 1기 발견 65.8%, 2기발견 17.2%, 3기발견 13%, 4기발견 4%로 대부분 조기에 진단되는 경향을 보이고 있다. 환자의 5년 생존율은 1기 98.5%, 2기 63%, 3기 45%, 4기 25%이었다. 폐암의 경우 수술 후 생존기간은 평균 66개월이었으며, 수술 후 3개월 생존율은 64.9%이었다. 그리고 백혈병의 경우 치료 후 장기생존율은 3년, 생존율 15%, 5년 생존율 9.1%, 재발률 82.6%이었다. http://www.cancer.or.kr), 이를 활용하고 의학전문가의 자문을 구하여 표준약관을 개정하여야 할 것이다.

이러한 암보험의 특성을 고려하여 판단한다면 각 암종류별로 의학적 통계를 활용하여 최초발견 이후 어느 정도 암보험의 효용을 달성할 정도의 기간까지(가령 2~3년) 치료·수술·사망에 대하여 보험금을 지급하도록 하여야 할 것이다. 그렇게 하여도 상법 제663조에 위반된 것이 아니냐 하는 물음에 대해서는 고지의무위반과 관련한 소비자보호사상구현을 위한 현행법규정을 보험제도의 단체성, 고지의무제도의 취지를 고려하고 암보험의 특성도 고려하여 합리적으로 제한 해석·판단하여야 할 것이고, 그렇지 않고 무제한의 보험금지급을 하면 전체적인 암보험료의 급등으로 인한 암상품의 판매감소, 소비자인식에의 악영향을 끼칠 것이라는 점을 고려하면 상법 제663조의 해석상 부득이하다고 보여진다.

Ⅸ. 보험계약의 진행

1. 위험변경·증가의 통지의무

보험계약자 등이 보험사고발생의 위험이 현저하게 변경 또는 증가된 사실을 안 때에는 지체없이 보험자에게 통지하여야 한다(제652조 제1항 전단). 그러한 상황변화에 보험자가 대비하기 위해 인정되는 것이다. 이것도 그 법적 성격은 책무, 간접의무 혹은 자기의무로 이해되는 것이다. 이에 위반할 경우에 보험자는 그 사실을 안 후 1월 내에 한해 계약을 해지할 수 있다(제652조 제1항 후단). 계약을 해지하면 보험금지급책임이 없고 이미 지급한 보험금의 반환을 청구할 수 있다(제655조). 위험변경·증가의 사실을 통지한 경우 보험자는 1월 내 보험료의 증액을 청구하거나 계약을 해지할 수 있다(제652조 제2항).

이 위험변경·증가의 통지의무에 대해서는 보험계약자에게 적극적 탐지의무를 부과하게 되어 옳지 않다는 비판이 있다.

2. 위험변경·증가의 금지의무

위험변경·증가의 금지의무는 보험계약자는 위험을 변경 혹은 증가시켜서는 안 된다는 의무이다. 이는 보험계약의 선의계약성에 의하여 인정되는 의무이다. 이의 법적 성격은 고지의무와 같은 책무 내지 간접의무이다. 이 의무에 위반한 경우 보험자는 그 사실을 안 날로부터 1월 내 보험료증액 또는 계약해지를 할 수 있다(제653조).

3. 보험사고발생의 통지의무

보험사고가 발생하면 보험계약자측은 지체없이 그에 대한 통지를 발송해야 한다(제657조). 이의 법적 성질도 책무라고 해야 한다. 이 의무를 태만히 하여 손해가 증가했을 때에는 보험자는 그 손해의 증가분에 대하여는 지급책임이 없다(제657조 제2항). 통지가 있으면 보험자는 보험금액을 지체없이 정하고 이를 10일 내에 지급해야 한다(제658조).

이러한 보험계약자측의 제반의무를 시간적 순서에 따라 살펴보면 아래와 같다.

	보험계약성립 ↓	보험사고발생 ↓
고지의무	위험변경증가의 통지의무	보험사고발생 통지의무
	위험변경증가 금지의무	손해방지의무

X. 보험계약의 부활·해약취소

1. 보험계약의 부활

(1) 의 의

보험계약의 부활이라 함은 일정한 사유로 인하여 실효된 후 종전의 계약이 실효하지 않은 것과 같은 효과를 주는 제도이다. 예를 들어 새로이 계약을 체결하려 할 경우에는 나이가 많아져 불리할 수 있기에 이의 활용가치가 있다. 이는 종전의 계약을 실효 전의 상태로 회복시키는 특수한 계약이라고 보는 것이 다수설이다. 그 절차로서는 보험계약자의 신청과 보험자의 승낙이 필요하다. 계속보험료의 지급해태로 보험계약이 해지된 후 해지환급금이 지급되지 않은 경우에 일정한 기간 내에 연체보험료에 약정이자를 추가하여 지급하면서 부활을 청약한다(제650조의2). 이 때 보험자가 승낙하면 실효하였던 보험계약은 부활한다.

부활이 이루어지면 종전의 계약이 실효 전의 상태를 회복한다. 종전의 계약에 존재한 무효·취소·해지 등의 원인은 부활 후의 계약에서도 주장할 수 있다.

(2) 보험계약의 부활과 고지의무

보험계약의 부활과 고지의무이행의 범위가 문제되고 있다. 논리적으로는 보험계약의 부활의 법적 성질을 특수계약으로 보면서 고지의무를 인정하는 것은 매끄럽지는 못한 면이 있음은 사실이지만(정호열, "부활과 고지의 범위," 「보험학회지」 제60집, 91쪽) 보험계약의 부활의 경우에도 고지의무를 인정하여야 할 것이다(통설: 생명보험 표준약관 제13조 제 2 항). 물론 질문표 등을 통한 고지기회의 부여가 연결되어야 한다. 고지의 대상 내지 범위는 약관이나 질문표에서 명시적으로 범위를 정하여 질문하고 있으면 그 범위 내에서 사실대로 고지하였으면 불이익을 받지 않는다고 보아야 한다. 그런데 우리 실무상은 부활의 경우에도 신계약에 준하는 청약서를 사용하고 있기에 그러한 명시적인 제한이 있다고 보기는 어렵다. 다만 "최근 5년 이내"라고 명시적으로 한정하여 묻는 경우에는 5년 이전의 상황을 사실대로 알리지 않았다면 보험계약자측의 고의나 중과실을 인정하기 어렵다. 그 밖에 일반론으로 부활계약은 구계약을 부활하는 특수계약이기는 하지만, 구계약 이전의 사항은 고지사항 밖이라고 보는 것이 합리적이다. 실효시점부터 부활청약시까지만의 사항을 고지대상으로 보는 견해도 있지만(김성태, 「보험법강론」, 339쪽) 구계약성립 이후의 사항을 알려야 할 것으로 본다. 구계약이 실효되었다가 다시 부활된 경우에, 부활시 고지의무를 제대로 이행한 이상 이미 존재했던 구계약성립시의 고지의무위반은 문제삼기 어렵다고 본다(동지: 정찬형, 「상법강의」(하), 548쪽). 따라서 구계약성립 이후의 사항을 고의·중과실 없이 진실대로 고지하였으면 고지의무위반으로 인한 제재는 가할 수 없다. 그런데 특히 실효 이후 사고발생개연성이 상당히 높아졌거나 사고가 발생하였음을 알고 보험계약의 부활을 하는 것은 역선택의 문제를 야기하고 보험사고의 우연성을 파괴하는 것이기 때문에 소정의 제재를 받게 된다.

2. 보험계약의 해약과 그 취소

상법이나 약관에서 정하고 있는 제도는 아니지만 보험회사의 내부규정인 「해약

취소업무처리지침」에 의거하여 보험회사는 해약 후 1개월이 지나지 않은 계약에 대하여 계약자의 요청에 따라 '해약일로부터 해약취소시까지 발생한 보험금 지급사유는 보장하지 않는다'는 조건으로 종전 계약의 해약효력을 무효화시키는 실무가 있다. 이 때 '해약취소업무처리지침'상의 해약취소의 청약과 승낙은 계속보험료부지급으로 인한 상법 제650조의2의 보험계약의 부활은 아니지만 그 성격은 종래의 보험계약과 동일성을 유지하여 존속하는 것을 목적으로 하는 특수한 계약이라고 보아야 한다. 따라서 일반 보험계약의 청약과 승낙의 기본원리가 이 경우에도 적용된다고 보아야 한다. 승낙하면 보험계약은 부활된 경우에 준하여 처리하여야 한다,

그런데 보험계약의 해약 후 그를 다시 취소하는 경우 그 사이에 위험의 변경이 있거나 새로운 고지사항이 발생한 경우에 문제가 발생한다. 이 때 사기·착오에 의한 취소에 관한 학설에 따른 처리가 적용될 여지도 있고, 계약해지의 취소의 경우에도 보험자의 위험판단의 기초제공을 위한 그 사이의 상황변화에 대한 고지의무는 인정된다고 하여야 한다. 따라서 보험자가 알아야 할 중요한 사실을 알리지 않고 취소의 청약을 하여 보험자가 승낙한 경우에는 고지의무위반으로 인한 제재도 가할 수 있다고 하여야 한다. 실제로 이와 대비하여 볼 수 있는 경우로서 상법 제650조의2의 보험계약의 부활의 경우에도 통설인 특수계약설의 입장에서도 고지의무를 인정하는 것이 대세이다. 그런데 문제는 해약취소의 실무에서는 고지의 기회를 전혀 보장하지 않고 있다는 점이다. 그렇다면 실제로는 고지의무위반을 이유로 하는 계약해지는 불가능하다고 보아야 한다.

「해약취소업무처리지침」은 불명확하게 되어 있으므로 이를 개정하여야 한다. 해약취소의 경우를 새로운 계약체결에 준하여 고지의무도 인정된다는 취지의 내용으로 구성하여야 한다. 또한 새로운 계약에 대한 취소사유는 원래의 계약에 대한 취소권 행사 제한에 걸리지 않으며, 변화된 상황하에서 새로이 개시된다고 하여야 한다.

제 2 절 손해보험

Ⅰ. 총 설

1. 意 義

손해보험은 당사자의 일방이 약정한 보험료를 지급하고 상대방이 우연히 야기된 일정한 사고로 인하여 생길 피보험자의 재산상의 손해를 보상할 것을 약정함으로써 효력이 생기는 보험계약이다(제638조, 제665조). 손해보험은 보험사고가 발생할 때에 지급하여야 할 금액을 계약의 성립시에는 알 수 없는 불확정보험이다. 이는 물건 기타 재산상의 손해의 보상을 목적으로 한다. 이 때 손해는 보험사고로 인하여 생긴 실제의 재산상태와 보험사고가 없었을 경우의 가정적인 재산상태의 차이를 말한다.

2. 종 류

상법은 손해보험으로 화재보험, 운송보험, 해상보험, 책임보험, 자동차보험의 5가지를 규정하고 있다. 이 가운데 화재보험, 운송보험, 해상보험은 전통적인 손해보험이다. 책임보험은 현대사회의 기계문명의 발달, 사회생활에서 남에게 손해배상청구를 당할 위험이 높아짐에 따라 등장·발달한 것이다. 가령 맥주병을 열거나 샴페인을 터트리다가 부주의하여 남의 눈을 실명케 하는 경우 그 과실로 인한 손해배상을 하여야 하는데 액수가 크기 때문에 당사자에게 큰 경제적 부담이 된다. 이 때 개인책임보험에 들어놓으면 해결이 된다. 자동차보험은 자동차의 증가와 보험사고의 위험이 높은 이유로 개발이 된 사회보장적 보험이다. 1991년 말 상법개정시 상법에 자동차보험에 대하여 명시적 규정을 두었다.

3. 보험자의 손해보상의무

보험자는 보험사고로 인하여 생긴 피보험자의 재산상의 손해를 보상할 의무를 진다(제665조). 이는 손해보험에서 보험자의 가장 주된 의무이다. 이를 보험금 지급의 무라고도 한다.

손해보상의무의 발생요건으로는 우선 보험사고와 재산상의 손해가 발생하여야 한다. 보험사고의 발생은 보험기간 안에 이루어져야 한다. 보험사고가 보험기간 안에 발생하였으면 그로 인한 손해가 그 기간 후에 생겼더라도 그에 대한 보상책임을 부담한다. 이 때 재산상의 손해는 피보험자의 피보험이익의 전부 또는 일부가 멸실되었거나 감손된 것을 말한다. 그 다음에 보험사고와 재산상의 손해의 인과관계가 있어야 한다. 즉 보험사고로 말미암아 필연적으로 생겨난 것에 한정된다. 손해는 보험사고와 상당인과관계가 있어야 한다. 이는 결국 상식 있는 보통사람의 건전한 판단에 의존하는 것으로 양식 있는 법관이 판단하여야 할 문제이다.

보험자가 부담할 손해가 생긴 경우에는 그 후 그 목적이 보험자가 부담하지 아니하는 보험사고의 발생으로 멸실된 때에도 보험자는 이미 발생한 손해의 보상책임을 진다(제675조).

4. 손해액의 산정

보험자의 보상을 위해서는 먼저 그 보상할 액수가 산정되어야 한다. 손해액은 손해가 발생한 때와 장소의 가격에 의하여 산정한다(제676조 제 1 항). 보험가액에 대한 합의가 있는 기평가보험의 경우에는 원칙으로 그 보험가액이 손해액산정의 기준이 되고(제670조), 보험가액불변경주의가 적용되는 운송보험(제689조), 해상보험의 경우 그 가액에 따라 손해액을 산정한다. 보험사고와 손해의 발생이 확정되면 그 때 보험금청구권과 보험금액도 확정된다고 보아야 한다. 그 이후의 사유는 원칙으로 참작하지 않는다.

전손은 보험의 목적이 더 이상 동일성을 유지하면서 존재한다고 볼 수 없는 것을 말한다. 이 때에는 피보험자는 보험가액을 손해액으로 청구할 수 있다. 이 때에도 보험자가 취득할 잔존물이 있을 수 있다. 분손은 보험사고로 전손에 이르지 아니한 손해가 발생한 것을 말한다. 이 경우에는 교환가치의 감소액이나 원상회복에 필요한 비용이 보상할 손해액이 된다.

5. 이행과 면책사유

보험금지급의 이행시기는 보험사고에 대하여 통지받고 보험자가 지급할 보험금액을 정한 날로부터 10일 이내이다(제658조). 이행장소는 약관, 상관습에 의하여 결정되고 이에 해당규정이나 내용이 없는 경우에는 민법에 의한다(민법 제467조). 즉 채권자인 피보험자의 주소지가 이행지가 된다.

보험자의 면책사유로는 보험계약자나 피보험자의 고의·중과실에 의한 것(제659조), 전쟁 등에 의한 것(제660조) 및 보험의 목적의 성질, 하자 또는 자연소모로 인한 손해(제678조)를 들 수 있다. 이러한 손해는 우연성이 결여되어 있기 때문이다. 보험자의 손해보상금의 지급의무는 2년의 소멸시효(소멸시효는 일정기간 행사하지 않는 권리를 소멸시키는 제도이다. 소멸시효에는 일정한 사유에 의한 중단이 있으나 제척기간에는 중단이라는 것이 없는 권리의 존속기간이라는 점에서 소멸시효기간과 제척기간은 구별된다)에 의해 소멸한다(제662조).

Ⅱ. 피보험이익

1. 槪　　念

피보험이익은 보험의 목적에 대한 보험사고와 피보험자의 경제적인 이해관계를 가리킨다. 물건보험에서 피보험자가 보험사고와 관련하여 보험의 목적인 물건에 대하여 갖는 권리 기타 이해관계가 피보험이익이다. 이러한 피보험이익이 있기에 보험자가 인수할 위험이 있고, 보험자가 보상할 손해가 생기는 것이다. 상법은 피보험이익에 대해 "보험계약의 목적"이라고 표현하고 있다(제668조). 이는 보험의 목적(가령 상법 제666조 제 1 호)과는 구별하여야 한다. 즉 보험의 목적은 보험계약의 대상을 말하고, 피보험이익은 그 목적에 대해 피보험자가 가지고 있는 이해관계를 의미하기 때문이다.

인보험은 정액보험으로서 보험사고가 발생하면 손해발생여부와 상관없이 무조건 피보험자에게 약정한 금액을 지급하고 또 피보험자의 동의만 있으면 보험수익자와 피보험자 사이에 아무런 경제적·사회적 이해관계가 없다 하더라도 보험계약이 성립할 수 있으므로(제731조, 제739조〈상해보험에 준용하는 규정이다〉) 원칙으로 피보험이익의 문제가 생기지 않는다. 우리나라 학자들은 피보험이익의 관념을 주로 손해보험의 중심요소로 삼고 있다.

2. 본　　질

피보험이익의 본질에 대하여는 이익설과 관계설이 대립되고 있다. 이익설은 보험의 목적에 대하여 피보험자가 가지는 이익이 피보험이익이라고 한다. 손해가 발생하지 아니하는 동안에 그 피보험자는 경제적 이익인 피보험이익을 갖는다고 할 수 있다. 그런데 이 설은 침해될 권리나 이익이 있는 보통의 보험에서의 피보험이익의 본질은 쉽게 설명할 수 있지만 소극보험인 책임보험에서는 문제가 있다. 즉 아무런 권리나 이익이 존재하지 않음에도 불구하고 피보험자에게 새로운 책임이 발생하고 그로 인하여 손실이 생겼을 때에 그 보상을 목적으로 하는 책임보험에서의 피보험이익을 적절히 설명하지 못한다는 단점이 있다. 관계설은 보험사고에 대한 피보험자의 이해관계가 피보험이익이라고 한다. 어해관계라는 표현을 사용함으로써 일반보험에서의 권리나 이익과 책임보험에서 책임이 발생하지 않음으로 인하여 피보험자가 갖는 소극적 이익을 통합하는 견해이다. 이 견해가 타당하다.

3. 요　　건

(1) 금전상 산정가능한 경제적 이익

손해보험은 피보험자의 재산상의 경제적 이익에 발생한 손실을 보상하는 것을 목적으로 한다. 따라서 피보험이익은 금전으로 산정할 수 있는 것이어야 한다(제668조). 도덕·종교적인 가치, 감정적 이익 등은 피보험이익이 아니다. 화재로 인하여 영업이 불가능하게 된 기간 동안에 얻으리라는 희망이익과 같은 사실상의 관계도 포함한다. 그런데 예를 들어 주주는 회사재산에 대해 직접적으로 경제적 이익을 갖지 않는다. 그런데 경제적 가치는 주관적으로 존재하면 족하다. 피보험자가 주관적으로 상당한 재산적 가치를 갖는다고 생각한다면 경제적 가치가 있는 것으로 본다.

(2) 이익의 적법성

피보험이익은 적법한 것이어야 한다. 적법한 이익이 보험사고로 인하여 손실을 입었을 때에 그 보상을 목적으로 하는 계약이 보험계약이다. 비합법적으로 얻은 권리, 비윤리적 사업으로 얻은 이익, 반사회적 행위로 인하여 발생하는 책임 등은 이를 피보험이익으로 못한다. 그러한 것을 대상으로 하는 경우 보험계약은 무효이고 보험료를 청구하지 못하나 일단 수령한 보험료는 반환할 필요가 없다(민법 제746조). 그러나 질서법규의 위반행위, 과실로 인한 위법행위에 대해 책임보험이 인정되는 경우가 있다.

(3) 확정가능성

피보험이익은 계약체결당시 그 존재 및 소속이 확정되어 있거나 적어도 사고발생시까지 확정할 수 있는 것이어야 한다. 보험의 목적이 장래에 특정될 포괄보험의 경우에도 손해발생시에 피보험이익이 특정될 수 있다면 피보험이익은 확정된 것으로 본다.

4. 기 능

(1) 계약성립상의 기능

피보험이익이 없으면 보험계약은 그 목적을 잃고 효력을 상실한다. 계약존속중에 그렇게 되더라도 마찬가지이다. 피보험이익이 보험금액이나 약정보험가액보다 현저히 적을 경우에 그 보험계약은 사행계약으로서 반사회적 법률행위로 되어 무효이다.

(2) 보험자의 보상금액신정의 기준

보험자는 보험사고발생시 이로 인해 피보험자에게 생긴 손해를 보상해 줄 책임을 진다(제665조). 이 때 보험자가 보상할 금액은 피보험이익의 가격을 기준으로 산정한다. 보험의 목적이 멸실된 경우 손해가 발생한 때와 곳에서(제676조) 피보험이익을 평가하여 보상할 금액을 정한다. 상법은 보험사업상의 편의를 위하여 피보험이익의 기능을 일부 제한하면서 당사자로 하여금 협정가액을 정할 수 있게 해 준다(제670조).

(3) 계약동일성을 구별하는 기준

보험계약의 동일성을 구별하는 표준은 보험에 부친 재화가 아니라, 피보험이익이다. 예를 들어 특정물건에 대하여 소유권자와 저당권자는 각각 별개의 피보험이익을 가지므로 독립하여 보험계약을 체결하는 것이 가능하다.

Ⅲ. 보험가액과 보험금액

1. 보험가액

(1) 의 의

보험가액이 곧 피보험이익의 가액이다. 가령 주택에 대한 화재보험에서 그 주택의 가액을 말한다. 상법은 "보험계약의 목적의 가액"이라는 표현을 쓰고 있다(제669조 제1항).

(2) 보험가액의 평가

미평가보험은 보험계약체결당시 당사자 사이에 피보험이익의 가액에 대해 아무런 평가를 하지 아니한 보험이다. 이 때 상법은 원칙으로 사고발생시의 가액을 보험가액으로 한다(제671조). 운송보험의 경우 운송물을 발송한 때와 장소의 가액과 도착지까지의 비용을 보험가액으로 하고(제689조) 해상보험에서는 선박보험의 경우 선적한 때와 곳의 적하의 가액과 선적 및 보험에 관한 비용(제697조)을 보험가액으로 한다. 책임보험에서는 성질상 보험가액이라는 것이 없다.

기평가보험은 당사자 사이에 미리 피보험이익의 가액에 대해 합의가 이루어진 보험이다. 이 때에는 합의금액이 협정가액이다. 희망이익을 보험의 목적으로 한 해상보험의 경우 피보험이익의 평가가 어렵다는 점을 고려하여 당사자가 보험금액을 정한 때에는 이 금액을 당사자가 약정한 보험가액으로 추정한다(제698조). 피보험이익을 평가하는 것은 쉬운 것이 아니어서 당사자의 분쟁이 발생할 우려가 있다. 보험가액의 입증을 쉽게 하기 위하여 기평가보험을 인정하는 것이다.

협정가액이 있는 때에는 그 가액은 사고발생시의 가액으로 정한 것으로 추정한다(제670조 본문). 협정가액이 사고발생시의 가액을 “현저하게” 초과한 때에는 사고발생시의 가액을 보험가액으로 한다(제670조 단서). 이 때 보험계약자를 보호하기 위하여 “현저하게”라는 경우는 엄격히 해석하여야 한다.

2. 보험금액

보험금액은 보험자가 발생한 손해의 보상을 위하여 지급하기로 한 금액의 최고한도를 말한다. 이는 당사자의 약정에 의하여 정한다. 인보험에서는 보험금액이 보험자가 지급할 보험금이 보험금액이다. 손해보험의 경우 보험금액이 반드시 있어야 하는 것은 아니지만 보험금액이 있음으로 인하여 보험자는 자신이 부담할 책임의 최고액을 알 수 있게 되고 이를 기준으로 하여 보험료를 책정한다. 실손해액이 보험금액을 초과하더라도 보험자는 약정한 바에 따라 보험금액만 지급하면 된다.

3. 양자의 관계

보험가액과 보험금액이 일치하면 전부보험이 된다. 양자가 불일치할 경우에는 다음과 같이 나누어 볼 수 있다.

(1) 보험가액의 일부가 보험금액으로 된 경우(일부보험)

(2) 보험금액이 보험가액을 초과하는 경우(초과보험)

(3) 동일 피보험이익에 대해 보험자가 수인인 경우(중복보험)

이 때 여러 보험자에게 보험금액의 총액이 보험가액을 초과하는, 다수의 계약을 체결한 초과중복보험의 경우가 특히 문제로 된다. 단순한 초과중복보험의 경우에는 각 보험자는 각자의 보험금액의 한도에서 연대책임을 진다(제672조). 그러나 보험계약자의 사기로 초과중복보험이 발생한 경우에는 그 계약은 모두 무효이다. 가령 부당한 재산적 이득을 얻을 목적으로 3,000만원의 가치가 있는 주택에 대하여 여러 보험회사에 다른 보험계약체결사실을 알리지 않은 채 합계 1억원의 보험금액의 계약을 체결한 경우에는 이 계약은 무효이다.

Ⅳ. 보험자대위

1. 의 의

보험자대위제도는 보험자가 보험사고로 인한 손실을 피보험자에게 보상하여 주고 그 피보험자 또는 보험계약자가 보험의 목적이나 제 3 자에 대하여 가지는 권리를 법률상 당연히 취득하는 것을 말한다(제681조, 제682조). 손해를 배상한 채무자가 채권자의 물건에 관한 권리를 취득하는 배상자대위제도(민법 제399조)와 유사한 제도이다. 보험자가 대위할 피보험자의 권리는 피보험자의 보험의 목적물에 대한 것일 수도 있고(잔존물대위)(제681조), 보험의 목적과 관련된 피보험자의 제 3 자에 대한 권리일 수도 있다(청구권대위)(제682조). 보험자대위는 인보험에서는 금지되는 것이 원칙이나 당사자 약정에 의하여 인보험 가운데 상해보험에서는 가능하다(제729조 본문 및 단서).

2. 법적 성질

권리의 이전이 법률상 당연히 발생하여 당사자 사이의 의사표시를 요하지 않으므로 보험자대위에 따르는 잔존물에 관한 권리의 이전의 경우에는 인도 또는 등기를 요하는 물권변동의 절차를 밟지 않고도 보험자는 당연히 제 3 자에게 그 권리를 주장할 수 있다.

3. 인정 근거

보험자대위를 인정하는 근거로는 정책설과 보상계약설이 주장되고 있다.

정책설은 다음과 같이 주장한다. 보험자는 보험료를 대가로 받고 보험금을 지급하였으므로 잔존물이나 제 3 자에 대한 권리에 이해관계를 가질 수 없는 것이 원칙이다. 반면 피보험자가 보험금을 받고 또 잔존물이나 제 3 자에 대한 권리를 계속 갖는다는 것도 허용해 주기 어렵다. 또 피보험자가 위험에 대하여 보험에 들었다는 이유로 가해자인 제 3 자가 저절로 면책된다고 하는 것은 더욱 부당하므로 보험자에게 정책적으로 그 권리 기타 이익을 귀속시키는 것이라는 견해이다. 이로써 보험자대위제도가 도박 등의 부정행위로 이용되는 것을 방지할 수 있다고 한다.

보상계약설은 손해보험계약은 일종의 손해보상계약으로서 보험사고로 인해 피보험자에게 어떤 이익을 주려는 것이 아니라, 단순히 손해의 보상만을 목적으로 하기 때문에 잔존물의 가치를 고려하지 않고 또 피보험자의 제 3 자에 대한 권리의 취득을 고려하지 않고 손해를 보상한 보험자는 당연히 그 잔존물이나 제 3 자에 대한 권리를 취득한다는 견해이다.

이 후자의 견해가 통설이다. 이 통설의 근거는 피보험자에게 2중의 이득을 주지 않으려는 데 그 근거를 둔다. 2중의 이득을 주지 않아야 함은 타당하나 사실은 정책적인 고려에 의하여 이를 달리 해결할 수도 있다. 즉 잔존물이나 제 3 자에 대한 청구권을 그대로 피보험자에게 귀속시킬 수도 있다. 따라서 일단 2중의 이득을 주지 않고 실손해를 보상해 준다는 보상계약설이 타당하지만 정책적으로 달리 규정할 수도 있기 때문에 위의 양 주장이 반드시 양자택일을 요구하는 학설은 아니라고 생각한다.

제 3 자에 대한 피보험자의 청구권이 문제되는 경우에 북구의 스칸디나비아 국가에서는 가해자인 제 3 자에게 중대한 책임이 없는(고의·중과실이 없는) 사안에서는 피보험자의 제 3 자에 대한 청구권에서 보험자가 지급한 손해보상액(보험금)만큼 뺀 나머지의 청구권만을 제 3 자에게 부담하게 함으로써 가해자의 책임을 완화시켜준다. 고의나 중과실 혹은 더 나아가 고의의 경우에만 구상을 하게 하는 것이다. 이는 사고로 인한 부담을 최종적으로 누구에게 귀속시킬 것인가에 대한 법정책적 판단으로 결정되어야 할 문제이다.

V. 손해방지의무

1. 의 의

손해방지의무는 손해보험계약에서 보험사고가 발생하였을 때에 보험계약자와 피보험자가 손해의 방지와 감정을 위하여 노력하여야 할 의무를 말한다(제680조). 이는 보험의 선의계약성에 의하여 요청되는 것이다. 또 손해의 발생과 확대는 막아야 한다는 공익적 이유도 있다.

2. 법적 성질

보험계약의 사행계약적 성질에 의거하여 보험의 목적에 대한 관리자이며 보험계약상의 이익을 받는 보험계약자 또는 피보험자에게 법이 특히 인정한 의무이다. 상법이 인정하는 특별한 법정의무이다. 또 보험금을 청구하기 위하여 이행하여야 하는 부수적 의무이기도 하다.

3. 손해방지의무자

손해방지의무를 지는 자는 보험계약자와 피보험자이다. 피보험자가 손해방지의무를 짐은 당연하고 보험계약자도 보험의 목적에 접근이 용이한 지위에 있을 경우 손해방지의무를 진다.

4. 발생요건

우선 사고의 발생이 있어야 한다. 보험사고발생을 전제로 인정되므로 손해방지의무는 보험사고가 생긴 때부터 진다. 따라서 사고발생의 위험이 있는 경우 그를 방지하는 것은 여기에서의 손해방지의무의 내용이 아니다. 그 다음에 손해발생가능성을 인식하여야 한다. 사고발생 후 그로 인해 손해가 생길 것을 인식하여야 한다. 여기서의 손해는 보험사고로 인한 직접적 재산상 손실과 그로 인한 제 2 차적 · 간접적 비용지출 등을 포함한다.

5. 손해방지의무의 효과로서 비용부담

과거 보험자가 방지비용부담을 하지 않는다고 하는 특약의 유효성여부에 대하여 논란이 있은 적이 있으나 1991년 개정상법은 상법 제 4 편을 모두 편면적 강행규정으로 하고 있어서 이제는 그러한 약관은 무효라고 이해하여야 한다.

6. 손해방지의무의 내용

조치방법으로는 구체적 사정에 따라 손해방지에 필요한 모든 조치를 하여야 한다. 사고발생의 원인을 제거하고 사고로 손해가 발생하지 않도록 하여야 한다. 가령 화재의 경우 불을 끄고 구제가능한 물품을 안전한 곳으로 이전해야 한다. 이 때 주의의 정도는 자기의 재산과 동일한 주의로 해야 한다. 즉 신의측에 따라 자신의 일을 처리하는 주의가 요구된다.

7. 효 과

(1) 이행의 효과

손해방지의무를 이행하면 손해의 방지를 위하여 지출하였던 필요비용 또는 유익비용, 즉 손해방지비용은 보험자가 부담한다(제680조 단서). 이 떠 실제 노력으로 인하여 손해가 방지되거나 이익이 발생했을 필요는 없다. 노력은 손해방지의 목적이 있으면 된다. 방법에 있어 보험계약자 등에게 중대한 과실이 없는 한 그 비용은 손해방지의무의 이행비용이 된다. 보상총액이 보험금액을 초과하더라도 보험자는 보상하여야 한다(제680조).

(2) 위반의 효과

이에 대하여는 상법에 규정이 없다. 이행하지 않았어도 보험자가 그로 인한 손해배상을 청구하거나 법원에 강제이행을 구하지 못한다. 다만 피보험자는 손해방지의무를 이행하였더라면 발생하지 않았을 손해에 대해 보험자에게 그 보상을 청구하지 못한다고 이해하여야 한다.

Ⅵ. 보험목적의 양도

원래 보험의 목적인 물건은 보험계약과는 무관하게 양도의 대상이 될 수 있다. 그러나 보험계약자나 피보험자의 변경이 있으면 종래 인수한 위험의 변동이 발생한다. 이 때 양수인이 보험계약상의 지위를 그대로 승계하지는 않는다. 이러한 일반원리를 고수하면 양수인이 새로운 보험계약을 체결하여야 하는데 이는 양수인에게 불편할 뿐만 아니라, 새로운 보험계약이 체결되기 전에 보험사고가 발생한 경우에 그 물건은 무보험 상태에 있었기 때문에 양수인은 손해의 보상을 받지 못하게 된다. 양도인으로서도 이미 지급한 보험료를 낭비하는 경제적 손실을 입게 된다. 따라서 보험계약자 또는 피보험자의 개성이 그리 중요하지 않은 손해보험에서 보험자의 이익을 크게 해치지 않는 한도 내에서 보험의 목적과 보험계약상의 지위를 함께 양도할 수 있게 하는 방법이 강구되어야 한다.

이에 대해서 상법은 피보험자가 보험의 목적을 양도하더라도 보험계약관계가 당연히 소멸하지 않고 그 양수인이 보험계약상의 권리와 의무를 승계한 것으로 추정하고 있다(제679조 제1항). 따라서 양도인과 보험자 사이의 보험계약관계가 당사자를 변경하여 양수인에게 대해 그대로 존속하게 된다. 다만 이 때 통지의무를 부과하고 있다. 즉 양도인 또는 양수인은 지체없이 보험자에게 양도(양수)의 사실을 통지하여야 한다(제679조 제2항). 이는 보험자의 이익을 고려한 것이다. 단 상법은 자동차보험에서 자동차를 양도한 때에는 양수인이 보험자의 승낙을 얻은 경우에 한하여 보험계약으로 인하여 생긴 권리·의무를 승계하도록 하고 있으며(제726조의4 제1항), 또 선박을 양도한 때에는 보험자의 동의가 없는 한 보험계약이 종료하도록 하는(제703조의2 제1호) 특별규정을 두고 있다. 따라서 이 범위에서 보험목적의 양도에 관한 상법의 규정은 적용되지 않는다.

제3절 인 보 험

Ⅰ. 정액보험계약

1. 의 의

정액보험은 보험사고가 발생한 후 보험자가 그에 따른 가입자의 손해유무 또는 금액에 관계없이 계약서에 정한 일정금액을 일시에 또는 연금으로 지급할 것을 약속하는 보험계약을 지칭한다. 상법은 손해보험계약에 대비하여 인보험계약을 규정하고 있으나 보험계약을 보험자의 급부내용을 표준으로 하여, 즉 지급할 보험금액의 결정방법의 차이에 착안하여 분류하면 손해보험과 정액보험으로 분류할 수 있다. 그런데 실제에는 손해보험협회, 생명보험협회의 명칭에서 보듯이 정액보험 중 대표적인 생명보험이 손해보험에 대비되는 것으로 일반적으로 이해하고 있다.

2. 종 류

정액보험의 가장 대표적인 것으로 사람의 생존 또는 사망을 보험사고로 하여 약정된 보험금액을 지급하는 생명보험계약을 들 수 있다. 또 급격한 외부의 사고에 의한 피보험자의 사망·휴유장애 또는 치료를 필요로 하는 상태가 발생한 경우에 약정 보험금액의 전부 또는 일정비율을 지급하는 상해보험계약도 정액보험에 귀속시킬 수 있다. 또 상해·질병으로 인하여 취업이 불가능한 경우에 취업불능기간 1개월에 대해 일정한 보험금을 지급하는 소득보상보험도 정액보험의 성격을 띠고 있다.

3. 특 색

손해보험은 실손해보상을 원칙으로 한다. 또 보험사고가 발생했을 때 보험자가 지급할 금액은 원칙으로 피보험자가 그 사고로 인해 입은 손해액을 초과할 수 없다. 그에 반하여 정액보험은 사고로 인한 구체적인 손해의 발생유무 또 그 금액과는 관계없이 일정한 금액이 지급된다. 이 때에도 원래의 목적은 피보험자측의 불이익을 구제하는 데 있으므로 보험금수령을 정당화할 만한 사정이 있음을 요한다. 그러나 실제 가령 사망이라는 보험사고가 발생한 때 그에 의한 손해액을 산정하기는 어렵고 따라서 손해액을 기준으로 하여 보험금을 지급하는 것은 불가능하거나 부적당하다. 그래서 이러한 경우에는 일정한 액수의 급부가 행하여진다. 여기서는 피보험이익이 존재할 것이 계약의 유효요건이 아니며, 그 평가액으로서의 보험가액도 특별한 법적 의미를 갖지 않는다. 또한 따라서 보험가액과 보험금액 사이의 관계에서 파악되는 초과보험, 중복보험, 일부보험의 문제도 발생하지 않고 또 보험자 대위의 원리도 원칙적으로 적용되지 않는다.

4. 내 용

정액보험계약은 실제는 인보험계약의 개념과 거의 일치한다. 여기서 보험사고는 사람에 대하여 발생하는 우연한 사고이다. 사고발생의 객체는 사람이며 그가 피보험자인 것이다. 정액보험에서 보험계약상의 수익자를 보험수익자라고 하는데 손해보험에서는 피보험자 이외에 따로 보험수익자가 존재할 여지가 없다. 손해보험 가운데에도 담보적 기능에 중점을 두는 계약에서는 가령 금전을 대부해 준 금융기관이 사실상 보험금 수령권자로 될 수 있으며 또 책임보험과 같이 피해자보호를 중시하는 손해보험에서는 피보험자가 아닌 자의 수익자적 지위가 인정될 수 있다. 따라서 이 경우에는 손해보험금의 피보험자 귀속성이 약화된다. 인보험계약은 대개 정액보험으로 행하여지지만 치료비를 지급하는 상해보험과 같이 실손보상방식이 채택되는 경우도 있다. 또 손해보험에서도 손해액의 평가방법과 비용을 생략하기 위하여 급부액의 정형화를 도모하는 경우가 늘고 있어 이 경우에는 실손보상방식은 엄격히 관철되지 못하고 있다. 이러한 예가 증가할 것으로 보이기 때문에 앞으로는 손해보험과 정액보험의 양자는 점차 접근하는 현상을 보일 것이다.

Ⅱ. 인 보 험

1. 總 說

(1) 의 의

인보험은 보험자가 보험계약자로부터 보험료를 받고 피보험자의 생명이나 신체에 관하여 우연한 사고가 발생한 경우에 계약에서 정하는 바에 따라 보험금액 그 밖의 급여를 하기로 하는 보험계약이다(제727조). 상법에는 인보험계약의 하부에 생명보험과 상해보험을 귀속시키고 있다. 그런데 보험업법 제6조 제1항에서는 인보험사업과 손해보험사업을 대비하여 규정한다. 인보험계약은 손해보험의 경우처럼 유상·쌍무·불요식의 낙성계약이며 사람의 생명 및 신체에 관한 것이면 제한이 없기 때문에 일정시기까지의 생존·출산·질병 등이 보험사고로 된다.

(2) 특 성

인보험의 특성은 전형적인 인보험인 생명보험에서만 두드러지게 나타난다. 인보험의 목적은 사람이라는 점에서 또 생명·신체에 관한 사고를 보험사고로 하고 있다는 점에서 손해보험과 다르다. 순수한 생명보험의 경우 보험사고는 반드시 일어나게 되고, 다만 그 시기만 불확정이라는 점에서 손해보험과 다르다. 손해보험에서 피보험이익은 보험의 목적에 대하여 보험사고와 관련하여 피보험자가 갖는 경제적 이해관계이다. 인보험에서는 피보험이익을 인정할 수 없다는 것이 우리나라 다수의 견해이다. 사람의 생명·신체를 대상으로 한다는 점에서 이에 대한 금전적 평가나 초과보험, 중복보험 또는 일부보험은 부정된다. 입법예로 영미법에서는 생명보험에 대한 피보험이익을 인정하고 있다. 이는 인보험이 도박화되거나 도덕적 위험이 발생하는 것을 방지하기 위한 것이다.

(3) 인보험증권

인보험증권에는 상법 제666조의 일반사항 이외에 보험계약의 종류, 피보험자의 주소·성명 및 생년월일, 보험수익자를 정한 때에는 그 주소·성명 및 생년월일을 기재하여야 한다(제728조). 인보험에서는 피보험자와 보험수익자가 매우 중요하기 때문에 이를 보험증권에 기재토록 하고 있다.

(4) 보험자대위

보험자는 보험사고로 인하여 생긴 보험계약자 또는 보험수익자의 제 3 자의 권리를 대위하여 행사하지 못한다(제729조 본문). 손해보험에서와는 달리 생명보험(인보험)에서는 정액보험이 문제되고 또 보험수익자를 보호해야 한다는 이유에서 보험자대위를 금지하고 있다.

1991년 개정상법에서는 상해보험계약의 경우 "당사자 사이의 다른 약정이 있는 때에는" 보험자는 피보험자의 권리를 해하지 아니하는 범위 안에서 그 권리를 대위하여 행사할 수 있다고 규정하였다(제729조 단서)(국민건강보험법 제46조 및 산재보험법 제54조는 보험금을 지급한 기관이 원인을 야기한 자에게 구상(求償)을 할 수 있도록 규정하고 있다). 이는 상법이 상해보험계약의 손해보험적 성격을 반영한 것이다. 따라서 정액보험이 아닌 치료비 등 실손해의 보상을 목적으로 하는 상해보험에서는 당사자가 약관에서 대위에 관한 내용을 규정함으로써 제 3 자에 대하여 피보험자가 갖는 권리를 대위하여 행사할 수 있다.

독일에서도 보험계약상의 이득금지는 손해보험에만 적용되는 것이 원칙이지만 정액보험적 성격이 희박하게 운영되는 국민건강보험이나 상해보험에서는 보험자대위를 인정하는 것이 학설과 판례의 태도이다. 독일에서는 우리나라에서와는 달리 일정 직종의 경우 건강보험을 사보험회사(私保險會社)와 체결하는 것이 가능한데, 이와 관련해서는 이 보험의 사회보장적 성격이 강조되어 법정건강보험과 동등한 정도의 보험보호를 하도록 하는 감독조치가 취하여지고 있고 또 법원은 이를 고려하여 판결을 내리고 있다. 유럽국가 중 독일과 네덜란드만이 이와 같은 이원화된 건강보험체계를 갖고 있다.

2. 생명보험

(1) 연 혁

오늘날의 의미에서의 생명보험은 18C에 발전되기 시작한 것이다. 물론 그 이전에도 해상보험의 일부분으로서 노예의 사망에 대하여 보험상품화한 적이 있었으며,

나중에 육상의 노예에 대하여도 이용되었었다. 그런데 이것이 점차 도박화하는 폐단이 있자 금지되었다. 그러한 상품이 영국에서는 문제 없이 발전하여 1705년에 생명보험사업체격의 단체도 생겨났으나 당시는 보험료를 연령에 구분 없이 일률적으로 징수하였다. 1962년 equitable society가 설립되면서 연령에 따라 보험료를 책정하는 방식이 채택되었다. 이것이 세계 최초의 생명보험으로서 중요한 의의를 갖게 되었다. 최초의 사보험법(私保險法)으로서 보험계약법은 1794년의 프로이센보통국법으로서 동법은 1731년의 함부르크 보험 및 해사조례를 기초로 하여 작성된 것으로 보험제도의 발달에 많이 기여하였다.

(2) 의 의

생명보험은 당사자 일방이 상대방 또는 제 3 자의 생사에 관해 일정한 금액을 지급할 것을 약정하고 상대방이 이에 대해 보수(보험료)를 지급할 것을 약정함으로써 그 효력이 발생하는 계약이다(제730조). 생명보험에서는 보험사고가 사람의 생사로서 보험사고의 발생에 의해 보험수익자에게 손해가 실제 발생하였는가에 관계없이 일정한 금액이 지급된다.

현대국가가 복지정책을 시행하는 것의 한 표현으로 공공의 보험을 개발·운영하고 있다. 우리나라에도 공무원연금법, 국민연금법, 국민건강보험법 등을 통하여 복지시책을 펴고 있다. 그런데 이러한 사회보장제도는 국민생활 전반의 안전 및 보장을 꾀하는 것이다. 반면에 사보험(私保險)은 국가의 복지시책만으로는 부족하기 때문에 필요한 것이며 개개인의 경제생활의 불안정을 제거하고 경감하는 기능을 수행한다. 가령 가장이 생명보험에 가입하여 놓고 사망하면 유족의 생활보장을 꾀할 수 있고 또 일정시기까지 생존하면 만기지급금을 받아 노후생활의 안정을 기할 수가 있다.

생명보험의 기능은 크게 보장기능과 저축기능으로 나눌 수가 있는데, 전자는 우연한 사고로 말미암은 경제적 수요를 충족시키는 기능을 말하는 것이고 후자는 말 그대로 은행저축과 유사한 기능이다. 그런데 오늘날은 순수한 보장성 상품보다 양자가 결합된 생명보험상품이 많이 개발되고 판매되고 있다.

(3) 생명보험계약의 요소

1) 당 사 자

생명보험계약의 당사자로는 보험금지급의무를 지는 보험자와 보험료를 지급하는 보험계약자가 있다. 계약당사자는 아니지만 보험사고가 발생한 때 보험금을 수령할 권리가 있는 자로 보험수익자가 있다. 보험수익자는 보험계약자와 동일인일 수도 있으나 물론 동일인이 아닐 수도 있다. 이를 자기를 위한 보험계약과 타인을 위한 보험계약이라고 하여 구분한다. 법인과 행위무능력자도 보험계약자가 될 수 있다. 또 피보험자는 계약에 의해 지정된 보험사고의 대상인 자로서 성질상 법인은 피보험자가 될 수 없다. 이는 손해보험상 보험의 목적에 해당하며 손해보험의 피보험자는 생명보험의 보험수익자에 해당한다. 피보험자가 보험계약자와 동일인이면 이를 자기의 생명보험이라 하고 제 3 자이면 타인의 생명보험이라 한다. 경우에 따라서는 피보험자와 보험수익자가 동일인일 수도 있다. 피보험자가 수인일 수도 있으며 한 기업의 사원을 피보험자로 하는 경우처럼 일정 범위의 불특정 다수인을 포괄적으로 피보험자로 할 수도 있다.

상법은 제732조에서 15세 미만자, 심신상실자 또는 심신미약자의 사망을 보험사고로 한 보험계약은 무효로 하고 있다.

2) 보험사고

생명보험의 보험사고는 사람의 생사이다. 생사란 일정한 시기의 생존과 사망을 말하며 출생은 포함되지 않는다. 질병이나 상해는 순수한 생명보험상의 보험사고가 아니다. 보험사고인 사람의 생사는 우연한 것이어야 하기에 계약성립시에 확정되어서는 안 된다. 일정한 시기의 피보험자의 생사와 같이 그 자체가 불확정되어 있는 것뿐만 아니라, 피보험자의 사망과 같이 발생시기만 확정되지 않은 경우도 보험사고가 될 수 있다. 보험사고는 계약성립시에 주관적으로 불확정이면 된다.

3) 보험금액

보험사고 발생시 일정금액의 지급을 내용으로 하는 것이 생명보험이다. 이 때는 보험가액의 관념이 없으므로 보험금액은 보험자와 보험계약자의 개별적 합의에 따라 약정된다. 생명보험에서는 초과보험이 있을 수 없다. 보험사기를 방지하기 위하여 보험금액의 한도에 일정한 제한을 두거나 계약자와 피보험자 및 보험수익자의 관계를 고려하고 또 이들의 경제상태 등도 보험인수시 보험금액과 관련하여 검토하여 볼 필요가 있다. 생명보험에서는 사람의 사망으로 인하여 경제적 손실이 실제로 있었는지 여부에 관계없이 보험기간 내에서는 사망이라는 보험사고가 발생하면 그 구체적인 발생시기와 관계없이 보험금을 지급한다. 최근에는 변액보험이라는 생명보험이 등장하였으나 이 때에도 보험금액의 기본부분은 정하여져 있다.

4) 피보험이익

피보험이익의 유무 및 그 평가액이 계약성립 및 그 효력에 문제되지 않는다. 이는 현실적으로 손해의 정도에 대한 사전예측이 거의 불가능하고 사후평가 역시 객관적 기준을 찾을 수 없다는 데 그 이유가 있다. 상법도 생명보험의 요소로서의 피보험이익의 존재를 적극적으로 요구하지 않고 있다. 피보험자가 일정시기에 살아 있으면 보험금을 지급하는 생존보험과 피보험자가 사망한 경우에 보험금을 지급하는 사망보험은 구별할 필요가 있다. 사망보험의 경우 보험료와 보험금의 차액이 현격하게 크기 때문에 사망이 보험계약자나 피보험자 또는 보험수익자의 고의로 인하여 생긴 경우에 보험자가 면책되도록 하고 있다(제732조의2). 타인의 사망을 보험사고로 하는 보험계약(타인의 생명보험)의 경우에는 계약체결시에 타인의 동의를 서면으로 얻을 것을 상법은 요구한다.

5) 보 험 료

보험계약자는 물론 보험료를 지급하여야 한다. 생명보험의 보험기간은 장기간인 것이 대부분이다. 보험료기간은 통상 1년이다. 손해보험에서는 보험기간을 너무 장기로 하는 것이 무효라고 법원이 판결을 하는 경우가 있으나 생명보험에서는 사안이 다르기에 그런 원리가 적용되지 않는다.

(4) 종 류

생명보험은 보험사고, 보험금액지급방법, 피보험자의 수, 신체검사의 유무 등의 기준에 의하여 분류할 수 있다.

1) 보험사고기준

사망보험계약은 피보험자의 사망을 보험사고로 하는 것이다. 정기사망보험은 일정기간을 정하여 그 기간 내의 사망을 보험사고로 하는 것이다. 종신보험은 그런 기간 없이 사망하면 보험금을 지급하는 보험이다. 생존보험계약은 보험기간만료까지의 피보험자의 생존을 보험사고로 하는 것이다. 생사혼합계약(양로보험계약)은 이러한 양자가 결합된 형태이다.

2) 보험금액 지급방법기준

자금보험계약은 보험금 전액을 일시에 지급히는 것이다. 연금보험계약은 연금식으로 순차적으로 보험금을 지급하는 것이다(제735조의2) 또 변액생명보험계약은 인플

레이션의 비율에 따라 보험금이 연동되는 보험이다.

3) 피보험자의 수 기준

단생보험계약(單生保險契約)은 피보험자가 한 명인 것을 말한다. 연생보험계약(連生保險契約)은 피보험자가 복수인 계약을 말한다. 단체보험계약(제735조의3)은 일정기준 이상의 단체소속자를 포괄적으로 피보험자로 하는 것이다. 이 때는 사망보험인 경우 피보험자의 동의가 불필요하며(동 제 1 항), 보험증권 교부는 보험계약자(단체대표자)에게만 하면 된다(동 제 2 항).

4) 신체검사 유무기준

유진사보험계약(有診査保險契約)은 계약체결시 피보험자의 신체검사를 요하는 것이다. 이에 반하여 무진사보험계약(無診査保險契約)은 계약체결시 피보험자의 신체검사를 요하지 않는 것이다. 유진사보험이 원칙이지만 예외적으로 보험금액이 낮은 경우 무진사보험이 행하여진다.

(5) 타인의 생명보험계약

1) 의 의

보험계약자가 자신을 피보험자로 하여 계약을 체결한 경우가 자기의 생명보험계약이고 보험계약자가 타인을 피보험자로 하여 계약체결한 경우가 타인의 생명보험계약이다. 타인의 생명보험계약은 그 실익이 크다. 그러나 타인의 사망을 보험사고로 하는 경우에는 이를 무제한적으로 인정하면 피보험자의 사망을 은연중에 기대하는 것과 같은 폐해가 예상된다. 이에 상법은 타인의 사망보험의 경우 보험계약체결시에 그 타인의 서면에 의한 동의를 얻도록 하고 있다(제731조 제 1 항).

2) 입법주의

(가) 이익주의(영·미) 이익주의하에서는 어떤 이해관계를 갖는 경우에만 계약을 체결할 수 있도록 한다. 이는 피보험이익과 밀접한 관련이 있어 피보험이익을 인정하는 입법에서 채용한다. 그러한 이해관계가 계약체결시에 존재하지 않으면 계약은 무효이다. 이해관계는 계약성립요건일 뿐 존속요건은 아니다. 이익에 대한 입증이 불필요한 경우로 가령 처가 남편의 생명에, 채권자가 자신의 채권의 정도에 따라 채무자의 생명에 피보험이익을 갖는다고 한다.

(나) 동의주의(독·불·스·일) 피보험자가 될 타인의 동의를 필요로 한다. 이

에 의하면 어느 정도 생명보험의 가능성이 확대될 수 있고 형식적인 보험계약자 · 보험수익자의 자격부여로 인한 폐해는 동의요건으로 배제가 가능하다. 우리 상법도 동의주의를 채택하고 있다. 또한 보험계약으로 인하여 생긴 권리를 피보험자 아닌 자에게 양도하는 경우에는 동의를 얻도록 하고 있다(제731조 제 2 항).

3) 동의를 요하는 경우

타인의 '사망보험'인 경우에만 동의를 요한다. 순수한 생존보험에서는 피보험자의 동의는 불필요하다. 상법 제735조의3 제 1 항에 의하여 구성원 각자의 동의는 필요하지 않다. 이는 단체보험의 경우에는 단체의 대표자가 일괄적으로 구성원의 전부 또는 일부를 피보험자로 하는 보험계약을 체결하기 때문에 다른 개별적 보험의 경우와 달리 그 폐해의 위험이 적기 때문이다. 피보험자인 타인이 보험수익자인 경우에도 동의가 있어야 한다.

4) 보험계약에 의해 발생한 권리의 양도

피보험자의 동의를 얻어 성립된 보험계약상의 권리를 보험수익자가 피보험자 아닌 자에게 양도할 때에도 피보험자의 동의가 필요하다(제731조 제 2 항). 보험계약자는 별도인이고 피보험자와 보험수익자가 동일인일 때 이 피보험자로부터 권리를 양수한 자가 타인에게 다시 양도할 경우 피보험자의 동의가 필요하다. 보험계약자와 피보험자가 동일인인 사망보험계약에서 (이는 타인의 사망보험은 아니다) 보험수익자가 권리를 양도할 경우에도 피보험자의 동의를 요한다. 타인의 생명보험계약이 성립된 후 보험수익자를 새로이 지정 · 변경할 때에도 피보험자의 동의가 필요하다(제734조 제 2 항, 제731조 제 1 항). 다만 피보험자가 보험수익자로 지정 · 변경될 때에는 물론 피보험자의 동의가 필요 없다.

5) 동의의 성질

자신의 사망을 보험사고로 하는 생명보험계약에 대해 이의가 없다는 의사표명이다. 이로써 그 계약이 공서양속(公序良俗)에 반하지 않는다고 추정된다. 동의는 계약의 효력요건이고 성립요건이 아니다. 동의에 관한 상법의 규정은 강행규정으로 보아야 한다. 물론 단체보험에 대해서는 상법의 특칙이 있다.

6) 동의의 방식 · 시기 · 철회

과거실무상 피보험자가 계약체결시 계약신청서에 서명 또는 기명날인하여 동의하는 것이 통례였다. 이를 1991년 개정상법에서 채택하여 서면에 의한 동의를 요구한다. 구두 또는 묵시적인 동의는 인정되지 않으며 또 동의는 각 계약에서 개별적으로 하여야 하며 포괄적 동의는 인정되지 않는다. 동의시기는 보험계약체결시이다. 따라서 피보험자가 계약이 성립하기 전 또는 성립할 때까지 동의하여야 하고 보험기간 중의 권리의 양도와 보험수익자의 지정변경의 경우에는 그 행위가 있을 때 동의하여야 한다. 이 때 동의는 상대방의 수령을 요하므로 보험계약 당사자 중 일방에게 도달하여야 한다. 동의를 한 후에도 계약성립 전에는 철회할 수 있으나 일단 계약이 성립되면 이를 임의로 철회할 수 없으며 보험계약자 및 보험수익자의 동의가 있어야 철회할 수 있다고 이해된다.

7) 동의능력

상법 제732조에 규정된 자의 동의하에 보험계약이 체결되어도 무효이다. 15세 이상 20세 미만의 자가 유효한 동의를 하기 위하여는 법정대리인의 동의가 있어야 하며 또 법정대리인이 보험수익자 또는 보험계약자인 경우에는 법원이 선임한 특별대리인의 동의가 있어야 한다.

(6) 타인을 위한 생명보험계약

보험계약자는 타인을 보험수익자로 하여 생명보험계약을 체결할 수 있다(제733조 제 1 항 참조). 이를 타인을 위한 생명보험계약이라 한다. 이 계약의 주요취지는 유족의 생활보장을 도모하는 데 있다. 타인을 위한 보험계약에서 보험수익자는 보험계약자가 정한다.

1) 보험수익자의 지정

보험계약자에 의해 제 3 자가 보험수익자로 지정되면 타인을 위한 생명보험계약이다. 지정이 없으면 보험계약자가 자신을 보험수익자로 한 계약이라고 해야 한다. 제 3 자가 보험수익자로 지정된 경우에는 보험수익자가 보험계약자의 권리를 승계취득하는 것이 아니라, 자기의 고유의 권리로서 보험금청구권을 취득한다. 지정하는 방식은 특정인을 지정할 수도 있지만 가령 “상속인”이나 “피보험자의 상속인”으로 하여도 된다. 보험수익자의 수나 자격에는 제한이 없다. 법인도 보험수익자가 될 수 있다. 수익자가 수인이고 그 수인간에 비율을 정하지 않은 경우는 각자가 균등한 비율로 보험금청구권을 행사할 수 있다. 상속인들을 보험수익자로 하고 몫을 정하지 않았을 때에는 상속분에 따라서 한다.

생명보험 표준약관 제25조 제 1 항에서는 수익자가 2인 이상인 경우에는 대표자 1인을 지정하여야 한다고 규정하고 있으며, 동 제 2 항은 지정된 수익자의 소재가 확실하지 않은 경우에 회사가 수익자 1인에 대하여 한 행위가 다른 보험수익자에게도 효력이 미치도록 하고 있다.

2) 수익자의 권리

보험수익자는 상법 제639조 제 2 항에 의하여 당연히 고유한 권리로서 원시적으로 보험계약상의 권리를 취득한다. 수익자가 권리를 포기하면 자신을 위한 생명보험이 된다고 하여야 한다. 수익자가 취득할 권리는 보험금지급청구권뿐이고 계약해지권 등은 계약자가 갖는다. 적립금반환청구권 같은 것은 계약당사자의 합의에 의해 보험수익자에게 귀속시킬 수도 있다.

3) 수익자의 의무

보험수익자는 보험료지급의무를 지지 않으나 보험계약자가 파산에 빠진 경우에 보험수익자는 보험료를 내든지 권리를 포기하여 보험료지급의무를 면하든지 할 수 있다(제639조 제 3 항 제 2 문). 사고발생시 수익자도 그 사실을 보험자에게 통지하여야 하나 이는 보험금청구권 발생요건이 아니라, 보험자가 이행지체에 빠지게 하는 효과만 가진다.

4) 수익자의 지정·변경

상법은 생명보험의 특수성을 들어 민법의 원칙을 수정하여 보험계약자가 수익자를 지정·변경할 수 있는 권리를 인정하고 있다(제733조). 이는 형성권의 일종으로서 보험자의 동의가 없어도 행사가 가능하다. 보험계약자가 지정·변경권을 행사하지 않은 채 사망한 경우에 지정권이 행사되지 않은 경우는 피보험자를 보험수익자로 보고 변경권을 행사하지 않은 경우는 수익자의 권리가 그대로 확정된다(제733조 제 2 항 본문). 그 승계인이 지정·변경권을 행사할 수 있다는 약정이 있을 때에는 그 승계인이 지정·변경권자가 된다. 보험계약자가 지정·변경권을 행사하기 전에 보험사고가 생긴 경우에는 지정권을 행사하지 않은 경우는 피보험자의 상속인이 보험수익자가 되고, 변경권을 행사하지 않은 경우는 보험수익자의 지위가 그대로 확정된다.

5) 지정·변경의 대항요건

보험계약자가 계약성립 후에 보험수익자의 지정·변경을 한 경우에는 보험자의 2중지급 방지를 위해 보험자에 대해 그 지정·변경을 통지하지 않으면 이를 보험자에게 대항할 수 없도록 하고 있다(제734조 제 1 항). 통지는 단지 대항요건이므로 나중의 수익자는 전의 수익자가 받은 보험금의 반환청구가 가능하다.

6) 지정·변경권이 유보되지 않은 경우

지정·변경권이 유보되지 않은 경우에는 보험수익자의 권리는 확정되며 보험계약자는 지정·변경할 수 없다. 피보험자와 보험수익자가 다른 사람인 경우 보험수익자가 사망하면 보험계약자는 새로이 보험수익자를 지정할 수 있다(제733조 제 3 항 제 1 문). 이 때 보험계약자가 재지정권을 행사하지 않고 사망한 경우에는 보험수익자이었던 자의 상속인이 보험수익자가 된다(제733조 제 3 항 제 2 문). 보험수익자가 사망한 후 보험계약자가 보험수익자를 새로이 지정하기 전에 보험사고가 발생한 경우는 보험수익자의 상속인을 보험수익자로 한다(제733조 제 4 항).

(7) 생명보험계약의 효력

1) 보험자의 의무

보험자는 우선 보험증권 교부의무를 진다. 그리고 보험료 반환의무도 부담한다. 즉 계약의 전부 또는 일부가 무효인 경우에는 보험계약자와 피보험자가 선의이며 중과실이 없는 경우에는 보험료의 전부 또는 일부를 반환하여야 한다(제648조 제 2 문).

보험자는 또 적립금 반환의무를 진다. 즉 생명보험의 저축성 성격으로 인해 계약이 해지된 때에 보험계약자에게 보험수익자를 위해 적립한 금액을 반환하도록 하고 있다(제736조 제 1 항 본문). 그리고 보험업법은 보험자에게 결산기마다 책임준비금을 계상할 의무를 부과한다(보험업법 제98조 제 1 항). 상법 제736조에서는 가령 사고발생 전에 보험계약자의 임의해지 등의 경우에 적립금반환의무를 규정하고 있다.

보험자는 해지환급금 반환의무도 부담한다. 즉 보험계약자가 임의해지한 경우에 보험수익자를 위하여 적립된 책임준비금의 일부(해지환급금)가 반환된다는 뜻을 생명보험 표준약관 제 6 조, 제17조에서 정하고 있다.

그 밖에 보험자는 보험계약자에 대한 대부의무를 부담하는 경우가 있다. 생명보험 표준약관은 보험계약자가 해지환급금의 범위 안에서 보험자가 정한 방법에 따라 보험증권을 제출하고 대부를 받을 수 있음을 규정하고 있다(생명보험 표준약관 제31조).

이 때 이의 법적 성질에 대하여는 첫째 보험금 해지환급금의 일부 선급으로 보는 견해, 둘째 보험계약자 또는 수익자가 보험자에 대한 청구권과 상계하여 변제할 것을 예정하고 있는 특수한 금전소비대차라고 보는 견해(다수설)가 주장되고 있다. 이는 금전을 대부하여 주는 소비대차이지 해지를 할지, 하지 않을지 모르는 상태에서 해지환급금의 선급으로 볼 수 없다.

보험자는 또한 이익배당의무를 부담한다. 이익배당부 생명보험은 약관에 의해 보험자가 생명보험상의 이익을 보험계약자에게 배당해야 한다고 정한 경우이다. 이 때 보험자는 이익배당의무를 지며 필요한 준비금을 적립해야 한다.

2) 보험계약자·보험수익자의 의무

보험계약자 및 보험수익자는 보험료지급의무, 위험변경증가의 통지의무 및 보험사고발생의 통지의무를 부담한다.

(8) 생명보험계약의 면책사유

1) 피보험자의 자살

이는 신의측에 반하고 생명보험이 부당목적에 이용되는 것을 방지하기 위하여 인정된다. 다만 생명보험 표준약관은 책임개시 후 일정기간(2년)이 경과한 후의 피보험자의 자살에 대하여는 보험금을 지급한다고 규정한다(동 약관 제15조 제 1 항 제 1 호). 과거 법원에서 음주운전이 자살이라고 하여 생명보험금의 지급을 거절하도록 판시(判示)한 바가 있으나 이는 상법 제663조에 비추어 볼 때 문제가 있다.

2) 범죄 또는 사형집행에 의한 사망

이러한 경우의 보험금지급은 공익(公益)에 반한다는 사상에 기인하는 것이었다. 그러나 이에는 재고의 여지가 있었다. 1991년 상법개정에 의하여 이것이 더 이상 면책사유가 아니고 따라서 약관에서도 면책사유 가운데 범죄 또는 사형집행에 의한 사망이 제외되었다.

3) 보험수익자에 의한 피보험자 고살

이를 면책사유로 하는 것은 쉽게 이해할 수 있다. 이에 대하여는 생명보험 표준약관 제15조 제 1 항 제 2 호에서 규정하고 있다.

4) 보험계약자에 의한 피보험자의 고살

이 때에는 보험자는 적립금반환의무도 없다(제736조).

5) 전쟁 기타 변란에 의한 사망

이러한 경우는 특약이 없으면 보험자는 면책된다. 이와 관련하여 생명보험 표준약관 제17조에서는 전쟁 기타 변란시 보험료산정의 기초에 중대한 영향을 미칠 우려가 있다고 인정될 때에는 금융위원회의 인가를 얻어 보험자는 보험금을 감액할 수 있음을 규정하고 있다.

⑼ 보험계약의 변경

생명보험의 기간은 보통 장기이어서 피보험자의 특별이익을 고려하여 보험료를 높게 정한 경우 그 위험이 소멸한 때에는 보험계약자는 그 감액을 청구할 수 있다(상법 제647조). 보험료감액청구권은 일종의 형성권이다. 생명보험 표준약관은 제 5 조에서 보험기간 중 보험계약자가 보험자의 동의를 얻어서 보험종목, 보험기간, 보험료의 납입주기, 보험가입금액 등의 변경이 가능하다고 규정한다.

⑽ 생명보험계약의 부활

생명보험 표준약관 제12조에서는 실효한 날로부터 2년 내에 회사가 정한 절차에 따라 부활을 청약할 수 있고 회사가 이를 승낙한 때에는 연체보험료에 정기예금 이율 범위 내에서 각 보험상품별로 회사가 정하는 이율로 계산한 금액을 가산하여 납입하도록 하고 있다. 이러한 경우에 보험자는 그 보험료를 수취한 때부터 책임이 있다. 이 때에는 승낙의제에 관한 상법 제638조의2를 준용한다(제650조의2).

3. 상해보험

⑴ 의 의

상해보험은 피보험자가 급격하고 우연한 외래의 사고에 의해 신체의 상해를 입었을 때 보험금액 기타의 급여를 할 것을 약정하는 보험계약이다(제737조). 상해보험 보통약관 제12조, 제13조, 제14조에서는 상해의 직접적인 결과로 사망한 경우 사망보험금, 후유장해시 후유장해보험금 또 의사의 치료가 필요할 경우에는 의료비보험금을 지급하도록 하고 있다.

상해보험은 보험역사상 비교적 늦게 등장한 것으로 19세기 철도교통보급과 함께 영국에서 발생하였다. 이는 한편으로는 일정한 보험금액을 지급할 것을 내용으로 하는 정액보험이지만 상해에 의해 발생한 실손해를 보상하는 손해보험으로서의 성질도 갖추고 있어서 손해보험의 성격도 갖는다.

(2) 보험금지급방식

순정액(純定額)보험방식에 의하면 상해사망의 경우에 약정한 보험금액을 지급한다. 준정액(準定額)보험방식에서는 상해의 정도와 부위에 따라 차등하여 보험금을 지급한다. 손해보상 및 비용보상보험에서는 상해로 인해 소요되는 의료비와 약품대 등을 지급한다.

(3) 상해보험의 종류

교통사고상해보험은 보통 도로통행중 또는 교통용구에 탑승중에 입은 교통사고상해를 담보하는 보험계약이다. 자동차종합보험의 자손사고보험은 상해보험의 하나이다. 이 때 보험자는 요통이나 타각증상 등의 경우 보험금을 지급하지 않는데 이는 보통 앓는 증상을 상해보험 급부범위에서 배제하려는 취지에서이다. 보통상해보험은 가정, 직장생활 등 일상생활의 모든 상황에서 마주치게 될 상태를 담보하는 것이다. 단체상해보험에는 학생상해보험, 스포츠단체상해보험 등이 있다. 여행상해보험에서는 산악여행, 해외여행 등의 경우에의 상해시 보험금을 지급한다. 생명보험회사가 취급하는 상해보험은 독립된 계약으로서의 해외여행상해보험 외에 생명보험에 부가되는 재해증가특약, 장해특약 및 재해입원특약이 있다. 이 경우는 피보험자의 상해에 따라 생명보험과는 별도로 재해사망보험금, 수술보험금 등을 지급한다. 상해보험약관에서는 다수의 보험계약을 체결하는 것에 관해 보험계약자·피보험자에게 통지의무를 과하고 이를 게을리한 때에는 보험자에게 해지권을 인정한다(상해보험보통약관 제 6 조, 제 7 조, 제 9 조 참조).

(4) 관 계 자

타인의 상해보험계약도 생명보험의 경우와 같이 피보험자의 동의를 요한다. 심신미약자, 심신상실자 등도 피보험자가 될 수 있다. 상해보험약관 제 5 조 제 1 항에 의하면 가령 피보험자의 무면허운전 또는 음주운전으로 인한 경우에는 보험자는 면책된다고 규정하고 있다. 또한 약관 제 5 조 제 2 항에 의하면 전문등반, 글라이더, 조종, 모타포트 운전의 경기 등의 경우에는 해당보험료를 받지 않는 한 보험자는 면책된다. 정액형 지급상해보험에서는 피보험이익이 문제되지 않기 때문에 보험수익자의 지정은 자유이지만 보험계약자가 보험수익자를 지정하지 않은 경우 보험금 수령권한이 있는 자는 피보험자라고 하여야 한다. 순수생명보험과는 달리 여기서는 손해보상적 성격도 있기 때문이다.

(5) 보험사고

상해보험의 보험사고는 급격하고 우연한 외래의 사고에 의한 신체의 상해이다(상해보험약관 제 3 조 제 1 항). 이를 살펴보면 아래와 같다.

1) 급 격 성

이는 사고가 돌발적으로 일어나 그로부터 상해라는 결과가 초래되기까지의 시간적 간격이 없는 상태로 피보험자가 예견하지 아니하였거나 예견할 수 없는 순간에 사고가 발생하는 것을 말한다. 가령 넘어지거나 타인으로부터 구타당하는 경우에는 급격성이 있다.

2) 우 연 성

피보험자에게 발생한 상해의 원인인 사고가 피보험자가 예측할 수 없게끔 뜻하지 않게 발생하는 것을 뜻한다. 상해보험약관 제 3 조 제 2 항에 의하면 상해에는 유독가스 또는 유독물질을 우연하게도 일시에 흡입·흡수 또는 섭취하였을 때에 생긴 중독증상을 포함한다고 규정하고 있다. 그러나 세균성 음식물중독과 상습적으로 흡입, 흡수 또는 섭취한 결과로 생긴 중독증상은 그에 포함되지 않는다고 되어 있다.

3) 외 래 성

상해의 원인이 신체의 내부에서 기인하는 것이 아님을 뜻한다. 신체질환이 있었다 해도 외부원인에 의해 상해가 발생하면 외래성이 충족된다.

(6) 면책사유로서의 음주운전과 무면허운전

상해보험에서 음주운전이나 무면허운전도중에 발생한 보험사고에 대하여 보험자가 면책된다고 하는 약관의 규정이 상법의 내용에 비추어 유효한지 여부가 문제되고 있다. 이에 대하여는 최근에 대법원이 입장을 표명하고 있어 이들 판례를 검토하여 볼 필요가 있다.

1) 상해보험음주운전 면책판결

㈎ 대판 1995. 7. 26, 95 다 21693

A. 사실관계 1993년 9월 18일 02:30경 피보험자 CH가 경기도 화성군 장안면 국도상에서 프라이드승용차를 음주운전 상태에서 주행중 중앙선침범으로 반대

차선에서 주행중인 덤프트럭과 정면충돌하여 운전자인 피보험자 및 탑승객 4명이 사망한 사고가 발생하였다. 이 때 보험회사는 해당 보험약관 면책조항에 의거하여 이 사고는 보상되지 않음을 통보하였으나 피보험자유족이 회사를 상대로 보험금청구소송을 제기하였다. 피보험자 고 CH는 피고회사에 현대인상해보험(사망보험금: 1억원) 및 장기운전자복지보험(사망보험금: 1천만원)을 가입하고 있어 교통사고사망시 1억 1천만원을 보상받을 수 있었다. 그러나 사고당시 해당경찰서에서 채취한 혈액을 국립과학수사연구소에 감정의뢰한 결과 혈중알콜농도 0.14% 상태에서 운전중 사망한 것으로 판명되었다. 이 때 해당약관에서 음주운전이라 함은 도로교통법 제41조, 제107조의2 및 동법 시행령 제31조에 의거 혈중알콜농도 0.05% 이상인 상태에서 운전하는 것을 말한다.

B. 쟁 점 이 경우에는 해당약관이 강행법규인 상법의 규정에 의하여 무효인가가 문제된다. 당사자의 주장내용을 보면 원고는 피보험자의 음주운전으로 인한 사망사고는 고의가 아니므로 약관상의 음주운전 면책조항은 강행규정인 상법 제732조의2, 제739조, 제663조의 각 규정에 위배되어 무효이므로 보상책임이 있다고 주장한다. 이에 반하여 피고는 음주운전 면책조항은 사고발생의 원인이 음주운전에 있음을 이유로 한 것이 아니라, 사고발생시 음주운전중이었다는 법규위반상황을 중시하여 이를 보험자의 보상에서 제외하고자 하는 것이므로 상법조항이 적용되지 않고 면책조항은 유효하다고 한다.

C. 대법원 판결요지 상해보험약관에 규정된 음주운전 면책조항은 사고발생의 원인이 음주운전에 있음을 원인으로 한 것이 아니라, 사고발생시에 음주운전중이었다는 법규위반사항을 중시하여 이를 보험자의 보상대상에서 제외하는 사유로 정한 것이므로 이 같은 경우에는 피보험자 등의 중과실로 인한 보험사고, 준용규정, 보험계약자 등의 불이익금지를 규정한 상법조항에 저촉되지 않는 것으로 유효하며 또 이번 사고는 음주운전을 금지하고 있는 도로교통법(혈중알콜농도 한계치 0.05% 이상)도 위반했으므로 보험금 면책사유에 해당한다.

㈏ 대판 1998. 3. 27, 97 다 48753

상해보험약관상의 음주운전 면책약관에 관하여 대법원(대판 1998. 3. 27, 97 다 48753)은 「상법 제732조의2는 "사망을 보험사고로 한 보험계약에는 사고가 보험계약자 또는 피보험자나 보험수익자의 중대한 과실로 인하여 생긴 경우에도 보험자는 보험금액을 지급할 책임을 면치 못한다"고 규정하고 있고, 위 규정은 상법 제739조에 의하여 상해보험계약에도 준용되며, 한편 상법 제663조는 당사자간의 특약으로 보험계약자 또는 피보험자나 보험수익자에게 불이익하게 위 각 규정을 변경하지 못하도록 규정하고 있고, 이 사건 보험계약은 상해를 보험사고로 한 보험계약에 해당하므로 위 각 규정들이 적용된다고 할 것이어서 피고는 보험사고가 고의로 인하여 발생한 것이 아니라, 비록 중대한 과실에 의하여 생긴 것이라 하더라도 이 사건 보험계약에 의한 보험금을 지급할 의무가 있다고 할 것인데, 음주운전에 관하여 보면, 음주운전의 경우는 술을 먹지 않고 운전하는 자의 경우에 비하여 보험사고 발생의 가능성이 많음[2)]은 부인할 수 없는 일이나 그 정도의 사고발생 가능성에 관한 개인차는 보험에 있어서 구성원간의 위험의 동질성을 해칠 정도는 아니라고 할 것이고, 또한 음주운전이 고의적인 범죄행위이기는 하나 그 고의는 특별한 사정이 없는 한 음주운전 자체에 관한 것이고 직접적으로 사망이나 상해에 관한 것이 아니어서 그 정도가 결코 그로 인한 손해보상을 가지고 보험계약에 있어서의 당사자의 신의성·윤리성에 반한다고는 할 수 없을 것이어서, 이 사건 보험계약 약관 중 '피보험자가 음주운전을 하던 중 그 운전자가 상해를 입은 때에 생긴 손해는 보상하지 아니한다'고 규정한 이 사건 음주운전 면책약관이 보험사고가 전체적으로 보아 고의로 평가되는 행위로 인한 경우뿐만 아니라, 과실(중과실 포함)로 평가되는 행위로 인한 경우까지 보상하지 아니한다는 취지라면 과실로 평가되는 행위로 인한 사고에 관한 한 무효」라고 하여 음주운전 면책약관에 대해서도 무면허운전 면책약관과 동일한 이유로 한정적 무효해석을 하였다.[3)]

상해보험의 음주운전 면책약관에 대해서는 뒤에서 보는 무면허운전 면책약관에 대해서와 동일한 논리로 한정적 무효해석을 하기 때문에 음주운전과 무면허운전이 복합(차량절도도 포함)된 사건에서도 같은 취지의 판례가 이어졌다.[4)]

---

2) 이에 대하여는 Knappmann, Alkoholbeeinträchtigung und Versicherungsschutz, VersR 2000, S.11 참조.

3) 그러나 그 이전의 판례에서는 상해보험 음주운전 면책규정이 유효하다는 판결도 있었다: 대판 1995. 7. 26, 95 다 21693. 이 판결에 대한 비판은 최병규, "상해보험음주운전 면책판결," 「보험법률」 제 7 호(1996. 2. 15), 2쪽 아래 참조.

4) 대판 1998. 10. 20, 98 다 34887: 피보험자인 甲이 상해보험을 가입하고 보험기간 중에 운전면허 없이 혈중알콜농도 0.13%의 주취상태에서 시동열쇠가 꽂혀 있는 채로 골목길에 주차되어 있던 타인의 차량을 훔쳐 무단운행을 하던 중 신호대기로 정차중이던 차량을 추돌하여 사망한 사안에서 「…상법 제732조의2는 "사망을 보험사고로 한 보험계약에는 사고가 보험계약자 또는 피보험자나 보험수익

2) 무면허운전으로 인한 상해에 대한 보험자의 책임(대판 1996. 4. 26, 96 다 4909)

(가) 사실개요　　피보험자 망 K는 S화재와 보험기간 중 교통용구에 탑승하고 있을 때 급격, 우연한 외래의 사고로 상해를 입고 사고일로부터 180일 이내에 사망하면 보험금 1억원을 보험수익자(법정상속인)에게 지급하기로 하는 새시대종합보험계약을 체결하였다. 보험기간 중 피보험자 K는 자신이 소유한 엑셀승용차를 운전하던 중 공사로 인하여 도로에 방치된 돌을 피하려다가 도로 아래 18m 높이의 언덕에 굴러떨어져 대동맥파열상을 입고 치료를 받던 중 다음 날인 1994년 11월 17일 사망하였다. 그런데 K는 1989년 10월 27일 1종보통자동차면허를 취득하였다가 1994년 10월 107일간 면허정지처분을 받고 운전면허증을 반납한 상태에서 이 사건 보험사고를 당한 것이다. 그런데 위 보험약관은 제3조 제1항 및 제4호에서 "그 원인의 직접·간접을 묻지 않고 피보험자의 무면허운전으로 인한 손해는 보험자가 보상하지 않는다"는 취지의 약관(면책약관)을 두고 있다.

(나) 판결요지　　무면허운전이 고의적인 범죄행위이긴 하나 그 고의는 특별한 사정이 없는 한 무면허운전 자체에 관한 것이고 직접적으로 사망이나 상해에 관한 것이 아니어서 그 정도가 결코 그로 인한 손해보상을 가지고 보험계약에 있어서의 당사자의 선의성, 윤리성에 반한다고는 할 수 없을 것(대판 1990. 9. 25, 89 다카 17591) 이어서, 이 사건 보험계약약관 중 피보험자의 무면허운전이라는 사유로 생긴 손해는 보상하지 아니한다고 규정한 이 사건 면책약관이 보험사고가 전체적으로 보아 고의

자의 중대한 과실로 인하여 생긴 경우에도 보험자는 보험금액을 지급할 책임을 면치 못한다"라고 규정하고 있고, 위 규정은 상법 제739조에 의해 상해보험계약에도 준용되며, 한편 상법 제663조는 당사자 간의 특약으로 보험계약자 또는 피보험자나 보험수익자에게 불이익하게 위 각 규정을 변경하지 못하도록 규정하고 있는바, 상해 또는 사망을 보험사고로 하는 보험계약상의 무면허·음주 등 면책약관이 만일 보험사고가 전체적으로 보아 고의로 평가되는 행위로 인한 경우뿐만 아니라 과실(중과실 포함)로 평가되는 행위로 인한 경우까지 보상하지 아니한다는 취지라면 과실로 평가되는 행위로 인한 사고에 관한 한 위 각 규정들에 위배되어 무효…」라고 판시했다. 이 사건의 원심판결에서는 피보험자의 무면허·음주운전행위가 미필적 고의에 의한 것이라고 보아서 보험회사의 면책을 인정했었는데, 이에 대해 大判은 「…위 사고가 비록 피보험자가 타인의 차량을 절취하여 무면허, 음주상태로 운전을 하던 중에 발생한 것이라고 하더라도 그 고의는 특별한 사정이 없는 한 차량의 절취와 무면허, 음주운전 자체에 관한 것이고 직접적으로 사망이나 상해에 관한 것으로 볼 것은 아니며, 피보험자가 무면허라고 하여도 그가 차량을 절취한 장소로부터 사고 지점까지 약 10km를 운전한 점에 비추어 운전기능이 없었다고 추정할 수는 없을 뿐만 아니라 술김에 열쇠가 꽂혀 있는 차량을 절취하여 운행하게 된 점 등에 비추어 보더라도, 다른 특별한 사정이 없는 한, 위 사고는 피보험자가 사고발생 가능성을 인식하면서도 이를 용인하고 감행한 미필적 고의에 의한 사고라기보다 피보험자의 과실로 평가되는 행위로 인하여 발생하였다고 보는 것이 타당하다…」고 판시하였다.

로 평가되는 행위로 인한 경우뿐만 아니라, 과실(중과실 포함)로 평가되는 행위로 인한 경우까지 보상하지 아니한다는 취지라면 과실로 평가되는 행위로 인한 사고에 관한 한 무효이다.

3) 헌법재판소의 결정

헌법재판소는 상법 제732조의2가 헌법에 위배되는지 여부에 대하여 판단하였다. 그런데 헌법재판소는 아래의 이유로 상법의 동 규정이 헌법에 위배되지 않는다고 판단함으로써 일응 상해보험약관상의 무면허·음주운전 면책조항의 효력을 부인하는 쪽으로 판단하였다고 판단할 소지가[5] 있다.

(가) **경과 및 위헌의 논거** 수원지방법원[6] 등에서 자동차보험의 자기신체사고부분의 음주운전 면책조항과 관련하여 상법 제732조의2에 대한 위헌제청을 하여 헌법재판소[7]가 합헌결정을 내렸다.[8] 당시 수원지방법원 등이 지적한 위헌론[9]의 논거는 다음과 같다.

첫째, 문제의 상법규정은 유족을 포함한 피보험자측을 보호하려는 의도에서 제정된 것이라고 하지만, 외국의 입법례에 비추어 유례가 없다.

둘째, 자기신체사고에 보험금지급을 강제함은 보험제도의 목적에 반하고, 그 필요성이나 합리적 근거가 없다.

셋째, 건전한 운전자가 아닌 음주운전자에 대하여, 그 도덕적 해이를 견제할 방법을 갖지 못하도록 하는 이 규정은 보험자의 영업의 자유를 과도히 제한하는 것이다. 즉 보험자의 상품선택의 폭이 현저히 줄어들 수밖에 없다.

넷째, 문제의 상법규정은 제정당시 의료보장제도 등이 미흡한 점을 고려하였을 것이나, 의료에 관하여 국민개보험이 실시되는 등 사회보험제도가 상당히 정비된 점을 고려할 때, 명백한 사정변경이 생겼다고 지적한다.

다섯째, 우리나라의 생명보험은 고의만을 면책으로 하므로 피보험자가 음주운전

---

5) 물론 견해에 따라서는 헌법재판소가 동 규정이 합헌이라고 하였다고 하여도 상해보험상 무면허·음주운전 면책조항이 계속 효력을 갖는다고 볼 수도 있겠으나 이는 중과실 및 고의의 의미를 잘못 이해한 것으로 본다.

6) 1998. 9. 25. 수원지법 제9민사부 결정.

7) 헌법재판소 1999. 12. 23 결정, 98 헌가 12, 99 헌바 33, 99 헌가 3, 99 헌바 50, 99 헌바 52, 99 헌바 65, 99 헌가 10(병합).

8) 김성태, "무면허·음주운전 부책법리의 검토,"「손해보험」1999년 2월호, 33쪽 참조.

9) 수원지방법원뿐만 아니라, 여러 법원에서 이를 문제삼았으나, 위헌론의 논거는 대동소이하였다.

〈헌법재판소 위헌제청 법원목록〉

사건번호	제청법원 (위헌법률심판사건)	제청신청인 (위헌법률심판사건)	청구인 (헌법소원심판사건)	당해사건
98 헌가 12	수원지방법원 (1998. 9. 25)	(※ 직권결정)		수원지방법원 98 가합 6414 채무부존재확인
99 헌바 33			현대해상화재보험 주식회사(*)	서울고등법원 98 나 58940 채무부존재확인
99 헌가 3	전주지방법원 (1999. 4. 16. 99 카기 5137)	삼성화재해상보험 주식회사(**)		전주지방법원 98 가합 4629 보험금
99 헌바 50			현대해상화재보험 주식회사(*)	서울지방법원 98 가합 96242 보험금
99 헌바 52			제일화재해상보험 주식회사(***)	대전지방법원 99 가합 1349 보험금
99 헌바 62			현대해상화재보험 주식회사(*)	서울고등법원 99 나 6014 보험금
99 헌바 65			현대해상화재보험 주식회사(*)	서울지방법원 99 나 8338 (본소)채무부존재확인, 99 나 33877(반소)보험금
99 헌가 10	서울지방법원 (1999. 8. 6. 99 카기 9678)	현대해상화재보험 주식회사(*)		서울지방법원 99 가합 6499 (본소)채무부존재확인, 99 가합 21375(반소) 보험금

* 현대해상화재보험주식회사…서울 종로구 세종로 178, 대표이사 김호일, 대리인(99 헌바 33, 99 헌바 50, 99 헌바 62, 99 헌바 65) 변호사 박성원.

** 삼성화재해상보험주식회사…서울 중구 을지로 1가 87, 대표이사 배정충, 이종기, 대리인 법무법인 백제종합법률사무소 담당변호사 김연, 안호영.

*** 제일화재해상보험주식회사…서울 중구 서소문동 12의 1, 대표이사 곽병화, 대리인 변호사 박성원.

으로 사망할 경우 유족에 대한 최소한의 보호장치는 따로 마련될 수 있다.[10)]

10) 이 논거는 좀 자기순환적인 모순에 빠진 것 같다. 인보험의 면책사유로 고의만을 규정하는 것이

여섯째, 이른바 비례의 원칙에 반한다. 말하자면 음주운전자의 유족들에 대한 보호 등은 보험사업자들이 자유로이 별도상품으로 개발할 여지를 두어 해결할 문제이지 법해석상 일률적으로 모두 보호해야 한다고 해석되는 규정을 둠은 부당하다.

일곱째, 평등권침해의 문제이다. 즉 음주운전은 치명적 사고가 생길 가능성이 높아 거액의 보험금이 지급될 것이므로 이는 보험료인상의 한 요인이 되는데, 이로써 보험가입자 감소로 이어지고, 이러한 규모축소는 다시 보험료인상의 원인이 되므로 결과적으로 피보험자 일반의 이익을 해치게 된다.

㈏ 헌법재판소의 판단

A. 인보험에서의 중과실의 면책불가의 의미 상법 제732조의2가 보험계약자측의 중과실로 인하여 생긴 사고에 대한 보험자의 면책을 허용하지 않고, 상해보험에서도 이를 준용함으로써, 결국 인보험에서만은 고의로 인하여 생긴 사고가 아닌 한 보험자의 면책을 인정하지 아니하도록 하고 있는 것은, 물건 또는 재산에 대한 사고의 위험을 담보하는 여타의 보험과 차별하여 생명, 신체에 대한 사고의 위험을 담보하는 인보험의 보험계약자측을 더욱 두텁게 보호하려고 하는 데에 그 취지가 있다. 그러나 대인배상책임보험과 비교할 때 인보험의 보험계약자측을 상대적으로 더 두텁게 보호하는 이 사건 법률조항은, 인보험과 기타의 보험을 구분하여 인보험의 보험계약자측을 더 보호하기보다 무고한 제 3 의 피해자 보호에 초점을 맞추고, 제 3 의 피해자와 무관한 경우에 있어서는 보험계약에서의 사적 자치를 보다 넓게 인정하는 선진외국 입법례의 주류적 경향과 일치하지는 않는다.

B 보험자의 영업의 자유, 계약의 자유와 보험계약자의 계약의 자유의 침해 여부

이 사건 법률조항은 생명보험의 면책사유를 보험자와 보험계약자가 자유로이 정하도록 사적 자치에 맡겨두지 않고 중과실로 인하여 생긴 사고의 경우에는 보험자가 면책될 수 없도록 강제하는 규정이므로 보험상품을 판매하는 보험자로서는 직업의 자유(헌법 제15조)에 속하는 직업행사의 자유 내지 영업의 자유와 행복추구권(헌법 제10조)에 포함되는 일반적 행동자유권에서 파생되는 계약의 자유를 제한받게 된다. 또한 보험상품의 구매자인 보험계약자로서는 보험자의 면책의 범위가 위험의 인수와 상관

위헌이라고 하면서 다시 인보험의 일종인 생명보험이 있으므로 괜찮다는 것은 논리가 맞지 않다. 한편, 1991년 상법의 개정이유를 살펴본다면 이러한 위헌주장의 논거는 이해될 수도 있다. 즉, 논거는 사망을 보험사고로 한 생명보험에서의 중과실면책부인은 인정하면서, 단지 상해보험에서의 중과실면책부인은 옳지 않다는 점을 근저에 두고 있는 것 같다.

관계를 가지고 따라서 보험료 액수의 책정에 관계되는 것이므로 보험료의 측면에서 보면 중과실로 인하여 생긴 사고의 경우 보험자가 면책되는 상품을 보다 저렴하게 구입하기를 원할 수 있음에도 그러한 상품을 구입할 기회가 봉쇄된다. 이러한 점에 비추어보면 이 사건 법률조항은 보험자뿐만 아니라, 보험계약자의 계약의 자유도 아울러 제한하고 있다.

(ㄱ) 이 사건 법률조항의 입법목적은 생명보험의 보험계약자측을 두텁게 보호하기 위한 것으로서, 특히 보험수익자가 되는 유족의 생활의 안정을 보장하여 주기 위한 것이다(다만 이 사건 법률조항이 상법 제739조에 의하여 상해보험에 준용됨은 앞서 본 바와 같은데, 상해보험에 있어서 보험수익자는 주로 피보험자 자신일 것이다). 이러한 입법목적은 헌법 제37조 제 2 항에서 열거하고 있는 기본권 제한사유들 가운데 공공복리에 속하는 것으로서 그 입법목적의 정당성이 인정된다.

(ㄴ) 보험계약은 보통의 계약과는 달리 기술성·단체성·사회성 등의 특성으로 인하여 사적 자치를 완전히 인정하는 것은 바람직하지 않다고 보아 나라마다 정도의 차이가 있기는 하나 보험을 이용하는 일반대중의 이익을 보호하기 위하여, 보험사업에 대하여 후견적 개입을 하고 있다. 상법 제663조가 보험계약자 등의 불이익변경금지의 원칙을 정하여 보험계약법의 상대적 강행법성을 선언하고 있는 것도 보험의 위와 같은 특성에 따른 것이다. 보험자는 거대한 인적·물적 조직 및 전문성을 갖추고 있는 반면 보험계약자들은 보험에 관하여 잘 알지 못하는 것이 일반적이고, 보험계약은 정해진 약관에 의한 부합계약으로 이루어지기 때문에 보험계약자측의 이익을 보호할 필요가 생기는 것이다. 이 사건 법률조항이 보험자의 면책사유를 계약당사자들인 보험자와 보험계약자의 사적 자치에 맡기지 아니하고 중과실의 경우에는 면책이 될 수 없도록 규정하고 있는 것도 이러한 정책적 배경을 가지고 있는 것이다.

(ㄷ) 중과실의 경우 면책이 될 수 없도록 규정하고 있는 이론적 근거는 원래 보험은 우연한 사고로 인하여 초래되는 생활의 불안정에 대비하기 위한 것이므로 고의로 인하여 생긴 사고와는 달리 과실로 인하여 생긴 사고에 대해서는 보호하는 것이 그 성질에 부합한다는 데 있다. 경과실로 인하여 생긴 사고에 대비하여 볼 때 중과실로 인하여 생긴 사고는 앞서 본 바와 같이 사고의 우연성에 영향을 미친다고 볼 여지도 없지 아니하나, 고의가 보험사고의 우연성을 결하게 하는 것과는 여전히 다른 차원에 있는 것이다.

중과실로 인하여 생긴 사고에 대하여 보호를 하지 않아야 한다는 주장의 근거는 중과실 행위가 띠는 반사회성에 있다. 이 사건 법률조항에 의하면 인보험에 있어서는 무면허운전, 음주운전으로 사고가 발생하였더라도 보험사고의 발생이 고의에 의한 것이 아닌 한 보험자가 면책되지 않는다고 하는 것인데, 이에 대하여는 무면허운전, 음주운전과 같은 반사회적 행위를 조장할 우려가 있다는 비판이 많다. 그러나 이에 대해서는, 무면허운전이나 음주운전과 같은 위법행위나 반사회적 행위를 형사처벌이나 행정적 제재 등 다른 방법으로 방지하는 외에, 별도의 입법목적을 가진, 면책약관을 규율하는 법조항에서 고려하여 그 방지를 도모하는 것이 과연 바람직한가 하는 의문이 제기될 수 있다. 왜냐하면, 반사회적 행위나 위법행위가 개재된 모든 사고가 보험에 의한 보호에서 제외된다면 우연한 사고로 인하여 초래되는 생활의 불안정에 대비하고자 하는 보험제도의 유용성은 반감될 우려가 있기 때문이다. 이 사건 법률조항이 생명보험의 보험계약자측을 보호하려는 본래의 입법목적을 달성하기 위해서는 도로교통법 등 실정법의 위반행위도 포섭할 수밖에 없는 측면이 있는 것이다. 아울러 보험의 보장적 기능을 강화하기 위하여 나라마다 중과실사고에 대해서도 보험에 의한 보호를 확대해 주려고 하는 경향이 있음을 고려할 필요가 있다. 이러한 것들은 보험이라는 제도가 민법상 과실책임에 관한 이론이나 반사회적 위법행위를 방지하기 위한 여타 실정법이 추구하는 목적과 조화되기 어려운 고유의 특성을 가지고 있기 때문이라고 말할 수 있다.

(ㄹ) 중과실로 인하여 생긴 사고와 경과실로 인하여 생긴 사고의 차이는 상대적인 것에 불과함에도 그 결과는 '전부 아니면 전무'의 차이를 가져오는 데다 현실에 있어서 중과실과 경과실의 경계는 모호한 경우가 매우 많다. 그러므로 중과실의 경우에 면책이 되도록 한다면 많은 경우에 보험자가 자신에게 유리한 방향으로 해석하여 보험금의 지급을 거절함으로써 중과실인지 경과실인지 여부를 둘러싸고 분쟁이 일어날 것이며, 보험자와 보험계약자측이 대립하는 경우 전문성과 자금력이 뛰어난 보험자가 유리한 결과를 얻기가 쉬울 것이므로 보험계약자측으로서는 보험에 의한 보호를 충분히 보장받기 어렵게 된다.

따라서, 중과실의 경우에는 면책이 되지 않도록 하는 것은 과실로 인하여 생긴 사고의 경우에는 보험계약자측을 보호하려고 하는 입법목적을 달성하기에 적정하고 유효한 수단이라고 할 수 있으며, 달리 기본권을 덜 제한하면서도 같은 정도의 효과를 거둘 수 있는 다른 합리적인 수단을 발견할 수 없다.

이 경우 보험자는 이 사건 법률조항 때문에 면책의 범위가 줄어드는 데 따르는 위험인수의 범위확대를 보험료에 반영시켜 이익을 보전할 수밖에 없으므로 장기적으로 볼 때 중과실로 인하여 사고를 일으킨 보험계약자측은 고율의 보험료를 적용받을 것이므로 한정된 범위 안에서는 중과실에 상응하는 대가를 물게 되는 결과에 이른다.

결과적으로, 이 사건 법률조항으로 말미암아 보험자는 중과실의 경우에 면책을 인정하는 유형의 보험상품을 별도로 개발, 판매할 수가 없어서 그러한 상품을 별도로 판매하였을 경우 있을 수 있는 영업이익의 증가를 얻을 수가 없는 정도의 불이익을, 보험계약자로서는 위와 같은 보험상품을 선택할 수 없는 정도의 불이익을 각 입게 된다.

위에서 본 바와 같이, 이 사건 법률조항의 입법목적이 소비자인 인보험의 보험계약자측, 특히 생명보험의 보험수익자로 되는 유족의 생활보장을 도모하는 데에 있고, 중과실과 경과실의 구별이 상대적이며 그 경계가 모호한 데다가 보험계약자측이 현저히 약자의 지위에 있어 보호의 필요성이 있음에 비추어 볼 때, 보험자와 보험계약자에 대한 위와 같은 정도의 자유의 제한은 위 상반되는 법익과의 균형을 해할 정도로 과도하지는 않다고 보아야 할 것이므로 입법재량의 범위를 벗어나지 않았다.

(ㅁ) 결국, 이 사건 법률조항은 보험자의 영업의 자유, 계약의 자유와 보험계약자의 계약의 자유를 제한하는 것이기는 하나 그 입법목적이 공공복리를 위한 것이고 위와 같은 자유를 제한함에 있어 비례의 원칙을 지키고 있다고 할 것이므로, 헌법에 반하여 위와 같은 기본권을 침해하는 것은 아니다. 또한 이 사건 법률조항은 경제주체간의 조화를 도모하기 위한 규제와 조정에 관한 규정으로서(헌법 제119조 제2항 참조), 경제질서에 관한 헌법 제119조 제1·2항에도 위배되지 않는다고 보아야 한다.

(ㅂ) 다만, 이 사건 법률조항의 입법목적의 타당성이나 최소침해성, 법익의 균형성에 영향을 미치는 정도는 아니어서 비록 위헌에 이르게까지 하는 것은 아니지만, 다음과 같은 문제점이 있다. 우선, 이 사건 법률조항에 의하여 무면허운전, 음주운전 등의 반사회적 행위 또는 위법행위 등의 경우에도 면책이 되지 않는 결과를 가져옴으로써 이러한 위법행위를 조장할 가능성이 있음을 부인할 수가 없다. 또한 대인배상책임보험에 있어서 무고한 피해자는 보험계약자측의 중과실로 인하여 생긴 사고의 경우에도 보험자의 면책으로 보호를 받을 수 없는 것과 비교할 때, 이 사건 법률조항의 적용을 받는 중과실로 인하여 생긴 사고의 당사자측, 특히 피보험자 자신이 보

험수익자인 상해보험에서 사고에 대한 책임이 있는 당사자가 보험금을 수령하는 것은 '무고한 피해자의 보호'라는 현대사회의 보험정책목표에 초점을 맞추어 볼 때에 형평에 맞지 않는 점이 있다. 뿐만 아니라 보험에 관한 국가의 후견적 기능을 점차 줄여가야 한다는 측면에서도 면책약관에 대한 사적 자치의 범위를 보다 넓혀가는 것이 바람직한 측면[11)]도 있음을 밝힌다.

C. **보험계약자의 평등권 침해여부** 이 사건 법률조항에 의한 면책사유의 제한이 면책사유의 종류 또는 보험자가 인수하는 위험의 정도에 따른 보험료의 차등화를 허용하지 아니함으로써 중대한 과실로 인한 보험사고를 일으킬 가능성이 없는 보험계약자에 대하여도 높은 보험료를 부담하게 함으로써 같은 것은 같게, 다른 것은 다르게 취급할 것을 요구하는 평등권(헌법 제11조)의 침해가 문제될 수 있다. 그런데 중대한 과실이라는 것은 과로중의 운전 등 그 태양과 범위를 한정할 수 없고, 위험이 상존하는 현대생활의 복잡성에 비추어 볼 때 중대한 과실로 인한 보험사고를 일으킬 가능성이 있는 보험계약자와 그렇지 않은 보험계약자라는 분류가 가능한지 여부를 단정할 수 없다. 설령 그러한 분류가 가능하다 하더라도 중대한 과실로 인한 사고발생에 관한 개인차는 보험단체 구성원간의 동질성을 해한 정도는 아니라고 본다. 또한 각 보험 계약자측은 누구나 중과실로 인하여 생긴 보험사고를 일으킬 가능성이 있고 그러한 사고가 일어난 경우 보험자가 면책이 되지 않음으로써 보험혜택을 받을 수 있다는 점에서는 모두가 같은 취급을 받는다. 그러므로 이 사건 법률조항이 보험계약자의 평등권을 침해한다고도 할 수 없다.

㈐ **결론적 고찰** 무면허·음주운전 면책사유의 효력에 관한 문제는 보험제도의 여러 가지 특성에 관련된 문제이면서, 다른 한편으로는 약관에 의한 계약체결자의 권익보호의 면과 사고피해자의 구제의 면이 동시에 관련된 문제이다.

자동차보험의 자손부분과 상해보험에 있어서 우리 상법 제732조의2, 제663조는 문제점이 없지 않다. 일단 헌법재판소는 상법 제732조의2 규정이 위헌이 아니라고 하였으나 고의만을 면책사유로 해 놓은 현재의 법체계는 사실상 보험자가 다양한 보험상품을 공급할 수 있는 여지를 많이 막아놓아 시장의 건강한 발달을 저해하고

11) 1990년대 중반 이래로 최근에 유럽에서 강제보험 등의 예외를 제외하고 보험약관에 대한 사전적 인가제도를 폐지한 것을 보면 이는 비교법적으로 보아도 일응은 설득력이 있다. 이에 대하여는 최병규, "EU(유럽연합)보험법의 최근동향," 「생협(생명보험협회)」 통권 제194호(1995년 3월), 7쪽 아래; 최병규, "유럽의 保險市場 및 保險法의 最近變化," 「보험조사월보」 제205호(1995년 3월), 6쪽 아래 참조.

있다. 일반적인 사고(思考)로도 자신의 무면허·음주운전행위에 의해 자신의 몸이 다친 것에 대하여 스스로 책임질 필요가 없다는 것은 건강한 윤리감에 반한다. 입법론으로는 상법 제732조의2를 상대적 강행규정으로 하는 것을 재고하여야 한다. 현재 상해보험에서 상법 제739조의 준용규정에 의하여 제732조의2에 따라 보험계약자 등의 중과실을 보험자가 책임을 부담하여야 하는 사유로 해석하는 것은 1991년 상법개정시 관련 조항의 정비에서 치밀하지 못했던 결과이다. 따라서 현행 상법의 해석과 관련하여 상해보험과 생명보험의 차이를 고려하는 것도 생각해 보아야 한다. 즉 상해보험과 생명보험이 성격상 다른 취급을 하여야 할 필요가 있어 제732조의2는 제739조의 준용규정에 의해 준용하지 않음으로써 문제해결을 시도할 수도 있다. 결국 이는 해석론으로는 한계가 있기 때문에 입법적으로 해결하여야 한다. 앞으로 많은 논의를 거쳐 합리적으로 법을 개정하여야 한다.

제 V 편

해 상 법

제 1 장

總 論

제 1 관 海商法의 意義

존재형식 여하를 불문하고 실질적으로 해상사업의 특유한 사업의 총체를 실질적 의의의 해상법이라 한다. 이 때 그 대상이 되는 해상사업은 바다를 무대로 선박에 의하여 영위되는 영업을 말하는데, 보통 해상운송업이 중심이 되며 해양사고구조업·해상예선업·어업 등도 이에 속한다. 그 밖에 해상보험업·해상매매업·해상금융업 등도 해상사업과 관련을 맺지만 이들 영업은 직접 선박에 의하여 바다를 무대로 전개되는 것이 아니고, 다만 해상사업을 전제로, 또는 그에 부수해서 이루어지는 것이므로 해상사업의 성격을 그대로 지니는 것은 아니고 단지 그 속에 해상사업의 특성이 반영되고 있을 뿐이다. 이러한 실질적 의의의 해상법에는 선박법·선박안전법·선원법·선박직원법·도선법·해운법·선박선적양측정법·수난구호법·선박소유자 등의 책임제한절차에 관한 법률 등과 같은 특별법령, 국제조약, 관습법이 있다.

한편 해상법이란 명칭이 붙은 특별한 법전 혹은 법전의 일부를 형식적 의의의 해상법이라 한다. 형식적 의의의 해상법으로는 상법의 제 5 편(해상)이 있다. 상법 제 5 편은 1962년 1월 20일 제정·공포(법률 제1000호)된 후 30여 년이 지난 1991년 12월 31일에야 법률 제4470호로 비로소 대개정이 이루어졌다.

이어서 2007년 8월 3일 상법 해상편 규정이 또다시 대폭적으로 개정되었다. 이 개정내용은 2008년 8월 4일 시행되었다(법률 제8581호). 동 개정은 해상운송계약 관련 법체계를 국제무역 실무에 맞게 재정비하고, 전자선하증권제도 및 해상화물운송장제도 등 새로운 무역환경에 부합하는 제도를 마련하는 한편, 해운강국으로서 세계적인 지위에 걸맞는 해상법제를 마련하기 위하여 선박소유자의 책임한도와 운송물의 포장·선적단위당 책임한도를 국제기준에 맞게 상향조정하는 등 「상법」 제 5 편 해상부분을 전면적으로 개선·보완하려는 취지에서 이루어졌다. 개정의 주요 내용은 다음과 같다.

⑴ **여객손해에 대한 선박소유자의 책임한도 상향조정**(제770조 제1항)

1) 여객손해에 대한 선박소유자의 책임한도가 지나치게 낮아 여객에 대한 손해배상이 충분하지 못하였다.

2) 여객손해에 대한 선박소유자의 책임한도를 "여객의 정원에 46,666 계산단위(약 7천만원)를 곱한 금액"에서 "여객의 정원에 175,000 계산단위(약 2억원)를 곱한 금액"으로 상향조정하였다.

3) 책임한도에 관한 세계적인 추세와 인권존중사상에 부합하고 여객에 대한 손해배상이 실질적으로 이루어질 수 있을 것으로 기대되고 있다.

⑵ **해상운송계약 관련 법체계 재정비**(제791조부터 제851조까지)

1) 오늘날 개품운송계약이 해상운송의 주류를 이루고 있고 용선계약과는 그 성격이 전혀 다른 것임에도 불구하고 개정 전 해상법은 양자를 하나의 체계에 혼합하여 규정함으로써 현대적 운송실무와 괴리되었을 뿐만 아니라 그 내용을 이해하기에 매우 어려운 점이 있었다.

2) 개별물품을 컨테이너 선박에 의하여 운송하는 개품운송계약과 선박의 전부나 일부를 물건의 운송에 제공하는 용선계약을 구별하여 각각의 계약에 적용될 조항들을 분리 규정하였다.

3) 해상운송계약 관련 법체계가 오늘날의 운송실무에 맞고 그 내용도 쉽게 이해할 수 있을 것으로 기대되고 있다.

⑶ **운송인의 단위·포장당 책임한도의 상향조정 및 중량당 책임제한제도 도입**(제797조 제1항)

1) 운송물에 대한 손해배상에 있어서 종래의 운송물 단위·포장당 책임한도는 너무 낮아 화주들에 대한 손해배상이 충분하지 못한 점이 있고, 개정 전 법규정에는 운송물의 중량에 따른 배상책임제도가 없어 자동차·기계 등 포장 또는 선적단위는 1개이지만 고가물인 경우에는 불합리한 결과가 발생하였다.

2) 세계적으로 널리 통용되는 「헤이그-비스비 규칙」을 참고하여 매포장당 또는 선적단위당 책임한도 금액을 개정 전 500 계산단위(약 75만원)에서 666.67 계산단위

(약 90만원)로 상향조정하고, 총중량 1킬로그램당 책임한도 금액을 2 계산단위로 하는 중량당 책임제한제도를 새로이 도입하였다.

3) 화주들이 손해배상을 받을 수 있는 범위가 확대되고, 포장 또는 선적단위는 1개이지만 고가물인 경우 발생하였던 불합리한 결과가 해결될 것으로 기대되고 있다.

(4) **복합운송인의 책임에 관한 규정 마련**(제816조)

1) 오늘날 컨테이너에 의하여 해상운송과 육상운송 등이 결합된 복합운송이 국제운송의 대부분을 이루고 있음에도 불구하고 복합운송인의 책임에 관하여 통합적으로 규율하는 규정이 없는 상태이었다.

2) 「1980년 국제복합운송에 관한 국제연합협약」 등을 참조하여 원칙적으로 복합운송인은 손해가 발생한 운송구간에 적용될 법에 따라 책임을 지도록 하되, 손해발생 구간이 불분명한 경우에는 운송거리가 가장 긴 구간에 적용되는 법에 따라 책임을 정하도록 하고, 운송거리가 같거나 가장 긴 구간을 정할 수 없는 경우에는 운임이 가장 비싼 구간에 적용되는 법에 따라 책임을 지도록 하는 내용의 복합운송인의 책임에 관한 규정을 마련하였다.

3) 국제운송의 대부분을 이루는 복합운송과 관련된 분쟁을 효율적으로 해결할 수 있을 것으로 기대되고 있다.

(5) **전자선하증권제도의 도입**(제862조)

1) 종래 종이선하증권은 위조·변조·분실위험이 있고 이를 제조·보관·관리 및 유통하는 데 상당한 비용이 드는 문제가 있었다.

2) 종이선하증권 대신 법무부장관이 지정하는 관리기관의 정보통신망에서 전자문서로 하여 발행·등록·배서·지급제시되는 전자선하증권제도를 도입하였다.

3) 선하증권의 위조·변조·분실위험이 원천적으로 방지되고 선하증권의 제조·보관·관리 및 유통비용이 대폭 절감될 것으로 기대되고 있다.

(6) **해상화물운송장제도의 도입**(제863조 및 제864조)

1) 종래 선하증권은 유가증권으로서 전전유통(轉轉流通)이 가능하기 때문에 화물의 도착보다 최종소지인의 권리행사가 늦어짐으로써 화물인도가 지연되는 경우를 초래하였었다.

2) 그 효력이 선하증권과 유사하나 유통성이 없기 때문에 화물인도 지연의 우려

가 적어 1970년대 이래 단기 국제운송분야에서 많이 사용되고 있는 해상화물운송장 제도를 도입하였다.

3) 서류자체의 전전유통으로 인한 화물인도의 지연을 방지함으로써 해상운송의 신속화에 기여할 것으로 기대되고 있다.

(7) **환경손해방지작업에 대한 특별보상규정 마련**(제885조)

1) 일반 해난구조의 경우에는 구조에 성공한 경우에만 구조자의 보수청구가 가능하므로 환경오염방지 및 경감작업에 소극적인 면이 있었다.

2) 환경오염의 방지 또는 경감작업을 장려하기 위하여 환경손해방지작업에 종사한 경우 구조의 성공여부에 관계없이 특별보상을 청구할 수 있도록 하였다.

3) 환경오염의 방지 또는 경감작업이 보다 활성화될 것으로 기대되고 있다.

제 2 관　海商法의 적용대상

해상업의 적용대상이 되는 것은 해상사업적 생활관계이다. 따라서 해상사업의 조직과 활동이 중요한 내용이나, 그 밖에 해상사업적 생활관계에 존재하는 특유한 위험들도 그 대상으로 하게 된다.

초기의 해상사업은 무역업과 해운업이 분리됨이 없이 자영선으로 항해하여 물품을 매매하였으나, 그 후 해상운송업은 차츰 독립된 영업형태로 발전하였는바, 오늘날 가장 전형적인 해상사업활동이 되었다. 초기 해상사업의 영업은 주로 부정기선에 의해 이루어졌으나 근래에 정기선이 생겨 많은 해상운송이 이에 의하게 되었다. 그리고 이러한 전형적인 해상운송업 외에도 해양사고구조업·어업·예선업·해상운송주선업·항만운송업·창고업 등 관련 해상사업들이 생겨났다. 최근에는 해상사업과 관련된 유류오염손해에 관한 규제도 해상법의 규율대상으로 하고 있다(이에 대한 중요한 법률로는 1992년 12월 8일 법률 제4543호로 제정된 유류오염손해배상보험법이 있다).

제3관 海商法의 法源

Ⅰ. 成 文 法

1. 상법 제5편 "해상"

상법 제5편 해상에 관한 개정법률안이 1991년 국회를 통과하여 1991년 12월 31일에 공포되었고, 1993년 1월 1일부터 시행되고 있다. 해상편은 2007년 8월 3일 다시 개정되어 2008년 8월 4일 시행되었다.

2. 특 별 법

해상 또는 해사에 관한 특별법령은 그 수가 매우 많으며 대부분이 행정법규정이다. 그 중 중요한 것을 보면 선박법(1999. 4. 15. 법 제5972호)·선박안전법(1999. 4. 15. 법 제5971호)·선원법(2002. 5. 13. 법 제6703호)·선원보험법(1997. 12. 13. 법 제5454호)·선박직원법(2001. 1. 29. 법 제6397호)·도선법(2002. 1. 14. 법 제6610호)·항로표지법(2001. 1. 29. 법 제6393호)·항만법(2002. 12. 30. 법 제6841호)·항만운송사업법(2002. 1. 26. 법 제6627호)·개항질서법(2002. 12. 11. 법 제6775호)·해운법(2002. 12. 11. 법 제6774호)·수난구호법(1999. 4. 15. 법 제5974)·선박소유자 등의 책임제한절차에 관한 법률(2002. 1. 16. 법 제6627호) 등과 그 시행령이 있다. 그리고 상법 제125조의 호천·항만의 범위와 상법 제839조 제2항 단서의 연안항행의 범위에 관하여는 "상법의 일부규정의 시행에 관한 규정"(1998. 7. 1. 대통령령 제15830호)에서 정하고 있다.

3. 조 약

해상 또는 해사에 관한 조약은 그 수가 적지 않으나, 우리나라가 가입한 것은 많지 않다. 하지만 중요한 조약 가운데 많은 규정이 상법의 제정에 있어서 대폭 도입되어 국내법화되었다.

Ⅱ. 관 습 법

법원으로서 관습법이 중요함은 상법의 일반에 인정되고 있는 것이지만, 해상법에서 특히 중요한 까닭은 해상법의 특수성의 하나로 관습법적 기원성을 들 수 있기 때문이다. 오늘날에도 해상운송에 관하여는 관습법의 발달이 현저하며, 정박료의 계산기간·본선수취 등·하도지시서 등에 관한 것이 그것이다. 그리고 해상 또는 해사에 관한 관습법은 상관습법의 일종으로서 상법 제1조에 따라 민법 및 민사법령에 우선하여 적용된다.

제4관 海商法의 특수성과 독자성

I. 序 言

해상법이 독자적인 법영역(독자성)을 이루기 위해서는 해상법의 적용대상이 되는 생활관계가 다른 법역과 비교되는 특수한 성질을 가져야 한다(특수성). 이 같은 법적 특성을 '해의 색채'라고도 한다.

II. 海商法의 특수성

해상법의 특수성에 대한 학설은 여러 가지가 있으나, 그 특수성은 일반적으로 해상사업의 기술적 성격 및 물리적·경제적·사회적 성질에서 찾을 수 있다. 즉 해상사업이 선박이라는 특수용구를 수단으로 한다는 기술적 성격, 해상사업의 대규모성, 해양을 무대로 하는 데서 비롯되는 해상위험이라는 특이성·국제성 등을 해상법의 특수성으로 들 수 있다. 해상사업을 영위하기 위해서는 거액의 자본이 필요하고, 또 고도의 기술과 정교한 영업조직이 필요하며, 위탁의 대상인 운송의 목적물도 고가의 상품인 경우가 많다. 따라서 해상사업자나 거래상대방은 모두 전문지식을 가진 상인으로서 합리주의에 기초하여 이해관계의 정확한 조정에 의해 당사자 사이의 권리의무를 정한 다음에 거래에 참가한다. 그리하여 해상법도 육상운송법이나 민법·상법보다 내용에 있어서는 진보적이고 합리적이며, 형식에 있어서도 매우 정교하다. 그리고 해상사업활동에는 고도의 위험이 수반되므로 이 위험에 대비하기 위하여 해상법은 공동해손이나 해난구조와 같은 법률제도를 마련하고 있다. 또 해상사업활동은 그 성질상 대부분이 국제적 영업활동이므로 해상법의 국제적 통일성이 절실히 요청되며, 선박 외에는 자국 내에 달리 책임재산이 없는 경우가 많기 때문에 거래상대방의 보호라는 문제도 제기된다.

그러나 해상사업의 특수성이 차츰 사라짐과 동시에 오늘날 해상법의 이러한 특수성과 색채도 점점 엷어져 가고 있다.

Ⅲ. 海商法의 독자성

해상법의 독자성이란 이른바 자주성 또는 독립성이라고도 표현되고 있다. 해상법은 인접한 민법과 일반상법에 대하여 다른 법역을 형성하고 있는데, 이로 인해 민법과 상법이 해상사업관계에 당연히 그대로 적용되기보다 해상법 자체에서 문제가 해결되는 경향이 있다. 이와 같이 다른 법역과는 비교되는 특수성으로 인해 해상법이 갖는 성질을 해상법의 독자성이라 한다.

이는 주로 해상법의 역사적 발전과정 때문에 생긴 것이다. 역사상 해상영업은 연혁적으로 육상영업보다 앞서서 발달하였기 때문에 이에 따른 법적 규제가 당연히 요구되었다. 따라서 해상법은 독자적으로 생성·발전되었으며, 그 후에 비로소 민법과 상법의 일반원칙들이 나타나게 되었다.

제 2 장

海上運送業의 組織

제 1 절　海上運送業의 물적 조직

제 1 관　선　　박

Ⅰ. 意　　義

해상영업은 그 물적 설비로서 반드시 선박을 필요로 한다. 그리고 선박의 시행에 따라 각종의 법률관계가 발생하므로, 선박은 해상법상 모든 문제와 관계되고 해상법의 적용범위도 우선 이에 따라 한계지어진다(제740조, 제741조). 따라서 해상법의 적용기초가 되는 선박의 개념을 정하는 것이 중요하다. 그렇지만 우리 상법은 선박의 개념은 규정하지 않고 다만 상법의 적용대상이 되는 선박의 범위만을 정하고 있다. 상법의 적용대상이 되는 선박은 상행위 기타 영리를 목적으로 항해에 사용하는 선박을 말한다(제740조). 이를 나누어 고찰하면 다음과 같다.

1. 선　　박

상법상의 선박이 되기 위해서는 먼저 사회통념상 선박으로 인정되어야 하지만, 일반적으로 수중이나 수상에서 사람 또는 물건의 이동에 제공되는 기구면 충분하다. 그리고 반드시 스스로의 동력에 의하여 이동될 수 있는 것이어야만 선박이 되는 것은 아니고, 예컨대 예인을 하여야만 이동할 수 있는 부선도 선박이다. 하지만 전혀 운송에 사용되지 않고 항상 수상에 있는 선상호텔 · 해상작업대 등과 구성물 자체의 운반을 목적으로 하는 뗏목은 상법상 선박이 아니다.

2. 항 해 선

상법상 선박은 항해에 사용되는 항해선만을 의미한다. 항해란 해상의 항행을 말하며, 해상이란 호천·항만을 제외한 해양으로 호천·항만의 범위는 평수구역에 따라 정해진다(제12조 및 부칙 제 2 조; 상법시행령 제 3 조).

따라서 호천·항만 등 내수면만을 항행하는 선박은 해상법의 적용을 받지 않는다. 하지만 예외적으로 해상법 중 선박충돌과 해난구조에 관한 규정은 내수선에도 적용된다(제876조, 제882조). 항해선이 일시 내수면에 머물러 있다 하더라도 그 선박이 곧바로 항해선으로서의 성격을 잃지는 않는다.

3. 영 리 선

상법상 선박이란 상행위 기타 영리를 목적으로 하는 영리선만을 말한다. 영리를 목적으로 한다는 뜻은 선박의 사용 그 자체가 영업의 목적이 되어야 한다는 것이 아니라 상인이 선박을 그 영업상의 항해활동의 설비로서 사용하는 것을 말한다. 이 때 상행위는 주로 운송의 인수(제46조 제13호)일 것이지만 보조적 상행위도 포함한다. 따라서 영업을 위한 것이라면 자기화물운반선·광물탐사선·어선처럼 타인의 물건에 관한 운송을 인수하고 그 이행을 위하여 운항하는 선박이 아니더라도 모두 상법상 선박이 된다. 그리고 국공유선박이더라도 영리에 종사하는 경우에는 상법상의 선박이 된다(제 2 조; 선박법 제29조 단서).

4. 단정 또는 노도선이 아닐 것

상법 제 5 편 해상에 관한 규정은 원칙적으로 근대적 의미의 영리선에만 적용되고, 단정이나 주로 노도로 운전하는 선박에는 적용되지 않는다(제741조). 이는 이러한 소형선에 대해 기술적이고 복잡한 해상법을 일률적으로 적용하는 것이 불합리하기 때문이다.

또한 상법은 개별 규정의 적용범위를 정함에 있어서 다시 선박의 범위를 확장 또는 축소하고 있다. 예컨대 총톤수 20톤 미만의 선박에 대해서는 선박에 관한 권리이전(제743조), 선박의 압류·가압류제도(제744조) 등에 관한 규정이 적용되지 않는 반면에, 항해선과 내수항행선 사이의 충돌인 경우에도 상법상 선박의 충돌로 보아 상법상 선박충돌에 관한 규정을 적용한다(제876조).

Ⅱ. 법적 성질

(1) 선박은 법적으로 하나의 동산이다. 따라서 상법에 다른 규정이 없는 한 선박에 관한 권리의무는 민법 혹은 상법상의 동산의 권리의무에 관한 규정에 의해 정해진다. 이는 중세의 선박에 담보설정권의 편의상 선박을 부동산으로 본 게르만법에 대해 선박을 동산으로 본 로마법의 입장을 따른 것이다(일본 구상법 제834; 프랑스 구상법 제190조; 이탈리아 항행법 제245조). 그러나 선박은 일반동산에 비해 가격이 훨씬 높고, 빈번하게 거래의 대상이 되는 것이 아니므로 부동산과 같은 법적 취급을 받는 경우가 있다. 즉 선박에 대한 강제집행이나 경매(민사집행법 제172조 아래, 제276조 아래, 제269조)·선박등기(선박법 제 8 조 제 1 항)·선박저당권(제871조) 등의 경우가 그렇다. 그러나 총 톤수 20톤 미만의 소형선박, 단정과 노도만으로 운전하는 선박은 원래의 성질대로 이를 동산으로 취급한다.

(2) 또한 선박은 다른 동산에서는 찾아 볼 수 없는 여러 가지 특질이 있다. 선박은 여러 가지 물건이 결합된 하나의 물건으로 취급되는 합성물이다. 선박을 구성하고 있는 물건 중에는 선체나 기관처럼 선박에 부착되어 분리가 불가능한 물건도 있지만, 양식·유류·해도·각종 공구·구명정 등 기능적으로는 선박과 일체를 이루고 있는 부품이지만 물리적으로는 선박과 분리·독립된 물건인 경우도 있다. 따라서 이들 물건에 대해서는 선박에 관한 권리의무가 불분명해질 우려가 있으므로 이를 분명히 하기 위하여 선박에 부속된 물건의 내역을 기재한 문서인 '속구목록'을 선박 내에 비치하도록 하고 있다(상법 부칙 제 9 조: 선박의 속구목록에 관한 규정).

이 속구목록에 기재된 것은 선박의 종물로 추정되어(제742조), 선박에 대한 소유권의 이전, 저당권의 설정, 우선특권의 발생 등의 경우에 그 효력이 속구목록에 기재된 물건에도 미친다(민법 제100조; 상법 제777조, 제787조 제 2 항). 그리고 속구목록에 기재되지 않은 물건은 공동해손행위로 인하여 손실을 입더라도 공동해손분담금을 청구하지 못한다(제872조).

(3) 합성물인 선박은 선원·항해사 등 인적 설비와 선박연료·식료품 등 물적 설비를 갖추고서 선장의 지휘와 감독하에 하나의 유기체와 같이 활동한다. 그리하여 선박은 법적으로 인격체와 유사한 취급을 받기도 하는데, 예컨대 20톤 이상의 선박은 명칭 및 국적이 있고 또 주소에 해당하는 선적항이 있다. 일찍이 선박이 유기체로서 독자적 의사결정과 그 집행을 할 수 있다는 이유로 선박을 법인시하는 '선박법

인설'이 19세기까지 상당한 지지를 받았으나 20세기에 들어와서는 교통·통신의 발달로 선박을 다른 운송수단과 구별할 실익이 적어지자 선박법인설은 사라지게 되었다.

그러나 선박법인설의 영향으로 오늘날에도 민사소송법상 선박 또는 항해에 관하여 선박소유자 기타 선박을 이용하는 자에 대한 소는 선적소재지 법원에 제기할 수 있고(민사소송법 제13조), 선박채권 기타 선박으로 담보한 채무에 기한 소는 선박소재지 법원에 제기할 수 있다(민사소송법 제14조). 영미법에서는 선장을 대표자로 하여 선박을 상대로 한 소송을 제기할 수도 있다. 그리고 우리 법에서도 선장은 선적항 외에서는 항행에 필요한 재판상·재판 외의 모든 행위를 한 권한이 있다(제749조 제 1 항).

Ⅲ. 선박에 대한 권리

1. 소 유 권

선박소유권의 취득일지는 일반 동산과 마찬가지로 조선계약·양도·합병·상속 등과 해상법에 특유한 보험위부(제710조), 선박공유자지분의 강제매수(제761조 제 1 항), 국적상실로 인한 지분의 매수나 경매처분(제760조), 매수청구(제762조 제 1 항), 선장의 경매처분(제753조) 등이 있고, 공법상 포획·몰수(선박법 제25조, 제26조)·수용이 있다. 한편 등기선박은 부동산과 마찬가지로 취급하므로 선의취득이 인정되지 않는다. 선박소유권의 상실사유는 위 취득사유와 상대성을 가지는 사유 외에 구조불능의 침몰·파선·포획·몰수 등이 있다.

물건에 대한 소유권의 내용은 민법에 따라 정해지기 때문에 상법에서 문제될 것은 없으나 그 소유권의 이전에 대해서는 여러 가지 문제가 있다.

먼저 선박의 소유자에 관해서 국가나 공공단체, 대한민국 국민, 우리 법에 의해 설립된 상사법인으로서 출자의 과반수와 이사회의 의결권의 5분의 3 이상이 대한민국 국민에 속하고 대표자가 대한민국 국민인 법인, 대한민국에 주된 사무소를 둔 법인으로서 그 대표자가 대한민국 국민인 법인 등만이 한국국적의 선박을 소유할 수 있다(선박법 제 2 조). 2인 이상의 사람이 선박을 공동소유할 수도 있다. 그러나 상법은 이를 물권적 의미의 공동소유로 파악하지 않고 공유자 사이의 공동영업으로 파악한다.

중요한 것은 선박의 양도에 관한 것이다. 선박에 대한 소유권은 재산권의 하나로 소유자는 이를 제 3 자에게 자유로이 양도할 수 있다. 그러나 행운항만청은 적정한 선복량의 유지 및 항로질서를 위하여 필요하다고 인정할 때에는 대한민국 선박을 소유할 수 없는 자의 매매를 제한할 수 있고(해운법 제54조 제 1 항), 선박이 낡아서 운항 또는 지정항로에의 취항이 해운산업의 육성과 공익에 적합하지 않다고 인정하는 경우에는 당해 선박의 대체를 명할 수 있다(해운산업육성법 제18조 제 1 항). 선박공유자가 지분의 이전 또는 국적상실로 인하여 선박이 대한민국의 국적을 상실한 때에는 다른 공유자가 상당한 대가로 그 지분을 매수하거나 그 경매를 법원에 청구할 수 있다(제760조 제 1 항).

2. 사 용 권

선박은 부동산과 마찬가지로 등기를 하지만 부동산에서 볼 수 있는 지상권·전세권과 같은 물권적 사용권제도는 없다. 다만 제 3 자가 선박 소유자와의 계약으로 선박을 사용할 수 있는 채권적 권리를 가질 수 있을 뿐이다. 이러한 사용권으로는 해상사업자가 선박임대차계약에 따라 선박을 이용하는 임차권과 용선계약에 따라 선박을 이용할 수 있는 이용권이 있다.

3. 담 보 권

선박의 건조·구입에는 거대한 자금이 소요되므로 예외 없이 선박은 담보권의 목적이 되며, 채권자는 보통 선박의 운항위험을 고려하여 선박에 대한 담보권 외에 보험증권에 채권자를 위한 제 3 자 지급약관을 삽입하고 용선료나 운임 등에 대한 질권을 설정하는 것이 보통이다. 또한 해운산업육성법 제23조에 의하면 일정한 사업을 위하여 선박을 수입하거나 용선 또는 건조하는 경우 당해 선박에 관한 소유권 취득에 관한 등기를 하기 전이라도 그 선박의 소유권을 취득한 후 지체없이 선박을 담보로 제공할 것을 조건으로 융자받을 수 있다. 선박에 대한 담보권으로는 선박의 부동산유사성으로 인해서 인정되는 저당권·질권·선박우선특권·유치권 등이 있다.

4. 선박에 대한 권리의 행사

동산인 선박에 대한 권리도 다른 재산권과 마찬가지로 당연히 채권자의 권리행사의 대상이 된다. 따라서 선박이 질권·저당권의 대상이 된 때에는 담보권의 실행 등을 위한 경매의 대상이 되고, 채권자가 채무명의를 얻은 때에는 강제집행의 대상이 된다. 선박에 대한 권리행사절차기간 중에는 선박을 압류항에 정박하게 하여야 한다(민사집행법 제176조).

하지만 항해준비를 완료한 선박과 그 속구는 압류 또는 가압류하지 못한다(제744조 본문).

Ⅳ. 선박국적

선박의 국적은 준거법과 공권력행사국을 결정하는 데 기준이 된다. 오늘날 우리나라를 포함한 대부분의 국가는 자국민에 의한 소유와 운항을 국적취득요건으로 정하고 있으며 1982년 해양법 제91조에도 국가와 선박간에는 진정한 연계가 있어야 하며 선박은 1개국만의 국기를 게양하고 항해하여야 한다고 정하고 있다. 그럼에도 절세, 저임금국선원의 고용이나 공법적 규제를 면할 목적으로 선진항운국들의 선주들이 위의 진정한 연계도 없는 파나마·라이베리아·키프러스·싱가포르 등지에 선박을 등록하여 편의치적하게 되어 전 세계대비(%) 1950년에 4.9%이던 것이 1990년 31.8%가 되어 편의치적선제도는 상관행의 하나로 되기에 이르렀다고 한다.

제 2 관 船舶賃貸借

Ⅰ. 總　　說

1. 意　　義

선박은 임대차의 목적이 될 수 있다. 따라서 선박소유자는 이를 타인에게 임대할 수 있고, 제 3 자는 소유자로부터 선박을 임차하여 해상기업을 영위할 수 있다. 타인에게 선박을 임대해 주는 사람을 선박소유자, 타인의 선박을 임차하여 사용하는 사람을 선박임차인이라고 한다. 해상법에서 특히 선박임차인이라고 하면 타인의 선박을 임차하여 상행위 기타 영리를 목적으로 항해에 사용하는 자를 말한다(제850조 제 1 항). 이러한 선박의 임대차는 그 목적에 따라 자기 화물의 운송을 위한 "운송형 선박임대차"와 자기의 해상기업시설의 일부로서 타인의 선박을 이용하기 위한 "기업형 선박임대차"가 있고, 선원의 공급을 임대차의 내용으로 하는지 여부에 따라 선박만의 임대차와 선원부선박임대차로도 나뉜다.

2. 법적 성질

선박임대차의 법적 성질은 민법상의 임대차이며, 상법에 다른 규정이나 당사자 사이에 반대의 특약이 없으면 민법상의 임대차에 관한 규정(민법 제618조~제654조)이 그대로 적용된다.

Ⅱ. 내부관계

내부관계란 선박소유권자와 선박임차인 사이의 법률관계를 밀한다. 내부관계는 원칙적으로 당사자가 선박임차계약에서 정한 바에 따라 결정된다. 선박소유자는 일정한 구조·성능을 가진 특정한 선박을 선박임차인에게 인도하여야 하고 선박임차인은 스스로 식량·연료 등을 구입하고 선장·선원 등을 고용하여 임차기간 동안 그 선박을 이용할 권리가 있으며, 임차기간이 끝나면 인도시와 동일한 상태의 선박을 선박소유자에게 반환하여야 한다. 또한 선박임차인은 선박소유자에게 임대차계약에서 정한 임대료를 지급하여야 한다.

Ⅲ. 외부관계

외부관계란 임대차계약이 제 3 자에게 미치는 법률관계를 말한다. 이는 다시 권리관계와 거래 기타 제 3 자와의 관계로 나누어 살펴볼 수 있다.

(1) 먼저, 권리관계란 선박의 이용과 관련한 선박임차인과 제 3 자 사이의 관계를 말한다. 선박임차인은 선박임대차계약에 근거하여 선박소유자에 대한 채권을 가질 뿐 선박 자체에 대해 직접적인 권리를 갖지 않는다. 따라서 선박임차인은 임차권으로 선박소유자로부터 소유권·저당권 기타 물건을 취득한 제 3 자에 대항하지 못한다. 그리고 선박소유자가 선박을 양수하여 소유권을 취득하였지만 아직 이전등기 및 국적증서의 기재를 하지 아니하여 그 이전으로 제 3 자에게 대항하지 못하는 때에도(제743조) 채권자에 불과한 선박임차인에 대하여는 대항할 수 있다. 제 3 자는 선박임차인에 대한 채무명의로 임차선박을 압류할 수 없고, 선박소유자에 대한 채무명의로만 임차선박을 압류할 수 있다.

(2) 다음으로, 거래 기타 제 3 자와의 관계는 선박임차인이 선박을 임차하여 해상운송기업을 운영할 때 거래의 상대방 및 제 3 자와의 사이에 발생하는 권리의무관계를 말한다.

따라서 주로 기업형 선박임대차계약에서 발생한다.

선박임차인이 상행위 기타 영리를 목적으로 선박을 항해에 사용하는 경우에는 그 이용에 관한 사항에 있어서 제 3 자에 대해 선박소유자와 동일한 권리의무가 있다 (제850조 제 1 항).

제 3 관 船舶의 傭船

Ⅰ. 序 說

1. 意 義

용선계약이란 당사자 일방이 상대방에게 선복을 제공하기로 하는 계약의 총체를 말한다. 여기서 선복이라 함은 선장·선원 등 인적 설비와 연료·식량 등의 물적 장비를 갖춘 이용가능한 선박내부의 공간을 말한다. 이 때 선복의 제공자를 선박소유자, 선복이용자를 용선자라 한다. 이러한 용선계약하에서 용선자는 선장에 대한 지시를 통하여 선상의 공간을 자유롭게 사용할 수 있는 권리인 이용권을 갖고, 선박소유자는 선장과 선원을 지휘·감독하고 선박을 점유·관리하는 점유권을 갖게 된다.

2. 법적 성질

용선계약은 선박소유자가 자기의 책임하에 특정한 장소에서 다른 장소로 화물이나 여객을 이동한다는 점에서는 도급계약적 성격을 띤 운송계약이라고 할 수 있다. 그러나 한편으로는 선박이 소유자의 직접적인 지배·관리하에 있지만, 용선자가 사실상 일정한 공간을 자유롭게 이용할 수 있고 따라서 제한적이지만 상당한 지배권을 갖고 있기 때문에 도급성이 극히 희박한 용선계약이 과연 운송계약인지 의문이 제기되며, 특히 정기용선계약에서는 용선자의 지배권이 극도로 강화되기 때문에 이들 임대차계약으로 보아야 한다는 것이 다수의 견해이다.

Ⅱ. 종 류

용선계약의 종류는 용선자가 갖는 권리의 내용, 용선자의 선박사용 목적 또는 용선부분에 따라 나눌 수 있다.

먼저, 용선자의 권리내용에 따르면 용선자가 일정기간 선박을 이용할 권리를 갖는 기간용선계약과 용선자가 특정한 항해에 관하여 선박을 이용할 권리를 갖는 항해용선계약으로 구분할 수 있다.

다음으로, 용선자의 용선사용목적에 따라 용선자가 자기의 운송물을 운송하기 위하여 선박소유자와 체결하는 운송형 용선계약과 해상기업의 주체가 물적 설비의 일부로서 타인의 선박을 이용할 목적으로 체결하는 기업형 용선계약 및 재용선을 통하여 용선료와 재용선료의 차액을 챙기기 위하여 체결하는 투기형 용선계약이 있다.

끝으로, 용선부분에 따라 일부용선과 전부용선계약으로 나뉘며, 주로 항해용선계약에서 발생한다. 전부용선인가, 일부용선계약인가에 따라 계약해지권의 존부와 범위가 달라지는 경우가 있다(제832조, 제833조).

Ⅲ. 내부관계

내부관계란 선박소유자와 용선자 사이의 권리의무관계를 말한다. 원칙적으로 당사자들이 용선계약에서 자유로이 권리의무를 정할 수 있는데, 대개의 경우 업계에서 사용하는 전형적 용선계약이 있어서 당사자는 이를 기초로 추가·변경을 가하여 용선계약을 체결한다. 가장 널리 이용되는 일반적인 용선계약양식으로 GENCON FORM과 NYPE BALTIME FORM이 있고, 또 곡물이나 유류의 경우 그 종류마다 독특한 별도의 용선계약양식이 존재한다. 용선계약은 낙성·불요식의 계약이며 통상 운송약관에 기한 부합계약의 형식으로 용선계약을 체결한다. 용선계약의 당사자는 상대방의 청구에 의하여 운송계약서를 교부하여야 한다(제828조).

오늘날 개품운송계약이 해상운송의 주류를 이루고 있고 용선계약과는 그 성격이 전혀 다른 것임에도 불구하고 개정 전 해상법은 양자를 하나의 체계에 혼합하여 규정함으로써 현대적 운송실무와 괴리되었을 뿐만 아니라 그 내용을 이해하기에 매우 어려운 점이 있었다. 2007년 8월 3일 상법개정에 의하여 해상편 제 2 장에서 '운송과 용선'으로 제목을 부치고 제 1 절 개품운송, 제 2 절 여객운송, 제 3 절 항해용선, 제 4

절 정기용선, 제 5 절 선체용선, 그리고 제 6 절 운송증서로 편제를 하고 있다. 제 1 절 개품운송의 절에서 운송인의 각종 권리와 의무를 정한 다음 제 2 절과 제 3 절에서 이들을 준용하는 방식을 취하고 있다. 반면 제 4 절과 제 5 절에는 준용하지 않는다. 이로써 개별물품을 컨테이너 선박에 의하여 운송하는 개품운송계약과 선박의 전부나 일부를 물건의 운송에 제공하는 용선계약을 구별하여 각각의 계약에 적용될 조항들을 분리 규정하였다. 상법에 달리 규정이 없을 때에는 상관습법이 적용되고 상관습법도 없을 때에는 용선계약과 가장 유사한 민법 중의 임대차에 관한 규정을 유추적용하여야 한다.

Ⅳ. 외부관계

외부관계란 선박과 관련하여 권리를 취득한 제 3 자와 용선자의 관계인 권리관계와 용선한 선박과 거래한 제 3 자와 선박소유자나 용선자의 관계인 거래관계로 나누어 볼 수 있다. 거래관계는 기업형 용선계약에서만 발생하고 주로 정기용선계약에서 문제가 되므로 정기용선계약에서 보기로 하고 여기에서는 권리관계에 대해서만 본다. 용선중인 선박은 선박소유자의 점유하에 있고 용선자는 선박소유자에 대한 개인적인 채권인 이용권만을 가진 것에 불과하므로 선박소유자가 선박을 제 3 자에게 양도하였을 때에 용선자는 선박에 관한 모든 권리를 잃는다. 양수인이 아직 등기와 국적증서의 기재를 하지 아니하여 제 3 자에게 대항하지 못하는 경우(제743조)에도 용선자에 대하여는 소유권을 주장할 수 있다. 이전등기나 국적증서기재 이전이더라도 선박소유자가 양수인에게 선박을 인도하면 용선자는 달리 이들에 대하여 주장할 권리가 없다. 임차인의 경우에도 마찬가지로 선박소유자로부터 선박을 인도받았을 때에는 등기 여부와 관계없이 완전한 이용권자가 되고, 용선자는 그 임차인에 대하여 아무런 권리도 주장하지 못한다. 그러나 용선자도 사실상 선박을 지배하는 지위에 있으므로 그를 상대로 한 선박인도청구가 반드시 불가능한 것은 아니라고 할 것이다.

제 4 관 定期傭船契約

Ⅰ. 意 義

정기용선계약이란 선박소유자 또는 선박임차인이 용선자에게 선원이 승무하고 항해장비를 갖춘 선박을 일정기간 동안 항해에 사용하게 할 것을 약정하고, 이에 대해 용선자가 기간으로 정한 용선료를 지급하기로 하는 계약을 말한다(제842조의2). 기간용선계약이자 기간지급용선계약이다. 좁은 의미로는 해상기업의 주체가 물적 설비의 일부로서 타인의 선박을 용선하여 사용할 목적인 기업형 기간 및 기간지급 용선계약만을 정기용선계약이라 하기도 하고, 기간 및 기간지급 용선계약 중 전형적 기간용선계약양식인 NYPE나 BALTIME 양식에 의한 기간용선계약만을 정기용선계약이라 하기도 한다.

Ⅱ. 법적 성질

정기용선계약의 법적 성질이 무엇이냐에 대해서 학설은 다음과 같이 여러 가지 견해로 나뉘고 있으며, 대부분의 학설은 대체로 정기용선계약을 선박임대차계약과 동질의 것으로 파악하고 있다.

(1) 혼합계약설

다수설인 혼합계약설은 1901년 독일제국법원이 선박의 임대차와 선원의 노무공급계약의 혼합계약이라고 판결한 것을 받아들인 것이다. 이 학설은 선박소유자는 정기용선자에게 선박의 사용을 위임하고 선장과 해원의 노무를 공급하므로 정기용선계약의 내용은 법률상 아주 다른 성질을 가진 두 가지 급부를 제공할 의무가 있기 때문에 혼합계약으로 해석한다.

(2) 특수계약설

특수계약설은 정기용선계약을 통상의 용선계약과는 달리 선박임대차계약에 근접하면서 노무공급계약을 수반하는 특수계약이라고 본다. 즉 선박의 점유이전은 없으나 용선자는 용선기간 동안 자유롭게 사용·수익할 권리를 가지는 점에서 선박임대차계약과 매우 유사하고 여기에 선장과 해원의 노무공급을 받게 되는 특수한 계약이라는 학설이다.

(3) 영업임대차설

영업임대차설은 선박은 인적·물적 설비를 갖추고 영리활동을 하는 하나의 영업이고, 따라서 정기용선계약은 이를 영업의 임대차계약으로 본다. 이 설은 정기용선계약하에서 용선자가 유기체와 같은 선박을 인수받아 사용하는 관계를 사실적으로 적절히 묘사는 하였지만 선박의 점유나 책임의 주체 등 법적 지위를 이해하는 데에는 아무런 도움도 주지 못한다는 비판이 있다.

(4) 운송계약설

운송계약설은 정기용선계약을 운송계약인 용선계약의 한 형태로 본다(영미의 통설). 즉 정기용선계약하에서도 선박소유자는 용선자로부터 운송물을 인수받아 자기의 관리·점유하에 운송을 완료하고 그에 대하여 일정한 대가를 받는 것이므로, 정기용선계약도 일반용선계약으로서 운송계약의 한 종류라고 본다. 이 견해에 따르면 정기용선자의 해상기업주체성은 부인되고 선박소유자가 해상기업의 주체로서 대외적 책임을 지게 된다. 판례도 역시 운송계약설에 입각하고 있는 것으로 보인다(대판 1992. 2. 25, 91 다 14215 참조).

(5) 해기 · 상사구별설

해기·상사구별설은 선박이용의 내용을 해기사항과 상사사항으로 구분하여 해기사항은 선박소유자의 부담으로 남기고 상사사항에 관하여는 이를 정기용선자가 관리하는 것으로 하는 견해로서 정기용선자는 상사사항에 관하여만 제 3 자에 대하여 선주와 동일한 책임을 지고 해기사항에 관하여는 선박소유자가 책임을 진다고 한다.

생각건대 정기용선계약은 일반적으로 용선계약이므로 용선계약하에서는 선박이 선박소유자의 물권적 지배하에 있는 것이 분명하므로, 선박이 용선자의 점유하에 있음을 전제로 하는 혼합계약설에는 근본적인 문제가 있고, 또 특수계약설 역시 특수한 내용이 무엇인가가 불분명하고, 영업임대차설은 정기용선계약의 사실적 측면에 대한 묘사에 지나지 않으므로 부족하다.

그러므로 정기용선계약하에서도 운송물은 선박소유자의 직접적 점유하에 장소적으로 이동하는 것이기 때문에 이를 다른 운송계약과 구별할 실익이 없다는 점, 그리고 개정상법이 제 4 장 제 1 절 물건운송 제 1 관 통칙에서 새로이 정기용선계약에 관한 5개의 조문을 신설한 점에 비추어 보면 운송계약으로 보는 것이 타당할 것이다. 다만 정기용선계약하에서 용선자는 선박을 인도받아 일정기간 동안 자유롭게 사용하는 점에 비추어 당사자 사이에 다른 약정이 없으면 민법상의 임대차에 관한 규정을 유추적용하여야 한다.

Ⅲ. 내부관계

내부관계란 선박소유자와 정기용선자 사이의 내부적 법률관계를 말한다. 원칙적으로 당사자의 계약내용에 따라 결정되나 실제로 대부분이 전형적인 정기용선계약표준양식을 기초로 추가·변경하여 그 내용을 정한다. 상법은 Ba1time Charter를 기초로 약간의 규정을 두고 있는데, 상법과 약관에 정함이 없는 때에는 상관습에 따르고 상관습도 없으면 민법의 임대차에 관한 규정이 적용된다.

1. 정기용선자의 권리·의무

정기용선자는 약정한 범위 내에서 선박을 사용할 권리, 즉 이용권이 있다. 이를 위해서 선장에 대한 지휘권을 갖는다(제843조 제1항). 이 때 용선자는 선박의 이용에 관해 선장에게 지시를 할 수 있을 뿐이고, 운항방법 등은 선장 자신이 결정한다. 그리고 선장·해원 기타 선박사용인이 정당한 지시에 위반하여 손해를 입힌 경우에는 선박소유자에게 그 배상을 청구할 수 있다(제843조 제2항). 지시의 부당성에 관한 입증책임은 선박소유자에게 있다.

2. 선박소유자 등의 권리·의무

선박소유자는 우선 약정일에 선박을 정기용선자에게 인도하여야 한다. 그리고 용선기간을 통하여 선박을 안전하고 상당한 성능을 가진 상태로 관리·유지하여야 하며, 선원의 관리유지비·선박 자체의 관리유지비 및 보험료 기타 이와 관련된 비용 등의 선박비용을 부담하여야 한다.

선박소유자는 정기용선자가 용선료를 약정기일에 지급하지 않는 때에는 계약을 해제 또는 해지할 수 있다(제845조 제1항). 선박소유자는 선박을 점유하고 있으므로 해제나 해지 후 얼마든지 계약상 항해를 중지하고 선박을 철수시킬 수 있다(회수권). 그러나 정기용선자가 제3자와의 운송계약을 체결하여 운송물을 선적한 후 선박의 항행중에 선박소유자가 계약을 해지한 때에는 하주의 권리가 부당하게 침해될 염려가 있으므로 상법은 이 경우 용선계약의 해제 후에도 선박소유자는 적하이해관계인에 대해 정기용선자와 동일한 운송의무를 지도록 하였다(제845조 제 2 항). 단 선박소유자 등이 계약을 해제 또는 해지하고 운송의 계속을 적하이해관계인에게 서면으로 통지한 때에는 선박소유자의 정기용선자에 대한 용선료 · 체당금 기타 이와 유사한 정기용선계약상의 채권을 담보하기 위하여 정기용선자가 적하이해관계인에 대하여 가지는 용선료 또는 운임의 채권을 목적으로 하는 질권을 설정한 것으로 본다(제845조 제 3 항). 선박소유자가 정기용선계약을 해지하고 계속 운송을 하는 경우에도 선박소유자 또는 적하이해관계인은 정기용선자에 대해 손해배상청구를 할 수 있다(제845조 제 4 항).

Ⅳ. 외부관계

1. 권리관계

위에서 보았듯이 용선자는 선박소유자에 대한 채권자에 지나지 않으므로 제 3 자가 선박을 매수한다거나 임차한 후 등기하면 이들에게 대항하지 못한다. 또 용선자는 선박에 대한 점유권도 갖지 않으므로 매수인이나 임차인이 등기하기 전이라도 소유자로부터 선박을 인도받으면 또한 이들에게도 대항할 수 없다. 그러나 위에서 보았듯이 다수설은 정기용선약관의 법적 성질을 선박임대차계약으로 보기 때문에 정기용선자는 선박에 대한 점유권을 가지며, 정기용선은 등기할 수 있고 등기하면 선박임차인과 마찬가지로 제 3 자에게 대항할 수 있다고 한다. 그리고 예외적으로 선박이 편의치적을 하여 명목상으로만 제 3 자의 소유로 된 경우 법인부인론에 기해 정기용선자에 대한 채무명의로 바로 선박에 대해 압류 및 경매를 할 수 있다.

2. 거래관계

정기용선계약의 법적 성질에 대해서는 위에서 보듯이 많은 견해가 대립되어 있다. 정기용선계약의 법적 성질에 관한 논의의 실질적 의의는 정기용선계약에 있어서의 외부관계, 즉 대외적인 제 3 자에 대한 불법행위책임의 처리와 관련하여 선박임차인의 외부적 책임에 대해 규정하고 있는 상법 제850조를 정기용선계약에 적용 또는 유추적용할 수 있는가라는 점이라 할 수 있다. 이에 관해 정기용선계약을 운송계약으로 보는 입장에 의하면 정기용선자는 스스로 체결한 운송계약의 상대방인 하주에 대해 운송인으로서 계약에 기해 일체의 책임을 부담하지만, 불법행위책임에 대해서는 선박에 대한 점유 및 지배를 하고 있지 않으므로 정기용선자에게 상법 제850조를 적용 또는 유추적용하는 것이 부정된다고 한다. 반면에 정기용선계약을 선박임대차와 노무공급계약의 혼합계약으로 보는 입장 또는 특수계약으로 보는 입장에서는 선주 아닌 정기용선자도 해상기업주체로서 일체의 책임을 부담하여야 하며, 계약책임뿐만 아니라 불법행위책임에 대해서도 정기용선자가 제 3 자에 대해 손해배상책임을 부담하여야 하기 때문에 정기용선자에게 상법 제850조를 적용 또는 유추적용하는 것을 긍정하고 있다.

그런데 정기용선계약의 경우 대외적인 제 3 자와의 사이에 법률문제 처리에 있어서는 제850조의 규정에 의할 것이 아니라, 개개의 문제마다 계약내용의 실제와 실정법의 규정을 대비하여 검토하여야 한다. 따라서 정기용선자가 제 3 자인 하주와 운송계약을 체결한 경우에 선장 · 해원의 과실로 적하가 멸실 · 훼손한 때에는 정기용선자가 운송인으로서 채무불이행책임을 부담한다.

제 2 절 海上運送業의 인적 조직

제 1 관 序 說

해상운송 기타 해상기업을 영업으로 하기 위해서는 반드시 선박이 필요하다. 따라서 해상기업의 인적 조직이라 하면 해상기업 경영의 수단인 선박을 소유 또는 이용하는 해상기업의 주체와 이들의 기업활동을 보조하는 해상기업의 보조자로 나눌 수 있다.

제 2 관 船舶所有者

상법 제 5 편에서 말하는 선박소유자는 두 가지 의미로 사용된다. 넓은 의미로는 단순히 소유의 목적 또는 임대료를 취득할 목적으로 선박을 소유하는 자를 말하며 상행위 기타 영업활동의 여부를 불문한다. 단순히 선박을 소유하는 자에 대해서는 상법은 등기·등록의무를 지우거나 선박임차인의 선박이용에 의해서 발생한 선박우선특권에 대해 책임을 지우고 있을 뿐이다(제850조 제 2 항).

좁은 의미에서 선박소유자란 자기소유의 선박을 이용하여 상행위 기타 영업활동을 하는 자를 말한다. 즉 자기소유의 선박을 영리목적으로 해상영업의 항해에 이용하는 자이다. 해상법상 선박소유자라 함은 특별한 규정이 있는 경우를 제외하고는 단순한 선박소유자 또는 선박을 임대한 소유자는 포함하지 않는다.

제 3 관 船舶共有者

Ⅰ. 序 言

1. 船舶共有者의 의의

선박공유자도 넓게는 선박을 공동으로 소유하는 복수인을 말하지만, 상법에서 일반적으로 사용되는 선박공유자란 복수인이 선박을 공동소유하여 상행위 기타 영리를 목적으로 운항에 시용하는 자를 말한다. 후자에 대해 상법 제756조 이하의 규정이 적용되는데 이것은 물권적 의미에서 공유를 의미하는 것이 아니라, 두 사람 이상이 공동으로 해상기업을 경영하는 데에 주안점이 있다. 선박공유자는 자연인뿐만 아니라, 법인도 될 수 있다.

2. 船舶共有의 법적 성질

선박공유는 복수인이 선박을 공동으로 소유하여 상행위 기타 영리를 목적으로 항해사업에 이용하는 영업형태의 하나이다. 선박공유의 법적 성질에 관해서는 선박공유는 영리를 목적으로 한 공동사업으로 민법상의 조합이고 따라서 반대의 규정이 없는 한 민법상의 조합에 관한 규정이 적용되지만, 상법에 여러 가지 특칙이 있어서 자본단체적 색채가 상당히 가미된 조합형태라고 한다.

이에 반하여 해상법상의 특별한 영업형태로서 법인격 없는 사단으로 보아야 한다는 견해도 있다. 이 외에도 선박공유를 아예 사단으로 파악하거나, 물적회사인 주식회사와 유사한 단체로 인식하는 견해도 있지만, 극히 지엽적인 상법의 일부 규정만을 가지고 선박공유가 하나의 사단을 구성한다고 보는 것은 무리라고 할 것이다.

그러므로 상법은 선박공유를 민법상의 조합으로 보면서 조합에 관한 규정 이외에 특별히 이를 수정·보완하는 규정을 두었다고 본다. 이처럼 선박공유를 조합으로 보는 한 공유선박은 법적으로는 선박공유자의 합유가 된다.

Ⅱ. 船舶共有의 법률관계

1. 내부관계

선박공유자의 내부관계란 선박소유자 상호간의 법률관계이며 원칙적으로 계약에 의해 정해진다.

(1) 업무집행

선박의 이용에 관한 사항은 각 공유자의 지분가격에 따라 그 과반수로 결정한다(제756조 제1항). 지분의 가격에 의한 다수결은 조합원 과반수로 업무집행에 관한 의사를 결정하는 일반조합의 경우와 다르다. 이것이 바로 선박공유가 갖는 자본단체적 특색의 한 표현이다. 여기서 선박이용에 관한 사항이란 상행위 기타 영리를 목적으로 당해 공유선박을 항행에 사용하는 것을 말한다. 지분이란 당해 공유선박뿐 아니라, 당해 공유선박으로 해상기업을 수행하기 위한 총재산에 대한 지분을 말한다.

그러나 조합의 존립근거가 되는 조합계약 자체를 변경하는 사항은 공유자의 전원일치로 결정하여야 한다(제756조 제2항). 마찬가지로 선박양도 등 선박이용에 관계되지 않는 사항에 대해서는 공유자 전원의 동의를 요한다.

(2) 비용부담 · 손익분배

선박공유자는 그 지분의 가격에 따라 선박의 이용에 관한 비용과 이용에 관하여 생긴 채무를 부담하며(제757조), 매항해의 종료 후에 있어서 그 지분가격에 따라서 손익의 분배를 한다(제758조).

2. 외부관계

선박공유제도는 공유선박을 이용하여 상행위 기타 영리를 목적으로 하는 것이므로 제3자와 거래관계가 발생한다. 여기서 공유선박과 거래한 상대방과의 관계를 외부관계라 한다.

(1) 권리 · 의무관계

선박공유 자체는 법인격이 없으므로 선박공유자가 공동으로 상대방에 대하여 권리의무의 주체가 된다. 대외관계에 대해 상법은, 선박공유자는 그 지분의 가격에 따라 선박의 이용에 관하여 발생한 채무를 부담하도록 하고 있다(제757조).

이에 관해서는 각 선박공유자는 지분의 가격에 따른 분할채무를 부담한다는 견해가 있다. 이에 반하여 선박공유자는 상대방에 대하여 연대하여 변제할 책임이 있고, 다만 내부적으로 지분의 가격에 따라 선박의 이용에 관하여 생긴 채무를 이행할 책임이 있다고 새기는 것이 타당하다는 견해가 있다. 만약 전자와 같이 분할채무로 본다면 선박공유자의 내부적 지분비율을 전혀 알 길이 없는 상대방이 불측의 손해를 입게 되고, 또 상법 제757조도 선박공유자 사이에서 내부적으로 비용의 부담과 채무의 이행책임을 정한 것이라고 해석하는 것이 더 자연스럽다는 점에서 연대책임주의가 옳다고 본다.

선박공유자는 그 부담채무에 대해서는 선박소유자의 책임제한에 관한 규정에 따라 자신의 책임을 제한할 수 있다.

(2) 대표관계

선박공유계약에서 업무집행자를 정하거나 선박공유자가 업무집행자를 정한 경우 그 업무집행자가 공유선박을 대표하고, 기타의 경우에는 각 선박공유자가 공유선박을 대표한다. 또한 선박공유자는 공유선박을 대리할 사람을 지배인, 부분적 포괄대리권을 가진 상업사용인을 선임할 수 있을 뿐 아니라 선박관리인을 선임할 수 있다. 개정상법은 거래관계의 간명성을 위하여 선박공유자는 반드시 선박관리인을 선임하도록 하였다(제764조 제 1 항).

Ⅲ. 船舶管理人

1. 意　　義

선박관리인이란 선박공유자를 대리하여 공유선박의 이용에 관한 재판상 또는 재판 외의 모든 행위를 할 권한을 갖는 특별한 상업사용인을 말한다. 즉 공유선박의 업무집행기관으로서 선박공유자를 위하여 선박의 이용에 관한 업무를 단독으로 집행하는 자라고 할 수 있다. 선박관리인의 대리권이 포괄적이라는 점에서 지배인과 유사하지만, 선박관리인은 선박공유자만이 선임할 수 있고 그 대리권도 영업 전반에 미치지 않고 특정한 공유선박의 이용에 제한되고 있다는 점에서 지배인과는 다르다.

2. 選任·終任

선박공유자는 선박관리인을 선임하여야 한다(제764조 제1항 제1문). 각 선박마다 별도의 선박관리인을 둘 수도 있고 수척의 선박을 관리할 선박관리인을 선임할 수도 있다. 선박관리인의 선임은 선박의 이용에 관한 사항에 속하기 때문에 원칙적으로 업무결정 방식인 지분가격의 과반수의 찬성으로 한다. 그러나 공유자 이외의 자를 선박관리인으로 선임하는 경우에는 공유자 전원의 동의를 얻어야 한다(제764조 제1항 제2문). 그러나 공유자 전원의 동의로 선임된 선박관리인의 해임에 공유자 전원의 동의가 있어야 하는 것은 아니다. 선박관리인의 선임과 그 대리권의 소멸은 이를 등기하여야 한다(제764조 제2항).

3. 權 限

선박관리인은 선박이용에 관한 재판상 또는 재판 외의 모든 행위를 할 권한이 있다(제765조 제1항). 선박의 이용에 관한 사항이란 매우 넓기 때문에 선박 자체의 유지·관리·운항에 필요한 사항 및 선박의 이용을 위한 모든 사항이 포함된다. 선박관리인의 대리권에 대한 제한은 선의의 제3자에 대항하지 못한다(제765조 제2항).

그러나 선박관리인은 선박공유자의 서면에 의한 위임이 없으면 선박의 양도·임대 또는 담보에 제공하는 일, 신항해를 개시하는 일, 선박을 보험에 부치는 일, 선박을 대수선하는 일 및 차재(借財)하는 일을 하지 못한다(제766조).

4. 船舶共有者와의 관계

선박공유자와 선박관리인의 내부적 법률관계는 위임일 수도 있고, 고용일 수도 있다. 따라서 특별한 약정이 없는 한 민법상의 위임이나 고용에 관한 규정이 적용된다.

Ⅳ. 지분의 양도와 공유관계의 소멸

1. 지분의 양도

선박공유자가 갖는 조합관계상의 지분은 재산권으로서 일반원칙에 따라 당연히 포괄승계 및 특정승계의 대상이 된다. 그리고 상법은 선박공유제도의 자본단체적 성격을 강조하여 각 선박공유자는 다른 공유자의 승낙 없이 그 지분을 타인에게 양도할 수 있게 하였다(제759조 본문). 이와 같은 지분양도의 자유는 조합관계의 내용 여하를 불구하고 인정된다. 그리고 지분양도의 자유는 공유자의 보호에 그 취지가 있으므로 다수결에 의해서도 박탈되지 않는다.

2. 지분의 매수 · 매도 · 경매청구권

선박의 이용에 관한 사항에 대해서는 지분가격의 다수결에 의해 결정되기 때문에 소수지분자의 이익보호를 위해 지분매수청구권이 인정되는 경우가 있다. 즉 신항해를 개시하거나 선박을 대수선할 것을 결의한 경우에 그 결의에 이의가 있는 공유자는 다른 공유자에 대하여 상당한 가액으로 자기의 지분을 매수할 것을 청구할 수 있다(제761조 제 1 항).

지분매수청구권은 전기한 사항의 결의에 대해 이의가 있는 한 그 결의에 참가하였는가를 불문하고 이를 행사할 수 있다. 지분의 매수청구를 하고자 하는 자는 그 결의가 있는 날로부터 3일 이내에, 결의에 참가하지 않는 자는 결의통지를 받은 날로부터 3일 이내에 공유자 또는 선박관리인에 대하여 지분매수청구의 통지를 발송하여야 한다(제761조 제 2 항, 발신주의). 소수지분자의 지분매수청구가 있는 경우 다른 공유자 전원이 당연히 상당한 대가를 지급하고 그 지분을 매수하여야 한다. 즉 지분매수청구권은 일종의 형성권이며, 매수가격은 그 결의일을 기준으로 하여 산정한다.

또한 선박공유자의 지분의 이전 또는 그 국적의 상실로 인하여 당해 공유선박이 대한민국의 국적을 상실할 때에는 다른 공유자는 상당한 대가로 그 지분을 매수하거나 경매를 법원에 청구할 수 있다(제760조).

3. 해산 · 청산

선박공유관계는 공유선박이 침몰 · 파손 등으로 절대적으로 멸실하거나 조합관계의 소멸로 인하여 자동적으로 소멸한다. 선박공유의 해산 · 청산에 대해 상법은 아무런 규정을 두고 있지 않다. 통설에 따르면 민법상의 조합에 관한 규정(민법 제721조 이하)을 적용하게 되지만, 선박공유의 성질을 권리능력 없는 사단으로 보는 견해에 따르면 자본회사의 해산 · 청산에 관한 규정을 적용하게 된다.

제4관 海上企業의 보조자

Ⅰ. 總　　說

해상기업의 경영에는 실제로 선박에 승선하여 운항에 종사하는 해상보조자 외에도 육상에서 해상기업자의 경영을 보조하는 자인 육상보조자가 필요하다. 해상보조자에는 선박소유자와 고용관계가 있는 선원 외에 독립한 영업자인 예선업자·도선사 및 적하감독인이 있다. 육상보조자로서는 선박소유자와 고용관계가 있는 자 외에 중개인·대리상·운송주선인 등이 있다.

선원은 해상기업주체와의 고용관계에 기초하여 특정한 선박에 승선하여 계속적으로 항해상의 업무에 종사하는 자이다. 선원에는 선장과 해원이 있다. 상법은 선장에 관한 규정을 상세히 두고 있고 해원에 관해서는 노동법적 측면을 중시하여 선원법에서 규정하고 있다. 이하에서는 선장·해원·도선사 및 예선업자에 대해서 설명한다.

Ⅱ. 船　　長

1. 序　　說

(1) 선장의 의의

상법은 해상편 제1장 제2절에서 선장에 관하여 규정하고 있으나 그 의의에 대해서는 분명히 하고 있지 않다. 선원법·선박직원법 등 선원에 관한 다수의 해상행정법이 존재하지만 이들 법은 그 고유한 입법목적으로 말미암아 동법상의 선장이 곧바로 해상법상의 선장에 해당하지 않는 경우가 있다. 해상법에서 선장이란, 광의로는 선박소유자 또는 선박공유자가 동시에 선장인 동시선장을 포함하지만, 협의로는 선박소유자 또는 선박임차인의 피용자로서 특정 선박의 항해를 지휘하며 그 대리인으로서 항해에 관한 일정한 행위를 할 수 있는 결정권한이 있는 자를 말한다. 해상법상 선장이라고 할 때에는 협의의 선장을 의미한다. 반면 선원법상 선장은 광의의 선장이어서 선박소유자의 피용자로서 대리권을 가지는 것이 요건이 아니므로 선박지휘자는 모두 선장이다.

(2) 선장의 지위

선장은 포괄적인 결정대리권이 있고(제749조), 대리권에 대한 제한은 선의의 제 3 자에게 대항할 수 없다(제751조)는 점에서 지배인 및 대표이사와 유사하다. 선장은 선박소유자에 의하여 임명되고 선박소유자로부터 항해를 위임받은 수임인이다. 하지만 선박이 위난에 처하여 수임사무의 범위를 벗어나 일정 상황하에서는 모든 이해관계인을 위하여 선박과 적하를 보관하는 보관자로서 지위를 갖는다.

2. 船長의 選任과 終任

(1) 선 임

선장은 선박소유자 또는 선박임차인이 선임한다(제745조, 제850조). 선박공유에 있어서는 선박소유자의 대리인인 선박관리인이 선장을 선임한다(제761조 제 1 항). 이와 같이 선장은 원칙적으로 해상기업의 주체가 선임하지만 만일 선장이 질병 등 불가항력으로 인하여 그 직무를 집행하기가 불가능한 때에는 법령에 다른 규정이 있는 경우를 제외하고는 자기의 책임으로 타인을 선정하여 선장의 직무를 집행하게 할 수 있다(제748조). 이렇게 하여 선임된 선장을 대선장이라고 한다.

선장의 자격은 일정한 해기사면허가 있는 자에 제한된다. 물론 무자격 선장이 한 거래라도 사법상의 효력이 부정되지는 않는다. 대선장도 선장이기 때문에 이에 따라야 하지만 불가피한 경우에는 무자격자를 대선장으로 선임할 수 있다. 「법령에 다른 규정이 있는 경우를 제외하고」란 이러한 취지로 해석할 수 있다.

(2) 종 임

선장은 고용계약기간의 만료 · 사임 · 사망 · 파산 · 금치산 등의 사유에 의하여 종임한다. 그러나 선장의 선임행위는 상행위이므로 선박소유자 등의 사망에 의하여 종임하지 않는다(제50조).

3. 船長의 權限

선장은 선박소유자 등 해상기업의 주체와 멀리 떨어져 항해를 해야 하는 사정상 원활하고 신속한 항해사업의 수행을 위해 선박소유자를 위한 광범위한 대리권을 가질 뿐 아니라, 기타 이해관계인을 위해서도 일정한 행위를 할 수 있는 대리권을 갖고 있다.

(1) 선박소유자를 위한 대리권

1) 의 의

선장은 선박소유자의 수권에 의하여 대리권을 갖는다. 그런데 선장은 선박소유자 기타 이해관계인의 지배를 벗어나 어느 정도 독립한 지위에서 행동하고, 또한 선박과 거래하는 상대방을 보호하여야 하기 때문에 선장의 대리권은 법정되고 유형화되어 있다. 그러나 선장의 대리권은 법정된 범위보다 더 확장될 수는 있으나 임의로 제한될 수는 없다고 본다.

우리나라의 상법은 선장의 대리권에 관하여 선적항주의를 채택하여 선박이 선적항에 있을 때에는 제한된 대리권을 인정하고 선적항 외에 있을 때에는 광범위한 대리권을 인정하고 있다.

2) 대리권의 범위

(가) 선적항 내에서의 대리권 선박이 선적항 내에 있을 때에는, 선장은 특히 위임을 받을 경우 외에는 해원의 고용과 해고를 할 권한만을 갖는다(제749조 제 2 항).

선적항 내에서 선장의 대리권이 제한되는 이유는 선박이 선적항에 있을 때에는 선박소유자가 직접 법률행위를 할 수 있으며 필요한 경우 선장은 언제든지 선박소유자의 허락을 얻을 수 있다는 데에 있다. 그리고 해원의 적부는 선장이 더 잘 판단할 수 있고 항해시의 선장의 권위를 확립할 필요도 있기 때문에 선적항에 있어서도 선장이 해원의 고용과 해고를 할 수 있게 하였다. 이러한 권한은 선박이 선적항 내에 있으면 인정되고, 반드시 선박소유자가 선적항 내에 있어야 하는 것은 아니며, 후자의 경우에 선장의 권한이 확대되지는 않는다. 여기서 선적항이란 선박법의 규정에 의해 선박을 등록하고 선박국적증서를 교부받는 곳을 뜻한다.

기타의 사항에 대해서는 특별한 수권이 있어야만 선장이 선박소유자를 대리할 수 있다.

(나) 선적항 외에서의 대리권 선박이 선적항 외에 있을 때에는 선장은 항해에 필요한 재판상 또는 재판 외의 모든 행위를 할 권한이 있다(제749조 제 1 항).

선적항 외에서는 선박소유자로부터 신속한 지시를 받는 것이 어려우므로 선장에게 광범위한 대리권을 부여하고 있다. 이 권한은 선박소유자 등과의 연락가능성 여부를 불문하고 인정된다.

3) 대리권의 제한과 확장

선장의 대리권은 특수한 행위에 대해서는 선박소유자의 이익을 위하여 예외적으로 제한되거나 확장되고 있다. 선장은 선박수선료·해난구조료 기타 항해의 계속에 필요한 비용을 지급하기 위한 경우가 아니면 선박 또는 속구를 담보에 제공하는 일, 차재하는 일, 적하의 전부나 일부를 처분하는 등의 행위를 하지 못한다(제750조 제 1 항).

항해의 계속에 필요한 비용을 지급하기 위하여 적하를 처분하는 경우 이것은 선박소유자의 이익보호에 그 목적이 있으므로 이로 인하여 손해를 입은 적하의 이해관계인은 손해배상을 청구할 수 있다. 이 경우의 손해배상액은 그 적하가 도달할 시기의 양륙항의 가격에 의하여 정하도록 하여 손해배상액을 획일적으로 법정하고 있다(제750조 제 2 항 본문).

그리고 선장은 항해에 필요한 행위만을 할 수 있기 때문에 선박 자체를 처분할 수는 없다. 그러나 선적항 외에서 선박이 수선불능으로 된 때에는 선장은 해무관청의 인가를 얻어 선박을 경매할 수 있다(제753조).

선장의 대리권은 법정되어 있고 정형화되어 있기 때문에 선박소유자가 선장의 대리권을 제한하더라도 그 제한으로 선의의 제 3 자에게 대항하지 못한다(제751조). 그렇지만 선박소유자는 특별한 수권에 의하여 선장에게 신용행위를 할 수 있는 권한을 부여할 수 있는 것처럼 선장의 권한을 확대할 수는 있다.

(2) 기타 이해관계인을 위한 대리권

1) 적하의 이해관계인을 위한 대리권

(가) 적하의 처분　　선장은 운송인이 운송계약상 부담하는 운송물의 관리·보관의무를 그 피용자의 지위에서 이행할 의무가 있다. 이러한 의무 외에도 항해단체의 관리인으로서 선장은 필요한 경우 적하이해관계인을 위하여 적하를 처분할 권한을 갖는다.

선장이 항해중에 적하를 처분하는 경우에는 이해관계인의 이익을 위하여 가장 적당한 방법으로 하여야 한다(제752조 제 1 항).

선장이 운송계약상의 관리·보호의무의 범위 내의 상황에서 적하를 처분한 경우에 그 처분 자체가 적법하더라도 선박소유자는 이해관계인에 대하여 운송계약상의 책임을 면하지 못한다.

(나) **이해관계인의 책임** 선장의 처분행위는 적하이해관계인의 대리인의 자격에서 이루어진 것이므로 그 법률효과는 당연히 적하이해관계인에게 귀속된다. 따라서 이해관계인은 그 처분행위에 의해 발생한 채무에 대해 원칙적으로 무한책임을 부담하여야 할 것이다.

2) 구조료채무자를 위한 대리권

해난구조가 있는 경우 선장은 보수를 지급할 채무에 갈음하여 그 지급에 관한 재판상 또는 재판 외의 행위를 할 권한이 있다(제894조 제1항). 또한 선장은 구조료지급에 관한 소송의 당사자가 될 수 있고, 그 확정판결은 구조의 보수액의 채무자에 대하여도 효력이 있다(제894조 제2항). 여기서 구조료채무자란 구조된 선박의 소유자·선박관리인 및 임차인과 적하의 소유자를 말한다.

(3) 기타의 처분권과 선박권력

1) 여객휴대수하물의 처분

여객이 사망한 때에는 선장은 그 상속인에게 가장 이익이 되는 방법으로 사망자가 휴대한 수하물을 처분하여야 한다(제824조). 그러므로 선내에 있는 유류품에 대하여 보관 기타 필요한 조치를 취하여야 한다.

2) 위법선적물의 처분

법령 또는 계약에 위반하여 선적한 운송물은 선장이 언제든지 이를 양륙할 수 있고 그 운송물이 선박 또는 운송물에 위해를 끼칠 염려가 있는 때에는 이를 포기할 수 있다(제800조 제1항). 선장에게 이러한 위법선적물에 대한 처분권을 부여한 이유는 위험한 운송물 또는 금제품은 선박 내의 인명과 재산의 안전을 해칠 수 있고 선박의 억류·포획 등으로 항해를 불가능하게 하거나 지연시킬 염려가 있기 때문이다.

3) 위험물의 처분

인화성·폭발성 기타의 위험성이 있는 운송물은 운송인이 그 성질을 알고 선적한 경우에도 그 운송물이 선박이나 다른 운송물에 위해를 미칠 위험이 있는 때에는 선장은 언제든지 이를 양륙·파괴 또는 무해조치할 수 있다(제801조 제1항).

4) 선박권력

선장은 국가권력이 미치지 않는 곳에서 선박공동체를 관리·운영하여야 하는 지위에 있으므로 선원에 대한 지휘·감독권과 징계권 그리고 재선자에 대한 명령권을 갖는다. 그리고 재선자 중 승객이 선장의 명령에 따르지 않을 때에는 하선 등 강제조치를 취할 수 있다(선원법 제 6 조, 제24조 등).

4. 선장의 의무와 책임

(1) 선장의 의무

선장은 선박소유자와의 위임계약 또는 고용계약에 따라 상당한 주의로써 항해를 수행하고 운송물을 보관하여야 한다.

이 외에도 선장은 송하인·수하인·선하증권소지인 등 적하이해관계인뿐 아니라, 용선자·저당권자 등 선박이해관계인과의 관계에서 타인의 물건의 보관자로서 선량한 관리자의 주의로써 적하 또는 선박을 관리·보호할 의무가 있으며, 적하를 처분하는 때에는 이해관계인의 이익에 가장 적당한 방법으로 하여야 한다.

선장은 선박소유자의 수임자로서 항해에 관한 직무를 수행하기 때문에 항해에 관한 중요한 사항을 지체없이 선박소유자에게 보고할 의무가 있다(제755조 제 1 항).

(2) 선장의 책임

선장은 선박소유자와의 관계에서는 수임인의 지위에 있으므로 선관주의의무가 있다고 할 것이다(민법 제681조 참조). 따라서 이를 위반하면 손해배상책임을 지게 된다. 선장이 임기중에 해임 또는 임기가 만료된 경우에는 다른 선장이 그 업무를 처리할 수 있을 때까지 또는 그 선박이 선적항에 도착할 때까지 그 직무를 집행할 책임이 있다(제747조).

선장이 선박소유자에 갈음하여 해원의 선임과 사무감독을 하는 때에는 일반원칙에 따라 사용자에 준하는 배상책임을 지게 된다(민법 제756조 제 2 항).

Ⅲ. 導 船 士

1. 導船士의 의의

도선사란 특정한 항해구역에서 선박에 승선하여 당해 선박을 안전한 수로로 안내하는 자로서 일정한 도선구에서 도선업무를 할 수 있는 도선사면허를 받은 자를 말한다(도선사법 제 2 조 참조). 즉 도선사는 항해의 안전과 위험방지를 위하여 특정 항구에서 선박을 지휘하여 입·출항을 돕는 자이다.

2. 도선사의 지위

임의도선이든 강제도선이든 도선사는 선박에 승선하여 도선업무를 담당함으로써 특정 항구에서는 실질상의 선박지휘자라고 할 수 있다. 그러나 도선사가 선박을 도선하고 있는 경우에도 그 선박의 안전한 운항을 위한 선장의 책임은 면제되지 않으며 그 권한을 침해받지도 않기 때문에(동법 제18조 제 4 항) 항해에 관한 최종의 지휘자는 선장이고 도선사는 그 보조자에 지나지 않는다. 선장은 안전항해의 목적을 달성하기 위하여 도선사에게 선박의 성능을 통지하고 도선사의 업무수행에 협력하여야 하며(도선사법 제20조), 도선사는 도선업무를 수행함에 있어서 상당한 주의와 기술로써 선박의 안전운항을 도모할 주의의무가 있다. 선장의 요청에 의한 임의도선사의 과실로 제 3 자에게 손해가 발생한 경우에 그 사용자인 선박소유자가 손해배상책임을 져야 한다.

Ⅳ. 曳船業者

1. 曳船契約의 의의와 법적 성질

예선업은 해상기업활동으로서 해상운송업에 이어 중요한 지위를 차지하고 있다. 동시에 예선업자는 도선사와 같이 선박의 안전한 운항을 보조하는 해상기업의 보조자라고 할 수 있다. 예선계약에 대해서는 상법은 그 의의나 법적 성질에 대해 규정하고 있지 않다. 다만 예선료채권을 구조료와 마찬가지로 선박우선특권 있는 선박채권으로 정하고 있을 뿐이다(제777조 제 1 항 제 1 호 참조).

2. 예선계약의 법률관계

(1) 내부관계

예선계약당사자의 내부관계는 예선계약의 내용에 의하여 결정된다. 만약 예선계약이 운송계약인 경우 예선업자는 예선의 감항능력에 관한 주의의무를 부담한다. 예선항해에 관한 노무제공의무만을 부담하는 고용계약이라면 이 의무는 없다고 본다. 피예선이 운항지휘권을 갖는 경우에도 그 지시가 명백히 부당하거나 항해기술상 받아들일 수 없는 때에는 예선은 이에 따를 의무가 없다.

(2) **외부관계**

외부관계에 관해서는 예선도는 피예선과 다른 선박이 충돌한 경우에 그 책임의 귀속이 주로 문제되고 있다. 이 문제의 해결로서 일정한 목적을 위해서는 예선과 피예선을 법률상 단일선박으로 보는 예선선박일체의 원칙에 의해 피예선이 모든 책임을 지도록 한 예도 있었으나, 현재에는 계약유형에 따라 문제를 해결하는 방법을 취하고 있다. 즉 운송계약의 경우에는 예선만이 대외적 책임을 지며, 고용계약의 경우에는 피예선만이 대외적 책임을 진다.

제 3 절 海上企業主體의 責任制限

제 1 관 總 說

Ⅰ. 意 義

해상기업의 주체 또는 그 보조자는 기업활동과 관련하여 다양한 원인으로 제 3자에게 손해를 가하게 되는데, 이 경우 해상기업의 주체가 그 손해를 배상할 책임이 있다. 상법은 일정한 손해에 관한 채권에 대해서는 해상기업의 주체와 그 보조자, 즉 선박소유자 등의 책임을 일정한 한도로 제한하고 있다(제769조). 이를 선박소유자 등의 책임제한 또는 유한책임이라고 한다.

Ⅱ. 立法理由

해상기업의 주체도 원칙적으로 기업활동 과정에서 생긴 채무에 대하여 그 전 재산으로 인적 무한책임을 져야 한다. 이러한 근대적 법이념에서 벗어나 선박소유자 등의 책임을 일정 한도로 제한하는 제도는 거의 모든 나라가 받아들이고 있으나, 그 입법이유 내지 근거에 관해서는 학설이 일치되어 있지 못하다.

이에 관해서는 중세에는 코멘다, 선박공유의 유한책임 또는 게르만법의 가해물 책임부담의 사상에 기한 것으로 이해하였다. 그러나 현대의 학설은 선박은 독립된 유기체이기 때문에 선박의 운항과 관련하여 발생하는 채권에 대하여는 선박이 책임을 져야 하고 그 결과 법적 책임주체인 선박소유자도 선박을 한도로 책임을 져야 한다고 주장한다(유기체설).

Ⅲ. 責任制限의 방법

1. 제도의 연혁적 고찰

20세기에 들어오면서 선박소유자의 책임제한제도에 관한 법제도를 국제적으로 통일시키려는 노력이 본격화되어 1924년에 선박소유자의 책임제한에 관한 조약의 성립을 보았다. 그러나 이 조약은 선가책임주의와 금액책임주의를 병용한 것으로 그 복잡성 때문에 다수의 국가가 채용하지 않게 되어 조약으로서는 성공하지 못하였다. 그 후 1957년에 새롭게 금액책임주의에 입각한 책임제한조약이 성립되었다. 세계 각국은 양조약을 수용하거나 부분적으로 채택하여 책임제한제도에 관한 국내법을 마련하였다. 1976년 해사채권 책임제한조약이 성립하여 세계 주요 해운국이 이 조약을 국내법으로 받아들이고 있다. 우리나라도 1991년 개정시에 1976년 조약을 대폭 수용하였다.

2. 責任制限額에 관한 입법주의

선박소유자의 책임제한제도는 각국이 인정하고 있으나 그 형태와 내용은 각국의 연혁과 특수한 사정에 따라 다르다. 선박소유자의 책임을 일정한 범위로 제한하기 위해서는 책임재산 또는 책임한도액을 정할 필요가 있다. 이에 관한 입법주의로서는 위부주의 · 집행주의 · 선가책임주의 · 금액책임주의가 있고, 경우에 따라 이를 병용하기도 한다.

(1) 위부주의

위부주의란 선박소유자의 책임은 원칙적으로 인적 무한책임이지만, 항해의 종료 후 선박 · 운임 기타 부수채권 등 해산을 채권자에게 위부함으로써 선박의 항해와 책임을 면할 수 있도록 한 입법주의이다.

(2) 집행주의

집행주의란 선박소유자의 책임은 원칙적으로 무한책임이지만, 그 책임은 특별한 의사표시를 필요로 하지 않고 당연히 항해종료시의 해산에 제한되어 채권자는 오로지 해산에 대해서만 강제집행을 할 수 있는 입법주의이다.

(3) 선가책임주의

선가책임주의란 선박소유자는 항해가 종료한 때에 해산의 가액을 한도로 인적 유한책임을 부담하는 입법주의이다.

(4) 금액책임주의

금액책임주의란 선박소유자의 책임을 손해가 발생한 때마다 선박의 적량톤수를 기준으로 물적 손해 및 인적 손해에 대해 일정한 방식에 따라 산정한 금액으로 제한하는 입법주의이다.

(5) 선택주의

선택주의란 선박소유자의 무한책임을 원칙으로 하지만 위부주의 · 선가책임주의 · 금액책임주의 등을 병용하여 선박소유자가 이 중에서 하나를 선택할 수 있게 한 입법주의이다.

3. 船舶所有者의 책임제한에 관한 국제조약

(1) 1924년 「선박소유자의 책임제한에 관한 통일조약」

이 조약에서는 선가책임주의를 원칙으로 하고, 금액책임주의를 병용하고 있다. 즉 물적 손해에 대한 선박소유자의 책임은 선가책임을 원칙으로 하면서, 구조료 · 공동해손 등을 제외한 다른 채무에 관해서는 선박 매톤당 8파운드의 한도 내에서 책임을 부과한다. 또 인적 손해에 관해서는 금액책임주의를 채택하여 매톤당 8파운드의 한도 내에서 책임을 지며 이 금액으로 배상을 다하지 못하는 경우에는 그 잔액에 대하여는 물적 손해를 위한 금액에서 다른 채권자와 경합하여 배상을 받는다.

1928년 벨기에 개정해상법, 1935년 미국 개정법, 1939년의 이탈리아 선주유한책임법에서 이 입법주의를 취하고 있다. 우리 상법도 1991년의 개정 전에는 이에 따르고 있었다(구상법 제746조, 제750조).

(2) 1957년 「항해선박소유자의 책임제한에 관한 조약」

1894년 영국 상선법의 금액책임주의를 바탕으로 하고 있으며, 여기에서는 책임제한의 방법을 금액책임주의로 일원화시키고, 채권의 범위에 관하여는 사고주의를 채용하였다. 그리하여 선박소유자의 책임을 사고마다 정하고, 그 책임액은 당해 선박의 적량톤수에 따라서 산출한 일정한 금액(책임최고한도액)으로 제한하였다. 책임액의 기초단위인 금액을 고정적인 가치를 가진 금프랑(순분 1,000분의 900인 순금 65.5mg을 1 프랑으로 정한 국제단위)으로 바꾸었다. 또한 이 조약에서는 손해를 인적 손해와 물적 손해로 나누어 물적 손해만에 대해서는 매톤당 1,000금프랑의 비율로 산출한 금액으로, 인적 손해에 관하여는 매톤당 3,100금프랑의 비율로 산출한 금액으로 책임을 제한하고 있다. 그러나 동일사고에 의하여 인적 손해와 물적 손해가 동시에 발생한 때에는 선박적량톤수에 3,100프랑을 곱한 총액으로 책임을 제한하되, 인적 손해에 대하여는 매톤당 2,100프랑의 비율로 산출한 금액을 우선 배당하고, 물적 손해에 대해서는 매톤당 1,000금프랑으로 변제를 위한 배당을 한다. 이렇게 해서도 인적 손해에 따른 채권이 완전히 변제될 수 없는 때에는 그 부족액에 관하여는 물적 손해에 관한 채권과 경합하여 변제를 받을 수 있다(동 조약 제3조 제1항 a·b·c).

현재 극히 몇 개국을 제외하고는 대부분의 국가가 1976년 책임제한조약으로 옮아갔다.

(3) 1976년 해사채권책임제한조약

정부간해사협의기구의 주관 아래 1976년 런던에서 개최된 전권외교회의에서 성립된 조약으로, 1957년 조약을 개정한 것이다. 1957년 조약에서 채택된 금액책임주의와 사고주의를 기본으로 하고 있으며 그 주용 내용으로는 1) 책임한도액을 각국의 물가상승에 맞추어 인상하고(제6조, 제7조), 2) 책임한도액의 기준단위로 금프랑 대신에 국제통화기금의 특별인출권을 채택하고 있다(제8조). 3) 구조선을 떠나서 구조작업에 종사하는 구조자에게도 책임제한을 인정하는 것 등이 있다.

이 조약은 1986년 12월 1일에 발효되었으며 1979년 영국이 이를 수용하고, 1982년에는 일본도 선주책임제한법을 개정하여 이 조약을 받아들였으며, 우리나라의 경우 이 조약에 가입은 하지 않았으나 1991년 상법개정시에 이 조약의 주요내용을 수용하였다.

4. 상법의 입장

(1) 입법과정

제정시의 상법은 1924년 채택된 선박소유자의 책임제한에 관한 통일조약을 기초로 선가책임주의를 원칙으로 하고 금액책임주의를 병용하였다. 즉 물적 손해에 대해서는 해산의 가액을 한도로 책임을 지고(구상법 제746조), 이 중에서도 일정한 물적 손해에 대해서는 일정금액 이상의 책임을 지지 않도록 하였다(구상법 제747조).

그리고 인적 손해에 대해서는 이와 별도로 금액책임주의를 적용하고 이 책임금액으로 배상을 받지 못한 때에는 그 잔액에 관하여는 일정한 물적 손해를 위한 책임금액에 대하여 다른 채권자와 경합하게 하였다(구상법 제750조 제 2 항). 그 후 1957년 책임제한조약의 골격을 유지하면서 책임한도액의 단위를 특별인출권으로 변경하고, 그 동안의 물가를 고려하여 책임한도액을 높이고, 인적 손해와 물적 손해로 나누던 종래의 책임제한방법에 추가하여 새로이 여객손해에 대한 책임한도액을 정한 1976년 책임제한조약을 1991년 개정상법은 많은 논란 끝에 약간의 수정을 하여 새롭게 입법하였다.

(2) 1991년, 2007년 개정의 주요내용

1) 책임제한에 있어서 금액책임주의와 사고주의를 취하고 있으며, 2) 책임제한권자의 범위가 선박사용인 기타에 이르기까지 넓어졌고(제774조 제 1 항), 3) 해난구조자 및 그 사용인도 책임제한권을 가지며(제775조의2), 4) 제한채권의 종류가 개정 전에 비하여 축소되었으며(제768조), 5) 책임한도액에 있어서는 피해의 종류별로 제한채권을 ㈎ 여객의 사상으로 인한 손해, ㈏ 여객 이외의 사람의 사상으로 인한 손해, ㈐ 물적 손해로 나누어 정하고 있으며, 6) 책임제한권자가 2인 이상인 경우에는 이들이 부담하는 책임한도액은 제770조 제 1 항에서 정하는 각호의 한도액을 초과하지 않도록 하였고(총액제한, 제774조 제 2 항), 7) 책임제한절차에 관하여는 특별법(선박소유자 등의 책임제한절차에 관한 법률)에 따르도록 하였다(제776조 제 2 항).

제 2 관 責任制限의 주체

I. 序 言

구상법은 1924년 책임제한조약의 선박소유자중심주의에 입각하여 책임제한의 주체로서 선박소유자와 이에 준하는 선박임차인만을 인정하고 있었다. 개정상법은 1976년 조약에 따라 책임제한의 주체를 확정하였다. 그 입법취지는 책임제한제도가 선박소유를 전제하는 것이 아니고 해상사업에 선박을 이용하는 해상기업의 특수성에 그 바탕을 두고 있기 때문에 해상기업 그 자체에 중점을 두어 선박의 운항과 관련하여 책임을 지는 자는 모두 책임제한을 주장할 수 있어야 한다는 데 있다. 그리하여 선박소유자뿐만 아니라, 선박임차인·선박관리인 및 용선자와 같은 선박이용자, 이용관계인 및 기타의 자 등 모든 이해관계인이 책임제한을 주장할 수 있게 되었다.

Ⅱ. 責任制限主體

1. 선박소유자

선박소유자란 자기소유의 선박을 이용하여 해상기업활동을 하고 있는 자, 즉 자선의 장자를 말한다. 선박공유자는 당연히 선박소유자에 포함시킬 수 있다. 선박건조자 또는 선박매도인은 여기서의 선박소유자에 해당하지 않지만, 영리를 목적으로 선박을 임대하는 선박소유자는 책임제한을 주장할 수 있는 선박소유자이다. 국·공유선 이외의 비영리항해선의 소유자도 책임제한을 주장할 수 있다(선박법 제29조).

2. 선박이용자

선박을 소유하지 않으면서 타인의 선박을 이용하여 해상기업을 운영하는 자, 즉 타선의장자도 책임제한을 주장할 수 있다. 선박임차인이 상행위 기타 영리를 목적으로 선박을 항해에 사용하는 경우에는 그 이용에 관한 사항에는 제3자에 대하여 선박소유자와 동일한 권리의무가 있으므로(제850조 제1항) 선박임차인은 당연히 선박소유자와 동일한 책임제한을 주장할 수 있다. 구상법하에서는 특정용선자에 한하여 선박임차인과 동일하게 책임제한을 주장할 수 있는 것으로 보았다. 그런데 개정상법은 용선자·선박관리인 및 선박운항자도 선박소유자의 경우와 동일하게 책임을 제한할 수 있게 하였다(제774조 제1항 제1호).

3. 선박이용관계인

선박소유자 또는 선박이용자가 합명회사나 합자회사인 경우에 그 무한책임사원은 선박소유자의 경우와 동일하게 책임이 제한될 수 있다(제774조 제1항 제2호). 그리고 자기의 행위로 인하여 선박소유자 또는 선박이용자에 대하여 책임제한의 대상인 채권이 성립하게 한 선장·해원·도선사 기타 선박소유자 또는 선박이용자의 사용인 또는 대리인도 동일하게 책임이 제한될 수 있다(제774조 제1항 제3호).

4. 구조자·보험자

선박을 이용하여 구조활동에 종사하는 구조자는 선박소유자 또는 선박이용자의 지위에서 책임이 제한된다고 본다. 구조활동을 장려하는 측면에서도 구조자의 책임은 제한되어야 하기 때문이다. 개정상법은 선박의 이용 여부를 불문하고 해난구조자의 책임도 제한되도록 하는 특별규정을 두고 있다(제775조). 책임보험의 보험자도 책임이 제한될 수 있다.

제 3 관 責任制限債權과 책임제한의 배제

Ⅰ. 序 言

책임제한주체의 책임이 제한될 수 있는 채권은 법정되어 있다. 개정상법은 책임제한이 가능한 채권의 시간적 범위에 관해서는 사고주의를 채택하여 매사고마다 책임제한이 가능하도록 하고 있다. 그러나 피해자를 보호하기 위하여 제한채권의 종류는 대폭 제한하고 책임제한배제채권은 그 종류를 확대하여 제한채권의 범위를 축소하고 있다. 그러면서도 책임제한의 배제사유인 주관적 요건을 엄격히 하여 해상기업의 주체를 보호하고 있다.

책임을 제한할 수 있는 채권에 해당하는 한 청구원인의 여하에 불구하고 선박소유자 등의 책임은 제한될 수 있다(제769조). 즉 책임의 발생원인이 계약 또는 불법행위 기타 법률의 규정인가를 묻지 아니한다.

Ⅱ. 責任制限債權

1. 종 류

(1) 사망 · 신체상해 또는 물건의 멸실 · 훼손

선박에서 또는 선박의 운항에 직접 관련하여 발생한 사람의 사망, 신체의 상해 또는 그 선박 이외의 물건의 멸실 또는 훼손으로 인하여 생긴 손해에 관한 채권(제769조 제 1 호)에 대해 책임을 제한할 수 있다.

(2) 운송지연손해채권

운송물·여객 또는 수하물의 운송지연으로 인하여 생긴 손해에 관한 채권(제769조 제2호)도 책임제한채권으로 된다. 운송물을 인도하기 전의 모든 이행지체가 운송의 지연에 해당한다.

(3) 기타의 손해채권

위 (1)과 (2)의 채권 이외에 선박의 운항에 직접 관련하여 발생한 계약상의 권리 이외의 타인의 권리의 침해로 인하여 생긴 손해에 관한 채권(제769조 제3호)에 대해서도 책임을 제한할 수 있다. 사람의 사망, 신체의 운송의 지연으로 인한 손해가 아니지만 불법행위 기타 법률의 규정에 의해 손해를 배상하여야 하는 경우가 이에 해당한다. 다른 선박의 입·출항을 방해함으로써 생긴 손해 또는 어업권과 같은 타인의 권리를 침해할 경우가 그 예이다.

계약상 권리를 침해하거나 계약상의 채무를 이행하지 않음으로써 생긴 계약상의 손해배상채권은 여기에 해당하지 않는다.

(4) 손해의 방지 · 경감관련채권

위 (1) 내지 (3)의 채권의 원인이 된 손해를 방지 또는 경감하기 위한 조치로 인한 채권 또는 그 조치의 결과로 인하여 생긴 손해에 관한 채권(제769조 제4호)에 대해서도 책임이 제한될 수 있다.

2. 반대채권액의 공제

선박소유자가 책임의 제한을 받는 채권자에 대하여 동일한 사고로 인하여 생긴 손해에 관한 채권을 가지는 경우에는 그 채권액을 공제한 잔액에 한하여 책임의 제한을 받는 채권으로 한다(제771조).

Ⅲ. 責任制限의 배제

1. 責任制限阻却事由

(1) 의 의

책임이 제한되는 채권이라도 특정한 경우에는 책임제한이 인정되지 않는다. 즉 선박소유자 등 책임제한의 주체 자신의 고의로 또는 손해발생의 염려가 있음을 인식하면서 무모하게 한 작위 또는 부작위로 인하여 생긴 손해에 관한 채권인 때에는 책임이 제한되지 않는다(제769조). 이러한 경우까지 선박소유자 등의 책임제한을 인정하는 것은 불합리하기 때문이다.

(2) 내 용

구상법에서는 선박소유자의 고의 또는 과실로 인한 경우에는 책임을 제한할 수 없는 것으로 하고 있었다(구상법 제748조 제 1 호 참조).

그러나 1991년 개정상법에서는 책임조각사유로서 주관적 요소를 고의 또는 손해발생의 염려가 있음을 인식하면서 무모하게 한 행위로 제한하고 있다. 이에 관한 개정상법 제769조는 1976년 조약(제 4 조)의 내용을 그대로 수용한 것이다.

2. 責任制限排除債權

(1) 선장 기타 사용인의 선박소유자에 대한 채권

선장·해원 기타의 사용인으로서 그 직무가 선박의 업무와 관련된 자 또는 상속인·피부양자 기타의 이해관계인의 선박소유자에 대한 채권에 대해서는 책임이 제한되지 않는다(제773조 제 1 호).

이처럼 사용인의 선박소유자에 대한 채권을 책임제한배제채권으로 하는 이유는 선박의 운항과 관련이 있는 피용자를 보호하려는 데 있다. 이러한 채권은 피용자의 인적 손해로 인한 채권 또는 고용계약으로 인한 채권이고 사회정책상 노동재해로 인한 채권 또는 임금채권은 보호되어야 하므로 상법이 이들 사용인의 선박소유자에 대한 채권에 대해서 책임제한을 인정하지 않는 것은 당연하다.

(2) 해난구조 또는 공동해손분담에 관한 채권

해난구조 또는 공동해손분담에 관한 채권은 책임제한채권에서 제외된다(제773조 제 2 호). 해난구조료청구권과 공동해손분담청구권이 이에 해당하는데, 구상법에서는 선가책임주의에 의한 책임제한채권으로 되어 있었다(구상법 제746조 제 6 조·제 7 호 참조).

(3) 유류오염손해와 원자력손해에 관한 채권

1969년 11월 29일 성립한 유류오염손해에 대한 민사책임에 관한 국제조약 또는 그 조약의 개정조항이 적용되는 유류오염손해에 관한 채권과 원자력손해에 관한 채권도 책임제한채권에서 제외하고 있다(제773조 제3호·제5호). 이와 같은 채권을 제외하는 이유는 유류오염손해와 원자력손해에 관한 채권에 대해서는 특별법에 의한 책임제한이 인정되고 있기 때문이다.

유조선 등이 유류를 해상에 유출시킴으로써 막대한 손해를 입히게 되는 유류오염손해에 관해서는 그 책임제한과 손해배상의 확보를 위한 국제조약이 성립되어 있다. 즉 유류오염손해에 관해 선박소유자에게 무과실의 입증책임과 연대책임을 지우고 동시에 책임제한을 규정하고 있는 1969년 조약이 바로 그것이다.

(4) **해난선박 기타 난파물의 인양 등에 관한 채권**

침몰·난파·좌초·유기 기타의 해난을 당한 선박 및 그 선박 내에 있거나 있었던 하물 기타 물건의 인양·제거·파괴 또는 무해조치에 관한 채권도 책임제한채권에서 제외되고 있다(제773조 제4호). 개항질서법·해상교통안전법 등에 의해 선박소유자가 지는 책임이 주로 이러한 채권에 해당한다.

제4관 責任制限金額

I. 序 言

선박소유자 등이 책임제한채권에 대해 책임을 제한할 경우에는 일원화된 금액책임주의에 의하여 일정한 방식에 따라 계산한 금액을 한도로 하여 책임을 진다. 책임제한금액은 손해의 유형에 따라 법정되어 있는데, 여객의 사상손해의 경우에는 선박의 여객운송능력, 즉 승선정원을, 기타 손해의 경우에는 선박의 톤수를 기준으로 하고 있다. 후자의 경우에는 선박톤수가 증가함에 따라 점차 제한금액의 증가비율이 감소하는 체감비례방식이 사용되고 있다. 개정상법은 매사고마다 책임제한금액을 산정하는 사고주의를 취하여 각 책임한도액은 선박마다 동일한 사고에서 생긴 각 책임한도액에 대응하는 선박소유자에 대한 모든 채권에 미치도록 하고 있다(제770조 제2항). 또한 동일한 사고에서 발생한 채권에 대해서는 선박소유자 기타 책임제한주체의 책임제한의 총액이 선박마다 선정한 책임한도액을 초과하지 못하도록 제한하고 있다(제774조 제2항). 책임제한금액의 계산단위로는 변동이 적은 국제통화기금의 특별인출권을 사용하고 있다. 그리고 해난구조의 경우에는 책임제한금액의 산정에 관한 특별규정을 두고 있다.

Ⅱ. 손해의 유형에 따른 責任限度額

1. 여객의 사상손해

여객의 사망 또는 신체의 상해로 인한 손해에 관한 채권에 대한 책임의 한도액은 그 선박의 선박검사증서에 기재된 여객의 정원에 175,000 계산단위를 곱하여 얻을 금액으로 한다(2007년 개정상법 제770조 제 1 호). 상법은 포괄적 책임제한금액을 정하고 있을 뿐이고 피해여객 1인당 운송인의 책임한도액을 정하는 개별적 책임제한제도는 채택하지 않고 있다.

2. 비여객의 사상손해

여객 이외의 사람의 사망 또는 신체의 상해로 인한 손해에 관한 채권에 대한 책임한도액은 그 선박의 톤수에 따라서 1) 3백톤 미만의 선박의 경우에는 16만 7천 계산단위에 상당하는 금액, 2) 5백톤 이하의 경우에는 33만 3천 계산단위에 상당하는 금액, 3) 5백톤을 초과하는 선박의 경우에는 위 2)에 의한 금액에 5백톤을 초과하여 3천톤까지의 부분에 대하여는 매톤당 500 계산단위, 3천톤을 초과하여 3만톤까지의 부분에 대하여는 매톤당 333 계산단위, 3만톤을 초과하여 7만톤까지의 부분에 대하여는 매톤당 250 계산단위 및 7만톤을 초과하는 부분에 대하여는 167 계산단위를 각 곱하여 얻는 금액을 순차로 가산한 금액을 책임한도액으로 한다(제770조 제 1 항 제 2 호).

비여객의 사상손해에 대한 책임한도액이 채권의 변제에 부족한 때에는 후술하는 기타 손해를 위한 책임한도액을 그 잔액채권의 변제에 충당한다(제770조 제 4 항 제 1 문). 이 경우에 동일한 사고에서 기타 손해에 대한 채권도 발생한 때에는 이 채권과 비여객의 사상손해의 잔액채권은 기타 손해를 위한 책임한도액에 대하여 각 채권액의 비율로 경합한다(제770조 제 4 항 제 2 문).

3. 기타 손해

여객 또는 비여객의 사망 또는 신체의 상해 이외의 모든 손해에 관한 채권에 대한 책임의 한도액은 그 선박의 톤수에 따라서 1) 3백톤 미만의 선박인 경우에는 8만 3천 계산단위에 상당하는 금액, 2) 5백톤 이하의 선박인 경우에는 16만 7천 계산단위에 상당하는 금액, 3) 5백톤을 초과하는 선박인 경우에는 위 2)에 의한 금액에 5백톤을 초과하여 3만톤까지의 부분에 대하여는 매톤당 167 계산단위, 3만톤을 초과하여 7만톤까지의 부분에 대하여는 매톤당 125 계산단위 및 7만톤을 초과한 부분에 대하여는 매톤당 83 계산단위를 각각 곱하여 얻은 금액을 순차로 가산한 금액으로 한다(제770조 제1항 제3호).

4. 해양사고구조의 경우

위난에 조우한 선박을 구조한 해양사고구조자는 그 구조활동에 직접 관련하여 발생한 채권에 대한 책임을 제한할 수 있다(제775조 제1항). 개정상법이 해양사고구조자의 책임제한에 대한 규정을 둔 이유는 해양사고구조활동이 선박의 운항과 관련된 행위인가 하는 의문이 제기될 수 있고, 선박을 이용하지 아니한 구조활동도 있을 수 있으므로 이에 관한 분쟁을 방지하려는 데 있다.

해양사고구조자는 구조활동에 직접 관련하여 발생한 채권에 대하여 선박소유자와 동일한 책임제한을 주장할 수 있다. 이 경우 1) 구조활동을 선박으로부터 행한 구조자에 대해서는 여객의 사상손해·비여객의 사상손해 및 기타의 손해로 나누어 책임한도액을 정하는 앞서의 산정방법을 적용한다. 그러나 2) 구조활동을 선박으로부터 행하지 아니한 구조자 또는 구조를 받는 선박에서만 행한 구조자에 대해서는 그 책임한도액에 관하여 천 5백톤의 선박에 의한 구조자로 본다(제775조 제2항).

Ⅲ. 責任制限金額의 산정기준과 총액제한

1. 사고주의

상법은 선박소유자 등의 책임한도액은 매사고가 발생한 때마다 이를 정하는 사고주의를 취하고 있다. 여기서 사고란 하나의 원인에 의하여 시간적으로 인정하여 발생하는 사회통념상의 하나의 사건을 말한다. 법정책임한도액은 선박마다 동일한 사고에서 생긴 각 책임한도액에 대응하는 선박소유자에 대한 모든 채권에 미치며(제770조 제2항, 제775조 제3항도 참조), 동일한 사고에서 발생한 채권은 각 책임한도액에 대하여 각 채권액의 비율로 경합한다(제770조 제4항).

2. 계산단위

선박소유자 등의 책임한도액은 모두 계산단위를 기준으로 한다. 국제통화기금의 특별인출권이란 세계 주요무역국의 통화의 평가가치를 기준으로 하여 그 가치가 정해지는 제도를 말한다. 이와 같이 책임한도액의 계산단위를 특별인출권으로 표시하는 이유는 국내통화로 할 경우에는 통화가치의 변동으로 인하여 책임한도액에 실질적인 변동이 생기고 경우에 따라서는 책임면제와 같은 결과가 생길 수도 있으며, 금프랑으로 할 경우에는 금가치의 변동이 심하기 때문이다.

3. 책임한도액의 산정기준

여객의 사상손해에 관하여는 선박검사증서상의 여객의 정원을 기준으로 하기 때문에 별 어려움이 없다. 그러나 비여객의 사상손해와 기타 손해에 관해서는 선박의 톤수를 기준으로 하기 때문에 선박의 톤수를 정하는 문제가 있다. 상법은 이에 관해 선박의 톤수는 국제항해에 종사하는 선박의 경우에는 선박법에서 정하는 국제총톤수로 하고 기타 선박의 경우에는 선박법에서 규정하는 총톤수로 하도록 하고 있다(제772조).

4. 책임제한금액의 총액제한

동일한 사고에서 발생한 모든 채권에 대한 선박소유자·용선자 기타 책임제한주체에 의한 책임제한의 총액은 선박마다 정하는 책임한도액을 초과하지 못한다(제774조). 따라서 해사채권자가 각 책임제한주체를 상대로 청구를 하는 경우에도 선박소유자의 책임한도액을 초과하여 배상받을 수 없다.

제 5 관 責任制限의 절차와 효과

I. 責任制限의 절차

개정상법은 책임제한제도의 실질적인 운용을 쉽게 하기 위하여 책임제한의 절차에 관한 규정을 신설하였다. 신설된 규정에 따르면 책임을 제한하고자 하는 자는 채권자로부터 책임제한액을 초과하는 청구금액을 명시한 서면에 의한 청구를 받은 날로부터 1년 내에 법원에 책임제한절차 개시신청을 하여야 하고(제776조 제1항), 이 경우 책임제한주체 중 어느 1인이 책임제한절차개시의 결정을 받은 때에는 다른 사람도 이를 원용할 수 있다(제774조 제3항). 그러나 책임제한절차개시의 신청, 책임제한기금의 형성·공고·참여·배당 기타 필요한 사항은 따로 법률로 정하도록 하고 있다(제776조 제2항). 이에 따라 상법개정과 동시에 선박소유자 등의 책임제한절차 등에 관한 법률이 제정되었다(1991. 12. 31. 법 제4471호).

Ⅱ. 責任制限의 효과

선박소유자 등 책임제한의 주체는 동일한 사고에서 발생한 모든 책임제한채권에 대하여 책임한도액으로 책임을 제한할 수 있다. 선박소유자 등의 신청에 의하여 법원이 책임제한절차의 개시 및 법정책임한도액과 이에 대한 이자의 공탁을 명령하게 되면 제한채권자는 책임제한기금에 대해서만 권리를 행사할 수 있게 된다. 동일한 사고에서 발생한 채권은 그 금액의 비율로 경합하기 때문에 각 채권자는 책임제한기금의 채권총액에 대한 비율로 감액된 금액의 배당을 받게 된다. 또는 동일사고에서 발생한 모든 채권에 대한 선박소유자·용선자 기타 책임제한주체의 책임제한의 총액은 선박마다 정한 책임한도액을 초과하지 못하기 때문에 제한채권자가 다수의 책임제한주체를 선택하더라도 그 이상으로 변제를 받지는 못한다. 채권자는 물론 먼저 자기의 채권의 존재를 증명하여야 한다.

선박소유자 등의 책임이 포장당 또는 선적단위당 책임제한에 의하여 개별적으로 제한되는 경우에는(제797조 제1항~제3항) 이에 따라 제한한 금액에 대해 다시 포괄적인 책임제한을 주장할 수 있다(제797조 제4항).

제 3 장
海上運送契約

제 1 절 總　　說

해상운송이란 호천·항만을 제외한 해상에서 행하는 물건 또는 여객의 운송을 말한다. 해상운송은 운송이라는 점에서 육상운송과 공통되기 때문에 육상운송에 관한 규정이 많이 준용되지만(제815조), 선박을 운송수단으로 하여 해양을 항로로 한다는 점에서는 육상운송과 다른 성질을 띠므로 해상운송에 대해서는 해상편 제 2 장에 특별한 규정을 두고 있다.

제 1 관 海上運送契約의 의의

해상운송계약이란 해상에서 선박에 의하여 물건 또는 여객을 운송하는 것을 인수하는 계약이다.

(1) 해상운송계약은 해상에서 하는 운송계약이다. 여기서 해상이라 함은 호천·항만을 재외한 수역이다. 따라서 호천·항만에서 이루어지는 내수운송은 상법상 육상운송에 속한다(제125조).

(2) 선박이라는 특수한 운송수단에 의하는 운송계약이다. 이것도 역시 육상운송과 구별되는 점이다.

(3) 해상운송계약은 해상에서 선박에 의하여 물건 또는 여객을 운송하는 것을 인수하는 계약이므로, 해상운송에서는 특정 항구에서 다른 특정 항구로 장소적 이전이 있게 된다.

해상물건운송계약으로는 용선계약과 개품운송계약이 행하지고 있다. 이 때의 용선계약에는 항해용선계약뿐만 아니라, 기간용선계약도 포함된다.

제 2 관 海上運送契約의 성질

해상운송계약은 육상운송계약과 마찬가지로 당사자의 일방이 상대방에 대하여 물건 또는 여객의 장소적 이전을 약속하고 상대방이 이에 대해 보수를 지급할 것을 약정하는 것으로서 민법의 도급계약에 속한다.

또 해상운송계약은 낙성·불요식계약으로서 당사자 사이에 운송인수의 합의가 있으면 다른 절차나 형식 없이 성립하며, 원칙적으로 유상계약이다.

제 2 절 海上物件運送契約

제 1 관 海上物件運送契約의 의의

해상물건운송계약이란 해상에서의 선박에 의한 물건의 운송을 인수하는 계약이다. 이것은 해상운송계약의 일종으로서 운송의 대상이 여객이 아니라, 물건이라는 점에서 해상여객운송계약과 다르다. 물건의 의의는 육상운송의 경우와 같은데, 상법은 물건운송계약의 목적물을 운송물(제800조)·적하(제697조 등)·하물(제699조 등) 등으로 표현하고 있다.

제 2 관 海上物件運送契約의 종류

해상물건운송계약은 운송방법에 따라 용선계약과 개품운송계약으로 구별된다. 그 밖에 재운송계약·복합운송계약 등의 특수한 해상물건운송계약이 있다.

Ⅰ. 傭船契約

1. 의 의

용선계약이란 해상운송인인 선박소유자 등이 선박의 전부 또는 일부의 선복을 운송을 위하여 제공하여 그 선적된 물건을 운송할 것을 약속하고, 상대방인 용선자는 이에 대하여 보수인 운임을 지급할 것을 약속하는 운송계약으로서 선복이용계약이라고 한다.

2. 종 류

(1) 전부용선과 일부용선

운송에 제공되는 선복이 선박의 전부인가, 일부인가에 의한 구별이다. 상법은 전부용선과 일부용선을 구별하는 규정을 두고 있는데(제832조, 제833조), 후자는 실제로 거의 이용되지 않고 있다.

(2) 항해용선과 기간용선

용선계약의 존속이 특정한 항해에 한정되는 것을 항해용선이라 하고, 특정기간에 한정되는 것을 기간용선이라고 한다.

항해용선계약은 선박의 제공자가 용선자에 대하여 특정한 일항해를 단위로 하여 선복의 전부 또는 일부를 제공하는 운송계약이다. 일정 기간 내의 수차에 걸친 항해가 약정되는 연속항해용선계약도 항해용선계약의 한 형태이다. 항해용선계약은 법률상으로는 단순한 운송계약의 일종으로 선박소유자가 선박의 운항·관리권과 선장·해원의 선임·감독권을 가지며, 선박자본비용 이외에 항비, 연료비, 도선료, 예선료, 보험료, 수선·보수비용 등의 비용을 부담하고 제 3 자에 대하여 권리·의무를 갖는다. 이 점에서 항해용선계약은 선박의 점유가 선박소유자로부터 선박임차인으로 이전되어 선박임차인이 운송기업의 주체로서 선박의 이용과 관련하여 제 3 자에 대하여 선박소유자와 동일한 권리·의무를 갖는 선박임대차계약과 완전히 구별된다.

기간용선계약이란 일정 기간에 걸치는 운송을 약속한 용선계약을 말하는데, 이것은 현재 거의 이용되지 않고 있으며, 대신에 용선자의 지배권이 극도로 강화된 정기용선계약의 형태로 이용되고 있다.

Ⅱ. 個品運送契約

개품운송계약이란 운송인이 선박소유자 등이 개개의 물건운송을 인수하고, 상대방인 송하인은 이에 대하여 보수를 지급할 것을 약속하는 운송계약을 말한다. 개품운송계약은 주로 일정한 항해구역에 있는 여러 항구를 계획된 운항표에 따라서 정기적으로 운항되는 컨테이너선과 같은 정기선운송에서 이용된다고 한다. 또한 개품운송계약은 용선계약과는 달리 화물의 종류·수량·용적·중량 등 운송물의 개성이 중시되는 반면에 선박의 개성은 문제되지 아니한다. 따라서 선하증권에 대선약관·환적약관 등이 기재되는 경우가 많다. 대선약관은 운송물의 적재가 예정되어 있는 선박 대신에 운송인이 소유하거나 용선한 다른 선박에 선적하여 임의로 이를 운송할 수 있음을 약정하는 약관이고, 환적약관은 현재 선적되어 있는 화물을 운송인이 소유하거나 또는 용선한 다른 선박에 선적하여 운송할 수 있는 권리를 유보한 약관이다.

Ⅲ. 재운송계약·통운송계약·복합운송계약

1. 재운송계약

용선계약의 용선자는 빌린 선복에 자신의 화물을 싣지 않고 제 3 자와 용선계약 또는 개품운송계약을 체결할 수 있다. 여기서 용선자가 체결하는 제 2 의 운송계약을 재운송계약, 용선자가 선박소유자와 체결한 제 1 의 운송계약을 주운송계약이라고 한다. 재운송계약은 주운송계약의 용선자가 선박소유자에 대하여 지급하는 용선료와 재운송계약의 상대방으로부터 수령하는 용선료 또는 운임간의 차액을 취득할 목적으로 하는 경우가 많다.

재운송계약이 체결된 경우 선박소유자와 용선자의 관계는 용선계약서가 정하는 바에 따른다.

2. 통운송계약

하나의 운송계약에 수인의 운송인이 관여하는 경우에 이 계약을 통운송계약(또는 연락운송계약)이라고 한다. 통운송은 19세기 중엽 이래 국제거래의 발달과 정기항해의 발달에 따라 널리 행해졌는데, 통운송에 의하면 송하인은 1인의 운송인을 상대로 하나의 계약을 체결하면 되므로 환적할 때마다 계약을 체결하는 수고와 비용을 절약할 수 있고, 발송지로부터 도달지까지의 확정운임을 알 수 있어서 신속한 거래가 가능하게 된다. 통운송은 부분운송, 동일운송, 연대운송으로 나누어 볼 수 있다.

3. 복합운송계약

통운송 중에서 다른 운송수단의 결합에 의하여 이루어지는 통운송을 복합운송이라고 한다. 이에 반하여 수인의 운송인이 담당하는 각 운송구간의 운송이 모두 동일한 운송수단에 의하여 이루어지는 통운송을 단순통운송이라고 한다. 컨테이너와 같은 획기적인 운송용구를 매개로 한 국제복합운송은 가장 전형적이며 동시에 현대적인 통운송의 형태이다.

오늘날 컨테이너에 의하여 해상운송과 육상운송, 해상운송과 항공운송이 결합된 복합운송이 국제운송의 대부분을 이루고 있는 상황에서 이를 통일적으로 규율할 법제의 필요성이 증가되어 왔다. 또한 UNCITRAL은 새로운 "운송조약" 초안을 작성하여 그 제정을 추진하고 있는바, 이 초안에서는 그 적용범위를 "문전에서 문전으로(door to door)"로 정하고 있으므로 필수적으로 복합운송이 관련되고 있다. 복합운송은 육상, 항공 등 다른 운송구간과 결합된 것이므로 이는 논리상 상법 총칙편에 규정하는 것이 당연하지만, 상법에 아직 항공운송에 관한 규정이 없고 우리나라의 지정학적 위치가 아직 대부분의 복합운송이 해상운송에 부수하여 이루어지는 점을 고려하여 이를 해상편에 도입하기로 한 것이다. 1992년 FIATA약관, 1980년 국제복합운송에 관한 UN협약, 독일 등 외국의 입법례를 참조하여 원칙적으로 운송인은 손해가 발생한 운송구간에 적용될 법에 따라 책임을 지고, 어느 운송구간에서 손해가 발생하였는지 불분명한 경우 및 손해의 발생이 성질상 특정지역으로 한정되지 아니하는 경우에는 주된 운송구간에 적용될 법에 따라 운송인의 책임을 정하도록 하며, 주된 운송구간은 운임, 운송거리 등을 참작하여 법원이 정하도록 하였다(법무부 개정이유서, 22~23쪽).

2007년 8월 3일 개정상법 제816조에 따르면, 복합운송인은 사고가 해상에서 발생하였으면 해상운송법을 적용받고 그에 따른 책임을 부담하고, 육상에서 발생하였으면 육상운송법의 적용을 받게 된다. 원래 법무부의 입법예고안에 따르면, 어느 운송구간에서 사고가 발생하였는지 다툼이 있게 되면 이제 법원이 주된 운송구간이 어느 것인지를 판단하게 되고 그에 따라 주된 운송구간이 육상이었다는 판단이 있으면 육상운송규정이 적용되도록 되어 있었다. 그런데 논의과정(김인현, 법무부 상법해상편 복합운송 신설안에 대한 수정의견, 2007. 4. 23. 14면 등 참조) 및 국회의 입법조사활동과 간담회를 거치면서 사고불명구간의 문제는 예측가능성을 떨어뜨린다는 지적이 강하게 제기되었다. 해상운송법이 적용되어야 한다는 다수견해가 있었지만, 법사위에서는 합의안의 형식으로 운송구간의 거리가 긴 쪽의 법이 적용된다고 수정하게 되었다. 이와 같이 복합운송에 관한 개정내용은 「1980년 국제복합운송에 관한 국제연합협약」 등을 참조하여 원칙적으로 복합운송인은 손해가 발생한 운송구간에 적용될 법에 따라 책임을 지도록 하되, 손해발생구간이 불분명한 경우에는 운송거리가 가장 긴 구간에 적용되는 법에 따라 책임을 정하도록 하고, 운송거리가 같거나 가장 긴 구간을 정할 수 없는 경우에는 운임이 가장 비싼 구간에 적용되는 법에 따라 책임을 지도록 하는 내용의 복합운송인의 책임에 관한 규정을 마련한 것이다(제816조).

Ⅳ. 기타의 운송계약

1. 계속운송계약

계속운송계약이란 해상운송인이 송하인에 대하여 일정한 기간 동안 일정한 운임률로써 일정한 종류의 적하의 불특정 다수량을 수시로 그리고 부분적으로 계속하여 운송할 것을 약속하고, 그 매회의 적하의 수량·선적의 때와 장소·양륙항 등의 결정을 송하인에게 유보하는 계약을 말한다.

2. 혼합선적운송계약

혼합선적운송계약이란 해상운송에서 서로 다른 용선자 또는 송하인이 자기의 적하를 다른 동종·동질의 운송물과 혼합하는 것을 승인하고 체결하는 계약을 말한다. 이것은 산화선적운송계약이라고도 하며, 곡물·원유 등의 운송에 많이 이용된다. 이에 따라서 운송인으로서는 운송물의 보관·관리를 단일화할 수 있고 용선자 또는 송하인으로서는 낮은 운임으로 운송할 수 있다는 이점이 있다.

제3관 海上物件運送契約의 성립

Ⅰ. 契約의 당사자

해상물건운송계약의 당사자에는 운송인수인으로서 선박소유자·선박임차인·정기용선자 등의 해상운송인과 그 상대방인 용선자 또는 송하인 등의 운송위탁자가 있다.

그 밖에 계약의 당사자는 아니지만 계약에 관계되는 자로서 운송주선인 · 선적인 · 송하인 · 통지수령인 등이 있다. 운송주선인에 대해서는 상법 제114조 이하의 규정이 적용된다.

Ⅱ. 계약의 체결

해상물건운송계약은 낙성 · 불요식계약으로서 원칙상 청약과 승낙만으로 성립한다. 물론 용선계약에서는 상대방의 청구에 의하여 운송계약서를 교부하여야 하지만(제828조), 이 계약서는 단순한 증거증권에 불과하다. 그러나 대부분의 해상물건운송계약은 당사자가 보통 운송계약을 체결할 때 약관을 특정하고 그것을 계약내용으로 편입하는 취지의 합의를 하므로, 부합계약으로 행해진다. 항해 용선계약의 표준서식으로는 건화물의 경우에는 GENCON, 목림의 경우에는 BEIZAI 91, 석탄의 경우에는 AMWE1SH 93, 유류의 경우에는 EXXONVOY 90, SHE11VOY 등이 있다. 또한 용선계약이든 개품운송계약이든 일반적으로 유가증권인 선하증권이 발행되는데(제852조), 개품운송계약의 내용은 오로지 이것에 의하여 규율되는 경우가 많다.

제 4 관 海上物件運送契約의 효력

Ⅰ. 해상물건운송인의 의무

해상물건운송계약이 성립하면 해상운송인은 운송물을 수령하여, 보관하고 이를 선적한 뒤에 지체없이 발항하여 운송을 실행하고 목적지에서 운송물을 양륙하여 이를 인도할 의무를 진다. 이러한 해상운송인의 이행의무에 대해서는 보통거래약관이나 상관습이 상당히 중요한 구실을 하고 있으며 실제로 법률관계의 많은 부분이 이것들에 의해 해결되고 있다. 따라서 상법규정은 원칙적으로 임의규정으로서 당사자의 의사가 불분명한 경우에 보충적으로 적용된다.

1. 선적에 관한 의무

(1) 선박회항의무

선박이 계약 당시에 선적항에 있지 아니한 때에는 해상운송인은 용선자 또는 송하인에 대해 운송계약의 취지에 적합한 선박을 선적항에 회항시키고 특약 또는 항구의 관습에 따라 정해지는 계류장에 선박을 정박시킬 의무가 있다. 해상운송인의 회항의무에 위반한 때에는 면책의 특약이 없는 한 채무불이행에 따른 책임을 진다. 선박의 제공은 정기선의 경우에는 운항계획에 따르지만 용선계약에서는 용선자가 선적항지정권을 갖게 되므로 해상운송인으로서는 그 지정항에 지체없이 선박을 회항시킬 의무를 지게 된다.

(2) 선적준비완료 통지의무

용선계약의 운송인은 선박이 운송계약상 정해진 선적항의 계류장에 도착하여 선적준비가 완료된 때에는 지체없이 용선자 또는 지정선적인에 대하여 그 통지를 발송하여야 한다(제829조 제1항, 제830조 제1문). 이를 선적준비완료 통지라고 하며, 이 통지는 선적기간을 산정할 때 기초가 된다. 이는 양륙에 대해서도 마찬가지라고 할 수 있다(제838조 참조). 선적항(또는 양륙항)이 복수인 경우에는 그 통지는 최초의 항구에서 하는 것으로 족하다. 선적준비완료의 통지를 받은 용선자 또는 지정선적인은 일정한 선적기간 내에 운송물을 선적할 의무가 있다(제829조 제2항, 제830조 제2문).

(3) 대박의무

용선계약에서 운송인은 선적준비완료통지를 발송한 때로부터 운송계약에서 약정한 선적기간 동안 선박을 정박시켜 선적을 기다려야 한다.

이를 대박의무라고 하고, 선적기간(제829조 제2항)과 양륙기간(제838조 제2항)을 합쳐서 정박기간이라 한다.

용선계약 및 개품운송계약을 불문하고 선박의 가동효율을 높이는 것이 선박소유자에게 최대의 관심사임은 말할 필요도 없다. 물론 해양운행 중의 지체로 인하여 발생하는 손실은 오로지 선박소유자의 부담으로 되는 것이 보통이지만, 선박이 선적내지 양륙을 위해 항구 내에 정박할 때의 지체로 인해 발생하는 위험은 선박소유자와 용선자·하주 사이에서 다양한 방법으로 분담하게 된다. 항해용선에서 정박기간 및 체선료가 실제상 중요한 문제가 되는 것은 이러한 사정에 따른 것으로, 상법도 이에 대해 약간의 규정을 두고 있다(제829조, 제830조, 제792조).

용선계약에서 정박기간에 대해서는 특별히 보수를 지급할 필요가 없다. 그러나 약정된 정박기간 내에 선적이 끝나지 않아 그 후 용선자(수하인)가 운송물을 선적한 때에는 특약이 없어도 그 초과정박기간에 대해 용선자는 상당한 보수를 지급하여야 한다(제829조 제 3 항). 이 상당한 보수를 체선료라고 하며, 일반적으로 용선계약에서 일일당 금액이 약정된다. 체선료의 지급에 관하여 약정이 있는 이상 운송인은 지연된 기간 동안 계속 선박을 정박시킬 의무가 있으나, 무제한적 체선은 운송인의 이익을 해치기 때문에 체선료지급에 따른 허용정박기간이 미리 약정되는 경우가 있다. GENCON FORM은 이를 10일로 하고 있다(제 7 조, 스칸디나비아 국가들의 해법전은 체선기간을 정박기간의 2분의 1로 법정하고 있다). 그리고 체선료를 지급할 것을 조건으로 허용된 기간까지도 넘어 선박이 여전히 정박할 때에는 운송인은 용선자에 대해 체선손해금을 청구할 수 있다.

그런데 체선료의 법적 성질에 대해서는 이를 손해배상으로 보는 견해와 법정 특별보수로 보는 견해가 크게 대립하고 있는 외에 절충설이라고 볼 수 있는 몇몇 소수설도 등장하고 있다.

1) 손해배상설

운송인은 용선자 · 송하인(수하인)에 의한 운송물을 선적 · 양륙을 기다려 운송계약상의 채무를 완전하게 이행할 수 있기 때문에 용선자는 선적 · 양륙의무를 부담하고, 그 의무의 불이행은 일반의 채무불이행으로 되어 당연히 연체의 책임을 발생시킨다. 따라서 초과정박기간에 대해 지급되는 체선료는 손해배상의 성질을 가지므로 당사자간의 특약한 체선료의 성질은 손해배상액의 예정이라고 한다.

2) 특별보수설

용선자의 선적 · 양륙의무는 진정한 의무가 아니며 그 불이행에 의해 용선자가 법률상의 불이익을 받는 데 지나지 않고(제831조 제 2 항, 제836조), 초과정박기간중에 운송인이 부담하는 선원의 급료 · 식비 · 정박비용의 지출 등은 용선료에 포함되지 않으므로, 이는 법이 형평의 관점에서 인정한 특별보수라고 한다.

3) 절 충 설

그 외에 체선료를 당사자의 특약에 의해 정박한 경우와 그렇지 않은 경우로 구별하여 전자의 경우에는 보수로서 그 금액은 계약에서 정해지며, 후자의 경우에는 손해배상으로서 배상액의 범위는 통상 발생하는 모든 손해에 의한다는 설 등이 있다.

생각건대 용선자의 선적의무는 이른바 진정한 의무는 아니고, 체선료의 지급은 손해의 발생을 조건으로 하지 않으며, 또한 운송인이 실제로 받은 손해에 따라 산정된다는 점, 초과정박기간에 대해 당사자간의 특약이 있는 경우에 용선자 등이 갖는 그 기간 중 선박을 정박시킬 권리에 대응하여 운송인에게 지급되는 보수를 손해배상이라고 할 수 없다는 점 등의 이유로 손해배상설은 부당하며 결론적으로 법정보수설이 타당하다고 본다. 판례도 같은 견해를 취하고 있다.

물론 선박의 직접·간접비용을 보충하는 것으로서, 특약이 없더라도 당연히 발생하는(제829조 제2항, 제838조 제3항) 체선료는 운임과는 다른 것이다.

(4) 운송물 수령 · 선적의무

해상운송인은 계약에 따라 인도된 운송물을 수령하여 선박에 싣고 적당하게 선창에 적부할 의무가 있다. 그러나 법령에 위반된 물건은 선적할 수 없으며 운송계약에서 정한 운송물 이외의 물건에 대해서도 선적의무는 없다(제800조). 법령에 위반된 물건에는 마약·무기 등과 같이 소지나 보관 자체가 위법한 물건은 물론, 허가 기타 절차를 밟지 아니하면 운송할 수 없는 물건도 포함된다. 법령 또는 계약에 위반하여 선적한 운송물은 선장이 이를 언제든지 양륙할 수 있고, 그 운송물이 선박 또는 다른 운송물에 위해를 미칠 염려가 있는 때에는 이를 포기할 수 있다(제800조 제1항). 그럼에도 불구하고 위의 물건을 운송하는 때에는 선장은 선적한 때와 곳에서의 동종 운송물의 최고운임의 지급을 청구할 수 있으며(제800조 제2항), 운송인 기타 이해관계인은 채무불이행 또는 불법행위를 원인으로 용선자 또는 송하인에 대하여 손해배상을 청구할 수도 있다(제800조 제3항). 그 외에 운송인이 위험한 물건을 선적한 경우에는 운송이 그 성질을 모르고 선적한 경우뿐만 아니라, 그 성질을 알고 선적한 경우에도 그 운송물이 선박이나 다른 운송물에 위해를 미칠 위험이 있는 때에는 선장은 언제든지 이를 양륙·파괴 또는 무해조치할 수 있다(제801조 제1항). 운송인은 위험물의 처분으로 인하여 그 운송물에 발생한 손해에 대하여는 공동해손분담책임을 제외하고 그 배상책임도 면한다(제801조 제2항).

(5) 선하증권 교부의무

해상물운송계약에 기초하여 해상운송인이 운송물을 수령하거나 선적한 때에는 해상운송인·선장 또는 해상운송인의 대리인은 용선자 또는 송하인의 청구에 의하여 1통 또는 수통의 수령선하증권 또는 선적선하증권을 작성·교부하여야 한다(제852조). 그러나 해상운송인은 선적선하증권을 교부하는 대신에 수령선하증권에 선적의 뜻을 표시하여 교부할 수 있다.

2. 항해에 관한 의무

(1) 서 언

운송물을 신속하고 안전하게 목적항까지 운송할 것을 목적으로 하는 항해에 관한 의무는 해상운송계약에서 운송인의 의무 가운데 가장 주된 의무라고 할 수 있다. 해상운송계약이 성립하면 운송인은 선박의 감항능력을 충분히 갖추고, 선적이 완료되는 대로 지체없이 발항하여 상당한 속도로 목적항까지 직진하여야 하며, 그 동안 운송물을 안전하게 보관할 의무를 진다.

(2) 감항능력 주의의무

1) 의 의

해상운송은 육상운송과는 달리 고도의 위험성을 수반하므로 상법에서는 해상운송인에게 특별한 주의의무를 부과하고 있다. 즉 해상운송인은 용선자나 송하인에 대하여 운송에 사용되는 선박을 제공함에 있어 그 선박이 목적항까지 안전하게 항해할 수 있도록 선적항 발항 당시에 상당한 주의를 다하여야 한다. 이러한 운송인의 의무를 감항능력 주의의무라고 한다.

2) 법적 성질

1924년 헤이그규칙에서는 선박소유자의 절대책임주의를 폐지하고 과실책임주의를 채택하였다. 즉 해상운송인은 선박의 감항능력에 관하여 상당한 주의를 다하였지만, 불감항사실로 인해 손해가 발생하였더라도 책임을 지지 않게 되었다. 헤이그규칙이 성립된 이후 각국이 이를 그대로 채택하여 감항능력에 관한 많은 나라의 입법이 통일되었다. 현행 상법도 헤이그규칙을 그대로 받아들였으며, 그 표현도 구상법 제738조의 감항능력 담보의무 대신에 현행 상법 제794조의 감항능력 주의의무라고 하여 과실책임임을 명백히 하고 있다.

3) 감항능력의 내용

상법은 헤이그규칙의 내용을 그대로 받아들이고 있다(동 규칙 제 2 조 제 1 항). 즉 선박이 감항능력을 갖추기 위해서는 (ㄱ) 선박이 안전하게 항해할 수 있는 상태에 있어야 하고(협의의 감항능력), (ㄴ) 선원의 승선 · 선박의장과 필수품의 보급이 필요하고(운항능력), (ㄷ) 선창 · 냉장실 기타 운송물을 적재할 선박의 부분을 운송물의 수령 · 운송과 보존을 위하여 적합한 상태에 두어야 한다(감항능력)(제794조).

(가) **선체능력** 해상운송인은 선박이 안전하게 항해할 수 있도록 하여야 한다(제794조 제 1 호). 이러한 의미에서 감항능력은 선박 자체의 양호한 상태, 즉 물리적 감항능력을 뜻한다. 선령·선급·구조 등이 특정 항해를 하는 데 적합하여야 한다.

(나) **운항능력** 해상운송인은 선박이 특정 항해를 수행하는 데 필요한 모든 인적·물적 설비를 갖추어야 한다. 즉 필요한 선원이 승선하여야 하고, 선박의 의장 및 필수품의 보급이 요구된다(제794조 제 2 호).

필요한 선원의 승선이란 당해 항해에 필요한 인원수의 선원을 승선시켜야 한다는 것뿐만 아니라, 당해 항로와 선박 및 해상운송에 경험이 있고 적당한 선장 기타의 법적 자격을 갖춘 선원을 승선시켜야 한다는 것을 뜻한다. 부적격한 선원의 승선, 건강불량·음주 기타 악병이 있는 선장의 승선은 일반적으로 감항능력 주의의무위반으로 보아야 할 것이다.

(다) **감항능력** 선박은 효율적인 운송수단인 동시에 안전한 화물창고이어야 한다. 즉 선박은 안전하게 항해할 수 있도록 화물을 적재하여야 하고 일정한 설비를 갖추어야 한다. 특별한 물건을 운송하는 때에는 그에 필요한 시설과 장비도 갖추어야 한다. 예컨대 선창·냉장실 기타 운송물을 적재할 선박의 부분을 운송물의 수령·운송과 보존을 위하여 적합한 상태에 두어야 한다(제794조 제 3 호). 이를 감항능력이라고 한다.

4) 감항능력 주의의무의 시기

해상운송인이 선박의 감항능력에 관하여 상당한 주의를 하여야 할 시기는 발항당시이다(제794조 본문). 이는 헤이그규칙의 「before and at the beginning of the voyage」를 따른 것으로(동 규칙 제 3 조 제 1 항), '발항당시'란 선적항에서 운송물을 선적한 때부터 선박이 선적항을 발항할 때까지를 말한다. 선박이 발항한 이상 그 선박은 오로지 선장의 지휘하에 있게 되므로 운송인은 자신이 실행하여야 할 의무로부터 해방되어야 하기 때문이다. 운송물은 선적시부터 해상위험에 놓이게 되므로, 예컨대 선적 후 발항 전에 항내의 파도나 침수 등의 통상의 해상위험으로 인해 운송물에 손해가 생긴 때에는 발항시에 감항능력이 있었다 하더라도 해상운송인은 손해에 대한 책임이 있다.

5) 감항능력에 관한 주의의 정도

이에 대하여 상법 제794조는 단순히 '주의'라고 하고 있으나, 헤이그규칙을 그대로 국내 입법한 상법에서도 통일조약상의 '상당한 주의'로 해석하여야 한다. 여기서 상당한 주의란 상법 제794조의 각호에 대한 선량한 관리자로서의 주의를 말한다.

6) 입증책임

해상운송인은 감항능력 주의의무위반으로 인한 운송물의 손해에 대하여 자기 또는 그 사용인이 발항 당시 선박의 감항능력을 확보하기 위하여 상당한 주의를 다하였다는 것을 증명하지 않으면 그 책임을 면할 수 없다(제794조 본문). 즉 입증책임은 운송인에게 있다. 이는 채무불이행에 관한 입증책임분배의 일반원칙에 비추어 당연한 것이다. 손해발생의 원인이 항해상의 과실을 비롯한 법정면책사유의 기타 약정면책사유에 해당하더라도 감항능력 주의의무위반이 있으면 그 효력이 발생할 수 없다(제796조, 제799조). 이 때 운송인은 선박의 감항능력을 확보하기 위하여 모든 점에서 상당한 주의를 다하였음을 증명할 필요는 없고, 오직 운송물의 손해를 야기한 불감항사실에 대해서만 상당한 주의를 다하였다는 것을 증명하면 족하다.

7) 의무위반의 효과

해상운송인이 감항능력 주의의무에 위반하여 운송물에 손해가 생긴 때에는 이를 배상할 책임이 있다. 이 때에도 운송인이 배상책임을 지는 것은 운송물의 멸실·훼손 또는 연착으로 인한 손해에 한한다. 상법 제794조는 강행규정이므로 운송계약 당사자간에 그 주의의무나 책임을 경감 또는 면제하는 특약을 하더라도 효력이 없으며, 운송물에 관한 보험의 이익을 운송인에게 양도하는 약정 또는 이와 유사한 약정도 마찬가지이다(제799조 제 1 항). 해상보험자는 감항능력 주의의무위반으로 인한 손해에 대하여는 보상책임도 부담하지 않는다(제706조 제 1 호).

(3) 발항의무

운송물의 선적이 완료된 후에 운송인은 지체없이 발항하여야 한다. 발항의 시기는 보통 계약에 의하여 정하여지나 정기선의 경우에는 미리 공표된 시간표에 따른다. 해상운송인은 선적기간 내에는 선박을 정박시킬 의무가 있으나, 이 기간이 경과하면 언제라도 선박을 발항시킬 수 있다(제831조 제 2 항).

그러나 이상의 원칙에 대해서는 다음과 같은 특칙이 있다. 우선 선적기간의 경과 전에도 전부용선의 경우에 용선자가, 일부용선의 경우에 용선자 전원이 운송인에 대해 일부를 적재하지 않은 채로 발항할 것을 청구할 때에는 해상운송인은 선박을 발항시켜야 한다(제831조 제1항, 제833조 제3항). 이 경우 용선자 또는 송하인은 운임의 금액과 운송물의 전부를 선적하지 않았기 때문에 발생한 비용을 지급하여야 하고 해상운송인의 청구가 있으면 상당한 담보도 제공하여야 한다(제831조 제3항, 제833조 제2항). 한편 개품운송에서는 송하인이 일정한 때와 곳에서 운송물을 제공하지 아니한 경우에 선장은 즉시 발항할 수 있으며, 또는 송하인에 대해 운임 전액의 지급을 청구할 수 있다(제792조 제2항).

(4) 직항의무

해상운송인은 발항 후에는 예정된 항로의 변경, 즉 이로(離路)하지 않고 상당한 속력으로 도착항까지 직항하여야 한다(선원법 제8조 참조). 이로는 흔히 운송물의 지연이나 해상위험의 증대를 초래하는 원인이 되기 때문이다. 단 해상에서 인명이나 재산의 구조행위 또는 기타 정당한 이유로 인한 이로는 허용된다(제796조 제8호; 선원법 제8조; 헤이그규칙 제4조 제4항). "정당한 이유로 인한 이로"가 어떠한 것인가는 결정하기 어려운 문제로, 일반적으로 관습, 지리적 조건, 운송물의 성질, 운송조건 등의 구체적 사정을 고려하여 사례에 따라 결정할 수밖에 없다.

(5) 보관 · 운송의무

해상운송인은 운송을 인수한 자로서 운송물을 수령한 때부터 인도할 때까지 선량한 관리자의 주의로써 이를 보관할 의무를 진다.

운송물의 보관방법에 대해 특별한 약정이 있으면 물론 그 방법에 따라야 한다. 또한 해상운송인은 송하인 또는 선하증권소지인의 지시에 따라 운송의 중지 · 운송물의 반환 기타 처분을 할 의무가 있다(제815조, 제139조 제1항).

그 외에 법령에 위반하거나 계약에 의하지 않고 선적한 운송물은 선장이 이를 양륙 · 포기할 수 있으며(제800조 제1항), 위험성이 있는 운송물에 대해서도 해상운송인은 이를 양륙 · 파괴 또는 무해조치할 수 있다(제801조 제1항).

3. 양륙에 관한 의무

선박이 목적항에 도착하면 운송인은 운송물을 양륙하여 인도하여야 한다. 운송물의 양륙과 인도는 선적항에서의 운송물의 선적과 수령에 대조되는 행위이며, 그 법률관계도 서로 유사한 점이 많다.

(1) 운송물의 양륙의무

해상운송인은 우선 선박을 운송계약상 예정된 양륙항 또는 용선자가 지정하는 양륙항에 입항시킬 의무가 있다. 선박이 양륙항에 도착하면 운송물을 양륙하고 수하인 또는 용선자에게 인도하게 된다. 양륙은 해상운송인의 운송계약상의 책임의 분기점을 이루는 것으로 양륙형태는 선적의 거의 반대로 보아도 좋다. 따라서 여기서는 양륙에만 인정되는 특색을 최소한으로 설명하는 데 그친다.

양륙의 방법에는 일반양륙과 자가양륙이 있고, 양륙작업이 보통 전문양륙대리업자에 의해 행해진다는 점은 선적의 경우와 같다. 용선계약의 경우에는 선적시와 마찬가지로 양륙준비의무·대박의무·양륙의무가 인정된다. 즉 운송물 양륙에 필요한 준비가 완료된 때에는 선장은 지체없이 송하인에게 그 통지를 발송하여야 한다(제838조 제 1 항).

개품운송계약의 경우에는 운송인이 수하인에게 운송물의 도착통지를 하고 인도할 의무가 있으며, 수하인은 이를 수령하여야 한다(제802조). 다만 용선계약이든 개품운송계약이든 지시식 또는 무기명식 등의 선하증권이 발행된 경우에는 선하증권소지인이 알려져 있지 않은 한, 운송인은 누가 수하인인지 일반적으로 알 수 없기 때문에, 이 경우의 양륙준비의 통지 또는 운송물도착의 통지는 선하증권 약관상의 특약 또는 양륙항의 관습에 따라 공고 기타 방법으로 공시하면 충분하다.

(2) 운송물의 인도의무

해상운송인은 운송행위의 최종단계로서 운송물을 양륙항에서 수하인 또 선하증권소지인에게 인도할 의무가 있다. 이 운송물 인도에 의해 해상운송인의 운송계약상 채무는 종료한다.

개품운송계약의 경우에는 선적시와 마찬가지로 현행 상관행을 존중하여 운송인은 수하인에게 운송물의 도착통지를 한 후 당사자간의 합의 또는 양륙항의 관습에 의한 때와 곳에서 운송물을 인도하여야 하고 송하인은 지체없이 이를 수령하여야 한다(제802조).

운송인은 수하인이 운임·부수비용·체당금·정박료·운송물의 가액에 따른 공동해손 또는 해난구조로 인한 부담액 등의 지급(제807조 제 1 항)과 상환하지 아니하면 운송물을 인도할 의무가 없고(제807조 제 2 항), 이러한 금액의 지급을 받기 위하여 법원의 허가를 얻어 운송물을 경매할 수도 있다(제808조).

수하인이 운송물의 수령을 게을리한 때에는 선장은 이를 공탁하거나 세관 기타 법령이 정하는 관청의 허가를 받은 곳에 인도할 수 있고, 이 경우에는 지체없이 수하인에게 그 통지를 발송하여야 한다(제803조 제 1 항). 수하인을 확지할 수 없거나 수하인이 운송물의 수령을 거부한 때에는 선장은 이를 공탁하거나 세관 기타 관청의 허가를 받은 곳에 인도하고 지체없이 용선자 또는 송하인 및 알고 있는 수하인에게 그 통지를 발송하여야 한다(제803조 제 2 항). 공탁이나 이러한 인도를 한 때에는 선하증권소지인 기타 수하인에게 운송물을 인도한 것으로 본다(제803조 제 3 항).

선하증권이 발행되는 경우에는 이와 상환하여 운송물을 인도하여야 한다(제861조, 제129조). 이에 반하여 선하증권이 발행되지 않은 경우에는 운송계약상 수하인으로 지정된 자에게 인도하면 된다(제815조, 제140조). 즉 수하인은 운송물이 도착지에 도착하면 운송계약상의 송하인의 권리를 취득하며 수하인은 자신의 이름으로 직접 운송인에 대해 운송물의 인도를 청구할 수 있다.

단 운송물의 도착 후에도 수하인이 인도를 청구하기까지는 송하인에게 운송물처분권이 있으므로(제815조, 제139조 제 2 항), 그 한도에서 송하인의 처분권이 수하인의 권리에 우선하며 수하인의 인도청구에 의해 비로소 수하인의 권리가 송하인의 권리에 우선하게 된다(제815조, 제139조 제 2 항).

여러 통의 선하증권이 발행된 경우(제852조), 운송물인도청구의 법률관계에 대해서 상법은 다음과 같이 규정하고 있다. 즉 운송계약상의 운송물인도예정지인 양륙항에서는 수통 가운데 한 통의 소지인으로부터 인도청구에 대해서도 응해야만 한다(제857조 제 1 항). 이 인도에 의하여 해상운송인은 다른 증권소지인에 대한 운송물인도채무를 면하며, 다른 소지인의 선하증권은 효력을 잃는다(제857조 제 2 항). 아직 운송물의 전부 또는 일부가 인도되지 않은 때에 여러 명의 증권소지인으로부터 경합하여 인도청구를 받은 때에는 해상운송인은 운송물을 공탁하고, 동시에 지체없이 인도청구한 각 소지인에 대하여 그 사실의 통지를 발송하여야 한다(제859조). 이는 운송인이 누가 정당한 권리자인지를 판단하기 어려울 뿐만 아니라, 권리자를 확정할 때까지 운송물을 운송인에게 보관시키는 것도 운송인과 선하증권소지인의 이익에 반하기 때문이다. 이 경우 수인의 증권소지인에게 공통되는 전 자로부터 가장 먼저 발송 또는 인도된 증권을 소지한 자에게 우선권을 주고 있다(제860조). 한편 양륙항 외에서의 인도청구에 대해서는 선하증권의 각 통을 반환받지 않으면 운송물을 인도할 필요가 없

다(제858조).

선하증권이 발행된 경우 상법은 운송물인도절차를 위해서와 같이 항상 선하증권과 직접 결부시켜 규정하고 있지만, 해운실무에서는 이와 다른 관행이 행해지기도 한다.

즉 현재의 실무에서는 우선 운송물의 인도를 직접 선하증권과 상환하는 방법을 취하지 않고, 해상운송인은 선박이 양륙항에 도착하기 전에 수하인으로부터 당해 운송물에 관한 선하증권을 회수하고 이를 대조한다. 이와 동시에 운임 기타 비용을 징수한 후, 하도지시서를 수하인 또는 그 대리업자에게 교부한다. 그리고 수하인은 하도지시서를 해상운송이 지정한 양구대리업자 또는 선박의 선장에게 제시하여 운송물을 인도받는 것이 실무에서의 관행으로 되어 있다. 또한 실무에서는 언제나 선하증권과 상환하는 것이 아니라, 먼저 운송물을 인도받고 수하인이 선하증권을 취득하는 즉시 이를 운송인에게 반환할 것을 약정하고, 만약 반환할 수 없을 경우에는 운송인이 받은 모든 손해를 배상할 것을 약정하고 은행이 이를 연대보증한 보증장 또는 현금공탁을 해상운송인 또는 선장에게 제출하고 하도지시서를 받은 뒤에 운송물을 인도받는 이른바 보증도의 방법도 상관습으로 행해지고 있다.

1) 하도지시서

운송물의 인도에는 당연히 선하증권의 회수가 조건이지만, 실제로는 하도지시서가 발행되고 이를 사용하여 직접 운송물인도가 행해지는 것이 일반임은 이미 밝힌 바와 같다. 이 하도지시서는 해상운송인이 선장 또는 양륙대리업자에 대하여 이 증권과 상환하여 선적운송물을 인도하라는 뜻을 지시한 것이다.

하도지시서에는 선박명 · 운송물명 · 개수 · 수량 · 하인(화물의 외장 외에 기호 · 번호 · 목적지 기타 표식) · 선하증권번호 등이 기재되며, 운송인측의 책임자가 이에 서명한다. 하도지시서를 발행할 경우에는 선하증권 기타 선적관계서류와 대조하여 기재사항을 일치시킬 필요가 있다. 하도지시서의 성질은 단순한 지시서이고 유통성은 없다.

2) 보 증 도

선하증권이 발행된 경우 해상운송인에 대해 운송물의 인도를 청구할 수 있는 자는 선하증권의 정당한 소지인으로, 운송인은 선하증권과 상환하지 않으면 운송물을 인도하지 않아도 된다(제861조, 제129조). 이를 선하증권의 상환증권성이라 한다. 그러나 해운의 실제에서는 때때로 선박이 양륙항에 도착하여도 아직 수하인이 선하증권을 취득하지 못하여 해상운송인에게 제출할 수 없는 경우도 적지 않다. 가령 선하증권이 연착되거나 도난·분실된 경우라든가, 이미 선하증권이 양륙지의 환거래은행에 도착하였으나 수하인의 금융상태가 좋지 않아 은행으로부터 취득할 수 없는 경우 등이 그 예이다. 이러한 경우 운송물의 인도가 쓸데없이 지연될 때에는, 예컨대 운송물에 대한 상기를 잃게 되거나, 운송물이 변질 또는 부패할 염려가 있으며, 운송물의 보관비용도 증가하게 된다. 이는 단지 수하인의 불이익에 그치지 않고 운송인에게도 손실을 가져온다. 보증도는 바로 이러한 불편을 제거하여 신속한 거래를 도모해야 한다는 필요에서 만들어진 관습적 편법으로, 최근에는 운송이 고속화되어 선하증권의 도착 전에 선박이 양륙항에 입항하는 것도 드물지 않기 때문에 보증도가 이용될 기회도 결코 적지 않다. 육상운송 및 창고업에서도 같은 관행이 있다.

현재 보증도는 판례(대판 1993. 10. 8, 92 다 12674 등)도 그 유효성을 인정하여 대표적인 상관습법으로 여겨지고 있다.

4. 손해배상책임

(1) 서 언

해상운송인은 운송계약상 용선자 또는 송하인에게 운송물을 안전하고 신속하게 운송할 선박을 제공할 감항능력 주의의무(제794조)와 운송물의 수령·선적·적부·운송·보관·양륙과 인도에 관한 주의의무(제795조 제1항)를 게을리하지 않았음을 증명하지 아니하면 운송물의 멸실·훼손 또는 연착으로 인한 손해를 배상할 책임이 있다. 그러나 운송인은 운송물에 관한 손해가 선박사용인 등의 항해과실·화재(제795조 제2항) 기타 상법 제796조에 규정된 면책사유에 의하여 발생한 경우에는 그 책임을 면하게 된다. 그리고 이러한 면책사유에 해당하지 않는다 하더라도 해상운송인은 손해발생에 대한 고의 또는 이에 준하는 사유가 없는 한 자기의 배상책임을 일정한 한도로 제한할 수 있다(제797조). 이러한 면책사유나 책임제한은 운송계약상의 채무불이행책임은 물론 불법행위책임에도 적용되며, 또한 운송인의 사용인 기타 이행보조자에 대하여 손해배상청구가 제기된 경우에도 원용된다(제798조). 이러한 운송인의 책임원칙 및 면책사유 기타 책임제한에 관한 상법의 규정에 반하여 운송인의 의무 또는 책임을 경감 또는 면제하는 당사자간의 특약 기타 보험이익의 양도약정은 효력이 없다. 다만 살아 있는 동물 또는 갑판적화물의 운송이나 용선계약의 경우에는 그러하지 않다(제799조).

(2) 책임의 주체

1) 운송인중심주의

개정 전의 상법은 운송계약상의 책임의 주체를 선박소유자로 규정하고 있었으나, 현행 상법은 이를 운송인으로 개정하여 소위 선박소유자 중심주의에서 운송인 중심주의로 전환하였다. 종래에는 해상운송업의 경영상태가 선박의 소유를 중심으로 하고 있었으나, 오늘날에는 선박의 소유와는 분리된 용선계약·리스 및 재운송계약 등으로 다양하게 전개되고 있어 해상운송업의 주체를 나타낼 경우, 선박소유자라는 용어는 적절치 못하다.

2) 통운송인의 책임

해상운송의 경우에도 육상운송과 마찬가지로 수인의 운송인이 동일한 운송물을 구간을 달리하여 운송하는 통운송이 행해지고 있다. 이 때에는 동일한 운송물에 2인 이상의 운송인이 관여하게 되므로 운송물에 손해가 발생할 경우 그 책임관계가 복잡하게 된다. 하나의 운송에 여러 운송인이 관여하는 통운송의 종류에는 부분운송, 하수운송, 동일운송, 그리고 상법상의 순차운송에 해당되는 연대운송이 있다. 부분운송의 경우 각 운송구간에 한 개의 운송계약이 성립하여 각 운송인 사이에는 아무런 관계도 발생하지 않고, 하수운송의 경우에는 최초의 운송인만이 운송계약의 당사자이고 그 후의 운송인은 원수운송인의 이행보조자에 지나지 않으므로 송하인에 대해서는 원수운송인만이 모든 책임을 부담한다. 동일운송의 경우에는 상법 제57조에 의하여 수인의 운송인이 연대채무를 진다. 그리고 연대운송의 경우에는 송하인 또는 수하인이 운송물의 손해가 어느 운송인 또는 운송구간에서 발생하였는지를 입증하는 것이 일반적으로 어렵기 때문에 이러한 입증책임을 면제하여 어느 운송인에 대해서도 그 손해의 배상을 청구할 수 있는 것으로 하고 있다(제815조, 제138조). 그러나 실제의 운송거래에서는 책임분할약관에 의하여 각자 자기의 운송구간을 명확히 하고 그 구간에서 생긴 운송물의 손해에 대해서만 책임을 부담한다.

3) 복합운송인의 책임

운송구간이 육장·해상·항공 등 2가지 이상의 다른 종류의 운송으로 이루어진 통운송을 복합운송이라 한다. 복합운송도 통운송의 일종이기 때문에 원칙적으로 통운송에 관한 법리가 적용된다. 유엔 국제복합운송협약 제16조에 의하면 복합운송인은 복합운송증권의 소지인에게 운송물을 운송하는 과정에서 발생한 운송물의 멸실·

훼손 · 연착 등으로 인한 손해에 대해서는 전 구간 단일책임원칙에 의하여 제 1 차적 책임을 부담할 의무가 있다. 2007년 8월 3일 개정상법 제816조에 따르면, 복합운송인은 사고가 해상에서 발생하였으면 해상운송법을 적용받고 그에 따른 책임을 부담하고, 육상에서 발생하였으면 육상운송법의 적용을 받게 된다. 만일 손해발생 구간이 불분명한 경우에는 운송거리가 가장 긴 구간에 적용되는 법에 따라 책임을 정하도록 하고, 운송거리가 같거나 가장 긴 구간을 정할 수 없는 경우에는 운임이 가장 비싼 구간에 적용되는 법에 따라 책임을 진다(제816조).

(3) 손해배상책임의 내용

1) 책임의 원인

(가) 감항능력 주의의무의 위반　　해상운송인은 감항능력 주의의무를 위반하였을 경우 이와 인과관계가 있는 운송물의 손해에 대하여 배상할 책임이 있다(제794조). 감항능력 주의의무는 운송물에 관한 주의의무와는 독립된 별개의 의무이므로, 그 의무위반에 대한 책임은 선박사용인의 항해과실 기타 운송인의 면책사유 존재에 의하여 영향을 받지 않는다. 또한 감항능력 주의의무 위반에 대해서는 당사자간의 면책특약이 금지된다(제799조 제 1 항). 그러나 감항능력 주의의무를 위반하였더라도 운송인 자신의 고의가 없는 한 운송인은 책임제한의 이익을 주장할 수 있다(제977조 제 1 항).

(나) 운송물에 관한 주의의무의 위반

A. 의　　의　　운송인은 자기 또는 선원 기타의 선박사용인이 운송물의 수령 · 항적 · 적부 · 운송 · 보관 · 양륙과 인도에 관하여 주의를 게을리하지 아니하였음을 증명하지 아니하면 운송물의 멸실 · 훼손 또는 연착으로 인한 손해를 배상할 책임이 있다(제795조 제 1 항). 감항능력 주의의무가 운송수단에 대한 주의의무로서 운송물에 관한 간접적인 의무인 데 반하여, 이 의무는 운송물에 관한 직접적인 의무라고 할 수 있다. 운송물에 관한 주의의무를 보통 상사과실이라고 하는데, 이는 면책사유로 되어 있는 항해 또는 선박의 관리에 관한 과실인 항해과실(제795조 제 2 항)과 구별된다.

B. 내　　용　　운송인 자신 또는 그 이행보조자가 운송물에 관하여 주의를 다하여야 하는 구체적인 사항은 운송물의 수령 · 항적 · 적부 · 운송 · 보관 · 양륙 및 인도이다. 상법에서는 운송물의 수령과 인도가 주의의무의 내용으로 되어 있으나, 헤이그규칙에서는 운송물을 선적한 때로부터 양륙한 때까지의 기간에 한정되어 있기 때

문에 수령과 인도는 주의의무의 내용에 포함되어 있지 않다(동 규칙 제 1 조 (e)호, 제 2 조, 제 3 조 제 2 항). 운송물에 관한 주의의무와 관련하여 특히 문제가 되는 것이 갑판적이다. 갑판적의 운송물은 손해를 입기 쉽고, 공동해손의 경우 투하 기타의 공동해손처분으로 인하여 선창에 선적한 운송물보다 불리하게 될 우려가 많다(제872조 제 2 항). 따라서 운송인이 운송물을 무단으로 갑판에 선적하면 운송물에 관한 주의의무위반이 된다. 이에 대하여 헤이그규칙에서는 특약에 의한 갑판적의 운송물에 대하여는 조약이 적용되지 않는다고 하여(동 규칙 제 1 조 (c)호), 운송인은 면책약관으로 갑판적 화물의 손해에 대하여 책임을 지지 않을 수 있게 되었다. 개정상법도 선하증권 기타 운송계약을 증명하는 문서의 표면에 갑판적으로 운송할 취지를 기재하여 갑판적으로 행하는 운송에 대해서는 면책특약이 금지되지 않는 것으로 규정하고 있다(제799조 제 2 항).

C. **주의의무위반의 효과** 운송인은 위와 같이 운송물에 관한 주의의무를 다하였음을 증명하지 못하면 운송물의 멸실·훼손 또는 연착에 관한 손해배상책임을 면할 수 없다.

2) 손해배상액

운송물의 멸실·훼손 또는 연착에 대한 운송인의 손해배상책임에 대해서는 대량의 운송물을 신속하게 운송하여야 하는 운송업의 성질상 법률관계를 획일적으로 처리할 필요에서 상법은 그 배상액을 정형화하고 있다. 즉 운송물의 전부멸실 또는 연착의 경우에는 인도할 날의 도착지의 가격에 의해서 정해지며(제815조, 제137조 제 1 항), 일부멸실 또는 훼손의 경우에는 인도한 날의 도착지의 가격에 의해, 결국 완전한 상태의 가격과 훼손·일부멸실된 상태의 가격의 차액을 배상한다(제815조, 제137조 제 2 항). 그러나 멸실 또는 훼손으로 인하여 지급을 요하지 아니하는 운임(제815조, 제134조 참조) 기타 비용은 앞서의 배상액에서 공제하여야 한다(제815조, 제137조 제 4 항).

3) 고가물의 특칙

운송물이 화폐·유가증권 기타의 고가물인 경우에는 송하인이 운송을 위탁할 때에 그 종류와 가액을 명시하지 않으면 운송인은 전혀 손해배상의 책임을 지지 않는다(제815조, 제136조). 고가물은 보통의 물건에 비해 손해, 특히 멸실에 의한 손해발생의 위험이 크고 손해액 역시 거액에 달한다는 점, 다른 한편 운송물이 고가물임을 알았다면 운송인은 운송시 특별한 주의를 다하여 손해발생을 방지하고, 이에 상응하는 할증운임(종가운임)을 청구하고 배상할 책임의 최고한도를 예상하여 보험가입 등의 사전조치를 강구할 수도 있다는 점 등이 그 입법취지이다. 이러한 명시가 없는 한 운송인은 고가물로서는 물론 보통물로서의 가액도 정할 수 없기 때문이며, 또한 고가물의 명시를 촉진하는 데도 그 취지가 있다. 이러한 고가물의 특칙은 각국의 해상법상 전통적으로 인정되어 온 것이다.

여기서 고가물이란 그 용적 및 중량에 비해서 사회통념상 현저하게 고가인 물건을 말한다. 구체적으로 무엇을 고가물이라고 할 수 있는가에 대해서는 각 시대의 사회적 평가에 맡길 수밖에 없으나, 실제의 선하증권약관에는 고가물의 종류가 구체적으로 예시되어 있다.

4) 불법행위책임과의 관계

앞서 밝힌 해상운송인의 손해배상책임은 운송계약상의 채무불이행에 기초하는 책임이다. 그런데 운송인이 자기 또는 그가 사용하는 자의 고의 또는 과실에 의해 운송물을 멸실 또는 훼손한 경우에는 동시에 운송물의 소유권침해로서 불법행위의 요건까지도 구비하는 것이 보통이다(민법 제750조, 제756조). 이 경우 두 가지의 손해배상청구권의 관계를 어떻게 볼 것인가에 대해 학설이 나뉘어 있다. 청구권경합설은 계약책임과 불법행위책임은 각각 그 요건과 효과를 달리하는 별개의 권리이므로 채권자는 어느 것이라도 선택하여 권리를 행사할 수 있는 것으로 하는 것이 채권자의 보호에 이바지한다고 한다. 판례는 청구권경합설을 취하고 있으며, 이 설을 따르는 학자도 많다.

법조경합설(청구권비경합설)은 계약법과 불법행위법은 특별법과 일반법의 관계에 있으며, 채무불이행책임은 계약관계라는 특별한 관계에서 발생하는 책임인 데 반하여, 불법행위책임은 일반적 의무위반으로 발생하는 책임이므로, 운송물의 이해관계인은 계약법상의 채무불이행에 의한 손해배상청구권만을 주장할 수 있다고 한다. 이 견해에서는 막연히 양 청구권의 선택적 행사를 허용하는 것은 계약관계에 있는 자의 특별한 인적 결합과 신뢰관계에 의해 무거운 의무를 지우는 것을 전제로 하여 엄격한 책임을 지우는 손해배상법체계를 무너뜨리게 되거나, 유상계약관계에서의 책임과 대가의 관계에서 볼 때 청구권경합설은 그 기초를 잃어버려 불합리한 결과를 초래하게 된다고 한다. 또한 절충설도 주장되고 있다. 개정상법은 운송인의 불법행위책임을 둘러싼 다툼을 입법으로 해결하여 운송인의 책임에 관한 규정이 운송인의 불법행위로 인한 손해배상책임에도 적용된다고 하였다(제798조 제 1 항).

이에 대하여 1968년 헤이그 비스비규칙 및 1978년 함부르크규칙도 「동 조약에서 정하는 항변사유나 책임제한의 이익은 운송인에 대한 손해배상청구소송이 계약에 기초하는가 불법행위에 기초하는가를 불문하고 적용된다」고 명시하고 있다(헤이그 비스비규칙 제 4 조의2 제 1 항, 함부르크규칙 제 7 조 제 1 항). 실제로 대부분의 선하증권약관에는 일반적으로 앞서와 같은 취지의 규정이 삽입되어 송하인 등이 불법행위책임을 묻는 경우에도 운송인은 운송계약상 및 법률상의 항변사유 및 책임제한의 이익을 주장할 수 있다는 점을 명백히 하고 있다.

5) 사용인 등의 항변권·책임제한

개정상법은 운송인의 이행보조자도 그 손해가 직무집행에 관하여 생긴 것인 때에는 운송인이 주장할 수 있는 항변과 책임제한을 원용할 수 있다고 규정하고 있다. 그러나 그 손해가 이행보조자의 고의 또는 운송물의 멸실·훼손 또는 연착이 생길 염려가 있음을 인식하면서 무모하게 한 작위 또는 부작위로 인하여 생긴 때에는 이러한 항변과 책임제한을 원용할 수 없다(제798조 제 2 항). 운송인과 그 이행보조자의 책임제한금액의 총액은 제797조 제 1 항의 책임한도액을 초과하지 못한다(제798조 제 3 항). 운송물의 손해가 실제운송인 또는 그 사용인이나 대상인의 과실로 생긴 경우 이들도 위의 항변과 책임제한을 원용할 수 있다(제798조 제 4 항).

(4) 손해배상책임의 제한

1) 면책약관

(가) 의 의 위에서 밝힌 해상운송인의 법률상의 책임은 실제로는 운송계약이나 운송약관에 이를 면제 또는 경감한다는 특약(면책약관)이 삽입되는 경우가 많다. 이러한 면책약관에는 ㄱ) 운송인은 그 이행보조자의 고의·과실에 의한 손해에 대해 책임을 지지 않는다는 뜻을 정하는 과실약관, ㄴ) 운송물의 내용·수량·품질 등의 진실에 대해 모르면 책임이 없다는 뜻을 정하는 부지약관, ㄷ) 운송인이 부담할 손해배상액을 일정금액으로 제한하는 배상액제한약관, ㄹ) 특정한 원인(예컨대 전쟁·내란·폭동·파업 등)으로 발생하는 손해나 특정한 종류의 손해에 대한 책임을 배제하는 특정손해면책약관, ㅁ) 하주가 적하보험에 의해 보험자로부터 보상받을 수 있는 적하손해에 대해서는 운송인이 손해배상책임을 지지 않는다고 하는 보험이익향수약관, ㅂ) 운송인의 입증책임을 하주측으로 전환하는 입증책임전환약관 등 많은 예

가 있다.

㈏ **효 력** 일반적으로는 계약자유의 원칙상 특히 공서양속 또는 신의칙에 반하지 않는 한 면책약관은 유효하다고 보고 있다. 이러한 면책약관이 유효하더라도 이는 특약이 없는 한 청구권경합설에 따르면 불법행위책임에 대해서는 적용되지 않는다. 다만 선하증권에 기재된 면책약관은 운송인의 불법행위의 경우에도 이를 적용하기로 하는 당사자간의 숨은 합의가 있다고 본다. 판례의 입장도 마찬가지이다.

그러나 이러한 면책약관이라도 당사자의 의무를 근본적으로 면제하는 것이라고는 볼 수 없으므로 운송인의 고의나 중대한 과실로 인한 불법행위에 대해서는 적용되지 않는다.

㈐ **면책특약의 금지** 해상물건운송에서는 면책약관의 내용이 법에 의해 강행적으로 금지·제한되어 계약자유의 원칙이 수정되고 있음에 유의할 필요가 있다. 즉 아래에서 보듯이 상법상 해상운송인은 이른바 항해과실이나 화재로 인하여 발생한 운송물의 손해에 대하여 법정면책이 인정되는 반면, 이른바 상사과실, 즉 운송물의 수령·선적·적부·운송·보관·양륙과 인도가 적절하고 신중하게 행해지지 않거나 감항능력에 관한 주의의무위반으로 인하여 발생한 손해에 대해 하주 또는 선하증권소지인에게 불이익한 모든 특약은 무효가 되어 면책되지 않는다. 또한 단위·포장당 책임제한, 비계약적 청구에 대한 적용, 보험약관 등에 면책약관을 두는 것도 금지된다(제799조 제 1 항). 그 밖에 운송물의 일부멸실·훼손에 관한 수령인의 통지의무에 대해서도 수령인에게 불리한 당사자간의 특약은 효력이 없다(제804조 제 5 항). 이에 반하여 운송인에게 불이익한 특약은 허용되며, 위의 면책특약의 금지는 살아 있는 동물의 운송 및 갑판적의 운송(제799조 제 2 항)에는 적용되지 않는다.

2) 법정면책사유

㈎ **항해과실** 해상운송인은 선장·해원·도선사 기타의 선박사용인의 항해 또는 선박의 관리에 관한 주의의무의 해태, 즉 이른바 항해과실에 의해서 발생한 손해에 대해서는 배상책임을 지지 않는다(제795조 제 2 항).

㈏ **화 재** 해상운송인은 자신의 고의 또는 과실에 기초하는 것에 아닌한 화재에 의해 발생한 운송물의 손해에 대해서도 배상책임을 지지 않는다(제795조 제 2 항). 화재는 전형적인 해상위험이고, 선원 등의 경미한 과실로도 막대한 손해를 발생시킨다는 점, 과실에 의한 화재인가, 원인은 선박·화물 중 어느 쪽에 있는가 등

화재의 원인을 파악하기 어렵다는 점 및 적하의 화재손해는 적하보험으로 보상할 수 있다는 점 등의 이유로 운송인의 면책이 인정된 것이다.

(다) **그 밖의 면책사유** 해상운송인은 상법 제796조에 열거한 사실이 있었다는 것과 운송물에 관한 손해가 그 사실로 인하여 보통 생길 수 있는 것임을 증명한 때에는 배상책임을 면한다.

그러나 감항능력 주의의무나 운송물에 관한 주의의무를 다하였더라면 그 손해를 피할 수 있었음에도 불구하고 그 주의를 다하지 아니하였음을 하주가 증명한 때에는 해상운송인은 그 손해에 대한 책임을 면하지 못한다.

3) 개별적 책임제한

(가) 의　　의 운송인은 상법 제794조 내지 제796조의 규정에 의한 손해배상책임에 대해 당해 운송물의 매포장당 또는 선적단위당 666 계산단위의 금액을 한도로 이를 제한할 수 있다(제797조 제 1 항). 이와 같은 단위·포장당 책임제한은 개별적 책임제한제도라는 점에서 전술한 포괄적 책임제한제도인 선주책임제한과 구별된다. 책임제한의 대상이 되는 책임은 운송계약상의 책임뿐만 아니라, 불법행위책임도 포함되며, 운송인 자신에 대한 청구뿐만 아니라, 운송인의 사용인 또는 대리인에 대하여 제기된 경우에도 적용된다고 함은 이미 언급하였다.

(나) 내　　용 운송인의 책임한도액은 운송물의 매포장당 또는 선적단위당 100분의 67 계산단위의 금액이다. 여기서 계산단위라 함은 국제통화기금의 1특별인출권에 상당하는 금액을 말한다(제770조 제 1 호). 1925년 헤이그규칙은 단위·포장당 영화 100파운드를 책임한도액으로 하였고(동 규칙 제 5 조), 1968년 헤이그 비스비규칙은 단위·포장당 10,000프랑(포앙카레) 및 중량킬로그램당 30프랑(포앙카레)을 책임한도액으로 하였다(동 규칙 제 5 조 (a)호). 그 후 1979년 개정의정서는 국제통화기금의 특별인출권을 수용하여 동 조약 제 2 조에서 운송인의 책임한도액을 단위·포장당 666.67단위 및 중량킬로그램당 2단위로 개정하였다. 이에 대하여 1978년 함부르크규칙은 단위·포장당 835단위와 중량킬로그램당 2.5단위를 책임한도액으로 정하고 있다(동 규칙 제 6 조 제 1 항 (a)호). 1991년 개정상법은 기본적으로 1979년 헤이그의정서를 수용하면서, 우리 해운현실을 감안할 때 그 책임한도가 너무 과다하다는 이유로 중량킬로그램당 책임제한제도를 채택하지 않고, 단위·포장당 책임제한액도 다시 축소하였다. 2007년 개정상법에서는 다시 포장·선적단위당 666.67단위를 채택하였다.

2007년 8월 3일 상법개정에서 운송인의 단위·포장당 책임한도의 상향조정에서 더 나아가 중량당 책임제한제도를 도입하였다(제797조 제1항). 개정 전 상법규정에는 운송물의 중량에 따른 배상책임제도가 없어 자동차·기계 등 포장 또는 선적단위는 1개이지만 고가물인 경우에는 불합리한 결과가 발생하였다. 그리하여 2007년 개정에서 세계적으로 널리 통용되는 「헤이그 비스비규칙」을 참고하여 매포장당 또는 선적단위당 책임한도금액을 구법상의 500 계산단위(약 75만원)에서 666.67 계산단위(약 90만원)로 상향조정하였으며, 이에 더하여 총중량 1킬로그램당 책임한도금액을 2 계산단위로 하는 중량당 책임제한제도를 새로이 도입하였다.

운송인의 손해배상책임을 일정한 금액으로 제한할 수 있다는 것은 당사자가 약정에 의하여 책임을 제한할 수 있다는 의미가 아니라, 운송인이 당연히 상법의 규정에 따라서 책임제한의 이익을 주장할 수 있다는 뜻이다. 운송인은 이러한 개별적 책임제한의 결과 그 한도액이 선주책임제한액을 상회할 경우에는 이를 다시 상법 제769조 내지 제774조의 규정에 의하여 제한할 수 있다(제797조 제4항).

(다) **예 외** 운송인의 개별적 책임제한규정은 운송물에 관한 손해가 운송인 자신의 고의 또는 그 손해가 생길 염려가 있음을 인식하면서 무모하게 한 작위 또는 부작위로 인하여 생긴 것인 때에는 적용되지 않는다(제797조 제1항 단서). 또한 송하인이 운송물을 인도할 때에 그 종류와 가액을 고지하고 선하증권 기타 운송계약을 증명하는 문서에 이를 기재한 경우에도 책임제한규정은 적용되지 않는다. 그러나 송하인이 운송물의 종류 또는 가액에 대해 고의로 현저하게 부실한 고지를 한 때에는 운송인은 자기 또는 그 사용인이 악의인 경우를 제외하고 운송물의 손해에 대한 책임을 면한다(제797조 제3항).

4) 책임의 소멸

구상법은 해상운송인의 책임소멸사유에 대한 규정을 따로 두지 않고 육상운송에 관한 규정을 그대로 준용하고 있었으나(구상법 제812조, 제146조), 현행상법은 해상운송관계의 특성을 고려한 헤이그 비스비규칙을 받아들여 이에 대한 규정을 신설하였다(동 규칙 제3조 제6항 참조). 즉 수령인이 운송물의 일부 멸실 또는 훼손을 발견한 때에는 수령 후 지체없이 그 개요에 관하여 운송인에게 서변에 의한 통지를 발송하여야 한다. 그러나 멸실 또는 훼손이 즉시 발견할 수 없는 것인 때에는 수령한 날로부터 3일 내에 그 통지를 발송하여야 한다(제804조 제1항). 이러한 통지가 없는 경우에는 운송물이 멸실 또는 훼손 없이 수령인에게 인도된 것으로 추정한다(제804조 제 2 항).

다만 운송인 또는 그 사용인이 악의인 경우에는 위의 추정규정이 적용되지 아니한다(제804조 제 3 항). 운송물에 멸실 또는 훼손이 발생하였거나 그 의심이 있는 경우에는 운송인과 송하인은 서로 운송물의 검사를 위하여 필요한 편의를 제공하여야 한다(제804조 제 4 항).

위의 규정은 상대적 강행규정으로서, 이에 위반하여 수령인에게 불리한 당사자간의 특약은 효력이 없다(제800조 제 5 항).

또한 해상운송인의 책임은 그 청구원인의 여하에 불구하고 운송인이 수령인에게 운송물을 인도한 날 또는 인도할 날부터 1년 내에 재판상 청구가 없으면 소멸한다(제814조 본문). 청구원인을 불문하기 때문에 불법행위책임에 대해서도 적용되며, 여기의 재판상 청구에는 중재의 제기도 포함된다고 해석된다. 1년의 기간은 제척기간이지만, 이 기간은 당사자의 합의에 의하여 연장할 수 있다(제814조 단서).

Ⅱ. 海上物件運送人의 권리

1. 운임청구권

(1) 서 설

운임이란 운송의 대가로서 운송인에게 지급하는 보수를 말한다. 운송계약에서 이를 정하고 있지 않더라도 운송인은 상인이므로 당연히 보수청구권을 갖는다(제61조). 협의로는 개품운송계약이나 항해용선계약상 운송인의 보수만을 운임이라고 하고, 광의로는 그 밖에 기간용선계약상 운송인의 보수인 용선료까지도 포함하여 운임이라고 한다. 운송인은 운송을 완료하면 상대방에 대하여 운임을 청구할 권리를 갖는다. 운임청구권은 운송계약상 운송인이 갖는 권리 중 가장 핵심적인 것으로서, 이를 통하여 운송인은 이윤을 얻게 된다.

(2) 발 생

1) 원 칙

운송인의 운임청구권은 현실적으로 운송물을 도착지까지 이전하여야 할 것을 요하므로 성질상 도급계약에 해당하여 후급이 원칙이다. 그러나 특약으로 운임의 전부 또는 일부를 선급으로 할 수도 있다. 따라서 운송인의 과실 없이 사고가 발생하였다든지, 사고가 면책사유로 인한 것이어서 운송인의 책임 없는 사유로 운송물이 멸실한 때에도 운송인은 원칙적으로 운임을 청구하지 못하고, 운임을 선급한 경우에는 이를 반환하여야 한다(제815조, 제134조).

2) 예 외

운임은 원칙적으로 운송을 완료한 경우에만 청구할 수 있으나, 예외적으로 운송이 완료되지 않았음에도 운임을 청구할 수 있는 경우가 있다.

(가) **송하인 등의 책임** 운송물의 전부 또는 일부가 그 성질이나 하자 또는 송하인이나 용선자의 과실로 인하여 멸실한 때에는 운송인이 운임의 전액을 청구할 수 있다(제815조, 제134조 제 2 항).

(나) **적하의 처분** 선장이 선박수선료 · 해난구조료 기타 항해의 계속에 필요한 비용을 지급하기 위하여 적하를 처분하거나(제750조), 공동해손작위로서 적하를 처분한 경우 운송인은 운송을 완료하지 못하였지만 운임의 전액을 청구할 수 있다(제813조).

(다) **선적의 지체 등** 용선자가 선적기간 내에 선적을 하지 아니하여 운송인이 임의로 또는 용선자의 청구에 의하여 발항하거나, 송하인이 선적을 게을리하여 선장이 발항한 경우에 용선자나 송하인은 운임의 전액을 지급하여야 한다(제792조). 전부용선자가 발항 전에 용선계약을 해제한 때에는 운임의 반액을 지급하여야 하고(제832조 제 1 항), 왕복항해의 용선계약인 경우에는 전부용선자가 그 회항 전에 계약을 해지한 때 및 선박이 타항에서 선적항에 항해하여야 할 경우에 선적항에서 발항하기 전에 계약을 해지하는 때에는 운임의 3분의 2를 지급하여야 한다(제832조 제 2 항 · 제 3 항). 일부용선자나 송하인이 발항 전에 계약을 해제 또는 해지한 때에도 운임의 전액을 지급하여야 한다(제833조 제 2 항).

(라) **운송의 불능** 항해 도중에 ㄱ) 선박이 침몰 또는 멸실된 때, ㄴ) 선박이 수선할 수 없게 된 때, ㄷ) 선박이 포획된 때 및 ㄹ) 항해 또는 운송이 법령에 위반하게 되거나 기타 불가항력으로 인해 계약의 목적을 달성할 수 없게 되어 운송계약을 해지한 때에는 운송의 비율에 따른 운임을 청구할 수 있다(제810조, 제811조). 선적 전에 운송물의 일부가 불가항력으로 인하여 멸실되거나 법령위반 기타 불가항력으로 인하여 계약의 목적을 달성할 수 없게 된 때에는 용선자 또는 송하인은 운송

인의 책임이 가중되지 아니하는 범위 내에서 다른 운송물을 선적할 수 있고 용선자 또는 송하인이 이를 게을리한 때에는 운임의 전액을 지급하여야 한다(제812조).

(3) 내 용

1) 당 사 자

(가) **지급청구권자** 운임지급청구권자는 운송인이다. 항해 중에 있는 선박이나 그 지분이 양도된 경우에 당사자간에 다른 약정이 없으면 양수인이 그 항해로부터 생긴 이익을 얻고 손실을 부담하지만(제763조), 이는 양도당사자 사이의 내부적인 관계에 지나지 않고 누가 운임지급청구권을 갖는가와는 아무런 상관이 없다.

(나) **지급의무자** 운임지급의무자는 운송의 의뢰인인 용선자 또는 송하인이다. 선하증권소지인은 선하증권상 기재된 운임의 지급의무가 있으나 선히증권소지인이 지급의무가 있다 하여 송하인이나 용선자가 운송계약상 운임지급책임을 면하는 것은 아니다.

2) 운 임 액

(가) **금 액** 운임은 당사자가 약정하고, 당사자의 약정이 없으면 상당한 금액이 운임이 된다(제61조). 사업을 영위하는 외국인은 국토해양부령이 정하는 바에 따라 운임을 정하여 화주 등 이해관계인이 알 수 있도록 공표하여야 한다(해운법 제28조 제 1 항).

(나) **비례운임** 당사자는 운송계약에서 운임액을 확정하는 경우도 있지만, 운송물량이나 운송시간에 따라 운임을 정하는 수도 있다. 운송물의 중량 또는 용적으로 운임을 정한 때에는 운송물을 인도하는 때의 중량 또는 용적에 의하여 그액을 정한다(제805조). 이는 운임이 완성된 운송의 결과에 대한 보수이고, 운송물은 항해 중에 성질상 건조 또는 습기 등으로 인하여 중량·용적이 변할 수 있기 때문이다. 기간으로 운임을 정한 때에는 운송물의 선적을 개시한 날로부터 그 양륙을 종료한 날까지의 기간에 의하여 그 액을 정한다(제806조 제 1 항). 그러나 이 기간에는 불가항력으로 인하여 선박이 선적항이나 항해 도중에 정박한 기간 또는 항해 도중에 선박을 수선한 기간은 산입하지 아니한다(제806조 제 2 항).

(다) **비율운임** 앞에서 살펴보았듯이 선적 전에 용선자나 송하인이 운송계약의 전부 또는 일부를 해지하거나, 운송 도중 불가항력 등으로 운송이 중지된 때에는 일정한 비율에 따라서 운임을 청구할 수 있다(제810조, 제811조).

(4) 권리의 확보

운송인은 일반적인 민사유치권(민법 제320조)과 상사유치권(제58조) 외에 운송계약 또는 선하증권의 취지에 따른 운임 기타의 비용을 지급할 때까지 운송물을 유치할 수 있고, 따라서 그 지급과 상환하지 아니하면 운송물을 인도할 의무가 없다(제807조).

운송인은 운임 기타의 부수비용의 지급을 받기 위하여 법원의 허가를 얻어 운송물을 경매할 수 있고, 이로부터 우선변제를 받을 수 있다(제808조 제1항).

(5) 권리의 소멸

해상운송인의 용선자·송하인 또는 수하인에 대한 채권은 그 청구원인의 여하에 불구하고 운송인이 수하인에게 운송물을 인도한 날 또는 인도할 날로부터 1년 내에 재판상 청구가 없으면 소멸한다. 그러나 이 기간은 당사자의 합의에 의하여 연장할 수 있다.

2. 기타의 권리

운송인은 운임청구권 이외에도 여러 가지 권리를 갖는다. 용선자 또는 송하인이 지급할 채무를 대신 변제한 경우 당연히 그 체당금과 법정이자를 청구할 수 있다(제55조). 그 외에 운송인이 자기의 의무에 속하지 않는 행위로 인하여 부수비용이 발생한 때에는 원칙적으로 용선자·송하인 등이 그 부수비용을 부담하여야 한다.

제5관 海上物件運送契約의 종료

해상물건운송계약은 일선종료원인에 의하여 종료하지만, 상법은 해상운송의 특수성을 고려하여, 특히 해상위험으로부터 기업을 보호하고 급변하는 상황에 대응할 수 있도록 하기 위하여 특별한 규정을 두고 있다.

Ⅰ. 傭船者 또는 送荷人의 임의해제 또는 해지

1. 발항 전의 임의해제 또는 해지

발항 전에는 전부용선자는 운임의 반액을 지급하고 계약을 해제할 수 있다(제832조 제1항). 왕복항해의 용선계약인 경우 또는 선박이 타항에서 선적항에 항행하여야 할 경우와 같은 복합항해에서 전부용선자는 그 항해 전에 또는 선적항에서 발항하기 전에 계약을 해지하는 때에는 운임의 3분의 2를 지급하여야 한다(제832조 제 2 항 · 제 3 항).

발항 전에는 일부용선자나 개품운송계약에서의 송하인은 다른 용선자와 송하인 전원과 공동으로 하는 경우에 한하여 계약의 해제 또는 해지를 할 수 있고(제833조 제 1 항), 공동으로 하지 아니하고 계약을 해제 또는 해지한 때에는 운임의 금액을 지급하여야 한다(제833조 제 2 항). 또 발항 전이라도 일부용선자나 송하인이 운송물의 전부 또는 일부를 선적한 경우에는 다른 용선자나 송하인의 동의를 얻지 아니하면 계약을 해제 또는 해지하지 못한다(제833조 제 3 항). 적하를 환적하면 발항이 지연되고 적하가 훼손될 위험이 있기 때문이다.

위와 같은 경우에 운송물의 전부 또는 일부를 선적한 후에 계약을 해제 또는 해지하는 때에는 용선자 또는 송하인이 선적과 양륙의 비용을 부담한다(제835조). 또 용선자나 송하인은 보수비용과 체당금을 지급할 책임을 면하지 못하고(제834조 제 1 항), 왕복항해 내지 복합항해의 경우에는 운송물의 가액에 따라 공동해손 또는 해난구조로 인하여 부담할 금액도 지급하여야 한다(제834조 제 2 항).

계약의 해제 또는 해지가 효력을 발생하기 위해서는 일반적으로 의사표시가 있어야 하지만, 해상거래의 신속을 도모하기 위하여 용선계약의 경우에는 용선자가 선적기관 내에 운송물의 선적을 하지 아니한 때에는 계약을 해제 또는 해지한 것으로 보고(제836조), 개품운송계약의 경우에는 송하인이 당사자간의 합의 또는 선적항의 관습에 의한 때와 곳에서 운송인에게 운송물을 제공하지 아니한 때에는 계약을 해제한 것으로 본다. 이 때에는 선장은 즉시 발항할 수 있고, 송하인은 운임의 전액을 지급하여야 한다(제792조 제 2 항).

2. 발항 후의 임의해지

발항 후에는 용선자나 송하인은 운임의 전액 · 체당금 · 정박료와 공동해손 또는 해난구조의 부담액을 지급하고, 그 양륙을 하기 위하여 생긴 손해를 배상하거나 이에 대한 상당한 담보를 제공하여야만 계약을 해지할 수 있다(제837조).

3. 해제 또는 해지운임의 성질

용선자나 송하인이 운송계약을 임의해제 또는 해지하는 경우에 용선자나 송하인이 지급하여야 할 금액을 공적운임이라고 한다. 그 법적 성질은 손해배상이나 위약금이 아니라, 법적 해약금이라고 본다.

Ⅱ. 不可抗力으로 인한 당사자의 임의해제 또는 해지

1. 발항 전의 해제

용선계약에 의한 운송이든 개품운송계약에 의한 운송이든 항해 또는 운송이 법령에 위반하게 되거나(항해금지 · 해상봉쇄 · 수출입금지 등) 기타 불가항력으로 인하여 계약의 목적을 달성할 수 없게 된 때에는 각 당사자는 계약을 해제할 수 있다(제811조 제 1 항). 이러한 해제사유가 운송물의 일부에 대하여 생긴 때에는 용선자 또는 송하인은 운송인의 책임이 가중되지 아니하는 범위 내에서 다른 운송물을 선적할 수 있다(제812조 제 1 항). 이 경우에 용선자 또는 송하인은 지체없이 운송물의 양륙 또는 선적을 하여야 하고, 이것을 게을리한 때에는 운임의 전액을 지급하여야 한다(제812조 제 2 항).

2. 발항 후의 해지

발항 후에 불가항력으로 인하여 계약의 목적을 달성할 수 없는 사유가 생긴 때에는 각 당사자는 계약을 해지할 수 있으나, 용선자 또는 송하인은 운송의 비율에 따른 운임을 지급하여야 한다(제811조 제 2 항).

Ⅲ. 不可抗力으로 인한 계약의 당연종료

1) 선박이 침몰 또는 멸실할 때, 2) 선박이 수선할 수 없게 된 때, 3) 선박이 포획된 때, 4) 운송물이 불가항력으로 인하여 멸실된 때에는 해상물건운송계약이 당연히 종료한다(제810조 제 1 항). 1) 내지 3)의 사유가 항해 도중에 생긴 때에는 용선자 또는 송하인은 운송의 비율에 따라 현존하는 운송물의 가액의 한도에서 운임을 지급하여야 한다(동조 제 2 항). 4)의 사유가 운송물의 일부에 대하여 생긴 때에는 운송인의 책임이 가중되지 아니하는 범위 내에서는 다른 운송물을 선적할 수 있으며(제812조 제 1 항), 이 경우에는 지체없이 운송물의 양륙 또는 선적을 하여야 하고, 이를 게을리한 때에는 운임의 전액을 지급하여야 한다(동조 제 2 항).

제 6 관 船荷證券

Ⅰ. 總 說

선하증권은 해상물건운송계약에 기초하는 운송물의 수령 또는 선적을 증명하고 동시에 그 인도청구권을 표창하는 유가증권이다. 선하증권은 육상운송에 사용되는 화물상환증이나 최근의 콘테이너에 의한 복합운송에서 사용되는 복합운송증권과 함께 운송증권으로 불린다. 해상운송, 특히 국제간에 이루어지는 무역운송에 있어서는 상품의 장소적·공간적 이동의 거리와 시간이 길고, 물품매매계약의 당사자의 일방인 수하인(매수인)은 송하인(매도인)과 해상운송인간에 체결되는 운송계약에 참여할 수 없으며 미리 상품을 확인할 기회도 없다. 이와 같이 장소적·공간적 장애를 극복하여 원격지에 있는 매수인이 물품매매계약에서와 똑같은 상품을 확실히 입수할 수 있게 하기 위하여 확립된 제도가 선하증권제도이다. 상법은 발행자·기재사항·수통발행 등에 관해서만 선하증권에 특유한 규정을 두고, 그 밖의 문제는 화물상환증에 관한 규정을 준용하고 있다(제861조, 제129조, 제130조, 제132조, 제133조).

2007년 8월 3일 상법개정에서 전자선하증권제도를 도입하였다(제862조). 종래 종이선하증권은 위조·변조·분실위험이 있고 이를 제조·보관·관리 및 유통하는 데 상당한 비용이 드는 문제가 있었다. 이에 종이선하증권 대신 법무부장관이 지정하는 관리기관의 정보통신망에서 전자문서로 하여 발행·등록·배서·지급제시되는 전자선하증권제도를 도입하였다.

2007년 8월 3일 상법개정에서 해상화물운송장제도를 도입하였다(제863조 및 제864조). 종래 선하증권은 유가증권으로서 전전유통이 가능하기 때문에 화물의 도착보다 최종소지인의 권리행사가 늦어짐으로써 화물인도가 지연되는 경우를 초래하였었다. 그리하여 그 효력이 선하증권과 유사하나 유통성이 없기 때문에 화물인도 지연의 우려가 적어 1970년대 이래 단기 국제운송분야에서 많이 사용되고 있는 해상화물운송장제도를 도입한 것이다.

Ⅱ. 법적 성질

(1) 선하증권은 운송물의 인도청구권이라는 채권을 표창하는 채권증권이며, 증권

을 교부하면 운송물을 인도한 것과 동일한 효력이 인정되는 물권적 증권이다. 물론 물권 자체를 표창하는 물권증권은 아니다.

(2) 선하증권은 기명식(수하인으로서의 특정인의 성명 또는 상호가 기재된 것)으로 발행된 경우라도 특히 배서금지(지시금지)의 문구가 기재되지 않는 한(이 문구가 있는 경우에는 민법의 지명채권 양도방법으로 양도할 수 있다), 법률상 당연한 지시증권(증권상에 지정된 자 또는 그렇게 지정된 자가 다시 증권상에 지정하는 자를 권리자로 하는 유가증권)이며, 배서에 의하여 양도할 수 있다(제861조, 제130조). 또한 무기명식(권리자를 기재하지 않거나 단순히 '소지인'으로만 기재하는 경우)의 경우에는 증권의 교부만으로 양도된다(무기명식의 발행이 인정되는 가에 대해서는 다툼이 있다).

(3) 선하증권은 기재사항이 법정되어 있으므로(제853조) 요식증권성을 갖는다. 그러나 선하증권의 요식성은 엄격하게 볼 것은 아니므로 법정의 기재사항 가운데 일부를 흠결하거나 반대로 법정기재사항 이외의 기재가 있더라도 증권이 무효가 되는 것은 아니다. 즉 증권을 수수할 때 당해 증권상의 기재 자체로부터 운송물을 특정하고 운송계약의 주된 내용을 알 수 있을 정도의 사항이 증권에 기재되어 있으면 법의 취지에 반하지 않는다고 할 수 있다.

(4) 선하증권은 운송인이 운송물을 수령하였음을 원인으로 하여 발행되는 요인증권이다.

(5) 선하증권은 증권의 인도로 운송물 자체의 인도와 동일한 효력을 갖게 되는 인도증권의 성질도 있다.

(6) 선하증권은 증권과 상환하지 않으면 운송물을 인도할 필요가 없는 상환증권이다(제861조, 제129조).

그러나 실제의 거래계에서 증권과 상환하지 않고, 이른바 양도 또는 보증도의 방법으로 운송물을 인도하는 경우가 많다.

(7) 선하증권은 증권상에 표시된 운송물을 처분(양도 · 입질 등)할 경우 그 증권을 가지고 하여야 하는 처분증권이다(제861조, 제132조).

Ⅲ. 종 류

1. 선적선하증권과 수령선하증권

증권에 '선적'의 기재가 있는가에 따른 구별이다. 선적선하증권은 운송물의 선적이 있었다는 뜻의 기재가 있는 선하증권이며, 수령선하증권은 선적을 위하여 운송물을 수령하였다는 뜻을 기재한 선하증권이다. 수령선하증권도 적법하고 유효한 선하증권이지만(제852조 제 1 항 참조), 수령선하증권은 실제로 화물이 선적되지 않을 위험성이 있으므로 신용장 거래에서는 선적선하증권을 요구하는 것이 일반적 관행으로 되어 있고, 수령선하증권은 특히 신용장에 명시되지 않는 한 환거래은행에 의하여 매입이 거절된다(신용장통일규칙 제20조 a항 참조).

2. 통선하증권과 중간선하증권

통운송의 경우에 그 전 운송구간에 대해 발행되는 선하증권이 통선하증권이다. 해상 통운송의 경우에는 각각 이른바 하수운송의 형태를 취하는 것이 보통이므로 통선하증권이란 원수운송인이 발행하는 선하증권이라고도 할 수 있다. 그리고 제 2 이하의 하수운송인이 그 중간 운송구간에 대해 선수운송인에게 발행하는 선하증권을 중간선하증권이라고 한다.

3. 기명식 선하증권과 지시식 선하증권

수하인의 표시방식에 의한 분류이다. 선하증권의 수하인란에 특정인의 성명 또는 상호가 기재되는 것을 기명식 선하증권, 특정의 수하인이 아니라 “to order”, “to order of shipper” 등 지시인이 기재되어 있는 선하증권을 지시식 선하증권이라고 한다.

4. 무고장 선하증권과 고장 선하증권

통상 선하증권에는 운송인이 “외관상 양호한 상태로” 운송물을 수령(또는 선적)하였다는 뜻이 인쇄되어 있다. 이러한 문언을 부정 내지 수정하는 주기가 기재된 선하증권이 고장(유보)선하증권이고, 운송물에 대해 주기가 없는 선하증권이 무고장(유보)선하증권이다.

5. 기 타

보험증권과 결합된 선하증권을 적선하증권이라고 한다. 그 밖에 장차 운송계약을 체결하거나 운송물을 수령 또는 선적할 것을 예상하고 미리 발행하는 선하증권, 즉 실제 발행일보다 먼저 일자를 발행일자로 한 선선하증권, 운송계약이 없다든가

운송물을 선적하지 아니한 채 발행된 공선하증권 등의 선하증권도 있다.

Ⅳ. 발　　행

선하증권은 용선자 또는 송하인의 청구에 의하여 해상운송인이 발행하는데(제852조 제1항·제2항), 운송인은 이것을 선장 또는 기타의 대상인에게 위임할 수 있다(제852조 제3항). 운송주선인은 선하증권을 발행할 수 없는 것이 원칙이나, 운송주선계약에서 운임이 확정되거나(제119조 제2항), 운송주선인이 개입권을 행사한 때에는(제116조 제1항) 운송인의 지위를 가지므로 이를 발행할 수 있다고 보아야 할 것이다.

선하증권에는 다음의 사항을 기재하고 운송인이 기명날인 또는 서명하여야 한다(제853조 제1항). 운송인의 기명날인 또는 서명은 운송계약에 기초하는 권리관계나 책임을 확정하는 의미에서 선하증권의 중요하고 불가결한 요소이다.

(1) 선박의 명칭·국적과 톤수

(2) 송하인이 서면으로 통지한 운송물의 종류·중량 또는 용적·포장의 종별·개수와 기호

(3) 운송물의 외관상태

(4) 용선자 또는 송하인의 성명 또는 상호

(5) 수하인 또는 통지수령인의 성명 또는 상호

(6) 선적항

(7) 양륙항

(8) 운임

(9) 발행지와 그 발행연월일

(10) 수통의 선하증권을 발행한 때에는 그 수

선하증권에는 이상의 법정기재사항 이외에 선장의 성명·선하증권번호·본선항해번호·면책약관 등을 기재할 수 있다. 이러한 임의적 기재사항은 강행법규에 반하지 않는 한 유효하다.

V. 효 력

1. 채권적 효력

선하증권의 채권적 효력이란 증권발행자인 해상운송인과 증권소지인 사이의 채권관계를 결정하는 효력을 말한다. 현행 상법은 선하증권의 경우에 화물상환증의 문언증권성에 관한 규정의 준용규정을 삭제하고, 선하증권이 발행된 경우에는 운송인이 그 증권에 기재된 대로 운송물을 수령 또는 선적한 것으로 추정하지만 운송인은 선하증권을 선의로 취득한 제 3 자에게 대항하지 못하는 것으로 하였다(제853조, 헤이그 비스비규칙 제 3 조 제 4 항). 즉 선하증권의 기재에 대하여 추정적 효력을 인정하면서 증권을 취득한 선의의 제 3 자에 대해서는 운송인이 반대의 증명을 하지 못하도록 하였다. 따라서 운송인은 증권상의 기재가 사실과 다르더라도 선의의 제 3 자에 대해서는 반증을 들어 사실과 다름을 입증하여 선하증권에 기재된 대로 책임을 지지 않음을 주장할 수 없다. 그런데 실무계에서는 부지약관에 의하여 운송인이 그 기재에 의한 책임을 면하고 있다.

2. 물권적 효력

선하증권의 물권적 효력이란 선하증권이 운송물상의 물권의 설정 또는 이전에 대해 갖는 효력을 의미한다. 상법은 화물상환증에 의하여 운송물을 받을 수 있는 자에게 화물상환증을 교부한 때에는 운송물 위에 행사하는 권리(소유권·질권 등)의 취득에 관하여 운송물을 인도한 것과 동일한 효력이 있다고 규정하고(제133조), 이 규정을 선하증권에 준용하고 있다(제861조).

제 3 절 海上旅客運送契約

제 1 관 總 說

I. 의 의

해상여객운송계약이란 해상운송계약의 일종으로 운송의 대상이 사람인 것을 말한다. 따라서 해상운송인이 선박에 의한 해상여객운송을 인수하고 상대방(여객 또는 용선자)이 이에 대해 보수를 지급할 것을 약정함으로써 성립한다. 물론 상법상 선박으로 인정되지 않는 단정이나 노도로 운전하는 선박을 통한 여객운송계약은 상법상의 해상여객운송계약이 아니다. 또한 여객운송계약은 영업으로써 이를 할 때 상행위가 됨은 상법상 의문이 없다(제46조).

Ⅱ. 법적 성질

해상여객운송계약의 법적 성질에 대해서는 운송계약 이외에 임대차 및 식사공급계약도 포함하는 일종의 혼합계약이라고 보는 견해도 있으나 물건 운송계약과 마찬가지로 도급계약의 성질을 갖는다고 보는 것이 외국 및 우리나라의 통설이며 타당하다고 본다.

Ⅲ. 통일조약

여객운송인의 책임제한에 대해서는 각국의 규정에 차이가 크고 불편하여 1951년 만국해법전에서 통일조약 초안이 연구되었고 1955년의 마드리드회의에서 선일조약 초안이 성립하였으며, 이에 기초하여 1957년 브뤼셀의 외교회의에서 국제조약을 제정할 것이 의제가 되었다. 그러나 이에 대해서는 영국이 열의를 보이지 않아 회의에서 채택되지 않았고 1961년 브뤼셀에서의 해사법외교회의에서 "해상여객운송에 관한 규칙의 선일을 위한 국제조약"이 성립하였다. 그러나 여기에는 영국과 미국의 가입이 기대될 수 없었고 개별 조항에 대한 반대나 문제 제기가 많아 비준이나 이에 기초한 국내법의 개정이 어려웠다. 그리고 여객수하물운송에 대한 국제조약안은 1963년의 만국해법전 스톡홀름회의에서 결정되어, 이것이 1967년 5월 27일에 "해상여객수하물운송에 관한 규칙의 통일을 위한 국제조약"으로 브뤼셀에서 성립하였다.

그러나 여객운송의 실제에서는 여객과 수하물의 두 가지 운송이 하나의 계약으로 약정되는 것이 보통이므로 두 가지 조약을 하나의 조약으로 하는 것이 바람직하고, 또한 이 두 조약 사이에는 서로 조화되지 않는 부분도 있다는 점에서 1969년 만국해법전 동경회의에서는 1961년의 여객운송선일조약과 앞서의 1967년의 여객수하물선일조약을 조정하기 위해 "여객 및 그 수하물해상운송에 대한 약간의 규정의 선일에 관한 국제조약안"이 채택되었다. 이를 흔히 동경규칙이라 부른다. 그러나 이것은 1961년 선일조약의 규정에 필요한 최소한의 개정을 가한 것에 그쳐서 그 실질적 개정은 책임한도의 증가 표시뿐이었다. 즉 여객의 사망에 대한 운송인의 책임은 50만 금프랑(동 조약 제 9 조에 의해 순도 1,000분의 900인 금 56.5밀리그람, 즉 포앙카레 프랑)을 원칙으로 하였으나 체약국의 국내법이 이보다 높은 책임한도를 정할 수 있도록 하였다(동 조약안 제 7 조).

결국 앞서의 두 조약의 통일과 사정의 변화에 따른 수정의 필요성이 대두되어 1974년 12월 정부간해사협의기구의 주관 아래 아테네에서 열린 해사법외교회의에서 결실을 맺게 되었다. 즉 위의 두 조약을 수정·통합한 "여객과 수하물의 해상운송에 관한 아테네협약"이 바로 그것이다. 1974년 조약은 책임제한액의 산정에 관하여 포앙카레 프랑을 단위로 사용하도록 하였으나, 발효가 되고 있지 않다가 1976년의 런던 추가의정서에 의해 국제통화기금의 특별인출권을 단위로 하게 되었다. 이 1974년 조약에 따르면 국제해상여객운송인이 여객의 화물에 대해 지게 되는 책임은 여객 1인당 46,666SDR을 한도로 하며, 여객의 휴대수하물의 멸실·훼손에 대한 책임은 여객 1인당 833SDR을 한도로 하고 있다(동 조약 제 7 조, 제 8 조).

Ⅳ. 해상여객운송계약의 종류

1. 용선계약에 의한 해상여객운송계약·개별적 해상여객운송계약

해상여객운송계약에는 용선계약에 의한 해상여객운송계약과 개별적 해상여객운송계약의 두 가지가 있다. 그 구별의 표준은 물건운송의 경우의 용선계약과 개품운송계약의 구별의 경우에 준한다. 여객운송에서는 개별적인 쪽이 훨씬 많다.

용선계약에 의한 여객운송계약에서 해상운송인과 용선자의 관계에 대해서는 해상물건운송의 규정을 준용한다(제827조 제 2 항). 물론 용선계약에서 정한 사항에 대해서는 우선 용선계약에 따라야 한다.

용선자와 여객의 관계는 우선 재운송인 여객운송계약이 정하는 바에 따른다. 그 뒤에 여객운송계약에 관한 상법규정이 적용된다. 이 경우 개정상법은 선박소유자, 즉 주운송인의 책임에 대해서는 물건운송에 관한 제809조를 준용하도록 하였으므로 주운송인과 재운송인이 공동으로 여객에게 책임을 진다(제826조 제 1 항, 제809조).

2. 통운송계약

물건순차운송에 대해서는 각 운송인의 연대책임이 규정되어 있으나 이 규정은 여객운송에 대해서는 준용되지 않는다. 이는 여객은 그 자체 운송의 대상이 되므로 여객의 손상이 어느 운송인에 의한 운송 중에 발생하였는가를 입증하기 쉽기 때문이다. 따라서 통운송의 각종 형태에 따라 민상법의 일반원칙에 의해 결정한다.

제 2 관 海上旅客運送契約의 성립

Ⅰ. 當 事 者

해상여객운송계약의 당사자는 해상운송과 함께 여객 자신임을 원칙으로 하지만 때로는 여객 자신이 당사자가 아니라, 타인이 대신하여 계약을 체결할 경우가 있다. 부모가 아이를 데리고 승선하는 경우는 그 일례이다. 보통은 선박소유자가 해상여객운송인으로 되지만 용선계약이 여객운송을 목적으로 할 경우에는 용선자가 운송인으로 된다(제827조 제 2 항). 물론 선박임차인도 운송인이 될 수 있다.

Ⅱ. 계약체결

여객운송계약의 성립에 앞서 보통 해상여객운송인은 선박의 발착시각과 함께 운임 등의 광고게시를 하는 것이 보통이다. 그러나 이는 청약의 유인에 불과하며 청약은 아니다. 여객운송계약은 여객이 청약을 하고 해상여객운송인이 승낙함으로써 성립한다. 여객운송계약은 물건운송계약과 마찬가지로 낙성·불요식계약으로서 당사자의 의사표시의 합치만으로 성립하며 특정한 방식에 따른 계약서를 작성할 필요도 없다. 그러나 보통 해상여객운송인은 계약을 확보하기 위해 운임의 선급을 받고 그 대신에 선표를 상대방에게 교부한다.

제3관 海上旅客運送契約의 효력

Ⅰ. 해상여객운송인의 의무

1. 운송준비의무

(1) 계약에 따른 적정한 선박제공의무

운송계약에서 특정한 선박으로 운송할 뜻을 약정한 때에 여객의 동의가 없이 이를 변경하거나 배를 바꿔 탈 것을 청구할 수 있는가에 대해서는 특별히 규정하고 있지 않으나, 운송계약의 내용으로서 당연히 부정된다고 할 것이다. 물건의 정기개품운송에서는 선박의 특정성이 특별히 중요하지 않은 반면, 여객운송에서는 이와 달리 개별적·정기적 운송에서도 선박의 특정성은 여객에게 특별히 중요한 의미가 있음에 주의해야 한다.

(2) 감항능력 주의의무

해상여객운송인은 여객에 대해 발항 당시 감항능력 주의의무를 부담하며 특약으로 이를 면책할 수 없음은 상법상의 물건운송에서와 같다(제827조 제2항, 제794조). 개정상법은 이것을 강행규정으로 하였다. 그런데 해상여객운송의 경우에는 감항능력의 내용이 여객운송의 성질상 물건운송의 경우와 달라서 여객의 안전 및 보건에 관한 설비를 요한다.

(3) 승선에 관한 의무

여객의 승선에 관해서는 물건운송에서의 선적에 관한 의무와 같은 규정은 없으나 승선시기를 정하여 그 시기에 승선할 수 있는 상태를 마련하면 족하다. 왜냐하면 여객운송은 정기항해를 주로 하므로 승선시기가 일정하고 이를 각 승선자에 대해 통지할 필요가 없기 때문이다.

여객이 승선시기까지 선박에 승선하지 않은 때에는 선장은 발항할 수 있다. 항해 도중의 정박항에서도 마찬가지이며(제821조 제1항), 이 경우 여객은 운임 전액을 지급하여야 한다(제821조 제2항).

2. 운송실행의무

운송의 실행은 여객운송계약의 주된 목적으로서 이와 관련된 해상여객운송인의 의무는 다음과 같다.

(1) 발항의무

여객이 승선시기까지 승선하지 않은 때에 선장이 바로 발항할 수 있음은 앞서 밝힌 바와 같으나 여객운송계약의 성질상, 정기로 발항 또는 항해를 계속하는 것은 해상여객운송인의 의무라고 할 것이다.

(2) 운송의무 및 수하물무임 운송의무

여객의 신체운송의무에 대해서는 법전의 규정이 존재하지 않으나 여객운송계약 채무의 내용으로서 당연히 인정된다. 여객이 계약에 의해 선내에서 휴대할 수 있는 수하물에 대해서 해상여객운송인은 특약이 없는 한 무임으로 운송할 의무가 있다(제820조). 여기서 수하물이란 여행에 필요한 휴대물을 말하며, 운송물과는 다르다. 그러나 해상여객운송인에게 인도한 것인가를 불문한다.

(3) 직항의무

이것도 여객운송계약으로부터 당연히 발생하는 채무의 하나로서 존재한다. 이로에 대해서는 물건운송에 대해 밝힌 것과 대체로 같으나 신속을 중시해야 할 여객운송의 성질상 이로의 제한은 더욱 엄격히 해석해야 한다.

(4) 식사제공의무

해상여객운송인은 특약이 없으면 자신의 부담으로 항해 중에 여객에게 식사를 제공할 의무가 있다(제819조). 이 의무 속에 물을 공급한 것이 포함됨은 물론이다.

(5) 선박수선 중의 주거 및 식사제공의무

항해 도중에 선박을 수선해야 할 때에는 해상여객운송인은 그 수선 중 여객에게 상당한 주거 및 식사를 공급하여야 한다(제819조 제 2 항). 그러나 여객의 권리를 해하지 않는 범위 내에서 상륙항까지의 운송편의를 제공한 때, 예컨대 다른 선박으로 상륙항까지 여객을 운송할 것을 제공한 때는 이 의무를 지지 않는다(제819조 제 2 항).

3. 상륙에 관한 의무

해상여객운송인은 자기의 선박에 승선한 여객을 그 상륙지에서 상륙시키고, 이를 위해 적당한 수단을 택할 의무가 있다. 이것도 여객운송계약의 내용 중에 포함되는 것이지만 상법상 특별한 규정은 없다.

탁송수하물에 대해서는 그 도착지에 도착한 날로부터 10일 이내에 여객이 그 인도를 청구하지 않은 때에는 운송인은 그 물건을 공탁하거나 상당한 기간을 정해 최고한 후 이를 경매할 수 있으며, 이 경우에는 지체없이 여객에 대해 그 통지를 발송하여야 하지만 주소 또는 거소를 알지 못하는 여객에 대해서는 최고와 통지를 할 필요가 없다(제826조, 제149조 제 2 항).

Ⅱ. 해상여객운송인의 책임

이 점에 대해서는 육상의 여객운송규정이 준용된다.

1. 여객의 손해에 대한 책임

해상여객운송인은 자기 또는 선원 기타의 사용인에 운송에 관해 주의를 게을리하지 않았음을 입증하지 못하면, 여객이 운송으로 인해 받은 손해를 배상할 책임을 면할 수 없다(제826조 제 1 항, 제148조 제 1 항). 즉 물건운송의 경우와 같이 해상여객운송인은 무과실의 입증책임을 진다. 이 책임은 운송계약상의 채무불이행에 기초하는 책임이며 불법행위상의 책임은 별개의 문제이다.

채무불이행에 의한 손해배상범위에 대해서는 통상의 채무불이행의 손해배상원칙(민법 제398조)에 따르며, 받은 손해에 한정되지 않고 일실이익까지 미치지만 특히 법원은 피해자 및 그 가족의 정상을 참작하여야 한다(제826조 제 1 항, 제148조 제 2 항).

국제조약의 경우, 즉 1961년의 여객운송통일조약안 그리고 1974년 12월 정부간 해사협의기구의 주관 아래 아테네에서 열린 해사법외교회의에서 채택된 통일법조약에서는 책임한도액의 정산에 관하여 해상여객운송의 경우 여객의 신체사상에 대한 운송인의 책임액의 한도를 일정액으로 한정하여 각 여객의 개인적 사정에 의한 증액을 인정하지 않는다. 그리하여 1974년 조약은 국제해상여객운송인이 여객의 사상에 대해 지게 되는 책임은 여객 1인당 70만 금프랑을 한도로 하고 있다(이 조약 제 7 조).

2007년 8월 3일 상법개정에 의하여 여객손해에 대한 선박소유자의 책임한도를 상향조정하였다(제770조 제1항). 과거 여객손해에 대한 선박소유자의 책임한도가 지나치게 낮아 여객에 대한 손해배상이 충분하지 못하였다. 이에 여객손해에 대한 선박소유자의 책임한도를 "여객의 정원에 46,666 계산단위(약 7천만원)를 곱한 금액"에서 "여객의 정원에 175,000 계산단위(약 2억원)를 곱한 금액"으로 상향조정한 것이다.

2. 수하물의 손해에 대한 책임

현행 상법은 해상여객운송인의 책임에 대해 적용할 내용을 자세히 규정하고 있다. 즉 육상운송인의 책임과 관련된 운송물의 멸실과 운임(제134조), 고가물에 대한 책임(제136조), 수하물에 대한 10일 이내의 인도청구 및 경매·최고(제149조 제2항) 등의 규정과 해상물건운송인의 감항능력 주의의무(제794조), 운송물에 관한 주의의무(제795조), 면책사유(제796조), 책임경감금지(제799조), 위법선적물의 처분(제800조), 위험물의 처분(제801조), 수하인의 의무(제807조 제1항), 운송물 멸실·훼손통지(제804조), 재운송계약과 선박소유자의 책임(제809조), 법정사유로 인한 계약해제(제811조) 등의 규정을 준용하도록 하고 있다.

그리고 여객으로부터 인도를 받지 않은 수하물, 즉 휴대수하물의 경우에는 해상여객운송인의 보관하에 있지 않기 때문에 물건운송으로 볼 수 없으므로 자기 또는 사용인에 과실이 있는 경우를 제외하고 손해배상의 책임을 지지 않는다(제826조, 제130조). 이 경우에는 배상청구권자가 과실의 입증책임을 진다. 현행 상법은 특히 휴대수하물에 대해서는 단위·포장당 책임한도(제797조 제1항 및 제4항)·비계약적 청구, 가령 불법행위로 인한 손해배상의 청구에 대한 적용(제798조)·운송인의 책임경감금지(제799조 제1항)·재운송계약과 선박소유자의 책임(제809조) 등의 규정을 준용하도록 하고 있다.

수하물에 대한 해상여객운송인의 이러한 책임이 언제 소멸하는가에 대해서 현행 상법하에서는 그 청구원인이 무엇인가에 관계없이 운송인이 수하물을 인도한 날 또는 인도할 날로부터 1년 이내에 재판상 청구가 없으면 소멸한다(제814 본문). 이 기간은 당사자간의 합의에 의하여 연장할 수 있다(제814조 단서).

Ⅲ. 해상여객운송인의 권리

해상여객운송인의 권리의 중요한 것은 운송의무에 대립하는 운임청구권이다. 이 권리를 확보하기 위해 유치권을 갖는다. 그 밖에 해상여객운송인에게는 공탁권 · 경매권(제67조) · 발항권(제821조), 위법선적물의 처분권 및 위험물의 처분권(제826조 제 2 항, 제800조, 제801조) 등의 권리가 인정되지만 이들 권리와 그 밖의 권리들은 해상운송인의 운송의무의 이행을 위해 인정되는 부수적인 것이다.

1. 운임청구권

해상여객운송인은 여객에 대해 운송의 보수로서 운임을 청구할 권리가 있다. 운임은 물건운송의 경우와 마찬가지로 후급을 원칙으로 한다. 따라서 운임청구권은 여객의 운송을 완료한 때에 발생하지만 실제로는 여객이 승선시 선표와 상환으로 선급하는 것이 보통이다.

2. 유 치 권

현행 상법은 해상여객운송인은 운임 등을 지급받을 때까지 탁송수하물을 유치할 수 있도록 하고 있다(제826조 제 2 항, 제807).

제 4 관 海上旅客運送契約의 종료

해상여객운송계약의 종료에 대해서는 일반의 계약종료 원인 이외에 해상여객운송상의 특수한 계약의 종료사유가 있으나 대체로 해상물건 운송계약상의 종료사유와 같다.

Ⅰ. 여객에 의한 임의해제

발항 전에는 여객은 운임의 반액을 지급하여 임의로 계약을 해제할 수 있다(제822조 전단). 여객이 승선시기까지 선박에 승선하지 않은 때에는 선장은 즉시 발항할 수 있으며 이 경우에 운임의 전액을 지급해야 한다(제821조 제 2 항). 이는 항해 도중의 정박항에서도 마찬가지다(동조 제 2 항 제 2 문). 발항 후에는 여객은 운임의 반액을 지급하고 계약을 해제할 수 있다(제822조 후단).

Ⅱ. 法定事由로 인한 해제

1. 객관적 불가항력

항해 또는 운송이 법령에 반하게 된 때 기타 불가항력에 의해 계약의 목적을 달성할 수 없을 때 각 당사자는 계약을 해제할 수 있으나(제826조 제2항, 제811조), 그 사유가 발항 전, 즉 운송 도중에 발생한 경우에 계약을 해지한 때에는 여객은 운송의 비율에 따라 이른바 비율운임을 지급해야 한다고 본다(제811조 제1항·제2항).

2. 여객의 일신상의 불가항력

여객이 발항 전에 사망·질병 기타 일신에 관한 불가항력에 의해 항해할 수 없을 때 해상여객운송인은 운임의 10분의 3을 청구할 수 있으나 그 사유가 발한 후에 발생한 때에는 해상여객운송인은 그 선택에 따라 운임의 10분의 3을 청구하거나 운송의 비율에 따라 비율운임을 청구할 수 있다(제823조).

Ⅲ. 당연종료

여객운송계약은 선박이 침몰한 때, 수선불능인 때 또는 포획된 때에는 당연히 종료한다. 만약 그 사유가 항해 중에 발생한 때에는 여객은 운송의 비율에 따라 비율운임을 지급해야 한다(제825조).

제5관 旅客運送目的의 傭船契約

여객운송목적의 용선계약은 물건운송목적의 용선계약과는 운송의 목적이 여객과 여객이 휴대한 수하물이라는 점에서 차이가 있기는 하지만, 실질적으로 양자 사이에 큰 차이가 있는 것은 아니다. 따라서 상법은 운송인과 용선자의 관계에 대해 물건운송목적의 용선계약을 규율하는 규정들을 준용하도록 하고 있다(제827조 제2항).

제 4 장

海上危險과 대책

제 1 절 總 說

제 4 장 해상위험에서는 해상운송인의 해상운송과 관련하여 발생하는 위험 가운데 통상이 아닌 위험과 그 처분에 관한 법률관계를 설명하고자 한다. 해상운송인이 해상운송의 내용으로 미리 예측하지 않았던 비상원인(사고)에 의해 발생하는 손해와 그 대책에 관한 법률관계에는 크게 해손과 해난구조(제882조 이하)가 있고 전자는 다시 공동해손(제865조 이하)과 단독해손인 선박충돌(제876조)로 세분할 수 있다.

그런데 이들 해상위험은 각각 민법상의 비계약적 채권발생원인과 비슷한바, 공동해손은 민법상 부당이득(민법 제741조 이하), 선박충돌은 민법상 불법행위(민법 제750조), 해난구조는 민법상 사무관리(민법 제734조 이하)와 유사한 제도로서 해상법에 특유한 채권발생원인이라고 할 수 있다.

제 2 절 共同海損

제 1 관 總 說

I. 海 損

선박의 항행에 수반하여 선박이나 적하에 발생하는 모든 손해 및 비용을 넓은 의미의 해손이라 한다. 여기에 항해상, 통상 발생하는 손해로서 선박소유자가 운임으로 부담하게 되는 소해손과 비상원인에 의해 발생하는 좁은 의미의 해손이 있다. 전자는 운임 속에 산입되어야 하는 성질의 것이므로 손해로서 문제가 생길 여지는 없다. 따라서 본서에서 해상위험이라고 할 때 그것이 뜻하는 바는 좁은 의미의 해손을 말한다. 후자는 다시 선박 또는 적하에 대해서만 발생하는 단독해손과 선박 및 적하에 공통된 위험에 의해 발생하는 공동해손으로 구분된다.

Ⅱ. 共同海損의 의의

상법 제865조에 따르면 공동해손이란 선박과 적하의 공동위험을 면하기 위한 선장의 선박 또는 적하에 대한 처분으로 인하여 생긴 손해 또는 비용을 말한다. 그리고 이 손해 또는 비용을 공동위험에 처해 있던 이해관계인 사이에서 분담하게 하는 제도가 공동해손제도이다(제866조). 따라서 공동해손을 둘러싼 법률관계에서는 위험을 면하고 이익을 받은 공동해손분담책임자와 공동해손으로 인해 손해를 입은 공동해손채권자의 손배분담관계가 중요한 문제로 등장한다.

Ⅲ. 존재이유

그런데 이러한 공동해손제도가 어떤 근거로 인정되는가가 이론상 문제로 된다.

이와 관련하여 우리나라의 통설인 위험공동체설에 따르면 선박 및 적하는 그 자체 독립적인 위험공동체를 구성하며, 해상위험에 처한 경우 육상에서의 경우와는 달리 위험공동체 전체를 구제하기 위해 선박 또는 적하의 손해(희생)로써 자력적으로 위험을 벗어날 수밖에 없을 때, 즉 운송계약에 따른 선관의무가 있는 선장이 과실없이 더 이상 운송계약상의 의무를 이행할 필요가 없게 된 상황에서는 선박소유자와 적하소유자 상호간에 계약상 보호·관리의무가 없게 되고 선박과 적하는 선장의 지배·관리하에 공동위험에 놓이게 되므로 단체의 관리자인 선장이 이 공동위험을 극복하기에 가장 적당한 처분을 할 수 있으며, 이로 인해 발생한 손해(희생)는 이 단체를 구성히는 각 이해관계인 전체가 분담하게 된다.

Ⅳ. 법적 성질

공동해손제도(또는 공동해손분담청구권)가 해상법상 어떤 법적 성질을 갖는가의 문제는 따로 고찰하지 않으면 안 된다. 이 점에 대해 종래에는 공동해손제도의 존재이유에 대한 설명과의 사이에서 혼란이 있었다. 즉 앞서의 공동해손제도의 존재이유로서 제시된 여러 견해가 사실은 공동해손제도의 법적 성질과 관련된 것이라는 점이다. 그런데 법적 성질론으로 볼 수 있는 것 중 많은 것은 공동해손제도(또는 공동해손분담청구권)를 계약적인 것으로 보아(계약설) 사무관리 · 부당이득 · 대리 등 민법상의 기존 법률개념을 가지고 무리하게 설명하려고 한다. 그러나 공동해손제도를 해상기업의 특수한 요청으로 인해 "창설된 제도"로 보아 공동해손의 법적 성질은 해상법상의 특수한 법률요건이라고 보는 것이 타당하며 그것이 통설이다,

제 2 관 國際條約

공동해손에 관한 관습에 대한 국제적 통일은 19세기 중엽부터 현재에 이르기까지 전개 · 발전하여 왔다.

먼저 그 작업은 1860년 9월 25일 영국의 글래스고우에서 사회과학진흥협회가 채택한 11개조의 결의로 시작하여, 1862년 6월 5일에는 이 협회에서 126개조로 된 공동해손법 초안이 마련되었다. 그리하여 1864년 9월 26일에는 11개조로 된 요크규칙으로, 1877년 8월 30일에는 드디어 12개조로 된 요크 앤트워프규칙이 등장하게 되었고 이 규칙은 그 후 수차례의 개정이 있다가 1974년에 이르러 오늘날 일반적으로 사용되는 요크 앤트워프규칙이 정착되기에 이르렀고 거의 대부분의 운송계약에서 약관으로 채택되어 당사자를 구속하고 상법 등을 해석하는 데에도 중요한 참고자료가 된다. 1994년 12월 31일 이후의 공동해손의 정산에는 새로 개정된 1994년 요크 앤트워프규칙이 적용된다. 한편 1989년 국제해난협약의 성립과 이를 근거로 개정된 1990년 로이드 구조계약서의 채택으로, 해난구조를 공동해손으로 규정한 1974년 요크 앤트워프규칙 제 6 조가 개정되어 해양오염을 방지하거나 최소화하는 데 지출된 비용도 공동해손에 추가되게 되었다. 1995년 1월 1일부터는 개정된 1995년 로이드 구제계약서가 사용된다.

제3관 共同海損의 成立要件

어느 경우를 공동해손으로 볼 것인가는 그것이 관습에 따라 결정되었다는 역사성을 갖고 있으므로 시대에 따라 그리고 국가에 따라 다르다.

공동해손의 성립요건으로 보통 공통되는 것이 있는바, 그것은 우선 항해공동체가 구성되고, 둘째로는 그 항해공동체를 위협하는 공동위험이 있어야 하고, 셋째로 공동위험을 공동해손행위가 행해져야 하며, 마지막으로 항해공동체의 일부가 보전되어야 한다는 점 등이다.

상법 제865조는「선박과 적하의 공동위험을 면하기 위한 선장의 선박 또는 적하에 대한 처분으로 인하여 생긴 손해 또는 비용」을 공동해손으로 하고 있고 제866조에서 이러한 공동해손을 각 이해관계인이 분담하도록 하고 있다. 그러므로 공동해손이 성립하기 위해서는 다음의 요건을 충족하여야 한다.

Ⅰ. 선박과 적하에 공동위험이 있을 것(공동위험)

1. 공동위험

법문상 공동위험일 것을 요하므로 선박이나 적하에만 위험이 있을 때는 공동해손이 성립하지 않으며 각각의 단독해손이 되지만, 선박에 위험이 없더라도 적하 상호간에 위험이 있는 경우 또는 그 반대의 경우, 즉 선박에 현실적인 위험이 존재하여도 적하에는 아무런 위험도 존재하지 않는 경우 그 위험의 원인이 동일하면 위험의 공동성이 인정된다고 할 것이다. 또는 선박이나 적하에 대해 공동위험이 성립하려면 반드시 소유자가 달라야 하지만 보험자와의 관계에서는 동일인의 소유일지라도 보험자가 다르면 공동위험이 인정된다고 본다. 오로지 인명에 대한 위험만이 존재하는 경우에는 공동의 위험도 존재하지 않기 때문에 공동해손의 성립을 인정할 수 없을 것이다.

여기서 위험이란 선박과 적하에 대한 손실이 발생할 가능성을 뜻한다. 위험은 현실적인 것임을 요하지만 급박한 것일 필요는 없다.

2. 위험의 발생원인

위험의 발생원인은 상법이나 규칙 모두 이를 묻지 않는다. 따라서 위험이 자연적이거나 제 3 자 또는 이해관계인의 과실에 의한 경우라도 공동해손은 성립한다. 또한 선박 또는 적하의 하자나 기타 과실 있는 행위로 인한 경우라도 마찬가지이다(제870조). 따라서 위험한 운송물은 선장이 언제든지 양륙·파괴 또는 무해조치를 할 수 있으나 그로 인해 손해가 발생한 경우에도 공동해손은 성립한다(제801조 제 2 항). 나아가 공동해손자의 귀책사유로 공동해손이 생긴 경우에도 이를 공동해손으로 인정하면 결국 공동해손분담책임자가 다시 그 귀책자, 즉 과실자에게 구상권을 행사하게 되므로(제870조) 이 경우에는 공동해손을 인정하지 않는 것이 타당하다고 본다.

Ⅱ. 선장이 선박 또는 적하에 대해 고의로 비상처분(공동해손행위)을 하였을 것(처분행위)

1. 고의에 의한 처분

선장이 공동위험을 면하기 위하여 고의로, 즉 자발적으로 처분행위를 하고 그로 인하여 손실이나 비용이 발생하여야 한다. 따라서 선장이 자발적으로 선박을 육지에 얹히게 하는 것은 공동해손행위가 되나 불가항력으로 선박이 육지에 얹히게 된 경우는 이에 해당되지 않는다. 이러한 선장의 비상처분을 공동해손행위라 한다.

2. 공동해손행위

공동해손행위는 항해에서 이루어지는 정상적인 행위가 아니라, 비상적인 행위여야 한다. 따라서 임의적인 좌초, 적하의 투하, 석탄·원유 등의 적하를 선박연료로 사용하는 것 등은 공동해손행위로 인정된다. 따라서 공동해손행위는 사실행위(예컨대 선박의 경우에는 돛의 절단과 같은 선박의 일부절단·임의좌초·엔진의 특별사용, 적하의 경우에는 투하·적환·사용·매각 등)일 수도 있고 법률행위(예선계약·구조계약·구호계약 등의 체결)일 수도 있다.

Ⅲ. 處分에 의해 損害 또는 비용이 발생하였을 것(손해 또는 비용)

1. 손해·비용

이 때의 손해는 실손해로서 선박에만 생길 수도 있고, 투하의 경우와 같이 적하에만 생길 수도 있으며, 또 선박과 적하 모두에 생길 수도 있다. 그리고 비용에는 해난구조료의 지출, 피난항으로의 입항비 · 도선료 · 예선료 등이 있다.

2. 손해 · 비용의 범위에 관한 입법주의

어느 범위까지 처분으로 인한 손해를 공동해손으로 볼 것인가에 관해서는 여러 가지 입법주의가 있다.

(1) 공동안전주의

공동안전주의는 영미법상의 입법주의로 공동위험을 방지하기 위한 처분으로 인한 손해만을 공동해손으로 인정한다. 따라서 이 견해에 따르면 선박이 태풍을 만나 피난항에 입항한 경우 이 이상 침몰 기타 공동위험이 없다면 입항비는 공동해손이 되지만, 피난항에서의 양륙 · 정박 · 보관 · 재선적 등의 비용과 출항비용 등은 공동해손이 되지 않는다.

(2) 공동이익주의

공동이익주의는 직접적으로 공동위험을 면하기 위한 처분으로 인한 손해나 비용뿐만 아니라, 항해의 완료를 목적으로 공동이익을 위하여 한 처분으로 인한 손해나 비용은 모두 공동해손으로 인정한다. 따라서 이 견해에 따르면 피난항에서의 양륙 · 정박 · 보관 · 수선 · 재선적 등의 비용과 출항비용 등이 모두 공동해손으로 된다.

(3) 희생주의

희생주의는 앞서의 두 가지 입법주의를 절충하여 공동안전이나 공동이익과 관계없이 처분행위와 상당인과관계에 있는 손해 또는 비용 모두를 공동해손으로 인정한다. 따라서 이 견해에 따르면 피난항의 입항비나 출항비 그리고 양륙 · 정박 · 보관 · 수선 · 재선적 등의 비용은 공동해손이 되지만 수선료는 처분과 무관하므로 공동해손으로 인정되지 않는다.

3. 상법의 태도

상법은 처분으로 인한 손해나 비용만을 요건으로 하고 있으므로 처분행위와 손해 또는 비용 사이에는 상당인과관계만 있으면 족하다고 할 것이다. 따라서 상법은 희생주의를 택하고 있는 것이다(통설).

Ⅳ. 선박 또는 적하의 위험을 면하고 잔존할 것(선박 또는 적하의 잔존)

1. 선박 또는 적하의 잔존

공동해손은 위험을 면한 선박 또는 적하의 이해관계인이 그 위험을 면한 선박 또는 적하의 가격과 운임의 반액 그리고 공동해손의 액의 비율에 따라 분담하는 것이므로 공동해손이 성립하기 위해서는 선박 또는 적하가 위험을 면하고 잔존하여야 한다(제866조).

2. 입법주의 및 상법의 태도

처분과 보존 사이에 인과관계가 필요한가와 관련하여 두 가지 입법주의, 즉 인과주의와 잔존주의가 있다. 공동해손행위로 인하여 선박이나 적하가 위험을 면하고 잔존하여야 한다는 입장이 인과주의이고, 공동해손행위가 있은 다음 선박이나 적하가 잔존하면 족하다는 입장이 잔존주의이다. 프랑스법계(프랑스 상법 제423조~제425조)와 일본이 인과주의를 택하고 있고, 독일과 영미법계에서 잔존주의를 택하고 있으며 규칙 A조·C조도 잔존주의를 택하고 있다. 만약 선장의 처분과 선박 또는 적하의 보존 사이에 인관관계가 요구된다면 이를 증명하는 것이 어렵거나 불가능한 경우가 많을 것이므로 공동해손이 인정되는 범위가 좁아지게 되므로 잔존주의가 인과주의보다 타당하다고 본다. 상법은 반드시 공동해손행위로 인하여 선박이나 적하가 위험을 면하고 잔존하여야 한다는 인과주의를 채택하지 않고, 공동해손행위가 있은 다음 선박이나 적하가 잔존하면 족하다는 잔존주의를 채택하고 있다. 그러나 이해관계인은 선박이 도달하거나 적하를 인도할 때에 현존하는 가액의 한도에서 책임을 진다(제868조).

3. 잔존의 대상

잔존의 대상과 관련해서는 서로 다른 세 가지 입법주의가 있는바, 병존주의는 선박과 적하 모두가 잔존하여야 한다는 입장이고(독일 상법 제703조), 선박잔존주의 또는 선박단존주의는 선박만이 반드시 잔존하여야 한다는 입장이며(프랑스 상법 제423조), 마지막으로 종류불문주의는 선박이나 적하 중 어느 것이든 잔존하면 된다는 입장으로 우리 상법 및 규칙의 입장이 여기에 속한다.

제4관 共同海損의 효과

Ⅰ. 總 說

공동해손의 효과는 처분(공동해손행위)에 의해 손해를 입거나 비용을 지출한 자, 즉 공동해손자가 보존된 재산의 이해관계인, 즉 위험을 면한 공동해손분담책임자에 대해서 일정한 비율에 따른 분담청구권을 취득하는 데 있다(제866조, 규칙 B조).

그리고 공동해손인 손해 및 비용과 공동해손을 분담할 재산의 범위와 가액을 확정하여 그 분담비율에 따라 분담액을 산출하는 것이 공동해손의 정산이다.

Ⅱ. 공동해손액의 산정

공동해손액은 공동해손행위로 인해 선박이나 적하에 발생한 손해나 비용의 금액이다. 이러한 손해를 입은 사람이나 비용을 지출한 사람을 공동해손자 또는 공동해손채권자라 한다. 따라서 선박소유자(해상운송인)나 적하의 이해관계인이 공동해손자가 된다.

공동해손액을 산정함에 있어서 선박의 가액은 도달의 때와 곳의 가액으로 하고, 적하의 가액은 양륙의 때와 곳의 가액으로 한다(제869조 본문). 그러나 적하에 관하여는 그 손실로 인하여 지급을 면하게 된 모든 비용을 공제하여야 한다(제869조 후단). 이 경우 운송인은 선장이 공동해손행위를 한 경우 운임의 전액을 하주에게 청구할 수 있기 때문에 운임은 공제되지 않는다(제813조 제2호). 선하증권 기타 적하의 가격에 영향을 미칠 사항에 관하여 기재가 있더라도 실가에 따라 공동해손액을 산정하는 것이 원칙이지만, 실가보다 저액을 기재한 경우나 기재한 가액이 시가보다 저가인 경우에는 그 기재액을 공동해손으로 하며, 적하의 가격에 영향을 미칠 사항에 관하여 허위기재가 있는 경우에도 마찬가지이다(제873조 제1항·제2항).

그러나 다음과 같은 것은 공동해손액의 산정에서 제외된다. 즉 속구목록에 기재하지 않은 속구는 가액의 명확을 기할 수 없다는 이유에서, 그리고 선하증권 기타 적하의 가격을 정할 수 있는 서류 없이 선적한 하물은 손해액의 산정이 곤란할 때가 많을 뿐만 아니라, 공동해손의 분담을 면할 염려가 있다는 이유에서, 종류와 가액을 명시하지 않은 화폐나 유가증권 기타의 고가물이 멸실된 경우에는 앞서의 선하증권 등의 예에서 든 이유와 함께 고가물임을 명시하였으면 그 희생을 모면하였을 가능성이 높다는 이유에서 그리고 갑판에 적재한 화물, 즉 갑판적하물은 해난 기타의 경우에 보통 먼저 투기되는 것이라는 이유에서 그 가액을 공동해손액에 산입하지 않는다(제872조 제 1 항 · 제 2 항 본문). 단 갑판적이 관습상 허용되는 경우와 연안항행의 경우에는 오히려 갑판적이 보통이므로 이 경우에는 공동해손액에 산입된다(제872조 제 2 항 단서).

선박에 비치한 무기 · 선원의 급료 · 선원과 여객의 양식과 의류 등이 손실된 경우에는 그 가액을 공동해손액에 산입한다(제871조).

Ⅲ. 공동해손의 분담액

공동해손인 손해의 범위와 그 가액이 확정되면 다음으로 이를 분담할 재산의 범위와 그 액수 및 분담액을 결정하게 된다.

공동해손은 위험을 면한 선박 또는 적하의 가액과 운임의 반액 그리고 공동해손액의 비율에 따라 각 이해관계인이 분담한다(제866조).

공동해손을 분담한 잔존재산의 산정방법에 관하여는 두 가지 입법주의가 있다. 즉 공동해손의 분담을 공동해손행위 즉시 확정하는 즉시주의와 항해 말에 확정하는 항해주의가 그것이다. 대부분의 나라가 후자의 입장을 따르고 있으며 상법 역시 항해주의를 따르고 있다. 따라서 분담잔존액을 산정할 기준이 되는 때와 곳 역시 공동해손액을 산정한 때와 마찬가지로 선박의 가액은 도달의 때와 곳의 가액으로 하고 적하의 가액은 양륙의 때와 곳의 가액으로 한다(제868조 본문). 그리고 적하의 경우 그 손실로 인하여 지급을 면하게 된 모든 비용을 공제하여야 하는 것 역시 같다(제869조 단서).

또한 적하의 경우 선하증권 기타 서류상의 기재와 관계없이 실가에 따라 그 가액을 정하는 것이 원칙이지만 선하증권 기타 서류에 실가보다 고액을 기재한 경우나 고액을 표시하는 사항이 기재된 경우에는 기재액에 따라 분담잔존액을 정한다(제873조 제 1 항 · 제 2 항).

그러나 선박에 비치한 무기 · 선원의 급료 · 선원과 여객의 식량과 의류는 보존된 경우에는 그 가액을 공동해손분담액에 산입하지 않는다(제871조).

Ⅳ. 공동해손의 분담

공동해손은 공동해손으로 인해 이익을 본 분담책임자와 손해를 본 공동해손채권자가 위험을 면한 선박 또는 적하의 가액과 운임의 반액 그리고 공동해손액의 비율에 따라 공동으로 분담한다(제866조).

공동해손의 분담책임자가 지게 될 분담한도는 공동해손분담제도의 취지로 볼 때 당연히 잔존한 재산의 가치를 초과할 수 없다는 점에서 현행 상법은 선박이 도달하거나 적하를 인도한 때에 현존하는 가액의 한도에서 책임을 지도록 하고 있다(제868).

공동해손으로 인해 생긴 채권은 공동해손시에 발생하며 그 때부터 이자가 생긴다. 현행 상법은 그 계산이 종료한 날로부터 1년 내에 재판상 청구가 없으면 소멸한다고 하여 단기제척기간을 두고 있다(제875조). 이 기간은 당사자의 합의로 연장할 수 있다(제875조 단서, 제814조 단서).

Ⅴ. 공동해손의 정산

공동해손의 계산을 정산이라 한다. 정산을 할 자, 즉 정산자에 관해서는 상법상 규정이 없으나 이론적으로 볼 때는 각 공동해손채권자가 공동해손을 입증하고 각 분담책임자에게 공동해손분담금을 청구하게 된다고 볼 수 있으나 이해관계인은 선장에 위임하여 공동해손을 정산하기로 약정하는 것이 보통이고, 위임이 없더라도 그러한 상관습이 있다고 보아야 한다는 이유 등으로 정산의무자는 상법상 선장이라고 보는 것이 다수설이다.

정산할 곳에 대해서도 상법상 규정이 없으나 반대의 특약이 없는 한 항해종료지, 즉 선박과 적하가 종국적으로 분리된 최후의 양륙지이고, 항해가 중단된 때는 그 중단지가 정산지가 된다(통설). 정산지의 법을 준거법으로 하는 것이 원칙이지만 해손의 성질이나 분담재단의 조성에 관한 사항은 선적국법에 따른다(섭외사법 제44조 제7호·제8호).

수하인이 운송물을 수령하는 때에는 공동해손분담금을 지급하여야 하고, 선장은 이해관계인을 대리하여 분담금을 청구하고 그 지급을 받을 때까지는 운송물을 인도할 의무가 없다(제807조).

Ⅵ. 손해의 회복

선박소유자 · 용선자 · 송하인 기타의 이해관계인이 공동해손액을 분담한 후(제866조), 선박 · 속구 또는 적하의 전부나 일부가 소유자에게 회복된 때에는 그 소유자가 공동해손의 상금으로 받은 금액에서 구조료와 일부손실로 인한 손해액을 공제하고 그 잔액을 반환하여야 한다(제874조). 선박과 적하의 공동위험이 선박 또는 적하의 하자나 기타 과실 있는 행위로 인하여 생긴 경우에는 공동위험의 분담자는 그 책임이 있는 자에 대해 구상권을 행사할 수 있다(제870조). 이 구상권은 그 계산이 종료한 날로부터 1년 내에 재판상 청구가 없으면 소멸한다(제875조).

제 3 절 船舶衝突

제 1 관 總 說

Ⅰ. 선박충돌의 의의 및 존재이유

불법행위의 일종인 선박충돌은 항해선 상호간 또는 항해선과 내수항행선간의 충돌을 말한다(제876조 제 1 항). 선박충돌은 해상사고 가운데 가장 손해가 큰 것 중의 하나이므로 일단 선박충돌이 일어나면 그로 인한 여러 이해관계가 발생한다.

따라서 각국은 선박의 항행에 특유한 성격 때문에 선박충돌에 따르는 법률관계를 민법의 불법행위규정에만 맡기지 않고 해상법상 특별규정을 두고 있다. 그러나 상법 역시 제 5 편 제 3 장 제 2 절에서 선박충돌에 의해 생긴 손해의 귀속에 대해 규정하고 있지만 실질적으로 몇 개 조문만을 두고 있을 뿐 불완전한 실정이다.

Ⅱ. 법적 성질

선박충돌은 당연히 이해관계인 사이에 권리의무를 생기게 하며, 상법은 선박충돌을 주로 이러한 측면에서 규율하고 있다. 이 때의 선박충돌은 민법상의 불법행위적 성질을 갖지만, 상법상의 선박충돌에 관한 규정은 민법상의 불법행위에 관한 규정의 특칙으로서 우선적으로 적용된다.

현행 상법하에서는 하주가 당연히 선적책임제한을 주장할 수 있도록 하였다(제769조). 그러나 선박충돌로 인해 상법의 규정상 이해관계인이 갖는 권리의무는 그가 계약상 갖게 되는 권리의무에 아무런 영향을 미치지 않는 것이 원칙이다.

제 2 관 國際條約

선박충돌에 대한 법규의 국제적 통일화의 요청이 강하였다. 이에 만국해법회가 1902년 함부르크회의에서 원안을 작성하고 그에 기초하여 브뤼셀외교회의가 1905년부터 1910년까지 매년 개최되어 1910년에 선박충돌시 손해배상에 대한 책임관계의 기본적 사항에 대해 정한 "선박충돌에 관한 규칙의 통일에 관한 조약"이 성립하였다.

이 조약에서는 대다수 국가가 가입하였으나 각국은 자국의 국내법과의 관계에서 세 가지 태도를 보여주고 있다. 첫째로는 국내법을 조약의 조문대로 개정한 경우에 벨기에(1911년 8월 14일법)·프랑스(1915년 7월 15일 법) 등이 여기에 속하고, 둘째로는 조약의 정신에 따라 국내법을 개정하기는 하였으나 조문대로 개정하지는 않은 경우로 영국(Maritime Convention Act 1911)·독일(1913년 1월 7일법에 의한 상법개정) 등이 여기에 속한다. 마지막으로 국내법을 따르는 경우로 기타 국가들이 취하고 있는 입장이다. 우리나라는 가입하지는 않았으나 근본적으로 이 조약에 기초하여 상법을 개정하였다.

조약은 이 조약의 적용범위에 관해 관련된 모든 선박이 체약국에 속하는 경우에는 조약을 적용하도록 하고 있으나, 모든 이해관계인이 수소법원이 소속된 국가에 속할 때에는 조약의 규정을 적용하지 않고 국내법을 적용하도록 하였다(조약 제11조).

제 3 관 船舶衝突의 성립요건

Ⅰ. 선박간의 충돌

상법상의 선박충돌이란 상법의 적용 내지 준용이 있는 선박상호간, 즉 항해선상호간 및 항해선과 내수항행선간의 충돌(제876조) 그리고 국·공유선을 제외한 비영리항해선의 충돌(선박법 제29조)을 말한다. 따라서 공선과 사선, 상선과 단정 또는 노도선의 충돌, 내수항행선 상호간의 충돌은 상법상의 선박충돌이 아니다. 이 경우에도 선박충돌에 관한 상법의 규정을 유추적용하여야 한다는 견해가 있으나, 그렇게 보아야 할 법률상의 근거가 없다고 생각한다. 선박인가의 여부는 사회통념에 따라 정해진다.

사선의 경우에 있어서 충돌한 선박이 모두 동일한 선박소유자에게 속할 때에는 원칙적으로 불법행위에 기한 손해배상관계가 성립하지 않으나 양선을 독립선주의 소유선박으로 취급하는 것이 관행이다.

Ⅱ. 2쌍 이상의 선박충돌

선박충돌은 반드시 2쌍 이상의 선박이 서로 접촉하여야 한다(제876조 제 2 항). 선박에 고정된 용구는 선박의 일부이므로 가령 다른 선박의 선측에서 내려진 닻에 접촉한 경우는 선박충돌이지만 어망에 의한 접촉은 어망의 물리적 성질상 선박충돌이 아니라고 본다. 통설에 따르면 두 선박의 직접적 접촉이 아닌 간접충돌은 여기서 말하는 선박충돌이 아니며(조약 제13조는 이 경우에 선박충돌을 인정한다), 항만시설과의 접촉역시 선박충돌이 아니므로 민법상의 불법행위의 일반원칙에 맡겨 해결하게 된다.

Ⅲ. 충돌로 인한 손해발생

「선박 또는 선박 내에 있는 물건이나 사람에 관하여 생긴 손해」만이 상법상의 선박충돌로 인한 손해로 인정된다(제876조). 선박 또는 선박 내에 있는 물건이나 사람에 관하여 생긴 손해에는 물건의 소유자 또는 생명이나 신체의 주체가 선박충돌로 인해 입은 직접손해뿐만 아니라, 선박소유자 등의 충돌과 관련하여 제 3 자에게 지출한 변호사비용 등의 "부수비용"(대판 1972. 6. 13, 70 다 413)과 적하소유자 · 여객 등에게 지출할 "간접비용"도 포함된다.

제4관 船舶衝突의 효과

Ⅰ. 總 說

선박이 충돌한 경우 그 효과로서는 공법상의 효과와 사법상의 효과로 나눌 수 있다. 공법상의 효과는 선박이 서로 충돌한 경우 각 선박의 선장은 자기가 지휘하는 선박에 급박한 위험이 없는 한 서로 인명과 선박을 구조하는 데 필요한 조치를 다하여야 하며, 선박의 명칭·소유자·선적항·출항항 및 도착항을 상대방에게 통보하여야 할 의무가 있다(선원법 제12조). 이 의무는 조약 역시 인정하고 있다(조약 제8조, 제9조). 선장이 선박충돌시 조치할 위의 의무에 위반하였다는 것만으로는 선박소유자가 책임을 지지 않는다고 본다(조약 제8조 제3항 참조).

공법상의 문제들(선원법·해난심판법·형법 등에서의 문제)을 별개로 한다면 사법상의 효과는 결국 손해배상책임의 귀속에 관한 문제이다. 조약은 선박충돌의 효과를, 즉 선박충돌로 인한 손해부담문제를 충돌의 원인에 따라 불가항력 또는 원인불명으로 인한 경우와 과실에 의한 경우로 나누고, 후자는 또 일방의 과실로 인한 경우와 쌍방의 과실로 인한 경우로 나누어 규정하고 있다. 상법도 선박충돌의 효과를 위와 같이 충돌의 원인에 따라 규정하고 있다.

Ⅱ. 不可抗力 또는 원인불명에 의한 선박충돌

1. 意 義

불가항력에 의한 충돌은 선박의 선원의 과실에 기한 것이 아니기 때문에 상대방에게 손해를 귀속시킬 수 없으므로 각 선박이 그로 인해 받은 손해를 각자 부담한다. 원인불명일 때도 상대방의 고의·과실을 입증할 수 없으므로 위와 같다(조약 제2조 제1항 참조). 여기서 불가항력이란 폭풍·벼락 등의 천재, 일반적 의미에서의 불가항력뿐만 아니라, 해기상 보통의 주의와 기술로는 예견하거나 예방할 수 없는 것을 뜻하므로 선원 등에게 과실이 없는 경우도 불가항력으로 보게 된다.

2. 효 과

선박의 충돌이 불가항력으로 인하여 발생하거나 충돌의 원인이 명백하지 않은 때에는 피해자는 충돌로 인한 손해배상을 청구하지 못한다(제877조). 민법상 불법행위 책임을 물으려면 상대방의 고의 또는 과실 및 위법행위와 그로 인한 손해발생을 입증하여야 하므로(민법 제750조), 이 규정이 특별한 의미를 갖는 것은 아니지만 불가항력 또는 원인불명으로 인한 선박충돌의 경우 두 선박소유자가 책임을 균분하여야 한다는 책임균분주의의 주장에 대해 조약이 규정하고 있는 바대로 상법이 과실책임주의를 분명히 천명한 것이라는 점에 의의가 있다.

Ⅲ. 一方過失로 인한 선박충돌(일방과실충돌)

1. 意 義

선박충돌이 일방선박의 선원의 과실로 생긴 경우를 말한다(제878조).

이 때의 선원에는 선박소유자 및 그 피용자가 모두 포함된다. 또한 강제도선사이건, 임의 도선사이건 도선사의 과실도 선박소유자의 과실로 된다(제880조). 조약 역시 도선사, 특히 강제도선사의 과실에 의한 경우도 선박충돌로 보고 있다(조약 제 5 조). 감항능력 주의의무위반도 여기에 해당한다.

상법상 선박충돌의 경우 과실에 대해 법률상 추정을 인정하는 규정은 없으나 국제해상충돌예방규칙이나 해상교통안전법·항해규칙 또는 항칙을 위반하여 선박충돌이 일어난 경우, 그 선박의 과실은 사실상 추정된다고 본다(대판 1970. 9. 22, 70 다 1448).

선박충돌로 인한 손해는 선체나 적하의 손해는 물론이고 선박을 수리하는 데 소요된 시간 동안 선박이 가동되지 못함으로써 생긴 손실과 선원의 보수·급양비도 포함된다.

2. 효 과

(1) 선박소유자간의 손해배상관계

선박충돌이 한쪽 선원의 과실로 인하여 발생한 때에는 그 일방의 선박소유자는 피해자에 대하여 충돌로 인한 손해를 배상할 책임이 있다(제878조; 조약 제 3 조). 선박충돌이 한쪽 선박의 도선사의 과실로 인해 발생한 경우도 마찬가지다(제880조; 조약 제 5 조). 이 때에 선박소유자는 선원의 선임 및 감독에 상당한 주의를 하였다 하더라도 책임을 면하지 못한다. 즉 민법 제756조 제 1 항이 적용되지 않는다.

과실 있는 선박소유자는 상대 선박소유자는 물론이고 자기 및 상대 선박의 적하소유자 및 인명피해자 모두에 대해 모든 손해를 배상할 책임을 진다.

(2) 제 3 자에 대한 손해배상관계

한쪽 선박의 선원의 과실로 인한 선박충돌의 경우에 과실이 없는 선박의 적하 내지 여객에 손해가 생긴 때에는 과실 있는 선박의 선박소유자는 불법행위에 의한 손해배상책임을 진다. 그리고 과실 있는 선박의 적하·여객이 손해를 받은 때에는 과실 있는 선박의 선박소유자가 운송계약상의 채무불이행에 따른 손해배상책임을 진다.

Ⅳ. 雙方過失로 인한 충돌

1. 意 義

쌍방과실로 인한 충돌이란 충돌이 쌍방의 선원의 과실로 인해 발생한 경우를 말한다. 이 때의 과실의 의미는 불법행위론상 과실과 마찬가지로 고의·과실 모두를 포함하며, 일방과실로 인한 충돌에서와 같이 도선사의 과실로 인한 선박충돌의 경우도 선원의 과실로 인한 선박충돌로 안정된다(제880조).

2. 효 과

(1) 선박소유자간의 손해배상관계

1) 원 칙

양쪽 선박의 선원에게 과실이 있는 경우 각 선박의 과실의 경중을 판정할 수 있을 때에는 각 선박소유자는 과실의 경중에 따라 손해를 부담한다(제879조 제 1 항 전단). 과실의 경중을 판정할 수 없는 경우에는 각 선박소유자가 손해를 공평하게 균분하여 부담한다(제879조 제 1 항 후단; 조약 제 4 조 제 1 항 참조).

2) 손해분담청구권

쌍방과실로 인한 충돌에는 보통 두 선박 모두에게 손해가 발생하게 되어 각 손해를 그 과실의 경중에 따라 두 선박소유자가 손해를 분담하므로 우선 각 손해를 그 대소에 따라 청산을 한뒤 당사자 일방이 상대방에게 손해배상을 청구하게 된다.

그런데 이 때 손해배상의 관계를 어떻게 구성하고 그 책임이 어떻게 발생하는가에 관해서는 단일책임설과 교차책임설이 대립하고 있다. 각 선박소유자의 손해부담액을 공제하여 계산한 후에 그 잔액에 대해 일방 선박소유자만이 상대방 선박소유자에게 손해배상을 청구할 수 있다고 보는 설(단일책임설)과 실제로는 상계 후 잔액에 대해서 청구를 하는 것이 보통이지만 각 선박소유자는 서로 상대방에 대해 손해배상을 청구할 수 있는 것이 원칙이라는 설(교차책임설)이 그것이다.

선박의 충돌 그 자체는 하나의 사실이라 할지라도 법률상으로는 각 선박소유자가 서로 상대방의 법익을 각자의 과실로써 침해한 것이므로 각 불법행위가 성립한다고 보는 것이 불법행위의 일반적 이해로 볼 때 분명하다. 결국 각자에게 손해배상청구권의 성립을 인정하는 교차책임설이 타당하다(통설).

개정상법은 선주유한책임을 적용함에 있어서는 단일책임주의를 채택하여 상대방에 대해 동일한 사고로 인하여 채권을 가지는 경우 그 채권액을 공제한 잔액이 책임제한의 대상채권이 되는 것으로 정했다(제771조).

(2) 제 3 자에 대한 손해배상관계

선박이 쌍방의 선원의 과실로 충돌하여 쌍방의 선박에 있는 여객이나 적하에 손해가 생긴 경우, 각 선박소유자는 어떤 범위의 손해배상책임을 지는가 하는 문제가 발생한다.

1) 여객사상의 경우

쌍방의 과실로 인하여 선박이 충돌한 경우 제 3 자의 사상에 대한 손해배상은 쌍방의 선박소유자가 연대하여 책임을 진다(제879조 제 2 항; 조약 제 4 조 제 3 항). 쌍방의 내부적 분담관계는 과실의 경중에 따르고, 과실의 경중을 판정할 수 없는 때에는 균분하여 부담하게 된다(제879조 제 1 항).

2) 적하손해의 경우

쌍방의 선박의 과실로 물적 손해가 생긴 경우에 관해서 상법에 규정이 없으므로 상법 제879조 제 1 항이 적용되느냐 하는 문제가 생긴다.

이 점에 대해 상법 제879조 제 1 항은 선박소유자 상호간의 내부관계만을 규정하는 것으로 선박소유자와 제 3 자와의 관계에 대해서는 적용되지 않는다고 보는 견해(내부관계규정설)가 있다.

그러나 국내의 통설 및 판례는 선박소유자 상호간 그리고 선박소유자와 제 3 자 사이의 관계까지도 모두 규정한 것이라고 해석한다.

덧붙여 한쪽의 선박소유자와 그 하주 사이에 면책특약이 있을 때, 다른 선박소유자가 이 면책약관을 원용할 수 있는가의 문제가 생긴다. 현재로는 원용긍정설이 통설이다.

제5관 時　　效

현행 상법은 법률관계를 더욱 간명히 하고 또한 국제상관행을 반영하여 충돌이 있는 날로부터 2년 내에 재판상 청구가 없으면 권리가 소멸하고 당사자는 합의에 의하여 이 기간을 연장할 수 있도록 하였다(제881조, 제811조 단서). 실무상 선박충돌로 인한 책임문제의 해결은 장시간을 요하는 경우가 많으므로 합의에 의한 제척기간 연장이 많이 이루어지고 있다.

제6관 優先特權

선박의 충돌로 인한 항해시설·항로에 대한 손해, 선원이나 여객의 생명·신체에 대한 손해, 적하 및 수하물에 대한 손해 등의 배상채권에 관하여 채권자는 그 충돌선박에 대한 선박우선특권을 갖는다(제777조 제1항 제4호).

제7관 救助措置와 통보

선박이 충돌한 경우 각 선박의 선장은 서로 인명과 선박을 구조하는 데 필요한 조치를 다하여야 하며 선박의 명칭·소유자·선적항·출항항·도착항을 상대방에게 통보하여야 한다. 다만 자기가 지휘하는 선박에 급박한 위험이 있는 경우 이러한 조치나 통보를 하지 않을 수 있다(선원법 제14조).

제 4 절 海難救助

제 1 관 序 說

Ⅰ. 해난구조의 기본개념

해난구조는 선박·적하 기타의 물건 또는 인명이 해난에 조우한 경우에 구조자 측에서 의무 없이 이를 구조하는 행위를 말한다.

공동해손제도가 해상위험에 대한 적극적 대응책으로서 선박 및 적하가 해난에 조우한 경우에 그 위험을 극복하기 위해 선박 또는 적하에 대해 처분을 행하고 그 처분에 의해 생긴 손해를 분담하는 제도임에 비해서 해난구조제도는 마찬가지로 해상위험에 대한 적극적 대응책으로서 제 3 자가 해상위험의 극복을 위해 기여한 데 대한 보수에 관한 제도이다.

Ⅱ. 국제조약

해난구조는 국적을 달리하는 선박 사이에서 자주 일어난다. 게다가 피구조선에는 다수의 사람과 재산이 있어서 그 이해관계인의 국적이 다른 경우가 대단히 많다. 그러나 해난구조에 관한 사법은 각국에 따라 규정이 가지각색이다. 따라서 그 규정을 통일시키는 일은 공동해손 또는 선박충돌에 대해서와 마찬가지로 필요하였다. 그런 이유로 1910년에 해난에 관한 통일조약이 성립하였던 것이다. 이것이 1910년 "해난에 있어 구원 및 구조에 관한 약간의 규정의 통일에 관한 조약"이다. 이에 통일조약은 선박충돌과 마찬가지로 섭외관계에만 적용되며(조약 제15조), 더욱이 각국의 상법규정이 반드시 조약과 일치하는 것은 아니므로 국내관계와 섭외관계가 법규를 달리하게 되어 불합리하고 불편하다.

그리고 1989년 4월 28일 국제해사기구의 회의에서 1989년 국제구조협약을 채택하였다. 동 협약은 특히 해양오염방지를 촉진·장려하기 위하여 채택되었는바, 해난선박의 소유자와 선장 및 구조자에게 해양오염을 방지하거나 최소화시킬 의무를 지우고, 해양오염을 방지하거나 최소화하는 데 기울인 구조자의 기량과 노력을 구조

보수의 증액요소로 하였다. 동 협약은 아직 발효되지는 않았으나 그 입법취지는 이미 1980년 로이드 오픈 서식의 개정서식인 1990년 LOF에 의하여 국제적으로 인정되고 있다고 한다. 1995년 1월 1일부터는 재개정된 LOF 1995가 사용되고 있다.

Ⅲ. 의 의

해난구조란 해난에 조우한 선박 또는 적하 기타의 물건을 의무 없이 구조하는 것을 말한다. 따라서 해난구조에 대한 계약이 체결되어 그 이행으로 한 경우는 해상법상의 해난구조가 아니며 그 성질은 도급계약이다.

제 2 관 海難救助의 성립요건

Ⅰ. 해난의 존재

해난이란 항해에 관련되는 위험으로 선원이 자력으로는 극복할 수 없을 정도의 위험일 것을 요한다. 반드시 항해에 고유한 위험일 필요는 없으므로 선박의 화재도 해난이 될 수 있다. 또한 고립무원의 상태에 있어야 하는 것도 아니다.

다음으로 선박 또는 적하에 멸실 또는 훼손의 위험이 있어야 한다. 이는 구조시에 그러한 위험이 있다고 합리적으로 인정할 수 있는 경우이어야 하며 이것으로 족하다.

Ⅱ. 항해선·적하 기타의 물건이 해난에 조우할 것(제882조)

다음으로 항해선 또는 적하 기타의 물건에 위험이 있어야 한다(제882조). 이 점은 공동해손에 선박과 적하의 공동위험을 요건으로 하는 것과는 다르다. 이는 해난구조는 피구조자가 보수를 지급하는 제도임에 반해 공동해손은 해난에 의해서 발생한 손해를 평등하게 분담시키는 제도이기 때문이다.

내수항행선은 항해선과 구별되지만 양자가 구조관계에 있을 때는 해난구조의 목적물이 되고(제882조 제 2 문). 상행위를 목적으로 하지 아니하는 항행선도 상법 제 5 편 규정이 준용되므로(선박법 제29조) 해난구조의 목적물이 된다.

Ⅲ. 구조자에게 구조의무가 없을 것(제882조)

사법상의 의무 없이 구조가 행해져야 한다. 따라서 조난선의 선원이 해난선 또는 그 선박의 적하를 구조하는 경우는 물론 도선사가 자신이 도선하는 선박을 구조하는 경우에는 원칙적으로 해난구조가 아니다. 이들은 당해 선박 및 선박 내의 인명과 재산을 안전하게 지킬 사법상의 의무가 있기 때문이다. 그러나 사법상의 의무가 없는 한, 공법상의 구조의무를 부담하는 자, 가령 다른 선박의 선장이 한 구조는 해난구조가 된다.

Ⅳ. 해난선 또는 적하 기타의 물건이 구조되었을 것

구조료청구권을 발생시키기 위해서는 구조가 성공하여야 한다. 이는 제도의 목적 및 규정에서 볼 수 있듯이 명백하다. 그러나 구조를 장려하기 위해 구조행위와 구조의 성공 사이에 인과관계는 구조자에게 유리하게 해석하여야 한다. 따라서 반드시 절대적인 의미의 안전이 아니라, 선박 또는 적하의 상대적 안전을 가져오면 족하다. 그러나 구조의 가장에 의한 폐해를 피하기 위해 구조가 성공하지 않을 경우에는 구조자가 아무리 많은 희생을 지급하여도 구조료청구권이 생기지 않는다.

그러나 토조마루 사고(1968년 페르시안만에서 25,000톤의 유류를 적재한 토조마루호가 피나 이탈리아호와 충돌한 사고이다) 이후에 구조활동중에 조난선에서 유출되는 기름에 의한 해양오염을 방지 또는 최소화하는 노력을 고려하여, 구조의 성공여부에 관계없이 해양오염방지비용에 대하여 특별보상제도를 인정하고 있다(1989년 국제해난구조협약 제13조(b), 1990년 LOF 제 1 조(a)). 개정상법도 이를 고려하여 환경손해방지를 위한 노력을 참작하여 구조료를 결정하도록 하여 불성공무보수원칙을 수정하였다(제883조).

제 3 관 海難救助의 효력

Ⅰ. 구조료청구권

1. 구조료청구권을 인정하는 이유

해난에 조우한 사람 또는 재산을 구조하는 것은 도덕률이 명하는 바이지만, 이러한 도덕상의 의무를 이행하였다고 해서 바로 구조료를 청구할 수 있게 할 것인가는 입법정책의 문제이다. 그런데 우선 도덕상의 견지에서 보는 입장은 이러한 청구권을 인정하는 것이 그 이상에 반하여 도덕상의 의무를 다한 자의 진의를 해치기 때문에 이러한 청구권의 발생을 부정할 수밖에 없게 된다. 이에 대해 법률적으로 보면 구조료의 청구는 해난구조라는 제도를 둔 목적에 적합한 것이 된다.

2. 구조료의 의의

구조료는 해난구조의 효과로서 해난구조자에 대해 법률상 당연히 급부될 보수이다(제882조). 피구조자의 불법행위에 기초한 손해배상이 아니라, 구조를 장려한다는 의미에서 인정되는 것이다. 물론 구조자가 지출한 비용을 포함한다.

3. 구조료청구권자

해난구조자는 해난구조의 결과에 대해 상당한 보수, 즉 해난구조료를 청구할 수 있다(제882조). 구조료를 청구하는 자는 해난구조의 요건의 존재를 입증하여야 하며, 또한 피구조자가 구조료채무를 면하려면 청구권의 불발생 또는 소멸사유를 입증하여야 한다.

4. 구조료청구권이 없는 경우

해난구조를 장려하면서도 공정하게 구조에 종사할 것을 요구하기 위하여 다음과 같이 해난구조료청구권을 박탈하는 경우도 있다(제892조).

(1) 구조받은 선박에 종사하는 자(제892조 제1호)

구조받은 선박에 종사하는 자는 자기가 승무한 선박을 안전하게 운항할 사법상의 의무를 부담하고 있기 때문에 그 선박을 구조한 경우에도 구조료청구권을 인정하지 아니한다.

(2) 고의 또는 과실로 인하여 해난을 야기한 자(제892조 제2호)

고의 또는 과실로 인하여 해난을 야기한 자에게 구조료를 지급하는 것은 불법행위를 조장할 염려가 있으므로 이들의 구조료청구권은 인정되지 아니한다.

(3) **정당한 거부에 불구하고 구조를 강행한 자**(제892조 제 3 호)

정당한 거부가 있었음에도 불구하고 구조를 강행한 자는 구조료를 청구하지 못한다.

(4) **구조된 물건을 은닉하거나 정당한 이유 없이 처분한 자**(제892조 제 4 호)

구조된 물건을 은닉하거나 정당한 사유 없이 처분한 자는 구조료를 청구하지 못한다.

5. 구조료채무자

구조료의 채무자는 피구조자의 소유자 및 구조된 적하의 소유자이다. 인명을 구조받은 자는 채무자에서 제외된다(조약 제 9 조 제 1 항 참조).

상법은 선장에게 구조료의 채무자에 갈음하여 그 지급에 관한 재판상 또는 재판외의 모든 행위를 할 권한을 주어(제894조 제 1 항), 구조료에 관한 소에서는 선장 자신이 소송당사자가 될 수 있게 하고 그 소에 대해 선고된 판결이 구조료의 채무자에 대해서도 효력이 미치게 하고 있다(제894조 제 2 항). 그런데 선장의 대리권에 대해서 선주 또는 하주에 대한 광범위한 법정대리권을 상법은 규정하고 있다(제749조). 그럼에도 불구하고 상법 제894조 제 2 항이 규정하는 바는 일반적 법정대리권을 명확하게 하는 것뿐만 아니라, 선적항 내에서도 선장에게 대리권을 부여한다는 취지로 해석된다.

6. 담 보 권

구조료청구권의 담보로서는 선박우선특권(제777조 제 1 항 제 3 호) 및 유치권(민법 제330조 제 1 항)이 있다.

구조료청구권은 선박우선특권으로 담보되고 있다(제777조 제 1 항 제 3 호). 그리고 구조료청구권은 구조된 적하에 대한 우선특권에 의하여도 담보되고 있다(제893조 제 1 항). 그러나 구조된 적하가 제 3 취득자에게 인도된 후에는 그 적하에 대하여 이 권리를 행사하지 못한다(제893조 제 1 항 단서).

한편 구조료채권자는 선박의 구조자이건 적하의 구조자이건 모두 선박 또는 적하에 대해 발생한 채권을 갖는 자이므로 그 자가 만약 선박 또는 적하의 점유를 취득하게 되었다면 구조료의 변제를 받을 때까지 이를 유치할 수 있다(민법 제320조 제 1 항).

7. 구조료청구권의 소멸

구조에 대한 보수청구권은 구조가 완료된 날로부터 2년 내에 재판상 청구가 없으면 소멸한다(895조 본문). 이 기간은 제척기간이다. 그러나 이 기간은 당사자의 합의에 의하여 연장할 수 있다(제895조 단서, 제814조 단서).

8. 인명구조와 구조료청구권

우리나라 상법은 인명구조에 대해, 인명의 구조에 종사한 자도 역시 상법 제888조 제1항의 규정에 따라 구조료의 분배를 받을 수 있다(제888조 제2항)고 규정하고 있는데, 이는 선박 또는 적하의 구조를 전제조건으로 재산구조의 보수액에서 분배받을 수 있는 경우를 인정하고 있다고 풀이된다.

구조료를 누가 부담할 것인가도 문제된다. 우리나라 상법을 비롯해 인명구조에 종사한 자의 구조료청구권을 인정하는 입법은 모두 재산의 피구조자에게 이를 부담시켜 인명을 구조받은 자의 구조료지급의무를 인정하지 않고 있으나, 이는 입법론상 개선이 요구되고 있다.

Ⅱ. 구조료액

1. 구조료액의 결정

구조료에 관한 약정이 없는 경우에 그 액에 대하여 당사자간의 합의가 성립하지 아니한 때에는 법원이 당사자의 청구에 의하여 위험의 정도·구조의 노력·비용과 구조의 효과·환경손해방지를 위한 노력 기타의 제반사정을 참작하여 그 액을 정한다(제883조). 조약도 같은 뜻을 훨씬 자세하게 열거하고 있다(제887조 제2항; 조약 제7조 제1항 참조).

해난구조료는 대개 구조자와 피구조자 사이의 특약에 의하여 결정한다. 특약의 방식은 특정의 액수를 정하든가 제3자, 가령 중재인의 결정에 맡기는 것이 보통이다. 해난과 같은 급박한 경우에는 피구조자가 공포 때문에 부당하게 높은 액수를, 구조자는 동정 때문에 부당하게 낮은 액수를 약속할 수 있다. 그러므로 그 액수가 「현저하게 부당한 때에는」 당사자 쌍방이 그 증가 또는 감소를 청구할 수 있으며 또한 이 경우에는 특약이 없는 경우에 관한 상법 제883조의 규정이 준용된다(제887조 제2

항; 조약 제 7 조 제 1 항 참조).

상법은 구조료액의 증가 또는 감소를 청구할 수 있음을 규정하고 있을 뿐 청구권을 인정하지 않아도 좋은가에 대해서는 규정하고 있지 않다(제887조 제 2 항). 그러나 법원은 모든 사정을 참작하여 구조료의 액수를 결정할 수 있으므로 구조료를 전혀 인정하지 않을 수도 있다.

2. 구조료액의 제한

피구조자는 구조료에 대해 구조된 목적물의 가액을 한도로 하는 유한책임을 부담한다(제884조 제 1 항). 또한 선순위의 우선특권이 있을 때에는 구조료는 그 우선특권자의 채권액을 공제한 잔액을 초과할 수 없다(제884조 제 2 항; 조약 제 2 조 3항).

Ⅲ. 구조료의 분배

1. 공동구조의 경우

여러 명이 공동으로 구조한 경우의 구조료분배의 비율은 다툼이 있을 때에는 위험의 정도 · 구조의 노력 · 비용과 구조의 효과 · 환경손해방지를 위한 노력 기타 모든 사정을 참작하여 법원이 이를 정한다(제883조; 조약 제 6 조 제 2 항, 제 8 조 제 1 항).

선박 및 적하의 구조자와 협력하여 인명구조에 종사한 자도 앞서의 기준에 따라 구조료청구권을 취득한다(제888조 제 2 항).

2. 선박소유자 · 선장 · 해원 사이의 분배

구조료 중에서 먼저 선박소유자에게 그 선박의 구조에 종사함으로써 입은 손해액과 소요된 비용을 지급하고, 잔액은 절반하여 선장과 해원에게 지급한다(제889조 제 1 항).

해원에게 지급할 구조료는 선장이 그 항해의 종료 전에 구조료 분배안을 작성하여 해원에게 고시하여야 하고 이 때에 선장은 각 해원의 노력, 그 효과와 기타 사정을 참작하여야 한다(제889조 제 2 항).

제4관 環境損害防止

2007년 8월 3일 상법개정에서 환경손해방지작업에 대한 특별보상규정을 마련하였다(제885조). 일반 해난구조의 경우에는 구조에 성공한 경우에만 구조자의 보수청구가 가능하므로 환경오염방지 및 경감작업에 소극적인 면이 있었다. 이에 환경오염의 방지 또는 경감작업을 장려하기 위하여 환경손해방지작업에 종사한 경우 구조의 성공여부에 관계없이 특별보상을 청구할 수 있도록 한 것이다.

제 5 장

船舶擔保制度

제 1 절 總　　說

제 1 관 必 要 性

해상기업의 주체가 해상기업을 경영함에 있어서는 우선 선박의 운영 및 구입에서부터 막대한 자금이 필요하고 항해계속을 위해서는 제 3 자로부터 경제적·노무적 원조를 받을 수밖에 없다. 그 반면에 선박은 충돌·좌초·침몰 등의 사고가 발생할 가능성이 대단히 높다. 따라서 선주에게 경영자금을 제공한 채권자나 선박사고의 피해자가 채권을 담보하기 위한 제도적 장치를 필요로 하게 되었다.

제 2 관 船舶擔保權의 종류와 상법의 규정

선박에 성립하는 담보권에는 저당권·질권·유치권 등과 해상법에 특수한 법정담보제도인 선박우선특권이 있다. 그 밖에 선박의 양도담보와 소유권유보부매매·선박리스·P&I보험 등이 있다.

우리 상법 제 5 편 제 8 장은 선박채권이란 제목 아래 선박채권자의 채권을 담보하는 특수한 담보물권으로서 선박우선특권을 규정하고 부수적으로 선박저당권을 규정하고 있다.

제3관 船舶擔保制度의 국제적 통일화

선박에 관한 담보권은 각국의 법 사이에 현저한 차이가 있었다. 그리히여 선박담보제도에 관한 국제적 통일을 도모하기 위해서 "선박우선특권 및 저당권의 통일조약"이 1926년 브뤼셀외교회의에서 체결되었다. 그런데 이 조약은 프랑스를 제외한 영국·미국 등 유력한 해운국가들이 비준하지 않았기 때문에 그 실효성이 감소된 데다가 선박우선특권의 피담보채권의 범위가 너무 넓어서 선박우선특권자보다 후순위자인 저당권자의 선의·무과실인 선박매수인의 보호에 소홀하다는 비난이 있었다. 그리고 1927년 선주책임제한조약은 그 개정의 필요성을 더욱 심화시켜 마침내 1967년 5월 브뤼셀해사법외교회의에서 "해상우선특권 및 저당권의 통일조약"이 체결되었다.

그러나 이 조약도 각국의 고유한 물권법원칙으로부터 벗어나기 어렵고, 결국에는 강제집행제도와 깊이 관련되어 있어서 각국으로부터 외면당하고 있는 실정이다. 따라서 국제해사위원회는 1985년 5월 리스본회의에서 동 조약의 개정초안을 채택한 바 있다. 우리나라는 이 조약에 가입하지 않았으나 개정상법은 위 조약의 내용을 상당부분 수용하고 있다. 이 국제해사위원회의 개정초안은 1993년 5월 제네바회의에서 채택되어 1993년 선박우선특권·저당권조약이 성립하였다.

제2절 船舶優先特權

제1관 序 說

Ⅰ. 意 義

선박우선특권이란 선박에 관하여 생긴 일정한 법정채권에 대하여 채권자가 선박·속구·부속물로부터 다른 채권자보다 우선하여 변제를 받을 수 있는 해상법상 특수한 담보물권을 말한다.

Ⅱ. 법적 성질

선박우선특권은 구민법상의 선취특권과 같이 특수한 채권자가 그 채무자의 재산으로부터 우선적 변제를 받는 것을 본체로 하는 권리로서, 계약이나 불법행위로 생긴 채권 중 법이 정한 일정한 해사채권에만 발생하는 법정담보권이다.

Ⅲ. 인정이유

선박우선특권을 인정하는 이유는 선박소유자의 책임제한에 의해서 불이익을 받는 채권자를 보호하고, 이를 통해서 선박소유자의 자금조달을 용이하게 하는 데 주된 목적이 있으며, 그 밖에 고용계약으로 인한 채권(제777조 제 1 항 제 2 호)의 경우처럼 선원을 보호한다는 공익적 이유도 있다.

제 2 관 船舶優先特權을 발생시키는 채권

선박우선특권을 발생시키는 채권, 즉 피담보채권은 상법 제777조 제 1 항에서 규정하고 있는 네 가지에 한정된다.

Ⅰ. 공동이익비채권(제777조 제 1 항 제 1 호)

채권자의 공동이익을 위한 소송비용·선박과 경매비용·항해에 관하여 선박에 부과된 제세금·도선료와 예선료·최후 입항 후의 선박과 그 속구의 보존비와 검사비 등이 여기에 해당한다.

Ⅱ. 고용채권(제777조 제 1 항 제 2 호)

선원 기타의 선박사용인의 고용계약으로 인한 채권이 여기에 해당한다. 여기에서 말하는 선원에는 선장도 당연히 포함되고, 고용채권에는 대금청구권·손해배상청구권·퇴직금청구권 등을 포함한 고용계약과 관련된 모든 채권이 포함된다.

Ⅲ. 해난구조료 및 공동해손분담금채권(제777조 제1항 제3호)

선박의 구조에 대한 보수와 공동해손의 분담에 대한 채권이 여기에 해당한다. 상법의 규정에 의한 구조료청구권뿐만 아니라, 구조계약에 기한 구조료청구권도 여기에서 말하는 해난구조료로 본다. 또한 해난구조시에는 구조된 적하에 대하여도 우선특권이 있다(제893조 제1항).

Ⅳ. 사고채권 및 여객손해채권(제777조 제1항 제4호)

선박충돌로 인한 손해 기타의 항해사고로 인한 항해시설·항만시설 및 항로에 대한 손해배상채권이 여기에 해당한다. 여기에서의 항해사고란 항해중에 발생한 돌발적 사고만을 말한다.

개정상법에서는 선박충돌로 인한 것이 아닌 한 적하 및 수하물에 대한 손해배상채권을 제외하였다.

제3관 船舶優先特權의 목적물

Ⅰ. 선박과 그 속구

여기에서의 선박과 속구는 우선특권의 피담보채권이 발생하게 된 원인이 되는 선박과 속구를 말한다. 일단 우선특권이 성립하게 되면 선박이 침몰하거나 기타 훼손으로 인하여 선박으로서의 동일성을 상실한다 하더라도 잔존물에 대하여 계속하여 우선특권이 존재한다.

Ⅱ. 운 임

운임은 피담보채권이 발생한 항해의 운임에 한하는 것이 원칙이다(제777조 제1항 본문). 다만 고용계약으로 인한 채권의 경우에는 고용계약의 존속중에 모든 항해로 인한 운임이 전부 우선특권의 목적물이 된다(제781조).

Ⅲ. 부수채권

선박과 운임에 부수한 채권으로는, 선박 또는 운임의 손실로 인하여 선박소유자에게 지급할 손해배상채권(제778조 제 1 호), 공동해손으로 인한 선박 또는 운임의 손실에 대하여 선박소유자에게 지급할 보상금(제778조 제 2 호), 해난구조로 인하여 선박소유자에게 지급할 보수(제778조 제 3 호) 등이 있다.

보험계약에 의하여 선박소유자에게 지급할 보험금과 기타의 장려금이나 보조금에 대하여는 선박우선특권의 효력이 미치지 않는다(제780조).

제 4 관 船舶優先特權의 순위

Ⅰ. 선박우선특권 상호간의 순위

1. 동일항해의 경우

동일항해로 인한 채권의 우선특권이 경합하는 때에는 그 우선의 순위는 제777조 제 1 항 각호의 순서에 의한다(제782조 제 1 항).

동조 동항 제 3 호의 규정에 의한 채권의 우선특권이 경합하는 때에는 후에 생긴 채권이 전에 생긴 채권에 우선한다(제782조 제 2 항 제 1 문).

이 때에 동일한 사고로 인한 채권은 동시에 생긴 것으로 본다(제782조 제 2 항 제 2 문).

2. 수회항해의 경우

수회의 항해에 관한 채권의 우선특권이 경합하는 때에는 후의 항해에 관한 채권이 전의 항해에 관한 채권에 우선한다(제783조 제 1 항).

그러나 선원 기타의 선박사용인의 고용계약으로 인한 채권의 우선특권은 그 최후의 항해에 관한 다른 채권과 동일한 순위로 한다(제783조 제 2 항).

3. 동일순위의 경합

동일순위의 우선특권이 경합하고 채권이 모두 만족을 얻을 수 없게 된 때에는 각 우선특권자는 피담보채권의 비율에 따라 변제를 받는다(제784조).

Ⅱ. 선박우선특권과 다른 담보권의 순위

1. 질권·저당권과의 관계

선박우선특권은 그 성립시기에 상관없이 언제나 질권과 저당권에 우선한다(제788조).

2. 유치권과의 관계

유치권에는 우선변제권이 없기 때문에 선박우선특권이 우선한다. 그러나 유치권자는 변제를 받을 때까지 선박을 유치할 수 있으므로 선박우선특권자라도 권리행사를 위해서는 먼저 유치권을 소멸시켜야 하는 까닭에 실제로는 유치권자가 우선하는 결과가 된다.

제 5 관 船舶優先特權의 효력

Ⅰ. 우선변제권과 경매권

선박우선특권자는 상법 기타의 법률에 따라 다른 채권자보다 자기 채권의 우선변제를 받을 권리가 있다(제777조 제 2 항 제 1 문). 이 경우에는 그 성질에 반하지 아니하는 한 민법의 저당권에 관한 규정이 준용된다(제777조 제 2 항 제 2 문).

그리고 선박우선특권자는 채권의 변제를 받기 위하여 경매권을 가진다(민집법 제268조, 제274조).

Ⅱ. 추 급 권

일단 선박우선특권이 성립하면 선박의 소유권이 제 3 자에게 이전되더라도 선박우선특권은 아무런 영향을 받지 않고(제785조), 당연히 그 제 3 자에게 대해서도 행사할 수 있다. 이러한 우선특권의 효력을 추급권이라고 하며, 선박의 양수인이 선의·무과실인 경우에도 선박우선특권자에게 대항하지 못한다.

그러나 선박우선특권자는 선박을 경매하여 자기의 채권의 변제를 받을 수 있을 뿐이고 선박양수인에게 직접 채무의 이행을 청구할 수 없다.

제 6 관 船舶優先特權의 소멸

선박채권자의 우선특권은 그 채권이 생긴 날로부터 1년 내에 실행하지 아니하면 소멸한다(제786조). 개정상법에서는 이를 제척기간으로 하였다.

선박우선특권에 대하여 1년의 제척기간을 두는 이유는, 선박에 관하여는 항해할 때마다 다수의 우선특권이 발생하므로 그것이 누적되지 않도록 하여 선박의 매매·저당권의 설정에 지장이 없도록 하기 위한 것이다. 또 선박우선특권자로서도 항해시마다 뒤의 선박우선특권자의 후위에 놓여지기 때문에 오랫동안 이것을 존속시키더라도 실질적인 이익이 적기 때문이다.

제 3 절 船舶抵當權

제 1 관 序 說

선박저당권이란 등기선박을 목적으로 당사자간의 합의에 따라 설정한 상법상의 저당권으로서 선박우선특권이 법정담보물권인 반면, 선박저당권은 약정담보물권에 속한다(제787조 제 1 항).

선박은 선박소유자의 중요한 유형고정자산으로 금융을 받을 때 유력한 담보물이 될 수 있다. 그러나 만약 선박에 질권설정을 인정하면 선박소유자는 선박의 점유를 잃어 그 이용을 할 수 없게 되고, 다른 한편 채권자도 선박이용을 원하지 않는 것이 보통이므로 선박이용을 힘에 겨워할 뿐이다. 고액인 선박을 헛되게 가동하지 않은 상태에 두는 것은 국민경제상 손해이다. 그러므로 등기선에 대해서는 질권설정을 금하고(제789조), 저당권설정을 인정하게 되었다(제787조 제 1 항).

선박저당권에는 민법의 저당권에 관한 규정들이 준용된다(제787조 제 3 항).

제 2 관 船舶抵當權의 목적물

선박저당권은 선박 및 그 속구에 미치고 운임에는 미치지 않는다. 운임에 적용되지 않는 이유는 운임과 선박소유권이 반드시 결합하는 것은 아니기 때문이다.

Ⅰ. 등 기 선

선박저당권의 목적물은 등기된 선박이다(제787조 제1항). 동산인 선박에 대하여 저당권을 인정하는 것은 선박은 등기에 의하여 공시가 가능함을 전제로 한 것이다. 그런데 선박등기는 총톤수 20톤 이상의 선박만을 대상으로 한다(선박등기법 제2조). 따라서 등기제도 자체가 없는 비등기선 및 등기가 이루어지지 않은 미등기선은 질권의 목적물밖에 될 수 없다.

선박공유자의 선박에 대한 지분도 선박관리인의 지분이 아닌 한 다른 공유자의 승낙 없이 각기 저당권의 목적물이 될 수 있다(제759조).

Ⅱ. 속　　구

선박저당권은 당해 선박의 속구에 미친다(제787). 그 범위에 대해 저당권설정 당시의 속구로 한정하는 입장과 그 이후에 증가한 것도 포함하는 입장으로 나뉘지만 후자가 타당하다.

제3관 船舶抵當權의 순위

Ⅰ. 선박저당권 상호간의 순위

선박저당권에는 민법의 저당권에 관한 규정이 준용되므로 동일 선박 위에 여러 개의 선박저당권이 경합하는 경우 그 순위는 민법 제370조, 제333조에 의해 등기의 전후에 의해 결정된다.

Ⅱ. 선박우선특권과의 순위

선박우선특권과 경합하는 때에는 선박우선특권이 우선한다(제788조).

Ⅲ. 선박유치권과의 순위

선박유치권과 경합하는 때에는 이론상으로는 선박저당권이 우선한다. 그러나 실제로는 선박우선특권의 경우와 마찬가지로 유치권이 우선하는 결과가 된다.

Ⅳ. 선박임차권과의 순위

선박저당권이 등기한 선박임차권(제749조)과 경합하는 때에는 등기의 전후에 의하여 결정된다.

제 4 관 船舶抵當權의 효력

선박저당권의 효력에 대해서도 저당권에 관한 민법의 규정이 준용되므로(제787조 제 3 항), 경매권 및 우선변제권이 인정된다. 선박저당권자는 목적물인 선박을 점유하거나 그 항해활동을 금할 권한을 갖지 않지만 선박소유자가 감항능력이 없는 선박을 항해에 사용하거나 위험해역으로 항해하기 위해 출범시키는 경우에는 바로 채권변제를 요구할 수 있다고 풀이하여야 할 것이다.

제 5 관 建造中의 선박

건조중의 선박은 아직 선박이 아니지만 해상기업의 자금조달을 조장하기 위해 건조중의 선박에 대해서도 상법은 선박저당을 허용하여 선박저당권에 관한 규정을 준용하도록 하였다(제790조). 덧붙여 1967년에는 "건조중인 선박의 제권리의 등기에 관한 협약"이 성립되었다.

건조중인 선박의 경우에는 선박이 건조중이므로 선박소유권의 등기가 불가능하지만, 미리 특별등기부에 저당권의 등기를 할 수 있게 하였다(부등규 제36조 이하).

제 4 절 船舶에 대한 强制執行

제 1 관 序 說

고액인 선박은 선박채권자에게 유효한 담보가 될 뿐만 아니라, 그에 대한 강제집행은 변제를 강제하는 수단으로서 유효한 것이므로 자주 이용된다. 그러나 그 특성상 선박에 대한 강제집행은 일반의 동산에 대한 강제집행수단에 의하는 것은 적당하지 않다. 따라서 민사집행법 제172조 이하에 선박에 대한 강제집행에 관한 특별규정이 마련되어 있으며 또한 상법 제744조도 선박의 항해가 일반의 이해에 큰 영향을 준다는 점에서 압류·가압류금지에 관한 특별규정을 하고 있다. 이에 대한 국제조약으로는 1952년 선박어레스트조약이 있다.

제 2 관 押留 · 假押留의 금지

압류 및 가압류는 항해준비를 마친 선박과 그 속구에 대해서는 할 수 없는 것이 원칙이다(제744조 본문). 본조가 마련된 이유는 당해 선박의 이해관계인의 이익을 보호하여야 한다는 점, 그리고 항해준비의 완료까지 압류·가압류를 게을리한 채권자는 자신의 권리행사를 해태하였다는 점을 들 수 있다. 항해준비가 완료되면 압류·가압류의 금지는 항해종료까지 계속되며, 중간항에 기항한 경우에도 압류·가압류를 할 수 없다.

제 3 관 押留 · 假押留의 예외

선박의 발항을 위해 생긴 채무에 대해서는 압류·가압류가 가능하다(제744조 단서). 이 경우에는 채권자에게 해태의 잘못이 인정되지 않기 때문이다.

제VI편

어음 · 수표법

제 1 장

有價證券總論

제 1 절 有價證券의 개념

유가증권개념에서는 다음과 같은 표지가 개별적으로 문제된다.

1. 有價證券은 '證券'이다.

이는 권리의 표창이 없이는 유가증권이 성립할 수 없음을 의미한다. 일반적으로 증권에 권리가 화체되어 있지 않으면 유가증권이 아니라고 한다(Ohne Vekörperung kein Wertpapier). 이 때 권리의 화체라는 개념에 특정한 법적 효력의 표상이 반드시 결합되는 것으로 이해하지 않는 한에서는 이러한 표현도 옳다고 본다.

증권에의 권리표창을 통해서 유가증권은 이른바 '가치권'(Wertrecht)과 구별된다. 가치권은 그 경제적 기능이 자본시장증권의 증권화된 권리와 유사하지만, 특별히 증권화가 요구되지 않으며 오히려 특별한 장부에 대한 기재만으로 대체되는 권리이다.

2. 有價證券은 '權利가 表彰된' 증권이다

단순히 사실관계를 증명하는 증권은 아무리 가치가 있다 하더라도 유가증권이 아니다. 지폐(은행권)도 그 이행을 청구할 수 있는 어떤 권리를 표창하는 것이 아니라, 한국은행이 발행한 지급수단이기 때문에 유가증권이 아니다.

3. 有價證券에 表彰된 權利는 '私權'이어야 한다

예컨대, 공물에 대한 특별이용권과 같은 공법상의 법적 지위를 표창하는 증권은 유가증권법상의 유가증권이 아니다. 공채에 있어서는 국가 또는 공공단체가 채무자이나 발행인과 수취인간의 채무관계는 사법에 속하므로 이는 유가증권이다.

제 2 절 有價證券의 종류

여기서는 크게 두 가지로 대별되는 법률상의 관점에 따른 유가증권에 대해서 살펴보기로 한다. 첫째의 관점은 증권에 화체된 권리의 종류에 따른 분류이고, 둘째는 증권상에 권리자가 어떠한 방법에 의하여 지정되느냐에 따른 분류이다.

제 1 관 證券에 化體된 權利의 종류에 따른 분류

증권에 화체된 권리의 종류에 따라 유가증권을 분류해 보면 세 가지로 나뉘는 바, 첫째, 사원권증권, 둘째, 물권법상의 증권, 셋째, 채권법상의 증권이 그것이다.

(1) 사원권증권은 어떠한 단체의 사원임을 표창한 유가증권이다. 그 전형적인 예가 주권이다. 그러나 유한회사의 지분은 유가증권으로 표창할 수 없다.

(2) 물권법상의 유가증권은 물권을 표창하고 있다. 우리나라에서는 물권을 표창하고 있는 유가증권이 없다.

(3) 채권법상의 유가증권은 권리의 종류에 따른 분류에서 가장 큰 비중을 차지하고 실제적으로도 가장 중요한 유가증권군을 형성하고 있다.

1) 각종 무기명채권

2) 대단히 널리 활용되고 있으며 사인들에 의해서도 사용되고 있는 어음·수표

3) 화물상환증·선하증권·창고증권 등의 상품유통의 유가증권도 역시 채권법상의 유가증권이다.

4) 극장입장권·승차권도 채권을 표창하는 유가증권이다.

제 2 관 證券上의 權利者의 지정방법에 따른 분류

유기증권은 증권상의 권리자를 어떻게 지정하는가에 따라 무기명증권·기명증권·지시증권과 선택무기명증권으로 나뉜다.

(1) 무기명증권이란 증권화된 권리가 원칙으로 소지인에 의하여 행사될 수 있는

증권이다. 무기명증권소지인의 법적 지위에 관한 가장 본질적인 사항은 증권소지인이 권리자로서의 정당성을 증명하지 않아도 된다는 점, 즉 증권의 소지만으로 충분하다는 점이다. 증권소지인은 특별히 그가 증권의 소유권자이며 적법한 소지인이라는 사실에 관해 입증책임을 지지 않는다. 물론 증권상의 의무자인 발행인은 소지인이 실제로 적법한 소지인이 아니라는 사실을 증명할 수 있으면 소지인에 대하여 지급하지 않아도 된다. 이를 달리 표현하면 증권의 소지만으로 이미 실질적인 적법한 소지인으로 추정을 받게 된다. 그러나 단순한 소지인과 적법한 소지인은 엄밀하게 구분해야 한다.

무기명증권상에 표창된 권리는 원칙으로 증권의 교부에 의하여 양도된다(민법 제523조). 그런 한에서 권리의 양도에는 물권법상의 규정, 즉 동산에 관한 소유권양도에 관한 규정이 적용된다.

(2) 기명증권은 무기명증권과 정반대되는 유가증권으로서 지명증권이라고도 한다. 기명증권은 언제나 권리자의 성명이 기재되는 증권이다. 기명증권에서의 채무자는 증권의 소지인에 대해서가 아니라, 언제나 증권상의 권리자에게 직접(원칙적으로 기명이 되어 있는 권리자에게) 지급하여야 한다.

(3) 지시증권은 무기명증권과 기명증권 사이에 독자적 영역을 확보하고 있는 제 3 의 유가증권군이다. 지시증권에서도 특정권리자가 기명에 의하여 정하여진다. 그러나 채무자는 특정된 권리자에게 채무를 이행할 의무를 부담하고 있을 뿐만 아니라, 지명된 자의 지시에 의해 정해진 자에게도 채무를 이행하여야 한다.

즉 채무자는 A 혹은 그의 지시인에게 채무를 이행하여야 한다. 이러한 지시는 유가증권법상의 고유하고도 특별한 의사표시인 배서에 의하여 이루어진다.

이러한 의사표시가 통상 유가증권의 뒷면에(하지만 이것이 법적으로 반드시 뒷면에 하여야 하는 것은 아니다) 행하여진다는 점에서 배서라는 명칭이 붙게 되었다. 지시증권을 양도하는 권리자인 배서인은 증권상에 배서를 함으로써, 즉 그 취득자인 피배서인의 성명을 기재하고(그 방식은 '나의 권리를 A에게 지시함', 약식으로 'A에게') 의사표시의 내용에 대해 기명날인 또는 서명함으로써(민법 제510조), 피배서인에게 증권을 교부하게 된다.

(4) 선택무기명증권이라 함은 증권상에 특정인을 권리자로 지정하지만, 이와 동시에 증권의 소지인도 정당한 권리자로 인정하는 증권을 말한다('A 또는 이 증권의 소지인에게'라고 기재된다). 지명소지인출급식증권이라고도 하며 무기명증권과 같은 효력이

있다. 수표에서 많이 이용되고(수표법 제5조 제2항), 물품증권에도 인정되나, 어음에는 인정되지 않는다.

제3관 設權證券과 宣言證券

설권증권과 선언증권 사이의 구별을 무인증권과 유인증권 사이의 구별과 혼동해서는 안 된다. 표창된 권리가 증권의 발행에 의하여 성립되면 그 증권은 설권적이고, 표창된 권리가 유가증권과의 결합 없이도 존재하면 이 증권은 선언적, 즉 증권에 의하여 선언되는 데 불과하다. 예컨대 사원권은 주권의 발행에 의하여 비로소 성립되는 것이 아니라, 이미 출자의 효력이 발생한 때에 존재한다. 따라서 모든 선언증권은 동시에 유인성을 갖는다(즉 무인성을 갖지 않는다). 왜냐하면 증권이 어떤 존재하는 권리를 선언하는 데 불과하다면 이 권리는 기본관계와 동일하다. 즉 증권에 대하여 독립되어 있지 않다. 이에 반하여 어음은 설권증권이다. 왜냐하면 어음채무는 어음증서의 발행에 의해서만 성립될 수 있기 때문이다. 설권증권은 일반적으로 추상성을 갖는다. 왜냐하면 이것은 원인관계(예: 소비대차) 이외에 또는 그 대신에 생기는 독립된 채무를 발생시키기 때문이다. 그러나 이 독립된 채무는 예컨대 어떤 조건에 의하여 원인관계와 법률상 관련되어서 이 채무가 독립된 법적 운명이라는 의미에서 기본관계로부터 '분리되지' 않을 수 있다. 그러나 필연적 무인증권인 어음과 수표에서는 불가능하다.

제3절 有價證券의 속성

제1관 債務者를 위한 免責的 效力

많은 유가증권에 있어서 채무자는 그 소지인이 정당한 소지인인가를 손쉽게 심사할 수 있다. 증권은 증권소지인에 의한 급부의 수령을 적법하게 하는데, 이를 달리 표현하면 증권의 소지인은 급부에 대한 수령권한 있는 자로 추정된다는 것이다. 따라서 사람들은 이를 채무자를 위한 면책적 효력이라고 하며, 그 의미는 채무자가 증권소지인에게 변제제공을 하면 악의 또는 중과실이 없는 한 채무가 면제된다는 것이다. 이를 정확히 표현하면 채무면제적 효력이라 한다.

제 2 관 債權者를 위한 資格授與的 效力

위에서 언급한 채무면제적 효력의 의미에서 면제적 효력이 채무자의 지위를 강화시켰듯이 다른 한편으로는 소지에 관련된 효과, 즉 채권자의 지위를 강화하는 측면이 있다. 대부분의 증권에 있어서 채무자는 그 증권의 소지인이 적법한 권리자가 아님을 증명하지 못하는 한 그 소지인에게 급부를 이행할 수 있을 뿐 아니라, 당연히 급부를 이행해야 한다. 여기에서 소지인은 수령권한이 있는 자로서 추정될 뿐 아니라, 증권에 의해 적법한 권리자로서의 능동적 정당성이 부여된다. 그러나 이것은 단순한 증권의 소지로 실질적인 권리자의 자격이 부여됨을 의미하는 것은 아니다. 도둑은 진정한 권리자일 수 없다. 그러나 '소지성'은 실질적인 권리자로서의 추정의 근거가 된다. 물론 이는 반증에 의하여 번복될 수 있다. 사람들은 이를 가리켜 형식적 자격이라고 한다. 따라서 자격의 개념은 의미가 다양하다.

제 3 관 善意取得者의 保護

유가증권의 유통성을 강화시키는 데 있어서 가장 중요한 것은 선의취득자에 대한 보호이다.

특히 자본시장유가증권과 같은 대량발행증권은 그러한 광범위한 유동성보호가 없이는 기능할 수 없다. 소액투자자의 자본투자는 그것이 유동적인 경우, 즉 언제든지 계속적인 매각을 통해서 현금화할 수 있는 경우에만 실제 합목적적으로 이루어진다. 이를 위해서 필수적인 것은 매각시 취득자에게 너무 까다롭게 자신의 자격에 대한 증명을 하도록 요구하지 않는 것이다. 또 하나의 조건은 선의취득이 가능한 때에는 이를 최대한으로 인정하는 것이다. 선의취득은 물건으로서의 증권 자체에 대해서뿐만 아니라, 특히 표창된 권리에 대하여 발생해야 하며 그러한 취득은 권리 자체를 형성해 주어야 할 뿐 아니라, 채무자의 항변으로부터 면책되도록 하여야 한다. 특히 상품유통의 유가증권이 지시증권으로서 발행될 때처럼 유가증권법적으로 표창된 반환청구권의 취득이 거래보호와 결합될 때 창고에 저장되어 있거나 운송중에 있는 상품의 유통성은 강화되며 그것이 경제유통에도 합목적적이다.

오늘날 가장 빈번하게 사용되는 개별적인 유가증권으로서의 어음과 수표는 보다 확대된 거래보호가 없이는 거의 생각할 수 없다. 지급수단으로서 수표를 수령하거나 단순한 어음교부에 신용을 부여하는 사람은 이러한 증권에 표창된 권리를 제3자에게 양도함으로써 대가를 지급받을 수 있어야만 한다.

제4관 有價證券法定主義

일련의 지시증권의 유형은 일반적으로 제한되어 있다. 즉 본래의 광범위한 효력을 지닌 배서는 법률에 의해 규정된 경우에만 가능하다. 이른바 법정주의가 지배한다. 이와 같은 제한의 근거는 지시증권군이 누리는 특히 광범위한 거래보호에서 찾아야 할 것이다. 지시증권법정주의는 지시증권의 영역을 임의로 확대시키는 것을 금지한다. 그러나 법률상 규정된 지시증권을 유추하여 새로운 형식을 창출하려는 시도들까지 배제되어 있지는 않다. 기타 유형의 증권은 화체된 권리의 차이점을 고려하여 유가증권법정주의를 적용시켜야 한다.

제4절 換어음과 約束어음 및 手票의 비교

제1관 3者의 비교의 의의

환어음과 약속어음 및 수표의 3자는 모두 일정한 금액의 지급을 목적으로 하는 금전채권적 유가증권으로서 화폐제도로서는 달성하기 힘든 경제적 기능을 수행함으로써 오늘날 자본주의 경제사회에서 없어서는 안 되는 중요한 역할을 담당하고 있다. 그런데 환어음과 약속어음 및 수표는 주된 경제적 기능이 서로 다르며 이러한 경제적 차이로 인해 법률적으로도 각각 달리 구성된다. 이들 차이점은 어음과 수표의 발생기원상의 차이에서도 연유한다.

환어음과 약속어음 및 수표는 이처럼 경제적으로 상호간에 공통되는 점을 가지고 있으면서도 주된 경제적 기능에서는 각각 특유한 역할을 담당하고 있으므로, 3자간의 동질적인 면과 이질적인 면을 명확히 구분함으로써 각각의 의미를 보다 더 잘 파악할 수 있다. 또한 이 3자의 비교는 어음과 수표에 관한 모든 이론의 전제로서, 3

자의 비교를 통하여 환어음과 약속어음 및 수표의 개념의 징표를 구성할 수 있고 어음과 수표에 관한 제제도의 근저에 흐르는 배후도 이해할 수 있다.

제 2 관 換어음과 約束어음 및 手票의 동시적 비교

Ⅰ. 3者의 공통점

환어음과 약속어음 및 수표는 3자 모두 일정한 금액의 지급을 목적으로 하는 유가증권으로서 화폐제도로서는 달성하기 힘든 경제적 기능을 수행한다는 점에서 공통점을 가진다. 3자는 이와 같은 공통점을 가지는데, 여기에는 보통의 유가증권으로서 가지는 성질과 어음과 수표의 특유한 성질로서 나타나는 두 가지의 공통점이 있다.

1. 一般的 有價證券性

환어음과 약속어음 및 수표는 유가증권의 하나이므로 유가증권의 속성을 모두 갖추고 있는바, 증권상의 권리를 행사하려면 증권을 제시하여야 하고(제시증권성) 증권과 상환으로 채무를 변제하여야 하며(상환증권성), 증권상의 권리의 내용이 증권의 문언에 의해서만 결정되고(문언증권성), 채무자가 증권의 소지인에게 변제하면 악의 또는 중대한 과실이 없는 한 증권소지인이 무권리자라도 책임을 면하는(면책증권성) 등의 성질을 3자가 모두 지닌다.

2. 어음과 手票의 특유한 성질

환어음과 약속어음 및 수표는 이른바 완전한 유가증권으로서 일반의 유가증권이 갖추지 못한 특유의 성질을 구비하고 있는데, 이는 유통성의 강화란 측면에서 이해할 수 있다. 즉 3자 모두 일정 금액의 지급을 내용으로 하는 금전채권증권으로서 물권을 표창하는 물권증권이나 사원권을 표창하는 사원권증권과 구별되고 물건의 인도채권을 표창하는 물품증권과도 구분이 된다. 그리고 3자 모두 증권상의 권리가 어음·수표의 작성에 의해 비로소 발생하는 설권증권이며, 어음과 수표상의 권리가 원인관계의 무효·취소에 영향을 받지 않는 무인증권이며, 증권의 요건기재사항 등이 엄격한 절대적 요식증권이란 점에서 공통된다.

Ⅱ. 3者의 差異點

환어음과 약속어음 및 수표는 주된 경제적 기능과 법률구성의 면에서 차이가 있다. 주된 경제적 기능의 차이는 어음과 수표의 발생사와 관련하여 고찰되어야 하고 법률구성면의 차이는 3자의 성질과 관련하여 고찰되어야 한다.

1. 經濟的 機能의 차이

환어음과 약속어음 및 수표의 3자 모두 금전지급증권으로서는 공통되나 구체적인 경제적 기능면에서는 차이가 있다. 이를 살펴보면 환어음은 송금수단, 추심의 기능을 하여 지급장소에 대한 공간적인 장벽을 극복해 주는 역할을 한다. 국제간의 무역에서는 외국환국제무역에서 화폐제도를 달리하는 국가간에 적용되는 환어음으로 이루어지게 되는데, 경제계에서는 이를 송금환과 역환으로 구분한다. 하지만 이는 모두 보통의 환어음의 법적 성질을 갖는다. 송금환(remittance by draft)이란 외국에 송금할 사람이 은행에 대금을 지급하고 송금용의 환어음, 즉 은행어음(banker's bi11)을 매입하고 그것을 외국의 수취인에게 우송하여 수취인이 그의 소재지의 지점은행으로부터 어음대금을 수취하게 하는 방법이다. 역환(negotiation by draft)은 채권자가 자기를 수취인으로 하고 외국의 채무자를 지급인으로 한 환어음을 발행하여(자기지시환어음) 이를 은행에 할인하고 그 대금을 회수하는 환어음이다. 한편 이를 매입한 은행은 그 환어음을 지급인 소재지의 외국은행에 송부하여 지급인으로부터 대금을 추심하는바, 오늘날의 무역거래는 대부분 역환의 방법에 의해서 결제된다.

약속어음은 주로 추심수단 및 신용이용수단으로 이용된다. 특히 신용기능은 어음의 가장 중요한 기능으로서 어음할인, 어음대부 등과 관련하여 지급시기에 관한 시간적인 간격을 극복해 주는 역할을 하므로 어음을 신용증권이라고 하기도 한다. 이러한 신용기능은 현재 자력이 없는 자가 어음으로 기간을 이용함으로써 나타나는 것이 전형적인 경우이다.

수표는 송금수단 및 지급수단으로서 이용되는데, 현금의 수수와 관련해서 위험과 번잡을 피할 수 있다는 장점이 있으나 오늘날 온라인 제도(on1ine system)에 의한 송금기능의 발달로 그 기능이 약화되고 있다. 그러나 여전히 수표는 현금수수의 단점을 극복해 주는 지급증권으로서 가치가 크다고 하겠다. 이처럼 수표는 자력이 있는 자가 지급의 수단으로 많이 사용하므로 자력이 없는 자가 신용이용을 위해 어음을 사용하는 것과 구별된다.

수표는 지급증권으로서 신용을 부여하는 기능이 인정되지 않는바, 신용증권화를 방지하기 위하여(수표의 신용증권화방지책이라 한다) 수표의 경우 일람출급성만을 인정하여 만기가 없고(수표법 제28조 제 1 항), 제시기간이 단축되어 있으며(수표법 제29조 제 1 항), 인수를 금지하고(수표법 제 4 조), 지급보증의 효력을 제한하고(수표법 제55조), 인수와 동일한 책임을 부담할 지급인의 배서나 보증을 금하고(수표법 제15조, 제25조), 참가제도가 없으며, 소멸시효기간이 단축되어 있고(수표법 제51조), 이자의 기재는 인정되지 않고 있다(수표법 제 7 조).

위에서 본 바와 같이 환어음과 약속어음은 주된 기능이 신용의 이용에 있는 신용증권인 점에서는 같으나 환어음은 국제무역에 많이 사용되며 약속어음은 국내에서 많이 사용된다. 그리고 수표는 현금의 대용물로서 지급기능이 주된 기능인 지급증권임을 중시하여 신용기능을 인정하지 않음에 큰 차이가 있다고 하겠다.

2. 法律的 構成의 차이

환어음과 수표는 발행인이 제 3 자인 지급인에게 지급을 위탁하는 지급위탁증권인 데 반해서 약속어음은 발행인이 일정금액의 지급을 약속하는 지급약속증권이다. 이러한 기본적 차이에서 다음과 같은 여러 가지 차이가 파생된다.

(1) 基本어음과 基本手票의 當事者

약속어음은 발행인 자신이 지급약속을 하는 지급약속증권의 성질상 기본어음의 당사자로서 발행인과 수취인의 2당사자가 예정되어 있다. 이에 반해서 지급위탁증권인 환어음과 수표는 발행인·수취인과 더불어 지급인의 3당사자가 예정되어 있다. 다만, 수표의 경우에는 기명식·지시식으로 발행되는 경우에는 환어음과 같으나 소지인출급식으로 발행된 경우(수표법 제 5 조)에는 수취인의 기재는 성명 또는 상호로 할 필요가 없으며 또한 지급증권으로서의 신용의 확보를 위해서 지급인은 은행에 한하는 점에서(수표법 제 3 조) 환어음과 차이가 있다.

(2) 어음行爲와 手票行爲의 종류

어음행위는 환어음에는 발행·인수·배서·보증·참가인수의 다섯 가지, 약속어음에는 발행·배서·보증의 세 가지 어음행위가 있고, 수표에는 발행·배서·보증·지급보증의 네 가지 수표행위가 있다.

이 중에서 발행은 어음과 수표를 창조하는 행위로서, 다른 어음행위와 수표행위의 기초가 되므로 기본적 어음행위, 기본적 수표행위라고 하며, 그 밖의 행위는 부속적 어음행위, 부속적 수표행위라고 한다.

(3) 어음과 手票上의 義務者의 차이

1) 主債務者

약속어음의 경우 지급약속증권의 성질상 발행인은 그 발행에 의하여 당연히 최종적인 지급채무를 부담하므로 주채무자가 된다(어음법 제78조 제1항). 즉 발행인은 제1차적·무조건적·절대적·최종적 책임을 지게 된다.

이와는 달리 환어음과 수표의 경우에는 지급위탁증권의 성질상 발행에 의하여 지급인이 당연히 지급채무를 부담하는 것이 아니므로 발행의 단계에서는 아직 주채무자가 없게 된다. 따라서 환어음·수표에 있어서는 지급의 여부가 불확실하므로 유통성의 증대와 관련해 지급을 확보하는 제도가 필요한바, 환어음에서의 인수, 수표에서의 지급보증이 바로 그것이다.

환어음의 경우 지급인이 인수를 하면 그 때부터 인수인이 최종적인 지급채무를 부담하는 주채무자가 된다(어음법 제28조). 그러나 수표의 경우에는 지급인이 지급보증을 해도 지급인은 지급제시기간 내에 지급제시가 있는 경우에만 지급채무를 부담할 뿐 무조건적인 책임을 지는 주채무자가 되는 것은 아니다(수표법 제55조). 이것은 수표의 신용증권화를 방지하고 지급증권으로서 유지시키기 위한 것이다.

지급의 확보제도로서 환어음의 경우 인수, 수표의 경우 지급보증이 있다. 양자를 구체적으로 비교해 보면 첫째, 지급보증인의 의무는 인수인의 의무와는 달리 절대적인 것이 아니고 제시기간의 경과 전에 수표의 제시가 있는 경우에만 지급의무를 부담하는 조건적인 의무이다. 이러한 것을 두고 '10일간의 효력을 가진 인수'라고 하기도 한다. 둘째, 환어음의 소지인은 지급인에게 인수제시의 권한이 있으므로 인수거절시에는 전자에 대한 소구권을 취득하나 수표의 소지인은 지급인에게 지급보증을 요구할 권한이 없으므로 지급인이 지급보증을 거절하여도 소구권을 취득하지 못한다. 셋째, 환어음에는 일부인수가 인정되나(어음법 제26조 제1항) 수표의 경우는 수표금액의 일부에 대한 지급보증은 인정되지 않는다. 넷째, 환어음의 인수인의 어음채무의 소멸시효기간은 만기 후 3년이나(어음법 제70조) 지급보증인의 수표채무의 경우는 제시기간의 경과 후 1년이다(수표법 제58조). 다섯째, 환어음의 인수에는 유예기간이 인정되나(어음법 제24조 제 1 항 제 1 문) 수표의 지급보증에는 인정되지 않는다.

결국 주채무자의 측면에서 약속어음은 발행시부터 발행인이 당연히 주채무자가 되는 데 반해서, 환어음은 인수된 경우에 그 때부터 인수인이 주채무자가 되고, 수표의 경우는 끝까지 주채무자가 없게 된다.

2) 遡求義務者

환어음이 인수거절되거나 환어음과 약속어음 및 수표가 지급거절되는 경우에 어음행위, 수표행위를 한 자가 합동해서 지급의무를 부담하는 것은 3자가 모두 공통된다(합동책임은 연대책임과 비슷하나 구별해 보면, 합동책임은 책임의 발생원인과 범위가 각 채무자마다 상이하고, 소구의무자의 1인의 채무의 이행은 그와 그 자의 후자의 채무를 소멸시킬 뿐이고, 소구의무자의 1인에 대한 청구는 다른 채무자에게 영향이 없고, 소구의무자간에는 부담부분이 없다는 점에서 차이가 있다). 그러나 소구의무자는 이른바 주채무자가 아닌 자를 의미하므로 주채무자가 수표에는 아예 없지만 다른 3자가 각각 소구의무자를 달리하는 것은 당연하다고 하겠다.

결국 약속어음의 경우 발행인이 주채무자이므로 배서인과 보증인만이 소구의무자가 되고 환어음은 발행인 · 배서인 · 보증인이, 수표의 경우에는 발행인 · 배서인 · 보증인 · 지급보증인이 소구의무자가 된다.

3. 어음과 手票의 규율체계

환어음과 약속어음 및 수표는 위에서 본 바와 같이 경제적 기능과 법률적 구성의 두 측면에서 기본적인 차이가 있고 이로부터 여러 가지 파생적 차이가 생긴다.

한편 환어음과 수표를 비교해 보면 경제적 기능에서는 구분이 되나 — 신용증권과 지급증권 — 법률적 구성의 면에서 보면, 지급위탁증권이라는 점에서 공통된다. 이러한 두 가지 측면에서 경제적 기능의 차이점을 중시하여 별개의 것으로 규율하는 태도가 대륙의 통일법주의이고, 법률적 구성의 면에서 동질성을 중시하여 수표를 환어음의 일종으로 보려는 것이 영 · 미법의 태도이다. 우리의 경우 통일법주의를 취하여 수표를 따로 규율하는 방식을 취한다. 다만, 환어음의 사용보다 약속어음의 사용이 많은 현실에 비춰본다면 환어음 중심주의로 입법한 것이 과연 타당한 것인지는 의문이 남는다.

제3관 換어음과 約束어음 및 手票의 개별적 비교

Ⅰ. 換어음과 約束어음의 비교

환어음과 약속어음은 주된 경제적 기능이 신용증권이라는 점에서 공통되나 법률적 구성에서 환어음은 지급위탁증권이고, 약속어음은 지급약속증권이라는 점에서 다음과 같은 차이가 있게 된다. 환어음에 관한 규정 중에서 약속어음에 준용(제78조)되지 않는 규정은 인수와 관련하여 인수제도(어음법 제21조~제29조), 일부인수(제51조), 참가인수(제56조~제58조)와 복본제도(제64조~제66조) 및 당사자자격의 겸병에 관한 제3조뿐이다. 이 밖에 환어음요건(제1조, 제2조)과 대비하여서는 약속어음요건(제75조, 제76조), 환어음의 발행인의 책임(제9조)에 대하여는 약속어음의 발행인의 책임(제77조)이 서로 대비되고 있을 뿐이다.

첫째, 약속어음은 지급약속증권으로서 지급인이 필요하지 않으므로 자금관계가 없으며, 둘째, 약속어음은 발행인이 발행시부터 주채무자이므로 지급확보제도가 필요없고, 셋째, 약속어음은 인수제도 자체가 없으므로 인수의 거절로 인한 소구가 문제될 여지가 없고, 넷째, 약속어음에는 등본은 인정되나 복본은 인정되지 않는다. 다섯째, 약속어음에 참가인수가 인정되는가에 관해서는 약속어음은 인수제도가 없고 참가인수에 관한 규정이 준용되지 않으므로 소극적으로 해석하는 견해가 있으나, 약속어음에도 인수거절 이외의 사유로 인한 만기 전의 소구가 인정되므로(서울민지판 1986. 2. 12, 85 가합 50) 이를 저지하기 위해서 적극적으로 해석하는 것이 통설이다. 여섯째, 약속어음에 있어서 발행인이 수취인의 지위를 겸할 수 있는가, 즉 자기지시약속어음이 가능한가와 관련하여 어음법 제3조가 약속어음에 준용되지 않으므로 이러한 것은 무효로 된다고 하여 구분짓는 견해도 있으나 당사자자격의 겸병을 일반적으로 인정하는 어음법의 취지로 보아 인정된다고 보는 견해가 일반적이다.

Ⅱ. 換어음과 手票의 비교

양자는 주된 경제적 기능의 차이점으로부터 여러 가지 파생적 차이점이 생기게 되는바, 그 차이점은 다음과 같다.

첫째, 권리발생의 측면에서 수표는 지급인이 은행에 한정되고 발행시에 수표자금과 수표계약의 존재가 필요하며(수표법 제 3 조) 만약 수표발행인이 이에 위반하면 과태료에 처해지고(수표법 제67조) 경우에 따라서는 부정수표단속법상의 형사책임까지도 지게 된다(부정수표단속법 제 2 조, 제 3 조). 이러한 발행의 제한과 함께 수표는 기명식 · 지시식 이외에 소지인출급식 · 지명소지출급식 발행도 인정된다(수표법 제 5 조). 수표는 현금대용물로서 신속히 현금화할 것이므로 수표법은 이자의 약정의 기재를 무익적 기재사항으로 하고 있고(수표법 제 7 조), 인수제도를 인정하지 않는다(수표법 제 4 조).

둘째, 권리이전의 측면에서 수표는 지급증권이지 신용증권은 아니므로 입질배서가 인정되지 않으며 인수금지규정을 쉽게 회피할 수 있는 지급인의 배서를 금지하고 있다(수표법 제15조 제 3 항).

셋째, 권리행사의 측면에서 수표는 만기가 없이 일람출급으로만 할 수 있고 이에 위반된 기재는 무익적 기재사항이 된다(수표법 제28조 제 1 항). 이와 함께 선일자수표가 문제가 되나 이 경우도 기재된 발행일자 도래 전에 지급제시되더라도 지급하여야 하므로(수표법 제28조 제 2 항) 만기를 인정한 것은 아니다. 또한 제시기간이 단축되어 있고 소구방법에 있어서 만기 전 소구제도와 환어음에 의한 소구방법이 인정되지 않으며 지급거절증명의 방법으로서 공정증서, 지급인의 선언, 어음교환소의 선언에 의한 간편한 거절증명방법이 인정된다는 차이점이 있다.

넷째, 권리소멸 측면에서 수표에는 도난 · 분실에 대비해서 지급위탁취소제도가 인정되나 제시기간 경과 후에만 효력이 발생토록 하여 지급의 확실성을 보장하고 있고, 부정한 소지인이 지급받을 위험을 방지하기 위해서 횡선제도가 인정되고 있으며(수표법 제27조, 제38조), 그 밖에 시효기간이 단축되어 있다는 차이점이 있다(수표법 제51조).

다섯째, 수표의 특유한 제도로서는 지급의 확실성을 보장하는 지급보증제도가 있고 수표의 지급보증성을 유지하기 위해서 지급인의 수표보증을 금지하고(수표법 제25조 제 2 항) 참가제도를 인정하지 않는다. 또한 수표에는 어음과 달리 등본이 인정되지 않고 복본은 분실의 염려가 있는 국제간 또는 원격지에 송부되는 경우에 한하여 인정된다(수표법 제48조).

제 2 장

어 음 法

제 1 절 총 설

제 1 관 어음의 개념·종류 및 어음當事者

Ⅰ. 槪 念

어음은 일정금액의 지급을 목적으로 하는 유가증권으로서 엄격한 법정형식요건을 갖출 것을 요하며, 명시적으로 어음이라고 표시되어야 하는 하나의 증권이다.

Ⅱ. 種 類

어음의 종류로서는 환어음과 약속어음이 있다.

1. 換 어 음

환어음에서는 발행인이 액면총액의 지급을 약속하는 것이 아니라, 타인으로 하여금 지급하도록 위탁한다. 보통 다음과 같이 표현된다. “이 어음과 상환하여 B에게 3,000만원을 지급하여 주십시오.” ‘환’이라 불리우는 것은 어음면상 이러한 지급위탁 문구에 의해 발행인이 어음을 지급인에 대하여 발행하기 때문이다.

환어음은 어음법에서 약속어음에 앞서 규정되어 있으며, 어음법은 약속어음에 관해 단지 4개의 조문(제75조~제78조)만을 두고 있다. 어음법에 대한 체계적인 서술은 법조문과 비슷한 방식을 취해야 할 것이다. 본서에서는 먼저 환어음에 대해 서술하고 나서 약속어음의 중요한 특성에 대해서는 맨 마지막에 간단히 언급하려 한다. 따라서 아래의 어음에 관한 설명은 주로 환어음을 염두에 두고 설명하는 것임을 밝혀 둔다.

2. 約束어음

약속어음에서는 발행인이 어음수취인에게 액면총액의 지급을 약속한다. 보통 다음과 같이 표현된다. “이 어음과 상환하여 B에게 3,000만원을 지급하겠습니다.’ 즉 약속어음은 그 본질에 있어 추상적 채무약속과 유사하다. 약속어음은 바로 그 요건 및 효과에 있어서 강화된 채무약속이다.

Ⅲ. 어음의 當事者

1. 換 어 음

(1) 어음當事者

통상의 경우 환어음은 삼면관계, 즉 발행인, 수취인 및 지급인이 어음에 관계된다. 발행인은 지급위탁의 지시인이며, 지급인은 피지시인, 그리고 수취인은 지시수령인이다. 이 세 사람과 관련된 어음의 문안은 다음과 같다. “C(지급인): 이 어음과 상환하여 B(수취인)에게 2009년 9월 15일에 3,000만원을 지급하여 주십시오. A(발행인)의 기명날인 또는 서명.”

(2) 어음引受人

어음지급인은 발행인으로부터 단순히 지급의 위탁을 받고 있는 데 불과하므로 당연히 어음금액을 지급할 채무를 부담하는 것은 아니며, 단지 그가 어음을 기명날인 또는 서명을 통하여 인수한 경우에만 책임을 진다(어음법 제25조, 제28조 참조). 이에 의해 지급인은 어음인수인이 된다.

2. 約束어음

약속어음이 환어음과 근본적으로 다른 점은 당사자관계에서 환어음과 같은 삼면

관계가 아니라, 지급인이 따로 없이 발행인 자신이 환어음의 지급인(엄격히는 인수인)을 겸하여 언제나 주채무자가 없다는 것이다. 결국 보통의 약속어음은 '인수된 자기앞환어음'에 해당한다고 볼 수 있다.

제2관 어 음 法

우리나라의 어음법은 1930년 통일어음법을 기초로 하여 1962년 1월 20일 법률 제1001호로 제정·공포되어 1963년 1월 1일부터 시행되었다. 이 이전에는 조선민사령 제1조에 의하여 어음법통일조약에 가입하여 이 통일조약에 의거 국내법으로 제정·시행되었던 「수형법」(1932. 7. 15, 법 제20호)이 의용되었다.

1995년의 어음법 개정에서는 사회·경제적 여건의 변화와 국내외 상거래관습의 추세를 반영하여, 기명날인하도록 되어 있는 어음행위의 요건에 서명도 병용할 수 있도록 하였다. 그리고 이해하기 어려운 한자 용어를 알기 쉬운 표현으로 변경하였고(어음법 제2조 제1항, 제64조 제2항, 제76조 제1항의 "闕한"을 "기재하지 아니한" 또는 "붙이지 아니한" 등으로 고침), 어음법 제84조의 "각령"을 "대통령령"으로 하였다.

어음법의 제정·시행 이후 상당한 시간이 경과하고 인터넷의 보편화, 전자거래의 확대 등의 새로운 환경을 맞이하게 되었다. 그리고 어음법은 실물어음의 경우를 전제하여 만들어진 법으로서 전자결제환경에 적합하지 못하였다. 이에 전자어음을 일반상거래와 전자상거래에서 디지털환경에 적합한 전자결제수단으로 사용할 수 있도록 하고, 전자어음을 통하여 조세투명성제고로 조세정의를 실현하며, 디지털환경에 따른 기업간 결제의 효율성을 높이는 결제수단으로서 활용함으로써 국민경제의 발전에 이바지하기 위하여 전자어음제도를 도입할 필요성이 크게 되었다. 이에 2004년 3월 22일 전자어음의 발행 및 유통에 관한 법률을 제정하여(법률 제7197호) 전자약속어음을 도입하였다.

제3관 어음의 經濟的 機能

어음은 오늘날 그 생성시기와는 달리 화폐교환이나 지급기능은 거의 갖지 않고 거의 전적으로 신용창조와 신용보증의 목적을 가진다.

어음은 경제적 기능에 따라 상업어음·융통어음 및 담보어음으로 나누어진다.

여기에서는 위의 분류에 따라 어음의 경제적 기능을 살펴보기로 한다.

Ⅰ. 商業어음

이는 경제생활에서 가장 대표적이고 유용한 어음의 기본형태이다. 이 상업어음의 근거에는 어떤 상인(예컨대 도매상·소매상)에 대한 상품의 공급과 그에 따른 실제적인 경제거래, 즉 상품의 전매를 통하여 매수인이 이익을 얻고 그 이익으로 어음에 의해 창조된 신용을 보상할 수 있게 되는 그러한 경제적 유통과정이 놓여 있다.

1. 어음發行時의 신용창조

이 신용창조는 상업어음에서는 다음과 같이 행하여진다. 즉 매도인이 매수인을 지급인으로 하여 어음을 발행하고 이로써 매수인에게 어음의 유통기간 동안 매매대금지급을 유예해 줌으로써 행하여진다. 매수인은 이 어음을 인수함으로써 어음법적으로 유통기간이 지난 후 어음금을 정당한 어음소지인에게 지급할 의무를 진다.

대체로 이러한 어음의 유통기간은 3개월이며, 이 때문에 3개월인수(환어음의 경우)라고도 말한다.

법률적으로는 매수인이 환어음에 기명날인 또는 서명하는 것만으로는 매매대금채권이 소멸하지 않는다. 왜냐하면 매도인이 매수인으로부터 어음인수를 지급에 갈음하여서가 아니라, 지급을 위하여 받기 때문이다. 오히려 매매대금채권은 매수인이 어음의 주채무자로서 어음의 유통기간 말에 어음금액을 지급함으로써 소멸된다. 그러나 통상적으로는 더 이상 매매대금채권을 주장하지 않는 것이 보통이다.

반면 매도인은 매수인이 인수한 어음을 만기에 지급제시하여 매매대금을 환수할 수도 있고, 만기 전이라도 예컨대, 다른 자와의 법률관계에서 발생한 채무를 변제할 목적으로 배서양도하거나 또는 신용기관에 어음할인을 의뢰할 수도 있다.

2. 어음割引

실제로는 매도인이 어음을 보유하고 있다가 만기에 지급제시하는 것보다 오히려 어음을 양도함으로써 신용(Credit)을 취득하는 쪽이 거래계에서 훨씬 빈번히 이루어지고 있다. 이러한 양도는 가령 자신의 채권자에게 채무의 지급을 위하여 행해진다(이 경우에도 대개는 지급을 위하여 한다). 그러나 물품공급자(매도인)는 종종 어음을 할인하기 위하여 은행에 교부함으로써 어음 상당액의 금액을 취득하기도 한다. 이를 위하여 공급자는 어음에 배서를 한다(이로써 물품공급자는 은행 및 이후의 소지인에 대하여 어음의 소구의무자가 된다). 이 때 은행이 어음에 대하여 할인의뢰인에게 지급하는 금액은 물론 어음의 액면액보다 적다. 왜냐하면 어음은 추후에 비로소 만기가 되고, 따라서 은행은 비용과 수수료 이외에 만기까지의 이자, 이른바 중간이자(할인료)를 공제하기 때문이다. 즉 은행이 어음을 할인하는 것이다.

Ⅱ. 融通어음 또는 信用어음

상품공급이나 그 밖의 거래행위가 행해짐이 없이 어음을 통하여 신용이 창출되었을 때에 이를 융통어음 또는 신용어음이라 한다. 이러한 환어음에 있어서 인수인은, 자신의 인수에 대하여 발행인으로부터 반대급부를 받지 않고, 즉 자신이 신용(자신이 반대급부를 유예하는 형태로)을 얻기 위해서가 아니라, 발행인에게 신용을 제공할 목적으로 인수한다.

1. 好意어음

인수가 직업적 신용행위에서가 아니라 호의로 가령 친척이나 친구 또는 경우에 따라서는 영업상의 고객을 위하여 행하여지면 그러한 호의어음의 취득자를 둘러싸고 여러 가지 고려할 문제점들이 대두된다. 왜냐하면 인수의 기초가 되는 호의의 약정의 명시적 혹은 묵시적 내용상 대체로 발행인이 어음의 만기까지 인수인에 의한 지급을 위해 요청된 어음금액을 준비해야 할 것이기 때문이다. 환언하면 인수는 신용이 필요한 발행인의 지급능력만을 증가시키고 인수인에 의한 실질적인 어음이행은 기대하기 어렵기 때문이다. 만기일에 발행인도 인수인도 필요한 자금을 갖고 있지 못하면 어음의 소지인 또는 배서인 등의 중간취득자는 자신이 직접 어음금을 지급함으로써 손실을 보게 되는 경우도 있을 수 있기 때문이다.

2. 騎乘어음

발행인도 인수인도 어음금액을 만기에 조달할 수 없을 경우에는 다음과 같은 해결방법이 있다. 즉 어음금액을 마련하기 위하여 인수인측에서 새로운 어음을 구어음의 발행인에 대하여 발행하고, 또 구어음의 발행인은 신어음을 인수하는 것이다. 이러한 어음의 할인이 드물지 않게 이루어지고 있다. 제 2 의 어음의 유통기간 동안에도 돈이 생기지 않으면 제 2 어음의 인수인은 다시 그 발행인에 대하여 제 3 어음을 발행하는 식으로 계속한다.

이 경우에 어음의 액면총액은 할인금의 추가로 인하여 계속 증가하고 어음은 금전과 바꾸기가 더욱 더 어려워진다. 왜냐하면 은행은 더욱 신경을 곤두세울 것이기 때문이다(어음기승). 이 기승어음에 있어서 그 기초가 되는 교환계약은 선량한 풍속위반으로 무효가 될 수 있다.

Ⅲ. 擔保어음

이 담보어음은 보통 부수적 목적인 담보기능이 주목적이다. 담보제공의 의무가 있는 자는 담보금액에 해당하는 약속어음을 제공하거나 어음의 인수를 한다. 이 때 상대방이 그 어음증권을 보관하고 있다가 담보가 개시될 때에만 유통시킬 수 있다는 합의가 있게 된다. 그러나 변제기 전에 채권자가 이를 유통시키더라도 채무자는 선의의 취득자에게 대항하지 못한다(어음법 제17조 인적항변의 절단).

제 4 관 어음關係와 基本關係

Ⅰ. 어음의 抽象性

어음에 기명날인 또는 서명함으로써 성립하는 채권(예컨대 발행인에 대해서는 어음법 제 9 조 제 1 항, 인수인에 대해서는 어음법 제28조 제 1 항, 배서인에 대해서는 어음법 제15조 제 1 항)은 추상성(무인성)을 갖는다. 이 추상성은 채권이 일단 성립되기만 하면 그 채권을 근거지운 법률관계에서 분리됨을 뜻한다.

어음은 실제로 언제나 채권관계에 기인하여 발행, 인수 또는 양도되기는 하지만 어음이 표창하는 것은 이러한 어음행위의 기초가 되는 청구권, 예컨대 어음이 보증하고 나중에 이행해야 하는 매매대금청구권이 아니라, 기본관계로부터 독립한 청구권, 즉 추상적인 청구권이다. 어음의 추상성은 법률에 의하여 강행적으로 인정된다. 강행적으로 인정된다는 것은 관계자가 어음채무를 그때그때의 기본관계에 구속시킬 수 없음을 뜻한다. 만일 원인관계가 어음에 기재되어 있다면 이러한 기재는 유해적인 것은 아니지만 법률상으로 아무런 의미가 없다(무익적 기재사항). 만일 표창된 지급위탁의 유효성 여부를 원인관계의 유효성 여부에 구속되도록 하였다면 이러한 기재사항은 어음을 무효로 만든다(어음법 제1조 제2호). 마찬가지로 인수도 무조건이어야 하고, 이에 위반되면 그 인수는 무효이다(어음법 제26조 제1항). 그리고 배서를 하면서 붙인 조건은 기재하지 않은 것으로 본다(어음법 제12조 제1항).

Ⅱ. 어음債務와 基本關係의 관련성

1. 어음의 매매

어음취득자가 '어음'(물론 이는 단순한 종이조각으로서가 아니라 청구권, 즉 어음에 표창된 청구권이 들어 있는 어음 자체, 즉 어음상의 권리 자체)을 산다는 의미에서 어음교부의 기초로서 우선 매매계약을 생각할 수 있다. 통설인 매매설에 의하면 어음할인의 경우에도 그러한 매매는 존재한다고 한다.

2. 旣存債務와 관련한 어음의 교부

어음이 어떤 채무의 지급을 위해서 교부되는 경우는 위의 1과는 엄격히 구별되어야 한다. 기존채무는 흔히 (통상의) 매매계약에 기인하는데, 이 때에는 어음청구권과 매매계약의 관련은 위의 1에서와 다르다. 앞의 1에서는 어음 자체가 매매계약의 목적물인 데 반하여, 여기서는 어음이 다른 목적물의 매매에 기인하는, 원래는 현금으로 이행될 매매대금청구권의 이행에 이용된다.

채무이행목적으로 어음을 이용할 때에는 '이행에 갈음하여' 어음을 교부하는 것과 '이행을 위해서' 어음을 교부하는 것과는 구별되어야 한다.

3. 信用提供을 目的으로 하는 어음의 교부

인수인은 발행인에게 신용자금을 현금으로 지급하지 않고, 보통 어음을 인수하는데, 이러한 인수된 어음을 발행인이 다시 양도함으로써 발행인 자신은 대가를 획득한다. 이러한 법률관계에서는 발행인이 변제를 배려해야 하는 것이 아니라, 약정된 신용기간이 경과한 후에 신용제공자에게 대가를 반환해야 한다.

그러나 사무관리, 위임 및 신용제공은 발행인과 지급인 사이에만 존재하는 것이 아니라, 배서인과 피배서인 사이에서도 존재한다. 예컨대 추심위임배서의 경우에는 사무관리계약이 존재한다. 피배서인이 배려해야 하는 업무는 어음의 추심이다. 신용제공의 경우에는 발행인과 인수인 사이에서와 비슷한 사정이 존재한다. 소비대차의 대가를 지급하는 대신에 어음이 배서되는데, 피배서인은 이 어음을 다시 양도함으로써 대가를 제공받을 수 있다.

4. 基本關係로서의 贈與

기본관계로서의 증여는 어음의 인수에 있어서뿐만 아니라, 어음의 배서에 있어서도 일어날 수 있다.

Ⅲ. 어음關係와 資金關係

1. 의의 및 유형

자금관계란 환어음의 발행인과 지급인 사이에 존재하는 실질관계로서 발행인이 지급인에게 어음금지급을 위해 필요한 자금을 제공하는 경우를 말한다. 이는 환어음이 지급위탁증권이라는 점에서 연유한다. 이 때 발행인은 자금의무자가 된다. 따라서 발행인 자신이 주채무자인 약속어음에서는 자금관계가 존재하지 않는다.

대개 자금관계는 발행인이 지급인에게 미리 자금을 제공하는 식으로 이루어지지만, 소비대차계약 등에 기초하여 지급인이 지급을 한 뒤에 발행인으로부터 보상을 청구하는 경우도 있다(이러한 관계를 특히 보상관계라 한다). 이 때 보상을 청구하기 위해서는 지급인이 어음금을 지급한 사실 외에 자금관계까지 입증하여야 한다.

이렇듯 자금관계는 다양한 법률관계의 모습으로 행해지므로 일률적으로 그것의 법적 성질을 정할 수는 없다. 따라서 각각의 구체적 모습에 따라 개별적으로 정해야 할 것이다.

자금관계와 유사한 것으로 인수인과 지급담당자, 보증인과 피보증인, 참가인수인(참가지급인)과 피참가인의 관계가 있는바, 이를 준자금관계라 한다.

2. 資金關係와 어음關係

원칙적으로 어음관계는 어음의 추상성으로 인해 자금관계에 의해 영향을 받지 않는다. 따라서 지급인이 어음금지급을 위해 자금을 제공받았거나 제공받기로 했다고 해서 그가 어음금을 지급할 어음상의 의무를 지는 것은 아니며, 또 자금을 제공받지 않거나 제공받기로 하지 않고서 어음행위를 한 경우에도 그 어음행위는 유효한 것이다. 또한 발행인은 지급인에게 자금을 제공하였다는 이유로 어음상의 소구의무를 면할 수 없다.

이처럼 자금관계와 어음관계는 분리되는 것이 원칙이지만, 다음의 경우 관련성이 나타난다. 즉 인수인은 발행인이 자신에게 어음상의 권리를 행사하면 자금관계에 기한 인적항변을 할 수 있고(어음법 제17조), 발행인은 인수인에 대해 지급청구권(어음법 제28조 제 2 항 후단)과 이득상환청구권(어음법 제79조)을 행사하게 된다.

Ⅳ. 어음豫約

어음예약이란 어음행위를 하기 전에 일정한 내용의 어음행위를 하기로 한 약정을 말한다. 예약은 모든 어음행위에 대해서 할 수 있으나, 실제로는 발행의 예약이 많이 사용된다. 약정은 대개 어음(수표)의 종류·금액·만기·지급지·지급장소 등을 그 대상으로 한다.

예약의 방식에 대해서는 제한이 없어서, 구두로도 가능하며 특히 서면으로 하는 경우에는 이를 가어음(가수표)이라 부른다.

어음예약은 원인관계와는 다른 별개의 계약이지만, 어음관계에 영향을 주지 않는 것은 마찬가지이다. 따라서 어음행위를 예약된 바와 달리 한 경우에도 어음행위는 유효하며, 다만 예약의 당사자 사이에 인적항변의 문제가 발생할 뿐이다.

제 2 절 換어음의 發行

제 1 관 총 설

Ⅰ. 發行의 의의

환어음의 발행이란 환어음요건을 기재한 기본어음을 작성하여 이를 수취인에게 교부하는 행위를 말한다. 어음의 발행은 어음을 창조하는 행위이므로 기본적 어음행위이며 이에는 반드시 법정기재사항을 기재하고 발행인이 기명날인 또는 서명하여야 하는데(어음법 제1조), 이를 환어음요건이라고 한다. 환어음의 발행은 그 목적이 지급의 위탁에 있으며 발행인은 부수적으로 인수와 지급에 대한 담보책임만을 진다는 점에서 약속어음과 다르다.

Ⅱ. 發行의 효력

환어음의 발행행위의 효력은 본질적 효력과 부수적 효력으로 나누어 볼 수 있다.

1. 發行의 본질적 효력

환어음이 발행되면 지급인은 발행인의 계산으로 어음금을 지급할 수 있는 권한을 취득하고 수취인은 자기명의로 지급을 받을 수 있는 권한을 취득한다. 그러나 지급인은 자기를 지시하여 환어음이 발행된 것만으로 지급할 권한만 있지 지급할 의무는 없다. 지급인은 인수의 어음행위를 한 때에만 만기에 환어음을 지급할 의무를 지므로(어음법 제28조 제1항), 인수 전에는 주채무자가 아니다. 따라서 환어음이 발행되면 '인수를 조건으로 하는 어음금지급청구권'이 발생한다. 이 효력은 의사표시상의 효력이다.

2. 發行의 부수적 효력

환어음의 발행인은 어음의 인수와 지급을 담보할 책임을 진다(어음법 제9조 제1항). 따라서 지급인이 인수와 지급을 거절하면 발행인은 상환의무에 응하여야 하므로, 환어음의 발행에는 '인수와 지급의 거절을 조건으로 하는 상환청구권'이라는 부수적 효력이 발생한다.

환어음의 발행인은 복본교부의무(어음법 제64조)와 이득상환의무(어음법 제79조)를 부담하는데, 이는 법률의 규정에 의하여 생기는 어음법상의 의무이다.

제2관 換어음要件

Ⅰ. 어음要件 개관

어음은 당연히 서면형식을 요한다. 그리고 법률은 기본적으로 환어음의 경우 다음과 같은 형식요건을 요구한다(어음법 제1조).

1) 어음임을 표시하는 문자(어음문구), 2) 일정한 금액을 지급할 뜻의 무조건의 위탁, 3) 지급인의 명칭, 4) 수취인, 5) 발행인의 기명날인 또는 서명, 6) 발행일, 7) 만기의 표시, 8) 발행지, 9) 지급지.

이상의 법정기재사항이 기재된 어음을 기본어음이라 하지만, 이 중에서 다음의 사항은 기재하지 않아도 무효로 되지 않는다.

즉 만기의 기재가 없으면 그 어음은 일람출급어음으로 본다(어음법 제2조 제2항). 또한 장소에 관한 사항은 경우에 따라서는 대체될 수 있다.

즉 지급지나 발행지의 기재가 없는 때에는 지급인에 부기된 장소를 지급지, 발행인에 부기된 장소를 발행지로 본다(어음법 제2조 제3항·제4항).

정리해 보면 다음과 같다.

본질적 기본요건	1) 어음문구		불가결한 기재사항
	2) 어음금액의 지급위탁		
인적 삼면관계	3) 지급인		
	4) 수취인		
	5) 발행인(기명날인 또는 서명)		
발행과 지급의 방법	6) 발행일		
	(a) 시간	7) 만기	기재하지 않아도 됨
	(b) 장소	8) 발행지	경우에 따라서는 대체할 수 있음
		9) 지급지	

(1) 환어음의 경우 환어음문구와 지급위탁문구는 반드시 기재되어야 한다. 이에 의하여 어음의 본질적 기본요건이 정해진다.

(2) 또한 어음상의 세 당사자, 즉 지급인·수취인·발행인이 기재되어야 한다. 이를 통해 환어음의 인적 삼면관계가 정해진다.

(3) 마지막으로 발행 및 지급과 관련하여 그 방식인 시간과 장소가 기재되어야 한다. 이 표지를 순서대로 정리하면 처음의 여섯 가지는 불가결한 요건이고, 일곱 번째 것은 없어도 되고 마지막 두 가지는 대체될 수 있다.

Ⅱ. 個別的인 어음要件

1. 換어음文句

환어음은 '환어음'이라는 문자를 포함해야 한다(제 1 조 제 1 호). 따라서 환어음인지 약속어음인지를 명기하지 않고 단순히 '어음'으로 기재하는 것은 효력이 없다. 또한 '어음' 또는 '증서'라고만 하는 것으로는 충분하지 않지만, '환어음증서'와 같이 합성된 문구는 적법하다. 환어음임을 본문에 명백하게 표시하여 기타의 위탁과 구별하여야 한다. 이로써 기명날인 또는 서명하는 자는 그가 특별히 엄격한 책임을 진다는 점을 명심하게 된다.

어음문구는 단순히 증권의 표제로서 기재되기만 하면 되는 것이 아니라 어음의 본문(지급위탁문구) 중에 기재되어야 한다(통설). 실제로는 인쇄된 어음용지를 사용하므로 이로 인한 문제가 발생할 여지는 거의 없다.

2. 일정한 金額을 지급할 뜻의 無條件의 委託

(1) 금액에 관한 어음만이 가능하고(제 1 조 제 2 호), 기타의 대체물이나 물품에 관한 어음은 불가능하므로 대개는 상업어음이 발행되고 있다. 이 어음은 일정한 양의 상품을 지급하기 위한 것이 아니라, 일정한 금액을 지급받기 위한 것이며, 일정한 상품인도의 대가로 발행된다. 이것이 경제적으로 가장 중요하고 흔한 어음발행의 경우이다.

(2) 어음금액은 일정해야 한다. 따라서 어음상에 통화유동문구 또는 가치보장문구를 기재할 수 없다. 예컨대 '50만원 또는 500만원', '최고 1,000만원' 또는 최하 500만원', '석탄 10t에 상당하는 가격' 등의 기재는 무효이다.

어음금액은 일정해야 할 뿐만 아니라, 원칙상 단일해야 한다. 이것은 일반적으로 어음금액 이외의 이자가 약정되어서는 안 된다는 것을 의미한다. 예컨대, '1,000만원+4%의 이자'라는 기재는 어음금액이 일정함에도 불구하고 허용되지 않는다. 이러한 이자의 기재는 어음법 제 5 조 제 1 항에 의하여 기재되지 않은 것으로 본다. 따라서 당사자는 신용제공시에 어음을 받음으로써 생기는 이자를 처음부터 어음금액에 포함해야 한다.

그러나 유통기간이 정해지지 않은 어음, 즉 일람출급어음과 일람후정기출급어음의 경우에는 이자를 미리 예견할 수 없으므로 이를 어음금액에 포함시킬 수 없다.

따라서 법률은 예외적으로 이 어음에 관해서 이자문구를 허용한다. 그러나 이 때에도 이자의 액을 확정하기 위해서 이율이 기재되지 않은 이자의 약정은 기재되지 않은 것으로 본다(제5조 제1항 제1문·제2항).

(3) 어음금액은 문자 또는 숫자로 기재될 수 있다. 이것은 발행인의 자유이다. 두 가지 중의 하나만으로도 유효한 기재가 된다. 실제로는 변조를 어렵게 하기 위해서 어음금액을 숫자뿐만 아니라, 문자로도 기재하는 것이 보통이다. 양자가 일치하지 않으면 문자기재가 우선한다. 금액이 같은 종류도 두 번, 예컨대 숫자로 두 번 기재되었고, 그 액수가 서로 다르다면 두 금액 중 소액인 것이 어음금액으로 된다(제6조).

(4) 지급위탁은 무조건이어야 한다(제1조 제2호). 지급위탁이 무조건이어야 한다는 것은 지급위탁이 추상적이어야 함을 의미한다. 따라서 지급위탁에 조건을 붙이거나 기타 제한을 가하여, 가령 매매목적물과 상환하여 지급한다고 기재하면 그 어음은 무효가 된다. 그러나 조건으로서가 아니라, 단순히 원인관계를 기재하는 것은 상관 없다.

3. 支給人의 名稱

지급인이 지정되지 않으면 유효한 어음이 성립하지 않는다(제1조 제3호). 그러나 지급인으로 지정된 자가 실재하지 않는 경우, 즉 허무인인 경우에도 어음은 유효하다. 그런 어음을 허무어음(Ke11erwechse1)이라 한다. 지급인의 표시는 자연인 또는 법인의 성명 또는 상호를 기재하는 것이 보통이며 지급인의 동일성을 인식할 수 있는 한 어떠한 명칭이라도 무방하다. 따라서 자연인의 경우에는 본명이 아니어도 되고 지급인을 특정할 수 있으면, 오자나 탈자가 있어도 된다. 또한 권리능력 없는 사단 또는 조합인으로 기재한 경우도 유효하다고 볼 것이다. 왜냐하면 수취인 또는 피배서인이 언제나 지급인을 알고, 곧바로 사기를 간파할 수 있으리라고 기대할 수는 없기 때문이다. 수취인 또는 피배서인은 지급인을 알아야 할 필요가 없고 이러한 관점에서 어음의 형식적 완전성이 충족되어 있기만 하면 된다. 물론 아무도 허무인을 지급인으로 하는 어음을 인수할 수 없지만, 발행인과 배서인은 그러한 허무어음상의 책임을 진다.

어음은 다수인을 지급인으로 할 수 있으며, 발행인 자신이 지급인으로 지정되는 것도 가능하다(어음법 제3조 제2항). 이러한 경우를 자기앞어음이라 한다.

4. 受 取 人

지급인 이외에 지급을 받을 자도 지정되어야 한다(제1조 제6호). 이 자가 수취인이다. 실무상 이러한 지정은 때때로 지시문구와 결합된다. 즉 'B의 지시인에게' 또는 'B 또는 그의 지시인에게'라고 기재된다. 그러나 이러한 지시문구의 기재는 필요하지 않은데, 왜냐하면 어음은 법률상 당연한 지시증권이기 때문이다.

지급인의 기재에서와 마찬가지로 어음법 제3조 제1항에 의하여 발행인은 자기 자신을 지정한 수 있다(자기지시어음). 이러한 형태는 매우 흔하다. 왜냐하면 발행인은 증권을 바로 그 다음에 누구에게 교부할 것인지 결정할 필요 없이, 이러한 방법으로 미리 인수를 받을 수 있기 때문이다.

5. 發行人(記名捺印 또는 署名)

어음에 반드시 참여하는 세 번째 사람, 즉 발행인은 어음에 지정되어야 할 뿐만 아니라, 어음이 유효하기 위해서는 발행인의 기명날인 또는 서명이 있어야 한다(제1조 제8호). 발행인은 환어음의 경우 첫 번째 담보의무자이다.

어음은 수인이 공동으로 발행할 수도 있다.

6. 發 行 日

발행일의 기재는 불가결한 어음요건이다. 발행일은 발행일자후정기출급어음의 만기를 정하는 표준이고(제36조 제1항·제2항) 일람출급어음의 지급을 위한 제시기간의 표준이 된다(제34조 제1항). 확정일출급어음에서도 발행인의 능력, 대리권유무의 기준이 되므로 절대적 요건이다. 발행일의 기재가 없으면 어음이 무효이다. 날짜가 어음상 어디에 기재되어 있든지 상관없다. 발행일은 기명날인 또는 서명 위에 기재될 수도 있고, 기명날인 또는 서명 아래에 기재될 수도 있다. 기재된 날짜가 어음이 실제로 발행된 날짜와 일치하지 않는다 하더라도 어음의 유효성에는 영향이 없다. 어떤 날짜든 지정되기만 하면 되지만, 그것은 가능한 날이어야 한다. 그러나 2010년 2월 30일 또는 6월 31일 등은 2월 말 또는 6월 말을 발행일로 보아야 할 것이다.

7. 支給期日 또는 滿期의 기재

이것은 유효요건이 아니다. 왜냐하면 이 기재가 없는 어음은 일람출급어음으로 보기 때문이다(제 2 조 제 2 항). 지급기일 또는 만기는 어음법 제70조 제 1 항의 '만기의 날'과 같은 의미이지만, '지급을 할 날' 또는 동법 제41조 제 1 항의 '지급의 날'과는 다른 관념이다. '지급을 할 날'은 보통 만기와 일치하지만 만기가 법정휴일인 때에는 이에 이은 제 1 의 거래일이 지급을 할 날이 되므로(어음법 제72조 제 1 항), 이 경우에는 양자가 다르게 된다. 한편 '지급의 날'은 현실로 지급이 행해진 날을 의미한다. 만기와 관련하여 어음채무의 명확성을 기하기 위해 이른바 은혜일은 인정되지 않는다(제74조).

만기는 네 가지 종류(일람출급어음·일람후정기출급어음·발행일자후정기출급어음·확정일출급어음)만이 인정된다. 어음법 제33조 제 2 항은 그 밖의 날짜를 만기로 하는 어음은 무효라고 분명히 규정하고 있다. 예컨대 배서 후 또는 해지 후 일정한 시점을 만기로 할 수 없다. 또한 만기가 외부적 사건, 예컨대 어떠한 박람회의 개최일이라든지 시장개점일 등에 의하여 결정되는 어음도 인정되지 않는다. 뿐만 아니라, 어음에 그때그때 어음금액이 분할지급될 수 있는 다수의 연속된 만기를 기재하는 것도 허용되지 않는다.

8. 發 行 地

이 표지는 원칙상 필요한 것이기는 하지만 보충될 수 있다. 즉 발행지의 기재가 없지만 발행인의 명칭에 부가한 장소가 있다면, 이 장소가 발행지로 간주된다(제 2 조 제 4 항). 명확히 기재된 장소 또는 보충된 장소가 진정한 발행지일 필요는 없다. 그러나 존재하는 장소이어야 한다. 발행지가 여러 개 중첩되어 기재되어도 준거법의 동일성이 유지되면 유효하다(통설). 그런데 우리 대법원은 종래에는 발행지와 발행인의 명칭에 부기한 지의 기재가 없는 어음은 효력이 없다고 하였으나(대판 1967. 9. 5, 67 다 1471 등), 전원합의체에 의하여 입장을 변경하였다. 즉 변경된 대법원 판례에 의하면 국내어음임이 명백한 한 발행지의 기재가 없어도 유효하다고 한다(대판(전원합의체) 1998. 4. 23, 95 다 36466). 그리고 수표의 경우에도 종래에는 발행지와 발행인의 명칭에 부기한 지의 기재가 없는 수표는 효력이 없다고 하였으나(대판 1990. 5. 25, 89 다카 15540 등), 전원합의체에 의하여 입장을 변경하였다. 즉 변경된 대법원 판례에 의하면 국내수표임이 명백한 한 발행지의 기재가 없어도 유효하다고 한다(대판(전원합의체) 1999. 8. 19, 99 다 23383).

9. 支 給 地

(1) 지급지의 기재가 없다면 지급인의 명칭에 부기된 장소를 지급지로 본다(제 2 조 제 3 항). 기재된 장소가 실제로 존재해야 하며 지급지의 복수기재는 허용되지 않는다. 이는 모두 어음의 권리행사를 위해서 필수적이기 때문이다. 분명하지 않은 경우에 지급인은 자신의 주소지에서 지급해야 한다(즉 어음채무는 추심채무).

(2) 그러나 어음이 지급인의 주소와 다른 장소에서 지급될 수 있게 발행됨으로써 어음에 마치 자신의 주소가 부여된 것 같이 될 수 있다(주소어음=타지지급어음).

이 때에는 어음이 어디에서 지급제시되어야 하는가라는 문제가 제기된다. 대체로 발행인은 지급을 담당하는 제 3 자를 지정할 것이다. 발행인이 하지 않으면 지급인이 그러한 지급담당자를 기재할 수 있다(제27조 제 1 항 제 1 문). 지급담당자의 지정이 없다면, 지급인이 지급지에서 스스로 이행하여야 한다(제27조 제 1 항 제 2 문).

(3) 지급인에 관해서는 실제로 어음금이 지급될 지급장소가 기재되는 수가 많다. 이 때에는 대체로 은행이 지정된다(제 3 지방 지급어음). 이 곳에서 어음이 제시되어야 하고, 지급인은 어음금액이 적시에 준비되도록 한다.

(4) 지급지는 어음에 있어서 실체법상의 의미를 가질 뿐만 아니라, 소송법상의 의미도 갖고 있다. 즉 지급지는 어음소송을 위한 특별재판적이 된다(민사소송법 제 9 조).

Ⅲ. 유익적 기재사항

앞서의 어음요건 이외에도 어음상에 기재할 수 있는 사항은 여러 가지가 있다. 이 가운데 어음요건은 아니지만 일단 어음면에 기재되면 그 기재된 내용에 따라 어음상의 효력이 발생하는 사항을 유익적 기재사항이라고 한다.

어음법상의 유익적 기재사항은 다음과 같다.

1. 支給人·發行人의 명칭에 附記한 地(어음법 제 2 조 제 3 항 · 제 4 항)

지급인의 명칭에 부기한 지는 지급인의 주소지가 되며, 지급지의 기재가 없는 경우에는 지급지가 된다. 또한 발행지의 기재가 없는 경우 발행인의 명칭에 부기한 지는 발행지로 되어 어음요건의 흠결을 보충하게 되고 발행행위의 준거법결정의 기준이 된다.

2. 第3者方支給文言(어음법 제4조, 제27조, 제77조 제2항)

제3자방지급문언이란 지급담당자와 지급장소의 기재를 말한다. 지급담당자란 지급인·인수인(약속어음의 경우 발행인)을 대신하여 지급업무를 담당하는 자(대개는 은행)를 말하고, 지급장소란 주채무자가 어음금을 지급할 장소를 말한다. 어음법상 「제3자방」(어음법 제4조, 제22조 제2항, 제27조 제1항) 또는 「지급장소」(어음법 제27조 제2항)라는 말은 지급담당자와 지급장소를 합친 개념임에 유의해야 한다. 제3자방지급문언이 기재되면 제3자의 주소가 지급장소가 되고 제3자는 지급담당자가 된다.

3. 一覽出給·一覽後定期出給어음의 利子文言(어음법 제5조)

이자문언이란 어음금에 대해 일정률의 이자가 발생한다는 뜻을 기재한 것을 말한다. 이자문언은 모든 어음에 기재할 수 있는 것이 아니라, 만기가 확정되지 않은 일람출급어음과 일람후정기출급어음에서만 인정된다. 이 때 반드시 이율이 기재되어야 하며, 이율이 기재되지 않으면 이자의 약정은 기재하지 않은 것으로 간주된다(어음법 제5조 제2항). 이자의 기산일에 관한 특약이 없으면 발행일로부터 기산한다(어음법 제5조 제3항). 이자의 종기는 만기이며, 만기 이후에는 법정이자(어음법 제48조 제1항 제2호)가 발생한다.

그 밖에도 다음과 같은 기재사항이 어음법상의 유익적 기재사항에 속한다. 즉 인수무담보문언(제9조 제2항 전단), 배서금지문언(제11조 제2항), 인수제시의 명령 또는 금지(제22조 제1항·제2항), 인수제시기간 및 지급제시기간의 단축 또는 연장(제23조 제2항, 제34조 제1항), 일정기일 전의 지급제시금지(제34조 제1항·제2항), 준거할 세역의 지정(제37조 제4항), 외국통화환계산율의 지정 또는 외국통화현실지급문언(제41조 제2항·제3항), 거절증서작성면제문언(제46조), 역어음발행금지문언(제52조 제1항), 예비지급인의 지정(제55조 제1항), 복본번호(제64조 제2항), 복본불발행문언(제64조 제3항) 등이다.

Ⅳ. 무익적 기재사항

무익적 기재사항이란 어음면에 기재하여도 어음상의 효력이 발생하지 않는 사항을 말한다.

무익적 기재사항에는 1) 어음법상 기재가 없어도 당연히 효력이 발생하므로 기재가 불필요한 것, 2) 기재가 있어도 기재가 없는 것으로 인정되는 것(이상의 두 가지 유형은 어음법상 규정이 있다)과 3) 기재하여도 어음상으로는 어떠한 효력도 인정되지 않으나 당사자간에는 특약으로서 인정되는 것 등으로 3분해 볼 수 있다. 첫 번째의 예로는 지시문언(제11조 제 1 항), 상환문언(제39조 제 1 항), 제시문언(제38조 제 1 항), 파기문언(제65조 제 1 항 본문) 등이 해당되고, 두 번째의 예에는 확정일출급 또는 발행일자후정기출급어음의 이자문언(제 5 조 제 1 항 후단), 일람출급 또는 일람후정기출급어음의 이율의 기재 없는 이자문언(제 5 조 제 2 항), 그리고 발행인의 지급무담보문언(제 9 조 제 2 항 후단) 등이 있다. 마지막으로 세 번째의 예에 해당하는 것으르 관할법원의 합의문언, 담보문언, 자금문언, 통지문언, 위탁어음문언(제 3 조 제 3 항), 어음개서의 특약, 지급제시의 면제문언, 소구통지의 면제문언, 전환문언, 연체이자의 약정문언 등이 있다.

Ⅴ. 유해적 기재사항

유해적 기재사항이란 그 기재로 어음 자체가 무효로 되는 사항이다. 어음법상의 것으로는 네 가지 종류의 만기 이외의 것을 만기로 한 경우(제33조 제 1 항), 분할출급의 기재가 있는 경우(제33조 제 2 항) 등이 있다. 어음법에 규정이 없는 것으로서는 어음의 지급방법을 한정하거나 조건에 따르게 하는 기재, 지급위탁이나 지급약속에 조건을 붙이는 기재, 주채무자가 어음상의 책임을 지지 않는다는 기재 등이 있다. 이상의 것들은 어음의 본질에 반하거나 어음요건을 무력화하는 것들이다.

Ⅵ. 어음要件 欠缺의 법률효과

불가결한 기재사항 중의 하나가 흠결되어 있거나, 보충가능한 기재사항이 흠결되어 있거나, 지급위탁의 무조건성이 지켜지지 않는다면 이 어음은 어음으로서의 효력이 없다(어음법 제 2 조 제 1 항).

제3관 白地어음

Ⅰ. 白地어음의 개념과 형태

백지어음이란 어음행위자가 어음소지인으로 하여금 후일에 보충시킬 의사로 어음요건의 전부 또는 일부를 기재하지 않고 어음이 될 서면에 기명날인 또는 서명하여 어음행위를 한 미완성의 어음을 말한다.

백지어음의 존재필요성은 실제의 거래사회에서 널리 인정되고 있다. 예컨대 발행인에 대해서 수취인이 지급받을 채권액은 아직 미정이지만 어음보증은 즉시 해야 할 경우(백지보증), 또는 은행이 우선 인수를 하고 그 백지어음을 고객이 필요에 따라 이용할 수 있도록 하고서 나중에 어음금액과 같은 일정한 사항을 보충하도록 위임하는 경우(백지인수) 등을 생각할 수 있다. 이상의 두 가지 백지어음 외에도 어음행위의 종류에 따라 백지발행·백지배서 등이 이용되고 있으며, 백지로 되어 있는 어음요건을 기준으로 보면 어음요건의 전부가 백지인 것과 일부가 백지인 것이 있다.

Ⅱ. 白地어음의 요건

백지어음의 생성에 관해서는 어음요건의 미완성부분의 흠결에서 달리 규정하고 있지 않는 한, 완전어음의 성립에 관한 것과 동일한 규정이 적용된다.

1. 어음要件의 欠缺

흠결된 어음요건의 종류나 정도에는 제한이 없다. 이와 관련해서 만기가 백지인 경우에도 이를 어음법 제2조 제2항에 따라 일람출급어음이라고 볼 수 있으나 이 경우도 백지어음으로 보아야 한다(통설 및 판례). 나아가 만기가 백지인 경우에는 일단 백지어음으로 추정하고 보충권수여의 의사가 없는 때에 한해 제2조 제2항이 적용되어야 한다.

2. 白地어음行爲者의 記名捺印 또는 署名

백지어음은 어음행위자의 기명날인 또는 서명이 있으면 충분하므로, 반드시 발행인의 기명날인 또는 서명이 있어야 하는 것은 아니다(통설). 물론 어음법 제10조에

'미완성으로 발행한'이라는 규정이 있으나 이 때의 '발행한'은 '교부한'으로 새겨야 할 것이다. 따라서 발행인의 기명날인 또는 서명이 없는 경우에도 인수인·배서인·보증인의 기명날인 또는 서명이 있으면 백지어음은 성립될 수 있다.

3. 補充權授與契約

교부계약 이외에 백지어음이 되기 위한 두 번째 요건으로서는 원칙상 보충권에 관한 합의가 있어야 한다. 만일 그렇지 않다면 이는 백지어음이 아니라, 형식상 무효인 불완전어음이 될 뿐이기 때문이다.

4. 交付契約

백지어음도 원칙상 교부계약의 존재가 필요하다. 백지어음이 발행인에 의하여 작성되는 한 백지어음수취인을 어음상의 권리자로 하기 위해서는 백지어음수취인에게 어음증권이 교부되어야 하며, 이는 백지인수에 대해서도 마찬가지이다. 왜냐하면 백지어음의 성립이란 미래의 채권의 창출이고 이러한 채권의 성립근거는 이에 상응하는 완전한 권리의 성립근거와 마찬가지로 계약을 필요로 하기 때문이다. 따라서 백지어음에 관하여도 계약설이 적용됨은 물론이다. 물론 교부계약이 흠결된 경우에도 백지어음행위자의 기명날인 또는 서명을 신뢰한 선의취득자는 권리외관설에 따라 보호된다.

Ⅲ. 白地補充權

1. 補充權의 법적 성질

보충권의 법적 성질에 대해서는 다툼이 있다. 우리나라의 통설은 그 법적 성질을 일종의 형성권이라고 보고 있다. 보충권을 행사함으로써 미완성어음을 완성시킨다는 점에서 형성권으로서의 성질을 부정할 수 없다. 그러나 형성권은 단지 형성권자와 그 상대방 사이에서만 효력이 발생하는 데 그치므로 이는 백지어음의 보충권과는 일치되지 않으므로, 특별한 종류의 권능이라고 보아야 할 것이다. 한편 보충권의 범위는 보충권 수여계약에서 정해지며 그 계약에서 명시되지 않은 때에는 원인관계나 어음거래의 관습 등을 고려하여 신의성실의 원칙에 따라 결정하여야 한다.

2. 補充權의 성립시기

백지어음의 발생과 관련하여서는 백지어음행위설과 어음외계약설로 견해가 나뉘어 있다. 백지어음행위설에서는 보충권은 백지어음행위자의 기명날인 또는 서명에 의하여 발생한다고 한다. 이러한 보충권은 백지어음에 표창되어 기명날인 또는 서명자가 자신이 작성한 백지어음의 소지인으로서 보충권을 소유하게 된다고 한다(소수설: 서정갑·강위두). 이 견해는 백지어음이 보충권을 표창한다는 점과 보충권의 이전에 관한 설명에는 우수하나 사실행위인 기명날인 또는 서명에 의하여 보충권이 발생한다는 점과 또 백지어음행위자가 기명날인 또는 서명 후 교부 전에 이미 보충권을 갖는다는 점에 문제가 있다. 이에 대하여 어음외계약설에서는 보충권은 어음행위자와 그 상대방 사이에 어음관계 이외의 일반사법상의 계약에 의하여 상대방에게 수여함으로써 생기는 권리라고 한다(통설: 서돈각·손주찬·정동윤·정찬형·이철송). 이 견해는 어음행위자의 의사에 맞는 설명으로는 합당하나 이 보충권이 언제 백지어음에 표창되고 또 어떻게 해서 표창하게 되는가를 충분히 설명하지 못하는 점에 문제가 있다.

결국 어음외계약설도 문제점이 없지 않지만 학설 가운데에는 설득력이 있다고 보아야 한다. 따라서 보충권은 백지어음행위자와 상대방간의 어음 외의 보충권수여계약에 의하여 상대방에게 발생하고 이렇게 상대방에게 발생한 보충권이 백지어음에 화체되어 이전된다고 평가하여야 한다. 한편 기명날인자 또는 서명자의 사망, 무능력, 대리권상실 등은 보충권의 효력에 영향이 없다.

3. 補充權行使의 시기

보충권수여계약에 이에 관한 정함이 있는 때에는 문제가 없으나, 그렇지 않은 경우에는 만기와 관련하여 다음과 같이 그 행사시기가 달라진다.

(1) 만기가 기재된 경우에는 주채무자에 대해서는 만기로부터 어음채무의 소멸시효기간인 3년 이내에 보충을 하여 지급제시를 하여야 하고, 어음금청구의 소를 주채무자에 대하여 제기한 경우에는 변론종결시까지 보충해야 한다(대판 1995. 6. 9, 94다 41812). 다음으로 소구의무자에 대해서는 소구권행사의 전제로서 완전한 어음을 필요로 하므로 지급을 할 날 또는 그에 이은 2거래일 이내에 보충해야 한다.

(2) 만기가 백지인 경우에는 보충권이 시효로 소멸하기 전에 행사해야 한다. 그러나 보충권의 시효기간에 대해서는 어음법이 규정을 두고 있지 않으므로 학설상 다

틈이 있다. 3년설이 단기간에 어음관계를 확정할 수 있고 보충권과 어음의 관계를 적절하게 파악하고 있어 타당하다고 본다.

4. 補充의 효과

백지어음은 보충으로 완전한 어음이 되고, 발행·배서 등의 어음행위는 보충된 문언에 따라 그 효력을 발생한다.

Ⅳ. 所持人의 법적 지위

백지어음소지인의 법적 지위는 조건부어음채권과 보충권의 결합으로 이루어져 있다. 그의 지위는 철회될 수 없고, 심지어는 파산에도 영향을 받지 않기 때문에 이를 기대권이라고 할 수도 있으나 보충권이 백지어음행위자와의 내적 합의에 달려 있도록 한다는 점에서 기대권이라고 확정할 수 없는 점도 있다. 하지만 백지어음이 백지어음수여자 등에 의한 계약체결 등과 같이 백지어음행위자의 또 다른 협력을 예정하고 있지 않는 한, 사실상 기대권을 인정하기 위한 전제요건은 충족되어 있다고 보아도 무방할 것이다.

Ⅴ. 白地어음의 앙도

백지어음의 양도에 관해서도 완전한 어음에 관한 규정이 그대로 적용된다. 백지어음은 어음법상의 특수한 형태로, 특히 배서에 의하여 양도될 수 있다. 이 때에는 원칙적으로 보충권이 함께 이전한다.

Ⅵ. 白地어음의 濫用

백지어음을 부당하게 보충한 때에는 형식상 유효한 어음이 생기기는 하지만, 원칙상 백지어음행위자에 대한 청구권은 생기지 않는다. 왜냐하면 부당하게 보충한 자는 백지어음에 대한 의무이행을 청구할 권리가 없기 때문이다. 이것은 대리권의 남용의 경우와 유사하다. 대리권의 남용에서와 마찬가지로 백지어음행위자는 민법 제13조를 유추하여 추인에 의하여 하자를 치유할 수 있다. 관계규정이 분리될 수 있다면, 원칙상 백지어음행위자에 대한 청구권은 이 규정이 보충권에 관한 규정으로서 보충되는 한도에서 인정될 수 있다. 예컨대 최대한 1천만원의 어음금액을 보충할 수 있다는 데 대하여 어음관계 당사자간에 합의가 있었으나 백지어음소지인이 어음금액을 1천 5백만원으로 보충하였다면, 백지어음채무자는 법률행위에 의거하여 1천만원의 채무를 부담하여야 하며 부당보충권자라고 하여 이러한 권리의 향유를 박탈할 수는 없다.

제 3 절 어음行爲

제 1 관 어음行爲의 의의

Ⅰ. 어음行爲의 정의

어음행위에는 환어음에 발행·배서·보증·인수·참가인수의 다섯 가지가 있으며 약속어음에 발행·배서·보증의 세 가지가 있다. 수표행위는 발행·배서·보증·지급보증의 네 가지이다(이 중에 지급보증은 실무상 거의 이용되지 않는다. 그 이유는 지급보증을 한 은행 내지 금융기관이 이 보증을 이행한 후 피보증인인 발행인에게 구상하게 되는데 이른바 보증도산의 위험이 존재하기 때문이다. 이로 인해 자기앞수표가 대신하여 이용된다. 왜냐하면 자기앞수표는 은행이 발행하면서 어음금액만큼 은행 앞으로 이체하여 놓으므로 보증도산의 염려가 없기 때문이다). 이러한 어음행위를 통일적으로 설명하려고 하는 것이 어음행위의 정의에 관한 문제이다. 위에서 언급한 모든 어음행위를 행위자가 어음채무를 부담한다는 뜻의 일방적 의사표시라는 입장을 취하면 "어음행위라 함은 어음상의 채무부담을 목적으로 하는 요식의 법률행위를 의미한다"라고 실질적으로 정의내릴 수 있다. 이에 대해서 각 어음행위의 목적이 각각 다르기 때문에(예를 들면 배서는 채권양도를 목적으로 하는 행위라고 한다) 그에 대한 실질적 정의를 내리는 것은 곤란하다는 입장에서는 "어음행위는 어음에 대한 기명날인 또는 서명 및 그 밖의 방식을 요건으로 하는 법률행위이다"라고 형식적으로 정의한다. 여기에서는 후자의 입장에서 파악하기로 한다.

Ⅱ. 어음行爲의 종류

어음행위에는 기술한 바와 같이 환어음에서는 다섯 가지, 약속어음에서는 세 가지의 종류가 있다. 이러한 어음행위 중에 발행을 기본적 어음행위라고 부르고, 그 밖의 어음행위는 발행을 전제로 행하여진다는 의미에서 부속적 어음행위라고 한다(이 경우 전제로 한다는 뜻은 논리적인 전제를 의미하는 것이지 시간적인 전제를 의미하는 것은 아니다). 따라서 전제로 된 기본적 어음행위가 무효로 되면 부속적 어음행위도 무효로 된다고 하는 것이 통설이다. 이 원칙은 기본어음이 부속적 어음행위의 내용으로 되는 것으로부터 유래하는 것으로 형식적으로 기본적 어음행위가 무효인 경우에만 적용이 있다. 그 때문에 형식적으로 기본적 어음행위는 유효하지만 실질적으로 무효인 경우에는 이 원칙의 적용이 없다. 이를 어음행위독립의 원칙이라 한다(어음법 제7조, 제77조 제2항; 수표법 제10조).

Ⅲ. 어음行爲의 성립요건

1. 형식적 요건

(1) 法定事項의 기재

어음행위는 법률행위의 한 종류로서 어음증권상에 어음요건 및 유익적 기재사항을 기재함으로써 행하여진다. 그런 의미에서 어음행위는 요식성을 띠는 서면행위이다. 이처럼 어음행위를 요식성을 띠는 서면행위로 한 이유는 어음증권의 유통을 확보하기 위해서 채권의 유통을 간편하고 용이하게 하려는 데 있다. 즉 어음의 취득자가 손쉽게 어음채무의 내용을 알도록 하기 위한 것이다. 이 때문에 어음법은 어음요건 및 유익적 기재사항을 법정하여 엄격한 요식성을 어음행위에 요구하고 있다(엄격한 요식증권). 따라서 어음행위자가 임의로 법정 외의 사항을 기재하여도 이 기재에는 어음법상의 효력이 인정되지 않는 것이 원칙이다. 요컨대 어음에 있어서는 기재사항의 최소한뿐만 아니라 최대한도 구획되어 있는데 이를 어음행위의 정형성이라 한다.

(2) 記名捺印 또는 署名

어음행위는 그 종류에 따라 형식이 각각 법정되어 있어 한결같지는 않더라도 기명날인 또는 서명을 불가결의 요건으로 하는 점에서 유일한 공통점이 있다. 어음행위 가운데에는 단순히 기명날인 또는 서명만으로 어음행위가 성립하는 경우도 있는데, 예컨대 백지식배서(어음법 제13조 제 2 항, 제77조 제 1 항), 보증(어음법 제31조 제 3 항, 제77조 제 1 항), 약식인수(어음법 제25조 제 1 항) 등이 그러하다.

(3) 自然人의 記名捺印 또는 署名

기명날인이란 어음행위자의 명칭을 표시하고 이에 인장을 압날함을 말한다.

기명이라 함은 성명이나 상호를 기재함을 말하며, 기재하는 사람 및 기재의 수단에는 제한이 없다. 우선 기명되는 명칭인 성명·상호는 공부상의 성명·상호에 한하지 않고 통칭·아호·예명·필명 등도 무방하며, 거래계에서 널리 인정된 것이면 족하다(통설). 타인으로 하여금 기명날인하게 할 수도 있다. 또한 기명의 기재수단에도 제한이 없으므로 기명판·고무인·타이프라이터·활자 등을 사용하거나 혹은 사용하게 함으로써도 가능하다.

그리고 기명한 뒤에는 반드시 인장을 압날하여야 한다. 날인에 사용하는 인장은 인감이 아니어도 무방하다. 어음행위자의 기명만 있고 날인이 없는 어음행위는 무효이다. 또한 인장의 명의는 기명자의 명의와 합치할 필요가 없으므로 양자가 일치하지 않더라도 인장이 압날된 이상, 이 때에도 날인이라는 요건은 충족되어 있다.

서명이 기명날인을 갈음할 수 있는가에 대하여서는 학설상 다툼이 있었으나 1995년 어음법 개정시에 기명날인 외에 서명도 가능하게 함으로써 입법론적으로 해결하였다. 이는 수표도 마찬가지이다.

(4) 法人의 記名捺印 또는 署名

법인의 법률행위에는 항상 법인의 대표자에 의한 대표행위가 필요하기 때문에, 법인이 어음행위를 하는 경우에는 그 법인의 대표자가 법인을 위해 한다는 뜻(대표관계)을 표시하고 대표자의 기명날인 또는 서명을 하여야 한다. 왜냐하면 1) 법인은 항상 대표자에 의한 대표행위를 통해서 법인 자신의 법률행위를 하기 때문에 대표관계를 대리관계에 준하여 표시할 필요성이 있으며, 2) 대표자의 기명날인 또는 서명을 하게 함으로써 유효한 법인의 어음행위로서의 책임의 소재를 명확히 하고 무권한자에 의한 법인의 어음행위를 배제하는 실제상의 필요성이 있기 때문이다.

(5) 權利能力 없는 社團·組合의 記名捺印 또는 署名

권리능력 없는 사단·재단의 경우에도 법인의 어음행위방식이 타당하다. 이들

단체의 대표자는 사단(재단)을 위해 한다는 뜻을 표시하여 기명날인 또는 서명을 하면 족하고(민사소송법 제52조 참조), 이 때의 어음상의 책임은 사단재산만으로 한정되고, 강제집행은 사단명의의 채무명의에 의해 행해진다.

다음으로 민법상의 조합(민법 제703조)은 법인이 아니기 때문에 전 조합원의 기명날인 또는 서명을 필요로 한다고 하는 것이 기본원칙이지만, 통설 · 판례(대판 1970. 8. 31, 70 다 1360)의 입장과 마찬가지로 조합대표자가 조합을 위해 한다는 뜻을 표시하여 기명날인 또는 서명하는 것만으로도 족하다고 본다.

(6) 記名捺印 또는 署名의 代行

기명날인은 본인이 직접 함이 보통이나 타인이 이를 대행할 수도 있다. 이에는 두 가지 유형이 있다. 첫째 유형은 회사의 경리과장이 대표이사가 할 기명날인을 하는 경우처럼 대행자가 본인으로부터 일정한 범위의 대리권을 수여받고 스스로의 재량으로 본인명칭의 기명날인을 하는 이른바 대리적 대행이다. 둘째 유형은 점포의 점원이 주인의 지시에 따라 단순히 기계적으로 주인의 기명날인을 하는 경우처럼 대행자가 마치 본인의 수족으로 본인의 기명날인을 하는 이른바 고유의 대행이다. 두 유형 모두 유효한 기명날인의 방법으로 인정된다.

한편 서명을 대행할 수 있는가에 관해서는 의문이 있을 수 있으나, 이를 긍정하는 것이 타당하다고 본다.

2. 실질적 요건

어음행위도 법률행위이므로 실질적으로도 유효하게 성립하기 위해서는 권리능력과 행위능력이 요구되며 의사표시에 하자가 없어야 한다. 그러나 어음법(수표법)에서는 이러한 실질적 요건에 관해서는 규정을 두고 있지 않기 때문에, 그에 관해서는 민법의 규정에 따라 해석하고 적용하여야 한다. 물론 이 때에는 어음의 특성을 고려하여야 한다.

(1) 어음能力

어음능력도 마찬가지로 어음권리능력과 어음행위능력의 양측면에서 고찰해야 한다.

1) 어음權利能力

일반 사법상의 권리능력이 인정되는 자는 모두 어음권리능력이 있다. 따라서 자연인이면 누구나 어음권리능력이 있고(민법 제3조), 마찬가지로 법인은 일반적으로 어음권리능력이 있다. 물론 법인의 권리능력은 정관소정의 목적 범위 내에서 인정되지만, 현대의 단체법에서는 단체의 목적을 광범하게 보고 있고, 비영리법인의 경우에도 경제적 활동시 어음거래가 널리 이용되고 있으므로 어음권리능력은 인정되고 있다. 그러나 판례는 비영리법인의 사업능력범위에 속하지 않는 어음행위를 무효로 보고 있어 어음행위의 추상성에 의한 어음거래안전의 확보를 위협하고 있다.

2) 어음行爲能力

원칙적으로 행위무능력자에 관한 민법원칙이 그대로 타당하다. 따라서 의사무능력자의 어음행위는 당연히 무효이며, 의사무능력자는 법정대리인에 의한 대리를 통해서만 어음행위를 할 수 있다. 미성년자의 어음행위는 다른 법률행위에서와 마찬가지로 법정대리인의 동의 없이 이를 한 때에는 취소될 수 있지만(민법 제5조), 미성년자가 사술로써 법정대리인의 동의가 있는 것으로 거래상대방을 믿게 한 때에는 그러하지 아니하다(민법 제17조 제2항). 그러나 권리를 얻거나 의무를 면하는 행위에 법정대리인의 동의가 필요하지 않다는 민법규정은 어음행위에는 적용되지 않는다고 할 것이다. 왜냐하면 어음행위 당시에는 권리를 얻거나 의무를 면하게 되더라도 이후 어음행위자로서 소구의무를 지게 될 가능성이 있기 때문이다(예컨대 미성년자가 자기지시환어음을 발행하여 이를 유통시킨 경우 발행인 또는 배서인으로서 책임을 지게 될 수 있기 때문이다). 또한 영업의 허락을 받은 미성년자는 그 영업의 범위 내에서 어음행위능력이 있다(민법 제6조). 이상의 미성년자에 대한 설명은 한정치산자에 대해서도 그대로 타당하다.

금치산자의 어음행위는 후견인(법정대리인)의 동의와 관계없이 취소될 수 있다(민법 제13조).

3) 어음能力의 존재시기

어음능력은 행위시, 즉 어음의 교부시에 존재해야 한다. 어음능력이 없었음은 그 주장자가 입증해야 한다.

4) 어음行爲의 취소 등

무능력자의 어음행위가 법정대리인의 동의 없이 행해진 때에는 무능력자·포괄승계인·법정대리인 등이 이를 취소할 수 있다. 취소가 된 때에는 소급하여 무효가 되고(민법 제141조), 무능력자는 그 어음행위로 인해 받은 이익이 현존하는 한도 내에서만 반환할 책임을 진다(민법 제141조 단서). 또한 무능력자의 어음행위 역시 법정대리인 또는 능력을 취득한 본인이 추인할 수 있다. 취소나 추인시 그 상대방에는 민법에서와는 달리 직접의 상대방뿐만 아니라 어음취득자도 포함된다(통설).

(2) 意思表示의 瑕疵 등

어음행위시 의사표시의 하자에 관해서는 어음법은 규정을 두고 있지 않으므로 어음행위의 특수성을 감안하면서 민법 제107조 내지 제110조의 규정을 적용할 수밖에 없다.

3. 證券의 교부

어음행위의 요건으로 어음의 교부가 필요하다. 따라서 어음능력자가 어음상에 법정기재사항을 기재하고 기명날인 또는 서명한 뒤 이를 상대방에게 교부하여야 유효한 어음행위가 성립한다.

Ⅳ. 어음의 交付理論

어음거래에서 어음상의 채권·채무의 발생시기와 관련하여 이론이 다양하게 전개되고 있다. 어음이론으로 전개되는 이 논의에는 발행인이 어음작성 후 어음이 그의 의사에 반하여 유통된 경우, 어음을 수령하는 자에게 어음수령의 의사가 결여되어 있는 경우의 처리문제 및 선의자의 보호문제의 처리가 주요 사항으로 내포되어 있다.

1. 학　　설

(1) 창 조 설

창조설(Kreationstheorie)에서는 어음행위는 행위자의 일방적 행위인 어음의 작성에 의하여 완성된다고 본다. 따라서 이는 단독행위설에 속한다. 이에 의하면 일방적 서면행위만으로 증권의 교부를 필요로 하지 않고 그 이후의 모든 어음취득자에게 채무를 부담하게 된다. 이에 의하면 어음이 작성되었지만 교부하기 전에 작성자의 의사에 반하여 도난, 분실 등에 의하여 유통된 경우 어음행위자로서 어음상의 책임을 진다. 이는 독일에서는 19세기에 지배적인 견해이었다(Zöllner, Wertpapierrecht, 14. Aufl., München, 1987, S. 34).

창조설에서도 어음상의 채권자를 정하는 방법에서 어음취득자의 선·악의를 불문하는 견해(純正創造說), 선의를 요구하는 견해 및 어음증권의 소유권취득을 요구하는 견해로 나뉘어진다.

(2) 발 행 설

발행설(Emissionstheorie)은 어음상의 권리의 성립을 위하여 증권의 작성 이외에 기명날인 또는 서명을 한 자의 의사에 따른 증권의 점유이전이 필요하다고 본다. 이 경우에도 증권을 작성하여 의도한 상대방에게 교부하여 도달한 때에 어음채무가 발생한다고 하는 순수발행설과 어음행위자가 그 의사에 의하여 그 점유를 누군가에게 인도하기만 하면 어음채무가 발생한다고 하는 수정발행설이 있다.

(3) 교부계약설(계약설)

계약설(Vertragstheorie)은 어음채무도 일반채무와 같이 당사자간의 계약에 의하여 발생한다고 하고, 이 계약은 기명날인 또는 서명을 한 자와 상대방 사이의 어음의 교부를 수반하는 요식행위로 파악한다. 그리고 이는 계약이기 때문에 상대방의 계약체결능력과 승낙의 의사표시가 있어야 한다고 한다(Baumbach/Hefermehl, Wechselgesetz und Scheckgesetz, 17. Aufl., München, 1990, S. 16). 여기에서는 어음상의 의사표시의 완성을 위해 발행인이 어음을 작성한 후 이를 상대방인 수취인에게 교부하는 교부계약(Begebungsvertrag)이 성립한 때에 어음채무가 발생한다고 한다.

이 견해는 어음채무자에게 유리하기는 하지만 어음행위자와 그의 직접당사자가 아닌 그 이후의 어음취득자 사이의 어음관계를 설명함에는 미비점이 있다.

(4) 권리외관설

권리외관설(Rechtsscheintheorie)은 어음상의 기재와 기명날인 또는 서명에 의하여 어음채무를 부담하는 외관을 현출하고, 그에 기한 제 3 자의 신뢰를 야기시킨 사람은 그 외관에 따라 책임을 져야 한다는 입장이다(Baumbach/Hefermehl, Wechselgesetz und

Scheckgesetz, 17. Aufl., München, 1990, S. 16~17). 이 설은 권리외관원칙(Rechtsschein-prinzip)과 귀속원칙(Zurechnungsprinzip)을 결합한 것이다. 기명날인 또는 서명된 어음증서는 화체된 권리가 하자 없이 성립되었다는 외관을 창출하였고, 그 외관창출자는 그 외관을 그에게 귀속시킬 수 있게 야기하였기에 책임을 져야 한다(Hueck/Canaris, Recht der Wertpapiere, 12. Aufl., München, 1986, S. 33).

2. 국내 주장과 사견

국내에서는 권리외관설에 의하여 수정된 교부계약설을 취하는 견해(김정호, 「상법강의」(하), 2000, 108쪽; 정동윤, 「어음 · 수표법」(제 4 정판), 1996, 121쪽; 최기원, 「어음 · 수표법」(제 4 증보판), 2001, 139쪽)와 발행설을 기본으로 하면서 권리외관설을 가미하는 견해(강위두 · 임재호, 「상법강의」(하), 2004, 49쪽; 정찬형, 「어음 · 수표법강의」, 2004, 116쪽)로 견해가 나뉘어져 있다.

어음의 교부이론은 어음의 정상적인 경우에 존재하게 되는 교부계약으로부터 출발하면서 교부계약이 흠결된 경우, 특히 어음의 기명날인 또는 서명 이후 본인의 의도와 관계없이 분실 · 도난 등으로 유통되었을 경우 선의자보호를 위하여 권리외관설을 가미하여 처리하는 것이 가장 타당하다고 본다.

제 2 관 어음行爲의 특성

어음행위는 법률행위의 일종이기 때문에 법률행위에 관한 민법의 일반원칙이 적용되지만 어음의 특성에 기하여 다음과 같은 여러 가지 특징을 갖는다.

Ⅰ. 어음行爲의 書面行爲性

어음은 완전유가증권으로서 어음상의 채무는 어음증권상에 행하여진 의사표시에 의해 비로소 발생한다(설권증권). 이러한 의미에서 어음행위는 서면행위로서 보통의 의사표시와 다르다. 또 원인관계상의 의사표시를 표창한 것도 아니다. 이와 같이 증권상에 행하여진 법률행위, 다시 말하여 증권적 행위성은 어음행위의 무인성 내지 문언성의 기초를 이루는 것이다.

Ⅱ. 어음行爲의 要式行爲性

어음행위는 증권상에 행하여진 의사표시이다. 이 증권의 유통에 의해 증권상의 의사표시는 그 상대방이 변하게 된다. 따라서 그 증권상의 의사표시는 불특정다수인에 대한 의사표시라는 점을 예정하고 있다. 이 증권의 취득자는 증권을 취득할 때 그 의사표시의 내용을 용이하게 알 수 있어야 하며, 그렇지 않다면 어음의 유통성은 기대할 수 없다. 이러한 요청으로부터 어음(수표)법은 어음행위의 요건을 법정하고 이 요건 중에 하나라도 결하게 되면 어음전체를 무효로 함으로써 요식행위성을 엄격히 요구하고 있다(어음법 제1조, 제2조 제1항, 제75조, 제76조 제1항). 어음행위는 특히 엄격한 요식을 필요로 하고 있는 점에서 정형성을 갖는 행위이다.

Ⅲ. 어음行爲의 不要因性(無因性)

어음행위, 예를 들연 발행이 행해진 배경에는 매매 등 원인관계가 있음이 보통이다. 그러나 어음행위는 위의 원인관계상의 채무를 표창한 것이 아닌 서면행위로서 어음증권상에 행하여졌기 때문에 원인관계상의 법률행위와는 다른 별개의 독립한 행위이다. 이와 같이 어음행위는 원인관계에 의해 행해지지만 별개의 독립된 행위이므로 원인관계의 부존재, 무효·취소와 같은 사정에 의해 전혀 영향을 받지 않는다. 이를 어음행위의 불요인성 또는 무인성이라고 한다(원인관계로부터 추상한 것이라는 의미에서 추상성이라고도 한다).

Ⅳ. 어음行爲의 文言性

어음행위는 의사표시를 어음증권상에 하는 행위이다. 이 의사표시는 문언기재에 의해 행하여지기 때문에, 문언에 의해 확정된 의사표시는 설령 표의자(행위자)의 진의와 다르다 하더라도 후일에 정정하는 것은 불가능하며 보충·추가할 수도 없다. 만일 그렇지 않다면 어음의 제3취득자는 안심하고 어음을 취득할 수 없기 때문이다.

Ⅴ. 어음行爲의 獨立性

어음행위는 통상 1매의 어음증권상에 복수의 서로 다른 사람에 의해 시간과 장소를 달리하여 순차적으로 행하여진다. 즉 기본적 어음행위인 발행을 전제로 하여 배서·보증 등의 부속적 어음행위가 행하여진다. 그런데 이 경우 선행행위인 발행 또는 배서 등이 무효 또는 취소되어 후행행위인 배서 또는 보증도 무효로 된다는 민법상의 일반원칙의 적용을 받게 되면 어음의 유통은 기대할 수 없게 된다. 예건대 발행이 무능력, 위조, 무권대리 등으로 인해 실질적으로 무효 또는 취소될 때 후행행위도 그로 인해 무효로 된다면 어음의 양수인은 자기의 양도인의 어음행위뿐만 아니라, 선행하는 모든 어음행위의 유효성을 확인해야 하므로 어음의 유통은 처음부터 기대할 수 없게 된다. 그래서 어음법은 설령 선행행위가 앞에서 열거한 이유로 인해 실질적으로 무효 또는 취소되더라도 이로 인해 자신에 대한 어음행위는 영향을 받지 않고 독립하여 유효하다는 뜻을 규정하고 있다(어음법 제 7 조, 저77조 제 2 항, 제32조, 제77조 제 3 항). 결국 어음양수인은 바로 직전의 어음행위자의 신용만으로 용이하게 어음을 취득할 수 있게 된다. 이를 어음행위독립의 원칙이라고 한다(어음채무독립의 원칙이라고도 한다). 다만 선행행위가 형식적 무효일 때에는 이 원칙은 타당하지 않다.

어음행위독립의 원칙은 어음보증에도 적용된다. 그러나 피보증인과 어음소지인간의 원인관계의 무효, 소멸, 부존재 등의 경우에는 보증인은 이러한 사유를 인적항변으로써 어음소지인에게 대항할 수 있다는 점에서 그러한 범위에서 독립성을 부정하고 종속성을 인정할 수 있다.

Ⅵ. 어음行爲의 協同性

모든 어음행위는 일정한 금액의 지급과 그 지급받을 지위의 유통성의 확보라는 공동목적을 가지고 있다. 어음행위는 이러한 목적을 위한 행위로서 수단성과 협동성 내지 공동성의 특성을 가지고 있다. 이로부터 어음채무자의 합동책임이나 어음단체와 같은 개념이 생긴다. 어음법 제47조 제 1 항은 “환어음의 발행, 인수, 배서 또는 보증을 한 자는 소지인에 대하여 합동하여 책임을 진다”고 규정하고 있고, 어음법 제77조에서 약속어음에도 이를 준용하고 있다. 수표법 제43조 제 1 항은 “수표상의 각 채무자는 소지인에 대하여 합동하여 책임을 진다”고 규정하여 어음채무자의 합동책임을 이끌어낼 수 있게 해 준다. 그 밖에 참가인수도 합동적인 지급책임을 지게 한다(어음법 제56조, 제58조). 어음행위자의 의사에 불문하고 어음법이 어음채무자의 합동책임 등을 규정한 것은 어음행위의 특성의 하나인 수단성, 협동성을 반영한 것으로 평가할 수 있다(정찬형, 「어음·수표법강의」(제6판), 2009, 122쪽). 그리고 어음행위의 협동성으로부터 각 당사자의 자격의 겸병이 인정된다. 이에 대해서는 어음채무의 협동성이나 당사자자격의 겸병을 설명하기 위하여 반드시 그 협동성을 전제하여야 하는 것인지는 의문이라는 견해도 있다(정동윤, 「어음·수표법」(제5판), 2004, 116쪽).

제3관 어음行爲의 解釋

어음행위도 일종의 법률행위이므로 법률행위의 해석에 관한 일반원칙이 어음행위의 해석에 적용됨은 당연하다. 그러나 어음행위는 보통의 법률행위와는 다른 여러 가지 특성을 가지므로 어음행위는 특수한 해석원칙의 지배를 받는다.

어음행위는 전적으로 증권을 통하여 행하여지는 의사표시이기 때문에 어음행위자는 증권상에 기재된 어음상의 효과를 의욕하여 어음행위를 한 것으로 볼 수 있으므로 증권상의 기재가 행위자의 의사표시의 내용으로 된다. 이러한 어음의 문언증권으로서의 성격 때문에 어음채무의 내용 자체는 오로지 증권면의 기재를 통하여 형식적·객관적으로 해석되어야 하며 어음 외의 법률관계와 어음 외의 사정을 그 해석의 자료로 삼아서는 안 된다. 이는 어음행위를 지배하는 원리가 법률행위에 있어서 표시에 극도의 우월성을 인정하는 엄격한 표시주의임을 보여주며, 이러한 법적 원칙이 어음행위에서 두드러지게 요구되는 이유는 어음의 유통성 강화에 있다. 이와 같이 어음행위에 특별히 인정되는 해석원칙을 어음외관해석의 원칙이라고 한다.

어음의 목적론적 해석은 인정해야 하고, 따라서 어음의 요식성을 파괴하지 않는 한도 내에서 가능한 한 어음을 유효하게 해석하는 것이 어음의 목적론적 해석에 적합한데, 그 이유로서는 일단 유통에 들어간 어음은 경미한 형식적 하자로 인하여 무효로 하기보다 가능한 한 유효하게 해석하는 쪽이 사법의 대원칙인 신의성실의 원칙, 사실상태존중 및 거래안전의 요구에 적합할 뿐만 아니라, 어음거래의 혼란을 초래하지 않는 한 어음을 유효화하려는 어음법의 이상과도 일치하기 때문이다. 따라서 어음유효해석의 원칙이야말로 무엇이 어음의 목적론적 해석인가를 지시해 주고 어음의 목적론적 해석에 대해 하나의 실천적 태도를 보여주는 원칙이다.

제 4 관 他人에 의한 어음行爲

Ⅰ. 총설–방식과 성립요건

어음행위는 그 효과가 미치는 본인 자신에 의하여 행해질 뿐만 아니라, 타인에 의해서도 행해질 수 있다. 타인에 의한 어음행위는 'A 대리인 B' 또는 'A회사 대표이사 B'와 같이 타인 B가 본인 A를 위하여 한다는 것을 표시하거나 또는 타인 B가 직접 본인의 명의로 하는 방법에 의하여 할 수 있다. 일반적으로 전자를 대리방식에 의한 어음행위, 후자를 기관방식에 의한 어음행위라고 부른다.

타인에 의한 어음행위에 관해서도 어음행위 일반의 성립요건이 원칙적으로 타당하다. 즉 그 형식적 요건에 관해서는 대리방식에 의한 경우에는 본인 A의 기명날인 또는 서명이 대리인 B의 기명날인 또는 서명으로 대체된다는 차이가 있으나, 이것 이외에는 차이가 없다. 그리고 실질적 요건으로서는 1) 어음임을 인식하고서 또는 인식할 수 있는 상태에서 기명날인 또는 서명을 하였는지의 여부는 타인 B를 중심으로 하여 문제되며(민법 제116조 제 1 항), 2) 의사능력의 유무도 타인 B를 기준으로 하여 문제되지만, 3) 행위능력의 유무에 관해서는 타인 B는 원칙적으로 능력자임을 요하지 않으며(민법 제117조, 예외: 민법 제910조, 제937조, 제948조 등), 4) 본인 A의 대리권 수여행위가 문제된다(이것은 법정대리에 대해서는 문제되지 않는다).

타인에 의한 어음행위에 관해서는 이에 특유한 형식적 요건과 실질적 요건이 문제된다. 이 중에서 형식적 요건에 관해서는 대리방식에 의한 경우와 기관방식에 의한 경우로 나누어 살펴볼 필요가 있으나, 실질적 요건에 관해서는 원칙적으로 양자에 대해 공통적으로 살펴보는 것이 타당하다.

Ⅱ. 형식적 요건–방식

1. 代理方式에 의한 경우

대리방식에 의한 어음행위의 형식적 요건으로서는 타인 B가 본인 A를 위하여 하는 것임을 표시하고 어음에 기명날인 또는 서명하여야 한다.

'A 대리인 B', 'A회사 대표이사 B', 'A회사 영업부장 B', 'A회사 횡천지점장 B'

등의 기재가 이에 해당한다. 어음행위의 방식으로서 B가 A를 위하여 한다는 뜻을 기재하지 않고 단지 B의 기명날인 또는 서명만을 한 때에는 실질적으로 B가 A를 대리하여 어음행위를 할 권한이 있고 A를 위하여 어음행위를 할 의사를 가지고 있다고 해도 어음행위의 효과는 B에 대하여 발생하고 B는 어음행위자로서의 책임을 면하지 못한다(민법 제15조 본문). 따라서 대리의 효과가 발생하기 위해서는 본인의 이름을 표시하여야 하는데, 이를 현명주의라고 한다(민법 제114조, 비현명주의를 규정한 상법 제48조는 어음행위에는 적용되지 않는다).

2. 機關方式에 의한 경우

기관방식에 의한 어음행위는 타인 B가 본인 A의 명의로 기명날인 또는 서명하는 방법, 즉 B가 A의 기명날인 또는 서명을 대행하는 방법이다. 학설과 판례는 기명날인의 대행을 인정하고 있다. 실제로 본인이 대리인에게 기명판, 인장을 맡기고 대리인이 본인의 명의로 기명날인을 하는 경우가 많다. 그리고 서명도 대행할 수 있다.

Ⅲ. 실질적 요건-權限

1. 權限의 부여

타인 B가 본인 A의 대리인, 대표자로서(대리방식으로) 또는 직접 A명의로(기관방식으로) 어음행위를 한 경우에 형식적 요건이 충족되고 있을지라도 B가 그러한 방식으로 어음을 발행할 권한을 A로부터 부여받고 있지 않을 때에는 A는 어음채무를 부담하지 않는다.

이처럼 타인 B가 본인 A를 위하여 어음행위를 한 경우에, A가 어음채무를 부담하기 위해서는 형식적 요건이 충족되어 있어야 할 뿐만 아니라, B가 그러한 어음행위를 할 권한을 A로부터 부여받고 있을 것, 즉 실질적 요건이 충족되어 있어야 한다. 이 권한은 대리방식의 경우에는 바로 대리권이고 기관방식의 경우에도 B가 한 행위의 효과를 A에게 귀속시킬 권한이라는 의미에서 실질적으로는 대리권이다. 그렇지만 기관방식의 경우에 대리권이라는 표현을 사용하는 것은 형식적으로는 타당하지 않기 때문에, 이하에서는 어느 방식에도 공통되는 용어로서 권한이라는 표현을 사용하기로 한다.

기본적으로는 대리방식에 의하든 기관방식에 의하든 단지 방식에 차이가 있을 뿐이고 실질적으로는 차이가 없다.

2. 無權限의 경우

무권대리인이 지게 되는 책임의 요건은 다음과 같다.

1) 대리인으로서의 기명날인 또는 서명이 있어야 한다. 그렇지 않으면 위조가 된다.

2) 대리권과 본인의 추인이 없어야 한다. 이 때 어음법 제8조는 어음취득자가 본인에 대해 어음장의 권리를 행사한 때 자칭 대리인의 무권한을 이유로 본인이 항변하는 경우에 비로소 적용되는 것이므로 추인은 무권대리인의 책임이 발생하지 않음을 확인하는 효력이 있는 것으로 보아야 한다.

3) 상대방 또는 어음 취득자는 선의이며 무중과실이어야 한다.

4) 대리행위에 하자가 없어야 한다. 본인이 실재하는가는 대리행위 자체가 형식상 유효하다면 문제되지 않는다. 그러나 무권대리인이 무능력자인 경우에는 책임이 없다고 보아야 한다.

어음법 제8조 제2문은 무권대리인이 어음상의 의무를 이행한 때에는 본인과 동일한 권리를 가진다고 규정하고 있다. 따라서 본인으로 표시된 자가 소구의무자인 경우에 무권대리인은 이 조의 의무를 이행함으로써 그 전자에 대한 권리를 취득하게 된다. 어음법 제8조 제3문에 의하여 본인을 월권대리한 자도 일반 무권대리인의 경우와 마찬가지로 책임을 진다.

제5관 어음의 僞造와 變造

Ⅰ. 어음의 僞造

일반적으로 어음의 위조라 함은 권한이 없는 자가 타인의 명칭을 위작하여 그 타인이 어음행위를 한 것과 같은 외관을 작출하는 행위, 즉 어음면에 부진정한 기명날인 또는 서명을 나타내는 것을 말한다. 여기서 말하는 타인에는 실재인, 사자 또는 가설인이 모두 포함된다. 타인의 기명날인의 위조는 도취 또는 모용된 인장을 사용하여 행해지는 것이 보통이다. 특정한 목적을 위해 보관하는 실인을 남용한다든가, 이미 타인의 기명날인 또는 서명이 있는 지편을 어음기명날인 또는 서명으로 유용한다든가 등의 방법에 의해서도 행해진다. 그러나 기명날인자 또는 서명자가 어음임을 인식하고 기명날인 또는 서명한 이상, 그 후 기명날인 또는 서명자의 의사에 반해서 유통시킨 경우에는 위조로 되지 아니한다. 그리고 허위의 외관을 작출하는 방법·작성에 대해서 위조자의 고의·과실은 묻지 아니한다.

어음법상의 위조개념은 형법상의 위조개념과 다르다. 형법상에서는 대리(대표)권이 없는 자가 대리자격을 표시하고 스스로 기명날인 또는 서명하는 경우 및 백지어음의 보충권의 남용의 경우도 위조가 된다.

Ⅱ. 被僞造者의 責任

어음이 위조된 경우에 피위조자(명의인)는 원칙적으로 어떤 사람에 대해서도 어음상의 책임을 부담하지 아니한다. 왜냐하면 피위조자 자신의 어음행위가 존재하지 않기 때문이다. 그러나 피위조자가 어떠한 사정에 의해 위조를 추인하거나 피위조자가 위조의 기회를 제공한 경우에는 피위조자도 예외적으로 어음상의 책임을 부담한다.

1. 僞造의 追認

종래에는 위조의 추인은 부정되었으나, 최근에는 위조행위가 무권대리인에 의해 직접 본인의 기명날인 또는 서명이 되어 있는 것과 동일시할 수 있는 사정이 있을 때에는 소급효 있는 위조의 추인을 인정하고 있다.

2. 被僞造者의 表見責任

피위조자가 위조의 기회를 제공하고 있다고 보여질 때 피위조자의 표현책임이 인정되는가가 문제된다. 종래에는 이것을 부정하고 있었지만 최근의 많은 학설은 이것을 긍정한다. 이 때의 법적 근거로서는 표현대리에 관한 민법의 규정을 유추적용하자고 한다(대판 1981. 3. 24, 81 다 4; 대판 1969. 9. 30, 69 다 964).

3. 被僞造者의 使用者責任

피위조자가 어음상의 책임을 부담하지 않는 경우에 위조자가 피위조자의 피용자일 때에 피위조자가 민법 제756조의 사용자책임을 지는 경우가 있다. 책임성립의 요건으로서 1) 피위조자와 위조자 사이의 사용관계가 있을 것, 2) 위조가 '사무집행에 관하여' 행해질 것, 3) 피위조자가 면책사유를 입증하지 못할 것이 요구되고, 피해자 측에는 악의·중과실이 없을 것 등이 판례상 확립되어 있다.

4. 信義誠實의 責任

종래에 어음소지인이 취득하였던, 동일한 위조자에 의한 위조어음을 수차에 걸쳐 피위조자가 이행함으로써 계속적인 위조행위를 가능하게 한 경우에는 피위조자는 신의성실의 원칙에 의하여 위조의 항변을 주장하지 못하고 어음상의 책임을 져야 한다.

5. 被僞造者의 어음支給-법정추인에 의한 책임

피위조자가 위조인줄 알면서 지급한 경우에는 그 지급이 우효하게 된다.

Ⅲ. 僞造者의 責任

1. 원　　칙

위조자는 형법상의 책임과 불법행위에 의한 손해배상책임을 지게 되나 그 밖에 어음법 제 8 조의 유추적용에 의한 어음상의 책임을 부담하는가에 관해서는 종래의 통설은 이를 부정하고 있었으나 근래는 이를 인정하는 견해가 지배적이다.

2. 僞造어음 위에 記名捺印 또는 署名한 자의 責任

어음행위 독립의 원칙(제 7 조)이 적용된다.

3. 僞造어음의 支給人의 責任

(1) 發行僞造

지급위탁이 없었던 것이 되므로 발행인에게는 자금관계상의 보상을 청구하지 못하며, 소지인에게 어음금반환을 청구할 수 있을 뿐이다. 면책약관이 있는 경우에는 자금관계상의 보상청구도 가능하고 소지인에 대한 어음금반환청구도 가능하다. 지급을 받음으로 말미암아 소지인이 권리보전절차의 기회를 잃어버린 경우, 금반언의 원리상 이미 지급한 어음금의 반환청구를 할 수 없다.

(2) 背書僞造

소지인이 선의취득하였을 때는 적법한 권리자가 되므로 지급인 혹은 소구의무자는 그에게 지급할 권한과 의무가 있다. 소지인이 무권리자이더라도 배서의 형식적 연속이 있고 지급인에게 고의·중과실이 없으면 면책된다.

4. 僞造의 立證責任

위조의 항변은 비증권적 유효성 항변으로서 절대적으로 효력을 미치지만 그 의미는 위조되었다고만 하면 아무런 책임을 지지 않는다는 것이 아니라, 그 어음이 위조되었음을 증명하여야 어음상의 책임을 면할 수 있다는 뜻이다. 어음법 제16조 제1항에 의하여 형식적 자격자는 실질적 권리자라는 추정이 부여되므로, 실질적 권리의 흠결에 대한 입증책임은 채무자에게 부과되어 있다고 보아야 한다. 우리 대법원은 과거에는 피위조자가 입증책임을 져야 한다는 입장이었으나(대판 1987. 7. 7, 86 다카 2154), 그 후 태도를 변경하여 어음소지인이 입증책임을 부담한다(대판 1993. 8. 24, 93 다 4151)고 한다.

Ⅳ. 어음의 變造

1. 어음의 變造의 의의

어음의 변조란 어음의 문언, 즉 기명날인 또는 서명 이외의 기재내용을 무권한으로 변경하는 행위를 말한다.

변조의 방법에는 제한이 없으며 기재사항의 부가·변개·삭제 등이 이에 포함된다. 그리고 변조의 대상은 어음상의 모든 기재사항이다. 그러나 무익적 기재사항은 제외된다.

변조는 기재내용의 변경이고, 위조는 타인의 기명날인 또는 서명을 사칭하는 것으로 양자는 다르다. 배서인의 기명날인 또는 서명이 각 개인에 변경되는 때에는 변조와 동시에 위조가 된다.

백지어음에 있어서의 백지부분의 부당보충은 변조로 되지 않는다. 그러나 형법상은 유가증권의 변조죄가 된다.

2. 記名捺印者 또는 署名者의 責任

변조 전의 기명날인자 또는 서명자는 원문언(변조 전의 문언)에 따라 책임을 지고, 변조 후의 기명날인자 또는 서명자는 변조된 문언에 따라 책임을 부담한다(어음법 제69조).

변조 전의 기명날인자 또는 서명자도 기명날인 또는 서명 당시의 문언에 의한 책임을 부담할 것임을 표시하고 있는 이상 후에 변경되어도 그 변경이 책임을 면할 이유는 되지 않으며, 한편 자기의 의사에 의하지 않고 기재된 새로운 문언에 의한 책임을 부담할 이유도 없기 때문이다. 변조 후의 기명날인자 또는 서명자는 변조된 문언이 어음채무의 내용이 되므로 그 내용에 따라 책임을 부담하는 것은 어음의 문언성에 의해서도 당연하다.

3. 變造者의 책임

어음법 제 8 조의 유추적용에 의해 위조자에게 어음상의 책임을 인정하는 입장에 따라 변조의 경우에도 동일하게 변조자의 어음상의 책임을 인정하여야 할 것이다.

4. 變造의 立證責任

어음면상 변조의 사실이 명백할 때에는 소지인에게, 그렇지 않은 때에는 채무자에게 입증책임이 있다(통설).

5. 受取人名義의 抹消·變更과 變造·背書의 연속

수취인명의가 무권한으로 말소·변경된 경우도 변조에 해당된다(통설과 판례). 수취인명의의 변경과 배서연속과의 관계에 대해서 보면 어음법 제69조는 변경에 의해 일단 유효하게 성립한 어음채무의 내용에 영향을 미치지 않는다는 것을 밝힌 것으로 어음면상 원문언의 기재가 의연히 현실에 잔존해 있다고 하는 취지는 아니므로 배서가 형식적으로 연속하는 한 배서는 연속되고, 따라서 수취인의 기재가 변경되었다는 입증만으로 배서의 연속성(소지인의 형식자격)은 뒤집어지지 않는다. 그리고 수취인명의의 말소에 의한 수취인백지어음이 되는 경우에는 이후 어음의 교부만으로도 양도가 행해지게 된다.

제 4 절 換어음의 背書

제 1 관 어음의 讓渡

어음의 수취인 및 그 후의 어음취득자는 어음을 가지고 있다가 만기에 직접 어음금의 지급을 받을 수도 있지만 어음을 입질하거나 다른 사람에게 양도함으로써 발행인과 마찬가지로 자신의 신용을 이용할 수도 있다.

어음양도에 있어서 가장 대표적인 방법이 바로 배서이다. 배서는 어음의 유통을 원활하게 하기 위해 어음법이 특별히 인정한 어음행위이므로, 배서에 의한 어음양도에는 어음의 유통성 확보를 위해 특별한 효력이 부여되고 있다.

어음은 양도배서에 의하여 양도되는 것이 원칙이다. 양도배서란 어음상의 권리를 이전시키는 효과를 생기게 하는 배서를 말한다. 보통의 양도배서는 기명식배서로 행해지지만, 만일 백지식배서나 소지인출급식배서가 있었다면, 그 후에는 단순한 교부에 의해서도 어음상의 권리가 이전된다.

어음은 배서를 통해 권리가 이전되는 법률상 당연한 지시증권이나 그러한 특성은 박탈될 수 있는바, 이처럼 지시증권으로서의 특성이 박탈된 어음을 배서금지어음이라고 한다. 이 때에는 민법상의 지명채권양도방법에 의해서만 어음상의 권리를 이전할 수 있다(어음법 제11조 제 2 항). 여기에서 법률상 당연한 지시증권이란 증권상에 지시문구의 기재가 없어도, 즉 "A에게 지급하시오"라고 하여 특정인만이 권리자로서 지정되어 있는 기명식의 경우에도 법률의 규정에 의하여 당연히 배서양도가 인정된다. 어음법 제11조 제 1 항은 바로 이를 규정하고 있다. 수표(수표법 제14조 제 1 항), 화물상환증(상법 제130조), 창고증권(상법 제157조), 선하증권(상법 제820조)도 같다.

제 2 관 背書의 의의

배서는 어음에 배서인이 어음상의 권리를 피배서인에게 이전한다는 뜻의 기재를 하고 어음을 피배서인에게 교부하여 어음에 표창된 모든 권리를 피배서인에게 이전하는 어음행위를 말한다. 배서는 어음의 유통을 원활하게 하기 위하여 법이 특별히 인정한 양도방법이다,

배서의 법적 성질에 관해서는 피배서인이 배서에 의하여 배서인의 권리를 승계취득하는 것이 아니라, 원시적으로 어음상의 권리를 취득한다는 소유권취득설(채무부담설)이나 그 밖에 보증설·발행설 등 다양한 학설이 있고, 배서에 의하여 배서인의 권리가 피배서인에게 이전한다는 채권양도설이 통설이다. 그 근거는 어음법 제11조 제 1 항·제 2 항, 제14조 제 1 항, 제18조 제 1 항이다. 즉 정당한 어음소지인은 배서와 교부에 의하여 어음상의 권리를 피배서인에게 양도한다.

배서의 효과는 일반채권양도의 효과보다 강력하여 어음취득자의 보호와 거래안전보호에 이바지한다.

즉 인적항변의 절단(어음법 제17조), 담보책임에 기한 소구권행사 및 자격수여에 기한 권리행사가 용이하고 선의취득이 인정되는 등 어음의 유통성이 강화된다.

제 3 관 背書의 방식

Ⅰ. 총 설

배서는 어음이나 이에 결합한 보전(어음법 제13조 제 1 항) 또는 등본(어음법 제67조 제 3 항)에 요구되는 사항을 기재하고 배서인이 기명날인 또는 서명하는 서면행위와 어음의 교부에 의하여 성립한다.

보전이란 배서가 여러 번 행하여져 더 이상의 여백이 없는 때에 어음면을 연장시킨 지편을 말한다. 이를 인정하는 이유는 하나의 어음에 하는 배서의 횟수를 제한하고 있지 않은 이상 어음에 배서를 할 여백이 없을 수도 있기 때문이다. 그렇다고 하여 여백이 있는 데도 보전에 한 배서를 무효로 보아야 한다는 의미는 아니다.

등본에도 할 수 있게 한 이유는 인수를 위한 제시나 할인의뢰 등의 사유로 어음을 타인에게 맡기고 있는 동안에도 등본에 배서하여 양도할 수 있게 하기 위해서이다.

배서를 하여야 할 장소는 보통 어음의 배면이나 보전이지만 약식배서가 아니면 어음의 표면에 하여도 유효하다. 그러나 어음의 표면에 있는 단순한 기명날인 또는 서명은 인수(어음법 제25조 제 1 항 제 3 문)나 어음보증(어음법 제31조 제 3 항)으로 보기 때문에, 표면에 배서를 할 때에는 반드시 배서임을 명시하여야 한다(어음법 제13조 제 2 항).

Ⅱ. 記名式背書

배서문구와 피배서인을 지정하고 배서인이 기명날인 또는 서명하는 배서가 기명식 배서이며 정식배서·완전배서라고도 한다.

배서문구는 예컨대 "어음금액을 A 또는 그의 지시인에 지급하시오"의 방식으로 하는 배서의사의 표시로서 지급인에 대한 지급위탁의 문구로 기재된다.

피배서인의 지정에 관하여는 기본어음의 수취인의 기재와 유사하므로, 거래계에서 그가 누구인가를 식별할 수 있을 정도의 기재면 족하다. 따라서 통칭이나 아호, 회사의 상호만의 기재도 가능하다(대판 1973. 7. 10, 72 다 2551).

피배서인의 기재는 백지식배서가 인정되므로 배서의 요건은 아니다. 피배서인은 'A와 B에게' (중첩적으로) 또는 'A 또는 B에게' (선택적으로)의 방식으로도 기재될 수 있으나 어음의 성질상 어음을 교부받은 사람만이 피배서인의 지위를 갖게 된다.

배서일자는 배서요건이 아니나 어음법은 일자의 기재가 없는 배서는 기한 전의 배서로 추정한다(어음법 제20조 제 2 항).

Ⅲ. 白地式背書

1. 의의와 종류

피배서인을 지정하지 않은 배서를 백지식배서라 하며 약식배서 또는 무기명배서라고도 한다. 백지식배서는 원칙적으로 완성어음에 하는 것으로서 그 소지인은 어음상의 권리를 바로 취득하지만, 백지배서는 백지어음행위이므로 그 소지인은 미완성어음을 취득하는 데 불과하다.

백지식배서에는 피배서인의 기재는 없고 1) 배서의사의 표시, 즉 배서문구만 있는 것과, 2) 피배서인의 기재는 물론이고 배서문구도 없이 오직 배서인의 기명날인 또는 서명만이 있는 두 가지 종류가 있다. 후자를 특히 간략백지식배서라고 하는데, 이는 반드시 어음과 등본의 배면 또는 보전에만 하여야 한다,

2. 白地式背書의 효용

백지식배서도 배서이므로 기명식배서와 같이 배서가 갖는 권리이전적 효력, 담보적 효력, 자격수여적 효력을 갖는다. 하지만 백지식배서에 의하여 어음을 양수한

사람은 어음의 교부만으로도 어음을 양도할 수 있으므로 전혀 어음관계에 나타나지 않고 후에 어음이 부도되어도 담보책임을 지지 않는 점에서 백지식배서의 효용이 있다. 또한 백지식배서에 의하여 어음을 취득한 사람은 담보책임을 지지 않고 어음을 양도할 수 있는 까닭에 상환의무를 지지 않으려고 하는 사람도 쉽게 어음할인을 받을 수 있는 이점이 있다. 물론 기명식배서에 의하여 어음을 취득한 사람도 담보책임을 지지 않으면서 양도할 수 있는 방법으로서 무담보배서(어음법 제15조 제 1 항)가 있긴 하지만, 이렇게 되면 그 어음의 신용이 없다는 것을 세상에 공시하게 되어 어음의 유통성이 현저하게 저해되는 결과가 초래된다.

요컨대 백지식배서를 하는 실익은 1) 양도가 간편하여 유통성을 증대시키고, 2) 소구의무자가 적어지므로 소구금액의 증대를 막고, 3) 무담보배서의 경우와는 달리 어음의 신용을 해치지 않고서도 어음양도인의 담보책임을 면하게 해 주는 경제적 효용이 있다. 다만 최후의 배서가 백지식배서인 경우에 어음을 상실하게 되면 선의취득이 쉬워져 어음의 상실로 인한 권리자의 보호가 약화되는 단점이 있다.

3. 白地式背書에 의한 所持人의 地位

백지식배서에 의해 어음을 소지한 자는 당연히 어음상의 권리자로 추정되어(어음법 제16조 제 1 항 제 2 문) 어음상의 권리를 행사할 수도 있고, 어음법 제14조 제 2 항에 의해 다음과 같이 간편하게 어음을 양도할 수도 있다.

1) 자기의 명칭 또는 타인의 명칭으로 백지를 보충할 수 있고, 2) 백지식으로 또는 타인을 표시하여 다시 기명식배서를 할 수 있고, 3) 백지를 보충하지 아니하고 또 배서도 하지 않은 채 어음을 제 3 자에게 양도할 수 있다.

소지인은 2)의 경우 및 1)의 경우에 자기의 명칭으로 백지를 보충한 때에 한하여 어음단체에 가입하게 되는 데 반하여, 그 밖의 경우에는 어음단체에 가입하지 않는다. 즉 담보책임을 지지 않는다.

4. 白地式背書의 효력

백지식배서도 배서이므로 어음상의 권리는 양수인에게 이전하고(권리이전적 효력, 어음법 제14조 제 1 항), 어음을 양수한 사람은 권리자로서의 자격을 갖추게 된다(자격수여적 효력, 어음법 제16조 제 1 항). 다만 예컨대 B로부터 백지식배서에 의하여 어음을 취득한 D가 직접 E의 명칭을 보충하거나 보충 없이 E에게 교부한 경우 D는 어음단체에 참여하지 않으므로 담보책임을 지지 않는다. 물론, 백지식배서의 경우에도 인적항변의 절단(어음법 제17조)과 선의취득(어음법 제16조 제 2 항)이 인정된다.

Ⅳ. 所持人出給式背書와 指名所持人出給式背書

어음의 소지인에게 지급하라는 뜻의 기재를 한 배서를 소지인출급식배서라 한다. 이는 피배서인을 특정하지 않는 점에서 백지식배서와 같으므로 백지식배서와 같은 효력이 인정된다(어음법 제12조 제 3 항).

특정인을 피배서인으로 함과 동시에 소지인도 지급받을 수 있는 자로 기재한 배서(A 또는 소지인에게 지급하시오)를 지명소지인출급식배서 또는 선택무기명식배서라고 한다. 이 배서의 효력은 수표법 제 5 조 제 2 항의 취지에 비추어 소지인출급식배서로 본다(통설).

Ⅴ. 背書의 기타 기재사항

1. 유익적 기재사항

어음을 배서함에 있어서는 원칙적 기재사항 이외에도 어음법에 의하여 기재가 인정되고 또 이를 기재하면 그 내용에 따라 효력이 생기는 것을 유익적 기재사항이라고 한다. 배서의 유익적 기재사항으로서는 소지인출급식배서문구(어음법 제12조 제 3 항), 무담보문구(어음법 제15조 제 1 항), 배서금지문구(어음법 제15조 제 2 항), 추심위임문구(어음법 제18조 제 1 항), 입질문구(어음법 제19조), 배서일자(어음법 제20조 제 2 항), 인수제시요구문구(어음법 제22조 제 1 항·제 4 항), 인수제시기간단축문구(어음법 제23조 제 3 항), 지급제시기간단축문구(어음법 제34조 제 1 항), 배서인의 처소(어음법 제45조 제 3 항), 거절증서작성면제(무비용상환)문구(어음법 제46조), 예비지급인의 기재(어음법 제55조), 등본에만 배서하라는 취지의 문구(어음법 제68조 제 3 항) 등이 있다.

2. 무익적 기재사항

어음에 기재하여도 어음상의 효력이 생기지 않으며 또한 배서 자체를 무효로 하지는 아니하는 어음의 기재사항을 무익적 기재사항이라고 한다. 배서에 붙인 조건(제12조 제 1 항 후단), 대가문구, 지시문구 등이 그 예이다.

3. 유해적 기재사항

일정한 사항의 기재는 이를 허용하지 않고 그 배서 자체를 무효로 만드는데 이를 유해적 기재사항이라 한다. 어음금액의 일부에 대한 일부배서(어음법 제12조 제 2 항)가 바로 그 예이며, 이는 어음금액분할의 뜻이 배서의 문언상 명백히 표시된 경우이다. 배서는 그 본질에 있어서 어음에 표창된 권리를 어음과 함께 양도하는 것이므로 어음상의 권리의 분할양도는 불가능하다.

제 4 관 背書의 효력

어음에 하는 배서에는 권리이전적 효력, 담보적 효력 및 자격수여적 효력의 세 가지 효력(가능)이 인정된다.

Ⅰ. 權利移轉的 효력

배서는 교부계약과 더불어 어음상의 모든 권리를 피배서인에게 이전하는데(어음법 제14조 제 1 항), 이를 배서의 권리이전적 효력이라 한다. 배서에 의한 권리양도가 다른 형태의 권리양도에 대하여 갖는 특별한 의미는 양도인이 무권리자라 하더라도 특별한 효력이 인정된다는 데에 있다.

어음법 제16조 제 2 항에 따라 점유상실된 어음의 선의취득이 인정된다. 따라서 어음의 양수인은 어음의 소유권자로서 그 반환을 거절할 수 있고, 오직 악의 또는 중과실로 어음을 취득한 때에만 어음을 반환할 의무가 있다.

어음법에서의 선의보호는 민법 제249조, 제514조 및 제524조에 의하여 보장된 것만에 한하는 것은 아니다. 이는 어음법 제16조 제 2 항의 '사유의 여하를 불문하고 환어음의 점유를 잃은'이라는 문구에서 이를 찾을 수 있다.

Ⅱ. 擔保的 효력

배서의 두 번째 기본적 효력은 모든 배서인이 원칙으로 미래의 모든 어음취득자에 대하여 어음의 인수와 지급을 담보하는 담보적 기능 또는 담보적 효력(어음법 제15

조)이다.

(1) 만일 어음이 지급인에 의하여 인수되지 않거나 만기에 지급되지 않을 때 배서인은 자신 이후의 어음취득자에 대하여 소구의무를 부담한다. 이러한 담보채무는 배서인이 자기의 직접의 어음당사자만을 알고, 어느 때나 소구권자가 될 수 있는 그 후의 어음취득자는 전혀 알 수가 없기 때문에 위험한 측면도 있다.

(2) 배서인은 어음의 배서를 금지하는 문구를 기재함으로써 이러한 위험을 면할 수 있다. 배서금지배서는 곧바로 어음을 기명증권으로 만드는 것은 아니고(어음법 제15조 제2항), 이 때에도 다시 하는 배서는 허용되므로 그 후의 모든 배서는 완전한 법적 효력을 그대로 갖는다. 오직 배서를 금지시킨 배서인의 소구의무는 금지된 배서로 인하여 그 이후의 소지인에게 이전하지 않으므로 그는 오직 자기의 직접의 어음당사자에게만 담보책임을 질 뿐이다. 반면 배서금지어음에 이 금지에 관계없이 한 모든 배서는 오직 양도의 효과만 표현한 것으로서 어떠한 담보책임도 야기시키지 못한다(어음법 제11조 제2항).

(3) 배서인이 배서에 의한 책임을 면할 수 있는 또 다른 방법은 어음법 제15조 제1항에 의거한 무담보배서이다. 이 때에는 배서인은 자기의 직접 어음당사자에 대해서도 어음상의 책임을 지지 않는다.

Ⅲ. 資格授與的 효력

(1) 어음이 배서에 의하여 양도되면 양수인은 적법한 권리자로서 추정되는데, 이는 곧 배서가 소지인에게 적법성을 증명하는 근거를 제공해 준다는 뜻이다(배서의 자격수여적 효력: 어음법 제16조). 이러한 적법성의 증명은 적법한 소지인이 어음을 유효하게 행사할 수 있다는 것을 뜻할 뿐만 아니라, 어음채무자가 그 소지인에게 지급함으로써 채무를 면한다는 것을 보장해 준다. 그러나 어음의 소지인이라고 해서 누구나 다 적법한 소지인이 되는 것은 아니고, 오직 배서의 연속에 의하여 증명되는 어음소지인만이 원칙으로 적법한 소지인이 된다.

(2) 배서의 연속이라 함은 어음의 배서를 하는 자가 전배서의 피배서인으로 지명된 자인 경우의 배서로서, 이것이 끊임없이 연속되어 있음을 뜻한다. 따라서 소지인은 최후의 피배서인이어야 하며 이러한 연속은 일반 환어음의 경우에는 수취인에게까지, 자기지시환어음의 경우에는 발행인에게까지 거슬러 올라간다. 배서의 연속은

형식적으로 존재하면 되고 또 이것으로 족하며, 실질적으로 연속되어 있을 필요는 없고 또한 이것만으로는 부족하다. 허무인의 명의로 한 배서나 위조배서의 경우에도 배서의 연속은 순형식적으로 존재하면 되므로 자격수여적 효력은 인정된다(대판 1971. 5. 24, 71 다 570; 대판 1974. 9. 24, 74 다 902).

백지식배서 다음에 다른 배서가 있는 때에는 그 배서를 한 배서인은 백지식배서에 의하여 어음을 취득한 것으로 보며(어음법 제16조 제 1 항 제 4 문), 최후의 배서가 백지식인 때에는 어음소지인이 권리자로 추정된다(어음법 제16조 제 1 항 제 2 문). 또한 말소된 배서는 배서의 연속에 관하여는 배서의 기재가 없는 것으로 본다(어음법 제16조 제 1 항 제 3 문).

(3) 배서가 연속되어 있지 아니할 때에는 자격수여적 효력과 관련하여 실제로 어음을 소지한 자라도 권리자로 추정받지 못한다. 이러한 어음소지인이 진실로 어음상의 권리를 취득한 자인 경우에는 소지인이 별도로 그 승계사실을 증명하면 그 중단은 가교되어 권리를 행사할 수 있다(통설).

제 5 관 特殊背書

보통의 배서에 대하여 특수한 형식과 효력을 갖는 배서를 특수배서라고 한다. 특수배서에는 양도배서로서의 특수배서와 양도 이외의 목적으로 하는 특수배서가 있는데, 전자에는 무담보배서(어음법 제15조 제 1 항), 배서금지배서(어음법 제15조 제 2 항), 기한후배서(어음법 제20조), 환(역)배서(어음법 제11조 제 3 항)가 있으며, 후자에는 추심위임배서(어음법 제18조)와 입질배서(어음법 제19조)가 있다. 이 밖에 특수한 경제적 목적을 위하여 보통의 배서방식을 이용하는 것으로서 숨은 추심위임배서 · 숨은 입질배서 및 신탁배서가 있다.

제 1. 無擔保背書

Ⅰ. 의 의

배서인이 어음상의 담보책임을 지지 않는다는 뜻, 즉 무담보문구를 기재한 배서를 무담보배서라 한다(어음법 제15조 제 1 항). 배서인은 피배서인 및 그 후자 전원에 대하여, 환어음에서는 인수와 지급의 담보책임을, 약속어음에서는 지급의 담보책임을 지는데(어음법 제15조 제1항, 제77조 제1항 제1호, 제78조 제1항), 배서인은 두 책임의 전부 또는 일부에 대하여 무담보배서에 의해 담보책임을 면할 수 있다. 배서의 담보적 효력은 본질적인 것이 아니고 또한 배서인은 환어음의 인수인이나 약속어음의 발행인과 달리 종국적인 의무자가 아니므로 담보책임을 지지 않는다는 뜻을 기재할 수 있다.

Ⅱ. 기재방식

배서인이 담보책임을 면하려면 배서란에 '지급무담보', '무담보', '상환무용' 기타 이와 동일한 의미가 있는 문언을 기재하여야 한다. 기재의 장소에 관하여는 특별한 규정이 없으나 당해배서와 관련이 있다는 것이 나타나야 하고 또 무담보문언에는 기명날인 또는 서명이 수반되어야 한다. '무담보'라고만 기재한 때에는 인수와 지급의 무담보를 포함한 것으로 본다. '지급무담보'라고만 기재한 경우에도 '인수무담보'가 포함된 것으로 볼 수 있지만, 그 반대로 '인수무담보'라고만 기재한 경우에는 어음법 제43조 제2호에 따른 담보책임을 져야 한다. 배서인은 어음금액의 일부에 대하여만 담보책임을 부담할 수도 있고, 인수담보책임과 지급담보책임 가운데 어느 하나만으로 제한할 수도 있다. 그러나 어음을 취득한 사람이 아무런 기재를 하지 않고 인수와 지급의 담보책임을 모두 면할 수 있는 방법은 전자로부터 백지식배서를 받아 어음을 그대로 교부하는 방법뿐이다.

Ⅲ. 효 력

무담보배서의 배서인은 직접의 피배서인뿐만 아니라, 그 후자 전원에 대하여 자기가 기재한 바에 따라 담보책임을 지지 아니한다.

직접의 피배서인에 대하여도 담보책임을 지지 않는 점에서 배서금지배서와 다르다. 다만 무담보배서의 효력은 그 기재를 한 배서인에 대하여만 발생한다. 무담보배서에는 담보적 효력이 없을 뿐이고 권리이전적 효력과 자격수여적 효력에 관하여는 보통의 배서와 다름이 없으므로 피배서인은 선의취득과 인적항변의 절단에 의한 보호를 받는다. 그리고 무담보배서인이 동시에 발행인인 경우에는 발행인으로서의 책임은 면하지 못한다. 하지만 실무에서는 무담보에서의 방식 대신에 백지식배서를 받아 이를 후자에게 단순히 교부하는 방법으로 다시 양도하는데, 왜냐하면 무담보배서는 지급이 불확실하다는 사실을 공시하게 되기 때문이다.

제 2. 背書禁止背書

Ⅰ. 의 의

새로운 배서를 금지하는 뜻을 기재한 배서를 배서금지배서라고 한다(어음법 제15조 제 2 항). 금전배서라고도 하며, 배서금지문언으로서는 보통 '지시금지', '배서금지' 또는 이와 유사한 표현을 사용한다. 백지식배서를 할 때에도 이 금전문구를 기재할 수 있다.

Ⅱ. 효 용

배서금지배서를 인정하는 이유는 배서인의 이익을 보호하기 위함이다. 즉 배서인으로 하여금 직접의 피배서인의 후자에 대한 인적항변의 절단을 방지할 수 있게 하고, 또한 배서인이 이후 전혀 알지 못하고 바람직하지 않은 채권자와의 관계가 생기는 것을 방지하는 데에 그 효용이 있다.

Ⅲ. 효 력

배서인이 배서금지배서를 하면 배서인은 자기의 직접의 피배서인에 대하여만 담보책임을 부담하고 그 후의 피배서인에 대하여는 담보책임을 부담하지 않는다(어음법 제15조 제 2 항). 배서금지배서는 배서인이 자기의 피배서인 이후의 피배서인에 대하여 담보책임을 지지 않는 점이 전혀 담보책임을 지지 않는 무담보배서와 다르고, 또한 발행인이 한 배서금지는 어음을 단순히 기명증권으로 바꾼다는 점에서 이러한 배서금지어음과도 다르다.

제 3. 期限後背書

Ⅰ. 의　　의

지급거절증서 작성 후의 배서 또는 지급거절증서 작성기간경과 후의 배서를 기한후배서라고 하며, 후배서라고도 한다(어음법 제20조). 만기 전의 배서와 동일한 효력이 있는 지급거절증서 작성 전 또는 지급거절증서 작성기간경과 전에 행하여진 단순한 만기 후의 배서나 지급거절 후에 한 배서와 다르다.

기한후배서는 지급이 거절되어 지급거절증서가 작성된 후 또는 지급거절증서 작성기간경과 후의 배서로서, 이미 어음으로서의 유통성이 상실된 채 소구의 단계에 들어간 어음이므로 유통보호를 위한 배서의 특수한 효력을 인정할 필요가 없다. 따라서 이러한 배서에 대하여는 지명채권양도의 효력만이 인정된다(어음법 제20조 제 1 항 단서).

Ⅱ. 期限後背書의 방식

기한후배서도 배서의 일종이므로 그 방식은 보통의 배서의 경우와 같다(어음법 제13조). 일자의 기재는 요건이 아니고, 기명식 · 백지식의 어느 방식이든 관계없다. 지명채권양도에서 요구되는 채권자에 대한 대항요건(민법 제450조)도 구비할 필요가 없다(어음법 제11조 제 2 항). 또한 지급거절증서 작성 후 또는 그 작성기간경과 후에 배서방식에 의하지 않고 지명채권양도의 방법에 의하여도 어음상의 권리를 양도할 수 있다(대판 1963. 12. 12, 63 다 736; 대판 1968. 6. 25, 68 다 243).

Ⅲ. 期限後背書의 효력

기한후배서에는 지명채권양도의 효력밖에 없으므로(어음법 제20조 제 1 항 단서), 담보적 효력을 제외한 권리이전적 효력과 자격수여적 효력만이 있다. 또한 항변의 절단이나 선의취득은 인정되지 않는다.

제 4. 還 背 書

발행인 · 인수인 · 배서인 등 이미 어음에 기명날인 또는 서명하여 어음상의 책임을 부담하고 있는 자에 대하여 하는 배서를 환배서(또는 역배서)라고 한다. 예를 들어 B를 수취인으로 하여 A가 발행한 어음을 B가 D에게 배서하고 D가 다시 이 어음을 자신에 대한 배서인인 B를 피배서인으로 하여 배서한 경우, 이 배서를 환배서라고 한다. 어음법 제11조 제 3 항은 환배서가 인정된다는 취지 및 환배서의 피배서인은 다시 이 어음에 배서할 수 있다는 취지를 규정하고 있다.

제 5. 推尋委任背書

Ⅰ. 公然한 推尋委任背書

1. 의의와 방식

예를 들어 A가 B를 수취인으로 하여 어음을 발행한 경우에 B 자신이 A에 대하여 어음상의 권리를 행사하지 않고 D에게 추심을 위임할 수 있다. 이 경우에 B는 보통의 배서의 방식 이외에 '회수하기 위하여', '추심하기 위하여', '대리를 위하여' 기타 단순히 대리권수여를 표시하는 문언(추심위임문언)을 기재하여 D에게 교부하게 되는데(어음법 제18조 제 1 항 본문), 이러한 배서를 추심위임배서라고 한다. 추심위임문언은 배서란에 기재된다. 이것을 후술하는 숨은 추심위임배서와 구별하기 위하여 공연한 추심위임배서라고 한다.

공연한 추심위임배서는 피배서인의 성명이 기재되지 않을 수도 있으나, 추심위임문언은 반드시 기재하여야 하므로 이른바 간략백지식배서는 하지 못한다.

2. 효 력

추심위임배서에는 대리권수여적 효력과 이에 따른 자격수여적 효력이 있다. 그런데 추심위임배서는 단순히 대리권을 수여함에 지나지 않으그로 담보적 효력은 없다. 추심위임문언의 기재는 어음법 제15조 제 1 항에서 말하는 '반대의 문언'에 해당한다고 본다. 또한 추심위임배서에는 권리이전적 효력이 없으므로 배서금지어음에 대하여도 이를 할 수 있다(통설).

Ⅱ. 숨은 推尋委任背書

숨은 추심위임배서란 어음상의 권리행사의 대리권을 수여할 목적으로 보통의 양도배서의 방식으로 하는 배서를 말한다.

숨은 추심위임배서의 피배서인은 자신의 명의로 배서인을 위하여 어음상의 권리를 행사할 수 있으며, 또한 공연한 추심위임배서의 경우와는 달리 어음을 제 3 자에게 양도하여 대가를 취득하는 것도 당연히 금지되지는 않는다. 숨은 추심위임배서에서 피배서인은 실질적으로는 배서인을 대신하여 어음상의 권리를 행사하는 자에 지나지 않지만 형식적으로는 어음상의 권리자로 되어 있다.

제 6. 入質背書

Ⅰ. 公然한 入質背書

어음소지인이 차입을 위한 필요 등으로 어음상의 권리에 담보권을 설정하는 경우가 있다. 이 경우에는 보통의 배서의 방식 이외에 '담보하기 위하여', '입질하기 위하여' 기타 질권설정을 표시하는 문언(입질문언)을 기재하여 이를 질권자에게 교부하면 된다(어음법 제19조 제 1 항 본문). 이러한 배서를 입질배서라고 한다. 입질문언은 배서란에 기재된다. 이것을 후술하는 숨은 입질배서와 구별하기 위하여 공연한 입질배서라고 한다. 입질배서에는 질권설정적 효력과 이에 따른 자격수여적 효력 외에 담보적 효력도 인정된다.

Ⅱ. 숨은 入質背書

추심위임배서에 공연한 추심위임배서와 숨은 추심위임배서가 있는 것처럼 입질배서에 공연한 입질배서와 숨은 입질배서가 있다. 숨은 입질배서는 담보의 목적으로 어음의 양도배서가 행하여지는 것이므로 어음의 양도담보라고 할 수 있다. 숨은 입질배서에 있어서 배서인은 어음을 제 3 자에게 양도하여 그 대가인 채권의 만족을 받을 수 있어, 실무상으로는 보통 숨은 입질배서의 방법에 의하여 어음의 담보가 이루어지고 있다. 은행실무에 있어서 소액의 더구나 다수의 어음에 의한 융자를 받는 경우에는 그 하나하나를 할인하는 것이 번잡하므로 이를 일괄하여 담보로 하여 어음대부를 하는 일이 있다. 이러한 대부를 상업어음 담보대부라고 하는데, 이 경우의 어음담보는 숨은 입질배서의 방식을 취한다.

제 5 절 어음取得者 보호제도

제 1 관 어음취득자 보호의 세 가지 제도

어음법은 어음행위독립의 원칙, 선의취득 및 인적항변의 절단에 관해 규정하고 있다. 세 가지 모두가 어음취득자 보호를 위한 제도라는 점에서 공통되지만, 각각 그 적용되는 경우가 다르다. 즉 어음행위독립의 원칙은 어음채무부담행위와 관련된 제도이며, 선의취득제도는 어음권리이전행위와 관련되는 제도이고, 인적항변절단의 제도는 어음 외의 법률관계와 관련되는 제도이다. 인적항변절단의 제도에 관해서는 좀 더 포괄적으로 어음항변전반에 관해서 살펴보기로 한다.

제 2 관 어음行爲獨立의 原則

어음행위독립의 원칙이란 전제가 되는 어음행위에 하자가 존재하는 경우(이것에 기하여 청구를 받은 자가 물적항변을 주장할 수 있는 경우)에도, 이를 전제로 하는 어음행위자의 채무는 그 하자의 영향을 받지 않고 유효하게 성립한다는 원칙이다. 예를 들면 A가 B를 수취인으로 하여 어음을 발행하고 B가 이 어음을 D에게 배서양도하였으나 A가 무능력을 이유로 어음의 발행을 취소한 경우에, A는 D의 어음금지급청구를 거절할 수 있으나(비증권적 유효성 항변이 된다), B는 D의 어음금지급청구에 대하여 배서인으로서의 담보책임을 면할 수 없다는 원칙이다. 다른 예로서 E를 어음보증인으로 하여 A명의의 어음이 B를 수취인으로 하여 발행되었으나, A의 어음발행이 위조로서 무효인 경우에 A는 물론 어음채무를 부담하지 않지만, E는 보증인으로서의 책임을 면할 수 없다는 원칙이다.

이 원칙은 어음법 제 7 조가 일반적으로 규정하고 있고, 더욱이 어음법 제32조 제 2 항은 특히 어음보증에 관하여 규정하고 있다. 위의 예에서 B의 배서 또는 E의

보증은 A의 어음발행을 전제로 하는 행위이므로 당연히 선제행위인 A의 어음발행의 효력이 부정되는 때에는 이를 전제로 하는 행위인 B의 어음배서 또는 E의 어음보증의 효력도 부정되어야 하지만 각각의 어음행위는 다른 행위와 관계없이 독립하여 채무를 부담하려는 의사로 이루어지는 행위이기 때문에, 그 채무는 유효하게 성립한다. 이것이 바로 어음행위독립의 원칙이다. 이는 B의 배서 또는 E의 보증에 의한 채무부담은 의사표시상의 효과라는 데에 근거를 두고 있다.

어음행위독립의 원칙이 인정되는 결과, 어음취득자로서는 자기에게 어음을 배서한 B 또는 어음보증을 한 E가 유효하게 어음배서 또는 어음보증을 하였다는 것만 확인하면, A가 유효하게 어음을 발행하였는가의 여부를 조사할 필요도 없이 적어도 B 또는 E에 대해 어음금의 지급을 청구할 수 있게 되어 어음거래의 안전이 확보된다(대판 1977. 12. 13, 77 다 1753).

어음행위독립의 원칙이 악의의 취득자와의 관계에서도 적용되는가가 문제된다. 이 원칙은 어음의 유통을 보호할 뿐만 아니라, 더 나아가 어음의 신용을 증진시키는 제도이므로 악의의 어음취득자에 대하여도 어음행위독립의 원칙이 적용된다고 본다.

제 3 관 善意取得

Ⅰ. 意 義

어음법 제16조 제 2 항은 선의취득에 관하여 규정하고 있는데, "소지인이 그 어음을 반환할 의무가 없다"라고 규정한 것은 어음의 소지인이 어음상의 권리를 취득하고 그 결과 점유를 잃은 자가 권리를 잃는다는 것을 전제로 하고 있다. 악의·중과실이 없는 어음취득자를 보호하기 위한 제도임은 말할 필요도 없다.

동산에 관해서도 선의취득(민법 제249조 이하)이 인정되고 있으나, 이를 어음의 선의취득과 비교해 보면 어음의 선의취득의 범위가 훨씬 넓다.

(1) 요건면에서 동산의 경우에는 과실이 있는 때는 선의취득이 인정되지 않음에 대하여 어음의 경우에는 중과실이 없으면 선의취득이 인정된다.

(2) 효과면에서 동산의 경우에는 도품·유실물에 대해서는 선의취득의 효과를 제한하여 2년 내에는 반환을 요함에 대하여(민법 제250조) 어음의 경우에는 그러한 제약이 없다.

(3) 적용의 범위에서 보면, 어음의 경우에는 권리이전의 하자 일반에 대해서 선의취득을 인정하는 견해를 취하며 동산의 경우보다 넓게 선의취득이 인정된다.

Ⅱ. 要　　件

1. 背書의 連續이 있는 어음의 所持人으로부터의 讓受

선의취득은 배서의 연속이 있는 어음소지인의 형식적 자격에 기초를 두고 있는 제도이기 때문에 배서의 연속이 있는 어음소지인으로부터의 양수임을 제 1 의 요건으로 한다.

2. 어음法的 權利移轉方法에 의한(期限 전의) 취득

배서의 연속이 있는 어음소지인으로부터 어음을 취득한 자라고 하더라도 회사합병이나 상속에 의한 경우나 전부명령 또는 지명채권양도방법에 의한 경우와 같이 어음법적 권리이전방법에 따르지 않고 어음을 취득한 때에는 선의취득의 보호를 받지 못한다. 예컨대 피상속인이 어음의 절취자인 경우 상속인은 어음이 도품임에 관해 악의·중과실이 없다고 해도 권리를 취득하지 못한다. 따라서 배서에 의한 양수인 또는 최후의 배서가 백지식인 어음의 교부를 받은 양수인만이 선의취득의 보호를 받는다(통설). 그러나 기한후배서에 의한 양수인은 선의취득의 보호를 받을 수 없다. 왜냐하면 지급거절증서 작성 후 또는 지급거절증서 작성기간경과 후에는 어음이 소구나 지급의 단계에 들어가므로 어음의 유통을 보호하기 위해 선의취득의 적용을 인정할 필요가 없기 때문이다. 또한 추심위임배서(숨은 추심위임배서도 포함한다)에 대해서도 마찬가지로 선의취득이 인정되지 않는다(통설).

3. 取得者에게 惡意·重過失이 없을 것

악의·중과실이 있는 취득자는 보호되어야 할 이유가 없기 때문에, 선의취득이 인정되지 않는다.

(1) 惡意 · 重過失의 의미

악의란 권리이전에 하자가 있음을 알고서 어음을 취득하는 것이고, 중과실이란 거래 통념상 권리이전에 하자가 있음을 의심할 만한 사실이 존재함에도 불구하고 아무런 조사도 하지 않고 어음을 취득하는 것이다(대판 1985. 5. 28, 85 다카 192; 대판 1987. 6. 9, 86 다카 2079; 대판 1988. 10. 25, 86 다카 2026; 대판 1993. 9. 24, 93 다 32118).

(2) 惡意 · 重過失 유무의 판단시기

이러한 악의·중과실의 유무는 어음취득시를 기준으로 하여 결정된다. 따라서 어음취득시에 악의·중과실이 없으면 그 후에 악의로 되어도 선의취득에 아무 영향이 없다. 선의취득은 권리이전행위의 하자에 관하여 악의·중과실이 없는 어음취득자를 보호하는 제도이기 때문에 악의·중과실의 유무는 어음취득시를 기준으로 하지 않으면 의미가 없다(대판 1987. 4. 14, 85 다카 1189).

(3) 前者가 善意取得한 경우

전자가 선의취득한 때에 그 후의 취득자는 악의·중과실의 유무에 불구하고 전자가 취득한 권리를 승계취득한다. 양도인이 완전한 권리자인 경우에는 그 권리의 승계취득이 부정되지 않는다.

제 4 관 어음抗辯

I. 序 論

어음법상의 어음항변론(Einwendungslehre)은 어음에 기하여 청구를 받은 채무자(주채무자 또는 소구의무자, 즉 인수인, 발행인, 배서인, 보증인)의 방어와 관련하여 전개되는 논의이다. 여기서 항변의 개념은 반대규범(Gegennorm)의 주장이라는 의미로 기술적으로 사용되는 것이 아니라, 가령 어음요건상의 하자의 주장에서 볼 수 있는 바와 같이 청구권의 부인도 포함하는 개념으로 쓰이고 있다.

어음법에 있어서의 항변론의 가장 주된 문제는 일단 성립한 항변이 '어음법상의 거래행위'에 의하여 어느 정도까지 절단되느냐 하는 점이다. 어음항변을 절단시킬 수 있는 '어음법상의 거래행위'란 무엇보다도 통상의 배서와 백지식 배서에 의한 양도이다. 또한 수취인에 대한 어음의 교부도 항변을 절단시킬 수 있는 '어음법상의 양도행위'인데 이는 법조문에서 그 근거를 찾을 수는 없지만 당연한 것으로 받아들여지고 있다.

1. 意 義

어음항변은 어음채무자가 어음상의 채무이행을 거절하기 위하여 어음소지인에 대해 제출할 수 있는 모든 방어방법을 말한다. 어음항변은 어음채무자가 제출하는 것이므로, 어음채무자가 아닌 환어음의 지급인·지급담당자, 수표의 지급은행이 소지인에게 자금부족 또는 자격흠결을 이유로 지급을 거절하는 것은 어음항변이 아니라 단순한 지급거절사유에 불과하다. 상대방에 청구권이 있다는 것을 전제로 하여 그 이행을 거절하는 좁은 의미의 항변뿐만 아니라, 상대방의 청구권 자체를 부정하는 넓은 의미의 항변도 포함한다.

이 어음항변에 관한 논의를 어음법상 어음항변론이라고 한다. 어음항변이 논의되는 이유는 어음의 유통을 촉진하기 위하여 "어음항변제한의 법칙"이 인정되기 때문이다.

2. 抗辯制限의 目的과 根據

(1) 目 的

민법의 일반원칙에 의하면 양수인은 양도인의 권리 이상을 취득하지 못하므로 채무자는 양도인에 대한 모든 항변사유로써 양수인에게 대항할 수 있다(민법 제451조 제 2 항). 그러나 어음법은 어음의 유통성을 보호하기 위하여 어음채무자의 양도인에 대한 인적항변을 제한하였다. 즉, "어음에 의하여 청구를 받은 자는 발행인 또는 종전의 소지인에 대한 인적관계로 인한 항변으로써 소지인에게 대항하지 못한다"고 규정하여(어음법 제17조, 제77조 제 1 항 제 1 호; 수표법 제22조) 인적항변을 절단하고 있다. 이에 의해 양수인은 양도인의 권리 이상을 취득하게 된다. 인적항변의 제한은 어음의 유통성을 보호하기 위한 것이므로 어음의 제 2 취득자를 위해 작용하는 것이다. 그러므로 어음授受의 직접 당사자인 최초의 수취인에 대해서는 모든 항변으로 대항할 수 있다.

(2) 法的 根據

인적항변 제한의 근거가 무어인가에 대해서는 견해가 나뉘어지고 있다. 크게 정책설과 당연설로 나누어 볼 수가 있다.

1) 정 책 설

정책설에서는 이러한 인적항변의 제한은 어음에 표창된 권리외관을 믿고 거래한 자를 보호하기 위하여 법이 정책적으로 특히 인정한 것이라고 한다. 이러한 입장이 다수설(정찬형, 「상법강의」(하)(제7판), 2005, 367쪽; 이철송, 「어음·수표법」(제6판), 2004, 139쪽)이다. 그 가운데에서도 주장의 근거를 권리외관이론에서 구하는 견해가 다수인 가운데(정동윤, 「어음·수표법」(제4정판), 1996, 226쪽; 최기원, 「어음·수표법」(제4증보판), 2001, 550쪽), 어음의 무인성, 문언성에서 구하는 견해도 있다.

2) 당 연 설

당연설에서는 원래 인적항변은 양수인에게 승계되지 않는 것이므로 어음항변의 제한은 어음법 제17조를 기다리지 않고도 당연한 법리라고 한다.

그런데 항변제한의 법적근거로는 통설과 마찬가지로 일반민법과의 관계에서 볼 때 어음의 유통을 보호하고 어음취득자를 보호하기 위한 정책적 특칙으로 파악하는 입장이 타당하다.

Ⅱ. 어음抗辯의 分類

어음항변의 분류방법으로는 전통적인 2분법, 3분법, 5분법 그리고 6분법이 있다. 이 가운데 2분법이 종래의 통설이고, 3분법 혹은 융통어음의 항변을 별도로 분리한 4분법(강위두·임재호, 「상법강의」(하), 2004, 148~149쪽)은 유력한 견해이다. 또한 5분법도 주장되고 있다(정동윤, 「어음·수표법」(제4정판), 1996, 234쪽). 그리고 독일에서는 3분법(Zöllner, Wertpapierrecht, 14. Aufl., München, 1987, S. 131 ff[2원적 분류].; Baumbach/Hefermehl, Wechselgesetz und Scheckgesetz, 17 Aufl., München, 1990, S. 205), 6분법(Hueck/Canaris, Recht der Wertpapiere, 12. Aufl., München, 1986, S. 102ff.)이 주장되고 있다.

이 가운데 근래에 유력설로 대두되고 있는 3분법은 어음항변을 물적항변, 인적항변, 어음채무의 유효성에 관한 항변으로 분류하고 그 밖에 융통어음의 항변을 성질상 제한(절단)이 불필요한 항변, 즉 제한(절단)불요의 항변으로 분류한다. 과거의 통설은 어음채무의 유효성에 관한 항변을 인적항변에 포함시켰었는데 3분법은 이를 분리하였다. 그런데 어음채무의 유효성에 관한 항변은 물적항변으로도 또 어음법 제17

조 단서의 적용을 전제로 하는 순수한 인적항변으로도 분류하기 어려운 면이 있으므로 별도로 분류하는 것이 타당하며, 융통어음의 항변은 독자적인 항변으로 분류하여야 할 것이다.

1. 物的抗辯

물적항변은 절단이 불가능한 항변으로서 어음채무자가 모든 사람에게 대항할 수 있는 (물적인) 항변을 가리킨다. 이는 증권상의 항변과 비증권상의 항변으로 나누는 것이 타당하다.

(1) 증권상의 항변

증권상의 항변은 증권의 기재에 의하여 알 수 있는 항변이다. 이러한 항변은 어음면상 명백하게 나타나 있기 때문에 이를 물적항변사유로 하더라도 어음의 유통을 해하지 않게 된다.

1) 기본어음의 요건흠결의 항변(어음법 제 2 조 제 1 항; 수표법 제 2 조 제 1 항)

2) 소멸시효 완성의 항변(어음법 제70조; 수표법 제51조) — 이득상환채무는 부담

3) 만기 미도래의 항변 — 만기 전 소구요건이 구비된 경우에는 주장 못함

4) 배서불연속의 항변(어음법 제16조 제 1 항; 수표법 제19조) — 그가 실질적 권리자임을 입증하면 어음채무자의 위험부담으로 지급할 수 있다(통설, 판례).

5) 어음면상 명백한 지급필 · 일부지급의 항변(어음법 제39조 제 1 항 · 제 3 항; 수표법 제34조 제 1 항 · 제 3 항)

6) 무담보문언이 있다는 항변(어음법 제 9 조 제 2 항, 제15조 제 1 항; 수표법 제18조 제 1 항)

7) 소구권보전절차 흠결의 항변(어음법 제44조; 수표법 제39조)

(2) 비증권상의 항변

이는 어음면에서는 알 수 없으나 어음채무자를 보호하기 위하여 인정된 항변이다. 뒤의 인적항변은 어음소지인을 보호하나 여기의 비증권상의 항변은 어음채무자를 보호하는 측면의 기능을 수행한다.

1) 의사무능력 · 행위무능력의 항변(민법 제 5 조, 제10조, 제13조) — 무능력자보호의 법원칙상 당연

2) 위조 · 변조의 항변(어음법 제69조; 수표법 제50조) — 표현책임이나 사용자책임이

적용되는 경우에는 주장 못함

3) 무권대리의 항변(민법 제130조) — 추인하지 않는 한 본인은 항변 가능

4) 제권판결의 항변(민사소송법 제487조, 제496조) — 판결 전의 선의취득자는 보호됨

2. 人的抗辯

이는 절단이 가능한 항변으로서 어음채무자가 자신의 직접 상대방에게만 대항할 수 있는 항변이다(어음법 제17조). 이를 통하여 어음소지인을 보호하게 된다. 여기에는 어음법 제17조가 적용되는 인적항변(악의의 항변시에 해의가 필요한 항변)을 포함시키고 어음채무의 유효성에 관한 항변은 별도로 분류하여 파악하는 것이 타당하다고 본다.

(1) 원인관계의 부존재 · 무효 · 취소 또는 해제의 항변

(2) 원인관계가 공서약속 기타 사회질서에 반한다는 항변(민법 제103조, 제104조)

(3) 어음과 상환하지 않은 지급 · 면제 · 상계의 항변(어음법 제39조 제 1 항; 수표법 제34조 제 1 항)

(4) 어음금의 지급연기의 항변 — 당사자간의 지급유예특약, 어음개서의 경우

(5) 대가 또는 할인금 미교부의 항변

(6) 어음 외의 특약의 항변

(7) 숨은 추심위임배서의 항변

3. 어음債務의 有效性에 관한 抗辯

이는 악의의 항변시에 악의 또는 중과실만 있으면 되는 항변으로서 어음의 효력에 관한 항변이다. 이에는 다음의 것이 있다.

(1) 교부흠결의 항변

(2) 의사표시의 하자(진의 아닌 의사표시, 통정한 허위의 의사표시, 착오 · 사기 · 강박에 의한 기명날인 또는 서명)의 항변(민법 제107조~제110조)

(3) 백지어음의 부당보충의 항변(어음법 제10조; 수표법 제13조)

(4) 민법 제124조(자기계약 · 쌍방대리의 금지), 상법 제398조(이사의 자기거래금지) 위반의 항변

4. 融通어음의 抗辯

융통어음의 항변은 성질상 항변의 제한 또는 절단을 필요로 하지 않는 항변이

다. 통설은 융통어음의 항변은 인적항변의 하나로 보고 있으나(인적항변으로 봄은 부당하다는 입장: 정동윤, 「어음 · 수표법」(제 4 정판), 1996, 240쪽), 이는 독자적인 어음항변으로 분류하는 것이 타당하다. 통설, 판례는 어음취득자가 융통어음임을 알고 취득한 경우라도 어음법 제17조 제 2 문의 "채무자를 해할 것을 알고" 취득한 경우에 해당하지 않으므로, 융통어음의 항변은 직접 수취인에게만 할 수 있고 제 3 취득자에 대해서는 항상 절단된다고 한다(대판 1979. 10. 30, 79 다 479; 대판 1957. 3. 21, 57 다 20).

다만 대법원판례(대판 1994. 5. 10, 93 다 58721)는, 피융통자가 융통어음과 교환하여(어음기승) 그 액면금과 같은 금액의 약속어음(기승어음 또는 교환어음)을 융통자에게 담보로 교부한 경우에는, 제 3 자가 양수당시에 그 어음이 융통어음으로 발행되었고 이와 교환으로 교부된 담보어음이 지급거절되었다는 사실을 알고 있었다면 융통어음의 발행자는 그 제 3 자에 대해서도 융통어음의 항변으로 대항할 수 있다고 한다(해의의 항변).

Ⅲ. 惡意의 抗辯

악의의 항변은 절단되는 인적항변사유인데, 어음소지인이 그 사실을 알고 있었다면 절단되지 않고 주장할 수 있는 항변이다.

인적항변은 어음채무자의 직접 상대방에 대해서만 할 수 있는 것인데, 이 상대방에게서 어음을 양수한 제 3 자가 인적항변사유가 존재함을 알면서 어음을 취득한 경우에는 전자에 대한 어음채무자의 인적항변이 어음소지인에게 승계된다. 따라서 어음채무자는 직접 상대방이 아닌 제 3 자에게도 인적항변사유에 대한 악의를 이유로 대항할 수 있다. 이를 악의의 항변이라고 한다(어음법 제17조 단서).

선의취득 주장자에 대한 악의의 주장은 어음금지급을 거절하는 항변이 아니라 선의취득 성립자체에 대한, 즉 권리귀속에 대한 부정이다. 선의취득의 경우에는 선의취득이 성립한 자에 대해 어음금지급을 거절하는 것이 어음항변이다. 그 경우는 선의취득자는 항변이 부착된 어음상의 권리를 취득하는 것이다.

1. 種　　類

(1) 어음법 제17조가 적용되는 악의의 항변(害意의 항변)

이는 어음소지인이 어음을 취득함으로써 항변이 절단되고 따라서 어음채무자가 "해를 입는다는 것을 알면서" 어음을 취득한 경우에 적용되는 항변이다.

여기서 어음법 제17조 단서 "채무자를 해할 것을 알고"에 관한 해석 등과 관련하여 다음의 문제가 있다.

1) 악의의 내용

악의의 내용에 대하여는 제네바통일어음법회의에서도 상당히 논의되었는데 대체로 세 가지 입장으로 분류할 수 있다.

(가) **공 모 설**　　공모설은 악의의 내용을 가장 좁게 해석하여 '채무자를 해할 의사로서 하는 공모'를 요한다고 한다(영국환어음법 제29조 제 3 항; 미국 유통증권법 제58조 참조).

(나) **단순인식설**　　이는 악의의 내용을 가장 넓게 해석하여 항변존재의 사실을 아는 것(bad faith)만으로 충분하다고 한다.

(다) **2중인식설·해의설**　　이는 제네바통일어음법회의에서 채택한 타협안으로서 항변사유의 인식만으로는 부족하고 그 밖에 자기가 어음을 취득함으로써 항변이 절단되고, 그 결과 '채무자가 해를 입는다는 것을 알면서'도 취득하는 것을 말한다.

우리 어음법 제17조 단서, 수표법 제22조 단서는 이중인식설을 염두에 둔 듯한 입장을 취하여 "소지인이 그 채무자를 해할 것을 알고 어음을 취득한 때에는 그러하지 아니하다"고 규정한다. 따라서 위의 견해 중에는 2중인식설 내지는 해의설이 타당하다고 본다. 또한 대법원(대판 1996. 5. 14, 96 다 3449; 대판 1995. 1. 20, 94 다 50489)도 같은 취지로 판시하고 있다.

2) 악의와 해의의 구별

문제는 2중인식설에 따른 어음법 제17조 단서의 "채무자를 해할 것을 알고"의 의미가 무엇인가 하는 점이다. 일반적으로 해의와 악의를 구별하는 것은 쉽지 않다. 이에 대해서 통설은 적극적으로 채무자를 해할 의사까지 필요한 것은 아니라고 해석한다. 예를 들어 항변의 존재를 알면서도 해의가 인정되지 않는 예외적인 경우로서 예를 들어 물건의 매도인이 매수인으로부터 어음을 발행받아 배서함에 있어 피배서인이 매매목적물에 하자가 있는 줄은 알았지만 하자 없는 물건의 공급을 통하여 해결되리라고 믿고 배서를 하는 경우는 해의가 없다고 한다(정동윤, 「어음·수표법」(제 4 정판), 1996, 245쪽; 최기원, 「어음·수표법」(제 4 증보판), 2001, 573쪽; 서돈각·정완용, 「상법강의」(하), 1996, 115쪽).

그런데 어음취득자의 이러한 주관적 사유의 유무는 객관적으로 판단하기 쉽지가 않다. 그리고 해의와 악의는 보통 구별되지 아니하여 "이중의 인식"을 입증할 방법도 현실적으로 없다고 보아야 한다. 따라서 어음소지인이 인적항변사유의 존재를 알고 있는 경우에는 특별한 사정이 없는 한 자신의 어음취득으로 항변이 절단된다는 사실을 알고 있다고 보아야 할 것이다(同旨: 정찬형, 「상법강의」(하)(제 7 판), 2005, 377쪽; 이철송, 「어음·수표법」(제 6 판), 2004, 150쪽; 최준선, 「고시연구」, 1997년 12월, 79쪽). 결국 어음소지인이 어음채무자의 전자에 대한 인적항변의 존재를 알면서 취득하면 일단 해의가 추정되고 이를 반증하는 객관적 사정이 있는 경우에 해의가 없는 것이 된다고 하여야 한다.

3) 중과실의 포함여부

어음법 제17조 단서(어음법 제77조 제 1 항; 수표법 제22조 단서)는 선의취득에 관한 규정(어음법 제16조 제 2 항 단서; 수표법 제21조 단서)과 비교할 때 중과실에 관하여는 규정이 없으므로 중과실로 인하여 채무자를 해할 것을 알지 못하는 경우에는 인적항변으로 대항할 수 있는가 의문이다.

이에 대하여는 다음의 견해가 있다.

㈎ **중과실 불포함설** 이 설은 다음의 이유로 어음법 제17조 단서의 경우에는 중과실을 포함하지 않는다고 한다(통설 및 판례(대판 1996. 3. 22, 95 다 56033)).

ㄱ) 선의취득은 어음(수표)상의 권리취득의 면이요, 악의의 항변은 어음(수표)채무자의 채무부담의 면을 규정한 것으로 양자는 규율의 측면이 다르고, ㄴ) 백지어음의 보충권은 백지어음의 경제상 필요에 비추어 악의의 항변의 경우보다 더욱 행사에 주의가 요구된다고 볼 수 있으며, ㄷ) 어음법 제17조 단서를 문리해석하여도 어음소지인이 인적항변의 대항을 받는 것은 악의의 경우에 한하고 중과실이 있는 경우에는 인적항변의 대항을 받지 않는다고 한다.

㈏ **중과실 포함설** 이 견해는 현실적으로 악의와 중과실이 구별되지 않으므

로 이러한 구별은 이론적인 것 이외에는 가치가 없다고 한다. 따라서 이 입장에서는 중과실을 포함한다는 입장에서 취득자에게 중과실이 있는 경우에도 인적항변의 주장을 인정하여야 한다고 한다.

(2) **어음법 제17조가 적용되지 않는 악의의 항변**(악의 또는 중과실의 항변)

이는 어음소지인에게 항변의 존재에 대한 "악의 또는 중과실"이 있는 경우에 적용되는 항변이다. 어음교부흠결, 의사의 흠결 또는 하자, 백지어음의 부당보충 등이 여기에 해당한다.

2. 惡意의 存在時期

어음소지인의 항변사유에 대한 악의의 유무를 결정하는 시기는 어음의 취득시이다. 따라서 어음취득 후에 항변사유를 안 경우에는 악의의 항변이 성립하지 않는다. 악의의 입증책임은 어음채무자에게 있다.

Ⅳ. 제 3 자의 抗辯

1. 意　　義

어음항변의 당사자가 아닌 어음채무자가 다른 어음채무자에게 생긴 인적항변사유를 가지고 어음항변의 당사자인 어음소지인에게 항변하는 것을 말한다. 전자의 항변과 후자의 항변이 있다.

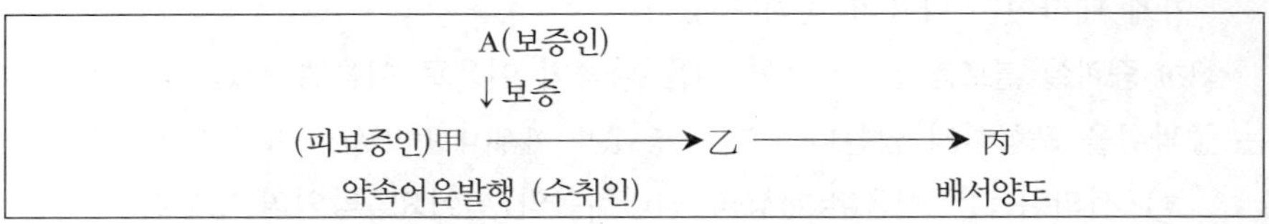

(1) 甲이 甲, 乙 간의 인적항변사유로 丙에게 대항할 수 있는 것 — 악의의 항변
(2) 甲이 乙, 丙 간의 인적항변사유로 丙에게 대항할 수 있는 것 — 후자의 항변
(3) 乙이 甲, 丙 간의 인적항변사유로 丙에게 대항할 수 있는 것 — 전자의 항변

2. 認定根據

원래 인적항변은 그것이 발생한 당사자 사이에서만 가능하다. 따라서 항변사유

의 당사자가 아닌 어음채무자는 남의 항변사유를 원용할 수 없는 것이 원칙이다. 그러나 이렇게 되면 불공정한 결과가 발생할 수 있기 때문에 제 3 자의 항변을 인정하는 것이다. 즉 어음소지인이 어음을 소지할 하등의 정당한 권한이 없음에도 불구하고, 어음을 반환하지 않고 자기가 어음을 소지하고 있는 것을 기화로 어음채무자에게 어음상의 권리를 행사하는 것은 권리남용이므로 어음채무자는 어음소지인에게 어음금의 지급을 거절할 수 있다.

3. 種 類

(1) 후자의 항변

1) 乙, 丙 간의 원인관계가 소멸하거나 부존재한 경우

2) 乙이 어음과 상환하지 않고서 丙에게 어음금을 지급·상계·면제한 경우

이 경우는 乙은 지급을 했으므로 丙에게 인적항변이 가능하다. 丙이 甲에게 청구하는 것은 권리남용이므로 甲은 乙의 항변을 원용하여 丙에게 대항할 수 있다.

(2) 전자의 항변

1) 丙이 甲에게서 어음금을 지급받고 다시 乙에게 소구하는 것은 권리남용이므로 乙은 甲의 항변을 원용하여 丙에게 대항할 수 있다.

2) 丙이 甲에게서 지급받고도 A에게 청구하는 경우에 보증인 A는 피보증인 甲의 항변을 원용할 수 있다.

3) 甲, 乙 간의 원인관계가 무효·취소된 후 이 사실을 알고서 丙이 어음을 취득한 경우에 甲은 丙에게 악의의 항변을 할 수 있는데, 丙이 A에게 어음금을 청구하면 이것은 권리남용이므로 A는 甲의 항변을 원용하여 보증채무이행을 거절할 수 있다.

Ⅴ. 2중無權의 抗辯

2중무권의 항변은 어음의 교부가 두 단계에 걸쳐 연속적으로 이루어진 경우 교부의 제 단계에서 원인관계가 모두 흠결되어 있을 때 어음채무자가 어음소지인의 주장에 대항할 수 있는 항변을 가리킨다(김정호, 「상법강의」(하), 2000, 145쪽). 즉 연속된 어음거래가 3인간에 원인관계가 무효·취소되는 등 항변사유가 연속하여 존재하는

경우 최초의 어음채무자가 자기 후자의 항변을 원용하여 소지인의 청구를 거절하는 것을 2중무권의 항변이라고 한다. 가령 생산자 K가 중간도매상 B에게 물건을 공급하고 B는 소매상 A에게 공급하는 관계를 상정하자. A가 B에게 약속어음을 발행하여 결제하였는데, B는 이 어음에 배서하여 K에게 교부하였다. 그런데 물건에 하자가 있어 A는 B에게 다시 B는 K에게 반품하였다면 K가 A에게 어음금청구를 할 경우 A는 B의 항변을 원용하여 지급을 거절할 수 있다는 것이 이중무권의 항변이다(김효신, "어음·수표 판례회고," 「상사판례연구」(제15집), 2003, 900쪽).

항변의 당사자에 한정하여 평가하여 보면 이중무권의 항변은 후자의 항변과 같으나 어음채무자가 어음항변을 할 경제적 이익을 갖고 어음소지인이 어음을 보유할 정당한 이익이 없다. 만일 이 경우 항변을 인정하지 않는다면 A가 K에게 지급한 후에 B에게 부당이득반환을 청구하고 다시 B는 K에 대하여 부당이득반환을 청구하는 청구의 순환이라는 번거로운 과정이 일어나게 된다. 따라서 이중무권의 항변을 인정하면 모든 문제를 일거에 해결할 수 있는 실질적인 장점이 있다. 이중무권의 항변에 대해 일반적인 후자의 항변과는 달리 악의의 항변으로 허용하는 견해(정동윤, 「어음·수표법」(제 4 정판), 1996, 250쪽)와 이를 부정하는 견해(최기원, 「어음·수표법」(제 4 증보판), 2001, 581쪽)가 있는바, 실질적인 효용의 견지에서 긍정하는 견해가 타당하다고 본다.

VI. 無權利의 抗辯

어음 소지인이 형식적 자격을 갖고 있더라도 절취, 습득, 횡령에 의하여 어음을 취득한 경우, 지급수령자격이 없는 경우에는 어음채무자는 소지인의 실질적 무권리를 증명하여 대항할 수 있는바, 이를 무권리의 항변이라 한다. 어음을 절취한 자나 습득한 자에 대하여 제기하는 무권리의 항변은 모든 어음채무자가 무권리자에게 권리남용을 이유로 대항할 수 있는 항변이다. 모든 어음채무자가 특정의 무권리자에게 대항할 수 있는 항변이라는 점에서 특징이 있다.

무권리자로부터 선의이며 중대한 과실 없이 어음을 취득한 자에게는 선의취득이 인정된다.

제 6 절 換어음의 引受

제 1 관 引受의 개념

지급인은 인수에 의하여 어음금액을 지급할 의무를 부담한다. 이 인수제도는 환어음에만 있고, 약속어음이나 수표에는 없는 제도이다. 발행인이 지급인을 지정하여 어음을 발행하고 어음을 수취인에게 교부하더라도 이로써 당연히 지급인의 지급의무가 생기는 것은 아니다. 우리 법은 제 3 자에게 부담을 지우는 계약을 인정하지 않고 있으며, 다만 이를 인정하기 위하여는 제 3 자가 그 부담에 동의할 것을 요구한다. 따라서 지급인은 인수라는 특별한 어음법상의 법률행위에 기하여 비로소 어음상의 책임을 진다.

법은 어음소지인뿐만 아니라, 단순한 점유자도 인수를 위한 제시를 할 수 있음을 밝히고 있다(어음법 제21조). 이렇게 인수제시자의 범위를 넓힌 것은 제시자가 누구인가는 중요하지 않고 지급인이 인수를 하느냐 않느냐가 문제이기 때문이다.

제 2 관 引受를 위한 提示

법률에 의하여 보통의 경우 환어음은 인수를 위하여 지급인에게 제시된다. 인수를 위한 제시는 원칙적으로 어음의 만기 이전에 지급인의 주소에서(어음법 제21조) 할 수 있다. 지급인은 인수의 의사를 기재한 어음을 반환함으로써 인수제시자의 교부계약상의 청약을 승낙하게 된다. 그러나 실무상으로는 대체로 신용을 구하는 자가 기본어음을 작성하고 인수의 의사표시를 기재하여 그것을 그의 거래상대방에 교부하고 그 상대방은 발행인으로서 기명날인 또는 서명하게 된다. 백지인수의 경우에도 교부계약상의 청약은 흔히 인수인이 하게 된다.

Ⅰ. 引受提示의 자유

인수를 위한 제시에 대하여 어음법상의 제시의무는 없다. 지급인도 어음법상 어음을 인수할 의무는 없다. 인수제시의무와 인수의무는 어음관계자간의 채권법상의 법률관계로부터만 발생할 뿐이다. 그러나 인수제시는 모든 소지인에게 이익이 될 뿐만 아니라, 그 밖의 이유에서도 유익하다. 왜냐하면 한편으로는 인수제시에 의해서만 인수인의 채무부담의사가 명확해질 수 있고 다른 한편으로는 인수된 어음만이 할인될 수 있기 때문이다.

제시기간은 어음법 제21조를 제외하고 일람후정기출급어음의 경우에만 존재한다(어음법 제23조). 왜냐하면 이 어음에 있어서는 만기가 제시의 시점에 달려 있으므로 만기를 확정할 필요가 있기 때문이다. 따라서 이 경우에는 인수할 일자의 기재도 요구될 수 있다(어음법 제35조 제 2 항). 만약 적시에 제시되지 않으면 소구권을 상실하게 된다(어음법 제53조 제 1 항).

Ⅱ. 引受提示의 금지와 명령

인수를 위한 제시는 금지될 수 있을 뿐만 아니라, 명령될 수도 있다(어음법 제22조).

인수제시의 금지는 발행인만이 할 수 있다. 발행인이 인수제시를 금지하는 방법에는 일반적으로 금지하는 방법뿐만 아니라(인수불능어음, 어음법 제22조 제 2 항), 일정일 이전의 인수제시를 금지하는 방법도 있다(어음법 제22조 제 3 항). 후자의 경우에는 예컨대 "이전에 인수를 위하여 제시될 수 없음"과 같은 문구가 기재된다. 이 기재에 의하여 발행인은 인수가 없음을 이유로 하는 소구를 받지 않게 된다. 그러나 일람후정기출급어음, 타지지급어음 및 제 3 자방지급어음의 경우에는 절대적인 인수제시의 금지는 불가능하다(어음법 제22조 제 2 항 제 2 문). 일람후정기출급어음에 있어서는 만기를 정할 필요가 있기 때문에 인수제시를 절대적으로 금지할 수 없도록 한 것이며, 타지지급어음과 제 3 자방지급어음의 경우에는 타지 또는 제 3 자방에서의 지급을 위해서는 지급인에 의한 준비가 필요하기 때문이다.

발행인뿐만 아니라, 모든 배서인은 인수제시를 명할 수 있다. 그러나 배서인의 경우에는 발행인의 인수제시금지가 없는 경우에만 인수제시를 명할 수 있다(어음법 제22조 제 4 항). 인수제시명령은 기간을 정하거나 정하지 아니하고 할 수 있다. 예컨대 기간을 정한 인수제시명령은 "까지 인수를 위하여 제시될 것"이라는 문구가 기재된다. 인수제시명령에 반하여 기간 내에 인수제시가 행하여지지 않으면 인수거절 및 지급거절에 의한 소구권을 상실한다. 이 때 발행인의 인수제시명령의 경우에는 모든 소구의무자에 대하여(어음법 제53조 제 2 항), 배서인의 인수제시명령의 경우에는 그 배서인에 대하여만 소구권을 상실한다(어음법 제53조 제 3 항).

Ⅲ. 猶豫期間

인수를 위한 최초의 제시가 있을 때 지급인은 그 익일에 다시 제시할 것을 청구할 수 있다(어음법 제24조 제 1 항 제 1 문). 이로 인해 지급인은 자기가 어음의 지급의무를 부담할 것인지의 여부를 결정할 유예기간을 갖게 된다. 물론 소지인으로서는 이 유예기간 동안에는 어음을 지급인에게 교부할 필요가 없다(어음법 제24조 제 2 항). 제시반복의 청구는 인수거절로 간주되지 않으므로 인수거절을 이유로 하는 소구는 발생하지 아니한다. 그러나 최초의 제시일에 거절되는 경우 반복청구의 뜻을 거절증서에 기재하지 않으면 어음법 제24조 제 1 항 제 2 문에 의하여 소구의무가 발생한다.

제 3 관 引受의 意思表示

Ⅰ. 正式引受·略式引受

(1) 인수는 어음 표면에 나타나는 서면에 의한 의사표시를 필요로 한다(어음법 제25조 제 1 항). 인수가 어음의 표면에 행하여질 때에는 지급인의 기명날인 또는 서명만으로 충분하며, 이로써 지급인은 인수인이 된다. 이를 약식인수라고 한다. 지급인의 기명날인 또는 서명은 기명날인자 또는 서명자와 지급인의 동일성을 인정하는 기준이 된다(형식적 동일성). 이 경우 여백에 지급인의 기명날인 또는 서명이 있는 것이 보통이지만, 반드시 그렇지는 않다. 이면에 인수하는 경우에는 지급인이 기명날인 또는 서명 이외에 특히 배서와 구별하기 위하여 명백한 의사표시(예컨대 '인수함')를 필요로 한다.

이와 같이 지급인의 기명날인 또는 서명 이외에 인수문구가 기재되는 인수를 정식인수라고 한다.

(2) 일반적으로 인수에는 일자를 기재할 필요가 없다. 그러나 일람후정기출급어음과 기한부제시명령의 경우에는 일자를 기재하여야 한다. 이 두 경우에 일자가 기재되지 않으면 거절증서에 의해 보충될 수 있다(어음법 제25조 제 2 항).

Ⅱ. 支給人과 引受人의 동일성

환어음의 인수는 지급인만이 할 수 있으므로 유효한 인수로 인정되기 위해서는 지급인과 인수인의 동일성이 요구된다. 지급인과 인수인의 동일성은 어음 자체로부터 알 수 있어야 하나(형식적 동일성), 양자의 표시가 완전히 동일하여야 하는 것은 아니고 거래관념상 동일성이 인정되면 족하다고 본다.

Ⅲ. 不單純引受의 효력

인수의 의사표시가 어음의 내용과 다른 경우를 부단순인수라 하며 각각의 법률관계는 다음과 같다.

(1) 어음금액의 일부에 한정하여 인수하는 경우(일부인수)도 어음법 제26조 제1항에 의하여 허용된다. 이 때 인수되지 않은 어음금액은 인수가 거절된 것으로 되어, 어음법 제43조 제2문 제1호에 의하여 상환청구가 행하여지게 된다. 초과인수, 즉 어음금액을 초과하여 인수를 한 때에는 어음금액의 한도에서 인수가 있는 것으로 보고 유효하게 취급하여야 할 것이다.

(2) 인수의 의사표시가 발행인에 의하여 결정된 어음의 기재사항과 다른 경우(예컨대 다른 지급지에 관한 인수 또는 다른 만기에 관한 인수)에는 인수를 거절한 것으로 간주된다(어음법 제26조 제2항 제1문). 이러한 의제는 이로 인해 소구가 개시된다는 데서 의미가 있다(어음법 제43조 제2문 제1호). 그러나 이 때에도 인수인은 자신이 한 의사표시의 내용에 따라서 책임을 진다(어음법 제26조 제2항 제2문). 따라서 인수인은 필요한 경우 발행인이 지시한 것과 다른 만기에 어음권리자에 대하여 책임을 질 수 있다.

(3) 이에 반하여 조건부인수의 법률효과는 분명하게 규정되어 있지 않다. 그러나 어음법 제26조 제1항 제1문에 의하여 인수는 무조건이어야 하므로, 인수에 조건이 부가되면 무효라고 해야 할 것이다. 인수가 무효로 되면 어음권리자는 기타의 어음채무자에 대하여 소구를 할 수 있다(어음법 제43조 제2문 제1호. 따라서 법률상 허용되지 않는 인수의 의사표시에 의한 인수는 인수의 거절이다). 반면 인수인은 그 조건이 성취되더라도 조건부의사표시상의 책임을 지지 않는다.

(4) 어음이 지급인의 주소에서 지급될 것인 때에는 인수인이 지급장소를 지정할 수 있다(어음법 제27조 제2항). 뿐만 아니라 인수인은 타지지급어음의 경우에는 아직

지정되지 않은 지급담당자를 정할 수 있다. 이를 기재하지 아니한 경우 인수인은 지급지에서 직접 지급할 의무를 부담하는 것으로 본다(어음법 제27조 제 1 항).

제 4 관 引受의 法律效果

Ⅰ. 引受의 效力

인수로 인해 지급인은 어음의 주채무자가 된다. 보통의 경우 인수인은 표창된 지급채무(어음금액; 이자는 예외적으로만: 어음법 제 5 조 제 1 항)를 이행하면 되지만, 만기에 지급하지 않는 경우에는 어음법 제28조 제 2 항에 의하여 소구금액의 전부(즉 어음금액, 이자, 비용, 보수; 어음법 제48조, 제49조)를 이행하여야 한다.

인수인은 발행인 기타 어음관계인에 대하여 어음상의 소구권을 갖지 않는다. 그러나 특히 호의인수에서처럼 특별한 약정 또는 특별한 사정이 있는 경우에는 채권법상의 보상청구권을 갖게 된다.

공동인수의 경우에는 각자가 인수인으로서 지급의무를 부담한다. 이는 합동책임(어음법 제47조)이지 연대책임은 아니기 때문에, 그 중 1인에 대한 인수제시는 다른 인수인에게 아무런 효력이 없다. 그러나 그 중 1인이라도 인수를 거절하면 어음소지인은 소구권을 행사할 수 있다. 물론 지급제시에 있어서는 전원의 거절이 있어야 소구권을 행사할 수 있다,

Ⅱ. 引受拒絕의 效力

지급인의 인수의 의사표시는 그의 자유에 맡겨져 있지만, 인수제시가 있으면 유예기간을 요청하지 않는 한, 즉시 인수를 할 것인지의 여부를 결정하여야 한다. 만일 지급인이 인수를 거절하면 지급인은 어음행위자가 아니므로 어음소지인에 대하여도 아무런 책임을 지지 않는다. 다만 어음법은 이러한 때에는 어음소지인이 만기까지 기다릴 필요 없이 곧바로 자기의 전자에게 소구권을 행사할 수 있도록 하였는데(어음법 제43조 제 2 문 제 1 호), 이것이 '인수거절로 인한 소구'이다. 인수거절로 인한 소구는 그 효과면에서 보면 완전히 지급거절로 인한 소구에 상응한다.

제 7 절 貨換어음

화환어음이란 어음상의 권리가 운송중에 있는 물품에 의하여 담보되어 있는 환어음으로서, 하환어음 또는 화부환어음이라고도 한다. 즉 화환어음이란 화물상환증이나 선하증권 등 운송증권이 첨부되어 있는 환어음으로서, 이것이 이용되는 경제적 목적으로 거래상 화환어음이라고 부르는 데 지나지 아니한다. 화환어음의 법적 성질은 보통의 환어음이지 어떠한 특수한 종류의 환어음이 따로 있는 것이 아니다.

화환어음 중에서 국내의 상품거래에서 이용되는 것을 내국화환어음이라고 하고, 국제거래의 결제를 위하여 발행되는 것을 외국앞화환어음이라고 한다. 화환어음은 주로 국제거래에서 이용되며, 내국인간에서 내국신용장에 의하여 화환어음이 발행되면 이 거래도 외국앞화환어음거래로 다루어진다.

제 8 절 換어음의 滿期와 支給

환어음의 지급은 만기에 지급인에 의하여 이루어지는 것이 보통이다. 그러나 지급인은 어음을 인수하여 인수인이 된 때에 한하여 어음의 주채무자가 되는 것이므로, 만약 어음을 인수하지 아니한 채 어음을 지급한 경우에는 어음의 주채무자로서 지급한 것이 아니라 어음상의 채무 없이 단순한 발행인의 위탁에 기하여 행한 것이 될 뿐이다.

제 1 관 履行期(支給의 時期)

어음법은 이행기 대신에 만기에 대하여 규정하고 있다. 어음은 만기에 지급을 청구할 수 있다. 만기라 함은 어음금액이 지급될 날로서 어음상에 기재된 날을 말하며, 만기일 또는 지급기일이라고도 한다. 일반적인 경우에는 만기가 이행기로 되지만, 만기가 법정휴일인 때에는 그에 이은 제 1 거래일이 이행기로 되고, 일람출급어음의 경우에는 지급제시된 때가 이행기로 된다.

(1) 보통은 일정한 일자(확정일출급어음) 또는 발행 후의 일정한 일자(발행일자후정

기출급어음)를 만기일로 한다. 또한 흔하지는 않지만 어음이 일람출급(일람출급어음)이나 일람 후 일정한 일자에 지급할 것(일람후정기출급어음)으로 발행될 수도 있다. 그러나 이상의 네 가지 만기일 이외의 것을 다른 만기일로 하는 것은 허용되지 않는다(어음법 제33조).

(2) 환어음의 만기가 법정휴일인 때에는 그에 이은 제 1 의 거래일에 지급을 청구할 수 있다(어음법 제72조 제 1 항 제 1 문). 이 점은 민법 제161조에 의하여도 마찬가지이다. 그러나 이른바 은혜일은 법률상이거나 재판상임을 불문하고 인정되지 않는다(어음법 제74조). 물론 이행기가 만기일과 항상 일치하는 것은 아니다. 왜냐하면 법률상 상환청구를 위한 거절증서의 작성은 만기에 이은 2거래일까지 가능하기 때문이다(어음법 제44조 제 3 항). 그러나 이것이 의미하는 바는 그때까지 어음채무자에게 유예기간이 주어져야 한다는 것뿐이다.

(3) 이와 같이 지급은 만기일에 행해지는 것이 원칙이지간, 현실적으로 어음의 지급을 연기할 필요성으로 인해 다음과 같은 지급연기 방법이 행해진다. 첫째, 어음상에 기재된 만기를 사후에 변경하는 방법이 있다. 그러나 이때에는 모든 어음관계자의 동의를 얻어야 한다. 왜냐하면 그 변경은 현재의 소지인의 이해뿐만 아니라, 소구의무자의 이해에도 영향을 미치기 때문이다. 따라서 만기일자의 변경에 동의하지 않은 어음당사자에 대하여는 만기의 변조가 된다.

(4) 둘째로 지급연기를 특약하는 경우로서, 가령 현재의 어음소지인과 인수인(약속어음의 경우 발행인) 사이에서 지급유예를 합의하는 경우가 그것이다. 소구권자도 어음채무자에 대하여 지급을 유예할 수 있다. 그렇지만 그러한 합의가 어음법상의 만기에 어떤 변화를 주는 것은 아니므로, 소구권을 취득하기 위한 거절증서의 작성을 어음상의 만기를 기준으로 하여야 한다. 다만 그와 같은 합의로 인하여 어음상의 채권자로부터 지급유예를 허락받은 채무자에게는 인적항변권이 인정된다.

(5) 셋째로 일상의 어음거래에서 행해지는 지급연기의 방법인 어음개서가 있다. 어음개서란 넓은 의미로는 기존의 어음을 여러 가지 목적(예: 파손된 어음의 교체, 어음의 병합 또는 분할)에서 새로운 어음을 발행하는 것을 뜻하지만, 좁은 의미로는 어음금의 지급을 연기하기 위해서 만기를 변경하여 새로운 어음을 발행하는 것을 뜻하며, 보통 어음의 주채무자와 어음소지인 사이의 합의에 의하여 행해진다. 후자의 의미로 발행된 어음을 개서어음 또는 정기어음이라고 부른다.

(6) 이상에서 살펴본 세 가지의 당사자 의사에 의한 지급연기방법 이외에도 법

률에 의해 지급이 연기되는 경우가 있다. 즉 전쟁·지진·경제공황 기타 전국 또는 일부 지방에 긴급사태가 발생한 때에는 법률에 의하여 어음채무의 지급이 유예되는데, 이 때에는 만기 자체가 연기되는 때와 만기는 연기되지 않고 제시기간 및 거절증서작성기간만이 연장되는 경우가 있다(어음법 제54조 제1항, 제77조 제1항 제4호).

(7) 만기 전의 어음금 지급은 제한된다. 즉 만기 전에 어음이 제시된 때에는 지급인으로서는 당연히 지급을 거절할 수 있고, 어음소지인으로서는 지급인이 지급을 하려고 해도 민법 제468조와는 달리 지급을 받을 의무가 없다(어음법 제40조 제1항, 제77조 제1항 제3호). 물론 어음소지인과 지급인이 만기 전의 어음금지급에 관해 합의한 때에는 그러하지 아니하며, 이러한 합의가 있더라도 그 지급은 전적으로 지급인의 위험부담으로 해야 한다(어음법 제40조 제2항). 만기 전의 지급을 이와 같이 제한한 이유는 어음소지인이 만기까지 어음을 유통시킬 수 있는 이익을 보호하려는 데 있다.

(8) 반면 지급제시기간이 경과한 후에 지급을 하는 이른바 만기 후의 지급과 관련해서 인수인은 어음상의 주채무자이므로 권리의 보전절차에 흠결이 있어도 어음채무가 시효로 소멸할 때까지는 어음금을 지급하여야 하며, 어음소지인은 소구의무자의 이익을 고려할 필요가 없으므로 일부지급을 거절할 수 있다. 만기 후이지만 지급제시기간 내에 행해지는 지급은 여기서 말하는 만기 후의 지급이 아니라, '만기에 있어서의 지급'에 해당한다.

제2관 支給을 위한 提示

Ⅰ. 支給提示의 필요성

어음의 지급은 지급제시를 전제요건으로 한다. 즉 다른 금전채무(민법 제467조 제2항)와는 달리 어음채무는 지참채무가 아니라 추심채무이다. 채무자로서는 어음을 제시받아야 비로소 어음소지인의 자격을 조사할 수 있다. 지급을 위한 제시는 인수를 위한 제시와 구별된다. 인수를 위한 제시는 그 목적이 다를 뿐만 아니라, 그 적용규정도 다르기 때문이다.

Ⅱ. 支給提示의 당사자

어음소지인은 어음을 반드시 직접 제시하여야 하는 것은 아니며, 대리인을 통해서도 할 수 있다. 피제시자는 약속어음의 발행인, 환어음의 지급인 또는 인수인과 그들의 대리인이다. 물론 환어음의 인수인이나 약속어음의 발행인 등 어음상의 주채무자에 대해서는 적법한 기간 내의 지급제시 없이도 어음금액을 청구할 수 있다(대판 1971. 7. 20, 71 다 1070; 대판 1981. 4. 14, 80 다 2695). 이것은 주채무자를 위한 어음보증인에 대해서도 마찬가지이다(대판 1988. 8. 9, 86 다카 1858).

Ⅲ. 支給提示의 시기

확정일출급어음·발행일자후정기출급어음 및 일람후정기출급어음에 있어서 지급을 위한 제시는 지급을 할 날(만기일 또는 만기일이 법정휴일인 때에는 이에 이은 제 1 의 거래일) 혹은 그에 이은 2거래일 내에 하여야 한다(어음법 제38조 제 1 항). 반면 일람출급어음의 지급을 위한 제시는 발행일로부터 1년 내에 하여야 한다(어음법 제34조 제 1 항).

제시기간을 준수하는 것은 여러 가지 측면에서 중요하다.

(1) 적법한 기간 내의 제시를 게을리하면 어음소지인은 그로 인해 또는 그와 관련된 거절증서작성의 해태로 인해 소구권을 상실한다(어음법 제53조 제 1 항). 이러한 사실은 거절증서의 작성이 면제된 경우에도 마찬가지이다(어음법 제46조 제 2 항). 이를 어음의 보전절차의 흠결이라 한다.

그러나 지급제시의 해태로 인하여 인수인에 대한 청구권은 상실되지 않는다. 다만 인수인은 지급제시기간 내에 지급을 위한 제시가 없어 지급의 기회를 갖지 못할 경우 어음소지인의 위험과 비용으로 어음금액을 공탁함으로써 책임을 면할 수 있다(어음법 제42조). 한편 적법한 지급제시가 없었다는 사실은 이를 원용하는 자가 주장·입증하여야 한다(대판 1984. 4. 10, 83 다카 1411; 대판 1985. 5. 28, 84 다카 24·25).

(2) 어음을 만기 전에 제시하더라도 어음소지인의 지급청구권은 인정되지 않는다. 왜냐하면 기한이 도래하지 않았기 때문이다. 그러나 지급인은 자기의 위험부담으로 만기 전에 지급할 수 있다(어음법 제40조 제 2 항). 이는 지급인이 무권리자에게 지급한 때에는 인수인으로서의 자신의 채무가 소멸되지 않음을 의미한다. 이 경우 배서의 연속에 의해 어음소지인이 형식적 자격을 갖추고 있더라도 지급인은 보호받지 못

한다. 따라서 어음은 만기 전에는 면책적 효력, 즉 채무자를 위한 자격수여적 효력을 갖지 못한다. 이러한 효력은 만기에 이르러 비로소 발생한다(어음법 제40조 제 3 항).

Ⅳ. 支給提示의 장소

(1) 어음면에 지급장소가 기재되어 있을 때에는 지급을 위한 제시는 지급장소에서 하여야 하며, 그곳에서 지급제시를 하지 않으면 제시로서의 효력이 없다. 만약 지급장소가 지급지 내에 있지 않을 때에는 지급장소의 기재자체가 무효이므로 어음소지인은 지급장소가 기재되어 있지 않은 때와 마찬가지로 지급지 내에 있는 지급인의 영업소·주소 또는 거소에서 지급제시를 하여야 한다.

(2) 지급장소가 어음면에 기재되어 있더라도 어음소지인과 지급인이 지급지 내의 다른 장소를 지급장소로 하기로 합의한 때에는 변경된 장소에서 지급제시를 할 수 있으며, 그 지급제시는 모든 어음관계자에 대해서도 유효하다.

(3) 실무상 어음의 지급제시는 어음교환소를 통해 행해지는 것이 보통이다. 어음법상으로도 어음교환소에서의 환어음의 제시는 지급을 위한 제시로서의 효력이 있다(제38조 제 2 항). 어음교환소는 법무부장관이 지정한다(제83조).

Ⅴ. 支給提示의 방법

(1) 지급제시는 완성된 어음으로 피제시자에 대하여 현실로 하여야 한다. 따라서 어음의 등본이나 보충 전의 백지어음에 의한 제시는 무효이다(대판 1970. 3. 10, 69 다 2184; 대판 1971. 1. 26, 70 다 602). 어음을 상실한 자는 제권판결을 받아야 적법한 제시를 할 수 있다. 지급제시는 지급인의 지급거절이 명백한 경우에도 하여야 한다.

(2) 지급제시가 불가능한 경우나 무의미한 때에는 현실의 제시가 없어도 지급제시로서의 효력이 인정된다. 따라서 피제시자가 지급장소나 지급인의 영업소 또는 주소지에 없거나, 지급장소가 불명한 때(이 때에는 어음소지인이 필요한 조치, 예컨대 제시불능의 공증과 같은 조치를 취해야 할 것이다), 지급장소로 기재된 은행이 어음을 소지한 때, 지급인이 어음소지인에 대해 만기일에 지급장소에서 일부지급을 한 때, 재판상의 청구에 있어서 소장 또는 지급명령의 송달이 있는 때에는 지급장소와 동일한 효력이 있다(대판 1970. 7. 24, 70 다 965).

제 3 관 支給의 목적물과 방법

(1) 지급은 일정액의 금액으로 하여야 한다. 어음금액이 우리나라의 통화로 표시된 때에는 통화의 종류가 지정되지 않는 한 각종의 내국통화로 지급인의 선택에 따라 지급할 수 있다(민법 제377조 제 1 항). 통화의 종류가 지정된 경우 그 통화가 변제기에 강제통용력을 잃은 때에는 다른 통화로 지급하여야 한다(민법 제376조).

(2) 어음금액이 외국통화로 기재된 때에는 특정 외국통화에 의해 지급해야 한다는 외국통화현실지급문구가 기재되어 있는 경우(어음법 제41조 제 3 항, 제77조 제 1 항 제 3 호)를 제외하고 내국통화로 환산하여 지급할 수 있다. 이 때의 환산율은 어음에 그 기재가 있는 때에는 그것에 따르고 그렇지 않을 때에는 만기에 있어서 지급지의 환시세에 따르며, 지급을 지체한 때에는 어음소지인의 선택에 따라 만기의 날 또는 지급의 날의 환시세에 의하여 지급을 청구할 수 있다(어음법 제41조 제 1 항). 이것은 지급인이 환차익을 임의로 갖지 못하도록 하기 위해서 마련된 규정이다. 발행국의 통화와 지급국의 통화가 동명이가(同名異價)인 경우(예: 홍콩의 달러와 미국의 달러)에는 어음금액은 지급지의 통화에 의하여 정한 것으로 추정한다(어음법 제41조 제 4 항).

(3) 지급인이 권리자에게 어음금액을 지급하거나 제40조 제 3 항에 의하여 면책적으로 무권리자에게 지급하면 어음법 제28조 제 1 항의 어음주채무에 의한 이행으로서의 효력이 있다. 지급이 적시에 행하여지면 소구권이 성립될 수 없다. 왜냐하면 지급의 흠결이라는 요건이 존재하지 않기 때문이다(어음법 제43조 제 1 문). 지급이 지체되어 거절증서작성 이후에 행해지더라도 이미 성립된 소구권은 소멸한다.

지급은 민법 제469조에 의하여 제 3 자에 의하여도 할 수 있다. 그러나 소구의무자가 지급인을 대신하여 지급하였다면(자기 자신의 소구권도 상실되는 효과와 함께) 특약이 없는 한 소구의무자는 지급인의 급부의무를 이행한 것이 아니라, 자기의 소구의무에 대하여 지급한 것으로 보아야 할 것이다.

(4) 이행대용방법(상계·공탁·면제 등)에 의한 이행도 이행으로서의 효력이 있다(대판 1991. 4. 9, 91 다 2892; 대판 1976. 4. 27, 75 다 739).

면제에 있어서는 지급인만을 면제해 주는 경우를 생각해 볼 수 있다. 그러나 그 경우에 면제는 진정한 의미의 면제가 아니며, 지급인 대신 청구받은 소구의무자에 대하여 지급인은 계속해서 책임을 부담한다.

(5) 소지인은 일부지급을 거부할 수 없다. 왜냐하면 소지인으로서는 지급되지 아

니한 부분에 대해서는 다시 소구할 수 있을 뿐만 아니라, 소구의무자로서는 지급된 부분에 대한 상환의무를 면할 수 있기 때문이다. 소지인이 일부지급을 거절한 때에는 그 부분에 대한 소구권을 상실한다. 지급인은 일부지급을 어음에 기재하고 또 일부지급에 대한 영수증을 교부할 것을 요구할 수 있다(어음법 제39조 제3항). 그러나 지급인은 일부지급을 하여도 소지인에 대하여 어음의 교부를 청구할 수 없다.

(6) 지급인은 영수여부를 기재한 어음을 교부받은 때에 비로소 완전한 지급을 할 수 있다(어음법 제39조 제1항). 왜냐하면 그렇게 하여야 지급인은 (이미 지급되어 소멸한) 어음의 취득자에 의하여 다시 청구를 받는 위험을 피할 수 있기 때문이다. 이는 강제집행의 경우에도 마찬가지이다.

만약 어음을 환수받지 아니한 경우에는 어음의 취득자에게 변제의 항변을 할 수 없다. 물론 거절증서작성기간경과 전의 배서에 의해서 어음을 취득한 자에 대해서만 변제의 항변배제가 고려된다. 그러므로 통상의 지명채권양도의 효력만을 가지는 이른바 기한후배서에 대해서는 변제의 항변이 가능하다.

(7) 면책적인 지급을 함으로써 어음에 대한 소유권은 지급인에게 이전된다.

(8) 지급인에 의한 어음채무의 지급은 보통의 경우 어음발행의 원인이 되는 채무관계에 대하여도 효력을 마친다. 대개는 지급에 의하여 일정한 채무에 대한 이행을 위하여 그때 그때마다 인수인·발행인 또는 배서인으로부터 어음이 교부되었던 모든 채무관계가 종결된다.

제4관 支給의 효과와 어음債務者의 免責

Ⅰ. 支給의 효과

유효한 지급에 의하여 어음은 그 본래의 역할을 다한 것이 되어, 어음장의 권리는 모두 소멸한다.

Ⅱ. 어음債務者의 免責

어음채무자는 원칙적으로 어음상의 권리자 또는 이로부터 지급수령의 권한을 수여받은 자에게 지급하지 않으면 안 되고 그 이외의 자, 예컨대 어음의 절취자·습득자 기타 권리자로부터 지급수령의 권한을 수여받지 아니한 자에게 지급하여도 그 지급은 무효이므로 권리자에 대한 지급의무를 면하지 못한다. 그러나 어음채무자는 지급시마다 어음의 지급을 청구하는 자가 진정한 권리자 또는 그 자로부터 권한을 수여받은 자인가의 여부를 언제나 정확하게 판단할 수는 없다. 그런데 어음채무자가 어음의 지급을 받을 권한이 있는 자 이외의 자에게 지급한 경우에 항상 면책되지 않는다고 한다면, 이는 어음채무자에게 가혹하고 동시에 어음의 원활한 유통은 저해된다.

이러한 이유에서 어음채무자가 진정한 권리자 또는 이로부터 권한을 수여받은 자 이외의 자에게 지급한 경우에도 어음채무자를 면책시킬 필요가 있다. 문제는 어떠한 경우에 어떠한 조건이 충족되어야 면책의 효과가 발생하느냐 하는 것이다.

1. 滿期에 있어서의 支給

어음법 제40조 제 3 항은 "만기에 지급하는 지급인은 사기 또는 중대한 과실이 없으면 책임을 면하고, 지급인은 배서의 연속의 정부를 조사할 의무가 있으나 배서인의 기명날인 또는 서명을 조사할 의무는 없다"고 규정하고 있다.

(1) "滿期에 支給하는"의 의미

어음법 제40조 제 3 항은 만기에 지급하는 경우에 관해 규정하고 있는데, 이 규정은 제 2 항의 만기 전에 지급하는 경우와 대비되는 것이므로 결국 지급의무에 기하여 지급하는 경우를 말한다고 본다. 따라서 단지 만기에 하는 지급뿐만 아니라, 지급제시기간 내의 지급, 나아가 지급제시기간경과 후의 지급에도 어음법 제40조 제 3 항이 적용된다고 할 것이다.

그리고 만기 전의 소구의 경우에는, 그것이 비록 만기 전에 있어서의 지급이지만, 소구의무자에게 이미 지급의무가 발생하고 있으므로 소구의무자의 면책에 관해서는 만기 후의 지급과 마찬가지로 취급되어야 하고 따라서 이 경우 소구의무자의 지급에는 제 2 항이 아니라, 제 3 항이 적용된다고 본다.

(2) "支給人"의 의미

제 3 항에서 말하는 지급인에는 환어음의 인수인(약속어음의 경우 발행인)이 이에 해당함은 당연하고, 소구의무자도 이에 포함된다. 나아가 지급담당자(수표의 지급담당자도 마찬가지이다)에게도 이 조항이 유추적용된다고 할 것이다. 왜냐하면 위의 지급담당자와 지급인은 지급의무를 부담하는 주채무자로부터 지급을 위탁받은 대리인의 지위

에 있기 때문이다.

(3) "責任을 免한다"의 의미

책임을 면한다고 하는 의미는 지급하는 자가 누구인가에 따라 달라진다. 지급하는 자가 환어음의 인수인(약속어음의 발행인도 마찬가지이다)인 때에는, 그 지급에 의하여 자기뿐만 아니라, 모든 어음채무자가 진정한 권리자에 대하여 부담하는 어음상의 채무가 소멸한다는 것을 의미한다. 지급하는 자가 소구의무자인 때에는, 자신과 그 후자인 어음채무자가 진정한 권리자에 대하여 부담하는 어음상의 채무가 소멸한다는 것을 의미한다. 이에 대하여 지급담당자(환어음·수표의 지급인도 마찬가지이다)는 어음상의 채무를 부담하지 않으므로 자신의 어음상의 채무가 소멸하는가는 문제되지 않지만, 인수인 기타 모든 어음채무자가 진정한 권리자에 대하여 부담하는 어음상의 채무가 소멸하고 그 결과 지급담당자는 그 지급의 효과를 인수인의 계산으로 돌릴 수 있다(실무상으로는 지급담당자가 인수인의 거래은행인 경우에 인수인의 당좌예금에서 어음금액을 인출할 수 있다)는 것을 의미한다.

(4) 免責되는 支給의 相對方의 범위

어음채무자(이하에는 지급담당자를 포함하는 의미로 사용한다)가 만기에 배서의 연속이 있는 어음소지인(어음의 상실자로서 제권판결을 얻은 자도 포함한다)에게 지급하는 경우에 사기 또는 중대한 과실이 없는 경우, 그 지급은 유효하고 어음채무자는 책임을 면한다.

(5) "詐欺 또는 중대한 過失"의 의미

어음채무자가 책임을 면하기 위해서는 지급시에 사기 또는 중대한 과실이 없어야 한다. 즉 1) 어음의 지급청구자가 무권리자라는 것, 2) 최후의 피배서인과 어음을 소지한 지급청구자가 동일인이 아니라는 것, 3) 어음소지인의 대리인임을 주장하는 지급청구자가 어음소지인으로부터 대리권을 수여받지 않았다는 것 또는 4) 어음소지인이 파산 등의 이유로 지급수령권한을 상실하였다는 것 등을 모르는 데에 있어서 사기 또는 중대한 과실이 없이 지급하였어야 한다.

여기서 사기라 함은 어음채무자가 위의 사실을 아는 것만으로는 부족하고 더 나아가 이 사실을 쉽게 증명하여 지급을 거절할 수 있음에도 불구하고 고의로 지급하는 것을 의미하고, 중대한 과실이란 위의 사실을 쉽게 증명하여 지급을 거절할 수 있음에도 불구하고 이를 거절하지 않은 것에 관해 중대한 과실이 있는 것(그러한 증명방법이 있음을 중대한 과실로 인하여 알지 못한 경우와 그 증명방법을 알고 있었으나 중대한 과실로 지급해 버린 경우를 포함한다)을 의미한다는 것이 통설이다.

(6) 背書의 連續이 흠결된 경우

어음채무자의 면책에 관한 어음법 제40조 제 3 항의 규정은 배서의 연속이 있는 어음소지인의 형식적 자격을 기초로 하는 제도이기 때문에 배서의 연속이 있는 어음의 소지인(어음상실자로서 제권판결을 얻은 자를 포함한다)에 대하여 지급하여야 책임을 면할 수 있다.

문제는 어음상의 배서의 연속이 흠결된 경우에 이 조항에 의한 면책이 전혀 인정되지 않는다고 해석할 것인가, 아니면 배서의 연속이 흠결된 부분에 관해 실질적 권리이전의 증명이 있으면 면책이 인정된다고 해석할 것인가 하는 것이다. 선의취득에 있어서도 어음소지인이 그 부분의 실질적 권리의 이전을 증명하면 선의취득을 인정하고 있는 이상 어음채무자의 면책의 경우에도 이를 인정하여, 그 증명이 있는 한 어음채무자는 유효한 지급을 할 수 있고 따라서 면책의 이익을 누릴 수 있다고 풀이하여야 한다.

(7) 僞造 · 變造어음의 支給과 免責

위조 · 변조의 사실을 식별함에 있어서, 지급인에게 고의 · 과실이 없는 경우에 지급인과 피위조자 가운데 누구에게 그 손실을 부담시킬 것인가가 문제된다. 이 경우 어음법 제40조 제 3 항의 지급면책은 어음 자체가 유효한 것을 전제로 하고 있으므로, 특약이 없는 한 위조어음에 관하여는 지급자가 그 손실을 부담하여야 할 것이다.

2. 滿期 전에 있어서의 支給

(1) 滿期 전에 支給하는 경우

만기 전에는 어음채무자는 어음금을 지급할 필요가 없을 뿐만 아니라(소구의무자에 대한 만기 전의 소구의 경우는 다르다), 어음소지인도 어음법 제40조 제 1 항에 따라서 지급을 받을 의무가 없다. 그 이유는 어음소지인은 만기까지 어음을 유통시키는 것에 이익을 갖기 때문이다. 따라서 만기 전에 지급되기 위해서는 어음채무자와 어음소지인 사이에 이에 관한 합의가 있어야 한다.

(2) 滿期 전의 支給에 의한 免責

어음법 제40조 제 2 항은 만기 전에 지급을 하는 지급인은 자기의 위험부담으로 하는 것으로 한다고 규정하고 있다. 약속어음의 발행인은 지급인에 포함되지만(어음법 제77조 제 1 항 제 3 호), 만기 전의 소구의 경우에 있어서 소구의무자에 대해서는 이 조항이 적용되지 않는다. 자기의 위험부담으로 지급한다는 것은 지급의 상대방이 지급을 받을 권리 내지 권한이 없는 자인 경우에는 지급을 받아야 할 자에 대하여 다시 지급하여야 한다는 것이고, 결국 면책의 효과가 발생하지 않는다는 것이다.

제 9 절 換어음의 遡求

제 1 관 遡求의 의의

소구 또는 상환청구라 함은 만기에 어음금의 지급이 거절되거나 또는 만기시에 지급의 가능성이 현저하게 불확실하게 된 때에 어음소지인이 자기의 전자, 즉 발행인과 배서인에 대하여 어음금과 기타 비용의 지급을 청구하는 것을 말한다.

이 소구제도는 어음의 대가관계를 고려하여 어음의 유통을 보호하기 위해 마련된 것으로 매도인의 하자담보책임과 같은 취지를 어음법적으로 일반화 내지 엄격화 한 것이라고 할 수 있다.

우리나라의 어음법은 지급거절의 경우는 물론이고 만기 전의 인수거절의 경우에도 소구권을 인정하고 있다.

제 2 관 遡求의 당사자

I. 遡求權者

소구를 할 수 있는 자는 어음의 최후의 적법한 소지인(어음법 제43조)과 소구의무를 이행하고 어음을 환수하여 새로이 소지인이 된 자이다(어음법 제47조 제 3 항). 후자에는 소구의무를 이행한 배서인(담보배서의 배서인도 포함)(어음법 제49조)·보증인(어음법 제32조 제 3 항)과 참가지급인(어음법 제63조 제 1 항) 및 어음채무를 변제한 무권대리인(어음법 제8조) 등이 해당한다. 그 밖에 소구권자의 상속인이나 채권양수인 및 대위변제에 의한 채권자의 대위자도 소구권자가 된다.

그러나 소구의무자가 아니면서 어음을 환수한 자, 즉 소구의무 없는 무담보배서를 한 배서인이나 법정기간 내에 거절증서를 작성하지 않은 소지인에게서 어음을 환수한 자는 소구권이 없다. 또한 백지식배서에 의해 어음을 취득한 자가 단순한 교부를 통해 어음을 양도한 뒤 다시 어음을 환수한 때에도 그 어음의 환수자는 소구권이 없다(대판 1990. 10. 26, 90 다카 9435).

또한 소구권은 지명채권양도의 방법으로도 양도가 가능하다.

Ⅱ. 遡求義務者

소구의무를 지는 자는 어음의 배서인(어음법 제15조 제1항)·보증인(어음법 제32조 제1항)과 환어음의 발행인(어음법 제9조 제1항)이다. 환어음의 인수인은 주채무자이고 소구의무자가 아니다. 예외적으로 무권대리인도 소구의무자가 될 수 있다(어음법 제8조).

배서인 중에서 무담보배서인·추심위임배서인·기한후배서를 한 배서인은 담보책임을 지지 않으므로 소구의무자가 아니며, 배서금지배서를 한 배서인은 자기의 직접의 후자인 피배서인에게만 소구의무를 지고 그 후의 어음취득자에 대하여는 소구의무를 지지 않는다(어음법 제15조 제2항). 또한 백지식배서를 통해 어음을 양도받은 후 단순한 교부만으로 그 어음을 양도한 자도 소구의무가 없다.

제3관 遡求의 요건

어음행위에 의하여 발행인(어음법 제9조), 배서인(어음법 제15조) 및 어음보증인(어음법 제32조 제1항)은 지급인을 위하여 보조적으로 담보책임을 진다. 이들의 담보책임은 무조건으로 이행되어야 하는 것은 아니다. 즉 이들이 담보책임을 지기 위해서는 형식적 요건과 함께 실질적 요건이 충족되어야 한다.

Ⅰ. 遡求의 실질적 요건

(1) 지급거절로 인한 소구는 어음소지인이 지급제시기간 내에 적법한 지급제시를 하였으나 지급인이 만기에 지급하지 않은 경우에 있게 된다(어음법 제43조 제1문). 적법한 지급제시가 있어야 하므로 지급제시를 할 수 있는 자가 지급제시기간 내에 지급제시장소에서 완성된 어음을 현실로 제시하여야 한다.

따라서 백지를 보충하지 않고 지급제시한 때에는 지급제시기간 내에 백지를 보충하여 다시 지급제시를 하지 않으면 소구권을 상실한다(대판 1979. 8. 14, 79 다 1189; 대판 1991. 4. 23, 90 다카 7958).

(2) 인수거절로 인한 소구는 인수를 위한 제시가 금지되지 않는 한, 지급인이 어음의 인수를 전부 또는 일부거절하는 경우에 있게 된다(어음법 제43조 제2문 제1호).

(3) 담보의 하자로 인한 소구는 인수인·지급인 또는 인수가 금지된 경우에는 발행인의 재산상태가 악화된 경우에 가능하다. 즉 인수인 또는 인수를 하지 않은 지급인의 파산, 그 지급정지 또는 그 재산에 대한 강제집행이 주효하지 않은 경우(어음법 제43조 제2문 제2호)와 인수의 제시를 금지한 어음의 발행인이 파산한 경우(어음법 제43조 제2문 제3호)에 소구가 가능하다.

지급정지란 지급불능을 추정하게 하는 징표로 채무자의 지급불능을 외부에서 인식할 수 있도록 하는 행위를 말한다. 그 사실의 유무는 파산법상의 지급정지(파산법 제116조 제2항)를 표준으로 하여 판단하게 되는데 채무자가 적극적으로 그러한 취지를 표명한 경우뿐만 아니라, 이를 추측케 하는 행위를 한 경우도 포함된다(대판 1984. 7. 10, 84 다카 424·425).

Ⅱ. 遡求의 형식적 요건

1. 拒絕證書의 작성

인수거절로 인한 소구 및 지급거절로 인한 소구는 원칙으로 이른바 거절증서의 작성을 요건으로 한다(어음법 제44조 제1항). 이에 관하여는 "거절증서 없이는 소구 없다"라는 법언이 잘 알려져 있다.

거절증서란 소구에 관한 중요한 일정한 사실을 기재한 공정증서이다. 그 가장 중요한 종류로는 인수거절증서와 지급거절증서가 있다. 이 두 가지 거절증서 이외에도 법률상 다른 종류의 거절증서가 규정되어 있으며, 이에는 일람후정기출급어음에 있어서 인수의사표시의 일자기재가 없는 거절증서(어음법 제25조 제 2 항), 인수를 위하여 복본이 발행된 경우에 인수복본반환거절증서(어음법 제66조 제 2 항) 및 등본이 작성된 경우에 원본반환거절증서(어음법 제68조 제 2 항)가 있다.

지급인 · 인수인 또는 인수제시금지어음의 발행인이 파산선고를 받은 경우에는 파산결정서(어음법 제44조 제 6 항), 그리고 회생절차의 개시가 있은 때에는 회생절차개시결정서(채무자 회생 및 파산에 관한 법률 제49조)만을 제시하면 되고 소구의 형식적 요건으로서의 거절증서의 작성을 요하지 않는다. 왜냐하면 이러한 결정서들만으로도 그 지급불능을 충분히 증명할 수 있기 때문이다.

2. 拒絕證書의 작성기간

거절증서가 적시에 작성된 경우에만 소구가 가능하다. 따라서 거절증서의 작성기간은 준수되어야만 한다.

(1) 인수거절증서는 특별한 인수의 기간이 정해져 있을 때에는 이 기간 내에 작성되어야 한다. 다만, 제시기간 말일에 제 1 의 제시가 있을 때에는 예외적으로 1일의 연장이 가능하다(어음법 제44조 제 2 항).

(2) 지급거절증서는 확정일출급어음 · 발행일자후정기출급어음 및 일람후정기출급어음의 경우, 만기일에 이은 2거래일 내에 작성시켜야 한다(어음법 제44조 제 3 항 제 1 문). 따라서 소지인은 이러한 2거래일 내에 최초로 어음을 제시하여도 된다. 지급인이 지급을 거절한 경우에는 즉시 거질증서를 작성하여야 한다. 소지인은 지급이 어렵다고 판단되는 경우에 이러한 절차를 곧 행할 수 있다.

지급일이 확정되어 있지 않은 일람출급어음의 경우에는 지급거절증서는 발행일자로부터 1년이라는 제시기간(어음법 제34조 제 1 항) 내에 작성되어야 한다. 최초의 제시가 이 기간 말일에 있을 경우에는 그에 이은 제 1 거래일어도 거절증서를 작성할 수 있다(어음법 제44조 제 3 항 제 2 문).

(3) 인수거절증서가 작성된 경우에는 지급을 위한 제시나 지급거절증서의 작성을 요하지 않는다(어음법 제44조 제 4 항). 왜냐하면 인수거절로 인한 소구가 이미 개시되어 불필요한 비용만을 부담하기 때문이다.

(4) 인수거절증서 또는 지급거절증서가 적시에 작성되지 않은 때에는 이에 상응하는 소구권이 상실된다(어음법 제53조 제 1 항 제 2 호). 인수거절증서의 작성을 게을리

한 경우에도(적시의 지급거절증서 작성에 의하여) 지급거절로 인한 소구는 할 수 있다. 그러나 일람후정기출급환어음의 경우(어음법 제23조)와, 인수를 위한 제시가 명령된 경우(어음법 제22조)에는 그렇지 않다.

물론 지급거절증서 작성기간의 해태 등의 이유로 소구권이 상실되더라도 인수인에 대한 청구권은 아무런 영향을 받지 않는다(어음법 제53조 제1항).

3. 拒絕證書作成의 면제

거절증서의 작성은 어음상의 기재로써 면제될 수 있다. 면제는 어음 자체에 '무비용 상환', '거절증서불요'의 문자 또는 이와 동일한 의의가 있는 문언을 기재하고 기명날인 또는 서명하는 방식으로 한다(어음법 제46조 제1항). 그런데 어음의 배서란에 위의 문언이 있으면 배서인이 위 문언에 따로 기명날인 또는 서명을 하지 아니하여도 배서인의 배서의 기명날인 또는 서명만 있으면 위 작성면제의 기명날인 또는 서명도 겸하는 것으로 볼 것이다(대판 1962. 6. 14, 62 다 171).

그리고 거절증서 작성면제의 기재가 어음에 부동문자로 인쇄되어 있는 경우에도 면제의 방법으로 유효하다(대판 1959. 10. 22, 4291 민상 870).

이 때 소구는 거절증서 없이 개시되고, 거절증서작성의 면제가 발행인에 의하여 행하여진 경우에는 모든 소구의무자에 대하여 그 효력이 있다(이에 대한 자세한 내용과 거절증서작성의 면제에 의한 비용절감의 범위에 관하여는 어음법 제46조 제3항을 참조).

거절증서작성의 면제가 적시의 어음의 제시를 면제하는 것은 아니므로, 유효한 소구를 하기 위해서는 적시에 어음을 제시하여야 하지만, 다만 이 때 거절증서작성이 면제되어 있으면, 적시의 제시에 관한 소구권자의 입증책임이 면제되는 것이다(어음법 제46조 제2항). 즉 거절증서의 작성면제가 있으면 법정기간 내에 지급제시가 있는 것으로 추정되는 효과가 있으므로, 기간의 부준수는 이를 주장하는 자가 입증하여야 한다(대판 1985. 5. 28, 84 다카 24·25).

제4관 遡求의 내용 및 절차

Ⅰ. 通知義務

소지인은 소구권을 행사하기 위하여 발행인과 자기의 전자에게 통지하여야 하며, 이 통지의무는 배서의 연속에 따라서 그 전자에게 점차적으로 소급하여 행하여진다. 소구의 통지는 소구의 요건은 아니기 때문에 이를 게을리하여도 소구권을 상실하지는 않으나, 다만 과실로 인하여 손해가 발생한 때에는 어음금액의 한도 내에서 손해배상책임을 진다(어음법 제45조 제 6 항).

이 때의 통지는 각 기간 내에 발송하면 족하고 상대방에게 도달하여야 하는 것은 아니다. 왜냐하면 도달을 요구하는 경우에는 수령자의 주소까지의 거리에 따라 통지기간이 좌우되어 불합리하기 때문이다.

Ⅱ. 合同責任

각 소구의무자는 어음소지인에 대하여 합동채무자로서 책임을 지며, 이에는 소구의무자가 아닌 인수인도 마찬가지로 책임을 진다(어음법 제47조 제 1 항). 따라서 소구권자는 그들 모두에게 또는 그들 일부에게 또는 그들 중 각자에 대하여 소구금액 전액에 대하여 청구할 수 있으며, 여기에는 일정한 순서가 없다(비약적 소구). 어음법 제47조 제 2 항에서도 이를 명기하고 있지만 이는 당연한 것이라 할 수 있다. 소구권자는 변제를 받을 때까지는 이미 청구를 받은 자의 후자에 대해서도 소구권을 행사할 수 있다(어음법 제47조 제 4 항). 소구의무자들은 내부관계에 있어서 모두 동일한 위치에 있는 것이 아니라, 상호 종속되어 있기 때문에, 연대채무에 관한 민법 규정이 무제한으로 적용될 수는 없다(대판 1989. 2. 28, 87 다카 1356).

즉 어음상의 합동책임에서는 소구의무자가 모두 각자 그의 후자에 대해서만 책임이 있고, 따라서 발행인은 모두에게 대해서 책임이 있고, 최후의 피배서인은 모두에게 소구권을 행사할 수 있다.

소구의무자의 지급은 그와 그의 후자를 면책시킨다.

Ⅲ. 遡求의 내용

소구는 소구금액을 지급받을 것을 목적으로 한다. 따라서 소구는 항상 지급을 위한 도구이며, 소구권자가 어떠한 실질적 근거에 따라 소구권을 행사한 것인가는 전혀 문제가 되지 않는다.

Ⅳ. 遡求金額

(1) 최초의 소구에 있어서 소구금액은 어음금액에 이자, 거절증서비용, 통지의 비용 및 기타의 비용을 포함한다(어음법 제48조 제1항 참조). 이자는 그 기재가 있는 경우에 청구할 수 있으며, 만기 후에는 연 6분의 이율에 의한 이자를 청구할 수 있다(어음법 제48조 제1항 제1호·제2호). 약속어음의 발행인은 소구의무를 지는 자는 아니지만, 약속어음의 소지인이 발행인에 대하여 어음금을 청구하는 경우에도 연 6분의 만기 이후의 이자를 청구할 수 있다(대판 1965. 9. 7, 65 다 1139).

만기 전의 소구(따라서 인수거절로 인한 소구 또는 담보의 하자로 인한 소구)에 있어서는 중간이자(할인료)를 어음금액에서 공제한다(어음법 제48조 제2항).

(2) 재소구에 있어서는 어음을 환수한 자가 그 전자에 대하여 이미 지급한 전소구금액에 다시 이자와 비용을 가산한다(어음법 제49조). 이에 따라서 소구가 여러 단계를 거친 경우에는 소구금액이 원래의 어음금보다 훨씬 증가하게 된다.

Ⅴ. 還 受 權

각 소구의무자는 자기가 환수권을 행사함으로써 소구금액의 증가를 피할 수 있다(어음법 제50조 제1항). 따라서 소구의무자는 소구가 자기에게 달할 때까지 기다릴 필요가 없다. 물론 이러한 환수권의 행사는 그가 어음의 소지인을 알고 있을 때에만 가능하다. 이러한 의미에서 소구의 통지의무는 중요한 의의가 있다.

Ⅵ. 引受人의 責任

인수인은 소구의무자가 아니라, 어음의 주채무자이다. 인수인에 대한 청구권행사는 소구요건의 존부에 영향받지 않으며(어음법 제53조 제1항) 또한 인수인은 언제든지 소구의무자와 함께 피청구인이 된다(어음법 제47조 제1항). 소구의 경우에 인수인은 어음소지인과 피배서인에게는 물론이고 발행인에 대하여도 책임을 진다. 이 때 인수인은 어음금액에 그치지 않고, 전소구금액에 대하여 책임을 진다(어음법 제28조 제2항).

제5관 어음의 逆行(再遡求)

어음의 전소지인에 대하여 소구가 진행되면 이른바 '어음의 역행'이 있게 된다. 어음의 역행은 어음의 수취인에게 이르기까지 배서의 연속에 따라 역으로 있게 되며, 다시 어음의 수취인에 의하여 발행인에게까지 소급될 수 있다. 하지만 이른바 '비약적 소구'가 있게 되면 이 절차는 단축될 수도 있다. 소구절차 이외의 방법, 예컨대 환배서 등에 의해 어음을 재취득하는 경우에는 어음의 역행이란 있을 수 없다. 지급과 상환으로 어음을 환수한 자는 거절증서, 영수를 증명하는 계산서와 그 어음의 교부를 청구할 수 있다(어음법 제50조 제1항). 환수자는 자기로부터 이루어진 모든 배서, 즉 자기와 자기의 후자에 의하여 행하여진 모든 배서를 말소함으로써 자기의 형식적 자격을 원칙적으로 다시 얻을 수 있다(어음법 제50조 제2항). 왜냐하면 환수자는 그의 전자에 대해서만 청구할 수 있으므로 자기 이후의 배서들은 그에게 아무런 소용이 없기 때문이다. 자기가 어음상의 권리자라는 입증에는 영수를 증명하는 계산서와 단순한 어음의 소지만으로 족하다.

소구의무를 이행한 재소구권자의 권리취득을 어떻게 설명할 것인가와 관련하여 견해의 대립이 있다. 먼저 권리회복설에 의하면 재소구권자가 소구의무를 이행하고 재소구권을 취득하는 것은 재소구권자가 원래 그전에 소지인이었던 지위를 회복하는 것이라고 한다. 그리하여 과거의 그에 대해 존재했던 인적항변이 되살아나고 재소구의무자는 원소구권자에 대한 인적항변으로 재소구권자에게 대항하지 못한다. 이에 대하여 권리재취득설에 의하면 소구의무를 이행할 때에 법률의 규정에 의해 재소구권자가 어음·수표상 권리를 재취득하는 것이라고 한다. 최근의 통설의 입장(가령, 김정호, 「상법강의」(하), 2000, 329쪽; 정찬형, 「어음·수표법강의」(제5판), 2004, 583쪽 등)이다. 이 설은 소구의무를 이행한 재소구권자가 원소구권자의 주채무자에 대한 권리를 취득하는 것을 쉽게 설명할 수 있는 장점이 있다. 이에 의하면 재소구권자는 전자의 인적항변의 대항을 받지 않는 것으로 해석하는 것이 일응은 자연스럽다. 더 나아가 재소구권자의 후자에게 대항할 수 있었던 항변으로 재소구권자가 대항을 받는가의 문제가 있다. 이에 대해 후자에 대한 인적항변은 재소구권자에게 해의가 없는 한 절단된다고 보는 견해(채이식, 「상법강의」(하), 1992, 168쪽)도 있고, 재소구권자의 선의·악의에 관계없이 절단된다고 보는 견해(정동윤, 「어음·수표법」(제4정판), 1996, 568~569쪽)도 있다. 결국 배서의 법적 성질을 채권양도로 해석하는 한, 권리재취득설이 타당하다. 그리고 전자의 항변의 대항을 받지 않는 것이 아닌가 하는 문제와 관련하여서는 대항을 받지 않는다는 주장은 타당하지 않고, 이 경우에도 꼭 구지위를 회복하지 않는다고 하더라도 전자의 항변의 대항을 받는다고 해석하는 것이 오히려 합리적이다. 그리고 이 경우에도 재소구권자의 후자에 대한 항변은 그의 선·악의에 관계없이 재소구의무자로부터 대항을 받지 않는다고 보는 것이 옳다. 소구에 응하여 어음을 환수하는 것은 어찌보면 자유로운 임의의사에 의한 것이라기보다는 소구의무의 이행에 의한 각제적인 것으로 평가하여야 하기 때문이다.

제10절 換어음의 保證 및 參加

발행인, 지급인, 수취인 및 배서인으로 구성되는 어음관계자의 통상적인 범위는 어음보증과 참가에 의하여 확대될 수 있다. 이하에서는 몇 가지 기본 구조만을 설명한다.

제 1 관 어음保證

I. 어음保證의 의의

어음보증의 목적은 어음금지급을 담보하는 데 있다(어음법 제30조 제 1 항). 이 때 어음보증인은 어음에 대해 일반적으로 보증하는 것이 아니라, 어음관계자 중 1인을 보증하는 것이다(대판 1981. 10. 31, 81 다 726, 81 다카 90; 대판 1994. 8. 12, 94 다 14186).

어음보증제도는 실무에서 잘 이용되고 있지 않음에도 불구하고 가끔 이를 다루고 있는 판례를 볼 수 있다. 어음보증 대신에 담보배서가 많이 이용되는데, 이는 담보배서가 어음의 신용에 대한 의구심을 덜 갖게 하기 때문이다. 어음보증의 법적 성질은 어음법상 특수한 종류의 책임참가이다.

어음보증은 그 명칭을 제외하고는 민법상의 보증과는 공통점이 거의 없다. 특히 어음보증에는 부종성이 없다.

Ⅱ. 어음保證의 방식

어음보증의 의사표시는 어음 또는 보전에 하여야 한다(어음법 제31조 제 1 항).

어음보증의 의사표시는 원칙적으로 보증 또는 이와 동일한 의의가 있는 문언을 표시하여야 한다. 또한 어음보증도 어음행위이므로 어음보증인의 기명날인 또는 서명이 있어야 한다(어음법 제31조 제 2 항). 어음의 앞면에 한 단순한 기명날인 또는 서명은 그것이 지급인 또는 발행인의 기명날인 또는 서명이 아닌한 보증으로 본다(어음법 제31조 제 3 항). 어음의 이면 또는 보전에 한 단순한 기명날인 또는 서명은 어음법 제13조 제 2 항에 의해 백지식배서로 본다(대판 1974. 9. 25, 74 다 507).

Ⅲ. 條件附어음保證

어음발행에 조건을 붙이면 발행이 무효가 되고(어음법 제 1 조 제 2 호, 유해적 기재사항) 배서에 조건을 붙이면 그 조건의 기재가 없는 것으로 본다(어음법 제12조 제 1 항, 무익적 기재사항). 그런데 어음보증에 조건을 붙일 수 있는가에 관해서는 견해가 나누어진다.

어음보증은 어음채무의 지급을 확실하게 하기 위한 제도이어서 환어음의 인수나 수표의 지급보증과 같은 목적을 가지지만 인수는 약속어음의 발행과 같아서 여기에 조건을 붙여도 큰 문제점은 없다. 그러므로 조건과 조건 이외의 제한을 불문하고 조건이 붙은대로 효력을 인정하는 견해가 타당하다고 할 것이다(대판 1986. 9. 9, 84 다카 2310; 대판 1986. 3. 11, 85 다카 1600).

Ⅳ. 被保證人의 결정

책임과 관련하여 가장 중요한 문제 중의 하나는 누구를 위하여 어음보증이 행하여졌느냐이다. 어음법 제31조 제 4 항에 의하면 이는 어음보증의 의사표시에 의하며, 그러한 표시가 없으면 어음보증은 발행인을 위하여 한 것으로 본다. 따라서 어음보증인이 어떤 특정한 배서인을 위해 보증하려 한다는 의사표시를 게을리하면 그의 지위는 어음법 제31조 제 4 항 제 2 문의 규정에 의해 훨씬 나빠진다. 왜냐하면 어음보증인이 이후 소구과정에서 지급인과 발행인 이외의 모든 어음관계자에 대하여 책임을 지기 때문이다. 어음보증에는 누구를 위하여 할 것인가를 표시하여야 하고 그 표시가 없는 때에는 발행인을 위한 보증이라고 보는 어음법 제31조 제 4 항의 규정은 어음보증인이 직접 인수인이나 배서인 옆에 기명날인 또는 서명한 경우에도 관철될 것이냐의 문제에 대하여 견해가 대립한다. 이를 부정하는 견해도 있지만, 이는 오히려 거래의 안전을 해치므로 법문에 충실하여 발행인을 위한 것으로 보는 것이 타당하다.

V. 代理人의 記名捺印 또는 署名

대리의 부가문자를 기재하지 않았거나 인수인의 성명 옆에 표시되어 대리인의 기명날인 또는 서명으로 인식될 수 있는 어음면상의 기명날인 또는 서명을 어음보증으로 볼 수 있는가에 대해서는 이를 부정하여야 할 것이다. 기명날인 또는 서명이 어음증권의 전체 구조에 비추어 보아 독립적이지 않은 것으로 인식되면 어음보증의 의사표시가 없는 것으로 받아들일 수도 있다. 그러나 그 밖의 경우에는 어음법 제31조 제 3 항의 규정이 엄격하게 적용된다.

VI. 어음保證債務의 내용

(1) 어음보증인은 피보증인과 동일한 책임을 진다(어음법 제32조 제 1 항). 이는 어음보증인 약속어음의 발행인이나 환어음의 인수인을 위해 보증하였다면 모든 어음소지인에게 무조건, 다시 말하면 소구요건이 갖추어지지 않았어도 책임을 진다는 의미이다(대판 1988. 8. 9, 86 다카 1858).

만약 어음보증인이 환어음의 발행인 또는 배서인을 위하여 보증하면 소구요건이 갖추어진 경우에만 책임을 진다. 피보증인이 소구에 대해 거절증서작성을 면제하였다면 이는 보증인에 대해서도 효력이 있다. 피보증인이 배서인이고 그의 배서에 배서금지문구를 부가하였다면 그는 직접의 피배서인에 대해서만 책임을 지는데, 이는 어음보증인에게도 마찬가지로 적용된다. 피보증인이 어음채무에 대해 지급하면 어음보증인도 당연히 책임을 면한다. 피보증인이 채무를 면제받으면 어음보증채무도 마찬가지로 소멸한다.

(2) 어음보증인의 책임은 어음주채무자의 형식상 유효한 기명날인 또는 서명이

있을 것을 전제요건으로 한다. 주채무자가 어음에 기명날인 또는 서명하지 않았다면 (예를 들면 회사스탬프만 찍혔거나 또는 어음보증인이 지급인을 위하여 어음보증을 했지만 지급인이 어음의 인수를 거절한 경우) 유효한 어음보증채무는 성립되지 않는다.

(3) 그렇지만 어음보증에는 민법상의 보증에서와 같은 실질적인 의미에서의 부종성이 없다. 피보증인의 채무가 그 방식에 하자가 있는 경우 외에는 어떠한 사유로 인하여 무효가 된 때에도(예를 들어 교부계약에 영향을 미치는 의사의 흠결 때문에) 어음보증은 유효하다(어음법 제32조 제 2 항). 주된 기명날인 또는 서명이 위조된 경우조차도 어음보증은 유효하다. 즉 어음행위독립의 원칙이 적용된다(어음법 제 7 조).

Ⅶ. 어음保證人의 求償權

어음보증인이 어음에 대해 지급하면 피보증인에 대해서뿐만 아니라, 피보증인에 대해 어음상 책임을 지는 다른 모든 자에 대하여 어음으로부터 발생하는 권리를 취득한다(어음법 제32조 제 3 항). 즉 발행인의 보증인은 발행인 자신 및 인수인에 대하여, 인수인의 보증인은 인수인에 대해서만, 그리고 배서인의 보증인은 그 배서인과 그의 모든 전자에 대하여 구상할 수 있다.

제 2 관 參 加

Ⅰ. 總 說

1. 參加의 의의·효용

참가란 소구를 저지하기 위하여 제 3 자가 어음관계에 개입함을 말한다. 즉 어음이 인수거절이나 자력불확실, 지급거절로 인하여 소구권을 행사하기에 이른 때에 인수인 이외의 제 3 자가 어음관계에 개입하여 어음의 신용을 회복시키고 소구권의 행사에 의한 상환금액의 증대를 방지하기 위하여 마련된 제도이다. 소구권의 행사를 방지한다는 점에서 보증과 유사하나 보증은 예방적인 제도임에 반하여 참가는 사후적인 조치라는 점에 차이가 있다.

참가는 어음거래를 위하여 유용한 제도이나 우리나라에서는 실제로 거의 사용되지 않고 있다, 왜냐하면 이 제도는 원래 통신기술이 발달되지 못한 시대에 어음관계자들이 타지에서 지급이 거절되었다는 사실을 모르거나 늦게 알게 되어 필요한 조치를 취할 수 없는 경우에 자기들의 신용과 명예가 훼손되는 것을 예방하기 위하여 이용되었기 때문이다.

2. 參加의 當事者

(1) 參 加 人

참가를 하는 자를 참가인이라 한다. 참가는 미리 어음의 기재에 의하여 참가할 것으로 예정된 예비참가인이 하는 경우(예정된 참가)와 예정되어 있지 않은 고유의 참가인 또는 협의의 참가인이 하는 경우로 나눌 수 있다.

예비지급인을 지정할 수 있는 사람은 환어음의 발행인, 배서인과 보증인이다(어음법 제55조 제1항). 환어음의 지급인 또는 인수인은 소구의무자가 아니므로 이를 지정하지 못한다.

협의의 참가인이 될 수 있는 사람은 제3자, 지급인 또는 그 밖에 어음채무를 부담하고 있는 환어음의 발행인·배서인·보증인 등이다. 다만 환어음의 인수인과 그의 보증인만은 참가인이 될 수 없다(어음법 제55조 제3항). 왜냐하면 주채무자와 그의 보증인이 참가인이라는 것은 무의미하기 때문이다.

(2) 被參加人

참가에 의하여 직접 소구를 면하게 되는 상환의무자를 피참가인이라 한다. 피참가인이 될 수 있는 사람은 소구의무자인 환어음의 발행인·배서인 및 이들의 보증인이다(어음법 제55조 제2항). 환어음의 인수인과 지급인은 피참가인이 될 수 없다.

Ⅱ. 參加引受

참가인수라 함은 만기 전의 소구를 저지하기 위하여 어음을 지급할 것을 약속하는 어음행위이다. 참가인수를 할 수 있는 자는 제3자·지급인·발행인(환어음의 경우)·배서인·보증인 등이다. 지급인이 인수를 하지 않고 참가인수를 하는 실익은, 참가인수를 하면 발행인에 대하여는 책임을 지지 않고 피참가인의 후자에 대하여만 의무를 지는 데에 있다.

참가인수의 법적 성질을 보통의 인수의 일종으로 보는 견해도 있으나, 이는 소구의무의 인수라고 해야 한다. 왜냐하면 참가인수인은 피참가인과 동일한 의무를 부담하는데(어음법 제58조 제 1 항), 피참가인은 소구의무자에 한정되어 있으므로(어음법 제55조 제 2 항), 참가인수인의 의무는 소구의무를 인수하는 데 불과하기 때문이다. 따라서 참가인수인의 채무의 소멸시효기간은 인수인의 경우와 달리 3년이 아니고, 피참가인의 경우와 같다. 또 참가인수인은 이득상환의무자도 아니며(어음법 제79조), 참가인수인의 파산은 만기 전 소구의 원인으로 되지 아니한다(어음법 제43조 참조).

참가인수는 다음과 같은 점에서 인수와 다르다.

(1) 참가인수인은 피참가인과 동일한 의무를 부담하고(어음법 제58조 제 1 항) 피참가인은 소구의무자에 한정되므로(어음법 제55조 제 2 항) 참가인수인의 의무는 상환의무임에 반하여, 인수인은 주채무자로서 어음상의 주된 의무를 부담한다.

(2) 참가인수인의 의무는 조건부이므로 지급인이 지급하지 않는 경우에만 참가인수인은 지급의무를 부담하나, 인수인의 지급의무는 제 1 차적 · 무조건적 · 최종적이다.

(3) 참가인수인은 피참가인의 후자에 대하여만 지급의무를 지나, 인수인은 모든 어음상의 권리자에게 지급의무를 진다.

(4) 참가인수인은 소구권보전절차의 흠결로 인하여 면책되나, 인수인은 그럼에도 불구하고 지급의무를 진다.

(5) 참가인수가 있어도 어음소지인은 피참가인의 전자에 대하여 여전히 만기 전의 소구를 할 수 있으나(어음법 제56조 제 3 항, 제58조 제 2 항), 인수가 있는 경우에는 원칙적으로 만기 전 소구를 할 수 없다(어음법 제43조 참조).

(6) 참가인수인이 지급을 한 때에는 피참가인과 그 채무자에 대하여 어음상의 권리를 취득하나, 인수인이 지급을 한 경우에는 실질관계상의 청구권은 별 문제로 하고 아무런 어음상의 권리를 취득하지 못한다.

Ⅲ. 參加支給

참가지급이라 함은 만기 전 또는 만기 후의 소구를 저지하기 위하여 지급인 이외의 자가 하는 지급을 말한다. 참가지급은 본래의 지급인이 지급을 하지 아니하는 경우에 제 2 차적으로 지급하는 것이며, 그 결과는 단순히 피참가인의 후자의 의무를 소멸시키는 데 불과하다는 점에서 본래의 지급과 다르며 소구권의 행사를 저지하기 위하여 하는 변제 또는 변제에 유사한 행위이다. 또 참가지급은 어음상의 기명날인 또는 서명을 요하지 아니하므로 참가인수와 같은 어음행위가 아니다.

제11절 어음의 喪失·抹消·毁損

제1관 어음의 喪失

어음의 상실이라 함은 어음이 멸실·유실·도난 등에 의해 존재하지 않거나 그 소재가 불분명한 것을 말하며, 어음으로 인정될 수 없을 정도로 말소·훼손된 경우를 포함한다.

어음은 완전한 유가증권이기 때문에 어음을 상실한 경우에는 어음상의 권리가 소멸하지는 않으나 상실자로서는 그 어음에 표창되어 있는 권리를 행사할 수 없고 그 어음이 제3자에게 선의취득됨으로써 어음에 표창되어 있는 권리를 상실하게 될 염려가 있다. 그런데 이러한 경우에 어음 없는 권리행사나 어음의 재발행을 아무런 제한 없이 인정한다면 상실된 어음의 취득자를 보호할 수 없게 되고 하나의 권리에 복수의 어음이 존재하는 부당한 결과를 초래할 수 있다.

법은 이러한 경우에 대비하여 유가증권 일반에 관하여 공시최고절차(민사소송법 제475조 이하)를 두고 있다. 어음상실자는 공시최고에 의한 제권판결을 받아야만 상실한 어음을 무효로 하고 어음 없이 권리를 행사하거나 어음의 재발행을 청구할 수 있다. 아래에서는 어음과 관련하여 공시최고절차를 설명한다. 이 설명은 수표에 대해서도 그대로 적용된다.

제2관 公示催告節次

I. 意　義

공시최고절차라 함은 법률에서 정한 일정한 경우에 법원이 당사자의 신청에 의해 공고의 방법으로 미지의 불분명한 이해관계인에게 실권의 경고를 함으로써 권리신고를 최고하고, 아무도 권리신고를 하지 않을 때에 제권판결을 내리는 절차를 말한다. 어음의 상실에 관해서는 어음법에 특별한 규정이 없기 때문에, 민사소송법 제475조 이하, 특히 제492조 내지 제497조에서 정한 바에 의하도록 되어 있다. 이는 상법 제65조에 의하여 민법 제521조가 적용되기 때문이다.

Ⅱ. 公示催告의 대상으로 되는 어음

제권판결은 법률이 공시최고를 허용한 증권에 관해서만 인정된다고 생각한다. 왜냐하면 민사소송법 제490조 제 2 항 제 1 호에 의하면 '법률상 공시최고절차를 허가하지 아니할 경우일 때'에도 불구하고 행하여진 제권판결에 대해서는 신청인에 대한 소로 최고법원에 불복을 신청할 수 있다는 뜻을 정하고 있기 때문이다.

공시최고절차가 허용되는 증권에 관한 규정은 실정법상 상법 제360조 및 상법 제65조와 민법 제521조에 있다. 이와 같은 실정법의 규정을 전제로 하여 민사소송법 제492조는 '도난·분실되거나 없어진 증권 그 밖에 상법에서 무효로 할 수 있음을 규정한 증서(제 1 항)', '법률상 공시최고를 할 수 있는 그 밖의 증서(제 2 항)'에 관하여 공시최고절차가 적용됨을 규정하고 있다. 무기명채권에 관하여도 민법 제524조에 의하여 민법 제521조가 준용되기 때문에 지시채권과 같이 멸실한 증서나 소지인의 점유를 이탈한 증서에 공시최고절차가 적용된다. 이하에서는 어음에 관하여만 경우를 나누어 고찰한다.

(1) 완성된 유효한 어음

완성된 유효한 어음이 제권판결의 대상이 되는 점에 관해서는 이론이 없다.

(2) 背書禁止의 어음

배서금지의 어음은 기명증권의 성질을 갖는다고 해석되는데, 기명증권은 공시최고절차의 대상 속에 열거되어 있지 않다. 그러나 배서금지의 어음이더라도 그 권리행사에 관해서는 어음의 제시와 환수가 필요하기 때문에, 그 상실자에 대해 상실 전의 지위를 회복시킬 필요에서 통상의 어음과 차이가 없으므로 배서금지의 어음에도 제권판결을 허용해야 한다는 설이 유력하다.

(3) 未完成의 어음

미완성어음에는 어음의 효력이 발생하지 않기 때문에 굳이 제권판결을 인정할 필요는 없다는 견해도 있지만 미완성의 어음인가, 백지어음인가는 구별이 곤란하며 또한 미완성어음의 작성자는 연속하는 배서의 소지인에 대하여 악의 또는 중대한 과실을 입증하지 않는 한 발행인으로서의 책임을 면할 수 없다고 하는 것이 통설·판례이기 때문에, 미완성어음에 관해서도 제권판결을 허용해야 할 것으로 생각된다.

⑷ 白地어음

백지어음에도 공시최고절차는 허용된다고 해석하는 것이 통설이다. 그 근거로서 열거되는 이유는, 첫째는 백지어음에 있어서 공시최고의 필요성이며, 둘째는 백지어음의 성질이다. 즉 전자는 백지어음이 선의취득됨을 방지하는 데 필요하며, 후자는 백지어음은 그 자체로서는 어음이 아니고 보충에 의해 비로소 어음으로 되는 미완성의 어음이긴 하지만 유통과정에 관한 한 어음과 동일한 법칙에 따른다는 것이 상관습상 인정되어 있는 것, 즉 상관습법상의 지시증권으로서 상법 제65조와 민법 제521조의 적용을 받는다고 해석되기 때문이다.

⑸ 어음用紙

단순한 어음용지는 아직 법률상의 어음이 아니므로, 이를 상실하여도 공시최고절차의 적용은 있을 수 없고 또 그 필요성도 없다고 생각된다.

⑹ 還受後의 어음

어음상의 의무를 이행하여 이를 환수한 자가 그 후에 이를 상실한 경우에도 권면상의 지급을 멸했다는 것이 명시되어 있지 않을 때에는 다시 지급을 청구당할 위험이 있기 때문에, 환수 후의 어음에 대해서도 제권판결을 인정해야 할 것이다.

⑺ 時效完成 · 權利保全節次欠缺의 어음

이와 같이 어음상의 권리가 소멸한 경우에 제권판결의 대상으로 될 것인가, 아닌가에 관해서는 다툼이 있다. 이득상환청구권을 일종의 지명채권으로 해석하여 그 행사에는 어음의 소지를 요하지 않는다는 소지불요설과 이를 긍정하는 설이 있는데, 소지불요설에 찬성한다. 따라서 어음상의 권리가 소멸한 경우에는 제권판결의 대상이 되지 않는다.

Ⅲ. 公示催告의 申請

1. 申請權者

(1) 形式的 資格者

공시최고의 신청권자는 어음의 상실자이며 만약 어음을 상실하지 않고 소지하고 있었더라면 어음의 소지 혹은 배서의 연속에 의해 적법한 권리자로서의 추정을 받음으로써(어음법 제16조, 제77조 제 1 항 제 1 호) 그 어음상의 권리를 행사할 수 있었을 형식적 자격자이다(민사소송법 제493조). 통설 및 실무는 실질적 권리를 갖는가, 아닌가는 묻지 않는다고 해석하지만, 실질적 권리자에 한한다고 해석하는 반대설도 유력하다.

(2) 質權者 · 推尋權者

제권판결에 의해 구제되어야 할 자는 부분적 권리자도 포함한다고 보아야 하므로 입질배서 및 추심위임배서에 기한 질권자 및 추심권자도 신청권을 갖는다.

(3) 어음의 發行人

어음의 발행인은 어음장의 권리자는 아니지만, 그 작성 후 교부 전에 어음을 상실한 경우에는 선의취득자에 대하여 의무를 부담하게 되기 때문에 발행인에게도 신청권을 인정해야 할 것이다(대판 1990. 4. 27, 89 다카 16215).

2. 申請方法

공시최고의 신청은 어음기재의 지급지의 지방법원에 대하여 하여야 한다(민사소송법 제476조 제 1 항 · 제 2 항). 어음에 지급지의 기재가 없고 지급인의 성명에 부기한 장소의 기재도 없을 경우에는 발행인이 보통재판적을 갖고 있었던 장소의 지방법원이 관할한다(민사소송법 제476조 제 1 항 · 제 3 항).

신청은 서면으로 하여야 한다(민사소송법 제476조 제 2 항). 신청의 증거로서 신청인은 자기가 실질적 권리자임을 증명할 필요는 없지만 증권의 동일성을 나타내기 위해 어음의 등본을 제출하든가, 또는 어음의 중요한 취지 및 증서를 충분히 인지하는 데 필요한 사항을 개시하는 것 이외에 어음의 도난, 멸실 및 공시최고를 신청할 수 있는 이유가 되는 사실을 소명하여야 한다(민사소송법 제494조). 여기서 공시최고절차를 신청할 수 있는 이유가 되는 사실이라 함은 상실하기까지는 자신이 실질적 권리자이었다고 하는 사실을 말하며, 구체적으로 증권상실의 소명은 '도난신고증명서', '유실

신고증명서', '소실신고증명서', '이재증명서'(경찰서가 교부) 등에 의해 행하면 된다.

3. 公示催告申請과 時效中斷

공시최고의 신청은 그 자체로서는 시효중단의 효력을 발생시키지 않는다. 따라서 어음을 소지하고 있지 않은 자에 의한 청구는 재판상의 청구이더라도 시효중단의 효력을 발생시키지 않는다는 입장에 의하면 시효중단을 위해서는 민법 제522조에 의한 어음금공탁 혹은 담보의 제공과 교환으로 어음금액의 지급을 청구하고 그 후 6개월 내에 청구에 관한 소를 제기하여 하는 수밖에 없다(민법 제174조).

Ⅳ. 公示催告

1. 催告内容과 公告

공시최고의 신청에 기하여 법원은 다음과 같은 내용의 공시최고를 한다. 즉 1) 그 어음에 관한 권리를 주장하는 자는 공시최고기일까지 권리를 법원에 신고하고 또한 증권을 제출해야 할 뜻을 최고하고, 2) 그 신고를 하지 않을 때에는 그 증권의 무효를 선언한다는 뜻을 경고한다(민사소송법 제475조). 이 공시최고의 공고는 법원의 게시판에 게시하고 또한 관보에 게재하여야 하며 신문에 2회 이상 게재하여야 한다(민사소송법 제480조).

2. 催告期間中의 어음상의 권리행사

공시최고가 행하여지면 신청인은 채무자에 대하여 어음금액의 공탁을 구하거나 혹은 상당한 담보를 제공하여 어음을 지급하도록 할 수 있다(상법 제65조; 민법 제522조). 이 청구를 하기 위해서는 어음의 만기가 도래할 것이 필요하다. 여기서 청구의 상대방이 되는 채무자는 환어음의 인수인, 약속어음의 발행인 및 그 보증인이며 상환의무자는 포함되지 않는다. 어음금액을 공탁한 경우에 어음채무자는 공시최고신청인에 대한 관계에 있어서나 어음소지인에 대한 관계에 있어서도 어음채무를 변제한 것으로 되어 완전히 책임을 면하게 된다.

3. 權利의 申告

공시최고기간중에 어음소지인이 신고어음을 제시한 경우에 공시최고 내지 제권판결 신청인이 제시된 어음과 상실어음과의 동일성을 승인하면, 신청인은 공시최고의 신청을 취하한 것으로 된다. 만일 신청을 취하하지 않을 때에는 결정으로써 신청을 각하해야 한다. 한편 신청인이 제출된 어음의 동일성을 다투거나 제3자가 권리를 신고하였지만 그 자도 어음을 상실하여 제시할 수 없을 때에는 민사소송법 제485조에 의해 법원은 직권으로 절차를 중지한다. 그 결과 어음이 진정한 것인가 아닌가, 신청인과 신청인 중에 누가 권리자인가의 다툼은 보통의 절차에 의해 처리된다. 따라서 신청인에 의한 어음의 비진정, 자기가 권리자인 것, 신청인의 무권리를 확인하는 재판에서 이것이 인정될 때에는 신기일을 지정하여 절차가 속행되며, 역으로 청구가 기각되는 판결이 있었던 때에는 신청은 각하되게 된다.

Ⅴ. 除權判決

공시최고기일까지 권리의 신고를 하는 자가 없는 경우에 법원은 신청인의 구두변론을 거쳐 제권판결을 선고한다(민사소송법 제458조).

1. 除權判決의 효력

제권판결에 있어서는 1) 증권은 무효로 선언되며(민사소송법 제496조), 2) 그 결과 신청인은 증권에 의해 의무를 부담하는 자에 대하여 증권 없이 증권상의 권리를 주장할 수 있게 된다(민사소송법 제497조). 전자의 효력을 소극적 효력이라 하고, 후자의 효력을 적극적 효력이라 한다.

(1) 消極的 효력

소극적 효력은 어음이 무효로 되는 효력으로서 이로써 어음상의 권리와 어음의 결합이 해소되게 된다. 따라서 증권이 물리적으로 존재하고 있더라도 권리는 표창되지 않게 되어 단순한 지편에 불과하게 된다. 그러나 제권판결의 소극적 효력은 어음의 효력을 부정하는 것뿐이며, 진정한 권리자가 어음소지인이었던 경우에 그 자가 제권판결에 의해 권리를 상실하게 될 이유는 없다(대판 1982. 10. 26, 82 다 298; 대판 1990. 4. 27, 89 다카 16215; 대판 1993. 11. 9, 93 다 32934).

(2) 積極的 효력

적극적 효력은 신청인이 증서 없이도 증서상의 권리를 행사할 수 있도록 하는 효력을 말하며 또한 제권판결을 얻은 자가 법률상권리자로서 형식적 자격을 인정받는 것을 의미한다. 즉 첫째로, 증권의 상실자인 신청인은 제권판결 후에는 어음 없이 그 권리를 행사할 수 있게 된다. 둘째로, 제권판결을 얻는 자는 권리자로서의 형식적 자격을 인정받아 자신이 실질적 권리자라는 것을 입증하지 않아도 권리를 행사할 수 있으며, 의무자측에서도 제권판결을 얻은 자의 권리행사에 관해서는 그 자가 무권리자라는 것을 입증하지 않는 한 그의 권리행사를 거절할 수 없다는 것을 의미한다. 그러나 물론 제권판결로 인해 그 판결을 얻은 자가 실질적 권리를 부여받는 것은 아니다(대판 1965. 7. 27, 65 다 1002).

2. 公示催告節次와 善意取得者의 지위

공시최고기일 내에 어음을 선의취득한 자가 공시최고기일까지 권리의 신고를 하지 않았기 때문에 제권판결이 내려져 선의취득자가 소지하고 있는 어음이 실효한 경우의 선의취득자의 지위에 관해서는 제권판결 전에 선의취득자가 생긴 이상 증권상실자는 그 권리를 잃기 때문에 제권판결을 얻어도 일단 상실한 권리를 회복하는 것은 불가능하며, 선의취득자가 권리자이다. 제권판결은 증권의 효력을 부정하는 데 지나지 않고 제권판결에 의해 진정한 권리자가 권리를 상실하는 것은 아니고 또한 공시최고가 주지방법으로서 완전한 것은 아니기 때문이다.

적법하게 발행된 어음에 관해서는 제권판결 전에 선의취득자가 발생한 이상 어음상실자는 그 권리를 상실하기 때문에 제권판결이 내려져도 일단 상실한 권리를 회복할 수 없고 선의취득자는 실질적 권리를 상실하지 않으며, 다만 판결의 효력으로써 형식적 자격을 잃는다.

한편, 기명날인 또는 서명 후 교부 전에 상실한 어음을 선의취득한 자는 제권판결에 의해 그 권리를 상실하지 않는다. 그 이유는 적법하게 발행된 어음의 소지인이 동 어음을 상실하여 공시최고를 신청한 경우와 같이 제권판결의 확정 전에 당해 어음의 선의취득자가 나타나서 제권판결에 의해 권리행사의 자격을 회복하여 어음상실자와의 사이에 권리행사 자격의 경합상태를 발생시킬 위험이 없기 때문에 제권판결 전의 권리취득자의 권리를 부정할 필요는 없기 때문이다.

3. 證券의 再發行

공시최고에 의한 제권판결을 받은 자가 어음의 발행인에 대하여 어음의 재발행을 청구할 수 있는지 여부가 문제된다. 주권에 대해서는 상법 제360조 제 2 항에서 명문규정을 두고 있어 의문의 여지가 없으나, 어음·수표에서는 그러한 규정이 없기 때문에 논란이 된다.

이에 대하여는 어음에 있어서도 증권의 재발행을 인정하여야 한다고 본다. 어음에 있어서 비록 단기간에 권리를 행사할 것이 예정되어 있다 하여도 그 행사를 용이하게 하기 위하여 증권 자체가 필요한 경우가 있기 때문이다.

제 3 관 어음의 抹消

어음의 말소라 함은 어음상의 기재사항을 도말 또는 삭제 등의 방법으로 소멸시키는 것을 말한다. 이와 같은 어음의 말소는 말소의 권한이 있는 자에 의해 그 의사를 갖고 행하여진 때에는 어음상의 권리의 변경 또는 소멸을 발생시킨다. 그러나 그 이외의 경우에 의한 말소, 즉 권한 있는 자에 의해 그 의사로써 행하여지지 않은 말소는 이미 발생하고 있는 어음상의 권리의 변경 또는 소멸을 생기게 하지 않는다고 해석된다.

더욱 배서의 말소에 관해서는 명문의 규정이 있는바, 어음법 제16조 제 1 항 제 3 문에 의하면 말소한 배서는 배서와의 관계에서 "기재가 없는 것으로" 된다. 즉 배서말소의 경우는 자격수여적 효력과의 관계에서는 기재가 없는 것으로 보게 되며, 말소에 의해 배서의 연속 혹은 그 절단의 효과가 확정적으로 생긴다. 또한 어음법 제50조 제 2 항은 어음은 환수한 배서인이 자기와 후자의 배서말소권을 갖고 있음을 규정하고 있다. 물론 이것은 환수자의 권리이고 의무가 아니다. 환배서 대신에 어음소지인이 피배서인으로 되어야 할 자에게 이르기까지의 자기의 전자의 배서를 말소하여 상대방에게 교부하는 방법도 인정된다.

제 4 관 어음의 毁損

어음의 훼손이라 함은 절단·마모 등 어음증권의 일부에 물리적 손상을 발생시키는 것을 말한다. 이것이 어음상의 권리에 미치는 영향은 어음의 말소의 경우와 동일하다. 더욱이 어음의 훼손이 어음의 동일성을 해할 정도에 이르면 어음의 상실로 된다.

제12절 複本과 謄本

제1관 複 本

Ⅰ. 複本의 의의

복본이라 함은 동일한 어음상의 권리를 표창하는 수동의 어음증권으로서(어음법 제64조 제1항), 환어음에만 인정되고 약속어음에는 인정되지 않는 제도이다. 이 때 복본의 각 증권은 완전한 하나의 어음이나 수통의 증권은 모두 합하여 하나의 어음채권을 표창한다. 이처럼 복본에서는 증권은 복수이지만 권리관계는 하나인 점에서 하나의 권리관계에 관하여 하나의 증권이 발행되는 보통의 어음증권과 다르다.

복본은 등본과 같이 어음복제의 한 경우이나 다음과 같은 차이가 있다.

(1) 복본은 발행인에 의하여만 작성되나, 등본은 모든 어음소지인에 의하여 작성된다.

(2) 복본은 모든 어음행위를 위하여 이용되나 등본은 오직 배서와 보증을 위하여만 이용된다.

(3) 복본은 환어음에만 인정되나, 등본은 약속어음에도 인정된다.

(4) 등본작성 전에 한 최후의 배서의 뒤에 "이후의 배서는 등본에 한 것만이 효력이 있다"는 문언을 어음원문에 기재한 때에 그 후의 원본에 한 배서는 무효이나(어음법 제68조 제3항), 복본에는 이러한 제한이 없다.

Ⅱ. 複本의 실제적 기능

복본의 실제적 기능은 다음의 두 가지로 나누어 볼 수 있다. 첫째로, 원격지, 특히 해외에 어음을 안전하고 확실하게 송부하는 수단으로 이용된다. 즉 해난 및 기타의 사고로 인한 분실 또는 연착에 대비하여 동일한 내용의 수통의 복본을 발행하여 점유지 또는 시기를 달리하여 개별적으로 송부하면 좀더 확실하고 안전한 방법으로 송부할 수 있게 된다. 이는 해운이 범선으로 이루어졌던 때는 물론이고 오늘날 해외무역분야에서도 여전히 널리 이용되고 있다. 둘째로, 복본은 인수를 위하여 환어음을 송부하는 경우에 그것이 인수되어 되돌아 올 때까지 오랜 기간이 소요되므로 소지하고 있는 복본을 할인하여 즉시 현금화하는 데에도 유용하다.

Ⅲ. 複本의 발행

복본은 발행인만이 발행할 수 있으며 소지인이 임의로 작성하지 못한다. 복본의 발행은 어음의 발행시에 할 수도 있고(어음법 제64조 제1항), 어음에 1통만으로 발행한다는 뜻을 기재하지 아니한 때에는 그 후 소지인의 필요에 의해 발행될 수도 있는데, 이 때 소지인은 자기의 비용으로 발행인에 대하여 복본의 교부를 청구하여야 한다. 이 경우 소지인은 자기의 직접의 배서인에 대하여 이를 청구하고 그는 다시 자기의 직접의 배서인에 청구함으로써 순차로 발행인에 미치게 하여 그로 하여금 복본을 작성케 하고, 이 복본을 다시 수취인(제1배서인)에서 역으로 배서의 재기를 하여 소지인에게 교부한다(어음법 제64조 제3항). 복본교부의 청구시기에 관하여는 아무런 제한이 없다. 복본에는 특별한 수의 제한이 없으나 2통을 발행하는 것이 관례이며 각 복본의 내용도 동일하여야 한다(어음법 제64조 제1항). 내용이 다를 때에는 독립한 단일어음으로 취급되므로(어음법 제64조 제2항) 본문 중에는 반드시 번호를 기재하여야 하며, 대개 제1호어음, 제2호어음 등으로 표시된다.

복본의 교부를 청구함에는 원어음을 제시하여야 하는 것은 아니다. 왜냐하면 이 때의 복본교부청구권은 어음법상의 권리이지 어음상의 권리는 아니기 때문이다. 하지만 기발행증권에 번호를 기재하여야 하기 때문에 실제로는 원어음의 제시가 필요하다.

Ⅳ. 複本의 효력

1. 複本一體의 原則

복본은 단일한 어음관계에 기하여 발행되므로 그 권리행사도 1통으로 할 수 있다. 그러므로 복본의 1통에 대한 지급이 있는 때에는 이 지급이 다른 복본을 무효로 한다는 뜻의 기재(파기문구)가 없는 경우에도 다른 복본의 기명날인 또는 서명한 자의 의무를 면하게 한다(어음법 제65조 제1항). 이를 복본일체의 원칙이라 한다. 하지만 이 원칙에 대하여는 다음과 같은 예외가 있다.

2. 同原則의 예외

당사자가 복본의 각 통을 마치 독립한 어음과 같이 취급하거나 그 복본의 취득자 등 제 3 자의 신뢰를 보호해야 할 사정이 있는 때에는 복본일체의 원칙에 대한 예외가 인정되어 각 증권은 독립하여 어음으로서의 효력을 갖게 된다.

우선 인수인이 수통 이상의 복본에 인수를 한 때에 지급시에 이를 모두 반환받지 않으면 미반환복본에 대하여 이중지급의 위험을 부담하게 된다(어음법 제65조 제 1 항 단서). 다만 이 규정은 선의의 제 3 자를 보호하기 위한 것이므로 악의의 소지인에 대해서는 인수인은 이중지급의 위험을 지지 않는다. 이 점은 지급인이 인수되지 아니한 복본에 대하여 지급을 하고 인수된 복본을 남겨 둔 경우에 있어서도 동일하다.

또한 복본의 소지인이 고의나 과실로 각 통을 수인에 배서양도한 경우에 배서인과 그 후의 배서인은 지급인이 반환받지 아니한 각 통에 대하여 책임을 진다(어음법 제65조 제 2 항). 그러나 수통의 복본에 대한 백지식배서에 있어서 피배서인이 각각 인도로써 양도한 경우에 피배서인은 불법행위상의 책임은 별론으로 하고 어음상의 책임은 지지 않는다.

Ⅴ. 引受를 위한 複本의 送付

인수를 위하여 복본 중의 1통을 송부한 복본(송부복본)의 소지인은 나머지 각 통으로 배서양도할 수 있다(유통복본). 이 때 유통복본에 송부복본의 소지인의 명칭을 기재하여야 하며, 유통복본의 소지인의 반환청구가 있는 때에는 송부복본의 소지인은 이를 교부해야 한다(어음법 제65조 제 1 항). 만약 교부를 거절할 경우에 유통복본의 소지인은 1) 복본반환거절증서와, 2) 인수 또는 지급거절증서를 작성하여 복본교부와 인수 또는 지급거절의 사실을 증명하지 아니하면 소구권을 행사할 수 없다(어음법 제66조 제 2 항).

그러나 유통복본에 송부복본의 소지인이 기재되지 아니한 경우에 그 소지인은 송부복본 없이 유통복본만으로 인수 또는 지급의 청구를 하고 그것이 거절되면 인수 또는 지급거절증서를 작성하여 소구할 수 있다.

제2관 謄　本

Ⅰ. 謄本의 의의 및 기능

등본이란 어음의 원본을 등사한 것으로 복본과는 달리 그 자체는 어음이 아니고, 다만 그 위에 배서나 보증을 할 수 있을 뿐이다. 등본제도의 주된 기능은 어음의 유통조장과 원본상실을 방지하는 데 있다. 이를테면 환어음의 인수는 원본에 하여야 하므로 어음소지인은 인수를 위하여 원격지에 원본을 송부한 때라도 유통에 돌릴 수 있어 편리하고, 발행인만이 할 수 있는 복본발행의 복잡한 절차와 비용부담을 피할 수 있어 더욱 그러하다. 한편 인수제도가 없는 약속어음에서는 원본상실의 위험에 대비하여 원본을 보관한 가운데 등본에 의하여 배서·보증하는 데 이 제도가 이용되고 있다.

Ⅱ. 謄本의 방식

등본은 어음소지인이 임의로 작성할 수 있다(어음법 제67조 제1항). 등본에는 원본에 기재된 모든 사항을 정확히 기재하고 그 말미에 '이상등사'와 같은 경계문구를 기재하여야 한다(어음법 제67조 제2항). 이를 기재하지 않으면 원본이 된다. 그 밖에 등본에는 원본의 소지인을 표시하여야 하고(원본소지인표시문구) 그 소지인은 등본의 정당한 소지인에 대하여 원본을 교부하여야 한다(어음법 제68조 제1항). 만약 원본소지인의 표시가 없으면 그에 대한 원본반환청구나 원본반환거절증서의 작성이 어렵게 될 수 있다.

Ⅲ. 謄本의 효력

1. 背書·保證의 인정

등본에는 원본과 동일한 방법과 효력으로 배서 또는 보증을 할 수 있다(어음법 제67조 제3항). 그러므로 등본은 작성자가 이를 배서양도 또는 보증을 받음으로써 어음상의 효력이 생기며, 단순히 소지인이 이를 작성한 것만으로는 어음법상 아무런 효력이 없다. 하지만 등본은 복본과는 달리 그 자체 어음이 아니므로 어음상의 권리를 행사함에는 반드시 원본이 있어야 한다.

2. 原本의 背書禁止

등본과 원본이 함께 유통되고 선의의 제 3 자가 원본을 취득하게 되면 등본의 소지인은 원본을 반환할 수 없어 어음상의 권리를 행사할 수 없게 된다. 그러므로 등본이 작성된 때에는 원본에 의한 배서양도를 금지하도록 하면 편리하므로 어음법은 등본작성 전에 한 최후의 배서 뒤에 "이 후의 배서는 등본에 한 것만이 효력이 있다"는 내용의 배서폐쇄문구(차단문구)를 원본에 기재하면 그 후의 배서는 무효로 된다는 규정(어음법 제68조 제 3 항)을 두고 있다. 이 차단문구의 기재는 원본을 배서 이외의 방법으로 양도하는 것까지도 무효로 한다고 풀이된다.

Ⅳ. 原本의 返還請求權과 謄本所持人의 遡求權

등본에 원본의 송부처를 기재한 경우에 등본의 소지인은 원본의 소지인에 대하여 원본의 반환을 청구할 수 있다(어음법 제68조 제 1 항). 원본의 소지인이 반환을 거절하는 경우에 등본소지인은 원본반환거절증서로써 거절의 사실을 증명하고 등본에 배서 또는 보증을 한 자에 대하여 소구할 수 있다(어음법 제68조 제 2 항). 등본에 원본의 송부처를 기재하지 않은 경우에도 등본의 소지인은 어음장의 권리자이므로 원본반환청구권과 소구권을 가진다.

제13절 어음時效와 利得償還請求權

제 1 관 어음時效

Ⅰ. 서 설

어음상의 권리도 채권으로서 시효에 의하여 소멸한다. 다만 어음법은 어음거래의 신속한 결제를 위하여, 또한 어음채무자에게 엄격하고 불리하게 되어 있는 어음법의 완화책으로서 어음채무의 시효기간을 단축하고 있다. 이러한 어음시효에 관하여도 민법의 일반원칙이 적용되기 때문에 어음법에서는 단지 시효기간, 시효의 시기 및 시효의 중단에 관하여만 특칙을 두고 있다.

Ⅱ. 時效期間

1. 引受人에 대한 請求權

환어음의 인수인에 대한 어음상의 청구권은 만기의 날로부터 3년의 시효로 소멸한다(어음법 제70조 제 1 항). 인수인의 보증인 또는 무권대리인, 참가인수인에 관하여도 같다(어음법 제32조 제 1 항, 제 8 조, 제58조). 시효의 시기는 만기일이 법정휴일에 해당하든지, 만기 전의 소구가 가능하든지, 만기일의 지급제시를 하지 않는 등의 여부와 관계 없이 만기일의 익일로부터 기산한다(초일불산입의 원칙, 어음법 제73조). 시효기간 만기일이 법정휴일인 때에는 이에 이은 제 1 일의 거래일까지 시효기간이 연장된다(어음법 제72조 제 1 항). 어음의 개서 또는 어음관계자 전원의 합의에 의하여 만기를 변경한 때에는 새로운 만기일에 따라 시효의 기산점을 정하게 된다.

2. 어음所持人의 전자에 대한 請求權

어음소지인의 전자에 대한 청구권(소구권)은 1년의 시효로 소멸한다(어음법 제70조 제 2 항). 이 기간의 기산일은 거절증서작성이 요구된 때에는 그 작성일이며, 그의 작성이 면제된 때(무비용상환의 문언이 기재된 경우)에는 만기의 날이다. 소구의무자의 보증인 또는 무권대리인·참가인수인에 대하여도 같다. 거절증서에는 지급거절증서(어음법 제44조 제 3 항)뿐만 아니라 인수거절증서(어음법 제44조 제 2 항), 지급인의 지급정지 또는 재산에 대한 강제집행이 주효하지 않은 경우에 작성한 거절증서(어음법 제44조 제 5 항)까지 포함된다.

3. 償還者의 그 전자에 대한 請求權

소구의무를 이행한 자의 그 전자에 대한 청구권은 어음을 현실로 환수한 날 또는 그 자가 제소된 날로부터 6월의 시효로 소멸한다(어음법 제70조 제 3 항). 그 전자의 보증인 또는 무권대리인·참가인수인에 대한 권리도 같다.

4. 判決 등에 의하여 확정된 債權의 消滅時效

어음상의 권리가 확정판결 또는 이와 동일한 효력이 있는 재판상의 화해, 조정 등에 의하여 확정된 경우에는 위의 시효기간과 관계없이 그 때부터 10년의 소멸시효에 걸린다(민법 제165조).

Ⅲ. 時效의 中斷

1. 時效中斷의 사유

시효중단의 사유에 대하여 어음법은 소송고지로 인한 시효중단(어음법 제80조)만을 규정하고 있을 뿐이며 나머지는 모두 민법(제168조 이하)에 따른다. 따라서 어음의 시효중단사유는 청구, 승인 및 소송고지가 있으며, 이 가운데 청구와 승인의 경우는 시효중단을 위하여 어음의 제시 및 소지가 필요한가에 대하여 논의되고 있다.

(1) 請　　求

시효중단사유의 하나인 청구에 어음을 제시할 필요가 있는가에 대하여 재판상의 청구나 재판 외의 청구 모두에 어음을 제시할 필요가 없다고 본다. 재판상의 청구에 어음을 제시할 필요는 없다 하더라도 적어도 어음을 소지하고 있어야 하지 않는가와 관련하여서도 어음을 소지하지 않은 자의 재판상의 청구에도 시효중단의 효력이 인정된다고 풀이된다.

(2) 承　　認

어음채무의 승인에 의한 소멸시효중단의 경우에는 채무자의 관념의 통지만 있으면 되고 채권자가 어음을 제시할 필요는 없다. 상실어음에 관한 제권판결이 있기 전이라도 채무자가 승인한 때에는 시효중단의 효력이 있다.

(3) 訴訟告知

배서인의 다른 배서인과 발행인에 대한 환어음상의 청구권(재소구권)은 그 자가 제소된 경우에는 전자에 대한 소송고지만으로 시효가 중단된다고 하여(어음법 제80조 제1항) 소송고지를 시효중단의 사유로 하고 있다. 왜냐하면 배서인의 재소구권은 소장의 송달을 받은 날로부터 6월 내에 행사하지 않으면 안 되므로(어음법 제70조 제3

항) 어음소지인이 배서인에 대하여 소를 제기한 경우, 소송기간이 6월 이상 계속된 후 패소한 때에는 재소구권을 행사할 수 없게 되므로 이를 시정하기 위하여 재소구의무자에 대하여 소송고지를 하여 두면 그 자에 대해서는 시효중단의 효력이 발생하도록 한 것이다. 그러나 고지하지 아니한 재소구의무자에 대하여는 시효가 계속 진행된다.

2. 時效中斷의 효력

어음상의 채무는 각각 독립한 것이고 각 채무에 대한 소멸시효도 독립하여 진행하고 완성하는 것이므로, 시효의 중단사유가 발생한 자에 대하여만 효력이 생기도록(개별적 독립성의 원칙) 어음법은 규정하고 있다(어음법 제71조).

Ⅳ. 時效의 효과

소구권이 먼저 시효로 소멸하더라도 어음상의 주채무자에 대한 청구권에는 아무런 영향이 없다. 그런데 이와는 달리 주채무자에 대한 청구권이 먼저 시효로 인하여 소멸하면 소구권도 따라서 같이 소멸한다(통설).

제2관 利得償還請求權

Ⅰ. 意　　義

어음상의 채권이 보전절차의 흠결과 소멸시효로 인하여 소멸하는 경우에는 불합리한 재산의 변동이 발생할 수 있다. 왜냐하면 한편으로는 어음채권을 더 이상 행사할 수 없고 또 다른 한편으로는 당사자가 원인관계상의 채권에 의지할 수도 없게 되는 수가 있기 때문이다. 예를 들어, 어음이 매매대금채권을 위하여 이행에 갈음하여 교부되었다면 소멸시효로 인하여 매도인은 그 대금을 보유하지 못하는데, 매수인은 매매의 목적물을 반대급부 없이 취득하게 되는 결과에 이르게 된다. 왜냐하면 매매대금채권은 민법 제162조에 의하여 소멸하고 어음상의 채권은 어음법 제70조에 의하여 소멸하기 때문이다. 이러한 불합리성은 소멸시효와 관련하여 두드러지는데, 이는 어음법상 중대한 문제이다. 왜냐하면 어음은 그 자체에 목적이 있는 것이 아니라, 단지 어음 이외의 관계의 목적에 도달하기 위한 수단이고 따라서 그 소멸시효는 원인관계와의 결합에 중대한 영향을 미치는 반면, 현금의 이용이나 이체에 있어서는 문제가 되지 않기 때문이다. 따라서 어음법은 소멸시효의 엄격성을 어음법 제79조의 이득상환청구권을 통하여 완화시키고 있다. 이는 어음의 보전절차의 흠결에도 마찬가지로 해당된다.

Ⅱ. 법적 성질

어음법 제79조는 일반 민법상의 부당이득반환청구권의 특별한 형태로 보는 것이 옳다. 우리나라의 통설 및 판례는 이득상환청구권을 형평의 견지에서 법이 특히 인정한 특별한 청구권으로서 지명채권의 일종으로 본다(대판 1970. 3. 10, 69 다 1370; 대판 1965. 4. 13, 64 다 1112).

Ⅲ. 당 사 자

어음이득상환청구권은 어음상의 권리의 소멸에 대한 보상으로 마련된 것이기 때문에 그 청구권자는 소멸시효가 완성되거나 보전절차가 흠결될 때까지 정당한 자격이 있었던 어음소지인이다. 채무자는 어음법 제79조에 따라 발행인·인수인 또는 배서인이 된다. 이 3자 중 누가 책임을 지는가는 누가 이득을 얻었는가에 달려 있다.

Ⅳ. 요　　건

1. 權利者의 損害

권리자측에 관한 본청구권의 성립요건으로서 '손해'가 있어야 한다. 손해의 개념은 손해배상법상의 손해로 이해할 것이 아니라 단지 채권자의 '비용으로' 이득한다는 민법 제741조에서의 요건을 나타낸 것으로 민법에 있어서처럼 그 개념을 단지 권리상실의 구성요건으로 이해하여야 한다. 따라서 '손해'는 단지 표창된 권리가 상실된 경우에 존재하게 된다.

물론 어음상의 권리는 완전히 소멸하여야 한다. 따라서 어음소지인이 가령 발행인에 대한 소구권을 상실했음에도 불구하고, 예를 들어 인수인에 대한 채권과 같은 다른 실현가능한 어음상의 청구권을 갖고 있다면 어음법 제79조의 의미의 손해는 존재하지 않는다.

2. 債務者의 利得

채무자측에 관한 요건은 이득이 있어야 한다는 점이다.

3. 어음상의 權利의 消滅

이득상환청구권이 발생하기 위하여는 완전한 어음상의 권리가 보전절차의 흠결 또는 시효로 인하여 소멸하였어야 한다. 따라서 어음요건을 갖추지 아니한 불완전한 어음에 관하여서는 이득상환청구권이 발생하지 아니한다.

백지어음에 관하여 이득상환청구권이 발생하는가에 대해서는 우리나라의 통설·판례가 이를 부정하고 있다. 백지를 보충하지 않은 어음은 아직 어음상의 권리가 발생되어 있지 아니하므로 부정설이 타당하다(대판 1962. 12. 20, 62 다 680).

4. 다른 救濟手段의 부존재

이득상환청구제도는 어음법상의 제도이므로 어음법상의 모든 구제수단이 없어야 한다. 이득상환청구권은 어음상의 권리의 상실에 대한 형평의 견지에서 특별한 구제수단으로서 인정된 것이기 때문이다.

제14절 約束어음

제 1 관 約束어음의 의의

약속어음은 발행인 자신이 만기에 약속어음을 지급할 의무를 지는 지급약속증권이다. 지급약속증권이므로 약속어음의 당사자는 발행인과 수취인의 2당사자뿐이며, 지급인은 존재하지 않는다. 따라서 인수라는 제도가 필요 없고, 그래서 환어음에 관한 규정(어음법 제77조) 중에서도 인수와 관련된 인수제도(어음법 제21조, 제22조, 제24조, 제26조, 제28조, 제29조), 일부인수(어음법 제51조) 및 참가인수(어음법 제56조, 제57조, 제58조)가 준용되지 않는다. 그 대신 발행인이 환어음의 인수인과 같은 주채무자가 된다

(어음법 제78조 제1항).

약속어음은 주로 지급수단과 신용이용수단으로 기능한다. 특히 신용기능은 약속어음의 가장 중요한 기능으로서 어음할인, 어음대부 등과 관련하여 지급시기에 관한 시간적인 간격을 극복해 주는 역할을 하므로 약속어음을 신용증권이라고도 한다. 이러한 신용기능은 현재 자력이 없는 사람이 어음을 발행하여 기간을 이용하는 것이 전형적인 모습이다.

제2관 約束어음의 발행

Ⅰ. 發行의 의의와 성질

1. 發行의 의의

약속어음의 발행이란 약속어음을 작성하여 이를 수취인에게 교부하는 어음행위를 말한다.

약속어음발행의 기본적 요소는 약속어음요건의 기재, 즉 약속어음이라는 증권을 작성하여 이를 수취인에게 교부하는 것이다.

발행이란 어음을 창조하는 행위이므로 이를 기본적 어음행위라 하며, 어음요건을 갖추어 발행된 어음을 기본어음이라고 한다.

2. 發行의 성질

약속어음의 발행은 수취인과 어음의 정당한 소지인에 대하여 만기에 어음금액의 지급의무를 부담하는 행위, 즉 지급약속행위이다. 이 때에도 수취인과 어음의 교부계약이 필요하다.

Ⅱ. 約束어음의 記載事項

1. 約束어음要件

아래의 7가지 어음요건 중 어음법 제76조 제2항·제3항·제4항의 구제규정에 해당하지 않은 것으로 그 중 어느 하나라도 기재하지 않으면 약속어음은 무효이다(어음법 제76조 제 1 항).

(1) 約束어음文句

증권의 본문 중에 그 증권의 작성에 사용하는 국어로 약속어음임을 표시하는 문자를 기재하여야 한다. 이를 약속어음문구라고 하며, 이는 다른 증권과의 구별을 위하여 필요하다. 따라서 표시는 '약속어음'이라고 함이 보통이나 '약속어음증권' 또는 '약속어음증서'라도 무방하다. 다만 약속어음문구는 '증권의 본문 중'에, 즉 지급약속문구 중에 하여야 한다. 따라서 어음 상단에 '어음'이라는 표제만으로는 충분하지 못하다. 이는 또 '증권의 작성에 사용하는 언어는 국어'로 하여야 한다.

(2) 어음金額의 無條件의 支給約束文句

지급약속문구는 약속어음을 발행함에 있어서 의사표시의 내용을 이루므로 어음의 본문에 기재하여야 한다. 이 기재는 무조건이어야 하므로 어떠한 조건을 붙이거나 지급방법을 제한하는 문구가 있는 경우에는 어음이 무효로 된다(대판 1971. 4. 20, 71 다 418).

(3) 滿期의 表示

만기의 종류는 환어음의 경우와 같다(어음법 제77조 제 1 항 제 2 호). 다만 환어음의 경우와 다른 점은 일람후정기출급약속어음에 있어서의 만기의 기산점이다. 즉 약속어음의 경우에는 인수를 위한 제시가 있을 수 없으므로 인수일자에 의한 기산이 불가능하기 때문이다. 그리하여 인수제시 대신으로 일정한 기간(어음법 제23조) 내에 일람을 위한 제시를 하도록 하였다(어음법 제78조 제 2 항 제 1 문). 즉 일람 후의 기간은 발행인이 어음에 일람의 뜻을 기재하고 기명날인 또는 서명한 날로부터 진행한다(어음법 제78조 제 2 항 제 2 문). 그러나 발행인이 일람의 뜻과 일자의 기재를 거절할 때에는 거절증서에 의하여 이를 증명하여야 한다. 이 경우에 그 일자는 일람 후의 기간의 초일로 한다(어음법 제78조 제 2 항 제 3 문·제 4 문). 거절증서의 작성이 면제된 경우에 일람 후의 기간은 제시기간의 말일로부터 기산한다(어음법 제77조 제 1 항 제 2 호, 제35조 제 2 항). 그러나 거절증서의 작성이 면제되었더라도 어음소지인이 거절증서를 작성하여 실제로 제시한 날을 증명하고 만기의 도래를 앞당길 수 있다.

제시의 장소는 발행인의 주소이며, 제시를 할 수 있는 자는 어음의 소지인이나 단순한 점유자도 할 수 있다고 본다(어음법 제21조 유추). 제시를 절대적으로 금지할 수는 없지만 일정한 기간 동안 금지하는 것은 무방하다(어음법 제22조 제2항·제3항 유추). 어음의 표면에 발행인으로서의 기명날인 또는 서명 이외에 또 다른 발행인의 기명날인 또는 서명이 있으면 일람한 뜻의 기재로 보아야 할 것이다(어음법 제2조 제1항 유추).

(4) 支給地

지급지의 기재가 없는 때에는 특별한 표시가 없는 한 발행지를 지급지로 본다(어음법 제76조 제3항).

(5) 受取人의 名稱

약속어음에도 발행인 자신을 수취인으로 하는 자기지시약속어음이 인정되는가에 관하여 다툼이 있다. 약속어음에는 이에 관한 준용규정이 없고(환어음에 관한 제3조가 준용되고 있지 않다) 자기가 자기에 대하여 지급약속을 함은 법률상 무의미하고 인수제도가 없으므로 실익이 없다는 점을 들어 무효라고 하는 설도 있으나, 약속어음에도 신용기능이 제일 중요한 기능이고 제3자의 참가가 예상되므로 어음당사자의 자격겸병을 인정하는 일반원칙에 따라 자기지시약속어음도 유효하다고 본다.

(6) 發行日과 發行地

다른 표시가 없는 때에는 발행지를 지급지이자 발행인의 주소지로 보며, 발행지의 기재가 없는 때에는 발행인의 명칭에 부기한 지에서 발행한 것으로 본다(어음법 제76조 제3항·제4항).

2. 유익적 기재사항

(1) 發行人의 名稱에 附記한 地(어음법 제76조 제4항)

(2) 發行人의 住所地(어음법 제76조 제3항)

일람후정기출급어음의 경우에 만기는 어음소지인이 발행인에게 제시한 때로부터 일정한 기간이 경과한 다음에 도래되므로 우선 일람을 위한 제시를 하여야 하는데, 그 제시는 발행인의 주소에서 하여야 한다(어음법 제21조 유추). 그러므로 발행인의 주소지가 기재되어 있으면 그 지역 내에서 발행인의 주소를 찾을 수 있을 것이기 때문에 발행인의 주소지의 기재가 필요하다. 이 기재가 없으면 발행지를 발행인의 주소지로 보며 발행지의 기재도 없으면 발행인의 명칭에 부기한 지에서 발행한 것으로 본다(어음법 제76조 제 4 항).

(3) **第三者方支給文句**(어음법 제77조 제 2 항, 제 4 조, 제27조)

약속어음의 지급은 지급지에 있는 빌행인의 주소 또는 영업소에서 하는 것이 원칙이지만 발행인은 주소 또는 영업소 이외의 장소에서 지급한다는 기재를 할 수 있고(지급장소의 기재), 또 제 3 자가 발행인을 위하여 그 주소 또는 영업소에서 지급한다는 기재를 할 수도 있는데 '제 3 자방'이라고 할 때에는 이 두 가지 경우를 모두 포함한다.

(4) **利子文句**(어음법 제77조 제 2 항, 제 5 조)
(5) **指示禁止文句**(어음법 제77조 제 1 항 제 1 호, 제11조 제 2 항)
(6) **一覽出給어음의 支給提示期間의 變更**(어음법 제77조 제 1 항 제 2 호, 제34조 제 1 항)
(7) **一覽出給어음의 支給提示의 一時禁止**(어음법 제77조 제 1 항 제 2 호, 제34조 제 2 항)
(8) **準據할 歷의 指示**(어음법 제77조 제 1 항 제 2 호, 제37조 제 4 항)
(9) **外國通貨換算率**(어음법 제77조 제 1 항 제 3 호, 제41조 제 2 항)
(10) **外國通貨現實支給文句**(어음법 제77조 제 1 항 제 3 호, 제41조 제 3 항)
(11) **拒絕證書의 作成免除文句**(어음법 제77조 제 1 항 제 4 호, 제46조)
(12) **逆어음의 發行禁止**(어음법 제77조 제 1 항 제 4 호, 제52조 제 1 항)

3. 무익적 기재사항, 유해적 기재사항

무익적 기재사항과 유해적 기재사항에 관하여는 환어음과 같으며, 약속어음발행인의 조건부지급의 기재는 어음을 무효로 한다.

Ⅲ. 發行의 효력

약속어음의 발행인은 자신이 어음에 어음금지급을 약속하는 문언을 기재하고 기명날인하므로, 약속어음발행의 본질적인 의사표시상의 효과로서 당연히 만기에 어음금액을 지급할 의무를 진다(어음법 제78조 제 1 항). 환어음의 발행의 경우와는 달리 약속어음의 발행인의 의무는 제 1 차적이고, 무조건적인 의무이며, 절대적이고도, 최종적인 의무이다.

(1) 약속어음의 발행인의 의무는 제 1 차적이고 무조건적인 의무이다. 배서인이

지는 소구의무는 원칙적으로 어음소지인이 발행인에 대하여 지급제시 기간 내에 지급제시를 하였으나 발행인이 지급을 거절한 때에 지는 의무로서 발행인 다음에 지는 제 2 차적 의무이고 지급거절이 있은 때에만 지는 조건부의무(어음법 제77조 제 1 항 제 4 호, 제43조)인 데 반하여, 약속어음의 발행인이 지는 의무는 다른 사람에 대한 청구와 다른 사람의 지급거절과 관계없이 부담해야 하는 제 1 차적이며 무조건적인 의무이다. 만일 약속어음의 소지인이 지급제시기간(어음법 제34조, 제38조, 제77조 제 1 항 제 2 호·제 3 호)에 어음을 제시하고 지급을 청구하였음에도 불구하고 발행인이 지급을 거절한 경우에는, 소지인은 발행인에 대하여 어음금액 이외에 만기 이후의 연 6분의 이율에 의한 법정이자의 지급을 청구할 수 있다(어음법 제28조 제 2 항, 제48조). 이 경우의 연 6분의 금액은 지연손해금이 아니라 이자이고, 이자의 기산일은 지급제시의 날이 아니라 만기일이다.

(2) 약속어음의 발행인의 의무는 절대적인 의무이다. 어음소지인이 배서인 등에 대하여 소구하기 위하여는 어음상의 권리의 보전절차를 취하여야 하며, 그렇지 아니한 경우에는 소지인은 소구권을 행사할 수 없고, 소구의무자는 책임을 면하게 된다. 소구의무자의 의무는 어음소지인이 보전절차를 취하는 것을 전제로 하여 발생하는 상대적 의무임에 반하여 약속어음의 발행인은 어음소지인이 보전절차를 취하였는가의 여부에 관계없이 만기로부터 3년의 시효기간 내(어음법 제70조 제 1 항, 제77조 제 1 항 제 8 호)에는 지급의무를 지므로, 약속어음발행인의 의무는 절대적 의무이다(대판 1956. 5. 10, 4289 민상 149).

(3) 약속어음의 발행인의 의무는 최종적인 의무이다. 소구의무를 이행하고 어음을 환수한 소구의무자는 자기의 전자인 배서인 등에 대하여 재소구할 수 있고 또 발행인에 대하여 지급을 청구할 수 있으므로 소구의무자는 최종적인 의무자가 아님에 대하여, 약속어음의 발행인이 어음금을 지급하고 어음을 환수한 경우에는 어음상의 권리의무는 소멸하고 발행인이 다시 다른 사람에게 청구할 수 없다. 그러므로 약속어음의 발행인의 의무는 최종적인 의무이다.

약속어음의 발행인이 지는 의무는 약속어음의 본질적인 효력이므로 발행인이 지급책임을 지지 않겠다는 면책문구를 기재하면 발행의 본질적 효력을 부정하게 되어 그 면책문구뿐만 아니라, 약속어음 자체를 무효로 만든다. 따라서 환어음의 발행인이 할 수 있는 인수무담보의 기재(어음법 제 9 조)와는 달리 약속어음의 발행인이 하는 면책문구는 유해적 기재사항이다.

제15절 전자어음의 발행 및 유통에 관한 법률

제1관 총 설

정보통신기술의 발달과 인터넷의 보편화로 인하여 법률분야도 많은 변화를 겪고 있다. 종래 실물의 발행을 전제로 했기 때문에 유가증권의 전자화는 기존의 유가증권 개념의 변화를 초래한다. 이 때문에 유가증권 전자화 논의에는 많은 장애가 있었으며 어음·수표를 포함한 유가증권 전반의 전자화를 추구할 것인지 아니면 분야별로 전자화를 추진할 것인지의 논의가 채 종결되기도 전에 어음, 그 가운데에서도 특히 약속어음의 전자화의 입법화가 이루어졌다. 즉 전자약속어음의 필요성을 인지하고 상당한 논의를 거친 이후 2004년 3월 22일 전자어음의 발행 및 유통에 관한 법률(이하 '전자어음법' 또는 '법'이라 한다)이 제정되었다(법률 제7197호). 이 법은 2005년 1월 1일 시행되었다. 이 법의 제정이유는 현행 어음법은 실물어음의 경우를 전제하여 만들어진 법으로서 전자결제환경에 적합하지 못하므로 이 법률을 제정하여 전자어음을 일반상거래와 전자상거래에서 디지털환경에 적합한 전자결제수단으로 사용할 수 있도록 하고, 전자어음을 통하여 조세투명성제고로 조세정의를 실현하며, 디지털환경에 따른 기업간 결제의 효율성을 높이는 결제수단으로서 활용함으로써 국민경제의 발전에 이바지하려는 데에 있었다.

동법은 2007년 5월 17일 개정되었다. 이 때의 개정은 행정기관 재량행위의 투명성을 높이기 위하여 구법에서 대통령령으로 포괄적으로 위임되어 있었던 전자어음관리기관의 지정요건을 직접 법률에서 정하여 전자어음관리에 필요한 기술능력·재정능력·시설 및 장비 등을 갖춘 비영리법인이나 주식회사만이 지정받을 수 있도록 하는 등 기존 제도의 운영과정에서 나타난 일부 미비점을 개선·보완하는 데에 그 목적이 있었다. 또한 동법은 2009년 1월 30일 다시 개정되었다. 이 때의 개정은 문장을 원칙적으로 한글로 적고, 어려운 용어를 쉬운 용어로 바꾸며, 길고 복잡한 문장은 체계 등을 정비하여 간결하게 하는 등 국민이 법 문장을 이해하기 쉽게 정비하려는 것이었다. 다른 한편 질서위반행위의 성립요건과 과태료의 부과·징수 및 재판 등에 관한 사항을 규정한 「질서위반행위규제법」이 제정(법률 제8725호, 2007. 12. 21. 공포, 2008. 6. 22. 시행)됨에 따라 관련 규정을 정비하려는 데에도 개정배경이 있었다. 한편 동법은 2009년 5월 8일 다시 개정되었다. 이러한 2009년 5월 개정의 이유와 주요내용은 아래와 같다.

Ⅰ. 개정이유

종이어음에 대해서 그 동안 1) 어음교환소를 거치지 않는 경우 거래내역이 드러나지 않아 사채업자 등의 탈세가 용이하다는 점, 2) 어음의 발행·배서·지급제시 등을 위하여 실제로 거래상대방을 만나 실물을 교부하여야 하므로 시간과 비용이 낭비된다는 점, 3) 정교한 복사가 가능하여 위·변조의 위험이 높아 분쟁 가능성이 높다는 점, 4) 배서횟수에 제한이 없고, 배서의 유효성 여부에 대해 다툼의 소지가 많아 분쟁을 양산해 왔다는 점, 5) 분실이나 도난 우려가 높다는 점, 6) 횡령 등 사고 위험이 높다는 점 등의 여러 가지 폐단이 지적되어 왔었다. 이에 반하여 전자어음의 경우 다음의 장점이 있다. 1) 전자어음은 백지발행이나 백지배서가 허용되지 않아 권리관계가 명확해지고, 2) 전자어음을 사용할 경우 배서가 20회로 제한되는 등 어음거래의 투명성이 제고되는 효과가 있으며, 3) 어음발행비용이 절감되며, 4) 실물이 발행되지 않고 전자적으로 거래되므로 위·변조 방지효과가 있고, 5) 도난이나 횡령사고의 위험이 적다. 따라서 주식회사의 외부감사에 관한 법률의 적용 대상 주식회사에 대해 전자어음 사용을 강제함으로써, 전자어음을 활성화하여 그 동안 지적되어 온 종이어음의 폐단을 시정하고자 하는 데에 개정의 이유가 있다.

Ⅱ. 개정내용

2009년 11월 8일부터, 주식회사의 외부감사에 관한 법률의 적용 대상이 되는 회사(자산 100억원 이상인 회사)는 종이어음 대신 전자어음을 발행하여야 할 의무가 있다(개정법 제6조의2). 이를 어기고 종이어음을 발행할 경우, 그 사법상(私法上) 법률효과가 없는 것은 아니지만, 500만원 이하의 과태료를 내게 된다(개정법 제23조 제2항 제1호). 종이어음 대신 전자어음을 발행할 의무가 있는 주식회사의 외부감사에 관한 법률의 적용 대상이 되는 회사와 주식회사의 외부감사에 관한 법률의 적용 대상이 되는 회사로부터 어음을 수취할 회사는 은행을 통하여 이용자 등록절차를 거쳐야 하며(이는 거래 은행을 한 번만 방문하여 이용자 약정을 체결하기만 하면 되는 복잡하지 않은 절차이다), 등록 후 거래은행 및 전자어음서비스 홈페이지(www.unote.kr)에 접속하여 어음 발행 · 수취 · 배서 등의 어음행위를 할 수 있다.

제 2 관 주요내용

(1) 전자어음을 발행하고자 하는 자는 당해 전자어음을 법무부장관의 지정을 받은 전자어음관리기관에 등록하도록 하고, 전자어음의 배서, 보증 또는 전자어음상의 권리의 행사는 이 법의 규정에 의한 전자문서에 의하여서만 할 수 있도록 한다(법 제 3 조 및 제 5 조).

(2) 전자어음에는 전자어음의 지급을 청구할 금융기관, 전자어음의 동일성을 표시하는 정보, 사업자고유정보 등이 기재되도록 하고, 전자어음에 공인전자서명을 한 경우에는 발행인의 기명날인 또는 서명이 있는 것으로 보며, 전자어음의 만기는 발행일로부터 1년을 초과할 수 없도록 한다(법 제 6 조).

(3) 전자어음의 이용을 활성화하기 위하여 2009년 5월 개정에 의하여 이용강제 내용이 추가되었다. 즉 주식회사의 외부감사에 관한 법률 제 2 조에 따른 외부감사대상 주식회사는 약속어음을 발행할 경우 전자어음으로 발행하여야 한다(법 제 6 조의2). 이에 위반하는 경우에는 500만원 이하의 과태료의 제재를 받게 된다(법 제23조 제 2 항 제 1 호).

(4) 전자어음에 배서를 하는 경우에는 전자어음에 배서의 뜻을 기재한 배서전자문서를 첨부하도록 하고, 배서인이 타인에게 전자어음과 배서전자문서를 송신하고 그 타인이 이를 수신한 때에는 배서 및 교부가 있는 것으로 보며, 피배서인이 다시 배서를 하는 경우에는 전자어음에 이전에 작성된 배서전자문서를 전부 첨부하도록 하되, 전자어음의 총 배서횟수는 20회를 초과할 수 없도록 한다(법 제 7 조).

(5) 전자어음의 소지인이 전자어음 및 전자어음의 배서에 관한 전자문서를 첨부하여 지급청구의 뜻이 기재된 전자문서를 금융기관에 송신하고 당해 금융기관이 이를 수신한 때에는 어음법에 의한 지급제시가 있는 것으로 보도록 한다(법 제 9 조).

(6) 전자어음관리기관은 전자어음의 발행, 배서, 보증 및 권리행사 등이 자신의 전자정보처리조직을 통하여 이루어지도록 하고, 전자어음별로 발행인과 배서인에 관한 기록, 전자어음소지인의 변동사항 및 당해 전자어음의 권리행사에 관한 기록을 보존하도록 한다(법 제16조).

(7) 법무부장관은 전자어음관리기관에 대하여 이 법 또는 이 법에 의한 명령의 준수여부를 감독하도록 하고, 필요한 경우 그 업무에 관한 보고를 하게 하거나 자료의 제출을 명할 수 있도록 한다(법 제20조).

제3관 해 설

Ⅰ. 전자어음의 의의

전자어음이란 '전자문서로 작성되고 전자어음관리기관에 등록된 약속어음'을 가리킨다(법 제2조 제2호). 또한 전자문서란 '정보처리시스템에 의하여 전자적 형태로 작성, 송신·수신 또는 저장된 정보'를 말한다(법 제2조 제1호; 전자거래기본법 제2조 제1호). 또한 여기에서의 정보처리시스템은 '전자문서의 작성, 송신·수신 또는 저장을 위하여 이용되는 정보처리능력을 가진 전자적 장치 또는 체계'를 가리킨다(전자거래기본법 제2조 제2호).

전자어음법은 전자어음을 약속어음만을 의미하고 있다. 우리의 경우 기업간 지급거래에서 약속어음이 일반적으로 이용되고 종이어음으로 인한 불편도 약속어음에 관하여 생기는 것이 보통이다(이철송, 「어음·수표법」(제7판), 2005, 485쪽). 이에 전자어음이라는 용어 대신에 전자약속어음으로 표현하는 것이 정확하다는 주장이 있다(정찬형, 「상법강의」(하), 2005, 465쪽).

Ⅱ. 전자어음의 법적 성질

전자어음은 사권인 금전채권을 포함하고 있다. 그런데 종이증권 그 자체를 작성하지 않고 전자어음관리기관에 등록되어 관리된다(법 제5조 제1항, 제16조 제2항). 전자어음의 배서, 보증 또는 전자어음상의 권리행사는 전자문서에 의해서만 할 수 있도록 되어 있다(법 제5조 제4항). 전자어음의 법적 성격은 종래 종이의 발행을 전제로 하는 전형적인 유가증권으로 볼 수는 없고 장부증권이론에서의 장부증권 혹은 전자적 권리표창이론에서의 전자적 등록증권이라고 평가되고 있다(정찬형, 「상법강의」(하), 2005, 465쪽). 유기증권의 전자화방식과 관련한 논의로서 전자등록방식과 전자(문서)증권방식의 논의(특히 정경영, "전자증권의 법적 성질과 전자등록제도에 관한 고찰," 「상사법연구」

(제22집 제 3 호), 2003, 124~125쪽 참조)와 관련하여 현행 전자어음을 양자를 혼합한 방식으로 파악하는 견해(정완용, "전자어음법에 관한 고찰," 「인터넷법률」(제24호), 2004. 7, 40쪽)와 전자증권방식으로 파악하는 견해(이철송, 「어음·수표법」(제 7 판), 2005, 488쪽)가 대립되어 있다.

그런데 전자어음에 대해서도 그 성질이 허용하는 한 종래의 유가증권에 관한 규정이 적용되는 것으로 보아야 한다(법 제 4 조 참조). 그리고 전자어음은 형법의 적용에 있어서 유가증권으로 본다(법 제22조 제 4 항). 이는 죄형법정주의원리에 의하여 필요한 규정이다.

Ⅲ. 전자어음의 발행

전자어음의 발행은 전자어음에 필요한 사항을 기재하여 그 어음을 전자어음관리기관에 등록하고 수취인에게 교부하는 것을 가리킨다. 전자어음의 필수적 기재사항은 다음과 같다.

(1) **전자어음의 본문 중에 그 어음의 작성에 사용하는 국어로 약속어음임을 표시하는 문자**(법 제 6 조 제 1 항 제 1 호; 어음법 제75조 제 1 호)

(2) **일정한 금액을 지급할 뜻의 무조건의 약속**(법 제 6 조 제 1 항 제 1 호; 어음법 제75조 제 2 호)

(3) **만기의 표시**(법 제 6 조 제 1 항 제 1 호; 어음법 제75조 제 3 호)

전자어음의 만기는 발행일로부터 1년을 초과할 수 없다(법 제 6 조 제 5 항). 이는 전자어음의 경우 만기가 지나치게 장기일 경우 정보의 변질이나 보관의 애로가 예상되어 어음관계를 신속하게 종결하자는 취지로 이해하고 있다(이철송, 「어음·수표법」(제 7 판), 2005, 492쪽). 전자어음에도 어음법 제33조의 의미에서의 4가지의 만기가 인정되는 것으로 평가되고 있다(정찬형, 「상법강의」(하), 2005, 466쪽).

(4) **지급을 받을 자 또는 지급을 받을 자를 지시할 자의 명칭**(법 제 6 조 제 1 항 제 1 호; 어음법 제75조 제 5 호)

(5) **발행일·발행지**(법 제 6 조 제 1 항 제 1 호; 어음법 제75조 제 6 호)

(6) **전자어음의 지급을 청구할 금융기관**(법 제6조 제1항 제2호)

이는 전자어음에만 있는 필요적 기재사항으로 실물어음에서는 기재사항이 아니다. 전자어음의 경우에는 지급지가 필요적 기재사항이 아니고 전자어음법은 전자어음의 지급을 청구할 금융기관이 소재하는 지역을 지급지로 간주하는 규정을 두고 있다(법 제6조 제2항). 여기서의 금융기관은 은행법에 의한 금융기관 및 이에 준하는 업무를 수행하는 금융기관으로 은행법 제32조의 규정에 의한 당좌예금을 취급하는 금융기관을 가리킨다(법 제2조 제7호, 시행령 제2조).

(7) **전자어음의 동일성을 표시하는 정보**(법 제6조 제1항 제3호)

이는 전자어음에만 있는 필요적 기재사항이다.

(8) **사업자고유정보**(법 제6조 제1항 제4호)

이는 전자어음에만 있는 필요적 기재사항이다. 여기서 "사업자고유정보"라 함은 전자어음과 관련된 당사자의 상호나 사업자등록번호, 회원번호, 법인등록번호 또는 주민등록번호 등 사업자를 식별할 수 있는 정보를 말한다(법 제2조 제6호).

(9) **발행인의 공인전자서명**

발행인이 전자어음법 제6조 제1항의 전자어음에 공인전자서명을 한 경우에는 어음법 제75조 제7호의 기명날인 또는 서명이 있는 것으로 본다(법 제6조 제3항). "공인전자서명"이라 함은 전자서명법 제2조 제3호의 규정에 의한 정보를 말한다(법 제2조 제3호). "공인인증서"라 함은 전자서명법 제2조 제8호의 규정에 의한 전자적 정보를 말한다(법 제2조 제5호).

전자어음에는 백지어음이 인정되지 않는다(법 제6조 제6항). 그리고 전자어음에는 백지보충에 대한 규정이 없다. 그 결과 전자어음에서는 전자어음요건의 일부를 기재하지 않은 경우 백지어음으로 추정되거나 보충규정에 의하여 보충되는 경우는 없고 무효어음으로 처리되어야 할 것이다.

Ⅳ. 전자어음의 교부

전자어음법 제6조 제4항에 의하면 발행인이 타인에게 전자거래기본법 제6조 제1항의 규정에 따라 전자어음을 송신하고 그 타인이 동법 제6조 제2항의 규정에 따라 수신한 때에 전자어음을 발행한 것으로 본다.

실물어음의 경우에는 어음이론에 의하여 논의되고 있는 사항이다.

Ⅴ. 전자어음의 등록

전자어음을 발행하고자 하는 자는 당해 전자어음을 전자어음관리기관에 등록하여야 한다(법 제 5 조 제 1 항). 법 제 5 조 제 3 항의 규정에 의하여 관리기관에 전자어음을 등록하여 발행하고자 하는 자는 법 제 6 조 제 1 항 제 2 호의 규정에 의한 금융기관(이하 "지급금융기관"이라 한다)과 당해 지급금융기관을 어음법 제 4 조의 규정에 의한 제 3 자방(第三者方)으로 하기로 하는 계약(이하 "당좌예금계약"이라 한다)을 체결하여야 한다(법 시행령 제 5 조 제 1 항).

발행인이 전자어음을 발행할 때에는 전자어음을 수령할 자로 하여금 관리기관에 등록하도록 하여야 한다. 다만, 전자어음을 수령할 자가 제 5 조의 규정에 의한 등록(이하 "발행인등록"이라 한다)을 한 경우에는 그러하지 아니하다(법 시행령 제 6 조 제 1 항). 법 시행령 제 1 항 본문의 규정에 의한 등록(이하 "수취인등록"이라 한다)사항은 전자어음을 수령할 자의 명칭, 사업자등록번호 또는 주민등록번호 및 주소로 한다(법 시행령 제 6 조 제 2 항). 관리기관은 수취인등록을 거부하여서는 아니 되며 수취인등록을 한 자가 관리기관의 정보처리조직을 이용하여 배서를 하거나 전자어음의 지급제시를 할 수 있도록 하여야 한다(법 시행령 제 6 조 제 3 항).

관리기관은 전자어음의 발행인등록 또는 수취인등록을 한 자 외의 자가 권한 없이 등록한 자의 명의를 이용하여 전자어음행위를 할 수 없도록 등록한 자가 등록의 종류에 따라 전자어음행위를 배타적으로 할 수 있는 장치를 제공하여야 한다(법 시행령 제 7 조 제 1 항). 관리기관은 모든 전자어음행위가 자신이 관리하는 정보통신망(정보통신망이용촉진 및 정보보호 등에 관한 법률 제 2 조 제 1 호의 규정에 의한 정보통신망을 말한다. 이하 같다)을 통하여 이루어지도록 하여야 하며 다른 정보통신서비스제공자(정보통신망이용촉진 및 정보보호 등에 관한 법률 제 2 조 제 3 호의 규정에 의한 정보통신서비스제공자 및 동법 제18조 제 1 항의 규정에 의한 전자문서중개자를 말한다. 이하 같다)의 정보통신망을 통하여 이루어지거나 다른 정보통신서비스제공자의 정보통신망을 경유한 후 관리기관의 정보통신망을 통하여 이루어지도록 하여서는 아니 된다(법 시행령 제 7 조 제 2 항).

관리기관은 이용자가 사용할 전자어음에 관하여 동일한 양식을 정하여야 한다

(법 시행령 제8조 제1항). 전자어음에는 복본 또는 사본의 제작이 불가능한 장치를 하여야 하며, 발행·배서된 때에는 발행인 또는 배서인의 정보처리조직에는 전자어음이 소멸하거나 전자어음에 이미 발행 또는 배서되었음을 표시하는 문언이 기재되도록 하여야 한다(법 시행령 제8조 제2항).

전자어음관리기관은 당해 전자어음의 지급을 청구할 금융기관이나 신용조사기관 등의 의견을 참고하여 전자어음의 등록을 거부하거나 전자어음의 연간 총 발행금액 등을 제한할 수 있다(법 제5조 제2항). 관리기관은 신용평가기관 또는 당좌예금계약을 체결한 금융기관의 전자어음 발행한도에 관한 의견 및 발행인의 연간 매출액, 자본금, 신용도, 당좌거래실적 등을 종합하여 전자어음 발행한도를 제한할 수 있다(법 시행령 제5조 제2항). 관리기관은 다음의 어느 하나에 해당되는 자에 대하여는 전자어음의 발행을 위한 등록을 거부할 수 있다(법 시행령 제5조 제3항).

(1) 관리기관 또는 어음교환소로부터 거래정지처분(관리기관이 새로이 전자어음을 발행하고자 하는 자의 전자어음등록을 거부하거나 이미 등록한 발행인의 전자어음발행을 금지하는 처분을 말한다. 이하 같다)을 받고 거래정지중에 있는 자

(2) 법 또는 이 영과 어음법에 위반되는 행위를 한 자

(3) 그 밖에 금융기관과의 거래에 관하여 신용을 훼손하는 행위를 한 자로서 법무부령이 정하는 자

VI. 전자어음의 배서

1. 배서의 방식

전자어음에 배서를 하는 경우에는 전자어음에 배서의 뜻을 기재한 전자문서(이하 "배서전자문서"라 한다)를 첨부하여야 한다(법 제7조 제1항). 이 배서전자문서에는 전자어음의 동일성을 표시하는 정보를 기재하고 배서인이 공인전자서명을 하여야 한다(법 제7조 제2항·제6항). 관리기관은 법 제7조 제1항, 제8조 제1항, 제9조 제1항 및 제13조 제1항에 의하여 전자어음에 첨부할 전자문서 및 법 제12조 제1항의 규정에 의한 지급거절 전자문서를 전자어음과 일체가 된 문서로 하고 전자어음과 분리할 수 없도록 하여야 한다(법 시행령 제8조 제4항).

피배서인이 다시 배서를 하는 경우에는 전자어음에 이전에 작성된 배서전자문서

를 전부 첨부하고 법 제 7 조 제 1 항에 의한 배서를 하여야 한다(법 제 7 조 제 4 항).

2. 배서된 전자어음의 교부

배서인이 타인에게 전자거래기본법 제 6 조 제 1 항의 규정에 따라 전자어음과 배서전자문서를 송신하고 그 타인이 동법 제 6 조 제 2 항의 규정에 따라 수신한 때에는 어음법 제13조 제 1 항의 규정에 의한 배서 및 교부가 있는 것으로 본다(법 제 7 조 제 3 항). 이 점은 발행의 경우와 동일하다. 관리기관에는 수취인이 등록되므로(법 시행령 제 6 조 제 3 항) 이러한 수취인은 관리기관의 정보처리조직을 이용하여 배서를 하는데(법 시행령 제 6 조 제 3 항), 배서인이 이렇게 전자어음을 배서한 때에는 배서인의 정보처리조직에는 전자어음이 소멸하거나 전자어음에 이미 배서되었음을 표시하는 문언이 기재되도록 하여야 한다(법 시행령 제 8 조 제 2 항).

3. 배서의 횟수제한

전자어음의 총 배서횟수는 20회를 초과할 수 없다(법 제 7 조 제 5 항). 이는 전자어음의 배서가 많으면 번거로운 등 문제점이 있을 것으로 예상하여 둔 것으로 평가할 수 있다.

4. 특수배서

전자어음에 한 특수배서의 효력은 전자어음법에 특별규정이 없다.

Ⅶ. 전자어음의 보증

전자어음에 보증을 하는 자는 전자어음에 보증의 뜻을 기재한 전자문서를 첨부하여야 한다(법 제 8 조 제 1 항). 이러한 보증전자문서에는 전자어음의 동일성을 표시하는 정보를 기재하고 보증인이 공인전자서명을 하여야 한다(법 제 8 조 제 2 항, 제 6 조 제 3 항, 제 7 조 제 2 항). 관리기관은 전자어음에 첨부할 이러한 보증전자문서를 전자어음과 일체가 된 문서로 하고 전자어음과 분리할 수 없도록 하여야 한다(법 시행령 제 8 조 제 4 항). 보증된 전자어음의 교부는 전자어음의 발행의 경우와 동일하다(법 제 8 조 제 2 항, 제 6 조 제 4 항).

Ⅷ. 전자어음의 지급

1. 지급제시

전자어음의 소지인이 전자어음 및 전자어음의 배서에 관한 전자문서를 첨부하여 지급청구의 뜻이 기재된 전자문서를 법 제 6 조 제 1 항 제 2 호의 금융기관에 송신하고 당해 금융기관이 이를 수신한 때에는 어음법 제38조 제 1 항에서 규정한 지급제시가 있는 것으로 본다. 다만, 전자어음관리기관에 대한 전자어음의 제시는 지급을 위한 제시의 효력이 있으며 전자어음관리기관이 운영하는 정보처리조직에 의하여 전자어음의 만기일 이전에 자동으로 지급제시되도록 할 수 있다(법 제 9 조 제 1 항). 이 때 지급제시를 위한 송신과 수신의 시기는 전자거래기본법 제 6 조 제 1 항 및 제 2 항에 따른다(법 제 9 조 제 2 항). 지급제시를 하는 소지인은 법 제 9 조 제 1 항의 규정에 의한 지급청구의 뜻이 기재된 전자문서에 어음금을 수령할 금융기관의 계좌를 기재하여야 한다(법 제 9 조 제 3 항).

전자어음에 첨부할 지급제시전자문서는 전자어음과 일체가 된 문서로 하고 전자어음과 분리할 수 없도록 하여야 한다(법 시행령 제 8 조 제 4 항).

전자어음의 소지인이 제급제시를 위하여 전자어음을 지급금융기관에 송신하는 경우에는 전자어음의 소지인의 정보처리조직에서는 전자어음이 소멸하지 아니하고 지급금융기관에 송부된 전자어음에는 지급제시를 위한 것임을 표시하는 문언이 기재되도록 하여야 한다(법 시행령 제 8 조 제 3 항).

2. 지 급

법 제 9 조 제 1 항의 규정에 의한 지급제시를 받은 금융기관이 어음금을 지급할 때에는 전자어음관리기관에 지급사실을 통지하여야 한다. 다만, 전자어음관리기관에서 운영하는 정보처리조직에 의하여 지급이 완료된 경우에는 그러하지 아니하다(법 제 9 조 제 4 항). 법 제 9 조 제 4 항의 규정에 의한 통지가 있거나 전자어음관리기관의 정보처리조직에 의하여 지급이 완료된 경우 어음채무자가 당해 어음을 환수한 것으로 본다(법 제10조).

관리기관은 법 제 9 조 제 3 항의 규정에 의하여 어음금을 수령하는 금융기관이 어음금을 수령하는 동시에 소지인이 보관하는 전자어음에 지급이 이루어졌음을 표시하는 문언이 기재되도록 장치하여야 한다(법 시행령 제 9 조 제 1 항). 관리기관은 법 시행령 제 9 조 제 1 항의 규정에 의한 문언이 기재된 전자어음을 발행인에게 송신하여야 한다(법 시행령 제 9 조 제 2 항).

어음법 제39조 제 1 항 내지 제 3 항의 규정은 전자어음에 적용하지 아니한다(법 제11조). 그리하여 전자어음에 있어서는 지급금융기관 또는 관리기관이 지급을 할 때에 전자어음의 소지인에 대하여 영수를 증명하는 기재를 하여 교부할 것을 청구할 수 없고, 일부지급이 허용되지 않는다. 그 결과 전자어음의 소지인은 일부지급을 거절할 수 있다.

3. 지급거절과 소구

(1) 지급거절

법 제 9 조 제 1 항의 규정에 의한 지급제시를 받은 금융기관이 지급을 거절할 때에는 전자문서(이하, "지급거절 전자문서"라 한다)로 하여야 한다(법 제12조 제 1 항). 관리기관은 법 제 7 조 제 1 항, 제 8 조 제 1 항, 제 9 조 제 1 항 및 제13조 제 1 항에 의하여 전자어음에 첨부할 전자문서 및 법 제12조 제 1 항의 규정에 의한 지급거절 전자문서를 전자어음과 일체가 된 문서로 하고 전자어음과 분리할 수 없도록 하여야 한다(법 시행령 제 8 조 제 4 항).

지급거절 전자문서를 전자어음관리기관에 통보하고 동 기관이 이를 확인한 경우 동 전자문서를 어음법 제44조 제 1 항의 규정에 의한 공정증서로 본다(법 제12조 제 2 항). 그리고 전자어음의 소지인이 법 제12조 제 1 항의 규정에 의한 전자문서를 수신한 날을 공정증서의 작성일로 본다(법 제12조 제 3 항).

관리기관은 법 제12조 제 2 항의 규정에 의한 지급거절 전자문서를 통보받은 경우에는 전자어음 소지인이 적법하게 금융기관에 지급을 위한 제시를 하였는지를 확인하여야 하며, 지급거절을 확인한 경우에는 지급제시를 위한 전자어음의 여백에 지급거절을 확인하였음을 표시하는 문언을 기재한 후 당해 전자어음을 즉시 소지인에게 송신하여야 한다(법 시행령 제10조 제 2 항). 관리기관은 법 시행령 제10조 제 2 항의 규정에 의하여 지급거절된 지급제시용 전자어음을 소지인에게 송신한 때에는 소지인이 보관하는 전자어음의 원본이 소멸되도록 하여야 한다. 이 경우 지급거절된 지급제시용 전자어음을 어음의 원본으로 본다(법 시행령 제10조 제 3 항).

(2) 소 구

전자어음의 소지인이 소구할 때에는 전자어음과 법 제7조 제1항의 규정에 의한 배서전자문서, 법 제12조의 규정에 의한 지급거절 전자문서를 첨부하여 소구의 뜻을 기재한 전자문서를 소구의무자에게 송신하여야 한다(법 제13조 제1항). 법 제9조 제3항의 규정은 전자어음의 소구에 이를 준용한다. 이 경우 "지급청구"는 "소구"로 본다(법 제13조 제4항).

관리기관은 법 제7조 제1항, 제8조 제1항, 제9조 제1항 및 제13조 제1항에 의하여 전자어음에 첨부할 전자문서 및 법 제12조 제1항의 규정에 의한 지급거절 전자문서를 전자어음과 일체가 된 문서로 하고 전자어음과 분리할 수 없도록 하여야 한다(법 시행령 제8조 제4항).

소구의무자가 소구금액을 지급한 때에는 전자어음관리기관에 지급사실을 통지하여야 한다(법 제13조 제2항). 법 제13조 제2항의 통지가 있으면 소구의무자가 전자어음을 환수한 것으로 본다(법 제13조 제3항).

Ⅸ. 전자어음의 반환과 수령 거부

전자어음을 발행 또는 배서한 자가 착오 등을 이유로 전자어음을 반환받고자 하는 때에는 그 소지인으로 하여금 전자어음관리기관에 반환의 뜻을 통지하게 하여야 한다(법 제14조 제1항). 법 제14조 제1항의 통지가 있으면 전자어음은 발행 또는 배서되지 않은 것으로 보며, 전자어음관리기관은 당해 전자어음의 발행 또는 배서에 관한 기록을 말소하여야 한다(법 제14조 제2항). 그리고 전자어음의 소지인이 법무부령이 정하는 전자어음의 반환 양식을 기입하고 공인전자서명을 하여 관리기관에 통지한 경우 관리기관은 당해 전자어음의 발행 또는 배서에 관한 기록을 말소하여야 한다(법 시행령 제11조 제1항).

전자어음의 수신자가 전자어음의 수령을 거부하고자 하는 경우에는 그 수신자는 전자어음관리기관에 그 뜻을 통지하여야 한다. 이 통지가 있으면 수신자가 전자어음을 수령하지 않은 것으로 보며, 전자어음관리기관은 수신자의 청구가 있을 경우 그 수신자가 전자어음의 수령을 거부한 사실을 증명하는 문서를 발급하여야 한다(법 제14조 제3항). 또한 전자어음의 수신자가 법무부령이 정하는 전자어음의 수령거부 양식을 기입하고 공인전자서명을 하여 관리기관에 통지한 경우 수신자가 전자어음을 수령하지 아니한 것으로 본다. 이 경우 관리기관은 수신자의 신청이 있는 경우 그 수신자가 전자어음 수령을 거부한 사실을 법무부령이 정하는 양식에 따라 발급한다(법 시행령 제11조 제 2 항).

X. 관리기관

1. 관리기관 개요

전자어음 관리기관은 '전자어음에 관한 사항을 처리하기 위하여 법무부장관의 지정을 받은 기관'을 가리킨다(법 제 2 조 제 4 호, 제 3 조). 전자적 결제수단에 대하여 노하우가 축적되어 있는 금융결제원을 2005년 1월 1일자로 관리기관으로 지정하였다. 그리고 전자어음시스템에 대하여 특허를 가지고 있고 기술력을 보유하고 있는 한국슈퍼첵크주식회사를 기술지원사업자로 지정하여 금융결제원을 기술적으로 지원하도록 하고 있다.

전자어음 관리기관은 전자어음의 이용자가 관리기관의 정보처리조직을 이용하여 안전하게 전자어음을 거래할 수 있도록 하여야 한다(법 시행령 제12조 제 1 항). 관리기관이 법 시행령 제12조 제 1 항의 규정에 의한 전자어음거래의 안전성을 확보하기 위하여 다음에 규정된 기술능력 · 재정능력 · 시설 및 장비 그 밖의 필요한 사항을 갖추어야 한다(법 시행령 제12조 제 2 항).

1. 기술능력: 다음 각목의 기술인력을 합한 수는 10인 이상일 것

가. 정보통신기사 · 정보처리기사 및 전자계산기조직응용기사 이상의 국가기술자격 또는 이와 동등 이상의 자격이 있다고 정보통신부장관이 인정하는 자격을 갖춘 자 1인 이상

나. 정보통신부장관이 정하여 고시하는 정보보호 또는 정보통신운영 · 관리분야에서 2년 이상 근무한 경력이 있는 1인 이상

다. 정보통신망이용촉진 및 정보보호 등에 관한 법률 제52조의 규정에 의한 한국정보보호진흥원에서 실시하는 인증업무에 관한 시설 및 장비의 운영 · 비상복구대책 및 침해사고의 대응 등에 관한 교육과정을 이수한 자 1인 이상

라. 공인회계사 또는 금융업무나 신용분석업무에 3년 이상 종사한 자 1인 이상

2. 재정능력: 100억원 이상의 순자산(총자산에서 부채를 공제한 가액을 말한다)을 보

유할 것

3. 시설 및 장비: 다음 각목의 시설 및 장비를 갖출 것

가. 이용자가 전자어음의 등록·발행·배서·보증·지급제시·지급·지급거절 및 지급거절증서의 확인 등 권리행사를 할 수 있는 시설 및 장비

나. 전자어음의 소구(遡求)·반환 및 수령거부 등을 할 수 있는 시설 및 장비

다. 전자어음의 송·수신일시를 확인하고 전자어음거래기록을 생성하고 보존할 수 있는 시설 및 장비

라. 전자어음의 발행·유통 관련 시설 및 장비를 안전하게 운영하기 위하여 필요한 보호시설 및 장비

마. 그 밖에 전자어음거래를 원활하고 안전하게 하기 위하여 법무부장관이 필요하다고 인정하여 고시한 시설 및 장비

4. 제 3 호 각목의 규정에 의한 시설 및 장비의 관리·운영절차 및 방법을 정한 관리기관의 규정

관리기관은 관리기관으로 지정된 후 법 시행령 제12조 제 2 항 각호의 어느 하나에 해당하는 사항을 변경하는 경우(법 시행령 제 2 항 제 3 호의 규정에 의한 시설 및 장비를 처분하거나 다른 사업에 전용하는 경우를 포함한다)에는 지체없이 법무부장관에게 이를 신고하여야 한다. 이 경우 법무부장관은 관리기관의 기술능력·재정능력·시설 및 장비의 안전운영여부 등을 점검할 수 있다(법 시행령 제12조 제 3 항). 관리기관은 법 시행령 제12조 제 2 항 제 3 호의 규정에 의한 시설 또는 장비를 보유하고 있거나 그에 관한 권리를 가진 자와 시설 및 장비 사용계약을 체결할 수 있다. 이 경우에는 관리기관이 법 시행령 제12조 제 2 항 제 3 호의 규정에 의한 시설 및 장비를 갖춘 것으로 본다(법 시행령 제12조 제 4 항). 법 시행령 제 4 항의 규정에 의하여 관리기관과 시설 및 장비사용계약을 체결한 자(이하 "전자어음기술지원사업자"라 한다)가 준수하여야 할 사항, 시설 및 장비 사용계약의 기간 등에 관하여 필요한 사항은 법무부령으로 정한다(법 시행령 제12조 제 5 항).

2. 안전성 확보의무

전자어음관리기관은 전자어음에 관한 거래의 안전을 확보하고 지급의 확실성을 보장할 수 있도록 전자어음거래의 전자적 전송·처리를 위한 인력, 시설, 전자적 장

치 등에 관하여 대통령령이 정하는 기준을 준수하여야 한다(법 제15조).

3. 기록생성 및 보존의무

전자어음관리기관은 전자어음의 발행, 배서, 보증 및 권리행사 등이 자신의 전자정보처리조직을 통하여 이루어지도록 하여야 하며, 전자어음별로 발행인과 배서인에 관한 기록, 전자어음 소지인의 변동사항 및 당해 전자어음의 권리행사에 관한 기록을 보존하여야 하고, 전자어음거래를 추적·검색하고 오류가 발생할 경우 이를 확인·정정할 수 있는 기록을 생성하여 보존하여야 한다(법 제16조 제 1 항). 법 제16조 제 1 항의 규정에 의하여 전자어음관리기관이 보존하여야 하는 기록의 종류와 방법 및 보존기간은 대통령령으로 정한다(법 제16조 제 2 항).

4. 정보제공의무 등

전자어음관리기관은 이용자의 신청이 있는 경우에는 대통령령이 정하는 바에 따라 해당 전자어음 관련 발행상황 및 잔액 등의 결제정보를 제공하여야 한다(법 제17조 제 1 항). 그리고 전자어음거래와 관련하여 업무상 다음에 해당하는 사항을 알게 된 자는 이용자의 동의를 얻지 아니하고 이를 타인에게 제공하거나 누설하여서는 아니 된다. 다만, 금융실명거래 및 비밀보장에 관한 법률 제 4 조 제 1 항 단서의 규정에 의한 경우와 그 밖에 법률에 정한 경우에는 그러하지 아니하다(법 제17조 제 2 항).

1. 이용자의 신상에 관한 사항
2. 이용자의 거래계좌 및 전자어음거래의 내용과 실적에 관한 정보 또는 자료

전자어음관리기관은 건전한 전자어음 발행·유통과 선의의 거래자 보호를 위하여 대통령령이 정하는 경우에는 법무부장관의 사전승인을 얻어 제 1 항 및 제 2 항에 규정된 사항 등을 공개할 수 있다(법 제17조 제 3 항).

5. 거래약관 명시의무 등

전자어음관리기관은 전자어음을 등록함에 있어 이용자에게 전자어음거래에 관한 약관을 명시하고, 이용자의 요청이 있는 경우 대통령령이 정하는 바에 따라 당해 약관을 교부하고 그 내용을 설명하여야 한다(법 제18조 제 1 항). 전자어음관리기관이 전자어음거래에 관한 약관을 제정 또는 변경하고자 하는 때에는 법무부장관의 승인을

얻어야 한다. 다만, 약관의 변경으로 인하여 이용자의 권익이나 의무에 불리한 영향이 없다고 법무부장관이 정하는 경우에는 변경 후 10일 이내에 법무부장관에게 통보하여야 한다(법 제18조 제 2 항).

6. 분쟁처리의무

전자어음관리기관은 대통령령이 정하는 바에 따라 전자어음거래와 관련하여 이용자가 제기하는 정당한 의견이나 불만을 반영하고, 이용자가 전자어음거래에서 입은 손해를 배상하기 위한 절차를 마련하여야 한다(법 제19조 제 1 항). 전자어음관리기관은 전자어음 등록시 법 제19조 제 1 항의 규정에 의한 절차를 명시하여야 한다(법 제19조 제 2 항).

7. 전자어음관리업무의 감독 및 검사

법무부장관은 전자어음관리기관에 대하여 이 법 또는 이 법에 의한 명령의 준수여부를 감독한다(법 제20조 제 1 항). 법무부장관은 법 제20조 제 1 항의 규정에 의한 감독을 위하여 필요한 때에는 전자어음관리기관에 대하여 그 업무에 관한 보고를 하게 하거나 대통령령이 정하는 바에 따라 전자어음관리기관의 전자어음관리업무에 관한 시설·장비·서류 그 밖의 물건을 검사할 수 있다. 그리고 법무부장관은 전자어음제도의 원활한 운영 및 이용자 보호 등을 위하여 필요한 때에는 전자어음관리기관에게 이용자의 전자어음거래정보 등 필요한 자료의 제출을 명할 수 있다(법 제20조 제 3 항).

법무부장관은 전자어음관리기관이 전자어음법 또는 동법에 의한 명령을 위반하여 전자어음제도의 건전한 운영을 해하거나 이용자의 권익을 침해할 우려가 있다고 인정되는 경우에는 다음에 해당하는 조치를 할 수 있다(법 제20조 제 4 항).

1. 당해 위반행위에 대한 시정명령
2. 전자어음관리기관에 대한 주의·경고 또는 그 임·직원에 대한 주의·경고 및 문책의 요구
3. 전자어음관리기관 임원의 해임권고 또는 직무정지의 요구

법무부장관은 전자어음제도의 운영 및 전자어음관리기관의 감독 또는 검사와 관련하여 필요한 경우 금융감독위원회에 협의를 요청하거나 대통령령이 정하는 바에 따라 그 권한의 일부를 위임 또는 위탁할 수 있다(법 제20조 제 5 항).

법무부장관은 전자어음관리기관이 다음에 해당하는 때에는 제 3 조의 규정에 의한 지정을 취소할 수 있다(법 제21조 제 1 항).

1. 허위 그 밖의 부정한 방법으로 제 3 조의 규정에 의한 지정을 받은 때
2. 정당한 사유없이 1년 이상 계속하여 영업을 하지 아니한 때
3. 법인의 합병 · 파산 · 영업의 폐지 등으로 사실상 영업을 종료한 때

전자어음관리기관은 지정이 취소된 경우에도 그 처분 전에 행하여진 전자어음거래의 지급을 위한 업무를 계속하여 행할 수 있다(법 제21조 지 2 항). 법무부장관은 법 제21조 제 1 항의 규정에 의하여 지정을 취소하고자 하는 경우에는 청문을 실시하여야 하며 지정을 취소한 때에는 지체없이 그 내용을 관보에 공고하고 컴퓨터통신 등을 이용하여 일반인에게 알려야 한다(법 제21조 제 3 항).

XI. 罰則 및 과태료

법 제 3 조의 규정에 의한 지정을 받지 아니하고 전자어음관리업무를 한 자는 5년 이하의 징역 또는 1억원 이하의 벌금에 처한다(법 제22조 제 1 항). 그리고 다음에 해당하는 자는 3년 이하의 징역 또는 5천만원 이하의 벌금에 처한다(법 제22조 제 2 항).

1. 법 제 5 조 제 1 항의 규정을 위반하여 전자어음관리기관에 등록하지 아니하고 전자어음을 발행한 자
2. 법 제17조 제 2 항의 규정을 위반하여 전자어음거래 정보를 제공한 자

법 제20조 제 2 항의 규정에 의한 검사를 기피하거나 방해한 자는 1년 이하의 징역 또는 3천만원 이하의 벌금에 처한다(법 제22조 제 3 항). 전자어음은 형법 제214조 내지 제217조에 정한 죄의 유가증권으로 보아 각 그 죄에 정한 형으로 처벌한다(법 제22조 제 4 항).

다음에 해당하는 자는 1천만원 이하의 과태료에 처한다(법 제23조 제 1 항).

1. 법 제15조의 규정에 의한 안전성 기준을 위반한 자
2. 법 제20조 제 3 항의 규정에 의한 자료제출명령에 대하여 정당한 사유없이 자료를 제출하지 아니하거나 허위의 자료를 제출한 자

다음에 해당하는 자는 500만원 이하의 과태료에 처한다(법 제23조 제 2 항).

1. 법 제16조 제 1 항의 규정에 의한 보존의무를 위반한 자

2. 법 제17조 제 1 항의 규정에 의한 신청에 대하여 정당한 사유없이 결제정보를 제공하지 아니한 자

3. 법 제18조의 규정에 의한 약관의 설명의무 또는 보고의무를 위반한 자

4. 법 제19조 제 1 항의 규정에 의한 분쟁처리절차를 설치하지 아니한 자

XII. 관리기관의 금융기관 간주

법 제 3 조의 규정에 의한 지정을 받은 전자어음관리기관은 특정경제범죄가중처벌 등에 관한 법률 제 2 조의 규정에 의한 금융기관으로 본다(법 제24조).

제 3 장

手 票 法

제 1 절 總　說

제 1 관 手票의 개념

Ⅰ. 手票의 의의와 성질

수표는 발행인이 지급인으로 하여금 수취인 기타 증권의 적법한 소지인에게 증권에 기재한 금액을 지급하도록 위탁하는 형식의 완전한 유가증권이다. 수표는 순수한 지급증권이라는 점에서 어음과 다르며, 지급위탁증권이라는 점에서 환어음과 같고 약속어음과 다르다.

수표는 특히 법률적 성질과 형식에 있어서 환어음과 유사하기 때문에 수표에 관한 규정과 환어음에 관한 규정 사이에는 공통점이 상당히 많다. 따라서 수표를 이해하기 위해서는 어음과 비교하여 수표의 특색을 밝히고 이에 관한 수표법의 규정을 이해하는 것이 필요하다. 어음과의 비교에 관해서는 앞의 유가증권 부분에서 설명하였다.

Ⅱ. 手票의 연혁과 경제적 기능

수표는 지급의 안전과 신속을 도모하고 현금의 보관으로부터 생긴 도난·화재·횡령 등의 위험을 피하기 위하여 발달한 기술적인 제도이다. 수표는 대체로 14세기에 지중해 연안에서 발생하여 17세기 영국에서 발달하였다. 영국에서는 현금을 환전업자이면서 금융업자인 자에게 맡기고 필요시마다 그 자 앞으로 지급위탁서를 발행하여 지급하여 오다가, 금융업자가 은행으로 바뀌고 18세기 말에는 어음교환소를 통한 집단적 결제가 행하여지면서 수표의 이용이 확대·보급되어 오늘에 이르고 있다.

이처럼 수표는 어음과 같이 지급기능을 위해 발달하였다. 그러나 환어음은 국내거래에서는 지급기능을 거의 상실하였으나 수표는 오늘날에도 여전히 그 기능을 유지하고 있다. 그렇지만 수표도 새롭게 등장하는 지급수단인 신용카드·자동이체제도 등에 의해 그 기능이 감퇴되고 있다. 이외에도 수표는 송금기능을 갖는다.

Ⅲ. 手 票 法

실질적 의의의 수표법이라고 하면 수표거래에 관한 법률관계에 적용되는 사법법규의 총체라고 할 수 있으나, 형식적 의의의 수표법이라고 할 때는 수표법이란 명칭을 가진 독립된 법전을 말한다. 우리나라의 수표법은 1931년의 통일수표법을 기초로 하여 1962년에 제정되었다. 우리나라 수표법의 내용은 독일법적 색채가 농후하다.

1995년의 수표법개정에서는 사회·경제적 여건의 변화와 국내·외 상거래관행의 추세를 반영하여, 기명날인하도록 되어 있는 수표행위의 요건에 서명도 병용할 수 있도록 하였다. 그리고 이해하기 어려운 한자 용어를 알기 쉬운 표현으로 변경하였고(수표법 제 2 조 제 1 항, 제48조의 "闕한"을 "기재하지 아니한" 또는 "붙이지 아니한" 등으로 고침), 수표법 제70조의 "각령"을 "대통령령"으로 하였다.

제 2 관 手票關係와 基本關係

Ⅰ. 總 說

수표는 매매대금의 지급을 위하여 교부되는 등 여러 가지 경제적·사회적 목적을 실현하기 위하여 사용된다. 하지만 수표는 추상증권이고, 따라서 수표수수의 기초가 되는 법률관계와는 분리된다. 이와 같이 오직 수표의 기재에 의하여만 판단되는 수표상의 법률관계를 수표관계라 하며, 수표관계의 이면에 있는 관계를 수표의 실질관계 또는 기본관계라고 한다. 이러한 수표의 실질관계는 발행인과 수취인, 발행인과 지급인, 수취인과 제 1 의 피배서인 사이 등 원칙적으로 모든 수표관계자간에 성립한다. 수표의 실질관계의 법적 성질과 법적 취급 등은 일반사법상의 문제이며 추상적인 법률관계로 있는 수표관계와는 분리되지만 경제적으로 보면 수표관계란 실질관계의 수단에 불과하므로 양관계는 아주 밀접하고, 따라서 수표관계를 이해하기 위하여는 실질관계의 이해가 필요하다.

수표의 실질관계에는 1) 수표수수의 당사자간에 있어서 수표수수의 원인이 되는 법률관계인 원인관계와, 2) 발행인과 지급인간에 지급인이 지급을 하는 근거가 되는 법률관계인 자금관계가 있다.

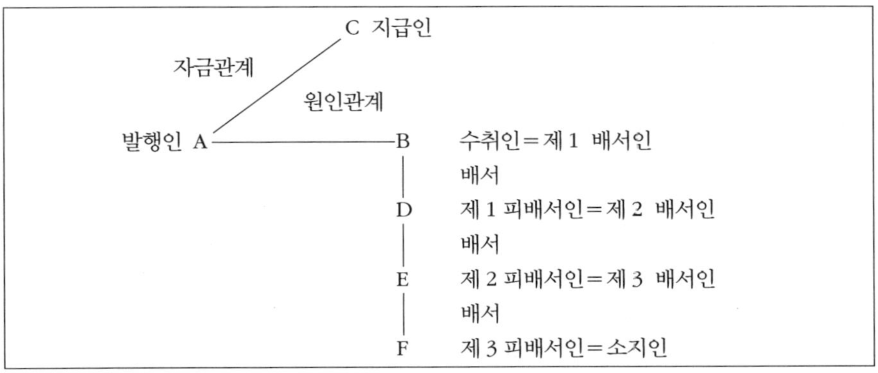

Ⅱ. 原因關係

1. 序　　說

(1) 原因關係의 의의

수표행위는 어떤 실질적 관계를 전제로 하여 행하여진다. 이 수표가 금전지급의 수단으로 이용되는 것이므로 논리필연적이다. 이러한 수표수수의 당사자간의 실질적인 법률관계를 원인관계라고 하며, 수표를 수수함에는 반대급부가 있는 것이 통상이므로 이를 대가관계라고도 한다.

(2) 原因關係와 手票關係의 분리의 조정

수표는 이미 설명한 것처럼 추상적 유가증권으로 원인관계로부터 분리되어 있다. 따라서 수표상의 권리의 행사에 있어서는 그 원인관계의 거증은 불필요하고 또 원인관계의 유효·무효 등에 불구하고 수표상의 권리의무관계는 성립한다.

그러나 이와 같은 수표관계의 원인관계로부터의 분리는 본래 제 3 취득자의 지위를 견고히 하여 수표의 지급증권으로서의 가능을 완전하게 하기 위한 것이다. 더욱이 수표는 그 원인관계에 대하여는 수단적인 것이다. 여기서 원인관계로부터의 분리, 즉 수표의 추상증권성을 유지시켜 두면서 그 수단적인 성격과의 사이에 조화를 도모하는 것이 필요하게 되는데, 이 한도에서 수표관계와 원인관계의 상호적 관련이 문제된다.

2. 原因關係를 고려한 手票關係上의 제도

(1) 人的抗辯의 허용

원인관계가 흠결하고 있더라도 수표행위는 유효하며 따라서 수표상의 권리는 완전히 유효하게 성립된다. 따라서 법률은 이미 기술한 바와 같이 수표수수의 직접의 당사자간에서도 수표소지인의 사유를 인적항변으로 하여 제출할 수 있음을 인정하였다(수표법 제22조). 원인관계의 흠결에도 불구하고 수표상의 권리의 행사에 대하여 그 직접의 당사자간에 있어서까지 이를 거부할 수 없다고 할 필요는 없고 또 이를 인정하면 2중의 절차(일단 지급한 후에 다시 부당이득으로 반환하여야 한다)를 요하기에 번잡할 뿐만 아니라, 남용의 위험(예를 들면 위법행위의 수단으로 수표를 이용할 때 등)도 있기 때문이다.

(2) 遡求權(償還請求權)

이는 수표의 유통을 확보하기 위한 것으로서 수표수수의 원인관계, 특히 수표행위가 통상 대가를 받고 행하여진다는 것(대가관계)을 고려하여 법정된 수표행위자의 의무(수표법 제12조, 제18조)에 대응하는 수표소지인의 권리이다. 말하자면 원인관계에 기인하는 담보책임의 수표법화이다.

(3) 利得償還請求權

이득상환청구권은 수표로부터 발생한 권리가 절차의 흠결 또는 시효로 소멸한 경우에도 수표의 소지인이 발행인, 배서인 혹은 지급보증을 한 지급인에 대하여 그 받은 이익의 한도에서 상환청구를 할 수 있는 권리이다(수표법 제63조). 수표상의 권리는 단기시효 또는 절차의 흠결로 인해 소멸하지만, 한편 수표상의 채무를 면한 수표상의 채무자가 수표의 수수에 있어 취득한 대가 또는 자금을 그대로 보유하게 되어서는 불공평하다는 점을 인식하고 둔 제도이다. 즉 위와 같은 견지로부터 형평에 맞는 해결을 일반사법상의 법률수단에 맡기지 아니하고 원인관계(대가관계) 및 자금관계를 고려하여 수표법의 형식적 엄격성을 완화하여 수표법상의 문제로 삼아 해결한 것이다.

3. 手票關係가 原因關係에 미치는 영향

(1) 手票의 授受에 의해 旣存債權이 消滅하지 않는 경우

수표는 그 지급이 확실하고 또 유통성을 띠기 때문에 원인관계상 발생되어 있는 기존채무를 결제하는 수단으로 이용된다. 그런데 수표의 수수와 기존채권과의 관계가 문제로 되는데, 수표의 수수는 원칙으로 기존채권을 소멸시키지 않고 '지급의 담보로서 또는 지급을 위하여' 행하여진 것으로 추정해야 할 것이다. 수표는 그 지급이 확실하고 또 이를 양도함으로써 용이하게 그 대가를 받을 수 있지만 이는 통화처럼 강제통용력을 갖는 것은 아니고 결국은 채무실현의 가능성이 강한, 변제를 위한 하나의 수단에 지나지 않기 때문이다(대판 1960. 11. 20, 4293 민상 286; 대판 1961. 11. 2, 4293 민상 278; 대판 1962. 3. 15, 4294 민상 1371).

(2) 手票의 授受에 의해 旣存債權이 消滅할 경우

1) 특별한 합의에 의해 수표가 '지급에 갈음하여' 수수된 때에는 기존채권은 소멸한다. 이 경우의 법률구성에 관해서는 수표의 수수에 의한 대물변제라고 해석해야 할 것이다. 이를 경개(민법 제500조~제505조)로 보는 것은 수표의 추상증권성과 모순된다. 따라서 수표의 발행이 '지급을 위하여' 인가 혹은 '지급에 갈음하여' 인가 하는 것은 당사자의 의사에 의해 판단되어야 할 것이지만, 그로부터 경개로 되는가, 아닌가 하는 것이 당사자의 의사에 의한다고 히는 것은 타당치 않다.

2) 대물변제에 의하여 기존채권이 소멸한 때에는 그 후에 수표가 부도가 되더라도 대물변제가 당연히 효력을 상실하지는 않으므로 기존채권이 부활하지 아니한다. 다만 교부된 수표가 방식상의 하자 또는 위조 등으로 인하여 무효인 때에는 대물변제계약은 해제할 수 있다고 할 것인가와 관련하여서는 어느 쪽의 방법에 의하여든 기존채권의 존재를 인정하여야 할 것이다.

Ⅲ. 手票의 資金關係

수표의 자금관계란 수표의 발행인과 지급인 사이에서 지급인이 수표금을 지급하는 근거가 되는 법률관계를 말한다. 실질관계로서의 자금관계는 수표의 무인증권성에 의하여 수표관계와 분리되므로 자금관계의 유무나 그 내용이 수표의 효력에 영향을 미치지 않는다(수표법 제3조 단서).

그런데 수표의 소지인이 지급제시한 때에 발행인이 처분할 수 있는 자금(수표자금)을 지급인이 보유하지 않거나 발행인이 그 자금을 수표에 의하여 처분할 수 있는 계약(수표계약)이 없다면 결국 지급인이 수표금을 지급할 수 없어 수표발행의 목적을 달성할 수 없게 된다. 특히 지급수단으로 사용되는 수표는 지급의 확실을 보장할 필요가 있다. 그래서 수표는 수표자금이 있는 은행을 지급인으로 하고 수표계약에 따라 발행할 수 있도록 하고 있다(수표법 제3조 본문). 여기서 은행이라 함은 법령에 의하여 은행과 동시되는 사람 또는 시설을 포함하는데(수표법 제59조), 수표법의 적용에 있어서 은행과 동시되는 사람 또는 시설의 지정에 관한 규정(1970. 4. 15, 대통령령 제4920호)에 의하면 우체국 · 농협 · 수협 · 축협 등이 이에 포함된다. 그러나 이 제한에 위반한 때에도 수표는 유효하며(수표법 제3조 단서) 단지 과태료의 제재를 받는다(수표법 제67조). 그렇지만 수표자금 · 수표계약 없이 발행된 수표는 부정수표단속법의 적용을 받게 되어 그 발행은 억제되고 있다.

발행인은 통상 은행과 당좌계정거래계약을 체결하여 자금관계를 정하여 놓은 다음에 수표를 발행한다. 이 경우에는 자금관계는 위임이 될 것이고, 아무런 자금관계가 없이 지급인이 지급한 경우에는 사무관리 또는 채권의 추심으로 될 것이다.

제2절 發 行

제1관 發行의 의의와 성질

수표의 발행이라 함은 수표요건 기타 기재사항을 기재하여 작성한 수표(기본수표)를 최초의 권리자인 수취인에게 교부하는 것을 말한다.

발행행위는 발행인이 지급인에 대하여 수표금의 지급을 위탁하는 수표행위이다. 이 지급위탁행위에 의하여 지급인은 수취인에 대하여 발행인의 계산으로 수표금을 지급할 권한을 취득하고 수취인은 자기의 명의로 수표금을 수령할 권한을 취득한다. 수표의 발행행위는 환어음과 마찬가지로 이중수권의 성질을 갖는다. 즉 수표의 발행은 지급인에게는 발행인의 계산으로 지급할 수 있는 권한을 수여함과 함께 수취인에게는 수표금액의 지급수령권한을 수여한다.

제2관 手票의 기재사항

Ⅰ. 手票要件

수표는 요식증권으로서 기재사항이 결정되어 있다(수표법 제1조). 따라서 법에 특별한 규정이 없는 한, 이 법정기재사항의 어느 것을 결하게 되면 수표의 효력이 없다(수표법 제2조 제1항).

지급지와 발행지의 기재가 없는 때에는 법률에 의한 보충에 의하여 무효가 구제된다(수표법 제2조 제2항 내지 제4항).

수표의 필요적 기재사항은 다음과 같다.

(1) **手票文句**(수표법 제1조 제1호)

증권의 본문 중에 그 작성에 사용하는 국어로 수표임을 표시하는 문자를 기재하여야 한다.

(2) **手票金額의 支給委託文句**(수표법 제1조 제2호)

수표금액의 일정성 · 단순성 및 금액부기의 경우 등의 취급은 어음과 동일하다.

(3) **當事者**(수표법 제1조 제3호와 제6호)

발행인의 기명날인 또는 서명과 지급인의 명칭은 환어음에서와 마찬가지로 필요하다.

그러나 수취인의 명칭은 필요적 기재사항이 아니다. 수취인의 기재 · 지정방식에 따라 수표의 발행은 1) 기명식('C에게 지급하여 주십시오'라는 문구가 있는 경우, 수표법 제5조 제1항 제1호), 2) 지시식('C 또는 그의 지시인에게 지급하여 주십시요'라는 문구가 있는 경우, 수표법 제5조 제1항 제1호), 3) 기명식으로 지시금지 또는 이와 동일한 의의가 있는 문언을 기재한 방식(지시금지기명식)(수표법 제5조 제1항 제2호), 4) 소지인출급식('소지인에게 지급하여 주십시오'라는 문구가 있는 경우, 수표법 제5조 제1항 제3호), 5) 기명소지인출급식('C 또는 소지인에게 지급하여 주십시오'라는 문구가 있는 경우, 수표법 제5조 제2항) 및 6) 수취인을 기재하지 않는 방식(수표법 제5조 제3항) 중 어느 것으로도 할 수 있었다.

(4) **支給地**(수표법 제 1 조 제 4 호, 제 2 조 제 2 항 · 제 3 항)

이 기재는 환어음의 지급지와 동일하다. 실제로는 지급지를 기재하지 않고 지급인의 주소를 지급지로 하는 경우가 많다.

(5) **發行日과 發行地**(수표법 제 1 조 제 5 호, 제 2 조 제 4 항)

수표에 있어서 발행일은 수표의 지급지시기간을 결정하기 위하여 중요하며 발행지를 기재하지 아니한 때의 구제도 환어음의 경우와 동일하다. 우리 대법원은 종래에는 발행지와 발행인의 명칭에 부기한 지의 기재가 없는 수표는 효력이 없다고 하였으나(대판 1990. 5. 25, 89 다카 15540 등), 전원합의체에 의하여 입장을 변경하였다. 즉 변경된 대법원 판례에 의하면 국내수표임이 명백한 한 발행지의 기재가 없어도 유효하다고 한다(대판(전원합의체) 1999. 8. 19, 99 다 23383).

이와 같은 법정기재사항이 흠결되면 무효이지만 원인관계상 지급되어야 할 금액이 수표를 교부할 때 미확정된 경우 등에 있어서는 후일에 취득자가 그 부분을 보충할 수 있다는 취지에서 미완성수표로 발행한 것은 백지수표로서 유효하다(수표법 제13조). 백지수표의 법률상의 성질 · 효력 등은 백지어음과 동일하다.

Ⅱ. 手票要件 이외의 기재사항

(1) 유익적 기재사항

기재 여부가 법정되어 그 흠결시 수표가 무효로 되지는 않으나 기재한 때에는 수표법상의 효력이 인정되는 기재사항은 다음과 같다.

1) 지급인 · 발행인의 명칭에 부기한 지(수표법 제 2 조 제 2 항 · 제 4 항)
2) 지시금지문언(수표법 제 5 조 제 1 항 제 2 호 · 제14호, 제 2 항)
3) 수취인의 명칭(수표법 제 5 조)
4) 위탁수표문언(수표법 제 6 조 제 2 항)
5) 제 3 자방지급문언(수표법 제 8 조)
6) 외국통화의 환산율, 외국통화현금지급문언(수표법 제36 조 제 2 항 · 제 3 항)
7) 횡선(수표법 제37조, 제38조)

8) 거절증서작성면제문언(수표법 제42조 제1항)

9) 복본의 번호(수표법 제48조)

(2) 무익적 기재사항

기재한 때에도 수표법상 효력이 인정되지 않는 사항으로서 수표법에 규정된 것은 다음과 같다.

1) 이자문언(수표법 제7조)

2) 발행인의 지급무담보문언(수표법 제12조)

3) 일람출급성에 위반되는 만기의 표시(수표법 제28조 제1항)

이외에 위약금문언, 관할의 합의문언, 예비지급인의 명칭 등도 무익적 기재사항이다.

(3) 유해적 기재사항

기재한 때에는 수표를 무효로 만드는 사항으로서 수표의 본질에 반하는 것이다. 수표법에 인정되는 것은 없으나 조건부지급위탁문언이 이에 해당한다.

제3관 發行의 효력

수표의 발행인은 지급을 담보한다(지급담보책임)(수표법 제12조). 따라서 수표가 지급인에 의하여 지급거절된 때에는 발행인은 일정한 절차에 따라 소구의무를 진다(수표법 제39조 이하).

수표는 지급위탁증권이면서 주채무자를 발생시키는 인수제도가 없으므로 수표의 지급인은 지급위탁에 의하여 수표금을 지급할 권한은 있으나 지급할 의무는 없다(대판 1959. 11. 26, 4292 민상 359; 대판 1964. 4. 28, 63 다 914).

따라서 수표에는 주채무자가 없기 때문에 지급이 불확실하다. 이를 보충하기 위하여 수표에는 지급보증제도를 두고 있으나 지급보증이 있다고 하여도 발행인은 지급담보책임을 면하지 못하며(수표법 제56조), 더욱이 지급무담보문언에 의해서도 이 책임을 면하지 못한다. 수표를 발행한 후 발행인이 사망하거나 무능력자가 된 경우에도 거래의 안전을 위하여 수표의 효력은 영향을 받지 않는다(수표법 제33조).

제3절 讓 渡

제1관 序 說

수표는 수표상의 권리자의 지정방식에 따라 기명식·지시식·지시금지기명식 외에 소지인출급식·기명소지인출급식 및 무기명식으로 발행될 수 있다. 지시금지기명식은 지명채권양도방법에 따라 그 효력으로서만 양도할 수 있다(수표법 제14조 제2항). 기명식수표도 어음과 마찬가지로 법률상 당연한 지시증권이므로 지시식과 같이 배서에 의해 양도할 수 있고(수표법 제14조 제1항), 기명소지인출급식·무기명수표는 소지인출급수표로 보아 교부에 의해 양도할 수 있다(수표법 제5조 제2항·제3항; 민법 제523조). 따라서 수표의 양도는 배서에 의하는 지시식수표와 교부에 의하는 소지인출급식수표로 나누어 볼 수 있다(수표는 단순한 교부에 의한 양도방법이 더 많이 이용되고 있기 때문에, 수표법 제2장은 '배서'라 하지 않고 '양도'라고 하고 있다).

제2관 指示式手票의 讓渡

지시식수표도 어음과 마찬가지로 배서에 의하여 양도할 수 있는데, 배서의 요건(수표법 제15조), 방식(수표법 제16조), 효력(수표법 제17조 내지 제19조), 선의취득(수표법 제21조), 항변의 제한(수표법 제22조), 추심위임배서(수표법 제23조) 등에 있어서 다음과 같은 차이를 제외하고 어음법과 동일하다.

Ⅰ. 支給人의 背書

지급인이 한 배서는 무효이다(수표법 제15조 제3항). 지급인이 한 배서가 환어음의 경우와 달리 무효로 되는 이유는 수표에는 신용증권화를 방지하기 위하여 인수제도를 인정하지 않는데 지급인이 배서에 따른 책임을 진다면 이를 회피하는 결과가 되기 때문이다. 그러나 발행인은 수표에 배서할 수 있다(수표법 제14조 제3항).

Ⅱ. 支給人에 대한 背書

지급인에 대한 배서는 영수증의 효력만이 있다(수표법 제15조 제 5 항 본문). 따라서 배서인이 지급인에 대하여 배서한 때에는 담보책임을 지지 않는다. 그런데 지급인에 대하여 백지식배서를 한 경우에 그 배서가 후일 누구에 대한 배서인가가 문제되는 경우는 배서인은 지급인에 대하여는 배서로서의 효력을 부인할 수 있으나 선의의 제 3 자에 대하여 배서의 담보책임을 면하지 못한다.

지급인인 은행이 수개의 영업소를 갖는 때에는 수표가 지급될 곳으로 된 영업소 이외의 영업소에 대한 배서는 배서로서의 효력이 인정되는 예외가 있다(수표법 제15조 제 5 항 단서). 이러한 예외는 수표의 할인을 용이하게 하려는 데 목적이 있다.

Ⅲ. 支給擔保責任

수표의 배서인은 지급담보책임만을 부담한다(수표법 제18조 제 1 항). 이는 인수가 인정되지 아니하는 수표의 성질상 당연하다.

Ⅳ. 入質背書

수표는 단순한 지급증권이기 때문에 즉시 지급받아야 할 성질을 가지므로 입질배서는 인정되지 아니한다. 그러나 숨은 입질배서는 가능하다.

Ⅴ. 期限後背書

수표는 만기라는 개념이 없으므로 기한후배서란 지급거절증서·지급거절선언작성 후의 배서를 말한다. 그 효력은 어음에서와 같이 지명채권양도의 효력만이 있다.

Ⅵ. 謄本에 의한 背書·豫備支給人

수표에는 등본과 참가제도가 없으므로 등본에 의한 배서와 예비지급인의 기재는 인정되지 아니한다.

제 3 관 所持人出給式手票의 양도

Ⅰ. 양도방법과 효과

소지인출급식수표는 당사자 사이의 양도의 합의와 수표의 교부에 의하여 양도된다. 교부에 의한 양도는 배서가 백지식인 어음의 소지인이 백지를 보충하지 아니하고 또 배서도 하지 아니하고 어음을 제 3 자에게 양도하는 경우와 같다(어음법 제14조 제 2 항 제 3 호). 수표의 교부는 권리이전의 성립요건이다. 따라서 교부에 의하여 권리이전적 효력이 발생하고 수표의 소지인은 형식적 자격이 인정되어 수표상의 권리를 행사할 수 있다(대판 1987. 5. 26, 86 다카 1559).

소지인출급식수표는 배서에 의하여 양도되지도 않으며 양도인이 수표상에 기명날인 또는 서명하지 않으므로 배서의 담보적 효력은 인정될 수 없다. 소지인출급식수표의 소지인은 악의 또는 중대한 과실로 인하여 수표를 취득한 경우 이외에는 수표의 점유를 잃은 자에게 수표를 반환할 의무가 없다(수표법 제21조).

그리고 발행인 또는 종전의 소지인에 대한 인적항변은 소지인이 수표채무자를 해할 것을 알고 취득한 경우 이외에는 수표의 교부로 인하여 절단된다(수표법 제22조). 그러나 기한 후 교부의 경우에는 지명채권양도의 효력만이 있으므로 선의취득과 항변의 제한이 인정되지 않는다(대판 1965. 11. 30, 65 다 1996).

Ⅱ. 所持人出給式手票에 한 背書의 效力

소지인출급식수표에 배서를 한 때에도 이 수표는 배서에 의하여 양도할 수 없으므로 배서에 권리이전적 효력과 자격수여적 효력이 인정되지 않는다. 그런데 이러한 배서인의 기명날인 또는 서명을 신뢰한 제 3 자를 보호할 필요가 있고 배서인이 지시식수표의 배서에서와 같은 의사로 기명날인 또는 서명한 것으로 볼 수 있으므로 배서에 담보적 효력이 인정된다(수표법 제20조 본문). 따라서 배서인은 소구에 관한 규정에 따라 상환책임을 진다. 그러나 배서에 담보적 효력이 있다고 하여 소지인출급식수표가 지시식수표로 변하지 아니하므로(수표법 제20조 단서) 배서 이후에도 여전히 교부에 의하여 양도할 수 있다.

소지인출급식수표에 있어서도 지급인에 대하여 한 배서는 영수증의 효력만이 있고, 지급인이 한 배서는 무효이다.

제4절 保證과 支給保證

제1관 序 說

수표는 순수한 지급증권이므로 그 지급이 확실하여야 지급기능을 달성할 수 있다. 이러한 지급기능을 확보하기 위한 제도로서 수표법은 수표의 보증과 지급보증을 인정하고 있다. 수표의 보증은 어음의 보증과 유사하나 지급보증과는 다르며, 지급보증은 또한 환어음의 인수와 다르다.

제2관 保 證

수표에는 인수가 인정되지 않기 때문에(수표법 제4조) 환어음의 인수인이나 약속어음의 발행인과 같은 주채무자가 없다. 그러므로 수표의 신용은 극히 희박하다. 수표법은 수표의 신용을 확실히 하고 수표의 할인을 용이하게 하기 위해 수표의 보증을 인정하고 있고, 수표보증의 의의·성질·방식 및 효력 등은 어음보증과 거의 같다(수표법 제25조 내지 제27조). 그러나 어음보증과 달리 지급인은 보증인이 되지 못한다(수표법 제25조 제2항, 제26조 제3항). 왜냐하면 지급인의 보증을 인정하게 되면 수표에 인수를 금지하고 지급인의 배서를 금지하는 취지에 반하기 때문이다. 그 결과 수표보증은 발행·배서인 등 소구의무자의 채무에 관하여서만 인정된다. 수표는 제시기간이 짧고 유통성도 어음에 훨씬 못 미치므로 실제로 수표보증은 거의 이루어지지 않고 있다.

제3관 支給保證

I. 支給保證의 의의와 법적 성질

수표의 지급보증이라 함은 수표가 지시기간경과 전에 제시된 경우에 지급인이 지급의무를 부담하는 수표행위를 말한다(수표법 제55조 제1항). 지급보증은 최종의 소구의무자와 같은 수표상의 지급의무를 부담하는 것을 목적으로 하는 지급인의 단독행위로서 부속적 수표행위의 일종이다. 그러나 민법상의 보증과는 달리 지급보증은 소지인과 지급인간의 계약이 아니며 수표행위 이외의 일반사법상의 행위도 아니다.

Ⅱ. 支給保證의 절차

1. 支給保證을 할 수 있는 者

지급보증을 할 수 있는 자는 지급인만이다. 지급보증을 청구하기 위한 제시는 단순한 점유자이어도 할 수 있지만, 제시를 받은 지급인이 지급보증을 거절하더라도 소구권이 발생하지 않는다는 점에서 인수제시와 다르다.

2. 支給保證의 要件

지급보증을 하는 지급인은 수표의 표면에 '지급보증' 기타 지급할 뜻을 기재하고 일자를 부기하여 기명날인 또는 서명하여야 한다(수표법 제53조 제2항). 따라서 수표의 이면 및 보전에 지급보증의 문언을 기재하여 지급인이 기명날인 또는 서명하더라도 지급보증의 효력은 없다. 즉 수표의 표면에 단순히 기명날인한 것만으로는 지급보증으로 되지 않고 '보증'이라고 쓴 것만으로도 지급보증으로 되지 않는다(수표법 제25조 제2항 참조).

일자의 기재는 지급보증이 제시기간 전에 행하여졌음을 증명하기 위한 것이지만(어음법 제25조 제2항 참조) 지급보증은 제시기간 내에 거절증서를 작성하지 않으면 효력을 상실하기 때문에(수표법 제55조 제2항) 일자의 기재는 그다지 의미가 없다. 더욱이 지급보증은 무조건이어야 하며(수표법 제54조 제1항), 수표의 기재사항에 변경을 가하여 보증하더라도 그 변경은 기재하지 아니한 것으로 보아 단순한 지급보증으로 된다.

Ⅲ. 支給保證의 효과

지급보증을 한 지급인은 수표가 제시기간경과 전에 제시된 경우에 한하여 지급의무를 부담한다(수표법 제55조 제1항). 제시기간은 불가항력의 경우에는 연장이 인정된다(수표법 제57조). 지급인이 이 제시에 대하여 지급을 하면 그 의무는 이행된 것으로 되며 지급을 거절한 경우에는 수표소지인은 지급거절증서 또는 지급거절선언에 의해 제시기간 내에 제시가 있었음을 증명하면 지급보증에 의한 지급인에 대한 권리를 보전할 수 있다(수표법 第55조 제 2 항). 지급보증을 한 지급인의 의무는 소구의무자의 의무의 내용과 동일하다(수표법 第55조 제 3 항, 第44조, 第45조). 지급보증을 한 지급인에 대한 수표상의 청구권은 제시기간경과 후 1년간 행사하지 아니하면 소멸시효가 완성하며, 이는 수표상의 다른 채무자보다 엄격한 책임이다(수표법 第58조). 지급보증이 있다고 하여 발행인·배서인 등 소구의무자가 수표채무를 면하지는 못한다(수표법 第56조).

Ⅳ. 支給保證과 保證·引受와의 차이점

1. 성　　질

지급보증은 환어음의 인수 및 수표보증과 유사한 성질을 갖고 있기 때문에 이를 비교하면 그 성질을 이해하기 쉽다.

2. 換어음의 引受와의 비교

수표상에 지급보증을 한 지급인(지급보증인)과 환어음상에 인수를 한 지급인(인수인)은 어느 쪽이나 증권상의 채무자이지만 다음과 같은 차이가 있다.

(1) 지급보증인은 수표의 최종소구의무자이긴 하지만 그 의무는 상대적이고 소지인이 제시기간 내에 수표의 제시 및 거절증서의 작성을 해태한 경우에는 그 의무는 소멸한다. 이에 반하여 환어음의 인수인은 어음의 절대적 의무자(주채무자)이고 그 의무는 절대적이어서 제시기간 내의 제시 및 거절증서의 작성 등 소구의 형식적 요건이 흠결되어 있더라도 시효에 의해 권리가 소멸하지 않는 한 그 의무는 소멸하지 아니한다.

(2) 수표의 소지인은 지급인에 대하여 지급보증을 청구할 권리는 없고 지급인이 지급보증을 거절하더라도 전자에 대하여 소구권을 취득하지 못한다. 이에 대하여 환어음의 소지인은 인수를 위하여 어음을 제시할 권리를 가지며 소지인의 전자는 인수담보책임을 부담하기 때문에 환어음의 인수거절시에는 소지인은 전자에 대하여 소구권을 취득하게 된다.

(3) 그 밖에 인수에는 일부인수(어음법 第26조 제 1 항 단서)·유예기간이 인정되고

있지만, 수표에는 일부지급보증 · 유예기간은 없다. 또 인수인의 책임의 시효기간은 3년이지만(어음법 제70조), 지급보증인의 시효기간은 1년이다(수표법 제58조).

3. 手票保證과의 비교

(1) 수표보증은 수표의 발행인과 배서인의 수표상의 채무의 담보를 목적으로 하는 종된 수표행위이어서 환어음과 거의 마찬가지이지만 전술한 바와 같이 지급인은 보증인으로 될 수 없다는 점(수표법 제25조 제 2 항)에서 환어음과 다르다. 지급보증은 행위자 자신이 수표상의 채무부담을 목적으로 하는 독립된 수표행위로서 지급인만이 할 수 있다.

(2) 수표보증은 수표 또는 그 보전에 하여야 하며 일자의 기재는 불필요하지만(수표법 제26조 제 1 항), 보증의 성질상 그 피보증인의 기재가 필요하다(수표법 제26조 제 4 항). 이에 대하여 지급보증은 제시기간과의 관계에서 반드시 수표의 표면에 지급보증문언과 일자의 기재를 필요로 한다(수표법 제53조 제 2 항). 또 수표보증은 발행인이 기명날인하는 경우를 제외하고 수표의 표면에 단순히 기명날인 또는 서명하는 것만으로 족하지만(수표법 제26조 제 3 항), 지급보증은 반드시 지급보증문구를 기재하여야 한다(수표법 제53조 제 2 항).

(3) 수표보증에 의한 보증의무는 피보증인과 동일한 의무, 즉 수표의 지급담보책임(수표법 제27조 제 1 항)이며 보증인이 보증의무를 이행한 때에는 피보증인과 그 자의 수표상의 채무자 전원에 대하여 수표로부터 발생하는 일체의 권리를 취득한다(수표법 제27조 제 1 항). 한편 지급보증의 경우는 지급보증인이 직접 수표의 최종소구의무자로 되고 수표의 소구의무자(발행인 · 배서인 · 보증인)가 소구에 응하여 지급한 때에는 지급보증을 한 지급인에 대하여 최종적으로 구상할 수 있다.

제 5 절 支　　給

제 1 관 序　　說

수표도 어음과 같이 제시증권이므로 지급을 위해 수표를 지급인에게 제시하여야 한다. 지급제시와 지급에 관한 수표법의 규정은 어음법의 규정과 대체로 동일하지만 만기, 제시기간에 관해 차이가 있고 지급과 관련하여 선일자수표, 지급위탁의 취소 그리고 횡선수표 등이 문제된다. 특히 수표는 순수한 지급증권이므로 수표법은 수표의 지급기능을 보장하고 신용증권화를 방지하기 위하여 수표의 일람출급성을 인정하고 지급제시기간을 단기로 하고 있다. 수표의 지급에 있어서는 어음에서와 같이 공탁에 관한 규정(어음법 제42조)과 만기 전의 지급에 관한 규정이 없다.

제2관 支給提示

수표는 일람출급으로 하고 이에 위반되는 모든 기재는 기재하지 아니한 것으로 본다(수표법 제28조 제1항). 따라서 수표는 일람한 때, 즉 지급제시한 때에 만기로 되며, 실제의 발행일보다 후일을 발행일로 수표에 기재한 선일자수표에 있어서도 수표에 기재한 발행일자의 도래 전에 지급제시된 때에는 그 제시한 날에 지급하여야 한다(수표법 제28조 제2항). 발행일이 도래하기 전에 지급제시된 선일자수표에 대해 지급을 거절하면 소지인은 즉시 발행인에 대하여 소구할 수 있으며(수표법 제39조), 또한 발행인이 자금이 없어 수표를 발행한 경우에는 과태료에 처한다(수표법 제3조, 제67조). 이와 같은 선일자수표는 다음과 같은 이유로 발행되는 경우가 많다. 즉 수표는 일람출급으로 되어 있기 때문에 발행 직후에 지급제시할 수 있으며 더욱이 발행일로부터 10일 이내에 제시하여야 하는데(수표법 제29조 제1항), 수표발행 당시 지급인인 은행에는 지급을 위한 개념이 없고 그 후 일정기간이 지나야 비로소 지급은행에 자금이 생기는 경우에 이용된다.

제3관 支給提示期間

I. 내 용

국내에서 발행하고 또 국내에서 지급해야 할 내국수표는 발행일로부터 10일 내에 지급을 위하여 제시하여야 하며(수표법 제29조 제1항·제4항), 발행지와 지급지가 국가 또는 법역을 달리하는 외국수표는 그 거리에 상응하는 20일 또는 70일의 제시기간이 정하여져 있다(수표법 제29조 제2항·제3항). 제시기간의 계산은 수표면에 기재된 발행일자를 표준으로 하고 실제로 발행된 일자를 표준으로 하지 않으며(수표법 제

29조 제 4 항), 초일을 산입하지 않는다(수표법 제61조).

세력(歲曆)을 달리하는 양지 사이에서 발행한 수표는 발행일자를 지급지의 세력의 대응일로 환산하여 계산한다(수표법 제30조). 수표법 제29조 제 4 항은 제시기간의 기산일이 사실상의 발행일인가 아니면 기재된 발행일인가를 명확히 한 것에 지나지 않고 제61조는 그 기간계산에 관하여 초일을 포함하는지의 여부를 정한 것이어서 양자는 모순되지 않는다고 생각한다. 지급제시기간 중의 휴일은 그 기간에 산입하고 지급제시기간의 말일은 휴일인 때에는 그 다음의 거래일까지 연장된다(수표법 제60조).

Ⅱ. 支給提示期間의 효력

소지인이 제시기간 내에 지급을 위한 제시를 하면 지급인이 지급을 거절하여도 소구의 요건을 갖추어 발행인·배서인 등의 전자에 대하여 소구권을 행사할 수 있으며(수표법 제39조) 지급보증을 한 지급인에 대하여 지급책임을 추궁할 수 있다(수표법 제55조 제 1 항). 그리고 지급제시기간 내에는 지급위탁의 취소가 있더라도 그 효력은 생기지 않는다(수표법 제32조 제 1 항).

수표소지인이 지급제시기간 내에 지급제시를 하지 아니한 때에는 전자에 대한 소구권과 지급보증인에 대한 권리를 잃는다. 그러나 이득상환청구권을 취득한다(수표법 제63조).

제 4 관 支給委託의 取消

지급위탁의 취소라 함은 수표를 발행함으로써 발행인이 지급인에 대하여 행한 지급위탁을 철회하는 것이다.

지급위탁의 취소는 수표의 발행인의 지급인에 대한 일방적 의사표시에 의해 행하여지는 것으로서 아무런 서면행위를 필요로 하지 않는다. 그 효력은 통지가 도달한 때에 발생한다. 자기앞수표는 발행인과 지급인이 동일인이고 양자 사이에 지급위탁의 관계가 존재하지 않으므로 지급위탁의 취소는 의미가 없고, 발행의뢰인의 지급중지의 요구는 사고신고로서의 의미밖에 없다.

지급위탁의 취소는 수표계약을 전체로서 해약하는 것이 아니고 수표계약을 그대로 존속시켜 두면서 발행된 특정한 수표에 관해서만 수표계약에 의한 지급사무의 수행을 정지시킨다.

지급위탁의 취소는 위임계약의 해제이므로 원칙적으로 자유이다(민법 제689조 제1항). 그러나 법은 제시기간경과 후에만 효력을 발생시키는 것으로 하고 있다(수표법 제32조 제1항).

제5관 支 給

배서로 양도할 수 있는 수표의 지급인은 배서의 연속의 여부를 조사할 의무가 있으나 배서인의 기명날인 또는 서명을 조사할 의무는 없다(수표법 제35조). 그러므로 지급인은 지시금지 없는 기명식수표와 지시식수표를 지급함에 있어 수표요건, 배서 연속 등 소지인의 형식적 자격을 조사하여 형식적 자격이 있는 자에게 지급한 때에는 배서인의 진정성, 소지인이 진실한 권리자인가의 여부 등 실질적 권리에 관하여 조사하지 않았을지라도 책임을 면한다. 교부에 의하여 양도할 수 있는 소지인출급식·기명소지인출급식 및 무기명식수표의 경우에는 수표의 단순한 소지인이 형식적 자격자로 추정되므로 수표요건의 구비 여부 이외에는 특히 형식적 자격을 조사할 필요가 없다.

수표법은 지급인이 면책되기 위한 주관적 요건에 관한 규정을 두고 있지 않지만 어음법(제40조 제3항)을 유추적용하여 사기 또는 중대한 과실이 없어야 한다고 해석해야 할 것이다. 지시금지기명식수표는 기명증권으로서 지급인은 채권의 지급에 관한 일반원칙에 의해 소지인의 실질적 권리에 관하여 조사의무를 진다.

수표의 지급인은 지급제시기간이 경과한 때에도 지급위탁의 취소가 없는 한 지급할 수 있다. 이 경우에도 지급인은 소지인의 형식적 자격을 조사할 의무만 있고 지급인에게 사기 또는 중대한 과실이 없는 한 지급인은 책임을 면한다. 따라서 지급인은 그 지급을 발행인의 계산으로 돌릴 수 있다.

제6절 遡 求

제1관 序 說

적법한 지급제시기간 내에 지급을 위하여 수표를 제시하였으나 지급이 거절된 때에는 환어음의 경우와 마찬가지로 수표의 소지인은 전자에 대하여 소구할 수 있었다.

수표의 소구는 당사자(수표법 제39조), 소구의 통지(수표법 제41조), 거절증서작성면제(수표법 제42조), 소구의무자의 합동책임(수표법 제43조), 소구·재소구금액(수표법 제44조, 제45조), 소구의무자의 권리(수표법 제46조) 및 불가항력에 의한 제시기간의 연장(수표법 제47조) 등은 환어음의 경우와 같다. 이하에서는 수표에 있어서 다른 점만을 살펴본다.

제2관 手票遡求의 특색

Ⅰ. 支給拒絕로 인한 遡求

수표에는 인수제도가 없으며 수표는 항상 일람출급이므로 인수거절로 인한 만기 전의 소구와 지급인의 파산 등을 이유로 하는 만기 전의 소구가 인정되지 않는다. 수표에는 언제나 지급거절로 인한 소구만이 인정된다. 따라서 수표에 있어서 소구권이 발생하기 위해서는 제시기간 내에 그리고 지급인이 은행인 때에 그 영업시간 내에 지급제시되었으나 그 지급이 거절되었어야 한다(대판 1990. 5. 25, 89 다카 15540).

Ⅱ. 支給拒絕의 證明方法

수표는 지급증권이므로 지급거절의 증명방법을 간편하게 할 필요가 있고, 수표의 지급인은 은행에 한정되고 은행의 지급거절선언은 신용이 있기 때문에 거절증서에 의한 방법 이외에 간편한 지급거절의 증명방법이 인정된다. 간편한 지급거절의 증명방법으로서는 지급인이 수표에 제시의 날을 기재하고 일자를 부기하여 지급거절의 뜻을 선언하는 지급인의 지급거절선언(수표법 제39조 제2호)과 적법한 시기에 수표를 제시하였으나 지급이 없었던 뜻을 증명하고 일자를 부기한 어음교환소의 지급거절선언(수표법 제39조 제3호)이 있다. 전자는 제시의 날을 기재하여 수표 그 자체에 하여야 하지만, 후자는 제시의 날을 기재할 필요는 없고 수표 그 자체에 할 필요도 없다.

수표에 있어서 소구권보전을 위한 거절증서 또는 이와 동일한 효력이 있는 선언은 원칙적으로 제시기간경과 전에 작성시켜야 하지만, 제시기간 말일에 제시한 경우에는 이에 이은 제1의 거래일에 작성시킬 수 있다(수표법 제40조).

Ⅲ. 不可抗力의 존속기간

불가항력에 의한 보전절차면제를 받는 기간은 환어음의 경우에는 만기로부터 30일을 넘어 불가항력이 계속되어야 하나(어음법 제54조 제4항), 수표의 경우에는 불가항력의 통지를 받은 날로부터 15일 이상 계속됨을 요한다(수표법 제47조 제4항).

Ⅳ. 利子·逆手票制度·時效期間

수표는 일람출급으로서 존속기간이 짧아 이자의 기재가 인정되지 아니하므로 소구금액에는 이자가 가산되지 아니한다(수표법 제44조 제1항). 수표에는 역어음과 같은 역수표가 실제상 필요치 아니하므로 역수표제도는 없다. 그리고 수표소지인의 전자에 대한 소구권의 시효는 어음과 달리 6개월이다(수표법 제51조).

제7절 특수한 手票

제1관 橫線手票

Ⅰ. 橫線手票의 의의

횡선수표는 수표상에 두 줄의 평행선을 그은 수표로서 그 지급수령자격이 제한된다. 수표는 현금의 대체물로서 항상 일람출급이며 더욱이 대부분 소지인출급식이기 때문에 그 도난과 분실의 경우에 부정한 소지인이 용이하게 그 지급을 받을 수 있다. 그래서 이 위험을 방지하기 위하여 수표법은 횡선수표에 대해 지급인은 은행 또는 자기의 거래처에게만 지급할 수 있으며, 또 은행은 자기의 거래처 또는 다른 은행으로부터만 이 수표를 취득할 수 있도록 하고 있다. 이에 따라서 그 은행으로부터 지급을 받은 자를 쉽게 알 수 있으며 더욱 소급하여 수표의 유통경로를 알 수 있기 때문에 피해자의 구제가 용이하게 됨과 동시에 수표의 부정취득에 의한 범죄를 방지할 수 있게 된다.

횡선의 법률상의 성질은 수표의 발행인 또는 소지인이 수표의 지급인에 대하여 지급수령자격을 제한하는 표시이다. 횡선은 통상의 수표상에 표시된 지급수령자격제한에 지나지 않으므로, 횡선수표라고 하더라도 기타의 법률관계, 예를 들면 양도방법 등에 관하여 통상의 수표와 다르지 않다.

Ⅱ. 橫線手票의 종류

횡선수표는 일반횡선수표와 특정횡선수표의 두 종류가 있는데 어느 것이나 수표의 표면에 두 줄의 평행선이 그어져 있다(수표법 제37조 제 2 항). 횡선은 명료하여야 하며 불명료한 횡선은 지급은행을 구속하지 않는다고 본다.

1. 一般橫線手票

일반횡선수표는 두 줄의 평행선 내에 아무런 지정을 하지 아니하거나 '은행' 또는 이와 동일한 의의를 갖는 문자를 기재한 것이다(수표법 제37조 제 2 항).

2. 特定橫線手票

특정횡선수표는 두 줄의 평행선 가운데에 특정한 은행의 명칭을 기재한 것이다(수표법 제37조 제 3 항). 그러나 특정횡선수표가 실제 사용되고 있는 예는 극히 드물며, 다만 추심은행 기타 어음교환소에의 경유 도중에서 행하여지는 경우가 있다. 특정횡선이 2개 이상 있으면 지급인이 어느 피지정은행에 대해 지급해야 하는가를 정할 수 없게 되어 소지인은 지급을 받지 못하게 되므로 특정횡선은 원칙적으로 하나에 한정되는 것으로 하고 있다(수표법 제38조 제 4 항).

제2관 自己앞手票

자기앞수표라 함은 발행인 자신을 지급인으로 하여 발행한 수표를 말한다(수표법 제6조 제3항). 수표관계의 당사자는 발행인·지급인 및 수취인인데 수표관계는 그 수단성·추상성으로 인하여 3자 사이의 이해대립이 없으므로 당사자자격의 겸병이 가능하다. 수표의 지급인은 은행이므로 '은행이 발행한 자기앞수표'라고 할 수 있다.

자기앞수표는 발행인이 수취인을 겸하는 자기지시수표와 다르다(수표법 제6조 제1항). 자기지시수표는 은행에 당좌예금을 한 자가 이를 인출하는 방법으로 발행되는 경우가 흔하다. 그러나 자기앞수표는 발행인이 지급인을 겸하며 지급인이 은행이라는 점에서 은행이 약속어음을 발행하는 때와 같이 지급을 확보할 수 있으므로 지급보증을 한 수표 대신에 사용되고 현금의 대용역할을 하기도 한다. 동시에 지급점포를 달리하여 발행하는 때에는 송금역할을 수행할 수 있다.

은행이 발행한 자기앞수표는 발행점포와 지급점포가 동일한 자기앞수표와 동일한 은행에 속하는 다른 점포를 지급점포로 하여 발행한 자기앞수표로 구분할 수 있다. 통상 전자를 예금수표, 후자는 발행은행이 다른 은행을 지급인으로 하여 발행한 수표를 포함하여 송금수표라고 부른다. 우리나라 수표법은 발행인과 지급인이 동일한 은행이면 되고 반드시 그 점포까지 동일함을 요하지 않는다. 우리나라에서는 발행인과 지급인이 동일점포인 경우가 대부분이고 좁은 의미에서 자기앞수표라 할 때는 예금수표를 말한다.

제8절 利得償還請求權

수표에서 생긴 권리가 절차의 흠결로 인하여 소멸한 때나 그 소멸시효가 완성한 때라도 소지인은 발행인·배서인 또는 지급보증을 한 지급인에 대하여 그가 받은 이익의 한도 내에서 상환을 청구할 수 있다(수표법 제63조).

이득상환청구권의 권리자는 수표상의 권리가 소멸한 당시의 정당한 수표소지인이다. 이득상환청구권을 지명채권의 일종에 지나지 않는 것으로 보는 통설에 따르면 수표상의 권리가 소멸할 당시의 정당한 수표소지인으로부터 지명채권양도방법에 따라 양도받은 자만이 그 권리를 취득한다.

이득상환청구권의 의무자에는 발행인과 배서인 외에 지급보증인이 포함되는 반면 인수인이 제외되는 것은 인수제도가 없는 수표의 성질상 당연하다.

제9절 複本·時效·罰則 기타

제1관 複 本

Ⅰ. 複本의 발행제한

수표에는 인수제도가 없으므로 인수시의 증권유통에 대비하기 위한 등본제도는 인정되지 않는다. 수표의 복본은 지급보증을 위하여 원격지에 송부하거나 원격지 사이에 유통하는 도중의 분실에 대비하기 위해 이용된다.

복본의 발행은 1) 일국에서 발행하여 타국이나 발행국의 해외영토에서 지급할 수표, 2) 일국의 해외영토에서 발행하여 그 본국에서 지급할 수표, 3) 일국이 동일 해외영토에서 발행하고 지급할 수표, 또는 4) 일국의 해외영토에서 발행하여 그 나라의 다른 해외영토에서 지급할 수표로서 소지인출급식이 아니어야 한다(수표법 제48조 제1문). 이처럼 수표의 복본은 그 발행지와 지급지가 멀리 떨어져 있어야 하고 기명식수표 또는 지시식수표에만 허용된다. 기명식·지시식수표에만 복본을 허용하는 이유는 소지인출급식수표의 복본 각 통이 따로따로 양도된 경우에는 그 양도인을 알 수 없으므로 결국 발행인에게 각 통에 대하여 책임을 부담시키기 때문이다.

Ⅱ. 複本의 발행방법과 효력

복본의 발행인이 발행하고 각 복본에는 그 증권의 본문 중에 번호를 붙여야 하며, 번호를 붙이지 아니한 때에는 그 수통의 복본은 각별의 수표로 본다(수표법 제48조 제2문·제3문). 수표의 소지인은 환어음에서와는 달리 복본의 교부를 청구하지 못한다.

복본은 각 통이 각각 하나의 수표이기 때문에 1통으로 지급을 청구할 수 있고, 그 1통에 대한 지급이 있는 때에는 1통에 대한 지급이 다른 복본을 무효로 한다는 뜻의 기재가 없는 경우에도 다른 복본을 무효로 하여 의무를 면하게 한다(수표법 제49조 제 1 항). 수인에게 각별로 복본을 양도한 배서인과 그 후의 배서인은 그 기명날인한 각 통으로서 반환을 받지 아니한 것에 대하여 책임을 진다(수표법 제49조 제 2 항).

제 2 관 時 效

수표상의 권리의 시효기간은 다음과 같이 어음의 경우에 비하여 단축되어 있다. 소지인의 발행인·배서인 등에 대한 시효기간은 6개월이고(수표법 제51조 제 1 항), 지급보증을 한 지급인에 대한 권리는 1년이며(수표법 제58조), 상환을 한 자의 재소구권의 시효기간은 6개월이다(수표법 제51조 제 2 항). 더욱이 시효의 중단은 어음과 마찬가지로 그 중단사유가 생긴 자에 대하여서만 효력이 있고(수표법 제52조), 배서인의 다른 배서인과 발행인에 대한 수표상의 청구권의 소멸시효는 그 자가 제소된 경우에는 전자에 대한 소송고지를 함으로 인하여 중단되고 이에 따라 중단된 시효는 재판이 확정된 때로부터 다시 진행을 개시한다(수표법 제64조). 시효기간의 기산점은 소지인의 소구권 및 지급보증인에 대한 권리에 관하여는 어음의 경우와는 달리 거절증서 또는 이와 동일한 효력이 있는 지급거절선언의 작성일이 아니라, 지급제시기간경과 후이며(수표법 제51조 제 1 항, 제58조), 재소구권에 관해서는 그 자가 수표를 환수한 날 또는 소장이 송달된 날이다(수표법 제51조 제 2 항).

제 3 관 罰 則

수표가 지급증권으로서의 기능을 다하기 위해서는 지급성이 확보되어야 한다. 수표의 지급성은 지급위탁의 취소를 제한하고 발행인이 사망하거나 능력을 상실하여도 그 수표의 효력에 영향을 마치지 않도록 하는 동시에 수표자금을 확보하여 지급의 거절을 방지함으로써 지급성을 확보하고자 한다. 수표법상으로 수표의 발행인이 제시한 때에 처분할 수 있는 수표자금이 있는 은행을 지급인으로 하여 그 자금을 수표에 의하여 처분할 수 있는 수표계약이 없이 수표를 발행한 때에는 50만원 이하의 과태료에 처한다(수표법 제67조). 이외에 부정수표 등의 발행을 단속처벌함으로써 국민의 경제생활의 안정과 유통증권인 수표의 기능을 보장함을 목적으로 하는 부정수표단속법상의 벌칙이 있다.

제4관 기 타

어음의 위조·변조의 책임문제(수표법 제50조), 수표에 관한 행위와 휴일(수표법 제60조), 기간과 초일불산입(수표법 제61조), 은혜일의 불허(수표법 제62조), 휴일(수표법 제66조) 및 어음교환소의 지정(수표법 제69조)에 관한 규정은 어음의 경우와 동일하다.

판례 색인

우리말 색인

ㄹ

ㅍ

외국어 색인

[공저자 약력]
이 기 수
고려대학교 법대(법학사), 서울대 대학원(법학석사), 고려대 대학원(박사과정 이수), 독일 Tübingen대학교 (법학박사 Dr. iur.), San Diego대학교 London Summer School
Tübingen대학교 법대(1986년, 1988년, 1991~1992년, 1995년, 1996년, 1998년, 1999년), Mainz대학교 법대 (1990년), Harvard Law School(1995~1996년), Marburg대학교 법대(1997년, 1999년), München Max-Planck연구소(1997년), Wisconsin Madison Law School(1998~2001년), 와세다 로스쿨(2005~2006년) 교환교수·객원연구원
사법·군법무관·행정·입법·공인회계사·변리사·세무사시험 등 각종 시험위원
대한상사중재원 중재인, 육군사관학교 교수부 법학과 전임강사, 고려대학교 후생복지부장·학생처장·기획처장, 비교법연구소 소장, 법학연구소 소장, 법학연구원 원장, 체육위원회 체육위원 겸 축구부장, 특수법무대학원 원장, 법과대학 학장, 전국학생처장협의회 회장, 전국사립대학교 기획실(처)장협의회 부회장, 전국법과대학장협의회 회장, 한국경영법률학회 회장, 안암법학회 회장, 국가경쟁력연구원 이사장, 한국지적소유권학회 회장, 한국 Adenauer 학술교류회 회장, 국제거래법학회 회장, 한국상사법학회 회장, 한국도산법학회 회장, 한독법률학회 회장, 한국복사전송권관리센터 이사장, 한국중재학회 회장, 한국독일학회 회장, (사)한국법학교수회 회장, (사)한국저작권법학회 회장
현: 고려대학교 총장, 법과대학 교수, Deutsch-Ostasiatisches Wissenschaftsforum e. V. 운영위원, Wisconsin Madison Law School 객원석좌교수, 한국독일동문회(ADeKo) 이사장
[주요저서·논문]
Gläubigerschutz bei Unterkapitalisierung der GmbH(Dissertation, Tübingen)
독점금지법(편역), 박영사
상법총칙·상행위법(제 7 판), 박영사
회사법(제 8 판), 박영사
어음·수표법(제 7 판), 박영사
기업법(개정판), 세창출판사
상법은 기업법인가? 등 논문 다수
지적재산권법(공저), 한빛지적소유권센터
상법학(상)(제 3 판), 박영사
상법학(하)(개정판), 박영사
경제법(공저)(제 8 판), 세창출판사
증권거래법(공저)(개정판), 세창출판사
보험·해상법(제 8 판), 박영사
국제거래법(제 3 판), 세창출판사

최 병 규
고려대학교 법과대학 졸업, 동 대학원(법학석사), 독일 프랑크푸르트대학교(법학박사), 고려대학교 법학연구원 전임연구원, 사법시험·행정고등고시·공인회계사·변리사 시험위원, 금융감독원 금융분쟁조정 전문위원, 법무부 상법개정위원, 국립한경대학교 법학부 조교수, 부교수
현: 건국대학교 법학전문대학원 교수
[주요저서]
상법총칙·상행위법(공저), 박영사, 2010
어음·수표법(공저), 박영사, 2009
회사법(공저), 박영사, 2009
보험·해상법(공저), 박영사, 2008

상법학개론

2010년 3월 20일 初版印刷
2010년 3월 30일 初版發行

共著者 이기수·최병규
發行人 安 鍾 萬
發行處 (株)博英社
서울特別市 鍾路區 平洞 13-31番地
電話 (733) 6771 FAX (736) 4818
登錄 1959. 3. 11. 제300-1959-1호(倫)

www.pakyoungsa.co.kr e-mail: pys@pakyoungsa.co.kr

定 價 45,000원
ISBN 978-89-6454-559-1